D1727703

KUBE / STÖRZER / TIMM (Hrsg.)

Kriminalistik

Handbuch für Praxis und Wissenschaft
Band 2

Kriminalistik

Handbuch für Praxis und Wissenschaft
Band 2

herausgegeben von

Prof. Dr. iur. Edwin Kube
Abteilungspräsident, Bundeskriminalamt

Hans Udo Störzer
Regierungsdirektor, Bundeskriminalamt

Klaus Jürgen Timm
Direktor des Hessischen Landeskriminalamtes

RICHARD BOORBERG VERLAG
STUTTGART · MÜNCHEN · HANNOVER
BERLIN · WEIMAR · DRESDEN

Die Deutsche Bibliothek – CIP-Einheitsaufnahme

Kriminalistik : Handbuch für Praxis und Wissenschaft / hrsg. von Edwin Kube ...
– Stuttgart ; München ; Hannover ; Berlin ; Weimar ; Dresden : Boorberg.
NE: Kube, Edwin [Hrsg.]
Bd. 2 (1994)
  ISBN 3-415-01507-6

Satz, Repros und Druck: Badendruck GmbH, Karlsruhe
Verarbeitung: Riethmüller & Co. GmbH, Stuttgart
© Richard Boorberg Verlag GmbH & Co
  Stuttgart · München · Hannover · Berlin · Weimar · Dresden 1994

Vorwort zu Band 2

Das in den Bänden 1 und 2 behandelte weitgefächerte, letztlich dennoch nicht abschließend darstellbare Themenspektrum, Indiz für die Komplexität der modernen Kriminalistik, machte es erforderlich, eine Vielzahl von Wissenschaftlern und Praktikern zu Wort kommen zu lassen, um die Spezialbereiche möglichst kompetent abzudecken. Mit dieser die Sach- und Fachkunde in den Mittelpunkt stellenden Konzeption wurden neben terminlichen Problemen zwangsläufig autorenspezifische Eigenheiten und auch gewisse Redundanzen bei den verschiedenen Beiträgen in Kauf genommen.

Neben Fahndung, Observation und Beweislehre zeigt dieser Band – ergänzend zu Band 1 – den Stand der gegenwärtigen Kriminaltechnik auf, widmet sich der mit dem Zusammenwachsen Europas zunehmend bedeutsamen internationalen Zusammenarbeit und setzt sich mit herauszuhebenden Kriminalitätsbrennpunkten und ihren kriminalistisch relevanten Besonderheiten auseinander. Ferner wird die „Verhütung und Aufklärung von Straftaten in Unternehmen" dargestellt, ein Thema, das in der Gesamtschau der Kriminalitätsbekämpfung oftmals vernachlässigt wird. Schließlich gewährt auch Band 2 wieder Einblick in die Verhältnisse bei unseren deutschsprachigen Nachbarn.

Bei der Konzeption des Gesamtwerkes waren einige kriminal- resp. polizeitechnische Bereiche wie z. B. „Elektrofotografische Vervielfältigung", „DNA-Analyse" und „PCR-Verfahren" sowie „Automatisches Fingerabdruck-Identifizierungssystem (AFIS)" noch nicht aktuell bzw. nicht bis zur Anwendungs- oder Entscheidungsreife gelangt. Gerade in jüngster Vergangenheit wurden außerdem bemerkenswerte Fortschritte bei der polizeilichen Kooperation in Europa erzielt – Stichwort ist insbesondere: „Schengener Informationssystem" –; in derselben Zeit ist die Diskussion zwischen Polizei und Datenschutz (wieder) stark in den Vordergrund gerückt. Das verdeutlicht die in dem Fachgebiet Kriminalistik stattfindende rasche und dynamische Weiterentwicklung. Der Zeitraum zwischen der Herausgabe der beiden Bände war insoweit von Vorteil, als auch diese Entwicklungen noch Eingang in das Gesamtwerk finden konnten.

Herrn Inspekteur des Bundesgrenzschutzes a. D. Karl Heinz Amft darf für seine engagierte Unterstützung der Herausgeber nochmals herzlich gedankt werden, ebenso Herrn Roderich Dohse für die qualifizierte verlegerische Betreuung insgesamt sowie die bereitwillige Übernahme der Erstellung des Stichwortverzeichnisses.

Wiesbaden, im August 1993

Edwin Kube   Hans Udo Störzer   Klaus Jürgen Timm

V

Autoren

AHLF, ERNST-HEINRICH, Dr. iur., Leitender Regierungsdirektor
Leiter der Kriminalistisch-kriminologischen Forschungsgruppe des Bundeskriminalamtes

BALZERT, ALOIS, Kriminalrat
Dezernatsleiter „Datenverarbeitung" im Landeskriminalamt Sachsen-Anhalt

BENDER, ROLF, Vorsitzender Richter am OLG Stuttgart a. D.
Honorarprofessor an der Universität Tübingen

BRISACH, CARL-ERNST, Kriminaloberrat
Referatsleiter in der Gruppe „Zentralstellenaufgaben" des Bundeskriminalamtes

BÜCHLER, HEINZ, Dr. rer. pol., Wissenschaftlicher Angestellter
Fachbereichsleiter in der Kriminalistisch-kriminologischen Forschungsgruppe des Bundeskriminalamtes

DEMMELMEYER, HELMUT, Dr. rer. nat., Wissenschaftlicher Oberrat
Referent in der Fachgruppe „Biologie" des Bundeskriminalamtes

FINKEL, ROLAND, Kriminaldirektor
Leiter der Kriminalpolizeidirektion Schleswig-Holstein West

GUBA, SIEGLINDE, Kriminalhauptkommissarin
Dozentin an der Hessischen Polizeischule

HECKER, MANFRED R., Dipl.-Psychologe, Leitender Wissenschaftlicher Direktor
Leiter der Fachgruppe „Schrift, Sprache, Stimme" des Bundeskriminalamtes

HEINZ, WOLFGANG, Dr. iur., Universitätsprofessor
Lehrstuhl für Strafrecht mit Nebengebieten der Universität Konstanz

HEUSER, HANS GERHARD, Dr. phil. nat., Wissenschaftlicher Oberrat
Fachbereichsleiter in der Fachgruppe „Urkunden" des Bundeskriminalamtes

JANSEN, HANS-PETER, Kriminaldirektor
Leiter der Kriminalpolizeidirektion Schleswig-Holstein Nord

KATTERWE, HORST, Dr. rer. nat., Dipl.-Physiker, Wissenschaftlicher Direktor
Fachbereichsleiter in der Fachgruppe „Schußwaffen, Werkstoff-, Elektrotechnik" des Bundeskriminalamtes

KISSLING, EKKEHARD, Dr. rer. nat., Leitender Wissenschaftlicher Direktor
Leiter der Fachgruppe „Biologie" des Bundeskriminalamtes

KNUTH, KLAUS, Dr. rer. nat., Leitender Chemiedirektor
Leiter der Abteilung „Kriminalwissenschaft und -technik" des Hessischen Landeskriminalamtes

KOCH, KARL-FRIEDRICH, Erster Kriminalhauptkommissar
Mitarbeiter in der Lagezentrale des Bundeskriminalamtes

KÖCK, ROBERT, † Dr. iur., Sektionschef i. R.
zuletzt Leiter des Kriminalpolizeilichen Dienstes und Landeszentralbüros Interpol im Bundesministerium für Inneres der Republik Österreich

KÖHLER, FRITZ, Dr. rer. nat., Wissenschaftlicher Oberrat
Referent in der Fachgruppe „Urkunden" des Bundeskriminalamtes

KÖHLER, PETER, Kriminaldirektor
Referatsleiter in der Gruppe „Gewalt- und Eigentumsdelikte" des Bundeskriminalamtes

KOLLISCHON, HANS, Leitender Kriminaldirektor a. D.
zuletzt Leiter der Kriminalpolizei bei der Landespolizeidirektion Stuttgart II

KRÜGER, RALF, Dr. iur.
Präsident des Landeskriminalamtes Baden-Württemberg a. D.

KUBE, EDWIN, Dr. iur., Abteilungspräsident
Leiter des Kriminaltechnischen Instituts des Bundeskriminalamtes, Honorarprofessor an der Universität Gießen

KUBICA, JOHANN, Dr. rer. oec., Leitender Kriminaldirektor
Leiter der Stabsgruppe „Planung und Kontrolle, Datenschutz" des Bundeskriminalamtes

KÜNZEL, HERMANN J., Dr. phil. habil., MA, Wissenschaftlicher Oberrat
Fachbereichsleiter in der Fachgruppe „Schrift, Sprache, Stimme" des Bundeskriminalamtes, Privatdozent an der Universität Marburg

LANGE, HANS-JOACHIM
Bayerischer Verband für die Sicherheit in der Wirtschaft e.V.

LICHTENBERG, WOLFGANG, Dr. rer. nat., Dipl.-Physiker, Wissenschaftlicher Direktor
Leiter der Abteilung „Kriminaltechnik" des Landeskriminalamtes Sachsen-Anhalt

LOTZ, HEINRICH, Erster Kriminalhauptkommissar
Leiter des Hauptsachgebietes „Umweltkriminalität" des Hessischen Landeskriminalamtes

MÄTZLER, ARMIN, Leitender Kriminaldirektor a. D.
ehem. Leiter der Abteilung Kriminalpolizei beim Polizeipräsidenten in Köln

MELLENTHIN, KLAUS, Kriminaldirektor
Leiter der Abteilung „Rauschgift, Waffen, Falschgeld" des Landeskriminalamtes Baden-Württemberg

MÖBIUS, GERALD, Assessor iur., Kriminaloberrat
Referatsleiter in der Gruppe „Ermittlungen Rauschgiftdelikte" des Bundeskriminalamtes

MÖRBEL, RICHARD KARL, Kriminaldirektor
Referatsleiter in der Gruppe „Organisation, Haushalt, Innerer Dienst" des Bundeskriminalamtes

NACK, ARMIN, Richter am Bundesgerichtshof

OCHOTT, GERHARD, Kriminaldirektor a. D.
zuletzt Leiter des Dezernats „Daktyloskopischer Erkennungsdienst" des Bayerischen Landeskriminalamtes

PAUL, BERND, Kriminaloberrat
Leiter des Hauptsachgebietes „Zentraler Benutzerservice" des Hessischen Landeskriminalamtes

PERRET, KLAUS-ULRICH, Dr. phil., Dipl.-Mathematiker, Wissenschaftlicher Oberrat
Referent in der Gruppe „Technische Forschung, Entwicklung und Erprobung" des Bundeskriminalamtes

PETER, JÜRGEN, Kriminaldirektor
Referatsleiter in der Gruppe „Spezialaufgaben" des Bundeskriminalamtes

SAUER, DIETRICH, Kriminaldirektor
Dozent im Fachbereich Kriminalistik/Kriminologie der Polizei-Führungsakademie

SCHMIDT-NOTHEN, RAINER, Leitender Kriminaldirektor
Leiter der Gruppe „Allgemeine Angelegenheiten, Logistik" der Abteilung „Rauschgift-Bekämpfung" des Bundeskriminalamtes

SCHREIBER, MANFRED, Dr. iur., Ministerialdirektor a. D.
Honorarprofessor an der Universität München

SCHULZE, RAINER, Dr. rer. nat., Regierungsoberrat
Leiter des Hauptsachgebietes „Physik" des Hessischen Landeskriminalamtes

SCHWARZFISCHER, FRIEDRICH, Dr. med., Dr. rer. nat., Universitätsprofessor
Institut für Anthropologie und Humangenetik der Universität München

SEEMANN, SIEGFRIED, Dipl.-Verwaltungswirt, Kriminalhauptkommissar
Ausbildungsbereichsleiter im Landeskriminalamt Niedersachsen

SIELAFF, WOLFGANG, Leitender Kriminaldirektor
Leiter des Landeskriminalamtes Hamburg

SIEMON, WILHELM, Betriebswirt (VWA)
Leitende Fachkraft für Arbeitssicherheit bei der Triumph-Adler AG, Nürnberg

STEINKE, WOLFGANG, Dr. iur., Abteilungspräsident a. D.
zuletzt Leiter des Kriminaltechnischen Instituts des Bundeskriminalamtes

STÖRZER, HANS UDO, Regierungsdirektor
Leiter des Präsidialbüros und Datenschutzbeauftragter des Bundeskriminalamtes, Lehrbeauftragter an der Fachhochschule des Bundes für öffentliche Verwaltung, Abteilung Kriminalpolizei

STÜMPER, ALFRED, Dr. iur., Landespolizeipräsident a. D.
zuletzt Leiter der Abteilung III – Landespolizeipräsidium – des Innenministeriums Baden-Württemberg

TIMM, KLAUS JÜRGEN, Direktor des Hessischen Landeskriminalamtes

THOMANN, EUGEN, Lic. iur., Oberstleutnant
Stabschef der Kantonspolizei Zürich

VORDERMAIER, GOTTFRIED, Dr. rer. nat., Wissenschaftlicher Oberrat
IT-Sicherheitsbeauftragter beim Datenschutzbeauftragten des Bundeskriminalamtes

WARTEMANN, FRANK, Kriminaldirektor
Dozent an der Fachhochschule für Polizei Baden-Württemberg

ZACHERT, HANS-LUDWIG, Präsident des Bundeskriminalamtes
Lehrbeauftragter an der Universität Trier

ZEIGER, JÜRGEN, Abteilungspräsident
Leiter der Abteilung „Datenverarbeitung" des Bundeskriminalamtes

ZEINER, WOLFGANG, Dr. iur., Ministerialrat
Abteilungsleiter im Bundesministerium für Inneres der Republik Österreich

ZIERCKE, JÖRG, Leitender Kriminaldirektor
Referent für Grundsatzfragen der Polizei und stellvertretender Leiter der Abteilung „öffentliche Sicherheit" des Innenministeriums Schleswig-Holstein

Inhalt

Inhalt von Band 1

Abkürzungen

a.A.	anderer Ansicht
AAS	Atomabsorptionsspektroskopie
Abs.	Absatz
AFG	Arbeitsförderungsgesetz
AFIS	Automatisches Fingerabdruck-Identifizierungssystem
AG Kripo	Arbeitsgemeinschaft der Leiter der Landeskriminalämter mit dem Bundeskriminalamt
AK II	Arbeitskreis II „Öffentliche Sicherheit und Ordnung" der IMK
ALR	Preußisches Allgemeines Landrecht
AMSS	Automatic Message Switching System (s. auch ANVS)
Anl.	Anlage
Anm.	Anmerkung
ANVS	Automatisches Nachrichtenvermittlungssystem (s. auch AMSS)
AO	Abgabenordnung
APC	Arbeitsplatzcomputer
APIS	Arbeitsdatei PIOS Innere Sicherheit
APLF	Arbeitsdatei PIOS Landfriedensbruch
APLV	Arbeitsdatei PIOS Landesverrat
APOK	Arbeitsdatei PIOS Organisierte Kriminalität
APRG	Arbeitsdatei PIOS Rauschgift
ARD	Arbeitsgemeinschaft der öffentlich-rechtlichen Rundfunkanstalten der Bundesrepublik Deutschland
Art.	Artikel
ASF	Automatic Search Facility (Automatisches Fahndungssystem der IKPO-Interpol)
ASW	Arbeitskreis für Sicherheit in der Wirtschaft
AsylVfG	Asylverfahrensgesetz
AÜG	Arbeitnehmerüberlassungsgesetz
Aufl.	Auflage
AuslG	Gesetz über die Einreise und den Aufenthalt von Ausländern im Bundesgebiet
AVV	Automatisierte Vorgangsverwaltung
AZR	Ausländerzentralregister
BAM	Bundesanstalt für Materialforschung und -prüfung
BAnz.	Bundesanzeiger
BayObLG	Bayer. Oberstes Landesgericht
BayVerfGH	Bayer. Verfassungsgerichtshof
BayVGH	Bayer. Verwaltungsgerichtshof
Bd.	Band
BDI	Bundesverband der Deutschen Industrie
BDSG	Bundesdatenschutzgesetz
BetrVerfG	Betriebsverfassungsgesetz
BfD	Bundesbeauftragter für den Datenschutz
BfV	Bundesamt für Verfassungsschutz
BGB	Bürgerliches Gesetzbuch
BGBl. I, II	Bundesgesetzblatt Teil I, Teil II
BGH	Bundesgerichtshof

XIV

BGHSt	Entscheidungen des Bundesgerichtshofs in Strafsachen (zitiert nach Band und Seite)
BGHZ	Entscheidungen des Bundesgerichtshofs in Zivilsachen (zitiert nach Band und Seite)
BGS	Bundesgrenzschutz
BGSG	Gesetz über den Bundesgrenzschutz
BKA	Bundeskriminalamt
BKA-AN	BKA-Aktennachweis
BKAG	Gesetz über die Einrichtung eines Bundeskriminalpolizei-amtes (Bundeskriminalamtes)
BKO	Betriebliche Katastrophenschutzordnung
BLAG	Bund-Länder-Arbeitsgruppe
BLKA	Bayerisches Landeskriminalamt
BLS	(daktyloskopisches) Bund-Länder-(Klassifizier-)System
BMF	Bundesminister(ium) der Finanzen
BMI	Bundesminister(ium) des Innern
BMWi	Bundesminister(ium) für Wirtschaft
BND	Bundesnachrichtendienst
BPersVG	Bundespersonalvertretungsgesetz
BPolBG	Bundespolizeibeamtengesetz
BRD	Bundesrepublik Deutschland
BT-Drs.	Bundestags-Drucksache
BtMG	Gesetz über den Verkehr mit Betäubungsmitteln
BVerfG	Bundesverfassungsgericht
BVerfGE	Entscheidungen des Bundesverfassungsgerichts (zitiert nach Band und Seite)
BVerfGG	Gesetz über das Bundesverfassungsgericht
BVerwG	Bundesverwaltungsgericht
BVSW	Bayerischer Verband für Sicherheit in der Wirtschaft
BW	Baden-Württemberg
BZR	Bundeszentralregister
BZRG	Bundeszentralregistergesetz
bzw.	beziehungsweise
CATI	Computer Assisted Telephone Interviewing
CEBI	Computergestützte Einsatzleitung, Bearbeitung, Informa-tion(en)
CID	Criminal Investigation Division
CIS	Criminal Information System (IKPO-Interpol)
COD	Computergestütztes Dokumentationssystem für Literatur und administrative Daten
CR	Computer und Recht (Zeitschrift)
DB	Deutsche Bundesbahn
DEA	Drug Enforcement Administration (US-amerikanische Rauschgiftbekämpfungsbehörde)
DGB	Deutscher Gewerkschaftsbund
Die Polizei	Die Polizei (Zeitschrift)
DIHT	Deutscher Industrie- und Handelstag
DÖV	Die öffentliche Verwaltung (Zeitschrift)
DRiZ	Deutsche Richterzeitung (Zeitschrift)
DSB	Datenschutz-Berater (Zeitschrift)
DSC	Differential-Scanning-Kalorimetrie
DSW	Deutscher Schutzverband gegen Wirtschaftskriminalität e.V.

DTA	Differential-Thermo-Analyse
DVBl.	Deutsches Verwaltungsblatt (Zeitschrift)
ED	Erkennungsdienst
EDE	Systemerkennungsdienstliche Evidenz (Österreich)
ED-RFA	Energiedispersive Röntgenfluoreszenzanalyse
Eds.	Editors
EDV	Elektronische Datenverarbeitung
EG	Europäische Gemeinschaften
EGGVG	Einführungsgesetz zum Gerichtsverfassungsgesetz
EINDOK	Einsatz-, Dokumentations- und Führungshilfen
EKIS	Elektronisches Kriminalpolizeiliches Informationssystem (Österreich)
ELIAS	Einsatzleit-, Informations- und Auskunftssystem
ELVIS	Elektronisches Verwaltungssystem
EMA	Einwohnermeldeamt
E-Satz	Einzelfingerabdruckformel (sog. Langsatz) im BLS
EUROPOL	Europäische Polizeieinheit (beschlossen von den EG-Regierungschefs im Dezember 1991 in Maastricht; möglicherweise Keimzelle für ein künftiges „Europäisches Kriminalpolizeiamt")
EUV	Vertrag vom 7. Februar 1992 über die Europäische Union (BGBl. II S. 1253; sog. „Vertrag von Maastricht")
FABl	Fingerabdruckblätter
FAG	Fernmeldeanlagengesetz
FaV	Gemeinsame Fahndungsvorschrift (Österreich)
FAZ	Frankfurter Allgemeine Zeitung
FBI	Federal Bureau of Investigation
FDR	Falldatei Rauschgift
Fest-AAS Zeemann	Atomabsorptionsspektroskopie (Feststoffanalyse)
ff.	fortfolgende
FGG	Gesetz über die Angelegenheiten der freiwilligen Gerichtsbarkeit
FIB	Fahndungs-, Informations- und Berichterstattungsvorschrift (Österreich)
FIR	Internationales Fahndungssystem
FISH	Forensisches Informationssystem Handschriften
Fn.	Fußnote
FR	Frankfurter Rundschau
G.	Gesetz
GABl.(BW)	Gemeinsames Amtsblatt des Landes Baden-Württemberg
GBl.	Gesetzblatt (Baden-Württemberg)
GC	Gaschromatograph/Gaschromatographie
GDIS	Generaldirektion für Innere Sicherheit
GewO	Gewerbeordnung
GG	Grundgesetz für die Bundesrepublik Deutschland
GMBl.	Gemeinsames Ministerialblatt (Bund)
GMI	Gerichtlich-medizinisches Institut der Universität
GSG 9	Grenzschutzgruppe 9 (Spezialverband des BGS zur Bekämpfung besonders schwerer Gewaltkriminalität)
GüKG	Güterkraftverkehrsgesetz
GV., GVBl., GVOBl.	Gesetz- und Verordnungsblatt
GVG	Gerichtsverfassungsgesetz
GVU	Gesellschaft zur Verfolgung von Urheberrechtsverletzungen

GWS	Gemeinschaft zum Schutze der Deutschen Wirtschaft
GZS	Gesellschaft für Zahlungssysteme
HBl	Handflächenabdruckblätter
HELP	Hamburger Einsatzleitsystem Polizei
HEPOLIS	Hessisches polizeiliches Informationssystem
Hess. PolOrgVO	Verordnung über die Organisation und Zuständigkeit der hess. Vollzugspolizei
HIDOK	Hinweisdokumentationssystem
HLKA	Hess. Landeskriminalamt
HMX	Oktogen (Sprengstoff)
Hrsg.	Herausgeber
HS	Halbsatz
IATA	Internationale Lufttransportvereinigung
ICAO	Internationale Zivilluftfahrtorganisation
idF	in der Fassung (der Bekanntmachung)
IHK	Industrie- und Handelskammer
IKPK	Internationale Kriminalpolizeiliche Kommission
IKPO	Internationale Kriminalpolizeiliche Organisation - INTERPOL
IMK	Ständige Konferenz der Innenminister und -senatoren der Länder
INPOL	Informationssystem der Polizei
IR	Infrarot
IRG	Gesetz über internationale Rechtshilfe in Strafsachen
ISA	Informationssystem Anzeigen
ISDN	Integrated services digital network
ISVB	Informationssystem für Verbrechensbekämpfung
IT	Informationstechnik
ITU	Internationale Fernmeldeunion
i.V.	in Verbindung
JCPDS-Kartei	Spektren-Bibliothek des Joint Committee of Powder Diffraction Standards
JVA	Justizvollzugsanstalt
JWG	Gesetz für Jugendwohlfahrt
JZ	Juristenzeitung (Zeitschrift)
KAN	Kriminalaktennachweis
KAI	Kriminalaktenindex
KBA	Kraftfahrt-Bundesamt
Kfz	Kraftfahrzeug
KPMD	Kriminalpolizeilicher Meldedienst
KpS	Kriminalpolizeiliche personenbezogene Sammlungen
KPVP	Kriminalpolizeiliches Vorbeugungsprogramm
Kriminalistik	Kriminalistik (Zeitschrift)
KT	Kriminaltechnik
KUG	Gesetz betreffend das Urheberrecht an Werken der bildenden Künste und der Photographie
KVK	Kommission Vorbeugende Kriminalitätsbekämpfung
KWKG	Kriegswaffenkontrollgesetz
LAG	Landesarbeitsgericht
LDSG	Landesdatenschutzgesetz
LED	Lichtemittierende Diode
LF	Leitfaden
LFK	Landesfahndungskommando
LG	Landgericht

LKA/LKÄ	Landeskriminalamt/Landeskriminalämter
Lkw	Lastkraftwagen
MAD	Militärischer Abschirmdienst
MDH	Maunz/Dürig/Herzog/Scholz, Kommentar zum Grundgesetz
MDR	Monatsschrift für Deutsches Recht (Zeitschrift)
MeldeG	Meldegesetz
MEK	Mobiles Einsatzkommando
ME PG	Musterentwurf eines Polizeigesetzes
MGT	Modified Griess Test
MIKOS	Mobiles Informations- und Kommunikationssystem
MiStra	Mitteilungen in Strafsachen
MiZi	Mitteilungen in Zivilsachen
MOD	Modus-operandi-Datei
MOE	Mobile operative Einheiten
MP	Militärpolizei
MS	Massenspektrometer/Massenspektroskopie
m.w.N.	mit weiteren Nachweisen
NJW	Neue Juristische Wochenschrift (Zeitschrift)
NAA	Neutronenaktivierungsanalyse
NADIS	Nachrichtendienstliches Informationssystem
NMR	Nuclear Magnetic Resonance (Kernmagnetische Resonanz)
NN	Abkürzung von „nomen nescio" (lateinisch = „den Namen weiß ich nicht") als Ersatz für einen unbekannten Namen (z.B. eines Autors)
NPA	Neues Polizeiarchiv (Zeitschrift)
Nr.	Nummer
NStZ	Neue Zeitschrift für Strafrecht
NVS	Nachrichtenvermittlungssysteme
NW	Nordrhein-Westfalen
NZV	Neue Zeitschrift für Verkehrsrecht
OECD	Organisation für Wirtschaftliche Zusammenarbeit und Entwicklung
OES	Emissionsspektralanalyse
ÖPNV	Öffentlicher Personennahverkehr
OK	Organisierte Kriminalität
OLG	Oberlandesgericht
OSI	Office for Special Investigations
OWiG	Gesetz über Ordnungswidrigkeiten
PAD	Personenauskunftsdatei
PaßG	Gesetz über das Paßwesen
PAusweisG	Gesetz über Personalausweise
PC	Personal Computer
PDV	Polizeidienstvorschrift
PED	Polizeiliche Erkenntnisdatei (Schleswig-Holstein)
PETN	Nitropenta (Sprengstoff)
PFA	Polizei-Führungsakademie
PFV	Personenfeststellungsverfahren
PIKAS	Polizeiliches Informations-, Kommunikations- und Auswertesystem
PIOS	Arbeitsdatei Personen, Institutionen, Objekte, Sachen
PKS	Polizeiliche Kriminalstatistik
Pkw	Personenkraftwagen
PL	Projektleitung (d. KPVP)

PODIAS	Polizeiliches dialoggeführtes Auswertungssystem
POLARIKUS	Polizeiliche Aufgaben, Recherche, Kommunikationen und unterstützendes System
POLAS	Polizeiliches Auskunftssystem
PolG	Polizeigesetz
POLIS	Polizeiliches Informationssystem
PostG	Gesetz über das Postwesen
PSD	Personenschutzdatei
PTU	Direktion Polizeitechnische Untersuchungen (Berlin)
RCMP	Royal Canadian Mounted Police
Rdnr.	Randnummer
REM	Rasterelektronenmikroskop
REM/EDX	Energiedispersive Röntgenmikroanalyse
RFA	Röntgenfluoreszenzanalyse
RGSt	Entscheidungen des Reichsgerichts (zitiert nach Band und Seite)
RiLi	Richtlinie(n)
RIPOL	Recherche informatisé policière
RiStBV	Richtlinien für das Strafverfahren und das Bußgeldverfahren
RiVASt	Richtlinien für den Verkehr mit dem Ausland in strafrechtlichen Angelegenheiten
RNZ	Rhein-Neckar-Zeitung
RVO	Reichsversicherungsordnung
Schufa	Schutzgemeinschaft für allgemeine Kreditsicherung GmbH
SEK	Spezialeinsatzkommando
SEPAT-Plan	Befristeter Rauschgift-Europaplan (Stupéfiants Europe Plan à Terme) der IKPO-Interpol zur Finanzierung eines Rauschgift-Sonderfonds
SGB	Sozialgesetzbuch
SIGMA	Personenidentifikationsprogramm (Österreich)
SIS	Schengener Informationssystem
SOG Nds.	Gesetz über die öffentliche Sicherheit und Ordnung Niedersachsen
Sp.	Spalte
SPUDOK	Hinweis- und Spurendokumentationssystem in Ermittlungsverfahren
SSD	Straftaten-/Straftäter- Datei
StGB	Strafgesetzbuch
StPO	Strafprozeßordnung
StV	Strafverteidiger (Zeitschrift)
STVÄG	Strafverfahrensrechtsänderungsgesetz
StVG	Straßenverkehrsgesetz
StVO	Straßenverkehrs-Ordnung
StVollzG	Gesetz über den Vollzug der Freiheitsstrafe und der freiheitsentziehenden Maßregeln der Besserung und Sicherung
SZ	Süddeutsche Zeitung
TESCH	Dokumentationssystem für terrorismus- und extremismusbezogenes Schriftgut
TEXTOR	Programmpaket für den rechnergestützten linguistischen Textvergleich
TG	Thermogravimetrie
TKS	Telekommunikationssystem
TNT	Trinitrotoluol

TREVI	Organisation der für innere Sicherheit zuständigen EG-Minister zur Behandlung von Fragen des internationalen Terrorismus (Terrorisme), Radikalismus (Radicalisme), Extremismus (Extremisme) und anderen Formen politisch motivierter Gewalt (Violence)
u.a.	unter anderem
UALEx	Unterausschuß Leitender Exekutivbeamter
USBV	Unkonventionelle Spreng- und Brandvorrichtung
VE-Einsatz	Einsatz Verdeckter Ermittler
VG	Verwaltungsgericht
VP-Einsatz	Vertrauenspersoneneinsatz
VersG	Gesetz über Versammlungen und Aufzüge
VGH	Verwaltungsgerichtshof
vgl.	vergleiche
VGO	Vollzugsgeschäftsordnung
VNP	Vorgangsnachweis Personalien
VwGO	Verwaltungsgerichtsordnung
WaffG	Waffengesetz
WAZ	Westdeutsche Allgemeine Zeitung
WDO	Wehrdisziplinarordnung
WD-RFA	Wellenlängendispersive Röntgenfluoreszenzanalyse
WE-Meldungen	Meldungen über wichtige Ereignisse
wistra	Zeitschrift für Wirtschaft, Steuer, Strafrecht
WK	Wiesbadener Kurier
WT	Wiesbadener Tagblatt
z.B.	zum Beispiel
ZAD	Zentrale Auskunftsdatei der Polizeidienststellen Nordrhein-Westfalens
ZDF	Zweites Deutsches Fernsehen
ZEVIS	Zentrales Verkehrsinformationssystem
Ziff.	Ziffer
ZollG	Zollgesetz
ZPI	Zentraler Personenindex
ZPO	Zivilprozeßordnung
ZRP	Zeitschrift für Rechtspolitik (Beilage zur NJW)
Z-Satz	Zehnfingerabdruckformel (sog. Kurzsatz) im BLS
ZuSEG	Gesetz über die Entschädigung von Zeugen und Sachverständigen
ZZP	Zeitschrift für Zivilprozeß

21

Kriminaltechnik

Entwicklung, Stand und Perspektiven – ein Überblick

Wolfgang Steinke

A.   Fehlen eines Gesamtwerkes

Angesichts der revolutionären Entwicklung der Natur- und Geisteswissen-   **1**
schaften in den letzten Jahrzehnten kann es nicht verwundern, daß es
bisher nicht gelungen ist, durch ein Spezialistenteam das **Kriminaltechnik-
Lehrbuch** zu konzipieren, an dem sich Theorie und Praxis auszurichten
vermögen. Wären die Bearbeiter schließlich fertig, müßten sie erkennen,
daß ihr Werk längst nicht mehr auf dem laufenden ist, daß es der Aktualisierung bedarf und daß letztlich der notwendige Umfang alle Grenzen
sprengt. So haben sich in der Praxis und in der Theorie Arbeitsinseln gebildet, die je nach Neigung der Spezialisten zu praktischer Arbeit oder zur
literarischen Grundkonzipierung unterschiedlich umfangreiche literarische Grundlagenarbeit geleistet haben.

2 Sicherlich mag man als Allround-Kriminaltechniker mit dem „Leitfaden" von *Wigger*[1] zufrieden sein; doch ihm fehlt das große naturwissenschaftliche Methodenspektrum, der Wissenschafts-Charakter in Breite und Tiefe ebenso wie die Zukunftsschau im Forschungs- und Entwicklungsbereich. Dies fehlt auch dem mit weit mehr wissenschaftlichem Anstrich, wenn nicht besser: wissenschaftlicher „Fassade" versehenen Werk von *Pohl*[2]. Zwar ist dieser bemüht, den naturwissenschaftlichen Bereich zu vertiefen; doch dabei hat er sich naturgemäß „überheben" müssen, denn es gibt heute nicht mehr den Kriminaltechniker für alles, den Universalwissenschaftler, weil dafür die Materie zu komplex, kompliziert und fast schon unüberschaubar geworden ist. Mancher ist auf seinem **Teilgebiet,** einem verschwindend kleinen Spektrum, das zu beherrschen äußerste Mühe bedingt, schon froh, wenn er auch nur annäherend den internationalen Literaturmarkt[3] überblicken geschweige denn analytisch nachvollziehen kann. Die Ansprüche an die Kriminaltechnik werden immer höher, die Methoden immer selektiver, die Fragestellungen immer gewagter, und da versucht jeder Wissenschaftler, auch nur einigermaßen mitzuhalten. Gutachtenerstattung aber bedingt immer Grundlagenforschung, fehlt diese, hat die Beweisfrage offenzubleiben. Angesichts nicht unbeschränkter Ressourcen muß da entschieden werden, in welchen Bereichen Grundlagenforschung betrieben wird und wo sie einstweilen zurückgestellt werden muß. Nach allem müßte ein Gesamtwerk Kriminaltechnik von einem **Mitarbeiterstab** von mehr als drei Dutzend konzipiert werden, um eine einigermaßen anspruchsvolle Momentaufnahme zu ermöglichen.

3 Mag schließlich die Aufzählung der „Grundlagenwerke" mit dem „Handbuch" von *Geerds*[4] abgeschlossen werden. Die Bezeichnung „Handbuch" ist hier allerdings problematisch; *Geerds'* Versuch, den *gesamten* Bereich der Kriminalistik abzudecken, ist ein für einen Juristen gewagtes Unterfangen, das sicherlich nur teilweise gelingen kann. Wer die Polizeiwissenschaften in den letzten Jahrzehnten verfolgt hat, wer nur annähernd die zahlreichen Polizeidienstvorschriften kennt und die kriminalistisch-kriminologische Forschung verfolgt hat, wird zugestehen müssen, daß die Kriminalistik zu einer diffizilen Wissenschaft fortentwickelt worden ist, deren überwiegend naturwissenschaftlicher Kern die Teilsparte der Kriminaltechnik beinhaltet. Wer also die Kriminalistik mit ihrer weitgehend auch schon unüberschaubar gewordenen Einzelliteratur in einem Standardwerk mit abdecken will, braucht weitere zwei Dutzend Fachleute, und diese standen auch *Geerds* kaum zur Verfügung. Dennoch sei ihm hoher Respekt gezollt, ein solches Werk verfaßt zu haben.

4 Eine über die Komplexität der Materie hinausgehende Schwierigkeit, die nicht überbrückt werden kann, ist, daß es wissenschaftliche Erkenntnisse gibt, die einfach nicht, bis zu ihrer Entdeckung noch nicht, veröffentlicht werden dürfen, da die **Gegenseite** die kriminalistische, insbesondere kri-

---

1 *Wigger* 1980.
2 *Pohl* 1981.
3 Einen Eindruck von der Publikationsflut vermittelt Bundeskriminalamt 1989.
4 *Groß/Geerds* 1977, 1978.

minaltechnische Fachliteratur liest und sich auf die Möglichkeit der Detektion schnellstens einstellt. Schlimm genug etwa schon, daß relativ schnell bekannt wird – und in der mündlichen Verhandlung muß das offengelegt werden –, daß es möglich ist, eine Fotokopie einem bestimmten Fotokopiergerät zuzuordnen; da darf dann wohl auf keinen Fall noch literarisch dargelegt werden, wie man zu solchen Ergebnissen kommt. So besteht selbst für den Fachmann der Konflikt, eine wissenschaftlich dürftig erscheinende Bearbeitung abgeliefert zu haben, um der Praxis Genüge zu tun.

Die folgenden **Einzelbearbeitungen** der wichtigsten Felder der wissen- 5 schaftlichen Kriminaltechnik, ausnahmslos von anerkannten Experten erstellt, versuchen die Lücke zu schließen, die dadurch entstanden ist, daß wegen der ausufernden Stofffülle ein Gesamtwerk Kriminaltechnik hohen wissenschaftlichen Anspruchs bisher nicht vorgelegt worden ist.

B.   Stand der Kriminaltechnik

I. Naturwissenschaften

1. Situation

Die Naturwissenschaften haben sich in den letzten Jahrzehnten derart 6 sprunghaft entwickelt, daß in fast allen Untersuchungsbereichen mit **immer kleineren Probenmengen** immer genauere Ergebnisse erzielt werden können. Es mutet fast abenteuerlich an, wenn der Analytiker beklagt, daß das Probenaufkommen zu groß ist, daß es geteilt oder segmentiert werden muß. Mit dem Auge nicht mehr sichtbare Teilchen ermöglichen eine exakte qualitative Rauschmittelanalytik, winzigste Schmauchpartikelchen reichen zur Bestimmung der verwendeten Munition, kleinste Ablagerungen ergeben Aufschluß über die Sprengstoffzusammensetzung, und winzigste Lacksplitter ermöglichen die Bestimmung der Marke, des Baujahrs und der Farbe eines Fluchtfahrzeugs. Der kleinste Glassplitter ermöglicht die Zuordnung zu Autoglas, Fensterglas oder Behälterglas, die Entfernungsbestimmung eines Schusses ist fast schon Routine, die Zuordnung von Sperma, Speichel, Blut, Haaren, ja Fingernägeln zu einem Individuum ist Wirklichkeit. Alles am Menschen ist individuell, so wie sein Fingerabdruck, die Stimme, die Iris, der Gang, das Blut, der Zahninhalt, die Handschrift, alles ermöglicht Zuordnungen, wie sie vor Jahrzehnten noch nicht denkbar waren. Das perfekte Verbrechen rückt in immer größere Ferne.

Immer neue Techniken wie z. B. Matrixdrucker, Schreibautomaten, 7 neue Kommunikationstechniken, neue Fertigungstechniken, neue Schreibgeräte, Pasten, Tinten, Kunststoffe, Laserstrahltechnik oder Computertechniken stellen die Kriminaltechnik vor immer neue Probleme.

Eine fast unüberschaubare Flut von Grundlagenforschungen muß bewältigt werden, ohne die Gutachtenerstellungen nicht möglich sind. Dies alles hat dazu geführt, daß auf immer mehr Gebieten immer größere **Spezialisten** heranwachsen. Die Spezialisten haben nur noch wenige Kollegen, die auf gleichem Gebiet arbeiten und mit denen Erfahrungen ausgetauscht werden können.

2. Fachgremien in der Bundesrepublik Deutschland

8   Markant ist ein flüchtiger Blick auf die in der Bundesrepublik Deutschland existierenden **Fachgremien** von rund einem Dutzend Wissenschaftlern, die sich nur rund alle zwei Jahre zu einem Erfahrungsaustausch treffen können. Im Jahre 1986 hat sich wegen der rasanten Fortentwicklung der Kriminaltechnik eine **Neukonzeption** von Arbeitsweisen und Arbeitsgruppen als erforderlich erwiesen, die auch deshalb notwendig wurde, weil immer neue Untersuchungsbereiche hinzukamen.

9   In der **Arbeitsgruppe „Brand/Raumexplosionen"** werden auch Wirkungen von Explosionen bearbeitet, Fälle des Stromtodes und des Elektrounfalls. Die physikalisch-technischen Untersuchungen umfassen verschiedenste Materialspuren überwiegend anorganischen Ursprungs wie Metall, Legierungen, Glas, Lack usw.

10   Die **Gruppe „Schmauchspuren"** untersucht Schußspuren an Leichenteilen und Textilien sowie sonstigen Gegenständen, bestimmt die Schußentfernung, den Ein- und Ausschuß, die Schußhand, und rekonstruiert die Tat.

11   Die **Toxikologen** versuchen Gift nachzuweisen, alle Rauschgifte qualitativ und quantitativ zu bestimmen und den Rauschmittelkonsum zu bewerten. Wegen der drängenden Probleme des Umweltschutzes bestimmen die **Umweltanalytiker** Schadstoffe in Luft-, Wasser- und Bodenproben sowie in Abfällen. Die **chemisch-technischen Fachleute** analysieren überwiegend organische Produkte wie alle Kunststoffe, Gummi, Klebstoffe, Klebebänder, Mineralölprodukte, Kampfstoffe, Reizstoffe, Haushaltschemikalien und Kosmetika.

12   **Explosivstoffanalytiker** erforschen auch die Wirkungsweise von Sprengstoffen, insbesondere von Selbstlaboraten, und rekonstruieren Sprengstoffanschläge.

13   **Serologen** untersuchen Blut- und Sekretspuren und versuchen in mehr als einem Dutzend Differenzierungsverfahren, erbliche Merkmale nachzuweisen.

14   Eine **Arbeitsgruppe „Allgemeine Biologie"** untersucht verschiedenste Materialspuren biologischen Ursprungs wie Hölzer und Holzprodukte, Pflanzenteile, Nahrungs- und Genußmittel, Magen- und Darminhalte sowie Menschen- und Tierhaare einschließlich ihrer Veränderungen durch kosmetische Behandlungen. Die **Bodenkundler** beschäftigen sich mit mikrobiologischen Untersuchungen sowie mit Boden- und Schmutzspuren.

Der **Bund-Länder-Arbeitskreis Textilkunde** bewertet Textilfaserspuren 15
nach Material und Ausrüstung, analysiert textile Gegenstände oder Teile
davon und untersucht textile Paß-Spuren, Beschädigungen, Knoten sowie
Abdrücke in bzw. von Textilien. Wichtigstes Projekt ist der Aufbau einer
zentralen Faserdatei, die es ermöglichen soll, exaktere Wahrscheinlichkeitsaussagen zu treffen.

Im Bereich der **Urkundenuntersuchungen** beschäftigt sich eine **Arbeits-** 16
gruppe „Materialprüfung und Verfahrenstechnik" mit spurenkundlichen
Untersuchungen und der Auswertung von Urkunden, prüft und bewertet
allgemeine Verarbeitungs- und Herstellungsmerkmale, Informationsüber-
tragung und -verarbeitung, Kopierverfahren, analysiert und bewertet
Schreibmittel, Druckfarben, Fotokopiertoner, Papier, bestimmt Alter und
Herkunft von Urkunden und sonstigen Materialien. Hier sind auch zentrale Sammlungen von Druckerzeugnissen und Ausweisen sowie sonstigen Legitimationspapieren angesiedelt. Eine andere **Arbeitsgruppe**
„Maschinenschriften/Druckschriften" untersucht Maschinenschriften,
also Identifizierung, Systembestimmung und Klassifizierung, beschäftigt
sich mit der Altersbestimmung dieser Produkte und beschickt die zentrale
Schreibmaschinen-Tatschriftensammlung beim Bundeskriminalamt.

Der **Arbeitskreis „Handschriften"** bearbeitet allgemeine Fragen zu 17
Untersuchungen und zur Methodik auf dem Gebiet des Handschriftenver-
gleichs.

Die **Waffentechniker** übernehmen die technische Prüfung und Beurtei- 18
lung der Bauart, der Funktion und der Fertigung von Waffen, von Munition
und von sonstigen Gegenständen und Geräten sowie Kennzeichen an Waffen und Munition. Sie haben ferner die rechtliche Einordnung von Waffen
und Waffenteilen nach dem Waffen- und Kriegswaffenkontrollgesetz vorzunehmen.

In der **Arbeitsgruppe „Schußwaffenspuren/Ballistik"** werden verfeuerte 19
und nicht verfeuerte Munitionsteile sowie Spuren aller Art an Munitions-
teilen untersucht, Tatrekonstruktionen ebenso vorgenommen wie
Geschwindigkeits- und Energiemessungen. Außerdem werden alle Fragen
der Außen-, Innen- und Mündungsballistik beantwortet.

Der **Arbeitskreis „Formspuren"** gliedert sich in die **Arbeitsgruppen** 20
„Werkzeugspuren" und **„sonstige Spuren".** Die erste Gruppe untersucht
Werkstoffoberflächen, entwickelt Abformtechniken und untersucht
Schließeinrichtungen. Ferner hat sie die gesamte Technologie der Werk-
zeuge zu beherrschen sowie entfernte Zeichen aus Metallen und Kunst-
stoffen wieder sichtbar zu machen. Die „sonstigen Spuren" beinhalten
Schuh-, Fuß-, Handschuh- und Reifenspuren sowie die Technologie aller
spurenverursachenden Objekte.

Dazu kommt schließlich für alle kriminaltechnischen Bereiche der 21
Arbeitskreis **„Kriminaltechnische Fotografie".**

II. Geisteswissenschaften

Nicht nur die Naturwissenschaften haben sich auf eine kaum noch zu 22
überbietende Höhe entwickelt, sondern auch die Geisteswissenschaften

wie die **Handschriftenerkennung,** die **Stimmenidentifizierung, der Stimmenvergleich und die linguistische Textanalyse.** Diese mit Ausnahme der Handschriftenerkennung relativ neuen Bereiche haben jetzt schon einen hohen Standard und sind aus der Kriminaltechnik nicht mehr wegzudenken.

C. Behördengutachter

I. Ihre Stellung

23 Die Gutachter von den Landeskriminalämtern und dem Bundeskriminalamt erstatten ihre Gutachten als Behördengutachten im Sinne von § 256 StPO. Damit sind die Behördengutachter den Sachverständigen im Sinne der §§ 72 ff. StPO nicht gleichgestellt. Sie können nicht vereidigt werden, keine Aufträge vom Gericht erhalten, unterliegen in bezug auf Ablehnung nicht den §§ 72 ff. StPO, und die Gutachten können verlesen werden. So werden nur rund 10 % aller Gutachten noch mündlich vertreten, ein erheblicher praktischer Gesichtspunkt. Allerdings fühlen sich die Behördengutachter, obwohl ein ganzes Institut hinter ihnen steht, qualitativ den privaten Sachverständigen unterlegen. Deshalb wird ihnen generell gestattet, den Sachverständigenstatus über § 75 Abs. 2 StPO zu erhalten, indem sich die Behördengutachter dem Gericht gegenüber zur Gutachtenerstattung bereit erklären. Dies kann schon durch konkludente Handlung bei der Ladung „als Sachverständiger" erfolgen, spätestens aber im Gerichtssaal in der Hauptverhandlung.

II. Einwände gegen sie

24 Die immer verfeinerteren Analysemethoden, die immer perfektere Spurenauswertung und die neuesten Forschungsergebnisse haben die naturwissenschaftlich oft überforderten **Verteidiger** schon aufbegehren lassen, und sie vertreten gelegentlich in der Literatur die Auffassung, die Kriminaltechniken von Bund und Ländern seien so kompetent geworden, daß man sie substantiiert kaum mehr angreifen könne und Gegengutachter so gut wie nicht mehr finde. Deshalb, so meinen einige, müsse man sich darüber auseinandersetzen, über welche Spuren die Kriminaltechniker überhaupt noch ohne **Zustimmung des Spurenlegers** verfügen dürfen, d. h. welche sie sichern und auswerten dürfen, den Fingerabdruck, das Haar, die Blut- und Spermaspur oder auch noch die Faserspur. Diese neuartige und sachlich nicht haltbare Diskussion wird sicher neu belebt werden durch die revolutionäre Entwicklung im Bereich der Blutgruppendifferenzierung, die die Serologen der Universität Leicester vorangetrieben haben und die unter dem wenig glücklichen reißerischen Begriff des „DNA-Fingerprinting" bekannt geworden ist. Dieses besser „DNA-profiling" genannte, ebenso wie die bisherigen Differenzierungsverfahren auf Erbmerkmalen beruhende Verfahren ermöglicht die individuelle Zuordnung von Körpersekre-

ten und hat Persönlichkeitsrechtler auf den Plan gerufen, die de facto suggerieren, daß das neue Verfahren Erbanlagen bestimmt und auch Genmanipulationen ermöglicht.

Ein zweiter Einwand gegen die Allmacht der Kriminaltechniken der Kriminalämter ist beachtlicher, aber ebenso unbegründet, nämlich der, daß die polizeilichen Gutachter einige Untersuchungsbereiche allein belegen, also **konkurrenzlos** sind und daß sie wegen ihrer Zugehörigkeit zum Strafverfolgungsbereich **befangen** sind, weil sie Weisungsrechten unterliegen. Richtig ist, daß es einige Bereiche gibt, für die private Sachverständige nicht zur Verfügung stehen, doch dies kann die Verteidigung den Kriminalämtern kaum anlasten. Falsch ist der Vorwurf der Weisungsgebundenheit behördlicher Sachverständiger. Wegen der Freiheit von Wissenschaft, Lehre und Forschung ergibt es zwar Dienst- und allgemeine Fachaufsicht, aber keine Weisungen, Gutachten mit einer bestimmten Tendenz zu erstellen. **25**

Im Gegenteil, es gilt nur die Verpflichtung, daß die Gutachten nach bestem Wissen und Gewissen auszuarbeiten und zu vertreten und daß dabei die modernsten wissenschaftlichen Methoden einzusetzen sind. Da die Sachverständigen der Kriminalämter die Gutachten im Gegensatz zu den privaten Sachverständigen oder den gerichtsmedizinischen Instituten nicht zum Gelderwerb anfertigen, besteht bei ihnen auch nicht die Gefahr der Gefälligkeitsgutachten.

D. Kriminalämter und gerichtsmedizinische Institute

Die Kriminalämter haben sich bewußt immer dem Gebiet der Gerichtsmedizin ferngehalten und den gerichtsmedizinischen Instituten dieses Feld – außer der Serologie – sowie die Vaterschaftsbegutachtung überlassen. Gelegentlich hat das zu Schwierigkeiten geführt, wenn z. B. der Gerichtsmediziner wichtige Spuren wie Schmauch- oder Haar- und Textilspuren für die Kriminaltechnik erhalten muß. Gleichwohl hat die **Aufgabenteilung** bisher auf der Arbeitsebene kaum zu Reibungsverlusten geführt. **26**

In der letzten Zeit jedoch ist festzustellen, daß die gerichtsmedizinischen Institute immer mehr in Bereiche **einzudringen** versuchen, die bisher von der Kriminaltechnik allein belegt waren. Dagegen ist an sich nichts einzuwenden. Dysfunktional wird die Sache aber dann, wenn Universitätsinstitute Gutachten erstatten, ohne die erforderlichen fachlichen Voraussetzungen und Erfahrungen mitzubringen. **27**

Das Angebot der Kriminalämter zum **Erfahrungsaustausch**, zur Einweisung und Zusammenarbeit besteht, wird aber nur ganz selten von gerichtsmedizinischer Seite angenommen. Dies ist wenig glücklich, denn der Erfahrungsaustausch kann nicht ersetzt werden durch das Verfolgen nationaler und internationaler Literatur. Es kann und darf nicht angehen, daß ausgebildete Psychologen Gutachten mittels komplizierter physikalischer und chemischer Methoden erstatten und auch noch zu suggerieren versuchen, sie seien den sachkundigen Kriminaltechnikern überlegen. In einem werden und müssen die Universitätsinstitute den Kriminalämtern unterle- **28** gen bleiben, und das sind Vergleichsuntersuchungen anhand von Tatmittelsammlungen, ein unverzichtbares Instrument zur Zusammenführung und Aufklärung von Unbekannttaten.

E. Konzept Kriminaltechnik Bund/Länder

I. Situation

29 Die Kriminaltechniken von Bund und Ländern, unterschiedlich komfortabel ausgestattet und in der Hochzeit der terroristischen Bedrohung der endsiebziger Jahre erheblich ausgebaut, gerieten bald an ihre Grenzen, wobei sich zeigte, daß ein **Gesamtkonzept** weitgehend **fehlte** und die Gutachtenübernahme für andere örtlich und sachlich zuständige Dienststellen vom guten Willen des Übernehmenden ebenso abhing wie von seinen tatsächlichen Möglichkeiten. Da wurde der Ruf nach einer Übernahmeverpflichtung durch das Bundeskriminalamt immer lauter, obwohl auch den Ländern klar war, daß nach dem BKA-Gesetz eine Verpflichtung des Bundeskriminalamtes zur Gutachtenübernahme für die Länder kaum zu konstruieren war.

30 Sicherlich war die **Kriminaltechnik** des Bundeskriminalamts historisch auf allen Gutachtenbereichen organisch groß geworden, unabhängig davon, ob die Gutachtenbereiche jemals für Fälle eigener BKA-Zuständigkeit relevant werden würden. Wenn man sich einmal vorstellt, daß das Bundeskriminalamt in Fällen von Brandlegungen, Raumexplosionen oder Blutgruppenzuordnungen wohl kaum Verfahren in eigener Zuständigkeit bearbeiten muß, dennoch solche Bereiche von der Kriminaltechnik des Bundeskriminalamtes mit höchstem wissenschaftlichen Anspruch bearbeitet werden können, so mußte das Bundeskriminalamt zwangsläufig Länderverfahren kriminaltechnisch unterstützen, um die Praxisnähe zu erhalten. Das führte in wenigen Bereichen zu einem gewohnheitsrechtlichen Denken einiger Länder, die die Kriminaltechnik des Bundeskriminalamtes gewissermaßen als ihre Außenstelle reklamierten.

31 Hinzu kam, daß **Tatmittelvergleichssammlungen** zwangsläufig in eine zentrale Hand gehören, und das mußte angesichts seiner Leistungsstärke das Bundeskriminalamt sein. So entstanden, nicht nur durch den Terrorismus bedingt, zentrale Sammlungen im Bereich Hülsen und Geschosse, Handschriften und Schreibmaschinenschriften, drei Komplexe, in denen Vergleichsuntersuchungen durch das Bundeskriminalamt nicht abgelehnt werden konnten.

II. Fachkommission

32 Um eine optimale Ressourcenausstattung zu garantieren, besann man sich Anfang der 80er Jahre auf eine Neustrukturierung der Kriminaltechniken und beauftragte eine **Fachkommission** aus Bund und fast allen Ländern – außer Bremen, Hamburg und Niedersachsen –, zu prüfen, ob einzelne Untersuchungsbereiche von einem Land oder dem Bund für alle übernommen werden konnten und ob durch Zusammenlegung von Instituten eine

bessere Ausstattung von personellen und sachlichen Mitteln geschaffen werden könnte. Als Musterbeispiel schwebte den Urhebern solcher Gedanken z. B. die Zusammenlegung der Techniken von Mainz, Wiesbaden und des BKA vor, wobei insbesondere Mainz über Baulichkeiten und Gerätschaften verfügte, die angesichts nicht ausreichender personeller Besetzung wohl kaum auslastbar waren. Der Versuch einer Neustrukturierung mußte allein aus politischen Gründen scheitern, denn welcher Innenminister konnte schon Untersuchungsbereiche auf- oder abgeben, selbst wenn bei ihm de facto einige Komplexe nie bearbeitet worden sind.

Allerdings ist aus praktischen Gründen eine weitere **Zentralisierung,** wo auch immer, dringend notwendig, und zwar in Bereichen, in denen aufwendige Vergleichssammlungen für die Begutachtungen notwendig sind, wie z. B. bei Fragen der Totalfälschungen von Ausweisen, Pässen und sonstigen Legitimationspapieren, in denen authentische Muster notwendig sind. In diesen Fällen müssen jedes Landeskriminalamt und das Bundeskriminalamt Vergleichssammlungen anlegen, also insgesamt zwölf, obwohl an sich eine ausreicht und die Anlieferer nicht begreifen können, daß sie zwölf Muster liefern sollen. Dies ist nicht nur im Ausweisbereich mißlich, sondern auch z. B. bei Maschinenschriften, bei Autolackmustern, Schlüsseln, Reifen, Papieren, Schreibmitteln, Stempeln, Siegeln oder Munitionsbodenstempeln oder Munitionsmuttern, wobei diese Aufzählung keinen Anspruch auf Vollständigkeit erhebt. **33**

2. Ergebnis

a) Fallbereich

Gleichwohl siegte die Auffassung der Mehrheit, jeder müsse im Rahmen seiner Zuständigkeiten **alle kriminaltechnischen Bereiche** beherrschen mit der Ausnahme, daß exotische Bereiche nicht bei allen vorgehalten werden müßten; für diese sei ein Übernehmender zu suchen. Das Fachgremium meinte, die entscheidende Frage der kriminaltechnischen Untersuchungen sei die der Bewertung des Untersuchungsergebnisses. Dies gelte insbesondere für die Bewertung komplexer Spurensachverhalte. Der Sicherungs- und Bewertungszusammenhang dürfe nicht verlorengehen, was geschehen könne, wenn Institutionen betraut würden, die das gesamte Spektrum der Kriminaltechnik nicht abdecken. Die Konsequenz aus dem Begriff und der Aufgabenstellung der Kriminaltechnik sei, daß die Untersuchungen von Spuren, die im Zusammenhang mit Straftaten/Ordnungswidrigkeiten anfallen, grundsätzlich durch kriminaltechnische Sachverständige durchzuführen seien. **34**

Das Fachgremium hat auch festgelegt, wie die Fachbereiche Naturwissenschaften, Urkunden und Schußwaffen/Formspuren mindestens qualitativ **besetzt** sein müßten. Darüber hinaus bestimmte das Fachgremium ein Personalsoll, bezogen auf 100 000 erfaßte Straftaten. Zur **Arbeitsteilung** hielt die Fachkommission erwartungsgemäß an dem Grundsatz fest, bei komplexen Spurensachverhalten Spurenmaterial nicht zu trennen, da hierdurch der Entstehungs- und Bewertungszusammenhang zerstört werden **35** würde. Daher können nur in sich geschlossene Spurenkomplexe abgetrennt und verlagert werden. Eine Arbeitsteilung dergestalt, daß einzelne Arbeitsbereiche von anderen Landeskriminalämtern oder dem Bundeskriminalamt übernommen werden, erschien aus kriminalistisch-forensischen Gründen und der zwingend notwendigen Präsenz der Kriminaltechnik im Tatortbereich nicht möglich. Dies bedeutet, daß jene Länder, bei denen aufgrund der Zahl der strafbaren Handlungen ein kompletter Ausbau der Kriminaltechnik nicht vertretbar erscheint, nicht Teiluntersuchungen, sondern, wenn überhaupt, nur die Untersuchung ganzer Spurenkomplexe, d. h. geschlossene Fälle, abgeben müßten. Freie Kapazitäten sind aber bei keiner Kriminaltechnik vorhanden, so daß daran schon Übernahmen scheitern.

b) Forschungsbereich

36 Für eine Arbeitsteilung im Bereich der anwendungsbezogenen Forschung und Entwicklung gab die Fachkommission Empfehlungen, die von der AG Kripo ebenso wie das Gesamtkonzept übernommen wurden:

37 „Anders als im Fallbereich werden im Bereich der anwendungsbezogenen Forschung und Entwicklung, einschließlich der fallbezogenen, Themen angesprochen, die von genereller Bedeutung für alle kriminaltechnischen Untersuchungsstellen sind. An erster Stelle in der Arbeitsteilung auf diesem Gebiet muß die **Koordinierung** stehen, da Doppelarbeit schon aus wirtschaftlichen Gründen vermieden werden muß. Die Forschungs- und Entwicklungsschwerpunkte werden von den Leitern der kriminaltechnischen Abteilungen der LKÄ und des Bundeskriminalamtes erarbeitet. Hierbei ist auch über die Reihenfolge und die Durchführung der einzelnen Vorschläge zu entscheiden. Regelmäßig zu erstellende Sachstandsberichte sollten dem BKA zugeleitet werden, das in Zusammenarbeit mit den beteiligten Kriminaltechniken der Länder über die Weiterführung oder Modifizierung der Vorhaben zu entscheiden hätte.

38 An der Durchführung der Forschungs- und Entwicklungsprojekte sollte sich mit **Teilarbeiten** jede KT beteiligen können. Zweckmäßig wäre, wenn zumindest jene Forschungs- und Entwicklungsarbeiten beim BKA durchgeführt würden, die einen konzentrierten Einsatz von Personal und Apparatur erfordern.

39 Anwendungsbezogene Forschung und Entwicklung kann nur dann wirkungsvoll betrieben werden, wenn die **Verbindung zur Fallarbeit** besteht. Da das Bundeskriminalamt nur in Teilbereichen der Kriminaltechnik Untersuchungsaufträge aus eigenen Ermittlungsverfahren erhält, erscheint eine Absprache mit den Ländern möglich und notwendig, in denen ein vollständiger Ausbau der Kriminaltechnik aus Gründen des konkreten Arbeitsanfalles gegenwärtig noch nicht zweckmäßig ist. Jedenfalls muß die Kriminaltechnik des Bundeskriminalamtes einen repräsentativen Querschnitt des Untersuchungsaufkommens erhalten."

F. Entwicklung der Kriminaltechnik in Westeuropa

I. Situation

In der Erforschung und Entwicklung polizeitechnischer Hilfsmittel ist die **40** Polizei der europäischen Staaten weitgehend qualitativ gleich hoch angesiedelt. Dies liegt offenbar daran, daß solche Hilfsmittel von Nichtspezialisten benutzt werden können und die Ergebnisse keiner wissenschaftlichen Interpretation bedürfen. Auch in der Fahndung, Ermittlung und Prävention sind in Europa, aber auch auf anderen Kontinenten, kaum grundsätzliche Unterschiede zu erkennen. Nicht so in der Kriminaltechnik. Dabei ist der deutlich **unterschiedliche Entwicklungsstand** deshalb so erstaunlich, weil kriminaltechnische Entwicklungsländer im allgemein naturwissenschaftlichen Niveau von den Spitzenländern der Kriminaltechniken nicht differieren.

Bemühungen, die Unterschiede zu nivellieren, sind sicherlich vorhan- **41** den, doch so einfach ist die **Adaption** erprobter Techniken und Methoden nicht. Zunächst einmal benötigt man den fertigen Naturwissenschaftler, der ebenso wie die Apparatur käuflich ist. Nicht käuflich dagegen ist der fertige Kriminaltechniker, der nach der Hochschulausbildung Jahre braucht, um die gegenüber der Ausbildung gegensätzliche Fragestellung lösen zu können. Und hinzu kommt noch ein gerüttelt Maß an Erfahrung, so daß eigentlich von einer zweiten wissenschaftlichen Ausbildung gesprochen werden kann. Wenn man berücksichtigt, daß es gut zwei Dutzend Wissenschaftsbereiche gibt, die eine gut ausgebildete Kriminaltechnik benötigt, kann man das mangelnde Engagement mancher Länder durchaus verstehen.

Allerdings ist unverzeihbar, daß es auch noch Länder gibt, die erheb- **42** lichen Nachholbedarf in klassischen Bereichen haben, ob es nun Werkzeugspuren, Schußspuren oder Mikroskopie sind. Hier muß eine **gesamteuropäische Angleichung** beginnen, die sich schließlich immer mehr verfeinert und bei gleichem Entwicklungsstand aller endet, bei gleichen Methoden und damit vergleichbaren Ergebnissen. Und wenn es dann noch bei einem gesamteuropäischen hochqualifizierten Bestand vieler Kriminaltechniker, die die gleiche Sprache sprechen, zu einer arbeitsteiligen Forschung und Entwicklung kommen sollte, die europäische Polizei und Justiz könnten sich glücklich schätzen.

Derzeit ist die durchaus verständliche **Konkurrenz** im Rennen um die **43** kriminaltechnische Vorherrschaft zwischen den Ländern der Bundesrepublik Deutschland weit ausgeprägter als die kaum vorhandene Konkurrenz zwischen europäischen und gar außereuropäischen. Selbst die bundesrepublikanischen Ehrgeize im Verhältnis zum großen Lehrmeister Großbritannien sind begrenzt; oder gar zur Schweiz, die den Anschluß sucht. Die Spezialisten, die sich auf großen Kongressen treffen und die gesamte Fachliteratur im Griff haben, wissen, was sich auf ihrem Gebiet tut und wo Forschungsbedarf besteht. Sie sind allzu selbstsicher und durften es bisher auch sein; aber sie werden wacher werden, wenn die Asiaten mit Japan an der Spitze aufholen oder gar gleichziehen. Deshalb ist es für Europa so wichtig, die führenden Länder auf den gleich hohen Standard zu bringen, um schließlich arbeitsteilig die notwendigsten Forschungskomplexe anzugehen. Kein einigermaßen erfahrener, keineswegs wissenschaftlich vorgebildeter klassischer Kriminaltechniker kann den nicht erfundenen Fall begrüßen, daß in einem wirtschaftlich und wissenschaftlich nicht unterentwickelten Land Europas Gutachten existieren, die zu dem zweifelsfreien Ergebnis kommen, daß ein Projektil aus dem Lauf einer bestimmten Waffe verfeuert worden ist, wofür jedoch nicht die geringsten Anhaltspunkte vorhanden sind.

44   Ein Musterbeispiel für die Unterschiedlichkeit in der internationalen Kriminaltechnik ist die alle drei Jahre stattfindende IKPO-Interpol-Tagung, auf der sich die **Leiter der Kriminaltechniken** der Interpolstaaten treffen. Jeder versucht, seine Neuheiten vorzustellen. Der Mann aus Nigeria kann gar nicht begreifen, warum man in Europa bemüht ist, ein bestimmtes Benzin in einem Tank eines Fahrzeuges einer bestimmten Tankstelle in der Bundesrepublik Deutschland zuzuordnen. Der Schwede will wissen, ob und wo zwei Massenspektrometer miteinander gekoppelt werden, um noch genauere Ergebnisse zu erzielen, und wenn er die Abkürzung MS gebraucht, hören nur noch ein Dutzend Länder zu. Solche Treffen sind nicht wegen ihres wissenschaftlichen Nutzens wertvoll, sondern allenfalls zur Aufnahme von Kooperationskontakten, die sich für die führenden Länder als Hilferufe für Aus- und Fortbildung oder Hilfe bei herausragenden Fällen darstellen.

45   Wenn man es nicht einmal in der Bundesrepublik Deutschland fertigbringt, eine Sammlung der Kriminaltechnischen Literatur anzulegen, wie soll das dann in Europa oder gar interpolweit möglich sein? Zur Steigerung der wissenschaftlichen Effizienz hat die Bundesrepublik Deutschland **Expertentreffen,** wenn auch nur in Europa, vorgeschlagen, die dringend notwendig sind, deren Voraussetzung aber auch ein hinreichendes Fachwissen aller ist. Versäumt es die Polizei, in diesen Bereichen den dringend notwendigen Erfahrungsaustausch zu forcieren, werden dies außerpolizeiliche Institutionen übernehmen, auf die die Polizei keinen Einfluß hat und die die Kriminaltechniker nur noch so lange dulden, wie sie ihnen wissenschaftlich nützlich sein können, oder, wenn dies nicht mehr der Fall ist, wie sie sie finanziell unterstützen.

II. Kooperation

1. Kriminalitätsbereiche

46 Trotz aller nur mittelfristig zu beseitigender Mängel gibt es erste **Ansätze** zu europäischer, gar internationaler **Kooperation.**

47   Die besorgniserregende Entwicklung der **Rauschgiftkriminalität** hat schon 1977 zur Installierung eines Heroin-Analyse-Programms geführt. Alle Sicherstellungen von Heroin von mehr als 100 Gramm in der Bundesrepublik werden von Bund und Ländern nach vereinheitlichtem Verfahren analysiert, um einmal Herkunftsländer und neue Labors zu erkennen, zum anderen, um Einzelmengen einer Gesamtmenge zuzuordnen und dadurch Täterverbindungen zu erkennen. Große Hilfe leistet dabei der ständige jährliche Erfahrungsaustausch mit der DEA, der amerikanischen Zentralbehörde. Das Programm ist seit 1978 auch Projekt der Interpol. Richtungsweisend ist auch die Zusammenarbeit mit den Vereinten Nationen und ihrem Labor in Wien, die zu einer weltweiten Harmonisierung der Analysemethoden geführt hat, ferner zu der Herausgabe eines Manuals (1982) sowie zur Bereitstellung von Arbeitsvorschriften zur Herstellung von Eichstandards. Im Bundeskriminalamt wurden definierte Proben aus den Herkunftsländern Burma, Thailand, Pakistan (1979, 1982, 1983 und 1985), der Türkei und dem Iran untersucht. Untersuchungen von Proben aus Transit- und Verbraucherländern führten zu Verbindungen nach Dänemark, Belgien, Holland, Jugoslawien, der Schweiz, Griechenland und in die USA. Auch mit Wissenschaftlern der indischen Polizei bestehen intensive Kontakte, jedoch leider nur im chemischen und da allein im Rauschgiftanalysebereich. Ebenso einseitig und einspurig sind die gleichen Kontakte zu Ottawa und Lyon. Beiden Labors konnten definierte Proben, Eichstandards sowie Arbeitsvorschriften zur Verfügung gestellt werden. Ein Wissenschaftler des Bundeskriminalamtes half beim Aufbau eines Zentrallabors in Pakistan, engste Verbindungen bestehen natürlich in allen kriminaltechnischen Bereichen mit der Schweiz und mit Österreich, England und den Niederlanden sowie den nordischen Ländern.

Diese Beispiele im Rauschgiftbereich zeigen, daß die internationale Kriminalitätsentwicklung internationale kriminaltechnische Notwendigkeiten geschaffen hat, und da muß es schon verwundern, daß die Europäisierung des **Terrorismus** nicht zu europäischen Tatmittelsammlungen und einheitlichen, standardisierten Analysemethoden, insbesondere im Bereich der Sprengstoffdelikte geführt hat. Die Verwendung von Selbstlaboraten, deren Mischungsverhältnisse kein Zufall sind, zwingt zu einheitlicher, sorgfältigster Analytik. Da müssen alle auch noch so kleinen Komponenten und Indizien bewertet und zusammengeführt werden, und zwar für ganz Europa derart, wie es in der Bundesrepublik geschieht. Wie wichtig dies ist, haben die Ergebnisse der Analysen des uns vor eineinhalb Jahren noch unbekannten Methylnitrats ergeben, das auf dem Frankfurter Flughafen (9 Liter) und in einem Depot im Saarland (16,4 Liter) sichergestellt worden war. Die Nähe zu Frankreich hat die französischen Kollegen zu einem Analyseabgleich gezwungen, der methodische Unterschiede erkennen ließ. **48**

Die Beispiele notwendiger internationaler Kooperation können beliebig fortgesetzt werden. In verschiedenen Ländern Europas und Nordamerikas wurden mehrere hunderttausend Flaschen einer nahezu perfekten Fälschung des **Parfüms „Opium"** auf den Markt gebracht. Wegen der Niedrigpreise kamen bei Kunden, Kontrolleuren, Zoll und Polizei Zweifel an der Echtheit auf. Von den Vertreibern wurde ein Echtheitsgutachten eines deutschen Labors vorgelegt. Beim Verpackungsmaterial schon konnte die Kriminaltechnik geringfügige Unterschiede zum Originalparfüm feststellen, letzte Sicherheit lieferte die chemische Analyse. Wenn alle betroffe- **49** nen Länder methodisch gleich weit gewesen wären, hätte die umfangreiche Arbeit nicht von einem Labor allein geleistet werden müssen, die Versendung der Daten an alle hätte gereicht.

2. Arbeitsbereiche

a) Erfahrungsaustausch und Vereinheitlichung der Arbeitsmethoden

50 Eine eindrucksvolle, weltweit nutzbare Grundlagenarbeit ist der vom Bundeskriminalamt erstellte **Spektrenatlas** über **Waffenöle,** der nicht käuflich ist, da nur die Polizei an einem solchen Werk, das kostenmäßig kaum quantifizierbar ist, interessiert sein kann. Wer diese Analytik nicht beherrscht, kann nicht partizipieren.

51 Da haben es die **Serologen** schon ein wenig leichter. Sie können von Forschungsergebnissen der Industrie profitieren und sie adaptieren, wie das jüngste Beispiel der verfeinerten Blutgruppendifferenzierungsmethode DNA beweist.

52 Dies aber ist auch der einzige Fall, in dem die Kriminaltechnik **Nutznießer der Industrie** war, wenn man einmal davon absieht, daß sie uns Komponenten gewerblicher Sprengstoffe oder Fertigungsmethoden sowie Materialanalysedaten zur Verfügung stellt.

53 Unverzichtbar ist eine weltweite Zusammenarbeit im Bereich der Analyse von **Autolacken.** Eine Sammlung aller Daten über Decklack, Füller und Grundierung von Fahrzeugen aller Hersteller in der Welt ist eine gemeinsame Aufgabe, die man nicht einem einzigen Land zumuten sollte. Diese Sammlung muß aktualisiert und ständig gepflegt werden, will sie Anspruch auf Effektivität erheben.

54 Eine Arbeitsinsel mit internationalen Bezügen bahnt sich an beim Aufbau einer **Textilfaserdatei,** die die Daten aller bei Straftaten bedeutsamen Textilfasern umfaßt. Dadurch sollen Daten für Wahrscheinlichkeitsaussagen gewonnen werden. An der Datei, die in England schon existiert, beteiligen sich auch die Schweizer Kollegen.

55 Der internationale Abgleich, Erfahrungsaustausch und Kontakt bei konkreter Fallarbeit spielt eine herausragende Rolle im Bereich der **Urkunden,** insbesondere wenn es um Fälschungen und Verfälschungen von Personaldokumenten geht.

56 Dies hat den Berner Club schon frühzeitig veranlaßt, eine Zentralstelle zur Untersuchung von **Pässen** zu initiieren, die im Bereich des Terrorismus benutzt werden. Schon nach kurzer Zeit der Einrichtung dieser Zentralstelle beim Bundeskriminalamt bemühen sich diejenigen europäischen Länder um Teilnahme, die nicht Mitglieder des Berner Clubs sind. Eine solche Zentralstelle wird im Falle der Beseitigung europäischer Grenzen eine noch größere Bedeutung erhalten.

57 Im Urkundenbereich gibt es zwei weitere erfreuliche europäische Zusammenarbeitsinitiativen. Die erste ist die erhebliche Verbesserung des Sicherheitsstandards des **Europapasses.** Das Sicherheitspaket ist derart ausgelegt, daß Verfälschungen deutlich erkennbar sind, so daß die Fälscher auf Nachahmungsprodukte verdrängt werden, die nur dem oberfläch-

lichen, arglosen Betrachter als solche verborgen bleiben. Der Sicherheitsgewinn wird erst nach Jahren der Totaleinführung auch nur annähernd meßbar sein. Hier zeigt sich eine unschätzbare Aufgabe einer Kriminaltechnik im vorbeugenden Bereich, eine Aufgabe, die auch Reflexwirkungen auf Dokumentenuntersuchungen haben wird, da diese erheblich erleichtert werden. Auch der einheitliche **europäische Führerschein**, in einigen Ländern ohnehin Personaldokument, wird erhebliche Verbesserungen bringen, wenn er erst einmal total eingeführt ist. Das Schwergewicht der Kriminaltechnik wird sich dann auf außereuropäische Dokumente verlagern müssen, ein Bereich, der eine zentrale Vergleichssammlung zweckmäßig erscheinen läßt.

Die zweite erfreuliche Initiative bedeuten die beiden ersten **europäi-** **58** **schen Arbeitstagungen** in Wiesbaden (1986) und Zürich (1988), bei denen mehr als 40 Wissenschaftler aus 14 europäischen Ländern ihre Erfahrungen ausgetauscht haben und die im Turnus von zwei Jahren wiederholt werden sollen. Erfreulich aus bundesrepublikanischer Sicht ist die Annäherung an unsere Philosophie, den Urkundenbereich von den Handschriftenbegutachtungen strikt zu trennen, selbst wenn Überschneidungen unverkennbar sind. Allein im Urkundenbereich werden jetzt schon so viele unterschiedliche Wissensgebiete benötigt, die den Spezialisten fordern, daß für eine einzige Untersuchung ein Wissenschaftlerteam eingesetzt werden muß. Man denke nur an Druck- und Stempelschriften, Schreibmaschinen, Tintenalter und Kugelschreiberpasten sowie Fotokopierprodukte und Papieranalytik. Den „Urkundenexperten für alles" mit ganz unterschiedlichen akademischen Vorbildungen kann es heute gar nicht mehr geben. So zeigte sich schon auf dem ersten Expertentreffen, daß auch die Handschriftensachverständigen ein solches polizeiliches Forum brauchen, und schon 1988 fand das erste Treffen in Wiesbaden statt, das auch im Turnus von zwei Jahren wiederholt werden muß. Eine wertvolle Ergänzung dieser europäischen Expertentreffen ist die inzwischen institutionalisierte Tagung der Wertpapierdrucker, die zuletzt 1985 in Portugal stattfand.

Im Bereich der Handschriftenexpertisen hat ein Projekt europäische **59** Bedeutung gewonnen, dessen Fortentwicklung von vielen Experten mit großem Interesse beobachtet wird, das Projekt **FISH**, ein forensisches Identifizierungssystem Handschriften, das durch Rechnerunterstützung das Wiederfinden von Handschriften in großen Sammlungen erheblich erleichtert. Schon jetzt bestehen an der Effektivität des Projekts keine Zweifel, und es zeichnet sich ab, daß es auch für weitere Grundlagenforschungen unverzichtbare Ansätze liefert. Diese jahrelange aufwendige Forschungs- und Entwicklungsarbeit kann vielen europäischen Handschriftenlabors nützlich sein, wenn sich Wege finden, sie daran zu beteiligen.

Die amerikanische, israelische und bundesrepublikanische Vorreiter- **60** rolle im Bereich der **Sprechererkennung,** Stimmidentifizierung und Tonbandexpertise hat zu der Erkenntnis geführt, daß hier ein forensisches Instrumentarium herangereift ist, auf das kein kriminaltechnisches Labor der Welt mehr verzichten kann. Straftäter bedienen sich mit allen Verstellungsmöglichkeiten immer häufiger der neuen Kommunikationstechniken, und diesem ständigen Wandel müssen sich die Kriminaltechniken stellen. Allein die bundesrepublikanischen Strafverfolgungsbehörden können über das vorhandene Potential hinaus gut und gern weitere 20 Phonetiker beschäftigen, um dem Fallaufkommen gerecht zu werden.

61   Angesichts des enormen Wissenschaftsschubs auf allen Gebieten zeichnet sich längst ein neues Feld für die europäische Kriminaltechnik ab, das der **linguistischen Textanalyse.** So wie Haar und Haut, Iris und Sekret, Gang und Stimme eines Individuums einzigartig sind, bedient sich jeder sprachlicher Besonderheiten innerhalb einer Norm, aber auch abweichend von dieser. Dies eröffnet dem Linguisten auch im Strafverfahren ungeahnte Möglichkeiten.

b) Sammlungen

62 Die immer wieder deutlich werdende Internationalität des organisierten Verbrechens mußte folgerichtig zu einer Europäisierung oder gar Internationalisierung von Tatmittelsammlungen führen. Z. B. nationale zentrale **Sammlungen** von Projektilen und Geschoßhülsen, eigentlich selbstverständlich, sind in den meisten europäischen Ländern, aber auch in Amerika nicht vorhanden. Was nutzt da die hoch lobenswerte Idee der Hohen TREVI-Beamten zur Schaffung europäischer zentraler kriminaltechnischer Sammlungen? Diese müssen geschaffen werden, der kleinste Schritt ist ein Schritt nach vorn, er muß aber von allen gemeinschaftlich gewollt und vollzogen werden. Auf dem ersten Expertentreffen im Herbst 1988 in Paris zeigte sich der gute Wille einiger; doch mancher hielt sich bedeckt und achtete nur auf nationale Interessen. Hinzu kam, daß teilweise die Kommunikationstechniken kaum kompatibel sind und daß auch noch Analysenmethoden harmonisiert werden müssen. Die Vielschichtigkeit der zentralen Sammlungsproblematik kann hier nur schlaglichtartig beschrieben werden.

63   Es muß unterschieden werden zwischen drei **Arten von Sammlungen,** nämlich
– Tatmittelsammlungen
– Vergleichssammlungen
– Sammlungen über Analysenergebnisse (wie Spektren, Chromatogramme, Sonagramme).

Letztere können, sofern es sich um Substanz**analysen** handelt, fallunabhängig sein oder fallabhängig wie z. B. qualitative oder quantitative Rauschgiftanalysendaten. Bei den fallunabhängigen muß noch unterschieden werden zwischen käuflichen und nicht käuflichen. Der Austausch fallabhängiger, nicht käuflicher Spektren setzt voraus, daß alle mit diesen Sammlungen arbeitenden Institute mit gleichen standardisierten Verfahren arbeiten können, Voraussetzungen, die längst nicht in allen europäischen Labors gegeben sind.

Vergleichssammlungen sind in vielen Bereichen notwendig, um überhaupt Untersuchungen durchführen zu können, wie z. B. Sammlungen von Pässen für die Klärung der Frage, ob es sich bei einem Paß um eine Totalfälschung handelt oder bei einem Stempel um eine Nachahmung.

Tatmittelsammlungen ermöglichen die Zusammenführung von Straftaten aufgrund der Tatmittel. Im Regelfall sind solche Tatmittelsammlungen nicht reproduzierbar, nicht duplizierbar. Will man solche Sammlungen europäisch zentralisieren, müßte man die Tatmittel zusammenführen, was bedeutet, daß die Tatmittel für einen nationalen Vergleich nicht mehr zur Verfügung stehen.

An folgende **europäische Sammlungen** könnte man denken: **64**

Physik
– Röntgenbeugungsspektren
    a) käuflich erworbene JCPDS-Kartei mit derzeit rund 25 000 Spektren
    b) Sammlung von Spektren kriminaltechnisch relevanter Substanzen, die aus der praktischen Fallarbeit stammen.

– Kfz-Lacksammlung
    Sammlung aller Daten aller Fahrzeuge der letzten zehn Jahre, bezogen auf Füller, Decklack und Grundierung.

– Streuscheibensammlung
    Sammlung aller Daten von Blinkern, Scheinwerfern, Bremsleuchten und sonstigen Leuchten an Kraftfahrzeugen.

Chemie   **65**
– Arzneimittelsammlung
– Betäubungsmittelsammlung
– Giftstoffe (z. B. Pflanzenschutzmittel)
– Klebstoff- und Kunststoffsammlungen
– Sammlung anderer technischer Produkte für Vergleichszwecke (Waffenöle, Reizstoffe, Fangmittel u. a.)
– Infrarot- und Datensammlungen von handelsüblichen Klebstoffen und Dichtungsmassen
– NMR-Spektrensammlung (Protonenresonanz) mit Auswertestation
– Arbeitssammlungen speziell auf dem Sektor
    – Batterien
    – Uhren
    – Zündschnüre
    – Sprengschnüre
    – Zünder
– Datensammlungen von
    – IR-Spektren, käuflich
    – IR-Spektren aus Fällen
    – MS-Spektren, käuflich
    – MS-Spektren aus Fällen
– Heroin-Analyse-Daten

66 Biologie
- Holzsammlung
- Textilfaser-Sammlung
- Zigaretten-Sammlung
- Tierhaar-Sammlung
- Samen-Sammlung
- Pflanzliche Drogen-Sammlung
- Gewürz-Sammlung
- Mineralien-Sammlung

67 Urkunden
- Schreibmaschinen-Mustersammlung
- Schreibmaschinen-Tatmittelsammlung
- Druckschriften-Mustersammlung
- Druckschriften-Tatmittelsammlung
- Stempelschriften-Mustersammlung
- Stempelschriften-Tatmittelsammlung
- Ausweis-Mustersammlung
- Ausweis-Tatmittelsammlung

68 Handschriften
- Vergleichsschriftensammlung
- Tatmittelsammlung
- Nationale Schulvorlagen

69 Schußwaffen und Werkzeugspuren
- Tatmunitionssammlung
- Schloß- und Schlüsselsammlung
- Waffensammlung
- Magazinatlas
- Sammlung unverfeuerter Hülsen und Geschosse
- Systemmunitionssammlung
- Bodenstempelsammlung
- Waffenatlas
- Schloßmustersammlung
- Metallographische Schliff- und Werkstoffsammlung.

Steinke

G. Kontakte zu osteuropäischen Ländern

Ein wissenschaftlicher **Erfahrungsaustausch** mit den **osteuropäischen Län-** 70
dern steckt noch in den Kinderschuhen, aber auch er ist absehbar angesichts vieler außenpolitischer Initiativen und vor allem der großen politischen Umwälzungen der letzten Zeit. Sofern Vertreter aus diesen Staaten auf internationalen Arbeitsgruppen das Wort nehmen, wird schnell offenkundig, daß naturwissenschaftliches Expertenwissen hohen Grades vorhanden ist; dies ist bereits aus der Literatur bekannt. Deutlich wird aber auch, daß Defizite in der praktischen Fallarbeit bestehen, die möglicherweise mit nicht ausreichender apparativer Ausstattung, möglicherweise auch mit einem anderen Kriminalitätslagebild verbunden sind. Auf dem ersten kriminaltechnischen Kongreß Polens (1988), der für Wissenschaftler Westeuropas offen war, wurde dies erkennbar. Klar wurde dort aber auch, daß von den osteuropäischen Wissenschaftlern Problemkreise aufgegriffen werden, an die wir uns wegen anderer Notwendigkeiten nicht heranwagen, auch nicht heranwagen müssen, insbesondere die komplexen Fragen des Alters von Spuren aller Art.[5]

H. Forschungsschwerpunkte

Hier soll ein kurzer Überblick über **Forschungsschwerpunkte der nächsten** 71
Jahre gegeben werden, und zwar aus der Gesamtschau, die der Spezialist naturgemäß vernachlässigt, weil er seinem Bereich höchste Priorität geben muß. Die Darstellung hat weder Anspruch auf Absolutheit noch bedeutet sie eine Randfolge, da sie nach den Fachgebieten Physik, Chemie, Biologie, Urkunden, Handschriften und Schußspuren/Werkzeugspuren erfolgt.

I. Physik

Große Anstrengungen unternimmt das Bundeskriminalamt beim Aufbau 72
der Sammlung über Autolacke einschließlich der Klassifizierung von Grundierungen mit dem Transmissionselektronenmikroskop und der Lacke mit der Thermoanalyse. Im Bereich der Kraftfahrzeugbrände sind weitere Forschungen notwendig, ebenso wie bei den Untersuchungen an Schmelzsicherungen und der Brandgefahren durch elektrische Leitungen. Bei den Schußspuren zeigen sich insbesondere bei der Schußhandbestimmung neue Wege mit dem Rasterelektronenmikroskop. Diese Methode muß mit anderen verglichen werden. Auch auf elektrochemischem Wege ergeben sich neue Möglichkeiten der Schußspurenbewertung. Ferner müssen die verschiedenen Abdruckverfahren zur Schußentfernungsbestimmung verglichen werden. Im Bereich der Brände müssen Mineralölprodukte als Brandlegungsmittel untersucht werden, darüber hinaus sind chemische Selbsterhitzungsprozesse als Brandursachen zu durchdringen und

---

5 Ausführlich hierzu *Steinke* 1987 S. 552–556.

zu prüfen, inwieweit Ruß und partiell verbranntes organisches Material Aussagen über die Brandentstehung zulassen. Letztlich sind Röntgenfeinstrukturaufnahmen automatisch auszuwerten, und die quantitative Röntgenspektralanalyse ist zu vervollkommnen.

II. Chemie

73 Angesichts des immer drängenderen Problems der Rauschgiftkriminalität sind die Nachweisverfahren von Betäubungsmittelspuren zu optimieren, die Strukturen von Zwischenprodukten illegaler Synthesen müssen aufgeklärt werden, auch müssen die optischen Isomere von Betäubungsmitteln getrennt und bestimmt werden. Ein Arzneimittelsuchsystem und ein toxikologischer Datenkatalog müssen errichtet werden. Auf dem Gebiet der forensischen organischen Materialuntersuchung steht die Analytik und Dokumentation von Klebstoffen und Dichtungsmassen an, ebenso wie von weiteren Waffenölen, Mineralöl- und sonstigen technischen Produkten. Auf dem Gebiet der Explosivstoffuntersuchungen müssen die neuen Sprengmittel und Treibladungspulver analysiert werden, Explosivrückstände müssen zum Sprechen gebracht werden. Ein nicht unwesentlicher Bereich ist die Erforschung der Wirkungen unkonventioneller Sprengvorrichtungen.

III. Biologie

74 Die größten Bemühungen der Serologen gelten der Implementierung des verfeinerten Blutgruppendifferenzierungsverfahrens DNA (s. dazu auch oben Rdnr. 24), das auch neue Wege in der Haaranalytik eröffnen wird. Dennoch wird dieses aufwendige Verfahren die bisher üblichen nicht vergessen machen, so daß Aufmerksamkeit auch dem Nachweis von Lewis-Antigenen in Blut- und Sekretspuren und der Anwendung der isoelektrischen Fokussierung zu schenken ist. Angesichts der Entwicklung auf dem Gebiet der DNA-Analyse dürfen die aufwendigen Erforschungen der Keratine in Menschenhaaren zunächst ein wenig vernachlässigt werden, nicht dagegen die Analyse kosmetischer Rückstände an Haarspuren. Die Mikrobiologen haben sich der Korngrößenanalyse von Bodenpartikeln zu widmen. Im Bereich der Textilkunde steht der Aufbau einer Faserdatei zur Verfeinerung von Wahrscheinlichkeitsaussagen im Vordergrund, Mikromethoden zur Auswertung von Einzelfaserspuren müssen weiterentwickelt werden, das Methodenspektrum zur besseren Sicherung von Faserspuren muß erweitert werden.

IV. Urkunden

75 Ein Mammutprogramm steht den Urkundenexperten bevor. Man denke nur an die Vielfalt der Schreibmittel, die jährlich neu auf den Markt kommen, und der Maschinen im Bereich der Kommunikationstechniken. Es ist

dringend notwendig, die Altersbestimmung aller Schreibmittel vorzunehmen; dies allein für die Kugelschreiberpaste ist aufwendig genug. Wenn der Schreibmaschine vergleichbare Apparaturen wie z. B. der Matrixdrucker durch Gebrauch individuelle Spuren erhält, sind vergleichbar den Schreibmaschinen von allen Produkten Vergleichssammlungen anzulegen, die sowohl für Systembestimmungen als auch für Individualisierungen notwendig sind. Bei den Personaldokumenten werden die Untersuchungen dadurch behindert, daß es oft an authentischem Vergleichsmaterial fehlt, auch an Vergleichsstempeln. Hier gilt es, Bilddatensammlungen zu errichten und allen zugänglich zu machen. Die Laser-Scanning-Mikroskopie bietet möglicherweise neue Einsichten bei der Sichtbarmachung von Eindrucksspuren. Die Entstehungsfolge sich kreuzender Schriften kann wohl besser durch die Rasterelektronenmikroskopie gelöst werden, wie die ersten Teilerfolge in schwierigsten Untersuchungskomplexen belegen. Die Identifizierung von Schrifteinfärbemitteln ist längst nicht abgeschlossen, das Methodenspektrum muß erweitert werden. Die Toneranalyse muß weiter vorangetrieben werden zur Zuordnung von Fotokopien zu Fotokopiergeräten. Die bisherigen ermutigenden Erfahrungen mit dem rechnergestützten Handschriftenklassifizierungssystem (s. dazu Rdnr. 59 und 76) zwingen zu Überlegungen, die Schreibmaschinenvergleichssammlung ebenso teilzuautomatisieren wie die Schreibmaschinentatschriftensammlung, die täglich wächst und kaum noch handhabbar ist. Kaum zu ermessen ist die dadurch erreichbare Effizienzsteigerung und Untersuchungszeitverkürzung.

V. Handschriften

Wesentliche Neuerungen zeichnen sich auch auf dem Gebiet der Handschriftenexpertisen ab. Organisatorisch sind dieser Gruppe die Stimmidentifizierung, die Tonbandauswertung sowie die Stimmanalyse und die linguistische Textanalyse zugeordnet, Gebiete, die zunehmend an Bedeutung gewinnen. Das rechnerunterstützte Klassifizierprojekt (s. auch oben Rdnr. 59) wird neue Einsichten in die Handschriftenexpertise ermöglichen und aufzeigen, welche Parameter am selektivsten sind und welchen weniger Bedeutung beigemessen werden kann. Die Rechnerhilfe wird auch die linguistische Textanalyse (s. auch oben Rdnr. 61) ebenso beflügeln wie die Untersuchungen und Bewertungen dynamischer Schriftparameter und die Beurteilung von Schablonenschriften. Erforscht werden müssen die Untersuchungsmöglichkeiten von maschinell gefertigten Unterschriften untereinander und von handschriftlichen. Auch müssen Möglichkeiten gefunden werden, qualitativ hochwertige Unterschriftsfälschungen zu differenzieren, die Forschungen in bezug auf Linkshand- und Rechtshandschreiber sind weiterzuführen. Sehr anspruchsvoll sind die Aufhellungen von Beziehungen zwischen Medikamenten-, Betäubungsmittel- und Alkoholkonsum und Handschrift, Stimme und Wortwahl. Forensisch von hoher Wichtigkeit ist die Bestimmung von Gesprächsorten bei Telefongesprächen, eine Möglichkeit, die bei den neuesten Erpressungs- und Entführungsfällen eine entscheidende Rolle spielt.

76

VI. Schußwaffen- und Werkzeugspuren

77 Im Bereich der Ballistik sind die Phänomene beim Beschuß von weichen und harten (Bleche, Glas u. a.) Zielen weiter zu erkunden. Die theoretischen und experimentellen Untersuchungen zum außenballistischen Verhalten von Projektilen sind weiterzuführen und zu vertiefen, die Schmauchausbreitungen an Waffenmündungen müssen noch weiter erforscht werden. Obwohl bisher wenig erfolgreich, muß weiter versucht werden, die zentrale Sammlung von Tathülsen und Tatgeschossen zu automatisieren. Bedeutung im forensischen Bereich gewinnt immer mehr die Problematik der Wiedersichtbarmachung entfernter Zeichen in Kunststoffen. Den Werkzeugspurengutachter interessiert brennend der Individualcharakter allgemeiner Formspuren sowie der Einfluß von Verarbeitungsverfahren auf die Gefügeausbildung, Glas- und Metallbrüche sind morphologisch längst noch nicht abschließend untersucht.

78 Mit all diesen Forschungs- und Entwicklungskomplexen kann man sicherlich ganze Institute jahrelang in Atem halten. Für die praktische Kriminaltechnik ist das ausgewogene **Verhältnis** zwischen dringend notwendiger Grundlagenforschung am konkreten Fall und der immer größeren Umfang annehmenden Gutachtenerstellung die entscheidende Frage. Sofern ganze Gutachtenkomplexe nicht mehr abgedeckt werden können, weil Grundlagenforschung fehlt, muß diese Vorrang haben. Wir sind in der glücklichen Lage, sehr weit in der Grundlagenforschung zu sein, die wichtigsten Probleme der 90er Jahre sind trotz begrenzter Ressourcen lösbar.

SCHRIFTTUM

Bundeskriminalamt, Literaturdokumentation (Hrsg.): Technik im Dienste der Straftatenbekämpfung. Arbeitstagung des Bundeskriminalamtes Wiesbaden vom 7. bis 10. November 1989. Literaturzusammenstellung. Wiesbaden 1989 (COD-Literatur-Reihe. Bd. 9).

Groß, Hans und *Friedrich Geerds:* Handbuch der Kriminalistik. 10. Aufl. Bd. 1: Berlin 1977. Bd. 2: Berlin 1978.

Pohl, Klaus Dieter: Handbuch der Naturwissenschaftlichen Kriminalistik. Unter besonderer Berücksichtigung der forensischen Chemie. Heidelberg 1981 (Kriminalistik Wissenschaft & Praxis. Bd. 11).

Steinke, Wolfgang: In der Technik zu viele Unterschiede. Naturwissenschaftler bei den Polizeibehörden – Internationale Zusammenarbeit könnte besser sein. In: Kriminalistik 41 (1987), S. 552–556.

Wigger, Ernst: Kriminaltechnik – Leitfaden für Kriminalisten –. Wiesbaden 1980 (BKA-Schriftenreihe. Bd. 50).

22

Serologie

Ekkehard Kißling

INHALTSÜBERSICHT

A. Aufgabenbereich

1 Im Fachbereich **Serologie** der Kriminaltechnik werden vor allem **Blutspu-ren** und **Körpersekrete** untersucht. Daneben gelangen auch **andere Spuren menschlicher Herkunft,** wie z. B. Haut- und Knochenpartikel, zur Auswer-tung.

2   **Blut** und **Körpersekrete** sind Spuren, die einerseits in **auffälliger,** anderer-seits aber auch in **latenter** und damit nicht augenfälliger **Weise in Erschei-nung treten.** Derartige Spuren drängen sich deshalb bei der Tatortarbeit nicht immer auf. Es bedarf vielmehr einer intensiven Einarbeitung in die spezielle Problematik des Einzelfalles und der sorgfältigen und gezielten Spurensuche. Der Erfolg der kriminaltechnischen Untersuchung hängt somit in entscheidendem Maße von der Qualität der Arbeit ab, die vor dem Eintreffen des Untersuchungsgutes im Labor geleistet wurde.

B. Blut

I. Kriminalpolizeiliche Aufgaben

1. Spurensuche

3 Das **Erscheinungsbild** von Blutspuren kann je nach Alter und Umweltbe-dingungen sowie in Abhängigkeit vom Spurenträger sehr stark **variieren.** Blutspuren können unterschiedliche Färbungen wie weißlich, rot, braun, grau oder grün in verschiedenen Tönungen annehmen. Umwelteinflüsse, wie der Befall mit Mikroorganismen, der Einfluß von Wärme, Licht, Feuch-tigkeit und Chemikalien verändern das Aussehen sehr stark. Andererseits können Spuren von Speisesäften, Schokolade, Rost, Farbstoffen, Mikroben-rasen, Kot, Urin und dergl. Blut vortäuschen. Es ist daher durchaus mög-lich, daß selbst größere Spurenkomplexe nicht erkannt werden oder, daß sich scheinbar eindeutige Spurenbilder als nicht tatbezogen erweisen. Es kommt vor, daß andere Anhaftungen wie Schmutz und Staub Blutspuren überdecken. Weiterhin können die **Spuren** so **winzig** sein, daß sie ohne optische Hilfsmittel nicht erkannt werden. Es ist auch zu berücksichtigen, daß der Täter, wenn er die Möglichkeit dazu hat, versuchen wird, die für ihn sichtbaren **Spuren** zu **beseitigen.** Dann verbleiben nur mehr schwer aufzufindende Reste ehemals größerer Spurenkomplexe.

4   Eine derartige Problemstellung tritt in der Praxis häufig im Zusammen-hang mit gereinigten Fahrzeugen, Fußböden, Kleidungsstücken, Tatwerk-zeugen o. ä. auf. Bei der Spurensuche müssen vor allem dann auch **schwer zugängliche Stellen** wie Fingernägel, Nähte und Aufschläge von Beklei-dungsstücken, Fußbodenritzen, Scharniere und Nagelrinnen von Taschen-messern, das Innere von Messerscheiden mit einbezogen werden. Häufig kann man nur durch Zerlegen der betreffenden Gegenstände an die spu-rentragenden Bereiche gelangen.

Bei der **Spurensuche** ist es häufig nicht zu vermeiden, durch die Anwen- 5
dung von **Blutvorproben** eine Vorauswahl zu treffen. Meist finden Testpa-
piere wie Heglostix, Peroxtesmo oder Sangurstäbchen Verwendung. Der
Tatortbeamte sollte aber immer bedenken, daß jeder Einsatz einer Vorprobe eine Beeinträchtigung der späteren Spurenauswertung durch Materialverbrauch und durch Veränderung der Formspur zur Folge haben kann.
Der Einsatz von Vorprobenreagenzien im Sprühverfahren führt grundsätzlich zu massiven Zerstörungen und sollte nur ausnahmsweise in Erwägung
gezogen werden, z. B. wenn vorher alle konventionellen Mittel der Spurensuche ohne Erfolg eingesetzt worden waren oder wenn nur die Formspur
(Fußspur, Fingerabdruck oder dergl.) sichtbar gemacht werden soll und eine
serologische Auswertung nicht von Interesse ist. In jedem Fall ist jedoch
vor dem Einsatz einer Blutvorprobe ein erfahrener Spurensicherungsbeam-
ter oder, wenn möglich, ein Sachverständiger zu Rate zu ziehen. Auf die
speziellen Probleme der Durchführung von Blutvorproben wird in dem
Kapitel Spurensuche im Labor (Rdnr. 21) näher eingegangen.

2. Spurensicherung

Die kriminaltechnische Untersuchung von Blutspuren beinhaltet die spu- 6
renkundliche Auswertung der **Einzelspur** hinsichtlich ihrer **Lage** und **Form**
und des **Gesamtspurenkomplexes** zur Rekonstruktion von Handlungsab-
läufen während des Tatherganges sowie die eigentliche **Materialanalyse.**
Der Spurensicherungsbeamte muß daher bemüht sein, durch fachgerech-
tes Vorgehen diese beiden Auswertungsmöglichkeiten uneingeschränkt zu
erhalten, indem er dafür sorgt, daß die **Spuren,** soweit wie möglich, in
ihrem **Originalzustand** erhalten bleiben. Das geschieht am einfachsten
durch die Sicherung und Einsendung des kompletten Spurenträgers, wobei
die Spur durch fachgerechte Verpackung gegen Abrieb geschützt wird. Von
dieser Vorgehensweise sollte nur ausnahmsweise abgewichen werden. In
diesen Fällen müssen jedoch die nachstehenden Arbeitsanweisungen
beachtet werden:

– Vor der Abnahme wird die **Form, Lage** und **Verteilung** der Spuren **doku-** 7
  mentiert.

– Die Sicherung und Asservierung der **einzelnen Blutspuren** erfolgt 8
  getrennt. Nur, wenn eine gemeinsame Herkunft zweifelsfrei ist, kann
  das Spurenmaterial zusammengefaßt werden.

– Serologische Spuren dürfen **nicht mit bloßen Händen** berührt werden. 9
  Alle benutzten Werkzeuge müssen sauber sein.

– Zur möglichst verlustfreien Aufnahme des Spurenmaterials dienen **neu-** 10
  trale Hilfsspurenträger (Baumwollgewebe, Vlies oder dergl.). Bei der
  Übertragung der Spur ist grundsätzlich anzustreben, das Material jeweils
  so konzentriert wie möglich auf kleiner Fläche aufzunehmen. Klebefolien jeglicher Art sind für die Spurenaufnahme grundsätzlich nicht geeignet.

– Aus der unmittelbaren Umgebung der Spur wird eine sog. **Leerprobe** 11
  gesichert. Es handelt sich dabei um eine unbefleckte Probe des Spurenträgers, die so nahe wie möglich entnommen werden soll. Kann im

Ausnahmefall keine Leerprobe aus dem Spurenträger herausgetrennt werden, erfolgt zur Kontrolle die Aufnahme von Oberflächenmaterial mit dem eingesetzten Hilfsspurenträger in der unmittelbaren Umgebung der Spur.

12 – Größere Spurenmengen auf nicht saugendem Untergrund, z. B. Kunststoff, Glas, Metall oder Lack, werden möglichst **in Form von Schuppen** abgehoben, denn beim Abkratzen treten Materialverluste auf. Ist das Spurenmaterial tiefer in den Spurenträger eingedrungen, z. B. in Wandputz, Tapeten, Polstermöbel, Textilien oder dergl., wird der Untergrund mindestens bis zu der entsprechenden Tiefe mit ausgehoben oder ausgeschnitten.

3. Handhabung der Spuren bis zur Versendung

13 **Blutspuren** sind **verderblich.** Sie müssen grundsätzlich vor ihrer Asservierung bei Zimmertemperatur **luftgetrocknet** werden. Sind im Ausnahmefall größere Mengen an flüssigem Blut zu sichern, sollten sie in **Gläschen (Venülen)** aufgenommen und unverzüglich der Untersuchungsstelle zugeleitet werden. Aufgrund fehlender Sterilität und durch Kontamination verdirbt dieses Material besonders schnell. Daher muß zur Sicherheit eine ausreichende Spurenmenge auf einen Hilfsspurenträger übertragen und luftgetrocknet werden.

14 **Alle Beweismittel** werden von Anfang an **getrennt gehalten,** getrennt asserviert und gekennzeichnet. Um beim Falten von Asservaten, z. B. von Textilien, Spurenübertragungen zu verhindern, wird zwischen die einzelnen Lagen sauberes Papier gelegt.

15 Blutspuren werden in **luftdurchlässigen,** aber **staubdichten Behältnissen** (z. B. Papier- oder Cellophantüten) verpackt und umgehend dem Labor übersandt. Kann ausnahmsweise eine Zwischenlagerung nicht vermieden werden, sind die Asservate dunkel, kühl, trocken und staubfrei aufzubewahren. **Tiefere Temperaturen** (Tiefkühlfach) sind dagegen zu **vermeiden.**

16 Eine fachgerechte Konservierung des Spurenmaterials, die die uneingeschränkte Auswertbarkeit erhält, ist nur an der Untersuchungsstelle selbst gegeben. Die Zeit der Zwischenlagerung muß daher grundsätzlich auf ein Minimum beschränkt werden.

4. Bereitstellung von Vergleichsmaterial

17 Die Entnahme von **Vergleichsblutproben** obliegt dem Arzt. Ausnahmsweise kann auch auf Spurenmaterial, das nach Sachlage mit Sicherheit von der betreffenden Person stammen muß, zurückgegriffen werden. Obgleich sachgemäß von lebenden Personen entnommene Blutproben steril sind, ist eine **unverzügliche Übersendung** zur Untersuchungsstelle erforderlich. Bis zur Weiterleitung sollte die Venüle im Kühlschrank aufbewahrt werden.

18 Die Übersendung von **Leichenbluten** oder **unsteril aufbewahrten Proben,** z. B. Alkoholblutproben, erfordert **besondere Eile,** da in ihnen unkontrollierbare Veränderungen stattfinden, die die Auswertbarkeit stark beeinträchtigen und sogar zu Fehlbestimmungen führen können. Aus diesem Grund sollte stets ein Teil der Flüssigblutprobe auf einen **neutralen Spurenträger** aufgebracht und als **Trockenmaterial** verschickt werden.

5. Kontakt zwischen Kriminalpolizei und Untersuchungsstelle

Im **Idealfall** wird bei der **Tatortarbeit** ein **Sachverständiger** hinzugezogen, **19** der den Kriminalbeamten bei auftretenden kriminaltechnischen Problem-stellungen beratend zur Verfügung steht. Dieser muß sich jedoch stets so verhalten, daß seine Arbeit auch im weiteren Sinne nicht als eine Form von Ermittlungstätigkeit ausgelegt werden könnte.

Im **Normalfall** wird jedoch das Beweismaterial mit der Post **versandt** oder persönlich **übergeben.**

Ist es nicht möglich, die Asservate durch Kurier zu überbringen, sollten **20** dem Untersuchungsantrag **alle Unterlagen** beigegeben werden, die der **Sachverständige** für die Fallbearbeitung **benötigt.** Dies gilt vor allem für die spurenkundlichen Auswertungen, deren Erfolg in besonderem Maße von der Qualität des vorliegenden Informationsmaterials abhängt. Man kann z. B. das Spurenbild an einem Tatort oder an der Bekleidung von Tatver-dächtigen nur dann richtig beurteilen, wenn man Art und Lage der Verlet-zungen des Opfers kennt, und das Spurenbild an einem einzelnen Asservat kann nur unter Berücksichtigung der gesamten Spurensituation ausgewer-tet werden.

II. Laboruntersuchungen

1. Spurensuche

Das **Vorgehen** bei der Spurensuche im Labor richtet sich **nach** dem vorge- **21** gebenen **Tatablauf.** In vielen Fällen ergibt sich bereits aus der Tatortsitua-tion eindeutig, daß ein Beweismittel makroskopisch sichtbare Blutspuren aufweisen muß, z. B. wenn es vom Täter als Kleidungsstück bei der Tat-ausführung getragen wurde, als Tatwerkzeug Verwendung fand oder als Fahrzeug in einen Unfall verwickelt wurde. Es genügt dann eine sorgfältige Absuche mit bloßem Auge um festzustellen, ob das Asservat tatbezogene Spuren aufweist oder nicht.

Manchmal muß jedoch bei der Absuche eine Handlupe oder sogar ein Mikroskop eingesetzt werden.

Für die Überprüfung blutverdächtiger Spuren stehen sog. „**Vorproben**" **22** und **spezifische Nachweismethoden** zur Verfügung. Ist der Untersucher überzeugt, daß es sich bei dem Spurenmaterial tatsächlich um Blut han-delt, sollte er, um Zeit und Spurenmaterial zu sparen, sofort eine Nach-weisreaktion einsetzen. Im Zweifelsfall, vor allem aber beim Absuchen großer und verschmutzter Flächen, empfehlen sich dagegen die Vorproben-reaktionen. Sie sind wegen ihrer einfachen Handhabung, der hohen Emp-findlichkeit und relativ großen Spezifität ein wichtiges Hilfsmittel für den Praktiker. Da alle Vorprobenreagenzien jedoch auch mit anderen Substan-zen positive Reaktionen zeigen können[1], muß der Befund durch eine anschließende spezifische Nachweisreaktion bestätigt werden.

---

1 *Eisele* 1983 S. 301 ff.

23   Es gibt eine Vielzahl von **Blutvorproben**, die alle auf der katalytischen oxydierenden Wirksamkeit des Hämoglobins und seiner Derivate beruhen. Als **Indikator** dient stets ein „**Leukofarbstoff**", der in seiner reduzierten Form farblos ist und durch Oxydation eine kräftige Färbung annimmt. Am bekanntesten sind die Luminolprobe als Sprühreagenz (sehr unspezifisch!), die Leuko-Malachitgrün-Probe, die Penolphthalein-Probe und die Benzidin-Reaktion. Letztere dürfte am weitesten verbreitet sein. Das Benzidin selbst ist jedoch wegen seiner cancerogenen Wirkung kaum mehr in Gebrauch. Statt dessen werden überwiegend die weniger giftigen Benzidinderivate, wie O-Tolidin oder Tetramethylbenzidin, eingesetzt. Bei positivem Ausfall entsteht jeweils ein tiefblauer Komplex, der erst allmählich in die braune Farbe übergeht.

24   Bei der **Durchführung** der **Vorprobe** ist grundsätzlich darauf zu achten, daß

– das Spurenmaterial zum Reagenz gegeben wird und nicht umgekehrt und

– das verwendete Werkzeug (Messer oder Skalpell) auf absolute Sauberkeit, d. h. vor allem auf Blutfreiheit, überprüft werden muß.

2. Spurenkundliche Auswertung

a) Auswertung der Formspur

25   Die **Zahl** der **wissenschaftlichen Veröffentlichungen** zu diesem wichtigen Thema ist relativ **gering.** Schwerpunktmäßig sei auf die Arbeiten von *Lochte*[2], *Walcher*[3], *Göhringer*[4] und *MacDonell*[5] sowie aus neuerer Zeit auf die Arbeiten von Brinkmann, *Madea, Rand, Sander*[6] und *Pizzola, Roth, De Forest*[7] hingewiesen.

26   **Blutspuren** können, in Abhängigkeit von ihrer Entstehung, die **unterschiedlichsten Formen** annehmen. Beim direkten Kontakt zwischen dem bebluteten Gegenstand und dem Spurenträger entstehen Abdruckspuren, die, wie ein **Stempel,** die Konturen des bebluteten Bereiches übertragen. Auf diese Weise werden z. B. Abbildungen verschiedener Körperpartien gesetzt, wobei Handflächen- und Fingerabdrücke natürlich von besonderem Beweiswert sind. Weiterhin können sich die unterschiedlichsten Gegenstände abzeichnen, die im Verlauf des Tatgeschehens mit Blut in Kontakt kamen. Beispielhaft seien Reifenspuren, Schuhspuren sowie Abbildungen von Textilgeweben und Tatwerkzeugen genannt.

27   Wird der beblutete Gegenstand an dem Spurenträger entlang bewegt, entstehen typische **Wischspuren,** an denen die Wischrichtung meistens einfach zu erkennen ist. Diese Formen begegnen dem Kriminaltechniker in der Praxis auch als Schleifspuren, die den Bewegungsablauf anzeigen.

---

2 *Lochte* 1933 S. 387 ff.
3 *Walcher* 1939.
4 *Göhringer* 1941.
5 *MacDonell* 1971.
6 *Brinkmann/Madea/Rand* 1985 a S. 237 ff., 1985 b S. 163 ff., 1986 S. 67 ff.; *Rand/Madea/Brinkmann* 1985 S. 259 ff., 1986 S. 75 ff.; *Madea/Sander/Brinkmann/Rand* 1986 S. 81 ff.
7 *Pizzola/Roth/De Forest* 1986 S. 36 ff.

Abrinnspuren dokumentieren z. B. die Lage des Opfers zum Zeitpunkt   28
ihres Entstehens, wobei, je nach Ausdehnung, ihr Endpunkt in Form eines
Blutfleckens bzw. einer sog. Blutlache gekennzeichnet ist. Derartige Spuren geben häufig **wichtige Hinweise** über den stattgefundenen **Tathergang.**

Den **größten Aussagewert** bei der morphologischen Spurenanalyse haben   29
meistens die **Blutspritzer,** die bei Schlagaderverletzungen, beim Aushusten
von Blut, beim Schlagen in blutende Wunden, beim Abschleudern von
bebluteten Gegenständen usw., entstehen. Blutspritzer erzeugen verschiedenartige Spurenbilder, wobei die Formspur vor allem von dem Aufprallwinkel des Tropfens und von der Art des Spurenträgers abhängt. Bei einem
Winkel von **ca. 90°** entstehen, runde Flecken, die, je nach Fallhöhe bzw.
Aufprallgeschwindigkeit, unterschiedliche Bilder in bezug auf ihre Größen
und Randbildungen ergeben. Schon *Lochte*[8] untersuchte mit seinen Mitarbeitern systematisch die verschiedenen Spurenbilder, die beim etwa senk-
rechtem Auftreten des Bluttropfens aus verschiedenen Höhen entstehen
und erklärte ihre Unterschiede an Hand von Filmaufnahmen. Der facetten-
förmige Tropfenrand und das anschließende Auftreffen von **sekundären**
Spritzern bei steigender Fallhöhe haben danach ihre Ursache in der sog.
„Kronenbildung" beim Auftreffen auf den Spurenträger.

Bei **Aufprallwinkeln unter 90°** werden die entstehenden Spuren zuneh-   30
mend ovaler und damit **flaschenförmig.** Dabei gibt stets das spitze Ende die
Fall- oder Flugrichtung an, während der bauchige Teil zur Spurenquelle
weist. Bei noch spitzer werdenden Winkeln treten die typischen Ausru-
fungszeichen auf, die gewöhnlich in einem, manchmal aber auch in zwei
oder sogar mehreren Tropfen enden. Beim Aufprall von größeren Blutmen-
gen bzw. sehr spitzen Auftreffwinkeln verbreitert sich der sonst schmale
Teil des Ausrufungszeichens, und die Spuren nehmen die Formen von
„Bärentatzen" an. Die Abhängigkeit der Form des Spritzers vom Aufprallwinkel des Bluttropfens nutzte *MacDonell*[9] zur Errechnung dieses Winkels
durch die Bestimmung des Längen/Breitenquotienten. Prinzipiell sind
diese Überlegungen richtig. Da aber der Quotient zusätzlich noch von
mehreren anderen Faktoren abhängig ist, läßt sich der Aufprallwinkel auf
diese Weise nicht so präzise bestimmen, wie *MacDonell* angibt. Das
errechnete Ergebnis ist vielmehr nur als ungefährer Schätzwert zu betrachten.

b) Auswertung der Spurenverteilung

Um einen Überblick über die verschiedenen Spurenkomplexe zu bekom-   31
men und Zusammenhänge zu erkennen, werden die einzelnen **Spuren am**
Asservat gekennzeichnet. Man verwendet gewöhnlich für die Blutspritzer
Markierungsnadeln mit unterschiedlich großen Köpfen, während flächen-
artige Antragungen, je nach Untergrund, mit heller oder dunkler Kreide
umrandet werden. Um die Situation am Tatort möglichst realistisch zu

---

8 *Lochte* 1933 S. 387 ff.
9 *MacDonell* 1971.

rekonstruieren, können Kleidungsstücke Puppen angezogen und zusammen mit den anderen vorliegenden Beweismitteln entsprechend räumlich angeordnet werden.

3. Materialanalyse

a) Blutnachweis

32 Auch wenn nach Sachlage kein Zweifel daran besteht, daß es sich bei dem fraglichen Material tatsächlich um Blut handelt, ist stets der Beweis zu führen. Dem Untersucher stehen dafür verschiedene **Nachweisverfahren** zur Verfügung.

33 Bei den **Kristallreaktionen** gibt es zahlreiche Modifikationen. Es entstehen stets verschiedenartige, aber unverwechselbare und charakteristische Kristallformen, die mikroskopisch sichtbar gemacht werden können[10]. Diese Verfahren gelten jedoch als kompliziert und störanfällig. Sie werden daher in der Praxis kaum mehr eingesetzt. Bei den **spektroskopischen Methoden** werden das Hämoglobin bzw. dessen Derivate durch die Darstellung der typischen Absorptionsbanden bestimmt. Wegen der einfachen Handhabung, der hohen Empfindlichkeit und der eindeutigen Visualisierung hat sich vor allem der mikrospektroskopische Nachweis des Hämochromogenspektrums bewährt.

Besonders einfach in der Handhabung ist auch die sog. **Porphyrinprobe.** Sie hat sich vor allem für den Blutnachweis von sehr alten und durch Umwelteinflüsse stark veränderten Spuren gut bewährt.

b) Blutartbestimmung

34 Dem Untersucher steht eine Vielzahl verschiedener Verfahren zur Verfügung. In der Praxis haben sich vor allem die **Eiweißdifferenzierungsverfahren** nach *Uhlenhuth* bewährt. Sie beruhen darauf, daß artspezifisches Immunantiserum vom Tier das entsprechende Protein in einer Antigen-Antikörper-Reaktion präzipitiert. Mit diesen Methoden läßt sich **nicht nur Menschen- von Tierblut** differenzieren. Sofern entsprechende Testseren im Handel erhältlich sind, können **auch Artbestimmungen an Tierbluten** vorgenommen werden.

35 Die **Röhrchenmethode,** bei der die beiden Reaktionsteilnehmer (Antigen und Antikörper) im Röhrchen direkt übereinander geschichtet werden, ist das eigentliche „Verfahren nach *Uhlenhuth*".

36 Bei trüben und stark verschmutzten Blutspurenextrakten empfiehlt sich die Anwendung der **Doppeldiffusionstechnik** nach *Ouchterlony*. Dabei diffundieren der Blutspurenextrakt und das Antiserum in einem Agargel aufeinander zu.

37 Die genannten Verfahren zur **Blutartbestimmung** decken alle üblichen Problemstellungen in der Fallarbeit ab. **Elektrophoretische Methoden** dürften nur in **Ausnahmefällen** vorzuziehen sein.

---

10 *Miller* 1969 S. 84 ff.

c) Nachweis der Blutherkunft

aa) Blut aus dem Vaginalbereich

Blut aus dem Vaginalbereich enthält als charakteristische Beimengungen **38** **glykogenhaltige Epithelzellen.** Diese Zellen stammen vom mehrschichtigen unverhornten Plattenepithel der Vaginalschleimhaut. Die Darstellung erfolgt mikroskopisch nach Anfärbung mit Lugol'scher Lösung.

Das **Fehlen** von **glykogenhaltigen Epithelzellen** schließt das Vorliegen **39** einer genitalen Blutung nicht aus. Ein positiver Befund ist ebenfalls kritisch zu bewerten. Entsprechende Zellen sind auch schon in der Mundschleimhaut von Neugeborenen und im männlichen Harnröhrensekret gefunden worden.

bb) Menstruationsblut

Für den Nachweis von Menstruationsblut stehen **zahlreiche Methoden** zur **40** Verfügung. Sie beruhen auf verschiedenen charakteristischen Eigenschaften, die Blutspuren dieser Herkunft von Blut aus anderen Körperbereichen unterscheiden. Die bekanntesten Methoden sind der mikroskopische Nachweis von typischen Zellen aus dem Uterus und charakteristischer Bakterien der Vaginalflora, Verfahren, die die fibrinolytische Wirksamkeit erfassen, immunologische Methoden unter Einsatz entsprechender Antiseren, Methoden, die die toxische Eigenschaft von Menstrualblut heranziehen und elektrophoretische Verfahren zur Bestimmung der Laktatdehydrogenase. In der **Praxis** werden **vornehmlich mikroskopische Nachweismethoden** eingesetzt.

cc) Schwangeren-, Abort- und Geburtsblut

Prinzipiell ist auch der **Nachweis** von Schwangerenblut an Spurenmaterial **41** **möglich.** Zu Beginn der Schwangerschaft eignet sich dazu die Bestimmung des Hormons HCG (= human chorionic gonadotropin).[11] Später kann die hitzestabile alkalische Phosphatase herangezogen werden.[12] In der Paxis dürften diese Methoden nur selten eingesetzt werden.

dd) Neugeborenen- und Erwachsenenblut

Fetales Hämoglobin (HbF) unterscheidet sich von Hämoglobin eines **42** Erwachsenen (HbA) durch eine höhere Alkaliresistenz. Diese Eigenschaft wurde früher zur Unterscheidung von Neugeborenen- und Erwachsenenblut an Spurenmaterial herangezogen. Heute werden überwiegend **elektrophoretische Trennungsverfahren** bevorzugt. Brauchbare Ergebnisse werden u. a. mittels Celluloseacetatfolien-Elektrophorese[13] und durch den Nachweis des alpha$_1$-Fetoprotein (AFP) in der Überwanderungselektrophorese mit Heteroimmunserum[14] erzielt. Auch der Einsatz der ultradünnschichtisoelektrischen Fokussierung hat sich als geeignet erwiesen.[15]

---

11 *Haag* 1968.
12 *Oepen/Köhler* 1977 S. 83 ff.
13 *Wilkens/Oepen* 1977 S. 79 f.
14 *Patzelt/Geserick/Lignitz* 1974 S. 81 ff.
15 *Schmitter/Kißling* 1983 S. 26 ff.

ee) Geschlechtsbestimmung

43 Die *Barr*-Methode beruht auf dem Nachweis von sog. **„Drumsticks"**, basophilen Chromatinkörpern in den Granulocyten des weiblichen Blutes. Da diese in Blutspuren nur in geringer Zahl und dazu auch häufig in deformierter Form vorliegen, wird das Verfahren in der Praxis kaum eingesetzt. Trotzdem gestattet der zweifelsfreie Nachweis echter Drumsticks die eindeutige Diagnose „weiblich". Wesentlich größere Bedeutung hat die Kerngeschlechtsbestimmung durch den Nachweis des **männlichen Y-Chromosoms** in menschlichen Interphasekernen erlangt[16]. Der eindeutige Nachweis eines Y-Körperchens erlaubt prinzipiell die Aussage „männlich".

d) Altersbestimmung

44 Vom Augenblick der Spurenlegung an unterliegen Blutspuren charakteristischen Veränderungen. Sie sind unter Laborbedingungen weitgehend reproduzierbar und haben daher schon zu Beginn dieses Jahrhunderts Forscher zu systematischen Untersuchungen angeregt und veranlaßt, Methoden zur Altersbestimmung, d. h. zur Abschätzung des Zeitraums zwischen dem Entstehen der Spur und ihrer Sicherung, anzubieten. Wegen der kriminaltechnischen Bedeutung dieser Fragestellung wurden in der Folgezeit zahlreiche **verschiedenartige Verfahren** ausgearbeitet. Sie beruhten auf Veränderungen in der Färbung, im Löslichkeitsverhalten, in der Wanderungsgeschwindigkeit von Cl-Ionen aus Blutflecken, im Gehalt an Katalase und Peroxydase, in der Umwandlung des Hämoglobins in seine Derivate usw. Allen Methoden zur Altersbestimmung liegt aber das Problem zugrunde, daß Art und Umfang der verschiedenen Vorgänge bei der Alterung von Blutspuren vor allem von Umweltfaktoren wie Temperatur, Feuchtigkeit, Verunreinigungen und dergl. abhängen, die auf das Spurenmaterial einwirken und bei der praktischen Fallarbeit nur in wenigen Ausnahmefällen bekannt sind. Daher ist es bis heute **nicht gelungen,** dem Praktiker eine **verläßliche Methode** zu liefern.

e) Nachweis erblicher Merkmale

45 Die Entdeckung und Beschreibung der Blutgruppenmerkmale des ABO-Systems durch *Landsteiner* im Jahr 1900 kann als Geburtsstunde der forensischen Serologie bezeichnet werden. Ihm gelang damit zum ersten Mal der Nachweis von erblichen Merkmalen im Blut, die in dieser Ausprägung unverändert im Leben eines Menschen erhalten bleiben. In der Folgezeit wurden mehrere weitere Systeme entdeckt und beschrieben. Es handelte sich **zunächst** ausschließlich um **Blutkörperchen-Merkmale,** die serologisch, d. h. mit Hilfe von Testseren mit bestimmten spezifisch wirkenden Antikörpern nachgewiesen werden konnten. **Später** wurden auch Systeme in **anderen Blutbestandteilen** wie die Serummerkmale, die erythrozytären Enzym-Merkmale und die Merkmale der Leukozyten und Thrombozyten entdeckt. Damit kamen völlig neue und andersartige, d. h. nicht serologische Untersuchungsmethoden zur Anwendung. Aus traditionellen Gründen wurde jedoch der Begriff „Forensische Serologie" beibehalten.

---

16 *Schwinger* 1971 S. 145 ff., 1972 S. 157 ff.

Bis heute wurde eine derartige Vielzahl von verschiedenen Merkmalssy- **46** stemen entdeckt, daß es theoretisch möglich wäre, an frischem, flüssigen Blut von Menschen eine nahezu individuelle Blutformel und damit ein **serologisches Daktylogramm** aufzustellen. Das hat z. B. dazu geführt, daß die Ergebnisse von Vaterschaftsuntersuchungen mit herkömmlichen Mitteln, d. h. ohne Einsatz der DNA-Analyse, nahezu 100%ige Zuordnungen erlauben.

Prizipiell ist es bereits nach dem derzeitigen Stand der Wissenschaft **47** möglich, auch an **Trockenblut** zahlreiche Merkmalssysteme zu erfassen. Durch die weltweit betriebenen Forschungsarbeiten auf diesem Gebiet kommen laufend neue Methoden zur Bestimmung bisher nicht nachweisbarer, genetisch fixierter Merkmale hinzu. So wird in Anlehnung an die DNA-Analyse, beim Einsatz herkömmlicher, klassischer Methoden, bereits der Begriff „**Non-DNA-Fingerprinting**" gebraucht. Ökonomische Gründe setzen jedoch heute schon dem Serologen in der praktischen Fallarbeit natürliche Grenzen. In der Praxis wird deshalb bei der Analyse von Blutspuren ein „Standard-Programm" absolviert, das, je nach Sachlage, von Fall zu Fall durch die Hinzuziehung weiterer Merkmalssysteme ergänzt werden kann. Es umfaßt ca. **10 Systeme** der Blutkörperchen-, Serum- und erythrozytären Enzymmerkmale. Jedes System beinhaltet verschiedene Merkmale mit unterschiedlicher Häufigkeit in der Bevölkerung. Dabei treten, je nach der Menschenrasse, in der Statistik z. T. gravierende Unterschiede auf, die bei der Interpretation von Untersuchungsergebnissen berücksichtigt werden müssen. Andererseits sind damit aber auch in besonderen Fällen Hinweismöglichkeiten auf die **Rassenzugehörigkeit** eines unbekannten Spurenlegers gegeben.

In der Fachliteratur werden nicht nur **laufend neue Systeme** für die Blut- **48** spurenanalytik erschlossen, sondern auch regelmäßige Verbesserungen der bereits bestehenden Methoden angeboten. Eine ausführliche Behandlung dieses Gebietes würde daher den vorgegebenen Rahmen des Beitrages weit überschreiten. Nachstehend werden daher nur einige gängige Systeme des „Standard-Programmes" angeführt und die wichtigsten Analyseverfahren in ihren allgemeinen Grundzügen vorgestellt, ohne auf methodische Problemstellungen bei der Bestimmung der einzelnen Merkmale einzugehen.

aa) **Blutkörperchen-Merkmale**

aaa) Untersuchungsmethoden

Die Blutkörperchen-Merkmale werden durch ihre **Reaktion** mit **Antikör-** **49** **pern,** die spezifisch wirkend gegen sie gerichtet sind, nachgewiesen. Das Mischagglutinationsverfahren beruht auf dem Prinzip, daß das Antigen im Spurenmaterial den ihm homologen Antikörper mit einer Valenz bindet und dieser mit seiner zweiten Valenz wiederum ihm entsprechende Testerythrozyten agglutiniert.[17] Eine Verbesserung dieser Technik stellt das Absorptions-Elutionsverfahren dar, bei dem die Antikörper bei 56 °C abge-

---

17 *Maresch/Wehrschütz* 1963 S. 1 ff.

sprengt werden, wodurch beide Valenzen für die Bindung mit den Testblutzellen frei werden. Die dadurch bedingte Steigerung der Empfindlichkeit erhöht den Wert dieser Methode für die Untersuchung geringer Spurenmengen.

Dieses Verfahren eignet sich prinzipiell für die Bestimmung aller Blutkörperchen-Merkmale.

bbb) Merkmalssysteme

α) AB0-System

50   Das **AB0-System** ist als **erster Polymorphismus** im menschlichen Blut entdeckt worden. Dementsprechend gelang es auch, die Merkmale dieses Systems, vor allen anderen Blutfaktoren an Spurenmaterial, zu erfassen. Man unterscheidet folgende Phänotypen:

> A (A_1 und A_2)   44 %
> B   11 %
> AB   5 %
> 0   40 %

Die Prozentangaben beziehen sich auf die mitteleuropäische Bevölkerung.

Im Blutserum befinden sich auch bei nicht immunisierten Personen natürlich vorkommende **Antikörper** gegen die genannten Faktoren, wobei diese jedoch nie gegen die im eigenen Blut ausgebildeten Merkmale gerichtet sind. So enthält A-Blut Anti B, B-Blut Anti A und 0-Blut Anti A und Anti B. AB-Blut darf aus dem erwähnten Grund natürlich keine Antikörper enthalten.

51   Obgleich in angetrocknetem Blut die Haltbarkeit der Antikörper im AB0-System wesentlich geringer als die der Antigene ist, können auch an Spurenmaterial die Isoagglutinine bestimmt werden. Als Untersuchungsmethode dient der sog. **Agglutininwirkungsversuch** nach *Lattes.*

Früher wurde auch das Absorptionsverfahren nach *Holzer* zur Bestimmung des AB0-Systems an Blutspuren eingesetzt. Wegen ihrer geringen Empfindlichkeit wird diese Methode jedoch heute nur mehr in Ausnahmefällen herangezogen.

52   Die Differenzierung der **Untergruppen A_1 und A_2** ist zwar prinzipiell möglich, aber an Trockenmaterial problematisch. Daher wird dazu geraten, auf diese Bestimmungen zugunsten anderer Untersuchungsmöglichkeiten zu verzichten.

Weitere, an Spurenmaterial bestimmbare **Blutkörperchen-Merkmale** sind das MN-System, das Rh-System und das *Lewis*-System.

β) *Lewis*-System

53   Das *Lewis*-**System** steht mit dem Sekretorsystem, das in dem Kapitel „Körpersekrete" näher behandelt wird, in Zusammenhang, indem die Nichtausscheider für ABH-Substanzen Le a-positiv sind. Während die Kombination Le (a–b+) nur bei Ausscheidern vorkommt, können Personen mit Le

(a–b–) sowohl Ausscheider als auch Nichtausscheider sein. Die eigentliche Bedeutung des *Lewis*-Systems für die Praxis liegt daher auch in der Möglichkeit, den Sekretorstatus an Blutmaterial zu bestimmen.

bb) Serum-Merkmale

Auch bei den **Plasmaproteinen** des Menschen gibt es zahlreiche **Polymor- 54 phismen.** Zu ihrem Nachweis werden verschiedene Methoden eingesetzt.

aaa) Untersuchungsmethoden

α) Agglutinations-Hemmtest

Zur Bestimmung der Immunglobuline Gm und Km dient der **Agglutina- 55 tions-Hemmtest,** der auch als „Antihumanglobulin-Hemmtest" bezeichnet wird.

Bei diesem Verfahren werden Extrakte des Untersuchungsmaterials mit Gm- bzw. Km-Antikörpern versetzt. Enthält die Spur das homologe Antigen, wird das Antiserum abgesättigt und kann mit den Testblutzellen nicht mehr reagieren. Eine Hemmung der Agglutination zeigt somit die Anwesenheit des betreffenden Gm- bzw. Km-Merkmals an. Umgekehrt bedeutet das Auftreten einer Agglutination, daß die Antikörper im Spurenmaterial keinen entsprechenden Reaktionspartner vorgefunden haben.

β) Elektrophorese

Zur Bestimmung der Haptoglobine und der Gc-Merkmale sowie der ery- 56 throzytären Enzym-Merkmale werden **elektrophoretische Verfahren** eingesetzt. Sie beruhen auf der **Wanderung elektrisch geladener Teilchen** im elektrischen Feld. Proteine können positive, negative oder neutrale Ladungen annehmen, je nachdem, in welcher Lösung sie sich befinden. Der ausgewählte Puffer legt somit die Nettoladung der Probenbestandteile fest. Die Teilchen wandern stets in Richtung des gegensätzlich geladenen Pols. Es können daher in einem Lauf jeweils nur die als Anionen oder als Kationen vorliegenden Proteine getrennt werden. Die Wanderungsgeschwindigkeit hängt von der Nettoladung und der Molekülgröße ab. Die Trennfähigkeit eines Systems setzt daher Unterschiede in diesen Kriterien voraus. Je hochmolekularer ein Protein ist und je geringer seine Nettoladung ausfällt, um so langsamer wandert es im elektrischen Feld. Durch die unterschiedliche Wanderungsgeschwindigkeit werden die Teilchen in einem Proteingemisch auf dem Trägermedium getrennt. Je nach Verwendungszweck stehen dabei verschiedene Medien wie z. B. Agar, Agarose, Polyacrylamid (PAA), Stärke oder Celluloseacetatfolien (CAF) zur Auswahl. Nach dem Elektrophoreselauf erfolgt die Visualisierung durch Anfärbung. Die einzelnen Proteinfraktionen werden dadurch als Banden sichtbar gemacht. Auf diese Weise lassen sich bei Spurenuntersuchungen die verschiedenen Merkmale eines Systems, die gleiche biochemische Funktionen haben, voneinander trennen. Für jedes Merkmalssystem wurden spezielle Trennverfahren ausgearbeitet.

γ) Isoelektrische Fokussierung (IEF)

57 Eine spezielle Weiterentwicklung, die die herkömmlichen Elektrophorese-verfahren in der forensischen Serologie teils ergänzt und z. T. schon abgelöst hat, stellt die **isoelektrische Fokussierung** dar. Wegen der hohen Auflösungskapazität bei gleichzeitig geringerem Verbrauch an Spurenmaterial werden dabei vorzugsweise sehr dünne Gele eingesetzt. Man bezeichnet diese Verfahren entsprechend als dünnschicht- bzw. ultradünnschicht-isoelektrische Fokussierung. Die Trennung von Protein- und Enzymgemischen durch die Methode der IEF beruht auf dem folgenden Prinzip:

58 Proteine und Enzyme bestehen aus langkettigen Molekülen, in denen die Aminosäurebausteine unter Ausbildung ungeladener Peptidbindungen verknüpft sind. Die Moleküle behalten jedoch positiv und negativ geladene funktionelle Gruppen, die sich z. T. durch ihre räumliche Anordnung kompensieren, aber, insgesamt gesehen, eine bestimmte Nettoladung bewirken. Derartige **„Zwitterionen"**, die sowohl Säure- als auch Basencharakter aufweisen, haben in einem sauren Milieu stets eine positive und in alkalischen Medien stets eine negative Nettoladung. Daraus folgt, daß jedes Protein oder Enzym bei einem ganz bestimmten pH-Wert eine Nettoladung von Null hat. Dieser Wert wird als **isoelektrischer Punkt** bzw. als **pI-Wert** bezeichnet.

59 Bei der IEF erfolgt die Trennung der Proteine und Enzyme aufgrund ihrer charakteristischen und unterschiedlichen pI-Werte. Die Durchführung erfolgt daher in einem Trägermedium, das von der Kathode zur Anode einen pH-Gradienten besitzt. Dieser wird erzeugt, indem man dem Gel sog. „Trägerampholyte" zugibt, die aus einem Gemisch von Ampholyten mit unterschiedlichen isoelektrischen Punkten bestehen. Im elektrischen Feld wandert das Molekül in Richtung der gegensätzlich geladenen Elektrode. Im pH-Gradienten verlieren die Moleküle dabei immer mehr an Ladung, bis sie an ihrem isoelektrischen Punkt angekommen sind. Dort konzentrieren sie sich wie in einem **Brennpunkt** als **schmale Zonen.** Das Verfahren des IEF hat gegenüber der herkömmlichen Elektrophorese mehrere Vorteile. Besonders hervorzuheben ist dabei die **hohe Empfindlichkeit** und die **Bildung scharfer Banden.**

bbb) Merkmalssysteme

60 Bei den **Gm- und Km-Serumgruppen** handelt es sich um **erbliche Immun-gammaglobulinfraktionen,** die sich durch Hemmsubstanzen auszeichnen. **Neugeborene** verfügen zunächst nur über ein Leih-Gm der Mutter und weisen noch keine eigenen Serumgruppeneigenschaften auf (Steinberg-Speiser-Phänomen). Erst etwa gegen **Ende des 8. Lebensmonats** enthält das Blut des Kindes einen für den Nachweis ausreichenden Gehalt an eigenem Gammaglobulin. Das Gm-/Km-System verfügt über einen umfangreichen Polymorphismus.

Weitere bestimmbare Serum-Merkmale sind die Haptoglobine und das Gc-System.

cc) Erythrozytäre Enzym-Merkmale

aaa) Untersuchungsmethoden

Für die Bestimmung von **Enzym-Merkmalen** werden elektrophoretische **61** Verfahren und die isoelektrische Fokussierung herangezogen. Als Trägermedien dienen dabei Stärke, Agarose, Polyacrylamid und Celluloseacetatfolien. In der **Fachliteratur** werden **verschiedene Verfahren** zur gleichzeitigen Bestimmung mehrerer Enzyme in einem Elektrophoreselauf angeboten. In **unserem Labor** haben wir bewußt auf die simultane Visualisierung verschiedener Enzyme in einem Gel verzichtet und statt dessen vorgezogen, möglichst optimale Nachweismethoden für jedes einzelne System zu entwickeln. Auf diese Weise wurde für die praktische Fallarbeit ein Verfahren erarbeitet, in dem an relativ wenig Spurenmaterial, neben den wichtigsten Isoenzymen, die Serum-Merkmale Hp und Gc und das AB0-System bestimmt werden können.[18]

bbb) Merkmalssysteme

Zum **Standard-Untersuchungsprogramm** gehören die Enzyme Saure Ery- **62** throzytenphosphatase (SEP), Phosphoglucomutase (PGM), Adenylatkinase (AK), Esterase D (EsD) und Glyoxalase (GLOI).

C. Körpersekrete

Unter den **Körpersekreten** treten vor allem die **Genitalsekrete Sperma** und **63** **Vaginalsekret** im Zusammenhang mit Sittlichkeitsdelikten sowie **Speichelanhaftungen** an Zigarettenstummeln, Briefmarken und Verschlußleisten von Briefen, Strumpfmasken, Knebelwerkzeugen und dergl. als Spurenmaterial auf. **Schweiß** spielt dagegen als tatbezogenes Material kaum eine Rolle. Derartige Spuren werden überwiegend serologisch ausgewertet, um zur Identifizierung von Personen beizutragen, die als Benutzer von Kopfbedeckungen, Kleidungsstücken, Schuhen und dergl. in Frage kommen könnten. Weitere Sekrete, wie Tränenflüssigkeit, Ohrenschmalz, Nasensekret usw. sind für die Fallbearbeitung kaum von Bedeutung.

I. Kriminalpolizeiliche Aufgaben

1. Spurensuche

Bei der Suche nach Sekretspuren gelten prinzipiell überwiegend die glei- **64** chen Regeln, wie sie für Blutspuren beschrieben worden sind. Die besondere Schwierigkeit liegt meistens darin, daß sich Sekrete von der Unterlage oft nur wenig farblich abheben und z. T. ohne Hilfsmittel gar nicht sichtbar sind. Das erfordert in besonderem Maße ein **gezieltes Vorgehen** bei der **Spurensuche.** Darum sollen sowohl alle Gegenstände gesichert werden, die

---

18 *Schmitter/Kißling* 1984 S. 147.

aufgrund der speziellen Gegebenheiten des konkreten Falles als Spurenträger in Frage kommen könnten, als auch alle Beweismittel, an denen sich erfahrungsgemäß entsprechende Anhaftungen befinden (Knebel, Trinkgefäße, Zigarettenstummel, Kaugummi, Briefe, Kleidungsstücke, Taschentücher und dergl.).

65   Als Orientierungshilfe für die **Spurensuche** dient das **UV-Licht,** in dem Sekretspuren besser zu erkennen sind. Für Schweiß, Speichel und Vaginalsekret stehen keine Vorproben zur Verfügung. Spermaverdächtige Anhaftungen treten als gewebeversteifende, gelblich bis weiß-graue Flecken in Erscheinung, die im UV-Licht gelblich fluoreszieren. Als Vorprobenreagenz auf **Sperma** haben sich die **Phosphatesmo-Papierstreifen** gut bewährt. Sie sollten jedoch nur **restriktiv** eingesetzt werden.

Die Suche und Sicherung von **Körpersekreten** am oder im menschlichen Körper obliegt dem Arzt.

2. Bereitstellung von Vergleichsmaterial

66   Als **Vergleichsmaterial** für **alle Sekretspuren** dienen in der Regel **Speichelproben** der in Frage kommenden Spurenleger. Dabei müssen häufig auch nicht an der Straftat beteiligte Personen aus den Lebensbereichen der Geschädigten bzw. Tatverdächtigen berücksichtigt werden. Die Entnahme von Speichelproben kann auch durch Nicht-Mediziner erfolgen.

II. Laboruntersuchungen

1. Vorproben- und Nachweisreaktionen

67   Für **Schweißproben** stehen weder Vorproben- noch Nachweisreaktionen zur Verfügung. Das Untersuchungsmaterial wird daher aus den Bereichen entnommen, wo erfahrungsgemäß ein Kontakt zwischen Spurenträger und unbedeckten Hautpartien stattfindet (Kragenrand, Achselhöhle, Manschettenbereich usw.) und wo die Schweißabsonderung am intensivsten ist (Strümpfe, Handschuhe, Stirnbereich von Kopfbedeckungen usw.).

68   Zur Auffindung, Lokalisierung und Identifizierung von **Speichelanhaftungen** dienen Verfahren zur Bestimmung von Speichelenzymen (Amylase, Diastase, Ptyalin), der mikroskopische Nachweis von Schleimhautzellen der Mundhöhle sowie immunologische Methoden unter Einsatz von Anti-Human-Speichelseren. Serologische Untersuchungen mit entsprechenden Antiseren haben sich in der Fallarbeit noch nicht durchgesetzt, da noch keine brauchbaren Reagenzien im Handel erhältlich sind. Am gebräuchlichsten sind die Verfahren zum Nachweis der Amylase, wobei dem Untersucher ein vielfältiges Methodenspektrum zur Verfügung steht. Die meisten Bestimmungsmethoden sind einfach in der Handhabung und eindeutig im Ergebnis. Alle Testverfahren haben jedoch den Nachteil mangelnder Spezifität. Eine negative Reaktion zeigt nahezu sicher das Fehlen von Speichelspuren an. Ein positiver Ausfall ist jedoch nicht als eindeutiger Nachweis zu werten, da auch andere Körperflüssigkeiten, Waschmittel und dergl. positiv reagieren können. Auch die mikroskopische Bestim-

mung von kernhaltigen Epithelzellen, wie sie in der Mundschleimhaut vorkommen, ist, für sich allein betrachtet, nicht beweisend. Wir verwenden daher bei der Fallarbeit als Nachweisreaktion für Speichel eine Kombination der beiden genannten Verfahren.

Die **mikroskopische Bestimmung von Zellen** sowie **weiterer Formelemente,** die in gleicher Art im Speichel vorkommen, verbunden mit einer **positiven Amylase-Reaktion,** kann als **zweifelsfreier Speichelnachweis** gewertet werden.

Der Nachweis von **Vaginalsekret** erfolgt, entsprechend der Bestimmung **69** von Blut aus dem Vaginalbereich, mikroskopisch.

Natürlich kommen im Sekret mehr glykogenhaltige Epithelzellen vor als im Blut. Der Glykogengehalt der Zellen ist wiederum abhängig vom Zyklus und der natürlichen Vaginalflora. Auf das mögliche Vorkommen entsprechender Zellen auch in der Mundschleimhaut von Neugeborenen und im männlichen Harnröhrensekret wurde bereits hingewiesen. Insofern ist der **mikroskopische Befund nicht** als **eindeutig spezifisch** zu werten.

Prinzipiell ist es möglich an Spurenmaterial zu unterscheiden, ob die **70** saure Phosphatase von **Sperma** oder Vaginalsekret herrührt. Die dabei eingesetzten elektrophoretischen Verfahren werden jedoch in der Praxis überwiegend zum Spermanachweis bei Abwesenheit von Spermatozoen und nicht zur Identifizierung von Vaginalsekret eingesetzt.

Als Ergänzung zum mikroskopischen Nachweis kann die Bestimmung einer charakteristischen Peptidase herangezogen werden.[19] Dieses Enzym wurde als „**vaginale Peptidase**" benannt, da es bisher in keiner anderen Körperflüssigkeit oder Ausscheidung des Menschen festgestellt werden konnte.

Das Fehlen der vaginalen Peptidase darf jedoch andererseits nicht als Beweis für die Abwesenheit von Vaginalsekret interpretiert werden.

Als orientierende Überprüfung von Spurenmaterial auf **Spermabeimen-** **71** **gungen** wird in der kriminaltechnischen Praxis der Nachweis der **sauren Phosphatase** durchgeführt. Dazu dienen z. B. Phosphatesmo KM Testpapierstreifen. Beim Vorliegen von saurer Phosphatase tritt in wenigen Sekunden eine deutliche violette Färbung auf. Schwach positive Reaktionen können jedoch auch mit anderen Substanzen oder Körpersekreten auftreten. Es sollten daher bei der Untersuchung stets Kontrollproben von Speichel, Vaginalsekret und dergl. mitgeführt werden.

Da die saure Phosphatase nicht nur im Prostata-Sekret vorkommt, muß **72** bei einem positiven Ausfall der Reaktion das Ergebnis durch eine mikroskopische Untersuchung bestätigt werden. Beim Auffinden von **vollständig erhaltenen Spermatozoen** ist der **zweifelsfreie** spezifische **Spermanachweis** erbracht. Zeigen sich bei der mikroskopischen Untersuchung **keine Spermien,** ist jedoch **nicht** die **Abwesenheit** von Sperma **bewiesen.** Es muß dann die Möglichkeit in Betracht gezogen werden, daß das Fehlen von Spermatozoen z. B. auf zu geringe Spurenmengen oder auf Aspermie oder Vasektomie des Spurenlegers zurückzuführen sein könnte.

---

19 *Divall* 1984 S. 239 ff.

73   Bei positivem Ausfall der Phosphatase-Reaktion und gleichzeitiger Abwesenheit von Spermien werden daher Verfahren zur Bestimmung anderer **Spermabestandteile** wie Cholin, Gamma-glutamyl-Transpeptidase (GGT), MHS-5, Lactatdehydrogenase-Isozym X (LDH-X), 19-hydroxy-Prostaglandin F (19-OH PGF), Leucin-Aminopeptidase, das Protein p30, Spermin und dergl. herangezogen. Nicht alle Methoden sind für die Fallarbeit geeignet, vor allem, da sie z. T. zu aufwendig oder vor allem nicht streng spezifisch sind.

2. Nachweis erblicher Merkmale

a) ABO-System

74   Die Bezeichnung „Blutgruppensubstanzen" für die Merkmale des **ABO-Systems** ist an und für sich nicht ganz korrekt, da sich **auch** im **Gewebe** und in den **Flüssigkeiten** des **menschlichen Körpers** derartige Substanzen befinden. Bei etwa 75–80 % der Bevölkerung sind in den Körpersekreten so viele Gruppensubstanzen enthalten, daß sie auch an Spurenmaterial mit relativ wenig empfindlichen Methoden, wie dem Absorptionsverfahren, erfaßt werden können. Diese Personen werden als „**Ausscheider**" oder „**Sekretoren**" bezeichnet. Der verbleibende Anteil von etwa 20–25 % gehört zu den **Nichtausscheidern.** In den Sekreten dieses Personenkreises ist der Gehalt an Gruppensubstanzen so gering, daß zu ihrem Nachweis sehr empfindliche Verfahren eingesetzt werden müssen. Die Ausscheidereigenschaft (Se) ist genetisch fixiert und vererbt sich dominant über die Nichtausscheidereigenschaft (se).

75   Die Trägermoleküle der ABH-Substanzen in den Sekreten sind, im Gegensatz zu denen der Erythrozytenmembran, wasserlösliche Glykoproteide, so daß für die Gruppenbestimmung, im Vergleich zum Blut, geringere Spurenmengen benötigt werden. Als Untersuchungsmethode dient das **Absorptionsverfahren** nach *Holzer.*

b) Gm- und Km-System

76   In der Fallbearbeitung werden die Serumfaktoren des **Gm- und Km-Systems** nur an **Spermaspuren** bestimmt. Die Immunglobulin-Konzentration in den anderen Körpersekreten ist für den sicheren Nachweis dieser Merkmale zu gering, so daß die Untersuchungsergebnisse für kriminaltechnische Gutachten nicht verwertbar sind. Andererseits muß bei der Bewertung der Ergebnisse von Spermauntersuchungen stets die Möglichkeit der Verunreinigung des Spurenmaterials mit anderen Sekreten als Fehlerquelle in Betracht gezogen werden.

    Prinzipiell lassen sich an Spermaspuren, wegen ihres ausreichenden Gehaltes an IgH, sowohl die Merkmale des Gm-, als auch des Km-Systems bestimmen. Als Untersuchungsmethoden werden die Verfahren eingesetzt, die sich an Blutspuren in vielen Jahren in der Praxis bewährt haben. Der Nachweis der Serumgruppenmerkmale ist unabhängig vom Sekretorstatus.

c) Lewis-System

Die Merkmale des *Lewis*-Systems lassen sich nicht nur an **Blutspuren,** 77 sondern auch in **Sekreten,** wie Speichel und Sperma bestimmen. Der Erythrozyten-Phänotyp Le (a+ b–) ist Nichtausscheider von A-B-H-Substanzen, aber starker Ausscheider von Le a. Personen mit der Konstellation Le (a– b+) sind bezüglich des ABH-Systems Ausscheider und darüber hinaus Ausscheider von Le b– und teilweise auch von Le a–Substanzen. Der Typus Le (a– b–) schließlich kann hinsichtlich des AB0-Systems, wie auch der Substanzen Le a und Le b Ausscheider oder Nichtausscheider sein.

Die Bestimmung des **Sekretorstatus** eines Spurenlegers bei der Untersuchung von Körpersekreten wird somit stets über den **Nachweis** von **Le b** erbracht.

Als Untersuchungsverfahren dient ein **Absorptions-Hemmtest.** Für die 78 Bestimmung in **Speichelspuren** an den Klebeflächen von Briefmarken und Verschlußklappen von Umschlägen sowie an Zigarettenstummeln hat sich auch **eine ELISA-Methode** gut bewährt.

d) Phosphoglucomutase (PGM)

Mit Hilfe der ultradünnschicht-isoelektrischen Fokussierung im Poly 79 acrylamidgel lassen sich an **Spermaspuren Subtypisierungen der PGM** durchführen. Auch im **Vaginalsekret** sind PGM-Merkmale nachweisbar. Diese sind dagegen bei der Spurenanalyse kaum von Bedeutung. Sie müssen jedoch bei der Auswertung von Sekretgemischen, z. B. von Vaginalabstrichen, mit berücksichtigt werden.

e) Gc-System

Die Bestimmung der **Gc-Merkmale** in Körpersekreten ist nur an **Sperma** 80 **spuren** von praktischer Bedeutung. Entsprechend der Auswertung von Blutspuren erfolgt die Untersuchung durch isoelektrische Fokussierung im Polyacrylamidgel unter Einsatz von Immobilien. Auch in spermafreiem **Vaginalsekret** können Gc-Merkmale auftreten. Diese sind, wie beim PGM System, bei der Interpretation der Untersuchungsergebnisse von Sekretgemischen zu berücksichtigen.

f) Weitere Systeme

Prinzipiell ist es auch möglich, die Merkmale der Glyoxalase (GLO) und 81 des Peptidase-Systems (Pep A) an **Spermaspuren** zu bestimmen. Diese Untersuchungen werden jedoch in der Fallarbeit nicht routinemäßig durchgeführt.

D.   Beweiswert serologischer Spurenuntersuchungen

Die Bestimmung **unveränderlicher,** erblich fixierter **Merkmale** an **Blut-** 82 **und Sekretspuren** eröffnet prinzipiell zwei Möglichkeiten: den sicheren **Ausschlußbeweis** oder eine mehr oder weniger weitgehende **Zuordnung** der **Spur.**

Der **Ausschlußbeweis** ist bereits möglich, wenn sich die Spur vom Vergleichsmaterial nur in einem einzigen Merkmal unterscheidet.

Stimmen die Spur und das Vergleichsmaterial in den nachweisbaren Merkmalen überein, so ist die Möglichkeit der **Zuordnung** gegeben. Diese ist um so größer, je geringer die Häufigkeit des Merkmales bzw. der betreffenden Blutformel ist.

83   Um einen Eindruck von dem **Beweiswert** von **Blutspurenuntersuchungen** in der praktischen Fallarbeit zu vermitteln, kann man das bereits erwähnte „**Standard-Programm**" zugrundelegen. Selbst im **ungünstigsten Fall** nämlich, wenn bei einer serologischen Untersuchung von jedem System das am häufigsten vorkommende Merkmal bestimmt würde, läge die relative Häufigkeit dieser Blutformel noch deutlich **unter einem Prozent**. Das bedeutet, daß statistisch 99 von 100 Personen mit Sicherheit als Spurenleger ausgeschlossen werden können. In der Praxis treten natürlich meistens in der Blutformel einige oder mehrere nicht so häufig vorkommende Merkmale auf. Damit verringert sich die relative Häufigkeit auf Werte von etwa 1:10 000. In **besonders günstigen Fällen,** wenn mehrere seltene Merkmale zusammentreffen, können **Extremwerte im Milliardenbereich** auftreten, die in ihrem Zuordnungsgrad faktisch dem Fingerabdruck entsprechen, so daß der Ausdruck „**Non-DNA-Fingerprinting**" berechtigt erscheint.

84   Da an **Körpersekreten** im Vergleich zu **Blutspuren** bedeutend weniger Merkmale erfaßt werden können, sind die **Möglichkeiten** im Hinblick auf den Ausschlußbeweis bzw. auf den Grad der Zuordnung wesentlich **geringer.** Das gilt auch für Spermaspuren, vor allem aber für Schweiß, Speichel und Vaginalsekret.

E.   DNA-Bestimmung (DNA-profiling)

I. Theoretische Grundlagen

85   Alle Lebewesen besitzen einen einzigartigen **genetischen Code,** der mit wenigen Ausnahmen, wie den kernlosen roten Blutkörperchen, in jeder Körperzelle gespeichert ist. So liegen die gesamten Erbinformationen des Menschen in den Zellkernen als doppelter Satz von 46 Chromosomen. Bei der normalen Vermehrung der Körperzellen wird der gesamte Chromosomensatz in identischer Form von den Mutterzellen an die Tochterzellen weitergegeben. Bei der Bildung der Keimzellen (Ei- bzw. Samenzellen) erfolgt dagegen eine Halbierung des doppelten zum einfachen Satz. Dieser Vorgang wird daher auch als Reduktionsteilung bezeichnet. Bei der Befruchtung werden dann die beiden einfachen Sätze der Keimzellen wieder zu einem doppelten Satz vereinigt. Dabei entsteht eine neue Kombination von Erbanlagen, die jeweils zur Hälfte vom Vater und von der Mutter stammen. Sie ist für jeden Nachkommen einzigartig und charakteristisch.

Die Trägerin der Erbanlagen ist die **Desoxyribonukleinsäure**, abgekürzt   **86**
DNS bzw. international gebräuchlich mit der englischen Abkürzung **DNA**.
Es handelt sich um ein langes spiralig gewundenes Molekül, das den
wesentlichen Bestandteil des Zellkerns ausmacht.

Die DNS ist wie eine **Strickleiter** aufgebaut, die um sich selbst der Länge   **87**
nach gedreht ist. Die **Holme** der **Leiter** entstehen dadurch, daß immer
abwechselnd ein Zuckermolekül, die Desoxyribose, mit einem Molekül
Phosphorsäure zu langen Ketten verknüpft werden. An der Bildung der
„**Sprossen**" sind vier Purin- bzw. Pyrimidinbasen (Adenin [A], Guanin [G],
Cytosin [C] und Thymin [T]) beteiligt. Sie sind jeweils mit dem C-Atom 1
der Desoxyribose verknüpft. Auf einem einzigen DNA-Strang sind Hun-
derttausende dieser Aminobasen aufgereiht. Jede Base der einen Kette steht
einer Base der anderen Kette gegenüber und ist mit dieser durch Wasser-
stoffbrückenbindungen verbunden. Die Aminobasen folgen nicht periodisch aufeinander. Die Sequenz der einen Kette wird jedoch durch die der
anderen Kette festgelegt, da aufgrund der chemischen Struktur grundsätzlich das Adenin immer dem Thymin und das Guanin immer dem Cytosin
(und umgekehrt) gegenübersteht. Die komplementären Basen bilden damit
sog. „**Basenpaare**". Ihre unterschiedliche Sequenz bedingt die Unterschiede im Erbgut.

Bei der **Vermehrung** der **Körperzellen** wird der **Doppelstrang** der DNA   **88**
der Länge nach **aufgespalten**. Anschließend lagert sich an jede freiliegende
Aminobase eine komplementäre Base an, d. h. jedes Thymin sucht ein
Adenin bzw. jedes Guanin ein Cytosin und umgekehrt. Dadurch entstehen
bei der **Zellteilung zwei identische Kopien,** die dieselbe Sequenz haben,
wie der Doppelstrang vor der Teilung, so daß alle Zellen in einem Organismus das gleiche Erbgut beinhalten.

Die Fähigkeit des DNA-Einzelstranges, die komplementären Basen zu   **89**
finden und sich mit ihnen zu verbinden, werden bei der DNA-Analyse
benutzt, um mit Hilfe von kurzen, einsträngigen DNA-Abschnitten, sog.
„**Sonden**", entsprechende interessierende Basenfolgen im Untersuchungsmaterial zu identifizieren. Besonders ergiebig sind **hochrepetitive Sequenzen**, die sich sehr viele Male wiederholen, z. B. CCATGCC, CCATGCC,
CCATGCC usw. Sie befinden sich auf den Introns, d. h. DNA-Abschnitten, deren Aufgabe weitgehend unbekannt ist und die, im Gegensatz zu
den Exons, **keine codierenden Funktionen** haben. Sie sind keiner Selektion
unterworfen und kommen daher im Genom in sehr polymorpher Form vor.
Die Exons, d. h. die codierenden Sequenzen für Proteine, sind für die DNA-
Analyse wertlos.

II. Materialkritik

Grundsätzlich ist nur Spurenmaterial, das **Zellen mit Zellkernen** enthält,   **90**
auswertbar. Prinzipiell ist es z. Z. möglich, Bestimmungen an **Blut,
Sperma, Vaginalsekret** und **ausgerissenen Haaren** durchzuführen. Beim
Vorliegen von Sperma-Vaginalsekret-Gemischen, die in der Praxis bei
Sexualdelikten als Vaginalabstriche häufig anfallen, lassen sich die beiden
Genitalsekrete bei der Aufbereitung des Spurenmaterials trennen. Zu die-

sem Zweck wählt man bei der Extraktion zunächst eine geringere Konzentration des Extraktionsmittels, die zwar dazu ausreicht, die Epithelzellen im Vaginalsekret aufzuschließen, aber nicht hoch genug ist, die widerstandsfähigen Spermatozoen anzugreifen. Der Spermaanteil wird dann gesondert analysiert.

91 Besonders wichtig ist die **Qualität** des **Untersuchungsmaterials.** Bei unsachgemäßer Asservierung kann die Auswertbarkeit verlorengehen. Vor allem ist auf die ausreichende Trocknung der Spuren und ihre trockene Lagerung zu achten. Bei Feuchtigkeit sind gute Wachstumsbedingungen für Mikroorganismen gegeben, deren Enzyme den DNA-Strang unkontrolliert in verschiedene Fragmente zerschneiden und damit die DNA zerstören.

92 Weiterhin muß eine **ausreichende Menge** an **Zellkernen** für die Untersuchung vorliegen. Z. Z. beträgt die erforderliche Mindestmenge für die Analyse etwa **fünf Mikrogramm** an extrahierter **DNA.** Spermaspuren enthalten anteilsmäßig wesentlich mehr kernhaltige Zellen als Blut. Für die DNA-Analyse wird daher auch entsprechend weniger Untersuchungsmaterial benötigt. Der zelluläre Anteil des Blutes besteht dagegen überwiegend aus den kernlosen roten Blutkörperchen. Für die DNA-Analyse verbleibt daher nur die relativ geringe Anzahl an kernhaltigen Blutzellen, wie z. B. die weißen Blutkörperchen. Nach dem derzeitigen Stand der Forschung wird für die Bestimmung von Trockenblut eine Materialmenge benötigt, die etwa 50 Mikroliter Vollblut bzw. einem Flecken von der **Größe eines 50-Pfennig-Stückes** entspricht. Für die Analyse von Sperma genügen etwa 10 μl Spurenmaterial. Die Forschung auf dem Gebiet der Isolierung von DNA aus Haarschäften ist z. Z. noch nicht so weit fortgeschritten, daß auf natürliche Weise ausgefallene oder abgeschnittene Haare ausgewertet werden könnten. Die DNA-Analyse gelang bisher nur an **ausgerissenen Formen,** wobei eine **Mindestmenge** von **ca. 15 Haaren** benötigt wurde. Über die Auswertung von Vaginalsekret, das als Spurenmaterial geringere Bedeutung hat, liegen z. Z. noch keine ausreichenden Erfahrungen vor.

93 Die Angaben über die erforderlichen Spurenmengen orientieren sich an dem derzeitigen Stand der Forschung. Da weltweit daran gearbeitet wird, die Untersuchungsmethoden zu optimieren, ist jedoch davon auszugehen, daß **in Zukunft auch kleinere Spuren** mit Erfolg ausgewertet werden können.

III. Durchführung der DNA-Analyse

94 Die **DNA-Analyse** beinhaltet mehrere aufeinanderfolgende Untersuchungsschritte:

1. Extraktion und Reinigung der DNA

Dem Untersuchungsmaterial werden verschiedene Reagenzien zugegeben, um die Spur zu lösen und die **Zellen aufzubrechen,** so daß die DNA frei wird. Gleichzeitig **zerstört** ein Enzym, die Proteinase K, die gesamten **Zellproteine.** Anschließend wird die **DNA** aus dem Gemisch **isoliert, konzentriert** und durch Dialyse und mehrere Waschvorgänge **gereinigt.**

2. Spaltung der DNA-Stränge durch Restriktionsenzyme

Das Untersuchungsmaterial wird mit einem **Restriktionsenzym** versetzt. **95** Es handelt sich dabei um eine bakterielle Endonuklease, die bestimmte Sequenzen von Basenpaaren erkennt und auf chrakteristische Weise spaltet. So werden z. B. bei Zugabe von Hinf I die DNA-Doppelstränge überall dort zerschnitten, wo das Enzym die Basenfolge GANTC vorfindet. Die Trennungsstelle liegt dabei zwischen A und G. Das Symbol „N" steht für eine der vier in Frage kommenden Basen. Da die genannte Sequenz auf den DNA-Strängen verschiedener Individuen in unterschiedlichen Entfernungen sich wiederholt, entstehen so die **DNA-Fragmente unterschiedlicher Größe**.

3. Elektrophoretische Trennung der DNA-Fragmente

Das Gemisch von DNA-Abschnitten wird auf ein **Agarosegel übertragen** **96** und **elektrophoretisch aufgetrennt.** Durch die unterschiedliche Wanderungsgeschwindigkeit im elektrischen Feld erfolgt eine Sortierung nach ihrer Größe, denn die Fragmente wandern in der Zeiteinheit umso weiter vom Auftragspunkt weg, je kleiner sie sind.

4. Denaturieren und Blotten

Die DNA-Abschnitte liegen nach Abschluß der Elektrophorese auf dem **97** Agarosegel als Doppelstränge vor. Sie werden daher durch Zugabe von Reaktionslösungen der Länge nach in Einzelstränge aufgespalten. Diesen Vorgang bezeichnet man als „Denaturierung". Durch eine spezielle Technik, die nach ihrem Erfinder „**Southern-Blotting**" genannt wird, erfolgt nun die Übertragung der einzelsträngigen Abschnitte auf eine Nylonmembran. Auf dieser werden die DNA-Moleküle fest gebunden. Dabei bleiben die Basen jedoch frei.

5. Hybridisierung und Visualisierung

Wie oben erwähnt, benutzt man die Fähigkeit des DNA-Einzelstranges, die **98** komplementären Basen zu finden und sich mit ihnen zu verbinden, für die DNA-Analyse. Man verwendet deshalb zur Auffindung der interessierenden Sequenzen einsträngige DNA-Abschnitte mit bekannter Basenfolge, sog. „**Sonden**". Um sie als Nachweisreagenz einsetzen zu können, müssen sie jedoch vorher markiert werden. Am gebräuchlichsten ist die **Markierung mit P 32**, wobei radioaktives Phosphat in den Holm des DNA-Bruchstückes eingebaut wird.

Die Nylonmembran mit den gebundenen einsträngigen DNA-Abschnit- **99** ten wird nun in ein Reaktionsgemisch, das die Sonde enthält, getaucht. Diese lagert sich daraufhin überall dort an, wo sie eine komplementäre Sequenz vorfindet. Der Vorgang wird als „**Hybridisierung**" bezeichnet. Eine Sonde mit der Basenfolge GATA GATA GATA würde z. B. einen DNA-Abschnitt mit der Sequenz CTATCTATCTAT aufsuchen und mit diesem eine feste Bindung eingehen.

100   Nach der Hybridisierung wird die Reaktionslösung und der Rest der überschüssigen Sonde entfernt und ein Röntgenfilm auf die Membran gelegt. Durch die radioaktive Strahlung wird der Film überall geschwärzt, wo die Sonde gebunden wurde. Daher erscheinen nach der Entwicklung alle DNA-Abschnitte mit der entsprechenden Basenfolge auf dem Film als schwarze Striche, die man als **„Banden"** bezeichnet. Das **Bandenmuster** charakterisiert dann die verschiedenen Proben bzw. die Personen, von denen sie stammen.

6. Befundbewertung

101   Dem Untersucher stehen verschiedene Sondentypen zur Verfügung. Die sog. **Single-Locus-Sonden** sind größere einsträngige DNA-Abschnitte mit hoher Empfindlichkeit. Sie visualisieren repetitive Sequenzen, die nur an einer Stelle im Chromosom vorkommen. Auf dem Film erscheinen dann nur eine (homozygot) oder maximal zwei (heterozygot) Banden. Mit einer derartigen Sonde läßt sich natürlich nur eine begrenzte Anzahl unterschiedlicher Muster in der Bevölkerung erfassen, so daß die Differenzierungsmöglichkeiten zwischen verschiedenen Individuen bzw. der Zuordnungsgrad zu bestimmten Personen noch nicht befriedigen. Setzt man dagegen bei der Untersuchung einer bestimmten Probe **mehrere Single-Locus-Sonden** nacheinander ein, wird die Wahrscheinlichkeit, daß bei zwei verschiedenen Menschen das gleiche Bandenmuster auftritt, immer geringer, da jede Sonde unterschiedliche voneinander unabhängige Basen erfaßt. Die Größenordnung der Differenzierungsmöglichkeiten ist von dem folgenden Zahlenbeispiel abzulesen. Bei der Annahme, daß jede Sonde eine Sequenz erfaßt, die in der Bevölkerung etwa einmal unter hundert Personen vorkommt, beträgt die Häufigkeit des Musters bei zwei Sonden 1 in $100 \times 100 = 10\,000$, bei drei Sonden 1 in $100 \times 100 \times 100 = 1\,000\,000$, bei vier Sonden 1 in 100 Millionen usw. Bereits bei der Verwendung von fünf verschiedenen Single-Locus-Sonden hintereinander entsteht dann auf dem Film ein Bandenmuster mit einer relativen Häufigkeit von 1 in 10 Milliarden, das man in Anbetracht einer Erdbevölkerung von ca. fünf Milliarden Menschen praktisch als individuell bezeichnen kann.

102   Die sog. **Multi-Locus-Sonden** stellen kleinere einsträngige DNA-Abschnitte dar, die aber eine geringere Empfindlichkeit haben und damit mehr Spurenmaterial erfordern. Sie sind in der Lage, repetitive Sequenzen zu erfassen, die an mehreren verschiedenen Stellen im Chromosom vorkommen. Dabei entstehen Muster, die aus mehr als zwanzig Banden bestehen können und mit Recht als individuell im Sinne eines Fingerabdruckes bezeichnet werden. So wurde für die von *Jeffreys* entwickelte Sonde 33.15 errechnet, daß die Wahrscheinlichkeit, daß bei zwei zufällig ausgewählten Individuen alle Banden auf dem Film übereinstimmen, etwa $3:10^{11}$ beträgt. Bei der DNA-Analyse verwandter Personen treten ähnliche, aber nie identische Muster auf. Sie lassen sogar, wenn auch mit Einschränkungen, Hinweise auf den Verwandtschaftsgrad zu. **Gleiche Muster** erhält man aufgrund der genetischen Identität nur bei **eineiigen Zwillingen.**

SCHRIFTTUM

Brinkmann, B., B. Madea und *S. Rand:* Charakterisierung von Mikroblutspuren. In: Zeitschrift für Rechtsmedizin 94 (1985a), S. 237–244.

dies.: Kasuistischer Beitrag zur Analyse von Mikroblutspuren. In: Archiv für Kriminologie 176 (1985b), S. 163–170.

dies.: Zu den Einflußfaktoren auf die Morphologie der Blutspur. In: Beiträge zur gerichtlichen Medizin 44 (1986), S. 67–73.

Divall, G. B.: A New Peptidase Isoenzyme which may Assist in the Identification of Vaginal Debris, In: Forensic Science International 24 (1984), pp. 239–246.

Eisele, R.: Untersuchungen über das Vorkommen von Störfaktoren der Benzidinreaktion. In: Zeitschrift für Rechtsmedizin 71 (1972/1973), S. 301–304.

Göhringer, J.: Kann aus dem Blutbild auf verschiedenen Unterlagen die Fallhöhe und Richtung des gefallenen Tropfens ermittelt werden? Med. Diss. Heidelberg (masch.) 1941.

Haag, V.: Untersuchungen zum Nachweis von Abort- und Geburtsblut mittels des immunologischen Schwangerschaftstets. Med. Diss. Marburg 1968.

Lochte, T.: Über die Kronenbildung des aufgefallenen Bluttropfens und ihre Beziehungen zu sekundären Blutspritzern. In: Gerichtliche Medizin 22 (1933), S. 387–396.

MacDonnel, H.: Flight Characteristics and Stain Patterns of Human Blood. Nile a C. J. 1971.

Madea, B., W. Sander, B. Brinkmann und *S. Rand:* Morphologische Blutspurenanalyse am histologischen Schnitt. In: Beiträge zur gerichtlichen Medizin 44 (1986), S. 81–85.

Maresch, W. und *E. Wehrschütz:* Moderne Methoden der Blutfleckendiagnostik (Agargeldiffusion und Mischagglutination). In: Archiv für Kriminologie 132 (1963), S. 1–9.

Miller, L. B.: Hemochromogen Crystal Formation with Minute Amounts of Blood. In: The Journal of the Forensic Science Society 9 (1969), pp. 84–86.

Oepen, I. und *W. Köhler:* Ein photometrischer Schwangerschaftsnachweis an Blutspuren durch Bestimmung der hitzestabilen alkalischen Phosphatase. Modifikation der Technik nach Oya, Asano und Fuwa. In: Zeitschrift für Rechtsmedizin 79 (1977), S. 83–86.

Patzelt, D., G. Geserick und *E. Lignitz:* Spurenkundliche Identifizierung von Neugeborenen- bzw. Fetalblut mittels alpha 1-Fetoprotein-Präzipitation. In: Zeitschrift für Rechtsmedizin 74 (1974), S. 81–85.

Pizzola, P. A., S. Roth and *P. R. De Forest:* Blood Droplet Dynamics. In: Journal of Forensic Sciences 31 (1986), pp. 36–64.

Rand, S., B. Madea und *B. Brinkmann:* Zur Morphologie von Blutspuren. In: Beiträge zur gerichtlichen Medizin 43 (1985), S. 259–264.

dies.: Zur Systematik des Spurenbildes bei Schlagspritzspuren. In: Beiträge zur gerichtlichen Medizin 44 (1986), S. 75–80.

Schmitter, H. und *E. Kißling:* Die Anwendung der Ultradünnschicht-isoelektrischen Fokussierung (UDIEF) bei der Untersuchung von Blut- und Sekretspuren. In: Archiv für Kriminologie 171 (1983), S. 26–32.

dies.: Advanced Analysis of Bloodstains in Routine Casework by Application of Electrophoretic Methods. In: Federal Bureau of Investigation, The Laboratory Division (ed): Proceedings of the International Symposium on the Forensic Applications of Electrophoresis Held in Quantico, Virginia on June 26–28, 1984. Quantico, VA 1984, p. 147.

Schwinger, E.: Neue Methoden zur Geschlechtsbestimmung. In: Kriminalistik und forensische Wissenschaften 6 (1971), S. 145–148.

ders.: Geschlechtsbestimmung aus Blutspuren. In: Zeitschrift für Rechtsmedizin 70 (1972), S. 157–162.

Walcher, K.: Gerichtlich-medizinische und kriminalistische Blutuntersuchung. Ein Leitfaden für Studierende, Ärzte und Kriminalisten. Berlin 1939.

Wilkens, R. und *I. Oepen:* Nachweis von fetalem Hämoglobin in Blutspuren mit Hilfe der Celluloseacetatfolien (CAF) – Elektrophorese. In: Zeitschrift für Rechtsmedizin 79 (1977), S. 79–80.

23

Schußspurenuntersuchungen

Wolfgang Lichtenberg

A. Einleitung

Als **Schußspuren**[1] werden in diesem Beitrag Spuren bezeichnet, die nach **1**
der Abgabe von Schüssen am Opfer bzw. an einem Objekt und am Schützen nachzuweisen sind. Im einzelnen versteht man hierunter Beschädigungen bzw. Verletzungen und Materialantragungen durch Projektile und die
sich entspannenden Pulvergase sowie Ablagerungen von Pulverschmauch[2]
am beschossenen Objekt und am Schützen.

Ein Hauptziel der hier diskutierten Untersuchungen ist die **Rekonstruk-** **2**
tion[3] der Tatumstände im Zusammenhang mit Schußdelikten. Hierzu ist
es im allgemeinen notwendig, die Entfernung zu bestimmen, aus der die
Schußabgabe erfolgte und bei Durchschüssen die Lage von Ein- und Ausschuß zu ermitteln. Weiterhin läßt sich – zumindest näherungsweise –

---

1 *Lichtenberg* 1986.
2 *Sellier* 1982 S. 353, 383.
3 *Leszczynski* 1967 S. 91, *Sellier* 1982 S. 353–383.

anhand der Lage der Schußbeschädigungen zueinander die Schußrichtung bestimmen. Bei Durchschüssen ist hierbei jedoch zu beachten, daß möglicherweise das Projektil im Körper des Opfers ab- bzw. umgelenkt wurde. Eine Klärung dieses Sachverhaltes ist bei Tötungsdelikten meistens in Zusammenarbeit mit dem Obduzenten möglich.

3   Ein weiteres Hauptziel der Schußspurenuntersuchung ist der Nachweis von **Pulverschmauch** an den Händen[4] und ggf. an Kleidungsstücken eines mutmaßlichen Schützen. Häufig ergibt sich eine derartige Fragestellung im Zusammenhang mit fraglichen Selbstmorden, bei denen eine Schußwaffe verwendet wurde. Die Notwendigkeit der Untersuchung der Hände des Opfers auf Pulverschmauch ergibt sich aufgrund des Umstandes, daß bei Selbsttötungsdelikten mit einer Schußwaffe – neben einer Schußabgabe aus kürzester Entfernung – an den Händen des Opfers Antragungen von Schußresiduen zu erwarten sind.

4   Der **Nachweis von Schußresiduen** erfolgte bis vor wenigen Jahren – und in einigen Untersuchungslabors leider immer noch – mit uneffektiven Methoden bzw. mit Methoden, die hinsichtlich ihres Beweiswertes nicht zweifelsfrei sind.

5   Seit der Einführung **neuerer Untersuchungsverfahren** ist es nicht nur möglich, Schußresiduen als solche zu identifizieren (beispielsweise gegenüber berufsbedingten Antragungen zu unterscheiden), sondern es ist u. U. auch möglich, Angaben über das verwendete Waffen-/Munitionssystem zu machen. Hierzu sind jedoch umfangreiche Untersuchungen hinsichtlich der chemischem Zusammensetzung von Anzündsätzen[5] unterschiedlichster Munitionstypen und Fabrikate notwendig. Weiterhin können in günstigen Fällen Angaben darüber gemacht werden, ob Schußresiduen durch Abgabe eines Schusses, infolge Waffenkontaktes oder ggf. durch eine Abwehrbewegung des Opfers angetragen wurden.

B.   Untersuchungen mit dem Ziele einer Rekonstruktion

I. Vorbemerkungen

6   Wie bereits angesprochen, ist ein Hauptziel der Schußspurenuntersuchung, Hinweise über die Tatumstände zu erhalten, da häufig Tatzeugen fehlen oder Beschuldigte sich nicht zum Tathergang äußern bzw. falsche Angaben machen. Die hierbei wichtigste Untersuchung ist eine **Schußentfernungsbestimmung**, die bei Durchschüssen gleichzeitig auch eine Zuordnung von Ein- und Ausschuß ermöglicht.

7   Von den oben aufgeführten Spuren, die man nach Abgabe eines Schusses am beschossenen Objekt findet, sind einzig die Ablagerungen von Pulverschmauch im **Einschußbereich** geeignet, als Grundlage einer Schußentfernungsbestimmung mit wissenschaftlichen Methoden zu dienen[6].

---

4 *Sellier* 1982 S. 383–393, *Lichtenberg* 1989.
5 *Lichtenberg* 1980, *Fischer* 1985.
6 *Leszczynski* 1959.

Die Abb. 1 zeigt die Situation kurz nach Abfeuern einer Schußwaffe. Vor **8**
dem Lauf der Waffe – und vor dem Projektil – befindet sich eine Wolke von
Pulverschmauch. Einen Augenblick später wird die **Pulverschmauchwolke**
vom Projektil überholt (siehe Abb. 2). Im allgemeinen erfolgt ein weiterer
Ausstoß von Pulverschmauch, nachdem das Projektil den Lauf der Waffe
verlassen hat.

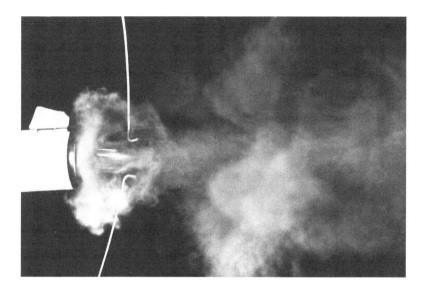

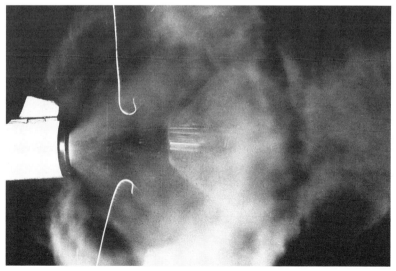

Abb. 1 und 2: Ausbildung der Schmauchwolke unmittelbar nach der Schußabgabe

9   Beim Verlassen des Waffenlaufes haben die Bestandteile der Schmauchwolke etwa die gleiche Geschwindigkeit wie das Projektil. Durch Wechselwirkung mit der Luft werden die Schmauchbestandteile stark abgebremst und mit zunehmender Entfernung vom Waffenlauf aufgefächert. Dieser Umstand führt dazu, daß die Bewegung der Schmauchbestandteile nach einer gewissen Zeit zum Stillstand kommt. Den Weg, den die Bestandteile in dieser Zeit zurückgelegt haben, bezeichnet man als den **Nachweisbereich** für Pulverschmauch, wobei aufgrund unterschiedlicher Masse der verschiedenen Bestandteile einer Schmauchwolke die Nachweisgrenze der jeweiligen Bestandteile nicht einheitlich ist.

10   Innerhalb des Nachweisbereiches läßt sich mit naturwissenschaftlichen Methoden eine Schußentfernungsbestimmung durchführen, da sich für ein gegebenes Waffen-/Munitionssystem die örtlichen **Konzentrationen von Schmauchbestandteilen** bzw. das Verteilungsbild mit zunehmender Entfernung von der Waffe in charakteristischer Weise ändern.

II. Die Bestandteile des Pulverschmauchs

11   Die auf den Abb. 1 und 2 wiedergegebene Schmauchwolke setzt sich aus folgenden **Bestandteilen** zusammen:
   – unvollständig verbrannten Resten des Treibladungspulvers,
   – metallischen Bestandteilen des Projektils,
   – charakteristischen Partikeln, die aus chemischen Komponenten des Anzündsatzes, Bestandteilen des Projektils und Umsetzungsprodukten des Treibladungspulvers resultieren.

12   Bei der Schußentfernungsbestimmung sind die Schmauchbestandteile **Blei, Barium** und **Antimon** von besonderer Bedeutung. Die genannten chemischen Elemente sind Komponenten der Hauptverbindungen Blei-Trizinat, Bariumnitrat und Antimonsulfid von Sinoxid-Anzündsätzen. Die heute noch überwiegend verwendeten **Anzündsätze** ersetzen die sogenannte Quecksilberfulminat-Anzündsätze, die heutzutage noch insbesondere bei militärischer Munition – aber auch bei nichtmilitärischer Munition – in Osteuropa verwendet werden.

13   Ein erheblicher Anteil von **Blei** in der Pulverschmauchwolke stammt jedoch nicht aus dem Anzündsatz, sondern vom Geschoßkern bei herkömmlichen Mantelgeschossen bzw. von der Geschoß-Oberfläche bei Bleiprojektilen. Es konnte anhand chemographisch sichtbar gemachter Schmauchverteilungsbilder gezeigt werden, daß bei einigen Methoden zur Schußentfernungsbestimmung insbesondere der vom **Geschoß** stammende Bleianteil von besonderer Bedeutung ist.

14   Zu Beginn der 80er Jahre wurde auf dem Munitionsmarkt eine noch nicht abgeschlossene Entwicklung mit dem Ziele eingeleitet, das chemische Element Blei und andere gesundheitsschädigende Schwermetalle als Schmauchbestandteile zu eliminieren bzw. deren Anteil im Pulverschmauch stark zu reduzieren. Seit Beginn dieser Entwicklung sind das chemische Element **Zink** – als Hauptbestandteil der nichttoxischen Sin-

tox-Munition[7] der Fa. Dynamit Nobel – und die chemischen Elemente **Mangan** und **Kupfer** bei neueren, bleifreien Munitionsarten[8] (Fiocchi und CCI) bei der Schußentfernungsbestimmung von Bedeutung.

III. Einteilung der Schußentfernung

Der Kriminaltechniker unterscheidet bei der **Schußentfernung** zwischen absolutem Nahschuß, relativem Nahschuß und Fernschuß[9]. **15**

Von einem **absoluten Nahschuß** spricht man, wenn die Schußentfernung kleiner als 1 cm war, wobei in diesem Entfernungsbereich der Schuß mit aufgesetzter bzw. aufgepreßter Waffe von besonderer Bedeutung ist, da hierbei in den meisten Fällen besonders charakteristische Spurenbilder entstehen. Häufig lassen sich absolute Nahschüsse bereits an der Morphologie der Einschußbeschädigungen bzw. Einschußverletzungen erkennen. Jedoch sollte auch in derartigen Fällen grundsätzlich auf eine Untersuchung der Konzentration von Schmauchelementen bzw. auf den Nachweis ihres Verteilungsbildes nicht verzichtet werden. **16**

Von einem **relativen Nahschuß** geht man aus, wenn die Schußabgabe innerhalb des Nachweisbereiches für Pulverschmauch erfolgte. Es ist unmittelbar einsichtig, daß dieser Nachweisbereich nicht nur vom verwendeten Waffen-/Munitionssystem und vom jeweiligen Schmauchträger abhängt, sondern auch von der Nachweisempfindlichkeit für Pulverschmauchelemente der eingesetzten Untersuchungsmethode[10]. **17**

Bei einem **Fernschuß** erfolgte die Schußabgabe oberhalb der Nachweisgrenze für Pulverschmauch aus der Schmauchwolke. Charakteristisch für einen Fernschuß ist der Nachweis eines sogenannten Abstreifringes ohne weitere flächenhafte Schmauchantragungen. Hierbei handelt es sich um Antragungen von Schmauchelementen in der Randzone des Einschußloches bzw. der Einschußverletzung. Das Spurenbild des Abstreifringes entsteht dadurch, daß Pulverschmauch, der sich auf der Oberfläche des Geschosses befindet, beim Eindringen in das beschossene Objekt abgestreift wird. Bei Durchschüssen ist der Nachweis des Abstreifringes charakteristisches Indiz für den Einschuß. **18**

IV. Vergleichsschußserie

Unabgängig von der angewandten Untersuchungsmethode ist eine Schußentfernungsbestimmung immer mit der Durchführung einer **Vergleichsschußserie** verbunden[11]. **19**

Hierzu werden mit der Tatwaffe Schüsse aus verschiedenen Entfernungen auf Tatmaterial oder auf ein Material abgegeben, das hinsichtlich sei-

---

7 *Lichtenberg* 1983.
8 *Lichtenberg* 1988.
9 *Sellier* 1988 S. 35–42.
10 *Leszczynski* 1969 S. 96/97.
11 *Eigendorf/Schmechta* 1979b S. 17; 1982, *Thieme* 1986 S. 58, *Deinet/Leszczynski* 1986 S. 42.

nes Haftvermögens für Pulverschmauch als gleich anzusehen ist mit dem Tatmaterial. Fehlt die Tatwaffe, wird eine Vergleichswaffe vom gleichen Kaliber und Typ verwendet, da in den meisten Fällen aufgrund der Untersuchung von Tatgeschoß bzw. Tathülse Informationen über die zur Tat verwendeten Waffen vorliegen.

V. Methoden zur Schußentfernungsbestimmung

20 Bei den **Methoden zur Schußentfernungsbestimmung**[12] unterscheidet man zwischen den chemografischen Verfahren (Abdruckverfahren) und den spektroskopischen Methoden. Die chemografischen Verfahren beruhen auf einer chemischen Farbreaktion, mit deren Hilfe bestimmte Schmauchbestandteile bzw. deren Verteilungsmuster sichtbar gemacht werden. Bei den spektroskopischen Methoden erfolgt eine halbquantitative oder quantitative Bestimmung von Schmauchelementen.

1. Chemografische Verfahren

a) Folienabdruckverfahren

21 Unter den chemografischen Verfahren hat sich seit vielen Jahren das **Folienabdruckverfahren**[13] nach *Leszczynski* in der Praxis bewährt. Bei diesem, auf dem Nachweis des Schmauchelementes Blei beruhenden Verfahren wird eine in Essigsäure getränkte Cellulose-Hydratfolie (Cellophanfolie) unter hohem Druck auf das betreffende Objekt – beispielsweise ein Kleidungsstück mit einer Einschußbeschädigung – aufgepreßt. Unter Einwirkung des Druckes dringen das Schmauchelement Blei und andere metallische Bestandteile des Pulverschmauches in die Folie. Nach einer Einwirkungszeit von ca. 20 Minuten wird die Folie vom Schmauchträger entfernt und in einem Bad mit Natriumsulfidlösung „entwickelt". Infolge einer chemischen Reaktion bildet sich, bei ausreichender Konzentration von Blei, in der Folie Bleisulfid, das an seiner Braunfärbung erkennbar ist. Nach gründlichem Spülen unter fließendem Wasser werden die Folien getrocknet.

22 **Vorteile** dieses einfach durchzuführenden Verfahrens sind:
– Mit den entsprechenden apparativen Einrichtungen (Presse, Laborabzug, Trockeneinrichtung z. B. Fotopresse) können mit diesem Verfahren in verhältnismäßig kurzer Zeit gute und anschauliche Untersuchungsergebnisse erzielt werden.
– Mit dieser Methode erhält man die gesamte, für eine bestimmte Schußentfernung charakteristische Bleiverteilung im Bereich des Einschusses. In Verbindung mit Vergleichsschußversuchen (vgl. Abb. 3) – die ebenfalls mit dieser Methode ausgewertet werden – erhält man Untersuchungsergebnisse, die auch vom naturwissenschaftlichen Laien nach-

---

12 *Sellier* 1988 S. 45–97, *Lichtenberg* 1990.
13 *Leszczynski* 1959, *Hoffmann* 1985.

vollziehbar sind (eine Tatsache, die insbesondere bei der Erläuterung
von Schußspurengutachten vor Gericht von Bedeutung ist).

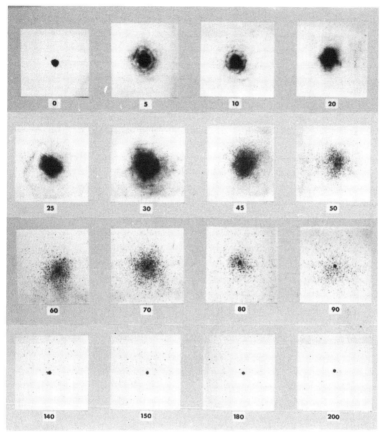

Abb. 3: Bleiverteilung einer Vergleichsschußserie, die mit dem Folienabdruckverfahren
         ausgewertet wurde
         Waffe: KK-Gewehr, Kaliber .22 l.r

— Bei Schußentfernungen kleiner als 10 cm liefert dieses Verfahren häufig
  Bleibilder, die für das betreffende Waffensystem charakteristisch sind. In
  günstigen Fällen kann daher in Verbindung mit aus der Erfahrung
  bekannten Bleibildern auf das Waffensystem geschlossen werden, falls
  Tatwaffe und Tatprojektil nicht zur Untersuchung vorliegen (vgl. Abb. 4
  und 5, Seite 58).

— Das Verfahren kann unter bestimmten Gesichtspunkten als zerstörungsfrei angesehen werden. Durch den Erstabdruck wird nicht die
  gesamte Bleiverteilung vom Schmauchträger entfernt. Im Bedarfsfalle
  können ergänzende Untersuchungen beispielsweise mit empfindliche-
  ren spektroskopischen Methoden durchgeführt werden.

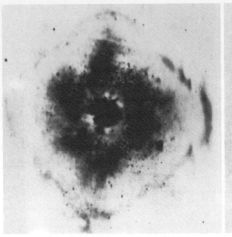
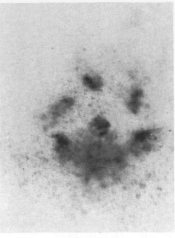

Abb. 4: Bleiverteilung eines Vergleichsschusses   Abb. 5: Bleiverteilung eines
         mit einem Revolver vom Kaliber .38   Vergleichsschusses mit
         aus einer Entfernung von 10 cm   einem Gewehr vom Kaliber
                                                                  7.62 mm aus einer
                                                                  Entfernung von 10 cm

b) Rhodizonat-Verfahren

23 Eine weitere chemografische Untersuchungsmethode ist das ebenfalls auf
dem Nachweis des chemischen Elementes Blei beruhende Verfahren nach
Suchenwirth[14] **(Rhodizonat-Verfahren).** Bei diesem Verfahren wird ein mit
Natrium-Rhodizonat getränktes Filterpapier auf das zu untersuchende
Objekt gedrückt. Das Vorhandensein von Blei ist an einer rot-violetten
Färbung des Filterpapiers erkennbar. Nachteilig bei diesem Verfahren ist
der Umstand, daß die Färbung verhältnismäßig rasch verblaßt. Eine unmittelbare fotografische Sicherung eines ggf. erhaltenen Bleiverteilungsbildes
ist deshalb notwendig. Das Rhodizonat-Verfahren wird derzeit – wenn
überhaupt – bevorzugt unmittelbar am Tatort eingesetzt. Gelegentlich
wird eine mögliche Schußspur – beispielsweise an einem Gebäudeteil –
zum Nachweis latenter Bleispuren direkt mit der Lösung besprüht.

c) Modified Griess Test

24 Das einzige chemografische Verfahren, das auf dem Nachweis noch erhal-
tener oder unvollständig verbrannter Bestandteile des Treibladungspulvers
beruht, ist der sogenannte „**Modified Griess Test**" (MGT)[15]. Dieses ausschließlich bei amerikanischen Untersuchungsstellen eingesetzte Verfahren hat gegenüber den beiden besprochenen Methoden entscheidende
Nachteile. Aus diesem Grund wird es auch hier nicht weiter diskutiert.

---

14 *Suchenwirth* 1972.
15 *Molnar/Dillon* 1982.

2. Spektroskopische Verfahren

a) Röntgenfluoreszenzanalyse

Von den spektroskopischen Verfahren hat sich insbesondere die **Röntgen-** 25
fluoreszenzanalyse (RFA) in der Praxis der Schußspurenuntersuchung
durchgesetzt. Ein wesentlicher Grund hierfür ist sicherlich die Tatsache,
daß es sich auch bei diesem Verfahren um eine zerstörungsfreie Untersuchungsmethode handelt. Weiterhin vorteilhaft ist, daß mit den kommerziell erhältlichen Geräten innerhalb kürzester Zeit – ohne daß die zu
untersuchenden Asservate entscheidend verändert werden müssen – gute
Ergebnisse erzielt werden. Die Arbeitsweise der RFA beruht darauf, daß die
zu untersuchende Probe mit einer energiereichen Röntgenstrahlung
bestrahlt wird. Die Atome der betreffenden Probe werden hierdurch angeregt, eine Strahlung (Fluoreszenzstrahlung) auszusenden, die für die jeweilige Atomsorte charakteristisch ist.

Von der Methodik her müssen zwei **RFA-Geräte-Typen** unterschieden 26
werden: die wellenlängendispersive RFA (WD-RFA)[16] und die energiedispersive RFA (ED-RFA)[17]. Beide Methoden werden z. Z. zur Untersuchung
von Schußspuren eingesetzt, da sowohl WD-RFA als auch ED-RFA grundsätzlich hierzu geeignet sind, obwohl die WD-RFA gegenüber ED-RFA im
Bereich der Schußspurenuntersuchung einige Vorteile besitzt[18].

Eine **praxisgerechte Schußentfernungsbestimmung** mittels RFA besteht 27
beispielsweise darin, daß mit dieser Methode eine Tatschußprobe mit
einem Durchmesser von etwa 35 mm – mit dem Einschußloch im Zentrum – auf die Schmauchelemente Blei, Barium, Antimon, Zink usw.
untersucht wird. Zum Vergleich werden mit der Tatwaffe und mit Patro-
nen vom gleichen Fabrikat wie die Tatmunition Schüsse aus verschiedenen Entfernungen auf Schweinehaut abgegeben. Die Testproben werden
ebenfalls mittels RFA untersucht. Zur Bestimmung der Schußentfernung
werden die gemessenen Konzentrationen verglichen mit den jeweiligen
Konzentrationen der Tatschußprobe (Abb. 6, Seite 60).

b) Atomabsorptionsspektroskopie

Eine weitere spektroskopische Methode, die bei einigen Untersuchungs- 28
stellen zur Schußentfernungsbestimmung eingesetzt wird, ist die **Atomab-**
sorptionsspektroskopie (AAS)[19]. Diese analytische Methode ist heutzutage
aufgrund ihrer Nachweisempfindlichkeit und einer ausgefeilten Geräte-
technik eine der wichtigsten Methoden in der Spurenanalytik und aus
diesem Grund eine Analysentechnik, die auch in kriminaltechnischen
Laboratorien angewendet wird.

Theoretische Basis der AAS bildet die von Kirchhoff formulierte Gesetz- 29
mäßigkeit, daß Atome auf der gleichen Wellenlänge absorbieren können,
auf der sie auch emittieren.

---

16 *Schlumpberger* 1976.
17 *Thieme* 1984.
18 *Lichtenberg* 1990.
19 *Krishnan* 1974.

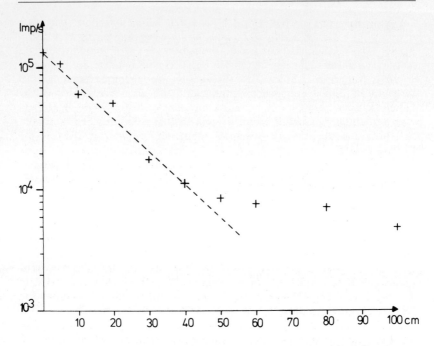

Abb. 6: Konzentration des Schmauchelementes Blei in Abhängigkeit von der Schußentfernung
      Waffe: Revolver, Kaliber .38

30   Vor der eigentlichen **Untersuchung** muß das Untersuchungsmaterial
mit Hilfe eines chemischen Aufschlusses in Lösung gebracht werden. Zur
Untersuchung wird die Lösung in eine heiße Flamme (Flammentechnik)[20]
bzw. in das Innere eines elektrisch beheizten Graphitröhrchens (Graphitrohrtechnik)[21] eingebracht, wobei in bezug auf Nachweisempfindlichkeit
die Graphitrohrtechnik der Flammentechnik überlegen ist. Mittels AAS
können die nachzuweisenden chemischen Elemente quantiativ bestimmt
werden. Hierzu muß jedoch vor der Untersuchung das AAS-Gerät für die
jeweilige Atomsorte eingestellt und geeicht werden.

31   Die AAS-Analysentechnik ist nicht zerstörungsfrei. Dieser Umstand ist
im Bereich der Kriminaltechnik und insbesondere bei der Schußspurenuntersuchung ein schwerwiegender **Nachteil**. Ein weiterer Nachteil ist, daß
der eigentlichen Untersuchung teilweise umfangreiche und meistens nicht
mehr nachvollziehbare bzw. wiederholbare Schritte der Probenvorbereitung für die eigentliche Analyse vorausgehen. Als zusätzlicher Nachteil ist
der vergleichsweise hohe Zeitaufwand bei der Schußspurenuntersuchung
mittels AAS zu nennen.

---

20 *Eigendorf/Schmechta* 1979a S. 24, 1979b.
21 *Kijewski/Lange* 1974.

Die Befürworter dieser Methode bei der Schußspurenuntersuchung 32
heben den größten **Vorteil** der hohen Nachweisempfindlichkeit – insbesondere der Graphitrohrtechnik – hervor. Aus Erfahrung ist jedoch
bekannt, daß bei den meisten, in der Praxis als Schmauchträger vorkommenden Materialien (z. B. Kleiderstoffe) die als Schmauchelemente in
Frage kommenden chemischen Elemente teilweise in verhältnismäßig
hohen Konzentrationen vorliegen. Zumindest bei der üblicherweise angewandten vorbereitenden Präparationstechnik zur AAS bringt in derartigen
Fällen eine hohe Nachweisempfindlichleit bei der Spurenuntersuchung
keinen Vorteil.

c) Zeemann-Atomabsorptionsspektroskopie (Feststoffanalyse)

Seit einigen Jahren steht eine Analysentechnik (Zeeman-Atomabsorp- 33
tionsspektroskopie) zur Verfügung, die sich zwischenzeitlich bereits bei
der Untersuchung von Schußspuren bewährt hat[22]. Bei der **Zeeman-Atomabsorptionsspektroskopie** (ZAAS) ist – wie bei der herkömmlichen AAS –
eine quantitative Bestimmung der nachzuweisenden chemischen Elemente möglich. Die ZAAS unterscheidet sich im wesentlichen gegenüber
der herkömmlichen AAS dadurch, daß ein chemischer Aufschluß des
Untersuchungsmaterials entfällt. Das Untersuchungsmaterial wird ohne
zusätzliche Präparationsschritte im elektrisch beheizten Graphitofen ato-
misiert (Feststoffanalyse). Obwohl auch diese Methode nicht zerstörungsfrei ist, können jedoch bei der Schußentfernungsbestimmung – im Gegensatz zur herkömmlichen AAS – ohne Zerstörung des gesamten Untersuchungsmaterials bereits gute Untersuchungsergebnisse erzielt werden.

Bewährt hat sich die ZAAS bei der Schußentfernungsbestimmung insbe- 34
sondere **als Ergänzung** zu langjährig erprobten Methoden wie Folienabdruckverfahren und Röntgenfluoreszenzanalyse. Dem großen Zeitaufwand
bei dieser Methode steht gegenüber, daß mittels ZAAS wichtige Untersuchungen durchgeführt werden können, die mit anderen – bereits diskutierten – Methoden grundsätzlich nicht möglich sind, wie z. B. eine ortsaufge-
löste quantitative Analyse.

d) Emissionsspektralanalyse

Eine ebenfalls nicht zerstörungsfreie spektroskopische Methode zur 35
Schußentfernungsbestimmung ist die **Emissionsspektralanalyse** (OES). Bei
der üblicherweise durchgeführten Probennahme wird jedoch nicht die
gesamte Probe zerstört, so daß ggf. notwendige Nachuntersuchungen mit
einer anderen Methode noch möglich' sind. Die Probennahme erfolgt im
allgemeinen derart, daß etwa 1 cm bis 2 cm vom Einschuß entfernt – entsprechend den Himmelsrichtungen Norden, Westen, Süden, Osten – vier
repräsentative Einzelproben entnommen werden, die anschließend mittels
OES auf charakteristische Schmauchelemente untersucht werden. Dazu

---

22 *Lichtenberg* 1987, *Franke* 1989, *Mayer* 1989.

wird im Kohlelichtbogen bzw. mit Hilfe eines Laserstrahls Untersuchungsmaterial verdampft, wobei die Atome des Untersuchungsmaterials angeregt werden und Licht aussenden, das für ein bestimmtes Schwermetall charakteristisch ist. Die Auswertung erfolgt mit Hilfe einer (durch dieses Licht) in charakteristischer Weise geschwärzten Fotoplatte (oder eines Films). Da die Intensität der Schwärzung ein Maß für die Konzentration des jeweiligen chemischen Elementes ist, kann eine Bestimmung des Elementes zumindest halbquantitativ erfolgen. Dieser Umstand wird bei der Schußentfernungsbestimmung ausgenützt.

e) Neutronenaktivierungsanalyse

36 Obwohl die **Neutronenaktivierungsanalyse** (NAA)[23] in der Praxis der Schußentfernungsbestimmung unbedeutend ist, soll diese Methode angesprochen werden, da im Zusammenhang mit der Erläuterung von Schußspurengutachten vor Gericht die NAA gelegentlich diskutiert wird.

37 Die NAA ist eine zerstörungsfreie Analysenmethode, die hinsichtlich ihrer Nachweisempfindlichkeit vergleichbar ist mit der AAS. Die NAA **basiert** auf dem physikalischen Sachverhalt, daß stabile Isotope chemischer Elemente durch Bestrahlung in einem Kern-Reaktor mit thermischen Neutronen in instabile Isotope derselben Elemente umgewandelt werden. Falls der nachfolgende Zerfall der instabilen Isotope über einen sogenannten Gammazerfall erfolgt, können – ähnlich wie bei der Röntgenfluoreszenzanalyse – die jeweiligen Elemente anhand ihrer charakteristischen Gammastrahlung identifiziert werden. Falls entsprechende meßtechnische Vorkehrungen getroffen werden, ist eine quantitative Bestimmung von Schmauchelementen mittels NAA möglich.

38 Nicht zuletzt wegen des noch größeren **Aufwandes** als bei der AAS hat sich in der Praxis die NAA bei der Schußentfernungsbestimmung nicht durchgesetzt. Dennoch hat der Einsatz dieser Methode wichtige Erkenntnisse in bezug auf die Nachweisgrenze für Schmauchelemente geliefert.

VI. Würdigung der Verfahren

39 Würdigt man die vorstehend diskutierten Methoden zur Schußentfernungsbestimmung, so ist den **chemografischen Verfahren** der **Vorzug** zu geben. Bei Anwendung dieser Verfahren steht in der Regel bei einer gutachtlichen Würdigung das gesamte Schmauchverteilungsbild des Tatschusses zur Verfügung, das mit entsprechenden Verteilungsbildern von Vergleichsschüssen verglichen werden kann. Aus der Erfahrung mit dem Folienabdruckverfahren sind einige interessante Fälle bekannt, bei denen keine andere Methode entsprechend gute Ergebnisse geliefert hätte. Eine Diskussion dieser Einzelfälle würde jedoch den Rahmen dieses Kapitels überschreiten. Insbesondere das Folienabdruckverfahren hat sich in der Praxis so gut bewährt, daß es als das Hauptverfahren bei der Schußentfernungsbestimmung angesehen werden kann.

---

23 *Baumgärtner/Stärk/Schöntag* 1963 S. 424, *Krishnan* 1967 S. 112, *Menke/Leszczynski/Weber* 1974 S. 337.

Nachteilig bei den Abdruckverfahren ist, daß in einigen Fällen die Nach- **40**
weisgrenze zur Schußentfernungsbestimmung zu niedrig ist. Hier hat sich
als **Ergänzung** zum Folienabdruckverfahren im Kriminaltechnischen Institut des Bundeskriminalamtes die ZAAS bewährt.

Aus Gründen, die im entsprechenden Abschnitt dieses Kapitels dargelegt worden sind, sollte die herkömmliche AAS (und ebenfalls OES) grundsätzlich nicht als einziges bzw. als erstes Verfahren eingesetzt werden,
sondern nur als ergänzendes Verfahren zur Erhöhung der Nachweisgrenze.

C. Identifizierung von Pulverschmauch (Schußhanduntersuchungen)

I. Untersuchung mittels Emissionsspektralanalyse, Atom-absorptionsspektroskopie und Neutronenaktivierungsanalyse[24]

Das **Ziel** einer Untersuchung von Anhaftungen an den Händen eines mut- **41**
maßlichen Schützen ist der eindeutige Nachweis, daß diese Anhaftungen
mit der Abgabe eines Schusses in Zusammenhang stehen oder auf **Waffen-
bzw. Munitionskontakt** zurückzuführen sind, d. h. eine andere Herkunft
der Anhaftungen muß ausgeschlossen werden können.

Bis vor einigen Jahren standen als alleinige **Untersuchungsmethoden** die **42**
bereits besprochenen Verfahren Emmissionsspektralanalyse (OES) (Rdnr.
28–32), Atomabsorptionsspektroskopie (AAS) (Rdnr. 35) und Neutronenaktivierungsanalyse (NAA) (Rdnr. 36–38) zur Verfügung, wobei die NAA
auch heute noch im wesentlichen in den USA eingesetzt wird.

Die **Spurensicherung** zu den genannten Methoden (Rdnr. 42) besteht **43**
üblicherweise darin, die Finger und Handflächen eines mutmaßlichen
Schützen mit in verdünnter Essigsäure getränkter Augenwatte abzureiben.
Wie die eigene Erfahrung zeigt, passiert es leider allzu häufig, daß bereits in
der Watte-Neutralprobe chemische Elemente, die als Schmauchelemente
in Frage kommen, nachgewiesen werden, und zwar deshalb, weil nicht die
empfohlene Augenwatte, sondern irgendeine Watte verwendet worden ist.
Weiterhin wurden gelegentlich anläßlich der Spurensicherung in nicht
mehr nachvollziehbarer Weise die Neutralproben kontaminiert, so daß die
gesamte Untersuchung nicht mehr zu bewerten war.

Der entscheidende **Nachteil** dieser Untersuchung liegt jedoch auf seiten **44**
der Nachweismethode, da sowohl mittels **OES** als auch **AAS** lediglich das
Vorhandensein von chemischen Elementen nachgewiesen wird, bei denen
es sich um Schmauchelemente handeln kann (z. B. Blei, Barium, Antimon,
Zink u. a.). Da insbesondere das chemische Element Blei, aber auch andere
als Schmauchelemente in Frage kommende chemische Elemente in der
Umwelt relativ häufig auftreten, kann bei einer gutachtlichen Würdigung
eines mit den o. a. Methoden (Rdnr. 42) gewonnenen Untersuchungsergebnisses eine andere Herkunft der nachgewiesenen chemischen Elemente oft

---

24 *Kijewski/Schilp* 1984, *Krishnan* 1977.

nicht ausgeschlossen werden. Weiterhin ist zu vermerken, daß sowohl OES als auch AAS keine zerstörungsfreie Methoden sind, ein Umstand, der in der Kriminaltechnik sehr ungünstig ist, da ggf. vorzunehmende Nachuntersuchungen – z. B. im Rahmen eines geforderten Zweitgutachtens – nicht mehr möglich sind.

45   In bezug auf die **AAS** als Nachweismethode für Pulverschmauchelemente ist ein **weiterer Nachteil** anzusprechen. Die Probenvorbereitung erfolgt im allgemeinen in der Weise, daß die übersandten Proben mit dem Ziele in ein Gemisch aus Salz- und Salpetersäure eingebracht werden, metallische Bestandteile des Pulverschmauchs in Lösung zu bringen. Aufgrund diesbezüglicher Untersuchungen in unserem Institut ist bekannt, daß die Schmauchelemente einiger Munitionsarten als schwerlösliche Verbindungen vorliegen. Zum Nachweis dieser Schmauchelemente mittels AAS müßten z. T. aufwendige Aufschlußtechniken eingesetzt werden. Um jeweils die richtige Präparationstechnik anwenden zu können, müßten in allen Fällen Informationen zu dem in Frage kommenden Munitionssystem vorliegen. Aus der Erfahrung ist jedoch bekannt, daß dies häufig nicht zutrifft. Weiterhin besteht die Gefahr der Kontamination bei den Präparationsschritten, insbesondere bei der Durchführung der Aufschlüsse.

II. Untersuchung mittels Rasterelektronenmikroskopie

46   Die einzige Untersuchungsmethode in der Kriminaltechnik, die es erlaubt, Schmauchanhaftungen als solche zu identifizieren, ist z. Z. der Nachweis mittels **Rasterelektronenmikroskopie** in Verbindung mit einer **energiedispersiven Röntgenmikroanalyse** (REM/EDX)[25].

    Beim Rasterelektronenmikroskop erfolgt die Untersuchung kleinster Objekte nicht im Licht, sondern mit Hilfe eines gebündelten Elektronenstrahls. Wie beim Lichtmikroskop lassen sich auch beim REM die untersuchten Objekte abbilden.

47   Bei der Kombination REM/EDX erhält man zusätzlich Informationen über die chemische Zusammensetzung des untersuchten Objektes. Bei der Untersuchung von Schußresiduen mittels REM/EDX werden Partikel nachgewiesen, die hinsichtlich **Morphologie, Größe und chemischer Zusammensetzung** charakteristisch sind für das verwendete Munitionssystem (Abb. 7). Hinsichtlich der Morphologie muß allerdings einschränkend gesagt werden, daß häufig Schmauchpartikel nicht die zu erwartende sphärische Struktur besitzen, sondern genauso unregelmäßig strukturiert sind, wie beispielsweise auch berufsbedingt angetragene metallische Partikel (Abb. 8).

48   Kritiker dieser Methode heben den angeblich großen **Zeitaufwand** hervor. Hierzu ist grundsätzlich zu vermerken, daß in vielen Fällen – zumin-

---

25 *Andrasko/Maehly* 1977.

dest mittels Gerätekombinationen der neueren Generation – bereits in deutlich kürzerer Zeit verwertbare Ergebnisse erzielt werden können als mit anderen Methoden.

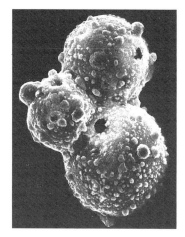

Abb. 7: Charakteristische Schmauchpartikel mit der Elementenkombination – Blei, Barium,
Aluminium, Antimon – in etwa 1400facher Vergrößerung

Abb. 8: Berufsbedingt angetragene Partikel mit der
Elementenkombination – Kupfer, Blei,
Zink – in etwa 400facher Vergrößerung

Nach der Erfahrung wird der Zeitaufwand groß, wenn zwischen Schußabgabe und Spurensicherung eine verhältnismäßig lange Zeit verstrichen ist (z. B. bei flüchtenden Straftätern). Es ist allerdings ein durch die Erfahrung mittels REM/EDX widerlegtes Vorurteil, daß spätestens zwei Stunden nach Schußabgabe auf der Hand des Schützen keine Schmauchpartikel mehr nachzuweisen sind. In Einzelfällen konnten noch Schmauchpartikel nachgewiesen werden, bei denen 12 Stunden und mehr zwischen Schußabgabe und Spurensicherung lagen. Auf die häufig vor Gericht gestellte Frage, wie lange nach Schußabgabe auf der Hand des Schützen Schmauchpartikel nachzuweisen sind, gibt es nach der Erfahrung keine generelle Antwort.

Zur Reduzierung des Zeitaufwandes in den oben angesprochenen Fällen **49** wurden **Zusatzeinrichtungen** entwickelt, die heutzutage kommerziell erhältlich sind[26]. Bei einer dieser – nach unterschiedlichen Prinzipien arbeitenden – Sucheinrichtungen kann beispielsweise die zeitaufwendige und für den Operator ermüdende Sucharbeit nach Schmauchpartikeln während der Nachtstunden erfolgen, ohne daß eine Elementanalyse durchgeführt wird. Am nachfolgenden Arbeitstag erfolgt die Elementenanalyse für jeden registrierten Partikel durch Einsatz des Operators.

Da während des Suchvorganges die Koordinaten eines jeden Partikels **50** miterfaßt werden können, ist es weiterhin möglich, das **Verteilungsmuster**

---

26 *Gansau/Becker* 1982, *Göbel/Hoffmann* 1989.

– beispielsweise im Bereich des Zeigefingers – zu erhalten. Das Verteilungsmuster von Schußresiduen an den Händen eines Tatverdächtigen oder eines mutmaßlichen Selbstmordopfers ist immer dann von Bedeutung, wenn zusätzlich zur Identifizierung von Schußresiduen geklärt werden soll, ob diese

– durch Abgabe eines Schusses

– infolge Waffenkontaktes

– oder aufgrund einer Abwehrbewegung

angetragen worden sind. Notwendige Voraussetzung für den Erhalt des Verteilungsmusters ist jedoch eine Spurensicherung auf der Hand des mutmaßlichen Schützen, bei der die örtliche Zuordnung der zu sichernden Schmauchpartikel erhalten bleibt.

51 Eine Methode zur Sicherung von Anhaftungen an den Händen eines mutmaßlichen Schützen, die den o. a. Erfordernissen entspricht, wird im „Spurensicherungskatalog" der LKÄ und des BKA empfohlen[27]. Dort ist beschrieben, wie mögliche Pulverschmauchanhaftungen von den Händen mit Klebefolie gesichert werden. Bei dieser Art der Sicherung (**differentielle Sicherung** von Schußresiduen) bleibt sowohl der individuelle Charakter einzelner Schmauchpartikel erhalten, der Hinweise auf die verwendete Munitionsart geben kann, als auch die Ortsinformation, wo sich Schmauchanhaftungen an der Hand befunden haben. Letzteres enthält Informationen zur Frage der Schußabgabe oder zum Waffen-/Munitionskontakt und zum Waffen-/Munitionssystem.

52 Zur differentiellen Sicherung von Schußresiduen gibt es eine Alternative. Diese besteht darin, daß mit kreisförmigen Klebefolien, die sich auf festen Unterlagen befinden, durch Abtupfen der Hände des Tatverdächtigen Schmauchpartikel eingesammelt werden (**integrale Sicherung** von Schußresiduen). Die Befürworter dieser Methode erwarten – was sicher richtig ist – einen Zeitgewinn bei den relativ langwierigen Untersuchungen mittels REM/EDX.

Der entscheidende Nachteil der integralen Methode zur Sicherung von Schußresiduen ist, daß hierbei die örtliche Zuordnung – insbesondere im Zeigefinger-/Daumenbereich – nicht erhalten bleibt.

III. Würdigung der Verfahren

53 Ein Vergleich der Untersuchungsmethode RDM/EDX mit den beiden oben diskutierten Verfahren (Rdnr. 41–45) ergibt: Im allgemeinen läßt sich mittels REM/EDX entscheiden, ob es sich bei Anhaftungen von den Händen eines Tatverdächtigen um Schußresiduen handelt oder um andere, beispielsweise berufsbedingte Antragungen. Eine derartige Entscheidung ist mittels OES und AAS in keinem Falle mit letzter Sicherheit möglich. Auch andere – bereits angesprochene – Nachteile der Methoden OES und AAS sind bei der Untersuchungsmethode REM/EDX gegenstandslos. Dar-

---

27 Spurensicherungskatalog BKA/LKÄ.

über hinaus bietet dieses Verfahren weitere Möglichkeiten, die in der Praxis der Untersuchung von Schmauchanhaftungen von großer Bedeutung sind. So lassen sich mittels REM/EDX nicht nur Schußresiduen als solche identifizieren, sondern es können auch Angaben darüber gemacht werden, von welchem Munitionssystem diese Residuen stammen können.

Ausgehend von den z. Z. in kriminaltechnischen Laboratorien eingesetzten Untersuchungsmethoden ist zusammenfassend festzustellen, daß es zum Rasterelektronenmikroskop in Verbindung mit einer energiedispersiven Röntgenmikroanalyse derzeit noch **keine** in praktischer Anwendung erprobte **Alternative** bei der Identifizierung von Schußresiduen und einigen darüber hinausgehenden Fragestellungen gibt. **54**

Das gelegentlich vorgebrachte Argument des großen Zeitaufwandes ist angesichts der erhaltenen gerichtsverwertbaren Resultate nicht stichhaltig. Darüber hinaus kann im Routinebetrieb der Zeitaufwand durch kommerziell lieferbare automatische Sucheinrichtungen erheblich reduziert werden.

SCHRIFTTUM

Andrasko, J. and *A. C. Maehly:* Detection of Gunshot Residues on Hands by Scanning Electron Microscopy. In: J. Forens. Sci. 22 (1977), pp. 279–287.

Baumgärtner, F., H. Stärk und *A. Schöntag:* Aktivierungsanalytische Antimonbestimmung im Nanogrammbereich zur Ermittlung von Schußentfernungen. In: Z. Anal. Chem. 197 (1963), S. 424–430.

Deinet, W. and *Ch. Leszczynski:* Examinations to Determine Close-range Firing Distances Using a Process Control Computer. In: Forensic Sci. Int. 31 (1986), pp. 41–54.

Eigendorf, H.-G. und *H. Schmechta:* Untersuchungen über die Dichteverteilung der Schmauchelemente Pb, Sb und Cu bei Schüssen aus der Pistole Makarow 9 mm. In: Kriminalistik und forens. Wiss. 36 (1979 a), S. 23–28; 37 (1979 b), S. 17–23.

dies.: Verteilung der Schmauchelemente auf der beschossenen Oberfläche nach Veränderung der Waffenmündung der Maschinenpistole Kalaschnikow. In: Kriminalistik und forens. Wiss. 46 (1982), S. 77–90.

Fischer, R.: Untersuchung der Zusammensetzung von Anzündsätzen und Pulverschmauch mittels Röntgenbeugung und Röntgenfluoreszenzanalyse. In: Bundeskriminalamt (Hrsg.): Schmauchspuren. Tagung des Bundeskriminalamtes Wiesbaden vom 25. bis 26. Juni 1985. Protokoll. Wiesbaden 1985, S. 62–68.

Franke, M.: Untersuchung der radialen Konzentrationsänderung der Schmauchelemente Blei und Antimon mittels der Feststoff-Zeeman-Atomabsorptionsspektroskopie. Diplomarbeit Fachhochschule Fresenius, Wiesbaden 1989.

Gansau, H. and *U. Becker:* Semi-Automatic Detection of Gunshot Residues by SEM/EDX. In: Scanning Electron Microscopy I. 1982, pp. 107–114.

Göbel, R. und *G. Hoffmann:* Der Einsatz eines automatischen Teilchensuchsystemes im REM am Beispiel der Schußspurenanalyse. In: BEDO 22 (1989), S. 147–153.

Hoffmann, R.: Über die Anwendung des Folienabdruckverfahrens – ein Verfahren zum Nachweis der Flächenverteilung von chemischen Elementen in Schußresiduen. In: ArchKrim. 175 (1985), S. 21–30.

Kijewski, H. und *J. Lange:* Neue Aspekte in der Schußentfernungsbestimmung durch Anwendung der flammenlosen Atom-Absorptions-Spektrophotometrie. In: Z. Rechtsmedizin 74 (1974), S. 9–16.

Kijewski, H. und *A. Schilp:* Der Nachweis einer Schußabgabe durch abschnittsweise Untersuchung der Schußhand mittels Atomabsorption. In: Beiträge zur Gerichtlichen Medizin XLII (1984), S. 123–132.

Krishnan, S. S.: Determination of Gunshot Firing Distances and Identification of Bullet Holes by Neutron Activation Analysis. In: J. Forens. Sci. 12 (1967), pp. 112 ff.

ders.: Firing Distance Determination by Atomic Absorption Spectrophotometry. In: J. Forens. Sci. 19 (1974), pp. 351 ff.

ders.: Detection of Gunshot Residues on the Hands by Trace Element Analysis. In: J. Forens. Sci. 22 (1977), pp. 304–324.

Leszczynski, Ch.: Bestimmung der Schußentfernung. In: Kriminalistik 13 (1959), S. 377–382.

ders.: Kasuistische Beiträge zum Thema Mord-Selbstmord. In: Landeskriminalpolizeiamt Niedersachsen (Hrsg.): Vorträge im Landeskriminalpolizeiamt Niedersachsen. Heft 4: Naturwissenschaftliche Kriminalistik. Hannover 1967, S. 91–97.

ders.: Möglichkeiten und Grenzen kriminaltechnischer Sachverständigen-Gutachten. In: Wirtschaftskriminalität – Sachverständigengutachten. Referate und Diskussionsbeiträge zur Arbeitstagung der Deutschen Kriminologischen Gesellschaft 1968 in Frankfurt/Main. Hamburg 1969 (Kriminologische Schriftenreihe. Bd. 43), S. 93–102.

Lichtenberg, W.: Die Bedeutung der Anzündsätze bei der kriminaltechnischen Untersuchung von Schußspuren. In: Dynamit Nobel Werkzeitschrift 6 (1980), S. 14–15.

ders.: Untersuchung des Pulverschmauchs einer Munition mit bleifreien Anzündsätzen. Sintox-9 mm Para/Schußversuchsreihen. In: Kriminalistik 37 (1983), S. 590–594.

ders.: „Schußspuren". In: Waldemar Burghard, Hans Werner Hamacher, Horst Herold, Manfred Schreiber, Alfred Stümper, August Vorbeck (Hrsg.): Kriminalistik Lexikon. 2. Aufl. Heidelberg 1986 (Grundlagen Bd. 20), S. 202–204.

ders.: Determination of Gunshot Residues (GSR) in Biological Samples by means of Zeeman Atomic Absorption Spectrometry. In: Z. Anal. Chem. 328 (1987), pp. 367–369.

ders.: Die Munition wurde „bleifrei". Der Pulverschmauch neuerer Munitionsarten mit bleifreien Anzündsätzen: Nachweis über Kupfer und Zink. In: Kriminalistik 42 (1988), S. 73–75.

ders.: Methods for the Determination of Shooting Distance. In: Forensic Science Review, Vol. 2, 1 (1990), pp. 37–62.

ders.: Zur Problematik der Schußhanduntersuchungen. In: Deutsches Polizeiblatt 7 (1989), Heft 5, S. 11–12.

Mayer, M.: Bestimmung der Schmauchelemente Blei und Antimon in tierischen Hautproben mit der Zeeman-Atomabsorptionsspektroskopie. Diplomarbeit Fachhochschule Fresenius. Wiesbaden 1989.

Menke, H., Ch. Leszczynski und *M. Weber:* Neutronenaktivierungsanalyse kurzlebiger Nuklide mit Impuls- und Dauerbestrahlung. Bestimmung von Blei über 0,8 s $^{207 m}$ Pb. In: Z. Anal. Chemie. 272 (1974), S. 337–340.

Molnar, J. and *J. H. Dillon:* Evalution of the RCMP Test for Nitrites in Propellant Powder as a Substitute for the Griess Test. In: Crime Lab. Digest 1982, May–June.

Schlumpberger, R.: Schußentfernungs- und Schußrichtungsbestimmung. Diss. med. Freiburg 1976.

Sellier, K.: Schußentfernungsbestimmung. Lübeck 1967 (Arbeitsmethoden der medizinischen und naturwissenschaftlichen Kriminalistik Bd. 7).

ders.: Schußwaffen und Schußwirkungen I. Ballistik, Medizin und Kriminalistik, 2. Aufl., Lübeck 1982 (Arbeitsmethoden der medizinischen und naturwissenschaftlichen Kriminalistik. Bd. 8).

ders.: Schußentfernungsbestimmung. 2. Aufl., Lübeck 1988 (Arbeitsmethoden der medizinischen und naturwissenschaftlichen Kriminalistik. Bd. 7).

Suchenwirth, H.: Ein einfaches spezifisches Abdruckverfahren zum Erfassen und Beurteilen von Schmauchbildern. In: ArchKrim. 150 (1972), S. 152–159.

Thieme, H.: Schußentfernungsbestimmung bei relativen Nahschüssen mit Hilfe der energiedispersiven Röntgenfluoreszenzanalyse (RFA). In: Kriminalistik und forens. Wiss. 53/54 (1984), S. 94–104.

ders.: Schußentfernungsbestimmung ohne Tatwaffe? In: Kriminalistik und forens. Wiss. 61 (1986), S. 58–65.

24

Sprengstoffe und Sprengvorrichtungen

Klaus Knuth

INHALTSÜBERSICHT

A.　Einleitung

1　Besonders seit dem vermehrten Auftreten terroristischer Gewalttäter in den sechziger Jahren gewannen sprengtechnische und sprengstoffanalytische Untersuchungen in der Kriminaltechnik zunehmende **Bedeutung;** sie stellen heute einen Schwerpunkt kriminaltechnischer Arbeit dar. Aber nicht nur in Fällen terroristischer Gewaltkriminalität spielen Explosivstoffe im polizeilichen Alltag eine Rolle, sondern auch im allgemein kriminellen Bereich. So werden sie bisweilen zum Aufsprengen von Panzerschränken oder Automaten oder auch bei Mordanschlägen ohne terroristischen Hintergrund eingesetzt. Zudem werden bei der Klärung von Sprengunfällen sowohl im gewerblichen Bereich als auch sehr häufig bei Unfällen chemisch experimentierender Schüler sprengtechnische Untersuchungen notwendig.

2　Für den Kriminaltechniker geht es im wesentlichen um **zwei Problembereiche:** zum einen um den Aufbau der Sprengvorrichtung und die verwandten Bauteile, die Tatmittel – wozu u. a. auch der Explosivstoff selbst zählt –, zum anderen um die Funktionsfähigkeit und Gefährlichkeit einer Sprengvorrichtung oder eines Sprengstoffes, also um die Sprengwirkungen.

3　Die Antwort auf die Frage nach den verwandten **Bauteilen** und dem **Aufbau** kann außerordentlich wichtige Erkenntnisse über Zusammenhänge zwischen verschiedenen Anschlägen liefern oder durch Vergleich mit bei einem Verdächtigen aufgefundenen Materialien diesen der Tat überführen. Darüber hinaus lassen sich Rückschlüsse auf das „Know-how" und die technischen Möglichkeiten der Täter ziehen.

Herkunftsermittlungen zu Bauteilen können wichtige Hinweise auf den Täter oder die Tätergruppe geben.

4　Die Frage nach den **Sprengwirkungen** ist vor allem aus forensischen Gründen regelmäßig zu beantworten. Die einschlägigen Vorschriften – § 311 StGB (Herbeiführen einer Sprengstoffexplosion) und § 311 b StGB (Vorbereitung eines Explosions- oder Strahlungsverbrechens) – setzen tatbestandsmäßig nicht nur die Tathandlung, sondern darüber hinaus auch bestimmte Wirkungen voraus: Durch die Explosion (bzw. die beabsichtigte Explosion) müssen Leib oder Leben eines anderen oder fremde Sachen von bedeutendem Wert gefährdet sein.

5　Explosivstoffe sind zudem chemisch und/oder physikalisch so zu **charakterisieren,** daß eine Einordnung in das Sprengstoffgesetz (SprengG)[1] erfolgen kann (unten Rdnr. 96 ff.).

B.　Gebräuchliche Sprengstoffe

I. Begriffsbestimmung

6　**Explosivstoffe** sind Stoffe oder Stoffgemische in fester oder flüssiger Form, die sich nach Initiierung mit sehr hoher Geschwindigkeit chemisch

---

1 BGBl. 1986 I S. 578 ff.

umsetzen bzw. zersetzen, wobei Gase (Schwaden) gebildet werden. Der plötzliche Übergang eines Stoffes aus der festen oder flüssigen Phase in die Gasphase bedingt einen plötzlichen Druckanstieg – noch verstärkt durch die Ausdehnung der Gase aufgrund von Temperaturerhöhung –, der die typischen Sprengwirkungen auslöst. Nur die Stoffe bzw. Stoffgemische, mit denen bewußt gesprengt, d. h. gearbeitet wird, werden als **Sprengstoffe** bezeichnet. Sie gehören zu den Explosivstoffen als Oberbegriff.

II. Klassifizierungen

Explosivstoffe lassen sich unter den unterschiedlichsten Gesichtspunkten 7 klassifizieren. Eine **Einteilung** kann beispielsweise erfolgen

nach dem Aggregatzustand

– Festsprengstoff

(gegossene, gepreßte Sprengstoffe; Sprengstoffgranulate; pulverförmige Sprengstoffe)

– Flüssigsprengstoff

– gelartiger Sprengstoff (Sprenggelatine; Sprengschlamm [„Slurry"])

nach der Detonationsgeschwindigkeit

– brisanter Sprengstoff

– nicht brisanter Sprengstoff,

nach der Verwendungs- und Einsatzmöglichkeit

– militärischer Sprengstoff

– gewerblicher Sprengstoff (Gesteinssprengstoff; Wettersprengstoff)

– Schießstoff

– pyrotechnischer Stoff,

nach der Sensibilität

– (handhabungssicherer, unempfindlicher) Sprengstoff

– schlag-, reibungs- und thermisch empfindlicher Sprengstoff (Initialsprengstoff)

– flammempfindlicher Sprengstoff.

III. Kriminalistisch relevante Einteilung

Speziell in der Kriminalistik ist die Einteilung nach der **Herstellungsart** 8 besonders wichtig, also die in

– konventionelle, d. h. herkömmliche, technisch hergestellte Sprengstoffe und

– unkonventionelle Sprengstoffe, die nicht technisch zum Zwecke des Sprengens hergestellt werden und bei denen es sich meist um Selbstlaborate handelt.

Vor allem wegen der in der Praxis meist bedeutsamen unterschiedlichen Handhabungssicherheit von konventionellen (technisch hergestellten) und unkonventionellen Explosivstoffen (Selbstlaboraten) ist diese Unterteilung sinnvoll.

1. Konventionelle Sprengstoffe

9   Konventionelle Sprengstoffe können völlig **unterschiedlich** aussehen und in verschiedenen Aggregatzuständen von flüssig über gelatinös bis fest vorliegen. Eines ist ihnen jedoch **gemeinsam:** Sie neigen nicht zu unkontrollierten, unvorhersehbaren Reaktionen, sie sind also berechenbar.

a) Brisante Sprengstoffe

aa) Begriffsbestimmung

10   Brisante Sprengstoffe vermögen nach Initiierung zu **detonieren**[2], wobei ein Einschluß in einem festen Behältnis (Verdämmung) nicht notwendig ist. Abgesehen von den Initialsprengstoffen (Rdnr. 7, 20) sind sie gegen Schlagbeanspruchung relativ unempfindlich (militärische Sprengstoffe müssen z. B. beschußsicher sein). Sie sind mit kleinen offenen Flammen (Streichholz) nicht zur Detonation zu bringen, ja sie brennen in den meisten Fällen nur zögernd oder gar nicht selbständig weiter. Dies macht die im gewerblichen und militärischen Bereich genutzten Sprengstoffe relativ handhabungssicher. Zur Einleitung der Detonation bedarf es einer starken plötzlichen Druckbelastung, die in der Praxis durch Zünden einer in den Sprengstoff eingebetteten Sprengkapsel (Sprengzünder oder Detonator) erreicht wird.

bb) Arten

11   Einige **gebräuchliche** Sprengstoffe sollen kurz genannt werden, nähere Einzelheiten sind der Fachliteratur[3] zu entnehmen.

12   Bei **TRINITROTOLUOL** (TNT) handelt es sich um den gebäuchlichsten militärischen Sprengstoff.

13   **TRINITROPHENYLMETHYLNITRAMIN** (Tetryl, Tetra, Tetralit) besitzt ein gutes Initiiervermögen und wird als Übertragungsladung zum Zünden von militärischen Sprengstoffen und als Sekundärladung in Sprengkapseln verwandt. Tetryl wird nicht – wie meist TNT – gegossen, sondern kann in jede beliebige Form gepreßt werden.

14   **NITROPENTA** (Pentaerythrittetranitrat, Pentryl, Pentrit, Penta, PETN) ist in Verbindung mit Plastifizierungsmitteln in den bekanntesten plastischen Sprengstoffen enthalten. Häufig wird es des weiteren als Übertragungsladung (Verstärkerladung) und in Sprengschnüren verwandt.

15   **HEXOGEN** (Trimethylentrinitramin, RDX, T 4) besitzt aufgrund hoher Dichte und hoher Detonationsgeschwindigkeit eine hohe Brisanz. Da es gleichzeitig relativ unempfindlich und chemisch stabil ist, handelt es sich

---

2 Detonation: Die Ausbreitung der Reaktionsfront im Sprengstoff läuft mit einer Geschwindigkeit über Schallgeschwindigkeit in dem betreffenden Medium ab. Für die Fortpflanzung der Reaktion spielt die adiabatische Kompression eine wesentliche Rolle. Die Ausbreitungsgeschwindigkeit liegt in der Regel über 1 000 m/sec (Rdnr. 60, 61).
3 Z. B. *Thum* 1978, *Köhler/Meyer* 1991.

um einen im militärischen Bereich wichtigen Sprengstoff mit weiter Anwendungsbreite. Er wird – ähnlich wie Tetryl – als Übertragungsladung gemeinsam mit TNT, für Hohlladungen und als Sekundärladung in Sprengkapseln verwand. Mit TNT zusammen in jede beliebige Form vergossen, wird er als „COMPOSITION B" bezeichnet. Gemische aus Hexogen mit sprengfähigem Plastifizierungsmittel bilden plastische Sprengstoffe mit der Bezeichnung „COMPOSITION C".

OKTOGEN (Tetramethylentetranitramin, HMX) ist der brisanteste unter den üblichen bekannten Sprengstoffen mit besonders hoher Detonationsgeschwindigkeit.   **16**

NITROGLYCERIN und **NITROGLYKOL** sind farblose Flüssigsprengstoffe, die in reiner Form jedoch im militärischen und gewerblichen Bereich heute keine Verwendung mehr finden. Beide Substanzen sind als Sprengöl in Ammongeliten (Rdnr. 18) enthalten. Nitroglycerin, aufgenommen in Kieselgur, ist das ursprüngliche DYNAMIT von *Alfred Nobel*. Es wird heute nicht mehr hergestellt.   **17**

Die meisten gewerblichen Sprengstoffe sind auf der Basis von AMMONSALPETER (Ammoniumnitrat) aufgebaut. Pulverförmige Gemische aus Ammoniumnitrat mit geringen Anteilen flüssiger brennbarer Kohlenwasserstoffe bezeichnet man als PAC- oder ANFO-Sprengstoffe. Aus Ammonnitrat mit Kohlenstoffträgern wie Mineralöle, Kohlenstaub, Holzmehl u. a. sowie mit Sprengöl (Nitroglycerin, Nitroglykol und andere), das mit Collodiumwolle gelatiniert ist, erhält man die Gruppe der AMMONGELITE. Als bekannter Vertreter sei DONARIT, ein Gesteinssprengstoff, genannt. AMMONIT und AMMONEX sind Ammonsalpetersprengstoffe ohne Zusatz von Sprengöl.   **18**

Gegenüber den militärischen Sprengstoffen mit hoher Detonationsgeschwindigkeit und Dichte – damit hoher Brisanz – sind Dichte und Detonationsgeschwindigkeit der gewerblichen Sprengstoffe auf Ammonsalpeterbasis wesentlich geringer. Bei ihrer Umsetzung entwickeln diese Sprengstoffe daher eine hohe Schubkraft mit gutem Arbeitsvermögen. Die brisante (zertrümmernde) Wirkung der militärischen Sprengstoffe wird nicht erreicht.

Eine Besonderheit unter den Ammonsalpeter-Sprengstoffen stellen die **SPRENGSCHLÄMME** (Slurries) dar. Es handelt sich um wäßrige, hochkonzentrierte Ammoniumnitratlösungen, in denen über die Löslichkeit hinaus weitere Nitrate sowie Brennstoffe – meist Aluminiumpulver – aufgeschlämmt sind. Als Brennstoff können auch wasserlösliche Verbindungen, z. B. Glykol, dienen. Sprengschlämme sind pumpbar. Häufig erfolgt die Mischung der Komponenten erst vor Ort, wobei die Mischungsverhältnisse auf die im speziellen Fall notwendige Sprengleistung abgestellt werden.   **19**

Bei den **INITIALSPRENGSTOFFEN** handelt es sich um brisante Sprengstoffe, die auf Schlag und thermische Einwirkung empfindlich mit einer Explosion reagieren. Sie liefern – in Sprengzündern, Detonatoren gezündet – den Detonationsstoß zur Initiierung der weniger empfindlichen Sprengstoffe. Technisch sind BLEIAZID, BLEITRINITRORESORCINAT und   **20**

TETRAZEN als Initialsprengstoffe von Bedeutung. Gemische mit Bleitrinitroresorcinat als Hauptbestandteil bilden die SINOXID-Sätze der Anzündhütchen von Patronenmunition.

b) Schießstoffe und pyrotechnische Sätze

aa) Begriffsbestimmung

21 Bei Schießstoffen und pyrotechnischen Sätzen handelt es sich um pulverförmige Explosivstoffe, die **thermisch äußerst empfindlich** sind: Bereits mit einem Funken lassen sie sich – ebenso wie die Initialsprengstoffe – entzünden. Es erfolgt ein rascher Abbrand, jedoch – und dies ist der wesentliche Unterschied zu den brisanten Sprengstoffen – **keine Explosion,** sofern der Explosivstoff nicht eingeschlossen (verdämmt) ist.

22 Erst bei **Einschluß** in einem festen Behältnis erfolgt bei thermischer Zündung eine Explosion. Durch Einschluß von Schießstoffen in Patronenhülsen oder Waffenrohren wird der durch den Abbrand sich aufbauende Gasdruck zur Beschleunigung eines Projektiles ausgenutzt. Die Abbrenngeschwindigkeit muß an das Waffen- und Munitionssystem angepaßt sein.

23 Auf **Schlagbeanspruchung** reagieren Schießstoffe und pyrotechnische Sätze mit Explosion.

24 Der Vollständigkeit halber sei erwähnt, daß der rasche Abbrand eines Schießstoffes über eine Deflagration[4] in eine Detonation übergehen kann, wenn der **kritische Durchmesser der Sprengstoffprobe** überschritten ist. Dieser Fall ist bei den hier anzustellenden Betrachtungen jedoch von untergeordneter Bedeutung.

bb) Arten

25 Die **wichtigsten** unter diese Rubrik fallenden Explosivstoffe seien kurz beschrieben.

26 **SCHWARZPULVER** ist das älteste Sprengmittel der Menschheit und besitzt die Standardzusammensetzung von 75 % Kaliumnitrat, 10 % Schwefel und 15 % Holzkohle. Die Ausgangsmaterialien werden fein zerkleinert, gemischt und gepreßt. In den Handel kommt Schwarzpulver in gekörnter Form, wobei die Korngrößen je nach Verwendungszweck variieren, oder als Preßlinge. Eingesetzt wird es hauptsächlich für pyrotechnische Zwecke und für die Herstellung von Zündschnüren. Daneben wird es als Sprengpulver nach wie vor in Steinbrüchen verwendet.

27 **NITROCELLULOSE** ist der Hauptbestandteil des rauchschwachen Treibladungspulvers für Patronenmunition. Chemisch handelt es sich um Salpetersäureester der Cellulose, daher ist die Bezeichnung CELLULOSENITRAT korrekter. Je nach Stickstoffgehalt unterscheidet man SCHIESSBAUMWOLLE (Stickstoffgehalt ca. 13,3 %) und COLLODIUMWOLLE (Stickstoffgehalt ca. 11 %–13 %).

---

4 Deflagration: Die Ausbreitung der Reaktionsfront im Sprengstoff liegt unterhalb der Schallgeschwindigkeit in den betreffenden Medien. Maßgeblich für die Ausbreitung ist vor allem die Wärmeleitung. Die Ausbreitungsgeschwindigkeit liegt in der Regel unterhalb 1 000 m/sec (Rdnr. 62).

Als **Treibladungspulver** ist Nitrocellulose mit Stabilisatoren und Inhibi- **28** toren versehen. Das Abbrandverhalten und andere Eigenschaften werden außer durch Inhibitoren durch die Form der einzelnen Körner sowie durch Zusatz von Nitroglycerin oder Nitroglykol (zweibasiges Pulver) sowie zusätzlich von Nitroguanidin (dreibasiges Pulver) bestimmt.

CHLORATE und **PERCHLORATE** mit verbrennlichen Bestandteilen **29** sind in pyrotechnischen Pfeifsätzen und Knallpatronen zu finden.

2. Unkonventionelle Sprengstoffe, Selbstlaborate

a) Begriffsbestimmung

Jeder Explosivstoff, der zum Sprengen dient, aber für diesen Zweck **nicht** **30** **gewerblich hergestellt** wurde, wird als unkonventioneller Sprengstoff bezeichnet. Damit wird deutlich, daß es im Prinzip eine außerordentliche Vielfalt und eine Vielzahl unkonventioneller Sprengstoffe geben muß, denn es gibt sehr viele chemische Verbindungen und Stoffgemische mit explosiven Eigenschaften. Daß sie nicht als Sprengstoffe im militärischen oder gewerblichen Bereich verwandt werden, hat die unterschiedlichsten Gründe: ungünstige sprengtechnische Leistung, mangelnde Handhabungssicherheit, ungünstige Zündeigenschaften, schwierige und/oder zu teure Herstellung und schlechte Lagereigenschaften, um nur einige zu nennen.

Diese Hinderungsgründe gelten erfahrungsgemäß jedoch nicht für eine **31** Anwendung im **allgemeinen kriminellen** und **terroristischen Bereich.** Hier kommt es dagegen vor allem darauf an, daß die Ausgangsmaterialien leicht beschaffbar sind und die Herstellung unproblematisch ist. Ferner muß der Explosivstoff leicht zu zünden sein, und natürlich muß die Sprengwirkung für den jeweiligen Zweck ausreichend sein.

Selbstverständlich können auch konventionelle, **herkömmliche Spreng- 32** **stoffe selbst laboriert** werden. Da sie dann jedoch meist nach industrieunüblichen Verfahren im Labor hergestellt werden und in der Regel nicht den technischen Spezifikationen entsprechen, werden auch solche Stoffe als unkonventionelle Sprengstoffe bezeichnet.

Explosivstoffe, die in der Forschung oder Industrie als chemische Pro- **33** dukte bzw. **Zwischenprodukte** anfallen und als Sprengmittel verwandt werden, stellen ebenfalls unkonventionelle Sprengstoffe dar, wobei es sich in diesen Fällen nicht um Selbstlaborate handelt.

b) Herstellung

Weitaus am häufigsten bestehen unkonventionelle, selbst laborierte **34** Sprengstoffe aus **Mischungen** von leicht zu beschaffenden Oxidationsmitteln mit Reduktionsmitteln.

Als **Oxidationsmittel** können Nitrate und Chlorate, die in manchen **35** Düngemitteln bzw. Unkrautbekämpfungsmitteln enthalten sind, dienen. Hat der Täter leichten Zugriff auf Chemikalien, verwendet er auch andere Oxidationsmittel, die in Substanzen des täglichen Lebens nicht oder in nicht ausreichender Menge vorhanden sind. Hier sind vor allem Kaliumpermanganat und Perchloratverbindungen als wichtige Vertreter zu nennen.

36   Als **Reduktionsmittel** kommen viele Substanzen, die in jedem Haushalt vorhanden sind, in Frage. Beispielhaft seien Zucker, Mehl, Holzmehl, Kohlenstaub, Schwefelblüte genannt. Ein Anteigen des festen Oxidationsmittels mit brennbaren Flüssigkeiten, z. B. Mineralöl, ist ebenfalls in der Praxis beobachtet worden.

37   In vielen Fällen werden nicht nur jeweils ein Oxidationsmittel und ein Reduktionsmittel gemischt, sondern **Kombinationen** verschiedener Verbindungen. Die Mischung erfolgt im Idealfall stöchiometrisch, d. h. in durch die chemische Umsetzung vorgegebenen Gewichtsanteilen.

38   Die Pulvermischungen bilden in der Regel **nicht brisante Sprengstoffe,** die – entzündet mit einer Flamme – rasant abbrennen. Zur Verwendung als Sprengmittel bedarf es eines festen Einschlusses (Verdämmung).

39   Eine der **Ausnahmen** sei hier jedoch hervorgehoben: Mischungen von Chloraten mit rotem Phosphor (sogenannte Armstrongsche Mischung) vermögen sich auch ohne Einschluß bei Entzündung explosiv umzusetzen. Die Mischung ist außerordentlich empfindlich gegen thermische Einwirkung sowie auf Schlag und Reibung. Ein leichtes Reiben reicht zur Auslösung der Explosion. Beim Hantieren vor allem mit dieser Mischung ist es in der Vergangenheit zu schwersten, häufig tödlichen Unfällen gekommen.

40   Wie eingangs erwähnt (Rdnr. 32), werden neben Mischungen von Oxidations- und Reduktionsmitteln auch **einheitliche chemische Verbindungen** selbst laboriert, wozu eine gewisse Laborausrüstung und chemisches „Know-how" notwendig sind. Hierbei kann es sich sowohl um Substanzen handeln, die auch im gewerblichen oder militärischen Bereich zum Sprengen genutzt werden und brisante Eigenschaften besitzen, als auch um andere beliebige explosive chemische Verbindungen. Zu dem letzten Typ gehören die in der Praxis relativ häufig vorkommenden organischen Peroxide (z. B. Acetonperoxid). Sie besitzen zum Teil Initialsprengstoffcharakter und sind gegen thermische und mechanische Einwirkung äußerst empfindlich. Zahlreiche, teils tödlich verlaufende Unfälle beim Umgang mit organischen Peroxiden sind bekannt.

41   Allen Selbstlaboraten gemeinsam ist, daß man bei dem Umgang mit ihnen mit unkontrollierten, **nicht berechenbaren Reaktionen** rechnen muß. Schon geringe Verunreinigungen können Selbstentzündungsreaktionen bewirken, die unter Umständen erst unter ganz bestimmten äußeren Bedingungen lange Zeit nach der Herstellung zum Tragen kommen. Eine Lagerung von Selbstlaboraten – zumal wenn die chemische Zusammensetzung nicht bekannt ist – ist immer riskant und daher möglichst zu vermeiden oder sollte nur unter besonderen Sicherheitsvorkehrungen und kurzzeitig erfolgen. Ein Sprengstoffexperte ist in jedem Fall hinzuzuziehen. Er entscheidet über das weitere Vorgehen. Häufig wird er direkt vor Ort aus Sicherheitsgründen den Sprengstoff vernichten.

C. Unkonventionelle Sprengvorrichtungen

I. Bestandteile

Im einfachsten Fall besteht eine Sprengvorrichtung aus dem **Sprengstoff** **42**
und zur Aufbringung der zur Initiierung notwendigen Aktivierungsenergie
aus einem **Zünder.** Nicht brisante Sprengstoffe müssen zusätzlich, wie
bereits oben (Rdnr. 21, 22, 38) ausgeführt, in einem **Verdämmungsbehält-
nis** (z. B. – in der Praxis häufig – Feuerlöschbehältnis) eingeschlossen sein.
Außer dem Zünder selbst ist eine **Zündverzögerungseinrichtung** oder ein
anderer Mechanismus notwendig, um zu gewährleisten, daß sich der Täter
bei der Explosion nicht im Gefahrenbereich befindet.

Zur Zündung bedarf es einer **Energiequelle.** Meist liefert eine Batterie **43**
diese Energie. Allerdings kommen als Energielieferant auch exotherme
chemische Reaktionen oder mechanische Energie in Betracht.

Schließlich sind unkonventionelle Sprengvorrichtungen häufig **getarnt** **44**
in einem üblichen Gebrauchsgegenstand untergebracht.

Den Zündern und Zündmechanismen kommt wegen der in der Praxis **45**
festzustellenden Vielfalt große kriminalistische Bedeutung zu, da sich hier
am besten die **Handschrift des Täters** zeigt.

II. Zünder

Wie bereits beschrieben (Rdnr. 10, 20, 21, 38, 39), sind Initialsprengstoffe, **46**
Schießstoffe, pyrotechnische Sätze und pulverförmige selbstlaborierte
Sprengstoffmischungen aus Oxidations- und Reduktionsmitteln empfindlich gegen thermische Einwirkung, konventionelle brisante Sprengstoffe
aus dem militärischen oder gewerblichen Bereich jedoch nicht. Wurde ein
Sprengstoff thermisch initiiert (oder war dies beabsichtigt), so scheiden
abgesehen von Initialsprengstoffen brisante konventionelle Sprengstoffe
aus. Diese lassen sich in der Praxis lediglich durch eine Stoßwelle initiieren, die durch Zündung einer **Sprengkapsel** (Sprengzünder, Detonator) mit
einem **Initialsprengstoff** und einer **Sekundärladung** erzeugt wird. Der
Umkehrschluß ist allerdings nicht möglich: alle Sprengstoffe sind prinzipiell auch mit einer Sprengkapsel zu zünden.

Thermisch wirkende Zünder spielen daher lediglich bei unkonventio- **47**
nellen Sprengvorrichtungen eine Rolle. Verwandt werden zum Beispiel:
Glühgaszünder, Blitzlichtbirnchen, Zündpillen aus dem Modellbau, Glüh-
birnchen, Widerstandsdraht und natürlich Lunten.

Einen Sonderfall stellt die **chemische Zündung** dar: Hier wird eine **48**
exotherme chemische Reaktion genutzt, um die Zündtemperatur des
Sprengstoffes zu überschreiten. Häufig bilden Bestandteile des Sprengstoffes selbst bereits den einen Reaktionspartner, so daß nur noch ein weiterer
– praktischerweise eine Flüssigkeit – hinzugefügt werden muß.

Relativ selten sind unkonventionelle Sprengvorrichtungen mit **mecha-** **49**
nischen Zündern ausgestattet. Im Prinzip trifft ein Schlagbolzen, der mit

einer vorgespannten Feder gehalten wird, nach Freigabe auf einen schlagempfindlichen Explosivstoff. Auf die beschriebene Art wird z. B. Patronenmunition gezündet.

III. Zündauslösevorrichtungen

50 Bei Sprengstoffanschlägen muß – ausgenommen die seltenen Fälle von Suizid mit Sprengstoff – eine Vorrichtung vorhanden sein, die es dem Täter erlaubt, sich bei der Explosion außerhalb des Gefahrenbereichs zu befinden. Hierzu gibt es prinzipiell **drei Möglichkeiten:** Auslösung der Zündung und Explosion können zum einen räumlich und zum anderen zeitlich voneinander getrennt werden; bei gegen Personen gerichteten Anschlägen kommt als dritte Möglichkeit die Auslösung der Zündung durch Handhabung des Sprengkörpers durch das Opfer hinzu.

1. Räumliche Trennung von Zündauslösung und Explosion

51 Die räumliche Trennung von Zündauslösung und Explosion kann z. B. dadurch realisiert werden, daß der Zünder elektrisch über lange **Zuleitungsdrähte** ausgelöst wird. Bei Sprengarbeiten im gewerblichen Bereich ist dies die übliche Technik. Im terroristischen Bereich wird diese Methode dann angewendet, wenn der Zeitpunkt der Explosion von einem Handlungsgeschehen abhängig gemacht werden soll, das unmittelbar beobachtet werden muß, wie z. B. bei Anschlägen auf Fahrzeuge und Personen, die den Ablageort eines Sprengkörpers zu einem nicht exakt vorherzubestimmenden Zeitpunkt passieren.

52 Den gleichen Zweck erfüllt eine Zünderauslösung durch **Funkfernsteuerung.** Da Funksignale fremder Herkunft die Auslösung zufällig ebenfalls bewirken könnten, ist diese Methode mit einem erheblichen Risiko für den Täter behaftet.

2. Zündzeitverzögerung

53 Eine Zündzeitverzögerung – die weitaus am häufigsten verwandte Methode – bietet sich dann an, wenn der Zeitpunkt der Explosion nicht unmittelbar mit einem Handlungsablauf verknüpft ist. Wird nur die Zeit benötigt, sich aus dem Gefahrenbereich der Explosion zu entfernen, kann die Zündung mittels **Zündschnur** erfolgen.

54 Weitaus längere Verzögerungszeiten, selbst über Wochen und Monate, sind mit **Zeitgebern** als Verzögerern zu erreichen. Das Prinzip besteht darin, eine Vorrichtung aufzubauen, bei der nach einer vorgegebenen Zeit der Zündstromkreis geschlossen wird. Dies kann mechanisch erfolgen – indem z. B. die Drehung eines Uhrzeigers zur Kontaktschließung genutzt wird – oder auch mit Hilfe moderner elektronischer Zeitgeber.

55 Eine – wenn auch relativ ungenaue – Zeitsteuerung wird in der Praxis auch durch **chemische Reaktionen** bewirkt. Häufig nutzt man die Fähigkeit von Säuren, Metalle und andere Materialien aufzulösen. Die Dicke des aufzulösenden Materials und die Konzentration der Säure bestimmen die

Zeitverzögerung. Dadurch kann ein Kontakt elektrisch geschlossen werden, eine mechanische Zündauslösung erfolgen – z. B. wird ein unter Federspannung stehender Schlagbolzen plötzlich freigegeben –, oder die Säure trifft auf ein anderes chemisches Reagenz, mit dem eine exotherme chemische Reaktion abläuft. Auch andere chemische Zeitreaktionen als das Lösen von Material durch Säure lassen sich nutzen und wurden in der Praxis angewandt.

3. Handhabung des Sprengkörpers

Als dritte große Gruppe von Zündeinrichtungen spielen Vorrichtungen **56** eine erhebliche Rolle, bei der die Zündung durch die Handhabung des Sprengkörpers – meist durch das Opfer – ausgelöst wird. In diese Gruppe fallen Öffnungszündungen (z. B. bei Postsendungen), Erschütterungszündungen, Zündmechanismen, die auf bestimmte Lageveränderungen des Sprengkörpers reagieren, Zündungen, die durch bestimmungsgemäßen Gebrauch eines Gebrauchsgegenstandes ausgelöst werden, Luftdruckzünder (z. B. bei Anschlägen auf Flugzeuge) und vieles andere mehr. Die Aufzählung, die bei weitem nicht vollständig ist, zeigt, daß es hier eine außerordentliche **Vielzahl verschiedener Typen** mit einer noch größeren Zahl von Möglichkeiten gibt. Sowohl mechanische als auch elektrische und chemische Zündvorrichtungen sind denkbar und wurden in der Praxis bereits verwandt.

IV. Gefährlichkeit

Die Variationsbreite möglicher Zündmechanismen macht neben der **57** Unberechenbarkeit vieler Sprengstoffmischungen die Gefährlichkeit unkonventioneller Sprengvorrichtungen bei der Handhabung aus. Daher muß immer ein **Entschärfer** hinzugezogen werden, wenn nur der geringste Zweifel besteht, ob es sich um eine unkonventionelle Spreng-/Brandvorrichtung (USBV) handelt.

D. Sprengwirkungen

I. Vorgänge bei Explosionen

1. Grundsätzliches

Bei einer Sprengstoffexplosion erfolgt ein sehr rascher **Übergang** eines **58** festen oder flüssigen Stoffes **in die Gasphase,** wobei Wärme freigesetzt wird. Die plötzlich gebildeten großen Gasmengen (Schwaden) stehen unter einem hohen Druck (Schwadendruck), der mit Abströmen der Gase in die Umgebung wieder auf Normaldruck abfällt. Das Bestreben unter Druck stehender Gase, sich auszudehnen, ist für die Wirkung der Explosion verantwortlich.

Dehnen sich Gase sehr plötzlich aus, wird eine mit Überschallgeschwin- **59** digkeit sich ausbreitende **Luftdruckstoßwelle** erzeugt, die den sich ausbreitenden Schwaden vorauseilt und allmählich durch Wechselwirkung mit

Materie auf Schallgeschwindigkeit fällt: In weiterer Entfernung vom Explosionsort vernimmt man einen **Knall,** ohne nennenswerte Druckwirkungen zu spüren.

2. Detonation

60 Läuft die Umsetzungsgeschwindigkeit in einem Sprengstoff außerordentlich schnell mit 1 000 bis zu 10 000 m/sec ab, so spricht man von einer **Detonation.** Die schnelle zeitliche Änderung des Druckes – bis über 100 000 bar Spitzendruck werden erreicht – führt zu Zertrümmerungen von an dem Sprengstoff anliegenden Materialien. Diese Sprengstoffe – die zertrümmernd wirkenden, brisanten – bedürfen keiner Verdämmung.

61   Die **Brisanz** hängt im wesentlichen außer von dem Quadrat der Detonationsgeschwindigkeit von der Dichte ab: Je höher die Dichte, desto mehr Energie wird pro Volumeneinheit freigesetzt, und um so höher ist die Brisanz. Auch die Detonationsgeschwindigkeit hängt u. a. von der Dichte ab: sie ist in hochverdichteten – gegossenen oder gepreßten – Sprengstoffen wesentlich größer als in pulverförmigen. Vor allem gewerblich, z. B. in Steinbrüchen, genutzte Sprengstoffe sollen möglichst wenig brisant wirken, dagegen ein hohes Arbeitsvermögen besitzen. Für das Arbeitsvermögen ist die Menge der gebildeten Gasschwaden und die Explosionswärme (wegen der temperaturabhängigen Volumenausdehnung von Gasen) bestimmend. Der Druckaufbau pro Zeiteinheit sollte relativ langsam – um 2 500 m/sec Detonationsgeschwindigkeit – erfolgen, andernfalls rückt die brisante Wirkung des Sprengstoffes in den Vordergrund. Sprengstoffe mit hohem Arbeitsvermögen besitzen eine mehr schiebende und weniger zertrümmernde Druckwirkung.

3. Deflagration

62 Viele pulverförmige Sprengstoffe detonieren nicht, sondern setzen sich in Form einer **Deflagration** um, d. h. die Reaktionsgeschwindigkeiten liegen unterhalb 1000 m/sec, und die Druckänderungen pro Zeiteinheit sind wesentlich geringer als bei einer Detonation. Diese Sprengstoffe müssen verdämmt werden, damit sich ein ausreichend hoher Schwadendruck aufbauen kann. Wie hoch sich der Druck bis zur plötzlichen Entspannung aufbauen kann, wird vom Material und der Geometrie des Verdämmungsbehältnisses bestimmt. Einfluß auf die Schnelligkeit des Druckaufbaus hat auch die Zündungsart. Ein mit einer Sprengkapsel gezündeter verdämmter Pulversprengstoff zeigt schnelleren Druckaufbau als ein z. B. mit Glühzünder initiierter.

II. Auswirkungen von Explosionen

63 Bei einer Explosion wirkt die **Druckbelastung** im Nahbereich im allgemeinen impulsartig auf die Umgebung (kurze Druckbelastung), in weiterer Entfernung quasistatisch (lange Druckdauer). Dementsprechend sind auch die druckbedingten Explosionswirkungen auf die Umgebung unterschiedlich. Im allgemeinen gilt, daß bei quasistatischer Belastung geringere Drucke als bei impulsartiger genügen, um gleiche Wirkungen zu erzielen.

Der positiven Druckphase folgt auch immer eine negative (**Sogwirkung**). **64**
Die Sogwirkung kann der Druckausbreitung entgegengerichtete Spuren
verursachen.

Druckwirkungen sind aus Versuchen sowie aus der Auswertung von **65**
Kriegsschäden durch Bombenexplosionen sowie von Sprengunfällen
bekannt. Einige Wirkungen und die zugehörige Druckbelastung sind der
Tabelle zu entnehmen.

Zerstörungswirkung von Luftdruckstoßwellen[5]

Wirkung	Druckbelastung impulsartig (kurze positive Druckdauer)	quasistatische lange positive Druckdauer
	bar	bar
Trommelfellrisse		
Schwelle (1 %)	0,35	0,2
50 %	1,0	0,45
90 %	–	0,85
Lungenrisse		
Schwelle (1 %)	2,5	1,0
50 %	3,5	1,5
99 %	5,5	2,0
Fensterscheiben[1]		
Schwelle (1 %)	0,01	0,01
50 %	0,05	0,05
1 – Stein – Mauer[2]	1,5	0,4
2 – Stein – Mauer[2]	3,5	0,8
(tragend)		
Betonplatten (12 cm)[2]	50	2

[1] Zerstörungen stark abhängig von Einfallsrichtung der Druckwelle und Fenster-
scheibeneinfassung

[2] jeweils starke Zerstörungen (Einsturz)

Erfolgt die Explosion in einem **geschlossenen Raum,** so kommt es durch **66**
Reflexionen und mögliche Überlagerungen der Druckwellen zu Druckver-
stärkungen bis zum Vielfachen der ursprünglichen Druckwerte. Explosionen in Gebäuden sind aus diesem Grund ganz besonders gefährlich.

Druckwirkungen nehmen sehr rasch mit der Entfernung (mit der 3. **67**
Potenz der Entfernung) vom Explosionszentrum ab (bei kugelförmiger
Druckwellenausbreitung). Daher sind **druckbedingte** schwere oder gar töd-
liche **Verletzungen** von Personen bei den im kriminellen Bereich üblichen
Sprengstoffmengen relativ selten zu beobachten, denn bereits wenige
Meter Abstand zum explodierenden Sprengstoff führen zu einer erheb-
lichen Druckwellenabschwächung.

---

5 *Schardin/Molitz/Schöner* 1954; *Wildner* 1981.

68   Als wesentlich größer ist in der Praxis die von **Materialsplittern** der Sprengvorrichtung ausgehende Gefahr einzuschätzen. Als Splitter kommen Bauteile der Sprengvorrichtung selbst – insbesondere, falls vorhanden, einer metallischen Umhüllung – oder Materialien, die unmittelbar am Sprengkörper anlagen, in Frage. Anzahl und Größe der Splitter (Splittercharakteristik) sowie die Flugweite hängen außer von dem zerstörten Material auch von dem explodierten Sprengstoff ab. Die Splittercharakteristik eines sich detonativ in einer Verdämmung umsetzenden Sprengstoffes (z. B. in einem Feuerlöscher) zeigt eine größere Anzahl von Kleinstsplittern als ein sich deflagrativ umsetzender.

III. Beurteilung von Explosionen

69   Der erfahrene **Sprengstoffsachverständige** kann nach einer Explosion vor Ort aus den erkennbaren Druckwirkungen und aus dem Splitterbild – falls vorhanden – bereits erste Rückschlüsse auf die Art des Sprengstoffes und des Sprengkörpers ziehen. Angaben, ob ein hochbrisanter Sprengstoff, ein brisanter mit deutlich schiebender Wirkung oder ein deflagrierender zur Explosion kam, ob der Sprengstoff verdämmt war oder nicht, sind häufig – wenn auch ohne Analyse zunächst nur mit starkem Vorbehalt – möglich.

70   Erfolgte eine Explosion, stellt sich die Frage nach der **Sprengstoffmenge.** Insbesondere der Laie neigt hier zu wesentlich überhöhten Angaben. Aber auch für den Experten ist die Abschätzung außerordentlich schwierig, da die erkennbaren Wirkungen außer vom Sprengkörper selbst auch von der Umgebung abhängen. Kam ein unkonventioneller Sprengstoff zum Einsatz, wird meist gefragt, mit wieviel TNT – dem bekanntesten militärischen Sprengstoff – könnten gleiche Zerstörungen erreicht werden. Im Prinzip ordnet man zunächst Zerstörungen definierten Druckwirkungen zu (vgl. Tabelle, Seite 83). Dann kann aus dem Abstand zum Explosionszentrum auf den Energieinhalt und damit auf die Menge TNT geschlossen werden (Ähnlichkeitsgesetz von *Cranz* und *Hopkinson*[6]). Liegt ein Sprengkörper noch als solcher vor, so läßt sich aus dem Energieinhalt des Sprengstoffes auf die Menge TNT schließen, mit der gleiche Wirkungen zu erzielen wären (TNT-Äquivalenz).

71   Die genannten Beziehungen gelten jedoch nur für Detonationen und geben nur ein sehr ungenaues Bild, da Sprengwirkungen stark von der zufälligen Explosionsumgebung abhängen. Verläßliche und objektive Daten zu Sprengwirkungen sind nur über Druckmessungen und Bestimmung der Splitterenergien zu erhalten. Dazu muß eine **Sprengvorrichtung** exakt **rekonstruiert** und dann **zur Explosion gebracht** werden. In festgelegten Entfernungen werden dabei nicht nur die Spitzendrucke, sondern auch die Druckverläufe registriert. Die kinetische Energie von Splittern wird an ihrer Durchschlagskraft gegenüber Blechen, die in variierenden Abständen um das Explosionszentrum angeordnet sind (Splittergarten) bestimmt. Schließlich werden sämtliche Splitter aufgefangen und eine Splittercharakteristik erstellt. Aus den gewonnenen Daten sind verläßliche Angaben

---

6 *Pilz* 1981; *Baker/Cox/Westine/Kulesz/Strehlow* 1983.

zur Gefährlichkeit – sowohl bezüglich der Druck- als auch der Splitterwirkung – möglich[7].

Sprengstoffexplosionen sind in der Regel deutlich von **Gasexplosionen** 72
durch ein ausgeprägtes Explosionszentrum (z. B. einen Explosionskrater)
unterscheidbar. Dies ist verständlich, denn der Energieinhalt pro Volumeneinheit von Sprengstoffen ist ungefähr 1000 mal so groß wie von
explosionsfähigen Gasgemischen. Wenn sich jedoch unmittelbar an dem
Sprengkörper keine Materialien befinden, die zertrümmert werden könnten (im Extremfall: der Sprengkörper ist frei in der Luft aufgehängt), kann
die Unterscheidung Schwierigkeiten bereiten, da sich in einer gewissen
Entfernung vom Zentrum die Druckverhältnisse denen angleichen, die bei
Gasexplosionen auftreten.

E. Sprengstoffanalytik

I. Bedeutung

Sprengstoff kann an seiner **äußeren Erscheinungsform** nicht erkannt wer- 73
den. Es sind Fälle bekannt, in denen Sprengstoff als Pralinen, Bilderrahmen, Nippesfiguren, Marmelade oder Flüssigsprengstoff in etikettierten
Weinflaschen als Wein – um nur einige Beispiele zu nennen – getarnt war.
Erst physikalische Prüfmethoden und die chemische Analyse beweisen, ob
und welcher Sprengstoff vorliegt.

Erwähnt sei, daß tragbare **Sprengstoff-Detektoren** entwickelt wurden, 74
die Sprengstoffe – je nach physikalisch-chemischem Prinzip des Gerätes –
mit unterschiedlicher Selektivität und Empfindlichkeit nachweisen. Bei
positiver Anzeige muß gezielt weiter untersucht werden – d. h. chemisch-
analytisch muß Sprengstoff verifiziert werden –, bei negativem Ergebnis
allerdings ist nicht sicher, ob nicht doch Sprengstoff vorliegt. Übliche
selbstlaborierte pulverförmige Sprengstoffmischungen werden durch kein
Detektionssystem angezeigt.

In diesem Zusammenhang sei auch auf die **Sprengstoffspürhunde** hinge- 75
wiesen, die – ähnlich wie Rauschgiftspürhunde – auf bestimmte Sprengstoffe trainiert werden können. Gegenüber Sprengstoffdetektoren haben
Sprengstoffhunde bei der Durchsuchung von Objekten den Vorteil, daß sie
selbst zum möglichen Sprengstoff hinlaufen. Sie können auch auf pulverförmige Selbstlaborate trainiert werden. Im übrigen gilt sinngemäß das
gleiche wie für die Detektoren gesagt: ein negatives Suchergebnis durch
den Hund schließt die Anwesenheit von Sprengstoff nicht aus.

Sprengstoffe, die im kriminellen/terroristischen Bereich eingesetzt wer- 76
den, stammen entweder aus illegalen Beschaffungen (Diebstahl, Raub),
oder es handelt sich um unkonventionelle Sprengstoffe, meist selbstlaborierte Pulversprengstoffe. Aus der Art des Sprengstoffes und seiner Herkunft ergeben sich für den Kriminalisten wertvolle **Ermittlungsansätze,** da

---

[7] *Wildner* 1981; *Ibisch* 1986.

möglicherweise Zusammenhänge zwischen verschiedenen Anschlägen aufgedeckt werden können. Internationale Verflechtungen im Bereich des Terrorismus finden häufig nicht zuletzt in der Art der verwandten Sprengstoffe ihre Bestätigung.

77   Demzufolge ist es **Aufgabe der Kriminaltechnik,** Sprengstoffe nach Möglichkeit so genau chemisch-analytisch zu erfassen und zu beschreiben, daß derartige Zusammenhänge erkannt werden können. Häufig kommt es hierbei nicht nur auf die Analyse des Sprengstoffes selbst an, sondern auch auf den Nachweis von Nebenbestandteilen und Verunreinigungen, am besten im Vergleich zu Sprengstoffen aus anderen Sicherstellungen. Naturgemäß gestalten sich diese Untersuchungen nach Explosionen besonders schwierig und führen nicht immer zu einem befriedigenden Ergebnis.

II. Vorgehen

78   Es würde den Rahmen dieser Abhandlung sprengen, wenn die einzelnen chemischen und physikalisch-chemischen Untersuchungsmethoden beschrieben werden sollten. Es handelt sich durchweg um Methoden, die auch in anderen Bereichen, z. B. in der Rauschgift-, Umwelt-, allgemeinen Materialanalytik, Verwendung finden. Statt dessen soll der **Untersuchungsgang** nur kurz skizziert werden. Im übrigen wird auf Spezialliteratur verwiesen[8].

1. Untersuchung in Substanz vorliegender Sprengstoffe

79   Die Untersuchung von noch in Substanz vorliegenden Sprengstoffen macht in der Regel **keine Schwierigkeiten.**

a) Anorganische Pulversprengstoffe

80   Handelt es sich um anorganische Pulversprengstoffe, bestimmt man zunächst die chemischen Elemente, häufig mittels **Röntgenfluoreszenzanalyse.** Da hiermit nur die schweren Elemente – schwerer als Natrium – registriert werden, die leichteren wie Sauerstoff, Stickstoff, Kohlenstoff jedoch nicht, läßt die Elementanalyse noch keine Rückschlüsse zu, in welcher Verbindung das Material vorliegt.

81   Für Rückschlüsse auf die Verbindung des Materials lassen sich zum einen **klassische naßchemische Verfahren** der qualitativen Analyse anwenden, zum anderen bietet sich die **Röntgendiffraktometrie** an. Mit dieser Methode sind alle kristallisierten Verbindungen erfaßbar.

82   Die Röntgendiffraktometrie allein ist jedoch nicht ausreichend. So gibt z. B. roter Phosphor – da nicht regelmäßig kristallisierend – keine Röntgenbeugungslinien, die Röntgenfluoreszenz zeigt aber sicher Phosphor als Elementarbaustein an. Umgekehrt wird unter Umständen röntgenfluoreszenzanalytisch kein Element nachgewiesen (z. B. Ammoniumnitrat, NH_4NO_3), die entsprechende Verbindung jedoch röntgendiffraktometrisch

---

8 *Neumann* 1982; *Schiele/Vordermaier* 1982; *FBI Academy* 1983; *Albanbauer/Kraatz/Megges* 1983.

erfaßt. Kohlenstoff – z. B. als Holzkohle in Schwarzpulver enthalten – kann weder mit den beiden genannten noch mit anderen üblicherweise eingesetzten Methoden eindeutig nachgewiesen werden (Ausnahme: Kohlenstoffanalysator). Hier hilft die **Mikroskopie** und in Erweiterung die Rasterelektronenmikroskopie: Holzkohlepartikel lassen die Holzstruktur noch klar erkennen.

Allgemein kommt der Mikroskopie – wie überall in der Kriminaltechnik   **83** – eine **große Bedeutung** zu. Der äußere Habitus einer Probe läßt zahlreiche Rückschlüsse zu. So kann Schwarzpulver gewerblich hergestellt oder als Selbstlaborat vorliegen. Im ersteren Fall liegt eine außerordentlich homogene – meist gekörnte – Mischung vor, in der Einzelbestandteile nicht erkennbar sind, im letzteren sind mikroskopisch die Gemengebestandteile Kaliumnitrat (weiße Kristalle), Schwefel (gelb), Holzkohle (schwarz) sichtbar. Die chemische Analyse vermag im vorliegenden Fall die wichtige Differenzierung – Selbstlaborat oder nicht – nicht zu leisten.

b) Organisch-chemische Sprengstoffe

Organisch-chemische Sprengstoffe (einheitliche Sprengstoffe und Mi-   **84** schungen) werden zunächst **chromatografisch** untersucht: Lösungen des Sprengstoffes werden an einem Trägermaterial vorbeigeführt. Aufgrund unterschiedlichen Absorptions-/Elutionsverhaltens der verschiedenen Verbindungen werden entweder verschiedene Zeiten zum Durchlauf einer Strecke benötigt (Retentionszeiten), oder bei festgelegter Zeit sind die Laufstrecken verschiedener Verbindungen unterschiedlich. Letzteres ist bei Papier- und Dünnschichtchromatographie der Fall, ersteres bei der Gas- und Hochdruckflüssigkeitschromatographie.

Die Chromatographie ist ihrem Wesen nach ein Trennverfahren; sie ist   **85** kein Identifizierungsverfahren, da unterschiedliche Verbindungen im ungünstigen Fall dennoch gleiche Retentionszeiten haben können. Die Identifizierung erfolgt entweder aufgrund möglichst spezifischer Farbreaktionen (Papier-/Dünnschichtchromatographie) oder mittels IR-, NMR- oder MS-Spektroskopie. (IR = Infrarot-, NMR = Kernresonanz-, MS = Massenspektroskopie). Eine Ankopplung eines **Identifizierungsgerätes** an einen Gaschromatographen ermöglicht die Auftrennung eines Gemisches und Identifizierung in einem Arbeitsgang. Üblich ist die Kombination von Gaschromatograph und Massenspektrometer (GC-MS-Kopplung).

Die chromatographisch erhaltene **Peakfläche** – oder weniger genau und   **86** heute unüblich: die Intensität von Farbreaktionen – ist ein Maß für die Substanzmenge und wird für qualitative Bestimmungen genutzt.

c) Unterschiedliche Bestandteile

Häufig liegen sowohl anorganische als auch organisch-chemische Bestand-   **87** teile in einem Sprengstoff vor. In diesen Fällen erfolgt durch unterschiedliche Löslichkeit der Verbindungen in Wasser und verschiedenen organischen Lösungsmitteln zunächst eine **Trennung** in Substanzgruppen, die dann mit den genannten Methoden weiter untersucht werden.

Die Analyseergebnisse gestatten in vielen Fällen das Erkennen unter-   **88** schiedlicher Produkte und die Zuordnung zu Herstellern. Allerdings sollte

Vergleichsmaterial zur Verfügung stehen. Da die Zusammensetzung von Sprengstoffen bereits werksseitig Änderungen unterworfen sein kann, kann die Analyse einen Beitrag zur Bestimmung des Produktionszeitraumes erbringen. Zu beachten ist dabei allerdings, daß Veränderungen des Sprengstoffes auch lagerungsbedingt auftreten.

2. Untersuchung von Sprengstoff-Residuen

89 Nach Sprengstoffexplosionen gelingt es in vielen Fällen, mit Hilfe **aufwendiger Untersuchungen** Rückschlüsse auf das Sprengmittel zu ziehen.

a) Mögliche Rückstände

90 Bei **anorganischen Pulversprengstoffen** ergeben sich meist Reaktionsprodukte, die sich als Feststoffe in der Umgebung niederschlagen. Zudem ist der Umsatz häufig nicht vollständig – sei es, daß die Mischung inhomogen war oder sei es, daß keine stöchiometrische Mischung der Komponenten eingesetzt wurde –, so daß geringe Mengen des Sprengstoffes selbst zurückbleiben.

91 **Gewerbliche** und **militärische Sprengstoffe** bilden dagegen meist gasförmige Reaktionsprodukte, die sich einem analytischen Nachweis in der Praxis entziehen, oder deren feste Explosionsrückstände sind so uncharakteristisch, daß ihr Nachweis keinen Rückschluß auf den Sprengstoff erlaubt. Dennoch gelingt es auch hier häufig, geringste Spuren des Sprengstoffes nachzuweisen. Es gibt Fälle, in denen durch die Detonation des Sprengzünders der Sprengstoff nicht (oder nicht vollständig) gezündet und in die nähere Umgebung verteilt wurde. Meist fehlte hier eine an sich notwendige Übertragungsladung. Auch eine ungünstige räumliche Anordnung von Sprengzünder und Sprengstoff kann zu unvollständigen Umsätzen führen.

b) Sicherung der Rückstände

92 Der Erfolg der chemischen Untersuchungen ist maßgeblich von der Auswahl der **Spurenträger** abhängig, die mit Sprengstoffresiduen beaufschlagt sein könnten. In Frage kommen insbesondere Fragmente des Sprengkörpers selbst sowie Gegenstände aus dem engeren Explosionszentrum. Ist das Zentrum zerstört, kommen auch Gegenstände in Frage, die sich nicht unmittelbar im Zentrum befanden. Es bedarf in jedem Fall einer genauen Bestandsaufnahme und einer Zuordnung der Trümmer zu ihrer ursprünglichen Lage zum Explosionszentrum. Bisweilen ist es angebracht, empfindliche chemische Nachweisreagenzien, die üblicherweise Oxidationsmittel durch eine Farbreaktion anzeigen, zur Vorauswahl geeigneter Spurenträger einzusetzen.

93 Die Sicherung der Sprengstoffrückstände erfolgt durch **Abtrieb** der möglichen Spurenträger mit aceton- und methanolgetränkter sowie mit wäßrig angefeuchteter Watte, sofern der Spurenträger nicht als Ganzes zur Laboruntersuchung verbracht werden kann. Zur Schmauchsicherung sollte unbedingt ein **Sachverständiger** zugezogen werden, der gleichzeitig u. U. aus den erkennbaren Sprengwirkungen bereits erste Schlüsse auf in Frage kommende Sprengstoffe ziehen kann.

c) Laboranalyse

Dem Sprengstoffchemiker stellen sich bei der Untersuchung auf Spreng- **94**
stoffrückstände vor allem **zwei Probleme.** Zum einen ist der nachzuwei-
sende Stoff naturgemäß außerordentlich stark verunreinigt, zum anderen
liegt er in nur geringer Menge vor. Ersteres stellt besondere Anforderungen
an die gewählten Trennverfahren, letzteres an die Anreicherungsmethoden
und die Nachweisempfindlichkeit der Untersuchungen.

Möglicherweise mit Sprengstoffrückständen **beaufschlagte Spurenträger** **95**
werden, sofern sie ins Labor verbracht werden konnten, zunächst mikroskopisch auf Materialanhaftungen untersucht. Hierbei sind nicht selten
vor allem feste Rückstände anorganischer Art erkennbar, die mittels üblicher Verfahren, wie energiedispersive Röntgenfluoreszenzanalyse in Verbindung mit Rasterelektronenmikroskopie und/oder Röntgenbeugungsun-
tersuchungen identifiziert werden. Im weiteren Untersuchungsgang werden Extraktionen des Spurenträgers mit Wasser und verschiedenen organischen Lösungsmitteln hergestellt. Nach schonender Einengung durch
Abdampfen werden feste Rückstände mit den oben bereits genannten
Methoden (Rdnr. 80 ff.) untersucht. Konzentrate lassen sich mit chromato-
graphischen Methoden in die Einzelverbindungen auftrennen, die dann
mit geeigneten Detektoren, meist mit einem Massenspektrometer, identifiziert werden. Als besonders empfindliche Identifizierungsmethode hat
sich neben der Massenspektrometrie die Fourier-Transform-NMR-Spek-
troskopie (nuklear magnetic resonance) erwiesen.

F. Sprengstoffrecht

Der Umgang und der Verkehr sowie die Beförderung und die Einfuhr von **96**
Explosivstoffen ist umfassend in dem „Gesetz über explosionsgefährliche
Stoffe" (**Sprengstoffgesetz [SprengG]**) geregelt. Das Gesetz gilt für explosionsgefährliche Stoffe sowie mit Einschränkungen für einige gleichge-
stellte Stoffe und Gegenstände, wobei die Explosionsgefährlichkeit durch
in der Anlage I zum Gesetz beschriebene Stoffeigenschaften, die durch
genau definierte Prüfmethoden ermittelt werden, festgestellt wird.

Der Begriff **„explosionsgefährlich"** entstammt dem Sprengstoffrecht und **97**
kann nur für Stoffe verwandt werden, die den gesetzlich festgelegten Prüfbedingungen entsprechen. Die Explosionsgefährlichkeit wird dabei

1. durch Erwärmung ohne vollständigen festen Einschluß (thermische Belastbarkeit)

   oder

2. durch mechanische Belastung ohne zusätzliche Erwärmung als

   a) Schlagempfindlichkeit

   oder

   b) Reibempfindlichkeit

festgestellt.

98   Die **Prüfung** auf thermische Belastbarkeit erfolgt mit dem Stahlhülsenverfahren, die auf Schlagempfindlichkeit mit dem Fallhammerapparat und die auf Reibempfindlichkeit mit dem Reibapparat. Zu Einzelheiten der Prüfverfahren wird auf die genauen Beschreibungen im Sprengstoffgesetz verwiesen.

99   Wer einen Stoff, bei dem die Annahme begründet ist, daß er explosionsgefährlich ist, herstellen, vertreiben, anderen überlassen oder einführen will, hat dies der **Bundesanstalt für Materialforschung und -prüfung** (BAM) anzuzeigen und auf Verlangen eine Probe vorzulegen. Die BAM entscheidet aufgrund der Prüfbedingungen, ob ein explosionsgefährlicher Stoff vorliegt. Die von ihr geprüften und als explosionsgefährlich erkannten Stoffe – sowohl Einzelkomponenten als auch Gemische – werden im Bundesanzeiger bekanntgegeben (**Liste explosionsgefährlicher Stoffe**).

100   Für die Feststellung, ob das Sprengstoffgesetz auf einen sichergestellten Stoff anzuwenden ist, muß die Kriminaltechnik die gesetzlich **vorgeschriebenen Prüfmethoden** anwenden. Das Stahlhülsenverfahren ist aufwendig und bedarf besonderer Räumlichkeiten und einer relativ großen Substanzmenge. Meist wird daher die Fallhammerprüfung, seltener die mit dem Reibapparat, vorgenommen, vor allem auch deshalb, weil die meisten im polizeilichen Bereich interessanten Sprengstoffe schlagempfindlich sind. Es sei jedoch bemerkt, daß diese übliche Beschränkung einige explosionsgefährliche Stoffe nicht erfaßt.

101   **Hilfsweise** kann der Stoff **chemisch analysiert** und überprüft werden, ob er in der Liste der explosionsgefährlichen Stoffe enthalten ist. Abgesehen davon, daß meist eine aufwendige quantitative Analyse notwendig ist, birgt diese Vorgehensweise die Gefahr, daß man einen Stoff vorliegen hat, der in seiner Rahmenzusammensetzung in der Liste noch nicht berücksichtigt wurde. Dennoch kann er aber den Prüfbedingungen für explosionsgefährliche Stoffe genügen.

G.   Schlußbemerkung

102   Der Umgang mit Sprengvorrichtungen und Explosivstoffen ist außerordentlich gefährlich. Jeder Polizeivollzugsbeamte muß daher wissen, daß er sich an den zuständigen Fachmann (**Sprengstoffermittlungsbeamten**) zu wenden hat, wenn ein Stoff explosionsgefährlich sein könnte oder nicht auszuschließen ist, daß es sich bei einem Gegenstand um eine Sprengvorrichtung handelt. Auf keinen Fall darf er selbst Überprüfungen oder gar Manipulationen vornehmen. Letzteres gilt auch für den Sprengstoffermittlungsbeamten: Läßt sich aufgrund seiner Prüfungen der Sachlage nicht ausschließen, daß ein Explosivstoff oder eine Sprengvorrichtung vorliegt, muß er den **Entschärfer** rufen. Nur dieser verfügt über das notwendige Wissen und die Ausrüstung für eine Handhabung des Objektes unter Gefahrenminimierung. Falsche Verhaltensweisen können schwerwiegende, ja tödliche Folgen haben.

SCHRIFTTUM

Albanbauer, Josef, Alexander Kraatz und *Gerhard Megges:* Forensisch-chemische Untersuchungen nach Sprengstoffexplosionen. In: Archiv für Kriminologie 171 (1983), S. 89–96.

Baker, W. E., P. A. Cox, P. S. Westine, J. J. Kulesz and *R. A. Strehlow:* Explosion Hazards and Evaluation. Amsterdam, Oxford, New York 1983 (Fundamental Studies in Engineering. Vol. 5.) (m.w.N.).

FBI Academy (ed.): Proceedings of the International Symposium on the Analysis and Detection of Explosives. March 1983, 29–31. Quantico, Virginia 1983.

Ibisch, Ehrenfried: Meßverfahren zur objektiven Beurteilung der Wirkung unkonventioneller Sprengvorrichtungen im Bereich der Kriminaltechnik. In: Polizei, Verkehr + Technik 31 (1986), S. 271–273.

Köhler, Josef und *Rudolf Meyer:* Explosivstoffe. 7. Aufl. Weinheim, Basel, Cambridge, New York 1991 (m.w.N.).

Neumann, Helmut: Einsatz der Hochdruckflüssigkeitschromatographie (HPLC) zur forensischen Analyse von Explosivstoffen. In: Archiv für Kriminologie 169 (1982), S. 65–72 (m.w.N.).

Pilz, Volker: Grundlagen für die Vorhersage der Auswirkungen von Störfällen. In: vfdb. Zeitschrift Forschung und Technik im Brandschutz 30 (1981), S. 116–125.

Schardin, H., H. Molitz und *G. Schöner:* Wirkungen von Spreng- und Atombomben auf Bauwerke. In: Ziviler Luftschutz 18 (1954), S. 283–291.

Schiele, Hans-Dieter und *Gottfried Vordermaier:* Forensische Charakterisierung von Explosivstoffen durch NMR-Analytik spezifischer „Verunreinigungs"-Muster am Beispiel von Trinitroanilin. In: Archiv für Kriminologie 169 (1982), S. 155–160.

Thum, Wolfgang: Sprengtechnik im Steinbruch und Baubetrieb. Wiesbaden, Berlin 1978.

Wildner, Werner: Neue kriminaltechnische Untersuchungsmethoden über die Wirkung von Sprengkörpern. In: Polizei-Führungsakademie (Hrsg.): Stand der wissenschaftlichen Kriminaltechnik. Arbeitstagung vom 10. bis 12. Juni 1981 bei der Polizei-Führungsakademie. Schlußbericht. Münster 1981, S. 123–152.

25.1
Forensische Werkstofftechnik

Horst Katterwe

INHALTSÜBERSICHT

A. Einführung

In Anlehnung an die „industrielle Werkstofftechnik", die sich mit der **1** Entwicklung, Erzeugung und Verarbeitung von Werkstoffen befaßt, vereinigt die **forensische Werkstofftechnik** all jene Bereiche, die in enger Beziehung zu folgenden Gebieten stehen: mechanische und metallographische Eigenschaften der Werkstoffe, Herstellungsverfahren, Standzeit und dynamisches Verhalten von Werkzeugmaschinen sowie Verschleiß. All diese Sachgebiete sollen bei kriminaltechnischen Expertisen in erster Linie Informationen zu der Frage liefern, ob übereinstimmende Spurenmuster von Tat- und Vergleichsobjekten ein und denselben oder aber verschiedenen Spurenerzeugern zuzuordnen sind.

Die kriminaltechnische Praxis hat hervorgebracht, daß es sinnvoll und **2** notwendig ist, den Gesamtbereich „Forensische Werkstofftechnik" in **vier Arbeitsfelder** zu unterteilen: Oberflächenspuren (insbesondere Werkzeug spuren), Metallographie (einschließlich Wiedersichtbarmachung entfernter Zeichen in metallischen und polymeren Werkstoffen), mechanische Werkstoffprüfung (einschließlich der Messung mechanischer Größen bei Schußwaffen) und Vergleichs-Rasterelektronenmikroskopie (einschließlich Röntgenmikrographie, digitale Bildverarbeitung und Anwendung statistischer Methoden zur Bewertung von Untersuchungsergebnissen).

FORENSISCHE WERKSTOFFTECHNIK

Oberflächenspuren	Metallographie	Mechanische Werkstoffprüfung	Vergleichs - REM
Werkzeugspuren-untersuchungen Lichtoptik Oberflächenabtastverfahren Abformtechnik	**metallograph. Arbeitsverfahren** Trennen, Schleifen, Polieren, Einbetten, Ätzen, Metallmikroskopie	**mechan. Werkstoffkenndaten** Zug, Druck, Biegung, Torsion, Härte	**Elektronenoptik** Linsen, Detektor, Bildaufzeichnung, Wechselwirkung Elektronen-Materie
Spanlose Formung Gießen, Umformen Stanzen	**Verarbeitungsverfahren und Gefügeausbildung** Seigerung, Lunker, Einschlüsse, Kalt-, Warmverformung,Rekristallisation	**Messung mechan. Größen bei Schußwaffen** Abzugsgewicht, Verschlußrücklauf, Kraft zum Durchladen von Waffen	**Oberflächenspuren** RE-, SE-Bild, Kontraststeigerung
Spanende Formung Drehen, Hobeln, Bohren, Fräsen,Schleifen,	**Quantitative Methoden** Kornform, Anzahl, Größe nach VDG-, Stahl-Eisen-, DIN-Normblätter, für Gefügerichtreihen sowie mit halbautomatischen Methoden	**Paßspuren und Makrobruchflächen** Verformung, Topographie Beläge, Rauhigkeit Reflexionsvermögen, Craze - Bildung	**Mikrobruchflächen** trans-, interkristalliner Bruch, Waben, Spaltflächen, Wallnerlinien Krafteinwirkungsrichtung Verteilung der Einschlüsse
Kunststoff - Verarbeitungsverfahren Pressen, Spritzgießen, Folienblasen, Kalandrieren	**Gefüge von Kunststoffen** amorphe und kristalline Bereiche Verformungsmorphologie	**Verschleißmechanismen** Abrasion, Adhäsion, Tribooxydation, Oberflächenzerrüttung	**Röntgenmikrographie** Verteilung von Füllstoffen, Fasern und Poren bei Polymerwerkstoffen
Werkzeugmaschinen Hämmern, Pressen, Dreh-, Hobel-, Schleifmaschinen			**Statistische Methoden** zur Bewertung von Untersuchungsergebnissen
Schloßuntersuchungen Zuhaltungsschlösser Schließzylinder Schlüsselvergleiche	**Wiedersichtbarmachung entfernter Zeichen** chem. und physikalische Verfahren bei metallischen und polymeren Werkstoffen		**Digitale Bildverarbeitung** Bildauswertung, Bildverbesserung

Abb. 1: Überblick über den Bereich Forensische Werkstofftechnik

3   Wie die Abb. 1 zeigt, sind sämtliche Arbeitsfelder in verschiedene Wissensgebiete **gegliedert**. Ergänzend muß gesagt werden, daß die Fallbearbeitung und die Entwicklungsvorhaben nicht nur innerhalb der einzelnen Arbeitsfelder erfolgen, sondern daß auch recht häufig „horizontale **Überlappungen** der Arbeitsfelder" vorkommen. Die folgenden Erläuterungen sollen die Bedeutung der einzelnen Arbeitsfelder dokumentieren.

B. Arbeitsfelder

I. Oberflächenspuren

4   Mit dem Begriff **„Oberflächenspuren"** sollen hier Spuren bezeichnet werden, die durch Krafteinwirkung eines Materials auf ein anderes Material zustandegekommen sind. Diese dynamischen Belastungen können dann folgende Erscheinungen an den beteiligten Gegenständen hervorrufen: elastische und plastische Verformung (bis hin zum Bruch); Umsetzung von

Bewegungsenergie in Wärmeenergie; Materialabtrag; chemische Reaktion; Diffusion. Außer der elastischen Verformung hinterlassen alle anderen Wechselwirkungsmechanismen bleibende Spuren auf Festkörperoberflächen und können daher Gegenstand einer Untersuchung im kriminaltechnischen Labor sein. Im einzelnen sind u. a. folgende Oberflächenspuren zu nennen: Werkzeugspuren, Spuren an Hülsen und Geschossen, Brüche von Metallen, Kunststoffen und Gläsern.

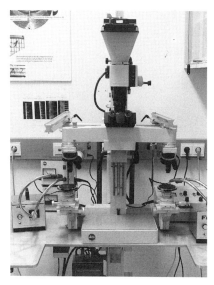

Abb. 2: Lichtvergleichsmikroskop

Bei den experimentellen Untersuchungsverfahren wird hier vor allem 5 das **Lichtvergleichsmikroskop** eingesetzt (Abb. 2). Die mit diesem Gerät gewonnenen fotografischen Abbildungen werden von den Gerichten als beweiswürdig akzeptiert, nicht zuletzt deshalb, weil diese Methode der fotographischen Abbildung wegen der unmittelbaren Vergleichsmöglichkeit auch von nicht technisch-wissenschaftlich ausgebildeten Personen, wie es in der Regel Richter, Staatsanwälte und Verteidiger sind, als überschaubar und überzeugend angesehen wird (Abb. 3, Seite 96). Bei diesem Mikroskop werden durch einen Vergleichstubus die in den Teilmikroskopen entstehenden Bilder umgelenkt und in dem Gesichtsfeld eines Okulars u. a. so vereinigt, daß in der einen Sehfeldhälfte das eine Teilbild und in der anderen unmittelbar daneben das andere Teilbild beobachtet werden kann. Die Einsatzmöglichkeiten dieses Gerätes haben allerdings dann ihre Grenzen, wenn Objekte mit stark zerklüfteten Oberflächen untersucht werden sollen. Verantwortlich dafür sind das begrenzte Auflösungsvermögen und die geringe Tiefenschärfe dieser Instrumente. Jedoch können Untersuchungen von derartigen Gegenständen dann zu aussagekräftigen Ergebnissen führen, wenn dazu das Vergleichs-Rasterelektronenmikroskop (REM) benutzt wird. Darauf wird weiter unten (Rdnr. 20 ff.) näher eingegangen.

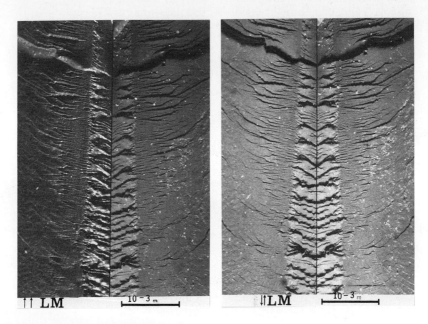

Abb. 3: Paßspuren eines gebrochenen Plexiglases (PMMA); links: „gleichläufige" Lichtführung; rechts: Kontrastumkehr der linken Teilbildhälfte durch „gegenläufige" Lichtführung

6   Es sei betont, daß vermehrt **Polymer-Werkstoffe** (Kunststoffe) zur Untersuchung vorliegen. Insbesondere sind dies Asservate aus Polymethylmethacrylat (u. a. Prägewerkzeuge zur Herstellung von Kfz-Schildern), Polyvinylchlorid (Kfz-Kennzeichen) und Polyurethan (Schuhsohlen).

7   Zu bemerken ist, daß seit kurzem der **Laserstrahl** als Werkzeugspurenverursacher Einzug in das kriminaltechnische Labor gehalten hat. Das haben Untersuchungen an Kunststoffteilen, die in einem RAF-Erddepot gefunden wurden, ergeben. Es ist damit zu rechnen, daß dieser neue Spurenverursacher in Zukunft vermehrt bei kriminaltechnischen Untersuchungen auftritt, zumal Laserstrahlen eine Vielzahl von Möglichkeiten bei der Bearbeitung von Werkstoffen bieten. Sie dienen zum Bohren, Schneiden, Schweißen, Tempern, Härten u. a. (Abb. 4).

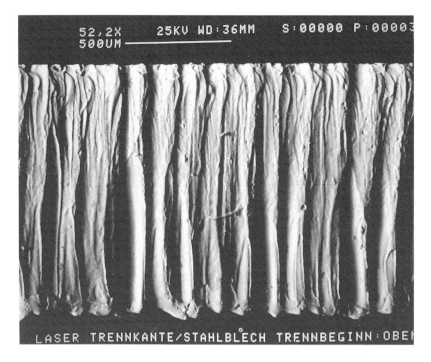

Abb. 4: Trennfläche eines Stahlbleches nach dem Laserschneiden

II. Metallographische Untersuchungen

1. Einsatzbereich

Ganz allgemein befassen sich **metallographische Untersuchungen** damit, 8
den Aufbau von aus verschiedenen orientierten Kristallkörnern zusammengesetzten Festkörpern zu beobachten und möglichst quantitativ zu beschreiben. Hierzu werden u. a. licht- und elektronenmikroskopische Methoden verwendet. Da die Gefügeeigenschaften stark von den Herstellungs- und Verarbeitungsverfahren abhängen, sind sie für die Kriminaltechnik sehr aussagekräftig. So dienen Metallschliffuntersuchungen u. a. dazu:

– Werkstoffidentitätsprobleme zu lösen (Materialien gleicher chemischer Zusammensetzung können andersartige Kornform und Korngröße besitzen) (Abb. 5, Seite 98)

– Verarbeitungsverfahren zu bestimmen (z. B. bei der Gewindeherstellung: Unterscheidung ob Walz- oder Schneidverfahren genommen wurde; Bauteile: Unterscheidung, ob gegossen oder kaltverformt)

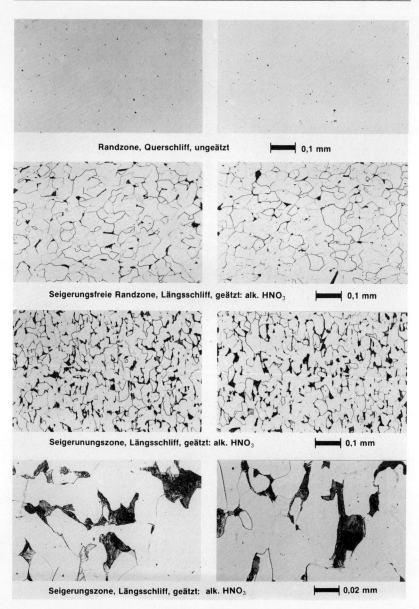

Abb. 5: Metallographischer Untersuchungsbefund zweier Vierkantstähle;
        links: aus der Werkstatt des Tatverdächtigen;
        rechts: vom Tatort

– Schweißverfahren zu unterscheiden (Bestimmung, ob Gas- oder Lichtbogenschweißverfahren zur Anwendung kam: Ausbildung der Wärmeeinflußzonen, Kornvergrößerungen, Kornform)
– Verformungstiefen bei Verfahren zur Anbringung von Daten in Werkstoffen zu ermitteln (Abb. 6).

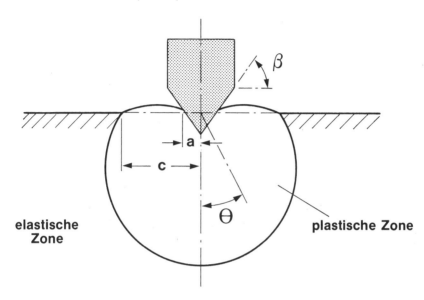

System „Keil / Ebene"

Abb. 6: Deformationen auf ebenen Werkstoffen und Verformungstiefen

2. Wiedersichtbarmachung entfernter Zeichen

a) Zeichen in Metall

Um **entfernte Prägezeichen in Metallen** wieder sichtbar zu machen, werden sowohl chemische als auch physikalische Methoden angewandt. Im einzelnen sind folgende Methoden zu nennen:

– Chemisches Ätzen
– Elektrolytisches Ätzen
– Magnetstreuflußverfahren
– Härtetopographiemethode
– Röntgentransmission
– Texturtopographiemethode (Röntgen)
– Wärmebehandlung
– Kavitationserosion (Ultraschall).

10   Zur Zeit wird experimentiert, ob der Einsatz des **Rasterelektronenmikroskops** zur Wiedersichtbarmachung entfernter Prägezeichen erfolgversprechend ist. Prinzipiell sollte dies möglich sein, weil der auf das zu
untersuchende Objekt einfallende Elektronenstrahl in das Material ein-
dringt und die registrierten rückgestreuten Elektronen bzw. Sekundärelek-
tronen Tiefeninformation – hier insbesondere über den lokalen Verfor-
mungsgrad des Werkstoffes – besitzen müssen (Channelling Diagram:
Kontraste durch plastische Verformung und Versetzungen). Erste Ergebnisse bestätigen diese Annahme. Ähnliches gilt für **akustomikroskopische**
Experimente.

b) Zeichen in Kunststoffen

11   In jüngster Zeit werden auch Wiedersichtbarmachungsversuche **entfernter
Zeichen in Kunststoffen** erfolgreich durchgeführt, insbesondere werden
– neben einem spannungsoptischen Verfahren für transparente Kunststoffe
– Quellverfahren, Reliefpolieren und Wärmezufuhrmethoden angewandt.
Die folgende Tabelle gibt einen Überblick über bisher erfolgreiche Wieder-
sichtbarmachungsversuche an verschiedenen opaken Polymerwerkstoffen:

Polymerwerkstoff	erfolgreiche Methode
Polyethylen (hoher Dichte), PE-HD	Ethanol, Benzin
Styrol-Acrylnitril-Copolymerisat (amorph), SAN	Polieren, Wärme, Benzol
Acrylnitril-Butadien-Styrol, ABS	Polieren, Wärme, Benzin
Polyamid (teilkristallin), PA 6	Polieren, Wasser, Benzin, Aceton, Xylol (70 °C)
Polyoximethylen (teilkristallin), POM	Polieren, heißes Wasser, Wärme
Polybutylenterephthalat (amorph), PBTP	Polieren
Polycarbonat, glasf., PC-GF	Ethanol, Ethylether
Epoxydharz, EP	Aceton (Ameisensäure), Ethylacetat, Benzin

12   Bei der **Quellung,** die ein osmotischer Effekt ist, werden die Hohlräume
zwischen dem Faden- bzw. Lamellengerüst allmählich mit Lösemittel
gefüllt. Zunächst wird dabei die diffundierende Flüssigkeit ohne Volumen-
vergrößerung sorbiert. Nach weiterer Einwirkzeit findet eine Aufweitung
der Knäuelstruktur des Makromoleküls statt, ohne daß der Kunststoff
„auseinanderschwimmt" (Quellung). Ob sich aber schließlich ein Endzu-
stand einstellt, der ein Weiterquellen verhindert, oder ob sich das System
vollends auflöst (z. B. durch sukzessives Lösen äußerer Festkörperschich-
ten aus dem Netzwerk), hängt bei gegebenem Polymerwerkstoff vom einwirkenden Medium ab.

Von der Metallographie her ist bekannt, daß sich Oberflächenreliefs **13** dann bilden, wenn Gefügebestandteile verschiedene Härtewerte aufweisen, wie beispielsweise Ferrit und Zementit in Eisen-Kohlenstoff-Legierungen oder Al-Mischkristalle und elementares Silizium in Leichtmetallegierungen. Beim **Polieren** wird die Probe längere Zeit mit einem feinen, dem Werkstoff anzupassenden Poliermittel auf einer flexiblen Unterlage bearbeitet. Die weicheren Gefügeteile der Probe werden durch das lange fortgesetzte Polieren herausgearbeitet, während die härteren Bestandteile stehenbleiben. Die Reliefbildung hängt also von dem Härteunterschied der verschiedenen Phasen und von der Beschaffenheit der zum Polieren verwandten Mittel ab. Bei den Kunststoffen POM, SAN und PA 6–GF 30 gelingt eine Wiedersichtbarmachung mit Hilfe des Reliefpolierens.

Bei Metallen führen insbesondere bei Grauguß-Werkstoffen Wieder- **14** sichtbarmachungsversuche durch **Wärmezufuhr** zu Erfolgen, und zwar bei „Rotglut-Temperaturen" (~ 400 °C). Demzufolge wurden auch „Wärmezufuhr"-Experimente bei Kunststoffen durchgeführt. Erfolgreich liefen bisher Experimente an folgenden Polymerwerkstoffen ab: SAN, ABS, POM (T 100–200 °C).

Wachsende Anforderungen an Qualität, Flexibilität, Geschwindigkeit **15** und Wirtschaftlichkeit beim Kennzeichnen von Industriegütern haben in den letzten Jahren zu einem verstärkten Einsatz von **Lasersystemen zur Materialbeschriftung** geführt. Dabei wird der Laserstrahl über zwei bewegliche Spiegel und eine Objektivlinse auf das zu beschriftende Werkstück gelenkt. Die Eingabeeinheit dient dazu, die CAD-Datenbasis zu erzeugen. Über Software werden Ziffern und Zeichen generiert. Zur Unterstützung können Software-Pakete (wie Auto-CAD) herangezogen werden. Graphiken, Firmenlogos usw. können mit Peripheriegeräten in den Rechner gelesen werden und dort im Grapikmodus bearbeitet oder modifiziert und in einer Datenbank bis zur Verwendung gespeichert werden. Zur Ausführung einer Beschriftung werden die Daten an einen Post-Prozessor übergeben, der den Übergang von der CAD- zur CAM-Ebene realisiert. Über die Software werden für die Wirkung auf den Werkstoff wichtige Parameter des Lasersystems (Laserleistung, Pulsfolgefrequenz usw.) eingestellt. Der Beschriftungsvorgang kann beliebig oft wiederholt, aber auch rasch und flexibel per Software modifiziert werden.

Folgende **Materialeffekte** treten **beim Beschriften** ein: Erwärmen, **16** Schmelzen, Verdampfen. Das erhitzte Material wird mit hoher Geschwindigkeit durch Entstehen recht großer Drücke im Lochinneren aus dem Bohrkanal gestoßen (Abb. 7, Seite 102). Metallographische Untersuchungen bei **Metallen** ergaben, daß die Wärmebereichszone der mit Laser erzeugten Beschriftungen klein ist, so daß eine Wiedersichtbarmachung nach Entfernen der ursprünglichen Nummer nicht möglich ist.

Bei **Kunststoffen** unterscheidet man vier verschiedene **Beschriftungsef- 17 fekte:** Deckschicht-Abtrag, Abtrag von Matrixmaterial, Oberflächenveränderung, Farbveränderung. Diese Effekte sind abhängig von Laserparametern (Leistung, Wiederholrate, Fokusdurchmesser, Ablenkgeschwindigkeit), aber auch teilweise materialabhängig. Die absorbierte Laserenergie kann somit das Material aufheizen (Schmelzen, Schäumen) und auch eingelagerte Pigmente und Füllstoffe verändern (Verkohlen, Zersetzen). So zeigen Gefügeuntersuchungen an laserbeschrifteten ABS-Kunststoffen, daß infolge der geringen thermischen Leitfähigkeit und der niedrigen Schmelztemperatur es zu einer lokalen Überhitzung, zu einer lokalen Verbrennung und damit zu einer Karbonisierung kommen kann. Dies wiederum gibt Hoffnung dazu, daß eine Wiedersichtbarmachung möglich ist.

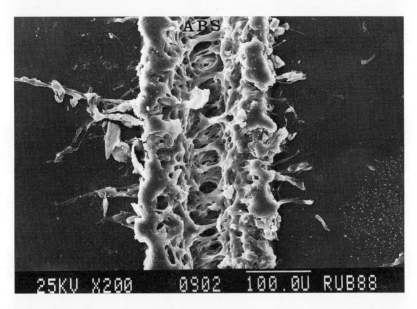

Abb. 7: REM-Abbildung eines ABS-Polymerwerkstoffes, der mit einem kontinuierlich emittierenden Laserstrahl beschriftet wurde

III. Mechanische Werkstoffprüfung

18 Für die eindeutige **Charakterisierung eines Werkstoffs** sind eine Vielzahl von Daten erforderlich. Neben der chemischen Zusammensetzung oder den physikalischen Eigenschaften (wie Schmelztemperatur, Wärmeleitfähigkeit, Kristallstruktur) bzw. den Gefügeeigenschaften (wie Punkt-, Linien-, Flächen-, Volumenfehler, Gefügeanisotropie) sind insbesondere auch mechanische Kenndaten notwendig, um die „kriminaltechnische Werkstoffmatrix" zu vervollständigen. Gerade weil die mechanischen Eigenschaften (z. B. Zugfestigkeit, Härte) – ähnlich wie die des Gefüges – stark von den Herstellungs- und Verarbeitungsverfahren abhängen, sind sie für den kriminaltechnischen Beweiswert von großer Aussagekraft. So lassen sich mit Hilfe einer Universalprüfmaschine (Abb. 8) Zug-, Druck-, Biege- und Torsionsfestigkeit von Werkstoffen bestimmen.

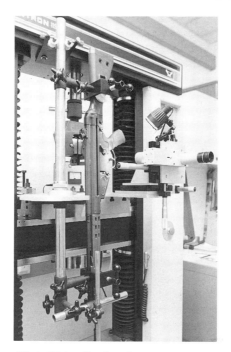

Abb. 8: Werkstoffprüfmaschine mit eingespannter
Waffe zur Messung des Abzugsgewichtes

Im folgenden sollen, ohne tiefer auf die dabei auftretende Problematik **19**
bei den Messungen einzugehen, themenmäßig bisher durchgeführte kriminaltechnische Untersuchungen auf dem Gebiet der **Werkstoffprüfung**
aufgezählt werden:

– morphologische Untersuchungen von Brüchen (Metalle, Kunststoffe,
  Gläser)

– Untersuchung des Individualcharakters von Paßspuren

– Messung mechanischer Kenngrößen zur Klärung von Werkstoffidenti-
  tätsfragen (u. a.: Härte von metallischen und polymeren Werkstoffen)

– Messung mechanischer Größen bei Schußwaffen (Abzugsgewicht, Ver-
  schlußrücklauf, Kraft zum Durchladen von Waffen (Abb. 9, Seite 104).

IV. Vergleichs-Rasterelektronenmikroskopie

1. Zum Einsatzbereich

Wie bereits erwähnt, erfolgt die forensische Begutachtung von Oberflä- **20**
chenspuren (Werkzeug- und Schußwaffenspuren, Metall-, Kunststoff- und
Glasbrüche) im allgemeinen mit Hilfe des **Lichtvergleichsmikroskops.** Bei
Objekten mit stark zerklüfteten Oberflächen bzw. mit Strukturen von
1 μm und weniger Ausdehnung liefert ein derartiges Lichtmikroskop
jedoch unzureichende Ergebnisse.

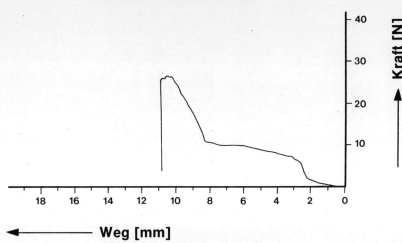

Glock 17, 9 × 19 mm

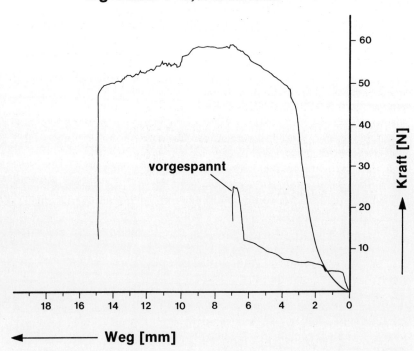

Sig Sauer P 6, 9 × 19 mm

Abb. 9: Kraft-Weg-Verläufe einer „Plastik-Pistole Glock 17" und einer Polizeidienstpistole „SIG Sauer P 6" (Hebelarm: 21 mm)

2. Das Gerät

a) Rasterelektronenmikroskop

In diesen Fällen ist nur noch ein **Rasterelektronenmikroskop** (REM) mit **21**
seiner großen Tiefenschärfe und seinem hohen Auflösungsvermögen in der
Lage, eine sinnvolle Aussage über die Struktur der zu untersuchenden
Oberfläche zu machen. So hat sich im Bereich der Kriminaltechnik das
REM (häufig einschließlich Mikroanalyseeinrichtung) im Laufe der Jahre
zu einem außerordentlich vielseitigen und unentbehrlichen Untersu-
chungsinstrument entwickelt, das aus keinem größeren kriminaltechnischen Labor mehr wegzudenken ist. Die Palette des Einsatzes reicht vom
Nachweis von Münz- und Urkundenfälschungen (einschließlich Strichkreuzungen) über die Auswertung von Farben und Lacken, Sprengstoffre-
sten, Fasern und Haaren bis hin zur Identifizierung von Pulverschmauch-
ablagerungen.

Allerdings sind **vergleichende Untersuchungen** von Werkzeug- und **22**
Schußwaffenspuren sowie von Paßspuren der unterschiedlichsten Art
(Metalle, Polymere, Gläser) mit einem derartigen herkömmlichen „**Ein-
säulen-REM**" sehr erschwert und äußerst zeitintensiv – wie dies auch von
entsprechenden Untersuchungen mit einem gewöhnlichen „Einfachtubus-
Lichtmikroskop" wohl bekannt ist –, weil Tat- und Vergleichsspuren nicht
gleichzeitig aufzeichenbar und vor allem nicht unabhängig voneinander in
der Position veränderbar sind. Das letztere ist immer dann notwendig,
wenn exakt deckungsgleiche, tatrelevante Spuren auf meistens äußerst
unterschiedlich geformten Werkstoff-Oberflächen (z. B. identische Spuren
einerseits auf einer Erhebung, andererseits in einer Mulde) rasterelektronenmikroskopisch abgebildet werden sollen. Abb. 10 (Seite 106) veranschaulicht diesen Sachverhalt für kugel- und zylinderförmige Spurenverursacher, die auf Werkstoff-Flächen unterschiedlicher geometrischer Struktur einwirken. Abb. 11 (Seite 106) zeigt allgemeine abbildungsgeometri-
sche Gesichtspunkte. Für kleine Oberflächenverzerrungen kann ein affines
Deformationsmodell (gültig für lineare Transformationen) betrachtet werden, bei dem Geraden, Ebenen und die Parallelität erhalten bleiben, Winkel und Volumina sich jedoch ändern können. Die hier aufgezeigten
Schwierigkeiten, die bei Oberflächenabbildungen mit einem „Einsäulen-
REM" eintreten, werden durch den Einsatz eines Vergleichs-REM, das in
der forensischen Wissenschaft für „komplexe Fälle" bereits zu einem
„Routinegerät" geworden ist, optimal behoben.

b) Vergleichs-Rasterelektronenmikroskop

Das **Vergleichs-Rasterelektronenmikroskop** ist aus zwei Einsäulen-Raster- **23**
elektronenmikroskopen sowie zahlreichen Zusatzeinrichtungen aufgebaut
(Abb. 12, Seite 107). Durch eine spezielle Kombinationselektronik, die auch
Schaltungsänderungen in den serienmäßigen Rastermikroskopen beinhal-
tet, sind die beiden Geräte zu einem Vergleichsgerät zusammengefaßt. Die
Kombinationselektronik enthält neben einer Änderung der Signalführung
in den Einzelgeräten die Synchronisation der Geräte, Umschaltung von
Linien- und Bildlaufrichtung, elektronisches Fenster, kontinuierliche Kol-

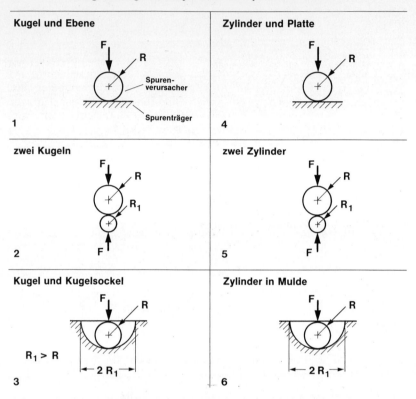

Kugelförmiger und zylindrischer Spurenverursacher

Kugel und Ebene	Zylinder und Platte
F R Spuren- verursacher Spurenträger **1**	F R **4**
zwei Kugeln F R R_1 **2** F	zwei Zylinder F R R_1 **5** F
Kugel und Kugelsockel F R $R_1 > R$ ← 2 R_1 → **3**	Zylinder in Mulde F R ← 2 R_1 → **6**

Abb. 10: Wechselwirkung von Werkzeug-Formen mit unterschiedlichen Werkstoffoberflächen

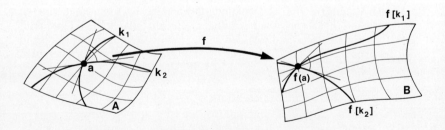

Allgemeine Abbildung der Menge A in die Menge B
(z.B. Feldereindruckspuren auf einem deformierten
und einem undeformierten Geschoß)

Abb. 11: Oberflächenspuren und Abbildungsgeometrie

Abb. 12: Vergleichs-Rasterelektronenmikroskop

lektorspannung, Testeinheit zur Überprüfung und Korrektur des Abgleiches, des Vergrößerungsmaßstabes und von eventuellen Bildfehlern, parallele Bildaufzeichnung mittels beider Fotokonsolen, Farbmonitor, Adaption von Mini-Detektoren sowie spezielle Abgleichselemente.

Das in Abb. 13 wiedergegebene **Blockschaltbild** läßt die vielfältigen Dar- 24 stellungsmöglichkeiten erkennen. Beide Rasterelektronenmikroskope sind ungefähr rechtwinklig zueinander aufgestellt, so daß sich alle Bedienungselemente leicht von einem Platz aus erreichen lassen. Die Bedienungselemente der Kombinationselektronik sind in einem Aufsatz auf dem Hauptgerät untergebracht.

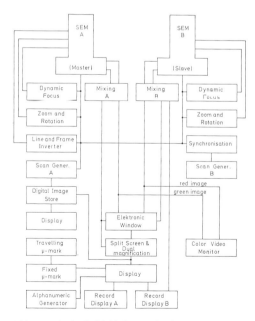

Abb. 13: Blockschaltbild des Vergleichs-REM

C. Besondere Aspekte der Begutachtung von Oberflächenspuren

I. Kriminaltechnische Analyse von Oberflächenspuren

25 Aus Abb. 14 ist zu sehen, welche Arten von Oberflächenspuren Gegenstand einer Untersuchung im kriminaltechnischen Labor sein können. Für eine **Bewertung des Oberflächenreliefs** im Hinblick auf den „Individualcharakter" muß sowohl bei der „vergleichenden Untersuchung" als auch bei der „Einzel-Objekt-Untersuchung" eine Kausalanalyse, d. h. eine Interpretation der Erzeugungsmechanismen der Oberflächenspuren, durchgeführt werden. Beispiele sollen dies veranschaulichen.

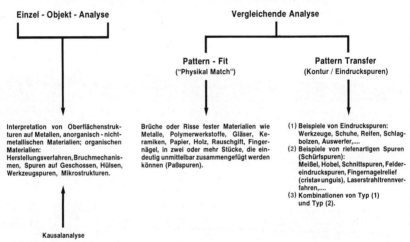

Abb. 14: Allgemeine Klassifikation einer Musteranalyse in forensischer Werkstofftechnik

1. Schußwaffenspuren

26 Das durch den Lauf einer Schußwaffe getriebene **Geschoß** weist an seiner Oberfläche Spuren auf, die durch die Innenfläche des Laufes erzeugt werden. Relativ gut auswertbar sind diese Spuren dann, wenn das Geschoß aus einer Waffe mit gezogenem Lauf verfeuert wurde (Abb. 15). Die Abmessungen der Felder liegen im Millimeterbereich. Die Feldereindrücke sind auf der Mantelfläche des Projektils nahezu gleichmäßig verteilt und weisen Mittenrauhwerte zwischen 0,1 μm und 0,4 μm auf. Ihre in Drallrichtung verlaufenden Ausprägungen sind unterschiedlich lang. In Abb. 16 sind in Deckung gebrachte Schlagbolzenstrukturen zu sehen.

2. Werkzeugspuren und fertigungstechnische Oberflächenstrukturen

27 Abb. 17 (Seite 110) zeigt Tat- und Vergleichsspuren eines **Schraubendrehers** in einer horizontalen Teilbildhälftendarstellung. In diesem Fall sollte gemäß Gutachtenantrag festgestellt werden, ob die auf einem Kassendeckel einer Musikbox vorhandenen Werkzeugspuren durch einen asservier-

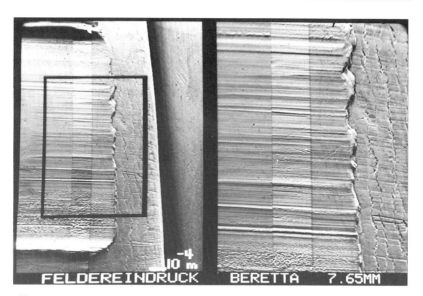

Abb. 15: Feldereindruckspuren zweier Geschosse (Tat und Vergleich)

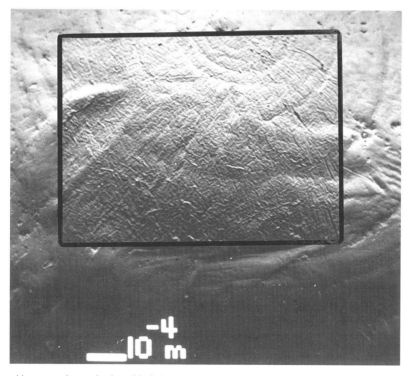

Abb. 16: Deckungsgleiche Schlagbolzenstrukturen (Tat und Vergleich)

ten Schraubendreher verursacht wurden. Insbesondere sollte auch die Frage des Gerichts beantwortet werden, ob nicht trotz Identität von Tat- und Vergleichsspuren ein anderes unbekanntes Werkzeug als Spurenverursacher in Betracht kommen könnte.

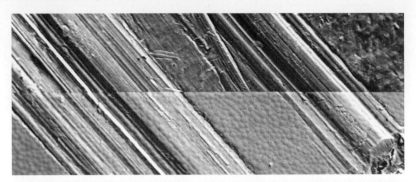

Abb. 17: Tat- und Vergleichsspuren eines Schraubendrehers

28   Zur Beantwortung der vom Gericht gestellten Fragen waren eine Reihe von Untersuchungen notwendig. So mußte z. B. geklärt werden, ob die tatrelevanten Oberflächenspuren durch reine **Zufallsprozesse** entstanden sind. Diese Voraussetzung ist z. B. nicht erfüllt, wenn bei der maschinellen Werkzeugherstellung nacheinander gefertigte Teile gleiche Oberflächenspuren „aufgeprägt" erhalten. In diesem Fall spricht man von **Gruppenmerkmalen**. Eine eindeutige Identifizierung ist nicht mehr möglich, wenn neben Gruppenmerkmalen keine zufällig erzeugten Spuren vorhanden sind. So zeigen z. B. Oberflächenabbildungen von nacheinander gefertigten Schraubendreherschaufeln, daß durch maschinelles Beschneiden der Schaufelspitze zwei Arten von Spuren zu erkennen sind; es existiert eine Schnittzone, die bei unmittelbar nacheinander gefertigten Werkstücken übereinstimmende Spuren aufweist (Gruppenmerkmale). Es folgt eine Bruchzone. Die hier zu erkennenden Oberflächenstrukturen haben Zufälligkeitscharakter, d. h. sie sind auch bei unmittelbar hintereinander gefertigten Werkstücken unterschiedlich.

29   Durchgeführte Experimente zeigen, daß es nicht unproblematisch ist, ohne weiteres – d. h. ohne gemachte fallbezogene Kausalanalyse – vom **Individualcharakter bei technischen Oberflächen** zu sprechen, zumal der Trend zu CNC-Maschinen (= rechnergesteuerten Maschinen) mit immer größeren Standzeiten und exakt reproduzierbaren Fertigungsabläufen zunimmt.

3. Bruchflächen

30   **Bruchflächenuntersuchungen** werden in kriminaltechnischen Labors recht häufig durchgeführt. Als Untersuchungsgegenstände sind Bruchstücke von Werkzeugen, Drähten, Schlössern, Kunststoffen, Haschischproben, Fingernägeln u. a. zu nennen. In vielen Fällen können aus den morphologischen

Untersuchungen kriminaltechnisch relevante Informationen entnommen werden. So ist es z. B. möglich, Aussagen über den Ort und die Ursachen der Bruchentstehung, über den Bruchverlauf bezüglich Richtung und Geschwindigkeit, über die ehemalige Zusammengehörigkeit zerbrochener bzw. zerrissener Gegenstände (Paßstücke) zu machen.

In der kriminaltechnischen Literatur sind bisher überwiegend **Glasbrü-** 31 **che** behandelt worden. Sicherlich liegt das daran, daß die auf Glasbrüchen vorhandenen linien- und flächenhaften Gestaltelemente (Wallnerlinien, Lanzetten, Bruchspiegel) „einigermaßen einfach überschaubar und interpretierbar" sind (Abb. 18). Die bei **Kunststoffen** und insbesondere bei **Metallen** zu erkennenden Bruchflächenstrukturen sehen zum einen komplexer aus, zum anderen ließen die bis vor wenigen Jahren praktizierten mikroskopischen Untersuchungen viele Fragen offen. Erst mit Hilfe des Rasterelektronenmikroskops wurde es möglich, aus dem mikrofraktographischen Bild gezielte Hinweise bezüglich Bruchablauf und Bruchmechanismus zu geben.

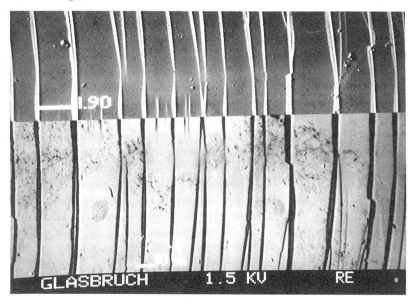

Abb. 18: Niederspannungs-rasterelektronenmikroskopische Oberflächenabbildung zweier korrespondierender Glasbruchstücke

4. Schartenrelief von Fingernägeln

Aus eigener Beobachtung sind vielen die **Längsleisten** (cristae unguis) **der** 32 **Nägel** an Händen (und Füßen) bekannt. Obwohl schon auf der Außenfläche sichtbar, sind sie jedoch noch deutlicher auf der Innenseite erkennbar. Sie stellen gewissermaßen ein Schartenrelief dar. Übereinstimmungsbefunde im Nagelrelief bedeuten gemäß wissenschaftlichen Literaturangaben zufolge eine Zuordnung im Sinne der Personenidentifizierung. Hierzu ein Beispiel aus der kriminaltechnischen Praxis: Bei einem Wohnungseinbruch konnte ein Fragment eines Fingernagels aufgefunden werden. Im Rahmen der Ermittlungen wurde ein Mann als Tatverdächtiger beschuldigt. Von diesem wurden Fingernagelvergleichsstücke eingeholt. Mit dem Vergleichs-REM durchgeführte niederspannungs-rasterelektronenmikroskopische Untersuchungen ergaben Übereinstimmungen des Oberflächenreliefs der Innenseite der Nagelabschnitte (Abb. 19).

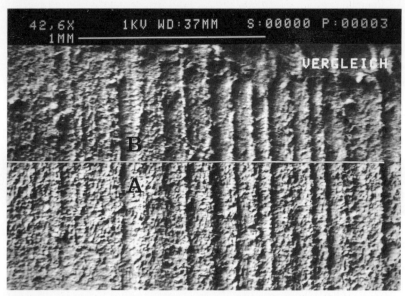

Abb. 19: Übereinstimmende Längsleisten zweier Fingernägel (cristae unguis); niederspannungs-rasterelektronenmikroskopische Aufnahme

5. Allgemeine Gesichtspunkte zur Befundbewertung

33 Es stellt sich häufig die Frage, ob die experimentell erreichte Übereinstimmung zweier Oberflächenmuster hinreichend ist, um daraus eine **zweifelsfreie,** eindeutige **Zusammengehörigkeit** („physical match") zu folgern. Könnte es nicht vielmehr ein anderes Ereignis geben, das auch den „Zustand E", also eine zweite identische Oberflächenmorphologie erzeugt? Dieses Problem kann mit Hilfe wahrscheinlichkeitstheoretischer Methoden diskutiert werden (*Bayes* Theorem, Fehler 1. und 2. Art, Likelihood Ratio).

34 Für die Abschätzung des Fehlers 2. Art im Sinne einer „Wiederkehr-Größe" existieren **wahrscheinlichkeitstheoretische Modelle,** die voraussetzen, daß die in die Rechnung eingehenden Merkmalspunkte auf Zufallsprozesse zurückzuführen sind. Auf diesbezügliche Berechnungen wird hier verzichtet und auf die Literatur verwiesen.

II. Optoelektronische Oberflächenmessungen und Aspekte zum rechnergestützten Werkzeugspurenvergleich

Die seit Jahren geführten Diskussionen um einen **rechnergestützten Werk-** 35
zeugspurenvergleich verdeutlichen, daß kriminaltechnische Untersuchungen für große Sammlungen nicht mehr nur durch Vermehrung der Zahl der Sachbearbeiter effektiv durchführbar sind. Man erwartet hier vom Einsatz informationsverarbeitender Systeme und Techniken der Bildverarbeitung und Mustererkennung wesentliche Verbesserungen.

1. Auswahl von spezifischen Werkzeugspurenmerkmalen

Aus Zeit- und Speicherplatzgründen oder besser aus Effektivitätsgründen 36
ist anzustreben, daß unter Ignorierung aller anderen in der Werkzeugspur enthaltenen Informationen nur solche Information für die Dateneingabe genommen wird, die **spezifisch** für das Werkzeug ist. Die richtige Auswahl des Merkmalsatzes hat somit eine zentrale Stellung und ist entscheidend für die erzielbaren Wiedererkennungsraten.

Die Suche nach „werkzeugspezifischen Merkmalen" ist zunächst „heu- 37
ristischer (erfinderischer) Natur", wobei jedoch der „konventionelle" kriminaltechnische Werkzeugspurenvergleich mit seinem mehr qualitativ-deskriptiven, d. h. personengebundenen Beschreibungen so weit wie möglich durch meßtechnische Parameter ersetzt werden müßte. So sollte ein **Merkmalskatalog** folgende Anforderungen erfüllen:

– Die Merkmale müssen werkzeugcharakteristisch sein, d. h. für unterschiedliche Spurenträger eines Werkzeuges wenig variieren (= geringe Intraklassen-Varianzen) und für Spurenträger verschiedener Werkzeuge stark variieren (hohe Interklassen-Varianzen).

– Der Merkmalskatalog sollte vollständig sein, d. h. alle auftretenden Werkzeuge unterscheiden können.

– Die Merkmale sollten invariant sein gegen willkürliche Handhabung des Werkzeuges.

2. Meßtechnische Erfassung der Merkmale

Die **direkte meßtechnische Erfassung** von Werkzeugspuren stellt ein kom- 38
plexes Problem dar, das bis heute noch nicht zufriedenstellend gelöst ist. Weder eine bildhafte Erfassung mit z. B. Fernsehkamera, Laser-Scanning-Mikroskop, Rasterelektronenmikroskop noch die Vermessung des Oberflächenprofils mit mechanischer Abtastung führte bisher zu praxis-bewährten Systemen. Die z. Z. laufenden rechnergestützten Sammlungsvergleiche charakterisieren das Werkzeugspurenmuster überwiegend durch „codierte" verbale Beschreibungen (subjektive, qualitativ-deskriptive Kennzeichnungen). Somit werden größtenteils keine numerisch physikalischen Meßgrößen, sondern symbolhafte alphanumerische Informationen, die durch menschliche Intelligenz gewonnen wurden, als Eingangsdaten verarbeitet.

39   Im folgenden werden unterschiedliche **optoelektronische Meßverfahren** vorgestellt. Es sei sogleich erwähnt, daß zum heutigen Zeitpunkt über die unmittelbare Anwendbarkeit dieser Methoden für ein rechnergestütztes System noch keine definitiven Aussagen gemacht werden können. Allerdings sollen hier Wege gezeigt werden, die unter Verwendung bereits entwickelter Meßsysteme über eine Objektvermessung zu einer klassifizierenden Aussage führen könnten. Insbesondere werden Untersuchungen beschrieben, die über die Reflexionseigenschaften Meßwerte liefern und die durch eine berührungslose Objektabtastung in der Regel schneller sind als mechanisch-tastende Systeme und dazu noch verschleißfrei arbeiten. Durch Variation der optischen Elemente lassen sich je nach dem gestellten Problem die erforderlichen Auflösungs- und Meßbereichsänderungen vornehmen. Anschließend wird über Oberflächenmessungen berichtet, die mit einem optischen Taster nach dem Fokus-Detektionsverfahren erhalten wurden.

a) Streulichtmessung

40   Bei dem **Streulichtmeßprinzip** (Abb. 20) wird die Rauheit indirekt über die Streuindikatrix bestimmt. Auf die zu messende Oberfläche fällt ein paralleles Lichtbündel. Bei der Reflexion führen die mikroskopischen Unregelmäßigkeiten der Fläche zu einer mehr oder weniger großen Streuung. Diese verschwindet bei ideal ebenen Oberflächen, es gilt dann das geometrisch optische Reflexionsgesetz. Bei grober Rauheitsstruktur findet diffuse

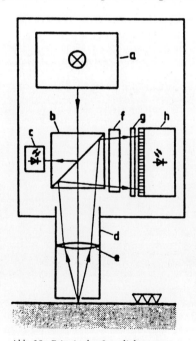

a) Strahlquelle
b) Strahlteiler
c) Fotodetektor
d) Meßtubus
e) sphärische Linse
f) Zylinderlinse
g) Filter
h) Linearfotoarray

Abb. 20: Prinzip des Streulichtsensors

Reflexion statt, wobei Grad- und Richtungsabhängigkeit Rückschlüsse auf die Oberflächengestalt erlauben. Als Strahlquelle wird eine lichtemittierende Diode (LED) verwendet. Ihre gebündelte Strahlung durchsetzt einen Teilerwürfel, der ein Teilbündel rechtwinkelig auf einen Fotodetektor lenkt. Mit diesem lassen sich Schwankungen des Strahlungsflusses infolge Temperatureinwirkungen und Alterung feststellen und mittelbar über den Strom der LED ausregeln. Das gradlinig durchgehende Lichtbündel durchläuft einen dazwischen geschalteten Meßtubus und trifft dann auf die Probenoberfläche. Der Leuchtfleckdurchmesser wird von einer kreisförmigen Blende im Tubus bestimmt. Der reflektierte Strahlungsfluß durchsetzt rückwärts den Strahlenteiler, der einen dem Teilungsverhältnis entsprechenden Teilfluß zu einem Fotodiodenarray ausspiegelt. Die Fotodioden wandeln den auftretenden Lichtstrom in elektrische Signale um, die rechnergesteuert der elektronischen Meßwertverarbeitung zugeführt werden. Aus der Intensitätsverteilung wird dann eine „optische Rauheitskenngröße" ermittelt. Unter Verwendung eines Laborgerätes sind an verschiedenen Projektilen Feldereindrücke vermessen worden. Die Auswertung der Meßprotokolle erbrachte allerdings, daß die bisher angewandten Verfahren der Streulichtmessung zu keiner hinreichend genauen Identifikation von Projektilen führten.

b) Reflexionsverfahren

Auf der Grundlage einer Reflexionsschranke lassen sich **Abstands- und** 41
Oberflächensensoren entwickeln, mit denen bei geeigneter Dimensionierung von Sender und Empfänger Oberflächenstrukturen vermessen werden können. Hierzu wird eine einzelne Diode, z. B. Diode Nr. 10 der Diodenzeile, ausgewählt und der auffallende Lichtstrom an dieser Diode gemessen. Die Meßwerte geben den Anteil spiegelnder Reflexion der betrachteten Oberfläche wieder. Eine vereinfachte Darstellung veranschaulicht den Zusammenhang zwischen Oberflächenstruktur und Meßwert (Abb. 21).

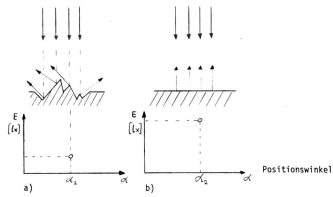

Abb. 21: Zusammenhang zwischen Oberflächenstruktur und Meßwert beim
Reflexionsverfahren
Links: Oberfläche mit großer Rauhtiefe
Rechts: Oberfläche mit kleiner Rauhtiefe

42 Die Untersuchungen der Feldereindrücke von Geschossen mit einer Reflexlichtschranke bei Beleuchtung und Messung der reflektierenden Strahlung aus gleicher Richtung, d. h. bei Hellfeldbeleuchtung, führten zu charakteristischen Verläufen der Intensität. Hieraus sind Aussagen gewinnbar, die eine Identifikation als möglich erscheinen lassen. Nach Beurteilung der Meßaufzeichnungen sollte eine **Vorselektion,** d. h. eine Vorklassifizierung ähnlicher Merkmalsausprägungen realisierbar sein. Eine direkte Zuordnung durch Korrelationstechniken ist einstweilen jedoch nur eingeschränkt durchführbar.

43 Ein dementsprechendes Ergebnis wurde auch nach Untersuchungen mit einem modifizierten Laboraufbau („**schräge Beleuchtungseinrichtung"**) erhalten, bei dem der Sensorkopf zur Prüflingsachse winkelversetzt angeordnet wurde.

c) Reflexionsverfahren mit Dunkelfeldbeleuchtung

44 Eine **Dunkelfeldbeleuchtung** strukturierter Oberflächen hebt in starkem Maße Merkmale hervor, die nicht senkrecht zur Empfängerachse liegen. Dieses Beleuchtungsverfahren findet Anwendung bei Untersuchung von Lackoberflächen oder der mikroskopischen Untersuchung von Schliffbildern.

Im Beispielsfall trifft ein Laserstrahl streifend die Oberfläche bei einem Winkel von nahezu 90 ° zur optischen Achse des Empfängers. Der Empfänger entspricht dem schon beschriebenen Aufbau, wobei die interne Beleuchtung ausgeblendet ist. Die Probe wird kontinuierlich auf einem Drehtisch um 360 ° bewegt.

Neben der kartesischen Darstellung der Meßwerte wurde eine Polarkoordinaten-Darstellung zur übersichtlicheren Wiedergabe gewählt (Abb. 22). Weiterhin wurden die Meßwerte digital differenziert aufgetragen. Deutlich lassen sich Zusammenhänge zwischen Projektilen aus gleicher Waffe erkennen.

d) Optische Taster nach dem Fokus-Detektionsverfahren

45 Unter Verwendung von Elementen zur Compact-Disc-Abtastung werden von verschiedenen Firmen **optische Taster** mit verhältnismäßig großem Meßbereich und hoher Auflösung angeboten.

46 In Abb. 23 (Seite 118) ist die schematische Darstellung des **Meßprinzips** wiedergegeben. Das Licht einer Laserdiode wird zunächst durch einen Kollimator parallel ausgerichtet und durch das Meßobjektiv auf die Oberfläche fokussiert. Das reflektierte Licht durchläuft den Strahlengang in umgekehrter Richtung und wird durch den Strahlteiler auf ein Fotodiodenpaar geführt. Das aufgekittete Biprisma teilt das Strahlenbündel so, daß jedes Diodenpaar eine Strahlhälfte erfaßt. Liegt der Fokus exakt auf der Oberfläche, sind alle Fotodioden gleichmäßig beleuchtet. Verschiebt sich der Oberflächenantastpunkt, so verschiebt sich der Schwerpunkt der Strahlung auf den Dioden. Aus den unterschiedlichen Diodenströmen wird ein Fokusfehlersignal abgeleitet, das zur Nachführung der Optik verwendet wird. Das Meßsignal wird mit Hilfe eines induktiven Längenmeßsystems zur Lagebestimmung des Meßobjektivs erhalten.

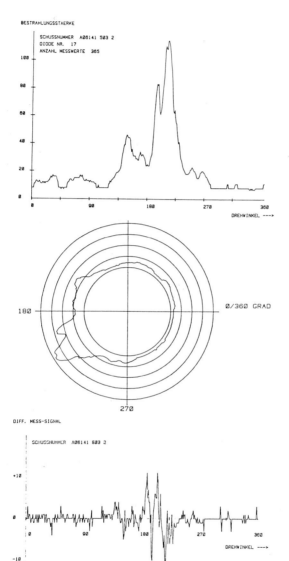

Abb. 22: Oberflächenprofiluntersuchung nach dem Reflexionsverfahren mit Dunkelfeldbeleuchtung (ein Geschoß, verfeuert aus einer Pistole Beretta, Mod. 70)

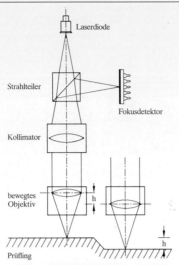

Abb. 23: Meßprinzip eines optischen Tasters nach dem
Fokus-Detektionsverfahren

47   Ein Anwendungsbereich für den optischen Taster ist neben der 3D-Dar-
stellung von Oberflächen (Abb. 24) sicher die **Form- und Rauheitsmessung**
an mechanisch empfindlichen Oberflächen, wie z. B. Kunststoffolien, Ela-
stomeren, weichen Metallen.

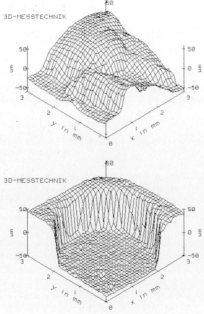

Abb. 24: 3D-Formmessung einer Werkzeug-Eindruckspur
(berührungsloses Messen mit einem „Laser Stylus")

SCHRIFTTUM

Göbel, R., K. D. Grooß, H. Katterwe and *W. Kammrath:* The Comparison Scanning Electron Microscope – First Experiments in Forensic Application. In: Scanning 3 (1980), pp. 193–201.

Katterwe, H.: Datenveränderungen an Kraftfahrzeugen und Identifizierungsmöglichkeiten durch die kriminaltechnische Wissenschaft. In: Polizei-Führungsakademie (Hrsg.): Präventable Delikte IV: Fahrzeugdiebstahl. Arbeitstagung vom 4. bis 6. April 1979 bei der Polizei-Führungsakademie. Schlußbericht. Münster 1979, S. 145–159.

ders.: Kriminaltechnische Untersuchungen von Oberflächenspuren, insbesondere mit dem Vergleichs-Raster-Elektronenmikroskop. In: Polizei-Führungsakademie (Hrsg.): Stand der wissenschaftlichen Kriminaltechnik. Arbeitstagung vom 10. bis 12. Juni 1981 bei der Polizei-Führungsakademie. Schlußbericht. Münster 1981, S. 111–121.

ders.: Application of Comparison Scanning Electron Microscopy to Forensic Science. In: Electron Microscopy 1982. Proceedings 10th International Congress on Electron Microscopy Hamburg, August 17–24, 1982. Vol. 2 (Material Sciences). Hamburg 1982, pp. 279–280.

ders.: Über forensisch-physikalische Untersuchungen von Bruchflächen. In: KT-Material-Information, Ausgabe 3 (1984), S. 11–19.

ders.: Forensisch-physikalische Untersuchungen von Polyurethan-Laufflächen. In: Archiv für Kriminologie 174 (1984), S. 89–95.

ders.: „Luftblasenstruktur" – eindeutige Zuordnung nur bedingt möglich. Über den Beweiswert von direkt angeschäumten Polyurethan-Formsohlen. In: Kriminalistik 38 (1984), S. 66–67.

ders.: The Matching of Surface Details and its Analysis by Probability Theory Models. In: Journal of the Forensic Science Society 24 (1984), p. 284.

ders.: Forensisch-physikalische REM-Untersuchungen korrespondierender Metallbruchflächen. In: BEDO 18 (1985), S. 189–198.

ders.: Über die Wiederkehr von mechanisch-induzierten und fertigungstechnischen Oberflächenstrukturen. In: Bundeskriminalamt (Hrsg.): „Bewertung von kriminaltechnischen Untersuchungsergebnissen mit Hilfe wahrscheinlichkeitstheoretischer Methoden". Sondersymposium am 12. Dezember 1986 im Bundeskriminalamt Wiesbaden. Wiesbaden 1986 (o. S.).

ders.: Kunststoffe „merken" sich ihre Prägung – Wiedersichtbarmachungen entfernter Kennzeichnungen in Kunststoff. In: Kriminalistik 41 (1987), S. 365–366.

ders.: Verstreckung und Quellung von Netzwerkstrukturen. In: Verhandlungen der Deutschen Physikalischen Gesellschaft 5/1987. 51. Physikertagung Berlin 1987, Fachausschuß Polymerphysik (o. S.).

ders.: Vergleichende Oberflächenabbildungen in der forensischen Werkstofftechnik. In: Deutscher Verband für Materialprüfung (Hrsg.): Rastermikroskopie in der Materialprüfung. 13. Vortragsveranstaltung des Arbeitskreises. Tagungsbericht. München 1988, S. 1–14.

ders.: Optoelektronische Oberflächenmessungen und Aspekte zum rechnergestützten Werkzeugspurenvergleich. In: KT-Information, Ausgabe 6 (1989), S. 20–35.

ders.: Physical-Technical Methods for Firearms Identification. In: Royal Academy (Ed.): Proceedings of the 11th International Symposium on Ballistics. Brüssel 1989, pp. 143–156.

ders.: Wiedersichtbarmachung entfernter Zeichen in Kunststoffen. In: Polizei-Führungsakademie (Hrsg.): „Wissenschaftliche Kriminaltechnik – Stand der Entwicklung –". Seminar vom 4. bis 8. September 1989 bei der Polizei-Führungsakademie. Schlußbericht. Münster 1989, S. 207–228.

ders.: Untersuchungen zum Verstreckungs- und Quellverhalten von Epoxidharzen im Hinblick auf forensische Applikationen. In: BEDO 22 (1989), S. 301–310.

ders.: Moderne Aspekte bei Werkzeugspurenuntersuchungen. In: Deutsches Polizeiblatt 7 (1989), Heft 5, S. 7–9.

ders.: Kriminaltechnische Anwendungsbereiche des Vergleichs-REM. In: Bundeskriminalamt (Hrsg.): Technik im Dienste der Straftatenbekämpfung. Arbeitstagung des Bundeskriminalamtes Wiesbaden vom 7. bis 10. November 1989. Wiesbaden 1990 (BKA-Vortragsreihe. Bd. 35), S. 217–234.

diess.: Anwendung der 3D-Mikroprofilmetrie nach dem Laser-Autofokus-Detektionsverfahren. In: BEDO 23 (1990), S. 311–314.

Katterwe, H. und H. Crönlein: Untersuchungen von mechanisch und thermisch erzeugten Oberflächenstrukturen an Kunststoffolien. In: KT-Information 5 (1987), S. 21–30.

Katterwe, H. und W. Deinet: Anwendung eines wahrscheinlichkeitstheoretischen Modells zur Bewertung des Übereinstimmungsgrades von Spurenmustern. In: Archiv für Kriminologie 171 (1983), S. 78–88.

Katterwe, H., R. Göbel und K. D. Grooß: Das Vergleichs-Rasterelektronenmikroskop – ein neues Gerät für kriminaltechnische Untersuchungen. In: BEDO 13 (1980), S. 197–202.

dies.: The Comparison Scanning Electron Microscope within the Field of Forensic Science. In: Scanning Electron Microscopy 2 (1982), pp. 499–504.

Katterwe, H. und K. D. Grooß: Vergleichs-Raster-Elektronenmikroskopie im Rahmen kriminaltechnischer Untersuchungen von Oberflächenspuren. In: hessische polizeirundschau 8 (1981), Heft 10, S. 21–23.

Katterwe, H., K. D. Grooß, Th. Gast und Th. Mielke: Über Gesichtspunkte zur Mustererkennung von Feldereindrücken an Projektilen mit optischen Verfahren. In: Archiv für Kriminologie 181 (1988), S. 65–75.

Katterwe, H., K. D. Grooß und R. Göbel: Aufbau eines Vergleichsrasterelektronenmikroskops und dessen Anwendung in der Kriminaltechnik. In: Archiv für Kriminologie 168 (1981), S. 149–155.

Katterwe, H., K. D. Grooß und B. Radke: Zur Bestimmung der Abzugskräfte von Schußwaffen mit einer Werkstoffprüfmaschine. In: Archiv für Kriminologie 178 (1986), S. 103–110.

Katterwe, H. und B. Radke: Über den gegenwärtigen Aufbau eines weiterentwickelten Vergleichsrasterelektronenmikroskops. In: BEDO 19 (1986), S. 89–97.

Katterwe, H. and W. Steinke: A new method to measure the trigger weight of firearms. Canadian Society of Forensic Science. Journal 20 (1987), No. 3, pp. 146–147.

Pahlke, W., Th. Gast, H. Röck und H. Katterwe: Optoelektronische Streuverfahren zur Messung geometrischer Größen bei Oberflächenspuren. In: Deutscher Verband für Materialprüfung (Hrsg.): Rastermikroskopie in der Materialprüfung. Tagungsbericht. Berlin 1990.

Verein Deutscher Eisenhüttenleute, Deutscher Verband für Materialprüfung e. V. und Deutsche Gesellschaft für Metallkunde e. V. (Hrsg.): Riß- und Brucherscheinungen bei metallischen Werkstoffen. Düsseldorf 1983.

Wenz, H. W., J. W. Lichtenberg und H. Katterwe: Oberflächenanalyse und -meßtechnik bei Schußwaffendelikten. In: Angewandte Oberflächenanalytik. Tagung. Kaiserslautern 1990 (Fresenius' Zeitschrift für Analytische Chemie. Sonderheft).

25.2

Lack und Glas

Rainer Schulze

A. Einleitung

Unter den Materialspuren, die bei der Spurensicherung im Rahmen poli- **1**
zeilicher Ermittlungen anfallen, nehmen die **technischen Produkte Lack
und Glas** eine besondere Stellung ein: Lacke (oder allgemein Beschichtungsmittel) und Gläser sind in der heutigen Umwelt allgegenwärtig. Lak-
kierungen bilden beispielsweise die äußere Haut der Karosserie von Kraftfahrzeugen und meist auch von Türen und Fenstern; Glasscheiben stellen
ebenfalls wesentliche – und gleichzeitig empfindliche – Bestandteile dieser
Objekte dar. Lackoberflächen und Verglasungen werden daher bei äußerer
Gewalteinwirkung, wie sie gerade bei den Massendelikten Unfallflucht
oder Einbruch die Regel ist, als erste in Mitleidenschaft gezogen und treten
dabei als bedeutsames Spurenmaterial auf. Die Kriminaltechnik hat als
Folge eine große Anzahl dieser Materialspuren zu bearbeiten; dementsprechend stehen zur Untersuchung von Lack- und Glasproben weit entwik-
kelte Untersuchungsverfahren zur Verfügung, die es gestatten, selbst bei
derartigen industriellen Massenprodukten für den Kriminalisten wertvolle
und relativ weitgehende Aussagen zu machen.

B. Lack

I. Lackbestandteile

2 **Lacke und Beschichtungsmittel** werden weithin zum Schutz von Oberflächen eingesetzt und sind heute meist komplexe spezialisierte Systeme, die eine Vielzahl unterschiedlichster Anforderungen erfüllen müssen.[1] Lacke bestehen in der Regel aus

– Lackharz (Filmbildnern)

– Füllsubstanzen

– Farbpigmenten, Farbstoffen und Zusätzen

– Lösungsmitteln.

3   Das **Lackharz** (Filmbildner) stellt meist den Hauptbestandteil und die eigentliche Basis des Überzugs dar, der sich entweder durch chemische Reaktion (Vernetzung) oder durch Trocknung bildet.

4   Die im Harz nicht löslichen, dem Lack zugesetzten **Füllstoffe** werden benötigt, um eine hinreichende Schichtdicke und bestimmte technische und optische Eigenschaften zu erzielen.

5   **Pigmente** sind im Harz nicht lösliche pulverförmige farbige Substanzen, die die erwünschte Farbe des Lackes bestimmen; in einzelnen Fällen wird diese Funktion auch von löslichen Farbstoffen übernommen.

6   **Additive,** die in nur geringen Mengen zugesetzt werden, beeinflussen gezielt die physikalischen Eigenschaften der Beschichtung.

7   Flüssige **Lösungsmittel** ermöglichen das Auftragen der Beschichtungsstoffe, sind aber im ausgehärteten Produkt nicht mehr enthalten. Bei kriminaltechnischen Untersuchungen von Lackteilchen sind daher die verwendeten Lösungsmittel meist ohne Belang.

8   Für die **Charakterisierung eines Lackes** sind somit neben dem optischen Erscheinungsbild vor allem die Lackbasis (Harze), die Füllstoffe und die farbgebenden Substanzen von hoher Bedeutung.

9   Eine fertige Lackierung besteht nicht nur aus einer einzelnen **Lackschicht,** sie ist vielmehr meist aus mehreren derartigen Schichten aufgebaut, die jeweils eine bestimmte spezielle Aufgabe haben. Dies gilt besonders für den Lackaufbau von Kraftfahrzeugen, der im folgenden exemplarisch dargestellt wird, aber in aller Regel ebenso für andere in Serien lackierte Objekte wie beispielsweise Türen oder Fenster.

II. Automobillackierungen

10 Die Lackierung soll ein Fahrzeug dauerhaft vor Korrosion schützen und gleichzeitig das optische Erscheinungsbild mit prägen. Um diese Aufgabe bei den auf ein Fahrzeug langfristig einwirkenden ausgesprochen rauhen Umwelteinflüssen zu bewältigen, werden Karosseriebleche zunächst vorbehandelt (Phosphatierung der Oberfläche, teilweise auch Verzinkung) und

---

1 Ausführlich hierzu: *Biethan* u. a. 1979.

darauf mit mehreren Lackschichten überzogen, wobei meist der folgende
drei- oder vierschichtige Aufbau anzutreffen ist:[2]

– Grundierungsschicht
– Füllerschicht
– Decklackschicht(en).

Die als erstes auf das Blech aufgebrachte **Grundierung** soll primär den   11
Korrosionsschutz gewährleisten, dient aber gleichzeitig der Haftungsver-
mittlung für die folgende Beschichtung.

Die nachfolgende **Füllerschicht** ebnet die Oberfläche ein und bildet so   12
die Basis für eine hochglänzende Decklackschicht; sie soll gleichzeitig aber
auch den Schutz vor Steinschlag verbessern.

Der **Decklack** versiegelt das gesamte System und bestimmt gleichzeitig   13
die Optik; diese Schicht muß extremen Anforderungen hinsichtlich der
Beständigkeit gegenüber äußeren Einflüssen genügen.

Bei Decklacken sind **Effektlackierungen** von einfarbigen (Uni-)Lacken zu   14
unterscheiden: bei Metalleffekt-Lackierungen bewirken in durchsichtigem
Lack eingebettete Aluminiumflitter einen metallischen Glanzeffekt. Neuerdings werden zur Erzielung eines besonderen Effektes auch mikroskopisch kleine Glimmerplättchen eingelagert, die – abhängig vom Betrach-
tungswinkel – neben der auch bei Metalliclacken zu beobachtenden Hel-
ligkeitsänderung noch eine Farbänderung bewirken können (sogenannte
Perlglanzeffektlacke). Effektlackierungen besitzen heute in aller Regel
zuoberst eine zusätzliche Klarlackschicht als Schutz der eingelagerten Flit-
ter gegen Oxidation. Vereinzelt finden sich allerdings auch bei Uni-Lackie-
rungen zweischichtige Aufbauten, die entweder aus gleichfarbigen Schichten bestehen oder auch zuoberst eine Klarlackschicht aufweisen.

Die **Gesamtstärke** eines solchen auf die Karosserie aufgetragenen insge-   15
samt drei- bis vierschichtigen Lacksystems beträgt etwa 0,1 mm.

III. Kriminaltechnische Untersuchungsverfahren

Für die **Untersuchung von Lackproben** mit derartig komplexem Aufbau   16
stehen dem Kriminaltechniker eine Reihe erprobter und speziell auf kriminaltechnische Belange zugeschnittener **Verfahren** zur Verfügung, von
denen die wesentlichen im folgenden kurz beschrieben werden.

1. Optische Methoden

Der erste Schritt bei einer Lackuntersuchung besteht darin, daß **visuell**   17
zunächst die Abfolge der einzelnen Schichten sowie deren Anzahl und ihre
Farbe bestimmt bzw. – bei vergleichenden Untersuchungen – bei den
Proben miteinander verglichen werden. Dies geschieht normalerweise
mikroskopisch im Auflicht ohne aufwendige Probenpräparation bei
50–200facher Vergrößerung. Die so erhaltenen Informationen gestatten es
meist, bereits eine Probe soweit zu klassifizieren, daß eine Aussage dar-

---

2 Vgl. dazu: *Goldschmidt/Hanschke* 1984.

über getroffen werden kann, ob eine serienmäßige Fahrzeuglackierung vorliegt oder aber eine Ausbesserungsarbeit, bzw. ob zwei untereinander zu vergleichende Proben zumindest in diesen Merkmalen übereinstimmen.

18   Zur genaueren Auswertung eines Splitters wie der **Erfassung der Mikrostruktur einer Lackschicht oder der Beurteilung von Aluminiumflittern** in Metallic-Lackierungen sind dann allerdings höhere Vergrößerungen und teilweise auch spezielle optische Abbildungsverfahren (Dunkelfeld, Polarisation) notwendig, die den Einsatz eines entsprechend ausgestatteten leistungsfähigen Forschungsmikroskops erfordern (typische Vergrößerung: 500–1000fach). Auch eine Unterscheidung von Aluminiumbronzen und Interferenzpigmenten ist auf optischem Wege mikroskopisch ohne größeren Präparationsaufwand möglich.

19   Zur Feststellung der **mikroskopischen Struktur** in einer Lackschicht ist es zusätzlich notwendig, dünne transparente Schnitte herzustellen, die dann mikroskopisch bei hoher Vergrößerung im Durchlicht ausgewertet werden können. Die Splitter werden hierzu in Kunstharz eingebettet und mit Hilfe eines Mikrotoms geschnitten, wobei die zur Untersuchung benötigten typischen Schnittdicken einige μm betragen.

20   Bei vergleichenden Untersuchungen hat es sich herausgestellt, daß neben der morphologischen Auswertung auch das optische **Fluoreszenzverhalten** ein wesentliches Kriterium zur Unterscheidung von einander ähnlichen Lacken darstellt.

21   In Einzelfällen wird die visuelle Untersuchung durch die **Rasterelektronenmikroskopie** ergänzt, bei der aufgrund der andersartigen Bildentstehung unter Umständen auch farblich schlecht unterscheidbare Lackschichten von unterschiedlicher Zusammensetzung noch differenzierbar werden.[3] Auch die vorhandene Oberflächenstruktur des vorbehandelten Blechs findet sich als Abdruck bei Serienlackierungen auf der Schichtunterseite der Grundierung von abgeplatzten Lacksplittern wieder und ist besonders rasterelektronenmikroskopisch gut zu erkennen.

22   Neben der visuellen Auswertung aufgrund des subjektiven Farbeindrucks existieren auch Verfahren zur **objektiven Beschreibung** dieser Eigenschaft:

23   Mit Hilfe systematischer Sammlungen von Farbtönen und -nuancen lassen sich durch den direkten visuellen Vergleich zu bestimmende **Farben klassifizieren.** Die sog. Colormap (Fa. Sikkens) ist hierfür das bekannteste Beispiel: In dieser Sammlung sind insgesamt mehr als 7000 Farbtöne von im Automobilbau eingesetzten Seriendecklacken – getrennt nach Uni- und Metallic-Lacken – erfaßt.

24   Instrumentell kann die Farbe eines Lackes durch **Messung des spektralen Reflexionsverhaltens** (sog. Remissionskurve) und anschließender numerischer Berechnung von Farbmaßzahlen nach genormten Verfahren charakterisiert werden.[4] Dabei bilden jeweils drei Zahlen zusammen ein

---

3 *Hantsche/Schöntag* 1971 S. 92–119.
4 *Schultze* 1975.

Maß für den visuellen Farbeindruck des Beobachters. Diese spektrale Farbmessung ist auch im mikroskopischen Maßstab selbst an einzelnen Schichten einer Lackierung, die meist nur 10–30 µm dick sind, problemlos durchführbar (sog. Mikrospektralphotometrie). Bestimmte Farbtöne, die visuell nur schwer auseinanderzuhalten sind, lassen sich in günstigen Fällen noch über den Vergleich ihrer Remissionskurve differenzieren.

2. Analytische Verfahren

Die optische Beurteilung eines Lackaufbaus bildet zwar den primären **25** Zugang zur Charakterisierung einer Lackierung, sie stößt jedoch gerade bei Kfz-Serienlackierungen an Grenzen, da selbst bei unterschiedlichen Herstellern Lackaufbauten auftreten, die optisch nicht eindeutig differenzierbar sind. Es ist in derartigen Fällen unumgänglich, zusätzlich mit Hilfe **geeigneter chemischer analytischer Meßverfahren** Lacke auch materialmäßig – d. h. hinsichtlich ihrer Kunstharzbasis, Füllstoffe und farbgebenden Bestandteile – zu untersuchen. Hierfür haben sich vor allem die nachfolgend aufgeführten Verfahren als geeignet herausgestellt:

a) Infrarotspektroskopie

Hinreichend dünne Kunststoffschichten zeigen im Bereich des infraroten **26** Lichtes (Wellenlänge ca. 2,5–25 µm) ein Absorptionsverhalten, das sich abhängig von der jeweiligen Wellenlänge der eingestrahlten Energie (IR-Strahlung) stark ändert. Das **Infrarotabsorptionsspektrum** weist in diesem Bereich Banden auf, die weitgehende Rückschlüsse auf die organischen und teilweise auch auf die anorganischen Bestandteile der untersuchten Lackprobe gestatten.

Durch einen Vergleich mit Datenbanken (**Spektrensammlungen**) ist es **27** dabei möglich, eindeutig die Kunstharzbasis eines Lackes zu bestimmen. Spezielle instrumentelle Ausrüstungen gestatten es heute, Infrarotspektren von mikroskopisch kleinen Lackpartikeln oder auch von den einzelnen Schichten eines Lacksplitters nach entsprechender Probenpräparation zu messen.

b) Röntgenmikroanalyse

Mit Hilfe eines Röntgenfluoreszenzanalysesystems, das an ein Rasterelek- **28** tronenmikroskop (REM) angeschlossen ist, kann die von dem primären Elektronenstrahl des REM im Untersuchungsmaterial induzierte Röntgenstrahlung analysiert werden. Dies geschieht bevorzugt durch eine Messung der Energieverteilung der von der Probe ausgehenden Fluoreszenzstrahlung (energiedispersive elektroneninduzierte Röntgenfluoreszenzanalyse). Die Energie und die Intensität dieser angeregten Strahlung hängt dabei von der chemischen Ordnungszahl der in der Probe enthaltenen Elemente ab. Das gemessene **Röntgenfluoreszenzspektrum** besteht aus einzelnen Linien, die sich eindeutig den entsprechenden chemischen Elementen zuordnen lassen.

29   Aufgrund der Kombination mit der rasterelektronenmikroskopischen Abbildung ist es problemlos möglich, einzelne Bereiche einer Probe im Maßstab von weniger als 1 μm zu messen, wobei mit der Röntgenfluoreszenzanalyse in der Regel die chemischen Elemente ab der Ordnungszahl 11 (Natrium) erfaßt werden. Diese Methode gestattet es, selbst in einer einzelnen Lackschicht die anorganischen Bestandteile zu bestimmen, wobei auch mengenmäßige Unterschiede zwischen einzelnen Proben meßbar sind.

c) Röntgenbeugungsanalyse

30   Kristalline Substanzen bewirken bei Bestrahlung mit monochromatischer Röntgenstrahlung unter bestimmten Bedingungen Beugungserscheinungen, wobei die einfallende Strahlung an dem Kristallgitter gebeugt wird und die abgelenkte Strahlung aufgrund von Interferenzen bei bestimmten Beugungswinkeln Intensitätsmaxima zeigt. Durch **Ausmessung dieser Beugungswinkel** können unbekannte kristalline Verbindungen eindeutig identifiziert werden.[5] Diese Methode, die allerdings nicht wie die beiden zuerst genannten im Mikromaßstab angewendet werden kann, eignet sich als Ergänzung zur Röntgenmikroanalyse besonders für die **Bestimmung von Füllstoffen,** die in einem Lack enthalten sind.

d) Pyrolyse-Gaschromatographie

31   Bei diesem Verfahren wird ein organisches Material zunächst zersetzt, indem die Probe auf eine hohe Temperatur (etwa 800 °C) gebracht wird. Die dabei entstandenen Zersetzungsprodukte durchlaufen danach ein Trennverfahren: Sie werden in einem Gasstrom (meist Wasserstoff) durch eine mit einer sog. stationären Phase innen beschichtete Kapillarsäule von mehreren Metern Länge gedrückt, wobei die einzelnen Bestandteile der zersetzten Probe eine unterschiedliche Verweildauer auf der Säule besitzen; gleichzeitig wird die Temperatur der Säule erhöht. Durch Bestimmung der Laufzeit einzelner Probenkomponenten mit Hilfe eines geeigneten Detektors am Ende der Säule erhält man ein charakteristisches **Chromatogramm,** das bei vergleichenden Lackuntersuchungen zur Probendifferenzierung genutzt wird.

32   Eine chemische Identifizierung einzelner Komponenten ist dabei zwar noch nicht möglich, das gesamte Chromatogramm stellt aber einen **„Fingerabdruck" des analysierten Kunststoffes** oder Lackes dar. Durch Kombination mit einem Massenspektrometer als Detektor ist es weiter grundsätzlich auch möglich, einzelne Zersetzungskomponenten chemisch zu identifizieren.

33   Die Pyrolyse-Gaschromatographie kommt mit **geringsten Materialmengen** aus (einige Mikrogramm) und eignet sich daher gut zur vergleichenden Untersuchung selbst von geringen Spurenmengen. Sie wird als Routinemethode zum Lackvergleich seit langem vor allem in angelsächsischen Ländern eingesetzt.[6]

---

5 *Curry/Rendle/Rogers* 1982 S. 173–177.
6 *Burke/Curry/Davies/Cousins* 1985 S. 201–219.

e) Mikrochemische Testreaktionen

Durch Beobachtung des chemischen Reaktionsverhaltens von Lacken bei 34 Einwirkung von Säuren, Laugen und Lösungsmitteln (**mikrochemische Tüpfeltests**) lassen sich Lacke unterschiedlicher Zusammensetzung oft gut differenzieren. Dabei werden auch die in einem Lack enthaltenen **organischen Pigmente** erfaßt, die bei den aufgeführten instrumentellen analytischen Methoden in der Regel schwer meßbar sind. Diese Tests lassen sich auch mit sehr geringen Materialmengen durchführen. Die beobachteten Reaktionen ermöglichen zwar in der Regel keine chemische Identifizierung bestimmter Lackbestandteile, sie gestatten aber eine Aussage darüber, ob zwischen den zu vergleichenden Proben Unterschiede bestehen. Der Vorteil dieser Methode liegt neben der kleinen benötigten Probenmenge in ihrem geringen zeitlichen und instrumentellen Aufwand.[7]

Neben den oben aufgeführten Methoden werden in einzelnen Fällen 35 erfolgreich noch weitere eingesetzt, die allerdings nicht allgemein verbreitet und teilweise auch weniger universell verwendbar sind.

IV. Kriminalistische Ziele

Bei der kriminaltechnischen Untersuchung von Lacken sind unter kriminalistischen Gesichtspunkten **zwei verschiedenartige Zielrichtungen** zu unterscheiden: 36

– Die Frage nach der wahrscheinlichen **Herkunft einer Lackspur** bei noch unbekanntem Verursacher.
– Die Frage nach der möglichen **gemeinsamen Herkunft zweier** miteinander zu vergleichender **Lackproben.**

Diese unterschiedlichen Fragestellungen haben auch Auswirkungen auf die anzuwendende kriminaltechnische Arbeitsweise.

Die Frage nach dem **Ursprung einer Probe** stellt sich meist zu Beginn 37 einer polizeilichen Ermittlungsarbeit; ihre Beantwortung hat das **Ziel, direkt die Fahndung zu unterstützen.** Um dabei anhand der Untersuchung eines Lacksplitters zu einer fundierten Aussage zu gelangen, ist ein detaillierter Überblick über die jeweils in Frage kommende Produktgruppe notwendig. Dies ist jedoch nur in Fällen von Fahrzeuglackierungen – und dort auch nur für Pkw – zu verwirklichen. Die zahlreichen übrigen möglichen Quellen von Lackspuren – wie beispielsweise Lkw (oft mit Sonderlackierungen), Werkzeuge, Türen oder Fenster – erlauben dagegen aufgrund der dort herrschenden Vielfalt und häufig fehlender standardisierter Lackierarbeiten sowie auch wegen praktisch nicht zu beschaffender Unterlagen in der Regel keinen derartigen Rückschluß.

Für die Zuordnung von **Pkw-Lackierungen** steht eine umfangreiche 38 Sammlung zur Verfügung, die vom Bundeskriminalamt aufgebaut wurde.[8] Sie enthält Informationen über die Lackierungen aller europäischen und

---

7 *Knuth/Adam* 1981 S. 147–156.
8 *Stoecklein* 1992 S. 36–59.

japanischen Pkw-Modelle. Diese Datei besteht aus Infrarotspektren der einzelnen Decklack-, Füller- und Grundierungsschichten, sowie aus Informationen über Lackierungsbesonderheiten, aus Lackmustern und aus statistischen Unterlagen über Produktion und Einsatzzeiten von Lackierungen der einzelnen Kfz-Typen. Es handelt sich bei dieser **Lacksammlung** allerdings nicht um ein direkt abrufbares Hilfsmittel zur Fahndung, sondern ausschließlich um ein analytisches Fundament, das es dem Kriminaltechniker ermöglicht, nach Art eines Puzzles durch Vergleich mehrerer Merkmale einer Lackprobe mit den Sammlungsunterlagen (wie Farbe, Harztyp und anorganische Bestandteile der Einzelschichten) den im Einzelfall in Frage kommenden Fahrzeugtyp einzugrenzen. Der Schwerpunkt der analytischen Arbeit liegt dabei vor allem in der durch diese Sammlung vorgegebenen Klassifizierung einer untersuchten Lackprobe, nicht aber in der Bewertung eventuell individualisierender Besonderheiten.

39   Beim **Vergleich zweier Lackproben** direkt miteinander werden zwar dieselben Verfahren angewendet, **Ziel** dieser Vergleichsuntersuchung ist es dabei aber in aller Regel, eventuell vorhandene **Differenzen zu erkennen,** die auf einer möglicherweise unterschiedlichen Herkunft dieser Proben beruhen könnten.

40   In diesem Zusammenhang haben vor allem solche **Merkmale** zusätzlich besonderes Gewicht, **die eine Probe als individuell charakterisieren** oder zumindest das in Frage kommende Kollektiv stark eingrenzen. Als Beispiele sind hierfür die Dicken der einzelnen Schichten eines Lackes, deren Mikrostruktur sowie zusätzlich zur Serienlackierung vorhandene Lackschichten oder auch Veränderungen der Oberfläche einer Lackierung zu nennen.

41   In diesem Zusammenhang ist es erwähnenswert, daß selbst bei den Pkw-Lackierungen als typische Großserienprodukte unter den werksmäßigen Lackaufbauten immer wieder erhebliche **Abweichungen vom Regelfall,** wie beispielsweise zusätzlich aufgetragene Lackschichten zur werksmäßigen Ausbesserung, auftreten. Auch **Chargenunterschiede** können bei sonst gleichartigen Serienlackierungen im Einzelfall bereits eine Differenzierungsmöglichkeit bewirken.

Bei nicht werksmäßigen **Ausbesserungs- oder Nachlackierungen** sind Lackschichten vorhanden, die sich häufig bereits farblich (besonders bei den Unterschichten) und auch analytisch von denen der Serienlackierungen unterscheiden lassen. Der Individualitätsgrad ist dabei in aller Regel so hoch, daß eine sichere Zuordnung zueinander möglich ist, sofern zwei Lackproben sowohl optisch als auch in ihren chemisch analysierten Bestandteilen völlige Übereinstimmung zeigen.

C. Glas

I. Eigenschaften von Glas

Glas ist eines der ältesten von Menschen produzierten Materialien. Die   **42**
genaue **Zusammensetzung eines Glases** kann – abhängig von dem Einsatz-
bereich – erheblich variieren. Ein typisches Glas wird aus den folgenden
drei Grundbestandteilen hergestellt:

– Quarzsand

– Soda

– Kalkstein.

Durch einfaches Zusammenschmelzen entsteht aus diesen undurch-
sichtigen Verbindungen ein Glas, das in erstarrtem Zustand durchsichtig
ist. Kriminalistisch von besonderer Bedeutung ist die relativ hohe Zerbrechlichkeit dieses Produktes.

Zu den **Hauptbestandteilen** (wie typischerweise Si, Na, Ca und Mg)   **43**
kommt allerdings noch eine Reihe von Elementen aus **Zuschlagstoffen,** die
die chemischen und physikalischen Eigenschaften eines Glases beeinflussen (wie K, Al, Ba, Pb, B etc.). Die chemische Zusammensetzung von Glas
ist daher – genau betrachtet – doch relativ komplex, besonders, wenn noch
Spurenbestandteile hinzugerechnet werden, wie beispielsweise **Verunreinigungen** der Ausgangssubstanzen (z. B. Fe, Ti).

Für die kriminaltechnische Untersuchung spielen neben der chemischen   **44**
Zusammensetzung auch **physikalische Eigenschaften** (vor allem die opti-
schen) des Glases eine wesentliche Rolle, und zwar primär das optische
Lichtbrechungsvermögen, das zahlenmäßig erfaßbar ist. Ferner sind die
Farbe, Dichte und herstellungsbedingte mechanische Spannungen eines
Glases von Bedeutung.[9]

II. Glas als Materialspur

Technische Produkte aus Glas werden heute in vielfältiger Form einge-   **45**
setzt. Für **kriminalistische Fragen,** d. h. als Spurenmaterial, ist insbesonders die Verwendung von Glas für Scheiben, Behälter und rund um das
Auto bedeutsam. Wegen der hohen Zerbrechlichkeit von Glas treten Glasbruchstücke und Glassplitter nach Gewalteinwirkung praktisch unver-
meidlich auf.

Größere Bruchstücke spielen lediglich bei **Verkehrsunfallfluchtdelikten**   **46**
häufiger eine Rolle (meist von Scheinwerferstreuscheiben stammend und
am Unfallort gesichert). Die darin eingeprägte Kennzeichnung läßt – sofern
sie noch annähernd vollständig erhalten ist – auf den Fahrzeugtyp schließen, von dem die zerbrochene Scheibe stammt. Die Kennzeichnung der
Streuscheiben von Fahrzeugleuchten ist in einer Datenbank des Bundeskriminalamtes erfaßt (**„LUNA"-Datei des BKA**). In Einzelfällen ist dabei

---

9 Ausführlich dazu *Maehly/Strömberg* 1981.

auch durchaus der Versuch eines **Paßspurenvergleichs** erfolgversprechend, sofern bei dem hierfür in Frage kommenden Fahrzeug noch Glasreste vorhanden sind.

47 Sieht man von diesem Sonderfall ab, so sind **in aller Regel kleinste Glassplitterchen** (von allenfalls einigen mg) als Spurenmaterial zu erwarten, die sich beispielsweise auf der Kleidung eines Täters beim Einschlagen einer Scheibe festsetzen oder an dem hierfür verwendeten Werkzeug haften bleiben.

48 Es ist bei Glasteilchen einsichtig, daß sich derartige Mikrospuren nicht – wie z. B. bei Kfz-Lackierungen – für einen direkten Rückschluß auf einen unbekannten Verursacher eignen. Die Aufgabe des Kriminaltechnikers liegt darin, derartige Spuren mit dem jeweils am Tatort zerstörten Glas materialmäßig zu vergleichen, um so eine Aussage über ihre mögliche **gemeinsame Herkunft** machen zu können.

III. Kriminaltechnische Untersuchungsverfahren

49 Da Glas als kriminaltechnisch bedeutsames Spurenmaterial meist nur in geringsten Mengen vorliegt, können für eine Untersuchung bzw. Analyse solcher Proben meist nicht die in der Industrie angewendeten Verfahren direkt übernommen werden. Für **kriminaltechnische Zwecke** haben sich die nachfolgend aufgeführten Untersuchungsmethoden als besonders geeignet zur Charakterisierung und zum Vergleich von Glasproben herausgestellt:

1. Brechungsindexbestimmung

50 Als ein zur Charakterisierung mikroskopisch kleiner Glassplitter besonders gut geeignetes Verfahren hat sich in der Kriminaltechnik allgemein die **Untersuchung des Lichtbrechungsverhaltens** durchgesetzt. Es existiert eine ausgereifte Methode, den Brechungsindex (der diese optische Eigenschaft numerisch beschreibt) von praktisch beliebig kleinen Glasteilchen äußerst präzise zu messen: Hierbei wird ein Glaspartikel in einer Flüssigkeit (meist Silikonöl) mit temperaturabhängigem Brechungsindex eingebettet und bei kontinuierlicher Veränderung der gleichzeitig gemessenen Umgebungstemperatur mikroskopisch beobachtet. Da der Temperaturverlauf des Brechungsindex der Flüssigkeit bekannt ist, läßt sich durch Messung derjenigen Temperatur, bei der eine optische Auslöschung des Splitters zu beobachten ist (Übereinstimmung der Brechungsindizes von Glas und Öl), der Brechungsindex des Glases bestimmen.[10]

51 Aus Messungen des Lichtbrechungsverhaltens eines Glases unter verschiedenen Meßbedingungen lassen sich andere damit verknüpfte **Glaseigenschaften** (mechanische Spannung, Dispersion) ableiten.

---

10 *Ojena/De Forest* 1972 S. 315–329.

2. Elementanalytik

Die **chemische Analyse von Glas** hat das Ziel, die darin enthaltenen Elemente zu bestimmen. Bei der meist sehr geringen Materialmenge haben sich die folgenden Methoden als praktikabel herausgestellt: 52

a) Röntgenmikroanalyse

Mit Hilfe einer an ein Rasterelektronenmikroskop angeschlossenen Röntgenanalyseeinheit lassen sich die **Hauptkomponenten einer Glasprobe** (Na, Si, Ca und Mg) selbst bei geringem Materialaufkommen (deutlich weniger als 1 mm Splitterdurchmesser) routinemäßig bestimmen. Allerdings erfaßt diese Methode nur Bestandteile von Glas, deren Anteil mindestens im Prozentbereich liegt.[11] 53

b) Optische Emissionsspektroskopie

Zum Nachweis von **Spurenelementen** ist vor allem das Verfahren der optischen Emissions-Spektroskopie mit einer Probenanregung durch ein induktiv gekoppeltes Plasma (ICP-OES) geeignet. Diese Methode beruht darauf, daß eine flüssige Materialprobe verdampft und durch Energiezufuhr zur Emission von optisch nachweisbarer Strahlung angeregt wird, deren Linienspektrum charakteristisch für die einzelnen chemischen Elemente ist. Mit dieser Methode lassen sich neben den Hauptbestandteilen einer Glasprobe (auch im Mikromaßstab) selbst noch Elemente nachweisen, die nur in Anteilen von wenigen ppm im Glas enthalten sind; diese hohe Empfindlichkeit gestattet es, auch typische Elemente wie beispielsweise Mn, Fe, Mg, Al, Sr oder Ba quantitativ zu erfassen.[12] 54

Bei Einsatz der ICP-OES ist es allerdings erforderlich, die **Festprobe chemisch aufzuschließen**. Die vollständige Überführung von kleinsten Glassplittern in den gelösten Zustand ist aber mit einem erheblichen technologischen Aufwand verknüpft. 55

c) Atomabsorptionsspektrometrie

Eine Methode, die teilweise die ICP-OES ergänzt, stellt die **Atomabsorptionsspektrometrie** (AAS) dar, bei der eine elementcharakteristische Licht-Absorption von der in den gasförmigen Zustand überführten Probe gemessen wird. Auch dieses Verfahren gestattet eine quantitative Elementbestimmung im Spurenbereich, erfordert jedoch ebenfalls eine aufwendige Probenvorbereitung. 56

IV. Kriminalistische Aspekte

Bei vergleichender kriminaltechnischer Untersuchung von Glasproben auf Übereinstimmung hinsichtlich ihrer physikalischen Eigenschaften und chemischen Zusammensetzung können Gläser unterschiedlicher Her- 57

---

11 *Knuth* 1976 S. 87–94; *Howden/Dudley/Smalldon* 1978 S. 99–112.
12 *Hickman* 1984 S. 844 A–852 A.

kunft mit hoher Sicherheit differenziert werden. Allerdings liegt statistisches Material, das eine quantitative **Wahrscheinlichkeitsaussage** gestatten könnte, für im Bereich der Bundesrepublik Deutschland auftretende Gläser – im Gegensatz zu Großbritannien[13] allenfalls ansatzweise[14] vor. Orientierende Untersuchungen hierzu zeigten, daß in der Praxis auftretende Glasproben sich bereits in ihrem Brechungsindex mit hoher statistischer Sicherheit unterscheiden lassen. Diese Sicherheit läßt sich durch Kombination mit analytischen Untersuchungen noch erhöhen. Darüber hinaus ermöglicht im Einzelfall noch die mikroskopische Untersuchung von Splittern eine Eingrenzung ihres Ursprunges (Scheibe bzw. Behälterglas). Durch Kombination von Brechungsindexmessungen mit definierter thermischer Behandlung der untersuchten Proben (Tempern) lassen sich auch mechanisch vorgespannte Sicherheitsgläser, die in Kfz-Seitenscheiben verwendet werden, von anderen Gläsern unterscheiden. Letzteres ist besonders bei Spurenmaterial von Blitzeinbrüchen in Fahrzeuge von großem Wert.

---

13 Vgl. *Lambert/Evett* 1984 S. 1–23.
14 S. hierzu: *Becker/Schulze* 1990 S. 142–149.

                                                      Schulze

SCHRIFTTUM

Becker, Wolfgang und *Rainer Schulze:* Zur Häufigkeitsverteilung des Brechungsindex von Glasproben aus Fallmaterial. In: Archiv für Kriminologie 185 (1990), S. 142–149.

Biethan, U. u. a.: Lacke und Lösemittel. Eigenschaften, Herstellung, Anwendung. Weinheim 1979.

Burke, P., C. J. Curry, L. M. Davies and *D. R. Cousins:* A Comparison of Pyrolysis Mass Spectrometry, Pyrolysis Gas Chomatography and Infra-Red Spectroscopy for the Analysis of Paint Resins. In: Forensic Science International 28 (1985), pp. 201–219.

Curry C. J., D. F. Rendle and *A. Rogers:* Pigment Analysis in the Forensic Examination of Paints. I. Pigment Analysis by X-Ray Powder Diffraction. In: The Journal of the Forensic Science Society 22 (1982), pp. 173–177.

Goldschmidt, Artur und *Bernhard Hanschke:* Glasurit-Handbuch; Lacke und Farben. 11. Aufl. Hannover 1984.

Hantsche, Harald und *Adolf Schöntag:* Die Untersuchung von Lacksplittern mit dem Raster-Elektronenmikroskop als wichtiger Beitrag zu deren Identifizierung. In: Archiv für Kriminologie 147 (1971), S. 92–119.

Hickman, David A.: Linking Criminals to the Scene of the Crime with Glass Analysis. In: Analytical Chemistry 56 (1984), pp. 844 A–852 A.

Howden, C. R., R. J. Dudley, and *K. W. Smalldon:* The Analysis of Small Glass Fragments Using Energy Dispersive X-Ray Fluorescence Spectrometry. In: The Journal of the Forensic Science Society 18 (1978), pp. 99–112.

Knuth, Klaus: Glasuntersuchung mittels energiedispersiver Röntgenfluoreszenzspektroskopie in Verbindung mit einem Rasterelektronenmikroskop. In: Archiv für Kriminologie 158 (1976), S. 87–94.

Knuth, Klaus und *Peter Adam:* Untersuchung von Pigmenten und Lackfarben mit mikrochemischen Testreaktionen. In: Archiv für Kriminologie 167 (1981), S. 147–156.

Lambert, J. A. and *I. W. Evett:* The Refractive Index Distribution of Control Glass Samples Examined by the Forensic Science Laboratories in the United Kingdom. In: Forensic Science International 26 (1984), pp. 1–23.

Maehly, Andreas and *Lars Strömberg:* Chemical Criminalistics. Berlin, Heidelberg, New York 1981.

Ojena, S. M. and *P. R. De Forest:* Precise Refractive Index Determination by the Immersion Method, Using Phase Contrast Microscopy and the Mettler Hot Stage. In: The Journal of the Forensic Science Society 12 (1972), pp. 315–329.

Schultze, Werner: Farbenlehre und Farbenmessung. Eine kurze Einführung. 3. Aufl. Berlin, Heidelberg, New York 1975.

Stoecklein, Wilfried: Die Verkehrsunfallflucht. Kriminaltechnische Möglichkeiten der Aufklärung am Beispiel Autolacke. In: Schriftenreihe der Polizei-Führungsakademie 1992, Heft 1, S. 36–59.

26
Bodenkunde/Mikrobiologie

Helmut Demmelmeyer

A.   Einleitung und Themenabgrenzung

Der kriminaltechnische Fachbereich **Bodenkunde/Mikrobiologie** hat die   **1**
Aufgabe, Boden- und Schmutzspuren mit ihren mineralischen, pflanzli-
chen, tierischen und mikrobiologischen Komponenten zu untersuchen.
Daneben werden auch Auswertungen von Stäuben anorganischer (z. B.
Kreidestaub, Metallstaub) oder organischer Herkunft (z. B. Mehlstaub, Blü-
tenstaub) sowie von Pflanzen- und Tierspuren, sofern sie zusammen mit
anderen Spuren oder aus einem Vegetationsbestand heraus direkt übertragen werden (z. B. Nadeln, Blattfragmente, Samen, Gras, Stroh, Holz,
Borke), durchgeführt. Die Untersuchung pflanzlicher Nahrungs- und
Genußmittel sowie pflanzlicher Drogen fällt dagegen nicht in den Tätig-
keitsbereich dieses Fachbereiches.

    Ein **weiteres Feld** der Bearbeitung ist die Auswertung mikrobiologischer   **2**
Spuren. Hierbei kommt im Zusammenwirken mit morphologischen Vege-
tationsbefunden dem Nachweis bestimmter Mikroorganismen bei der
Überprüfung eingelagerter Futtermittel auf Merkmale einer biologisch
bedingten Selbsterhitzung als Brandursache und der Bestimmung von Kieselalgen aus Tresorfüllmassen besondere Bedeutung zu.

B.   Teilbereich Bodenkunde

I.   Definition des Begriffs „Boden"

3   **Böden** sind Ausschnitte aus der Pedosphäre von der Erdoberfläche bis zum Gestein, wobei als Pedosphäre derjenige Bereich der Erdrinde angesprochen wird, in dem die Lithosphäre durch Atmosphärilien und Organismen umgewandelt wurde und immer noch wird[1].

4   Ausgangsmaterial für die **Bildung von Böden** sind die festen Gesteine, die durch physikalische, chemische und biologische Vorgänge verwittern. Zunächst wird das Gestein durch physikalische Kräfte (Temperaturschwankungen, Frostsprengung, Schleifwirkung etc.) zerkleinert, so daß lockeres Gesteinsmaterial entsteht. Die chemische Verwitterung umfaßt die vielfältigen Vorgänge, die durch die Atmosphärilien (Wasser, Sauerstoff, Kohlendioxid) und die Strahlung an den angreifbaren Bestandteilen der Gesteine vor sich gehen. Von besonderer Bedeutung ist hierbei die hydrolytische Zersetzung der Silikatminerale. Die gebildete Verwitterungsschicht kann niederen und höheren Organismen als Standort bzw. Lebensraum dienen. Die Pflanzen können über ihre Wurzeln, die in kleine Gesteinsspalten hineinwachsen, sprengend auf das Gestein wirken. Von den Wurzeln ausgeschiedene Säuren und die bei der Verrottung freiwerdenden Stoffe wirken ebenfalls auf das Gestein ein. Die pflanzlichen und tierischen Ausscheidungsprodukte und Rückstände werden nur zum Teil von Kleinlebewesen und Mikroorganismen abgebaut, zum Teil auch in stabilere organische Verbindungen umgewandelt. So kann sich allmählich organische Substanz anreichern. Böden bestehen somit aus den Produkten der Gesteinsverwitterung, durchsetzt mit organischer Substanz, Lebewesen, Wasser und Luft.

II.   Aufgabenstellung der kriminaltechnischen Bodenkunde

5   Dieser Definition zufolge muß eine sinnvolle und umfassende **Untersuchung des Bodens im allgemeinen** sowohl die Produkte der Gesteinsverwitterung in ihrer mineralogischen und elementaren Zusammensetzung, ihrer Korngrößenverteilung, ihrer Dichteverteilung etc., als auch die Lebewesen bzw. deren in der Remineralisierungsphase befindlichen Abbauprodukte und die organische Substanz umfassen. Eine Bodenuntersuchung ist somit ein multidisziplinärer Vorgang, in den mineralogische, physikalische, chemische, biologische und biochemische Eigenschaften des Bodens einfließen. Notwendige Voraussetzung für diese Vielzahl an Analysen ist eine genügend große, repräsentative Probe.

6   Die **spezielle** Aufgabenstellung der **kriminaltechnischen Bodenkunde** liegt darin, eine bei einer strafbaren Handlung übertragene Bodenspur einem bestimmten Übertragungsort zuzuordnen. Als problematisch erweist sich hierbei, daß bei kriminalistisch relevanten Übertragungen in

---

1 Vgl. *Laatsch/Schlichting* 1959 S. 97.

den meisten Fällen sehr wenig Material anfällt, das noch dazu in der Regel nicht repräsentativ für das Gesamtkollektiv am Probenahmeort sein wird. Deshalb muß sich der Kriminaltechniker, unter Berücksichtigung der jeder Untersuchung voranzustellenden strengen Materialkritik, bemühen, der Probe möglichst viele Informationen zu entlocken. Es müssen immer Analysemethoden im Vordergrund stehen, die mit geringen Substanzmengen auskommen und diese auch nicht zerstören, damit sie für weitere Untersuchungen wiederverwendet werden können.

Die **Zuordnung** angefallener Bodenspuren zu einem bestimmten Über- 7 tragungsort geschieht normalerweise durch Vergleich mit Material bekannter Herkunft, d. h. meist mit Vergleichsbodenproben vom Tatortbereich. In speziell gelagerten Fällen, in denen Bodenspuren ohne direkten Bezug zu einer näher lokalisierbaren Straftat auftreten, steht die Analyse der mineralischen und biologischen Besonderheiten im Vordergrund, die eine bestimmte Region charakterisieren und damit eingrenzen könnten. Da es nur wenige standortspezifische Mineral- bzw. Pflanzenarten gibt, wird diese Untersuchung allein nur sehr selten zu einer exakten Eingrenzung des Übertragungsortes führen können. Häufiger sind jedoch weiter gefaßte Hinweise auf eine geographische Region, bestimmte Anbaugebiete, Stätten bestimmter Mineralvorkommen, Parkanlagen etc. möglich, wodurch im Zusammenwirken mit anderen Ermittlungsergebnissen oder anderen kriminaltechnischen Befunden durchaus gut verwertbare Aussagen erreicht werden können.

Während bei den Versuchen einer Herkunftsbestimmung die rein mate- 8 rialanalytischen Bestimmungen von Einzelkomponenten im Vordergrund stehen, reichen die **Untersuchungsmethoden** bei vergleichenden Bodenuntersuchungen darüber hinaus hin zu Verfahren, die den Gesamtstatus des Materials charakterisieren helfen.

III. Voraussetzungen für fachgerechte Boden- und Vegetationsuntersuchungen

Wegen der in der Regel nur sehr geringen Materialmengen, die bei einer 9 kriminalistisch relevanten Übertragung anfallen, ist der fach- und sachgerechten **Spurensicherung** sowie der **Erhebung von Vergleichsmaterial** besondere Aufmerksamkeit zu schenken. Während Boden- und Vegetationsspuren normalerweise mit einfachen optischen Hilfsmitteln visuell gut erfaßbar sind, kann bei Staubspuren und bei mikrobiologischen Spuren trotz negativer optischer Überprüfung die Sicherstellung der entsprechenden Spurenträger notwendig sein, wenn nach Sachlage Spuren darauf zu erwarten sind.

Es ist zu bedenken, daß neben den primären Spurenträgern (Schuhe, 10 Spaten etc.) auch Gegenstände, an die das Spurenmaterial erst sekundär angetragen wurde (Gaspedal, Schuhschrank etc.), von Interesse sein können. In die Überlegungen ist weiterhin mit einzubeziehen, daß der Täter nicht nur Material vom Tatort wegtransportiert, sondern daß er durchaus Spuren, die bereits vorher an seiner Kleidung oder seinem Werkzeug anhafteten, am Tatort zurücklassen kann.

11   Für die Sicherung der hier zur Debatte stehenden Spuren gilt neben dem allgemeinen Grundsatz, daß die **Sicherung mit dem Spurenträger** den absoluten Vorrang hat, bei nicht transportablen Spurenträgern der Grundsatz, **niemals Klebefolie** zu verwenden, sondern das Spurenmaterial vorsichtig aufzusammeln oder abzuheben (bei erkennbaren Mischspuren getrennt!) oder nötigenfalls aufzusaugen. Kompakte Bodenspuren (z. B. an Radkästen von Fahrzeugen) dürfen bei der Abnahme keinesfalls zerbröckeln, da sie normalerweise in mehreren Schichten aufgebaut sind und nur eine Schicht tatrelevant ist bzw. die gesamte Ablagerungscharakteristik von Bedeutung sein kann.

12   Die **Erhebung des Vergleichsmaterials** muß wegen der Gefahr einer zwischenzeitlichen Veränderung, die den Boden in besonders starkem Maße treffen kann, **umgehend nach der Tat** erfolgen. Es ist dabei zu beachten, daß die Vergleichsbodenproben dort zu entnehmen sind, wo die vermutlichen Berührungsstellen des Spurenträgers mit dem Boden waren. In den meisten Fällen wird dies nur die oberste Bodenschicht bis zu einer Tiefe von wenigen Millimetern sein.

Tiefere Bodenschichten kommen nur dann in Betracht, wenn solche Schichten im Verlauf des Tatgeschehens übertragen worden sein können (aus einer Erdgrube, bei Pflanzendiebstählen o. ä.).

13   Die **Vergleichs-Vegetationsproben,** die alle Pflanzenarten des für die Spurenübertragung in Frage kommenden Bereichs sowie evtl. vom Wind dorthin gewehte Pflanzenteile umfassen müssen, sollten aus möglichst großen Pflanzenteilen oder – sofern realisierbar – der ganzen Pflanze bestehen. Hierbei wird bei komplexen Biozönosen die Hinzuziehung eines Fachmanns häufig unumgänglich sein.

IV. Methodik

14   Der **Untersuchungsgang** einer vergleichenden kriminaltechnischen Bodenuntersuchung, wie er in gut ausgestatteten Instituten durchgeführt werden kann, ist in der nebenstehenden Abbildung schematisch dargestellt. Da eine anschauliche Beschreibung der einzelnen Methoden den Rahmen dieses Beitrags sprengen würde, sollen hier nur einige kurze Bemerkungen zu den Untersuchungsschritten sowie einige wenige, wichtig erscheinende Literaturhinweise ohne Anspruch auf repräsentative Auswahl gegeben werden.

1. Untersuchung der Gesamtprobe

15   Der erste und sehr wichtige Schritt bei der Untersuchung einer Bodenprobe ist die sorgfältige und eingehende Betrachtung unter dem **Auflicht-Stereomikroskop.** Hierbei findet neben der Selektion bodenfremder Materialien und der Trennung von biologischen und mineralischen Komponenten bereits eine integrierende optische Bewertung statt, in die hauptsächlich Farbe, optisch wahrnehmbare Korngrößenverteilung und allgemeine Zusammensetzung der Probe einfließen und die durchaus bereits zu dem Befund führen kann, daß zwei Proben sich so stark voneinander unterscheiden, daß ihre Herkunft von einem gemeinsamen Übertragungsort

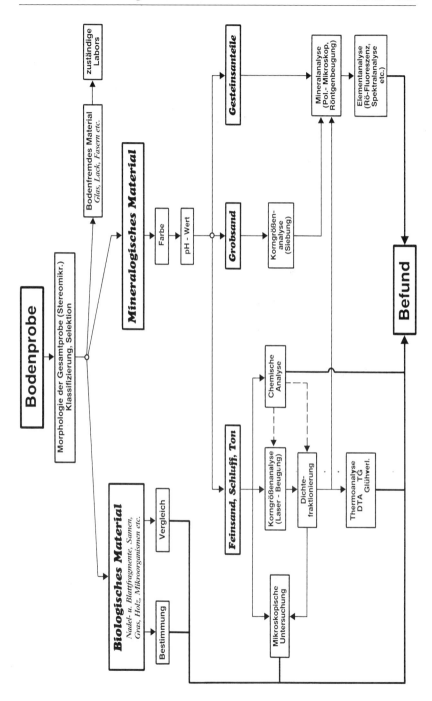

auszuschließen ist. Nur bei morphologischer Übereinstimmung von Spuren- und Vergleichsmaterial sind die weiteren Analysenschritte durchzuführen.

2. Untersuchung des biologischen Materials

16 Die Untersuchung des **biologischen Materials** einer Bodenprobe bereitet insofern häufig Schwierigkeiten, als in den meisten Fällen nur Fragmente von Pflanzenteilen und diese oft in korrodierter oder verrotteter Form vorliegen. Da es nur sehr vereinzelt auf kriminaltechnische Belange zugeschnittene oder dafür brauchbare Bestimmungsschlüssel für eng begrenzte Bereiche gibt[2], ist der Untersucher auf die gebräuchliche **Bestimmungsliteratur,** die von vollständig erhaltenen Pflanzen oder Pflanzenteilen ausgeht, auf den Umgang mit einer mehr oder weniger vollständigen **Vergleichssammlung** und auf seine **Erfahrung** angewiesen. So wird verständlich, daß manche biologischen Fragmente nicht exakt bestimmbar sind. Es kann dann immer noch ein direkter Vergleich von Spuren- und Vergleichsmaterial zu verwertbaren Aussagen (z. B. vollständige Übereinstimmung aller erfaßbaren morphologisch-anatomischen Merkmale) führen, auch wenn die exakte taxonomische Zuordnung nicht möglich ist.

3. Untersuchung des mineralischen Materials

17 Die Analyse des mineralischen und in der Remineralisierungsphase befindlichen **Materials** einer Bodenprobe umfaßt allgemein eine **Vielzahl von Einzelanalysen,** die in Methodenbüchern der Bodenkunde[3] zusammengefaßt sind, von denen aber nur wenige in modifizierter Form für kriminaltechnische Belange brauchbar sind. Einen Überblick über das kriminaltechnisch gebräuchliche Methodenspektrum geben z. B. *Murray/ Tedrow*[4], *Schiller/Röhm*[5], *Andrasko*[6] und *Thornton*[7].

18 Die Auswertung von **Farbe** und **pH-Wert,** von vielen Untersuchern wegen ihrer relativ großen Variabilität als Vorproben betrachtet, können in entsprechend gelagerten Fällen auch eine weit über den Vorprobenwert hinausgehende Bedeutung erlangen, wie z. B. *Dudley*[8] gezeigt hat.

a) Korngrößenfraktion <180 µm

19 Für die weitergehenden Untersuchungen ist hauptsächlich die Korngrößenfraktion <180 µm, die **Feinsand, Schluff** und **Ton** umfaßt, von Interesse. Hieran können sowohl eingehende **mikroskopische Untersuchungen** zur Charakterisierung von **Einzelkomponenten** und deren relativer **Häufigkeit** im Probenmaterial durchgeführt, als auch verschiedene physikalische und chemische Parameter des Bodens erfaßt werden.

---

2 Z. B. *Haller/Bruder* 1979, *Nißl* 1979, *Schindler* 1925, *Schütt/John* 1978.
3 Z. B. *Black*, 1965, *Page* 1982.
4 *Murray/Tedrow* 1975.
5 *Schiller/Röhm* 1977.
6 *Andrasko* 1981.
7 *Thornton* 1986.
8 *Dudley* 1975, 1976 a.

Die **Analyse der Korngrößenverteilung,** die lange Zeit wegen zu geringer **20**
Probemengen für Siebungen bzw. wegen des Fehlens kriminaltechnisch
brauchbarer Methoden im Korngrößenbereich <50 μm nur zeitaufwendig
auf mikroskopischem Wege erfolgen konnte, bereitet nach der Einführung
moderner Techniken wie **Bildanalyse** oder **Laser-Beugung** auch an kleinsten Proben keine Schwierigkeiten. Während *Dudley*[9] mit der Coulter-
Methode (Korngrößenmessung durch Störung eines elektrischen Feldes)
200 mg einsetzte und *Wanogho* et al.[10] mit der Laser-Beugung bei 50 mg-
Proben keine befriedigenden Resultate mehr erzielte, zeigen die eigenen
Erfahrungen mit Laser-Beugung, daß bei optimaler Probenaufbereitung
selbst mit 20 mg durchaus noch gut reproduzierbare Ergebnisse gewonnen
werden können. Der erfaßbare Korngrößenbereich beginnt bei dieser
Methode etwa bei 2 μm, mit optischen Methoden der Bildanalyse können
selbst kleinere Partikel noch gemessen werden.

Ein anderer physikalischer Parameter des Bodens, die **Dichte von Einzel-** **21**
partikeln oder Partikelagglomeraten, wird durch **Auftrennung in einem**
Dichtegradienten, bestehend aus Mischungen zweier Flüssigkeiten sehr
unterschiedlicher Dichte, ermittelt. Diese bereits im 19. Jahrhundert
beschriebene Methode wurde von *Goin* und *Kirk*[11] in die forensische Wissenschaft eingeführt. Eine sehr kritische Würdigung der Methode durch
Chaperlin und *Howarth*[12] gipfelte in der Forderung, daß dieser Test vermieden werden sollte. Die eigenen Erfahrungen begründen jedoch die Auffassung, daß diese Forderung überzogen ist, da sie von falschen Voraussetzungen ausgeht und kein verantwortungsbewußter Kriminaltechniker
allein von dieser Methode seinen Befund abhängig machen wird. Ähnliche
Argumente werden auch von *Thornton*[13] dargebracht.

Physikalische und auch chemische Eigenschaften des Bodens werden **22**
mit den **thermoanalytischen Meßmethoden** erfaßt. Moderne Geräte erlauben es, mit kleinen Probemengen simultan sowohl die durch chemische
Reaktionen oder physikalische Umwandlungen auftretenden Temperatur-
differenzen gegenüber inertem Material (Differential-Thermo-Analyse,
DTA) als auch die dabei erfolgten Gewichtsveränderungen (Thermogravi-
metrie, TG) zu messen. Neueste gerätetechnische Entwicklungen lassen
für die Zukunft Möglichkeiten erkennen, daß auch calorimetrische Daten
mit Hilfe der Differential-Scanning-Calorimetrie (DSC) an Bodenproben
erfaßt werden können. Eine umfassende Darstellung der thermoanalytischen Methoden in der Kriminaltechnik findet sich bei *Hellmiß*[14]. Die
Thermoanalyse als zerstörende Methode muß immer am Schluß des
Untersuchungsganges stehen.

Aus der Vielzahl von chemischen und biochemischen Eigenschaften des **23**
Bodens können bisher nur **wenige für forensische Aussagen** genutzt wer-

---

9 *Dudley* 1977.
10 *Wanogho/Gettinby/Caddy* 1987.
11 *Goin/Kirk* 1947.
12 *Chaperlin/Howarth* 1983.
13 *Thornton* 1986.
14 *Hellmiß* 1988.

den, so z. B. bestimmte Enzym-Aktivitäten[15], der Saccharid-Gehalt[16], der Gehalt an aromatischen Kohlenwasserstoffen[17] und der Gesamtkohlenstoff[18]. Alle Verfahren stellen sehr hohe Anforderungen verschiedener Art an das Untersuchungsmaterial, so daß der Materialkritik besondere Aufmerksamkeit zu schenken ist.

b) Korngrößenfraktionen >180 μm

24 Die Korngrößenfraktionen >180 μm, die **Mittel-** und **Grobsand, Kies** und **Gesteinsanteile** umfassen und deren **Partikelgrößenverteilungen** in der Regel durch **Siebanalysen** festgestellt werden, bieten die bisher genannten Untersuchungsmöglichkeiten nicht oder zumindest nur in sehr eingeschränkter Form.

Zur Problematik der Siebung als Korngrößenmeßmethode sei auf *Leschonski* et al.[19] und *Wanogho* et al.[20] verwiesen.

25 Alle Korngrößenfraktionen eines Bodens bzw. Komponenten daraus können auf ihren **Mineral- und Elementgehalt** untersucht werden. Hierzu steht als klassische Methode der Mineralogie das **Polarisations-Mikroskop** mit orthoskopischem und konoskopischem Strahlengang zur Verfügung, mit dem der geübte Untersucher die gebräuchlichen Bodenminerale qualitativ und halbquantitativ erkennen kann[21]. Die **Röntgenbeugungsanalyse,** die seit Jahren an selektierten Bodenpartikeln (Agglomeraten oder Einzelteilchen) erfolgreich angewendet wird, bietet darüber hinaus die Möglichkeit, auch seltene Mineralarten und Tonminerale erfassen zu können. Eine interessant erscheinende **Kombination** von Röntgenbeugung, Infrarotabsorption und Differential-Thermo-Analyse zur Bestimmung von Tonmineralen beschreiben *Marumo* et al.[22].

26 Zur Erfassung der **Elementzusammensetzung** und der Elementverteilung stehen **Röntgenfluoreszenzanalysen** am Rasterelektronenmikroskop im Vordergrund. In selteneren Fällen wird man auch Methoden der **Spektralanalyse** anwenden. Im Gegensatz dazu konnten sich Methoden wie Atomabsorptionsspektroskopie oder Neutronenaktivierungsanalyse in der kriminaltechnischen Praxis als Routinemethoden für Bodenuntersuchungen bisher nicht etablieren.

4. Befund

27 Alle Ergebnisse der einzelnen Untersuchungsschritte sind vom Gutachter in einem **Gesamtbefund** zusammenzuführen. Hierbei wird die Bewertung der Einzelergebnisse und des Gesamtbefundes bis heute wesentlich von der **Erfahrung** des Gutachters beeinflußt. Ein heterogen zusammengesetz-

---

15 *Thornton/McLaren* 1975.
16 *Dudley* 1976 b.
17 *Andrasko* 1978.
18 *Demmelmeyer* 1989.
19 *Leschonski/Alex/Koglin* 1974.
20 *Wanogho/Gettinby/Caddy/Robertson* 1987 a, 1987 b.
21 Z. B. *Graves* 1979.

tes Gemenge, wie es der Boden darstellt, kann grundsätzlich nicht zwei völlig identische Proben abgeben. In der Kriminaltechnik kommt erschwerend hinzu, daß die kriminalistisch relevante „Probe", d. h. das unbeabsichtigt übertragene Spurenmaterial, in aller Regel nicht repräsentativ für das Gesamtkollektiv am Probenahmeort sein wird. Auch wird es in vielen Fällen nicht möglich sein, die Vergleichsproben an genau der gleichen Stelle zu entnehmen, an der die Spurenübertragung stattgefunden hat. Aus diesen Gründen müssen in die Befundbewertung neben einer sorgfältigen Materialkritik, wobei der zeitlichen und räumlichen Distanz zwischen Spurenübertragung und Vergleichsprobenentnahme besondere Bedeutung zukommt, auch die Kenntnisse über die natürliche Variationsbreite am Übertragungsort mit einfließen. Über die Einschätzung bodenkundlicher Methoden haben z. B. *Haller*[23] (1981) und *Wanogho* et al.[24] (1985) Ergebnisse von Versuchsreihen veröffentlicht; Ausführungen über die wahrscheinlichkeitstheoretische Bewertung von Sachbeweisen im allgemeinen sind z. B. von *Haller* und *Klein*[25], *Deinet*[26] und *Lenth*[27] gemacht worden.

C. Teilbereich Mikrobiologie

Die **Auswertung mikrobiologischer Spuren,** die in speziell gelagerten Fällen auch zur Charakterisierung von Böden herangezogen wird, kann in jedem Kriminalfall besondere Bedeutung erlangen. Neben der rein taxonomischen Auswertung ist hier z. B. auch an Altersbestimmungen aufgrund des Entwicklungsgrades von Mikroorganismen (z. B. Schimmelpilzen auf Speisen) oder an die Tatsache, daß Mikroorganismen als Leitelemente beim Vergleich verschiedenster Materialien auftreten können, zu denken[28]. Die beiden herausragenden Tätigkeitsfelder für mikrobiologische Untersuchungen sind jedoch die Auswertung von Füllmassen aus Tresoren und die Überprüfung von biologischen Stapelgütern auf Merkmale einer Selbsterhitzung und daraus resultierender Selbstentzündung als Brandursache. **28**

I. Füllmassen aus Tresoren

Mehrwändige Stahlschränke haben häufig wärmeisolierende **Füllmassen,** in denen Kieselsäureskelette von Algen oder in seltenen Fällen auch Mikrofossilien wie Foraminiferen oder Gehäuseteile von Coccolithophoriden enthalten sind, die dann als kriminalistisches „Leitelement" in sonst unauffälligen Füllmassen (z. B. Kalkgesteinen) dienen können. Die Kieselsäureskelette der Kieselalgen (Diatomeen), aus denen das häufig verwendete Isolationsmaterial **Kieselgur** zusammengesetzt ist, sind meist noch so gut erhalten, daß Bestimmungen zumindest der Gruppenzugehörigkeit **29**

22 *Marumo/Nagatsuka/Oba* 1986.
23 *Haller* 1981.
24 *Wanogho/Gettinby/Caddy/Robertson* 1985.
25 *Haller/Klein* 1986.
26 *Deinet* 1984.
27 *Lenth* 1986.
28 *Martin* 1958.

möglich sind. Ein Vergleich des Artenspektrums zwischen den staubfeinen Antragungen an der Kleidung oder dem Werkzeug des Täters und dem Füllmaterial aus dem aufgebrochenen Tresor kann daher zur Klärung des Sachverhalts beitragen. Da es sich bei allen Füllmassen um Materialien handelt, die auch aus anderen Quellen stammen können (z. B. wird Kieselgur auch in Filtern von chemischen Reinigungen verwendet), ist die Einbindung der Ergebnisse in die Auswertung des gesamten Spurenkomplexes (Lack, Schleifmittel, Schweißperlen, Boden etc.) notwendig.

II. Selbsterhitzung biologischer Stapelgüter als Brandursache

1. Grundlagen

30   Selbsterhitzungen und Selbstentzündungen von eingelagerten Futtermitteln sind von alters her bekannt. Obwohl die Vorgänge, die zur Erwärmung führen, erforscht und die für die Brandverhütung relevanten Fragen geklärt sind, kommt es auch heute noch jedes Jahr zu einer **Vielzahl von** biologisch bedingten **Selbsterhitzungsbränden.**

31   Die Erwärmung von biologischem Stapelgut ist ein **komplizierter Prozeß** von energiefreisetzenden biologischen und chemischen Abläufen, wobei durch die pflanzliche Atmung, die Tätigkeit pflanzlicher Fermente, den Stoffwechsel mesophiler und thermophiler Mikroorganismen und schließlich durch exotherme chemische Prozesse Temperaturen erreicht werden können, die bei Zutritt von Sauerstoff zur Entzündung des Materials ausreichen.

32   Die Fermentation und die Tätigkeit der Mikroorganismen bewirken dabei **charakteristische** morphologische und mikrobiologische **Veränderungen des Stapelguts.**

33   Die **Dauer** der Rekationsabläufe weist erhebliche Schwankungen auf, statistische Untersuchungen haben jedoch gezeigt, daß das Maximum der Entzündungen etwa 4 Wochen nach Einlagerung auftritt und die Neigung von Heu zur Selbstentzündung 8–10 Wochen nach Einlagerung weitgehend abgeklungen ist.

34   Damit die genannten Prozesse ablaufen können, sind verschiedene **Voraussetzungen** nötig, die im Zusammenwirken eine Erhitzung günstig beeinflussen. An erster Stelle ist hier der Wassergehalt bzw. Trocknungsgrad des Erntegutes zu nennen, da die Fermentationsprozesse und die mikrobielle Tätigkeit eine Feuchtigkeit von mehr als etwa 20% voraussetzen. Die Größe des Stapels und die Dichte der Lagerung bedingen wesentlich die Möglichkeiten der Wärme- und Feuchtigkeitsableitung; Nährstoffgehalt und Verholzungsgrad sind ausschlaggebend für die Güte des Nährbodens und damit – neben der Feuchtigkeit – für die Lebensbedingungen der Mikroorganismen. Keiner dieser Faktoren ist wohl allein ausschlaggebend, erst das **Zusammenwirken mehrerer Faktoren** bringt die Gefahr der Selbsterhitzung in kritische Temperaturbereiche. Wichtig ist in diesem Zusammenhang jedoch – da Selbsterhitzungen lokal begrenzte Prozesse sind –, daß schon eine geringe Menge an nährstoffreichem feuchtem Ernte-

gut an einer kleinen Stelle besonderer Verdichtung ausreichen kann, durch Selbsterhitzung eine Entzündung zu bewirken. Eine ausführliche Darstellung des Sachverhalts findet sich bei *Demmelmeyer*[29].

2. Untersuchung

Aufgrund der komplexen Problemstellung ist es für den Gutachter wichtig, **35** möglichst viele **Informationen** in seine Überlegungen mit einzubeziehen. Dazu gehören

(1) Informationen über Faktoren, die die Entstehung und den Verlauf einer Selbsterhitzung beeinflussen, wie Art des Stapelguts, Schnitt- und Einfuhrzeit, Wetter bei Ernte und Einbringung, Trocknungsart, Bodenart und Düngung, mechanische Bearbeitung, Dichte der Lagerung, Ausmaß des Stapels

(2) Informationen über Merkmale am Brandobjekt, die in typischer Weise bei Selbsterhitzungen auftreten, wie Glutkessel, echte Brandkanäle, Einsinken des Stapels

(3) Informationen über Zeugenwahrnehmungen vor und zum Zeitpunkt des Brandausbruchs, wie stechender Röstgeruch, dunkle Rauchfahne, explosionsartiger Brandausbruch.

Hinzu kommen die Ergebnisse der im Labor durchgeführten morphologi- **36** schen und mikrobiologischen Untersuchungen an den gesicherten Proben. Dabei ist jedoch zu beachten, daß die Auswertungsmöglichkeiten im Labor in sehr starkem Maße von der fachgerechten und sorgfältigen **Probenahme** am Brandobjekt abhängen. Optimal sind sie nur dann, wenn der verbliebene Reststapel schichtweise abgetragen wird und – vom Erhitzungszentrum ausgehend – von allen auftretenden Fermentationsstufen Proben entnommen werden. Dabei sollten solche Stellen vermieden werden, an denen bereits Veränderungen stattgefunden hatten. Wichtig ist auch, daß die Proben möglichst bald gesichert werden, um die sekundären Einflüsse gering zu halten. Bei wahlloser Probenahme, wenn der Stapel z. B. völlig zerstört wurde, sind die Auswertungsmöglichkeiten und die Aussagekraft der Befunde bei der notwendigen Materialkritik stark herabgesetzt.

Die **Auswertung der Proben** erstreckt sich zunächst auf die morphologi- **37** sche Überprüfung von Einzelhalmen auf innere Fermentationserscheinungen und die Überprüfung auf die verschiedenen Fermentationsstufen. Nur bei entsprechend positiven morphologischen Befunden ist es sinnvoll, eine mikrobiologische Untersuchung durchzuführen, da die charakteristischen Veränderungen des Mikrobenbesatzes in den Fermentationsstufen zu erwarten sind.

3. Befund

Die **Befunde** der mikrobiologischen Auswertung müssen besonders kri- **38** tisch bewertet werden, da das Probenmaterial vom Zeitpunkt des Brandausbruchs (dieser Besatz soll ermittelt werden) bis zur Probenahme und

---

29 *Demmelmeyer* 1986.

von der Asservierung bis zur Untersuchung im Labor vielfältigen unkontrollierbaren Einflüssen ausgesetzt ist, die sekundäre Veränderungen des Mikrobenbesatzes herbeiführen können. Grundsätzlich kann selbst unter optimalen Bedingungen durch die mikrobiologische Untersuchung nur eine Selbsterhitzung des Stapelgutes nachgewiesen werden, nicht jedoch, ob diese auch tatsächlich zu einer Selbstentzündung geführt hat.

4. Resümee

39 Die Ermittlung der Brandursache bei Bränden von biologischen Stapelgütern kann letztlich nur dann zufriedenstellende Ergebnisse bringen, wenn sie von einem guten **Zusammenwirken von Feuerwehr und Polizei,** von gründlichen polizeilichen Ermittlungen, einer sorgfältigen Auswertung der Spuren und Merkmale am Brandobjekt, einer fachgerechten Entnahme und Asservierung von Proben und den Untersuchungsergebnissen im kriminaltechnischen Labor getragen wird.

D. Ausblick

40 Das zur Verfügung stehende **Methodenspektrum** für die kriminaltechnische Untersuchung von Boden-, Vegetations- und mikrobiologischen Spuren bildet eine gute Grundlage für die Beurteilung und die Zuordnung zu einem möglichen Übertragungsort. Während in der Bodenkunde **traditionell** die **abiotischen Eigenschaften** des Bodens im Vordergrund standen und heute – bei aller Notwendigkeit der methodischen Weiterentwicklung auch auf diesem Gebiet – bereits recht gut erfaßt werden können, sind es **nun** die **biologischen und biochemischen Faktoren,** die zunehmend den Mittelpunkt des Interesses der Bodenforschung einnehmen.

41   Es ergeben sich daher auch für die kriminaltechnische Forschung und Entwicklung aus der Sicht des Autors zukünftig zwei **Hauptaufgaben:**

– Verbesserung der Bestimmbarkeit pflanzlicher Komponenten des Bodens durch Erarbeitung von speziell auf kriminaltechnische Belange ausgerichteten **Bestimmungsschlüsseln,** die möglichst auch an korrodierten oder bereits teilverrotteten Fragmenten anwendbar sind. Hierbei könnte der rasterelektronenoptischen Abbildung feiner morphologischer Strukturen auf den Pflanzenoberflächen eine wichtige Bedeutung zukommen, falls es gelingt, diese taxonomisch-systematisch einzuordnen.

– Ausarbeitung bzw. Adaptierung von Methoden, die den biochemischen Zustand eines Bodens erfassen. Hierbei verspricht zum einen die Analyse von **weiteren Enzymen** und die Auswertung enzymkinetischer Daten Erfolg, zum anderen sollte es durch moderne Analysemethoden (z. B. NMR-Spektroskopie) möglich werden, auch die bisher völlig außer Acht gebliebenen **Humusanteile** des Bodens zu charakterisieren. Dies scheint besonders interessant, da die Humusbestandteile in der Regel keinen großen Schwankungen unterworfen sein dürften und aufgrund ihrer Komplexität ein bisher nicht überschaubares Reservoir an Informationen auch für die kriminaltechnische und kriminalistische Nutzung darstellen.

Die **zukünftige Bedeutung der kriminaltechnischen Bodenkunde** wird 42 wesentlich davon bestimmt sein, inwieweit es durch zeit- und personalintensive Entwicklungen gelingt, die bestehende Grundlage mit weiteren Kenndaten des Bodens, hauptsächlich aus dem Bereich der biologisch-biochemischen Faktoren, zu ergänzen. Die darin enthaltenen Informationen dürfen nicht ungenutzt bleiben.

SCHRIFTTUM

Andrasko, Jan: An Analysis of Polycyclic Aromatic Hydrocarbons in Soils and its Application to Forensic Science. In: International Microfilm Journal of Legal Medicine 13 (1978), pp. 135–148.

ders.: Soil. In: Andreas Maehly und Lars Strömberg (ed.).: Chemical Criminalistics. Berlin, Heidelberg, New York 1981, pp. 171–181.

Black, C. A. (ed.): Methods of Soil Analysis. Part 1: Physical and Mineralogical Properties, Including Statistics of Measurement and Sampling. Madison 1965.

Chaperlin, K. and *P. S. Howarth:* Soil Comparison by the Density Gradient Method – A Review and Evaluation. In: Forensic Science International 23 (1983), pp. 161–177.

Deinet, Werner: Die Bewertung kriminaltechnischer Untersuchungsverfahren und -ergebnisse durch die Wahrscheinlichkeitsrechnung. In: Edwin Kube, Hans Udo Störzer und Siegfried Brugger (Hrsg.): Wissenschaftliche Kriminalistik. Grundlagen und Perspektiven. Teilband 2. Wiesbaden 1984 (BKA-Forschungsreihe. Bd. 16/2), S. 201–217.

Demmelmeyer, Helmut: Selbsterhitzung von eingelagerten Futtermitteln als Brandursache. In: Proceedings 7. Internationales Brandschutz-Seminar, Bd. 1, Wien 1986, S. 103–117.

ders.: Eine einfache Methode zur Bestimmung des Gesamt-Kohlenstoffs beim kriminaltechnischen Vergleich von Bodenproben. In: Archiv für Kriminologie 183 (1989), S. 87–94.

Dudley, R. J.: The Use of Colour in the Discrimination Between Soils. In: Journal of the Forensic Science Society 15 (1975), pp. 209–218.

ders.: A Simple Method for Determining the pH of Small Soil Samples and its Use in Forensic Science. In: Journal of the Forensic Science Society 16 (1976 a), pp. 21–27.

ders.: A Colorimetric Method for the Determination of Soil Saccharide Content and its Application in Forensic Science. In: Medicine, Science and the Law 16 (1976 b), pp. 226–231.

ders.: The Particle Size Analysis of Soils and its Use in Forensic Science – The Determination of Particle Size Distributions within the Silt and Sand Fractions. In: Journal of the Forensic Science Society 16 (1977), pp. 219–229.

Goin, L. J., and *P. L. Kirk:* Application of Microchemical Techniques: Identity of Soil Samples. In: Journal of Criminal Law, Criminology and Police Science 38 (1947), pp. 267–281.

Graves, W. J.: A Mineralogical Soil Classification Technique for the Forensic Scientist. In: Journal of Forensic Sciences 24 (1979), pp. 323–338.

Haller, Berthold: Ein Beitrag zur Abschätzung des Beweiswertes vergleichender Untersuchungen an Erdspuren. In: Archiv für Kriminologie 167 (1981), pp. 52–56.

Haller, Berthold und *Walter Bruder:* Vergleichende rasterelektronenmikroskopische Untersuchungen von Blattfragmenten im Dienst der Kriminaltechnik (Teil 1 bis 3). In: Archiv für Kriminologie 163 (1979), S. 105–111, 164 (1979), S. 45–50, 165 (1980), S. 148–152.

Haller, Berthold und *Hartmut Klein:* Überlegungen zum kriminaltechnischen Sachbeweis und den Möglichkeiten seiner wahrscheinlichkeitstheoretischen Bewertung. In: Archiv für Kriminologie 177 (1986), S. 9–18.

Hellmiß, Günter: Thermal Analysis Methods in Forensic Science. In: Maehly, A. und R. L. Williams (Hrsg.): Forensic Science Progress, Volume 2. Berlin, Heidelberg, New York, Tokyo 1988, pp. 1–30.

Laatsch, W. und *E. Schlichting:* Bodentypus und Bodensystematik. In: Zeitschrift für Pflanzenernährung, Düngung und Bodenkunde 87 (1959), Heft 1, S. 97–108.

Lenth, R. V.: On Identification by Probability. In: Journal of the Forensic Science Society 26 (1986), pp. 197–213.

Leschonski, Kurt, Wulf Alex und *Bernd Koglin:* Teilchengrößenanalyse. 6. Trennverfahren. In: Chemie – Ingenieur – Technik 46 (1974), S. 821–824.

Martin, Otto: Die Mikrobiologie in der Kriminaltechnik. In: Grundfragen der Kriminaltechnik. Wiesbaden 1958 (BKA-Vortragsreihe, Bd. 8), S. 109–124.

Marumo, Yoshiteru, Shizuo Nagatsuka and *Yutaka Oba:* Clay Mineralogical Analysis Using the <0,05-mm Fraction for Forensic Science Investigation – Its Application to Volcanic Ash Soils and Yellow-Brown Forest Soils. In: Journal of Forensic Sciences 31 (1986), pp. 92–105.

Murray, Raymond C. and *John C. F. Tedrow:* Forensic Geology. New Brunswick 1975.

Nißl, Dieter: Morphologische Differenzierung von Strohanhaftungen. In: Kriminalistik (1979), S. 550–552.

Page, A. L. (ed.): Methods of Soil Analysis. Part 2: Chemical and Microbiological Properties, 2nd Edition. Madison 1982.

Schiller, Wolf-Rüdiger und *Ernst Röhm:* Vergleichende Bodenanalyse in der Kriminaltechnik. In: Kriminalistik (1977), S. 439–443.

Schindler, Hans: Schlüssel zur mikroskopischen Bestimmung der Wiesengräser im blütenlosen Zustande. Wien 1925.

Schütt, P. und *A. John:* Blattanatomische Merkmale als Hilfsmittel für die Artdiagnose von Nadelbäumen. 1. Tsuga-Arten. In: Mitteilungen der Deutschen Dendrologischen Gesellschaft 70 (1978), S. 103–114.

Thornton, John I.: Forensic Soil Characterization. In: Maehly, A. and R. L. Williams (ed.): Forensic Science Progress, Volume 1. Berlin, Heidelberg, New York, Tokyo 1986, pp. 1–35.

Thornton, J. I. and *A. D. McLaren:* Enzymatic Characterization of Soil Evidence. In: Journal of Forensic Sciences 20 (1975), pp. 674–692.

Wanogho, Solomon, George Gettinby and *Brian Caddy:* Particle Size Distribution Analysis of Soils Using Laser Diffraction. In: Forensic Science International 33 (1987), pp. 117–128.

Wanogho, Solomon, George Gettinby, Brian Caddy and *James Robertson:* A Statistical Method for Assessing Soil Comparison. In: Journal of Forensic Sciences 30 (1985), pp. 864–872.

dies.: Some Factors Affecting Soil Sieve Analysis in Forensic Science. 1. Dry Sieving. In: Forensic Science International 33 (1987 a), pp. 129–137.

dies.: Some Factors Affecting Soil Sieve Analysis in Forensic Science. 2. Wet Sieving. In: Forensic Science International 33 (1987 b), pp. 139–147.

27.1

Aufgaben und Prüfungsmöglichkeiten im Rahmen der chemisch-physikalischen Urkundenuntersuchungen

Fritz Köhler

INHALTSÜBERSICHT

A. Einleitung und Vorwort

Um gängigen Fehlinterpretationen einmal zu begegnen, ist es an dieser **1** Stelle zumindest angeraten, definitionsgemäß zu belegen, was unter einer Urkunde überhaupt verstanden werden muß:

Eine **Urkunde** stellt im allgemeinen Fall eine **Gedankenerklärung** dar, die einen bestimmten Tatbestand bzw. Sachverhalt fixiert und zugleich ihren **Aussteller** erkennen läßt.[1]

---

1 Leitfaden 385, 1990, Nr. 13.0.1.

2   Hierzu zählen **primär Schriftstücke**, die auf Papier oder anderen geeigneten Trägermaterialien vorliegen, wie z. B.
- Ausweise
- Kfz-Papiere
- Sichtvermerksetiketten
- Testamente
- Kaufverträge
- Wertpapiere
- Wertdrucke (Banknoten, Briefmarken, Gebührenmarken etc.).

3   Weiterhin unter dem Begriff Urkunden einzuordnen sind **Gegenstände mit amtlichem Charakter**, wie z. B.
- Kfz-Kennzeichen
- Prüf- und Zulassungsplaketten
- Siegelmarken.

4   **Zusätzliche Beispiele** für Schriftstücke mit Urkundencharakter sind
- anonyme Schreiben
- Erpresserschreiben
- Selbstbezichtigungsschreiben
- illegale Schriften
- Briefumschläge.

5   Zu den für die Urkundenherstellung benutzten **Geräten** und **Maschinen** zu zählen sind
- Druckmaschinen
- Kopiergeräte
- Schreibmaschinen
- Schreibgeräte
- Stempel
- Schriftschablonen.

6   Den **Materialien** und **Hilfsmitteln** ist alles zuzurechnen, was zur Herstellung oder Fälschung benötigt wird (z. B. Papier, chemische Mittel) oder was die zur Untersuchung vorliegende Urkunde sonst noch aufweist (z. B. Kleber, Heftklammern).

7   Daß sich die Kriminaltechnik und die dort anzusiedelnden Untersuchungen nicht als Selbstzweck verstehen dürfen, sondern vielmehr dazu beitragen sollen, für den Ermittler **Tatzusammenhänge** herauszuarbeiten bzw. folgendes **Spektrum an Untersuchungszielen** zu erreichen, versteht sich nahezu von selbst:
- Handelt es sich bei dem vorliegenden Schriftstück um eine echte oder falsche Urkunde?
- Auf welche Weise ist eine Urkunde verfälscht, totalgefälscht oder nicht amtlich ausgestellt worden?

- Besteht ein erkennungsdienstlicher Zusammenhang zwischen sichergestellten Tatschriften?
- Welche Maschinen, Geräte oder Materialien wurden zur Herstellung oder Fälschung benutzt (Systembestimmung, Identifizierung)?
- Kommt ein bestimmter Tatverdächtiger oder Personenkreis als Urheber in Betracht?
- Zu welchem Zeitpunkt wurden Urkunden oder Teile davon hergestellt (Altersbestimmung, fabrikatorische Herkunft, Datumsechtheit)?
- Wurde ein Brief geöffnet und wieder verschlossen?
- Weist ein Schriftstück latente Schriftzeichen u. ä. auf?
- Kann eine ursprüngliche Zusammengehörigkeit von Paßstücken (Trennspuren z. B. an Briefmarken, Schreibblöcken, Notizzetteln oder Klebestreifen) festgestellt werden?

Wie aus der Einleitung bereits ersichtlich, handelt es sich bei der che **8** misch-physikalischen Urkundenuntersuchung um ein derart **komplexes Gebiet,** daß schon aus Gründen der Übersichtlichkeit auf die detailliertere Abhandlung spezieller Themengebiete, wie der Ausweisuntersuchung oder auch für den Ermittler wichtige Angaben zur Asservierung, Voruntersuchung, Verpackung und Verbringung verzichtet werden muß.

Es wird an dieser Stelle auf den **Leitfaden 385 „Tatortarbeit – Spuren"**[2] hingewiesen, der demjenigen, der den Tatort bearbeitet, die richtigen Hinweise gibt, der allerdings nur Polizeibediensteten zur Verfügung steht.

Sinn und **Zweck** dieser **Darstellung** liegt hauptsächlich darin aufzuzei **9** gen, inwieweit Asservate einen Aussagewert besitzen und inwiefern eine umfangreiche kriminaltechnische Untersuchung und Auswertung überhaupt von der Ermittlerseite als lohnenswert betrachtet werden muß.

B. Möglichkeiten der zerstörungsfreien Vorauswertung

Prinzipiell besteht eine **zerstörungsfreie Vorauswertung** aus der **Sichtprü** **10** **fung** unter Anwendung optischer Mittel. Sie erfolgt durch die Stereomikroskopie, die Zuhilfenahme der Infrarot-Absorption/Remission, die Anwendung der Infrarot-Lumineszenz sowie spezieller fotografischer Verfahren (Schräglichttechnik, Reflexaufnahme).

Bezüglich des Einsatzes von UV-Licht (z. B. bei der Lasertechnik), des ESDA-Gerätes und des Mikrospektralfotometers scheiden sich die Geister über ihre zerstörungsfreie Anwendbarkeit, doch asservatbezogen in den Händen eines Fachmannes sind diese vorgenannten Untersuchungstechniken im entfernteren Sinn als zerstörungsfreie Methoden einzustufen.

---

2 Leitfaden 385, 1990.

I. Fälschungen

11 Unter **Fälschungen** sind alle Manipulationen zu verstehen, die geeignet sind, den tatsächlichen Zweck der Ausstellung einer Urkunde zu verändern.

Man unterscheidet zwischen **Totalfälschungen** (Ausweise, Schecks, Falschgeld, Aktien) und **Verfälschungen.** Bei dem letztgenannten Typus ist der ursprüngliche Inhalt einer Urkunde (Aufdruck oder Beschriftung eines Vertrags, Rechnung, Testament, Ausweis, Buchhaltungsunterlagen) nachträglich durch Hinzufügung oder Löschung verändert worden.

12 **Merkmale,** die auf **Verfälschungen** hindeuten, sind:
– im Durchlicht werden bearbeitete Stellen als Aufhellungen sichtbar
– im fast parallel zur Papieroberfläche einfallenden Licht (Streiflicht) sind oftmals Papieraufrauhungen von mechanisch entfernten Schriftzügen erkennbar
– neue Schriftzüge im Bereich einer Rasur erscheinen häufig unscharf und stimmen oftmals farblich sowie in der Strichbreite nicht mit der übrigen Schrift überein
– Unterbrechungen von Unterdrucken bzw. vorgedruckten Linien
– Glanz- oder Farbveränderungen des Schriftträgers
– die Abstempelung eines Lichtbilds paßt nicht zu dem auf der Urkunde befindlichen Teil eines Stempels
– Eindruckspuren des Lichtbilds oder der Befestigungsösen auf den gegenüberliegenden Seiten stimmen nicht mit Größe oder Sitz des vorhandenen Bilds bzw. der Ösen überein
– auffällige Unterschiede in der Raumaufteilung (Schriftzeichenabstand)
– verschobene Lochungen oder zusätzliche Heftmarkierungen
– Lumineszenzunterschiede bei Anwendung einer UV-Lampe.

13 Sollten sich aus den Vortests zwar Verdachtsmomente ergeben, diese aber nicht bewiesen werden können, macht dies eine **Materialuntersuchung** erforderlich, die dann verfahrensmäßig unter den Kapiteln Schriftträgermaterialien (Papierprüfungen) und Schrifteinfärbemitteluntersuchungen abgehandelt wird.

Auf die speziellen Besonderheiten im Rahmen der Einbeziehung authentischen Vergleichsmaterials sei hingewiesen.

14 **Unterschiede** zum **Original** müssen **nicht zwingend Fälschungsmerkmale** darstellen, es kann sich auch um auflagenbedingte Abweichungen oder Fehldrucke handeln.

II. Papierprüfungen

15 Um 105 n. Chr. wurde in China das **erste Papier** erfunden.[3] Für die Papierfabrikation sind Bambustriebe, Lumpen und Hanf zerstampft und gekocht

---

3 *Sandermann* 1987 S. 339; *Geyer* 1989.

worden. Aus dem erhaltenen Faserbrei schöpfte man mit feinmaschigen Sieben die späteren Bogen, die dann im Freien zwecks späterer Verarbeitung getrocknet wurden. Dieser neue Beschreibstoff stellte eine revolutionierende Neuerung dar, zumal vorher nur Papyrus und Pergament als Schriftträgermaterial im Mittelmeerraum bekannt waren.

Doch die **Verbreitung** in hiesige Gefilde geschah erst durch die Araber im 8. Jahrhundert. Erst 1389 gelangte diese Erfindung auch nach Deutschland. Das ursprüngliche Grundmaterial stellten Lumpen dar. Ab 1860 wurden zunehmend auch Holzschliffanteile und gegen Ende des letzten Jahrhunderts vermehrt Zellstoff als **Grundmaterial** eingesetzt.

Die **Einteilung** von **Schriftträgermaterialien** erfolgt nach ihrem **Gewicht** **16** (g/m^2):

Papiere $10–150 \text{ g/m}^2$
Kartons $150–250 \text{ g/m}^2$
Pappen $> 250 \text{ g/m}^2$.

Da es keine prinzipiellen Unterschiede bei der Untersuchung von **17** Schriftträgermaterialien gibt, kann man sich guten Gewissens bei ihrer Abhandlung auf das **Papier** beziehen. Vielfach genügt zur Materialvergleichsuntersuchung die visuelle Betrachtung (Klang, eventuell Weißegrad, Härte, Lichtdurchlässigkeit, Wolkigkeit des Faserstoffauftrags). Papier stellt ein Produkt dar, das durch Verfilzung von Fasern entstanden ist.

Nahezu 70 % aller Papiere werden aus Holzschliff und Zellstoff hergestellt.

Die Additive Harzleim, eventuell Stärke und Füllstoffe gewährleisten gewisse Eigenschaften für die spätere Anwendung (Beschreibbarkeit, Tintenfestigkeit etc.). Bessere Papiere (für Banknoten, Wertpapiere, Dokumente) sind meist Baumwollprodukte. Wolle wird nur bei Spezialpapieren verwendet, während das sog. Neobondmaterial aus Kunstfasern (Acrylsäureester, Polyamid) produziert wird.

Als **wichtigster Rohstoff** für Normalpapiere dient **Holz,** das durch mechanische oder chemische Behandlung aufgeschlossen werden muß.

Weitere Kriterien einer zerstörungsfreien Voruntersuchung ergeben sich **18** durch die Bestimmung des **Quadratmetergewichts** und der **Papierdicke.**

Ein Vortest **mittels UV-Lampe** (366 nm) ergibt oftmals gute **Unterschei- 19 dungsmerkmale** hinsichtlich **Aufhellungsgrad** und der Bestückung mit **optischen Aufhellern,** deren exaktes Vorhandensein mit reinen zerstörungsfreien Methoden jedoch nicht nachgewiesen werden kann (s. unten Rdnr. 52, 53).

Leicht prüfbare Kriterien bei einer Papieruntersuchung stellen weiterhin **20** **Wasserzeichen** dar, die als echte Vertreter schon bei der Herstellung des Trägermaterials mittels Anhäufung bzw. Verdrängung von Faserstoff produziert werden können und hauptsächlich dazu dienen, Qualitätspapiere zu kennzeichnen und damit auf einen Hersteller oder Vertreiber hinzuweisen. Zusätzliche Vertreter dieser Kategorie sind künstliche Wasserzeichen (durch Einpressen in die Papierbahn; Fettdruck), molette Wasserzeichen (am Ende der Naßpartie des Papiersiebs mit Hilfe einer Gummiwalze aufgebracht) und die wasserzeichenähnlichen Sicherheitsmerkmale für das Neobondmaterial.

III. Schrifteinfärbemitteluntersuchungen

21 Die auf dem Markt befindlichen **Schrifteinfärbemittel** teilt man **nach den Aggregatzuständen** (Erscheinungsform eines Stoffes) ein:

fest	z. B. Bleistift, Buntstift, Kopierstift, Kreide, Wachskreide, normale Durchschreibeträger wie Kohlepapier, Karbonband, Trockentoner
pastos (dickflüssig)	z. B. Druckfarbe, Kugelschreiberfarbpaste
flüssig	z. B. Tinte, Tusche, Stempelfarbe, Textilband, spez. Durchschreibepapiere.

22   Als jeweilige **Grundbausteine** dienen in erster Linie Farbmittel, Bindemittel und Lösungsmittel.[4] Zusätze variieren von Verdünnungsmitteln über Antioxidantien zu Füllstoffen. Eine kriminaltechnisch gut nutzbare Verfahrensweise der **Artbestimmung** (fest, flüssig, pastos) ergibt sich über die stereomikroskopische Auswertung der Ablagerungscharakteristik des verwendeten Schrifteinfärbemittels.

23   Derivate mit selbstschreibender Spitze und **direkter Übertragung** auf den Schriftträger sind Kugel, Faser, Filz, Feder und Kapillare, während eine **indirekte Verfahrensweise** über Durchschreibepapiere und Farbbänder erfolgt.

24   Doch zurück zur **Ablagerungscharakteristik.** Während feste und pastose Schrifteinfärbemittel meist keine vollständige Einfärbung des Schriftträgermaterials bewerkstelligen, sondern sich lediglich speziell an den Papierfasermaterialien ablagern – wodurch die Strichrichtung bestimmbar wird –, kommt es bei flüssigen Materialien überwiegend zur einheitlichen Farbgebung (es sei denn, es sind Defekte vorhanden). Eine zusätzliche Besonderheit stellt der sog. Tintenroller dar, der außer den Merkmalen für ein flüssiges Schrifteinfärbemittel – analog zum Kugelschreiber – ein Kugelbett aufweist.

25   Weiterhin ein gutes Unterscheidungskriterium hinsichtlich flüssiger Schrifteinfärbemittel ist bei Federspuren gegeben, denn hier erscheint augenfällig der oftmals **gezackte Rand** mit **Krustenbildung** des Schrifteinfärbemittels.

26   Selbstverständlich ergeben sich noch **erhebliche Variationsbreiten** bezüglich der Ablagerungscharakteristik durch die Abhängigkeit vom Schriftträger, der Schreibunterlage, der Schreibgeschwindigkeit, des Schreibwinkels und des eingesetzten Schreibdrucks (besser Schreibkraft). Unterscheidungskriterien lassen sich sowohl mikroskopisch als auch durch Anwendung der oben in Rdnr. 10 aufgezählten zerstörungsfreien Methoden herausarbeiten.

---

4 *Ullmanns* Enzyklopädie, Bd. 15, S. 343; *Brunelle/Reed* 1984.

Die **direkte Identifizierung** von **Schreibgeräten** läßt sich lediglich in solchen Fällen durchführen, in denen Auffälligkeiten in Form von Defekten an der Schreibspitze vorliegen. 27

IV. Klebstoffprüfungen

Klebstoffe werden allgemein als Werkstoffe definiert, die Körper durch Oberflächenhaftung (Adhäsion) und innere Festigkeit (Kohäsion) verbinden können, ohne das Körpergefüge wesentlich zu verändern. Der Klebstoff als Oberbegriff schließt Gebrauchsbezeichnungen ein. 28

Die Kurzform „**Kleber**" wird oft mit dem zugehörigen Werkstoff verknüpft (z. B. Gummikleber stellt einen Klebstoff für Gummi dar).

Die uns im Alltag begegnende kommerzielle **Einteilung** von Klebstoffen kann sich **nach unterschiedlichen Kriterien** richten: 29

a) Konsistenz im Verarbeitungszustand (flüssig, plastisch, fest)

b) Verarbeitungstemperatur (Kalt- und Warmklebstoffe, kalt- und warmabbindend)

c) Verwendungszweck (Etikettenkleber, Schuhkleber, Plastikkleber usw.)

d) klebender Bestandteil (Stärke, Casein, Hautleim, Kunstharz usw.).

Da sich von den verwendeten Ausgangsstoffen über die eingesetzten Zusätze, wie Weichmacher, Harze, Füllstoffe, Streckmittel, Farbstoffe, um nur einige zu nennen, oftmals bereits erhebliche Unterscheidungskriterien in Aussehen und Formgebung erkennen lassen, ist eine **stereomikroskopische Vorauswertung** recht sinnvoll. 30

Man muß in solchen Fällen allerdings bedenken, daß unterschiedliche **Lagerungsbedingungen** Einflüsse auf Farbe und Aussehen nehmen können. 31

Darüber hinaus sind die oben in Rdnr. 11–27 erwähnten zerstörungsfreien spektroskopischen Methoden sinnvoll anwendbar.

V. Trennspurenauswertungen

Wie in vielen Bereichen der Kriminaltechnik handelt es sich auch hier um ein durchaus komplexes Gebiet, das bezüglich der verwendeten Materialien sich nicht nur auf **papierähnliche Stoffe** beschränkt, sondern auch **Kunststoffe (Folien)** oder **sonstige Materialien** beinhaltet. 32

Darüber hinaus von Bedeutung ist die Tatsache, daß entweder **sog. Rißspuren** oder aber **Beschnittspuren** vorliegen können, so daß die unmittelbare Vorgehensweise sich wie immer am Fall orientiert. Beispielsweise ist bei Beschnittspuren (unter Umständen) das jeweilige Werkzeug zu berücksichtigen (Werkzeugspuren), während Rißspuren oftmals eine Verformung der Trennkante aufweisen.

Die allgemeine Vorgehensweise orientiert sich in den meisten Fällen am nachfolgenden **Schema:** 33

a) Feststellung der materialmäßigen Beschaffenheit der zu vergleichenden Paßstücke (auf eventuelle Unterschiede achten! – s. oben Rdnr. 16–20 –)

b) Aufsuchen charakteristischer Trennverläufe und ihr Abgleich

c) Prüfung auf sonstige herausragende Merkmale (z. B. markante Faserverläufe über die Trennkante hinaus).

34   Als Ergänzung ist hier noch erwähnenswert, daß oftmals **Materialien** aus dem **Trennverlauf fehlen** können, dies aber nicht unbedingt als ausreichendes Kriterium zur Nichtübereinstimmung herangezogen werden darf.

Weiterhin wichtig ist die Tatsache, daß bei **Briefmarken** sog. Heftchen-, Bogen- oder Rollenmarken vorliegen können, was sich auf die Anzahl der zu vergleichenden Trennkanten auswirkt.

VI. Schrifteindruckspuren und Latenzschriften

35   Da beim Schreibvorgang auf die **zu beschriftende Unterlage** mehr oder weniger **Druck (besser Kraft)** ausgeübt wird, entstehen je nach Schriftträger uneingefärbte **Eindruckspuren (Druckspuren)** auf der Schreibunterlage, d. h. latente Schriften.

Auf einer Urkunde können sich **Durchdruckspuren** von zuvor gefertigten Schriftstücken oder von Notizen befinden, insbesondere dann, wenn der Schriftträger

– aus einem Schreibheft oder

– von einem Block (Schreibblock, Notizblock, Quittungsblock, Formulare/Vordrucke in Blockform) stammt

– als Scheck im Scheckheft ausgefüllt wurde

– zur Schonung der Schreibmaschinenwalze als zusätzliches Blatt eingespannt wurde.

36   Als **Hilfsmittel** zur **Feststellung** eignen sich Schräglicht, Streiflicht und die im Urkundenbereich seit Ende der 70er Jahre eingesetzte ESDA-Untersuchung.[5]

Zu den Durchdruckspuren zählen in diesem Zusammenhang auch die grundsätzlich sichtbaren **Schriftzeichen** auf

– Kohle- oder Pauspapier

– Durchschreibesätzen

– Matrizen für Spirit-Carbon-Kopierer.

Als hierfür geeignete **Detektionsmaßnahmen** erweisen sich spezielle fotografische Aufnahmetechniken, wie sie beispielsweise die Reflex-Aufnahme darstellt.

37   **Geheimschriften** sind im Gegensatz zu den **latenten Schriften,** die zwangsläufig bzw. unbeabsichtigt entstehen, bewußt so angelegt, daß sie zunächst latent bleiben und nur von Eingeweihten sichtbar gemacht werden können, wozu oftmals sogar chemische Verfahren erforderlich sind.

---

5 *Iten* 1981 S. 156; *Noblett/James* 1983 S. 697; *Baier* 1983 S. 901.

Um eventuelle Hinweise auf **Latenzschriften** zu prüfen, ist es zweckmäßig, die bereits hinlänglich bekannten optischen und spektroskopischen Methoden einzusetzen.

VII. Briefhüllenzweitverschluß und Umklebungen

Hinweise, daß ein **Brief** bzw. eine andere, **verschlossene Sendung geöffnet** 38
und anschließend **wieder verschlossen** wurde, ergeben sich insbesondere dann, wenn

– die Verschlußstellen (Verschlußklappe) Spuren einer Feuchtigkeitseinwirkung (z. B. Aufquellungen und Verwerfungen durch Wasserdampf) aufweisen

– die Verschlußkanten eingerissen sind

– sich an den Verschlußkanten Klebemittelverschmierungen befinden

– an den Verschlußkanten äußerlich sichtbare Papierabspaltungen oder -abfaserungen vorhanden sind

– der Bereich der Verschlußkanten Verfärbungen zeigt

– sich in der Klebeschicht eines transparenten Klebebandes, das zum Briefverschluß verwendet wurde, Ablagerungen oder Schmutzspuren befinden

– Schnittspuren an den Seiten erkennbar sind

– Papierabspaltungen im Klebelaschenbereich feststellbar sind.

Die für **Umklebungen** wie Briefhüllenzweitverschluß gleichermaßen 39
geltenden vorgenannten Merkmalskomplexe lassen sich relativ eingehend stereomikroskopisch als auch mit den sonst oben in Rdnr. 10 genannten optisch physikalischen Methoden **nachweisen.**

VIII. Spezielle Anwendungen

1. Pausfälschungen

Im Zuge der **Informationstechnikumstellung** und sonstiger nachrichtlicher Vereinfachungen gelten gerade im Behördenbereich viele Mitteilungen **ohne Unterschrift** als **gültig.** 40

Doch sind auch die Fälle – im testamentarischen Bereich oder auch im 41
Vertragswesen – von erheblicher Bedeutung, in denen es um die **Authentizität von Unterschriften** geht. Sicherlich handelt es sich hier um einen Problembereich, der in das Gebiet der Handschriftenuntersuchung fällt, doch sofern sich Merkmale ergeben, wie

– zwei materialmäßige differente Schrifteinfärbemittel (evtl. nicht immer deckungsgleich)

– kein einheitlicher Schriftzug (häufiges Absetzen)

– vorgefertigte Eindruckspur ohne Schrifteinfärbemittel

– Schrifteinfärbemittel, die auf eine Übertragung von Schreibleistungen hindeuten (Tonermaterial, Pauspapier)

liegt der Verdacht einer **Pausfälschung** schon sehr nahe.

Geeignete **Nachweismethoden** hierfür sind bereits oben in Rdnr. 11–27 abgehandelt worden.

2. Strichkreuzungen

42 Weniger um die strittige Unterschrift an sich als um die **Reihenfolge** der **Schreibleistungen** geht es bei dem Themengebiet der **Strichkreuzungsproblematik,** denn oft ergibt sich die Fragestellung, ob zum Beispiel die Unterschriftsleistung eines Dokuments quasi blanko erfolgt ist oder nicht.

Weiterhin ist oft von Bedeutung, inwiefern z. B. eine Textpassage nachträglich hinzugefügt wurde. Im Rahmen der Auswertung von **Maschinenschriften** läßt sich dieser Themenkomplex relativ einfach mittels Prüfung auf **Zweiteinspannung** (sofern überhaupt die gleiche Maschine verwendet worden ist) beantworten.

43 Geht es jedoch um **teilweise handschriftliche Eintragungen,** so ergeben sich sofort **mehrere Probleme.** An dieser Stelle ist dem gängigen Vorurteil entgegenzutreten, daß Strichkreuzungen nur mittels des Rasterelektronenmikroskops (REM) entscheidbar wären. Zwar existieren einige sehr schöne Beispiele der Anwendung des REM bei Strichkreuzungen[6], doch auch die Stereomikroskopie bietet – bei richtiger Anwendung – einige Möglichkeiten.

44 Prinzipiell gilt bei einer Untersuchung, daß **je unterschiedlicher** die **verwendeten Schrifteinfärbemittel** sind und **je deutlicher ein Farb- bzw.** Materialauftrag – auch bezüglich der Ablagerungscharakteristik – ist, **desto eher** sich **spurenbildlich** die **Auswertung** vornehmen läßt.

Gute Kombinationen in diesem Fall stellen Kreuzungsstellen von Maschinenschrift (Textil- oder Karbonband) und Kugelschreiberfarbpaste dar.

Auch ist das Zusammentreffen flüssiger Schrifteinfärbemittel und die Papieroberfläche (Leimung) verletzender Schreibleistungen (z. B. Typenhebelmaschinen) oftmals gut entscheidbar, sofern das verwendete flüssige Schrifteinfärbemittel an der Kreuzungsstelle Auslauferscheinungen in das Papier aufweist. Etwas problematischer sind in diesen Fällen zwei gleiche Schrifteinfärbemittel.

a) Kugelschreiberfarbpasten

45 Sofern darüber hinaus noch **materialmäßig** (farblich) **ähnlich,** bietet sich hauptsächlich die auf stereomikroskopischem Wege vorgenommene Spurenauswertung im Hinblick auf Ablenkung der Kugel vom normalen Schreibverlauf etc. an. Liegen **farblich differente Materialien** vor, ist es durchaus sinnvoll, auf Verschleppungsspuren zu achten, die allerdings eindeutig vom Schreibvorgang herrühren müssen.

---

6 *Waeschle* 1979 S. 568; *Iten* 1981 S. 156; *Pfister* 1985.

b) Tinten (flüssige Schrifteinfärbemittel)

Bei **Füllfederhaltertinten** erhält man oftmals einen **Tintenauslauf** in die 46
Schriftzüge **der ersten Eintragung.**[7] Ein Grund für dieses Phänomen liegt
wohl darin, daß die von eingetrockneter Tinte überdeckte Papieroberfläche
eine größere Affinität auf die ausfließende zweite Tinte als das noch unbe-
rührte Papier ausübt und darüber hinaus eine Verletzung derselben durch
Federeinwirkung bereits stattgefunden hat.

Bei relativ schnell abtrocknenden **Faserschreibertinten** empfiehlt es sich 47
besonders – wie bei ohnehin allen kriminaltechnischen Belangen – Vorversuche und Vergleichstests durchzuführen. Patentrezepte existieren auch
hier nicht.

Es erübrigt sich nahezu zu erwähnen, bei entsprechend gearteten Schrifteinfärbemitteln (z. B. feste und pastose) die jeweilige Strichrichtung und
damit den Schreibverlauf zu bestimmen.

Neben der **Stereomikroskopie** ist es mitunter recht hilfreich, die bereits 48
besprochenen **spektroskopischen Methoden** einzusetzen. Zumindest können auftretende Lumineszenzen von Schrifteinfärbemitteln hinweisträch-
tig sein, wobei sichergestellt sein muß, daß diese nicht durch Umwelteinn-
flüsse etc.[8] hervorgerufen werden.

Auf weitere Besonderheiten, wie bei **festen Schrifteinfärbemitteln** sowie 49
Stempelfarben usw., kann im Rahmen dieser Abhandlung **nicht eingegangen** werden.

Es ist **in allen Fällen notwendig**, genauestens vorliegende **Spurenbilder
auszuwerten, Vorversuche** in Eigenregie **durchzuführen** und die auftretenden **Befunde auszuwerten.**

Patentrezepte kann und darf es nicht geben, nur grobe Richtlinien und
Anhaltspunkte.

Wie immer sind dem Einfühlungsvermögen und der Fantasie des Kriminaltechnikers keine Grenzen gesetzt. Auch einfachere Mittel (Stereomikroskopie) führen oft zum Ziel. Den fertigen Urkundenautomaten gibt es
nicht.

C. Sinnvolle Anwendungsbeispiele einer Materialuntersuchung

Materialuntersuchungen im Anschluß an Vortests sind selbstverständlich 50
weitergehende Verfahren, die entsprechend aufwendig und nicht mehr zerstörungsfrei durchgeführt werden können.

Wie oft ist es allein durch eine sachgerechte Ermittlungsführung gelungen, Straftäter zu überführen bzw. stichhaltige Beweise zu Tage zu fördern.
In diesen Fällen sollte der Ermittlungsführer jeweils abwägen, ob weitergehende kriminaltechnische Untersuchungen überhaupt noch notwendig
sind.

---

7 *Ruml* 1955 S. 15.
8 *Sensi/Cantu* 1982 S. 196.

51   Allerdings soll diese Abhandlung die **Möglichkeiten** einer **leistungsfähigen Kriminaltechnik auf dem Urkundensektor** im Bedarfsfall verdeutlichen.

I. Papierprüfungen

52   Die Fülle der auf dem Markt üblichen (je nach Verwendungszweck) unterschiedlichsten Materialien beinhaltet **großtechnische Massenprodukte.**

Aufgrund der vielfach ähnlichen Rohstoffe, Papiermaschinen und Zusätze **gleichen sich** ohnehin **die Produktkategorien** unterschiedlicher Hersteller, so daß in einigen Fällen eine Zuordnung selbst dem eigenen Produzenten schwerfällt.

Dies gilt selbstverständlich weniger für hochwertigere Produkte, die oftmals sogar speziell gekennzeichnet sind (Wasserzeichen etc.).

53   Aufbauend auf den oben in Rdnr. 16–20 abgehandelten Kriterien zur Papiervorprüfung ist es nun zwecks Feinunterscheidung notwendig, chemische Tests sowie eine regelrechte **Materialprüfung** bis hin zur Faserstoffbestimmung durchzuführen. Hierzu sind im allgemeinen **etwa 2 cm² Material** pro zu prüfendes Papier notwendig. Auf **chemischem Wege** vorgenommene mikroanalytische Tests zur Leimung (Stärkenachweis mit verdünnter Jod/Kaliumjodid-Lösung), als Holzschliffnachweis (mit salzsaurer Phloroglucin-Lösung) oder zur Füllstoffprüfung (Karbonat-Nachweis mittels einer salzsauren Lösung) geben oftmals schon recht signifikante Hinweise auf Unterscheidungskriterien ohne nennenswerte Beeinträchtigung des Dokuments.

Weitere Untersuchungsmöglichkeiten ohne größeren Materialverbrauch bzw. Beeinträchtigung stellen die **Rasterelektronenmikroskopie** der Papieroberfläche mit der Möglichkeit der **energiedispersiven Röntgenmikroanalyse** (EDX) der vorhandenen Füllstoffe sowie die Untersuchung der optischen Aufheller mittels **Mikrospektralfotometer** dar. **Weitergehende materialanalytische Möglichkeiten** von der dünnschichtchromatografischen Auftrennung bzw. Zuordnung optischer Aufheller[9] bis zur Faserstrukturanalyse der vorliegenden Halbzellstoffe bzw. Zellstoffe erfordern die bereits erwähnten 2-cm²-Proben, ebenso eine etwaige durchzuführende Veraschungsreaktion im Rahmen der Füllstoffgehaltsbestimmung.

II. Schrifteinfärbemitteluntersuchungen

54   Aufbauend auf den oben in Rdnr. 21–27 genannten Vortests bietet die **Materialuntersuchung bei Schrifteinfärbemitteln** eine **Fülle von Möglichkeiten** der **Unterscheidung und Zuordnung,** sei es durch mikroanalytische Tests zum Anlöseverhalten oder auch als pH-Wert abhängige Farbreaktionen oder weitergehend über die Dünnschichtchromatografie[10] sowie

---

9 *Theidel* 1975 S. 94.
10 *Brunelle/Reed* 1984; *Köhler/Seiler* 1992 S. 9.

HPLC[11] der vorliegenden Farbstoffkomponenten, wobei die Mikrospektralfotometrie[12] als Vortest nicht außer acht gelassen werden sollte.

Aufgrund moderner Gerätekonfigurationen und **verbesserter Nachweis-**   55
grenzen sind oftmals nur **Strichproben von ca. 0,5 cm Länge** zur weitergehenden Analytik erforderlich. Bei der Mikrospektralfotometrie genügen
bisweilen **einige eingefärbte Fasermaterialien.**

III. Klebstoffprüfungen

Wie oben in Rdnr. 28–31 bereits ausgeführt, existieren – je nach Klebstoff-   56
basis – die unterschiedlichsten **Klebstoffklassen.**

Wichtig für den kriminaltechnischen Alltagsgebrauch ist aber vor allen
Dingen ihre **Löslichkeit bzw.** ihr **thermisches Verhalten.** Feststellbar ist
dies über mikroanalytische Tests. Sollte es sich um einen **wasserlöslichen**
Kleber handeln, so kann beispielsweise bei erforderlichen Ablösevorgän-
gen (Brieföffnungen, Wertmarkenumklebungsprüfungen etc.) mit Feuchtigkeit bzw. Wasserdampfentwicklung gearbeitet werden. Es sollte aber in
jedem Fall geprüft werden, ob die evtl. vorliegenden Schrifteinfärbemittel
eine solche Behandlung einigermaßen unbeeinträchtigt überstehen.

Bei **thermoplastischen Klebemitteln** eignen sich Wärmequellen wie   57
Infrarotlampen und regulierbare Wärmeplatten zum Erweichen der Kleb-
stoffschicht (Brieföffnungen, Prüfung auf Umklebungen bei Kfz-Kennzei-
chenplaketten, Lichtbildern etc.).

Nach vorheriger Prüfung des Trägermaterials (evtl. Thermopapier) auf
thermische Belastbarkeit empfiehlt sich zu Anfang ein mittlerer Tempera-
turbereich (ca. 50–60 °C), der je nach Bedarf schrittweise gesteigert werden
kann.

Ein weiteres Verfahren zur Klebstoffprüfung und Zuordnung stellt die
Infrarotspektroskopie dar, die, je nach Präparationstechnik, mit sehr geringen Materialmengen auskommt.

IV. Spezielle Anwendungen

1. Pausfälschungen und insbesondere Strichkreuzungen

Als **Ergänzung** zu den bereits oben in Rdnr. 40–49 gemachten Ausführun-   58
gen lassen sich die für **Schrifteinfärbemittel** (s. oben Rdnr. 54, 55) **gängigen**
Materialuntersuchungsmöglichkeiten ebenso einsetzen, sofern überhaupt
nötig.

Zur **Strichkreuzungsproblematik** sei nochmals auf die Anwendung des
Rasterelektronenmikroskops[13] hingewiesen, das gerade bei morphologisch
unterschiedlichen Schrifteinfärbemitteln (z. B. Kombination Maschinenschrift und Kugelschreiberfarbpaste) oftmals eindrucksvolle Aufnahmen
liefert, die vielfach speziell laienüberzeugend im Gerichtssaal wirken.

---

11 *Lyter* 1982 S. 154.
12 *Zeichner/Levin/Klein/Novoselsky* 1988 S. 1171.
13 *Waeschle* 1979 S. 568; *Iten* 1981 S. 156; *Pfister* 1985.

59   Kombinationen von z. T. **weniger ablagerungsstarken Schrifteinfärbe-mitteln** (z. B. Maschinenschrift und Tintenroller) sind weniger leicht ent-scheidbar und sollten vorsichtiger interpretiert werden. Inwieweit neue Techniken wie die Sekundärionenmassenspektrometrie (SIMS) gerichts-verwertbare Ergebnisse zeigen, muß abgewartet werden, ebenso die Anwendung spezieller Lumineszenzeffekte.

60   Sinnvoll zu erwähnen bleibt an dieser Stelle noch der Hinweis, daß die in der Literatur[14] bekannten **Abhebetechniken bei Kreuzungsstellen** nicht unbedingt empfehlenswert erscheinen, denn Sinn der Kriminaltechnik sind eine möglichst geringe Beeinträchtigung des Dokuments sowie nach-vollziehbare Untersuchungswege.

2. Latenzschriften

61   Chemische Verfahren zur Detektion und Sichtbarmachung von **Latenz-schriften,** gerade im Sinne von **Geheimschriften** erfordern viel Sachkennt-nis und Erfahrung, insbesondere um übermäßige Beeinträchtigungen des jeweiligen Schriftstücks zu vermeiden. Es ist deshalb in jedem Fall angera-ten zu klären, welche chemischen Substanzen verwendet worden sind, damit geeignete Maßnahmen zur Schriftentwicklung ergriffen werden können.

Patentrezepte und gängige Verfahren (s. oben Rdnr. 35–37) sprengen den Rahmen dieser Abhandlung.

62   Ein weiteres Kapitel auf dem Gebiet von Latenzschriften bilden **gelöschte, überschriebene** bzw. **überschmierte Textpartien.**

Außer den üblichen Verfahren zur Schriftsichtbarmachung (s. oben Rdnr. 35–37) und pH-Wert abhängigen Varianten (Bedampfen mit Säuren bzw. Laugen) bieten sich noch Lumineszenzeffekte mit Hilfe der Laser-technik[15] an, sei es nun im Rahmen von normalen Schrifteinfärbemittel-differenzierungen oder auch bei überschmierten Textpassagen zwecks Wiedersichtbarmachung.

63   Die im Zuge der Wiedervereinigung Deutschlands zusätzlich aufgetre-tene Problematik von Enteignungsentschädigungen hat zu einem erheb-lichen Fallaufkommen im Hinblick auf mit **Tusche geschwärzte Grund-bucheintragungen** geführt.

Die **hier** zu den meisten Fällen **vorliegende Schrifteinfärbemittelkombi-nation** – Eisengallustinte bzw. Farbstofftinte und Tusche – ermöglicht in einigen Fällen (z. B. Schellacktusche) mittels speziell abgestimmten Lösungen die Abhebung des Schwärzungsmittels. Sofern eine Eisengallus-tinte freigelegt werden kann, ist es mit Hilfe von Thiocyansäure als Bedampfungsreagens möglich, eine chemische Schriftentwicklung zwecks Verdeutlichung der Textstellen durchzuführen.

---

14 *Godown* 1982 S. 227.
15 *Sinor/Wilde/Everse/Menzel* 1986 S. 825; *Zimmermann/Mooney* 1988 S. 310.

D. Datumsechtheitsprüfungen

Der Begriff **Datumsechtheitsprüfung** bezeichnet bei der kriminaltechnischen Urkundenuntersuchung die Zielsetzung, entweder hinsichtlich der verwendeten Schrifteinfärbemittel und Schriftträger oder der Bestimmung der zeitlichen Entstehungsfolge sich kreuzender Schriftpartien eventuelle Widersprüchlichkeiten festzustellen, die gegen den Ausstellungszeitpunkt eines Dokuments sprechen, d. h. im **Idealfall** eine **Altersbestimmung** (relativ oder absolut) durchzuführen. **64**

I. Ermittlungsmäßig abdeckbare Vorauswertungen

Es gibt viele **Hinweise,** die bei erster Prüfung eines Dokuments auf Widersprüchlichkeiten hindeuten bzw. erhebliche **Zweifel** an seinem korrekten **Ausstellungsdatum** aufkommen lassen. **65**

Hierzu gehören in erster Linie Fälle, in denen Belege auf Wochenfeiertage zurückdatiert worden sind. Als nächstes läßt sich prüfen, ob die Urkunde ein Impressum mit Druckdatum aufweist, das einen späteren Zeitpunkt als das Ausstellungsdatum aufweist. Weitere Ansatzpunkte stellen geänderte Postleitzahlen, Mehrwertsteuersätze, Bankleitzahlen, Telefon- und Kontonummern sowie Bezeichnungen (Postscheck- in Postgiroamt) dar.

Bei Wasserzeichenpapieren kann zumindest in einigen Fällen nach Ermittlung des Herstellers[16] dort zum Produktionszeitpunkt angefragt werden.

II. Schriftträgermaterialien

Standardverfahren zur **Altersbestimmung von Papieren** sind leider **nicht existent,** obwohl chemische Alterungsphänomene – wie überall in der Natur – auch bei Schriftträgermaterialien[17] vorkommen. Doch diese Prozesse kriminaltechnisch nutzbar zu machen, bleibt wohl eher Illusion. **66**

Über die eventuelle Möglichkeit, bei Ermittlung des Herstellers durch seine Hilfe aufgrund von Produktionsdaten mit Rückstellmustern eine altersmäßige Zuordnung vornehmen zu lassen, wurde bereits oben in Rdnr. 65 hingewiesen. Dies ist jedoch eher ein Ausnahmefall.

Hilfreich ist aber in jedem Fall, durch Verwendung von verbürgten **Herstellerdaten** bzw. **Literaturhinweisen über den Erstverwendungszeitpunkt** Ausschlußbeweismöglichkeiten nutzen zu können. **67**

Nachfolgend sind einige **Kerndaten** aus Hinweisen in der Literatur[18] zusammengestellt, die mitunter bei Papierfragestellungen recht hilfreich sind:

---

16 Etwa durch eine Anfrage bei dem Birkner Verlag, Winsbergring 38, 22525 Hamburg, Tel. (0 40) 8 53 08-0.
17 *Griebenow* 1991 a S. 329, 1991 b S. 409.
18 *Theidel* 1975 S. 94; *Sandermann* 1987 S. 339; *Geyer* 1989; *Griebenow* 1991 a S. 329, 1991 b S. 409.

ca. 2000 v. Chr.	ältester erhaltener Papyrus
105 n. Chr.	Papiergebrauch in China belegt (aus Textilabfällen, Bambus und Hanf)
ab 750	Pergament wird in Europa zunehmend als Beschreibstoff genutzt
10. Jh.	Papier verdrängt in Ägypten Papyrus als Beschreibstoff
ab 1200	Papier verdrängt Pergament in Europa als Beschreibstoff
ab 1275	erste mit Knochenleim versehene Papiere (Italien)
ab 1670	Erfindung des Mahlholländers
ab 1799	Louis Robert erfindet die Langsiebpapiermaschine
1800	Erfindung der Harzleimung, Verwendung von Stroh als Rohmaterial
1805	Erfindung der Rundsiebmaschine von Joseph Bramah
1840	Friedrich Gottlob Keller erfindet den Holzschliff zur Papierherstellung
1860	techn. Nutzung von Holzschliff
1874	Einführung des Sulfitzellstoffs
1884	Einführung des Sulfatzellstoffs
ca. 1940	Halbzellstoffe
ca. 1950	deinktes Altpapier, optische Aufheller
ca. 1960	Refinerschliffe
ca. 1970	CTMP-Holzstoffe.

68   Ein wichtiger Hinweis noch zu **optischen Aufhellern:** Nach gängigen Patentschriften sind diese **erst nach dem 2. Weltkrieg** zur Papierherstellung herangezogen worden. Doch ist hier ein erhebliches Maß an Vorsicht geboten, denn ganz so unumstößlich ist diese Annahme nicht.

69   Es gab sehr wohl schon **vor dem Ende des Krieges Aufhellertypen,** die z. T. **in Verpackungsmaterialien** zwecks Lichtschutzeffekt sowie **probeweise** bei der **Papierherstellung** eingesetzt wurden.

Sollte man also Aufheller dieses Typs finden, ist zumindest eine frühere Verwendung – gerade bei der allgemeinen Materialverknappung in Kriegszeiten – nicht kategorisch auszuschließen.

III. Schrifteinfärbemittel

1. Zeitliche Einordnung der Schreibmittel und Schreibwerkzeuge

70   Analog zu der Aufstellung in Rdnr. 67 lassen sich auch für **Schrifteinfärbemittel** verbürgte **Herstellerdaten** bzw. **Daten aus der Literatur**[19] tabellarisch aufführen. Es ist allerdings darauf hinzuweisen, daß es sich bei den angegebenen Daten um Angaben aus Quellen handelt, die im Einzelfall untereinander Abweichungen enthalten können.

---

19 *Brunelle/Reed* 1984; *Geyer* 1989.

a) *Urformen der Schriftentwicklung*

ca. 3500 Jahre v. Chr.	Sumerer (Keilschrift)
	Ägypter (Hieroglyphen)
	Chinesen (Bilderschriftsprache)
ca. 3000 Jahre v. Chr.	Erfindung des Papyrus als Beschreibstoff
ca. 2600 Jahre v. Chr.	Erfindung von Tinten/Tuschen
ca. 1000 Jahre v. Chr.	Erfindung des Pergaments (aus Tierhaut) als Beschreibstoff
105 n. Chr.	Erfindung des Papiers in China (aus Bambus, Lumpen und Hanf)
ca. 800 Jahre n. Chr.	über die Araber kam die Erfindung des Papiers nach Europa.

b) *Tinten*

Im Altertum benutzten bereits Griechen und Römer Vorläufer der Eisengallustinten (Extrakt aus Galläpfeln, Säure, Eisensalze). Im 6.–13. Jahrhundert war ebenfalls eine sog. Dornentinte (eisenhaltig) in Gebrauch.

ab 1842	Blauholztinte (Runge); Vorläufer der Farbstofftinte;
ab 1856	Alizarintinte (Eisengallustinte mit sofort färbenden Anteilen);

späteres 19. Jahrhundert: Farbstofftinten.

c) *Schreibwerkzeuge*

ab 1795	erste moderne Bleistifte mit Tonanteilen
bis 1831	Federkiele aus Gänsefedern
ab 1831	industriell hergestellte Stahlfedern
ab 1870	erste Postkarten in Deutschland
ab 1874	Kopierstift (Bleistift mit Anilinfarbstoffen)
ab 1884	erste Füllfederhalter (Waterman)
1889	erste Parker-Füller
1910–1912	erste Tinten- und Tuschefüller (Montblanc, Kaweco) mit Schreibröhrchen
ab 1912	erste Sheaffer-Füller (Hebelmechanismus)
ab 1929	erste Pelikan-Kolbenfüller
ab 1941	erste wischfeste Tinte (Parker)
ab 1954	erste vernünftige Tuschefüller (Rotring)
ab 1955	erste Tintenpatronenfüller (Sheaffer)
1938	erstes vernünftig nutzbares Kugelschreiberpatent
1943	Folgepatent für Kugelschreiber (Biro)
ab 1944	erste Kugelschreibernutzung durch Piloten der Air-Force

ab 1945	erste kommerzielle Kugelschreibervermarktung
bis 1950	Pasten nur auf Ölbasis
ab 1950	Pasten auf Glykolbasis
ab 1955/56	Pigmentanteile in Pasten
ab 1963	Faserschreiber (Pentel, Japan)
ab 1969	unter Druck stehende Pasten (Raumfahrt)
ab 1970	Fineliner
ab 1968/70	Tintenroller
ab 1977	Polymerminen (Graphitminen mit Polymeranteilen)
ab 1979	radierfähige Kugelschreiberfarbpasten.

2. Vorgehensweisen zur Prüfung

71 Abweichend zu Versuchen, bei der **Altersbestimmung** von Schriftträgermaterialien Erfolgskonzepte zu entwickeln, ist dies zumindest auf dem **Schrifteinfärbemittelsektor** ansatzweise gelungen.

Angefangen von Bemühungen, in den USA eine umfangreiche Materialsammlung zu erstellen (ca. 9000 unterschiedliche Schrifteinfärbemittel), zu katalogisieren und mit den Herstellern zwecks Aktualisierung zusammenzuarbeiten[20], Markierungsprogramme zu entwickeln, um zumindest eine Produktzuordnung vornehmen zu können, hat es in Deutschland neben den Verfahren zur Tintenaltersbestimmung nach *Mezger, Rall* und *Heess*[21] eine solche geballte Anstrengung noch nicht gegeben.

72 Es ist lediglich auf dem **Kugelschreiberfarbpastensektor** eine **Sammlung** zwecks Produktzuordnung[22] aufgebaut worden, die nach Abklärung einiger analytischer Detailfragen einen prinzipiellen Weg ebnet, gerichtsverwertbare Gutachten erstellen zu können, d. h. es kann dann über verbürgte Herstellerdaten bezüglich des Ersterscheinungsdatums der früheste Entstehungszeitpunkt eines Schriftstücks festgestellt werden.

73 Der nächste Schritt ist dann die **Sammlungsausdehnung** auf **flüssige Schrifteinfärbemittel.**

Bezüglich der bereits erwähnten **Tintenaltersbestimmung** nach *Mezger, Rall* und *Heess* (oben Rdnr. 71), die bei Eisengallustinten und bestimmten chloridhaltigen Farbstofftinten (z. B. Pelikan 4001 brillantschwarz) rückverfolgbare Zeiträume von bis zu zwei Jahren gestattet, sei noch angemerkt, daß dieses Verfahren auch im Einzelfall auf moderne **flüssige Schrifteinfärbemittel** (Faserschreiber, Tintenroller) übertragbar ist.

Hierbei muß aber aufgrund der unterschiedlichen Zusammensetzung der Materialien berücksichtigt werden, daß andere oftmals geringere Endauswanderungszeiträume in Frage kommen.

---

20 *Brunelle/Reed* 1984.
21 *Mezger/Rall/Heess* 1933 S. 107; *Heess* 1935 S. 13.
22 *Köhler/Seiler* 1992 S. 9.

Darüber hinausgehende Verfahren zur Altersbestimmung – wie chemi- 74
sche Anlösetests[23] sind noch **erprobungsbedürftig** oder vom Ansatz her
nicht reproduzierbar, wie die angeblich meßbare Schreibrillenrückbil-
dung[24].

E. Ausblick

Trotz stetiger Modernisierung und verfahrenstechnischer Neuerungen in 75
der Urkundenuntersuchung bleibt die **kriminaltechnische Spurenauswertung** auch mit einfacheren Mitteln immer als Grundvoraussetzung erhalten. Es ist der **Kriminaltechniker** und nicht das Gerät, der die vorhandenen
Merkmalskomplexe richtig deuten und mosaiksteinhaft zusammentragen
muß. Aufbauend auf Erfahrung und Geduld im Rahmen der Befundermitt-
lung bieten neuere Geräte und Methoden, mit Bedacht und Sachverstand
eingesetzt, vervollkommnende Möglichkeiten, gezielte Schlüsse richtig
zu ziehen. Gerade im Hinblick auf die Verantwortung eines Sachverständigen bei der Gutachtenerstellung und dessen Weisungsfreiheit, haben Sorgfalt sowie Genauigkeit absoluten Vorrang vor eventuell vorschnellen
Schlüssen.

Gerade wegen des an Komplexität zunehmenden Fallaufkommens ist in 76
vielen Bereichen zunehmend eine **nationale Zusammenarbeit** gefragt, die
in näherer Zukunft zumindest auf europäischer Ebene **(Europol)** ihre natürliche Fortentwicklung finden sollte.

---

23 *Brunelle/Breedlove/Midkiff* 1987 S. 1511; *Cantu/Prough* 1987 S. 1151; *Brunelle/Cantu* 1987
   S. 1522; *Brunelle* 1992 S. 113.
24 *Köhler/Linke* 1989 S. 108.

SCHRIFTTUM

Baier, Peter E..: Application of Experimental Variables to the Use of the Electrostatic Detection Apparatus. In: Journal of Forensic Sciences 28 (1983), pp. 901–910.

Brunelle, Richard L.: Ink Dating – The State of the Art. In: Journal of Forensic Sciences 37 (1992), pp. 113–124.

Brunelle, Richard L., C. H. Breedlove and *Charles R. Midkiff:* Determining the Relative Age of Ballpoint Inks Using a Single-Solvent Extraction Technique. In: Journal of Forensic Sciences 32 (1987), pp. 1511–1521.

Brunelle, Richard L. and *Antonio A. Cantu:* A Critical Evaluation of Current Ink Dating Techniques. In: Journal of Forensic Sciences 32 (1987), pp. 1522–1536.

Brunelle, Richard L. and *Robert W. Reed:* Forensic Examination of Ink and Paper. Springfield, Ill. 1984.

Cantu, Antonio A. and *Ronald S. Prough:* On the Relative Aging of Ink – The Solvent Extraction Technique. In: Journal of Forensic Sciences 32 (1987), pp. 1151–1174.

Geyer, Dietmar: Schreibgeräte sammeln. Vom Faustkeil zum Griffel, vom Federhalter zum Füllfederhalter und Faserschreiber, München 1989.

Godown, Linton: Recent Developments in Writing Sequence Determination. In: Forensic Science International 20 (1982), pp. 227–232.

Griebenow, W.: Alterserscheinungen bei Papier – vorwiegend aus chemischer Sicht. In: Restauro 97 (1991), S. 329–335, 409–414.

Heess, Walter: Ein neues Verfahren, Identität und Alter von Tintenschriften festzustellen. 2. Mitteilung: Sulfatbilder als Mittel zur Bestimmung des relativen Schriftalters. – Erfolgreiche Anwendung der neuen Methode in einem staatsanwaltschaftlichen Verfahren wegen Versicherungsbetrugs. In: Archiv für Kriminologie 96 (1935), S. 13–17.

Iten, Peter X.: Fortschritte in der Kriminaltechnik. In: Kriminalistik (1981), S. 156–163, 182–188.

Köhler, Fritz und *Michael J. Linke:* Zur Altersbestimmung von Kugelschreiberschriften. Ein Beitrag zur Anwendungsproblematik eines Oberflächentastschnittgerätes. In: Archiv für Kriminologie 183 (1989), S. 108–116.

Köhler, Fritz und *Peter Seiler:* Die Entwicklung der Dünnschichtchromatografie und ihre Auswirkung auf die kriminaltechnische Untersuchung von Kugelschreiberfarbpasten. In: Archiv für Kriminologie 189 (1992), S. 9–17.

Leitfaden 385: Tatortarbeit – Spuren –. Ausgabe 1990 (VS-NfD).

Lyter, Albert H., III: Examination of Ball Pen Ink by High Pressure Liquid Chromatography. In: Journal of Forensic Sciences 27 (1982), pp. 154–160.

Mezger, Rall und *Heess:* Ein neues Verfahren, Identität und Alter von Tintenschriften festzustellen. In: Archiv für Kriminologie 92 (1933), S. 107–113.

Noblett, Michael G. and *Elisabeth L. James:* Optimum Conditions for Examination of Documents Using an Electrostatic Detection Apparatus (ESDA) Device to Visualize Indented Writings. In: Journal of Forensic Sciences 28 (1983), pp. 697–712.

Pfister, R.: Use of the S.E.M. in Criminalistics. Doctoral thesis, University of Lausanne, 1985.

Ruml, W.: Welcher von zwei sich kreuzenden Tintenschriftzügen ist der später geschriebene? Vorschlag eines Verfahrens, das die Details der Kreuzungen deutlicher sichtbar macht. Auch Vorschlag eines Verfahrens, das sehr schwache Bleistiftschriftspuren deutlich sichtbar macht. In: Archiv für Kriminologie 116 (1955), S. 15–18.

Sandermann, Wilhelm: Der lange Weg zum Papier. In: Naturwissenschaftliche Rundschau, 40 (1987), S. 339–352.

Sensi, C. A. and *A. A. Cantu:* Infrared Luminescence: Is It a Valid Method to Differentiate Among Inks? In: Journal of Forensic Sciences 27 (1982), pp. 196–199.

Sinor, Timothy W., Jeffrey P. Wilde, Kathleen E. Everse and *E. Roland Menzel:* Lasers and Optical Spectroscopy in Questioned Document Examination. In: Journal of Forensic Sciences 31 (1986), pp. 825–839.

Theidel, H.: Fluorescent Whitening Agents. Vol. IV. Stuttgart 1975.

Ullmanns Enzyklopädie der technischen Chemie. 3. Aufl. München, Berlin 1951–1970.

Waeschle, Peter A.: Examination of Line Crossings by Scanning Electron Microscopy. In: Journal of Forensic Sciences 24 (1979), pp. 568–578.

Zeichner, Arie, Nadav Levin, Ashne Klein and *Yehuda Novoselsky:* Transmission and Reflectance Microspectrophotometry of Inks. In: Journal of Forensic Sciences 33 (1988), pp. 1171–1184.

Zimmermann, Jeannine and *Dennis Mooney:* Laser Examination as an Additional Nondestructive Method of Ink Differentiation. In: Journal of Forensic Sciences 33 (1988), pp. 310–318.

27.2

Die elektrofotografische Vervielfältigung aus kriminaltechnischer Sicht

Hans Gerhard Heuser

A. Ausgangslage

Etwa in den letzten dreißig Jahren hat die **Bürokopie** durch die technische **1** Vollendung elektrofotografischer Verfahren einen **rasanten Aufschwung** erlebt, der sich durch die Verfügbarkeit einfacher und schneller Geräte boomartig entwickelte und in eine weite Verbreitung dieser Technik mündete, welche sich in viele Bereiche des Geschäftslebens hinein, ja bis hin in die Privatsphäre ausgewirkt hat.

Selbstverständlich hat diese Ausbreitung auch ihre Auswirkung im **2** Sicherheitsbereich gehabt, die zunächst nur bei Kriminalisten und Kriminaltechnikern Beachtung fand, mit der Einführung hochleistungsfähiger **Farbkopierer** aber auch zu einem öffentlichen Diskussionsthema **hochstilisiert** wurde, das nunmehr teilweise Gefahr läuft, emotional behandelt, statt sachlich diskutiert zu werden.

Daher sollen die folgenden Ausführungen einen Überblick über die **3** **Technik** der elektrofotografischen **Vervielfältigung**, ihre **illegale Nutzung** durch Straftäter und die **Möglichkeiten** moderner **Kriminaltechnik** geben; schließlich wird auch die **Sicherungstechnik** zum Schutz von Urkunden gegen Kopien kurz gestreift.

B. Historische Entwicklung

4   Die Verfahren der Elektrofotografie gehen auf Versuche zurück, die von *P. Selenyi* angestellt wurden, und über deren Ergebnisse er 1935 berichtete. Anstelle einer fotoleitenden Schicht, wie sie später als bilderzeugendes Element eingesetzt wurde, benutzte er eine **isolierende Hartgummiplatte,** die er mit einer abgerundeten **Metallspitze „beschrieb",** d. h. er erzeugte durch den reibenden Kontakt Metall/Isolator ein Ladungsbild, das er mit einem Pulvergemisch in der Ausnutzung des triboelektrischen Effekts sichtbar machen konnte.

5   Diese Versuche muß man der Elektrofotografie zuordnen, Versuche zur Elektrofotografie selbst unternimmt erstmals 1938 *C. F. Carlson,* der als Begründer der **Xerographie** (griech., xeros: trocken) angesehen wird. Er verwendet fotoleitende Selenschichten auf Aluminiumträger und entwickelt das Bild mit einem Tonerpulver. Kurze Zeit später entwickeln *Young* und *Greig* unter Umgehung der Carlson-Patente das **Elektrofax-Verfahren,** das die fotoleitenden Eigenschaften einer ZnO/Harzschicht ausnutzt.

C. Anwendung der Elektrofotografie

I. Abgrenzung zu anderen Verfahren

6   Trotz des deutlichen Vorteils bequemer Verarbeitung bei der **Elektrofotografie** wird der klassische Anwendungsbereich der Reproduktionsverfahren von der konventionellen **Silberhalogenid-Fotografie** abgedeckt. Man erreicht höchste Empfindlichkeit und Auflösungen bis 10^3 Linien pro Millimeter. Die wichtigsten Einsatzgebiete sind die Bild- und Röntgenfotografie sowie Kontakt- und Kameraarbeiten im grafischen Gewerbe. Bei der Druckplattenherstellung ist hier bereits von der Elektrofotografie Konkurrenz zu erwarten. Sie hat sich im Kleinoffsetdruck bereits voll etabliert und wird zur Zeit im Zeitungsdruck als filmloser Weg zur Offsetdruckform benutzt.

7   Bedeutung haben neben der Elektrofotografie auch **Fotopolymersysteme** (Formherstellung für den Hochdruck, Fotopolymerfilme) und **Diazoverfahren** (Mikrofilm, Lichtpausen, Offsetdruck) wegen der hohen Auflösung, der geringen Kosten pro Kopie, der Verarbeitungsvorteile (kein Silber, keine Aufarbeitung von Naßchemikalien) und der relativ einfachen und schnellen Verarbeitung.

8   Diese Vorteile bietet auch die Elektrofotografie mit Auflösungen bis maximal 100 Linien pro mm und Empfindlichkeiten, die ein Zehntel bis ein Hundertstel einer typischen Silberhalogenid-Emulsion entsprechen. Diese Werte werden heute mit **organischen Fotohalbleitersystemen** erreicht. Ein Ersatz der üblichen Kamera- und Kontaktsilberfilme ist jedoch vorerst noch nicht zu erwarten. Führend ist die **Elektrofotografie** auf dem Gebiet der **Bürovervielfältigung.** Von Vorteil sind die einfachen Verarbeitungsbedingungen, die bei hoher Kopiergeschwindigkeit, elektronischer Steuerung, kombiniert mit einer Laserstrahlbelichtung zu Druckgeräten führen, mit denen Ausgabegeschwindigkeiten von 150 Kopien pro Minute erreicht und überschritten werden. **Elektrografische Faksimileverfahren** für Computerausgabeeinheiten erreichen **Papiervorschubgeschwindigkeiten,** die pro Sekunde im Meter-Bereich liegen. Mit diesen Geräten sind die Grenzen des Kopierens und Vervielfältigens bereits überschritten und ins Gebiet des **Druckens** verschoben. Bei dieser Gelegenheit sei noch angemerkt, daß es sich bei dem im üblichen Sprachgebrauch meist als Kopiertechnik bezeichneten elektrofotografischen Verfahren streng genommen im Sinne der DIN 16500 um eine Drucktechnik handelt, da die klassischen Elemente Druckbildspeicher, Druckfarbe und Bedruckstoff wie wir später noch sehen werden, in einem Kopiergerät realisiert sind.

II. Prinzip der elektrofotografischen Kopiertechnik

Die heute technisch realisierten Systeme kopieren entweder **direkt** – nach **9** dem Elektrofax-Verfahren – **auf** ein mit einem **Fotoleiter beschichtetes Papier oder indirekt auf** einen **Zwischenträger,** von dem das Ladungs- oder Tonerbild abgenommen und auf das Papier übertragen wird.

Bei beiden Verfahren wird eine vorher aufgeladene Fotoleiterschicht **10** (streng genommen eine Fotohalbleiterschicht) durch Belichtung entladen. Die im Original hellen Stellen bewirken auf der Kopie einen Ladungsabbau. Es entsteht ein **latentes Ladungsbild,** das mit einem flüssigen Dispersionstoner oder einem trockenen Pulvertoner sichtbar gemacht wird. Entsprechend sind die folgenden Verfahrensschritte notwendig:

Aufladen – Belichtung – Entwicklung – Übertragung – Fixierung

1. Aufladen und Belichten

Mit einer Hochspannungskorona werden durch Entladung **Gasionen 11 erzeugt,** die die **fotoleitende Schicht aufladen.** Durch Entstehen einer Sperrschicht an der Oberfläche des Fotohalbleiters wird die **Flächenladung** im Dunkeln nur **langsam abgebaut.** Man erreicht eine **elektrostatische Aufladung** von einigen 100 Volt, die durch Belichtung bildmäßig differenziert wird.

Bei Belichtung besteht der Primärschritt ähnlich wie in der Silberhaloge- **12** nidfotografie in der **Erzeugung von Ladungsträgern,** die beim Silberhalogenid zum Entstehen eines Latentbildes führen, bei der Elektrofotografie dagegen die Leitfähigkeit der fotoempfindlichen Schicht um mehrere Größenordnungen erhöhen. Entsprechend der Belichtung erfolgt die Entladung und führt zu einem **elektrostatischen Ladungsbild.**

2. Entwickeln und Fixieren

Das **Entwickeln des Ladungsbildes** geschieht durch geladene Tonerparti- **13** kel, die sich an den Stellen des Fotoleiters abscheiden, die mit Ladungen entgegengesetzter Polarität besetzt sind. Auf diese Weise erhält man also ein **direktes Positiv.** In jüngster Zeit wurden für den Einsatz bei der digitalen Laserbelichtung Negativ-Entwicklungsverfahren zur Produktionsreife gebracht, bei denen sich gleichsinnig zum Ladungsbild auf dem Fotoleiter aufgeladener Toner an den entladenen Stellen ablagert, so daß ein **Negativ** entsteht. Dies hat für die computergesteuerte Belichtung den enormen **Vorteil,** daß lediglich die später zu betonernden Schriftzeichenlinien zu belichten sind und nicht der hell erscheinende Untergrund, was technische Vorteile bietet und einen besonders sauberen Bildhintergrund liefert.

14   Bei der Betonerung unterscheidet man die **elektrophoretische Flüssigentwicklung** mit einem Dispersionstoner und die **Trockenentwicklung** mit Kaskade, Aerosol oder Magnetbürste.

Beim **trockenen Entwickeln** werden je nach Kopiersystem Ein- oder Zwei-Komponententoner verwendet. Ein **Zwei-Komponententoner** besteht aus Träger- und Tonerpartikeln, die sich durch innige Reibung gegenseitig triboelektrisch aufladen. Der Toner als eigentlich farbgebender Bestandteil des Entwickleraerosols kann aus Ruß, Pigmenten, pigmentierten Polymerteilchen oder harzüberzogenen Pigmentpartikeln bestehen. Nachteile des dualen Gemischsystems liegen in der laufenden Abnahme des Toneranteils im Pulver, da nur die farbgebenden Tonerpartikel beim Kopieren dem Gemisch entzogen werden, während der sogenannte Developer an der Magnetbürste verbleibt.

Beim **Ein-Komponententoner** weisen alle Teilchen die gleiche Zusammensetzung auf und bestehen z. B. aus harzüberzogenem Magnetitgranulat, das mit einer Magnetbürste aufgetragen wird.

15   Als Methoden der **Tonerfixierung** werden Hitze- und Druckfixierung sowie Kombinationen von beiden Verfahren verwendet. Dazu sind entweder thermoplastische Toner notwendig, die in einem engen Erweichungsintervall mit dem Papier verschmelzen, oder Toner, die beim Durchlaufen zwischen zwei Druckwalzen plastisch verformt werden und so auf dem Kopierpapier wischfest haften. Wird naß entwickelt, so muß die organische Trägerflüssigkeit verdunsten, wobei lösungsmittelabweisende Papiere eingesetzt werden. Beim Fixiervorgang bestimmt letztlich die Größe und Verformbarkeit der Tonerpartikel das Auflösungsvermögen der Kopie. Der **Trend** bei den technisch eingesetzten Verfahren geht inzwischen eindeutig **zur kombinierten Fixierung mittels Wärme und Druck.**

D.   Potentieller Mißbrauch der Elektrofotografie

16 Die steil ansteigende Verbreitung der elektrofotografischen Techniken und die quasi allgegenwärtige **Verfügbarkeit** hat logischerweise auch im Einsatz in der **Kriminalitätssphäre** seinen Niederschlag gefunden. Eine **ungesetzliche Verwendung** ist vor allem **in folgenden Bereichen** denkbar:
– Fälschung durch Nachahmung
  Ersatz der Drucktechnik, Farbkopie
– Fälschung und Verfälschung von Urkunden durch Montage und anschließendes Kopieren, z. B. Einkopieren von Unterschriften in Verträge

– Herstellen von „Blankoformularen" durch Kopie von Originalen mit abgedeckten Eintragungen. Evtl. anschließende fälschliche Ausstellung
– Verbreitung illegaler Schriften (Selbstbezichtigungsschreiben, Agitationspropaganda)
– Unbefugte Weitergabe vertraulicher Informationen
– Verschleierung von Spuren im Hinblick auf kriminaltechnische Untersuchungen, z. B. bei maschinengeschriebenen Erpresserbriefen oder Unterschriftsfälschungen.

Unterschieden werden bei **Falsifikaten** die **Fälle**   **17**

– Totalfälschungen, bei welchen die gesamte Urkunde imitiert ist
– Verfälschungen, bei welchen Wertangaben oder Ausfüllschriften verändert wurden und
– Fälschliche Ausstellungen, bei welchen unter Verwendung von Originalurkunden oder amtlichen Vordrucken nicht berechtigte Eintragungen vorgenommen wurden.

Bezüglich der **Qualität** spricht man   **18**

– von **Eindrucksfälschungen,** wenn die Möglichkeiten und Fähigkeiten des Fälschers nicht ausreichen, eine mit dem Original auch bei intensiverer Inaugenscheinnahme zu verwechselnde Imitation zu produzieren,
– von **Nachahmungsfälschungen,** wenn der technische Aufwand beim Fälschungsgang so hochgetrieben wurde, daß ein täuschend echtes Duplikat des Originals entstanden ist, das einer gewissen Prüfung standhält.

Die **Grenzen** sind selbstverständlich **fließend.** Wo die Eindrucksfäl-   **19**
schung aufhört und die Nachahmungsfälschung beginnt, läßt sich nicht beantworten. Vor allen Dingen hängt die Gefahr, die von einer minderwertigen Fälschung ausgeht, von der Bereitschaft bzw. Möglichkeit des Empfängers ab, eine mehr oder weniger intensive Prüfung vorzunehmen. So ist z. B. die Gefahr von Eindrucksfälschungen höher im Geldverkehr an der Kasse von Supermärkten als am Bankschalter, und eine Nachahmungsfälschung eines Ausweises, der von ausgebildetem Personal geprüft wird, wird sicherlich schwerer zu realisieren sein, abgesehen von dem technischen Limit, das durch die Sicherungstechnik gegeben ist, als diejenige von Eintrittskarten zu einem Fußballspiel.

Die Nutzung modernster Farbkopiertechnologien durch Fälscher erfordert jedoch **erhöhte Aufmerksamkeit** und die Bewußtseinserhöhung der Bevölkerung sowie fachliche Unterweisung der prüfenden Organe.

E. Kriminaltechnische Untersuchungsmethoden

I. Fortschritt der Methodenentwicklung

Um der illegalen Benutzung der Elektrofotografie durch Kriminelle zu   **20**
begegnen, wurden im forensischen Bereich **zunächst bei Schwarz-Weiß-**

Kopiergeräten geeignete **Untersuchungsmethoden** entwickelt, die den ermittelnden Beamten unterstützen und für die Beweisführung vor Gericht von Bedeutung sind.

21 Die **erfolgreichsten Arbeiten** wurden zu Beginn der 80er Jahre vor allem **in Großbritannien** und **der Bundesrepublik Deutschland** durchgeführt. Während in Großbritannien Methoden und Zielsetzung fortlaufend veröffentlicht wurden, verzichteten die deutschen Stellen bewußt zunächst auf eine Preisgabe der neugewonnenen Erkenntnisse, da vor dem Hintergrund des Terrorismus abgewartet werden sollte, bis die neuen Möglichkeiten der Kriminaltechnik vor Gericht ihre vertrauliche Behandlung aus rechtsstaatlichen Gründen verlieren mußten.

II. Methodik

22 Bei der methodischen Vorgehensweise der Untersuchung elektrofotografischer Kopien finden sich Parallelen zur klassischen Untersuchung von Schreibmaschinenschriften, weil die Folge der Untersuchungen in der gleichen Reihenfolge „**Systembestimmung – Geräteidentifizierung**" verläuft, also zunächst das für ein Tatstück benutzte Kopiergerät bezüglich Hersteller und Modell bestimmt wird und dann – wenn der Verdachtskreis entsprechend eingeengt ist und Musterkopien einer mutmaßlich eingesetzten Maschine dieses Typs beschafft werden konnten – die **individuelle Tatmaschine** als solche beweiskräftig identifiziert wird.

1. Systembestimmung

23 Die **analytische Vorgehensweise** bei einer Systembestimmung wird von den bei marktgängigen Kopiergeräten technologisch eingesetzten Verfahren bestimmt, wozu moderne apparative Hilfsmittel der Laboranalytik dienen. Vergleicht man die Evaluierung des angewandten Verfahrens mit dem baumartig verästelten Schema einer **Suchstruktur,** so wird durch jede analytische Untersuchung eine tiefere, feiner verzweigte Ebene erreicht.

24 Als **erstes** und **auffälligstes Kriterium** kann die Plazierung des Fotoleiters herangezogen werden. Während bei den sogenannten **direkten Verfahren** der Fotoleiter als Beschichtung auf dem Kopierpapier aufgetragen ist – meist handelt es sich dabei um ZnO-Fotoleiter, die mit Kunstharzen gebunden sind – ist bei den **indirekten Verfahren** der Fotoleiter als Bestandteil des Kopiergerätes fest in dieses eingebaut. Daraus folgt, daß bei den direkten Verfahren jede Kopie auf einem neuen Fotoleiter entsteht und somit weder teure Materialien in Frage kommen, noch eine spektrale Sensibilisierung durch Farbstoffzusätze erfolgen kann, weil der Bilduntergrund neutral erscheinen sollte.

25 Zu unterscheiden sind diese, im alltäglichen Sprachgebrauch oft irreführend als Naß-, respektive Trockenkopie bezeichneten Hauptgruppen relativ leicht; eben an der vorhandenen oder fehlenden **Beschichtung** des Kopierpapiers mit einem **Fotoleiter,** wobei auf Verwechslungen mit speziellen Kopierpapieren (dielektrische Papiere, satinierte Papiere) geachtet werden muß. Allerdings **verschwinden** die nach dem **direkten Verfahren**

Kopiergeräten geeignete **Untersuchungsmethoden** entwickelt, die den Fotoleiter, die für kriminaltechnische Zwecke auswertbar sind, seien hier nur gestreift. So ist z. B. die spektrale Sensibilisierung hervorragend geeignet, unterschiedliche Fotoleiterausführungen zu charakterisieren, in der Praxis verliert aber diese Methode stark an Bedeutung, da die Vorlagen für illegale Kopien meist nur Grauwerte enthalten. In Zusammenhang mit den modernen **Farbkopiergeräten** gewinnt jedoch die Bestimmung der spektralen Sensibilisierung erneut an Bedeutung. Zusätzliche Auswertungsmöglichkeiten bieten die erzielbare Maximaldichte sowie die optisch geometrischen Daten der Bildübertragung auf den Fotoleiter.

Die **Entwicklungsverfahren** (Stufe 2 des Verfahrensschrittes: Betonerung) lassen sich nach den **Medien** einteilen, mit denen der Toner an den Fotoleiter angetragen wird. **26**

Der Toner wird an festem Übertragungsmedium bei der Kaskaden-Pulverentwicklung und der Magnetbürsten-Pulverentwicklung, in flüssigem Übertragungsmedium (hochisolierende, dielektrische Flüssigkeit) bei der elektrophoretischen und in gasförmigem Übertragungsmedium bei der Aerosol-Wolkenentwicklung in Kontakt mit dem Fotoleiter gebracht. **27**

Die **Unterscheidung** der hierfür verwendeten **Tonermaterialien** ist auf **materialanalytischem Weg** möglich, da für die diversen Techniken in Verbindung mit den Fixierverfahren speziell abgestimmte Toner definierter Zusammensetzung erforderlich sind. Spektroskopische Verfahren, thermoanalytische Methoden und physikalische Spurenanalysen bieten sich zur **Charakterisierung** an. Als Beispiel ist in den Abb. 1 und 2 (Seite 180) das Ergebnis der Untersuchung zweier Toner mit Hilfe der energiedispersiven Röntgenfluoreszenzanalyse im Rasterelektronenmikroskop dargestellt. **Kopiergerät 1 (Rank Xerox 1045)** arbeitet mit Magnetbürstenentwicklung und Zwei-Komponententoner, bei welchem die an der Magnetbürste verbleibenden ferromagnetischen Teilchen als Träger für die farbgebenden Tonerpartikel dienen, während die **Maschine 2 (Agfa X41)** hierfür mit Kunststoff umhüllte Eisenteilchen, also Ein-Komponententoner verwendet, der in seiner Gesamtheit auf der Kopie abgeschieden wird. Der hohe Fe-Gehalt des Einkomponententoners läßt sich durch entsprechende Zählraten bei der charakteristischen Röntgenstrahlung leicht feststellen. **28**

Die im **Routinebetrieb** erreichbare feinste und aussagekräftigste Differenzierung erreicht man auf dem Wege der **Infrarotspektralfotometrie.** Hierbei werden die Anteile des Polymers in den Tonerharzen auf spektralfotometrischem Wege chemisch differenziert und klassifiziert. Allerdings sind speziell entwickelte Spurenpräparationsmethoden zum Einsatz dieser Technik erforderlich, will man die analytischen Untersuchungen an direkt von den Kopien gewonnenen Tonerproben durchführen. Die **folgenden beiden Abbildungen** zeigen **charakteristische Spektren** von **Tonermaterialien.** In Abb. 3 und 4 (Seite 181) sind die Spektren zweier Kopiergeräte dargestellt, die unterschiedliche Toner verwenden, die spurenanalytisch von den Kopien präpariert wurden. Man erkennt die leichte Differenzierbarkeit der Spektren und die trotz der geringen verfügbaren Materialmenge gut auswertbaren Spektren. Nicht immer ist diese Differenzierbarkeit in der **29**

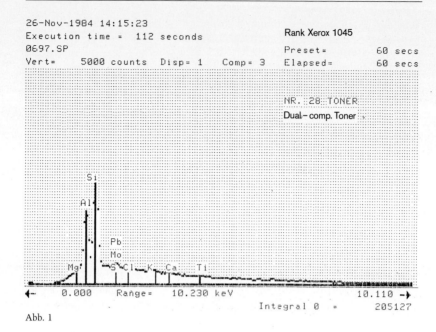

Abb. 1

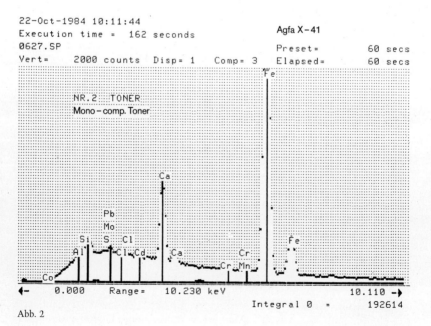

Abb. 2

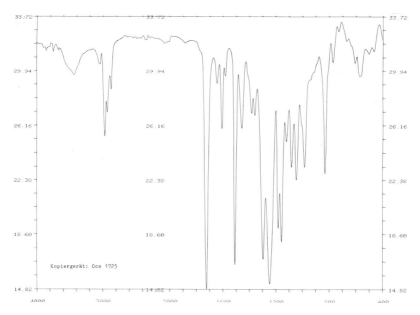

Abb. 3

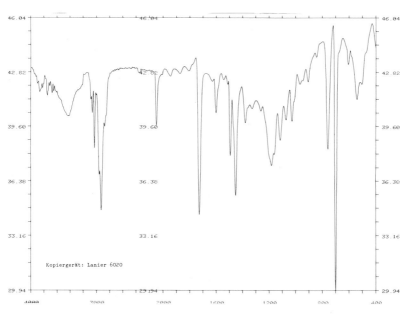

Abb. 4

gleichen Klarheit gegeben, im Gegenteil, da immer mehr Produzenten von Kopiergeräten in ihre Maschinen sogenannte OEM-Bauteile, also Lieferteile eines großen Fremdherstellers einbauen, arbeiten in **unterschiedlichen Modellen** oft **gleiche Aggregate.**

30 Darüber hinaus hat sich in der Evolution der Entwicklung herausgestellt, daß nur einige **wenige Technologien** für **Hochleistungskopiergeräte** in Frage kommen, so daß die in der Experimentierphase auf dem Markt angebotene Vielfalt der nach unterschiedlichen Prinzipien arbeitenden Geräte verschwunden ist. Dies stellt auch die Kriminaltechnik vor neue Herausforderungen. Immer **feinere spurenanalytische Untersuchungen** wären hierzu erforderlich, die eigentliche **Problematik** liegt jedoch nicht in der Entwicklung neuer Methoden – die moderne Analytik erlaubt Materialbestimmungen von bisher unerreichbarer Auflösung – sondern **in der Anwendung im Routinebetrieb.** Die erforderlichen Instrumente sind analog zur Leistungsfähigkeit ebenfalls komplexer und teurer geworden und können aus wirtschaftlichen Gründen nur zentral vorgehalten werden, so daß die gewünschten Ergebnisse lediglich in Auftragsvergabe erhalten werden können.

31 Für eine präzise Systembestimmung ist naturgemäß eine **Sammlung** sämtlicher, auf dem deutschen Markt und im benachbarten Ausland verfügbaren **Kopiergeräte** erforderlich, so daß ein Zentrallabor in der Regel mit derartigen Mengenaufkommen **überlastet** ist. Bedenkt man, daß im Bundeskriminalamt eine Sammlung allein an Infrarotspektren unterschiedlicher Kopiergeräte von etwa zweitausend Stück existiert und ständig fortgeschrieben wird, die übrigen analytisch gewonnenen Charakteristika noch gar nicht berücksichtigt, so wird deutlich, welcher Aufwand hier erforderlich ist.

32 Schließlich ist durch eine abbildende Darstellung mittlerer Vergrößerung auf lichtoptischem oder elektronenmikroskopischem Wege die **Tonerablagerungscharakteristik** erkennbar und daraus die angewandte Fixierung zu bestimmen.

33 Wärmeeinwirkung, Anlösen oder Druck sind gängige Mittel, um den **Toner** mit dem **Papierträger** fest zu **verbinden.** Nach einer **Trockentonerentwicklung** wird meist durch Infrarotstrahlung der Toner angeschmolzen und bleibt nach Abkühlung wischfest auf dem Papier oder er wird zwischen zwei Walzen mit hohem Druck in das Trägermaterial hineingepreßt. Mittlerweile **Standard** ist auch die Kombination von **Druck** und **Wärme.** Bei der **Flüssigentwicklung** werden zur Trägerflüssigkeit **harzartige Bindemittel** beigemischt, die nach dem Verdunsten des Lösungsmittels unter Wärmeeinwirkung das Tonerbild festigen.

34 **Elektronenmikroskopische Aufnahmen** der **Toneranlagerung** erlauben eine leichte Unterscheidung der diversen konstruktiven Varianten der Kopiergeräte.

2. Geräteidentifizierung

35 Ist nun mit Hilfe der vorgenannten Methoden eine Systembestimmung erfolgt, so kann ein **individuelles Gerät** auf klassische Weise **mittels Spu-**

renvergleichs identifiziert werden. Dies erfolgt z. B. durch Mustervergleiche des Bilduntergrundes, wobei Spurenbildungen durch Defekte im Fotoleiter, der Magnetbürste oder auch durch die Abdeckplatte des Vorlagenhalters entstanden sein können.

Um eine Bewertung der Aussagekraft der festgestellten Spuren gegenüber zufällig entstandenen Tonerablagerungen vornehmen zu können, ist es darüber hinaus notwendig, durch eine Abschätzung der **statistischen Wahrscheinlichkeiten** den Grad der Sicherheit festzulegen. In der Regel kommt man aber hier bei Vorliegen von Kopien durchschnittlicher Art auf Zahlenwerte, die den Zusammenhang **weitestgehend deterministisch** beweisen.   **36**

Nicht genug zu betonen ist an dieser Stelle, daß eine vorausgegangene **daktyloskopische Behandlung** der Kopien die Möglichkeit der kriminaltechnischen Zusammenführung von Tatstück und Gerät **zunichte** machen kann. Dies beruht weniger in der Störung der materialanalytischen Untersuchung, sondern auf der Tatsache, daß sich das **Ninhydrin** an allen Verschmutzungen sowie an Tonerpartikeln ablagern kann, so daß nicht mehr erkannt werden kann, wo es sich um Toner- und wo es sich um Schmutzpartikel handelt.   **37**

F. Moderne Farbkopiergeräte und Sicherungstechnik

I. Konventionelle Sicherungstechnik

Anläßlich der jüngsten Entwicklungsphase **leistungsfähiger Farbkopiergeräte,** insbesondere der Laserkopierer der japanischen Firma **Canon,** stellt sich die Frage nach der Absicherung von Wertdrucken gegen elektrofotografische Kopien insbesondere Farbkopien. Inzwischen hat die Kriminalität der Banknotenfälschungen mittels Farbkopie stark zugenommen, so daß **Gegenmaßnahmen** dringend angezeigt erscheinen.   **38**

Die Philosophie einer **optimalen Sicherung** besteht darin, die technologische Hürde für eine Fälschung möglichst hoch anzulegen und dabei Echtheitskriterien zu schaffen, die möglichst ohne Laborhilfsmittel sofort prüfbar sind. Denn wie bereits im Zusammenhang mit Eindrucks- und Nachahmungsfälschungen angedeutet, sind letztlich die meisten **Wertdrucke** „fälschungssicher", da im Labor stets Kriterien analysiert werden können, anhand derer die Falsifikate erkannt werden. Leider ist der **Schaden** dann aber meist **bereits entstanden.**   **39**

Als erstes und durchaus nicht selbstverständliches Prinzip sollte gelten, daß in **keinem Original** zur Bilderzeugung **elektrofotografische Techniken** angewendet werden sollten. Dies betrifft in erster Linie die Codierzeilen von Scheckformularen, da eine unberechtigte Ausfüllung oder Änderung somit einerseits dem Fälscher leicht fällt, andererseits eine kriminaltechnische Untersuchung erschwert wird. Trotz der vielen wirtschaftlichen Vorteile sollte deshalb insbesondere der Einsatz von Laserdruckern hier unterbleiben.   **40**

41   Als Schutz der Originale vor Kopie ist sodann die immer noch vorhandene **Überlegenheit** der **Drucktechnik** dort ausnutzbar, wo prinzipbedingt die Elektrofotografie Schwächen aufweist. Dabei wäre zunächst die maximale Linienfeinheit der Bildstrukturen zu nennen, die in den verschiedenen Verfahren erreichbar ist. Die praktische Elektrofotografie ist hier nicht in der Lage, mit den Druckverfahren Schritt zu halten. Zudem handelt es sich beim Kopiervorgang um eine Reproduktion, so daß sich Effekte der optischen Modulationsübertragung addieren. Hieraus folgt, daß bereits durch **Schutzlinienmuster** ausreichender Feinheit eine **exakte Reproduktion** mit elektrofotografischen Methoden **unmöglich** ist.

42   Des weiteren sind Farbkopiergeräte in ihrer **Farbreproduktionsfähigkeit** auf den **Farbraum beschränkt,** der durch die Grundfarben der verwendeten **Tonermaterialien C, M, Y** vorgegeben ist. Im Druck können bereits mit den Farben der Europaskala Farbeindrücke erzielt werden, die ein gängiger Farbkopierer nicht wiedergeben kann. Verschwärzlichung und Farbabweichungen in der Kopie sind die Folge. Erhöhter Schutz kann darüber hinaus erzielt werden, wenn **Spezialfarben** wie metamere Farben, Schmuck-, Metall- und Lumineszenzfarben zum Einsatz kommen.

43   Schließlich steht als wirksamer Schutz gegen Kopie eine Palette von Schritten zur Auswahl, die das Einbringen von **Merkmalen** und **Schutzstrukturen** zum Ziel hat, welche nicht mit herkömmlichen optischen Reproduktionsmitteln duplizierbar sind bzw. eine herkömmliche reproduktive Fälschung offenkundig machen können. Durch gezielte Auswahl unabhängiger Sicherungsmerkmale kann ein **systematisches Sicherheitsdesign** konzipiert werden, das schwer zu überwinden sein dürfte. Hierher gehören Wasserzeichen, Papiersicherungen in Form von Planchetten, Melierfasern etc. Unter UV-Licht lumineszierende Untergrundmuster bis hin zu geheimen Sicherheitsreagenzien oder Markierungen mit seltenen Erden können hier genannt werden. Erneut gilt hier aber das obengesagte Prinzip, daß selbstverständlich die Echtheitsprüfung so weit wie möglich „an die Front" verlegt sein sollte.

44   Dies kann durch **Integration** von **Schutzstrukturen** in die **künstlerischen Bildmotive** erreicht werden, die z. B. mit den durch die Digitalisierung bei den Laserkopierern zwangsläufig entstehenden Periodizitäten des Kopierbildes interferieren und so auffällige Moiremuster produzieren. Allerdings kann der Entwurf eines Schutzmusters nicht die Gegebenheiten aller vorhandenen und zukünftigen Kopiermaschinen berücksichtigen, so daß es wohl bei Universalformen sein Bewenden haben muß.

45   **Alle** diese **Sicherungsmerkmale** sind in den aktuellen Scheinen der **deutschen Währung** enthalten und haben dennoch nicht die steigende Zahl an Farbkopiefälschungen verhindern können. Dies liegt zum einen daran, daß die Bevölkerung im wahrsten Sinn des Wortes „blindes" Vertrauen in die deutschen Banknoten zeigt, so daß das Geld meist unbesehen den Besitzer wechselt, zum anderen steht bei einem Design von Geldscheinen meist die **Ästhetik im Wettbewerb** mit den eher **nüchternen Sicherungsfeatures,** was sich dahingehend auswirkt, daß letzteren nicht immer der eigentlich für eine spontane Erkennbarkeit erforderliche Anteil an der Fläche des Banknotenbildes zugestanden wird.

Bereits frühzeitig wurden daher von fachlich kompetenter Seite die Ent- **46** wicklung und der Einsatz von **Mustererkennungsmethoden** gefordert, die in die Farbkopiergeräte eingebaut, eine **Kopie** sicherheitsempfindlicher Vorlagen **verhindern** können. Mittlerweile hat die Firma **Canon zwei Systeme vorgestellt,** die bei der Bekämpfung der **Falschgeldkriminalität** eingesetzt werden sollen. Es handelt sich hierbei um ein **präventives** und ein **repressives System.**

Das **präventive System** vergleicht die zu kopierende Vorlage mit **47** Mustern, die im Speicher des Gerätes abgelegt wurden. Kommt die Elektronik zu dem Ergebnis, daß Übereinstimmung besteht, so wird eine **geschwärzte,** also unbrauchbare **Kopie** ausgegeben. Eine der Schwächen des Systems besteht in der **begrenzten Anzahl** an **ablegbaren Mustern,** daher können zur Zeit nicht beliebig viele Währungen, Personaldokumente oder Wertdrucke geschützt werden.

Das **repressive System schreibt** in jede Kopie **latent** die **Seriennummer 48** des Geräts, so daß im Zuge von Ermittlungen zweifelsfrei festgestellt werden kann, welches Gerät für die Straftat verwendet wurde. Natürlich bedarf dieses System einer lückenlosen Aufzeichnung der **Vertriebswege,** um bei Bedarf der Besitzer habhaft werden zu können.

Ein **weiteres System** zur Unterbindung unerwünschter Kopien dezidier- **49** ter Vorlagen wurde angekündigt. Dieses System soll herstellerunabhängig einsetzbar sein und mit Hilfe modernster Prinzipien der sogenannten **Fuzzy-Logik** eine erheblich **größere Vielzahl** zu schützender Originalmotive ermöglichen.

II. Sicherungstechnik durch Integration von Bildkomponenten mit Phaseninformationen

Die jüngste Entwicklung der optischen Sicherungssysteme stellt die **50** Gruppe der **holographisch erzeugten Elemente** dar. Prinzipiell mit klassischen Reproduktionsmitteln nicht kopierbar und auch im Vorfeld ohne Hilfsmittel abzuprüfen, stellen sie eigentlich das **ideale Sicherungsmedium** dar. In der Form der bisher weite Verbreitung findenden **Weißlicht-Prägehologramme,** wie sie von den Scheck- und Kreditkarten bekannt sind, erscheinen sie aus hiesiger Sicht als Sicherungselement für besonders empfindliche Wertdrucke **nicht ohne gravierende Nachteile** zu sein. Dies führt z. B. unter anderem dazu, daß im neuen deutschen Personalausweis kein Weißlicht-Prägehologramm integriert ist. Zum einen ist nämlich bei den im Prägedruck hergestellten Motiven auf einfache Weise keine holografische Individualisierung möglich, so daß eine mögliche Wiederverwendung eine Gefahr darstellt und deshalb mit besonderen Mitteln verhindert werden müßte.

Des weiteren muß der Realität entgegengesehen werden, daß das kon- **51** ventionelle **Weißlicht-Prägehologramm,** stehen dem Straftäter holografische Methoden zur Verfügung, **weder fälschungs- noch nachahmungssicher** ist, so daß dann eine besondere Gefahrensituation entsteht, wenn das Hologramm als vermeintlich herausragendes Sicherheitsmerkmal allein als Grundlage einer Echtheitsprüfung dient, es aber dennoch anfällig für einen Fälschungsangriff war. Besondere Formen der holografischen Bild-Erzeugung können jedoch die Forderung nach Individualisierung und Fälschungssicherheit erfüllen, insbesondere da sie automatisch eine maschinell prüfbare Individualität bieten können, die von niemandem, auch nicht vom Originalhersteller dupliziert werden kann **(Schlagwort: Inherent security feature)** – eine Vertiefung würde jedoch den Rahmen des Beitrags sprengen.

52   **Alle Formen holografischer Bildelemente** jedoch stellen zunächst einen **wirksamen Schutz gegen elektrofotografische Kopien** dar. Auf der Basis des bisher Gesagten und unter Einbeziehung der Erfahrungen, die bisher auf dem Fälschungssektor mit **hochwertigen Farbkopierern** gemacht wurden, kann festgestellt werden, daß zwar – nimmt man die Bildinformation eines Wertdruckes allein als zum Eindruck der Echtheit führendes Kriterium – die moderne elektrofotografische Technologie es dem **Fälscher** wieder etwas **leichter** gemacht hat; grundsätzlich neue Gesichtspunkte kann es aber, vergleicht man die schon lange zur Verfügung stehenden Reproduktionstechniken mit der Farbkopiertechnik, nicht geben.

SCHRIFTTUM

Bellamy, L. J.: The Infared Spectra of Complex Molecules. 3rd ed. London 1975.

Brunelle, R. L. and *R. W. Reed:* Forensic Examination of Ink and Paper. Springfield, IL 1984.

Corbobesse, P. A. Buquet et *P. F. Ceccaldi:* L'indentification des copies électrostatiques est devenue une réalité. Revue internationale de criminologie et de police technique 38 (1985), pp. 92–103.

Giaimo, E. C.: Electrophotographic developing apparatus. U. S. Patent No. 2,786,440; 1957.

Greig, H. G.: Electrostatic printing. U.S. Patent No. 2,811,465; 1957.

Heuser, H. G.: Zur Untersuchung von elektrophotographischen Kopierprodukten. In: KT-Material Information 3 (1984), S. 129–137.

ders.: Methods Concerning Classification and Identification of Photocopies. In: Federal Bureau of Investigation, The Laboratory Division (ed): Proceedings of the International Symposium on Questioned Documents. Held in Quantico, Virginia on July 30 – August 1, 1985. Washington, D.C. 1985, pp. 145–157.

ders.: Bestimmung der charakteristischen Schwärzungskurve eines unbekannten Kopiergerätes – Ein Fallbeispiel –. Vortrag gehalten auf dem 1. Europäischen Symposium der Urkundenexperten, Wiesbaden, 1986 (masch. Ms).

Hilton, O.: Detecting fraudulent photocopies. In: Forensic Science International 13 (1979), pp. 117–123.

Holland, N. W.: Photocopy Classification and Identification. In: The Journal of the Forensic Science Society 24 (1984), pp. 23–41.

Horacek, G. und *G. Müller:* Eine einfache Technik zur Untersuchung von Photokopiertonern mittels der IR-Spektroskopie. In: Archiv für Kriminologie 176 (1985), S. 159–162.

James, E. L.: The Classification of Office Copy Machines from Physical Characteristics. In: Journal of Forensic Sciences 32 (1987), pp. 1293–1304.

ders.: Classification of Photocopy Machines by Physical Characteristics. In: Crime Laboratory Digest 14 (1987), pp. 54–73.

ders.: The Classification of Photocopy Machines from Physical Characteristics. In: Federal Bureau of Investigation, The Laboratory Division (ed.): Proceedings of the International Symposium on Questioned Documents. Held in Quantico, Virginia on July 30 – August 1, 1985. Washington, D.C. 1985, pp. 27–32.

Kelly, J. D. and *Paula Haville:* Procedure of the Characterization of Zinc Oxide Photocopy Papers. In: Journal of Forensic Sciences 25 (1980), pp. 118–131.

Kelly, J. H.: Classification and Indentification of Modern Office Copiers. Colorado Springs, CO (The American Board of Forensic Document Examiners, Inc.) 1983.

ders.: Identifying the Copying Machine Used in the Preparation of Simulated Forgeries. In: Journal of Forensic Sciences 18 (1974), pp. 410–413.

ders.: Silicone oil – A new method of Identification and Dating a Photocopy. Paper presented at the 44th ASQDE Meeting, Savannah, GA, Sept. 1986.

Kemp, G. S. and *R. N. Totty:* The differentiation of toners used in photocopy processes by infrared Spectroscopy. In: Forensic Science International 22 (1983), pp. 75–83.

Levy, E. J. and *T. P. Wampler:* Applications of Pyrolysis Gas Chromatography Mass Spectrometry to Toner Materials from Photocopiers. In: Journal of Forensic Sciences 31 (1986), pp. 258–271.

diess.: Pyrolysis GC/MS of Inks and Paper in Document Identification. In: Federal Bureau of Investigation, The Laboratory Division (ed.): Proceedings of the International Symposium on Questioned Documents. Held in Quantico, Virginia on July 30 – August 1, 1985. Washington, D.C. 1985, pp. 141–143.

Lile, J. E. and *A. R. Blair:* Classification and Identification of photocopiers: A Progress Report. In: Journal of Forensic Sciences 21 (1976), pp. 923–931.

Löfroth, G., E. Hefner, I. Alfheim and *M. Molle:* Mutagenic Activities in Photocopies. In: Science 209 (1980), pp. 1037–1039.

Munson, T. O.: The Classification of Photocopies by Pyrolysis Gas Chromatography Mass Spektrometry. In: Journal of Forensic Sciences 34 (1989), pp. 352–365.

O'Reilly, J. M. and *P. F. Erhardt:* Physical properties of toner polymers. In: SPSE Second International Conference On Electrophotography. Washington, D.C., 1973 pp. 95–100.

Piper, J. W.: Laboratory Support in Counterfeiting Investigations. In: Federal Bureau of Investigation, The Laboratory Division (ed.): Proceedings of the International Symposium on Questioned Documents. Held in Quantico, Virginia on July 30 – August 1, 1985. Washington, D.C. 1985, pp. 79–82.

Prime, R. B.: Relationship between Toner Properties, Fuser Parameters and Fixing of Electrographic Images. In: Photographic Science and Engineering 27 (1983), pp. 19–25.

Rosenkranz, H. S., E. C. McCoy, D. R. Sanders, M. Butler, D. K. Kiriazides and *R. Mermelstein:* Nitropyrenes Isolation, Identification and Reduction of Mutagenic Impurities in Carbon Black and Toners. In: Science 209 (1980), pp. 1039–1043.

Siddons L. K. and *D. S. Howes:* A method of identifying the product of an individual soft toner photocopier. In: Journal for the Canadian Society of Forensic Science 13 (1980), pp. 29–32.

Stübbe, A. und *W. Schumacher:* Pigmentruße in Tonern für elektrofotografische Kopierverfahren. In: Farbe und Lack 92 (1986), S. 373–378.

Thourson, T. L.: Xerographic Development Processes. a Review. In: IEEE Transactions on Electro Devices 19 (1972), pp. 495–511.

Totty, R. N. and *D. Baxendale:* Defect Marks and the Identification of Photocopying Machines. In: Forensic Science Society 21 (1981), pp. 23–30.

Totty, R. N., J. M. Dubery, I. W. Evett and *I. D. Renshaw:* x-ray microprobe analysis of coated papers used in photocopying processes. In: Forensic Science International 13 (1979), pp. 31–40.

Totty, R. N., G. S. Kemp, B. German, G. S. Metcalfe and *E. Hubbleday:* Analysis of Duplicator (Photocopy) Toners. In: Federal Bureau of Investigation, The Laboratory Division (ed.): Proceedings of the International Symposium on Questioned Documents. Held in Quantico, Virginia on July 30 – August 1, 1985. Washington, D.C. 1985, pp. 49–69.

Totty, R. N., P. A. Rimmer and *R. K. Steadman:* Establishing the date of manufacture of a sheet of photocopy paper. a case example. In: The Journal of the Forensic Science Society 27 (1987), pp. 81–88.

Warman, G. P., C. J. Curry and *P. Burke:* Evaluation of Scanning Electron Microscopy with Energy Dispersive Spectrometry for Examining Plain Paper Photocopies. Paper presented at the 10th Meeting of the International Association of Forensic Sciences, Oxford, UK, 18–25 September 1984 (Abstract in: The Journal of the Forensic Science Society 24 [1984], p. 415).

Welch, J. R.: Magnetic Aspects of Printing, Photocopies and Bankcards. In: The Journal of the Forensic Science Society 25 (1985), pp. 343–347.

Williams, E. M.: The Physics and Technology of Xerographic Processes. New York, NY 1984.

Williams, R. L.: Analysis of photocopying toners by infrared spectroscopy. In: Forensic Science International 22 (1983), pp. 85–95.

Zimmermann, J., D. Mooney and *M. J. Kimmett:* Preliminary Examination of Machine Copier Toners by Infrared Spectrophotometry and Pyrolysis Gas Chromatography. In: Journal of Forensic Science 31 (1986), pp. 489–493.

28

Beweislehre

Armin Nack

INHALTSÜBERSICHT

A. Gegenstand und Bedeutsamkeit

1 Etwa 90 % aller Probleme, mit denen es Polizei, Staatsanwaltschaft und Gericht in einem Strafprozeß zu tun haben, betreffen Tatsachen-Fragen: Die Würdigung von Aussagen einerseits und die Würdigung der sonstigen Beweise einschließlich der gesamten **Beweiswürdigung** (Zusammenfassung der Aussagen, Gutachten, Sachbeweise usw.) andererseits.

2 Im Mittelpunkt der tatsächlichen Würdigung steht die Frage, ob ein Indiz belastend oder entlastend und wie stark seine Beweiskraft ist und vor allem, ob die Beweise insgesamt in ihrer **Gesamtschau** das jeweils notwendige Beweismaß (Rdnr. 6) erbringen. Diese Fragen umschreiben das Gebiet der Beweislehre.

3 Obwohl die Beweiswürdigung im Strafprozeß eine so dominierende Stellung einnimmt, ist die Beweislehre **kein Unterrichtsfach** für Jurastudenten und Polizeibeamte; kaum ein Lehrbuch oder Kommentar zum Strafprozeß verwendet darauf mehr als eine Seite. Wohl nirgends klaffen Theorie und Praxis so weit auseinander.

4 Das war **nicht immer so.** Bis vor 100 Jahren beschäftigten sich Lehrbücher und Kommentare ausführlich mit der Beweislehre. Was berühmte Rechtslehrer wie *Anselm von Feuerbach* und Philosophen wie *Jeremias Bentham* dazu schrieben, braucht sich vor der heutigen Wissenschaft nicht zu verstecken[1].

5 **Besserung** ist aber in Sicht. In den letzten Jahren wurde die Beweislehre wieder als Gegenstand der Prozeßrechtslehre entdeckt; der Anstoß dazu kam aus dem angelsächsischen und skandinavischen Rechtskreis[2].

B. Rechtlicher Rahmen der Beweiswürdigung

6 Die Strafprozeßordnung (StPO) verlangt in bestimmten Entscheidungssituationen eine Beweiswürdigung. An mehreren Stellen schreibt sie vor, welchen Grad von Gewißheit der Richter, der Staatsanwalt und der Polizeibeamte haben müssen, damit sie eine bestimmte prozessuale Entscheidung treffen können. Diesen jeweils geforderten Grad von Gewißheit kann man auch als **Beweismaß** bezeichnen[3].

---

1 Vgl. *v. Feuerbach/Mittermaier* 1847; *Mittermaier* 1834; *Bentham* 1829. S. schon *Bernoulli* 1706.

2 An neueren deutschen Veröffentlichungen seien neben den unten in den Fn. 3, 5, 12 und 16 angeführten Publikationen genannt: *Greger* 1978; *Walter* 1979; *Koch/Rüßmann* 1982; *Alsberg/Nüse/Meyer* 1983; *Motsch* 1983; *Deinet* 1984; *Musielak/Stadler* 1984; *Perret* 1984; *H. U. Bender* 1987; *Schneider* 1987. Besonders lesenswert aus dem angelsächsischen sowie dem skandinavischen Rechtskreis: *Eggleston* 1983 und *Gårdenfors* et al. 1983.

3 Vgl. *Maassen* 1976; *R. Bender* 1981; *Huber* 1983.

I. Die Grundsatznorm des § 261 StPO

1. Die tatrichterliche Überzeugung

Das Beweismaß, das für die Verurteilung eines Angeklagten im Prozeß 7
erforderlich ist, bestimmt § 261 StPO. Diese Vorschrift ist eine das ganze
Strafverfahren bestimmende Grundsatznorm; sie bildet einen tragenden
Eckpfeiler des Beweisrechts[4]. Sie definiert die **tatrichterliche Überzeugung**,
die für ein Urteil maßgeblich ist. § 261 StPO lautet:

> Über das Ergebnis der Beweisaufnahme entscheidet das Gericht nach
> seiner freien, aus dem Inbegriff der Verhandlung geschöpften Überzeu-
> gung.

Unter der tatrichterlichen Überzeugung versteht man heute nach allge- 8
meiner Ansicht die subjektive, **persönliche Gewißheit** des Richters. Gefordert ist ein so hohes Maß an Sicherheit, daß bei dem zur Entscheidung
berufenen Richter vernünftige Zweifel nicht mehr laut werden. Eine absolute Sicherheit wird indessen nicht verlangt, denn selbst wenn noch Zweifel möglich wären, sind diese unerheblich, wenn nur der Richter die
begründete Gewißheit erlangt und persönlich überzeugt ist.

Die persönliche Gewißheit ist zwar eine notwendige Bedingung, sie ist 9
nach heute allgemein anerkannter Ansicht aber nicht mehr ausreichend.
Der Richter muß zusätzlich seine Überzeugung auch nachvollziehbar **begründen.**

Auch wenn somit die persönliche Überzeugung des Richters entschei- 10
dend ist, so stellen die Revisionsgerichte heute doch hohe Anforderungen
an die Gewinnung der Überzeugung und vor allem an die Begründung der
Überzeugungsbildung im Urteil[5]. Das Urteil (vgl. § 267 StPO) muß die
Prüfung der Beweise aufgrund objektiver, rational einleuchtender, nachvollziehbarer Erwägungen erkennen lassen. Hinzu kommen muß also eine
objektive, **rational einleuchtende Beweiswürdigung**[6], eine intersubjektive
Diskutierbarkeit[7].

2. Rechtsprechung des Bundesgerichtshofes

Der Bundesgerichtshof hat sich in **zwei Grundsatzentscheidungen** – einer 11
zum Strafrecht[8] und einer aus dem Zivilrecht[9] – mit der freien Beweiswürdigung befaßt.

Der **2. Strafsenat** des BGH führt aus: 12

> „Freie Beweiswürdigung bedeutet, daß es für die Beantwortung der
> Schuldfrage allein darauf ankommt, ob der Tatrichter die Überzeugung
> von einem bestimmten Sachverhalt erlangt hat oder nicht; diese **persön-**

---

4 *L-R/Gollwitzer* 1987 § 261 Rdnr. 1.
5 Vgl. dazu *Sarstedt* 1968 S. 171; *Niemöller* 1984 S. 431; *Herdegen* 1987 S. 193.
6 *L-R/Gollwitzer* 1987 § 261 Rdnr. 12.
7 *Herdegen* 1987 S. 193.
8 BGHSt 10, 208 (Urt. vom 9. 2. 1957).
9 BGHZ 53, 245 (Urt. vom 17. 2. 1970; sog. Fall Anastasia).

liche Gewißheit ist für die Verurteilung notwendig, aber auch genügend. Der Begriff der Überzeugung schließt die Möglichkeit eines anderen, auch gegenteiligen Sachverhalts nicht aus; vielmehr gehört es gerade zu ihrem Wesen, daß sie sehr häufig dem **objektiv** möglichen Zweifel ausgesetzt bleibt. Denn im Bereich der vom Tatrichter zu würdigenden Tatsachen ist der menschlichen Erkenntnis bei ihrer Unvollkommenheit ein absolut sicheres Wissen über den Tathergang, demgegenüber andere Möglichkeiten seines Ablaufs unter allen Umständen ausscheiden müßten, verschlossen. Es ist also für die Schuldfrage entscheidende, ihm allein übertragende Aufgabe des Tatrichters, ohne Bindung an gesetzliche Beweisregeln und nur seinem Gewissen verantwortlich zu prüfen, ob er die an sich möglichen Zweifel überwinden und sich von einem bestimmten Sachverhalt überzeugen kann oder nicht."

13   Zu dem § 261 StPO entsprechenden Grundsatz der freien Beweiswürdigung in § 286 ZPO hat der **III. Zivilsenat** des BGH im sog. **Anastasia-Urteil** gesagt:

„Denn nach § 286 ZPO muß der Richter aufgrund der Beweisaufnahme entscheiden, ob er eine Behauptung für wahr oder nicht für wahr hält, er darf sich also gerade nicht mit einer bloßen Wahrscheinlichkeit begnügen. Im übrigen stellt § 286 ZPO nur darauf ab, ob der Richter selbst die Überzeugung von der Wahrheit einer Behauptung gewonnen hat. Diese **persönliche Gewißheit** ist für die Entscheidung notwendig, und allein der Tatrichter hat ohne Bindung an gesetzliche Beweisregeln und nur seinem Gewissen unterworfen die Entscheidung zu treffen, ob er die an sich möglichen Zweifel überwinden und sich von einem bestimmten Sachverhalt als wahr überzeugen kann. Eine von allen Zweifeln freie Überzeugung setzt dabei das Gesetz nicht voraus. Auf diese eigene Überzeugung des entscheidenden Richters kommt es an, auch wenn andere zweifeln oder eine andere Auffassung erlangt haben würden. Der Richter darf und muß sich aber in tatsächlich zweifelhaften Fällen mit einem für das praktische Leben brauchbaren Grad von Gewißheit begnügen, der den Zweifeln Schweigen gebietet, ohne sie völlig auszuschließen."

II. Weitere Beweismaßvorschriften in der StPO

14   Für den Polizeibeamten wichtiger sind die weiteren Beweismaßvorschriften in der Strafprozeßordnung. Sie machen die Pflichten und Rechte der Strafverfolgungsorgane Polizei, Staatsanwaltschaft und Gericht von bestimmten **Verdachtsgraden unterhalb der persönlichen Gewißheit** abhängig.

15   Für den **Polizeibeamten** ist es wichtig

– zu wissen, welcher Verdachtsgrad (welches Beweismaß) für welche Maßnahmen vom Gesetz jeweils gefordert wird;

– beurteilen zu können, ob der Sachverhalt, wie er sich im jeweiligen Ermittlungsstadium darstellt, das geforderte Beweismaß erbringt.

Dazu aber ist es erforderlich, daß der Polizeibeamte sowohl die einzelnen Indizien als auch die Gesamtschau aller Indizien richtig zu würdigen weiß. Und er muß die verschiedenen Verdachtsstufen der Strafprozeßordnung kennen.

1. Anfangsverdacht

Voraussetzung für die **Einleitung eines Ermittlungsverfahrens** ist nach **16** § 152 Abs. 2 StPO (Legalitätsprinzip), daß zureichende tatsächliche Anhaltspunkte für eine verfolgbare Straftat vorliegen, der sog. **Anfangsverdacht.** Besteht ein Anfangsverdacht, so müssen Staatsanwalt (§ 160 StPO) und Polizei (§ 163 StPO) den Sachverhalt erforschen.

Die **Verdachtsschwelle** der „zureichenden tatsächlichen Anhalts- **17** punkte" wird man nicht zu hoch ansetzen dürfen. Oftmals wird schon ein einziges belastendes Indiz bloß mittlerer Beweiskraft ausreichen. Das belastende Indiz kann sich beziehen

(a) darauf, daß überhaupt eine Straftat vorliegt (z. B. die Frage Mord oder Selbstmord);

(b) darauf, daß der (z. B. von einem Dritten) Beschuldigte der Täter einer (feststehenden) Straftat ist (z. B. Z beschuldigt A, den bei ihm – offenkundigen – Einbruch begangen zu haben);

(c) sowohl auf Tat wie auf Täterschaft (z. B. daß ein Betrug begangen wurde und daß der Beschuldigte der Betrüger ist).

Der Anfangsverdacht berechtigt auch zur **Beschlagnahme** von Beweis- **18** mitteln nach § 94 StPO, bei Gefahr im Verzug in der Regel auch durch Polizei und Staatsanwaltschaft (§ 98 StPO).

2. Einfacher Tatverdacht

Der **einfache Tatverdacht** ist die nächsthöhere Stufe des Beweismaßes. **19** Hier wird man fordern müssen, daß sich die tatsächlichen Anhaltspunkte zu einer **Wahrscheinlichkeit von etwa 25 %** verdichtet haben, d. h. daß in vier vergleichbaren Fällen dem Verdächtigen einmal die Tat letztlich nachgewiesen werden kann, in drei Fällen allerdings nicht.

Der einfache Tatverdacht ist Voraussetzung für die **Durchsuchung** beim **20** Verdächtigen und bei anderen Personen nach § 102 StPO, bei Gefahr im Verzug in der Regel auch durch Polizei und Staatsanwaltschaft (§ 105 StPO).

3. Hinreichender Verdacht

Die nächste Verdachtsstufe ist der **hinreichende Tatverdacht.** Dieser setzt **21** voraus, daß es wahrscheinlicher ist, die Beweise reichen zur Verurteilung in der Hauptverhandlung aus, als nicht.

a) Ermittlungsverfahren

Die Polizei schickt – in der Praxis nach Abschluß ihrer Ermittlungen – ihre **22** Ermittlungsakten der Staatsanwaltschaft (vgl. § 163 Abs. 2 StPO), damit diese über den weiteren Fortgang der Ermittlungen entscheidet. Nach § 170 Abs. 1 StPO muß die Staatsanwaltschaft **Anklage** erheben, wenn die *„Ermittlungen genügenden Anlaß zur Erhebung der öffentlichen Klage"* bieten, das heißt, wenn ein hinreichender Tatverdacht gegeben ist.

23   Nach herrschender Meinung liegt ein hinreichender Tatverdacht dann vor, wenn „die Beweisfähigkeit den Grad der Wahrscheinlichkeit erreicht"[10]. Hält die Staatsanwaltschaft danach bei vorläufiger Tatbewertung eine Verurteilung nach Durchführung der Hauptverhandlung für wahrscheinlicher als ein Freispruch, so muß sie die öffentliche Klage erheben.

b) Eröffnungsverfahren

24   Teilt auch das Gericht diese Ansicht, so beschließt es nach § 203 StPO die **Eröffnung des Hauptverfahrens.** Diese Vorschrift ist das Gegenstück zu § 170 StPO. Die nach Maßgabe des Akteninhalts vorzunehmende vorläufige Tatbewertung muß ergeben, daß die Verurteilung des Angeschuldigten wahrscheinlich ist.

c) Beweismaß bei hinreichendem Verdacht

25   Der hinreichende Verdacht setzt aber noch **nicht** voraus, daß der Polizeibeamte (der in diesem Stadium die Akten an die Staatsanwaltschaft abgibt), der Staatsanwalt (der die Erhebung der Anklage verfügt) und das Gericht (das die Eröffnung des Hauptverfahrens beschließt), jeweils schon die **persönliche Gewißheit** von der Täterschaft des Beschuldigten erlangt haben müssen. Der hinreichende Tatverdacht liegt unterhalb dieser Schwelle.

26   Es genügt die **überwiegende Wahrscheinlichkeit,** daß das Gericht in der Hauptverhandlung – mit deren zusätzlichen Erkenntnismöglichkeiten – die persönliche Gewißheit erlangen wird. Dabei ist insbesondere auch zu berücksichtigen, daß gerade die – mündliche – Hauptverhandlung dazu dient, den Beweiswert der Beweismittel zu prüfen.

27   Eine präzise Angabe, wieviel Wahrscheinlichkeit schon vorher vorliegen muß, ist kaum möglich, weil die zusätzlichen Erkenntnismöglichkeiten in der Hauptverhandlung von Fall zu Fall verschieden sein werden. Ein gewisser **Indikator** kann die Verurteilungsquote zu der jeweiligen Deliktsart sein, die aus der vom Statistischen Bundesamt herausgegebenen Rechtspflegestatistik (Fachserie 10), Strafverfolgung (Reihe 3) ersichtlich ist.

4. Dringender Tatverdacht

28   Der **dringende Tatverdacht** ist höher als der hinreichende Tatverdacht. Es muß eine große Wahrscheinlichkeit dafür bestehen, daß der Beschuldigte als Täter oder Teilnehmer eine Straftat begangen hat; wenn man eine Quantifizierung der **Wahrscheinlichkeit** vornehmen wollte, so müßte diese **ungefähr bei 90 %** liegen.

29   Dabei ist allerdings zu beachten, daß das Wahrscheinlichkeitsurteil **vom jeweiligen Verfahrensstand aus** zu stellen ist. Deshalb dürfen in die im Ermittlungsverfahren zu stellende Prognose auch solche Beweismittel einfließen, die im Augenblick noch nicht vorhanden sind (z. B. das Ergebnis eines in Auftrag gegebenen Schrift-Sachverständigengutachtens). Es müssen allerdings gewichtige Anhaltspunkte dafür vorliegen, daß ein derarti-

---

10 *KK/Müller* 1987 § 170 Rdnr. 3.

ges – künftig vorliegendes – Beweismittel den Tatverdacht verstärken wird.

Der dringende Tatverdacht ist Voraussetzung für die Anordnung der **30** **Untersuchungshaft** nach § 112 StPO und die **vorläufige Festnahme** bei Gefahr im Verzug durch Polizei und Staatsanwaltschaft (§ 127 Abs. 2 StPO).

Die **vorläufige Entziehung der Fahrerlaubnis** nach § 111 a StPO verlangt **31** dringende Gründe für die Annahme, daß die Fahrerlaubnis entzogen wird; damit ist der dringende Tatverdacht gemeint. Nach §§ 94 Abs. 3, 98 StPO kann der **Führerschein** bei Gefahr im Verzug durch Polizei und Staatsanwaltschaft **sichergestellt** werden. Gefahr im Verzug bedeutet hier die Gefährdung des mit der gerichtlichen Beschlagnahme des Führerscheins (§ 111 a Abs. 3 StPO) bezweckten Erfolges durch Verzögerung[11].

III. Schlüsselbegriff: Wahrscheinlichkeit

Die verschiedenen Begriffe „Anfangsverdacht", „einfacher Tatverdacht", **32** „hinreichender Verdacht", „dringender Tatverdacht" und „persönliche Gewißheit" haben eines gemeinsam: Es geht um die Frage, wie wahrscheinlich es ist – genauer: für wie wahrscheinlich es der jeweils zuständige Polizeibeamte, der Staatsanwalt oder Richter hält –, daß ein bestimmter Sachverhalt gegeben ist. Die Verdachtsgrade unterscheiden sich lediglich im **Grad der Wahrscheinlichkeit**[12] – eben im Beweismaß.

Worauf es ankommt, ist der konkrete Grad der Wahrscheinlichkeit. **Drei** **33** **Fragen** stehen **in der Praxis** im Mittelpunkt:

1. Wie hoch ist im konkreten Fall der Grad der Wahrscheinlichkeit?
2. Wie kommt der Polizeibeamte, der Staatsanwalt oder der Richter zu seiner subjektiven Überzeugung von der Wahrscheinlichkeit und wie kann er sie nachprüfbar und rational nachvollziehbar begründen?
3. Reicht dieser Grad von Wahrscheinlichkeit für die Entscheidung aus, liegt also das geforderte Beweismaß vor?

Wie kann der Polizeibeamte – über eine rein gefühlsmäßige Abschät- **34** zung hinaus – sich selber eine größere Gewißheit verschaffen, welches Beweismaß beim jeweiligen Stand der Ermittlungen vorliegt? Wie kann der Polizeibeamte **zuverlässiger abschätzen,** ob der Staatsanwalt oder der Richter seine – des Polizeibeamten – Überzeugung, daß ein bestimmter Verdachtsgrad vorliegt, voraussichtlich teilen wird?

Gerade diese letzte Frage kann für den erfolgreichen Verlauf eines **35** Ermittlungsverfahrens **wichtig** werden. Ein zu früh beantragter Haftbefehl oder Durchsuchungsbeschluß, der mangels ausreichendem Verdachtsgrad nicht erlassen wird, kann die Ermittlungen nachhaltig stören. Ein zu früher Abschluß der Ermittlungen kann zu unnötiger Doppelarbeit führen,

---

11 *L-R/G. Schäfer* 1988 § 111 a Rdnr. 63.
12 *Bender/Nack* 1983.

weil die Staatsanwaltschaft oder das Gericht Nachermittlungen verlangt, wobei möglicherweise dieselben Zeugen nochmals gehört werden müssen.

36   Eine **Hilfe** dafür, die gefühlsmäßige Abschätzung des vorliegenden Verdachtsgrades einer verstandesgemäßigen Kontrolle zu unterwerfen, bietet die Lehre vom Indizienbeweis.

C. Die Lehre vom Indizienbeweis

I. Regelfall: der mittelbare Beweis

37   Bei der Beweisführung unterscheidet man zwischen dem unmittelbaren oder direkten und dem mittelbaren Beweis.

38   Ein **direkter Beweis** liegt vor, wenn der Richter das Vorhandensein des einzelnen gesetzlichen Tatbestandsmerkmals selbst ohne Vermittlung weiterer Tatsachen oder Dritter erkennt. So kann der Richter etwa bei der schweren Körperverletzung selbst erkennen, daß das Tatbestandsmerkmal einer schweren Verletzung (etwa das Fehlen eines Auges) gegeben ist. Ein solcher Fall ist eine seltene **Ausnahme.**

39   Der **Regelfall** ist, daß sich der Richter die Tatsachen mittelbar – etwa über andere Tatsachen oder Zeugenaussagen – erschließen muß. Nach allgemeiner Ansicht gilt für den **mittelbaren Beweis** nichts anderes als für den direkten Beweis.[13]

40   Der mittelbare Beweis ist ein **Indizienbeweis.** Auch der Zeugenbeweis ist in diesem Sinne – weil erst der Zeuge die Tatsache vermittelt – ein Indizienbeweis, freilich sollte man hier besser vom Indizienbeweis im weiteren Sinne sprechen. Ja selbst wenn ein Geständnis des Beschuldigten vorliegt, ist die Beweisführung nur mittelbar, denn der Richter muß prüfen, ob das Geständnis – als Beweismittel – zuverlässig ist. Tatsächlich sind daher fast alle Prozesse vor Gericht Indizienprozesse und nicht nur die im Alltagssprachgebrauch so bezeichneten, häufig spektakulären Prozesse. Der Indizienbeweis ist folglich das Zentralproblem der Beweiswürdigung.

II. Begriffe

41   Für den Indizienbeweis sind **zwei Begriffe** prägend: Haupttatsache und Indiztatsache.

42   **Haupttatsachen** sind solche Tatsachen, die Merkmale des gesetzlichen Tatbestands sind, also z. B. die „Wegnahme" beim Diebstahl, „mit Gewalt" beim Raub, der Vorsatz und insbesondere die Täterschaft („wer ... wegnimmt") des Beschuldigten.

43   **Indiztatsachen** sind solche Tatsachen, die die Haupttatsache, wörtlich übersetzt, „anzeigen", also solche Tatsachen, die für den Beweis der Haupttatsache erheblich sind. Daneben wird auch der Begriff der **Hilfstatsachen** – teilweise uneinheitlich – verwendet. Indiztatsache (oder Hilfstatsache) ist z. B. der Umstand, daß der Erpresserbrief aus der Hand des

---

13 Vgl. *KK/Hürxthal* 1987 § 261 Rdnr. 64.

Beschuldigten stammt; sie läßt den Schluß zu, daß der Beschuldigte irgendwie an der Entführung beteiligt gewesen ist.

Damit ist aber der Begriff der Indiztatsachen noch nicht hinreichend **44** präzise erfaßt. Wann nämlich ist eine Tatsache erheblich, wann weist sie auf die Haupttatsache hin? Treffender ist die über 150 Jahre alte **Definition von** *Bentham*[14]:

> „Der circumstantielle Beweis ist derjenige, der von dem Dasein einer Thatsache oder einer Gruppe von Thatsachen hergeleitet wird, welche unmittelbar auf die Hauptthatsache sich beziehend, zu dem Schluß führen, daß diese Hauptthatsache existirt hat. Dieser Schluß ist das Werk eines Urtheils, die Unterscheidung zwischen Thatsache und Umstand besteht nur in der Beziehung auf einen gegebenen Fall. Jede Thatsache kann in Beziehung auf eine andere ein Umstand sein."

Hier wird – in Anlehnung an *Bentham* – folgende **Definition des Indizes** **45** vorgeschlagen:

Ein Indiz ist eine Tatsache, die dann, wenn sie vorliegt, die Wahrscheinlichkeit des Vorliegens der Haupttatsache beeinflußt (**Indizschluß**).

Ein Indiz ist folglich belastend, wenn es die Wahrscheinlichkeit des Vorliegens der Haupttatsache erhöht. Es ist entlastend, wenn es die Wahrscheinlichkeit des Vorliegens der Haupttatsache vermindert.

III. Denkprozeß und Wahrscheinlichkeit

Nachdem oben (Rdnr. 33 ff.) schon gezeigt wurde, daß die „Wahrschein- **46** lichkeit" ein Schlüsselbegriff für diese Überlegungen ist, drängt sich förmlich die Überlegung auf, ob nicht die **Wahrscheinlichkeitstheorie** hier weiterhelfen kann.

Dies ist in der Tat möglich, freilich nicht in dem Sinne, daß eine kon- **47** krete Wahrscheinlichkeit, womöglich noch auf zwei Stellen hinter dem Komma, errechnet werden könnte. Erreicht werden kann nur ein hoherer Grad von Rationalität des beim Indizienbeweis zu vollziehenden **Denkprozesses,** den der Bundesgerichtshof zutreffend wie folgt beschreibt[15]:

> „Hauptstück des Indizienbeweises ist also nicht die eigentliche Indiztatsache, sondern der daran anknüpfende weitere Denkprozeß, kraft dessen auf das Gegebensein der rechtserheblichen weiteren Tatsache geschlossen wird."

Die Wahrscheinlichkeitstheorie ist aber – so *Laplace* – nichts anderes als **48** der auf Rechenregeln zurückgeführte **gesunde Menschenverstand.** Wichtig ist, daß dieser Denkprozeß des „gesunden Menschenverstandes" mit Hilfe der strikt logischen Begriffsschärfe der Mathematik objektiv, rational und intersubjektiv diskutierbar dargestellt wird.

---

14 *Bentham* 1829 S. 269.
15 BGHZ 53, 245, 260 (Fn. 9).

IV. Häufung seltener Indizien

49   Argumentationen mit **Wahrscheinlichkeiten** kann man gelegentlich **vor Gericht** erleben.

50   Angenommen, Täter und Beschuldigter weisen zwei gemeinsame Merkmale (als Indizien) auf, etwa die gleiche Blutgruppe und dieselbe Haarstruktur. Ein Sachverständiger führt aus, daß die Blutgruppe bei 5 % und die Haarstruktur bei 10 % der (vergleichbaren) Bevölkerung vorkommen. Wenn beide Merkmale voneinander unabhängig sind, so ist die Wahrscheinlichkeit, daß **beide Merkmale** bei einer **zufällig** ausgewählten Person der vergleichbaren Bevölkerung **vorkommen,** 5 % mal 10 % (Produktregel; unten Rdnr. 86), also 0,5 % (0,05 × 0,1 = 0,005).

51   Die Wahrscheinlichkeitstheorie bestimmt den **Grad der Wahrscheinlichkeit** mit Zahlen zwischen 0 (bzw. 0 %) und 1 (bzw. 100 %). 0 bedeutet: Es ist sicher, daß die in Frage stehende Tatsache nicht vorliegt. 1 (bzw. 100 %) besagt: Es ist sicher, daß die betreffende Tatsache vorliegt. Dementsprechend bedeutet 0,5 (bzw. 50 %): Es ist ebenso wahrscheinlich, daß die Tatsache vorliegt, wie daß sie nicht vorliegt.

52   Man argumentiert dann, ein solches Zusammentreffen „könne kein Zufall sein", genauer gesagt, daß dies sehr unwahrscheinlich ist. Die Fragestellung nach dem zufälligen Zusammentreffen von Indizien (Rdnr. 50) ist im Prozeß nicht relevant, denn die Indizien liegen doch bereits vor. Entscheidend ist allein: Wie wahrscheinlich es ist, daß **der Angeklagte der Täter** ist (Haupttatsache), wenn die insgesamt ermittelten Indizien vorliegen?

53   Um diese Frage beantworten zu können, sind verschiedene **Vorfragen** (uns selbst) zu beantworten:

(1) Wie groß ist der jeweilige Anfangsverdacht (die Anfangswahrscheinlichkeit)?

(2) Welche belastenden und welche entlastenden Indizien sind im Laufe der Ermittlungsverfahren hinzugekommen?

   (a) Wann ist ein Indiz belastend und wann ist es entlastend?

   (b) Welche (abstrakte) Beweiskraft haben die einzelnen (belastenden und entlastenden) Indizien?

(3) Welche neue Endwahrscheinlichkeit ergibt sich, wenn alle (belastenden und entlastenden) Indizien berücksichtigt werden?

D.   Das Denkgesetz des Indizienbeweises: Theorem von Bayes

I. Grundgedanke des Theorems

54   Für die letztgenannte **Frage,** kürzer gefaßt: „Wie hoch ist die Wahrscheinlichkeit der Haupttatsache, wenn die Indizien vorliegen?" ist das **Theorem** von *Bayes* einschlägig, ein zentrales Theorem der Wahrscheinlichkeitstheorie, das von dem britischen Reverend *Thomas Bayes* vor mehr als 200 Jahren entwickelt wurde. Es ist das Denkgesetz des Indizienbeweises[16].

Das Theorem von *Bayes* setzt an bei dem Begriff der **Abhängigkeit:** 55

Ein Ereignis A ist dann vom Ereignis B abhängig, wenn die Wahrscheinlichkeit des Auftretens des Ereignisses A davon beeinflußt wird, ob zuvor das Ereignis B eingetreten ist.

Diese wahrscheinlichkeitstheoretische Definition der Abhängigkeit entspricht exakt der oben gegebenen Definition eines **Indizes** (Rdnr. 45): 56

Eine Tatsache ist nämlich dann als Beweis tauglich, wenn die Wahrscheinlichkeit der Haupttatsache davon beeinflußt wird, daß das Indiz eingetreten ist.

Die Haupttatsache ist damit von dem Indiz abhängig. Wichtig: Es 57 kommt auf die **Abhängigkeit der Haupttatsache vom Indiz** an. Davon zu unterscheiden ist die Abhängigkeit bzw. Unabhängigkeit der einzelnen Indizien untereinander (unten Rdnr. 74 ff.).

Das Theorem von *Bayes* beantwortet die Frage, wie sich die ursprünglich 58 vorhandene Wahrscheinlichkeit (Apriori- oder **Anfangswahrscheinlichkeit**) für das Vorliegen der Tatsache „A" (= Haupttatsache) verändert (zur Aposteriori-Wahrscheinlichkeit oder **Endwahrscheinlichkeit**), wenn zusätzlich bekannt wird, daß das Ereignis "B" (= Indiz) eingetreten ist.

Genau dies ist auch die **Fragestellung** beim **Indizienbeweis.** Ausgangs- 59 punkt ist die Anfangswahrscheinlichkeit. Das ist jene Wahrscheinlichkeit, die schon vorher besteht, bevor ein (weiteres) Indiz – mit einer bestimmten Beweiskraft – hinzukommt. Nach dem „Hinzudenken" des neuen Indizes kommt man zu der Endwahrscheinlichkeit, die sich unter Mitberücksichtigung des (weiteren) Indizes ergibt.

II. Formel des Theorems

Die **Formel** des Theorems von *Bayes* lautet: 60

$$P(A/B) = \frac{P(A) \times P(B/A)}{P(A) \times P(B/A) + P(N) \times P(B/N)}$$

Dabei sind:

P(A) Anfangswahrscheinlichkeit, daß die Haupttatsache vorliegt

P(N) Anfangswahrscheinlichkeit, daß die Haupttatsache nicht vorliegt

P(B/A) Wahrscheinlichkeit, daß das Indiz B auftritt, wenn die Haupttatsache A vorliegt

P(B/N) Wahrscheinlichkeit, daß das Indiz B (trotzdem) auftritt, auch wenn die Haupttatsache nicht vorliegt = N

P(A/B) Wahrscheinlichkeit, daß die Haupttatsache A gegeben ist, wenn Indiz B vorliegt. Das ist die gesuchte Endwahrscheinlichkeit.

---

16 Vgl. *Bender/Röder/Nack* 1981 a Rdnr. 436; *Nack* 1983 S. 1035, 1986 S. 366.

61 Oder schematisch dargestellt:

Anfangswahrscheinlichkeit, daß die Haupttatsache vorliegt	Wahrscheinlichkeit, daß das Indiz auftritt, wenn die Haupttatsache vorliegt

×

Anfangswahrscheinlichkeit, daß die Haupttatsache vorliegt × Wahrscheinlichkeit, daß das Indiz auftritt, wenn die Haupttatsache vorliegt	+	Anfangswahrscheinlichkeit, daß die Haupttatsache **nicht** vorliegt × Wahrscheinlichkeit, daß das Indiz auftritt, wenn die Haupttatsache **nicht** vorliegt

III. Anfangswahrscheinlichkeit

62 Wie hoch im konkreten Fall – nach Berücksichtigung des Indizes – die Wahrscheinlichkeit der Haupttatsache ist, die konkrete Endwahrscheinlichkeit, wird ganz entscheidend von der Stärke der **Anfangswahrscheinlichkeit** beeinflußt. Das ist wie bereits dargelegt (Rdnr. 59), diejenige Wahrscheinlichkeit, die für die Haupttatsache besteht, bevor man die Indizien berücksichtigt hat.

63 Der Polizeibeamte oder der Staatsanwalt nehmen die Ermittlungen auf, wenn „zureichende tatsächliche Anhaltspunkte" für eine Straftat vorliegen. Dafür genügt, wie oben ausgeführt (Rdnr. 17), schon eine relativ geringe Anfangswahrscheinlichkeit. Es ist zweckmäßig – und für die nachfolgenden Überlegungen notwendig – sich selbst Rechenschaft darüber abzulegen, wie hoch man diese Anfangswahrscheinlichkeit abschätzt.

64 Zur Kontrolle rein **gefühlsmäßiger Erwägungen** eignet sich folgende Überlegung: In wievielen von 100 (gedachten) gleichgelagerten Fällen, d. h. von den Fällen, in welchen genau die gleichen Anfangsverdachtsmomente vorliegen würden, ergäbe sich letztlich, daß der Verdächtige wirklich der Täter wäre? Und als Gegenprobe: In wievielen dieser (gedachten) 100 Fälle ließe sich das letztlich nicht beweisen? Selbstverständlich kann die Antwort auf diese Frage auch nur eine **grobe Schätzung** sein, in die **Erfahrungen** einfließen.

IV. Abstrakte Beweiskraft eines Indizes

1. Belastende und entlastende Indizien

Aus dem Theorem von *Bayes* läßt sich die Frage beantworten, wann ein **65** Indiz belastend oder entlastend ist.

Oben (Rdnr. 45) wurde ausgeführt: Ein Indiz ist belastend, wenn es die **Wahrscheinlichkeit des Vorliegens der Haupttatsache erhöht;** es ist entlastend, wenn es die Wahrscheinlichkeit des Vorliegens der Haupttatsache **vermindert.** Weiter ist aber zu fragen: Wann erhöht bzw. wann vermindert ein Indiz die Wahrscheinlichkeit des Vorliegens der Haupttatsache?

Dazu müssen **drei Fragen** gestellt werden: **66**

(1) Wenn die Haupttatsache A gegeben ist: Wie häufig tritt dann das Indiz B auf? (Das entspricht dem Wert P[B/A] in der obigen Formel.)

(2) Wenn die Haupttatsache A nicht gegeben ist (also N): Wie häufig tritt dann das Indiz B (trotzdem) auf? (Das entspricht dem Wert P[B/N] in der obigen Formel.)

(3) Wo kommt das Indiz häufiger vor: Bei Frage 1 oder bei Frage 2?

Wir sehen also, daß wir hier genau anders herum fragen müssen als oben **67** (Rdnr. 52) bei der letzten Endes gesuchten Wahrscheinlichkeit für das Vorliegen der Haupttatsache. Dort hatten wir gefragt, wie wahrscheinlich es ist, daß die Haupttatsache vorliegt, wenn das Indiz gegeben ist. Hier stellen wir die **umgekehrte Frage:** Wie wahrscheinlich ist es, daß das Indiz vorliegt, wenn die Haupttatsache gegeben ist.

Ein **Indiz** ist dann **belastend,** wenn es bei der Haupttatsache häufiger **68** vorkommt als bei der Nicht-Haupttatsache. Es ist – umgekehrt – **entlastend,** wenn es bei der Haupttatsache seltener vorkommt als bei der Nicht-Haupttatsache. Tritt das Indiz in beiden Fällen gleich häufig auf, dann ist es **neutral** – genau genommen ist es dann eben kein Indiz.

2. Stärke der Beweiskraft

Wir wollen nicht nur wissen, ob ein Indiz belastend oder entlastend ist, **69** sondern auch, wie groß seine Beweiskraft ist. Die **Stärke der abstrakten Beweiskraft** hängt ab vom Verhältnis des Wertes aus Frage 1 zu dem Wert von Frage 2; mathematisch ausgedrückt: sie ergibt sich aus dem Quotienten von P[B/A] / P[B/N].

Nun wird man sicher einwenden, die in die Formel einzusetzenden **70** Daten könnten in der Praxis regelmäßig nicht quantifiziert werden. Das ist richtig. Für die Abschätzung der Wahrscheinlichkeiten und damit der konkreten Beweiskraft reicht aber ein **Plausibilitätsniveau** aus, um wenigstens sagen zu können, ob das Indiz „schwach belastend", „belastend", „stark belastend", „sehr stark belastend" oder „extrem stark belastend" ist.

Von abstrakter Beweiskraft sollte man deshalb sprechen, weil die kon- **71** krete Beweiskraft eines Indizes beeinflußt wird von der jeweiligen Anfangswahrscheinlichkeit. Erst abstrakte Beweiskraft und Anfangswahrscheinlichkeit zusammen ergeben die gesuchte **konkrete Beweiskraft.**

72 Die jeweiligen **Beweisstärken** lassen sich etwa so klassifizieren:

abstrakte Beweiskraft	Klassifizierung	konkrete Beweiskraft
wieviel mal häufiger tritt das Indiz bei der Haupttatsache auf als bei der Nicht-Haupttatsache		bei einer unterstellten Anfangs-wahrscheinlichkeit von 50 %
2mal häufiger	schwach belastend	67,00 %
5mal häufiger	belastend	83,00 %
10mal häufiger	stark belastend	91,00 %
100mal häufiger	sehr stark belastend	99,00 %
1 000mal häufiger	außerord. stark belastend	99,90 %
10 000mal häufiger	extrem stark belastend	99,99 %

V. Mehrere Indizien

73 Um die **Auswirkungen** von zusätzlichen Indizien zu errechnen, kann man zwei Wege beschreiten:

Zum einen kann man die durch das 1. Indiz gewonnene Endwahrscheinlichkeit als neue Anfangswahrscheinlichkeit einsetzen und dann das zweite Indiz ebenso wie das erste usw. Zum andern kann man die Formel des Theorems von *Bayes* für mehrere Indizien verwenden. Diese Formel ist im unten aufgeführten Beispiel (Rdnr. 102) dargestellt.

VI. Abhängigkeit von Indizien untereinander

74 Die obige Formel des **Theorems** von *Bayes* ist nur anwendbar, wenn die **Indizien** ihrerseits voneinander **unabhängig** sind.

75 Besteht Grund zur Annahme, daß die **Indizien** untereinander **abhängig** sind, so gilt etwas **anderes**. Dies sei an einem Beispiel erläutert:

76 Gesetzt den Fall, der Täter hat extrem große Füße (Fußspur am Tatort) und extrem große Hände (Handballen-Abdruck am Tatort) und der Angeklagte hat die gleichen Merkmale. Hier ist anzunehmen, daß die Indizien „große Füße" und „große Hände" voneinander abhängig sind, denn wer große Füße hat, der hat im allgemeinen auch große Hände – **positive Abhängigkeit** –. Das zweite Indiz „große Hände" bringt also kaum zusätzliche Beweiskraft.

In einem solchen Fall sollte man die abhängigen Indizien zu einem Indiz, **77** einer sog. **„Indizfamilie"** (große Füße und große Hände), zusammenfassen.

Haben hingegen Täter und Angeklagter extrem große Füße, aber extrem **78** kleine Hände, so kann die Indizfamilie hochsignifikant sein. Denn die nunmehr feststehende Indizfamilie „große Füße und kleine Hände" kommt beim Täter zu 100 % (Frage 1), bei der übrigen Bevölkerung aber sehr selten – **negative Abhängigkeit** – (Frage 2) vor.

VII. Sicherheitsabschlag zugunsten des Beschuldigten

Wegen des Grundsatzes **in dubio pro reo** sollte man bei der Abschätzung **79** der Wahrscheinlichkeiten zugunsten des Beschuldigten stets einen „Sicherheitsabschlag" machen (auch dazu siehe das unten aufgeführte Beispiel, Rdnr. 96, 98).

VIII. Gesamtschau

Am Ende der Beweiswürdigung, nach der Abschätzung von Anfangswahr- **80** scheinlichkeit und abstrakter Beweiskraft der Indizien, muß eine **Gesamtschau** stehen.

Diese **Reihenfolge,** zunächst nach der abstrakten Beweiskraft der einzel- **81** nen Indizien zu fragen und erst dann – und nicht gleich – die Gesamtwürdigung vorzunehmen – wird hier vorgeschlagen, weil die globale Abschätzung meist so komplex ausfällt, daß sie sich rational und intersubjektiv nachprüfbar nicht mehr nachvollziehen läßt. Eine so komplexe Frage kann – auch auf Plausibilitätsniveau – nicht einmal halbwegs so rational beantwortet werden, wie wenn die Fragestellung in die Einzelfragen nach der Anfangswahrscheinlichkeit und nach der Beweisstärke der je einzeln aufzusetzenden Indizien aufgesplittet und erst dann die Gesamtschau vorgenommen wird.

IX. Beweisring und Beweiskette

1. Beweisring

Die Gesamtschau von mehreren Indizien, die alle beweiserheblich für die **82** Haupttatsache sind, kann man (bildlich) als einen **Beweisring** bezeichnen. Die Indizien legen sich wie ein Ring um die Haupttatsache; dies entspricht der angelsächsischen Bezeichnung des Indizienbeweises als „circumstantial issue".

Als **Bild** kann der Beweisring so dargestellt werden: **83**

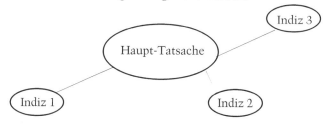

84   Für diesen Beweisring gilt als **Denkgesetz** das **Theorem** von *Bayes:* Mehrere belastende Indizien, die jedes für sich allein betrachtet zum Beweis der Haupttatsache nicht ausreichen, erhöhen zusammen die Wahrscheinlichkeit der Haupttatsache, so daß daraus – bei genügend starker Beweiskraft – die persönliche Gewißheit gewonnen werden kann.

2. Beweiskette

85   Wird hingegen ein Indiz (erste Stufe) erst durch ein weiteres Indiz (2. Stufe) bewiesen, dieses durch ein drittes Indiz (3. Stufe), sind die Indizien also „hintereinandergeschaltet", so sollte man, zur Unterscheidung vom Beweisring, von einer **Beweiskette** sprechen.

86   Dafür gilt ein anderes **Denkgesetz**, nämlich die **Produktregel.** Die Schlußwahrscheinlichkeiten multiplizieren sich dann, und da diese Wahrscheinlichkeiten allenfalls 100 % betragen – zumeist aber unter 100 % liegen, also kleiner als 1 sind –, wird die Wahrscheinlichkeit für die Haupttatsache immer geringer, je mehr Schlußfolgerungen notwendig sind. 80 % mal 80 % mal 80 % ergibt schließlich nur noch 51,2 % $(0,8 \times 0,8 \times 0,8 = 0,512)$.

87   Die Kette kann „niemals stärker als das **schwächste Glied**" sein; in aller Regel wird sie sogar schwächer sein.

88   Als **Bild** kann die Beweiskette so dargestellt werden:

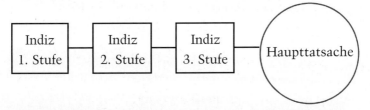

E.   Beispiel für den Indizienbeweis

I. Sachverhalt

89   Die Beweiswürdigung beim Indizienbeweis soll nun am **konkreten Fall** eines in betrügerischer Absicht provozierten Verkehrsunfalles, den der 6. Zivilsenat des Oberlandesgerichts Stuttgart durch Urteil entschieden hat[17], dargestellt werden. Zwar handelt es sich hier um einen Zivilprozeß, der Kläger wurde aber wegen desselben Vorgangs zugleich von der Staatsanwaltschaft des Betrugs beschuldigt.

90   Der **Sachverhalt:** Der Beklagte lenkte seinen Lkw an eine beampelte Kreuzung heran, um nach links abzubiegen. Dabei ordnete er sich auf der linken von insgesamt drei Fahrspuren ein. Der Kläger, der gleichfalls nach

---

17 Urt. vom 12. 7. 1988 – 6 U 147/87; der BGH NJW-RR 1990, 37 (Urt. vom 28. 3. 1989) hat das Urteil des OLG wegen eines Formfehlers aufgehoben; vgl. auch die Anmerkungen von *Romme* NZV 1989, 469; *Rüßmann* ZZP 103, 65 und *Hagenloch* DRiZ 1990, 392.

links abbiegen wollte, ordnete sich mit seinem Porsche 911 auf der mittleren Fahrspur ein, von der man entweder geradeaus oder nach links fahren darf. Beide Fahrzeuge bogen nun nach links ein, wobei die Fahrbahn, die unmittelbar nach der Kreuzung noch zwei Fahrspuren hat, sich aber nach ca. 150 m auf eine Spur verengt. Als der Beklagte wegen der Fahrbahnverengung auf die rechte – einzige – Spur wechselte, kam es zur Kollision mit dem auf dieser Spur fahrenden Fahrzeug des Klägers. Der Beklagte behauptete, der Kläger habe den Unfall vorsätzlich herbeigeführt.

II. Die Indizien

Dafür, daß der Unfall vom Kläger in betrügerischer Absicht provoziert worden war, sprachen **drei Indizien:**   **91**

(1) Reihe gleichartiger Unfälle (Indiz des ersten Verdachtes)

    Der Kläger war innerhalb von 15 Monaten – anscheinend schuldlos – in 9 Kollisionsunfälle verwickelt; der streitgegenständliche Unfall war zeitlich der siebte.

(2) Gleiche Unfallstelle, gleicher Hergang (1. Indiz)

    Der streitgegenständliche Unfall war innerhalb von 4 Monaten der 4. Unfall des Klägers an genau derselben, dem Kläger als unfallträchtig und auch sonst bestens bekannten Unfallstelle.

(3) Duplizität der Fälle bei Nahestehenden (2. Indiz)

    Der Bruder des Klägers hatte an derselben Unfallstelle 4 Monate vor dem Kläger einen Unfall mit gleichem Hergang. Die Verlobte des Bruders hatte 2 Monate vorher dort ebenfalls einen gleichartigen Unfall. Zudem hatte der Bruder 9 Monate nach dem Kläger einen weiteren gleichartigen Unfall an einer anderen Kreuzung.

III. Die Anfangswahrscheinlichkeit

Bei der Einschätzung der **Anfangswahrscheinlichkeit** – daß der Kläger den Unfall vorsätzlich herbeigeführt hat – Haupttatsache „Vorsatz" – verwendet man in der Regel das **„Indiz des ersten Verdachts".** Das ist hier der Umstand, daß der Kläger innerhalb von 15 Monaten – anscheinend schuldlos – in 9 Verkehrsunfälle verwickelt war.   **92**

Als erstes stellt sich die **Frage,** wie wahrscheinlich es ist, daß der streitgegenständliche Unfall vom Kläger **vorsätzlich** herbeigeführt wurde: **93**

    In wievielen Fällen (von 100 gedachten gleichartigen Fällen) ist, wenn jemand innerhalb von 15 Monaten in 9 Verkehrsunfälle anscheinend schuldlos verwickelt worden ist, (zumindest) der 7. der anscheinend schuldlosen Unfälle vorsätzlich herbeigeführt worden?

    Als **Gegenstück** stellt sich die Frage nach der Anfangswahrscheinlichkeit, daß der Unfall nicht fingiert, also **zufällig** ist (Nicht-Haupttatsache „Zufall").   **94**

    In wievielen Fällen (von den 100 gedachten gleichartigen Fällen) ist es beim anscheinend Schuldlosen denkbar, daß ihm auch bei dem 7. Unfall nur der Vorwurf gemacht werden kann, aus den vorausgegangenen

Unfällen nichts gelernt zu haben, nicht vorsichtiger geworden zu sein und bei seiner eigenen Fahrweise naheliegende Fahrfehler anderer Verkehrsteilnehmer nicht berücksichtigt zu haben, so daß also auch dieser Unfall nicht vorsätzlich, sondern zufällig zustande gekommen ist?

95 Diese Fragen hat der Senat (vorsichtig) so **beantwortet:**

In 20 von 100 (gedachten) Fällen wird der Verdächtige den siebten Unfall vorsätzlich herbeigeführt haben, während er in 80 Fällen lediglich fahrlässig verwickelt worden sein wird.

96 Das würde eine Anfangswahrscheinlichkeit von 20 % ergeben. Aus Sicherheitsgründen hat der Senat auf diese Anfangswahrscheinlichkeit einen **„Sicherheitsabschlag"** vorgenommen und sie auf die Hälfte reduziert; das ergibt 10 %. Von dieser Anfangswahrscheinlichkeit der Haupttatsache „Vorsatz" und 10 % und der Nicht-Haupttatsache „Zufall" von 90 % wurde bei den weiteren Überlegungen ausgegangen.

IV. Beweiskraft des 1. Indizes

97 Die zur Feststellung der **abstrakten Beweiskraft** beim Indiz 1 „Gleiche Unfallstelle, gleicher Hergang" zu stellenden drei **Fragen beantworten** sich konkret so:

1. Wenn der 7. Unfall vom Verdächtigen vorsätzlich herbeigeführt worden ist, wie oft tritt dann das Indiz auf: „Der Verdächtige hatte an derselben Unfallstelle innerhalb von vier Monaten schon drei gleichartige Unfälle, an welchen jeweils der Unfallgegner anscheinend schuldig war"?

   Diese Frage hat der Senat (vorsichtig zugunsten des Verdächtigen) so beantwortet: In mindestens 60 von 100 (gedachten) Fällen; das sind 60 %.

2. Wenn der 7. Unfall vom Verdächtigen nicht vorsätzlich herbeigeführt worden ist, wie oft tritt dann das Indiz auch auf?

   Diese Frage hat der Senat (vorsichtig zugunsten des Verdächtigen) so beantwortet: In mindestens 2 von 100 000 (gedachten) Fällen; das sind 0,002 %.

3. Sonach tritt das Indiz im Falle (1) 30 000mal häufiger auf als im Falle (2). Die abstrakte Beweiskraft beträgt danach 30 000.

98 Aus **Sicherheitsgründen** – und auch um eventuelle Abhängigkeiten zwischen dem „Indiz des 1. Verdachts" und dem Indiz „Gleiche Unfallstelle, gleicher Hergang" mit zu berücksichtigen – wurde diese Schätzung – zugunsten des Verdächtigen nur – bei Frage (1) nochmals um die Hälfte von 60 % auf 30 % reduziert. Das ergibt dann bei Frage (1) 30 %, bei Frage (2) 2 von 100 000 = 0,002 % und bei Frage (3) eine abstrakte Beweiskraft von 15 000.

V. Endwahrscheinlichkeit nach dem 1. Indiz

Die **Endwahrscheinlichkeit** für die Haupttatsache, die sich aus der **99** Anfangswahrscheinlichkeit und der abstrakten Beweiskraft des 1. Indizes ergibt, beträgt 99,94 %, wie die Berechnung nach der Formel des Theorems von *Bayes* (Rdnr. 60) ergibt:

$$\frac{10\ \% \times 30\ \%}{10\ \% \times 30\ \% + 90\ \% \times 0{,}002\ \%} = 99{,}94\ \%$$

VI. Beweiskraft des 2. Indizes

Die zur Feststellung der **abstrakten Beweiskraft** beim Indiz 2 „Duplizität **100** der Fälle von Nahestehenden" zu stellenden **drei Fragen beantworten** sich konkret so:

1. Wenn der 7. Unfall vom Verdächtigen vorsätzlich herbeigeführt worden ist, wie oft tritt dann das Indiz auf: „Der Bruder des Verdächtigen hatte an derselben Unfallstelle 4 Monate vor dem Verdächtigen einen Unfall mit gleichem Unfallhergang. Die Verlobte des Bruders hatte 2 Monate vorher dort ebenfalls einen gleichartigen Unfall. Zudem hatte der Bruder 9 Monate nach dem Verdächtigen ebenfalls einen gleichartigen Unfall an einer anderen Kreuzung." Diese Frage hat der Senat (vorsichtig zugunsten des Verdächtigen) so beantwortet: In mindestens 20 von 100 (gedachten) Fällen; das sind 20 %.

2. Wenn der 7. Unfall vom Verdächtigen nicht vorsätzlich herbeigeführt worden ist, wie oft tritt dann das Indiz auch auf?

   Diese Frage hat der Senat (vorsichtig zugunsten des Verdächtigen) so beantwortet: In mindestens 2 von 10 000 (gedachten) Fällen; das sind 0,02 %.

3. Sonach tritt das Indiz im Falle (1) 1 000mal häufiger auf als im Falle (2). Die abstrakte Beweiskraft beträgt danach 1 000.

   Aus **Sicherheitsgründen** wurde diese Schätzung – zugunsten des Ver- **101** dächtigen – bei Frage (1) nochmals um die Hälfte von 20 % auf 10 % reduziert. Das ergibt dann bei Frage (1) 10 %, bei Frage (2) 1 von 10 000 = 0,02 % und bei Frage (3) eine abstrakte Beweiskraft von 500.

VII. Endwahrscheinlichkeit nach dem 2. Indiz

Die Formel für die Berücksichtigung mehrerer Indizien lautet: **102**

$$P(A/B1 \cap B2) = \frac{P(A) \times P(B1/A) \times P(B2/A)}{P(A) \times P(B1/A) \times P(B2/A) + P(N) \times P(B1/N) \times P(B2/N)}$$

Dabei sind:

B1   Indiz Nr. 1
B2   Indiz Nr. 2
$P(A/B1 \cap B2)$

Wahrscheinlichkeit dafür, daß die Haupttatsache gegeben ist, wenn sowohl Indiz Nr. 1 als auch Indiz Nr. 2 vorliegen, also die gesuchte Endwahrscheinlichkeit.

Setzt man die Werte aus den obigen Fragestellungen ein, so kommt man zu einer neuen **Endwahrscheinlichkeit** von 99,9999 %:

$$\frac{10\ \% \times 30\ \% \times 10\ \%}{10\ \% \times 30\ \% \times 10\ \% + 90\ \% \times 0,002\ \% \times 0,02\ \%} = 99,9999\ \%$$

Diese Endwahrscheinlichkeit hat der Senat als bei weitem ausreichend für eine Verurteilung angesehen.

F. Folgerungen für die polizeiliche Praxis

103 Die Beschäftigung mit der Wahrscheinlichkeitstheorie hat gezeigt, daß sich daraus – auch ohne daß man im konkreten Fall quantifizieren muß – wichtige Grundsätze für den bei der Beweiswürdigung vorzunehmenden **Denkprozeß** gewinnen lassen. Für die kriminalistische Praxis sind vor allem **drei elementare Forderungen** zu stellen.

I. Abstrakte Beweiskraft eines Indizes abschätzen

104 Bevor man in die globale Beweiswürdigung – die sog. Gesamtschau – einsteigt, muß man sich zuerst über die Beweiskraft der einzelnen Indizien klar werden. Dazu sollte man die oben (Rdnr. 66, 97, 100) dargestellten **drei Fragen zur abstrakten Beweiskraft des Indizes stellen** und versuchen, sie wenigstens auf einem Plausibilitätsniveau zu beantworten.

105 Wichtig dabei ist vor allem, auch die **zweite Frage** zu stellen. Das bedeutet für die praktisch bedeutsamste Frage, ob der Beschuldigte der Täter ist: Stets auch danach fragen, wie wahrscheinlich es ist, daß das Indiz auch bei **Unschuldigen** (genauer: bei einer vergleichbaren Gruppe von Unschuldigen) vorkommt.

106 Diese – zweite – Frage wird häufig nicht gestellt; sie ist vor allem für solche **Sachverständigen-Gutachten** zu fordern, die **Wahrscheinlichkeitsurteile** abgeben.

Beispiel:

Das Sachverständigen-Gutachten endet mit der Feststellung, daß das tödliche Geschoß mit einer Wahrscheinlichkeit von 98 % aus der Waffe des Beschuldigten stammt. Was heißt das genau, wie ist der Sachverständige zu dieser Feststellung gekommen?[18]

Der Sachverständige könnte folgende Überlegung angestellt haben: „Von 100 Fällen, in welchen die Geschosse aus derselben Waffe stammen, weisen in 98 Fällen die Geschosse derartig gleichartige Spuren auf, wie sie im Geschoß des Körpers des Getöteten und am Vergleichsgeschoß aus der Waffe des Beschuldigten gefunden habe. Also ist die Wahrscheinlichkeit, daß das Geschoß im Körper des Getöteten aus der Waffe des Beschuldigten stammt, 98 %."

Hätte der Sachverständige nur diese Überlegung angestellt, so wäre seine Schlußfolgerung von 98 % unbrauchbar. Man sollte stets folgende Zusatz-

---

18 Vgl. dazu auch BGH StV 1992, 312 (Beschl. vom 5. 2. 1992 betr. Beweiswürdigung bei Haarvergleichsgutachten) und NJW 1992, 2976 (Urt. vom 12. 8. 1992 betr. Beweiswert der DNA-Analyse).

frage stellen: „Und in wievielen von 100 Fällen, in welchen die Geschosse **nicht** aus derselben Waffe stammen, treten trotzdem solche gleichartigen Spuren auf?"

II. Abhängigkeit von Indizien beachten

Der Beweiswert mehrerer Indizien wird entscheidend davon beeinflußt, ob **107** die Indizien abhängig sind. Deshalb sollte man sich stets die **Frage** stellen, **ob die verwendeten Indizien voneinander abhängig sein können.** In diesem Fall sollte man Indizfamilien bilden.

So mag es ja sein, daß auch ein Unschuldiger zur Tatzeit am Diebstahls- **108** Tatort war, aber daß ausgerechnet dieser Unschuldige auch noch im Besitz von Tatwerkzeugen und Diebesgut ist, wäre schon ein großer Zufall. Die **Indizfamilie** („Tatort", „Besitz von Tatwerkzeug" und „Besitz von Diebesgut") wird beim Täter (Haupttatsache) sehr wahrscheinlich zusammentreffen, bei einem Unschuldigen (Nicht-Haupttatsache) tritt diese Kombination sehr selten auf.

Besonders signifikant sind Indizfamilien mit **negativer Abhängigkeit** **109** („große Füße und kleine Hände"), die zwar beim Täter und Beschuldigten vorkommen, in gerade dieser Kombination aber bei der übrigen Bevölkerung (Nicht-Haupttatsache) sehr selten.

III. Anfangswahrscheinlichkeit beachten

Die abstrakte Beweiskraft der einzelnen Indizien allein sagt noch nichts **110** darüber aus, wie wahrscheinlich es ist, daß die Haupttatsache vorliegt. Man muß diese Beweiskraft ja noch auf die Anfangswahrscheinlichkeit gedanklich „aufsetzen". Bei sehr geringer Anfangswahrscheinlichkeit können auch sehr starke Indizien letzten Endes nicht ausreichen. Wie trügerisch dabei gefühlsmäßige Abschätzungen sein können, hat der Verfasser an anderer Stelle aufgezeigt[19]. Man sollte daher unbedingt versuchen, sich wenigstens eine ungefähre **Vorstellung von der Anfangswahrscheinlichkeit zu machen.**

---

19 *Nack* 1986 S. 366.

SCHRIFTTUM

Alsberg, Max, Karl-Heinz Nüse und *Karlheinz Meyer:* Der Beweisantrag im Strafprozeß. 5. Aufl. Köln, Berlin, München 1983.

Bender, Hans-Udo: Merkmalskombination in Aussagen. Theorie und Empirie zum Beweiswert beim Zusammentreffen von Glaubwürdigkeitskriterien. Tübingen 1987 (Veröffentlichungen zum Verfahrensrecht Bd. 2).

Bender, Rolf: Das Beweismaß. In: Wolfgang Grunsky, Rolf Stürner, Gerhard Walter und Manfred Wolf (Hrsg.): Festschrift für Fritz Bauer, Tübingen 1981, S. 241–271.

Bender, Rolf und *Armin Nack:* Vom Umgang der Juristen mit der Wahrscheinlichkeit. In: Werner Schmidt-Hieber und Rudolf Wassermann (Hrsg.): Justiz und Recht. Festschrift aus Anlaß des zehnjährigen Bestehens der Deutschen Richterakademie in Trier. Heidelberg 1983, S. 263–275.

Bender, Rolf, Susanne Röder und *Armin Nack:* Tatsachenfeststellung vor Gericht. Band I. München 1981 a. Band II. München 1981 b.

Bentham, Jeremy: Œuvres. Tome 2: Théorie des peines et des récompenses. Traité des preuves judicaires. Bruxelles 1829 (Dt. Übers.: Theorie des gerichtlichen Beweises. 1838).

Bernoulli: De usu artis conjectandi in jure. 1706.

Deinet, Werner: Die Bewertung kriminaltechnischer Untersuchungsverfahren und -ergebnisse durch die Wahrscheinlichkeitsrechnung. In: Edwin Kube, Hans Udo Störzer und Siegfried Brugger (Hrsg.): Wissenschaftliche Kriminalistik. Grundlagen und Perspektiven. Teilband 2. Wiesbaden 1984 (BKA-Forschungsreihe. Bd. 16/2), S. 201–217.

Eggleston, Richard: Evidence, Proof and Probability. 2nd ed. London 1983.

Feuerbach, Anselm von und *C. J. A. Mittermaier:* Lehrbuch des gemeinen in Deutschland gültigen Peinlichen Rechts. 14. Aufl. Gießen 1847.

Gårdenfors et al.: Evidentiary value. Lund 1983.

Greger, Reinhard: Beweis und Wahrscheinlichkeit. Das Beweiskriterium im allgemeinen und bei den sogenannten Beweiserleichterungen. Köln, Berlin, Bonn, München 1978 (Erlanger Juristische Abhandlungen. Bd. 22).

Herdegen, Gerhard: Bemerkungen zur Beweiswürdigung. In: Neue Zeitschrift für Strafrecht 7, (1987), S. 193–199.

Huber, Michael: Das Beweismaß im Zivilprozeß. Köln, Berlin, Bonn, München 1983 (Prozeßrechtliche Abhandlungen Bd. 56).

KK/Autor (zit.) = Karlsruher Kommentar zur Strafprozeßordnung und zum Gerichtsverfassungsgesetz mit Einführungsgesetz. 2. Aufl. München 1987.

Kleinknecht, Theodor und *Karlheinz Meyer:* Strafprozeßordnung, Gerichtsverfassungsgesetz, Nebengesetze und ergänzende Bestimmungen. 38. Aufl. München 1987 (Beck'sche Kurz-Kommentare. Bd. 6).

Koch, Hans-J. und *Helmut Rüßmann:* Juristische Begründungslehre. Eine Einführung in die Grundprobleme der Rechtswissenschaft. München 1982 (JuS-Schriftenreihe. H. 22).

L-R/Autor (zit.) = Löwe-Rosenberg: Die Strafprozeßordnung und das Gerichtsverfassungsgesetz. Großkommentar. 24. Aufl. Berlin, New York 1986 ff.

Maassen, Bernhard M.: Beweismaßprobleme im Schadensersatzprozeß. Eine rechtsvergleichende Untersuchung zum Problem des Beweismaßes im deutschen und anglo-amerikanischen Prozeßrecht unter besonderer Berücksichtigung des Schadensersatzprozesses. Köln, Berlin, Bonn, München 1976 (Prozeßrechtliche Abhandlungen. Bd. 39).

Meixner, Franz: Der Indizienbeweis. 2. Aufl. Hamburg 1962.

Mittermaier, C. J. A.: Die Lehre vom Beweise im deutschen Strafprozesse. Darmstadt 1834.

Motsch, Richard: Vom rechtsgenügenden Beweis. Zur Entscheidung von Zivilsachen nach Wahrscheinlichkeit unter besonderer Berücksichtigung der Abstammungsfeststellung. Berlin 1983 (Schriften zum Prozeßrecht. Bd. 79).

Musielak, Hans-Joachim und *Max Stadler:* Grundfragen des Beweisrechts. Beweisaufnahme – Beweiswürdigung – Beweislast. München 1984 (JuS-Schriftenreihe. H. 89).

Nack, Armin: Indizienbeweisführung und Denkgesetze. In: Neue Juristische Wochenschrift 36 (1983), S. 1035–1037.

ders.: Der Indizienbeweis. In: Monatsschrift für Deutsches Recht 40 (1986), S. 366–371.

Niemöller, Martin: Die strafrichterliche Beweiswürdigung in der neueren Rechtsprechung des Bundesgerichtshofs. In: Strafverteidiger 4 (1984), S. 431–442.

Perret, Klaus-Ulrich: Modell zur gemeinsamen wahrscheinlichkeitstheoretischen Auswertung mehrerer Indizien. In: Edwin Kube, Hans-Udo Störzer und Siegfried Brugger (Hrsg.): Wissenschaftliche Kriminalistik. Grundlagen und Perspektiven. Teilband 2. Wiesbaden 1984 (BKA-Forschungsreihe. Bd. 16/2), S. 219–251.

Sarstedt, Werner: Beweisregeln im Strafprozeß. In: Berliner Festschrift für Ernst E. Hirsch. Dargebracht von Mitgliedern der Juristischen Fakultät zum 65. Geburtstag. Berlin 1968, S. 171–186.

Sarstedt, Werner und *Rainer Hamm:* Die Revision in Strafsachen. 5. Aufl. Berlin, New York 1983.

Schneider, Egon: Beweis und Beweiswürdigung unter besonderer Berücksichtigung des Zivilprozesses. 4. Aufl. Köln, Berlin, Bonn, München 1987.

Walter, Gerhard: Freie Beweiswürdigung. Eine Untersuchung zu Bedeutung, Bedingungen und Grenzen der freien richterlichen Überzeugung. Tübingen 1979 (Tübinger Rechtswissenschaftliche Abhandlungen. Bd. 51).

29

Fahndung

Jürgen Zeiger

INHALTSÜBERSICHT

A. Vorbemerkung

1 Fahndung ist literarisch ein **Dauerthema,** das Kulminationspunkte immer dann erlebt, wenn entweder neue Fahndungsmethoden, -techniken oder -pannen zur Diskussion anregen. Fahndungsprobleme werden fortlaufend, z. B. auch bei den Arbeitstagungen des Bundeskriminalamtes – zuletzt 1970 und 1979 – aufbereitet.

2 Zu den Erschwernissen, die sich aus der oft unzulänglichen materiellen und technischen Ausstattung der Fahndungsdienststellen ergeben, kommt hinzu, daß der Bürger heute unter dem **Eindruck der Rechtsentwicklung** im Datenschutz und zum Persönlichkeitsrecht sensibler auf Eingriffe der Polizei reagiert und polizeilichen Maßnahmen viel kritischer begegnet.

3 Gleichwohl muß sich die Polizei der Herausforderung stellen, Fahndung als **Dauer- und Gesamtaufgabe** von Schutz- und Kriminalpolizei zu sehen, für deren Durchführung alle Möglichkeiten bzw. Ressourcen zu nutzen sind.

4 Noch ein Wort **in eigener Sache:** Die Fahndung wird in der PDV 384.1 (Ausgabe 1987) abgehandelt. Diese Vorschrift ist „VS – Nur für den Dienstgebrauch" eingestuft. Sie kann daher im Rahmen dieser Veröffentlichung zwar nicht abgedruckt oder komplett abgehandelt werden, soll ihr jedoch als roter Faden dienen. Daraus ergeben sich Einschränkungen hinsichtlich der Breite und Tiefe von Aussagen zu einzelnen Teilbereichen.

B. Begriff

Die Fahndung als ein dem Kriminalpraktiker **allgemein bekannter und** **5** **vertrauter Vorgang** drängt nicht so sehr nach Beschreibung durch eine umfassende und differenzierte Definition wie dies andere Tätigkeitsfelder polizeilicher Aufgabenerfüllung verlangen. In diesem Zusammenhang sei nur an den jahrelangen Streit um die Definition der Organisierten Kriminalität erinnert. Dies soll jedoch nicht heißen, daß es nicht viele verdienstvolle **Versuche** gegeben hätte, dem Begriff „Fahndung" einen definitorischen Rahmen zu geben.

Unstreitig ist wohl die **Zuordnung** der Fahndung zur Kriminalistik. Dort **6** wird sie als Mittel zur Tataufklärung oder zur Gefahrenabwehr verstanden. Wo zwischen Fahndung im weiteren und engeren Sinne unterschieden wird, versteht man dabei unter Fahndung im weiteren Sinne alle **Maßnahmen,** die darauf gerichtet sind, den oder die Täter zu einer bestimmten Tat festzustellen und der Strafverfolgung zuzuführen. Der engere Fahndungsbegriff hingegen meint die Gesamtheit der Maßnahmen, die dazu dienen, einen der Person nach bekannten Täter zu ermitteln oder zu ergreifen[1]. Bei dieser Sichtweise fällt auf, daß sowohl der Aspekt der Gefahrenabwehr fehlt als auch die Sachfahndung nicht erfaßt wird, beides **Mängel,** die einen so gesehenen Fahndungsbegriff für die Polizei als wenig tauglich qualifizieren.

Ein **anderer Ansatz** sieht in der Fahndung alle polizeilichen Maßnahmen **7** und Einrichtungen, die der Ermittlung und Ergreifung von Straftätern, der Überprüfung verdächtiger Personen, der Feststellung von Auskunftspersonen sowie der Überprüfung von verdächtigen Gegenständen und der Nachforschung nach Sachen dienen, die für ein Strafverfahren bedeutungsvoll sind oder dem rechtmäßigen Inhaber durch eine mit Strafe bedrohte Handlung entzogen oder anderweitig abhandengekommen sind[2].

Die PDV 384.1 schließlich bezeichnet als Fahndung i. S. der **Vorschrift** **8** alle Maßnahmen und Einrichtungen zur planmäßigen Suche nach Personen und Sachen im Rahmen der Strafverfolgung und zum Schutz der öffentlichen Sicherheit und Ordnung[3]. Diese Definition ist in den Vorläufern zur aktuellen PDV 384.1 auch enthalten gewesen. Sie hat sich deshalb im polizeilichen Sprachgebrauch eingebürgert und Akzeptanz gefunden. Dabei liegt ihr **Vorteil** in ihrer Übersichtlichkeit und Kürze. Sie ist deshalb dem früher in den Richtlinien für das Fahndungswesen enthaltenen sehr verschachtelten Fahndungsbegriff von *Holle*[4] vorzuziehen.

---

1 *Groß/Geerds* 1978 S. 46.
2 *Holle* 1957 S. 13.
3 *PDV 384.1,* Nr. 1.2.
4 *Holle* 1957 S. 13.

C. Allgemeines

I. Historie der Fahndung

1. Die Anfänge

9   Gefahndet wurde schon als es noch keine Polizei gab, wie wir sie heute kennen. Eine kurze **geschichtliche Darstellung** aus dem vorchristlichen Ägypten belegt dies. Darin wird ein Steckbrief nach zwei flüchtigen Sklaven erwähnt. Er enthält anschauliche Personenbeschreibungen und Zeichnungen mitgeführter Gegenstände ebenso wie Angaben zur Belohnung für die Ergreifung oder die Angabe des Aufenthaltsortes der Flüchtigen. Dies sind die gleichen Informationen, die auch heute eine Öffentlichkeitsfahndung enthalten muß[5].

10   Auch in der germanischen Frühzeit stellt man **Ansätze von Fahndung** fest. Gefahndet wurde seinerzeit nach für friedlos erklärten Personen, die gegen die Ordnung der Sippe verstoßen hatten und damit nicht mehr den Schutz dieser kleinsten gesellschaftlichen Gruppierung genossen[6]. Die Sippe verfolgte einen Friedlosen. Jedermann durfte ihn töten, bestehlen oder sonst schädigen. Die Friedloserklärung stellt sich damit als eine frühe Form der Ausschreibung dar.

2. Der Zwischenschritt

11   Im 13. Jahrhundert war eine erschreckende Verrohung der Menschen verbunden mit enorm steigender Kriminalität zu verzeichnen. Außerhalb der Städte gab es praktisch keine Sicherheit. Dazu kam noch, daß die **Polizeigewalt** aufgrund der Zersplitterung des Landes auf die verschiedensten Institutionen (z. B. Klöster, Ritter, Städte) aufgeteilt war.

12   Berlin schloß deshalb schon 1393 mit den Städten des Havellandes und umliegenden Ländern ein **Abkommen,** das dazu verpflichtete, sich gegenseitig alle verbannten oder flüchtigen Verbrecher zu melden[7]. Damit war die erste überregionale Fahndungskartei ins Leben gerufen. Im 17. Jahrhundert festigte sich das Sicherheitsbewußtsein der Bürger, nachdem die Landesfürsten auch die Städte durch ihre **Polizeigewalt** kontrollieren konnten. *Friedrich Wilhelm der Große Kurfürst* gab seiner Polizei eine eigene Organisation.

13   Damit war möglicherweise ein großer Schritt auf dem Weg zu organisierten Fahndungsmaßnahmen gelungen. Deren erste Ausprägung findet sich in den **Gaunerlisten** des beginnenden 18. Jahrhunderts, die als Fahndungsblätter versandt wurden und bereits detaillierte Personenbeschreibungen enthielten. Besondere Erwähnung verdient in diesem Zusammenhang ein früher Fahnder, der Oberamtmann *Schäffer,* der am Ende des 18. Jahrhundert umlaufende Gaunerlisten sammelte, verglich und ergänzte. Dabei

---

5 *Gemmer* 1979 S. 12.
6 *Ullrich* 1961 S. 21 ff.
7 *Ullrich* 1961 S. 34.

gewann er zwangsläufig Erkenntnisse über das Berufsverbrechen. Wahrscheinlich leisteten solche Auswertungen auch einen Beitrag zu der erfolgreichen Fahndung nach *Johannes Bückler*, alias *Schinderhannes*, der 1803 hingerichtet wurde. Auch andere, z. B. der badische Hofrat *Friedrich August Roth*, der eine Aufstellung von 3 127 „Jaunern" verfaßte oder *Johann Ulrich Schöll*, der in einem „Abriß des Jauner und Bettelwesens in Schwaben" um 1793 ca. 2 700 „Individuen" aufführte, stellten solche **Fahndungslisten** zusammen. Deren Qualität stieg ständig bis hin zu exakten Steckbriefen und genauen Strukturbeschreibungen einzelner Banden und des Räuberwesens[8].

Ein weiterer wichtiger Schritt hin zu einem geordneten Fahndungswesen wurde mit den ersten „gesetzlichen" Regelungen in diesem Bereich 1810 in Berlin vollzogen. Damals beschrieb § 10 des **Berliner Polizeireglements,** wie am besten „Observationen und andere Geschäfte der Verbrechensaufklärung wahrzunehmen seien". Darüber hinaus befaßte sich der 4. Geschäftsbereich in dem neu eingerichteten Sicherheitsbüro mit der Ermittlung unbekannter Verdächtiger und flüchtiger Täter. Als Hilfsmittel dienten Listen über straffällige Personen, Strafentlassene, Flüchtlinge, Landstreicher, Untersuchungshäftlinge, Prostituierte und sonstige auffällige Personen. Daneben wurden gestohlene Gegenstände und noch nicht aufgeklärte Straftaten registriert[9]. **14**

In dieser Zeit finden sich auch die Ursprünge der **Fahndungskarteien** in Deutschland. Als Grundstein dazu ist wohl eine Abhandlung des königlich preußischen Hofrats *Carl Falkenberg* aus dem Jahre 1818 anzusehen. Er legte darin seine Vorstellungen im Detail dar, welche Listen in welcher Gestaltung er für erforderlich hielt, z. B. eine genaue „Einwohner-Controlle", eine Liste aller Häuser, Register über Schlafstellen-Vermieter, Gasthöfe, Bordelle nebst Tanzböden und (Brannt-)Weinläden, Verzeichnisse über „alle als verdächtig bekannte oder als solche signalisierte Personen" sowie über Trödler und Pfandleiher, eine Steckbriefsammlung und „ein Register über gestohlene Sachen"[10]. **15**

3. Einzug der Technik

Allmählich hielt die Technik Einzug in die Fahndung. So konnte schon 1845 ein steckbrieflich gesuchter Täter durch **telegrafische Übermittlung** seiner Personenbeschreibung identifiziert und verhaftet werden. **16**

Auch die **Fotografie** erwies sich zunehmend als nützliches Hilfsmittel. Besonders in Paris bediente sich die Polizei ab 1840 des neuen Verfahrens. Um 1860 entstanden dort die ersten Verbrecheralben, 1874 ein fotografisches Atelier, in das eine Sammlung von Verbrecherporträts aufgenommen wurde. Der Pariser Polizeibeamte *Alphonse Bertillon* ordnete die Bilder nach den körperlichen Merkmalen der Fotografierten, eine Methode, die bald durch die Daktyloskopie ersetzt wurde[11]. **17**

---

8 *Störzer* 1979 S. XV.
9 *Ullrich* 1961 S. 41.
10 *Störzer* 1979 S. XVI.
11 *Störzer* 1979 S. XVI.

18   1910 wurde erstmals der **Funk** zur Fahndung nach einem Verbrecher genutzt. Nach Austausch der erforderlichen Informationen zwischen den beteiligten Stellen gelang es, den Engländer *Dr. Crippen,* gesucht als Mörder, nach der Überfahrt von Antwerpen nach Quebec festzunehmen. Die deutsche Polizei erkannte die große Bedeutung des neuen Fahndungshilfsmittels wohl zuerst und begann als erste Polizeiorganisation in der Welt im Jahre 1919 mit dem Aufbau eines Funknetzes, der 1927 mit ortsfesten, von der Post unabhängigen Sende- und Empfangsanlagen abschloß.

19   Der rasante technische Fortschritt begünstigte die polizeiliche Fahndungsarbeit nun immer mehr. Nachdem Mitte der zwanziger Jahre die **Bildtelegrafie** die Übertragung von Bildern, Fingerabdruckfotografien und Dokumenten erlaubte, gestattete dies der **Bildfunk** erstmals 1948. Seinerzeit funkte die Polizei in Stockholm einen Fingerabdruck an das FBI in Washington. Der Täter wurde noch am gleichen Tag identifiziert[12].

4. Das DV-Zeitalter

20   Die aufgrund der steigenden Kriminalität permanent anwachsende Flut polizeilicher Daten – auch Fahndungsinformationen – rief nach einem neuen Medium zu deren Verarbeitung. Dazu bot sich bereits Anfang der 60er Jahre die **elektronische Datenverarbeitung** an. Die Polizei in Los Angeles machte weltweit den Anfang. Während in Europa die Polizei in Brüssel eine Vorreiterrolle übernahm, bediente sich als erste Polizeibehörde in der Bundesrepublik 1962 das PP München der EDV[13].

21   Von da an breitete sich das moderne Arbeitshilfsmittel ständig und beständig in der Polizei aus. Am 27. 1. 1972 beschloß die Innenministerkonferenz das „Konzept für das polizeiliche Informations- und Auskunftssystem", nach dem ein gemeinsames, arbeitsteiliges, elektronisches Informations- und Auskunftssystem für die gesamte Polizei **(INPOL)** in der Bundesrepublik mit dem Bundeskriminalamt als Zentralstelle einzurichten war[14]. Als erster sichtbarer Erfolg dieses Konzeptes wurde am 13. 11. 1972 auf dem Flughafen Frankfurt der Auskunftsdienst in der Personenfahndung aufgenommen. Es folgten die Kfz-Fahndung am 20. 5. 1974 und die allgemeine Sachfahndung am 20. 1. 1975. Das Fahndungssystem wird heute von mehr als 6 000 Datenendgeräten in der Bundesrepublik flächendeckend genutzt.

22   Auch **international** sind **gegenseitige Zugriffsmöglichkeiten** geschaffen worden. Mit Spanien, Italien, Belgien, Frankreich und Österreich ist die Abfrage des jeweils anderen Fahndungsbestandes auch über Datensichtgerät realisiert. Über Telex haben die Länder Schweden, Finnland, England, Niederlande, Belgien, Luxemburg, Frankreich, Österreich, Italien, Spanien, Polen und Ungarn Zugang zur Sachfahndung.

---

12 *Störzer* 1979 S. XIX.
13 *Wehner* 1963 S. 272.
14 *Wiesel/Gerster* 1978 S. 15.

Als Konsequenz aus dem Schengener Abkommen von 1985 sind Vorstel- **23**
lungen zu einem „**Schengener Informationssystem**" (SIS) entwickelt worden, die einen gemeinsamen Fahndungsbestand in **einem** „Schengen-Rech-
ner" vorsehen.

5. Rechtsentwicklung

Dieser kurze geschichtliche Abriß, den man auch anders akzentuieren **24**
könnte, wäre unvollständig, wenn er nicht die Rechtsentwicklung wenigstens ansprechen würde. Um den qualitativ und quantitativ anwachsenden
kriminellen Aktivitäten besser begegnen zu können – insbesondere im
terroristischen Bereich – sind die Rechtsgrundlagen für die Fahndung
besonders in den letzten 20 Jahren sektoral entsprechend angepaßt worden.

Für die Fahndung im repressiven Bereich wurden die Aufgabenbeschrei- **25**
bungen und **Eingriffsermächtigungen** traditionell der StPO von 1877 entnommen. Für den gefahrenabwehrenden Bereich dienten die Polizeigesetze
der Länder und das BGS-Gesetz als Ermächtigungsgrundlage für polizeiliche Fahndungsmaßnahmen. Insbesondere die StPO erwies sich mit fortschreitender Kriminalitätsentwicklung als immer weniger den Anforderungen entsprechend. Als zwei herausragende Beispiele, die zur Behebung
der **Mängel** gedacht waren, sei auf § 111 StPO (Einrichtung von Kontrollstellen) und § 163 d StPO (Schleppnetzfahndung) hingewiesen.

Als zusätzlich hinderlich für die Fahndung erwies sich deren Überwöl- **26**
bung durch den **Datenschutz** seit 1978, der z. B. die systematisierte Fahndung (oder Rasterfahndung) z. T. als rechtswidrig bezeichnete, obwohl
diese Maßnahme die ganz überwiegende Anzahl der davon Betroffenen gar
nicht tangiert. In neuester Zeit wurden in den bereits vorliegenden Ent-
würfen bzw. Endfassungen für eine Änderung der StPO, eine Neufassung
des BKA-Gesetzes und für Polizeigesetze besondere Fahndungsvorschriften
i. S. von bereichsspezifischen Regelungen aufgenommen.

II. Fahndungsarten

Der polizeiliche Fahndungsalltag unterscheidet zwischen **allgemeiner und** **27**
gezielter Fahndung. Unter allgemeiner Fahndung versteht man dabei die
Suche ohne konkrete Fahndungshinweise[15]. Gezielte Fahndung ist die
Suche aufgrund konkreter Hinweise, von Auswertungsergebnissen bzw.
aufgrund besonderer Anlässe[16].

Diese beiden von der Fahndungsbasis her unterschiedlichen **Methoden** **28**
finden ihre inhaltliche, taktische und technische Ausprägung in der Personenfahndung und in der Sachfahndung als den klassischen und die Fahndungsarbeit bestimmenden Fahndungsarten.

Wegen ihrer Bedeutung werden diese Komplexe in jeweils eigenen Kapiteln abgehandelt.

---

15 *PDV 384.1*, Nr. 1.2.
16 *PDV 384.1*, Nr. 1.2.

III. Fahndungsgebiete

29 Abhängig vom **Ausgangspunkt** der Fahndung wird zwischen örtlicher oder überörtlicher Fahndung unterschieden.

1. Örtliche Fahndung

30 Der **örtliche Bereich** ist grundsätzlich Ausgangspunkt jeder Fahndung[17]. Zur örtlichen Fahndung sind abhängig von den Erkenntnissen und lagebedingt
– die Ausschreibung im INPOL zu veranlassen
– eigene und Unterlagen anderer Polizeidienststellen und Behörden auszuwerten
– Suchvermerke in Dateien anderer Behörden und Institutionen zu hinterlegen
– allgemeine und gezielte Kontrollen, Streifen und Observationen unter Einbeziehung lokaler Brennpunkte der Kriminalität durchzuführen.
– Außendienste anderer Behörden zu beteiligen.

Außerdem können in Anspruch genommen werden
– Fachdienste
– Berufs- und Fachverbände
– Geldinstitute
– Versicherungen
– Werkschutz, Bewachungsdienste
– andere geeignete Einrichtungen.

31 Die INPOL-Ausschreibung zur Personenfahndung kann auf das veranlassende Land und auf bis zu zwei weitere Bundesländer **beschränkt werden,** wenn dies aus kriminalistischen oder aus Verhältnismäßigkeitsgründen geboten ist[18]. Eine solche Beschränkung ist unzulässig, wenn es sich um eine Auslandsfahndung oder eine Kfz-Fahndung handelt.

2. Überörtliche Fahndung

32 Wenn Anhaltspunkte vorliegen, daß die gesuchte Person den örtlichen Bereich verlassen hat und ausreichende Fahndungshinweise zugrunde liegen, sind zusätzlich zur Ausschreibung und der Auswertung von Unterlagen **Mitfahndungsersuchen** zu stellen. Dabei muß der Fahndungsanlaß diese Ausdehnung rechtfertigen. Zu berücksichtigen ist, daß nur solche Stellen einbezogen werden, die nach Sachlage zur Mitfahndung in der Lage sind. Dieser Grundsatz wird häufig vernachlässigt, was zur ineffektiven Streuung von Fahndungsersuchen nach dem „Gießkannenprinzip" führt[19]. Nach entsprechender Aufforderung werten Landeskriminalämter, das Bundeskriminalamt und andere in Betracht kommende bzw. an der Fahndung beteiligte Stellen ihre Unterlagen aus und geben sachdienliche Hinweise.

---

17 *PDV 384.1*, Nr. 2.1.3.
18 *PDV 384.1*, Nr. 2.1.4.
19 *PDV 384.1*, Nr. 2.1.5.

Besondere Fahndungen sind zu erwägen. Spezielle Regelungen, z. B. für   **33** die Protokollierung von Daten gemäß § 163 d StPO an Kontrollstellen nach § 111 StPO müssen berücksichtigt werden.

D.   Rechtsfragen

I. Strafprozeßordnung

Die Strafprozeßordnung (StPO) enthält sowohl **Aufgabenzuweisungen** als   **34** auch **Eingriffsermächtigungen** für die Fahndung. Es erscheint vertretbar, bis zur speziellen gesetzlichen Regelung des gesamten Gebietes auch Aufgabenzuweisungen als Ermächtigung für Rechtseingriffe heranzuziehen, wenn die Eingriffsqualität geringer ist als bei in der StPO ansonsten normierten Eingriffen. In diesen Fällen stellen Generalklauseln deshalb die adäquate Regelungsmaterie dar, weil die Maßnahmen sich wegen ihrer Vielgestaltigkeit und ihres häufig operativen Charakters speziellen Normierungsversuchen entziehen[20].

1. Aufgabenzuweisung

§ 163 Abs. 1 StPO weist den Behörden und Beamten des Polizeidienstes die   **35** Aufgabe zu, Straftaten zu erforschen und alle keinen Aufschub gestattenden Anordnungen zu treffen, um die Verdunkelung der Sache zu verhüten. Dieser **allgemeine Ermittlungsauftrag** umfaßt auch die Fahndung, weil Ermittlungen ohne Fahndung nicht möglich bzw. unvollständig sind. Die generalklauselartige Bestimmung steht auch im Einklang mit dem Grundsatz, daß Generalklauseln überall da akzeptiert werden müssen, wo die **Vielfalt und Vielgestaltigkeit der Aufgaben** sich nicht mit eindeutig bezeichenbaren Kategorien abbilden läßt.

Ferner trägt sie auch dem Erfordernis der **Normenklarheit** noch genügend Rechnung. Ihre Einfügung in die sonstigen Fahndungsvorschriften macht den Regelungsinhalt nach innen und außen ausreichend transparent.

2. Eingriffsermächtigungen

Eingriffsermächtigungen für die Fahndung sind in der StPO nur ganz vereinzelt zu finden. Beispiele dafür sind § 127 StPO (vorläufige Festnahme),   **36** § 111 StPO (Kontrollstelle), § 163 d StPO (Schleppnetzfahndung), § 163 b StPO (Feststellung der Identität), in gewissem Sinne auch die §§ 102 ff. StPO (Durchsuchung), soweit die Bestimmungen für Zwecke der Fahndung herangezogen werden, und § 131 StPO (Steckbrief).

a) § 127 StPO

§ 127 Abs. 1 StPO ermächtigt unter den dort genannten Voraussetzungen   **37** jedermann, also auch den Polizeibeamten, zur **vorläufigen Festnahme;** Abs. 2 gibt den Beamten des Polizeidienstes und der Staatsanwaltschaft

---

20 *Rupprecht* 1975 S. 105.

·darüber hinausgehend ein Recht zur vorläufigen Festnahme, wenn die Voraussetzungen eines Haftbefehls oder eines Unterbringungsbefehls vorliegen.

b) § 111 StPO

38 Nach dieser 1978 eingeführten Bestimmung dürfen auf öffentlichen Straßen und Plätzen und anderen öffentlich zugänglichen Orten **Kontrollstellen** eingerichtet werden, wenn bestimmte Tatsachen den Verdacht begründen, daß eine Straftat nach § 129 a StGB, eine der dort bezeichneten Straftaten (§§ 211, 212, 220 a, 239 a, 239 b, 305 a, 306, 307, 308, 310 b Abs. 1, 311 Abs. 1, 311 a Abs. 1, 312, 315 Abs. 1, 316 b Abs. 1, 316 c Abs. 1, 319 StGB) oder eine Straftat nach § 250 Abs. 1 Nr. 1 StGB begangen worden ist. Als zusätzliche Bedingung müssen Tatsachen die Annahme rechtfertigen, daß die Maßnahme zur Ergreifung des Täters oder zur Sicherstellung von Beweismitteln führen kann, die der Aufklärung der Straftat dienen können.

39 An einer Kontrollstelle ist jeder **verpflichtet,** seine Identität festzustellen und sich sowie mitgeführte Sachen durchsuchen zu lassen. Dabei regelt sich die Identitätsfeststellung nach den §§ 163 b und 163 c StPO, während für die Durchführung der Durchsuchung die §§ 106 bis 110 StPO heranzuziehen sind.

40 Die **Anordnung** zur Einrichtung einer Kontrollstelle trifft der Richter, bei Gefahr im Verzuge auch die Staatsanwaltschaft und ihre Hilfsbeamten. Bemerkenswert ist in diesem Zusammenhang, daß gegen die Anordnung einer Kontrollstelle keine Rechtsmittel eingelegt werden können, wohl aber gegen einzelne Kontrollmaßnahmen, die den einzelnen persönlich in seinen Rechten einschränken.

c) § 163 d StPO

41 Hierbei handelt es sich um eine aus vielen widerstreitenden Interessen am 1. 4. 1987 in Kraft getretene Kompromißlösung, die wegen der Vielzahl von Einschränkungen und Verweisungen, auch wegen der dadurch bedingten Unübersichtlichkeit wenig praxisgerecht und stark umstritten ist. Die Bestimmung stellt sich im Grunde als **bereichsspezifische Datenschutzregelung** dar, die im Zusammenhang mit dem Personalausweisgesetz bzw. Paßgesetz und den dort normierten Aussagen zur automatischen Lesbarkeit dieser Dokumente steht. Diese Abhängigkeit wird häufig übersehen, ist jedoch zum besseren Verständnis des § 163 d StPO wichtig.

42 Unter sehr engen Voraussetzungen wird die **Befugnis zur Speicherung** bestimmter Daten in einer Datei für die Dauer von drei Monaten mit einmaliger Verlängerungsmöglichkeit für höchstens weitere drei Monate gewährt. Voraussetzung sind bestimmte den Verdacht begründende Tatsachen, daß eine der in § 111 StPO oder der in § 100 a Satz 1 Nr. 3 und 4 StPO bezeichneten Straftaten begangen worden ist. Damit sind 33 Straftaten angesprochen, die sich wiederum nur über Zweit- und Drittverweisungen komplettieren lassen. Die Daten dürfen nur bei **Grenzkontrollen,** im Falle einer in § 111 StPO bezeichneten Straftat auch bei Personenkontrollen an Kontrollstellen, erhoben werden. Weiterhin müssen Tatsachen die Annahme rechtfertigen, daß die Auswertung der Daten zur Ergreifung des Täters oder zur Aufklärung der Tat führen kann und die Maßnahme nicht außer Verhältnis zur Bedeutung der Straftat steht.

Die **Anordnungsbefugnis** steht dem Richter zu, bei Gefahr im Verzug **43** auch der Staatsanwaltschaft und ihren Hilfsbeamten, allerdings mit der Auflage richterlicher Bestätigung binnen drei Tagen. Außer der Speicherung gestattet der § 163 d StPO die Nutzung der Daten und deren Übermittlung an Strafverfolgungsbehörden. Für die **Führung der Datei** kommen nach dem Gesamtzusammenhang der Regelung sowohl die Staatsanwaltschaft als auch die Polizei in Betracht.

Die praktische Bedeutung dieses „Monstrums" einer gesetzlichen Vor- **44** schrift hält sich auch deswegen in sehr engen Grenzen, weil heute besonders relevante, dem Bereich der O. K. zuzurechnende Straftaten, z. B. die gewerbsmäßige Hehlerei oder die Schutzgelderpressung die Anwendung des § 163 d StPO nicht gestatten. Entsprechend zurückhaltend zeigt sich die Bewertung durch die Praxis.

d) § 163 b StPO

Ist jemand einer Straftat verdächtig, können Staatsanwaltschaft und Poli- **45** zei die zur Feststellung seiner Identität notwendigen Maßnahmen treffen. Die Person darf dazu auch festgehalten werden, wenn die Identität sonst nicht oder nur unter erheblichen Schwierigkeiten festgestellt werden kann. Damit ist die **Identitätsprüfung** auch bei Flüchtigen zulässig, die wegen der Begehung von Straftaten gesucht werden. Sie dient der Identifizierung einer gesuchten Person und stellt insofern ein unverzichtbares Instrument der Fahndung dar.

e) §§ 102 ff. StPO

§ 102 StPO spricht die **Durchsuchung** zu Fahndungszwecken an. Materiell **46** wird bestimmt, daß bei dem, der als Täter oder Teilnehmer einer Straftat oder der Begünstigung, Strafvereitelung oder Hehlerei verdächtig ist, eine Durchsuchung der Wohnung und anderer Räume sowie seiner Person und der ihm gehörenden Sachen vorgenommen werden kann. Der Durchsuchungszweck kann sowohl in der Ergreifung einer gesuchten Person als im Auffinden von Beweismitteln liegen.

§ 103 StPO enthält Bestimmungen zur Durchsuchung **bei anderen Perso- 47 nen** (außer dem Personenkreis gemäß § 102 StPO), die nur zur Ergreifung des Beschuldigten oder zur Verfolgung von Spuren einer Straftat oder zur Beschlagnahme bestimmter Gegenstände zulässig ist.

§ 104 StPO schränkt für die **Nachtzeit** die Durchführung der Durchsu- **48** chung ein. In allen Fällen obliegt die Anordnung der Durchsuchung dem Richter, bei Gefahr im Verzuge auch der Staatsanwaltschaft und deren Hilfsbeamten.

f) § 131 StPO

49   Der in § 131 StPO bezeichnete **Steckbrief** ist eine an Strafverfolgungsbehörden, Grenzbehörden, unter Umständen sogar an die Öffentlichkeit gerichtete Bitte um Mitfahndung nach einer gesuchten Person.

50   Gegen einen **Flüchtigen** kann ein Steckbrief von der Staatsanwaltschaft oder dem Richter nur erlassen werden, wenn die Voraussetzungen eines Haft- oder Unterbringungsbefehls vorliegen. Die Regelung begründet auch für die Polizei das Recht zur Herausgabe eines Steckbriefs, wenn ein Festgenommener entwichen ist oder sich sonst der Bewachung entzogen hat. Dies dürfte nur geringe praktische Bedeutung haben, weil § 131 StPO für entwichene **Strafgefangene** nicht einschlägig ist. Hier gilt § 457 Abs. 2 StPO, wonach für diesen Personenkreis die Strafvollstreckungsbehörde ggf. einen Steckbrief erläßt[21]. Der Steckbrief enthält die Personalien des Gesuchten, eine Personenbeschreibung sowie die Bezeichnung der ihm zur Last gelegten Tat. Soweit erforderlich, werden auch Hinweise auf besondere Gefährlichkeit, insbesondere Bewaffnung aufgenommen.

51   Eine besondere Rolle spielt § 131 StPO für die **Öffentlichkeitsfahndung** als Rechtsgrundlage dieser besonderen Fahndungsmethode. Die Nennung eines Tatverdächtigen mit Personalien und Bild, z. B. im Fernsehen, stellt eine steckbriefliche Maßnahme dar. Einer gesetzlichen Basis bedarf es dafür, weil die Öffentlichkeitsfahndung wohl einen der schwersten Eingriffe in das Persönlichkeitsrecht darstellt. Nr. 40 der Richtlinien für das Straf- und Bußgeldverfahren (RiStBV) und die darin erwähnten „Richtlinien über die Inanspruchnahme von Publikationsorganen zur Fahndung nach Personen bei der Strafverfolgung" genügen heutigen Ansprüchen an eine Rechtsgrundlage für Eingriffe nicht mehr; schlichte Richtlinien als bloße **Selbstbindungsregeln** der Verwaltung reichen nicht aus.

52   Da die StPO erkennbar keine anderen Regelungen zur Veröffentlichung von Fahndungen aufweist, spricht alles dafür, die Öffentlichkeitsfahndung unter § 131 StPO zu subsumieren. Dieser Sichtweise steht auch das **Recht am eigenen Bild** nach dem Kunsturhebergesetz nicht entgegen, weil dessen § 22 es den Behörden gestattet, Bildnisse zum Zwecke der Rechtspflege zu vervielfältigen, zu verbreiten und zu veröffentlichen.

53   In den Entwurf zur **Änderung der StPO** ist zur Klarstellung dieser Materie neu eingefügt worden, daß Öffentlichkeitsfahndungen nur stattfinden dürfen bei Straftaten von erheblicher Bedeutung und wenn die Fahndung auf andere Weise erheblich weniger erfolgversprechend wäre oder wesentlich erschwert würde.

g) Systematisierte Fahndung

54   Die **systematisierte Fahndung** – früher als Rasterfahndung bezeichnet – warf in der Vergangenheit eine Fülle von Rechtsfragen auf. Es würde den Rahmen dieser Ausführungen sprengen, auf alle Aspekte, Varianten und Inhalte der in diesem Zusammenhang geäußerten Meinungen einzugehen. Erwähnt werden muß jedoch, daß die systematisierte Fahndung, obwohl

---

21 *Alck* 1977 S. 129.

sie von der ganz überwiegenden Masse der Betroffenen, von denen die Polizei im übrigen von vornherein weiß, daß sie nahezu alle unverdächtig sind, gar nicht wahrgenommen wird, immer wieder als rechtswidrig, nicht erfolgsträchtig, überflüssig, ja überhaupt als „Pfahl im Fleisch" unseres Rechtsstaates bezeichnet worden ist.

Neuere Gesetzgebungsvorhaben versuchen deshalb, die Fahndungsme- **55** thode aus der Grauzone herauszuführen und in zweifelsfreie Vorschriften zu gießen. So sind in den Entwurf zur Änderung der StPO (Stand Januar 1990) den Datenabgleich regelnde Befugnisnormen und Verfahrensvorschriften eingefügt worden. Diese gehen von einer relativ hohen Verdachtsschwelle aus, enthalten einen enumerativen Straftatenkatalog, sehen grundsätzlich richterliche Anordnung vor und verpflichten die außerbehördlichen Datenbesitzer zur Kooperation mit der Staatsanwaltschaft bzw. der Polizei.

Der Entwurf eines neuen **BKA-Gesetzes** sieht ähnliche Regelungen vor. **56**

h) Ausschreibung zur Festnahme oder Aufenthaltsermittlung

Ebenfalls im Entwurf zur Änderung der StPO (s. o.) sind neue Vorschriften **57** vorgesehen, die Staatsanwaltschaft und Polizei Befugnisse für die **Ausschreibung** zur Festnahme und zur Aufenthaltsermittlung einräumen. Deren nähere Erläuterung erübrigt sich derzeit jedoch, weil nicht absehbar ist, ob und ggf. in welchem Umfang das Gesetzgebungsverfahren noch Änderungen bringen wird.

i) Richtlinien für das Strafverfahren und das Bußgeldverfahren (RiStBV)

Die Nummern 39 bis 42 der **RiStBV** ergänzen die heute in der StPO vor- **58** handenen Bestimmungen zur Fahndung. Sie richten sich an die Staatsanwaltschaft und geben Hinweise auf die zur Verfügung stehenden Fahndungshilfsmittel (Nr. 40), das Verfahren zur Ausschreibung eines Beschuldigten (Nr. 41) und die Möglichkeit, einen Zeugen ausschreiben zu können (Nr. 42). Inhaltlich finden sich die Aussagen insbesondere der Nummern 41 und 42 zum Teil in den angesprochenen StPO-Änderungen (Rdnr. 57).

II. Polizeirecht

Die Fahndung zur **Gefahrenabwehr** (Schutz der öffentlichen Sicherheit und **59** Ordnung) findet ihre Grundlage im Polizeirecht. Dabei sind zur Abwehr einer konkreten Gefahr alle erforderlichen und unaufschiebbaren Maßnahmen zu treffen[22]. Als **Rechtsgrundlage** dafür standen bisher nur die allgemeinen Generalermächtigungen in den Polizeigesetzen zur Verfügung. Nach heutigem Rechtsverständnis, das maßgeblich durch das Volkszählungsurteil des Bundesverfassungsgerichts vom 15. Dezember 1983 geprägt worden ist[23], genügen diese reinen Aufgabenzuweisungen nur noch für schlichthoheitliche polizeiliche Tätigkeiten.

---

22 *Götz* 1988 S. 18.
23 VerfGE 65, 1, 43.

60   Einer speziellen Eingriffsermächtigung bedarf es dann, wenn jemand in seinen Rechten betroffen ist[24]. Solche Ermächtigungen, allerdings als Generalklausel formuliert, ergeben sich z. B. aus § 8 des **Musterentwurfs eines einheitlichen Polizeigesetzes** und aus damit nahezu wortgleichen Fassungen in den Polizeigesetzen verschiedener Länder. Die Polizei wird darin ermächtigt, die notwendigen Maßnahmen zu treffen, um eine im einzelnen Fall bestehende Gefahr für die öffentliche Sicherheit oder Ordnung abzuwehren, soweit die Befugnisse nicht speziell geregelt sind. Hierunter können Ausschreibungen in der Personen- und Sachfahndung zur Gefahrenabwehr subsumiert werden.

61   Beispiele dafür sind vermißte Minderjährige, Personen mit ansteckenden Krankheiten, Kraftfahrzeuge, von denen eine Gefahr ausgeht (z. B. durch die namentlich unbekannten Insassen) und die zur Kontrolle „Gefahrenabwehr Landfriedensbruch" im besonderen Fahndungsbestand „Landfriedensbruch und verwandte Straftaten"[25] ausgeschriebenen Personen.

62   **Besondere Probleme** in diesem Bereich, z. B. die polizeiliche Beobachtung und die systematisierte Fahndung, werden an anderer Stelle angesprochen oder sind bereits abgehandelt (Rdnrn. 54 u. 55 sowie 119, 120, 121 u. 122).

E.   Personenfahndung

63   Die Personenfahndung hat zwei verschiedene **Ausgangspunkte.** Einmal will sie den Gesuchten ermitteln, zum anderen will sie durch Überprüfung verdächtiger Personen feststellen, ob diese mit strafbaren Handlungen in Verbindung stehen. Die Personenfahndung umfaßt planmäßige Maßnahmen der allgemeinen und gezielten Fahndung im örtlichen und überörtlichen Bereich.

I. Ziele der Personenfahndung

64   Ziele der Personenfahndung sind
 – Ermittlung von Personen, die sich der Strafverfolgung, der Strafvollstreckung, dem Strafvollzug oder dem Vollzug anderer freiheitsentziehender oder freiheitsbeschränkender Anordnungen von Justiz- oder Verwaltungsbehörden entziehen
 – Ermittlung von Zeugen und Auskunftspersonen
 – Ermittlung Vermißter
 – Ermittlung von Personen, von denen eine polizeiliche Gefahr ausgeht
 – Ermittlung von Personen zur Einziehung von Führerscheinen nach Entziehung der Fahrerlaubnis[26].

---

24 *Götz 1988* S. 184.
25 *PDV 384.1,* Nr. 2.4.2.5.
26 *PDV 384.1,* Nr. 1.3.

II. Fahndungszweck

1. Festnahme/Ingewahrsamnahme

Zur **Festnahme oder Ingewahrsamnahme** können gesucht werden 65

– Personen, die von Gerichten, Staatsanwaltschaften, Justizvollzugsanstalten, Polizeibehörden, Finanzbehörden oder Dienststellen der Bundeswehr zur Festnahme gesucht werden

– Personen, die an einer übertragbaren Krankheit i. S. des Bundesseuchengesetzes oder an einer Krankheit i. S. des Gesetzes zur Bekämpfung der Geschlechtskrankheiten erkrankt sind und sich der gerichtlich angeordneten Unterbringung oder Absonderung in einer abgeschlossenen Krankenanstalt entziehen

– Geisteskranke, die sich der gerichtlich angeordneten Unterbringung in einem psychiatrischen Krankenhaus entziehen

– vermißte Minderjährige

– vermißte Volljährige, bei denen eine Gefahr für Leib oder Leben angenommen werden kann

– Ausländer, gegen die eine unanfechtbare Ausweisungs-/Abschiebungsverfügung vorliegt, wenn die zum Verlassen des Bundesgebietes bestimmte Frist abgelaufen ist

– Ausländer, die abgeschoben worden sind

– Ausländer, bei denen die Voraussetzungen für eine Ausweisung oder Abschiebung vorliegen, wenn sie sich nicht mehr im Bundesgebiet aufhalten oder ihr Aufenthalt unbekannt ist

– Personen, die auf Ersuchen ausländischer Polizei- oder Justizbehörden festgenommen werden sollen

– Personen, die aufgrund ausschließlicher Gerichtsbarkeit eines NATO-Entsendestaates zur Festnahme und Überstellung gesucht werden[27].

2. Aufenthaltsermittlung

Zur **Aufenthaltsermittlung** können gesucht werden 66

– Personen, die von Gerichten, Staatsanwaltschaften oder anderen Behörden in Strafsachen zur Aufenthaltsermittlung gesucht werden

– Personen, die von Polizeibehörden zur Aufenthaltsermittlung gesucht werden

– Personen, die von Dienststellen der Bundeswehr oder von der Militärbehörde eines NATO-Entsendestaates gesucht werden

– Vermißte, sofern sie nicht in polizeilichen Gewahrsam genommen werden sollen

– internationale Straftäter auf Ersuchen ausländischer Polizei- oder Justizbehörden

---

27 *PDV 384.1*, Nr. 2.4.2.2.

– Ausländer, die aufgrund des Verdachts der illegalen Arbeitsaufnahme zurückgewiesen/zurückgeschoben worden sind und bei denen zu vermuten ist, daß sie versuchen werden, aus diesem Anlaß erneut in die Bundesrepublik Deutschland einzureisen[28].

3. Einziehung von Führerscheinen

67 Hat eine Person, der von einer zuständigen Behörde die Fahrerlaubnis entzogen wurde, den Führerschein bei der zuständigen Stelle nicht abgegeben oder konnte der Führerschein nicht eingezogen werden, kann nach dieser Person zur **Einziehung des Führerscheins** gesucht werden.

4. Kontrolle „Gefahrenabwehr Landfriedensbruch"

68 Nach Personen, die den „Richtlinien für den kriminalpolizeilichen Meldedienst Landfriedensbruch und verwandte Straftaten" unterliegen, kann zur Gefahrenabwehr nach Polizeirecht gefahndet werden. Bei diesen potentiellen Störern handelt es sich um Personen, häufig Angehörige organisierter Gruppierungen, die bei unfriedlichen demonstrativen Aktionen Gewalt gegen Personen und Sachen anwenden. Ca. 1 000 Personen sind in einem **besonderen Fahndungsbestand** enthalten, der zeitlich und räumlich begrenzt unmittelbar vor und bei zu erwartenden gewalttätigen Aktionen zur Verfügung gestellt wird. Überprüfende Polizeibeamte werden so in die Lage versetzt, potentielle Störer rechtzeitig zu erkennen und durch entsprechende Maßnahmen, z. B. Durchsuchung und Sicherstellung von Waffen bzw. waffenähnlicher Gegenstände, Gefahren abzuwehren. Dabei resultiert aus der Aufnahme in den besonderen Fahndungsbestand noch keine Eingriffsermächtigung. Diese muß vielmehr entsprechend der Situation aus dem jeweiligen Polizeirecht abgeleitet werden[29].

5. Gefährder

69 Zur Überprüfung von Ausländern, bei denen aufgrund von Erkenntnissen der Verdacht besteht, daß sie in die Bundesrepublik Deutschland einreisen wollen oder eingereist sind, um **terroristische Anschläge** zu verüben, wird wegen potentieller Gefährdung der öffentlichen Sicherheit gefahndet. Diese Personen werden durch die Grenzschutzdirektion sowohl in den offenen INPOL-Personenfahndungsbestand als auch in den geschützten Grenzfahndungsbestand aufgenommen. Die Informationen über diese Ausländer gelangen häufig über nachrichtendienstliche Quellen an das Bundeskriminalamt, das eine Bewertung dieser Erkenntnis vornimmt und eine entsprechende Mitteilung an die Grenzschutzdirektion und die Landeskriminalämter richtet.

6. Durchführung erkennungsdienstlicher Maßnahmen

70 Werden Personen gesucht, die **erkennungsdienstlichen Maßnahmen** unterzogen werden sollen, kann nach ihnen gefahndet werden, wenn dies für

---

28 *PDV 384.1*, Nr. 2.4.2.3.
29 *PDV 384.1*, Nr. 2.4.2.5.

Zwecke des Strafverfahrens und in Ordnungswidrigkeitenverfahren von schwerwiegender Bedeutung sowie zur Gefahrenabwehr erforderlich ist[30].

7. Feststellung der Identität

Insbesondere terroristische Gewalttäter benutzen bei Begehung von Straftaten häufig Aliaspersonalien, ohne daß ihre richtigen Personalien bekannt werden. Wegen der besonderen Gefährlichkeit der Täter muß die Möglichkeit bestehen, nach diesen Personen zur **Feststellung ihrer Identität** unter den Aliaspersonalien zu fahnden. **71**

8. Grenzpolizeiliche Gründe

Eine Reihe von Fahndungsmaßnahmen kann aus rechtlichen Gründen nur von den **Grenzkontrollorganen** vollzogen werden. Nach den betroffenen Personen wird deshalb auch nur im geschützten Grenzfahndungsbestand gefahndet, der im Inland nicht zur Verfügung steht. Das nähere Verfahren ist in der „Dienstanweisung für die polizeiliche Kontrolle des grenzüberschreitenden Verkehrs" geregelt. **72**

III. Fahndungsanlaß

Die **Fahndungsanlässe** **73**
– Straftat
– Strafvollstreckung
– Unterbringung
– Ausweisung/Abschiebung
– Vermißtsein
– polizeiliche Beobachtung
– Entzug der Fahrerlaubnis
– Gefahrenabwehr
– Zeuge/Auskunftsperson
– entwichener Strafgefangener
– zurückgewiesen/-geschoben
ergeben sich aus der gesamten Aufgabenpalette polizeilicher Tätigkeit.

IV. Fahndungsersuchen/Ausschreibung

Fahndungsersuchen sollen der ersuchten Stelle alle für die Fahndung erforderlichen Angaben liefern. Insbesondere müssen solche Ersuchen Angaben enthalten zu **74**
– Familienname/Ehename
– Geburtsname
– Geburtsdatum/-ort

---

30 *PDV 384.1*, Nr. 2.4.2.7.

– Staatsangehörigkeit
– Geschlecht
– Alias- und Spitzname
– Wohnung oder letzte Anschrift
– personengebundene Hinweise (z. B. bewaffnet, Ausbrecher, gewalttätig)
– Fluchtrichtung und Ziel
– Kontaktpersonen
– Ausschreibungsbehörde und Geschäftszeichen
– Anlaß zur Ausschreibung
– Zweck der Ausschreibung
– Daten zu den Ausschreibungsunterlagen (z. B Haftbefehl, Steckbrief oder sonstiger Beschluß).

Dazu gehören noch eine Reihe anderer Informationen, wie sie sich aus Nr. 2.1.2 der PDV 384.1 ergeben.

75   Ausschreibung bedeutet Aufnahme der Fahndungsdaten in ein oder mehrere Fahndungshilfsmittel auf Antrag.

Als **Ausschreibungsanträge** stehen die Vordrucke KP 21/24 zur Verfügung.

Das besondere Verfahren der Ausschreibung von Vermißten ist in der PDV 389 geregelt.

1. Fahndungshilfsmittel

76   Als **Fahndungshilfsmittel** stehen zur Verfügung
– INPOL-Personenfahndung
– Deutsches Fahndungsbuch (DFB)
– Grenzfahndungsbuch (GFB)
– Bundeskriminalblatt (BKBL)
– Landeskriminalblätter (LKBL).

a) INPOL-Personenfahndung

77   Das aktuellste Fahndungshilfsmittel steht mit der **INPOL-Personenfahndung** zur Verfügung. Der Bestand bildet für jede Polizeidienststelle die unverzichtbare Grundlage für alle fahndungsmäßigen Überprüfungen. Er wird permanent über das Bund-Länder-Verbundsystem bzw. über das BKA-Terminalsystem aktualisiert und vermittelt deshalb jederzeit eine zuverlässige Fahndungsauskunft.

b) Deutsches Fahndungsbuch

78   Auf der Grundlage der INPOL-Personenfahndung wird vom Bundeskriminalamt das **Deutsche Fahndungsbuch** herausgegeben. Ob eine Fahndung in das Deutsche Fahndungsbuch aufgenommen wird, entscheidet die ausschreibende Dienststelle, indem sie in das Ausschreibungsersuchen einen besonderen Vermerk aufnimmt. Aus Platzgründen enthält das Deutsche Fahndungsbuch zu jeder ausgeschriebenen Person nur *einen* Hinweis, auch

wenn mehrere Ausschreibungen bestehen. Aus demselben Grund werden keinerlei Angaben zur Ausschreibungsbehörde und zum Aktenzeichen dieser Behörde gemacht. Wegen der für Redaktion und Druck des Buches erforderlichen Zeit sind Auskünfte aus dem DFB außerordentlich inaktuell und deshalb unzuverlässig.

Jeder aus dem DFB gewonnene Fahndungshinweis muß daher in INPOL überprüft werden. Ebenso ist es erforderlich, jede Nachschlagung im DFB, die nicht zu einem Treffer führt, in INPOL zu überprüfen. Das DFB wird noch bei Stellen benutzt, die keinen Zugang zu aktuelleren Fahndungshilfsmitteln besitzen, z. B. Auslandsvertretungen der Bundesrepublik Deutschland, Gemeindeverwaltungen, Landratsämter und Ausländerämter.

c) Grenzfahndungsbuch

Das **Grenzfahndungsbuch** enthält den geschützten Grenzfahndungsbestand der INPOL-Personenfahndung. Es wird ebenfalls vom Bundeskriminalamt für die mit der Wahrnehmung grenzpolizeilicher Aufgaben betrauten Dienststellen herausgegeben und weist auf die Ausschreibungen zu Personen hin, die aus grenzpolizeilichen Gründen gesucht werden. **79**

d) Polizeiliche Nachrichtenblätter

Das **Bundeskriminalblatt und die Landeskriminalblätter** ergänzen gegebenenfalls INPOL-Ausschreibungen und dienen der Ausschreibung in den Fällen, in denen etwa wegen Fehlens der Mindestdaten für eine Ausschreibung eine Aufnahme von Fahndungsdaten in INPOL nicht möglich ist. **80**

Das Bundeskriminalblatt wird arbeitstäglich vom Bundeskriminalamt herausgegeben.

Im übrigen gelten für Ausschreibungen in den kriminalpolizeilichen Nachrichtenblättern die „Richtlinien für Ausschreibungen im Bundeskriminalblatt und in den Landeskriminalblättern".

e) Magnetbänder

Berechtigte Polizeidienststellen können beim Bundeskriminalamt **Magnetbänder** mit Fahndungsdaten zum maschinellen Vergleich anfordern. Dies spielt insbesondere beim Vergleich der Fahndungsdaten mit den Einwohnermeldedaten eine Rolle, auf den später noch eingegangen wird (Rdnr. 116). **81**

2. Ausschreibungsverfahren

Das in der PDV 384.1 geregelte **Ausschreibungsverfahren** dient dazu, Fahndungsersuchen aktuell und vollständig in die INPOL-Personenfahndung als Teil von INPOL-Bund aufzunehmen. Teilnehmer an dieser Anwendung, und damit eingabe- und abfrageberechtigt, sind **82**
– die Polizeidienststellen der Länder
– das Bundeskriminalamt
– das Zollkriminalamt
– die Grenzschutzdirektionen

– die übrigen Dienststellen mit grenzpolizeilichen Aufgaben.

Lediglich abfrageberechtigt sind

– der Bundesgrenzschutz (Bahnpolizei)

– der Polizei- und Sicherungsdienst beim Deutschen Bundestag

– der Generalbundesanwalt und die Staatsanwaltschaften beim Landgericht München I und Frankfurt/M., wobei es sich hierbei lediglich um eine Erprobung handelt.

a) Antrag

83 Wird eine Ausschreibung zur Personenfahndung erforderlich, ist der **Antrag** dazu der für die Eingabe zuständigen Polizeidienststelle zu übersenden. Außerpolizeiliche Dienststellen und Behörden haben ihre Ausschreibungen grundsätzlich mit Vordruck KP 21/24 zu beantragen. Handelt es sich um eine Ausschreibung zur Festnahme oder Ingewahrsamnahme, ist eine Ausfertigung dieses Ausschreibungsantrages grundsätzlich der für den Wohnsitz zuständigen Polizeidienststelle zur örtlichen Fahndung zuzuleiten.

84 Werden **Ausländer** ausgeschrieben, ist grundsätzlich beim Ausländerzentralregister (AZR) in Köln anzufragen, ob der Aufenthalt des Gesuchten bekannt ist, außer es handelt sich um eine Fahndung wegen einer Ausweisungs-/Abschiebungsverfügung[31].

85 Handelt es sich um Anträge zur **Festnahme oder Ingewahrsamnahme,** ist diesen beizufügen

– Haftbefehl, Steckbrief oder Unterbringungsbefehl

– Gerichtsbeschluß

– Schriftsatz der Ausländerbehörde, aus dem sich die Gründe für den Erlaß bzw. das Vorliegen der Voraussetzungen für eine Ausweisungs-/Abschiebungsverfügung ergeben.

Bei Ersuchen zu Ingewahrsamnahme minderjähriger Vermißter nach PDV 389 werden solche zusätzlichen Unterlagen nicht benötigt.

86 Die **Haftunterlagen** sind bei der für die Eingabe in INPOL zuständigen Datenstation zu hinterlegen. Ausgenommen hiervon sind Ausweisungsverfügungen, die von den Ausländerbehörden dem Bundesverwaltungsamt (Ausländerzentralregister) übersandt werden.

87 Liegen die Haftunterlagen zum Zeitpunkt der Ausschreibung noch nicht vor, müssen unverzüglich Maßnahmen zu ihrer **Erlangung** eingeleitet werden. Sind die benötigten Unterlagen nicht zu beschaffen, ist die Ausschreibung sofort zu löschen oder in eine Fahndung zur Aufenthaltsermittlung umzuwandeln.

88 Fahndungsersuchen zur **Einziehung von Führerscheinen** ist die Gerichtsentscheidung oder die Verfügung der Verwaltungsbehörde beizufügen.

---

31 *PDV 384.1*, Nr. 2.4.2.1.

b) Eingabe

Das INPOL-Verbundsystem wird nach dem Grundsatz geführt, daß für jede **89** Person nur **einer Personalie** erfaßt wird. Es wird deshalb vor Eingabe von Personenfahndungsersuchen geprüft, ob bereits ein Datensatz zu dieser Person in INPOL gespeichert ist. Die bei Nichtbeachtung dieses Grundsatzes verursachten Mehrfachbestände führen zu Fehlern und Mißverständnissen, verursachen Mehrarbeit und belasten die Systeme unnötig.

Für eine Ausschreibung in der INPOL-Personenfahndung sind folgende **90** **Mindestdaten** unbedingt erforderlich

– Familien-/Ehename
– Vorname – falls nicht bekannt mit „U" zugelassen
– volles Geburtsdatum, mindestens Geburtsjahr
– Geschlecht – falls nicht bekannt ist „U" zugelassen
– Nationalität.

Als Besonderheit ist zu beachten, daß bei **unvollständigem Geburtsdatum** **91** eine ergänzende Ausschreibung mit Personenbeschreibung (ggf. Lichtbild) im Bundeskriminalblatt zu veranlassen ist und darauf in der Ausschreibung hingewiesen werden muß. Bei Ausländern mit unvollständigem Geburtsdatum ist eine solche Ausschreibung im Bundeskriminalblatt nicht erforderlich.

Für den Fall, daß die Mindestdaten nur teilweise bekannt sind, ist eine **92** Ausschreibung in den **kriminalpolizeilichen Nachrichtenblättern** möglich, wenn eine ausreichende Personenbeschreibung gegeben werden kann.

Ist bei Ausländern der Vollzug einer unanfechtbaren Ausweisungsverfü- **93** gung durch **Duldung, Aufenthaltsgestattung oder Ausnahmegenehmigung** ausgesetzt, sind die erforderlichen Vorkehrungen dafür zu treffen, daß diese Personen nicht unberechtigt festgenommen werden. Dazu hat die zuständige Ausländerbehörde die Löschung der Fahndung bei der Polizeidienststelle zu beantragen, von der die Ausschreibung in INPOL eingegeben wurde. Bei Widerruf ist eine erneute Ausschreibung zu veranlassen[32].

c) Laufzeit

Die **Laufzeit** von Ausschreibungen ist, abhängig von deren Zweck bzw. **94** Anlaß, befristet. Damit wird dem Verhältnismäßigkeitsgrundsatz Rechnung getragen und dem Erfordernis entsprochen, Fahndungsausschreibungen von Zeit zu Zeit auf ihre Aktualität und ihren Inhalt überprüfen zu müssen. Die Fristen beginnen mit der Eingabe in INPOL.

Die Laufzeiten betragen bei Ersuchen
– zur Festnahme
–– entwichener Strafgefangener, gestellt von Justizvollzugsanstalten – einen Monat
–– gestellt von inländischen Polizeidienststellen – drei Monate
–– gestellt von inländischen Justizbehörden – ein Jahr
–– gestellt von ausländischen Justizbehörden – Fristen der Strafverfolgung nach deutschem Recht

---

32 *PDV 384.1*, Anlage 11, Nr. 2.4.

—— gestellt von den Ausländerbehörden bei Ausweisungs-/Abschiebungs-
verfügungen – bis zu zehn Jahren
– zur Ingewahrsamnahme
—— bei Vermißten – bis auf Widerruf
—— in sonstigen Fällen ein Jahr
– zur Aufenthaltsermittlung
—— gestellt von inländischen Polizeidienststellen und Justizbehörden – ein
Jahr
—— gestellt von ausländischen Polizeidienststellen und Justizbehörden –
ein Jahr
– zur Einziehung von Führerscheinen – ein Jahr
– zur Kontrolle von Personen zur Gefahrenabwehr Landfriedensbruch –
bis Ende des Anlasses
– zur Überprüfung potentieller Gefährder aufgrund von Warnmeldungen
zur Gefahrenabwehr – sechs Monate
– zur Durchführung von erkennungsdienstlichen Maßnahmen – ein Jahr
– zur Feststellung der Identität – ein Jahr
Bei ausländischen Fahrerlaubnissen erfolgt die Ausschreibung für die
Dauer des Fahrverbotes.

95   Wird ein **vermißter Minderjähriger** zur Ingewahrsamnahme ausgeschrieben und erreicht er während der Laufzeit der Ausschreibung die Volljährig-
keit, ist die Ausschreibung gegebenenfalls in eine solche zur Aufenthaltsermittlung umzuwandeln.

d) Fristverlängerung

96   Ausschreibungen können nach Ende ihrer Laufzeit grundsätzlich verlän-
gert werden. Diese **Fristverlängerungen** gelten für die Laufzeit, höchstens
für die Dauer eines Jahres. Sie sind unzulässig, wenn es sich um Festnahmeersuchen inländischer Polizeidienststellen und Justizvollzugsanstalten
handelt. Anträge auf Fristverlängerungen sind mit Vordruck KP 21/24, bei
Vermißten mit KP 16 A, zu stellen. Sie werden mit dem Zusatz „Fristverlängerung" der für die Eingabe zuständigen Polizeidienststelle mindestens vier Wochen vor Fristablauf übersandt.

e) Berichtigung

97   Müssen Ausschreibungen berichtigt oder ergänzt werden, sind entsprechende **Mitteilungen** der hierfür zuständigen Polizeidienststelle von der
ausschreibenden Stelle zu übermitteln[33].

f) Erledigung/Löschung

98   Kann die Fahndung nicht mit einer Festnahme/Ingewahrsamnahme abgeschlossen werden oder erledigt sie sich nicht durch Fristablauf, ist die
Löschung mit Vordruck KP 21/24 von der Ausschreibungsbehörde bei der
für die Eingabe zuständigen Polizeidienststelle zu veranlassen.

99   Wird eine ausgeschriebene Person festgenommen, sind die eingebende,
d. h. **löschungsberechtigte Dienststelle,** und die Ausschreibungsbehörde

---

33 *PDV 384.1,* Nr. 2.4.3.

unverzüglich fernschriftlich oder auf anderen schnellen Kommunikationswegen zu benachrichtigen. Ort und Zeit der Festnahme und der Verbleib des Betroffenen sind mitzuteilen. Die eingebende Dienststelle **löscht** die von ihr eingegebenen Fahndungsdaten unverzüglich und übersendet bei Anforderung die Haftunterlagen bzw. die Anordnung zur Ingewahrsamnahme der aufgreifenden Polizeidienststelle.

Handelt es sich um ein **Fahndungsersuchen ausländischer Behörden,** müssen sofort der zuständige Generalstaatsanwalt, das Bundeskriminalamt und das zuständige Landeskriminalamt unterrichtet werden. Die beim Bundeskriminalamt vorliegenden ausländischen Haftunterlagen sind anzufordern. Der Festgenommene ist dem nächsten Amtsrichter unter Vorlage der Haftunterlagen vorzuführen. Wird der Gesuchte im Ausland festgenommen, so werden die Fahndungsdaten erst **nach Übernahme** des Verfolgten durch die Suchbehörde gelöscht. Handelt es sich um eine unanfechtbare Ausweisungs-/Abschiebungsverfügung, sind die Fahndungsdaten erst bei Fristablauf oder nach Aufhebung der Verfügung zu löschen. **100**

Wird der **Aufenthalt** einer gesuchten Person ermittelt, ist die Ausschreibungsbehörde über den festgestellten Wohnsitz oder sonstigen ständigen Aufenthalt zu unterrichten. Daraufhin hat die Ausschreibungsbehörde, wenn der Ausschreibungsanlaß wegfällt oder andere Gründe es erfordern, die Löschung bei der für die Eingabe zuständigen Polizeidienststelle zu veranlassen[34]. **101**

3. Auslandsfahndung

Unter **Auslandsfahndung** versteht man die Suche nach Personen im Ausland auf Ersuchen einer inländischen Polizei- oder Justizbehörde oder im Inland auf Ersuchen einer ausländischen Polizei- oder Justizbehörde. Dabei sind, auch aus Rechtsgründen, eine Reihe von Besonderheiten zu beachten. **102**

Folgende **gesetzliche Vorschriften** sind von besonderer Bedeutung **103**
– das Gesetz über die internationale Rechtshilfe in Strafsachen (IRG)
– die Zuständigkeitsvereinbarung vom 22. 11. 1983 (BAnz. Nr. 222 vom 29. 11. 1983), abgedruckt in RiVASt Anhang I unter Nr. 2
– die Richtlinien für den Verkehr mit dem Ausland in strafrechtlichen Angelegenheiten (RiVASt)
– die mit dem Ausland abgeschlossenen Auslieferungs- und Rechtshilfeverträge und die dazugehörenden Vertragsgesetze sowie andere Abkommen.

Als **Ziele der Auslandsfahndung** werden in der PDV 384.1 genannt **104**
– Festnahme zum Zweck der Ein- oder Auslieferung
– Aufenthaltsermittlung
– Ermittlung Vermißter
– Identitätsermittlung von Straftätern[35].

---

34 *PDV 384.1*, Nr. 2.4.4.
35 *PDV 384.1*, Nr. 2.3.2.

105 Festnahmeersuchen sind an das Ausland nur zu richten, wenn der **zuständige Staatsanwalt** zusichert, die Auslieferung zu beantragen. Hat die Staatsanwaltschaft eine solche Entscheidung getroffen, beantragt sie die Fahndung im Ausland mit Vordruck IKPO Nr. 1. In dringenden Fällen veranlaßt die Polizei die Fahndung fernschriftlich vorab. Solche fernschriftlichen Ersuchen müssen enthalten

– möglichst genaue Angaben über den Verfolgten (Familien-/Ehename, Vorname, Geburtstag, Geburtsort, Namen der Eltern, Staatsangehörigkeit, Personenbeschreibung, Ausweis- oder Paßdaten)

– Haftbefehlsdaten (Bezeichnung der Straftat, Gericht, Geschäftszeichen, Datum, Name des Richters)

– Tatort, Tatzeit und Sachverhalt

– Erklärung mit dem Namen des die Fahndung veranlassenden Staatsanwalts, daß bei gleichbleibender Sach- und Rechtslage im Fall der Ermittlung des Verfolgten ein Auslieferungsersuchen angeregt werden wird; Aktenzeichen der Staatsanwaltschaft

– das Land, die Länder, die Ländergruppen oder die Fahndungszonen, in denen gefahndet werden soll.

Es kann aus kriminaltaktischen Gründen bzw. aus Gründen der Eigensicherung zweckmäßig sein, darüber hinaus personengebundene Hinweise (z. B. bewaffnet, Ausbrecher, gewalttätig) zu geben.

106 Handelt es sich um **dringende Fälle,** liegt jedoch noch kein Haftbefehl vor, kann das Bundeskriminalamt ersucht werden, die polizeiliche Festnahme im Ausland zu veranlassen, wenn der zuständige Staatsanwalt zusichert, den Haftbefehl unverzüglich zu beantragen und die Auslieferung anzuregen. Diese fernschriftlichen Anträge zur Festnahme sind umgehend durch Vordruck IKPO Nr. 1 zu ergänzen. Ist die zur Festnahme gesuchte Person im Inland festgenommen, aus dem Ausland eingeliefert worden oder sind die Fahndungsvoraussetzungen aus anderen Gründen (z. B. Aufhebung des Haftbefehls, Tod) entfallen, ist die Fahndung unverzüglich zu löschen. Davon ist die zuständige Staatsanwaltschaft zu unterrichten.

107 Der Vordruck IKPO Nr. 2 ist zu benutzen, wenn Ersuchen um **Identitätsermittlung und Aufenthaltsermittlung** von Personen im Ausland zu stellen sind. Diese Ersuchen müssen die Personalien (bei Identitätsermittlung die Falschpersonalien), Angaben zur Straftat und zum Sachverhalt, Personenbeschreibung, ersuchende Behörde und Angaben, in welchen Ländern gefahndet werden soll, enthalten.

108 Als wichtiger **Grundsatz** ist zu beachten, daß Fahndungen im Ausland immer eine Fahndung im Inland voraussetzen. Die Ausschreibung im Inland muß einen Hinweis auf die Suche im Ausland enthalten.

109 Das **Ersuchen um Fahndung im Ausland** ist über das Landeskriminalamt an das Bundeskriminalamt zu richten, dem der Dienstverkehr mit ausländischen Polizei- und Justizbehörden obliegt. In besonders dringenden Fällen kann das Ersuchen unter gleichzeitiger Benachrichtung des Landeskriminalamtes unmittelbar dem Bundeskriminalamt übermittelt werden.

Ebenso wie die Polizei- und Justizbehörden der Bundesrepublik müssen   **110**
auch **ausländische Polizei- oder Justizbehörden** bestimmte Formalien
beachten, wenn sie Fahndungsersuchen an die Bundesrepublik richten.
Diese Ersuchen müssen enthalten
– Personalien und Staatsangehörigkeit des Gesuchten
– Sachverhaltsdarstellung mit Tatzeit und Tatort
– Hinweise auf bestehenden Haftbefehl und Haftbefehlsdaten
– Zusicherung eines Auslieferungsantrages.

Werden solche Fahndungsersuchen dem Bundeskriminalamt zugeleitet,   **111**
gibt es die Fahndungsdaten in das INPOL ein. **Gezielte Fahndungsersuchen**
leitet es gleichzeitig an das zuständige Landeskriminalamt weiter. Außerdem veranlaßt das Bundeskriminalamt die Ausschreibung in weiteren
Fahndungshilfsmitteln, wenn kein konkreter Fahndungshinweis vorliegt
oder die gesuchte Person nicht zu ermitteln ist. Handelt es sich um einen
besonders dringenden Fall, ist das Bundeskriminalamt befugt, die zuständige örtliche Dienststelle direkt unter gleichzeitiger Benachrichtigung des
zuständigen Landeskriminalamtes zu unterrichten.

Soll der **Reiseweg oder die weitere kriminelle Betätigung** eines interna-   **112**
tionalen Straftäters festgestellt werden, ist für die internationale Ausschreibung Vordruck IKPO Nr. 3 zu benutzen.

Ist die **Unterstützung der Fahndung** durch deutsche Beamte im Ausland   **113**
angezeigt, können sie mit Zustimmung der zuständigen ausländischen
Behörden dorthin entsandt werden.

Das Verfahren zur **Erledigung bzw. Löschung** einer Auslandsfahndung   **114**
ist vorangehend (Rdnr. 100) geschildert.

4. Bürofahndung

Unter **Bürofahndung** sollen hier einige der Mittel und Möglichkeiten auf-   **115**
gezeigt werden, die zur Verfügung stehen, um den Personenfahndungsbestand mit den Datenbeständen anderer Stellen abzugleichen. Dabei festgestellte Übereinstimmungen sind exekutiv aufzuarbeiten.

a) Einwohnermeldeämter

In einigen Bundesländern wird z. B. die **Wanderungsbewegung** (zugezogene   **116**
Personen) mit dem Personenfahndungsbestand in INPOL abgeglichen. Der
Bandvergleich erfolgt beispielsweise drei Monate nach dem Zuzug, wird
aber danach monatlich noch für die Dauer eines Jahres wiederholt, um
auch nachträglich erfolgte Ausschreibungen noch erkennen zu können.
Diese Verfahrensweise hat sich grundsätzlich bewährt. So wurden in
einem Bundesland bei einer derartigen Aktion aus einem Vergleichsbe-
stand von 482 000 Personen (Wanderungsbewegung) zunächst 1 817 zur
Festnahme gesuchte Personen herausgefunden und 1 903 Personen, gegen
die eine Ausschreibung zur Aufenthaltsermittlung bestand, festgestellt.
Nachdem die Informationen den örtlich zuständigen Polizeidienststellen
zugeleitet worden waren, konnten letztlich 244 gesuchte Straftäter festge-

nommen werden. 1 000 Fahndungsersuchen zur Aufenthaltsermittlung erledigten sich. Der Abgleich hat aber auch gezeigt, daß die Überprüfung der Anmeldungen unmittelbar nach Eingang bei den Einwohnermeldeämtern unbedingt erforderlich ist, weil festgestellt werden konnte, daß eine beachtliche Anzahl gesuchter Personen zum Zeitpunkt des Datenvergleichs bereits wieder unbekannt verzogen war.

b) Ausländerzentralregister

117 Ausgehend von der Überlegung, daß die Anschriften gesuchter und in der Bundesrepublik aufhältlicher Ausländer den Ausländerbehörden bekannt sein müßten, führt das Bundeskriminalamt mit dem **Ausländerzentralregister** in Köln regelmäßig einen Abgleich der zur Festnahme und Aufenthaltsermittlung gesuchten Ausländer – außer Ausweisungsverfügungen – mit dem Bestand des Ausländerzentralregisters durch.

Als Ergebnis dieser Zusammenarbeit gelingt es immer wieder, eine Vielzahl von Fahndungsersuchen exekutiv zu erledigen.

c) Andere Stellen/Institutionen

118 Aufgrund der kriminalistischen Erfahrung ist davon auszugehen, daß Datenabgleiche mit den Datenbeständen **anderer Behörden/Institutionen** ebenso erfolgreich sein könnten, wie die mit den Einwohnermeldeämtern und dem Ausländerzentralregister. Erkenntnisse, die diese Vermutung stützen, sind zuletzt bei dem 1975 durchgeführten Bundesfahndungstag gewonnen worden. Datenbestände, die sich für einen solchen Vergleich eignen, besitzen z. B.
– Krankenkassen
– Sozialämter
– Rentenversicherer
– Berufsausbildungsförderungsämter.

Aufgrund der inzwischen eingetretenen Rechtsentwicklung kommen solche Abgleiche heute allerdings kaum noch oder überhaupt nicht mehr in Betracht. Solchen Vorhaben stehen beispielsweise die neuere Datenschutzgesetzgebung, das Sozialgesetzbuch und das Volkszählungsurteil vom Dezember 1983 (Recht auf informationelle Selbstbestimmung) entgegen.

d) Systematisierte Fahndung

119 Insbesondere bei der Bekämpfung terroristischer Gewalttäter wurde die Erfahrung gemacht, daß die Täter bemüht sind, sich im Alltag möglichst unauffällig und konfliktfrei zu verhalten. Dies gilt heute auch für Täter aus anderen Deliktbereichen, etwa für die Hintermänner und Drahtzieher im internationalen Rauschgifthandel und in der organisierten Kriminalität. Dieses Verhalten der Täter führt dazu, daß sie gegenüber ihrer Umwelt kaum auffällig werden und daher auch wenig Ansatzpunkte für Einzelhinweise auf sie bieten. Erfolgversprechende Anhaltspunkte zur ihrer Feststellung werden allerdings dort gefunden, wo der Täter mit seiner Umwelt soziale Kontakte eingehen muß. So muß er z. B. eine Wohnung anmieten,

ein Fahrzeug kaufen, Medikamente besorgen oder Reisen durchführen. Die **systematisierte Fahndung** (auch Rasterfahndung genannt) ist eine geeignete Methode, solche Täter zu ermitteln. Sie ist heute nur noch mit den Mitteln der elektronischen Datenverarbeitung vorstellbar und läßt sich in zwei Kategorien unterscheiden, und zwar die positive und die negative systematisierte Fahndung.

aa) Positive systematisierte Fahndung

Ein solcher **positiver Datenabgleich** liegt dann vor, wenn in zwei Dateien **120** identisch, also übereinstimmend vorhandene Daten, positiv auf einem dritten Datenträger (Ergebnisband) gespeichert werden. Dies ist der Fall, wenn wie vorangehend (Rdnr. 116) beschrieben, ein Bestand von zur Festnahme gesuchten Straftätern gegen ein Magnetband aller Einwohner eines bestimmten Ortes mit dem Ziele abgeglichen wird, auf dem Ergebnisband die durch Haftbefehl gesuchten Einwohner zu notieren. Die Bezeichnung „positiv" leitet sich daraus ab, daß die Suche einem auf beiden Bändern positiven Ergebnis, nämlich dem Treffer auf beiden Bändern, dient.

bb) Negative systematisierte Fahndung

Im Gegensatz zum positiven Datenabgleich erstrebt der **„negative Daten-** **121** **abgleich"** kein Ergebnisband, auf dem sich positive Treffer sammeln. Vielmehr soll der Datenbestand des Ausgangsbandes fortschreitend vermindert werden, indem durch ein Gegenspiel eines oder mehrerer Gegenbänder Daten aus dem Ausgangsband solange herausgelöscht werden, bis auf ihm nur noch ein Bodensatz negativer Treffer verbleibt. Ist z. B. bekannt, daß gesuchte Terroristen Stromrechnungen für konspirativ unterhaltene Wohnungen jeweils durch Bareinzahlung begleichen und weiß man ferner, daß sie polizeilich nicht gemeldet sind, kein Kraftfahrzeug angemeldet haben, kein Kindergeld beziehen usw., so spielt man ein Magnetband mit den Daten aller barzahlenden Stromkunden gegen Magnetbänder mit den Daten der gemeldeten Personen, der Kraftfahrzeughalter, der Kindergeldbezieher. Auf diese Weise erhält man schließlich auf dem Stromkundenband den Bodensatz der Personen, die weder amtlich gemeldet sind, noch ein Kraftfahrzeug angemeldet haben und kein Kindergeld beziehen. Diese Personen müssen schließlich polizeilich überprüft werden. Auf diese Weise ist es z. B. gelungen, den gesuchten Terroristen *Rolf Heißler* am 9. 6. 1979 festzunehmen und zwei konspirative Wohnungen zu ermitteln.

Diese Fahndungsmethode war lange Zeit **rechtlich umstritten.** Aus diesem Zwielicht ist sie jedoch durch entsprechende Regelungen in den neueren Polizeigesetzen bzw. im Entwurf zur Änderung der Strafprozeßordnung zwischenzeitlich herausgeführt worden. **122**

F. Sachfahndung

123 Die **Sachfahndung** als eigenständige Säule der polizeilichen Fahndungstätigkeit will

- verdächtig erscheinende Gegenstände überprüfen, die mit einer noch nicht erkannten Straftat in Verbindung stehen könnten
- Gegenstände, die als Beweismittel für ein Strafverfahren bedeutsam sind, ermitteln
- Geschädigten die ihnen durch strafbare Handlung entzogenen Sachen wieder zuführen.

124 Die Sachfahndung dient als Teil des **Sachbeweises** damit der Aufklärung strafbarer Handlungen und der Ermittlung unbekannt gebliebener Straftäter, aber auch der Wiederbeschaffung des Stehlgutes.

125 Die Sachfahndung erstreckt sich mit den Maßnahmen der allgemeinen und gezielten Fahndung auf den **örtlichen und überörtlichen Bereich** und umfaßt auch die Ermittlung von solchen Sachen, die einem Deutschen oder einem Ausländer, der in der Bundesrepublik Deutschland seinen ständigen Wohnsitz hat, im Ausland entwendet worden sind[36].

I. Ziele der Sachfahndung

126 **Ziele** der Sachfahndung sind

- Ermittlung von Sachen, die zur Begehung einer Straftat benutzt oder durch sie hervorgebracht wurden oder in anderer Weise für ein Strafverfahren, insbesondere für die Täterfeststellung, von Bedeutung sind.
- Erkennen mißbräuchlicher Benutzung amtlicher Ausweispapiere
- Wiederbeschaffen von Sachen, die dem Besitzer durch eine Straftat oder sonstwie abhandengekommen sind
- Erkennen von Sachen, die eine polizeiliche Ermittlungshilfe darstellen
- Sicherstellung von Sachen, von denen eine polizeiliche Gefahr ausgeht
- Erkennen von Kraftfahrzeugen, deren Kennzeichen zu entstempeln oder deren Insassen festzustellen sind
- Unterstützung der Personenfahndung
- Eigentümerermittlung für Sachen, die nach Sicherstellung unanbringbar sind.

Diese Zielsetzung der Sachfahndung zeigt, daß Personen- und Sachfahndung einander ergänzen.

II. Fahndungszweck

127 Als **Fahndungszwecke** kennt die Sachfahndung im wesentlichen
- Beschlagnahme
- Sicherstellung

---

36 *PDV 384.1*, Nr. 3.1.1.

– Einziehung
– Identitätsprüfung
– Entstempelung von Kfz-Kennzeichen
– Insassenfeststellung
– Eigentümerermittlung
– Unterstützung der Personenfahndung in anderen Fällen.

Die Fahndungszwecke Sicherstellung und Beschlagnahme kommen vornehmlich in Betracht, wenn es darum geht, abhandengekommene Gegenstände wiederzubeschaffen, um sie z. B. als Beweismittel verwenden zu können.

Die Fahndung zur **Entstempelung von Kfz-Kennzeichen** ist dann das **128** richtige Mittel, wenn es darum geht, Kraftfahrzeuge stillzulegen, für die kein Versicherungsschutz mehr besteht.

Die Fahndung zur **Einziehung** erfolgt, wenn z. B. Gegenstände, die zur **129** Begehung strafbarer Handlungen benutzt worden sind, eingezogen werden sollen.

Fahndungen zur **Eigentümerermittlung** sind dann zu veranlassen, wenn **130** Gegenstände, z. B. nach einer Sicherstellung, unanbringbar sind.

Zur **Identitätsprüfung** wird gefahndet nach **131**
– durch Straftaten abhandengekommenen Personalausweisen und Pässen
– allen sonst abhandengekommenen Personalausweisen und Pässen, wenn konkrete Hinweise vorliegen, die den Verdacht einer mißbräuchlichen Benutzung begründen.

Damit sollen Personen erkannt werden, die durch mißbräuchliche Benutzung amtlicher Ausweispapiere ihre Identifizierung zu verhindern suchen. Handelt es sich bei dem wegen einer solchen Fahndung überprüften Ausweisbenutzer um den ursprünglich rechtmäßigen Ausweisinhaber, sind die als verloren gemeldeten Ausweispapiere einzubehalten und der ausstellenden Behörde zurückzusenden, wenn schon ein neuer Ausweis ausgestellt wurde[37].

Insbesondere zur Unterstützung der Personenfahndung kann zur **Insas-** **132** **senfeststellung** nach Kfz gefahndet werden, wenn Anhaltspunkte dafür vorliegen, daß die Fahrzeuge von gesuchten Personen benutzt werden.

III. Fahndungsanlaß

Ebenso wie in der Personenfahndung sind **Fahndungsanlässe** für die Sach- **133** fahndung aus dem gesamten Aufgabenspektrum polizeilicher Tätigkeit denkbar.

IV. Fahndungsersuchen/Ausschreibung

Für die **Aufnahme** in die INPOL-Sachfahndung sind nur Sachen vorzu- **134** sehen,

---

37 *PDV 384.1*, Nr. 3.4.2.3.

– die eine individuelle alphanumerische Kennzeichnung tragen (numerische Sachfahndung)
– deren Aufnahme dem Sachverhalt angemessen ist und die nach ihrer Beschaffenheit eindeutig zu unterscheiden sind (nichtnumerische Sachfahndung).
Für die Ausschreibung wird der Vordruck KP 21 a benutzt.

135 Folgende **Mindestdaten** müssen vorhanden sein:
– Ausschreibungsbehörde mit Geschäftszeichen
– Anlaß der Ausschreibung, Zweck der Ausschreibung
– Löschungsdatum, wenn die Regellaufzeit nicht ausgeschöpft werden soll.

136 Als **ergänzende Angaben** kommen in Betracht
– sachbearbeitende Dienststelle mit Geschäftszeichen
– Tatzeit
– besondere Bearbeitungshinweise.

137 Für die Sachbeschreibung sind folgende **Mindestdaten** anzugeben:
– bei der Kraftfahrzeugfahndung
–– Art des Gegenstandes
–– Erläuterungen zur Art des Gegenstandes gem. den Erfassungsrichtlinien
–– amtl. Kennzeichen bzw. Versicherungskennzeichen
–– Fahrzeugidentifizierungsnummer oder Motornummer
– bei der Allgemeinen Sachfahndung mit Gegenstandsnummer
–– Gegenstandsnummer/individuelle alpha-numerische Kennzeichnung
–– Art des Gegenstandes
–– Erläuterungen zur Art des Gegenstandes gem. den Erfassungsrichtlinien.

138 Soweit bekannt, sind neben diesen Mindestdaten **weitere Informationen** zu erfassen, wie Nationalitätszeichen, Fahrzeughalter, Geschädigter, sachgebundene Hinweise (z. B. im Fahrzeug beförderte Sprengstoffe, Betäubungsmittel, Tatwerkzeuge, Waffen)[38].

139 Beziehen sich mehrere Sachfahndungen auf ein- und dieselbe Straftat und müssen sie deshalb miteinander oder mit einer Personenfahndung **verknüpft** werden, sind die jeweiligen Sachfahndungs- und Personenfahndungsnummern anzugeben.

140 **Ausschreibung** ist auch in der Sachfahndung als Aufnahme der Fahndungsdaten in ein oder mehrere Fahndungshilfsmittel auf Antrag zu definieren.

1. Fahndungshilfsmittel

141 Als **Fahndungshilfsmittel** sind zu erwähnen
– INPOL-Sachfahndung

---

38 *PDV 384.1*, Anlage 12, Nr. 2.3.

– Deutsche Sachfahndungsnachweise (DSFN)
– Bundeskriminalblatt
– Landeskriminalblätter
– Sachfahndungskarteien für nichtnumerierte Gegenstände.

a) INPOL-Sachfahndung

Den aktuellsten Bestand enthält die **INPOL-Sachfahndung.** Sie wird seit **142**
April 1974, anfangs nur für den Bereich der Kfz-Fahndung, später dann
auch für die allgemeine Fahndung nach numerierten und nichtnumerier-
ten Gegenständen genutzt. Es wird z. Zt. nach ca. 5,8 Mio. Gegenständen
gefahndet, davon allein ca. 1,8 Mio. abhandengekommene bereits ausge-
stellte Ausweise, 410 000 Blanco-Ausweise, ca. 271 000 Pkw, 99 000 Waffen und ca. 386 000 Fahrrädern. Im Gegensatz zu früheren Jahren zeichnet
sich heute die Tendenz ab, daß die Löschungen die Neuzugänge über-
wiegen.

b) Deutsche Sachfahndungsnachweise

Auf der Grundlage der INPOL-Sachfahndung werden vom Bundeskrimi- **143**
nalamt für bestimmte Gegenstandsarten (Personalausweise und Pässe,
Lösegeld) die **Deutschen Sachfahndungsnachweise** herausgegeben. Diese
werden dort benötigt, wo noch kein direkter Zugriff auf die INPOL-Sachfahndung möglich ist. So wird der Deutsche Sachfahndungsnachweis
„Lösegeld" bei Kreditinstituten benutzt, um nach 500 DM bzw. 1000 DM
Banknoten zu fahnden, die als Lösegeld verausgabt worden sind.

Der deutsche Sachfahndungsnachweis „Personalausweise und Pässe"
wird beispielsweise bei deutschen Auslandsvertretungen benötigt, um dort
vorgelegte Identitätspapiere als gesuchte Dokumente zu erkennen.

c) Sachfahndungskarteien

In örtlichen und überörtlichen **Sachfahndungskarteien** können insbeson- **144**
dere solche Gegenstände aufgenommen werden, deren Erfassung in INPOL
nicht möglich oder nicht angemessen ist.

d) Kriminalpolizeiliche Nachrichtenblätter

Häufig ist es nicht möglich, alle erforderlichen Informationen in einer **145**
Ausschreibung innerhalb der INPOL-Sachfahndung aufzunehmen. In solchen Fällen kommt nach einer Aufnahme in INPOL die **Ausschreibung im
Landes- oder Bundeskriminalamt** in Betracht. Dafür gelten die „Richtlinien für Ausschreibungen im Bundeskriminalblatt und in den Landeskriminalblättern".

2. Ausschreibungsverfahren

Das für die INPOL-Sachfahndung in der PDV 384.1 festgelegte **Ausschrei-** **146**
bungsverfahren soll ermöglichen, daß Ausschreibungen aktuell und voll-

ständig in die INPOL-Sachfahndung aufgenommen werden. Hinsichtlich der Teilnehmer an dieser Anwendung bzw. der lediglich abfrageberechtigten Stellen gelten die gleichen Feststellungen, wie sie insofern zur Personenfahndung getroffen wurden. Hierzu ergänzend ist festzustellen, daß auch ausländische Polizeidienststellen aufgrund besonderer Vereinbarungen eine Abfrageberechtigung für die INPOL-Sachfahndung erhalten können.

a) Antrag

147 **Anträge** auf Ausschreibung in der INPOL-Sachfahndung sind der für die Eingabe zuständigen Polizeidienststelle grundsätzlich mit Vordruck KP 21 a zu übersenden. Eine gewünschte Veröffentlichung in deutschen Sachfahndungsnachweisen muß im Antrag vermerkt sein. Mit der Erstellung des Ausschreibungsantrages übernimmt die ersuchende Dienststelle die Verantwortung für die Ausschreibung; die ersuchte Polizeidienststelle ist für die Eingabe verantwortlich. Die Ausschreibungsunterlagen sind bis zur Löschung aufzubewahren.

b) Eingabe

148 Ebenso wie in der Personenfahndung ist auch in der Sachfahndung darauf zu achten, daß **keine Mehrfachbestände** erzeugt werden. Diese führen zu Fehlern und Mißverständnissen. Sie verursachen Mehrarbeit und belasten die Systeme unnötig. Vor der Eingabe ist daher stets zu prüfen, ob bereits ein Datensatz zu dem auszuschreibenden Gegenstand in INPOL vorhanden ist.

c) Laufzeit

aa) Aktueller Bestand

149 Die Sachfahndung kennt ein außerordentlich differenziertes System von **Laufzeiten** für die verschiedenen Gegenstandsarten. Die Fristen beginnen mit der Eingabe in INPOL. Auf Einzelheiten zu den Laufzeiten soll hier verzichtet werden; insofern wird auf die PDV 384.1, Anhang 12, S. 2/3, Nr. 2.6, verwiesen.

Als Ausnahme von den dort festgelegten Fristen ist eine Ausschreibung bis auf Widerruf zulässig bei Sachen, die
– in Zusammenhang mit Kapitalverbrechen
– in Fällen von überregionaler Bedeutung
gesucht werden; allerdings nicht bei Kraftfahrzeugen und Kfz-Kennzeichen. Ist es aus kriminaltaktischen Gründen geboten, kürzere Laufzeiten vorzusehen, so ist dies möglich. Wird ein Gegenstand zur Unterstützung einer damit in Zusammenhang stehenden Personenfahndung ausgeschrieben, so ist seine Laufzeit an die der Personenfahndung anzugleichen.

bb) Archivbestand

150 Gelöschte Sachfahndungsdaten – außer Waffen und Personaldokumenten – werden in den **Archivbestand** beim Bundeskriminalamt übernommen und sind dort nach besonderen Regeln abfragbar. Das Bundeskriminal-

amt wertet diesen Bestand auf Antrag auf. Notierungen im Archivbestand werden nach fünf Jahren automatisch gelöscht.

d) Fristverlängerung

Für wegen Fristablaufs zur Löschung heranstehende Gegenstände ist eine **151** **Fristverlängerung** möglich. Einer Neuausschreibung bedarf es, wenn bei Kraftfahrzeugen oder Kfz-Kennzeichen eine Frist von fünf Jahren verstrichen ist.

e) Erledigung/Löschung

Wird eine ausgeschriebene Sache sichergestellt, beschlagnahmt oder aufge- **152** funden, ist unverzüglich die ausschreibende Stelle zu verständigen. Diese Mitteilung muß Angaben zu Zeit und Ort der Sicherstellung bzw. der Beschlagnahme oder des Auffindens sowie über den Verbleib der Sache enthalten. Die ausschreibende Stelle ihrerseits hat die für die Eingabe zuständige Dienststelle zu verständigen und die **Löschung** der Fahndung zu veranlassen. Diese löscht die Ausschreibung in INPOL. Gegebenenfalls wird dadurch die Ausschreibung auch aus den deutschen Sachfahndungs- nachweisen herausgenommen. Im übrigen ist eine Ausschreibung zu lö- schen, wenn das Fahndungsziel erreicht oder die Fahndung aus sonstigen Gründen erledigt ist[39].

Handelt es sich um eine **Auslandsfahndung,** ist die Ausschreibung erst **153** zu löschen, wenn der Gegenstand
- im Ausland sichergestellt, beschlagnahmt, herausgegeben ist oder das Fahndungsziel sonst erreicht wurde
- im Inland sichergestellt, beschlagnahmt oder eine Erledigungsmittei- lung der ersuchenden ausländischen Behörde eingegangen ist.

3. Auslandsfahndung

Entsprechend dem Verständnis des Begriffs **Auslandsfahndung** in der Per- **154** sonenfahndung umfaßt die Auslandsfahndung in der Sachfahndung die Suche nach Gegenständen
- im Ausland auf Ersuchen einer inländischen Polizei- oder Justizbehörde
- im Inland auf Ersuchen einer ausländischen Polizei- oder Justizbehörde.

Die Fahndung im Ausland setzt immer die Fahndung im Inland voraus. Die Auslandsfahndung will Gegenstände ermitteln, um
- sie im Rahmen eines Strafverfahrens einer ausländischen Justizbehörde herauszugeben
- die Herausgabe an die Bundesrepublik Deutschland auf Ersuchen einer inländischen Justizbehörde zu bewirken
- sie im Rahmen eines Strafverfahrens sicherzustellen oder zu beschlag- nahmen
- ihre Sicherstellung zur Eigentumssicherung anzuregen.

---

39 *PDV 384.1,* Nr. 3.4.4.

Grundsätzlich können diese Ersuchen nur im Auftrag einer Justizbehörde gestellt werden. Ausnahmsweise ist dies auch durch Polizeibehörden möglich, wenn internationale Vereinbarungen es vorsehen.

155 **Schriftliche oder fernschriftliche Ersuchen** müssen enthalten

– genaue Bezeichnung und Beschreibung des Gegenstandes
– Bezeichnung der Straftat
– Tatort, Tatzeit, Sachverhalt
– ersuchende Dienststelle mit Geschäftszeichen
– ggfs. Angaben über den Beschlagnahmebeschluß mit Datum
– Bezeichnung des Landes, der Länder, der Ländergruppen oder der Fahndungszonen, in denen gefahndet werden soll.

156 Fahndungsdaten zu **aus dem Ausland eingehenden Ersuchen** gibt das Bundeskriminalamt in das INPOL ein und veranlaßt erforderlichenfalls die Ausschreibung in den übrigen Fahndungshilfsmitteln. Bei gezielten Fahndungsersuchen unterrichtet es das zuständige Landeskriminalamt unter Bekanntgabe der Sachfahndungsnummer. Die örtliche Dienststelle wird unter Benachrichtigung des zuständigen Landeskriminalamtes unmittelbar unterrichtet, wenn es sich um einen besonders dringenden Fall handelt.

4. Lösegeld

157 Innerhalb der Sachfahndung bedarf die Fahndung nach **Lösegeld** besonderer Erwähnung. Größere Mengen von Banknoten, die im Zusammenhang mit Fällen von Geiselnahme, schwerer Erpressung oder erpresserischem Menschenraub verausgabt werden, sind in der INPOL-Sachfahndung auszuschreiben. Da der dafür zu treibende Aufwand nicht unerheblich ist, sind die Daten in der Regel erst dann einzugeben, wenn das Geld übergeben wurde und es oder die Täter außer Kontrolle der Polizei geraten sind. Das Landeskriminalamt ist für die Erfassung der Fahndungsdaten zuständig. Es hat vorher das Bundeskriminalamt und die übrigen Landeskriminalämter zu unterrichten.

158 Das Lösegeld ist **bis auf Widerruf** auszuschreiben. Nach drei Jahren ist zu prüfen, ob die Ausschreibung gelöscht werden kann. Gelöschte Fahndungsnotierungen werden nicht in den Archivbestand übernommen.

159 Im Lösegeld enthaltene Banknoten im Nennwert von 500 DM bzw. 1000 DM sowie vergleichbare Werte in anderen Sorten werden bei Bedarf vom Bundeskriminalamt in einen deutschen **Sachfahndungsnachweis „Lösegeld"** übernommen. Er wird vom Bundeskriminalamt an die Deutsche Bundespost, die Deutsche Bundesbahn und andere Bundesbehörden, von den Landeskriminalämtern an die übrigen in Betracht kommenden Institutionen verteilt. Ist eine Sofortfahndung erforderlich, können vom Landeskriminalamt oder vom Bundeskriminalamt Listenausdrucke mit den Daten bestimmter Lösegeldbeträge zur Verfügung gestellt werden.

5. Nichtnumerische Sachfahndung

160 Besonders im Bereich der qualifizierten Eigentumsdelikte, z. B. Diebstahl von

– sakralen Gegenständen
– Antiquitäten
– Teppichen
– Gemälden
– Kunstgegenständen
– Pelzen (Rauchwaren)

stellt die Fahndung nach nicht **numerierten Gegenständen** ein unverzichtbares Hilfsmittel dar. Die bei diesen Gegenständen üblicherweise fehlende alphanumerische Kennzeichnung wird durch eine differenzierte und umfassende Gegenstandsbeschreibung ersetzt. Diese Beschreibung liefert die vielfachen Suchkriterien, mit denen im Datenbestand mehrdimensional recherchiert werden kann. Ein System, das diesem Anspruch einer modernen Sachfahndung genügen kann, wird z. Zt. vom Bundeskriminalamt in Zusammenarbeit mit den Landeskriminalämtern erprobt. Die dabei bisher erzielten Ergebnisse belegen, daß es die Erwartungen erfüllen könnte. Es handelt sich dabei um ein Expertensystem, das nur beim Bundeskriminalamt und bei den Landeskriminalämtern innerhalb der zuständigen Dienststellen angewendet wird. So ist sichergestellt, daß für Eingabe und Recherche „eine Sprache" benutzt wird, die mit katalogisierten und freien Deskriptoren arbeitet. Damit wird die wesentliche Voraussetzung für die Wiederauffindbarkeit eines einmal erfaßten Gegenstandes erfüllt.

G. Besondere Fahndungen

Besondere Fahndungen mit ihren häufig aufwendigen logistischen Vorbereitungen finden vor allem im Rahmen der Personenfahndung statt. Zu unterscheiden sind folgende **Arten:**   **161**

– Tatortbereichsfahndung
– Alarmfahndung
– Schwerpunktfahndung
– Großfahndung
– Vorrangfahndung
– Zielfahndung
– Öffentlichkeitsfahndung.

I. Tatortbereichsfahndung

Straftäter entfernen sich nicht immer sofort nach Tatbegehung vom Tatort. In diesen Fällen ist es möglich, sie durch geeignete Fahndungsmaßnahmen in **Tatortnähe** zu ermitteln. Selbst wenn dieses Ziel nicht erreicht wird, können doch häufig Fahndungshinweise gewonnen werden. Besondere Bedeutung kommt der kalendermäßigen Vorbereitung zu. In ihrem Rahmen sind   **162**

– Fahndungsabschnitte festzulegen
– besondere Flucht- und Unterschlupfmöglichkeiten zu erfassen
– Stellen zu erfassen, mit denen zur Gewinnung von Fahndungshinweisen eine Zusammenarbeit in Betracht kommt
– Fahndungsunterlagen für die Fahndungsleitung und für die Einsatzkräfte zu erstellen.

163   Grundsätzlich obliegt der örtlich zuständigen Polizeidienststelle die **Fahndungsleitung.** Sie löst alle erforderlichen Maßnahmen aus, bestimmt insbesondere den Fahndungsraum.

164   Im Rahmen der **Tatortbereichsfahndung** sind durch Einsatzkräfte am Tatort vorrangig Feststellungen zu treffen und in den Fahndungsabschnitten nach dem Täter zu fahnden.

165   Für die Verarbeitung der durch eigene Kräfte gewonnenen oder durch Bürger übermittelten Tat- bzw. Tätererkenntnisse ist eine **Meldesammelstelle** einzurichten.

II. Alarmfahndung

166   Die **Alarmfahndung** kommt in Betracht, wenn die Tatortbereichsfahndung allein keinen Erfolg mehr verspricht. Die Alarmfahndung ist kalendermäßig vorbereitet. Sie wird aus akutem Anlaß schlagartig durchgeführt, wobei örtlich oder überörtlich gezielte Fahndungsmaßnahmen nach Personen und Sachen stattfinden.

167   Wegen des erheblichen Kräftebedarfs ist vor **Auslösung** einer solchen Fahndung zu prüfen, ob das Fahndungsziel nicht auch mit anderen, weniger aufwendigen Maßnahmen erreicht werden kann. Die Alarmfahndung kommt in Betracht, wenn es sich um schwerwiegende, die Allgemeinheit beunruhigende sowie die öffentliche Sicherheit besonders beeinträchtigende Fälle handelt, z. B.:

– Staatsschutzdelikte von besonderer Bedeutung
– Fälle schwerer Gewaltkriminalität
– Überfälle mit Entführung oder Geiselnahme
– Raubüberfälle auf Geldinstitute
– Fahndung nach Sachen, die wegen ihres Wertes oder ihrer Gefährlichkeit für die Allgemeinheit besonders bedeutsam sind.

Darüber hinaus müssen Anhaltspunkte dafür vorliegen, daß ein Fahndungserfolg möglich ist, außer bei Ringalarmfahndung, die auch ohne eine solche Prognose ausgelöst werden kann. Abhängig von der räumlichen Ausdehnung einer Alarmfahndung wird unterschieden zwischen

– Ringalarmfahndung
– Grenzalarmfahndung
– Landesalarmfahndung
– Bundesalarmfahndung.

1. Ringalarmfahndung

Die **Ringalarmfahndung** zeichnet sich dadurch aus, daß bei ihr an ringför- **168** mig um den Tatort bzw. Feststellungsort in einem jeweils anzuordnenden Radius festgelegten Kontrollstellen und im Innern des Fahndungsraumes gefahndet wird. Je nach Lage kommen Ringe mit unterschiedlichem Radius um den Tat-/Feststellungsort in Betracht[40]. Dabei wird der Ring abhängig von der zwischen dem Fluchtzeitpunkt und dem Auslösen des Ringes vergangenen Zeit bestimmt.

Nach Auslösen der Ringalarmfahndung fahnden die Einsatzkräfte im **169** Tatortbereich bzw. besetzen Kontrollstellen für **Anhalte- oder Durchfahrtkontrollen.**

Bei der Auslösung muß bedacht werden, daß jede Erweiterung des Rings **170** einen wesentlich höheren **Kräftebedarf** mit sich bringt. Die Entscheidung über die Ringgröße muß daher sorgfältig, aber auch sehr rasch getroffen werden. Da nicht alle vom Tatort wegführenden Straßen und Wege mit Kontrollstellen besetzt werden können oder der Täter in der Zeit bis zur Besetzung der Kontrollstellen durch die Polizei den Fahndungsring bereits verlassen haben kann, weist auch die Ringalarmfahndung noch zahlreiche Lücken auf. Gleichwohl sind auch Erfolge zu verzeichnen. So wurden in einem Bundesland innerhalb eines Jahres bei 25 von 111 Ringalarmfahndungen die Täter gefaßt, was einer Erfolgsquote von 22,5 % entspricht. Häufig ergeben sich auch aus der Auswertung der Kontrollisten noch Ermittlungserkenntnisse, die später zu Erfolgen führen.

Die **auslösende Polizeidienststelle** leitet die Fahndung, soweit nicht **171** regional andere Regelungen gelten. Vorgesetzte Dienststellen und das Landeskriminalamt sind zu unterrichten. Die Grenzschutzdirektion ist zu informieren, wenn die Grenze einbezogen wird. Ist ein Überschreiten der Grenze der Bundesrepublik Deutschland durch die Täter zu vermuten, müssen die benachbarten ausländischen Polizeidienststellen unterrichtet werden. Bei grenzübergreifenden Maßnahmen ist das Bundeskriminalamt zu beteiligen.

Die Ringalarmfahndung wird durch die **Fahndungsleitung** im Einverneh- **172** men mit dem Leiter der Ermittlungen am Tatort grundsätzlich dann beendet, wenn nach 45 Minuten noch keine ausreichenden Personen- oder Sachhinweise gewonnen werden konnten.

2. Grenz-, Landes-/Bundesalarmfahndung

Diese Fahndungsarten, die sich auf das gesamte Gebiet der Grenze ein- **173** schließlich der Flug- und Seehäfen, ein Bundesland oder das gesamte Bundesgebiet erstrecken, bedingen wegen ihrer **räumlichen Ausdehnung** erheblichen personellen und materiellen Aufwand.

Die Fahndungen werden angeordnet **174**
– als Grenzalarmfahndung durch die Grenzschutzdirektion in Koblenz
– als Landesalarmfahndung durch das zuständige Landeskriminalamt

---

40 *PDV 384.1*, Nr. 4.3.2.

– als Bundesalarmfahndung auf Ersuchen des Bundeskriminalamtes oder eines zuständigen Landeskriminalamtes an alle anderen Landeskriminalämter

mit dem jeweils schnellsten Fernmeldemittel. Die **Anordnung** soll alle notwendigen Angaben enthalten[41].

175   Zur schnellen Auslösung und zur Förderung des planmäßigen Ablaufs von Grenz-, Landes- oder Bundesalarmfahndungen sind **Alarmfahndungskalender** zu erstellen.

176   Auch bei diesen Fahndungsarten obliegt die **Fahndungsleitung** grundsätzlich der anordnenden Dienststelle, die die Fahndung auch beendet.

III. Schwerpunktfahndung

177   Diese Fahndungsart ist in die PDV 384.1 neu aufgenommen worden[42]. Es handelt sich dabei um eine vorbereitete, zeitlich befristete, gezielte, mit bestimmten **Einsatzschwerpunkten** durchgeführte Fahndung mit zusätzlichen Kräften im Bereich einer oder mehrerer Polizeidienststellen oder an der Grenze. Sie wird eingesetzt, wenn es darum geht,

– Serientäter und besonders gefährliche Straftäter zu ermitteln

– Tatserien oder außergewöhnliche Häufungen bestimmter Delikte zu bekämpfen

– massiert auftretende rechtswidrige Taten von hoher Sozialschädlichkeit aufzuklären/zu verhindern.

Die Schwerpunktfahndung zeichnet sich dadurch aus, daß sie durch für den Täter nicht voraussehbare und berechenbare Maßnahmen der Polizei das Täterrisiko erhöht oder auffälliges Täterverhalten auslöst. Sie wird beendet, sobald der Fahndungszweck erreicht oder der Fahndungsauftrag durchgeführt ist.

IV. Großfahndung

178   Bei der **Großfahndung** handelt es sich um eine planmäßig vorbereitete, allgemeine oder gezielte Fahndungsaktion unter Einsatz starker Kräfte. Sie kommt bei schweren oder die Bevölkerung erheblich beunruhigenden Straftaten oder Gefahrenlagen in Betracht. Die Großfahndung kann in Fahndungsregionen und -unterregionen, an Fahndungslinien, in einem oder mehreren Bundesländern oder an den Grenzen der Bundesrepublik bzw. bundesweit ausgelöst werden. Ihre Verbindung mit einer Öffentlichkeitsfahndung ist häufig ratsam.

179   Großfahndungen bedeuten immer erheblichen **personellen Aufwand** und rufen wegen ihrer auf die Darstellung von Polizeipräsenz zielenden Wirkung in der Öffentlichkeit Aufsehen hervor.

---

41 *PDV 384.1*, Nr. 4.3.3.3.
42 *PDV 384.1*, Nr. 4.4.

H. Das Schengener Vertragswerk und Fahndungssystem

I. Historischer Abriß

Am 14. 6. 1985 unterzeichneten die Regierungen der Benelux-Länder, **199**
Frankreichs und der Bundesrepublik Deutschland das **Schengener Über-**
einkommen. Am 27. 11. 1990 traten Italien und am 25. 6. 1991 Spanien
und Portugal sowohl diesem Übereinkommen als auch dem Durchführungsübereinkommen (auch Zusatzübereinkommen genannt; s. unten
Rdnr. 200) bei; Griechenland ist seit dem 6. 11. 1992 Vertragspartner. Das
Übereinkommen sieht vor, die Kontrollen an den Binnengrenzen der Länder gänzlich abzubauen und an die Außengrenzen zu verlegen. Zu diesem
Zweck bemühen sich die Vertragsparteien gemäß Art. 17 des Übereinkom-
mens zuvor, die den Kontrollen zugrundeliegenden Vorschriften hinsichtlich der Verbote und Beschränkungen zu harmonisieren und ergänzende
Maßnahmen zum Schutz der Inneren Sicherheit sowie zur Verhinderung
der unerlaubten Einreise von Personen, die nicht Angehörige der EG-Staaten sind, zu ergreifen. Damit sollen die aus dem Abbau der Grenzkontrollen zu erwartenden Sicherheitsdefizite aufgefangen werden.

Nach Klärung noch offener Fragen, auch im Zusammenhang mit der **200**
Wiedervereinigung Deutschlands, wurde das **Zusatzübereinkommen** am
19. 6. 1990 in Schengen unterzeichnet.

Ergänzend dazu war zu berücksichtigen, daß nach Art. 8 a des **EWG-** **201**
Vertrages spätestens bis zum 31. 12. 1992 der freie Verkehr von Personen,
Waren, Dienstleistungen und Kapital zu gewährleisten und jegliche Kontrolle von den Binnengrenzen in das Binnenland oder an die Außengrenzen
der EG zu verlegen war.

II. Das Schengener Fahndungssystem

Zum Ausgleich des durch den Wegfall der Kontrollen an den Binnengren- **202**
zen verursachten Sicherheitsdefizits waren von den Vertragspartnern von
Anfang an **Ausgleichsmaßnahmen** beabsichtigt.

Bei der Bestimmung der Art der Ausgleichsmaßnahmen und ihrer Aus- **203**
gestaltung im einzelnen war bzw. ist zu berücksichtigen, daß nach herkömmlicher Rechtsauffassung die internationale Zusammenarbeit auf
dem Gebiet der Strafrechtspflege eine **Angelegenheit des Außen- und des**
Justizressorts ist. Unmittelbare polizeiliche Kontakte sind nach dieser
Auffassung eine Ausnahme; sie haben zudem in der von der Justiz vorgegebenen und genehmigten Weise zu erfolgen und können außerhalb der
„Justizschiene" grundsätzlich nur auf einen allgemeinen Informationsaustausch beschränkt bleiben.

Zu berücksichtigen ist ferner das Vorhandensein **unterschiedlicher** **204**
Rechtssysteme und Rechtsauffassungen sowie unterschiedlicher Organisationsstrukturen, aber auch **abweichender Denkweisen** und Interessenlagen
in den Vertragsstaaten. Daraus erklärt sich das grundsätzliche Streben,

nationale Regelungen und Vorgehensweisen unangetastet zu lassen. Es resultiert daraus eine gewisse Starrheit, die eine auffällige Diskrepanz zwischen einem häufig artikulierten Ziel und dem Realisierungswillen im einzelnen erkennbar werden läßt.

205 Die Ausgleichsmaßnahmen sind u. a. ausgerichtet auf den Aufbau eines gemeinsamen elektronischen Fahndungssystems (Personen- und Sachfahndung), des sog. „**Schengener Informationssystems (SIS)**, das gemäß Art. 93 des Zusatzübereinkommens eingerichtet werden soll.

In diesem System sollen alle Ausschreibungen, die der Suche nach Personen und Sachen dienen, für polizeiliche Kontrollen und Überprüfungen an den Außengrenzen und im Landesinnern zum Abruf im automatisierten Verfahren zur Verfügung gestellt werden.

1. Ausschreibungskategorien

206 Es sind folgende **Ausschreibungskategorien** vorgesehen:
– Fahndungsersuchen nach Personen, die aus Gründen der Strafverfolgung oder der Strafvollstreckung zur Festnahme gesucht werden,
– Fahndungsersuchen zur Aufenthaltsermittlung von Personen, die als Zeugen oder Beschuldigte vor Gericht erscheinen müssen oder denen ein Urteil oder eine Ladung zum Strafantritt zugestellt werden soll,
– Ausschreibung von Personen, die verdeckt registriert oder gezielt kontrolliert werden sollen (vergleichbar Polizeiliche Beobachtung),
– Ausschreibungen zur Aufenthaltsermittlung oder Ingewahrsamnahme von Personen aus Gründen ihres eigenen Schutzes bzw. der Gefahrenabwehr (Vermißte, Minderjährige),
– Ausschreibung zur Zurückweisung von unerwünschten Ausländern aus Drittstaaten,
– Fahndungsersuchen nach Sachen, die zur Sicherstellung oder Beweissicherung im Strafverfahren gesucht werden, beschränkt auf:
–– Kraftfahrzeuge von mehr als 50 ccm Hubraum,
–– Anhänger mit Leergewicht von mehr als 750 kg und Wohnwagen,
–– Schußwaffen,
–– ausgefüllte Identitätspapiere (Paß, Identitätskarte, Führerschein), Blankodokumente,
–– Banknoten (Registriergeld).

2. Rechtsprobleme

207 Die **Daten** im Schengener Zentralbestand (C.SIS) und in den von ihm gespeisten nationalen Schengener Beständen (N.SIS) haben **identisch** zu sein. Die Voraussetzungen für die Eingabe sollen in allen Ländern möglichst gleichermaßen gelten. Vor der Ausschreibung hat die ersuchende Vertragspartei zu prüfen, ob die Festnahme nach dem Recht der ersuchten Vertragspartei zulässig ist (dies ist eine erhebliche Abweichung gegenüber dem bisherigen Verfahren der internationalen Fahndung und wird zu Schwierigkeiten in der Praxis führen). Ferner muß es sich um eine auslieferungsfähige Straftat handeln.

256

Konkrete **Konsequenzen** werden erst aus der Beobachtung der Kriminali- **220**
tätsentwicklung gezogen werden können. Generell ist aber anzumerken,
daß Straftäter auf die veränderte Situation schnell reagieren, die Schwachstellen erkennen und ausnutzen werden, was sich in geringeren Aufklä-
rungs- und Festnahmeraten niederschlagen dürfte.

I. Schlußbemerkung

Angesichts von 266 000 Personenfahndungsersuchen und ca. 5,8 Mio. **221**
gesuchter Gegenstände muß Fahndung auch in **Zukunft** einen Schwerpunkt polizeilicher Tätigkeit darstellen. Die Aufgabe kann nur gelöst werden, wenn Schutz- und Kriminalpolizei auf der Grundlage problemorien-
tiert formulierter Rechtsvorschriften und unter Einbeziehung der Öffentlichkeit zusammenwirken.

Im Hinblick auf ein „Europa ohne Grenzen" kommt der **internationalen** **222**
Zusammenarbeit im Fahndungsbereich besondere Bedeutung zu. Diese
muß die technische Zusammenarbeit, die Angleichung von Rechtsvorschriften und die Absprache operativ/taktischer Maßnahmen einschlie-
ßen. Mit den Vereinbarungen zum Schengener Informationssystem (SIS)
und den Absprachen über die Nachteile auf das jeweils andere Staatsgebiet
ist dazu ein erster Schritt getan. Alle Maßnahmen und Initiativen müssen
sich von der Erkenntnis leiten lassen, daß das Sicherheitsgefühl der Bürger
maßgeblich davon mitbestimmt wird, wie erfolgreich sich die Polizei bei
ihrer Fahndungstätigkeit erweist.

SCHRIFTTUM

Alck, Ludwig: Bestandsaufnahme und Interpretation strafprozessualer Ermächtigungen über Fahndung und Observation. In: Polizei-Führungsakademie (Hrsg.): Rechtsfragen zu Fahndung und Observation einschließlich der Verwendung optischer und akustischer Hilfsmittel. Seminar vom 21. bis 25. November 1977 bei der Polizei-Führungsakademie in Münster. Schlußbericht. Münster 1977, S. 125–133.

Bundeskriminalamt (Hrsg.): Fahndung. Arbeitstagung im Bundeskriminalamt Wiesbaden vom 9. März bis 13. März 1970. Wiesbaden 1970 (BKA-Vortragsreihe. Bd. 19).

dass. (Hrsg.): Möglichkeiten und Grenzen der Fahndung. Arbeitstagung des Bundeskriminalamtes Wiesbaden vom 12. bis 15. November 1979. Wiesbaden 1980 (BKA-Vortragsreihe. Bd. 25).

dass., Bibliothek (Hrsg.): Bibliographie Fahndung. Eine Auswahlbibliographie der deutschsprachigen Literatur zu Fahndung und Observation von 1908–1979. Wiesbaden 1979 (BKA-Bibliographienreihe. Bd. 1).

Bux, Kuno: Öffentlichkeitsfahndung: Möglichkeiten ihrer Effektivierung – aus der Sicht der Polizei. In: Bundeskriminalamt (Hrsg.): Möglichkeiten und Grenzen der Fahndung. Arbeitstagung des Bundeskriminalamtes Wiesbaden vom 12. bis 15. November 1979. Wiesbaden 1980 (BKA-Vortragsreihe. Bd. 25), S. 31–35.

Gemmer, Karl-Heinz: Fahndung und Polizeialltag. In: Bundeskriminalamt (Hrsg.): Möglichkeiten und Grenzen der Fahndung. Arbeitstagung des Bundeskriminalamtes Wiesbaden vom 12. bis 15. November 1979. Wiesbaden 1980 (BKA-Vortragsreihe. Bd. 25), S. 11–17.

Götz, Volkmar: Allgemeines Polizei- und Ordnungsrecht. 9. Aufl. Göttingen 1988.

Groß, Hans und *Friedrich Geerds* (Hrsg.): Handbuch der Kriminalistik. Bd. I. Berlin 1977; Bd. II. Berlin 1978.

Holle, Rolf: Kriminaldienstkunde. III. Teil: Fahndung. Wiesbaden 1957 (BKA-Schriftenreihe. Bd. 9).

Polizei-Führungsakademie (Hrsg.): Rechtsfragen zu Fahndung und Observation einschließlich der Verwendung optischer und akustischer Hilfsmittel. Seminar vom 21. bis 25. November 1977 bei der Polizei-Führungsakademie in Münster. Schlußbericht. Münster 1977.

Rupprecht, Reinhard: Verfassungsrechtliche Voraussetzungen gesetzlicher Normen über Fahndung und Observation. In: Polizei-Führungsakademie (Hrsg.): Rechtsfragen zu Fahndung und Observation einschließlich der Verwendung optischer und akustischer Hilfsmittel. Seminar vom 21. bis 25. November 1977 bei der Polizei-Führungsakademie in Münster. Schlußbericht. Münster 1977, S. 101–118.

Störzer, Hans Udo: Zur Geschichte der Fahndung. Einführende Betrachtungen. In: Bundeskriminalamt, Bibliothek (Hrsg.): Bibliographie Fahndung. Eine Auswahlbibliographie der deutschsprachigen Literatur zu Fahndung und Observation von 1908–1979. Wiesbaden 1979 (BKA-Bibliographienreihe. Bd. 1), S. VII–XXXII.

Ullrich, Wolfgang: Verbrechensbekämpfung. Geschichte, Organisation, Rechtsprechung. Neuwied am Rhein, Berlin-Spandau 1961.

Wehner, Wolfgang: Schach dem Verbrechen. Geschichte der Kriminalistik. Köln 1963 (Das erzählte Sachbuch).

Wiesel, Georg und *Helmut Gerster:* Das Informationssystem der Polizei INPOL. Konzept und Sachstand. Wiesbaden 1978 (BKA-Schriftenreihe. Bd. 46).

Wolfermann, Stefan: Möglichkeiten und Grenzen der Großfahndung. In: Bundeskriminalamt (Hrsg.): Möglichkeiten und Grenzen der Fahndung. Arbeitstagung des Bundeskriminalamtes Wiesbaden vom 12. bis 15. November 1979. Wiesbaden 1980 (BKA-Vortragsreihe. Bd. 25), S. 19–25.

POLIZEIDIENSTVORSCHRIFT

PDV 384.1 – Polizeiliche Fahndung. 1987.

30

Observation

Jürgen Peter

INHALTSÜBERSICHT

A.   Vorbemerkungen

1   Die meisten **Veröffentlichungen** zum Thema Observation beschäftigen sich vornehmlich mit Rechtsfragen sowie taktischen und technischen Aspekten der Durchführung von Observationen. Sie sind Orientierungs-hilfe für Lehrende und theoretische Basis für künftige Observanten. Unge-wollte Nebeneffekte entstanden dadurch, daß diese Lehrbücher vom inter-essierten polizeilichen Gegenüber studiert und analysiert wurden.

2   Diese Ausführungen richten sich in erster Linie an den kriminalpolizei-lichen **Sachbearbeiter,** der im Rahmen seiner Fallbearbeitung zu prüfen hat, ob die Möglichkeit zu observationstaktischen Maßnahmen besteht und welche Chancen zur Fallösung sich dadurch bieten. Durch allgemeine und den Sachbearbeiter tangierende spezielle Darlegungen zum Thema Observation soll die notwendige Sensibilisierung für dieses Problemfeld erzielt werden.

3   In ähnlicher Weise sollen **Polizeiführer** angesprochen werden, die die unabdingbaren Voraussetzungen zur Durchführung von observationstakti-schen und -technischen Maßnahmen kennen müssen.

4   Angestrebt wird, daß jeder mögliche Auftraggeber realistische und umsetzbare **Zielbestimmungen** vornehmen und damit Grundvoraussetzungen für einen erfolgversprechenden Einsatz der Observationskräfte schaffen kann.

B. Begriffsbestimmung

Mit der Einführung der Polizeidienstvorschrift (PDV) 100 wurde der **Begriff** 5
Observation für die Polizei der Bundesrepublik Deutschland verbindlich definiert und hat vorausgegangenen teilweise kontroversen Interpretationsversuchen ein Ende gesetzt. Unter Observation ist die planmäßige, im allgemeinen unauffällige Beobachtung von Personen, Personengruppen und Objekten zu verstehen, die der Gewinnung grundlegender oder ergänzender Erkenntnisse zur Durchführung präventiver oder repressiver polizeilicher Aufgaben dient.

C. Rückblick

Die angesprochene Diskussion um Begriff und Inhalt der Observation 6
stand in einem engen zeitlichen Zusammenhang mit der Rückbesinnung auf die Observation als **polizeitaktisches Mittel** zur Verbrechensbekämpfung.

I. Anfänge

Eine aufmerksame Beobachtung von Personen oder Objekten gehört seit eh 7
und je zu den Aufgaben von Sicherheitskräften vornehmlich im Schutzdienst. Typische Beispiele sind der „Schutzmann an der Ecke" oder der zivil gekleidete Polizeibeamte, der in das „Milieu" ging, um verdeckt das kriminelle Potential zu beobachten. Diese Beobachtungsformen waren **überwiegend statisch,** bezogen sich auf das engere, in Sichtnähe befindliche Umfeld. Sie genügten, da die Rechtsbrecher zumeist ortsansässige Personen waren und dort ihre Straftaten begingen.

II. Mobilität der Straftäter

Mit der qualitativen Veränderung von Kriminalitätserscheinungen, deren 8
auch heute gültiges Hauptmerkmal die Mobilität der Täter ist, mußten die Beobachtungsmodalitäten dieser Entwicklung angepaßt werden. Folge war die Einführung der Observation in die **Methodik der Verbrechensbekämpfung,** die Heranbildung besonders geschulter Kräfte und die Bildung von Observationseinheiten.

1. Aufkommen der organisierten Kriminalität

Nach Beendigung des 2. Weltkrieges waren die Möglichkeiten zu raschen 9
Ortswechseln den potentiellen Rechtsbrechern wegen des Fehlens der entsprechenden Infrastruktur vorerst genommen. Rechtsbrüche erfolgten, um die Chancen zum Überleben zu wahren. Mit zunehmender Existenzsicherung änderte sich das Bild. Eine neue und verbesserte Mobilität eröffnete Kriminellen Gelegenheiten, die zu quantitativen und qualitativen Veränderungen des Kriminalitätserscheinungsbildes führten. In ihrer Folge entstanden erste **weiträumige Täterverflechtungen.** Anfänge einer organisier-

ten und sturkturierten Kriminalität zeigen sich bereits in den 60er Jahren. Kennzeichnend dafür ist der schon damals florierende organisierte Kraftfahrzeugdiebstahl.

2. Mobile operative Einheiten (MOE)

a) Erste Einrichtungen

10 Um den erkannten Gegebenheiten aktiv begegnen zu können, bedurfte es adäquater polizeilicher Konzepte. Gegen Ende der 60er Jahre, die neben Ansätzen organisierter Kriminalität auch die Anfänge politisch motivierter Gewaltkriminalität zeigten, wurden in einigen Bundesländern erste mobile Einsatzeinheiten der Kriminalpolizei aufgestellt. Als Kennung führten sie die Bezeichnung **Landesfahndungskommando** (LFK). Ihre Aufgaben bestanden in der systematischen Beobachtung von Tatverdächtigen und Fahndung nach gesuchten Straftätern. Diese Fahndungskommandos arbeiteten auch über die Grenzen üblicher polizeilicher räumlicher Zuständigkeiten hinweg und im Bedarfsfall gar bundesweit.

Mit den Landesfahndungskommandos und vergleichbaren Einheiten wurden Möglichkeiten geschaffen, Personengruppen oder Objekte über einen längeren Zeitraum und mit verstärkter Intensität zielgerichtet zu beobachten. Die Observation wurde wieder anerkannter Bestandteil konzeptionellen Planens und Handelns im Rahmen der polizeilichen Aufgabenbewältigung.

11 1972 überfielen während der Olympischen Spiele palästinensische Terroristen das Olympische Dorf und nahmen israelische Sportler als Geiseln. Bei dem Befreiungsversuch in Fürstenfeldbruck wurde deutlich, daß die deutsche Polizei auf derartige Ereignisse weder personell noch materiell vorbereitet war. Um In Zukunft effektiver reagieren zu können, sollten **polizeiliche Spezialeinheiten** zur Bekämpfung der Schwerstkriminalität sowie des nationalen und internationalen Terrorismus aufgestellt werden.

b) Das Konzept der IMK

12 Anläßlich der Sitzung der Ständigen Konferenz der Innenminister am 15. 2. 1974 in Bonn wurde das „Konzept für die Aufstellung und den Einsatz von Spezialeinheiten der Länder und des Bundes für die Bekämpfung von Terroristen" gebilligt. Das **Konzept** regelt
– die Aufgaben der Spezialeinheiten Mobile Einsatzkommandos (MEK), Spezialeinsatzkommandos (SEK) und Grenzschutzgruppe 9 (GSG 9)
– ihre Stärke und Gliederung
– Ausbildung und Ausstattung
– Kräfteanforderung und -ausgleich.

13 Während die personelle und materielle **Basis** der Mobilen Einsatzkommandos in den meisten Bundesländern die bereits bestehenden Landesfahndungskommandos wurden, mußten die Spezialeinsatzkommandos und die Bundesgrenzschutzgruppe 9 erst aufgestellt, ausgerüstet und ausgebildet werden.

Die Spezialeinheiten der Polizei sind **heute** unabdingbarer Bestandteil 14
des polizeilichen Alltagsgeschehens geworden. Vor allem die Mobilen Einsatzkommandos der Länder und vergleichbare Einheiten des Bundeskriminalamtes sind unverzichtbar, um aktiv der Verbrechensflut entgegenzuwirken.

D. Möglichkeiten und Grenzen der Observation aus heutiger Sicht

I. Möglichkeiten

Mit observationstaktischen und -technischen Maßnahmen lassen sich 15
vom **Grundsatz** her alle Lebensvorgänge feststellen und dokumentieren,
die an oder in jedermann zugänglichen Räumen/Örtlichkeiten geschehen.
Während anwesende Personen in diesem Bereich Vorgänge wahrnehmen
oder auch nicht, beobachtet der Observant das Geschehen bewußt und
konzentriert, prüft und wertet und mißt die Relevanz an seinem Auftrag.
So gesehen kann die Observation als polizeitaktisches Mittel überall dort
in Erwägung gezogen werden, wo sich die Kriminalität oder der Aufbau
eines Gefahrenpotentials in der Öffentlichkeit zeigt bzw. Verdächtige sich
in der Öffentlichkeit bewegen.

II. Grenzen

Dennoch sind auch in diesen Bereichen der Observation **Grenzen** gesetzt, 16
z. B. durch
– materielle Probleme
– personelle Probleme
– Einsatzzeitpunkt und/oder -dauer
– räumliche Dimension der Observation
– Milieufaktoren
– Verhaltensweisen des Gegenübers.

Diese und andere Beschränkungen der Observationsmöglichkeiten müssen Auftraggeber und Führungskräfte kennen und bedenken, um falsche
oder unmögliche Auftragserteilung zu vermeiden. Die zu folgenden Konsequenzen sind frühzeitig mit den Einsatzkräften zu erörtern.

Zur Verdeutlichung ein Anriß der Problemstellungen:

1. Materielle Probleme

Jede mobile operative Einheit verfügt über eine **Grundausstattung**, die den 17
normalen Erfordernissen angepaßt ist. Ausnahmesituationen können der
spezifischen Einsatzfähigkeit folglich Grenzen setzen. Systematische Pro-
blemlösungen erfordern in den meisten Fällen einen nicht unerheblichen
Zeit- und Materialaufwand.

2. Personelle Probleme

18 Die Observation ist **personalaufwendig** und erfordert eine Reihe von Voraussetzungen, wie sie später noch dargelegt werden. Die mobilen operativen Einheiten sind ständig ausgelastet, weil der **Personalkörper zu klein** ist und die Zahl der Aufträge immer weiter steigt. Die Durchführung parallel verlaufender Einsätze ist nahezu ausgeschlossen. Doch nicht alleine die zahlenmäßige Stärke der Einsatzkräfte spielt eine Rolle, sondern auch ihre **spezielle Qualifikation** und Eignung. Besondere Lagen erfordern adäquate taktische Reaktionen und beziehen selbstverständlich das Personal mit ein. Damit soll verdeutlicht werden, daß auch der innere Ablauf einer Observation nicht statisch ist, sondern ein hohes Maß an Flexibilität erfordert.

19 Auch bei der Lösung personeller Probleme ist **Zeit** erforderlich, die der Auftraggeber den Einsatzkräften zubilligen muß, wenn er eine ordnungsgemäße Auftragserledigung wünscht und die Lage entsprechende Möglichkeiten bietet.

3. Einsatzzeitpunkt und Einsatzdauer

20 Der **sofortige Beginn** einer Observation ohne Planungsmöglichkeiten ist immer mit hohen Risiken verbunden, die Gefahr der Enttarnung besonders groß. Derartige Einsätze müssen sich zwingend aus der Lage ergeben und sollten möglichst vermieden werden.

21 Soll sich eine Observation über einen **längeren Zeitraum** erstrecken, müssen die Vorbereitungen sehr sorgfältig verlaufen. Deshalb sind derartige Aufträge so früh wie möglich zu erteilen. Der Personalaufwand ist bei Langzeitobservationen besonders groß. Ob dem Auftrag in seinem Gesamtumfang überhaupt entsprochen werden kann, hängt von vielen Faktoren ab, die einer besonderen Prüfung durch die beauftragte Einheit bedürfen.

4. Räumliche Dimension der Observation

22 Die Bewegungen einer Zielperson sind meist nicht vorhersehbar. Entfernt sich die Zielperson **extrem weit** von ihrem üblichen Aufenthaltsort, kann das logistische Probleme bei den Einsatzkräften aufwerfen, aber auch, wenn sich die Aufenthaltspunkte des Observierten **schnell verändern.**

23 Die **Kommunikation** zwischen den Kräften erfolgt normalerweise über Sprechfunk, der nur eine begrenzte Reichweite hat. Durch räumliche Ausdehnung der Observation kann es zu einer Verlagerung der Kommunikation auf Funktelefon kommen.

5. Milieufaktoren

24 Der Erfolg einer Observation wird von der **Anpassungsfähigkeit** des Observanten mitbestimmt. Seine beruflichen Kenntnisse und Erfahrungen müssen ihn befähigen, in jeder Umgebung und in jeder Lage angepaßt zu reagieren. Er hat aber auch zu erkennen, daß Auffälligkeiten in einem bestimmten Milieu die Observation gefährden können:

- unangepaßte Kleidung
- umgebungsfremde Kraftfahrzeuge und Kfz-Kennzeichen
- unangepaßtes Erscheinungsbild (z. B. der Blonde zwischen Dunkelhaarigen, der Große zwischen Kleinen, der Mitteleuropäer zwischen Südeuropäern).

Vor allem in deutschen Großstädten gibt es heute Stadtteile, die ethnisch oder sozial **besonders geprägt** sind. Die Bewohner stehen sich häufig sehr nahe und erkennen Fremde sehr rasch. Der aufkommende Argwohn gefährdet Observationsmaßnahmen. In sogenannten „bürgerlichen" Gegenden können Observanten auf Schwierigkeiten stoßen, weil Anwohner ihre Umgebung aus Furcht vor Straftaten aufmerksam kontrollieren. **25**

Die Aussage ist erlaubt, daß Bedingungen dieser Art jedwede Form der Observation unmöglich machen können.

6. Das Gegenüber

a) Situation

Observationen durch Polizei und Nachrichtendienste sind heute alltäglich. Weite **Bevölkerungskreise** rechnen sie zur Normalität staatlichen Handelns und fühlen sich davon nicht berührt. **26**

In **Rechtsbrecherkreisen** ist das anders. Sie sehen ihre Aktivitäten durch Observationsmaßnahmen gefährdet und versuchen, sich zumindest zeitweise dagegen zu schützen. **27**

Der „**normale Kriminelle**" hat sicherlich noch keine allzu konkreten Vorstellungen vom Ablauf observationstaktischer Maßnahmen. Sein Wissen beruht auf eigenen Erfahrungen oder Darstellungen in einschlägigen Filmen. Je qualifizierter Kriminalität und Kriminelle aber sind, um so tiefer werden die Kenntnisse über die Observation reichen. In Zukunft erwachsen der Polizei auch hier zunehmende Schwierigkeiten bei der Beobachtung. **28**

In Kreisen **politisch motivierter Straftäter** wird seit langem stets und ständig mit polizeilicher oder nachrichtendienstlicher Observation gerechnet. Entsprechend aufmerksam ist die Beobachtung der näheren und weiteren Umgebung, um evtl. Observanten zu erkennen. Schrittweise wird versucht festzustellen, ob tatsächlich observiert wird und wem die Observation gilt. **29**

b) Reaktion

Bei **Einsatzplanungen** ist folgerichtig davon auszugehen, daß das polizeiliche Gegenüber Kenntnisse in Observationstaktik besitzt und die technischen Möglichkeiten kennt. Als Reaktion hierauf müssen Observationskräfte von Beginn an professionell vorgehen. Wird eine Observation tatsächlich bemerkt, z. B. weil in der Anfangsphase die nötige Sorgfalt außer acht gelassen wurde, kann sie nicht mehr erfolgversprechend fortgesetzt werden. Vielmehr besteht die Gefahr, daß die Observation von den zu Observierenden in Form einer „Gegenobservation" kontrolliert wird. **30**

31   Die **Beurteilung** des polizeilichen Gegenübers bei Observationen gehört zu den Vorbereitungsmaßnahmen. Deswegen sollte schon der Ermittler die Frage stellen, ob seine Zielperson bereits observiert wurde und einschlägige Erfahrungen besitzen könnte, denn eine „observationserfahrene" Zielperson kann die Möglichkeiten der Observation erheblich einengen.

III. Resümee

32   **Zusammenfassend** ist festzustellen, daß viele Faktoren die Möglichkeiten der Observation einengen können, wenngleich hier die Gründe sehr allgemein dargestellt wurden. Trotzdem müßten Auftraggeber wie Führungskräfte die notwendigen Schlußfolgerungen für ein realistisches Observationslagebild ziehen können.

E. Die Funktionen der Observation im System polizeitaktischer Konzeptionen

I. Informationsgewinnung der Polizei

1. Bevölkerung

33   Die Polizei ist zu ihrer Aufgabenerfüllung im präventiven wie im repressiven Bereich auf die Unterstützung und aktive Mitwirkung der **Bevölkerung** angewiesen. Die meisten Informationen über bevorstehende Gefahren, begangene Straftaten oder andere schädigende Ereignisse erfahren die Sicherheitsbehörden von Organfremden.

2. Eigene Maßnahmen

34   Wichtige Informationen zur Beurteilung der Sicherheits- und Kriminalitätslage blieben der Polizei vorenthalten, würden sie nicht durch **besondere polizeiliche Maßnahmen** gewonnen werden. In folgenden Bereichen ist die Polizei vor allem darauf angewiesen, mit eigenen Methoden Erkenntnisse zu gewinnen oder vorhandene zu vertiefen:
– Staatsschutzkriminalität
– Rauschgiftkriminalität
– Organisierte Kriminalität
– Wirtschaftskriminalität
– Umweltkriminalität.

II. Observation

35   Zu den polizeitaktischen Mitteln der Informationsgewinnung gehört die **Observation.**

1. Einordnung

Sie ist aktiv an der Nachrichtenbeschaffung beteiligt und ist dem **Bereich** 36
Aufklärung zuzuordnen. Die Observation ist Teilbereich der polizeilichen
Aufklärung, kann aber auch die Aufklärung bestimmter Personen oder
geographischer Räume zum Ziel haben.

Neben der Observation zählen zu den operativen Instrumentarien der
Aufklärung
- der Vertrauenspersoneneinsatz (VP-Einsatz)
- der Einsatz verdeckter Ermittler (VE-Einsatz)
- die Telefonüberwachung pp.
- die polizeiliche Beobachtung.

2. Funktionen

Untersucht man die Observation nach ihren substantiellen Inhalten, wird 37
deutlich, daß sie ihrer Zielrichtung nach verschiedene **Funktionen** erfüllen
kann. Der funktionale Unterschied beinhaltet zugleich alle sonstigen
Unterscheidungsmerkmale, beispielsweise die der Lang- oder Kurzzeitob-
servation, der geplanten oder spontanen, der präventiven oder repressiven
Observation.

a) Aufklärungsfunktion der Observation

Die klassische Obervation mit ihrer besonders intensiven Vorbereitung, 38
ihrer Anlage auf längere Zeit, ihrer Variabilität ist am ehesten bei der
Durchführung von **Aufklärungsaufträgen** zu finden. Der Auftrag kann mit
der Formel „Ich möchte wissen..." am deutlichsten wiedergegeben
werden.

In dieser Funktion dient die Observation dazu, bestehende Erkenntnisse
oder Verdachtsmomente durch gezielte Beobachtungen von Personen oder
Räumen zu verifizieren; Ziel hierbei ist, die Informationslage ganz allgemein zu verbessern. Die sogenannten Schutzobservationen aus dem
Bereich der Prävention gehören beispielsweise in diese funktionale Kategorie, aber auch Aufklärungsmaßnahmen im Bereich von Organisationsdelikten oder die Observation als Ergänzungsmaßnahme zur polizeilichen
Beobachtung.

Observationen mit Aufklärungsfunktion sind von vornherein zu den
Langzeitmaßnahmen zu rechnen. Entsprechende Zeit wird für die Vorbereitung benötigt. Häufig werden die Observationsmaßnahmen aus taktischen Gründen unterbrochen. Die Einsatzzeiten verlaufen in zeitlich
divergierenden Intervallen.

b) Ermittlungsfunktion der Observation

Soll die Observation der **Beweisführung** dienen oder darin ihren Schwer- 39
punkt haben, ist die Ermittlungsfunktion der Observation angesprochen.
Ziel der Observation kann sein, einen Tatverdächtigen auf frischer Tat
festzunehmen und somit den direkten Beweis zu erbringen. Diese Obser-

vationen sind durch klare Zielvorgaben gekennzeichnet, Einsatzzeitpunkt und -dauer liegen meist umgrenzt fest. Observationen dieser Zielrichtung sind häufig bei

- Serienstraftaten im Bereich der Eigentumsdelikte
- Rauschgiftdelikten
- Erpressungen, erpresserischem Menschenraub, Geiselnahmen
- Staatsschutz- und Organisationsdelikten.

c) Fahndungsfunktion der Observation

40 **Fahndung** und Observation sind eng miteinander verknüpft. Jeder Fahndungsbeamte müßte observationstaktisch beschult sein, auch wenn er nicht einer geschlossenen Einheit angehört. Die Fahndung nach Personen sucht ihren Ansatzpunkt im sozialen Umfeld des Gesuchten. Dies resultiert aus der Erfahrung, daß Kontakte zu Angehörigen und Freunden, Komplizen usw. meist beibehalten werden. Auch persönliche Gewohnheiten oder Traditionen können Ergreifungschancen bieten. Natürlich gibt es Ausnahmen, die das Gesagte relativieren. Zu diesen gehören die mit Haftbefehl gesuchten terroristischen Gewalttäter. Sie kappen weitgehend die Verbindungen zu den o. a. Personen und bauen sich neue Personenkontaktstrukturen auf.

Observationen mit Fahndungsfunktion werden auf Langzeit angelegt sein müssen, es sei denn, konkrete Fahndungsansätze erlaubten eine andere Disposition. Ziel jedenfalls ist, durch die Observation bestimmter Personen, Personengruppen oder Objekte die gesuchte Person festzustellen und festzunehmen.

3. Auftrag

41 Aus dem Observationsauftrag und den darin festgelegten **Zielen** wird die jeweilige Funktion der Observation deutlich. Sie wiederum hat Einfluß auf die Observationstaktik im engeren Sinne.

F. Allgemeine Aspekte im Zusammenhang mit der Observation

I. Observationseinheiten

1. Notwendigkeit

42 Für die Durchführung observationstaktischer/-technischer Maßnahmen sind heute speziell aufgestellte und trainierte **Einheiten** erforderlich (oben Rdnrn. 8, 10 ff.). Das polizeiliche Gegenüber mit verfeinerten Arbeitsmethoden und teilweise konspirativen Verhaltensweisen kann nicht durch Gelegenheitsobservanten längerfristig und wirksam beobachtet werden.

2. Personelle Ausstattung

Observationseinheiten sollten eine festgelegte **Mindeststärke** haben. Eine   **43**
Untergliederung ist angezeigt. Die Bestimmung einer Altersgrenze ist
nicht erforderlich. Ausschlaggebend muß die physische und psychische
Belastbarkeit sein. Weibliche Kräfte gehören in jede mobile operative Einheit. Ihr Einsatz hat sich bewährt. Nachwuchskräfte müssen intensiv eingearbeitet werden, ihnen müssen vielfältige Einzelerfahrungen vermittelt
werden und vertraut sein; Rückblicke in die Vergangenheit mit Auswirkungen auf Gegenwart und Zukunft sind unerläßlich. Personalersatz ist
bei mobilen operativen Einheiten vordringlicher als in anderen Arbeitsbe-
reichen. Die Einzelfunktion des Observanten kann nicht durch andere vorübergehend wahrgenommen werden, wie das bei anderen Tätigkeiten möglich ist.

II. Observationstaktik

1. Ausgangspunkte

Die Observationstaktik und der Einsatz technischer Hilfsmittel **orientie-**   **44**
ren sich stets an

– der Lage

– dem Auftrag und Ziel

– den verfügbaren Ressourcen

– den Einsatzerfahrungen.

Lage, Auftrag und Ziel vermitteln die Fachdienststellen als Auftragge-
ber. Die Durchführung der Observation obliegt den beauftragten Kräften,
der jeweilige Einsatzleiter trägt dafür die Verantwortung. Vorgaben des
Auftraggebers über den gewünschten Personaleinsatz oder den Bedarf an
Führungs- und Einsatzmitteln haben im allgemeinen zu unterbleiben.
Vielmehr ist durch den Auftraggeber die Möglichkeit zu gründlicher Ein-
satzvorbereitung in personeller, materieller, taktischer und technischer
Hinsicht zu schaffen, um die Erfolgschancen zu maximieren.

Unvorbereitete Observationen erhöhen die Gefahr einer Enttarnung.
Daher hat der Auftraggeber abzuwägen, ob ein Zuwarten des Einsatzbe-
ginns oder eine andere Maßnahme im Hinblick auf das Einsatzziel besser
wäre. Zu bedenken ist ferner, ob der zu erwartende Erfolg im Verhältnis
zur Gefahr eines Mißerfolges und damit verbundener negativer Langzeit-
wirkungen in vertretbarer Relation steht.

2. Grundsätze

Die Observationstaktik kennt eine Reihe von **Grundsätzen.** Deren Befol-   **45**
gung durch die Einsatzkräfte ist für die Erfolgsmöglichkeiten der Observation von gravierender Bedeutung. Eine konsequente Einhaltung observationstaktischer Grundsätze, die hier nicht dargelegt werden, muß durch
den Auftraggeber hingenommen werden, selbst dann, wenn partielle Ziele
des Auftrages vorerst nicht erreicht werden können. Diese Betrachtungs-

weise ändert sich, wenn lediglich der Grundsatz verletzt, das angestrebte Ziel aber erreicht wird. Das wird bei kurzzeitigen Observationen häufiger als bei Langzeitobservationen der Fall sein. Länger geplante Observationen müssen konsequenter gegen Enttarnung – durch vorsichtige taktische Verhaltensweisen der Observanten – geschützt werden.

III. Verhalten

1. Selbständigkeit

46 Die Observation mit ihrem ständigen Wechsel im Ablaufgeschehen erfordert **geistige Flexibilität** bei allen Kräften. Obwohl der Observationseinsatz von einem Verantwortlichen geführt wird, muß im Laufe der Observation jede Einsatzkraft eigenständige Entscheidungen im Sinne des Gesamtauftrages treffen. Jeder Einsatzleiter ist überfordert, keiner in der Lage, in jeder Einsatzsituation die Lage zutreffend zu beurteilen und zu entscheiden. Während im allgemeinen polizeilichen Geschehen der Befehl der Durchführung vorausgeht, wird bei Observationen oft zuerst selbständig gehandelt und dann der Vollzug einer bestimmten Handlungsweise gemeldet.

47   Daraus soll deutlich werden, wie wichtig eine **umfassende Information** aller Einsatzkräfte über die konkrete Lage, den Auftrag und die Einsatzziele ist. Nur so können Entscheidungen im Sinne des Auftraggebers und der festgelegten Observationsziele getroffen werden. Jeder Observant muß über Hintergründe und Intention der Observation so informiert sein, um „in der Lage leben" zu können, d. h. sich in konkreten Situationen analog zu verhalten.

2. Tarnung

48 Mit **Gegenobservation** ist stets zu rechnen. Observationskräfte müssen sich daher entsprechend vor- und umsichtig verhalten, müssen ggf. Schwierigkeiten für die Beobachtungen in Kauf nehmen, sich tarnen durch Anpassung an ihre Umgebung, ihre Beobachteraufgabe verschleiern. Entsprechende Auswirkungen auf die erwarteten Beobachtungsergebnisse sind zu kalkulieren.

G.   Anforderungsprofil des Observanten

49 Die polizeiliche Observation ist eine Spezialaufgabe, an deren Erfüllung **besondere Anforderungen** geknüpft sind. Wie für andere spezielle Tätigkeiten auch, eignet sich nicht jeder Beamte, ist nicht jeder zu interessieren.

I. Freiwilligkeit

50 Oberster Verwendungsgrundsatz für diese Aufgabe ist die **Freiwilligkeit**.

II. Eignungskriterien

Wesentliche **Eignungskriterien** sind   **51**
– möglichst unauffälliges Erscheinungs- und Bewegungsbild,
– herausgehobene physische und psychische Belastbarkeit,
– hohe Eigenmotivationsfähigkeit,
– geistige Flexibilität,
– lagebedingte Anpassungsfähigkeit,
– Berichtsehrlichkeit.

Daß darüber hinaus in manchen Situationen **Mut** gefordert wird, ergibt   **52**
sich aus der Aufgabenstellung mobiler operativer Einheiten. Der Umgang
mit technischen Geräten darf ebenso keine Probleme aufwerfen wie das
Führen von Kraftfahrzeugen unter extremen Bedingungen. Gerade bei dem
letzten Aspekt sollte die Fähigkeit zur **Risikoabschätzung** nicht zu gering
entwickelt sein.

Zu fordern ist eine **professionelle Einstellung.** Wer auf dem Spezialgebiet   **53**
der Observation arbeitet, muß wie in anderen Tätigkeiten auch optimale
Leistungen anstreben und jeden Einsatz mit dem Willen zur bestmögli-
chen Leistung angehen. Der Motivation der Kräfte kommt dabei eine herausragende Bedeutung zu. Die Eigenmotivationsfähigkeit soll bewirken,
sich in jedem Einsatz und jeder Lage gleichermaßen perfekt zu verhalten,
unabhängig davon, wie die Erfolgsaussichten sind.

Um die **Motivation** zu **erhalten,** dürfen insgesamt keine Aufträge erteilt   **54**
werden, deren Sinn nicht erkennbar wird, die offensichtlich „alibisti-
schen" Charakter haben. Derartiges muß vor allem von Führungskräften
bedacht werden, da die negativen Auswirkungen auf die Kräfte nicht abzu-
schätzen sind.

H.   Die Ausbildung

Neben den angesprochenen persönlichen Anforderungen (oben Rdnr. 49 ff.)   **55**
stellt die **Spezialausbildung** eine weitere Voraussetzung für die Observa-
tionstätigkeit dar. Ohne nähere inhaltliche Beschreibung werden im folgenden die Bereiche genannt, in denen eine Ausbildung für erforderlich
gehalten wird.

I. Observationstaktik

Unter diesem Oberbegriff sind allgemeine **Observationsgrundsätze** und tak-   **56**
tische Verhaltensweisen in Standardsituationen zu behandeln. Theorie
und Praxis müssen einzelthemenbezogen in der Ausbildung eng miteinander verknüpft werden. Zu diesem Ausbildungteil gehört auch das Training besonderer **Observationssituationen,** zu deren Bewältigung ein vor-
ausdenkendes Handlungskonzept erarbeitet werden muß.

II. Observations-/Einsatztechnik

57 Hier sollen Kenntnisse von technischen Möglichkeiten zur Einsatzunter-
stützung vermittelt und Sicherheit im Umgang mit Führungs- und Einsatzmitteln verschafft werden. Konnte zu Anfangszeiten der polizeilichen
Observation von jedem Observanten verlangt werden, die vorhandenen
technischen Hilfsmittel zu beherrschen, ist das bei dem heutigen Technik-
standard unmöglich. Grundsätzliche Handhabungssicherheit ist zu fordern
im Umgang mit Observationskraftfahrzeugen aller Typen, den Funkein-
richtungen, der Standardbewaffnung und den Dokumentationshilfsmit-
teln. In weiteren Bereichen kann auf eine Spezialisierung im Interesse des
effizienten Geräteeinsatzes nicht verzichtet werden.

III. Rollenspiele

58 „Rollenspiele" gehören zu den erweiterten Ausbildungsvorhaben, um sich
für besondere Einsatzsituationen zu präparieren.

IV. Recht, Festnahme

59 Neben **Rechtskunde** hat eine Einweisung in Annäherungstaktiken für
überraschende Festnahmen sowie in Festnahme- und Sicherungstechniken
zu erfolgen. **Zugriffe/Festnahmen** sollten von Angehörigen mobiler operativer Einheiten nur dann erfolgen, wenn die Situation das Heranführen
anderer Kräfte nicht gestattet, die Festnahme situationsbedingt notwendig
ist und nach der Festnahme eine längere offene Konfrontation mit dem
Festgenommenen oder anderen Personen vermieden werden kann. Unbeteiligte Observationskräfte haben während und nach Festnahmeabläufen
gedeckt zu bleiben. Auf diese Weise wird einer Enttarnung von Einsatzkräften nachhaltig entgegengewirkt.

V. Praxis und Fortbildung

60 Um den Ausbildungsstand zu erhalten und zu fördern, sind praktische
Einsatzerfahrungen von hohem Wert. Alleine die Praxis reicht aber nicht
aus, deswegen müssen auch gezielte Aus- und **Weiterbildungsmaßnahmen**
zum Konzept des Führens einer Spezialeinheit gehören.

I.   Rechtsproblematik der Observation

I. Rechtsgrundlagen

61 Ohne Zweifel stellt die polizeiliche Observation **hoheitliches Handeln** dar.
Die Observation zielt darauf ab, menschliches Verhalten in vorher nicht
bestimmbaren Situationen festzustellen und einer Bewertung zu unterziehen. Zur Verstärkung der Wahrnehmungsmöglichkeiten werden dabei
auch technische Hilfsmittel, z. B. Ferngläser eingesetzt oder Fotogeräte zur
beweiserheblichen Dokumentation.

Von daher bedarf die Durchführung von beobachtenden Maßnahmen des **62** Ausmaßes von Observationen einer **rechtlichen Grundlage.** Es ist müßig, die Rechtslage noch einer besonderen Kritik zu unterziehen, da in Bälde mit konkreten gesetzlichen Regelungen zu rechnen ist. Die noch fehlende Spezialermächtigung in der Strafprozeßordnung soll eingeführt werden – nach dem Entwurf eines Gesetzes zur Änderung und Ergänzung des Strafverfahrensrechts (StVÄG) 1991 als § 163 f. Grundlage für Observationen mit präventivem Charakter, im Vorfeld strafprozeßualer Maßnahmen, sind Ermächtigungsbestimmungen in den Polizeigesetzen.

II. Besonderheiten

Darüber hinaus sind bei Observationen **besondere Rechtssphären** zu be- **63** achten:

– das nicht öffentlich gesprochene Wort in Räumen (keine Lauschaktionen!),

– das Recht am eigenen Bild (kein wahlloses fotografieren pp. und katalogisieren von Bildern und Bändern!),

– der Schutz von Wohnungen (kein „Eindringen" mit technischen Hilfsmitteln, ohne im Rahmen des Art. 13 GG zu bleiben).

Selbstverständlich sollte sein, daß Observanten **Diskretion** wahren und **64** ähnlich wie im Rahmen der §§ 100 a StPO ff. Kenntnisse aus der Observation nur an Berechtigte weitergeben und Feststellungen mit besonderem Intimcharakter, falls vom Auftrag nicht erfaßt, außer acht lassen.

III. Perspektive

Wie deutlich ersichtlich, werden die derzeitigen rechtlichen Befugnisse zur **65** Observation, d. h. zur verdeckten personenbezogenen Informationserhebung, im Strafverfahren nicht mehr den heutigen Normansprüchen gerecht. **Benötigt** wird eine Norm, die das Recht zur polizeilichen Observation deklariert und die Anwendung technischer Hilfsmittel zur Erfüllung dieser Aufgabe gestattet. Insbesondere müssen die Möglichkeiten zur Dokumentation von Geschehensabläufen gegeben sein, denn davon ist die Beweisführung maßgeblich abhängig. Alles andere wäre ein schwerwiegender Rückschritt in der Bekämpfung der organisierten Kriminalität, der staatsgefährdenden Delikte, der Umweltkriminalität, der Wirtschaftskriminalität und anderer bedeutender Verbrechenserscheinungen.

J. Der Observationsauftrag

I. Antrag

66 Im allgemeinen wird dem Einsatzauftrag ein entsprechender **Antrag** in schriftlicher oder mündlicher Form vorausgehen. Wegen der inhaltlichen Gleichheit von Antrag und Auftrag erübrigen sich getrennte Ausführungen zu diesen Aspekten.

II. Vorgespräche

67 Bevor ein Observationsauftrag schriftlich manifestiert einer mobilen operativen Einheit erteilt wird, sind Vorgespräche und Erörterungen über Lage und Absichten dringend zu empfehlen. Dadurch können offene Fragen geklärt werden und realisierbare Auftragsformulierungen erfolgen. Dieses „**Planungsgespräch**" hat so früh wie möglich zu erfolgen, um Zeit für die taktische Planung durch die beauftragte Einheit zu gewinnen.

III. Observationsauftrag

68 Der **Inhalt** des Einsatzauftrages richtet sich nach den vorliegenden Erkenntnissen. Einige Kernbereiche des Auftrages werden im folgenden angesprochen.

1. Lage

69 Die Lage hat alle Erkenntnisse des Auftraggebers zu enthalten, die für eine selbständige Druchführung des Auftrags Gewähr bieten. Observationseinheiten sind eigenständige Einrichtungen, die aber innerhalb eines Gesamtkonzeptes des Auftraggebers agieren. Je besser die Kräfte **informiert** sind über die Lage, die Hintergründe, die Absichten und die Ziele des Auftraggebers, um so besser und selbständiger können sie arbeiten. Da auch die Frage der Einsatzmotivation der Kräfte nicht unwesentlich für den Erfolg ist, sollte immer als Motto gelten: Motivation durch Information!

70 Der Auftraggeber darf nur dann trotz seiner Informationspflicht **Zurückhaltung** üben, wenn übergeordnete Aspekte dies zwingend erforderlich machen! Keinesfalls darf das eine Frage des Vertrauens sein! Wird der Einheit oder Teilkräften mißtraut, darf ein Auftrag nicht erteilt werden.

71 Der Inhalt des schriftlichen Auftrages kann verkürzt werden, wenn der Observationsleiter oder sogar die Einsatzkräfte vorab **mündlich** eingewiesen werden. Bei sehr umfangreichen Sachkomplexen, deren Kenntnis für die operativen Maßnahmen jedoch wichtig ist, sollte die Möglichkeit zur **Akteneinsicht** und zielgerichteten Auswertung eingeräumt werden.

2. Auftrag und Ziel

72 Der Auftrag präzisiert die Absichten des Auftraggebers. Das Ziel ist die Ergebnisbestimmung. Auftrag und Ziel liegen in ihrer **Beschreibung** nahe beieinander und können daher auch in einem Punkt zusammengefaßt werden.

Auftrag und Ziel müssen klar und eindeutig formuliert sein. In ihrem Sinne werden die taktischen Entscheidungen der Einsatzkräfte erfolgen. Ob Auftrag und Ziel weit oder eng gefaßt werden, liegt im Ermessen des Auftraggebers. Damit wird der Handlungsspielraum für die taktischen Maßnahmen abgesteckt, so daß man in jedem Falle mit entsprechenden Ergebnissen zufrieden sein muß.

Ein **Formulierungsbeispiel:** Durch wechselweise Observation der Perso- 73
nen A, B und C sind deren Verbindungen zu anderen Personen oder Personengruppen insbesondere außerhalb der normalen Wohn- und Lebensbereiche festzustellen.

Die Maßnahmen sollen schwerpunktmäßig an arbeitsfreien Tagen erfolgen.

Ziel ist die Feststellung von Personen- und Objektkontakten über den bisher ermittelten Sachstand hinaus, um Anhaltspunkte für das Vorhandensein einer kriminellen Vereinigung zu gewinnen bzw. um den bestehenden Verdacht ggf. auszuräumen.

3. Ort, Zeitpunkt, Dauer

Das sind vornehmlich Rahmenbedingungen, die aber auf die Observations- 74
taktik Einfluß haben können.

Ort: normalerweise ist damit der Aufenthaltsort der Zielperson gemeint. Abweichend davon kann aber auch die räumliche Begrenzung der Observation bestimmt werden; z. B.: Es soll nicht in einer bestimmten Gegend observiert werden, weil dort andere Maßnahmen ablaufen; die Observation außerhalb des Wohnortes soll nur erfolgen, wenn die Zielperson offenkundig nach W-Stadt reist u. ä.

Zeitpunkt: vor Arbeitsbeginn, nach Arbeitsschluß, ab sofort, nur am Wochenende u. ä.

Dauer: täglich mehrstündig, drei Wochen mit wechselndem zeitlichen Schwerpunkt (intervallierend), bis . . . (zu einem bestimmten erwarteten Ereignis/Ergebnis usw.).

4. Parallele Maßnahmen

Parallele Maßnahmen sind beispielsweise die Überwachung des Fernmel- 75
deverkehrs der observierten Person oder auch die Observation einer weiteren Person durch andere Einheiten, der Einsatz von V-Personen oder verdeckten Ermittlern. Entsprechende Kenntnisse sind erforderlich im Hinblick auf ihre Nutzung für den eigenen Auftrag, wegen möglicher organisatorischer Konsequenzen und um Kollisionen im Einsatz zu vermeiden.

5. Sachbearbeiter

Der Observationsauftrag wird meist von einer Organisationseinheit erteilt, 76
einem Fachkommissariat oder Referat. In der Durchführungsphase der Observation wird jedoch ein bestimmter **Ansprechpartner** dieser Fachdienststelle benötigt, der sachkompetent ist. Seine Aufgabe ist insbeson-

dere, die durch weitere Ermittlungen erlangten Informationen den Einsatz-kräften zu vermitteln, also eine Lagefortschreibung vorzunehmen, aus der Observation erlangte Erkenntnisse zu bewerten, weiterführende Ermitt-lungen durchzuführen oder zu veranlassen, die Ergebnisse rückfließen zu lassen, für Sofortmaßnahmen nach exekutiven Handlungen zur Verfügung zu stehen, um die Einsatzkräfte schnellstmöglich zu entlasten.

77   Auf diese Weise brauchen **Angehörige mobiler operativer Einheiten** nur wenig außenwirksam in Erscheinung zu treten und werden in ihrer spezifi-schen Funktion geschützt.

K. Zusammenarbeit mit dem Auftraggeber

I. Grundsätzliches

78   Die Zusammenarbeit muß vom Grundsatz des **gegenseitigen Vertrauens** gekennzeichnet sein. Basis auf seiten des Auftraggebers ist das Wissen um die Möglichkeiten, Schwierigkeiten und erforderlichen Rahmenbedingun-gen einer Observation.

II. Phasen der Zusammenarbeit

1. Zusammenarbeit in der Einsatzvorbereitungsphase

79   In dieser Phase sind **aktualisierte Erkenntnisse,** die über den Inhalt des Observationsauftrages hinausgehen, der beauftragten Observationseinheit zu übermitteln.

80   Zwischen Auftraggeber und eingesetzten Kräften sind die **Kommunika-tionsformen und -wege** festzulegen. Dies hat auch dann zu erfolgen, wenn sich solche Notwendigkeiten noch nicht konkret abzeichnen. Die Ent-wicklungsmöglichkeiten eines Einsatzes sind nicht vorhersehbar.

2. Zusammenarbeit in der Einsatzphase

81   In dieser Phase befinden sich die Kräfte im Einsatzraum und führen die geplanten taktischen Maßnahmen durch.

Neue **Erkenntnisse** des Auftraggebers müssen den Einsatzkräften unver-züglich übermittelt werden, damit entsprechende Reaktionen oder Ent-scheidungen erfolgen. Umgekehrt haben die Einsatzkräfte möglichst schnell und umfassend ihre Erkenntnisse dem Auftraggeber mitzuteilen. Die Art und Weise wie der Zeitpunkt können aber auch miteinander ver-einbart sein. Keinesfalls darf sich die Observation so verselbständigen, daß der Auftraggeber über den Fortgang und Erkenntnisstand nicht mehr infor-miert ist. Das liefe dem Grundsatz des gegenseitigen Vertrauens zuwider.

82   Der Auftraggeber hat den ursprünglichen Auftrag **ergänzende Planungs-vorhaben** und evtl. weitere Observationsabsichten alsbald mitzuteilen. Dadurch wird die erforderliche Zeit für die Vorbereitung neuer operativer Einsätze gewonnen bzw. können die existierenden Rahmenbedingungen dem aktuellen Erkenntnisstand angepaßt werden. Eine kollektive Ent-

wicklung von Einsatzkonzeptionen ist einer positiven Zusammenarbeit besonders förderlich und erfüllt nicht nur den Zweck einer vertrauensbildenden Maßnahme.

In besonderen Lagen kann die **Anwesenheit des Auftraggebers** im Einsatzraum erforderlich sein. Das gilt vor allem, wenn Sofortentscheidungen zu treffen sind oder Folgemaßnahmen, beispielsweise nach Festnahmen, eingeleitet werden müssen. **83**

Der Auftraggeber hat den Einsatzkräften zwar räumlich nahe zu sein, darf aber die observationstaktischen Maßnahmen nicht gefährden. Die Gefahr kann durch die Eingliederung zwischen die Observationskräfte in der Bewegungsphase ebenso entstehen wie durch unlegendiertes Verweilen in der Nähe des Observationsobjektes. Durch Vereinbarungen zwischen den Einsatzkräften und dem Auftraggeber und ggf. sonst beteiligten Stellen (Zoll, Steuerfahndung pp.) können Kollisionen vermieden werden. Im allgemeinen dürfte die erforderliche Nähe durch Einbeziehung in die Funkkommunikation, wenn auch als letzter Bereich, zu gewährleisten sein.

3. Zusammenarbeit in der Einsatznachbereitungsphase

Nach Möglichkeit ist jeder operative Einsatz einer **kritischen Wertung** zu unterziehen. **84**

Zu prüfen sind das Einsatzkonzept, die taktische Vorgehensweise, die Wirksamkeit der Führungs- und Einsatzmittel und auch die Zusammenarbeit mit dem Auftraggeber oder anderen beteiligten Stellen. Hauptziel ist, für die Zukunft zu lernen! Dieses „Feedback" kann sich bei anschließenden Einsätzen nur positiv auswirken.

In dieser Phase ist letztlich auch zu klären, in welcher Form die gewonnenen Erkenntnisse verwertet werden, welche strafprozessualen **Konsequenzen** sich aus der Verwertung ergeben könnten. Zu klären ist ferner, wie und durch wen andere Dienststellen über die Ergebnisse und Erkenntnisse der Observation zu unterrichten sind. **85**

L. Der Observationsbericht

I. Dokumentation

Zumindest jeder längerwährende polizeiliche Einsatz wird dokumentiert. **86**

Bei Observationseinsätzen erfolgt die Dokumentation in **zwei Abschnitten:**

– Einsatzdokumentation i. S. der PDV 100, Anlage 6, sowie
– Observationsablaufdokumentation in Form des Observationsberichtes.

II. Observationsbericht

Der Observationsbericht ist streng sachlich zu halten und manifestiert **chronologisch** die Beobachtungen der Einsatzkräfte. Die Feststellungen **87** müssen so umfassend und klar beschrieben werden, daß eine Auswertung durch den Auftraggeber ohne weiteres möglich ist.

88 Observationsberichte in der üblichen chronologischen Abfassung dienen der **internen Information** des Auftraggebers und dürfen nicht den SACHAKTEN zugeordnet werden! Anhand der Observationsberichte ist zu entscheiden, welche Beobachtungen im einzelnen so wichtig sind, daß ihre Gerichtsverwertbarkeit erforderlich wird. In diesem Falle ist anzuraten, einen gesonderten Vermerk zu fertigen, der zu den Sachakten genommen wird und der Staatsanwaltschaft vorzulegen ist. Im übrigen wird auf die Regelungen der jeweiligen Polizeibehörden hingewiesen.

89 **Zusätzliche Bestandteile** der Observationsberichterstattung sind Lichtbildmappen, Filmaufnahmen und Videobänder, die optisch die verbalen Beschreibungen ergänzen und einen hohen zusätzlichen Beweiswert haben können.

M. Grenzübergreifende Observation

90 Grundsätzlich sind grenzübergreifende Observationen möglich, allerdings fehlen meist verbindliche Regelungen. Die heutigen **Möglichkeiten** entsprechen nicht den Erfordernissen einer wirksamen Kriminalitätsbekämpfung. Absprachen über grenzübergreifende Beobachtungsmaßnahmen sind Einzelfallregelungen ohne multilaterale Verbindlichkeit.

91 Angestrebt wird jeweils, die Observation nach dem Grenzübertritt durch die **nationale Observationseinheit** fortführen zu lassen. Die sich daraus ergebenden Probleme sind vielschichtig, Maßnahmen dieser Art sind daher auch selten. Wird die Observation übergeben oder übernommen, sollten sachkundige **Verbindungsbeamte** bei den neuen Einsatzkräften verbleiben. Nur so ist sicherzustellen, daß Lage, Auftrag und Ziel vermittelbar sind und in dem vorgegebenen Rahmen die Observation erfolgt.

92 Welche Möglichkeiten im einzelnen bestehen, läßt sich hier nicht beschreiben. Von Bundesland zu Bundesland sind die **spezifischen Erfahrungen** unterschiedlich, ebenso evtl. bilaterale Regelungen mit Nachbarstaaten.

N. Ausblick

93 Wie der Blick in die Vergangenheit zeigt, sind die Möglichkeiten der Erkenntnisgewinnung durch Observation **unverzichtbare Voraussetzung** für die wirksame aktive und nach vorne gerichtete Kriminalitätsbekämpfung. Vor allem Sicherheitsgefährdungen und wachsende Sozialschädlichkeit der Verbrechen machen verdeckte operative Maßnahmen immer unverzichtbarer. Besonders der rapide Anstieg aller Formen organisierter Kriminalität in der Bundesrepublik Deutschland ist eine Herausforderung der Polizei, der auch mit dem verstärkten Einsatz operativer Kräfte begegnet werden muß.

Mit einer personellen **Verstärkung** der mobilen operativen Einheiten,   94
Verbesserung und Nutzung der technischen Einsatzmittel sind dafür die
Voraussetzungen zu schaffen. Die taktische und technische Ausbildung
der Einsatzkräfte muß den Erfordernissen von morgen entsprechen. Das
heißt, die Observationstaktik muß in ihrer Variabilität verfeinert, die Sensibilität für Gegenmaßnahmen des polizeilichen Gegenübers und damit
drohende Enttarnungsgefahren geschärft, der Einsatz von technischen
Hilfsmitteln intensiviert und verbessert werden.

Die sich daraus ergebenden **finanziellen Belastungen** erscheinen hoch,   95
werden aber durch die Effizienz der Observationsmaßnahmen und damit
verbundene Erfolge gerechtfertigt sein. Auch die nicht meßbaren Erfolge
sind zu rechnen. Das polizeiliche Gegenüber wird verunsichert und zu
stärkerer Absicherung gezwungen. Der kriminellen Energie der Straftäter
wird wegen der höheren und schwer kalkulierbaren Risiken eine polizeiliche Barriere gesetzt und somit eine Einengung der kriminellen Möglichkeiten erzielt.

Können künftig die operativen Maßnahmen auch in anderen Staaten   96
Europas nahtlos fortgeführt werden, könnte vor allem dem organisierten
Verbrechen ein verbessertes polizeiliches Konzept entgegengestellt werden.

Hinweisblatt   Anlage
für die Fertigung von Observationsaufträgen

1 Lage
2 Auftrag / Ziel
3 Zeitpunkt und voraussichtliche Dauer der Observation, soweit termingebun-
   dene Anlässe vorliegen
4 Zusatzinformationen – soweit bereits vorhanden –
   – Aufenthalt der zu observierenden Person
   – Wohnobjektbeschreibung (exakte Lage der Wohnung)
   – Feststellungen zu Kraftfahrzeugen oder der üblichen Art der Fortbewegung
     (zu Fuß, mit öffentlichen Verkehrsmitteln, Zweirad, Fahrzeuge Bekannter
     usw.)
   – Lichtbilder der Zielperson und bekannter Kontaktpersonen, ersatzweise
     aktuelle Personenbeschreibungen
   – Erkenntnisse über abgeschlossene oder aktuelle Maßnahmen gegen die Ziel-
     person (Telefonanschlußüberwachung, PB-Ausschreibung, Observation,
     Ermittlungen in anderen Sachen usw.)
5 Nennung des zuständigen Sachbearbeiters
6 Allgemeine Hinweise
   – Bevor der schriftliche Auftrag erteilt wird, ist ein Planungsgespräch mit der
     Leitung der involvierten mobilen operativen Einheit zu führen
   – Nach Auftragseingang ergeht Rückmeldung über Annahme und Beginn der
     Maßnahmen (wenn nicht festgelegt)
   – Im Verlauf der Einsatzplanung und -durchführung gewonnene zusätzliche
     Erkenntnisse des Auftraggebers sind an die MOE zu melden
   – Lageabhängig sind Kräfte des Auftraggebers am Einsatzort bereitzuhalten,
     beispielsweise wegen notwendiger Sofortentscheidungen bei Fahndungsmaß-
     nahmen oder zeitlich dringlichen Anschlußmaßnahmen
   – Nach Abschluß des Einsatzes wird Bericht vorgelegt, bei Bedarf oder aus
     besonderem Anlaß auch sofort oder nach Vereinbarung

SCHRIFTTUM

Das nachfolgende Verzeichnis enthält nur Literatur ab 1980. Das ältere Schrifttum ist in

Bundeskriminalamt, Bibliothek (Hrsg.):
Bibliographie Fahndung. Eine Auswahlbibliographie der deutschsprachigen Literatur zu Fahndung und Observation von 1908 bis 1979. Wiesbaden 1979 (BKA-Bibliographienreihe. Bd. 1)

nachgewiesen. Aufgeführt sind auch nur Beiträge, die sich in erster Linie mit der Observation auseinandersetzen. Daneben gibt es natürlich zahlreiche Arbeiten, die im Rahmen einer umfassenden Behandlung eines Problembereichs (z. B. *Willi Flormann:* Organisierte Eigentumskriminalität. Phänomenologie, Täterstrategien und Bekämpfungsansätze. In: Kriminalistische Studiengemeinschaft e. V. (Hrsg.): Einbruchdiebstahl und Tatverdacht. Einbruchskriminalistik (2). Bremen 1990 (Kriminalistische Studien. Bd. 4/2, S. 31–87) auch auf die Observation eingehen. Zur Recherche nach diesen Fundstellen sei auf das „Computergestützte Dokumentationssystem (COD) für Literatur" des Bundeskriminalamtes verwiesen (Näheres hierzu in der Vorbemerkung zum Schrifttum des Beitrags von *Klaus J. Timm* im ersten Band des Handbuches).

Beiträge, die „VS-NfD" oder „Nur für den Dienstgebrauch" eingestuft und deshalb nur einem eingeschränkten Benutzerkreis zugänglich sind, sind durch * kenntlich gemacht.

Benfer, Jost: Verdeckte Fahndung. In: Die neue Polizei 44 (1990), S. 519–523, 585–591, 644–647.

* *Dihanich, Manfred:* Möglichkeiten der Zusammenarbeit mit Spezialeinheiten im Bereich der Bekämpfung des international organisierten Rauschgifthandels. Erfahrungen und Perspektiven. In: Polizei-Führungsakademie (Hrsg.): Führung und Einsatz von Spezialeinheiten (SEK/MEK/GSG 9/Berater- und Verhandlungsgruppen). Seminar vom 5. bis 9. Februar 1990 bei der Polizei-Führungsakademie. Schlußbericht. Münster 1990, S. 199–176.

drw: Die Auskunft aus einer Kartei der Kraftfahrzeugzulassungsstelle im Zusammenhang mit polizeilichen Observationsmaßnahmen. Zwei Verwaltungsgerichtsentscheidungen zu Maßnahmen der „Beobachtenden Fahndung". In: Die neue Polizei 38 (1984), S. 215–216.

Fahndung und Observation. Teilband 2: Technik und Taktik der Observation. 2. Aufl. Heidelberg 1980 (Grundlagen der Kriminalistik. Bd. 5/2).

* *Frisch:* Wahrnehmung von Aufgaben des Verfassungsschutzes durch verdeckte Informationsbeschaffung und ihre rechtliche Legitimation. In: Polizei-Führungsakademie: Rechtsfragen im Zusammenhang mit verdeckten polizeilichen Maßnahmen. Seminar vom 19. bis 23. März 1984 bei der Polizei-Führungsakademie. Schlußbericht. Münster 1984, S. 103–137.

Gössner, Rolf und *Uwe Herzog:* Im Schatten des Rechts. Methoden einer neuen Geheim-Polizei. Köln 1984.

* *Hörtreiter, Hermann:* MEK: Probleme der polizeilichen Observation. In: Polizei-Führungsakademie (Hrsg.): Fortentwicklung von Einsatzmethoden und Verbesserung der Ausstattung der Spezialeinheiten (SEK/MEK/PSK/GSG 9). Seminar vom 24. bis 28. März 1980 bei der Polizei-Führungsakademie. Schlußbericht. Münster 1980, S. 101–131.

Kratz, Eberhard: Die Observation im polizeilichen Ermittlungsverfahren. In: Hessische Polizeischule (Hrsg.): 30 Jahre Hessische Polizeischule. Wiesbaden 1981 (Polizei – Technik – Verkehr. Sonderausgabe III/1981), S. 29–31.

Laurich, Heribert: Technische und taktische Probleme beim Einsatz des Funkpeil-systems ADF – 922 in einer Großstadt. In: Bundeskriminalamt (Hrsg.): 5. Internationale Konferenz über spezielle Polizeitechnik vom 29. September bis 3. Oktober 1980 in Wiesbaden. Wiesbaden 1980, S. 37–53.

Meyer, Hans-Jürgen: Rechtsfragen im Zusammenhang mit polizeilichen Beobachtungsmaßnahmen. Jur. Diss. Tübingen 1982.

Polizeipräsidium Köln: Erfahrungsbericht über die internationale Funk- und Observationsübung „INTERARGUS '87" vom 16.–18. September 1987. Köln 1988.

Riegel, Reinhard: Probleme der Polizeilichen Beobachtung und Observation. Zugleich Anmerkung zu OVG Münster JZ 1979, 806. In: Juristenzeitung 35 (1980), S. 224–226.

Schäfer, Herbert: Optische Dokumentation und „gefahrenabwehrende Begleitung" eines Demonstrationszuges. In: Die neue Polizei 45 (1991), S. 75–79.

Schröder: Möglichkeiten der Verwendung von Luftfahrzeugen (hier: Hubschrauber) bei Fahndung und Observation. In: Polizei-Führungsakademie (Hrsg.): Polizeiliche Luftfahrzeuge als Führungs- und Einsatzmittel. Seminar vom 19. bis 22. Mai 1981 bei der Polizei-Führungsakademie. Schlußbericht. Münster 1981, S. 133–149.

Tabarelli, Winfried: Operative Maßnahmen zur Bekämpfung der Rauschgiftkriminalität – Kontrollierte Lieferung (Ergebnisse aus einer Übung). In: Polizei-Führungsakademie (Hrsg.): Rauschgiftkriminalität – kriminalpolitische und strategische Aspekte –. Seminar vom 7. bis 11. Mai 1984 bei der Polizei-Führungsakademie. Schlußbericht. Münster 1984, S. 107, 109, 124–152.

ders.: BALTICA '86. Erfahrungen einer transnationalen Übung. In: Polizei-Führungsakademie (Hrsg.): Qualifizierte Bereicherungsdelikte: Raub, Erpressung, Geiselnahme, Entführung. Internationale Arbeitstagung vom 22. bis 26. Juni 1987 bei der Polizei-Führungsakademie. Schlußbericht. Münster 1987, S. 133–145.

Textor, Martin und *Norbert Ribbeck:* Zusammenarbeit MEK und SEK bei der Observation und Festnahme von Schwerkriminellen. In: Polizei-Führungsakademie (Hrsg.): Fortentwicklung von Einsatzmethoden und Verbesserung der Ausstattung der Spezialeinheiten (SEK/MEK/GSG 9). Seminar vom 21. bis 25. Mai 1984 bei der Polizei-Führungsakademie. Schlußbericht. Münster 1984, S. 165–177.

Vahle, Jürgen: Polizeiliche Aufklärungs- und Observationsmaßnahmen (unter Berücksichtigung der Tätigkeit des Verfassungsschutzes). Jur. Diss. Bielefeld 1983.

ders.: Die Rechtsgrundlagen der Aufklärung und Observation durch Organe des administrativen Verfassungsschutzes. In: Die neue Polizei 39 (1985), S. 3–6.

Weinberger, Rolf P.: Halterauskunft über Observationsfahrzeuge. Urteil des BVerwG vom 21. 3. 1986 – 7 C 71/83 –. In: Die neue Polizei 41 (1987), S. 12–13.

31

Internationale polizeiliche Zusammenarbeit

Rainer Schmidt-Nothen

A. Die Internationale Kriminalpolizeiliche Organisation – INTERPOL

Das wichtigste Instrument der internationalen polizeilichen Zusammen- **1**
arbeit ist die Internationale Kriminalpolizeiliche Organisation – INTER-
POL (IKPO).

Rund 1 000 000 Nachrichten werden jährlich unter den 169 **Mitglieds-**
ländern dieser Organisation ausgetauscht.

I. Geschichte

Im Jahre 1914 wurde auf dem „Ersten Kriminalpolizeilichen Kongreß" in **2**
Monaco, an dem Polizeibeamte und Juristen aus 14 Ländern teilnahmen,
die Forderung aufgestellt, mit Zustimmung der vertretenen Regierungen
ein gemeinsames Organ zu schaffen, welches die Zentralisierung von Auskünften durch Einrichtung einer **internationalen Aktenhaltung** erreichen
soll, zu der die Polizeibehörden aller Länder Zugriff nehmen können.

3   Auf dem „2. Kriminalpolizeilichen Kongreß" 1923 in Wien wurde die **„Internationale Kriminalpolizeiliche Kommission" (IKPK)** als ständige Organisation der polizeilichen Zusammenarbeit gegründet. Ihr Sitz wurde Wien, ihr erster Präsident Dr. Johannes Schober (Österreich). Ab 1938 wurde die Tätigkeit der Kommission eingeschränkt durch die politische Entwicklung als Folge der Eingliederung des Sitzlandes in das Deutsche Reich. In der Folgezeit bis zum Ende des Krieges erlosch ihre Tätigkeit.

4   Nach dem 2. Weltkrieg ergriff der Belgier Louwage die Initiative, die **Internationale Kriminalpolizeiliche Kommission** wieder erstehen zu lassen. 1946 beschlossen die Delegierten von 17 Ländern in Brüssel ihre **Neugründung.** Als Sitz wurde Paris gewählt.

5   1956 wurden die Statuten der IKPK vollständig überarbeitet und auf die Bedürfnisse einer weltweit arbeitenden Organisation ausgerichtet. Die **Internationale Kriminalpolizeiliche Kommission** wurde umbenannt in „Internationale Kriminalpolizeiliche Organisation – INTERPOL" (IKPO). 1972 wurde das erste **Sitzabkommen** der Organisation mit der französischen Regierung abgeschlossen. 1982 erkannten die Vereinten Nationen an, daß die IKPO-Interpol eine **zwischenstaatliche Regierungsorganisation** ist. Bis dahin war sie als nichtstaatliche Organisation angesehen worden. 1984 wurde ein neues Sitzabkommen mit der französischen Regierung abgeschlossen, in dem der Organisation diejenigen **Privilegien** und **Immunitäten** eingeräumt werden, die internationalen Regierungsorganisationen üblicherweise zugestanden werden.

     1989 wurde der Sitz von Paris nach Lyon verlegt.

II. Organisatorische Grundlagen

6   Die Abkürzung **„INTERPOL"** war zunächst nur eine Telegrammadresse, die bei den Postverwaltungen der Mitgliedsländer und des Sitzlandes hinterlegt ist. Unter ihr wird heute die Organisation als solche verstanden, d. h. die Gesamtheit ihrer Mitglieder sowie die von den Mitgliedern unterhaltenen Einrichtungen der Organisation. Hiervon ist begrifflich zu trennen das **Generalsekretariat der IKPO,** welches als ständige Verwaltungsbehörde sowie kriminalpolizeiliche und fernmeldetechnische Zentralstelle für die Mitglieder fungiert.

7   Das Generalsekretariat wird ausschließlich **im Auftrag der Mitglieder** tätig, sei es als Folge eines von den Mitgliedern mehrheitlich gefaßten Beschlusses oder auf Ersuchen eines Mitgliedslandes, wenn das Ersuchen in den Rahmen eines früher gefaßten Beschlusses oder die von den Mitgliedern akzeptierten Statuten fällt.

8   Das Generalsekretariat der IKPO hat **keine Ermittlungsbefugnisse.** Es ist auch nicht berechtigt, Ermittlungen in den Mitgliedsländern zu beantragen. Wenn die Behörden eines Mitgliedsstaates Ermittlungen durchführen für ein in einem anderen Mitgliedsstaat geführtes Verfahren, so können sie zwar hierbei die Einrichtungen der Organisation benutzen, sie ermitteln aber nicht für INTERPOL.

Trotzdem entsteht durch die Interpol-Zusammenarbeit internationales **9**
Recht. So werden schon seit langem die im Rahmen der Organisation
übermittelten Personen- und Sachfahndungsersuchen trotz der Reduzierung auf ein Minimum an Formalien weltweit als Grundlage für Festnahmen und Sicherstellungen anerkannt. Der **polizeiliche Übermittlungsweg**
auf den Kanälen der INTERPOL-Organisation ist in mehreren Konventionen, u. a. dem Europäischen Rechtshilfeübereinkommen und dem Europäischen Auslieferungsübereinkommen sowie in bilateralen Verträgen
festgeschrieben.

III. Ziele

Die **Ziele der Organisation** sind: **10**

– eine möglichst **umfassende gegenseitige Unterstützung** aller Kriminalpolizeibehörden im Rahmen der in den einzelnen Ländern geltenden
  Gesetze und im Geiste der Erklärung der Menschenrechte sicherzustellen und weiterzuentwickeln;
– alle **Einrichtungen,** die zur Verhütung und Bekämpfung der gemeinen
  Straftaten wirksam beitragen können, zu schaffen und auszubauen
  (Art. 2 der INTERPOL-Statuten).

Auch Angelegenheiten von nur örtlicher und geringer Bedeutung, wie **11**
z. B. Ordnungswidrigkeiten, bei denen Auslandsverkehr erforderlich ist,
können im Rahmen dieser Zielsetzung abgewickelt werden. Allerdings
muß bei **geringfügigen Taten** geprüft werden, ob der bei Auslandsermittlungen erforderliche Aufwand in angemessenem Verhältnis zur Sache
steht.

Der **Begriff „Kriminalpolizeibehörden"** wird weit ausgelegt. Darunter **12**
werden alle Behörden mit Strafverfolgungs- und Vorbeugungsfunktionen
verstanden, die auf nationaler Ebene mit der Kriminalpolizei zusammenarbeiten. Hierzu gehören die Justiz, der Zoll, die Schutz- und Grenzpolizei.
Auch Militärbehörden mit polizeilichen Aufgaben, wie die Gendarmerie in
Frankreich und Belgien, die Carabinieri in Italien oder die Guardia Civil in
Spanien sind nicht von der Zusammenarbeit ausgeschlossen, ebensowenig
wie Verwaltungsbehörden in Angelegenheiten, die im weitesten Sinne der
Verbrechensbekämpfung zuzuordnen sind, wie die Erteilung von Börsenli-
zenzen oder Einwanderungssachen. Nationale Gesetze können jedoch der
Bearbeitung solcher Angelegenheiten durch die Polizei entgegenstehen.

Ausnahmen von der Zusammenarbeit bilden **politische, militärische,** **13**
religiöse und **rassische Angelegenheiten** (Art. 3 der Statuten).

Die Vorschrift garantiert den Zusammenhalt der Organisation auf der
polizeilichen Arbeitsebene unabhängig von sonst zwischen den Staaten
bestehenden Differenzen. Erst 1984 wurde in einer Resolution definiert,
was die Organisation unter einer **politischen Angelegenheit** versteht. Hierunter fallen zunächst die rein politischen Delikte. Dies sind Verletzungen
solcher Strafgesetze, die der Funktionsfähigkeit des Staates als solchem
dienen (z. B. Spionagedelikte). Hinzu kommen Taten, die von staatlichen
Funktionsträgern bei der Durchführung einer staatlichen Zielsetzung

begangen werden, es sei denn, es handelt sich um Verbrechen gegen die Menschlichkeit. Bei Straftaten, die mit politischer Motivation gegen Individualrechtsgüter begangen werden (z. B. Straftaten gegen Leben, Freiheit, Eigentum), wird abgewogen zwischen der kriminellen Intensität und der Schwere der Rechtsgutverletzung auf der einen Seite und der politischen Motivation auf der anderen. Damit wurde klargestellt, daß bei schweren terroristischen Straftaten die politische Motivation der Täter nicht mehr berücksichtigt wird. Hingegen bleiben mit politischer Motivation begangene geringfügige Rechtsgutverletzungen von der Interpol-Zusammenarbeit ausgeschlossen.

14   Im Gegensatz zu ihrer früheren Haltung hat die IKPO die **Terrorismusbekämpfung** zu einer Prioritätsaufgabe erhoben. Beim Generalsekretariat wurde ein Terrorismusreferat geschaffen.

15   Dies bedeutet nicht, daß in denjenigen Bereichen der **Staatsschutzkriminalität,** die von der Zusammenarbeit im Rahmen der IKPO ausgeschlossen sind, eine internationale Kooperation nicht stattfindet. Sie wird auf **außerhalb der Organisation** geschaffenen Nachrichtenkanälen abgewickelt.

IV. Prinzipien der Zusammenarbeit

16   Die Respektierung der nationalen **Souveränität** jedes Mitgliedslandes wird dadurch garantiert, daß Art. 2 der Statuten jede Zusammenarbeit den in dem ersuchten Land geltenden Gesetzen unterstellt.

17   Die **Interpol-Statuten** sind keine Konvention im völkerrechtlichen Sinne und haben, da sie national nicht ratifiziert wurden, keinen Gesetzesrang.

18   Die Organisation kann daher keinem seiner Mitglieder Weisungen erteilen. **Aufforderungen** der Generalversammlung oder des Generalsekretariats an die Mitglieder zum Tätigwerden haben lediglich **Empfehlungscharakter.**

19   INTERPOL bekennt sich zu dem Gedanken der **Universalität.** Hierunter wird verstanden, daß die Zusammenarbeit unabhängig von politischen, geographischen, sprachlichen und kulturellen Faktoren stattfindet. Die osteuropäischen Staaten – auch die neu entstandenen – sind fast vollzählig INTERPOL-Mitglieder.

20   Andererseits ist weder die Mitgliedschaft bei INTERPOL noch das Bestehen **diplomatischer Beziehungen** Voraussetzung für eine regelmäßige polizeiliche Zusammenarbeit. Die Bundesrepublik Deutschland pflegt z. B. mit der Republik China (Taiwan) direkte polizeiliche Beziehungen, obwohl dieses Land weder INTERPOL-Mitglied ist noch mit der Bundesrepublik Deutschland diplomatische Beziehungen unterhält.

Als Ausdruck des Universalitätsprinzips empfiehlt die Organisation **21** ihren Mitgliedern nicht, die Zusammenarbeit mit solchen Ländern zu unterlassen, die ihr nicht angehören. Das Generalsekretariat unternimmt sogar die **Vermittlung** eines Ersuchens an ein **Nichtmitgliedsland,** wenn dieses (meist aus politischen Gründen) nicht mit dem betreffenden Nichtmitgliedsland direkt verkehren will.

Nach dem **Gleichheitsgrundsatz** hat jedes Mitgliedsland Anspruch auf **22** die gleichen Dienstleistungen, unabhängig vom polizeilichen Korrespondenzvolumen und unabhängig vom finanziellen Beitrag. Entsprechend hat jedes Mitglied in den Organen der Organisation eine Stimme.

V. Aufbau und Tätigkeit

1. Organe der IKPO

Die IKPO besteht aus folgenden **Organen** und Einrichtungen (Art. 5 der **23** Statuten):
– der Generalversammlung,
– dem Exekutivkomitee,
– dem Generalsekretariat,
– den Nationalen Zentralbüros,
– den Beratern der Organisation.

a) Generalversammlung

Die **Generalversammlung** ist als Konferenz der die Organisation tragenden **24** Mitgliedsländer die höchste Einrichtung der IKPO (Art. 6 der Statuten). Sie tagt einmal jährlich. Die Leiter der Delegationen sind in der Regel die höchsten Polizeibeamten ihres Landes. In zahlreichen Delegationen nimmt auch ein Vertreter des für die Polizei zuständigen Ministeriums teil.

Die Generalversammlung **25**
– legt **Grundsätze** fest, die zur Verwirklichung der Ziele der Organisation geeignet sind,
– verabschiedet das vom Generalsekretär vorgelegte Arbeitsprogramm,
– faßt Beschlüsse und leitet den Mitgliedern Empfehlungen zu über Fragen, die in die Zuständigkeit der Organisation fallen,
– legt die Finanzierung der Organisation fest,
– verabschiedet Vereinbarungen mit anderen internationalen Organisationen,
– wählt Personen zur Besetzung der nach den Statuten vorgesehenen Ämter (Art. 8 der Statuten).

b) Exekutivkomitee

Die Generalversammlung wählt das 13 Personen umfassende **Exekutivko- 26 mitee** als Vertretung der Mitglieder. Es hat die Aufgabe, das **Arbeitspro-**

gramm und das **Budget** zu entwerfen, sie der Generalversammlung zur Billigung vorzulegen, die Tagesordnung für die Generalversammlung vorzubereiten und die Geschäftsführung des Generalsekretärs sowie die Durchführung der Beschlüsse der Generalversammlung durch das Generalsekretariat zu überwachen.

27 Der **Präsident** der Organisation wird auf jeweils vier Jahre gewählt. Er leitet die Sitzungen der Generalversammlung und des Exekutivkomitees und stellt sicher, daß die Tätigkeit der Organisation im Rahmen der Statuten abgewickelt wird. Daneben gibt es drei **Vizepräsidenten.** Der Präsident und die Vizepräsidenten müssen aus verschiedenen Kontinenten kommen. Die übrigen neun Sitze des Exekutivkomitees sind ebenfalls auf die Kontinente verteilt. Europa hat vier Sitze in diesem Gremium.

c) Generalsekretariat

28 Das **Generalsekretariat** ist nicht nur die Verwaltungsbehörde der Organisation, sondern darüber hinaus kriminalpolizeiliche Nachrichtenzentrale sowie Fach- und Informationszentrum. Es hält Verbindung zu den nationalen und internationalen Behörden, wobei kriminalpolizeiliche Ermittlungsverfahren durch Vermittlung der Nationalen Zentralbüros (s. unten Rdnr. 32 ff.) koordiniert werden (Art. 26 der Statuten).

Das Generalsekretariat der IKPO ist eine internationale Einrichtung, die von keiner Regierung Weisungen entgegennehmen kann und nur der Organisation gegenüber verantwortlich ist sowie in deren Namen tätig wird.

29 Höchster Exekutivbeamter der Organisation ist der **Generalsekretär,** der als ständiger Leiter des Generalsekretariats von der Organisation besoldet wird. Er wird von der Generalversammlung auf die Dauer von jeweils fünf Jahren gewählt. Seit 1985 bekleidet der Brite Kendall dieses Amt.

30 Das Generalsekretariat hat einen Personalbestand von 300 Personen, darunter etwa 100 Polizeibeamte. Das **Personal** kommt aus 40 Ländern. Auch die von ihren Ländern bezahlten zur Dienstleistung im Generalsekretariat entsandten Beamten sind in dieser Funktion nicht Vertreter ihres Landes. Sie sind dem Generalsekretär unterstellt und haben die Interessen der Organisation als solcher zu vertreten (Art. 30 der Statuten). Die Beamten sind unabhängig von ihrer Herkunft in die nach sachlich-polizeilichen Gesichtspunkten aufgebaute Struktur des Generalsekretariats integriert. Länder- oder kontinentale Vertretungen bestehen nicht. Auch das im Generalsekretariat untergebrachte **Europäische Regionalsekretariat** hat nicht die Funktion einer europäischen Vertretung gegenüber dem Generalsekretär und der Organisation. Es untersteht dem Generalsekretär als Arbeitseinheit für speziell europäische Probleme (Näheres s. unten Rdnr. 42).

31 Das Generalsekretariat ist in vier **Abteilungen** gegliedert:
– die Abteilung „Verwaltung",
– die Abteilung „Polizei" mit Arbeitseinheiten für Gewalt- und Diebstahlskriminalität, Terrorismus, Wirtschafts- und Falschgeldkriminalität, Rauschgiftbekämpfung und organisierte Kriminalität,

– die Abteilung „Grundsatzstudien" mit Arbeitseinheiten für internationales Recht, polizeiliche Grundsatzdokumentation und die Redaktion der Zeitschrift „Internationale Kriminalpolizeiliche Revue",
– die Abteilung „Technische Dienste" mit Arbeitseinheiten für die elektronische Datenverarbeitung, das internationale Fernmeldewesen, die kriminalpolizeiliche Aktenhaltung, den Erkennungsdienst.

d) Nationale Zentralbüros

Jedes Land hat eine Dienststelle bestimmt, die für seinen Bereich die Aufgaben des **Nationalen Zentralbüros** wahrnimmt (Art. 32 der Statuten). Dieses sorgt für die Verbindung   **32**
– zu den verschiedenen Behörden des Landes,
– zu den als Nationale Zentralbüros tätigen Dienststellen anderer Länder,
– zum Generalsekretariat der Organisation.

Die Nationalen Zentralbüros sind daher keine Außenstellen des Generalsekretariats. Sie sind die in jedem Mitgliedsland von diesem bestimmten **Verbindungsstellen** zur Abwicklung des internationalen Verkehrs. Grundsätzlich hat jedes Land diejenige Polizeibehörde zum Nationalen Zentralbüro bestimmt, die Zentralstellenaufgaben auf nationaler Ebene wahrnimmt. Entsprechend einer im Jahre 1965 von der Generalversammlung verabschiedeten Doktrin der Nationalen Zentralbüros ist es diejenige Polizeibehörde im jeweiligen Land, die die weitreichendsten nationalen Kompetenzen haben soll und in der Lage ist, das Tätigwerden mehrerer Behörden im Inland gleichzeitig zu veranlassen. So ist z. B. das nationale Interpol-Büro für Frankreich die Direction Centrale de la Police Judiciaire (Zentraldirektion der Kriminalpolizei), für die Schweiz das Schweizerische Zentralpolizeibüro, für die Niederlande der Centrale Recherche Informatiedienst (Zentraler Informationsdienst der Kriminalpolizei), für Österreich die Generaldirektion für die Öffentliche Sicherheit. Das deutsche Nationale Zentralbüro ist das **Bundeskriminalamt** (§ 1 Abs. 2 des Gesetzes über die Einrichtung eines Bundeskriminalpolizeiamtes vom 29. 6. 1973 – BGBl. I S. 704).   **33**

Rund 200 000 Auslandsnachrichten gehen jährlich im **Bundeskriminalamt** ein und aus. Damit ist die deutsche Polizei innerhalb der IKPO-Interpol der bedeutendste Korrespondent. Allein auf die europäischen Mitgliedsländer entfallen rund 900 000 der weltweit über 1 Million ausgetauschten Nachrichten. 32 Übersetzer arbeiten im **Bundeskriminalamt,** um den in den Sprachen Englisch, Französisch, Spanisch und teilweise Italienisch anfallenden Auslandsverkehr zu übersetzen. Der jährliche Umfang an Übersetzungsarbeiten beträgt 50 000 Seiten, obwohl 10 Länder in Europa die deutsche Sprache akzeptieren.   **34**

Die offiziellen **Arbeitssprachen der Organisation** sind Englisch, Französisch, Spanisch und Arabisch. Es bleibt den Mitgliedern jedoch überlassen, auch die Benutzung anderer Sprachen für den Verkehr untereinander zu vereinbaren. Durch das System der Nationalen Zentralbüros wird sichergestellt, daß   **35**

– Nachrichten im Ausland entsprechend den sachlichen und örtlichen Zuständigkeiten ohne Verzögerung gesteuert werden,

– die Vereinbarkeit mit der ausländischen Rechtslage sofort geprüft wird,

– die Umsetzung in die Landessprache auch bei seltenen Sprachen sichergestellt ist,

– bei der Weiterleitung im Inland die nationalen polizeilichen Nachrichtenübermittlungsmittel genutzt werden.

Bereits vor Steuerung eines Ersuchens an die im Inland zuständigen Stellen prüfen die Nationalen Zentralbüros nicht nur seine Vereinbarkeit mit nationalem Recht und internationalen Abkommen, sondern auch seine Vollständigkeit, so daß einer Entscheidung und Erledigung nichts mehr im Wege steht.

36   Jede als nationales Interpol-Büro fungierende Behörde hat eine Organisationseinheit eingerichtet, die auf Probleme des Auslandsverkehrs spezialisiert ist. Diese Arbeitseinheit steht als institutionalisierte **Kontaktstelle** zur Verfügung. Dort sind sprachlich qualifizierte Beamte eingesetzt, um auch telefonischen Kontakt mit anderen Ländern aufbauen zu können.

37   Die Nationalen Zentralbüros verkehren direkt miteinander, nicht – wie häufig gemeint wird – über das Generalsekretariat der Organisation. Den Mitgliedern obliegt es jedoch, die kriminalpolizeiliche **Aktenhaltung des Generalsekretariats** so zu speisen, daß es seine Aufgaben erfüllen kann. Sie sind aufgefordert, das Generalsekretariat an ihren Korrespondenzen zu beteiligen, wenn es sich um einen Fall von größerer internationaler Bedeutung handelt. Der größte Teil der Kommunikation wird daher ohne Beteiligung des Generalsekretariats abgewickelt.

38   Wenn die Antwort auf eine Anfrage aus dem Ausland länger dauert als erwartet, so liegt dies nicht an dem Interpol-System oder dem Interpol-Weg, sondern in der Regel daran, daß in anderen Ländern die personelle und technische Ausstattung der Polizei hinter unserem Standard zurückbleibt oder daß nationale Kriminalitätsprobleme so groß sind, daß in der Bearbeitung **Verzögerungen** eintreten.

e) Berater der Organisation

39   Die Organisation beruft **Berater,** die jeweils Experten für bestimmte Aufgabengebiete sind. Diese werden von der Generalversammlung auf 3 Jahre gewählt. Derzeit sind Berater tätig für die wirtschaftliche Geschäftsführung des Generalsekretariats, für die Neuordnung des Beitragssystems und für die Überarbeitung der Statuten der Organisation.

2. Regionalisierung

a) Regionalkonferenzen

40   Obwohl nicht in den Statuten festgeschrieben, werden schon seit langem in Europa, Asien, Afrika und Amerika regelmäßige **Regionalkonferenzen** durchgeführt. Die Europäische Regionalkonferenz wird von einem aus

8 Ländern bestehenden Komitee für die Zusammenarbeit in Europa gemeinsam mit dem 1986 errichteten Europäischen Regionalsekretariat der IKPO (s. dazu Rdnr. 30, 42) vorbereitet. Diese beiden Einrichtungen haben die Aufgabe, spezifisch europäische Kriminalitäts- und Zusammenarbeitsprobleme zu untersuchen und der Europäischen Regionalkonferenz Lösungsvorschläge zu unterbreiten.

b) Regionalbüros

Seit einigen Jahren bemühen sich verschiedene Regionen der Welt um die **41** Einrichtung von **Regionalbüros,** die dem Generalsekretariat unterstellt sind. Diese Bestrebungen beruhen auf der Erkenntnis, daß die weltweite Zusammenarbeit kontinentspezifische Kriminalitätserscheinungen und Zusammenarbeitsbedürfnisse nicht ausreichend berücksichtigt. Die Unterstellung unter das Generalsekretariat soll sicherstellen, daß der Zusammenhalt der Organisation gewahrt bleibt und die weltweite Zusammenarbeit unabhängig von regionalen Sonderformen weiterhin gefördert wird.

Die europäischen Interpol-Länder haben bereits ein **Europäisches Regio-** **42** **nalsekretariat** beim Generalsekretariat eingerichtet, dessen Aufgabe es ist, Problembereiche der europäischen Zusammenarbeit aufzuzeigen und Lösungen zu finden sowie Regionalkonferenzen und Tagungen von Ermittlern in komplexen Fällen zu organisieren. In diesem Regionalsekretariat arbeiten Beamte aus verschiedenen Ländern des Kontinents, die die Kenntnis der Sprache ihres Heimatlandes sowie der nationalen Strukturen, Gesetze und Arbeitsmethoden ihrer Länder als Fachwissen einbringen und daher auch als Drehscheibe für die rasche Beschaffung von Informationen aus verschiedenen Ländern fungieren.

In Buenos Aires ist ein **südamerikanisches Regionalbüro** eingerichtet. **43**

Über die Errichtung weiterer Regionalbüros in Asien und Westafrika wird diskutiert.

VI. Dienstleistungen des Generalsekretariats

Aus der kriminalpolizeilichen **Aktenhaltung des Generalsekretariats** wer- **44** den den Mitgliedsländern personen- und tatbezogene Erkenntnisse mitgeteilt sowie Trendanalysen für die einzelnen Kriminalitätsgebiete und die verschiedenen Regionen der Welt erstellt.

Seit 1982 besteht eine **internationale Datenschutzkommission** mit der **45** Aufgabe sicherzustellen, daß personenbezogene Auskünfte durch das Generalsekretariat

– in Übereinstimmung mit den Statuten und deren durch die Organe bestimmten Auslegung erlangt und verarbeitet wurden,

– für bestimmte Zwecke gespeichert und nicht in einer Weise verwendet werden, die mit diesen Zwecken unvereinbar ist,

– zutreffend sind,

– nur für einen begrenzten Zeitraum in Übereinstimmung mit den durch die Organisation festgelegten Bedingungen aufbewahrt werden.

46   Die Datenschutzkommission besteht aus fünf **Mitgliedern,** nämlich einem Vertreter der Organisation Interpol, einem Vertreter des Sitzlandes Frankreich, einem von diesen beiden gewählten Vorsitzenden, einem Mitglied des Exekutivkomitees und einem EDV-Experten. Die Einrichtung einer Datenschutzkommission ist bisher einmalig für den Bereich internationaler Organisationen und trägt wesentlich zum Vertrauen der Öffentlichkeit in die internationale polizeiliche Zusammenarbeit bei.

47   Das Generalsekretariat gibt eine Reihe von **Zirkularen** heraus, die entweder Ersuchen um Maßnahmen oder Informationen für die polizeiliche Arbeit der Mitglieder enthalten, so zum Beispiel Zirkulare

– zur Festnahme zwecks Auslieferung international gesuchter Rechtsbrecher,

– zur Identifizierung oder zur Mitteilung von Erkenntnissen über Personen, die im Verdacht stehen, international tätig zu sein,

– zur Fahndung nach Vermißten,

– zur Identifizierung unbekannter Toter,

– zur Übermittlung von Informationen über Personen, die bereits international tätig waren,

– zur Fahndung nach gestohlenen Gegenständen, insbesondere Kunstgegenständen,

– zur Information über neue modi operandi.

48   Darüber hinaus werden **Berichte** über Gruppen von Straftätern oder Deliktstypen erstellt. Zur Unterstützung der Arbeit der nationalen Polizeien bringt das Generalsekretariat **Hilfsmittel** heraus, wie z. B. einen Index zur Schreibmaschinenidentifizierung, eine Sammlung von Beschreibungen und Abbildungen der in den verschiedenen Ländern benutzten Kraftfahrzeugkennzeichen, Handbücher zur Identifizierung von Munition und über Leichenidentifizierungsmaßnahmen an Katastrophenorten.

49   Das Generalsekretariat führt **Ausbildungsveranstaltungen** durch oder organisiert diese entweder am Sitz in Lyon oder in verschiedenen Kontinenten, so z. B. Kurse für in Nationalen Zentralbüros tätige Beamte, für Falschgeldermittlungen und für Rauschgiftermittlungen.

50   Etwa 25 Konferenzen, Symposien oder **Arbeitstagungen** finden jährlich statt. Themen sind hierbei entweder das gesamte Spektrum der internationalen Zusammenarbeit, wie bei der Generalversammlung und den Kontinentalkonferenzen oder bestimmte Fachgebiete, wie Ausbildung, Rauschgift, organisierte Kriminalität, Geiselnahme, Wirtschaftskriminalität oder Kunstdiebstähle oder fallbezogene Tagungen zur Koordination von Ermittlungen, die gleichzeitig in mehreren Ländern geführt werden.

51   Das Generalsekretariat veröffentlicht die „**Internationale Kriminalpolizeiliche Revue"** in den Arbeitssprachen Englisch, Französisch, Spanisch und Arabisch mit Nachrichten auf dem Gebiet der internationalen Zusammenarbeit und Artikeln über polizeiliche Arbeitsmethoden. Darüber hinaus werden nach Fachgebieten und Sprachen aufgeteilte **Literaturnachweise** erstellt.

VII. Finanzierung

Die Tätigkeiten der Organisation werden durch **Beiträge** der Mitgliedsländer finanziert. Die Beiträge sind in „**Beitragseinheiten**" ausgedrückt. Die Mitgliedsländer sind in Gruppen aufgeteilt, deren Beitragszahlungen von 2 bis 100 Einheiten im Jahr reichen. Der ordentliche Haushalt beträgt derzeit rund 25 Millionen Schweizer Franken, von denen die Bundesrepublik 1 Million trägt. Daneben gibt es einen **Rauschgift-Sonderfonds** (nach dem sog. „**SEPAT-Plan**"), in den die europäischen Länder zusätzlich 20 % ihres regulären Beitrages einzahlen. Dieser Sonderfonds wurde ins Leben gerufen, um die finanziell und personell aufwendigen Aktivitäten auf dem Gebiet der Rauschgiftbekämpfung zu finanzieren. **52**

Die Mitgliedsländer setzen im Wege der **Selbsteinschätzung** freiwillig fest, nach welcher Gruppe von Beitragseinheiten sie ihren Beitrag leisten wollen. Sie berücksichtigen hierbei ihre Wirtschaftskraft sowie die Beteiligung am Interpol-Nachrichtenverkehr als Maßstab. **53**

VIII. Nachrichtenmittel

Die Organisation verfügt über ein unabhängiges **internationales polizeiliches Fernmelde-Netz**. Dieses verbindet die Nationalen Zentralbüros untereinander sowie mit dem Generalsekretariat. Das Netz ist in sieben geographische Zonen aufgeteilt: Nordeuropa, übriges Europa, Vorderer Orient, Südamerika, Nordamerika, Afrika und Asien. Für jede dieser Regionen besteht eine Fernmelde-Regionalstation. Innerhalb der Zonen verkehren die einzelnen Stationen direkt miteinander. Die Übermittlung nach außerhalb einer jeden Zone erfolgt über die Regionalstationen. Dieses System ermöglicht es, eine Nachricht – z. B. ein Fahndungsersuchen – gleichzeitig an mehrere Stationen, an eine oder mehrere Zonen oder an alle an das Netz angeschlossenen Nationalen Zentralbüros zu übermitteln. **54**

Gegenwärtig sind rund 50 % der Mitgliedsländer an dieses autonome Polizeinetz angeschlossen. Weitere 30 % der Mitglieder können über Telex erreicht werden. Rund 30 Länder verfügen über **Telephoto**-Ausrüstung. **55**

Das Bundeskriminalamt hat **Direktzugriff** auf elektronisch gespeicherte **Sachfahndungsdaten** von drei europäischen Ländern, während 11 europäische Nationale Zentralbüros Direktzugriff auf deutsche Sachfahndungsbestände, darunter die Kraftfahrzeugfahndung, haben. **56**

IX. Zusammenarbeit mit anderen Organisationen

Die IKPO arbeitet mit anderen Organisationen zusammen, soweit deren Aufgabenbereich zumindest teilweise für die polizeiliche Arbeit von Interesse ist, so z. B. mit den **Vereinten Nationen** auf dem Gebiet der Bekämp- **57** fung der Rauschgiftkriminalität und der Verbrechensvorbeugung, mit Unterorganisationen der Vereinten Nationen, wie der **Internationalen Zivilluftfahrtorganisation (ICAO)** auf dem Gebiet der Luftverkehrssicherheit, der **UNESCO** auf dem Gebiet des Diebstahls von Kulturgütern und der **Internationalen Fernmelde-Union (ITU).**

58   Auch mit regionalen Regierungsorganisationen findet eine Zusammenarbeit statt, wie z. B. mit dem **Europarat,** dem **Commonwealth Secretariat** und der **Arabischen Liga.**

59   Private internationale Organisationen werden ebenfalls in die Zusammenarbeit einbezogen, wie die **Internationale Lufttransportvereinigung (IATA)** oder der **Dachverband der Kraftfahrzeugversicherer.**

60   Solche nichtpolizeilichen Organisationen werden mit dem Einverständnis der Teilnehmer zu spezifischen Tagungen als **Beobachter** geladen, soweit deren Beitrag von Bedeutung ist für das jeweils behandelte Thema.

B. Europäische Zusammenarbeitskonzepte außerhalb der IKPO-Interpol

I. Europäische Gemeinschaft (TREVI)*

61   Mit dem Aufkommen des Terrorismus in Europa Anfang der 70er Jahre richteten die Länder der **Europäischen Gemeinschaft** eine Arbeitsgruppe unter der Bezeichnung **TREVI** (**T**errorismus, **R**adikalismus, **E**xtremismus, **V**iolence) ein, um gemeinsame Konzepte zur Bekämpfung dieser Kriminalitätsform zu entwickeln. Später wurde eine Arbeitsgruppe TREVI II – Polizeiausbildung und -technologie – sowie eine Arbeitsgruppe TREVI III für alle Bereiche der Kriminalität außer Terrorismus eingesetzt. Diese Arbeitsgruppen entwickeln auf polizeifachlicher Ebene gemeinsame polizeiliche Konzepte sowie Erleichterungen der Zusammenarbeit für den Bereich der Europäischen Gemeinschaft.

62   Ihre Vorschläge werden einem **Gremium von Hohen Beamten,** bestehend aus den Generaldirektoren der Polizei bzw. Beamten vergleichbarer Ebene, zur weiteren Erörterung vorgelegt. Dieses Gremium hat auch die Befugnis, den drei Arbeitsgruppen Aufträge zu erteilen. Die so erarbeiteten Beschlußvorschläge werden dem **Ausschuß der für die Polizei zuständigen Minister** der EG-Länder vorgelegt. Deren gemeinsame Beschlüsse werden in den EG-Ländern umgesetzt.

63   Alle TREVI-Gremien **tagen** zweimal jährlich, jeweils unter dem halbjährlich wechselnden Vorsitz eines der Länder der Gemeinschaft.

64   Die **Beteiligung der politischen Ebene** an den polizeilichen Vorschlägen hat den Vorteil, daß in allen Ländern umsetzbare Maßnahmen durchgeführt werden. Hierdurch können Konzepte realisiert werden, deren Umsetzung bei Verhandlungen auf rein polizeilicher Ebene wie bei der IKPO-Interpol in einem so weiträumigen Rahmen nicht möglich wäre.

---

* Eine ausführliche Darstellung der Arbeitsgruppen TREVI enthält der Beitrag von Schreiber; siehe Seite 317 ff. in diesem Band.

Die polizeilichen Arbeiten im Rahmen der Europäischen Gemeinschaft 65
stehen **nicht im Gegensatz zu der Organisation Interpol,** da sie dem
Zusammenwachsen einer begrenzten Staatengemeinschaft zu einer politischen und wirtschaftlichen Union dienen. Dementsprechend werden in
den TREVI-Arbeitsgruppen fast ausschließlich solche Vorschläge erarbeitet, die die Mitwirkung der ministeriellen Ebene erforderlich machen.

Die **Europäische Einheitsakte von 1987,** die den EWG-Vertrag von 1957 66
ergänzt, legt in ihrem Artikel 8a fest, daß bis 1. 1. 1993 ein **Binnenmarkt**
geschaffen wird, in dem der freie Verkehr von Personen, Gütern, Dienstleistungen und Kapital garantiert wird. Dies bedeutet eine völlige Abschaffung von Kontrollen jeder Art an den Grenzen.

Die Europäische Gemeinschaft befaßt sich daher nunmehr im Rahmen 67
der TREVI-Zusammenarbeit auch vorrangig mit der Frage, inwieweit der
erwartete **Sicherheitsverlust** durch Maßnahmen polizeilicher und gesetz-
geberischer Art **ausgeglichen** werden kann.

II. Das Schengener Abkommen betreffend den schrittweisen Abbau der Kontrollen an den gemeinsamen Grenzen

Das **Schengener Abkommen** (GMBl. 1986 S. 79) wurde 1985 von Frank- 68
reich, den Niederlanden, Belgien, Luxemburg und der Bundesrepublik geschlossen.

Das Abkommen sieht die **Abschaffung der Personenkontrollen** an den 69
Binnengrenzen dieser Länder vor und fordert die Signatarstaaten auf, polizeiliche Ausgleichsmaßnahmen zu vereinbaren betreffend
– die Erleichterung der Zusammenarbeit,
– die Errichtung eines gemeinsamen EDV-Systems für die Fahndung nach
  Personen und Sachen (sog. „**Schengener Informationssystem**"),
– die Beschleunigung und Vereinfachung der Rechtshilfe in Strafsachen,
– die Verbesserung der Kommunikation durch den Austausch von **Verbindungsbeamten,**
– die Einrichtung von Sprechfunkverbindungen
– die Schaffung eines grenzüberschreitenden **Nacheilerechts** sowie des
  Rechts, Observationen über die Grenzen hinweg durchzuführen,
– die Harmonisierung von Gesetzen und anderen Bestimmungen betreffend Rauschgifthandel, unerlaubten Handel mit Waffen und Sprengstoffen sowie betreffend Hotelmeldepflichten.

Das Schengener Abkommen gab lediglich einen Verhandlungsrahmen, 70
d. h. die Ergebnisse der Erörterungen zu diesen Punkten sind in den am 19.
6. 1990 unterzeichneten Schengener Durchführungsübereinkommen enthalten.

Durch die gesamtdeutsche Entwicklung trat vorerst eine Verzögerung
des Abbaus der Grenzkontrollen ein. Die Ratifizierung ist für 1993 vorgesehen. Weitere EG-Staaten sind beigetreten.

III. Die Idee EUROPOL

71 In der Diskussion um die Verwirklichung einer Europäischen Union innerhalb der Europäischen Gemeinschaft wird seit Jahren die Schaffung eines
europäischen Kriminalpolizeiamtes („EUROPOL") gefordert. Ein solches
europäisches Kriminalpolizeiamt stünde nicht in Widerspruch zu den
Aktivitäten der Organisation Interpol. Es wäre die logische Konsequenz
der europäischen Einigung innerhalb des EG-Raumes. Eine solche gemeinsame polizeiliche EG-Behörde müßte als Nachrichtensammel- und Aus-
wertungszentrale, als Zentrale für das Fernmeldewesen und die Datenverarbeitung sowie für Fahndung nach Personen und Gegenständen errichtet
werden.

1981 beschloß der Europäische Rat in Maastricht den Aufbau von
EUROPOL als gemeinsame Einrichtung der EG-Staaten. Ende 1992 wurde
in Straßburg ein internationaler Aufbaustab eingerichtet, der mit der
Gesamtplanung betraut ist. Als erste Stufe soll eine europäische Zentrale
für die Sammlung und Auswertung von Rauschgiftdaten (European Drugs
Unit) eingerichtet werden. EUROPOL soll keine Ermittlungskompetenzen
erhalten.

SCHRIFTTUM

Bundeskriminalamt (Hrsg.): Internationale Verbrechensbekämpfung – Europäische Perspektiven –. Arbeitstagung des Bundeskriminalamtes Wiesbaden vom 5. bis 8. November 1984. Wiesbaden 1985 (BKA-Vortragsreihe. Bd. 30).

Bundeskriminalamt, Literaturdokumentation (Hrsg.): Internationale Verbrechensbekämpfung – Europäische Perspektiven –. Arbeitstagung des Bundeskriminalamtes Wiesbaden vom 5. bis 8. November 1984. Literaturzusammenstellung. Wiesbaden 1984 (COD-Reihe. Bd. 3).

General Secretariat Interpol: Fourty Years After the Brussels Conference. In: International Criminal Police Review 399, pp. 147–162. (Diese Zeitschrift erscheint auch in Französisch, Spanisch und Arabisch).

Klink, Manfred: Die Zusammenarbeit europäischer Polizeien in Sicherheitsfragen. Iststand und Prognose – Gedanken mit aktuellem Bezug. In: Die Polizei 78 (1987), S. 183–189.

Maaß, Harald: Keimzelle einer „Euro-Kripo"? Erfahrungen mit dem Europäischen Regionalsekretariat (EuSec) und dem Technischen Komitee für die Zusammenarbeit in Europa (TCE). In: Kriminalistik 41 (1987), S. 431–436.

O. Verf.: EKA: Ein Kriminalamt für Europa. Europäische Kooperation im Kampf gegen das Verbrechen. Wie ist der Stand, wie könnte es weitergehen? In: Kriminalistik 41 (1987), S. 421–424.

Schmidt-Nothen, Rainer: INTERPOL. Kommunikation und Kooperation bei der Bekämpfung der internationalen Kriminalität. In: International Police Association (IPA), Deutsche Sektion e.V. (Hrsg.): 30 Jahre Internationale Police Association (IPA), Deutsche Sektion e.V., 1. November 1985, München. Wiesbaden 1985, S. 41–47 und IPA aktuell 30 (1985), Nr. 7, S. 9–13.

ders.: Police Co-operation in Europe in the Context of the Abolition of Border Controls. In: International Criminal Police Review 420 (1989), pp. 5–9.

Wingenter, Raimund: Das Verkehrsnetz der Kriminalpolizei. Zentralstelle der IKPO-Interpol. Strukturveränderungen im Generalsekretariat. In: Kriminalistik 41 (1987), S. 415–424.

32

Internationale Rechtshilfe

Gerald Möbius

INHALTSÜBERSICHT

A. Rechtsquellen

1   **Grundlagen** für den internationalen Rechtshilfe- und Auslieferungsverkehr sind:

- das Gesetz über die internationale Rechtshilfe in Strafsachen (IRG) vom 23. 12. 1982 (BGBl. 1982 I S. 2071),
- die „Richtlinien für den Verkehr mit dem Ausland in strafrechtlichen Angelegenheiten (RiVASt)" vom 18. 9. 1984, (letzte Änderungen in Kraft getreten am 1. 3. 1993),
- die zur Regelung der Zuständigkeit im Rechtshilfeverkehr mit dem Ausland in strafrechtlichen Angelegenheiten nach § 74 Abs. 2 IRG getroffene „Vereinbarung zwischen der Bundesregierung und den Landesregierungen von Baden-Württemberg, Bayern, Berlin, Bremen, Hamburg, Hessen, Niedersachsen, Nordrhein-Westfalen, Rheinland-Pfalz, Saarland, Schleswig-Holstein über die Zuständigkeit im Rechtshilfeverkehr mit dem Ausland in strafrechtlichen Angelegenheiten (Zuständigkeitsvereinbarung)" vom 22. 11. 1983 (BAnz. 1983 S. 12593; 1984 S. 12322),
- Rechtshilfe- und Auslieferungsverträge mit ausländischen Staaten,
- multilaterale Verträge (Konventionen) mit mehreren Staaten gleichzeitig,
- Vorbehalte der Signatarstaaten von Konventionen.

2   Die in internationalen von der Bundesrepublik ratifizierten Veträgen enthaltenen Regelungen **gehen** den deutschen Bestimmungen **vor,** so daß immer zu prüfen ist, ob „internationales" oder nationales Rechtshilferecht anzuwenden ist.

B. Gesetz über die internationale Rechtshilfe in Strafsachen (IRG)

I. Zentrale Begriffe und Anwendungsbereiche des Gesetzes

3   Das IRG enthält zwei große **Regelungsbereiche:** Die sog. große Rechtshilfe (§§ 2–58) und die sog. kleine Rechtshilfe, im Gesetz überschrieben mit „sonstige Rechtshilfe" (§§ 59–67 IRG).

4   Die sog. **große Rechtshilfe** umfaßt die Auslieferung an das Ausland (§§ 2–42 IRG), die Durchlieferung (§§ 43–47 IRG) und die Rechtshilfe durch Vollstreckung ausländischer Erkenntnisse (§§ 48–58 IRG).

5   **„Internationale Rechtshilfe"** stellt somit nach dieser Einteilung den Oberbegriff für Auslieferung, Durchlieferung, Rechtshilfe durch Vollstreckungsübernahme und sonstige Rechtshilfe dar, wobei § 59 Abs. 2 IRG für den Bereich der **„sonstigen Rechtshilfe"** diese definiert als „jede Unterstützung", die für ein ausländisches Verfahren in einer strafrechtlichen Angelegenheit gewährt wird, unabhängig davon, ob das ausländische Verfahren von einem Gericht oder einer Behörde betrieben wird und ob die Rechtshilfe von einem Gericht oder von einer Behörde vorzunehmen ist. Darauf,

was eine „strafrechtliche Angelegenheit" ist, geht das Gesetz bis auf eine Klarstellung in § 1 Abs. 2 IRG nicht ein. Der Begriff der „strafrechtlichen Angelegenheit" soll jedoch im Gegensatz zur Gesetzesüberschrift („Strafsachen") verdeutlichen, daß die Rechtshilfe nicht lediglich zur Unterstützung eines Strafverfahrens im engeren Sinne einschließlich des Ermittlungs- und Vollstreckungsverfahrens geleistet wird, sondern daß entscheidend ist, ob die dem jeweiligen Ersuchen zugrundeliegende Angelegenheit materiell als strafrechtlich anzusehen ist (also z. B. auch Sicherungsverfahren nach § 413 ff. StPO, Verfahren in Strafregistersachen, Entscheidungen über Strafaussetzung usw.). Eine Erweiterung findet durch die Klarstellung in § 1 Abs. 2 IRG auf den Bereich der **Ordnungswidrigkeiten** statt, sofern über die Festsetzung der Sanktion auch ein für Strafsachen zuständiges Gericht entscheiden kann.

Aus der Definition des § 59 Abs. 2 IRG folgt, daß das Gesetz auch für die **6** **internationale polizeiliche Zusammenarbeit** auf dem Gebiet des Strafrechts gilt, soweit sie nicht rein präventive Maßnahmen oder bloßen Erfahrungsaustausch im weitesten Sinne betrifft. Ebenso gelten die Vorschriften des IRG für die **Zusammenarbeit der Steuer- und Zollbehörden** in strafrechtlichen Angelegenheiten.

§ 1 Abs. 3 IRG statuiert die **Subsidiarität des IRG** gegenüber völkerrechtlich bindenden Vereinbarungen. Darunter fallen z. B. bilaterale Auslieferungsverträge, das Europäische Auslieferungsübereinkommen und das Europäische Übereinkommen über die Rechtshilfe in Strafsachen. **7**

Für den **Rechtshilfeverkehr innerhalb Deutschlands** ist das IRG nicht **8** anwendbar.

II. Die wichtigsten Normen und Prinzipien im einzelnen

1. § 74 IRG (Zuständigkeit)

Die internationale Rechtshilfe berührt die auswärtigen Beziehungen des **9** Bundes. Nach Art. 32 Abs. 1 des Grundgesetzes (GG) ist die Pflege der Beziehungen zu auswärtigen Staaten **Sache des Bundes.** Nach Art. 73 Nr. 1 GG hat der Bund darüber auch die ausschließliche Gesetzgebungskompetenz. Somit fällt die internationale Rechtshilfe als Bundesangelegenheit in die Zuständigkeit der Bundesregierung (§ 74 Abs. 1 IRG). Die Bundesregierung hat jedoch die Ausübung ihrer Befugnisse teilweise durch die Zuständigkeitsvereinbarung (vgl. oben Rdnr. 1) auf die Bundesländer übertragen.

Von der darin den Ländern eingeräumten Befugnis, nachgeordnete **10** Behörden zu beauftragen (vgl. § 74 Abs. 2 Satz 2 IRG), haben die Länder durch **Delegationserlasse** Gebrauch gemacht. Die Landesregierungen haben darin in unterschiedlicher Weise Kompetenzen weiter übertragen.

In der **Zuständigkeitsvereinbarung** hat die Bundesregierung den Landesregierungen die Ausübung ihrer Befugnisse zur Entscheidung über **eingehende Ersuchen** für folgende Angelegenheiten erteilt (Auswahl):

– Auslieferungsersuchen der Staaten Dänemark, Niederlande, Österreich, Schweiz, Italien,

– sonstige (sog. kleine) Rechtshilfe, es sei denn, daß die Durchbeförderung von Zeugen oder die Durchbeförderung zur Vollstreckung begehrt wird;

11   über **ausgehende Ersuchen** dürfen die Landesregierungen in den entsprechenden Fällen entscheiden:

– Auslieferungsersuchen und damit zusammenhängende Ersuchen um Herausgabe von Gegenständen an die Staaten Dänemark, Niederlande, Österreich, Schweiz, Italien,

– sonstige Rechtshilfeersuchen an sämtliche Staaten, mit Ausnahme von Ersuchen um Durchlieferung, Durchbeförderung von Zeugen und Durchbeförderung zur Vollstreckung.

12   **Ausgenommen von der Übertragung** sind u. a. Fälle, in denen

– **von mehreren ausländischen Staaten** um die Auslieferung ein und desselben Verfolgten oder um die Herausgabe ein und desselben Gegenstandes **ersucht** wird,

– die Tat, derentwegen um Rechtshilfe ersucht wird, eine **politische,** eine mit einer solchen zusammenhängende oder eine **militärische Tat** ist oder

– die Tat, derentwegen um Rechtshilfe gebeten wird, ein **Fiskaldelikt** ist (mit einigen Ausnahmen, z. B. Gefahr im Verzug).

2. Das Prinzip der Gegenseitigkeit

13   Das Prinzip der **Gegenseitigkeit** gilt nur noch für die Auslieferungs-, Durchlieferungs- und Vollstreckungshilfe (s. § 5 IRG für die Auslieferung). Das IRG verzichtet für die sonstige Rechtshilfe auf das Prinzip der Gegenseitigkeit. Dennoch behält dieses Prinzip seine Bedeutung. Es kann in der Praxis dazu verwendet werden, keine sonstige Rechtshilfe zu leisten, wenn sich herausstellt, daß der andere Staat an ihn gerichtete Rechtshilfeersuchen derselben Art nicht erledigt.

3. Das Prinzip der gegenseitigen Strafbarkeit

14   Die **beiderseitige Strafbarkeit** ist nicht erforderlich bei der Leistung von sonstiger Rechtshilfe, ausgenommen bei Beschlagnahme, Durchsuchung und Durchbeförderung zur Strafvollstreckung.

4. Anwendbarkeit innerstaatlicher Rechts- und Amtshilfegrundsätze

15   Nach § 59 Abs. 3 IRG darf Rechtshilfe nur geleistet werden, wenn die Voraussetzungen vorliegen, unter denen **deutsche Gerichte oder Behörden einander** in entsprechenden Fällen Rechts- oder Amtshilfe leisten könnten. Für die Rechtshilfe im vertraglosen Bereich wird damit sichergestellt, daß einem ausländischen Staat nicht mehr an Hilfe gewährt wird, als sie innerdeutsche Behörden untereinander erhalten könnten.

5. Unmittelbar die Polizei tangierende Vorschriften

16   a) Wenn die Voraussetzungen eines **Auslieferungshaftbefehls** vorliegen, so sind nach § 19 die Staatsanwaltschaft und die Beamten des Polizeidien-

stes zur **vorläufigen Festnahme** befugt (unter der weiteren Vorausset-
zung des § 127 Abs. 1 Satz 1 StPO ist jedermann zur vorläufigen
Festnahme befugt). Welche diese Voraussetzungen sind, besagt § 17
IRG.

b) Nach § 22 Abs. 1 IRG muß der vorläufig festgenommene Verfolgte **17**
spätestens am Tag nach der Festnahme dem **Richter** des nächsten
Amtsgerichts **vorgeführt** werden. Dasselbe gilt nach § 21 Abs. 1 auch,
wenn der Verfolgte aufgrund eines Auslieferungshaftbefehls ergriffen
wird.

c) Nach § 39 Abs. 3 IRG sind bei Gefahr im Verzug die Staatsanwaltschaft **18**
und die Hilfsbeamten der Staatsanwaltschaft befugt, ohne richterlichen
Beschluß **Beschlagnahmen** und **Durchsuchungen** anzuordnen im Hinblick auf Gegenstände, deren Herausgabe an einen anderen Staat im
Rahmen eines Auslieferungsverfahrens in Betracht kommen.

d) Dasselbe gilt nach § 67 Abs. 4 IRG auch im Rahmen der **sonstigen** **19**
Rechtshilfe.

6. § 15 IRG (Auslieferungshaft)

Nach dem Eingang des **Auslieferungsersuchens** kann gegen den Verfolgten **20**
die **Auslieferungshaft** angeordnet werden (§ 15 Abs. 1 IRG).

Das Auslieferungsersuchen muß der Form des § 10 IRG entsprechen, **21**
also die vollständigen Unterlagen enthalten. Eingang der **Auslieferungsunterlagen** bedeutet dabei der Eingang der auf diplomatischem Wege übermittelten Unterlagen für das justizförmige Verfahren, nicht die über Interpol
oder sonst auf polizeilichem Wege übermittelten Sachverhaltsdarstellun-
gen und Ersuchen um Festnahmen.

In Fällen, in denen die Auslieferung von vornherein unzulässig **22**
erscheint, darf **keine Auslieferungshaft** angeordnet werden (§ 15 Abs. 2
IRG). Das bedeutet ferner, daß seitens des BKA eine Ausschreibung zur
Festnahme unterbleiben muß, wenn dies bei dem Ersuchen um Festnahme
zwecks Auslieferung bereits erkennbar ist.

7. § 16 IRG (Vorläufige Auslieferungshaft)

Die **vorläufige Auslieferungshaft** (im Gesetzestext des § 16 wird der Aus- **23**
druck „vorläufig" nicht verwandt; dieser terminus technicus ist jedoch
üblich, wie sich aus der Überschrift des § 16 und aus § 17 Abs. 1 ergibt)
unterscheidet sich von der Auslieferungshaft im Grunde nur dadurch, daß
sie angeordnet werden kann, bevor die Unterlagen zur Prüfung, ob die
Auslieferungshaft angeordnet wird, eingetroffen sind. Die Anordnung der
vorläufigen Auslieferungshaft kann entweder erfolgen, wenn eine zuständige Stelle des ersuchenden Staates darum ersucht oder ein Ausländer eine
Tat, die zu seiner Auslieferung Anlaß geben kann, aufgrund bestimmter
Tatsachen dringend verdächtig ist (§ 16 Abs. 1 Nrn. 1 und 2 IRG).

Der notwendige **Inhalt des Ersuchens um vorläufige Inhaftnahme** nach **24**
§ 16 Abs. 1 Nr. 1 ist nicht näher geregelt. Ein Blick auf § 17 IRG, in dem der
notwendige Inhalt eines Auslieferungshaftbefehls statuiert wird, zeigt aber,

welchen Inhalt das Ersuchen um vorläufige Inhaftnahme haben muß. Dies sind insbesondere die Personalien des Verfolgten, die Bezeichnung der ersuchenden Stelle, die dem Verfolgten zur Last gelegte Tat unter Angabe von Art und Weise, Ort und Zeit ihrer Begehung, Kennzeichnung des Zweckes des Festnahmeersuchens, d. h. die Ankündigung, daß ein Auslieferungsersuchen gestellt werde, und eine Erklärung, ob der Verfolgte zur Strafverfolgung oder zur Strafvollstreckung gesucht wird. Letztere Angabe ist deshalb notwendig, weil unter Umständen bestimmte vertraglich festgelegte Fristen eine Auslieferung zum Zwecke der Strafvollstreckung verbieten.

8. § 17 IRG (Auslieferungshaftbefehl)

25 Nach § 17 Abs. 2 IRG sind in dem **Auslieferungshaftbefehl** anzuführen
– der Verfolgte,
– der Staat, an den auszuliefern ist,
– die zur Last gelegte Tat,
– Tatsachen, aus denen sich ergibt, daß er einer auslieferungsfähigen Tat dringend verdächtig ist.

9. § 19 IRG (Vorläufige Festnahme)

26 Liegen die Voraussetzungen eines Auslieferungshaftbefehls (s. §§ 15, 16 IRG) vor, können Staatsanwaltschaft und Beamte der Polizei den Verfolgten **vorläufig festnehmen.**

10. § 41 IRG (Vereinfachte Auslieferung)

27 Der Vorteil der **vereinfachten Auslieferung,** zu der der Verfolgte sein Einverständnis erklären muß, liegt darin, daß das Eintreffen eines förmlichen Auslieferungsersuchens einschließlich der Auslieferungsunterlagen nicht abgewartet zu werden braucht. Die Worte „ohne Durchführung des förmlichen Auslieferungsverfahrens" in § 41 Abs. 1 IRG besagen insbesondere, daß das Verfahren nach den §§ 28–33 IRG entfallen kann.

28   Der Verfolgte kann auch auf die Beachtung des **Prinzips der Spezialität** verzichten (§ 41 Abs. 2 IRG). Nach diesem Prinzip darf ein Verfolgter nur wegen der Taten bestraft werden, deretwegen die Auslieferung bewilligt wurde und nur an einen dritten Staat weitergeliefert werden, wenn die deutsche Zustimmung vorliegt (§ 11 Abs. 1 IRG).

11. § 45 IRG (Durchlieferungsverfahren)

29 Das **Durchlieferungsverfahren** ist im Prinzip dem Auslieferungsverfahren gleich.

12. § 8 IRG (Todesstrafe)

30 Eine Auslieferung an einen Staat, in dem die Tat, derentwegen um Auslieferung ersucht wird, mit dem Tode bedroht ist, ist nur dann zulässig, wenn dieser Staat zusichert, daß die **Todesstrafe** nicht verhängt oder nicht voll-

streckt werden wird. Das bedeutet aber nicht, daß nicht sonstige Rechtshilfe in solchen Fällen geleistet werden dürfte.

13. Besondere Straftaten

a) § 6 IRG

Wegen einer **politischen oder damit zusammenhängenden Tat** ist die Auslieferung unzulässig. Dies gilt jedoch nicht, soweit es um Mord, Völkermord oder Totschlag geht. Nach § 6 Abs. 2 IRG ist die Auslieferung auch dann nicht zulässig, wenn Gründe für die Annahme bestehen, daß der Verfolgte im Falle seiner Auslieferung wegen seiner Rasse, Religion, Staatszugehörigkeit, Zugehörigkeit zu einer bestimmten sozialen Gruppe oder seiner politischen Anschauungen wegen verfolgt oder bestraft würde. **31**

b) § 7 IRG

Nach § 7 IRG ist die Auslieferung auch dann unzulässig, wenn die Tat ausschließlich in der **Verletzung militärischer Pflichten** besteht. **32**

14. Arten der sonstigen Rechtshilfe

Eine abschließende Aufzählung, was unter **sonstiger Rechtshilfe** zu verstehen ist, existiert nicht. Darunter können Auskünfte aus BKA-eigenen Unterlagen, aus dem Bundeszentralregister, aus sonstigen Registern, Identitätsfeststellungen, Fahndungsmaßnahmen, Ladungen und Zustellungen, Vernehmungen, Sicherstellungen, Beschlagnahmen, Durchsuchungen und andere Maßnahmen fallen, soweit sie nach innerstaatlichem Recht zulässig sind. Einige mögliche Arten von sonstigen Rechtshilfeersuchen sind in den §§ 62–67 IRG und Nr. 123 RiVASt genannt. **33**

C. Richtlinien für den Verkehr mit dem Ausland in strafrechtlichen Angelegenheiten (RiVASt)

I. Einheitliche Geltung

Die RiVASt sind von den **Regierungen der Bundesländer** und von der **Bundesregierung** je für ihren Bereich gesondert in Kraft gesetzt worden. **34**

Die für alle Länder und den Bund einheitlich geltende Fassung beruht auf einer **Vereinbarung** zwischen allen beteiligten Regierungen. **35**

II. Die wichtigsten Bestimmungen im einzelnen:

1. Nr. 123 RiVASt (Tätigkeit des Bundeskriminalamts)

Die für die Polizei wichtigste Bestimmung der RiVASt ist Nr. 123. Es ist zu unterscheiden zwischen **eingehenden** und **ausgehenden Ersuchen.** **36**

a) Eingehende Ersuchen

37 Polizeiliche Ersuchen darf das BKA gemäß Nr. 123 Abs. 1 RiVASt **selbst erledigen** durch
    – Einleitung von Fahndungsmaßnahmen,
    – Identitätsfeststellungen,
    – Erteilung von Auskünften aus kriminalpolizeilichen Unterlagen, Registern, Dateien und sonstigen Sammlungen,
    – Erstellung kriminalpolizeilicher Gutachten.

38 Darüber hinausgehend darf das BKA nur tätig werden, soweit eine **völkerrechtliche** Vereinbarung die Pflicht zur Erledigung vorsieht oder soweit die **Bundesregierung** im Einzelfall oder generell die **Genehmigung** erteilt hat.

39 Das BKA darf eingehende Ersuchen **vermitteln** (Nr. 123 Abs. 2).

b) Ausgehende polizeiliche Ersuchen

40 Das BKA darf ausgehende polizeiliche Ersuchen **selbst stellen** (Nr. 123 Abs. 3) zur
    – Einleitung von Fahndungsmaßnahmen,
    – Durchführung von Identitätsfeststellungen,
    – Erlangung von Auskünften (vgl. Nr. 118 Abs. 2),
    – Vorbereitung justitieller Ersuchen.

41 Darüber hinaus darf das BKA Ersuchen selbst stellen – auch auf Anordnung der Staatsanwaltschaft –, soweit eine **völkerrechtliche Vereinbarung** die Pflicht zur Erledigung vorsieht oder soweit die **Bundesregierung** im Einzelfall oder generell die **Genehmigung** erteilt hat.

42 Das BKA darf ausgehende polizeiliche Ersuchen **vermitteln** zur
    – Einleitung von Fahndungsmaßnahmen,
    – Durchführung von Identitätsfeststellungen
    – Erlangung von Auskünften (vgl. Nr. 118 Abs. 3),
    – Vorbereitung justitieller Ersuchen (Nr. 123 Abs. 4 Satz 4 i. V. mit Nr. 124 Abs. 3 Buchst. b).

Ferner darf das BKA von anderen Polizeibehörden im Sinne der Nr. 124 Abs. 3 Buchst. a und Abs. 4 gestellte Ersuchen vermitteln.

c) Ausgehende justitielle Ersuchen

43 Das BKA darf
    – ausgehende justitielle Ersuchen
    – – um Durchführung von Fahndungsmaßnahmen, um Identitätsfeststellung, um Erteilung von Auskünften im Sinne der Nr. 118 Abs. 3, um Maßnahmen zur Vorbereitung eines justitiellen Rechtshilfeersuchens (Nr. 123 Abs. 4 Satz 1 i. V. mit Nr. 123 Abs. 3 Buchst. b) und

– – um Festnahme, um Anordnung der vorläufigen Auslieferungshaft, um vorläufige Inhaftnahme (§ 123 Abs. 4 Satz 1),

– Ersuchen, sofern in einer völkerrechtlichen Übereinkunft der Geschäftsweg über das BKA – insbesondere über Interpol – vorgesehen ist (§ 123 Abs. 4 Satz 2) sowie

– eilige Ersuchen, wenn der unmittelbare Geschäftsweg zugelassen ist,

vermitteln.

2. Nr. 124 RiVASt (Tätigkeit anderer Polizeibehörden)

Die Nr. 124 RiVASt regelt die Tätigkeit **anderer Polizeibehörden.** **44**

a) **Eingehende** polizeiliche Rechtshilfeersuchen dürfen andere Polizei- **45** dienststellen **selbst** erledigen, soweit eine **völkerrechtliche Vereinbarung** die Pflicht zur Erledigung vorsieht. Ferner dürfen sie auf ein eingegangenes Ersuchen einer ausländischen Behörde Fahndungsmaßnahmen durchführen, Identitätsfeststellungen treffen, im Rahmen innerstaatlichen Rechts Auskünfte aus Registern, Dateien und sonstigen Sammlungen sowie aus kriminalpolizeilichen Unterlagen erteilen und kriminaltechnische Gutachten erstatten. Bestehen gegen die Erledigung Bedenken, ist die Entscheidung der obersten Verwaltungsbehörde herbeizuführen.

b) Sie dürfen **ausgehende** polizeiliche Rechtshilfeersuchen stellen zur **46**
   – Einleitung von Fahndungsmaßnahmen,
   – Durchführung von Identitätsfeststellungen,
   – Erlangung von Auskünften (Nr. 118 Abs. 2),
   – Vorbereitung justitieller Ersuchen (Nr. 124 Abs. 3 Buchst. b).

Darüber hinaus können sie – auch auf Anordnung der Staatsanwalt- **47** schaft – Ersuchen stellen, soweit eine **völkerrechtliche Vereinbarung** die Pflicht zur Erledigung vorsieht (Nr. 124 Abs. 3 Buchst. a) und Abs. 4).

3. Nr. 126 RiVASt (Auskunft über Vorstrafen)

Geht bei einer Polizeibehörde ein ausländisches Ersuchen um Auskunft **48** über Vorstrafen ein, so ist dies dem **Bundeszentralregister** zu übersenden.

4. Nrn. 128–137 RiVASt (Verkehr mit diplomatischen und konsularischen Vertretungen)

a) Deutsche Auslandsvetretungen

Nach Nr. 129 Abs. 3 Satz 3 ist der Verkehr mit **deutschen Auslandsvertre- 49 tungen** kein zwischenstaatlicher, sondern innerstaatlicher Dienstverkehr. Daher können die Heimatbehörden mit den deutschen Auslandsvertretungen direkt in Verbindung treten (Nr. 131 Abs. 1).

b) Ausländische Vertretungen in der Bundesrepublik

50   Demgegenüber ist der Verkehr mit **ausländischen diplomatischen** Vertretungen nicht im Wege des unmittelbaren Geschäftsverkehrs zulässig. Soll ein Ersuchen an eine ausländische diplomatische Vertretung gerichtet werden, ist es zuerst der obersten Justiz- oder Verwaltungsbehörde vorzulegen (Nr. 133 Abs. 1). Unmittelbar von einer diplomatischen Vertretung eingehende Ersuchen müssen ebenfalls der obersten Justiz- oder Verwaltungsbehörde vorgelegt werden (Nr. 133 Abs. 2).

51   In **Routineangelegenheiten** ist der Verkehr mit ausländischen **konsularischen** Vertretungen im Wege des unmittelbaren Geschäftsverkehrs zulässig. Den konsularischen Vertretungen gleichzusetzen sind die Konsularabteilungen der Botschaften (Nr. 134 Abs. 1 Satz 1). In Sachen von grundsätzlicher Bedeutung gilt jedoch auch hier die Vorlagepflicht an die oberste Justiz- oder Verwaltungsbehörde (Nr. 134 Abs. 1 Satz 2).

5. Nrn. 138, 139 RiVASt (Tätigkeit ausländischer Richter oder Beamter in der Bundesrepublik Deutschland)

52   Ausländische Beamte oder Richter dürfen nach Nr. 138 Abs. 1 im Inland nur dann **an Amtshandlungen teilnehmen,** wenn die Zustimmung der zuständigen Behörde erteilt wurde oder die Genehmigung im Verhältnis zu bestimmten Staaten allgemein erteilt worden ist. Die Vornahme der Amtsgeschäfte erfolgt durch einen deutschen Richter oder Beamten, der dafür Sorge zu tragen hat, daß der ausländische Kollege nur in dem sachlich gebotenen Umfang in den Gang der Ermittlungen eingreift und von der zuständigen Behörde unter Umständen gestellte Bedingungen eingehalten werden (Nr. 138 Abs. 2).

6. Nrn. 140–142 RiVASt (Teilnahme deutscher Richter oder Beamter an Amtshandlungen im Ausland)

53   Nach Nr. 140 Abs. 1 ist die Genehmigung der obersten Justiz- oder Verwaltungsbehörde einzuholen, bevor das Ersuchen um Teilnahme eines deutschen Richters oder Beamten an Amtshandlungen im Ausland an eine ausländische Behörde gestellt wird (es sei denn, die Genehmigung ist allgemein erteilt).

54   Eine Ausnahme von dem Grundsatz der Nr. 140 Abs. 1 macht Nr. 141 für das BKA, die LKÄ und die Finanzbehörden. Diese dürfen im Rahmen ihrer Zuständigkeit Beamte ohne Genehmigung in das Ausland entsenden, wenn ohne die **sofortige** Entsendung der Ermittlungszweck nicht erreicht werden kann und die Zustimmung der ausländischen Behörde vorliegt (Nr. 141 Abs. 1 Satz 1). Hierzu sei bemerkt, daß der Systematik der Vorschrift nach die Genehmigung dann erforderlich wäre, wenn bei späterer Entsendung der Ermittlungszweck erreicht werden könnte.

55   Nach Nr. 141 Abs. 1 bedarf es keiner Genehmigung, wenn in einem Einlieferungsverfahren der Verfolgte von deutschen Beamten auf dem Luftwege im Ausland abgeholt werden soll.

7. Nr. 90 RiVASt (Verhältnis der Auslieferung [Einlieferung] zur Ausweisung)

Eine Ausweisung wird vom Aufenthaltstaat ausschließlich im eigenen **56** Interesse angeordnet. Soll eine Einlieferung betrieben werden, ist es nach Nr. 90 grundsätzlich **unzulässig,** auf ausländische Behörden dahin einzuwirken, daß sie statt der Auslieferung eine Ausweisung vornehmen. Diese Einwirkung ist selbst in der schwachen Form der Anfrage, ob an eine Ausweisung gedacht sei, untersagt. Ausnahmsweise kann eine solche Entscheidung der obersten Justizbehörde gehalten werden. Es kommt jedoch vor, daß Staaten nicht bereit sind, ein Auslieferungsverfahren durchzuführen und der Einfachheit halber eine Abschiebung vornehmen.

8. Nr. 85 RiVASt (Internationale Fahndung)

Nach Nr. 85 Abs. 3 ist das Ersuchen um **internationale Fahndung** unter **57** Verwendung eines **von der IKPO-Interpol entwickelten Vordruckes (IKPO-Nr. 1)** über das LKA an das BKA zu richten. Beizufügen sind ED-Material und eine Mehrfertigung des Haftbefehls oder des vollstreckbaren Straferkenntnisses.

Wird schon vor Übersendung der o. a. Unterlagen das BKA gebeten, die **58** internationale Fahndung sofort einzuleiten, so muß das **Ersuchen** nach Nr. 85 Abs. 4 **enthalten:**

a) genaue Angaben über den Verfolgten (Personalien, Namen der Eltern, Staatsangehörigkeit, Personenbeschreibung, Ausweis- und/oder Paßdaten),

b) Haftbefehlsdaten mit dem Namen des ausstellenden Richters,

c) Modus operandi unter Angabe des Tatorts und der Tatzeit,

d) die Erklärung mit dem Namen des die Fahndung veranlassenden Staatsanwaltes, daß im Falle des Ergreifens des Verfolgten die Auslieferung betrieben werde und

e) die Länder, in denen gefahndet werden soll.

Wenn ein **Haftbefehl noch nicht erlassen** ist, kann in dringenden Fällen **59** um **polizeiliche Festnahme** im Ausland ersucht werden. Gleichzeitig ist der Haftbefehl zu beantragen und nach seinem Erlaß unverzüglich das Ersuchen um vorläufige Inhaftnahme zu stellen. Dem Ersuchen ist neben den o. a. Angaben die Erklärung hinzuzufügen, daß ein Haftbefehl oder ein vollstreckbares Straferkenntnis vorliege und daß die Auslieferung auf dem dafür vorgesehenen Weg unverzüglich angeregt werde (Nr. 86 Abs. 2 und 3).

(Anmerkung: Nr. 85 RiVASt soll demnächst durch gesondert erlassene Richtlinien für die internationale Fahndung ersetzt werden.)

9. Nr. 6 RiVASt (Verkehr mit dem BKA)

Die Justiz- oder Verwaltungsbehörden eines Landes und das BKA treten **60**

über das jeweilige LKA miteinander in Verbindung. In Eilfällen können sie unmittelbar miteinander kommunizieren unter gleichzeitiger nachrichtlicher Unterrichtung des LKA.

10. Nr. 5 RiVASt (Geschäftswege)

61 Es gibt folgende Geschäftswege im Rechtshilfeverkehr:

a) Den diplomatischen Geschäftsweg

Die Regierung eines der beiden beteiligten Staaten und die diplomatische Vertretung des anderen treten miteinander in Verbindung.

b) Den ministeriellen Geschäftsweg

Die obersten Justiz- und Verwaltungsbehörden in den beteiligten Staaten treten miteinander in Verbindung.

c) Den konsularischen Geschäftsweg

Eine konsularische Vertretung im Gebiet des ersuchten Staates und die Behörden dieses Staates treten miteinander in Verbindung.

d) Den unmittelbaren Geschäftsweg

Die ersuchende und die ersuchte Behörde treten unmittelbar miteinander in Verbindung, unbeschadet der Einschaltung einer Prüfungs- oder Bewilligungsbehörde, der Übermittlung über das BKA oder über eine andere Übermittlungsstelle.

e) Den polizeilichen (Interpol-)Geschäftsweg

Dieser ist in Nr. 5 nicht genannt, aber in mehreren zwischenstaatlichen Vereinbarungen für die Übermittlung in bestimmten Fällen als zulässig aufgeführt.

62   **Welcher Geschäftsweg** im einzelnen Fall **zulässig ist,** ergibt sich aus der im Verhältnis zu dem ersuchten Staat gültigen bi- oder multilateralen **völkerrechtlichen Vereinbarung.**

63   Der **diplomatische Weg** muß eingehalten werden, wenn ein anderer Geschäftsweg nicht zugelassen ist.

64   Nach Nr. 17 ist ein Ersuchen, das auf einem **nicht zugelassenen Geschäftsweg** übermittelt wurde, in der Regel zu **erledigen.** Die Rückleitung der Erledigungsstücke erfolgt auf dem vorgeschriebenen Geschäftsweg. Ist ein Ersuchen bei einer nicht zuständigen Behörde eingegangen, hat diese es unmittelbar an die zuständige Bewilligungsbehörde weiterzuleiten.

SCHRIFTTUM

Bundeskriminalamt (Hrsg.): Internationale Verbrechensbekämpfung – Europäische Perspektiven –. Arbeitstagung des Bundeskriminalamtes Wiesbaden vom 5. bis 8. November 1984. Wiesbaden 1985 (BKA-Vortragsreihe. Bd. 30).

Bundeskriminalamt, Literaturdokumentation(Hrsg.): Internationale Verbrechensbekämpfung – Europäische Perspektiven –. Arbeitstagung des Bundeskriminalamtes Wiesbaden vom 5. bis 8. November 1984. Literaturzusammenstellung. Wiesbaden 1984. (COD-Literatur-Reihe. Bd. 3).

Der Bundesminister der Justiz (Hrsg.): Richtlinien für den Verkehr mit dem Ausland in strafrechtlichen Angelegenheiten (RiVASt). Heidelberg 1985 ff. (Loseblattausgabe). – Die Sammlung enthält auch die Vereinbarung zwischen der Bundesregierung und den Landesregierungen über die Zuständigkeit im Rechtshilfeverkehr mit dem Ausland in strafrechtlichen Angelegenheiten (Anh. I, S. 45–48) –.

Grützner, Heinrich und Paul-Günter Pötz: Internationaler Rechtshilfeverkehr in Strafsachen. Die für die Rechtsbeziehungen der Bundesrepublik Deutschland mit dem Ausland in Strafsachen maßgeblichen Bestimmungen. 3 Bde., 2. Aufl., Heidelberg 1980 ff. (Loseblattausgabe).

Polizei-Führungsakademie (Hrsg.): Rechtshilfeverkehr mit dem Ausland – Recht und Praxis –. Seminar vom 19. bis 21. September 1984 bei der Polizei-Führungsakademie. Schlußbericht. Münster 1984.

Schnigula, Jürgen: Probleme der internationalen Rechtshilfe in Strafsachen bei ausgehenden deutschen Ersuchen im Bereich der „sonstigen Rechtshilfe". In: Deutsche Richterzeitung 62 (1984), S. 177–183.

*Storbeck, Jürgen:*Verwirrend – von Gesetzes wegen. Wenn im Ausland ermittelt werden muß, können in der Bundesrepublik viele Behörden zuständig sein. In: Kriminalistik 41 (1987), S. 472–477.

Willkommen, Dieter: Es beginnt bei der Unfallflucht. Internationale Rechtshilfe in Strafsachen: Gesetze, Verträge, Geschäftswege – ein Überblick. In: Kriminalistik 41 (1987), S. 466–471.

33

Internationale polizeiliche Zusammenarbeit innerhalb der EG-Länder am Beispiel von TREVI

Manfred Schreiber

INHALTSÜBERSICHT

A.   Der Hintergrund

I. Wachsende Mobilität

Die internationale Zusammenarbeit der Polizeien auf der Welt hat durch **1** die zunehmende Mobilität eine völlig neue Dimension erhalten. Binnen zwei Flugstunden kann Europa verlassen werden. Die zunehmende Liberalität und der Massentourismus ermöglichen – ungeachtet von Grenzkontrollen – leichte Ein- und Ausreise (allein am Grenzübergang Kiefersfelden–Kufstein von der Bundesrepublik nach Österreich überqueren in der Hauptsaison innerhalb von 24 Stunden 40 000 Pkw die Grenze). Schon verdichtete Stichprobenkontrollen würden den europäischen Tourismus zum Erliegen bringen. Der **Bewegungsspielraum des Verbrechens erweitert sich ständig.** Längst gehört ganz Europa, insbesondere aber der EG-Raum, dazu.

II. Gewachsene Souveränitätsrechte

Diesen neuen Dimensionen stehen **alte, gewachsene Souveränitätsrechte,** **2** fest verankerte Rechtsordnungen, seit Jahrhunderten tief eingegrabene kulturelle Eigenheiten **gegenüber.** In Europa, insbesondere gegenüber der Bundesrepublik Deutschland, kommen dazu noch Hypotheken aus der jüngsten Vergangenheit.

Diese Zerrissenheit bedarf der Harmonisierung, die verschiedenen Wege der einzelnen Nationen bedürfen begehbarer Brücken.

III. Annäherung Europas

3 Der politische Prozeß der europäischen Integration nach dem Zweiten Weltkrieg erreichte eine erste entscheidende Stufe mit der Gründung der EWG und der Europäischen Atomgemeinschaft 1957 durch die **Römischen Verträge.** Der Funktionsbereich Innere Sicherheit blieb allerdings noch unberührt.

4 Erst 1976 beschlossen die für Fragen der Inneren Sicherheit zuständigen Innen- bzw. Justizminister der damals noch 9 EG-Staaten ein Arbeitsprogramm zur **Verbesserung** der Zusammenarbeit im Bereich der **Inneren Sicherheit.** Mit diesem Beschluß setzten die Minister eine Entscheidung der Staats- und Regierungschefs der 9 EG-Staaten, dem sog. Europäischen Rat, vom 1./2. 12. 1975 um. Eine neue Dimension gewinnt die gemeinsame Politik der EG-Staaten im Bereich der Inneren Sicherheit mit den Maastrichter Beschlüssen des Europäischen Rates v. 9./10. 12. 1991.

B.   Die TREVI-Kooperation

I. Aufgabenbereiche

5 Mit dem Beschluß des **Arbeitsprogramms** wurde 1976 die sog. **TREVI**-Kooperation (TREVI = Terrorisme, Radicalisme, Extremisme, Violence, International) gegründet. Als Aufgabenbereiche wurden von den Ministern festgelegt und später ergänzt:

– Verbesserung und Intensivierung eines Informationsaustauschs über durchgeführte terroristische Aktionen;

– Zusammenarbeit und Informationsaustausch zur Abwehr terroristischer Anschläge und gegenseitige Unterstützung in konkreten Fällen;

– Erfahrungsaustausch und stärkere Zusammenarbeit im technischen Bereich und bei der Polizeiausrüstung;

– Intensivierung des Informationsaustausches über die Polizeiausbildung und Förderung des Austausches von Polizeibeamten;

– Intensivierung der Zusammenarbeit zum Schutz des zivilen Luftverkehrs und im Bereich der Nuklearsicherheit;

– Zusammenarbeit bei der Bekämpfung von Naturkatastrophen oder Unfällen, insbesondere Brandkatastrophen;

– Zusammenarbeit bei der Bekämpfung der organisierten internationalen Kriminalität.

Auf der Grundlage der politischen Zielvorgabe der Einheitlichen Europäischen Akte, in der 1986 festgelegt wurde, daß bis zum 1. 1. 1993 die Kontrolle an den EG-Binnengrenzen aufgehoben werden sollte, umrissen die TREVI-Mitgliedstaaten in einem neuen Aktionsprogramm vom 15. 6. 1990 Bereiche und Methoden einer künftig intensivierten Zusammenarbeit, um den mit dem Wegfall der Kontrollen verbundenen Sicherheitsdefiziten entgegenzuwirken.

Das Programm umfaßt folgende Aktionsbereiche:
– Terrorismusbekämpfung
– Bekämpfung des illegalen Drogenhandels
– Bekämpfung der Organisierten Kriminalität
– Bekämpfung der illegalen Einwanderung
– Polizeitechnik
– Ausbildung der Polizei.

Vorgesehen sind in dem Aktionsprogramm vor allem
– der Austausch von Experten und Verbindungsbeamten
– die Zusammenarbeit der in ein Drittland entsandten Verbindungsbeamten
– Zusammenarbeit bei den Kontrollen an den Außengrenzen
– Zusammenarbeit in der Binnengrenzregion einschließlich besserer Kommunikationsverbindungen und grenzüberschreitender Nacheile
– Prüfung eines gemeinsamen Fahndungs- und Informationssystems.

II. Organisation

Für die Behandlung dieser Aufgaben wurde eine Organisation gewählt, die **6**
3 Ebenen umfaßt.
– **Expertenebene,** die ursprünglich aus 3 Arbeitsgruppen bestand: **7**
     TREVI I: Allgemeine Fragen der Terrorismusbekämpfung.
     TREVI II: Allgemeine Polizeiangelegenheiten
                (Ausbildung/Ausrüstung).
     TREVI III: Bekämpfung der organisierten internationalen Kriminalität,
                insbesondere der Rauschgiftkriminalität.
     Hinzugekommen sind die Ad-hoc-Arbeitsgruppen
     TREVI 92 (1988–1992): Ausgleichsmaßnahmen für den Wegfall der Kontrollen an den Binnengrenzen;
     TREVI-Europol: Vorbereitung der Einrichtung einer Europäischen Rauschgiftzentralstelle und – in weiterer Stufen – einer Europäischen kriminalpolizeilichen Zentralstelle;
     TREVI-International organisiertes Verbrechen: Maßnahmen zur Bekämpfung der Mafia.
– **Ebene der „Hohen Beamten".** Hierbei handelt es sich um die Leiter der   **8**
     Polizeiabteilungen resp. Generaldirektoren der für die Innere Sicherheit zuständigen Ministerien/Generaldirektionen;

9 – **Konferenz** der für Fragen der Inneren Sicherheit zuständigen **Minister** (teilweise Innen- und teilweise Justizminister).

III. Kontakte mit Nicht-EG-Staaten

10 Im Jahre 1986 haben die Minister beschlossen, eine **Troika** einzurichten, die insbesondere die Aufgabe hat, Programme und Satzungen vorzubereiten und Kontakte zu interessierten Staaten zu unterhalten, die nicht der Europäischen Gemeinschaft angehören. Die Troika wird gebildet von den zuständigen Ministern der gegenwärtigen, vergangenen und der künftigen TREVI-EG-Präsidentschaft. Den Vorsitz hat die amtierende Präsidentschaft inne.

Die Troika hat die Aufgabe, mit den nicht der Kooperation angehörenden Ländern die in TREVI aktuell behandelten Themen zu erörtern und deren Anregungen/Äußerungen entgegenzunehmen und in die Beratung der TREVI-Minister einzubringen.

Die Tagungen erfolgen zumeist halbjährlich.

IV. Themen der TREVI-Kooperation

11 **Themen,** mit denen sich die TREVI-Kooperation auch unabhängig von der Vorbereitung auf den Wegfall der Grenzkontrollen beschäftigt hat, sind beispielsweise folgende:

1. Bereich TREVI I

12 – Lageinformationsaustausch

Im Rahmen jeder Sitzungsrunde der TREVI-Kooperation wird von jeder Delegation über die terroristische Bedrohungslage in ihrem Land berichtet. Daneben erfolgt permanent ein Informationsaustausch über die in den einzelnen Ländern agierenden terroristischen Gruppen.

– Erstellung einer Analyse und deren ständige Fortschreibung der Bedrohung durch den nationalen und internationalen **Terrorismus** – auch als Arbeitsgrundlage für die auf der Ebene der Außenämter tagende EPZ-Arbeitsgruppe (Europäische politische Zusammenarbeit).

– Arbeitsabsprache über einen Informationsaustausch über unerwünschte Drittausländer, von denen eine Bedrohung ausgeht.

Diese Absprache beinhaltet im wesentlichen

● Informationsaustausch über Drittausländer, die im Verdacht stehen, in terroristische Aktionen verwickelt zu sein;

● Ausschreibung zur Einreiseverweigerung/Ausweisung bzw. Verweigerung eines Sichtvermerkes dieses Personenkreises.

– Informationsaustausch über Diebstahl von Explosivstoffen durch Terroristen sowie den Sicherheitsstandard von Sprengmittellagern in den TREVI-Staaten. Außerdem wurde ein Informationsaustausch über Entwendungen von Waffen und Sprengstoffen mit möglicherweise terroristischem Hintergrund beschlossen.

– Einrichtung geschützter Telexverbindung zwischen den Polizeibehörden.

2. Bereich TREVI II

– Permanenter **Informationsaustausch** über schwerwiegende Störungen 13 der öffentlichen Ordnung, insbesondere im Zusammenhang mit Fußballrowdytum. Die Ereignisse im Heysel-Stadion in Brüssel am 29. 5. 1985 mit 39 Toten und über 400 zum Teil Schwerverletzten waren dafür bedeutendster Anlaß.

– Informationsaustausch über Erwerb und Besitz von Schußwaffen durch Privatpersonen, die sich im Ausland aufhalten.

– Sprach**ausbildung.**

– Harmonisierung der Forschung auf dem Gebiet der Polizeitechnik.

– Permanente Übungen der Sondereinsatzkommandos, insbesondere für Fälle der Flugzeugentführung.

– **Zusammenarbeit** der Flughafenpolizeichefs.

3. Bereich TREVI III

Diese Arbeitsgruppe hat zum Auftrag die Entwicklung von Modellstrategien 14 zur Bekämpfung des **internationalen organisierten** schweren **Verbrechens.** Dabei soll sie sich mit folgenden Bereichen beschäftigen:

– Gewaltverbrechen (z. B. Entführung, Geiselnahme, bewaffnete Überfälle, Erpressung, Menschenhandel);

– Drogenkriminalität;

– Verbrechen im Bereich Schußwaffen und Explosivstoffe;

– Schwere Eigentumsdelikte;

– Fälschung von Geld, Identitätspapieren usw.;

– Wirtschaftsverbrechen (insbesondere Computerkriminalität);

– Verbesserung der Ermittlungsarbeit durch Einrichtung zentraler kriminaltechnischer Sammlungen in Fällen von Gewaltkriminalität (Waffen, Munition, Sprengstoff, Ausweisdokumente, Hand- und Schreibmaschinenschriften, Fingerabdruck und sonstige Tatmittel).

Von der Arbeitsgruppe wurde auch eine Absprache über die Abschöpfung von Verbrechensgewinnen aus Rauschgifthandel erarbeitet.

4. Ad-hoc-Gruppe „Einwanderung"

Die – bei den für **Einwanderungsfragen** zuständigen EG-Ministern einge- 15 richtete – AG „Einwanderung" beschäftigt sich mit Fragen, die in engem thematischen Zusammenhang mit der TREVI-Kooperation stehen:

– Visapolitik,

– Grenzkontrollen,

– Asylpolitik,

– Fälschung von Reisedokumenten.

Für die Themenbereiche Asyl und Dokumentenfälschung wurden Unterarbeitsgruppen eingerichtet.

V. Persönliche und politische Zusammenarbeit

16 Auf der Habenseite der TREVI-Zusammenarbeit kann aber nicht nur die Behandlung der Sachthemen verbucht werden; nicht übersehen werden sollten auch die **persönlichen Kontakte,** die zwischen den Zuständigen in den einzelnen Mitgliedstaaten geknüpft werden konnten.

17 Die Kooperation war teilweise auch wegbereitend für die **politische Zusammenarbeit** im Bereich der Europäischen Gemeinschaft; so nahmen z. B. bereits seit 1982 Spanien und Portugal im Vorgriff auf ihre EG-Mitgliedschaft mit Beobachterstatus, aber vollem Vortragsrecht, an allen TREVI-Sitzungen teil. Ein weiteres Beispiel für die Entschlossenheit, in der TREVI-Kooperation weiter voranzukommen, war die Entscheidung der Minister am 21. 6. 1985 und 24. 4. 1986, die Zusammenarbeit auszuweiten, um die Bekämpfung des organisierten internationalen Verbrechens und zur Behandlung dieses Themas eine neue Arbeitsgruppe III einzurichten.

C. Das Ergebnis

I. Die Gegenwart

18 Die Arbeit von **TREVI** hat sich **bewährt.** Natürlich wird sie begrenzt durch die verschiedenen, in den Mitgliedsländern geltenden Rechtsnormen. Die Mitgliedstaaten müssen prüfen, in welchem Umfang die Zusammenarbeit in ihren Rechtssetzungsakten, z. B. in der Bundesrepublik in der Datenschutzgesetzgebung, niederzulegen ist. Dennoch hat die Arbeit von TREVI seit ihrem Beginn im Jahre 1976 nichts von der Aktualität eingebüßt. Im Gegenteil, sie ist heute wichtiger denn je.

19 TREVI hat eine geradezu magnetische **Anziehungskraft** entwickelt. Auch Länder, die nicht der EG angehören, wollen informelle Formen der Information und Kooperation mit TREVI. Dazu gehören die USA, Kanada, Schweden, die Schweiz, Österreich, Norwegen und sogar Marokko. Schwierig sind die Wünsche der Türkei, die zwar NATO-Mitglied ist, aber in einem unausgesöhnten Verhältnis zum EG-Mitglied Griechenland steht, von Malta, dessen Verbindungen in den Vorderen Orient und nach Nordafrika reichen und für TREVI wichtig sind, sowie von Finnland, das zwar skandinavische Tangenten, aber gleichzeitig sowjetische bzw. heute russische Rücksichten zu üben hat.

20 Die TREVI-Staaten müssen sich hier politisch und rechtlich tragbare, auch **diplomatische Wege** einfallen lassen, zumal sie von den Informationen der Interessenten profitieren.

II. Die Zukunft

Nachdem der in Maastricht beschlossene Vertrag über die Europäische **21** Union in allen Mitgliedsländern ratifiziert worden und am 1. 11. 1993 in Kraft getreten ist, wird die **TREVI-Kooperation** durch die in Art. K EUV geregelte institutionalisierte Form der Zusammenarbeit **ersetzt** werden.

Die für die Innere Sicherheit zuständigen Minister werden dann einen **22** **Fachministerrat** bilden, der auf Initiative eines Mitglieds im Rahmen der polizeilichen Zusammenarbeit zur Verhütung und Bekämpfung des Terrorismus, des illegalen Drogenhandels und sonstiger schwerwiegender Formen der internationalen Kriminalität (vgl. Art. K.1 Nr. 9 EUV) gemeinsame Standpunkte festlegen und gemeinsame Maßnahmen verabschieden kann, soweit sich die Ziele der Union durch gemeinsames Handeln besser verwirklichen lassen als durch Einzelmaßnahmen der Mitgliedstaaten (Subsidiaritätsgrundsatz); er kann auch Übereinkommen beschließen (Art. K.3 Abs. 2, 2. Spiegelstrich, Buchst. b) EUV). Wie in der TREVI-Kooperation wird ein Ausschuß Hoher Beamter (**Koordinierungsausschuß**) gebildet (Art. K.4 Abs. 1 Satz 1 EUV). Auch die **Arbeitsgruppenstruktur** dürfte von TREVI übernommen werden. Die Kommission wird in umfassender Weise an den Arbeiten beteiligt (Art. K.4 Abs. 2 EUV) und das Europäische Parlament regelmäßig über die Arbeiten unterrichtet und angehört (Art. K.6 Abs. 1 und 2 EUV). Die Innere Sicherheit wird also auch in Zukunft nicht zur Angelegenheit der EG, sondern bleibt grundsätzlich intergouvernemental.

Die geplante **Ausweitung der EG** um mittel- und nordeuropäische Staaten **23** wird die Zusammenarbeit im Rat der Sicherheitsminister nicht erleichtern, weil mit neuen Partnern neue einzelstaatliche Interessen in der Zusammenarbeit berücksichtigt werden müssen und weil auch die größere Zahl der Mitgliedsländer oft die Einigung erschwert. Das gilt in besonderem Maße in der Frage, wie aus der Kooperation eine stärkere Integration erwachsen kann. Wie schwierig das ist, zeigt die noch immer nicht getroffene Entscheidung über den vorläufigen Sitz von Europol und über die kommissarische Leitung dieser Zentralstelle. Einige der früheren Ostblockstaaten streben eine baldige Mitgliedschaft in der EG an und würden sich am liebsten schon vorher an der Zusammenarbeit der Mitgliedstaaten im Bereich der Inneren Sicherheit beteiligen. Für die Zweckmäßigkeit eines solchen Wunsches spricht zwar die Ausweitung des kriminalgeographischen Raumes Europa nach Osten durch die Liberalisierung des Reiseverkehrs und die damit verbundene Zunahme der grenzüberschreitenden Kriminalität. Andererseits wird es noch Jahre dauern, bis die Rechtsordnung der osteuropäischen Staaten in jeder Weise unseren rechtsstaatlichen Bewertungen entspricht, insbesondere im Strafverfahrensrecht, im Polizeirecht und im Datenschutzrecht. Die notwendige Rechtsharmonisierung und die EG-Mitgliedschaft der osteuropäischen Staaten sollte abgewartet werden, bevor sie an der TREVI-Kooperation und später an der im Maastrichter Vertrag vorgesehenen institutionalisierten Zusammenarbeit in vollem Umfang beteiligt werden.

SCHRIFTTUM

Baun, Arne: Intensivierung der europäischen Zusammenarbeit im Rahmen der IKPO-Interpol. In: Bundeskriminalamt (Hrsg.): Internationale Verbrechensbekämpfung – Europäische Perspektiven –. Arbeitstagung des Bundeskriminalamtes Wiesbaden vom 5. bis 8. November 1984. Wiesbaden 1985 (BKA-Vortragsreihe Bd. 30), S. 35–47.

Boge, Heinrich: Die internationale Verbrechensbekämpfung – Lage und Perspektiven –. In: Bundeskriminalamt (Hrsg.): Internationale Verbrechensbekämpfung – Europäische Perspektiven –. Arbeitstagung des Bundeskriminalamtes Wiesbaden vom 5. bis 8. November 1984. Wiesbaden 1985 (BKA-Vortragsreihe Bd. 30), S. 49–62.

o. Verf.: EKA: Ein Kriminalamt für Europa. Europäische Kooperation im Kampf gegen das Verbrechen / Wie ist der Stand, wie könnte es weitergehen? In: Kriminalistik 41 (1987), S. 424–427.

Schmidt-Nothen, Rainer: Der lange Marsch durch viele Konferenzen. Es gibt noch viel zu tun: Verträge und Abkommen, die dem Kampf gegen das Verbrechen dienen. In: Kriminalistik 41 (1987), S. 406–414.

34

Tötungsdelikte

Armin Mätzler

A. Das Erkennen der Tat

I. Problematik

1 Ausgehend von dem hohen Rang, den das Rechtsgut „Leben" in unserer Verfassung einnimmt, müßte man annehmen, daß der Gesetzgeber gerade hier durch besonders sorgfältig ausgestaltete **gesetzliche Regelungen** die Strafverfolgungsbehörden in die Lage versetzt hat, Verstöße gegen dieses Rechtsgut zu erkennen und zu verfolgen.

2   Doch diese Annahme trügt. Die *Probleme* liegen vor allem dort, wo es darum geht, beim Tod eines Menschen zu erkennen, daß eine Straftat ursächlich ist.

II. Leichenschau

3 In dem Bestreben, aus der großen Zahl der Sterbefälle alle diejenigen zu erfassen und zu untersuchen, bei denen der Todeseintritt nicht alters- oder krankheitsbedingt war, sondern auf ein von außen verursachtes, ausgelöstes und beeinflußtes Geschehen zurückzuführen ist, haben die Landesgesetzgeber die Pflicht zur *Leichenschau* gesetzlich normiert und diese Aufgabe Personen übertragen, die sie für befähigt halten, Anzeichen eines nichtnatürlichen Todes zu erkennen.

1. Beauftragte

4 Die Landesgesetzgeber sind hierbei in allen Fällen davon ausgegangen, daß *jeder Arzt* diese Befähigung besitzt. Völlig unberücksichtigt blieb jedoch die Tatsache, daß bei der Ausbildung der Medizinstudenten dem Fach Rechtsmedizin nur eine relativ geringe Bedeutung beigemessen wird[1], was zur Folge hat, daß die meisten niedergelassenen Ärzte unzureichende Kenntnisse auf diesem speziellen Gebiet haben.

5   Die *Feststellung eines nichtnatürlichen Todes* setzt nämlich nicht nur das Wissen um den Inhalt dieses Begriffs voraus, sie erfordert auch die Kenntnis der medizinischen Anzeichen des unnatürlichen Todes, die Beurteilung der vielfältigen Leichenerscheinungen in Verbindung mit den Besonderheiten der Fundsituation.

6   Daß diese *Kenntnisse* bei einem niedergelassenen HNO-Arzt oder einem Augenarzt nicht ohne weiteres vorhanden sind, liegt auf der Hand. Beide

---

1 *Schweitzer* 1982 S. 160.

Ärzte sind aber im Bundesgebiet grundsätzlich zur Leichenschau berechtigt, teilweise sogar verpflichtet." Das ist ungefähr so, als wollte man einen auf internationales Handelsrecht oder Europarecht spezialisierten Rechtsanwalt plötzlich zum Verteidiger in einem schwierigen Strafprozeß bestellen[2]."

2. Durchführung

Mangelhafte Ausbildung auf diesem medizinischen Spezialgebiet, aber auch psychologische Hemmungen den Angehörigen der Verstorbenen gegenüber führen so immer wieder dazu, daß in höchst bedenklicher Weise der *Tod* eines Menschen *als „natürlich" bescheinigt* wird, obwohl der den Tod feststellende Arzt weder die Lebensumstände noch die Krankenvorgeschichte kennt und häufig genug den Körper des Toten nicht auf Verletzungen hin untersucht hat.   **7**

Ein *Entkleiden der Leichen* durch die den Tod feststellenden Ärzte findet praktisch nie statt. Infolge dieses Umstandes ist es den Ärzten nicht möglich, sichere Zeichen des Todes, wie z. B. Totenflecke und Totenstarre einwandfrei zu beurteilen. Außerdem werden hierdurch auch wichtige, für den Fall ursächliche Verletzungen (Schuß, Stich usw.) nicht selten übersehen[3].   **8**

Bei einer empirischen Untersuchung von bei der Leichenschau gemachten Fehlern stellte sich heraus, daß diese vor allem bei der Überprüfung von Todesfällen in Wohnungen vorkommen. Als typische *Ursachen* solchen ärztlichen Fehlverhaltens wurden festgestellt: Unerfahrenheit, Sorglosigkeit, Rücksichtnahme auf die Angehörigen. Die innere und äußere Situation (vorausgegangene Erkrankung, Auffinden der Leiche im Bett), so ergab die Untersuchung, verhindert sehr oft das Aufkommen eines Verdachts. Ungünstige Bedingungen, wie z. B. schlechte Beleuchtung, werden meist nicht geändert und lassen so eine sorgfältige Untersuchung der Leiche nicht zu. Veränderungen an der Leiche durch andere Personen werden nicht erkannt.   **9**

3. Ergebnis

Aufgrund der derzeitigen gesetzlichen Regelungen ist aber die ärztliche Leichenschau die **entscheidende Schaltstelle,** an der die Weichen für eine Weiterführung der Untersuchung oder Nichtüberprüfung eines Sterbefalls gestellt werden. Nur wenn der an den Leichenfundort gerufene Arzt sorgfältig untersucht, gegebenenfalls die Anhaltspunkte für einen Tod aus nichtnatürlicher Ursache erkennt und vermerkt oder sich nicht scheut, auf ärztlicherseits nicht eindeutig zu beurteilende Tatumstände durch Ankreuzen der entsprechenden Rubrik in der Todesbescheinigung aufmerksam zu machen, kann eine Überprüfung des Todesfalles durch Kriminalpolizei und Staatsanwaltschaft erfolgen.   **10**

---

2 *Waller* 1983.
3 *Schweitzer* 1982 S. 160.

11   Da dies aber nur in unzureichendem Maße geschieht, werden nur etwa **10 Prozent** aller Sterbefälle durch die Strafverfolgungsbehörden daraufhin untersucht, ob ein Fremdverschulden am Tode des Verstorbenen vorliegt oder nicht.

III. Kriminalpolizeiliche Ermittlung

12   Obwohl die Chancen, daß ein Tötungsdelikt erkannt wird, recht groß sind, wenn erst einmal **kriminalpolizeiliche Ermittlungen** aufgenommen worden sind, werden auch dort immer wieder Fehler gemacht. Die Gefahr, daß Leichenerscheinungen falsch beurteilt werden, der Tatbefund falsch gedeutet wird, ist vor allem dort groß, wo nicht ständig in der Leichensachbearbeitung tätige Beamte mit der Bearbeitung von Todesermittlungsverfahren betraut werden, wie dies vor allem in ländlichen Bereichen oder in kleineren Polizeibehörden oder aber in den Großstädten außerhalb der normalen Dienstzeit der Fall ist.

13   Es gehört nun einmal zu den schwierigsten kriminalpolizeilichen Aufgaben, den Sachverhalt am **Leichenfundort** richtig zu beurteilen. Diese oft genug mit Blut, Schmutz und Gestank, also mit großer physischer und psychischer Belastung verbundene Arbeit erfordert von dem Beamten neben großer Erfahrung und umfassender Kenntnis der Leichenerscheinungen ein hohes Maß an Verantwortungsbewußtsein, denn jedesmal erneut wird er dabei mit der Frage konfrontiert, ob natürlicher Tod, Unglücksfall oder Mord vorliegt. Kommt er aber zu der Auffassung, daß ein Verschulden Dritter nicht gegeben ist, werden seine Feststellungen in der Regel nicht noch einmal durch eine Obduktion überprüft[4].

IV. Dunkelfeld

14   Zweifellos wird aufgrund dieser Gesamtumstände eine unbekannt große Anzahl von Tötungsdelikten **nicht erkannt.** Dies kann aber zur Fortsetzung gleicher oder ähnlicher Straftaten führen, Straftaten, die häufig genug erst nach mehrfacher Wiederholung zufällig erkannt werden.

Die Probleme liegen nicht darin, einen Mord zu bearbeiten, sondern darin, ihn zu erkennen!

B.   Maßnahmen bei Bekanntwerden eines Tötungsdeliktes

I. Sicherungsangriff

15   Sofort sind Beamte der Kriminalpolizei an den **Tatort** zu entsenden. Im einzelnen haben sie dort folgende Aufgaben:

1. Vorbereitende Maßnahmen

16   a) Weiträumiges **Absperren des Tatortes** unter Einsatz von Kräften der Schutzpolizei.

---

4 *Mätzler* 1985a S. 4, 15.

Merke:
Der Tatort ist keine öffentliche, jedermann zugängliche Informations-
quelle. Den engeren Tatort haben daher alle Personen, die nicht unmittelbar mit der Tatbefundaufnahme beauftragt sind, zu verlassen. Der Tatort
muß auch von Einsatzfahrzeugen der Polizei freigehalten werden.

b) Feststellen und **Beseitigen von Gefahrenquellen** (z. B. ausströmendes
   Gas, auslaufendes Benzin, stromführende Leitungen pp.).

2. Maßnahmen an Objekten

a) Markieren und Sichern vergänglicher Spuren, z. B. Abdecken von Spu-   **17**
   ren, die durch Witterungseinflüsse (Regen, Schnee) verändert oder zerstört werden können.
b) Kennzeichnen, Sichern und Registrieren sonstiger Spuren.
c) Sofortige und ständige Bewachung beweiserheblicher Gegenstände.

3. Maßnahmen bei Veränderungen

a) Kennzeichnen und Registrieren von Gegenständen, die von Zeugen   **18**
   übergeben werden oder in anderer Weise bereits sichergestellt wurden
   und die in ihrer ursprünglichen Lage nicht bis zur Aufnahme des objektiven Tatbefundes belassen werden können.
b) Beschreiben, Fotografieren und Vermessen aller am Tatort notwendigen
   Veränderungen (z. B. durch das Bergen von Verletzten, durch die Arbeit
   der Ärzte, durch das Beseitigen von Brand- und Explosionsgefahren).

4. Maßnahmen bei Einweisung von Verletzten in ein Krankenhaus

a) Bei Tatverdächtigen: **19**
– Sichern von Schmauchspuren, Blutspuren, der Tatbekleidung. Veranlassung der Entnahme von Blut- und Urinproben zur Feststellung des Blutalkoholgehaltes und/oder eventueller Rauschmittel- oder Medikamen-
  tenbeeinflussung und der Blutgruppe.
– Einleitung von Identifizierungsmaßnahmen.
– Sicherstellung aller bei dem Tatverdächtigen gefundenen Gegenstände.
– Befragung der behandelnden Ärzte über Art und Umfang der festgestellten Verletzungen.

b) Bei Opfern:
– Erste Befragung des Opfers über den Ablauf der Ereignisse, besondere
  Wahrnehmungen über den oder die Täter, die von ihnen benutzten Fahr-
  zeuge, Waffen pp.
– Sicherung der Opferbekleidung.
– Veranlassung der Entnahme von Blut- und Urinproben zur Feststellung
  des Blutalkoholgehaltes und/oder eventueller Rauschmittel- oder Medi-
  kamentenbeeinflussung, der Blutgruppe.
– Einleitung von Identifizierungsmaßnahmen.

– Befragung der behandelnden Ärzte über Art und Umfang der festgestellten Verletzungen.

– Hinweis an die Ärzte, bei der Operation gefundene Projektile spurenerhaltend sicherzustellen und im Falle des Ablebens des Verletzten keine Veränderungen an der Leiche, insbesondere keine Sektion vorzunehmen.

Merke:

20 Die **sofortige Befragung des Opfers** ist von großer Bedeutung, weil oft genug durch eine notwendig werdende zeitaufwendige Operation für einen längeren Zeitraum keine Möglichkeit der Befragung mehr besteht, ganz abgesehen davon, daß das Opfer versterben kann, bevor eine Vernehmung durchgeführt werden konnte. Die Aussagen des Geschädigten können aber für die spätere Beweisführung von ausschlaggebender Bedeutung sein. Hinzu kommt, daß vielfach aufgrund der Angaben des Opfers gezielte Fahndungsmaßnahmen möglich werden.

Die Blut- und Urinentnahmen bei Tatverdächtigen und Opfern müssen erfolgen, bevor das Blutbild durch zugeführte Medikamente verfälscht worden ist.

5. Maßnahmen bezüglich sonstiger Zeugen

21 Ermittlung von Zeugen, deren sofortige räumliche Trennung und ihre alsbaldige Weiterleitung zum Sitz der Mordkommission.

6. Bericht

22 Fertigen eines Berichtes über Art und Umfang der getroffenen Maßnahmen.

II. Information

23 Über den Vorgang ist die Staatsanwaltschaft fernmündlich zu unterrichten und eine „Meldung über wichtige Ereignisse" **(WE-Meldung)** an die vorgesetzten Behörden abzusetzen.

C. Bildung einer Mordkommission

24 Die **personelle Stärke einer Mordkommission** muß sich am konkreten Fall, insbesondere dem Umfang und den Schwierigkeiten der zu erwartenden Ermittlungen, orientieren.

Merke:

Es ist ein grober kriminalistischer Fehler, eine Mordkommission in der Anfangsphase personell zu schwach zu besetzen.

Informationen und Erkenntnisse, die oft entscheidend für die Aufklärung und Beweisführung sind, können in aller Regel nur in den ersten Stunden und Tagen nach dem Tatgeschehen erlangt werden. Die Annahme, daß Anhörungen, Vernehmungen und Überprüfungen, die zu Beginn einer Mordsachbearbeitung aus personellen Gründen zurückgestellt werden mußten, später ohne nachteilige Auswirkungen nachgeholt werden können, ist ein Trugschluß. Man weiß seit langem, daß das Erinnerungsvermögen von Zeugen bereits nach Stunden nachläßt, daß Alibiüberprüfungen mit fortschreitender Zeit immer schwieriger und häufig genug unmöglich werden und daß die Chancen zur Ermittlung des Täters mit dessen wachsendem zeitlichen Vorsprung immer mehr abnehmen.

D. Die Mordkommission und ihre Aufgabenbereiche

Es empfiehlt sich, die Kommission zu gliedern und den jeweiligen **Arbeitsgruppen** bestimmte Aufgaben verantwortlich zuzuweisen.   **25**

I. Gliederung

Eine Mordkommission sollte **mindestens** wie folgt **besetzt** sein: **26**

1. Leiter der Mordkommission
2. Aktenhaltung und Hinweisaufnahme   = 2 Beamte,
                                      1 Schreibkraft
3. Aufnahme des objektiven Tatbefundes   = 2 Beamte der Kommission,
                                      1 Beamter ED-KTU,
                                      1 Beamter ED-Mono
4. Sicherung des subjektiven Tatbefundes   = 2 Beamte
5. Ermittlungen zur Person des Opfers   = 2 Beamte
6. Spurensachbearbeitung   = 2 Beamte
7. Spurensachbearbeitung   = 2 Beamte
8. Spurensachbearbeitung   = 2 Beamte
9. Vorbereitung und Durchführung von Maßnahmen der Personen- und Sachfahndung.

II. Aufgaben der Arbeitsgruppen

1. Leiter der Mordkommission

a) Personalführung

Der Leiter der Mordkommission **führt** und **koordiniert** verantwortlich den Einsatz der ihm unterstellten Arbeitsgruppen der Kommission. Er ist verantwortlich für die dem Sachverhalt angemessene personelle und technische Ausstattung der Kommission. Ihm obliegt es, erforderlichenfalls weitere Kräfte und Einsatzmittel anzufordern.   **27**

b) Sachleitung

Ihm werden alle eingehenden Berichte, Vermerke, Hinweise und Fernschreiben vorgelegt. Er entscheidet über Art, Umfang und Dringlichkeit   **28** der **weiteren Bearbeitung,** etwa darüber, ob und welche Sachverständige und Gutachter zugezogen, welche Fahndungsmaßnahmen eingeleitet werden.

29 Von ihm wird entschieden und gekennzeichnet, wo die Ermittlungsberichte, Vermerke, Fernschreiben, Vernehmungen, Gutachten pp. abgeheftet werden (Haupt**akte,** Nebenakten). Verfügt der Leiter der Kommission das Anlegen einer Spurenakte, so bestimmt er gleichzeitig durch handschriftlichen Vermerk auf der Zweitschrift die Ermittlungsgruppe, der die Spurenakte zur weiteren Bearbeitung zugewiesen wird.

30 Befinden sich in Vernehmungen oder Ermittlungsberichten, die den Haupt- oder Nebenakten beigefügt werden, Hinweise, die als **Spuren** weiterverfolgt werden müssen, so werden sie vom Kommissionsleiter gekennzeichnet und mit dem Namen der Ermittlungsgruppe versehen, der die Weiterbearbeitung übertragen werden soll. Die Aktenhaltung fügt hier später die Nummer der angelegten Spur ein. Bei der Aktenhaltung wird unverzüglich ein entsprechender Auszug aus der Vernehmung bzw. aus dem Bericht gefertigt und eine Spurenakte angelegt.

31 Dem Leiter der Mordkommission vorgelegte Berichte und Vernehmungen pp. werden von diesem (auf der Zweitschrift) mit Bearbeitungsvermerken (sog. „**Randvermerken"**) versehen. Diese sind peinlichst zu beachten. Sie sind von der Aktenführung nach Erledigung mit entsprechenden handschriftlichen Erledigungsvermerken zu versehen.

32 Alle abgeschlossenen Spurenakten werden dem Kommissionsleiter zur **Endkontrolle** vorgelegt. Er hat die Akten nochmals dahingehend zu überprüfen, ob alle Ermittlungsmöglichkeiten ausgeschöpft und die aus den Nachforschungen gezogenen Schlüsse logisch, nachvollziehbar und kriminalistisch vertretbar sind. Er hat auch eine Überprüfung dahingehend vorzunehmen, ob sich anhand der Ermittlungsberichte und Vernehmungen Verdachtsgründe für andere Straftaten ergeben haben und ob insoweit gesonderte Ermittlungsverfahren eingeleitet wurden.

33 Ist die Spur durchermittelt und sind weitere, sich aus den getroffenen Feststellungen ergebende Maßnahmen nicht erforderlich, so verfügt der Leiter der Mordkommission das **Ablegen** der Spurenakte. Mit seiner Unterschrift auf dem Spurendeckblatt zeichnet er für die Spur als Mitverantwortlicher. Die so unterzeichneten Spurenakten werden der Aktenhaltung übergeben, wo sie im Spurenindex als abgeschlossen verzeichnet werden. Nachdem die auf der Zweitschrift der Spurendeckblätter verzeichneten Verfügungen auf die Erst- und Drittschrift (soweit geführt) übertragen wurden, werden die Spuren abgelegt.

c) Berichtspflicht

34 Der Leiter der Mordkommission unterrichtet seinen **Vorgesetzten** fortlaufend über die Ermittlungsergebnisse.

d) Medien

35 Er bereitet in Absprache mit dem sachbearbeitenden **Staatsanwalt** Presseverlautbarungen vor und nimmt mit dem Staatsanwalt an Pressekonferenzen teil.

Merke:

Bei Kapitalverbrechen sowie bei schweren Unglücksfällen, die wegen des Ausmaßes der Folgen über die übliche Berichterstattung in der lokalen Presse hinaus Gegenstand von Erörterungen in der überörtlichen Presse, im Rundfunk oder im Fernsehen sein können, obliegt die Unterrichtung der Publikationsorgane stets der Staatsanwaltschaft.

Die **Polizei** kann die Medien dann unterrichten, wenn ihr die Staatsanwaltschaft die Befugnis hierzu im Einzelfall überträgt. Sind Vertreter der Presse unmittelbar nach der Tat am Tatort, der Staatsanwalt aber nicht anwesend, so kann der leitende Kriminalbeamte die Presse über den reinen Sachverhalt unterrichten.   **36**

Die Strafverfolgungsbehörden sind gehalten, alle gesetzlich zulässigen Maßnahmen zu ergreifen, die geeignet sind, zur Aufklärung von Straftaten beizutragen. Sie dürfen dabei grundsätzlich auch Publikationsorgane (Presse, Rundfunk, Fernsehen), die im Hinblick auf ihre Breitenwirkung in vielen Fällen wertvolle **Fahndungshilfe** leisten können, um ihre Mitwirkung bitten. Dies gilt sowohl für die Fahndung nach einem bekannten oder unbekannten Tatverdächtigen als auch für die Suche nach anderen Personen, insbesondere Zeugen. Im Zusammenhang mit der Bearbeitung von Kapitalverbrechen entscheidet – in Absprache mit dem Leiter der Mordkommission – die Staatsanwaltschaft über die Inanspruchnahme der Fahndungshilfe durch die Medien. Bei Gefahr im Verzug kann die Polizei eine solche Fahndungshilfe auch ohne Zustimmung der Staatsanwaltschaft in Anspruch nehmen.   **37**

e) Abschlußarbeiten

Der Leiter der Mordkommission entscheidet über die **Entlassung** der zugeteilten Kräfte.   **38**

Merke:

Jede Kommission sollte – auch nach der Festnahme des Täters – so lange zusammenbleiben, bis die oft erst dann gehäuft anfallenden Ermittlungen und Vernehmungen weitgehend abgeschlossen sind.

Es ist eine aller Vernunft und Erfahrung widersprechende Auffassung, die Tätigkeit einer Mordkommission sei mit der Festnahme des Täters beendet.

Nach Abschluß der Kommissionsarbeit überträgt der Leiter der Kommission die **abschließende Sachbearbeitung** der Mordsache einem oder zwei Beamten der Kommission, nachdem er vorher die Gesamtakte noch einmal kritisch durchgearbeitet und die noch erforderlichen Ermittlungen in einer schriftlichen Anweisung niedergelegt hat. Er bleibt bis zur Abgabe der Akten an die Staatsanwaltschaft für das Verfahren verantwortlich.   **39**

Merke:

Kapitalverbrechen werden oft über Wochen und Monate hinweg im Blickpunkt der Öffentlichkeit vor den Schwurgerichten verhandelt.   **40**

Jedesmal erneut wird dabei die kriminalpolizeiliche Arbeit bis ins Detail überprüft und einer **kritischen Würdigung** unterzogen. Fehler werden schonungslos offenbart und in der Presse diskutiert. Dies kann zu einer erheblichen Beunruhigung in der Bevölkerung führen, die sich, versagt die Kriminalpolizei schon bei der Bearbeitung von Kapitalverbrechen, nicht mehr im erforderlichen Maße geschützt fühlt.

2. Hinweisaufnahme

41 Alle das Tatgeschehen betreffenden Hinweise sind bei Entgegennahme sofort in zwei oder dreifacher Form schriftlich niederzulegen. Wegen der oftmals in derartigen Ermittlungsverfahren ausgesetzten Belohnung sind die aufgrund von Hinweisen gefertigten Berichte unbedingt mit dem Datum und der genauen Uhrzeit des Eingangs des Hinweises zu versehen.

42 Bevor die Hinweise dem Leiter der Mordkommission vorgelegt werden, sind sie auf **mögliche Zusammenhänge** mit bereits in Bearbeitung befindlichen Spuren zu vergleichen.

3. Aktenhaltung

a) Grundsätzliches

43 Bei der **Aktenhaltung** laufen alle die Arbeit der Mordkommission betreffenden schriftlichen Unterlagen zusammen. Hier werden sie auf Zusammenhänge hin überprüft, in Verzeichnissen erfaßt, in Haupt-, Neben- und Spurenakten geordnet und an die entsprechenden Ermittlungsgruppen der Kommission zur Bearbeitung weitergeleitet bzw. dem Leiter der Kommission vorgelegt.

Merke:

44 *Ermittlungen in Kapitalverbrechen müssen oft Wochen und Monate hindurch geführt werden, und nicht selten werden sie nach Jahren wieder aufgenommen. Andere Sachbearbeiter übernehmen dann den Fall, die sich aber nicht zurechtfinden können, wenn ein geordneter Aufbau in den Ermittlungsakten fehlt.*

Nicht zuletzt am Durcheinander in den Ermittlungsakten, das zwangsläufig eine Unübersichtlichkeit zur Folge hat, sind aussichtsreiche Ermittlungen gescheitert. Mit der sinnvollen Ordnung der kriminalistischen Maßnahmen muß daher eine sinnvolle **Ordnung** der der aktenmäßigen Bearbeitung einhergehen.

b) Einteilung

45 Neben der **Hauptakte,** die alle beweiserheblichen Tatsachen und Feststellungen enthalten soll, müssen **Nebenakten** geführt werden, wie Spurenakten, eine Auslobungsakte, eine Presseakte usw. Es sind ferner ein Namensregister, ein Kfz- und ein Orts**verzeichnis** sowie ein Spurenindex zu führen.

Im Namensregister werden alle im Ermittlungsverfahren anfallenden Namen (auch die von Zeugen) erfaßt und mit dem Hinweis versehen, an welcher Stelle der Akte der jeweilige Name gefunden werden kann. Auf diese Weise werden Doppelüberprüfungen vermieden. Aus einem zu füh-

renden Spurenindex müssen die Sachbearbeiter der Spur, der Bearbeitungsstand und der Verbleib der Spurenakte zu ersehen sein.

c) Hauptakte

Es ist sinnvoll, die Hauptakte von Anfang an nach **Komplexen** zu ordnen 46
(Tatort, Beweismittel, Zeugen zum Tatort, Zeugen zur Person des Opfers,
Fahndung pp.). Die Komplexe sind durch Einlagen voneinander zu trennen.

 Die Hauptakte enthält der besseren Übersicht wegen zweckmäßiger- 47
weise folgenden **Aufbau:**

– Strafanzeige
– Erstmeldungen
   ○ Meldender oder meldende Stelle
   ○ Wochentag, Datum und Uhrzeit der Meldung
   ○ geschilderter Sachverhalt
   ○ eigene Sofortmaßnahmen
– Tatortbefundbericht
– Skizzen zum Tatort
– Spurensicherungsbericht, Asservatenaufstellung
– Anschreiben an die Untersuchungsstellen, z. B. das Landeskriminalamt,
  das Bundeskriminalamt, Sachverständige pp.
– Untersuchungsergebnisse, Gutachten
– Obduktionsantrag, Obduktionsprotokoll
– Identifizierung der Leiche
– Staatsanwaltliche Freigabe der Leiche
– Subjektiver Befund
– Zeugen zum Tatort, z. B. Vernehmung des Auffinders, der am Tatort vor
  dem Eintreffen der Mordkommission tätig gewordenen Beamten der
  Schutzpolizei
– Einvernahme des eingesetzt gewesenen Notarztes, der Notarztwagenbe-
  satzung pp.
– Fernschreiben
– WE-Meldung
– FS an alle pp.
– Zeugenvernehmungen zum Hintergrund der Tat
– Ermittlungsberichte
– Fahndungsmaßnahmen
– Berichte über Hausbefragungen, den Einsatz von Lautsprecherwagen,
  das Verteilen von Handzetteln, Rundfunk- und Fernsehdurchsagen, Aus-
  schreiben im BK-Blatt, Sendung „Aktenzeichen XY – ungelöst".
– Zeugenvernehmungen und Ermittlungen zur Person des Opfers
– Zeugenvernehmungen und Ermittlungen zur Person des Tatverdäch-
  tigen

– Feststellungen in Schulen, an Lehr- und Arbeitsstellen
– Vernehmungen von Angehörigen und Freunden
– Ergebnis der Auswertung früherer Strafverfahren und evtl. in diesen Verfahren erstellter psychiatrischer Gutachten
– Abklärung der finanziellen Situation
– Verantwortliche Vernehmung des Tatverdächtigen
– Abschrift des Tonbandes der Rekonstruktion des Tatgeschehens mit dem Tatverdächtigen
– Schlußbericht
– Lichtbildmappe.

48 Jeder Hauptakte ist ein **Inhaltsverzeichnis** vorzuheften.

d) Spurenakten

49 Bei der Bearbeitung von Tötungsdelikten werden (wie bei anderen umfangreichen Ermittlungsverfahren) sogenannte **Spurenakten** angelegt. Gegenstand derartiger Akten sind Hinweise auf Personen oder Sachen, denen im Zusammenhang mit der Bearbeitung des Verfahrens nachgegangen werden muß. Spurenakten sind grundsätzlich in gleicher Anzahl zu führen wie die Hauptakten.

Stellt sich bei der Überprüfung dieser Hinweise heraus, daß die Ergebnisse tat- oder täterrelevant sind, wird die Spurenakte Bestandteil der Hauptakte.

e) Einsatz der Elektronischen Datenverarbeitung

50 Bei besonders schwierig gelagerten Kapitalverbrechen, bei denen sich gleich zu Beginn ein hoher Ermittlungsaufwand abzeichnet, bedarf es wegen des Umfanges des in solchen Fällen anfallenden Schriftverkehrs von Anfang an des Einsatzes der Elektronischen Datenverarbeitung.

51 Der Einsatz des speziell zur aktenmäßigen Bewältigung kriminalpolizeilicher Großverfahren entwickelten Systems **„SPUDOK"** hat sich bewährt. Mit Hilfe dieses Systems werden die bekannten Nachteile manueller Verfahren vermieden. Durch die Computertechnik können die im Ermittlungsverfahren angefallenen Daten sortiert und listenmäßig erfaßt werden, die Spurenkomplexe lassen sich ohne großen Aufwand transparent machen, mögliche Zusammenhänge zwischen einzelnen Spuren aufzeigen, fragmentarische Hinweise vervollständigen. Es können Asservatenverzeichnisse über das Spurenaufkommen und den Bearbeitungsstand der jeweiligen Spur erstellt werden.

52 „SPUDOK" bietet den **Vorteil,** daß jedes eingegebene Wort, jede Ziffer ein Suchbegriff ist. Es kann nach Vor- und Zunamen, nach Geburtsdaten, nach Geschlecht, Alter, nach Kraftfahrzeugen, ihren Kennzeichen, nach Farbe, Typ und Besonderheiten und nach vielem anderen mehr gefragt werden. Da die Datenausgabe auf dem Bildschirm sehr übersichtlich ist (es erfolgt nicht nur der Hinweis auf die entsprechende Spur, sondern es wird in geraffter Form gleichzeitig deren Inhalt ausgedruckt), läßt sich die Bedeutung des eingegangenen Hinweises oft recht schnell bewerten.

„SPUDOK" ist darüber hinaus geeignet, auch **zu operativen Zwecken**   53
sinnvoll eingesetzt zu werden. Durch entsprechende Auswertungspro-
gramme in räumlicher und zeitlicher Hinsicht können Verdichtungen des
Verdachts bezüglich Personen, Objekten und Sachen erreicht und zur
Grundlage für besondere Ermittlungsmaßnahmen gemacht werden.

f) Spurensachbearbeitung und Staatsanwaltschaft

Aus § 163 Abs. 2 StPO ergibt sich die Verpflichtung der Polizei, **alle** im   54
Zusammenhang mit dem Ermittlungsverfahren entstandenen Schriftstücke der Staatsanwaltschaft zu übersenden. *Dazu gehören in umfangrei-*
chen Verfahren nicht nur die sogenannten Hauptakten, sondern auch die
Spurenakten, *und zwar auch dann, wenn der zunächst bestehende Ver-*
dacht, der zum Anlegen der Spur geführt hat, offensichtlich völlig ausge-
räumt ist.

Das Übersenden der Spurenakten ist schon deshalb erforderlich, weil die   55
Staatsanwaltschaft in Erfüllung ihrer Aufgabe aus § 160 Abs. 1 StPO das
Recht und die Pflicht hat, die bei der Polizei gefertigten Schriftstücke auf
ihre **Verfahrensrelevanz** hin zu untersuchen. Nur dann, wenn die Staatsanwaltschaft auch die Spurenakten sorgfältig überprüft, ist sichergestellt, daß
alle beweiserheblichen Gesichtspunkte, auch die zur Entlastung des Verdächtigen dienenden Umstände, aufgeklärt werden und damit der Gefahr
einseitiger Ermittlungstätigkeit begegnet wird. Jede Konkretisierung des
Tatverdachtes auf einen bestimmten Beschuldigten kann es mit sich bringen, daß Hinweise auf andere Tatverdächtige keine genügende Beachtung
finden.

Spurenakten, in denen tatbezogene Untersuchungen gegen Dritte und   56
deren Ergebnisse festgehalten wurden, gehören nicht notwendig zu den
Hauptakten, weil sie außerhalb der Ermittlungen gegen den Beschuldigten
entstanden sind. Sie müssen dem **Gericht** nur dann vorgelegt werden,
wenn ihr Inhalt für die Feststellung der dem Beschuldigten vorgeworfenen
Tat und für etwaige gegen ihn zu verhängende Rechtsfolgen von irgendeiner Bedeutung sein kann. Es ist aber Sache des Staatsanwaltes, der als Herr
des Vorverfahrens die Strafakten zusammenzustellen und sie nach § 199
Abs. 2 Satz 2 StPO mit der Anklageschrift dem Gericht vorzulegen hat,
darüber zu befinden, welche Spurenakten für das anhängige Verfahren
Bedeutung haben können. Ihm werden dabei – wie auch sonst im Ermittlungsverfahren – mit Wertungen verbundene Entscheidungen abverlangt,
die sich daran auszurichten haben, daß dem Gericht und dem Beschuldigten Aktenkenntnisse nicht vorenthalten bleiben dürfen, die für eine
gerechte Beurteilung der anhängigen Strafsache nützlich sein können[5].

Die Entscheidung der Staatsanwaltschaft, welche Spurenakten dem   57
Gericht vorgelegt werden, unterliegt im Rahmen der richterlichen Wahr-
heitsermittlungspflicht (§§ 202, 221, 244 Abs. 2 StPO) einer gerichtlichen
Kontrolle der Aktenvollständigkeit. Damit sind aber die Möglichkeiten

---

5 S. hierzu und zum Folgenden BVerfG, NStZ 1983, 273 ff.

des **Beschuldigten,** Kenntnis vom Inhalt auch solcher Spurenakten zu erhalten, die der Staatsanwalt dem Gericht nicht vorgelegt hat, nicht erschöpft. Er kann durch Vermittlung eines Rechtsanwaltes Einsicht in diese Vorgänge unmittelbar bei der für die Ermittlungen verantwortlichen Staatsanwaltschaft beantragen. Wird ihm diese verwehrt, steht ihm im Verfahren nach §§ 23 ff. EGGVG gerichtlicher Rechtsschutz zur Verfügung.

58   Aus all dem folgt, daß die Staatsanwaltschaft aus einer Vielzahl von Gründen im Besitz auch der Spurenakten des Verfahrens sein muß. Nur dann kann sie deren Inhalt beurteilen und bewerten, nur dann kann sie entscheiden, ob alle für das Verfahren erheblichen Gesichtspunkte überprüft und durchermittelt wurden. Sie ist die Stelle, an die sich das Gericht und die Verteidigung wegen der Einsicht in nicht in das Verfahren eingebrachte Spurenakten wenden kann. Sie trägt die Verantwortung für die **Objektivität des Verfahrens.**

4. Aufnahme des objektiven Tatbefundes

a) Fotografische Sicherung des Tatbefundes

59   Die Aufnahme des objektiven Tatbefundes erfolgt durch Beschreibung und Vermessung. Alle Phasen der Tatbefundaufnahme sind zu **fotografieren.** Dabei sind Übersichts- und Detailaufnahmen in Farb- und Schwarzweiß-Fotografie zu fertigen.

b) Sicherung von Spuren und Beweismitteln

60   Jede Tatortarbeit, soweit es die Spurensuche, -sicherung und später die Untersuchung und Auswertung betrifft, beruht auf der Erkenntnis, daß alle Berührungen mechanischer Art zu einem Ab- oder Herauslösen kleiner und großer Teilchen von oder aus den sich berührenden Oberflächen führen. Diese Spuren befinden sich teils im sichtbaren, größtenteils jedoch im unsichtbaren Bereich **(Mikrospuren).**

Merke:

61   *Dies bedeutet, daß jede Spurensuche um so erfolgreicher sein muß, je* ***„jungfräulicher“ der Tatort*** *erhalten geblieben ist. Dem zu Beginn dargestellten „Sicherungsangriff“ (Rdnr. 15–22) kommt insoweit eine entscheidende Bedeutung zu.*

c) Verantwortlichkeit des sichernden Beamten

62   Die mit der Aufnahme des objektiven Tatbefundes betrauten Beamten sind und bleiben für das gesicherte Spurenmaterial und die Beweismittel bis zur Abgabe an die Untersuchungsstellen oder die Übersendung der Beweismittel an die Staatsanwaltschaft **verantwortlich.** Sie haben dafür zu sorgen, daß die Spuren in einer Weise gesucht, gesichert, aufbewahrt und übersandt werden, bei der ihre Untersuchung und Beweiskraft in keiner Hinsicht beeinträchtigt wird. Hierzu gehört auch, daß die Spuren exakt so bezeichnet werden, daß jederzeit nachweisbar ist, wo und von wem sie gefunden und gesichert wurden.

d) Obduktion

Zur Spurensicherung an der Leiche ist eine Obduktion zu beantragen.   **63**
Dabei sind die Verletzungen und die durch die Tat herbeigeführten Veränderungen am Körper des Toten fotografisch zu sichern. Der verantwortliche Beamte sollte an der Obduktion teilnehmen.

e) Weiteres Vorgehen

Darüber hinaus sind im einzelnen folgende **Maßnahmen** zu treffen: **64**

– Erstellen eines Spurensicherungsberichtes und Fertigung einer Asserva-
  tenaufstellung
– Auswerten des sichergestellten Beweismaterials
– Übersenden der zu untersuchenden Spuren und Gegenstände an die
  Untersuchungsstellen des Landes- bzw. Bundeskriminalamtes mit
  einem entsprechenden Anschreiben
– Beschaffen von Plänen des engeren und weiteren Tatortes beim Kata-
  steramt oder anderen Einrichtungen
– Fertigen des Tatortbefundberichtes und von Skizzen des Tatortes
– Anlegen von Lichtbildmappen.

5. Sicherung des subjektiven Tatbefundes

Die Sicherung des subjektiven Tatbefundes geschieht durch Ermittlung,   **65**
Überprüfung und Vernehmung aller **Zeugen** zum unmittelbaren Tatgeschehen und zum Tatort. Zu vernehmen sind mindestens folgende Personen:

– der Auffinder
– eventuelle Augenzeugen des Tatgeschehens
– der am Tatort eingesetzt gewesene Notarzt und die Notarztwagenbesat-
  zung
– die vor den Beamten der Mordkommission am Tatort anwesend gewesenen Beamten der Schutz- und Kriminalpolizei.

Insbesondere geht es um diese Fragen:

– Welche Beobachtungen wurden gemacht, welche Feststellungen getroffen?
– Was ist am Tatort vor Aufnahme des objektiven Tatbefundes verändert
  worden?
– Welche Bekleidung wurde von den Personen getragen, die vor den Beamten der Mordkommission den Tatort betreten haben? Dies ist wichtig
  wegen der möglicherweise hinterlassenen Mikrospuren.

6. Ermittlungen zur Person des Opfers

Die Persönlichkeit des Opfers ist für die Beurteilung der Tat, des Motivs,   **66**
aber auch für Erkenntnisse, die zur Identifizierung des Täters führen können, von erheblicher Bedeutung.

Merke:

In einer Vielzahl von Fällen haben zwischen Täter und Opfer Beziehungen bestanden, die oft nur durch umfassende Ermittlungen zur Person des Opfers transparent gemacht werden können.

Um ein Persönlichkeitsbild des Opfers erstellen zu können, sind
– Angehörige, Freunde und Bekannte zu vernehmen
– behandelnde Ärzte zu hören,
– Arbeitgeber zu befragen, Mitarbeiter zu vernehmen,
– die finanzielle Situation zu überprüfen.

Die Ergebnisse der Ermittlungen und Vernehmungen faßt man in Form eines Lebenslaufes zusammen.

7. Spurensachbearbeitung

67 Die jeweils in einer Spurenakte bezeichneten Personen und/oder Gegenstände sind im Hinblick auf mögliche Verbindungen zur Tat zu **überprüfen.**

Merke:

Es ist ein Tötungsdelikt zu bearbeiten! Die Nachforschungen und Überprüfungen müssen der Schwere des Deliktes angemessen geführt werden: Genau sein! – Mißtrauisch sein! – Jede Aussage überprüfen! Ein von nahen Angehörigen gegebenes Alibi ist kein Alibi.

68 Jede **Spurenakte** ist wie ein Ermittlungsvorgang aufzubauen: sie beginnt mit der Erstmeldung, es folgen die Vernehmungen und Ermittlungsberichte, und sie endet mit dem Schlußbericht, in dem klar herauszustellen ist, aufgrund welcher Fakten die überprüfte Person als Täter ausgeschieden werden kann.

69 Der Sachbearbeiter hat nur die Zweitschrift in der Hand.

Alle Berichte und Vermerke sind sofort **vorzulegen.**

Bei FS-Anfragen stets die **Nummer der Spur,** zu der die Anfrage erfolgt, im Betreff anführen, um die Zuordnung des Antwort-Fernschreibens zu erleichtern.

8. Fahndungsmaßnahmen

a) Zielsetzung

70 Die Suche gilt **Personen,** die
– Beobachtungen gemacht haben, die mit dem Tatgeschehen im Zusammenhang stehen können
– Auskunft geben können über das Opfer, seinen Freundes- und Bekanntenkreis, seine Lebensgewohnheiten, sein Verhalten vor der Tat
– Hinweise auf den Täter zu geben vermögen.

Merke:
Man sollte nicht darauf vertrauen, daß die entscheidenden Zeugen von sich aus zur Polizei kommen. Viele Menschen scheuen den Gang zu den Behörden, fürchten die Mißhelligkeiten, die für sie eventuell mit einem späteren Gerichtsverfahren verbunden sind, oder sehen einfach ihre Beobachtung als so unbedeutend an, daß sie gar nicht auf die Idee kommen, damit zur Polizei zu gehen.

b) Befragungsaktionen

Als erste örtliche Fahndungsmaßnahme ist eine **Befragungsaktion** durch- **71**
zuführen. Befindet sich der Tatort in einem Gebäude, so sollte man auf jeden Fall die Bewohner der Häuser in eine solche Fahndungsmaßnahme einbeziehen, von denen aus Hör- und Sichtkontakt zum Tathaus besteht. Liegt der Tatort im Freien, muß man – nach Möglichkeit um die Tatzeit – die Straßenpassanten befragen, weil viele Menschen täglich zu einer bestimmten Zeit eine bestimmte Wegstrecke passieren. Das gleiche gilt für die Befragung der Benutzer öffentlicher Verkehrsmittel, wenn der Verdacht besteht, daß Opfer und/oder Täter mittels Straßenbahn, Omnibus oder Eisenbahn zum späteren Tatort gelangt sind.

Die Befragungsaktion muß unbedingt **wiederholt** werden. **72**

Merke:
In der Regel erhält man erst beim zweiten Anlauf den entscheidenden Hinweis. Beim ersten Erscheinen der Polizeibeamten sind die Angesprochenen irritiert, verwirrt und erschrocken über das Geschehen, mit dem sie plötzlich konfrontiert werden. Erst wenn die Beamten gegangen sind, denken sie nach, sprechen mit Nachbarn, rufen sich dieses oder jenes Ereignis in die Erinnerung zurück.

c) Lautsprecherwagen

Befragungsaktionen sind immer durch den Einsatz eines **Lautsprecherwa-** **73**
gens zu unterstützen. Dazu ist ein knapp gefaßter Text vorzubereiten, in dem die Angesprochenen über das Tatgeschehen informiert und darauf hingewiesen werden, daß sie nunmehr, wegen der im Zusammenhang mit der Tat bestehenden Fragen, in ihrer Wohnung von Polizeibeamten aufgesucht werden.

Die Lautsprecherdurchsagen müssen mehrfach **wiederholt** werden, um **74**
Aufsehen zu erregen und um auch dem letzten das Geschehen bewußt zu machen. Es kann angezeigt sein, auch an den der Entdeckung der Tat folgenden Tagen mit dem Lautsprecherwagen zu arbeiten, neue Texte zu verlesen, neue Fragen zu stellen.

d) Informationsstand

Einen Wagen kann man als **Informationsstand** herrichten und mit großen **75**
Plakaten und Bildern des Opfers bekleben. Mit Hilfe der Plakate sollten wichtige Fragen an die Bevölkerung gestellt werden. Das Fahrzeug ist in der Nähe des Tatortes aufzustellen, um dort Hinweise entgegenzunehmen und so den Zeugen den Weg zum Sitz der Mordkommission zu ersparen.

e) Auslobung

76 Von Anfang an ist auf die **Auslobung** einer dem Tatgeschehen angemessenen Summe für Hinweise zu drängen, die zur Aufklärung der Tat und zur
Ergreifung des oder der Täter führen; es hat sich nicht bewährt, Belohnun-
gen nach und nach aufzustocken. Die Auslobung im Zusammenhang mit
der Bearbeitung von Kapitalverbrechen erfolgt in der Regel durch die
Staatsanwaltschaft.

f) Handzettel und Postwurfsendungen

77 Die Fahndungsmaßnahmen lassen sich durch das Verteilen von **Handzetteln** und evtl. durch **Postwurfsendungen** unterstützen.

Merke:
Für Handzettel und Postwurfsendungen gilt das gleiche wie für Plakate:
Keine langatmigen Bekanntmachungen! Neben einer ganz kurzen Schil-
derung des Sachverhaltes mit Angaben zur Tatzeit, zum Tatort, zum
Opfer wende man sich mit einigen ganz präzisen Fragen an die Leser.

g) Unterrichtung anderer Polizeidienststellen

78 Über alle öffentlichen Fahndungsmaßnahmen sind noch vor deren Beginn
die **Polizeidienststellen** des Bereichs, auf den sich die Fahndungsmaßnahmen erstrecken, fernschriftlich mit dem zugrundeliegenden Sachverhalt
zu informieren. Geschieht dies nicht oder verspätet, so kann es geschehen,
daß Zeugen, die sich aufgrund der Fahndungsaufrufe bei der ihnen nächst-
gelegenen Polizeidienststelle melden, mit dem Hinweis, es sei überhaupt
nichts über die fragliche Angelegenheit bekannt, an eine andere Polizeidienststelle abgeschoben werden, wo es ihnen dann im Zweifel wieder so
ergehen kann. Eine solche Panne schadet nicht nur der Aufklärung des
einzelnen Falles, sie beeinträchtigt zudem das Vertrauen der Bevölkerung
in die Arbeit der Polizei und damit auch die Bereitschaft zur zukünftigen
Mitarbeit.

h) Gegenstand der Öffentlichkeitsfahndung

79 Im Zusammenhang mit der Öffentlichkeitsfahndung bedarf es immer
genauer Überlegungen, **was** bekanntgegeben werden kann und muß, um
die Bevölkerung zur Mithilfe anzuregen, und was verschwiegen werden
muß, damit der Täter über den Stand der Ermittlungen im unklaren bleibt.
Stets muß geprüft werden, **welcher Personenkreis** mit den Fahndungsmaßnahmen angesprochen werden soll und welche Fragen gestellt werden
müssen.

i) Sachfahndung

80 In vielen Fällen läßt sich eine gezielte **Sachfahndung** mit Hilfe beruflicher
Fachverbände betreiben. Zu denken ist hier an Veröffentlichungen in Fach-
zeitschriften und an Rundschreiben, die von den Fachverbänden an ihre
Mitglieder versandt werden. Durch eine sinnvolle Ausnutzung dieser Möglichkeiten kann man gegebenenfalls bestimmte Fachleute aus dem gesamten Bundesgebiet in die Fahndung einbeziehen oder deren sachkundigen
Rat nutzen.

j) Ausstellen von Beweismitteln

Eine weitere Möglichkeit der Fahndung besteht im **Ausstellen von Beweis-** 81
mitteln. Die Ausstellung muß in einer Weise geschehen, die geeignet ist,
die Blicke der Passanten anzuziehen. Ausgestellt werden sollen vor allem
Gegenstände, die der Täter am Tatort zurückgelassen oder deren er sich auf
der Flucht entledigt hat, aber auch z. B. die Bekleidung des Opfers, um zu
erfahren, wo sich das Opfer vor der Tat aufgehalten hat und in wessen
Begleitung es war.

k) Verschweigen bestimmter Details

Bei allen Fahndungsaufrufen müssen stets einige den objektiven Tatbefund 82
betreffende **Details verschwiegen** werden. Bestimmte Fakten dürfen nur
der Mordkommission bekannt sein. Dies ist erforderlich, weil sich später
nur so das Geständnis des Täters am objektiven Tatbefund auf seinen
Wahrheitsgehalt hin überprüfen läßt.

l) Rundfunk- und Fernsehfahndung

Wenn es notwendig ist, überörtlich zu fahnden, bedarf es immer des Ein- 83
satzes von Rundfunk und Fernsehen. Bei Fahndungsaufrufen im Rundfunk
muß bedacht werden, daß hier nur das gesprochene Wort wirken kann. Der
vorgegebene Text muß daher kurz, klar und leicht erfaßbar sein. Personen-
und Sachbeschreibungen sollen sich auf wenige, besonders markante und
leicht im Gedächtnis zu behaltende Merkmale beschränken.

Nach einer bestehenden Vereinbarung soll man sich nicht unmittelbar 84
an die Rundfunk- und Fernsehanstalten wenden. Zwischenstation ist
immer das jeweils örtlich zuständige **Landeskriminalamt.** Diesem obliegt
es, den Rundfunk- und Fernsehanstalten den Sachverhalt vorzutragen und
die Zusage zur Sendung einzuholen.

Für die Vermittlung einer Fernsehfahndung in den Sendungen „**Tages-** 85
schau" und „**heute**" bei ARD und ZDF ist nur das Landeskriminalamt
Hamburg zuständig. Kontakt mit diesem kann nur über das jeweils örtlich
zuständige Landeskriminalamt aufgenommen werden. Die Fahndungsunterlagen (Text und 2 Lichtbilder im Format: 12 × 18 cm) müssen am Tage
der Sendung bis spätestens 15.00 Uhr im Besitz des Landeskriminalamtes
Hamburg sein. Bei Zusage der Fernsehanstalten wird vom Landeskriminalamt Hamburg ein Fernschreiben mit der Ankündigung der Sendung an alle
Polizeidienststellen im Bundesgebiet abgesetzt.

Soll eine Fahndung in der Sendung „**Aktenzeichen XY – ungelöst**" aus- 86
gestrahlt werden, muß der Sachverhalt grundsätzlich vor der Sendung (mit
Lichtbild der gesuchten Person) im Bundeskriminalblatt veröffentlicht
werden. Diesbezügliche Anträge, auch Ergänzungen zu früheren Ausschreibungen im Bundeskriminalblatt, sollen spätestens 10 Tage vor der
Sendung beim Bundeskriminalamt sein. Es ist ferner erforderlich, die **internationale Fahndung,** zumindest für Österreich und die Schweiz, einzuleiten, wobei es der Zusicherung des sachbearbeitenden Staatsanwaltes
bedarf, daß er im Falle der Ergreifung des Flüchtigen die **Auslieferung**
begehren wird.

SCHRIFTTUM

Mätzler, Armin: Todesermittlung I. Grundsätze. Tod durch Strangulation, scharfe und stumpfe Gewalt. Heidelberg 1985 a (Grundlagen der Kriminalistik. Bd. 22).

ders.: Todesermittlung II. Tod durch Schuß, Ertrinken, Brand, Unterkühlung, Strom- und Blitzschlag, Vergiftung. Heidelberg 1985 b (Grundlagen der Kriminalistik. Bd. 23).

Schweitzer, H.: Die letzte Diagnose. In: Rheinisches Ärzteblatt 36 (1982), H. 4, S. 155–165.

Waller, Hellmut: Referat anläßlich der Arbeitstagung der Generalstaatsanwälte und des Generalbundesanwaltes am 17. und 18. Mai 1983 in Düsseldorf (unveröffentl.).

35

Brand- und Sprengdelikte

Peter Köhler

A. Begriffsbestimmungen

I. Brand

Unter einem **Brand** versteht man die Oxidation von gasförmigen, flüssigen **1** oder festen Stoffen unter Licht- und Hitzeentwicklung. Voraussetzung eines **Brandausbruches** sind also brennbares Material, das Erreichen der vom Material abhängigen Zündtemperatur und das Vorhandensein von Sauerstoff. Insbesondere die Menge des verfügbaren Sauerstoffes ist dafür maßgebend, ob ein Glimm- oder Schwelbrand oder eine offene Flamme entsteht.

II. Explosion

2 Die „Brockhaus Enzyklopädie", 19. Aufl., nennt Deflogration und Detonation als Unterformen der **Explosion.** Allgemein anerkannt ist diese Einteilung zwar nicht (vgl. z. B. „Der Große Brockhaus", 18. Aufl.). Für die kriminalistische Arbeit ist sie aber auch ohne Bedeutung.

1. Deflagration

3 Von einer **Deflagration** oder **Verpuffung** spricht man dann, wenn Gase, Dämpfe oder Stäube rasch abbrennen, die Reaktionsgeschwindigkeit aber einen gewissen Wert nicht übersteigt. Regelmäßig liegt sie unterhalb der Schallgeschwindigkeit, also bei maximal 330 m/sec. Bei einer solchen Verpuffung können trotzdem Drücke von über einem, in Einzelfällen sogar bis zu 10 bar entstehen. Es ist also nichts Außergewöhnliches, wenn dabei Türen, Fenster oder auch Wände zerstört werden.

2. Detonation

4 Bei der chemischen Umsetzung von Gasen, Stäuben, Dämpfen oder Sprengstoffen, ausgelöst durch oder unter Ausbildung eines Druckstoßes, spricht man von einer **Detonation.**

5 Der Kriminalist muß wissen, daß die **Reaktionsgeschwindigkeit** bis über 10 000 m/sec erreichen kann. Diese Geschwindigkeit ist wesentlich für die freiwerdenden Drücke und damit für den Grad der Zerstörung verantwortlich. Art und Ausmaß der festgestellten Zerstörungen lassen oftmals erste Hinweise auf die abgelaufene Reaktion und damit auf den Stoff zu, der zur Umsetzung gelangte.

III. Sprengstoffe

6 Im allgemeinen wird eine **Unterteilung** in drei Arten vorgenommen: militärisch, gewerblich und selbstgemischt. Diese eigentlich willkürliche Benennung sagt über die Wirkung des so bezeichneten Stoffes nur wenig aus. Insbesondere wird damit keine Abstufung nach der Gefährlichkeit vorgenommen.

7 Sprengstoffe bestehen hauptsächlich aus zwei **Komponenten.** Es handelt sich dabei um einen Sauerstoffträger (Oxidationsmittel) und um einen brennbaren Bestandteil (Reduktionsmittel). Die wohl bekannteste selbstgemischte Substanz dieser Art ist die bei deutschen Linksterroristen beliebte Mischung aus Unkrautex ($NaClO_3$) und Zucker.

8 Diese Sprengstoffe aus Küche und Keller haben einige **Eigenschaften,** die sie gerade für Sicherheitskräfte besonders problematisch machen:

   a) Sie sind im Gegensatz zu militärischen und gewerblichen Sprengstoffen nicht auf Handhabungssicherheit, lange Lagerfähigkeit, Beschußsicherheit u. ä. ausgelegt. Geringste Belastungen z. B. mechanischer oder thermischer Art können eine Detonation einleiten. Unsaubere Herstellung kann nach gewissen Lagerzeiten zur Selbstumsetzung führen.

Eine Einschätzung solcher Stoffe ist ohne komplizierte Untersuchungen in der Regel nicht möglich. Daher ist beim Umgang mit selbstgemischten Sprengstoffen äußerste Vorsicht geboten. Nur dazu ausgebildetes Personal ist dazu befähigt und befugt.

b) Selbstgemischte Sprengstoffe können in jeder Farbe und Konsistenz auftauchen. So ist z. B. sauber hergestelltes Methylnitrat flüssig und farblos. Wegen der Vielzahl und der chemischen Eigenheiten der verwendbaren Stoffe ist eine sichere Identifizierung vor Ort durch Geräte oder Hunde bis heute nicht möglich. Die Suche nach selbstgemischten Sprengstoffen kann daher nur sehr bedingt durch solche Hilfsmittel unterstützt werden. Der sichere Nachweis von Sprengstoff kann nur durch Laboruntersuchungen erbracht werden.

Die Umsetzungsgeschwindigkeiten differieren je nach Art des Sprengstoffes zwischen ca. 1 000 m/sec bis weit über 10 000 m/sec. Dabei werden je Kilogramm bis zu 900 l Gase erzeugt (z. B. Hexogen).

B. Brand

I. Brandursachen

1. Elektrische Energie

Elektrizität kann atmosphärischen oder terrestrischen Ursprungs sein.   **9**

Beim **Blitz** handelt es sich um eine atmosphärische Entladung, bei der die Stromstärke regelmäßig zwischen 20 000 und 30 000, manchmal sogar bis 100 000 Ampere beträgt. Die Dauer der Entladung beträgt wenige Millionstel Sekunden. Dabei treten Spannungsdifferenzen auf, die in der Regel mehrere 100 Millionen Volt betragen.

Beim Einschlag kann durch die dabei auftretende Hitze leicht entzündliches Material in Brand gesetzt werden. In Holz oder Mauerwerk können erhebliche Zerstörungen dadurch auftreten, daß die darin enthaltene Feuchtigkeit schlagartig verdampft wird. Der dadurch entstehende Druck sprengt dann das getroffene Objekt. In der Blitzbahn selbst entsteht ein Überdruck durch die erhitzte Luft, wodurch manchmal trotz vorhandener Blitzschutzanlage Schäden auftreten können. Anschmelzungen beim Einschlag in Metalle oder das Zusammendrücken dünnwandiger Rohre können ebenfalls Anhaltspunkte für einen Blitzeinschlag liefern.

Elektrische Energie **terrestrischen Ursprungs** läßt sich in statische und   **10** dynamische Elektrizität aufteilen.

Statische Energie tritt überall in der Natur auf. Regelmäßig sind die Ladungen (positiv und negativ) jedoch ausgeglichen. Erst bei Spannungsdifferenzen kann es zu Entladungen z. B. durch Funken kommen. Durch solche Entladungen können insbesondere Gase, Dämpfe, Stäube und Nebel entzündet werden. Bei der dynamischen Elektrizität können sowohl Widerstandswärme als auch Entladungserscheinungen zur Brandauslösung führen. Häufige Ursachen sind Leitungsüberlastung, Kurzschluß, Gerätedefekt, Erdschluß etc.

2. Kinetische Energie

11 Durch **Kompression, Schlag** oder **Reibung** kann soviel Wärme freigesetzt werden, daß die belasteten Stoffe selbst (z. B. Kraftstoffe) oder deren Umgebung in Brand geraten können. Die verheerende Wirkung heißgelaufener Bremsen oder Achslager ist allgemein bekannt. Vor Jahren führte ein solches Achslager zum Brand eines Güterwaggons und durch Hitzestau zur anschließenden Explosion des geladenen Sprengstoffes.

3. Molekulare Energie

12 Hierunter versteht man die Energie, die bei organischem Material zur **Selbsterhitzung** und schließlich **-entzündung** führen kann. Die bei diesem Vorgang auftretende Wärme stammt entweder von einer chemischen Reaktion oder von einem mikrobiologischen Vorgang. Die Selbstentzündung bedarf einer gewissen Anlaufzeit, die Stunden (Leinöl), Tage (Nitrolackrückstände), Wochen (Heu) oder gar Monate (Braunkohle) dauern kann. Die Temperatur steigt in dieser Zeit langsam auf ca. 50° bis 80 °C. Dann kann es innerhalb weniger Stunden zu einer weiteren Temperaturansteigung kommen. Sind 90 °C erreicht, besteht akute Brandgefahr.

13 Bei der **biologischen bedingten** Selbstentzündung kommt es z. B. bei Heu zum Wachstum niederer Organismen (thermophile Bakterien und Pilze). Es kommt dabei im Innern eines Heustockes zur Bräunung des Heues unter Sauerstoffmangel – zum sogenannten Rösten. Über nach oben steigende und sich erweiternde Kohlungstrichter und Kanäle werden Methan und wahrscheinlich noch weitere Gase abgegeben. Die Zündung des Heues tritt meist an der Oberfläche der Kohlungszone ein. Dabei kann das über dem Heustock angesammelte Gas zu einer Verpuffung führen, die unter Umständen zu Gebäudeschäden wie Abheben der Bedachung führen kann. Es kann dabei der Eindruck entstehen, als habe man es mit einer Brandstiftung unter Benutzung von Brandbeschleunigern zu tun.

14 **Oxidation** kann ebenfalls zur Selbstentzündung führen. So geht zum Beispiel Kohle eine langsame Verbindung mit dem Luftsauerstoff ein. Dabei verliert sie langsam an Heizwert. Die diesem Verlust entsprechende Wärme wird dabei an die Umgebung abgegeben. Bei feinporigen, sehr dicht lagernden brennbaren Stoffen kann nun die Sauerstoffaufnahme sehr groß, die Wärmeabfuhr aber sehr gering sein. Durch die langsam steigende Erwärmung wird der Oxidationsprozeß beschleunigt, was wieder die Wärme erhöht. So kann es durch diesen Rückkoppelungsprozeß zur Entzündung kommen. Dabei müssen allerdings ideale Bedingungen vorhanden sein: Ein Zuviel an Luft führt zuviel Wärme ab, ein Zuwenig läßt die Oxidation zu langsam ablaufen. Auch die Entzündung des weißen Phosphors geschieht durch Oxidation.

15 Auch **chemische Vorgänge anderer Art** können zur Selbstentzündung führen. Einige Beispiele sollen hier stellvertretend aufgeführt werden. Es sind dies Reaktionen von

– metallischem Natrium oder Kalium mit Wasser,

– konzentrierter Schwefelsäure mit einem Chlorat-Zucker-Gemisch,

– Glycerin mit Kaliumpermanganat,
– gebranntem Kalk mit Wasser,
– Aluminiumpulver oder -späne mit Wasser oder Öl,
– Baumwolle mit Fett oder Öl,
– Eisenpulver mit Öl.

4. Kosmische Einwirkungen

Sowohl die **Sonnenstrahlung** als auch **Meteoreinwirkung** kann als brand- **16**
auslösende Ursache auftreten. Während ein Meteor durch die ihm eigene
hohe Temperatur Stoffe in Brand setzen kann, bedarf es bei der Sonnenstrahlung einer **Sammellinse,** die die Strahlung bündelt.

Untersuchungen und Versuche mit Glasziegeln haben ergeben, daß
Formgebung, Unebenheiten, Lufteinschlüsse und Schlieren in keinem Fall
geeignet waren, einen Sammellinseneffekt und damit eine Brandauslösung
zu erreichen. Diese Erkenntnis läßt sich wohl auch auf andere Gläser, wie
z. B. Flaschenscherben, übertragen. Entgegenstehende Behauptungen von
Brandgeschädigten oder Zeugen sind daher äußerst kritisch zu werten.

5. Andere Einwirkungen

Es ist nicht möglich, alle Brandursachen aufzuzählen. Es sollen hier nur **17**
noch einige **wesentliche** bis jetzt nicht behandelte Möglichkeiten genannt
werden. Dies sind offenes Feuer, Feuerstätten und Kamine, Explosions-
toren, Wärmegeräte, Zigaretten, funkenerzeugende Arbeiten, Beleuch-
tungskörper, Munition und Feuerwerkskörper.

II. Tatortarbeit bei Bränden

1. Sicherheit

Rettungs- und **Sicherungsmaßnahmen** haben absoluten Vorrang vor den **18**
polizeilichen Ermittlungen. Brandorte sollten nicht betreten werden, bevor
nicht Gefährdungen, wie z. B. Einsturzgefahr, Rauchgasvergiftung usw.,
ausgeschlossen werden können. Dem Brandermittler muß Spezialkleidung
wie Schutzhelm, durchtrittsichere Schuhe usw. zur Verfügung stehen.

2. Absperrung

Der Brandort ist so weiträumig **abzusperren,** daß sowohl die Einwirkung **19**
Unbefugter auf als auch Gefährdung von Personen durch die Brandstelle
vermieden werden. Zu- und Abfahrtswege für Lösch- und Rettungsfahr-
zeuge müssen freigehalten werden.

3. Dokumentation

Der Brandort ist zu **dokumentieren.** Alle Bereiche müssen aus unterschied- **20**
lichen Richtungen fotografiert werden. Nach Möglichkeit sind Kamera-
standort und Blickrichtung für jedes Bild festzuhalten und in einer Skizze
zu bezeichnen. Lagepläne und Grundrißzeichnungen sind zu besorgen.

Äußere Gegebenheiten wie die Wetterbedingungen (Windrichtung, Temperatur, Niederschlag) sind festzuhalten. Ebenso müssen noch vorhandene Brand- oder Brandfolgeerscheinungen wie Flammenfarbe, Intensität des Feuers, Rauchgasentwicklung, Farbe und Geruch der Gase festgehalten werden.

4. Fachleute

21 Vor Beginn der eigentlichen Spurensuche und -sicherung sind **Fachleute** (Kriminaltechniker, Feuerwehr, Gewerbeaufsicht, Elektriker, Schornsteinfeger, Heizungstechniker u.a.) zu Rate zu ziehen. Diese können unter Umständen wertvolle Hinweise geben, die ein planmäßiges Vorgehen bei der Bearbeitung erleichtern können.

5. Spurensuche und -sicherung

a) Brandursache

22 Ein planmäßiges und zielgerichtetes Arbeiten wird auch dadurch begünstigt, daß in einem **mehrstufigen Ausscheidungsverfahren** je nach Erkenntnisgewinnung alle Brandursachen ausgeschieden werden, die aufgrund irgendwelcher Umstände mit Sicherheit nicht in Frage kommen können. So kann dynamische Elektrizität als Ursache mit Sicherheit ausgeschlossen werden, wenn das Objekt keine Stromversorgung hat. Blitzschlag scheidet aus, wenn nachweislich zur fraglichen Zeit in der näheren Umgebung des Brandobjektes kein Gewitter aufgetreten ist usw.

23 In der zweiten Stufe werden die nicht ausgeschiedenen denkbaren Ursachen bezüglich der **Wahrscheinlichkeit** ihres Eintritts näher untersucht. Mögliche Ursachen werden dabei mit dem vorhandenen Spurenbild verglichen und dadurch bestätigt oder aber ebenfalls ausgeschieden. Im Idealfall bleibt so nur eine Brandursache übrig.

24 Nun müssen alle **Sachbeweise** für diese Zündquelle erarbeitet werden. Erst wenn dies geschehen ist, kann der Brandort freigegeben werden. Bleiben trotz sorgfältiger und intensiver Arbeit mehrere denkbare Brandursachen, so müssen weitere Ermittlungen (z. B. Zeugenbefragungen) durchgeführt und/oder Experimente angestellt werden, die möglicherweise weitere Aufschlüsse geben können. Brandursachen auf der Basis unsicherer Erkenntnisse auszuschließen, verbietet sich, da der Ermittlungsbeamte durch eventuell nachfolgende Erkenntnisse (Gutachten, Zeugenaussagen, Geständnis) widerlegt und damit seine ganze Arbeit leicht abgewertet werden kann.

b) Brandentstehungsort

25 Die wichtigste Maßnahme des **Brandermittlers** besteht darin, die Stelle zu finden, an der der Brand entstanden ist. Dort liegt regelmäßig der Schlüssel zur Aufklärung. Äußerst wichtig dafür ist es, sich Kenntnisse über den Zustand vor dem Brand zu verschaffen. Auch vorhandene oder nicht vorhandene Schäden an geborgenem Gut können wertvolle Hinweise auf den **Brandentstehungsort** geben.

Am Brandort selbst muß ein planvolles und systematisches Abtragen des Brandschuttes erfolgen. Es ist denkbar, daß in unteren Schichten wichtige Beweismittel erhalten geblieben sind, weil z. B. eine herabstürzende Decke die Sauerstoffzufuhr unterbrochen hat.

Bei der Rückverfolgung des **Brandverlaufes** müssen alle Einflußfaktoren, wie z. B. Wind, Temperaturen, Sauerstoffzufuhr usw. berücksichtigt werden. Weitere sachdienliche Erkenntnisse können durch die Befragung von Zeugen (Brandentdecker, Feuerwehr) erlangt werden. Bei der Feuerwehr sollte darauf hingewirkt werden, daß nicht unbedingt notwendige Zerstörungen am Brandobjekt vorläufig unterbleiben, um nicht die schon durch Feuer und Wasser in Mitleidenschaft gezogenen Spuren noch weiter zu zerstören.

c) Zündauslösung

Bei der Spurensuche muß insbesondere auf **Zündauslösemöglichkeiten** 26 (evtl. Brandstiftungsvorrichtungen) geachtet werden. Dabei ist zu berücksichtigen, daß alle Spuren durch Feuer und/oder Wasser beeinträchtigt oder verändert wurden. Als Spur kann praktisch jeder Stoff in Frage kommen. Latente Spuren (z. B. brennbare Flüssigkeit im Holzboden) sind besonders gefährdet und daher vordringlich zu sichern. Ebenso ist auf Situationsspuren (z. B. Riegelstellung eines Schlosses) zu achten, da insbesondere solche Spuren bei Brandstiftungsverdacht wertvolle Hinweise geben können.

Die Spurensuche muß sich auf alle Brandursachen beziehen, die nicht eindeutig ausgeschlossen werden konnten.

d) Tatverdächtiger

Der **Tatverdächtige** kann selbst Spurenträger sein. An seiner Kleidung (ins- 27 besondere Schuhe) können Reste von Brandlegungsmitteln nachweisbar sein. Haare oder Fasern der Bekleidung können versengt sein. Schließlich sind eventuelle (Brand-)Verletzungen im Einzelfall von besonderer Bedeutung. Hitzeeinwirkung auf Körperhaare ist ein bis zwei Monate nachweisbar. Bei früher und sachkundiger Sicherung lassen sich sogar Aussagen über die seit der Hitzeeinwirkung vergangene Zeit machen.

e) Brandleiche

Bei eventuellen **Brandleichen** ist insbesondere von Interesse, ob die Verlet- 28 zungen vitaler Art sind oder ob ein schon toter Körper den Brandwirkungen ausgesetzt wurde. Ein solcher Nachweis kann nur durch eine gerichtsmedizinische Untersuchung geführt werden. Wertvolle Hinweise können allerdings auch schon am Brandort gefunden werden. So ist die Aussparung der Augenwinkelfalten bei ansonsten verbrannter Oberhaut ein sicheres Anzeichen einer Vitalreaktion. Hinweise können auch Verletzungen ergeben, die nicht durch die Brandeinwirkung zu erklären sind. Die Identifizierung einer Brandleiche kann oftmals nur noch durch eine Auswertung von Zähnen, Knochen und der oft noch feststellbaren Blutgruppe erfolgen.

f) Technische Anlagen

29 Werden **technische Anlagen** (Energieversorgungsanlagen, Heizungsanlagen, Schweißgeräte usw.) als mögliche Brandauslösungsursache betrachtet, sollte bei der speziellen Spurensicherung immer ein entsprechender Fachmann hinzugezogen werden. Situationsspuren wie z. B. Schalter- oder Ventilstellungen sind sorgfältig zu dokumentieren. Verbraucher (z. B. Gasboiler und Elektrogeräte) sind als Ganzes sicherzustellen. Bei Gasleitungen sollen keine Verschraubungen gelöst werden. Die Rohre sollten mit Rohrschneidern oder durch Sägen getrennt werden.

g) Selbstentzündung

30 Besteht der Verdacht einer Selbstentzündung, muß das Hauptaugenmerk zunächst dem Nachweis dazu geeigneter Stoffe gelten. Es müssen Umsetzungsprodukte dieser Stoffe und nach Möglichkeit auch die Stoffe selbst gesichert werden. Auch hier gilt, daß der Brandschutt schichtweise von oben abgetragen werden soll. Dabei kann man z. B. bei einer Heuselbstentzündung von normalem Heu bis zur Heuasche alle Stadien – Grauheu, Braunheu, Röstheu und Heukohle – der thermischen Veränderung nachweisen. Die Sicherung von Proben aus allen Bereichen ist deshalb so wichtig, weil es gilt, den Nachweis zu erbringen, ob thermophile Bakterien vorhanden sind. Sowohl im Glutkessel als auch in der absoluten Randzone ist aber mit deren Vorhandensein nicht oder nicht mehr zu rechnen. Die entnommenen Proben sollten nach Möglichkeit nicht durchnäßt sein.

h) Spurenverpackung

31 Alle gesicherten Spuren sind getrennt zu verpacken. Materialübertragungen müssen unbedingt ausgeschlossen werden. Die Asservierung muß so planmäßig geschehen, daß jederzeit nachweisbar ist, aus welchem Bereich des Brandortes die Spur stammt. Nachträgliche Beschädigung oder Veränderung des gesicherten Materials muß verhindert werden.

Nasse Spuren müssen vor dem **Verpacken** und **Versenden** regelmäßig getrocknet werden. Dies darf nicht unter Wärmezufuhr oder auch nur intensiver Sonneneinstrahlung geschehen, da sonst Veränderungen der Spuren zu befürchten sind.

Rührt die Feuchtigkeit von flüchtigen Stoffen (evtl. Brandlegungs- oder Beschleunigungsmittel) her, darf natürlich keine Trocknung vorgenommen werden. Solche Materialien sind entweder in Gläsern oder diffusionsdichten Folien zu verpacken. Es ist zu beachten, daß die meisten normalen Kunststoffe dampfdurchlässig sind und somit sogar ein nachträgliches Eindiffundieren vorher nicht vorhanden gewesener Stoffe in eine Verpackung möglich ist.

Lange Lagerzeiten sind bei Spuren von Brandorten zu vermeiden. Sie müssen schnellstmöglich der untersuchenden Stelle zugeleitet werden.

C. Explosion

I. Explosionsursachen

Explosionen können **ausgelöst** werden durch   32
- militärische oder gewerbliche Sprengstoffe,
- selbstgemischte Sprengstoffe,
- sonstige explosionsgefährliche Stoffe, wie z. B. Treibladungspulver,
- explosionsfähige Gas-Luft-Gemische, Dämpfe oder Nebel,
- explosionsfähige Stäube.

Während militärische und gewerbliche Sprengstoffe regelmäßig nur durch dafür vorgesehene Initialzünder (z. B. Sprengkapseln) zur Umsetzung gebracht werden können, reicht bei allen anderen Stoffen oft ein Funke. Geraten größere Mengen militärischer oder gewerblicher Sprengstoffe in Brand, kann eine Explosion durch einen dabei entstehenden Hitzestau ausgelöst werden.

Eine Explosion kann sich zufällig ereignen oder bewußt ausgelöst werden. Im letzten Fall dürften am Tatort regelmäßig relativ eindeutige Beweise vorzufinden sein (Behälter, Auslösemechanismen etc.).

II. Tatortarbeit bei Explosionen

1. Sicherheit

An einem Ort, an dem sich eine Explosion ereignet hat, ist immer **äußerste** 33
Vorsicht geboten. Die für die bereits geschehene Explosion verantwortliche Ursachen können weiter bestehen, oder neue können durch die Explosion geschaffen worden sein (ausströmendes Gas, verdampfende Flüssigkeiten etc.). Bei vorsätzlich ausgelösten Explosionen können weitere Sprengvorrichtungen, die (noch) nicht gezündet wurden, vorhanden sein. Durch Explosionen können gesundheitsgefährdende Stoffe entstehen (nitrose Gase) oder freigesetzt werden. Es sind daher alle Energieversorgungssysteme zu unterbrechen. Das Rauchverbot an Tatorten gilt insbesondere hier. Geschlossene Räume oder unter Umgebungsniveau liegende Teile des Tatortes sind auf Gefahrenmomente besonders zu überprüfen; sie können unter Umständen nur mit Atemschutzgeräten betreten werden.

2. Absperrung

Sowohl aus Sicherheitsgründen als auch im Interesse der Tataufklärung ist 34
der Explosionsort weiträumig **abzusperren**. Teile in unmittelbarer Nähe des Explosionszentrums oder solche, die zur Sprengvorrichtung gehören, können über weite Entfernungen weggeschleudert werden. Bei Stahlsprengungen ist mit Wurfweiten von 500 m und manchmal mehr zu rechnen. Lediglich die Bergung und Versorgung Verletzter und die Bekämpfung von Gefahren wie Feuer oder Einsturz haben Vorrang vor den Ermittlungsbeamten. Die Gefahr, daß die ohnehin in der Regel nur spärlich vorhandenen Spuren vernichtet werden, ist riesengroß.

3. Dokumentation

35 Möglichst vor jeder Veränderung des Tat- oder Unglücksortes ist dieser **fotografisch** zu sichern. Dabei sind sowohl Übersichtsaufnahmen aus verschiedenen Richtungen als auch Detailaufnahmen anscheinend wichtiger Teile unbedingt notwendig.

Der Explosionsort ist genauestens zu vermessen. Meßsystemen, die auf der Grundlage fotografischer Aufnahme arbeiten, ist wegen der Reproduzierbarkeit der Ergebnisse der Vorzug zu geben (Stereomeßkammer, Rolleimetric u. a.).

4. Fachleute

36 **Kriminaltechniker** müssen von Anfang an am Explosionsort dabei sein. Die Kenntnis des unveränderten Zustandes erleichtert eine spätere zusammenfassende Aussage über das Tatgeschehen wesentlich. Wissenschaftler können außerdem wertvolle fachliche Hinweise an die Ermittlungsbeamten geben.

5. Spurensuche und -sicherung

a) Unbeständige Spuren

37 **Unbeständige Spuren** müssen zuerst gesichert werden. Insbesondere trifft dies für flüchtige und leicht veränderbare Spuren zu. So müssen Explosionsrückstände unbedingt vor Feuchtigkeitseinfluß bewahrt werden, da sowohl Schmauchanhaftungen als auch viele Sprengstoffe selbst wasserlöslich sind. Neben Wasser kann auch Wind oder starke Sonneneinstrahlung zum Verlust oder zur Veränderung von Spurenmaterial führen.

b) Explosion

38 Bei vermuteten **Explosionsunglücken** richtet sich das Hauptaugenmerk des Ermittlers auf Betriebsabläufe, Energieversorgungssysteme und eher alltägliche Teile wie Ventile und Rohrleitungen.

c) Anschlag

39 Anderes sieht dies bei einem vermuteten **Anschlag** aus. Hier ist insbesondere auf Teile einer Sprengvorrichtung zu achten. Dies können sein:
– Teile einer Umhüllung (Feuerlöscher, Gasflasche etc.),
– Drähte, Stecker, Schalter,
– elektronische Bauteile,
– Platinenteile,
– Uhrenteile,
– Batterieteile,
– Zünderteile, Zündschnurteile,
– Taschenlampen- oder Autobirnchen, Gasanzünderglühköpfe, Blitzlichtbirnchen, Widerstandsdraht,
– Sprengstoffreste, Schmauchanhaftungen,

– Klebebänder,
– Transportbehälter wie Taschen, Tüten etc.

d) Asservierung

Zu sichern ist alles, was mit der zu untersuchenden Explosion im Zusam- **40**
menhang stehen könnte. Nach Beendigung der Tatortarbeit muß in
Zusammenarbeit mit Kriminaltechnikern eine kritische **Aussonderung**
erfolgen. Das ausgesonderte Material ist vorläufig aufzuheben. Damit soll
eine eventuell notwendig werdende Nachasservierung ermöglicht werden.

Alle anderen Teile sind gesondert zu **asservieren**. Beschädigungen und
Spurenübertragungen sind zu vermeiden. Flüchtige Stoffe sind in Gläsern
mit Schraubverschluß oder in diffusionsdichten Folien, die anschließend
verschweißt werden, zu sichern.

Im Einzelfall, z. B. bei Schmauchanhaftungen, kann es notwendig werden, die Spur mit dem Spurenträger zu sichern. Nur wenn dies nicht möglich ist, sollten solche Rückstände abgewischt oder auf andere Art gesichert werden (Blindprobe nicht vergessen). Trotz der unbeschreiblichen
Zerstörungskraft von Sprengstoffen kommt es vor, daß an Teilen von
Sprengvorrichtungen personenbezogene Spuren, wie z. B. Fingerabdrücke,
erhalten bleiben. Alle Asservate sind also vor einer technischen Untersuchung auf solche latenten Spuren zu untersuchen.

6. Tatmittelmeldedienst

Sprengvorrichtungen oder Teile derselben müssen dem BKA gemeldet wer- **41**
den. (**Tatmittelmeldedienst für Spreng- und Brandvorrichtungen**). Nach
Abschluß der Untersuchungen müssen die Teile dem BKA über das zuständige LKA zugeleitet werden. Dort werden länderübergreifende Zusammenhänge festgestellt. Die Ergebnisse werden dem LKA mitgeteilt.

D. Anschlag

I. Verhalten bei Bombendrohungen

1. Allgemeines

Seit 1968 werden in der Bundesrepublik verstärkt **Spreng- und Brandan-** **42**
schläge durchgeführt, um damit vorgeblich **politische Ziele** zu erreichen.
Ein Ziel solcher Anschläge ist es offensichtlich, gewisse Wirtschaftszweige
(Energieversorgung, Handel, Waffenproduktion usw.) in das Bewußtsein
der Öffentlichkeit zu rücken und deren Geschäfte zu stören. Es hat sich
nun recht bald gezeigt, daß diese Ziele zumindest teilweise auch schon
dadurch erreicht werden konnten, daß Anschläge angedroht wurden.

2. Maßnahmen zur Ergreifung des Täters

43 In der Mehrzahl aller Fälle gehen die **Drohungen** entweder dem Betroffenen selbst oder aber den Sicherheitsbehörden telefonisch und anonym zu. In seltenen Fällen geschieht dies auch schriftlich.

Bei telefonischen Drohungen ist es unbedingt erforderlich, daß der **Wortlaut** der Drohung möglichst korrekt festgehalten wird. Da nämlich andere Anhaltspunkte regelmäßig nicht zur Verfügung stehen, kann nur die übermittelte Botschaft Grundlage der zu ergreifenden Maßnahmen sein. Überall dort, wo dies technisch möglich ist, sind also solche Anrufe aufzuzeichnen. Ist diese Möglichkeit nicht gegeben, muß die Drohung schriftlich fixiert werden. Weitere Erkenntnisse (z. B. Hintergrundgeräusche, Dialekt, sonstige sprachliche Besonderheiten usw.) sind ebenfalls unbedingt festzuhalten. Eventuell kann der Anrufer (die Anruferin) durch falsches Wiederholen einzelner Passagen oder durch Weiterverbinden an angeblich kompetente Personen zum Weitersprechen veranlaßt werden. Natürlich sollte eine **Rückverfolgung** des Gespräches versucht werden, soweit das technisch möglich ist.

3. Schutzmaßnahmen

44 Die genannten Maßnahmen dienen der Ergreifung des Täters. Damit ist der polizeiliche Auftrag allerdings erst zum Teil erfüllt. Wichtiger sind zuerst einmal die **Bewertung der Drohung** und die daraus sich ergebenden Maßnahmen. Zwei mögliche Maßnahmen sollen hier näher betrachtet werden:

a) Die Durchsuchung

45 Ergibt die Analyse, daß das Eintreten des angedrohten Ereignisses nicht ausgeschlossen werden kann, ist es notwendig, das bedrohte Gelände, Gebäude, Flugzeug usw. nach eventuell abgelegten Spreng- oder Brandsätzen zu **durchsuchen.** Da zum Aussehen der Bombe regelmäßig absolut keine Aussage gemacht werden kann, kann die Durchsuchung nur solchen Umständen und/oder Sachen gelten, die vom Normalzustand des zu durchsuchenden Objektes oder Geländes abweichen. Es kann daher nicht richtig sein, eine solche Durchsuchung ausschließlich von Kräften durchführen zu lassen, die den Normalzustand nicht kennen. Dazu zählt normalerweise auch die Polizei. Als 1972 im Springer-Haus im Hamburg zwei Bomben explodiert waren, wurden drei weitere Bomben von dort arbeitenden Mitarbeitern, nicht aber von der Polizei gefunden. Eine sinnvolle Durchsuchung kann also nur mit Unterstützung solcher Personen stattfinden, die die zu durchsuchenden Örtlichkeiten und/oder Objekte kennen.

Die Durchsuchung muß systematisch durchgeführt werden, um eine Gefährdung der Durchsuchungskräfte und das Vergessen von Räumen, Gegenständen usw. zu verhindern. So sollen Gebäude immer von außen nach innen und von unten nach oben durchsucht werden, sofern nicht eine gleichzeitige Nachschau aller Örtlichkeiten, z. B. durch eigenes Personal möglich ist. Diese Reihenfolge ergibt sich aus der Tatsache, daß bisher abgelegte Bomben in fast allen Fällen außerhalb der angegriffenen Gebäude abgelegt waren. Als nächst wahrscheinliche Ablageorte gelten leicht zugängliche Bereiche wie Eingangshallen, Treppenhäuser usw. Erst dann folgen normalerweise von Personen besetzte Räume, wie z. B. Wohnungen und Büros. Die Durchsuchung von unten nach oben soll sicherstellen, daß die Durchsuchungskräfte bei etwaiger Räumung eines Gebäudes nur bereits durchsuchte Areale durchqueren müssen.

Ob bei Durchsuchungen **Sprengstoffspürgeräte** und/oder speziell ausge- **46** bildete **Suchhunde** eingesetzt werden, kann immer nur im konkreten Fall entschieden werden. Eine Nichtanzeige von Hund und/oder Gerät bedeutet niemals, daß damit die Abwesenheit von Sprengstoff bewiesen ist. Ebenso kann das Auffinden eines sprengstoffverdächtigen Gegenstandes nicht zum endgültigen Abbruch einer Durchsuchung führen. Diese ist nur so lange zu unterbrechen, bis dieser Gegenstand geborgen, identifiziert oder delaboriert ist. Der inkriminierte Gegenstand darf nur noch von ausgebildeten Entschärfern gehandhabt werden.

b) Die Evakuierung

Wie bereits im vorherigen Abschnitt erwähnt, hat eine Analyse aller bishe- **47** rigen Anschläge in der Bundesrepublik ergeben, daß die „Bomben" regelmäßig außerhalb von Gebäuden abgelegt waren. Dies hat Konsequenzen auch für eine eventuelle **Evakuierung.** Wird, was leider noch immer die Regel ist, die Räumung eines Gebäudes schematisch als Folge einer Bombendrohung angeordnet, so besteht die Gefahr, daß durch die Räumung eine Gefahrenerhöhung eintritt. Räumungen erfolgen nämlich regelmäßig nach draußen, also dorthin, wo in der Regel auch die Bomben abgelegt sind.

Daraus resultierend ergibt sich der zwingende Schluß, daß eine **Evakuierung** nicht die erste Maßnahme sein kann, die getroffen wird. Sie sollte nur dann angeordnet werden, wenn Tatsachen vorliegen, die den Verdacht rechtfertigen, daß das Verbleiben im Objekt die größere Gefahr darstellt. Dies ist immer dann der Fall, wenn verdächtige Gegenstände im Objekt gefunden werden.

Die Evakuierung muß dann auf vorher abgesuchten Fluchtwegen zu einem Sammelplatz erfolgen, der ebenfalls nachweislich frei von gefährlichen Gegenständen ist. Dies kann z. B. niemals der Firmenparkplatz sein, da gerade Autos schon oft als „Bomben" präpariert wurden.

Ist ein sicheres Areal außerhalb des Gebäudes nicht vorhanden, sollte eine mögliche Evakuierung in andere Gebäudeteile in Erwägung gezogen werden.

Alle eventuellen Maßnahmen und die dafür maßgeblichen Gründe müssen dem betroffenen Personenkreis vor einem Ernstfall erklärt werden. Nur so kann der Gefahr von Panikreaktionen vorgebeugt werden.

II. Verhalten beim Auffinden sprengstoffverdächtiger Gegenstände

Verläßliche allgemeingültige Kriterien, die auf einen sprengstoffverdächti- **48** gen Gegenstand hinweisen können, gibt es nicht. Das früher oft angeführte Fehlen eines Absenders spricht eher gegen einen Sprengstoffverdacht. Alle dem Verfasser bekannten Sendungen der vergangenen 10 Jahre waren mit einem pseudonymen Absender versehen. Lediglich die Würdigung aller Einzelumstände kann einen **Sprengstoffverdacht** begründen. Ist ein solcher Verdacht begründet worden, gilt als Tatsache:

Der Gegenstand ist sprengkräftig, handhabungs- und transportunsicher.

Davon kann erst abgegangen werden, wenn das Gegenteil bewiesen ist. Dies kann durch Ermittlungen geschehen, z. B. durch Rückfragen bei Absender und Empfänger oder aber durch eine technische Untersuchung. Letztere darf nur von hierfür besonders ausgebildeten Entschärfern geschehen.

49   Bis zu dessen Eintreffen ist der gefährdete Bereich zu **räumen** und **abzusperren.** Not- und Hilfsdienste sind zu alarmieren. Funkverkehr hat in der Umgebung des verdächtigen Gegenstandes zu unterbleiben. Alle weiteren Maßnahmen sind mit dem Entschärfer abzusprechen.

36

Massenkriminalität

Hans Kollischon

A. Begriff und Wesen

Für die Massenkriminalität gibt es **keine Legaldefinition** und bis heute **1** auch **keine andere allgemein gültige Erklärung.** Es ist nicht einmal bekannt, wer, wann, bei welchem Anlaß und mit welcher Intention den Begriff in die Diskussion eingebracht hat. Unstrittig ist aber, daß mit ihm reale Kriminalität gemeint ist. Aus diesem Grund ist es wichtig, die wesentlichen Merkmale dieser Kriminalität, ihre Erscheinungsformen und Ursachen zu kennen, denn nach ihnen richtet sich die Bekämpfungsstrategie. Polizeipraktiker und Wissenschaftler beschäftigen sich deshalb auch schon seit geraumer Zeit mit diesem Phänomen. So taucht der Begriff Massenkriminalität seit fast zwei Jahrzehnten immer wieder in der Fachliteratur und in den letzten Jahren auch vermehrt in den Medien auf. Das Thema war 1972 auch schon Gegenstand eines Seminars der Polizei-Führungsakademie (PFA)[1]. Bisweilen äußern sich auch Politiker zur Massenkriminalität.

---

1 Seminar „Zum Phänomen der Massenkriminalität und zu den Möglichkeiten ihrer Bekämpfung" vom 12. bis 16. Juni 1972. – Dieses Seminar wurde Anfang April 1974 fortgesetzt. Polizei-Führungsakademie 1974.

Obwohl also in vieler Mund, hat es doch den Anschein, als ob niemand so recht weiß, was der Begriff Massenkriminalität tatsächlich zum Inhalt hat. Während die einen ihn im Sinne von minderwertiger Massenware gebrauchen, sehen andere darin nicht nur eine Häufung von Einzelstraftaten, sondern eine neue gefährliche Verbrechensqualität.

2   Von denen, die ernsthaft darüber nachdenken, beschäftigen sich manche rein akademisch mit der Massenkriminalität, andere wiederum nur unter pragmatischen Aspekten.

Das Problem ist aber nur zu lösen, wenn **Wissenschaft und Praxis** gleichermaßen ihre Beiträge leisten und wenn aus dem ausgewogenen Gesamtergebnis die kriminalpolitischen und gesellschaftspolitischen Konsequenzen gezogen werden.

Helmer[2] gebührt das Verdienst, sich schon sehr früh wissenschaftlich mit der Massenkriminalität befaßt zu haben. Er meint, unter Massenkriminalität könne dreierlei verstanden werden:

– einmal Massenverbrechen in der Bedeutung der Gesetzesverletzung durch viele gleichzeitig zusammenwirkende Personen (z. B. Landfriedensbruch) bzw. die massenhafte Delinquenz eines einzelnen Täters (z. B. Vergasung einer Vielzahl von Menschen);

– zum andern eine Massenerscheinung im Gegensatz zur Individualkriminalität, wobei die Massenkriminalität nicht nur die Summe der begangenen Einzeldelikte sei, sondern eine eigene Größe;

– des weiteren eine Kriminalität, die sich nicht wie die „normale" Kriminalität auf Außenseiter und Randzonen der Gesellschaft beschränkt, sondern in deren Zentrum vorgedrungen sei, einen wichtigen Teil der Gesellschaft ergriffen habe.

Bezugnehmend auf *Hellmer* vertritt *Leszinna*[3] die Auffassung, daß zunächst einmal Taten, Täter und Opfer in großer Zahl in Erscheinung treten müßten. Neben diesen Quantitätskriterien müßten aber auch die folgenden Qualitätsmerkmale vorhanden sein:

– geringe Sozialschädlichkeit der Normverletzung;

– herabgesetztes Unrechtsbewußtsein beim Täter;

– verminderte ethische Grundeinstellung der Bevölkerung zum geschützten Rechtsgut.

Das eigentliche Problem der Begriffsbestimmung sieht *Leszinna* in der Zuordnung einzelner Deliktsarten. Er stimmt dabei im wesentlichen auch mit dem Ergebnis des erwähnten Seminars überein.

Vermander[4] weist kritisch auf eine weitverbreitete Bereitschaft hin, Massenkriminalität mit Bagatelle gleichzusetzen und betont in diesem Zusammenhang ausdrücklich die überaus sozialschädliche Wirkung der massenhaft auftretenden Delikte.

---

2 *Hellmer* 1972 S. 333.
3 *Leszinna* 1976 S. 24.
4 *Vermander* 1981 S. 51, 52, 56.

Hertlein[5] beklagt den hohen Anteil der Massendelikte am Straftatenzuwachs der letzten Jahre und führt diese Entwicklung auf den Umstand zurück, daß viele Delikte der sogenannten einfachen Kriminalität, insbesondere des Diebstahls, vor allem von jungen Menschen nicht mehr als Unrecht empfunden würden. Der damit einhergehende Wandel ethischer und moralischer Wertvorstellungen berge die Gefahr einer bedenklichen gesellschaftspolitischen Entwicklung in sich.

Schmidtchen[6] bezeichnet diese Entwicklung als neuen moralischen Realismus, der sich in der Haltung ausdrücke, daß der Dieb zwar grundsätzlich zu bestrafen sei, wo aber Kläger und Richter fehlten, sei das Stehlen gewissermaßen erlaubt.

Es gibt weitere differenzierte Betrachtungen zum Thema Massenkriminalität aus den Bereichen Polizei, Justiz und Wissenschaft. Nach ihren Ergebnissen kann **ausgeschlossen** werden, daß zur Massenkriminalität heutigen Verständnisses die eingangs erwähnten Gesetzesverletzungen durch viele gleichzeitig agierende und zusammenwirkende Personen oder die in großer Zahl begangenen Delikte der Schwerkriminalität einzelner Täter gehören. Kein wesentliches Kriterium der Massenkriminalität kann jedoch – entgegen anderer Auffassungen – die Zugehörigkeit der Täter zu allen sozialen Schichten sein. Die Massenkriminalität ist im Regelfall zwar nicht auf Außenseiter der Gesellschaft beschränkt, doch das gilt auch für andere Delikte bis hin zum Mord. **3**

Als Kriterium der Massenkriminalität ist neben der großen Zahl von Delikten und Tätern auch schon das Vorhandensein vieler verschiedener Opfer genannt worden. Letzterem kann nicht zugestimmt werden. Es ist den Tätern nämlich gleichgültig, ob sie den Staat, einen Monopolbetrieb bzw. ein Großunternehmen oder viele kleine Unternehmen bzw. Einzelpersonen schädigen, wenn sie Leistungen erschleichen, Ladendiebstähle oder Diebstähle aus Automaten begehen, Autoradios entwenden oder Kraftfahrzeuge beschädigen.

Merkmale der Massenkriminalität dürften dagegen sein **4**
– die signifikante Häufung von Straftaten mit vielen Tätern und Einzeldelikten;
– das getrübte Unrechtsbewußtsein bei zahlreichen Tätern, und
– die verminderte Mißbilligung der Taten durch einen großen Teil der Bevölkerung.

Auch diese bewußt sehr restriktive Feststellung von Kriterien ist nicht frei von Problemen. Während nämlich bezüglich der Quantität über die Polizeiliche Kriminalstatistik (PKS) relativ schnell und zuverlässig Zahlen zur Verfügung stehen, vollziehen sich Qualitätsveränderungen in großen Zeiträumen. Die Qualitätskriterien sind wegen ihrer subjektiv bestimmten Inhalte zudem schwer verifizierbar. Deshalb spielen bei der Entstehung

---

5 *Hertlein* 1984 S. 3.
6 *Schmidtchen* in „Die Welt" vom 17. Mai 1984.

und Deutung solcher unbestimmten Begriffe die „Meinung der großen Mehrheit der Bevölkerung" und die „herrschende Meinung" – unabhängig davon, wie sie zustandegekommen sind – eine nicht zu unterschätzende Rolle.

5   Nach dem Ergebnis der bisherigen Analysen und ausweislich der Zahlen der PKS ist davon auszugehen, daß die obengenannten Merkmale derzeit nur auf **wenige Erscheinungsformen der Eigentums- und Vermögensdelikte sowie der Körperverletzung und Sachbeschädigung** zutreffen.

6   Darüber hinaus kann **zusammenfassend** festgestellt werden:
- Der Begriff Massenkriminalität läßt sich nicht mit den Tatbestandsmerkmalen einer speziellen Strafnorm umschreiben und auch sonst nicht auf eine kurze griffige Formel bringen.
- Es ist offen, inwieweit der Straftatenkatalog der Massenkriminalität im Wandel der Zeiten und Wertvorstellungen Veränderungen erfährt.

B. Entwicklung von 1966 bis 1987 in der Bundesrepublik Deutschland

7   Im Untersuchungszeitraum erhöhte sich die Zahl der jährlich registrierten **Gesamtstraftaten** von 1 917 445 auf 4 444 108. Das ist eine Steigerungsrate von 131,8 %.

I. Diebstahl

8   Die **Diebstahlskriminalität** stieg in dieser Zeit um 144,6 % (von 1 140 764 auf 2 790 849 Fälle) und liegt damit nur leicht über dem Trend der Gesamtkriminalität. Ihr Anteil an der Kriminalität betrug 1966 59,5 %, 1987 ist er mit 62,8 % ausgewiesen. Diese relativ geringfügige Erhöhung ist darauf zurückzuführen, daß der **einfache Diebstahl** „nur" um 319 071 Fälle zunahm, was eine Veränderung seines Anteils an der Kriminalität von 16,7 % auf 23,9 % ausmacht, der **schwere Diebstahl** dagegen von 398 878 auf 1 729 892 Fälle anstieg. Diese Steigerungsrate von 333,7 % verdeutlicht in drastischer Weise den besorgniserregenden Aufwärtstrend. 1966 betrug der Anteil des schweren Diebstahls an der Kriminalität in der Bundesrepublik Deutschland 20,8 %; bis 1987 stieg er auf 38,9 % und verdoppelte sich damit beinahe. Gleichzeitig reduzierte sich seine Aufklärungsquote von 29,1 % auf 16,0 %.

9   Aus dem breiten Diebstahlsspektrum weisen nur die folgenden Erscheinungsformen die **Merkmale der Massenkriminalität** auf; sie haben darüber hinaus die höchsten Fallzahlen und Zuwachsraten bei zurückgehenden Aufklärungsquoten. Bei ihrer Darstellung werden die möglichen Begehungsarten (einfach, schwer) zusammengefaßt, da dies für die weiteren Betrachtungen sinnvoller erscheint.

Straftaten(gruppe)	Zunahme absolut		Steigerungsrate in %	Aufklärungsquote in %	
	von	auf		1966	1987
Diebstahl aus/an Kfz	233 391	923 986	295,9	18,1	14,6
Automatendiebstahl	48 611	115 211	137,0	32,3	19,0
Fahrraddiebstahl	107 340	325 603	203,3	12,9	11,5
Ladendiebstahl[7]	225 635	351 860	55,9	96,0	94,8

Die sinkenden Aufklärungsquoten sind typisch für die Diebstahlsstraftaten der Massenkriminalität; sie beruhen im wesentlichen auf dem Mengenproblem bei der Repression.

Der Ladendiebstahl macht hierbei nur scheinbar eine Ausnahme; denn bei seinen hohen Aufklärungsquoten muß berücksichtigt werden, daß im Regelfall nur aufgeklärte Taten angezeigt werden, und außerdem gerade beim Ladendiebstahl ein sehr großes – mit ungeklärten Straftaten übersätes – Dunkelfeld angenommen werden muß.

II. Betrug

Die Vermögenskriminalität weist insgesamt hohe Zahlen auf. Vor allem **10** der **Betrug** hat um 181 576 Fälle (von 176 917 auf 358 493) zugenommen und damit eine Steigerungsrate von 102,6 % erreicht. Nach diesen Zahlen gehört der Betrug insgesamt zu den am häufigsten begangenen Delikten.

Ein Vergleich der einzelnen Untergruppen zeigt aber, daß – mit Aus- **11** nahme der Leistungserschleichung – keine der vielfältigen Erscheinungsformen die Quantitätskriterien und darüber hinaus einige auch nicht die Qualitätskriterien der **Massenkriminalität** erfüllen.

Bei der Bewertung der **Leistungserschleichung** muß berücksichtigt werden, daß sie sich fast nur auf die Großstädte beschränkt. Aus diesem Grunde sowie in Annahme eines großen Dunkelfeldes und in Kenntnis des restriktiven Anzeigeverhaltens der Geschädigten muß die Leistungserschleichung trotz ihres „geringen" Zahlenaufkommens als ein Delikt der Massenkriminalität bezeichnet werden.

Straftaten(gruppe)	Zunahme absolut		Steigerungsrate in %	Aufklärungsquote in %	
	von	auf		1966	1987
Betrug insgesamt	176 917	358 493	102,6	94,7	90,7
davon Leistungserschleichg.[8]	20 824	72 805	249,6	98,2	97,7

---

7 Der Ladendiebstahl wird erst seit 1977 in der PKS registriert.
8 Die Leistungserschleichung wird erst seit 1971 in der PKS registriert.

III. Körperverletzung

12 Die Entwicklung der **Körperverletzung** signalisiert zunehmende Verrohung und Gewaltbereitschaft in den zwischenmenschlichen Beziehungen. Das gilt im besonderen Maße auch für die vorsätzliche leichte Körperverletzung als **Massendelikt**. Die übrigen Erscheinungsformen der Körperverletzung weisen keine signifikanten Häufungen auf. Die nahezu identischen Aufklärungsquoten resultieren – wie beim Ladendiebstahl und der Leistungserschleichung – aus dem über die Jahre hinweg unveränderten Anzeigeverhalten; das heißt, auch bei der vorsätzlichen leichten Körperverletzung werden überwiegend nur Delikte mit bekannten Tätern bzw. guten Täterhinweisen angezeigt. Dies wiederum indiziert ein großes Dunkelfeld.

Straftaten(gruppe)	Zunahme absolut		Steigerungsrate in %	Aufklärungsquote in %	
	von	auf		1966	1987
Körperverletzung insgesamt davon vorsätzliche leichte	89 581	200 193	123,5	88,4	88,5
Körperverletzung	58 682	121 132	106,4	89,3	90,6

IV. Sachbeschädigung

13 Auch bei der **Sachbeschädigung** zeigen sich fortschreitende Rücksichtslosigkeit und Gewaltbereitschaft. Besonders deutlich veranschaulicht dies die Entwicklung der Sachbeschädigung an Kfz. Sie macht beinahe die Hälfte aller bekanntgewordenen Sachbeschädigungen aus und hat, wie der Diebstahl aus/an Kfz – mit gleicher Problematik – eine niedrige Aufklärungsquote.

14 Die Sachbeschädigung – auch ohne die obengenannte Erscheinungsform – entspricht in ihrer Gesamtheit – wie der Diebstahl und Betrug – quantitativ uneingeschränkt der Massenkriminalität. Die kriminalistisch notwendige Aufspaltung in Untergruppen läßt diese Kriterien bei den Einzelerscheinungen – ausgenommen die Sachbeschädigung an Kfz – jedoch entfallen.

Straftaten(gruppe)	Zunahme absolut		Steigerungsrate in %	Aufklärungsquote in %	
	von	auf		1966	1987
Sachbeschädigung insgesamt davon Sachbeschädigung an Kfz[9]	117 860	386 309	227,8	30,2	29,9
	69 921	173 171	147,7	12,2	18,1

---

9 Die Sachbeschädigung an Kfz wird erst seit 1971 in der PKS registriert.

C. Derzeitiger Stand

I. Erscheinungsformen

Der Polizeilichen Kriminalstatistik können aufgrund ihres nicht ausreichend differenzierenden Erfassungsmodus nur in beschränktem Umfang Zahlen für eine **systematische Untersuchung der Massenkriminalität** in allen ihren Erscheinungsformen entnommen werden. Gleichwohl ist sie die Hauptquelle der für eine Analyse erforderlichen Informationen. Darüberhinaus stehen für die Beurteilung des Phänomens Alltagserfahrungen und Einschätzungen aus den bisher genannten Bereichen sowie von Verkaufsunternehmen, aus der Versicherungswirtschaft und anderen Gewerbezweigen zur Verfügung, die sich nicht in Zahlen der PKS niederschlagen können. **15**

Nach dem aktuellen Stand der Kriminalitätsentwicklung sind der **Massenkriminalität** folgende Straftaten zuzurechnen: **16**

Diebstahl aus und an Kfz,

von Fahrrädern,

aus Verkaufsräumen durch Kunden während der Geschäftszeit (Ladendiebstahl),

aus Automaten (einschließlich öffentlicher Fernsprecher),

Leistungserschleichung,

Körperverletzung (vorsätzliche, leichte),

Sachbeschädigung an Kfz.

Einige **weitere Straftaten** weisen ebenfalls Merkmale der Massenkriminalität auf. Mangels genauer Zahlen oder sonstiger verläßlicher Fakten ist eine sichere Bewertung jedoch **nicht** möglich. Das gilt vor allem für den Betrug auf dem Gebiet der Sachversicherung, den Diebstahl und die Unterschlagung zum Nachteil des Arbeitgebers, die leichteren Fälle der Steuer- und Abgabenhinterziehung sowie den illegalen Verkauf und Erwerb geringer Mengen Betäubungsmittel. **17**

Nach den einschlägigen Erfahrungen auf diesen Gebieten ist davon auszugehen, daß die bekanntgewordenen Straftaten von riesigen **Dunkelfeldern** umgeben sind. **18**

Steffen[10] weist mit überzeugender Begründung darauf hin, daß auch die meisten **Straßenverkehrsverstöße** alle Merkmale der Massenkriminalität haben. Aufgrund unterschiedlicher Bewertung und statistischer Erfassung eignen sie sich jedoch nicht für eine Behandlung im Rahmen der nachfolgenden Betrachtungen. **19**

Anzumerken ist, daß entgegen anderer Meinungen der **Diebstahl von Kfz** schon aufgrund seines relativ geringen Zahlenaufkommens nicht zur Massenkriminalität gezählt werden kann. Es spielt zudem an den örtlichen **20**

---

10 *Steffen* 1981 S. 504, 505.

und regionalen Brennpunkten der Delinquenz um das Kfz keine besondere Rolle. Außerdem geht ein beachtlicher Anteil dieser Delikte auf das Konto von professionellen/organisierten Tätern. Unterschätzt werden dürfen auf diesem Gebiet auch nicht die vorgetäuschten Entwendungen zu Lasten der **Sachversicherung.**

21 Der **Diebstahl** in bzw. aus Wohnungen entspricht aufgrund seines Anstiegs von 39 515 Fällen (1966) auf 207 563 Fälle (1987) und damit einer Steigerungsrate von 425,3 % zweifelsfrei den Quantitätskriterien der Massenkriminalität. Bei der Prüfung der Qualitätsmerkmale ist jedoch festzustellen, daß die Wohnungseinbrüche sowohl zur Tages- als auch zur Nachtzeit häufig von bandenmäßig auftretenden professionellen Tätern, von „Außenseitern", begangen werden, welche die Unrechtmäßigkeit ihres Tuns richtig beurteilen können. Es gibt auch keine Anzeichen dafür, daß ein beachtlicher Teil der Bevölkerung diese die Privatsphäre der Betroffenen in besonderem Maße tangierenden Straftaten vermindert mißbilligt. Nach den Erfahrungen der polizeilichen Alltagspraxis ist vielmehr davon auszugehen, daß durch diese Delikte das Sicherheitsgefühl eines erheblichen Teils der Bevölkerung beeinträchtigt wird.

Viele Menschen haben Angst vor Einbrechern. Sie mißbilligen aber auch das Auftreten von Trick- und anderen gewaltlosen Dieben in ihrer Wohnung. Es ist deshalb zusammenfassend festzustellen, daß der Wohnungsdiebstahl trotz seiner hohen Fallzahlen nicht zur Massenkriminalität gerechnet werden kann.

22 Die Analysen anderer Delikte führen zu vergleichbaren Ergebnissen. So erfüllt aus dem Spektrum der **Körperverletzungen** nur die vorsätzliche leichte Körperverletzung alle Kriterien der Massenkriminalität. Bei den anderen Erscheinungsformen fehlt es schon an der signifikanten Häufung der Taten.

23 Ähnlich ist es bei der **Sachbeschädigung.** Hier weist lediglich die Sachbeschädigung an Kfz alle Merkmale der Massenkriminalität auf. Obwohl die übrigen Erscheinungsformen in ihrer Gesamtheit ebenfalls als Massenerscheinung anzusehen sind, entfällt dieses Kriterium bei den Einzelerscheinungen.

24 Auch der **Betrug** kann trotz seiner hohen Fallzahlen nicht der Massenkriminalität zugerechnet werden. Die Zahlen verteilen sich auch hier auf spezifische Erscheinungsformen, so daß das Kriterium „große Zahl" bei der einzelnen Betrugsart letztlich nicht mehr gegeben ist. Eine Ausnahme macht – wie bereits ausgeführt – die Leistungserschleichung.

II. Fallstatistik

1. Rangfolge der 1987 am häufigsten in Erscheinung getretenen Straftaten(gruppen) nach ihren Anteilen an der Gesamtkriminalität

Rangfolge	Straftaten(gruppe)	erfaßte Fälle	Anteil in %
–	Straftaten insgesamt	4 444 108	–
1	Diebstahl insgesamt	2 790 849	62,8
2	schwerer Diebstahl	1 729 892	38,9
3	einfacher Diebstahl	1 060 957	23,9
4	Diebstahl aus/an Kfz	923 986	20,8
5	Sachbeschädigung insgesamt	386 309	8,7
6	Betrug insgesamt	358 493	8,0
7	Ladendiebstahl	351 860	7,9
8	Fahrraddiebstahl	325 603	7,3
9	Körperverletzung insgesamt	187 843	4,2
10	Sachbeschädigung an Kfz	173 171	3,9

Am Beispiel dieser „Top Ten" soll verdeutlicht werden, daß nicht alle **25** Straftaten(gruppen) mit sehr hohen Fallzahlen ohne weiteres als Delikte der Massenkriminalität zu erkennen sind.

Es kommt vielmehr auf eine **differenzierte Bewertung** der einzelnen Delikte unter Beachtung der Kriterien der Massenkriminalität an. Erwähnt wurde bereits, daß z. B. der Diebstahl insgesamt und auch die Begehungs- formen schwerer und einfacher Diebstahl sowie andere quantitativ stark auffällige Straftaten trotz ihrer Spitzenplätze in der Tabelle nicht generell als Massendelikte bezeichnet werden können, da bestimmte Erschei- nungsformen entweder den Quantitäts- oder den Qualitätskriterien der Massenkriminalität nicht entsprechen (s. Rdnr. 21). So treffen beispiels- weise beim Diebstahl von Betäubungsmitteln, Sprengstoff oder Großvieh die Quantitätskriterien nicht zu. Aber auch der Taschendiebstahl und zahlreiche andere Entwendungsarten fallen zahlenmäßig nicht aus dem Rahmen.

Ähnlich wie beim Diebstahl ist es beim Betrug, der Körperverletzung und der Sachbeschädigung.

26   **2. Zusammenfassende Darstellung der einzelnen Erscheinungsformen der Massenkriminalität in der Reihenfolge ihrer Steigerungsraten**

Straftaten(gruppe)	Steigerungsrate in %	Zunahme absolut von	auf
Diebstahl aus/an Kfz	295,9	233 391	923 986
Leistungserschleichung	249,6	20 824	72 805
Fahrraddiebstahl	203,3	107 340	325 603
Sachbeschädigung an Kfz	147,6	69 928	173 171
Automatendiebstahl	137,0	48 611	115 211
vorsätzliche leichte Körperverletzung	106,4	58 682	121 132
Ladendiebstahl	55,9	225 635	351 860

3. Anmerkungen zur Tatortverteilung und Schadenshöhe

a) Tatortverteilung[11]

Straftaten(gruppe)	erfaßte Fälle = 100 %	Tatortverteilung nach Gemeindegrößenklassen			
		bis 20 000 Einwohner	20 000 – 100 000	100 000 – 500 000	500 000 und mehr
Diebstahl aus/an Kfz	923 986	18,0 %	26,9 %	20,0 %	34,9 %
Ladendiebstahl	351 860	12,6 %	30,0 %	26,2 %	31,2 %
Fahrraddiebstahl	325 603	19,5 %	36,5 %	20,7 %	23,2 %
Automatendiebstahl	115 211	18,4 %	18,4 %	16,3 %	46,7 %
Leistungserschleichung	72 805	2,2 %	6,0 %	23,1 %	67,4 %
vorsätzliche leichte Körperverletzung	121 132	28,3 %	26,2 %	18,4 %	27,0 %
Sachbeschädigung an Kfz	173 171	24,9 %	30,3 %	20,5 %	24,2 %
Anteil der Gemeindegrößenklassen an der Wohnbevölkerung		40,8 %	26,5 %	16,3 %	16,5 %

27   Die Tabelle zeigt, daß die Massenkriminalität überwiegend **Großstadtkriminalität** ist. Mit der Größe der Stadt nimmt auch die Häufigkeitszahl zu.

Im Vergleich zu ihrem Bevölkerungsanteil sind die Großstädte ab 500 000 Einwohnern bei den Diebstahlsdelikten, der Kfz-Sachbeschädigung, der vorsätzlichen leichten Körperverletzung und bei der Leistungserschleichung überrepräsentiert. Lediglich beim Fahrraddiebstahl sind die Städte schon ab 20 000 Einwohner auffälliger.

---

11 Die geringen Prozentdifferenzen resultieren aus Straftaten mit unbekannten Tatorten.

b) Schadenshöhe

Über die durch Straftaten tatsächlich verursachten materiellen **Schäden** **28** macht die PKS keine realistische Aussage. So enthält sie über die durch Sachbeschädigung verursachten Wertverluste überhaupt keine Daten. Für den Diebstahl weist die PKS zwar einen Schaden von über 3 Mrd. DM aus, legt bei der Berechnung der Schadenshöhe aber nur den angegebenen Verkehrswert des rechtswidrig erlangten Gutes zugrunde. Sie berücksichtigt die darüber hinausgehenden Schäden, wie entstandene Unkosten, entgangenen Gewinn und die oft diese Werte übersteigenden Nebenschäden überhaupt nicht. Letztere spielen beim Diebstahl aus Kfz und beim Automatendiebstahl eine ganz wesentliche Rolle.

Beim Ladendiebstahl entsteht nach Schätzungen des deutschen Einzelhandels jährlich ein Schaden von über 3 Mrd. DM; die PKS beziffert ihn auf nicht einmal 500 Millionen. Selbst wenn die Problematik der Dunkelzahl und der Inventurdifferenz sowie die Tatsache in Rechnung gestellt werden, daß die ertappten Ladendiebe eigentlich gar keinen Schaden hinterlassen, weil sie grundsätzlich zahlen, unterscheiden sich die beiden Werte doch so erheblich voneinander, daß sie volkswirtschaftlichen Analysen nur sehr bedingt zugrundegelegt werden können. Losgelöst von diesen Summen ist jedoch die Feststellung wichtig, daß bei mehr als vier von fünf angezeigten Ladendiebstählen die Schadenshöhe unter 100 DM beziffert wurde.

Bei der Leistungserschleichung liegt bei über vier von fünf Fällen die angegebene Schadenshöhe unter 25 DM. Der tatsächliche Schaden orientiert sich aber auch hier am Dunkelfeld, und zwar vor allem an den nicht nur den Verfolgungsbehörden nicht bekanntgewordenen, sondern an den von den Geschädigten nicht entdeckten Fällen. Bei den bekanntgewordenen Leistungserschleichungen entsteht – wie beim Ladendiebstahl – im Regelfall überhaupt kein Schaden, da die Unternehmen bei den Tätern grundsätzlich erhöhte Preise nacherheben.

III. Tatverdächtigenstruktur

Am 1. Januar 1987 betrug die **Wohnbevölkerung** in der Bundesrepublik **29** Deutschland 61 140 461. Die 4 661 880 registrierten **Nichtdeutschen** hatten damit einen Anteil an der Gesamt-Wohnbevölkerung von 7,6 %. 1987 wurden insgesamt 1 290 441 Tatverdächtige gezählt, darunter 258 326 Nichtdeutsche. Das ist ein Anteil von 20 %.

Bei den genannten Delikten der Massenkriminalität konnten 557 643 **30** Tatverdächtige festgestellt werden. Unter ihnen befanden sich 110 424 Nichtdeutsche, das sind 19,8 %. Damit sind die Nichtdeutschen bei der Massenkriminalität nicht auffälliger als bei der Kriminalität insgesamt.

Die nachfolgenden Übersichten machen deutlich, daß bei der Massenkriminalität durchweg die männlichen Tatverdächtigen bis zum 21. Lebensjahr überrepräsentiert sind. Beachtung verdienen dabei vor allem die hohen Anteile der männlichen Kinder und Jugendlichen am Fahrraddiebstahl sowie der Jugendlichen und Heranwachsenden am Automatendiebstahl, dem Diebstahl aus/an Kfz und an der Leistungserschleichung als

Einstiegskriminalität. Bei den Aggressionsdelikten, vorsätzliche leichte Körperverletzung und Sachbeschädigung an Kfz, tut sich das männliche Geschlecht in allen Altersgruppen besonders hervor.

Bei den Nichtdeutschen am stärksten belastet sind überwiegend die männlichen Jugendlichen und Heranwachsenden.

31 Die nachfolgenden Tabellen bieten einen **detaillierten Überblick** über die Tatverdächtigenstruktur.

Zum besseren Vergleich sind ihnen Übersichten zur Struktur der Wohnbevölkerung vorangestellt.

1. Gesamt

Wohnbevölkerung			Erwach-sene		Heran-wachsende		Jugend-liche		Kinder (ab 8)	
insgesamt	m	w	m	w	m	w	m	w	m	w
61 140 461	Anteil in %									
ohne Kinder bis 8 J.[12] 56 338 747	47,6	52,4	38,7	43,9	2,8	2,7	2,9	2,8	3,2	3,1

Straftaten(gruppe)	Tatverdächtige			Erwach-sene		Heran-wachsende		Jugend-liche		Kinder (ab 8)	
	insgesamt	m	w	m	w	m	w	m	w	m	w
	Anteil in %										
insgesamt	1 290 441	76,2	23,8	56,4	18,0	9,3	2,1	7,7	2,2	3,2	1,0
Diebstahl	495 922	69,2	30,8	40,5	22,1	10,8	2,5	12,5	4,0	5,9	2,2
davon											
schwerer	118 945	92,8	7,2	43,4	3,9	22,1	1,2	21,3	1,4	5,9	0,7
einfacher	409 981	64,4	35,6	39,5	25,8	7,5	2,7	13,3	4,6	6,2	2,5
aus/an Kfz	45 463	96,3	3,7	36,6	1,9	32,9	0,9	22,6	0,7	4,2	0,2
Ladendiebstahl	287 250	56,5	43,5	36,4	31,7	4,2	2,9	9,3	5,7	6,5	3,2
Fahrraddiebstahl	20 194	92,2	7,8	33,0	3,3	16,7	1,1	28,3	1,9	14,3	1,4
Automatendiebstahl	15 529	94,7	5,3	38,1	2,4	22,4	1,1	28,2	1,3	6,0	0,5
Betrug	216 770	75,4	24,6	64,2	20,5	7,6	2,6	3,3	1,4	0,3	0,1
davon											
Leistungserschleichg.	54 849	76,9	23,1	51,9	13,5	16,0	5,4	8,6	4,0	0,5	0,2
Körperverletzung	182 871	87,6	12,4	69,0	10,2	10,9	1,0	6,7	1,1	1,0	0,2
davon											
vorsätzliche leichte	108 539	88,3	11,7	72,2	9,6	9,6	0,9	5,8	1,0	0,9	0,2
Sachbeschädigung	92 403	91,2	8,8	51,0	5,8	16,4	1,0	16,1	1,3	7,7	0,7
davon											
an Kfz	25 819	91,7	8,3	52,8	5,5	17,8	0,9	13,6	1,2	7,4	0,8

---

12 In der PKS werden Kinder erst ab dem 8. Lebensjahr erfaßt. Um einen realistischen Vergleich zu ermöglichen, wurden deshalb in den Tabellen zur Bevölkerungsstruktur auch die Zahlen der Kinder entsprechend bereinigt.

2. Deutsche

Deutsche Wohnbevölkerung			Erwachsene		Heranwachsende		Jugendliche		Kinder (ab 8)	
insgesamt	m	w	m	w	m	w	m	w	m	w
56 478 581	Anteil an der Gesamt-Wohnbevölkerung in %									
ohne Kinder bis 8 J. 52 199 920	43,6	49,1	35,6	41,5	2,6	2,5	2,6	2,5	2,8	2,7

Straftatengruppe	Deutsche Tatverdächtige			Erwachsene		Heranwachsende		Jugendliche		Kinder (ab 8)	
	insgesamt	m	w	m	w	m	w	m	w	m	w
	Anteil an den Tatverdächtigen insgesamt in %										
insgesamt	1 032 115	60,7	19,2	44,9	15,0	7,6	1,7	5,9	1,7	2,1	0,6
Diebstahl davon	400 127	55,0	25,7	32,9	18,8	8,3	2,0	9,6	3,2	4,0	1,5
schwerer	97 937	76,3	6,0	36,8	3,4	18,7	1,1	16,6	1,2	4,0	0,4
einfacher	329 870	50,7	29,8	31,8	22,0	6,1	2,3	8,5	3,7	4,0	1,7
aus/an Kfz	37 793	79,6	3,5	30,6	1,8	28,0	0,65	17,7	0,7	3,0	0,2
Ladendiebstahl	225 667	42,2	36,7	28,0	27,0	3,1	2,4	6,8	4,6	4,2	2,2
Fahrraddiebstahl	16 240	73,4	7,0	28,5	3,0	21,5	1,8	14,0	1,1	8,6	1,0
Automatendiebstahl	12 026	72,6	4,8	28,7	2,1	17,8	1,0	21,9	1,2	5,5	0,5
Betrug davon	186 180	63,8	22,0	55,1	18,6	6,3	2,3	2,3	1,1	0,1	0,06
Leistungserschleichg.	42 728	58,8	19,1	40,6	11,1	12,4	4,7	5,5	3,2	0,2	0,1
Körperverletzung davon	150 015	71,5	10,6	56,7	8,6	8,9	0,9	5,0	0,9	0,8	0,15
vorsätzliche leichte	90 512	73,4	10,0	60,4	8,2	8,0	0,8	4,4	0,8	0,6	0,1
Sachbeschädigung davon	81 358	80,0	8,1	44,8	5,3	14,5	0,9	14,2	1,3	5,6	0,5
an Kfz	22 253	78,6	7,5	45,6	5,0	15,1	0,8	11,9	1,1	4,9	0,3

Deutsche Wohnbevölkerung insgesamt			Erwach-sene		Heran-wachsende		Jugend-liche		Kinder (ab 8)	
	m	w	m	w	m	w	m	w	m	w
56 478 581	Anteil an der deutschen Wohnbevölkerung in %									
ohne Kinder bis 8 J. 52 199 920	47,0	53,0	38,5	44,8	2,8	2,7	2,8	2,7	3,0	2,9

Straftaten(gruppe)	Deutsche Tatverdächtige insgesamt			Erwach-sene		Heran-wachsende		Jugend-liche		Kinder (ab 8)	
		m	w	m	w	m	w	m	w	m	w
	Anteil an den deutschen Tatverdächtigen in %										
insgesamt	1 032 115	75,9	24,1	56,2	18,8	9,4	2,1	7,4	2,2	2,7	0,8
Diebstahl davon	400 127	68,1	31,9	40,8	23,3	10,3	2,6	11,9	4,2	5,0	1,9
schwerer	97 937	92,7	7,3	44,7	4,1	22,7	1,3	20,2	1,4	4,8	0,5
einfacher	329 870	63,0	27,0	39,0	27,3	7,6	2,8	10,6	4,6	5,0	2,1
aus/an Kfz	37 793	95,8	4,2	36,9	2,1	33,7	0,8	21,3	0,8	3,7	0,2
Ladendiebstahl	225 667	53,9	46,1	35,7	34,3	4,0	3,0	8,7	5,8	5,4	2,8
Fahrraddiebstahl	16 240	91,3	8,7	35,4	3,8	26,8	2,2	17,5	1,4	10,9	1,2
Automatendiebstahl	12 026	93,8	6,2	37,0	2,8	23,0	1,3	28,3	1,6	7,1	0,6
Betrug davon	186 180	74,3	25,7	64,1	21,6	7,3	2,7	2,7	1,3	0,2	0,07
Leistungserschleichg.	42 728	75,5	24,5	52,2	14,2	16,0	6,0	7,1	4,2	0,3	0,15
Körperverletzung davon	150 015	87,1	12,9	69,1	10,5	10,9	1,1	6,2	1,1	1,0	0,2
vorsätzliche leichte	90 512	88,0	12,0	72,5	9,8	9,5	1,0	5,3	1,0	0,7	0,2
Sachbeschädigung davon	81 358	90,8	9,2	50,9	6,0	16,4	1,0	16,1	1,4	6,3	0,6
an Kfz	22 253	91,2	8,8	52,9	5,8	17,5	1,0	13,8	1,3	5,5	0,4

3. Nichtdeutsche

Nichtdeutsche Wohnbevölkerung			Erwach-sene		Heran-wachsende		Jugend-liche		Kinder (ab 8)	
insgesamt	m	w	m	w	m	w	m	w	m	w
4 661 880	Anteil an der Gesamt-Wohnbevölkerung in %									
ohne Kinder bis 8 J. 4 138 827	4,0	3,3	3,0	2,4	0,2	0,2	0,3	0,3	0,4	0,4

Straftatengruppe	Nichtdeutsche Tatverdächtige			Erwach-sene		Heran-wachsende		Jugend-liche		Kinder (ab 8)	
	insgesamt	m	w	m	w	m	w	m	w	m	w
	Anteil an den Tatverdächtigen insgesamt in %										
insgesamt	258 326	16,0	4,0	11,5	3,0	1,8	0,4	1,7	0,4	0,9	0,3
Diebstahl davon	95 795	14,3	5,0	7,7	3,2	1,8	0,4	2,9	0,8	1,9	0,7
schwerer	21 008	16,5	1,2	6,6	0,53	3,5	0,1	4,6	0,3	1,8	0,2
einfacher	80 111	13,7	5,9	7,7	3,8	1,4	0,5	2,6	0,9	2,0	0,8
aus/an Kfz	7 670	16,6	0,2	5,9	0,1	4,9	0,05	4,8	0,03	1,0	0,03
Ladendiebstahl	61 583	14,1	7,3	8,4	4,8	1,1	0,6	2,5	1,1	2,1	0,9
Fahrraddiebstahl	3 954	18,8	0,8	4,5	0,25	2,6	0,05	6,7	0,1	4,9	0,3
Automatendiebstahl	3 503	22,0	0,5	9,5	0,25	0,45	0,06	6,3	0,06	1,8	0,06
Betrug davon	30 590	11,6	2,5	9,1	1,9	1,4	0,3	1,0	0,24	0,1	0,04
Leistungserschleichg.	12 121	18,1	4,0	11,3	2,4	3,6	0,73	3,0	0,73	0,2	0,1
Körperverletzung davon	32 856	16,1	1,8	12,3	1,5	2,0	0,1	1,6	0,1	0,3	0,05
vorsätzliche leichte	18 027	14,9	1,7	11,7	1,4	1,6	0,1	1,3	0,15	0,2	0,04
Sachbeschädigung davon	11 045	11,2	0,7	6,3	0,5	1,9	0,06	1,9	0,08	1,2	0,1
an Kfz	3 566	13,0	0,8	7,2	0,5	2,7	0,05	1,7	0,06	1,4	0,2

Nichtdeutsche Wohnbevölkerung			Erwachsene		Heranwachsende		Jugendliche		Kinder (ab 8)	
insgesamt	m	w	m	w	m	w	m	w	m	w
4 661 880	Anteil an der nichtdeutschen Wohnbevölkerung in %									
ohne Kinder bis 8 J. 4 138 827	54,9	45,1	41,9	32,9	3,2	2,7	4,3	3,9	5,5	5,6

Straftaten(gruppe)	Nichtdeutsche Tatverdächtige			Erwachsene		Heranwachsende		Jugendliche		Kinder (ab 8)	
	insgesamt	m	w	m	w	m	w	m	w	m	w
	Anteil an den nichtdeutschen Tatverdächtigen in %										
insgesamt	258 326	79,7	20,3	57,6	14,9	8,9	1,8	8,7	2,2	4,6	1,4
Diebstahl davon	95 795	73,8	26,2	39,7	16,7	9,3	2,2	14,8	4,0	10,0	3,4
schwerer	21 008	93,4	6,6	37,2	3,0	19,9	0,7	26,3	1,5	10,1	1,4
einfacher	80 111	69,9	30,1	39,6	19,4	7,2	2,5	13,2	4,5	10,0	3,9
aus/an Kfz	7 670	98,6	1,4	35,1	0,8	28,9	0,3	28,6	0,2	5,8	0,2
Ladendiebstahl	61 583	65,8	34,2	39,2	22,3	5,3	2,7	11,7	5,1	9,7	4,2
Fahrraddiebstahl	3 954	96,0	4,0	23,1	1,3	13,5	0,3	34,3	0,7	25,1	1,7
Automatendiebstahl	3 503	97,9	2,1	42,0	1,1	20,0	0,3	28,0	0,3	7,9	0,3
Betrug davon	30 590	82,3	17,7	64,4	13,6	9,8	2,1	7,3	1,7	0,7	0,3
Leistungserschleichg.	12 121	81,9	18,1	51,0	11,0	16,2	3,3	13,7	3,3	1,0	0,5
Körperverletzung davon	32 856	89,7	10,3	68,2	8,5	10,9	0,6	9,0	0,9	1,7	0,3
vorsätzliche leichte	18 027	89,6	10,4	70,5	8,6	9,6	0,7	8,0	0,9	1,4	0,3
Sachbeschädigung davon	11 045	94,0	6,0	52,3	3,9	16,1	0,5	15,5	0,7	10,2	1,0
an Kfz	3 566	94,3	5,7	52,4	3,5	19,5	0,4	12,5	0,5	9,9	1,3

D. Möglichkeiten, Probleme und Grenzen bei der Bekämpfung

I. Grundsätzliches

Wenn massenhafte Verstöße gegen bestimmte Vorschriften festgestellt   **32**
werden, beginnt regelmäßig die **kontroverse Diskussion** über deren weitere
Berechtigung. So ist es auch bei der Massenkriminalität. Die damit verbundene Problematik haben neben anderen *Steffen*[13], *Denzlinger* [14], *Vermander*[15] und *Klink*[16] mit unterschiedlicher Schwerpunktsetzung ausführlich
und gründlich erörtert. Aus polizeilicher Sicht ist dem allenfalls anzufü-
gen: Es kann nicht Aufgabe der Polizei sein, auf die ethischen Wertvorstellungen der Bevölkerung unmittelbar prägend und stabilisierend Einfluß zu
nehmen. Dieses ist vielmehr eine gesamtgesellschaftliche Angelegenheit.
Als Teil der Gesellschaft hat auch die Polizei bei der Problemlösung mitzu-
helfen, wobei ihr Beitrag durch ihren gesetzlichen Auftrag begrenzt wird.
Damit ist die Polizei in erster Linie zur Anwendung und Durchsetzung des
geltenden Rechts berufen. In seinen Grenzen hat sie mit den ihr zur Verfügung gestellten tatsächlichen Möglichkeiten u. a. Straftaten zu verhindern
und zu verfolgen. Aus gutem Grunde ist die Polizei bei der Strafverfolgung
dem **Legalitätsprinzip** unterworfen. Sie hat damit grundsätzlich alle Straftaten gleichermaßen zu verfolgen. Das schließt nicht aus, daß sie im Rahmen ihrer kriminalstrategischen Überlegungen **Bekämpfungsschwer-
punkte** festlegt und dementsprechend bei der Verfolgungsintensität die
Prioritäten verändert. Ihre Erfahrungen hat die Polizei zweckgerichtet
umzusetzen. Dazu gehört auch die Aufklärung der Öffentlichkeit. Insofern
ist die Polizei legitimiert, über die Verbrechensentwicklung und ihre
Bekämpfung öffentlich nachzudenken. In unserer pluralistischen Gesellschaft ist es selbstverständlich, daß zu fast allen Themen verschiedene
Meinungen bestehen. Deshalb ist es auch nicht sensationell, wenn bezüglich der weiteren Behandlung der Massenkriminalität in der Polizei unterschiedliche Auffassungen vertreten werden

In einem sollte sich die Polizei aber einig sein: Wenn die Begehung   **33**
bestimmter Straftaten gewissermaßen zum **Volkssport** zu werden droht,
wie das bei den bekannten und vermuteten Delikten der Massenkriminalität den Anschein hat, dann müssen vor den Forderungen nach Lockerung
der Strafverfolgung bis zur Abschaffung von Strafvorschriften zunächst
einmal die zur Durchsetzung des geltenden Rechts praktizierten präventiven und repressiven Maßnahmen auf ihre Effizienz überprüft und – wenn
möglich – verbessert werden.

Für die Polizei heißt das, alle zulässigen und zumutbaren Anstrengungen
zur Verbesserung der Vorbeugung gegen und Verfolgung von Straftaten zu

---

13 *Steffen* 1981 S. 502–508.
14 *Denzlinger* 1981 S. 509–515.
15 *Vermander* 1981 S. 49–56.
16 *Klink* 1986 S. 291–293.

unternehmen. Dieser Strategie förderlich wären die Intensivierung der Ursachenforschung und der Ausbau der Dunkelfeldforschung durch die Wissenschaft. Schädlich könnten sich dagegen kriminalpolitische Entscheidungen auswirken, die auf eine Aufweichung der Wertvorstellungen und der Rechtsordnung hinausliefen.

II. Prävention

34 Zur Verhinderung der Kriminalität im allgemeinen und der Massenkriminalität im besonderen gibt es **kein Patentrezept.** Die unterschiedlichen Tatbestände, die individuellen Verhaltensweisen der potentiellen Opfer, die Vielfalt der Motive und Arbeitsweisen der Täter erfordern angepaßte Präventionsmaßnahmen.

35 Bei der Massenkriminalität mit ihren zahlreichen Opfern kommt es vor allem darauf an, die **Vorbeugungstätigkeit breiter und öffentlichkeitswirksamer** anzulegen als bei weniger häufig auftretenden Straftaten. Dieser Grundsatz gilt sowohl für das Kriminalpolizeiliche Vorbeugungsprogramm (KPVP) insgesamt als für die Kriminalpolizeilichen Beratungsstellen und die darüber hinausgehende Vorbeugungsarbeit der Polizei.

36 Ein wichtiges Anliegen ist gerade bei der Massenkriminalität die Verstärkung des **Selbstschutzes,** weil durch ihn wirksame Vorbeugung geleistet werden kann.

In Stuttgart haben beispielsweise um die Jahreswende 1987/88 bei der Bekämpfung des massenhaften Diebstahls aus Münzfernsprechern neben systematischen polizeilichen Schwerpunkteinsätzen vor allem neue **technische Sicherungsmaßnahmen** der Post bewirkt, daß innerhalb weniger Monate die Straftaten ganz erheblich zurückgingen. Es bleibt zu hoffen, daß die noch in den Anfängen befindliche technische Sicherung von Autoradios rasch fortschreitet und die in sie gesetzten Erwartungen erfüllt.

In diesem Zusammenhang darf auch auf die positive Wirkung hingewiesen werden, die durch **Änderung von Versicherungsbedingungen** beim Fahrraddiebstahl erzielt werden konnte. Eine besondere Kennzeichnung der Fahrräder sowie die Pflicht, einen Fahrradpaß zu besitzen, hätten weitere präventive Wirkung.

Technische Maßnahmen zeigen auch gute Wirkungen gegen den Ladendiebstahl. Leider sind viele Unternehmen bisher nur bereit, hochwertige Waren zu sichern. Im übrigen wird häufig ganz einfach von einem gewissen Schwund ausgegangen, und dies schon bei der Preiskalkulation – zum Nachteil der Kunden – berücksichtigt. Wirksame Sicherungsmaßnahmen gegen Ladendiebe – und unehrliche Mitarbeiter – werden durchweg als zu kostenaufwendig und umsatzmindernd, insgesamt also als gewinnschmälernd angesehen. Auch auf diesem Gebiet ist noch ein breiter Raum für Vorbeugungsinitiativen.

37 Die Massenkriminalität ist in hohem Maße nicht nur Großstadtkriminalität, sondern gleichzeitig auch die **Kriminalität junger Menschen.** Es müssen deshalb verstärkt Möglichkeiten gefunden werden, durch moderne Öffentlichkeitsarbeit nicht nur die durch Straftaten Gefährdeten für die

Prävention zu gewinnen, sondern auch **auf die tatsächlichen und potentiellen Täter strafverhütend einzuwirken,** um sie vor einer kriminellen Karriere zu bewahren. Dies geschieht beispielsweise auf dem Gebiet der Rauschgiftbekämpfung. Seit geraumer Zeit führt die Polizei in Baden-Württemberg zur Aufklärung auch der Erwerber kleiner Mengen Rauschgifts (Konsumenten) ein Disco-Programm durch. Die Veranstaltungen erfreuen sich eines starken Andranges junger Besucher. Außerdem wird gezielt Rauschgiftaufklärung in den Schulen und anderen Einrichtungen betrieben.

Zur vorbeugenden Bekämpfung der Jugendkriminalität wird ein Ferienprogramm angeboten: in jeweils einwöchigen Veranstaltungen soll den daheimgebliebenen Jugendlichen von besonders geschulten und erfahrenen Beamten das Präventionsanliegen nahegebracht werden. Gewissermaßen als Belohnung bekommen die Teilnehmer Gelegenheit, sich kostenlos auf die Mofa-Prüfung vorzubereiten.

Solche und ähnliche Modelle sind im Grunde auch für die Vorbeugung auf dem Gebiet der Massenkriminalität zu empfehlen.

III. Repression

Die extrem **niedrigen Aufklärungsquoten** bei den Diebstahlsdelikten der **38** Massenkriminalität (ausgenommen der Ladendiebstahl) und der Sachbeschädigung an Kfz machen den permanenten **Mangel an brauchbaren Ermittlungsansätzen** in diesen Fällen drastisch deutlich.

Andererseits dürfen aber die ungewöhnlich großen Erfolge bei der Verfolgung der übrigen bekanntgewordenen Straftaten der Massenkriminalität nicht zu dem falschen Rückschluß führen, daß die Polizei dort besonders tüchtig sei. Es wurde bereits darauf hingewiesen, daß bei diesen Delikten einerseits grundsätzlich gute Täterhinweise vorliegen, andererseits aber auch von großen Dunkelzahlen auszugehen ist.

Nun muß es zwar im Interesse der Strafverfolgung liegen, diese **Dunkel- 39 felder** aufzuhellen. Dies würde jedoch ein entsprechendes Ansteigen der Zahlen der registrierten Kriminalität mit sich bringen. Mit hoher Wahrscheinlichkeit wäre aber nicht gleichermaßen eine Steigerung der Aufklärungsquote die Folge; denn selbst wenn in den oben genannten Fällen die Polizei die meisten Täter wie bisher schon von den Geschädigten geliefert bekäme, würden dadurch zusätzlich Kräfte gebunden. Daraus folgt: Mit zunehmender Aufhellung der Dunkelfelder benötigt die Polizei mehr Aufklärungspotential.

Da eine Personalverstärkung in absehbarer Zeit nicht zu erwarten ist, **40** muß sich die Polizei zunächst auf organisatorische, taktische und technische Maßnahmen zur **optimaleren Nutzung der vorhandenen Hilfsmittel** konzentrieren. In diesem Zusammenhang ist auch die Möglichkeit zu prüfen, die Schutzpolizei noch stärker in die repressive Verbrechensbekämpfung einzubeziehen. Darüber hinaus muß nicht erwünschten Entwicklungen frühzeitiger entgegengewirkt und bei sich abzeichnenden bzw. eintretenden Veränderungen im Kriminalitätsgeschehen flexibler gehandelt werden. Hierbei wären detaillierte aktuelle Lagebilder hilfreich. Sie wären für die Polizei Grundlage für taktisches Handeln; bisher kann sie überwiegend nur reagieren.

41 Schließlich müssen die Ermittlungsverfahren **ökonomischer** durchgeführt werden, um Verfolgungskapazität freizusetzen. Dazu beitragen könnte die Entbürokratisierung der Verfahrensbearbeitung und die Beschränkung auf das Wesentliche. Das Verfahren muß rationalisiert werden. Dabei ist jedoch darauf zu achten, daß dies tatsächlich zu einer verbesserten Strafverfolgung und nicht zu deren Gegenteil, dem bloßen Verwalten der Kriminalität, führt, mit der Folge der Verkürzung des strafbewehrten Rechtsgüterschutzes. Baden-Württemberg hat mit seinem Verfahren Kleinstkriminalität[17] einen gangbaren Weg beschritten, bei bestimmten Delikten durch vereinfachte und gestraffte polizeiliche Anzeigensachbearbeitung und frühzeitige Einschaltung der Staatsanwaltschaft die Arbeitsabläufe zu rationalisieren. Dieses Modell könnte als Basis für ein Verfahren Massenkriminalität dienen.

42 Eine wichtige Voraussetzung für ein solches Verfahren ist die **rechnergestützte Fallbearbeitung.** Dazu müssen die Anzeigenvorgänge formatiert und EDV-gerecht erstellt werden, um eine schnelle und optimale Erfassung und Auswertung der Daten sicherzustellen. Zur Bewältigung der massenhaft auftretenden Daten ist der Ausbau der EDV bei der Polizei zügig weiterzuführen. Es wird ein leistungsstärkeres und dichteres Kommunikationsnetz mit anwenderfreundlicheren Systemen benötigt. Dafür besteht ein dringender Handlungsbedarf. Gelingt es nämlich in absehbarer Zeit nicht, die Ermittlungskapazität zu steigern, wird bei der permanenten Zunahme der Massenkriminalität die Aufklärung noch weiter zurückgehen; die Beseitigung der europäischen Binnengrenzen läßt eine Beschleunigung und Verschärfung der Entwicklung befürchten.

43 Verhindert werden muß, daß bei der **Bevölkerung** der Eindruck entsteht, der Staat habe vor der Massenkriminalität kapituliert; denn Vertrauensschwund und Zweifel an der Schutzfunktion des Staates und des Rechts wären die Folgen.

---

17 S. dazu *Kollischon* 1986 S. 72–75.

SCHRIFTTUM

Denzlinger, K.-H.: Zur Bekämpfung der Kleinkriminalität. Einige Betrachtungen zur Strafrechtsreform der Bundesrepublik. In: Kriminalistik 35 (1981), S. 509–515.

Hellmer, J.: Massenkriminalität. In: Die Polizei 63 (1972), S. 333–336, 385–388.

Hertlein, H.: Schwerpunkte der Kriminalitätsbekämpfung. In: Die Kriminalpolizei 2 (1984), S. 3–6.

Klink, M.: Lebt die Polizei von Zufällen? Zusammenhänge zwischen Organisation und Effizienz der Kriminalitätskontrolle. In: Kriminalistik 40 (1986), S. 291–293.

Kollischon, H.: Rationalisierung des Ermittlungsverfahrens. Wirksamere Bekämpfung der Diebstahlskriminalität bei einfach gelagerten Sachverhalten. In: Kriminalistik 40 (1986), S. 72–75.

Leszinna, H.: Das Phänomen der Massenkriminalität – Problematik und Bekämpfung –. In: Baden-Württembergische Polizei 14 (1976), S. 24–29.

Polizei-Führungsakademie (Hrsg.): Phänomen der Massenkriminalität und die Möglichkeit ihrer Bekämpfung (Fortsetzung des Seminars aus 1972). Seminar für leitende Beamte der uniformierten Polizei und der Kriminalpolizei (gehobener und höherer Dienst) vom 1. bis 5. April 1974. Schlußbericht. Hiltrup 1974.

Steffen, W.: Gesellschaft und Kriminalität. In: Kriminalistik 35 (1981), S. 502–508.

Vermander, E.: Kriminalpolitik und Bekämpfung der Massenkriminalität. In: Bundeskriminalamt (Hrsg.): Polizei und Kriminalpolitik. Arbeitstagung des Bundeskriminalamtes Wiesbaden vom 10. bis 13. November 1980. Wiesbaden 1981 (BKA-Vortragsreihe. Bd. 26), S. 49–56.

37

Rauschgift

Klaus Mellenthin

INHALTSÜBERSICHT

A. Vorbemerkung

1 Die **Rauschgiftlage spitzt sich** seit Jahren weltweit kontinuierlich **zu.** Europa ist in besonderem Maße betroffen; die **Bundesrepublik Deutschland** spielt dabei eine **Schlüsselrolle.**

Hierfür sind insbesondere zwei Faktoren maßgebend:

1. Die Bundesrepublik Deutschland ist schon wegen ihrer zentralen Lage eng eingebunden in die internationalen Rauschgift-Verflechtungen:

   Die Rauschgiftsituation, vor allem in den westlichen Nachbarländern (z. B. Niederlande, Frankreich und Schweiz), schlägt damit unmittelbar durch.

2. Der Zusammenhang von steigendem Rauschgiftangebot und wachsender Rauschgiftnachfrage konnte noch nicht unterbrochen werden:

   Beides beeinflußt sich gegenseitig und schaukelt sich regelrecht hoch.

2 Wenn diese Entwicklung auch schon seit längerer Zeit beobachtet wird, so sind doch neuerdings folgende **qualitative Verhärtungen** nicht zu übersehen:

– Der Handel wurde professioneller und rigoroser,

– das Angebot raffinierter und gefährlicher und

– der Mißbrauch intensiver und gleichzeitig unauffälliger.

Bisher dominierten im Rauschgifthandels- und -verbrauchermilieu Haschisch, LSD, Heroin und Kokain; Rauschgifte also, die teilweise aus fernen Kontinenten importiert werden mußten. Seit Mitte der achtziger Jahre kommen zusätzlich vollsynthetische Drogen (SyDro) auf den illegalen Markt, die z. T. auch im Inland in oft primitiven Labors hergestellt werden. Die Nachfrage nach diesen Stoffen steigt, und der Rauschgifthandel hat den neuen Konsumtrend ebenfalls aufgenommen und weitet ihn aus.

Dies bedeutet **für die Polizei** eine sich stetig verschärfende **Herausforderung,** der sie repressiv und präventiv begegnen muß.

B. Allgemeine Lageentwicklung

I. Bundesrepublik Deutschland

3 Das Problem Rauschgiftkriminalität, Fragen der Abhängigkeit, der Sucht und in deren Folge dann die Suche nach erfolgreichen Behandlungs- und Therapiemaßnahmen drangen erstmals mit der sprunghaften Verbreitung von **Haschisch** in den Jahren **1969/70** stärker in das öffentliche Bewußtsein. Seinerzeit waren Rauschgifte wie LSD, Heroin und Kokain noch weitgehend unbekannt.

Nachdem Haschisch sich etabliert hatte, „eroberte" **1971/72** das **LSD** die Rauschgift-Szene, **1973/74** kamen **Heroin, 1979/80 Kokain** und in der **zweiten Hälfte** der **achtziger Jahre** die **synthetischen Drogen** hinzu.

Diese Rauschgifte sind seither nicht mehr aus dem illegalen Markt ver- **4** schwunden, sondern blieben im Milieu verfügbar, allerdings in unterschiedlichen Mengen. Es hat sich deshalb eingebürgert, von **Rauschgiftwellen** zu sprechen. Ein Rückblick macht auch deutlich, daß diese Rauschgiftwellen sich nicht gegenseitig abschwächten oder gar ablösten, sondern jeweils ein **zusätzliches „Angebot"** in der Rauschgift-Szene darstellten und die Situation weiter verschärften. Auffallend ist ferner, daß sich seit 1969 die nominalen Preise für die einzelnen Rauschgifte – von begrenzten zeitlichen und lokalen Schwankungen abgesehen – kaum verändert haben. Seit Anfang der neunziger Jahre ist allerdings ein deutlicher Preisrutsch vor allem im Heroin- und Kokainhandel festzustellen.

Die Zahlen der Rauschgift-Delikte[1] und Tatverdächtigen stiegen von **5** 1969 bis etwa 1982 kontinuierlich an. Danach pendelten sie sich auf hohem Niveau ein. In der **zweiten Hälfte** der **achtziger Jahre** ist wieder ein **Anstieg** dieser Schlüsseldaten festzustellen. So wurden in den alten Bundesländern (ohne West-Berlin) 1991 mit 109 809 Rauschgiftfällen und 84 183 Rauschgift-Tatverdächtigen vorläufige Rekordziffern registriert.

Eine ähnliche Entwicklung nahm die Zahl der polizeilich bekanntgewor- **6** denen **Rauschgift-Toten**[2]. Sie erreichte 1979 mit 623 Fällen einen ersten Höchststand. Ursächlich hierfür war seinerzeit, ein vor allem aus dem Fernen und Mittleren Osten auf den Markt geschleustes, bis dahin unbekannt hochprozentiges Heroin. Nachdem sich die Szene auf dieses Rauschgift eingestellt hatte, pendelte die jährliche Rauschgift-Todesziffer zwischen 324 und 494 Fällen. Seit 1985 (324 Fälle) stiegen die entsprechenden Zahlen allerdings erneut an. 1986 wurden in der Bundesrepublik 348, im Folgejahr 442 und 1991 inzwischen 2125 Rauschgift-Tote polizeilich registriert. Der Grund hierfür dürfte nunmehr hauptsächlich im Mehrfachmißbrauch (Politoxikomanie) und im Mischkonsum liegen. Immer häufiger spielen riskante Mixturen von Rauschgiften, Medikamenten und Alkohol als Todesursache eine Rolle.

Hinsichtlich der polizeilichen Statistikzahlen ist allerdings zu berück- **7** sichtigen, daß den Strafverfolgungsbehörden nur ein kleiner Teil der

---

1 PDV 386.1, Ziff. 2: Rauschgiftdelikte i. S. dieser Richtlinien sind:
   a) Verstöße – ausgenommen Ordnungswidrigkeiten – gegen das BtMG und die dazu erlassene RVO;
   b) Straftaten zur unmittelbaren Erlangung von Betäubungsmitteln (BtM) – direkte Beschaffungskriminalität –;
   c) Straftaten zur Beschaffung von Zahlungsmitteln und Sachwerten für den Erwerb von BtM – indirekte Beschaffungskriminalität –;
   d) Straftaten unter akutem Einfluß von BtM oder als Folge von BtM-Mißbrauch – Folgekriminalität –.

2 Registriert werden alle den Strafverfolgungsbehörden bekanntgewordenen Todesfälle, die in ursächlichem Zusammenhang mit dem Mißbrauch von Betäubungsmitteln (BtM) oder als Ausweichmittel verwendeten Ersatzstoffen stehen. Darunter fallen insbesondere:
   – Todesfälle infolge beabsichtigter oder unbeabsichtigter Überdosierung,
   – Todesfälle infolge langzeitigen Mißbrauchs,
   – Selbsttötungen aus Verzweiflung über die Lebensumstände oder unter Einwirkung von Entzugserscheinungen und
   – tödliche Unfälle unter Drogeneinfluß stehender Personen.

Rauschgift-Delikte bekannt wird. Ursächlich für dieses **Dunkelfeld** ist vor allem die identische Interessenlage von Rauschgiftanbietern und -abnehmern. Da in diesem Milieu der klassische Geschädigte mit der üblichen Anzeigebereitschaft relativ selten ist, muß sich die Polizei die Erkenntnisse weitgehend selbst beschaffen („**Hol-Kriminalität**"). Damit spiegelt die Zahl der ermittelten Rauschgift-Delikte auch die jeweiligen polizeilichen Aktivitäten und Erfolge wider[3]. Dies erklärt auch, warum eine zunehmende Konspiration auf der Händler- und Abnehmerseite zusätzlich die **Dunkelziffer vergrößert.**

8   Ebenso ist die Menge der polizeilichen **Rauschgiftbeschlagnahmen** nur **ein** Indiz, in welchem Umfang Rauschgifte tatsächlich im Milieu angeboten werden und verfügbar sind. Nach einer Untersuchung des Europa-Parlaments gibt es Anhaltspunkte dafür, daß 95 % aller Drogen, die für Konsumenten in der EG bestimmt sind, in den Straßenhandel gelangen[4].

Selbst bei den **rauschgiftbedingten Todesfällen** ist von einem Dunkelfeld auszugehen, da bei tödlichen Verkehrsunfällen oder bei Selbsttötungen beispielsweise der ursächliche Drogenhintergrund nicht immer bekannt wird[5].

9   Ein tiefgreifender **Wandel** deutet sich auf der **Rauschgift-Angebotsseite** an. Standen bis 1980 mit Haschisch, LSD und Heroin die sogenannten Aussteiger- und Zumacherdrogen im Vordergrund, so kam danach mit **Kokain** erstmals ein Rauschgift mit antriebs- und aktivitätssteigernder Wirkung auf den Markt und sprach auch einen neuen Verbraucherkreis an („**Manager-Droge**"). Dieses zusätzliche Interesse an Fitmacher- und Anpasser-Drogen wurde durch die immer häufiger angebotenen synthetischen Drogen – vornehmlich **Amphetamin** – noch ausgeweitet.

10   Ein Blick zurück macht sichtbar, daß die **Bundesrepublik Deutschland** mittlerweile zu einem hochrangigen **Transit-** und **Bestimmungsland** für den nationalen und internationalen Rauschgifthandel geworden ist, in dem sich zwischenzeitlich ein lukrativer Nachfragemarkt ohne wesentliche Absatzprobleme herausgebildet hat, auf dem mit hohen Preisen und in relativ harter Währung bezahlt wird. Darüber hinaus scheint für viele Akteure – vor allem aus den Anbaugebieten – das justizielle Risiko im Vergleich zu vielen Herkunftsländern nicht nur berechenbar, sondern auch hinnehmbar zu sein.

11   Mit der steigenden **Eigenproduktion** synthetischer Drogen droht die Bundesrepublik Deutschland nun zusätzlich zu einem Drogen-Exportland zu werden. Vornehmlich afrikanische und arabische Länder üben auf den bundesdeutschen (im übrigen auch auf den europäischen) Grau- und Schwarzmarkt für legale und illegale **Pharmaprodukte** einen wachsenden Anreiz aus.

---

3 Vgl. *Schäfer* 1981 S. 108.
4 Vgl. Sitzungsdokument des Europäischen Parlaments A 2-114/86 vom 2. 10. 1986.
5 Vgl. *Kreuzer/Gebhardt/Maassen/Stein-Hilbers* 1981 S. 72.

II. Europa

International gesehen ist vor allem der **Westen** und **Süden Europas** zu einer **12**
relativ offenen Rauschgift-Zufuhrregion und weitgehend zusammenhängenden und geschlossenen Rauschgifthandels- und -verbraucherregion geworden.

Bedeutsame Einfallstore für den Rauschgiftschmuggel nach Europa sind
seit Jahren die Niederlande und immer auffallender Spanien und Portugal,
neuerdings nun auch Länder Osteuropas. Der unterschiedliche Preis und
die aktuelle Verfügbarkeit einzelner Rauschgifte wird innerhalb Europas
durch Beschaffungsfahrten nicht nur von Verbrauchern und Kleindealern,
sondern auch von Rauschgiftzwischen- und sogar von -großhändlern systematisch genutzt.

Die einschlägigen **Sicherstellungs-Statistiken** von **IKPO-Interpol** lassen **13**
erkennen, welche Finanzmittel hinter dem internationalen Rauschgiftschmuggel und -handel stehen, zu welchem Wirtschaftsfaktor (Anbau,
Herstellung und Produktion, Waren- und Personenverkehr, Investition
und „Wettbewerb") der weltweit operierende Rauschgifthandel geworden
ist und welche besorgniserregende Dimension die internationale Rauschgiftkriminalität angenommen hat:

	Rauschgift-Sicherstellungen (Europa)			Rauschgift-Durchschnittspreise (kg – BRD)
	1971	**1981**	**1991**	**1991** (2. Halbjahr)
Cannabis	8 500 kg	8 200 kg	193 956 kg*	3 000– 7 500 DM
Kokain	26 kg	262 kg	13 586 kg*	20 000–160 000 DM
Heroin	227 kg	884 kg	6 634 kg*	35 000–120 000 DM

* Vorläufige Zahlen

Durch die **Cannabiszufuhren** in Tonnenmengen – in erster Linie aus **14**
dem Libanon und aus Marokko – wird auf den europäischen Verbrauchermarkt ein seit Jahren anhaltender regelrechter Angebotsdruck ausgeübt.
Dies gilt zunehmend auch für das vorwiegend aus Kolumbien und Bolivien
stammende **Kokain,** nachdem die Nachfrage in den USA gesättigt scheint
und Europa als neuer Verbrauchermarkt erschlossen wird.

Die **Heroinsicherstellungsmengen** in Europa übertreffen schon seit Jahren diejenigen in den USA. Zulieferländer sind insbesondere die Türkei,
Pakistan, Indien und der Ferne Osten (Burma, Laos, Thailand).

Entscheidende **Triebfeder** für den Rauschgifthandel auf allen Ebenen **15**
sind die außerordentlich hohen **Gewinn-** und **Profitspannen,** weshalb
internationale Verbrecherorganisationen – wie die Mafia, die Camorra oder
die Costa Nostra – in das weltweite Rauschgiftgeschäft mit einem
geschätzten jährlichen Umsatz von etwa 500–800 Milliarden US-Dollar
(UN-Suchtstoff-Kommission) eingestiegen sind. Damit werden aber auch
die Verflechtungen zwischen Rauschgifthandel und dem organisierten Verbrechen immer dichter.

III. Prognose

16 Die **Nachfrage** nach Rauschgift **wächst** immer noch weltweit. Damit steigen die Profiterwartungen und zwangsläufig der Handelsanreiz.

In den klassischen Rauschgift-Anbauländern wurde die Produktion ausgeweitet (Marokko, Bolivien), **neue Produktionsländer** kamen hinzu (Indien, Brasilien, Australien). Mit den synthetischen Drogen wird sich die Rauschgiftlage in noch kaum absehbarer Weise verändern, in jedem Fall aber weiter zuspitzen.

17 Die **Öffnung der EG-Grenzen** im Rahmen des Schengener Abkommens[6] wird die ohnehin schon hohe Mobilität im südwesteuropäischen Rauschgifthandel erheblich begünstigen und die Verfolgungsbehörden vor zusätzliche Probleme stellen[7] ebenso wie der politische Umbruch in Osteuropa.

C. Illegale Drogen und Rauschgifte

I. Überblick

18 Die Begriffe „illegale Drogen" und „Rauschgifte" werden weitgehend synonym gebraucht und dienen vor allem als Abgrenzung zu den legalen Drogen wie Alkohol, Nikotin und bestimmten Medikamenten.

Die in der Bundesrepublik Deutschland bedeutsamsten **illegalen Drogen** lassen sich **untergliedern** in

– die Naturprodukte Marihuana und Haschisch,

– die halbsynthetischen Rauschgifte LSD, Kokain und Heroin (Ausgangsbasis ist die Pflanze) sowie

– die (voll-)synthetischen Drogen (bei denen es sich um im Labor aus chemischen Grundstoffen hergestellte Kunstprodukte handelt).

Auch im Rauschgift-Angebot und -Konsum hat sich in den letzten Jahren vieles verändert. So kam ein Teil der Rauschgifte („Stoffe") immer wirkpotenter und hochprozentiger auf den Markt, gleichzeitig wurden die Mißbrauchstechniken konzentrierter und riskanter.

II. Natürliche und halbsynthetische Drogen und Rauschgifte

1. Cannabis (Marihuana, Haschisch und -Konzentrat)

– Szenenbezeichnung: „Gras", „Shit", „Pot", „Öl" –

19 **Cannabis** ist das mengenmäßig am meisten gehandelte und mißbrauchte Rauschgift in der Bundesrepublik Deutschland. Wiederholt war in zeitlichen Abständen von etwa 4 bis 6 Jahren im Verbrauchermilieu eine Art Haschisch-Renaissance festzustellen, wobei sich diese (z. B. 1985/86) nach außen hin immer unauffälliger abspielten.

---

6 Übereinkommen zwischen den Regierungen der Staaten der Benelux-Wirtschaftsunion, der Bundesrepublik Deutschland und der Französischen Republik vom 24. 6. 1985; nachträglich beigetreten sind Italien, Spanien und Portugal.
7 Vgl. *Stümper* 1988 S. 305.

Die **Mißbrauchsformen** wurden zwischenzeitlich vielfältiger. So wird **20** Cannabis heute nicht mehr nur in zigarettenförmigen „Joints" geraucht („gekifft"), sondern häufig auch durch Verbrennen auf einer normalen Zigarettenglut durch die Nase eingeatmet („gesniffelt"), in Wasser aufgekocht getrunken („Shit-Kaffee") oder mitunter auch in Teigwaren eingebacken.

Auffallend ist ferner, daß in der Haschisch-Szene der **Tablettenmiß-** **21** **brauch** heute wesentlich verbreiteter ist als noch vor wenigen Jahren. Entsprechendes gilt mehr und mehr auch für Kokain und Amphetamin („Pot ist out – wir lieben Koks und Speed"). Hervorzuheben ist, daß der Konsum von **Alkohol** für den **Einstieg** in den Haschischmißbrauch immer bedeutsamer zu werden scheint.

Der **Grammpreis** von Marihuana und Haschisch liegt in der Regel zwi- **22** schen DM 3,– und DM 15,– bzw. DM 6,– und DM 12,–: Damit sind Cannabis-Produkte für den jugendlichen Mißbraucher heute oft billiger als Bier und „Cola" in der Diskothek.

2. LSD

– Szenenbezeichnung: „Trip", „Acid" –

Obwohl **LSD** seit Anfang der siebziger Jahre ständig auf dem bundesdeut- **23** schen Rauschgiftmarkt verfügbar ist, bleibt es in der Öffentlichkeit relativ unbeachtet. Die Mißbraucher rekrutieren sich vorwiegend aus der „Kiffer-Szene", in der sich ein relativ fester Abnehmerstamm für „Trips" herausbildete. Als Trägermaterial für LSD dient neuerdings wieder überwiegend saugfähiges Papier, das häufig in etwa Pfenniggröße mit Motiven aus der Tier- oder Pflanzenwelt bzw. mit Comic-Figuren (**Bildertrips**) in den Handel geschleust wird. Dadurch soll anscheinend die Gefährlichkeit der „Trips" und der Umgang damit verharmlost bzw. nach außen besser verschleiert werden. Der Preis für **einen „Trip"** liegt seit Jahren zwischen DM 5,– und DM 20,–.

3. Kokain

– Szenenbezeichnung: „Koks", „Schnee" –

Dieses Rauschgift war Anfang der achtziger Jahre eine Art Medienliebling, **24** wobei der Mißbrauch[8] zunächst weitgehend auf die mittlere Altersgruppe und die sogenannte **„Schicki-Micki"** begrenzt blieb. Zwischenzeitlich wurde die soziale Schichtung der Nachfrager erheblich breiter, parallel dazu die Mißbraucher jünger. Der Altersschwerpunkt scheint nunmehr etwa bei den Jungerwachsenen zu liegen. Daß dieses Rauschgift unter den Minderjährigen noch keine größere Rolle spielt, könnte an dessen Preis liegen. Ein **Gramm kostet** im Durchschnitt etwa DM 100,– bis DM 250,–. Dies ist vermutlich auch die Ursache dafür, daß Kokain nur sehr langsam zur Straßendroge wurde und auch kaum verschnitten bzw. gestreckt in den Handel gebracht wird.

---

8 Vgl. *Täschner/Richtberg* 1982 S. 51.

25   Obwohl **Kokain** auf vielfältige Weise konsumiert werden kann, wird es hierzulande **mittlerweile überwiegend geschnupft;** Injizieren („Fixen") wird jedoch populärer, insbesondere bei Heroinabhängigen praktiziert („Stereoschuß").

26   Die gefährliche „Billigvariante" des Kokains, das rauchbare **Crack,** spielt bislang in der Bundesrepublik Deutschland – ebenso wie im übrigen Westeuropa – kaum eine Rolle. Die Sicherstellungen blieben auf Einzelfälle begrenzt. Crack dürfte als Billigvariante des Kokains erst dann eine Markt-Chance in der Szene haben, wenn „Koks" unter den Minderjährigen häufiger mißbraucht und die Finanzierung immer schwieriger wird.

4. Heroin

– Szenenbezeichnung: „H", „Äetsch", „Weißes" –

27   Mit den auf dem illegalen Markt zwischenzeitlich vorwiegend gehandelten **Heroinsorten** Nr. 3[9] und – dominierend – Nr. 4 werden heute speziell beim Einstieg „weichere" Konsumtechniken praktiziert.

Am Anfang steht nicht mehr zwangsläufig der „erste Schuß" (Injektion), sondern mittlerweile **auch** das **Schnupfen** und **teilweise** das **Inhalieren** („Chinesen") des Heroins. Da diese Konsumtechniken wegen der benötigten größeren Menge relativ teuer sind, geht man in der Folge dann doch zum **„Fixen"** über.

28   Allerdings wird die **Heroinabhängigkeit** derzeit mehr als früher möglichst lange zu **verheimlichen** versucht. Deshalb wird nicht mehr ausschließlich in die Venen der Arme, des Handrückens, der Füße oder Unterschenkel injiziert, sondern auch im Bereich der Genitalien, in die Zunge und selbst in die Augenlider.

29   **Heroin** muß immer noch als **„Killer Nr. 1"** bezeichnet werden, wobei folgender Zusammenhang nicht zu übersehen ist: Nimmt die Heroinverfügbarkeit in der Szene zu, fällt der Preis, der Reinheitsgehalt steigt, und die Droge wird damit für den Mißbraucher gefährlicher, die Rauschgift-Todesfälle nehmen ebenfalls zu. Heroinverknappung in der Szene hat in der Regel einen heruntergestreckten und letztlich meist weniger lebensgefährlichen „Stoff" zur Folge. Mißbraucher weichen dann zur Überbrückung auf Medikamente aus, was wiederum häufig zu einem Anstieg der entsprechenden Beschaffungsstraftaten (Rezeptdelikte, Apotheken-Einbrüche) führt.

Der **Durchschnittspreis** für **ein Gramm Heroin** liegt bei etwa DM 100,– bis DM 350,–.

III. Vollsynthetische Drogen und Rauschgifte (SyDro)

30   Bei den illegalen **synthetischen Drogen** lassen sich heute als Schwerpunkte Amphetamin, Designer-Drogen und Retorten-Rauschgift ausmachen.

---

9 Als Heroin Nr. 1 wird Morphinbase und als Heroin Nr. 2 Heroinbase bezeichnet. Heroin Nr. 3 stammt aus Südostasien. Dieser Form ist häufig Coffein und Strychnin beigemengt. Heroin Nr. 4 ist eine weiße, pulverige Substanz mit Heroinhydrochloridgehalten von mehr als 85 %. Auch diese Heroinsorte stammt aus Südostasien.

1. Amphetamin
– Szenenbezeichnung: „Speed", „Power", „Beißer" –

Das Abhängigkeitsrisiko dieses **Aufputschmittels** ist seit langem bekannt, **31** dennoch findet diese Droge einen auffallend unterschiedlichen und immer breiter werdenden Interessenten- und Mißbraucherkreis. So spielt **Amphetamin** beispielsweise als Appetit-Zügler und Doping-Pille[10] ebenso eine Rolle wie als Mittel zur Müdigkeitsbekämpfung, Antriebssteigerung und (sexuellen) Stimulanz. Darüber hinaus dient es im Rauschgift-Milieu als Ersatz- und Ausweichmittel oder beispielsweise – anstelle von Kokain („Speed-Ball") – als Beimengungsmittel zu Heroin.

Zwischenzeitlich wächst parallel dazu ein weiterer Mißbraucherkreis **32** heran, der vorwiegend auf die **„Power-Wirkung"** des Amphetamins fixiert ist (z. B. Rocker und ähnliche Gruppierungen). Darüber hinaus scheint Amphetamin auch für Nachfrager interessant zu sein, die sich eher den Kreisen von Haschisch-Kiffern und Kokain-Snifflern zurechnen, aber den Preis für diese Rauschgifte nicht aufbringen wollen oder können.

Da der **Grammpreis** von **Amphetamin** unter DM 100,– (z. T. unter DM **33** 50,–) liegt, wird dieses Rauschgift auch als „Arme-Leute-Kokain" bezeichnet.

Amphetamin wird **meist geschnupft**, verschiedentlich **auch** als Pulver, **34** in einer Gelatine-Kapsel oder aufgelöst als Tropfen **geschluckt**, von „Fixern" **mitunter** auch **gespritzt**.

Amphetamin-Laboratorien wurden bisher vorwiegend in den **Niederlan 35 den**, in **Skandinavien** und in der **Bundesrepublik Deutschland** entdeckt. In diesen Ländern wurde auch das meiste Amphetamin sichergestellt. Allerdings tauchte auf dem deutschen Rauschgiftmarkt 1987 auch bereits eine außerordentlich hochprozentige Billig-Variante aus **Thailand** („**Thai-Speed**") auf. Darüber hinaus erlangen Ostblockstaaten, speziell **Polen**, als Herkunftsland von Amphetamin wachsende Bedeutung.

2. Designer-Drogen

Designer-Drogen (designer drugs) sind Drogen, die größtenteils in sog. **36** Untergrundlabors aus frei zugänglichen Arzneigrundstoffen oder ähnlichen Chemikalien hergestellt werden und die in ihrer Wirkung hochpotenten psychoaktiven (und deshalb kontrollierten) Arzneimitteln ähneln[11]. Da es sich um neue Stoffe handelt, fallen sie bei ihrem ersten Auftauchen nicht unter die jeweiligen gesetzlichen Bestimmungen. Werden sie in der Folge dem Betäubungsmittelrecht unterstellt bzw. verboten, wird ihre Molekularstruktur leicht verändert, der Droge also gezielt ein **„neues Design"** gegeben, um damit die Kontroll- oder Verbotsbestimmungen zu umgehen. Der Begriff Designer-Droge bezieht sich auf die Entstehung und ihre „Weiterentwicklung". Er ist eine Art **Sammelbezeichnung** für das ganze Spektrum der bereits auf diese Art hergestellten bzw. der in Zukunft noch zu erwartenden Drogen.

---

10 *Megges* 1986 S. 224.
11 *Kovar/Grausam* 1987 S. 1569.

37   Wie die Erfahrung zeigt, verschwinden derartige **Drogen-Kreationen** nach ihrer Unterstellung oder dem Verbot nicht vom Markt, sondern werden – wie die traditionellen Rauschgifte – **weiter produziert** und **gehandelt.** Allerdings behalten sie ihre spezifischen Kennungen und Bezeichnungen sowohl für den „Untergrundchemiker" als auch den Mißbraucher.

Bis Mitte der achtziger Jahre waren die Designer-Drogen vorwiegend ein Problem in den USA. Seither werden **in Europa und in der Bundesrepublik Deutschland** ebenfalls spezielle Varianten der Designer-Drogen nicht nur mißbraucht und gehandelt, sondern auch **hergestellt.**

38   Bewußt untechnisch wird – vor allem für die Belange der Polizei-Praktiker – eine gewisse Ordnung und Unterteilung der Produktpalette bei Designer-Drogen in **drei Stoffgruppen** vorgenommen:

(1) Stoffe mit morphinähnlicher Wirkung

   (Pethidin- und Fentanylderivate)

– Chemikerkennung: MPPP, MPP, MTPT, PEPAOP u.a.m.

– Szenenbezeichnung: „China-White", „Persien-White", „The World's finest Heroin" u.a.m.

(2) Stoffe mit aufputschender, halluzinogener Wirkung

   (Phenethylamine oder Amphetamin-Derivate)

– Chemikerkennung: MDA, MDE, MDMA, TMA, DOB u.a.m.

– Szenenbezeichnung: „Adam", „Eve", „Extasy", „XTC", „Cosmic-Space"u.a.m.

(3) Stoffe mit stark narkotisch-halluzinogener Wirkung

   (Phencyclidin-Derivate)

– Chemikerkennung: PCE, PCM, PCC, PCP u.a.m.

– Szenenbezeichnung: „Dust", „Angel-Dust", „Peace-Pills", „Monkey-Tranquilizer", „Magic-Mist", „Rocket-Fuel" u.a.m.

In der Bundesrepublik Deutschland spielen nahezu ausschließlich Stoffe der zweiten Gruppe eine Rolle, in Einzelfällen auch solche aus der dritten Gruppe.

39   Designer-Drogen werden zwar aus **Arzneigrundstoffen** hergestellt, allerdings rücken die illegalen Chemiebastler die Medikamenten-Wirkung in den Hintergrund und holen die **Rauschwirkung** in den Vordergrund. Das begründet letztlich auch die große Gefahr, die von diesen neuen synthetischen Drogen ausgeht.

3. Retorten-Rauschgift

40   Die traditionellen Rauschgifte Haschisch, LSD, Kokain und Heroin lassen sich ebenfalls **vollsynthetisch** herstellen, was teilweise auch schon erfolgte bzw. immer wieder versucht wird. Gleiches gilt für Meskalin. In diesen Fällen handelt es sich ebenfalls um synthetische Drogen. Um eine in der Polizei-Praxis handbare Differenzierung zu ermöglichen, bietet sich an, bei diesen Stoffen von **Retorten-** oder **Labor-Rauschgift** zu sprechen.

Seit Ende der achtziger Jahre kam es bei den natürlichen und halbsynthe- **41**
tischen Rauschgiften **kaum zu Versorgungsengpässen,** und die Preise sind
relativ „günstig". Deshalb ist die – meist komplizierte und aufwendige –
vollsynthetische Herstellung der traditionellen Rauschgifte vor allem
finanziell uninteressant. Bei LSD muß allerdings heute bereits davon ausgegangen werden, daß es sich überwiegend um Retorten-Rauschgift – also
um eine synthetische Droge – handelt. Im Laufe der Jahre könnte jedoch
Retorten-Rauschgift als Folge einer allgemeinen **Tendenz zu synthetischen
Drogen** zunehmend an Bedeutung gewinnen. Das gilt in besonderem
Maße, wenn diese Stoffe wesentlich billiger und auch sauberer als die
traditionellen Rauschgifte angeboten werden können.

4. Neue Risiken und Gefahren

Es ist zu befürchten, daß sich mit der Herstellung, dem Handel und Miß- **42**
brauch synthetischer Drogen die Struktur und Dimension des **Rauschgiftproblems** erheblich verändern und **verschärfen** wird. Ende der achtziger
Jahre stand die Bundesrepublik Deutschland noch am Anfang dieser Entwicklung: Die zwischenzeitlichen Erfahrungen sind ernst zu nehmen.

a) Täter und Opfer

Mit dem Aufkommen der synthetischen Drogen haben es die Verfolgungs- **43**
behörden zusätzlich mit **anderen Tätern** und **Opfern** zu tun. So reicht
beispielsweise das Spektrum der illegalen Drogenproduzenten vom Laien-
Chemiker über den Chemie-Studenten bis zum Pharma-Techniker und
Apotheker. Unter den Anbietern synthetischer Drogen finden sich Schüler, Studenten und Chemiker („**White-Collar-Dealer**") sowie die traditionellen Rauschgifthändler. Neben den bisherigen Rauschgiftmißbrauchern
fallen zudem minderjährige Interessenten auf, die bisher traditionellen
Rauschgiften eher distanziert gegenüberstanden.

b) Wirkungen und Effekte

Die Wirkungen synthetischer Drogen sind wegen der unkontrollierten und **44**
oft unsauberen Herstellung sowie einer völligen Dosierungsunsicherheit
weitgehend neu und unberechenbar (dies gilt gleichermaßen für die
Rausch-, Sucht- und **Vergiftungsgefahr**). Schließlich kann es noch bei
gleichzeitigem Mißbrauch von Arzneimitteln und anderen Drogen zu
außerordentlich riskanten und ebenfalls völlig unberechenbaren Potenzie-
rungseffekten kommen (SyDro als „**Russisch-Roulette**").

c) Herstellung und Handel

Besondere **Produktionsrisiken** liegen im Umgang mit den vielfach feuer- **45**
und explosionsgefährlichen Vorläufer- und Begleitsubstanzen, wenn sie in
Kellern und Hochhauswohnungen aufbewahrt werden. Ferner bestehen
hochgradige Vergiftungsgefahren bei unsachgemäßer Lagerung dieser
Stoffe (Salzsäure, Äther, Roter Phosphor). Die Herstellungs- und Miß-
brauchsmenge ist teilweise so gering, daß ein Waschküchenlabor den Dro-
gen-Bedarf einer ganzen Region über längere Zeit decken kann.

d) Partner oder Konkurrent?

46   **Noch offen** ist, ob die **synthetische Droge** der „**Stoff der neunziger Jahre**"
sein wird. Für diese Annahme sprechen neben den aktuellen Entwicklun-
gen perspektivisch noch folgende Gründe: Synthetische Drogen haben aus
der Sicht der Interessenten/Mißbraucher eine Reihe entscheidender Vorteile gegenüber den traditionellen Rauschgiften. Sie sind wirkpotenter, billiger, leichter erreichbar und (noch) nicht überzeugend stigmatisiert
(„**Super-Drogen**"). Deshalb steht zu befürchten, daß synthetische Drogen
nicht „nur" die 5. Rauschgiftwelle einleiten, sondern mittel- und langfristig auch **zur Konkurrenz** der **traditionellen Rauschgifte** werden könnten.
Das Drogenproblem würde sich in einer heute noch kaum absehbaren
Weise verschärfen.

D.   Akteure und Aktivitäten

47   Zur Differenzierung der wichtigsten Akteure der Rauschgiftkriminalität
bietet sich die Einteilung in drei Personengruppen an:
– **Rauschgifthändler (-schmuggler)**,
  die ausschließlich mit dem „Stoff" handeln, ihn also selbst nicht konsumieren. Die Aktivitäten reichen vom Groß- über den Zwischen- bis hin
  zum Kleinhandel (Pusher);
– **Rauschgiftdealer**,
  die sowohl handeln als auch konsumieren (abhängige Händler oder han-
  delnde Abhängige);
– **Rauschgiftmißbaucher**,
  die „Stoff" konsumieren, ihn aber selbst nicht verkaufen (insbes. Neu-
  gierige, Probierer, Gelegenheitskonsumenten).

48   **Rauschgiftdealer** rekrutieren sich zumeist aus dem **Kreis der Mißbraucher,** weil der Eigenbedarf an Drogen nur noch über den Rauschgifthandel
finanziert werden kann, oder stammen aus dem **Kreis der Kleinhändler,** die
beispielsweise über die unmittelbaren Kontakte zu ihren Kunden und zur
Szene selbst zu Abhängigen/Süchtigen geworden sind.

I. Rauschgifthandel und -schmuggel (Angebot)

49   Der **Rauschgifthandel** hat sich – auf allen Ebenen – in den letzten Jahren
qualitativ **erheblich verändert.** Insgesamt ist ein professionelleres Vorgehen festzustellen, das immer häufiger selbst schon den Kleinhandel unter
Minderjährigen kennzeichnet.

1. Großhandel

50   Der **Rauschgiftgroßhandel** liegt in der Bundesrepublik Deutschland zwar
noch vorwiegend in der Hand von **Ausländern,** der (vor allem qualitative)
Anteil deutscher Täter nimmt allerdings **zu.** Darüber hinaus ist seit Beginn
der achtziger Jahre eine deutliche Tendenz zur organisierten Kriminalität[12]

---

12 Siehe dazu auch Rdnr. 65–67.

zu beobachten. Internationale und nationale Banden kontrollieren zusehends den Rauschgiftschmuggel und die Belieferung des inländischen Rauschgiftzwischenhandels.

2. Zwischenhandel

Der **Rauschgiftzwischenhandel** wird heute von **deutschen Tätern** 51 **beherrscht,** die den Verfolgungsbehörden überwiegend **aus anderen Kriminalitätsbereichen** (Einbruch, Raub, Hehlerei, Zuhälterei, Sexualdelikte) **bekannt** sind und die einen regelrechten Kriminalisierungs- und Brutalisierungsschub in das Rauschgiftmilieu hineintrugen. Allerdings fällt auf dieser Handelsebene **immer häufiger** die **Beteiligung ausländischer Täter** – auch von **Asylbewerbern** – auf. Der Rauschgiftzwischenhändler hat sich vornehmlich in den Groß- und Mittelstädten festgesetzt und versorgt dort das Milieu über den Kleinhändler bzw. Dealer.

3. Kleinhandel

Der **Klein- und Straßenhandel** ist die Domäne von **Pushern** und **Dealern.** 52 **Neben deutschen Tätern** werden hier vor allem auch in der Bundesrepublik Deutschland wohnhafte **Ausländer der zweiten Generation** und wiederum **Asylbewerber** festgestellt. Dies hat dazu beigetragen, daß Rauschgift heute flächendeckender und offensiver angeboten wird. Hinzu kommt eine deutliche Tendenz zur Organisierung auch dieser Handelsebene, speziell bei den Pushern.

Der **Dealer** verfügt insofern über eine Art **Schlüsselrolle,** als er in der Szene voll integriert ist, die Nachfrage abdeckt und damit die Preise und Geschäftsbedingungen diktiert. Darüber hinaus ist er „Multiplikator der Sucht", weil er vor allem neue Kunden wirbt und Gefährdete verführt. Nicht zuletzt spielt er für den Rauschgift-Großhandel die Rolle des „Einzelhändlers", der den „erfolgreichen" Rauschgift-Absatz gewährleistet.

Der Kleinhandel hat sich in den letzten Jahren mehr und mehr den 53 **Methoden des Groß- und Zwischenhandels angepaßt.** Die Beteiligten gehen außerordentlich vorsichtig und raffiniert vor, nach außen abgeschottet und nach innen abgesichert. Das Rauschgift-Angebot erfolgt häufig nur an bzw. über Vertraute. Milieutypisches Aussehen ist nicht mehr so bedeutsam wie persönliches Sich-Kennen.

II. Konsum und Mißbrauch (Nachfrage)

Im Bereich der **Rauschgift-Nachfrage** und des **Mißbrauchs** haben sich seit 54 Mitte der achtziger Jahre zum Teil gravierende Veränderungen vollzogen.

1. Erscheinungsbild

Abgesehen von den Rauschgiftszenen der Großstädte fällt der typische 55 „Kiffer" und „Fixer" heute öffentlich weniger auf als früher. Vor allem in der Anfangsphase ist das „outfit" und auch deren Verhalten bürgerlicher, angepaßter geworden. Dies zeigt sich am Habitus (Haar- und Barttracht), an Sprache, Verhalten und Kleidung sowie am Schmuck („Dandy-Fixer",

„Edel-Kiffer"). Ebenso kommen heute das Café, der Bier-Pub oder der Eis-Salon als Mißbrauchsörtlichkeit in Frage, da auch die Konsumpraktiken unauffälliger geworden sind.

Zu den Konsumformen „Kiffen", „Werfen" und „Fixen" kam das Schnupfen, Sniffeln, Schlucken und Inhalieren. Eine Folge ist, daß die **Betroffenen** heute **länger** als früher **unerkannt** bleiben (selbst im unmittelbaren Familien- und Freundeskreis).

2. Ausweitung des Nachfrage-Interesses

56   Neben den traditionellen Aussteiger- und Zumacher-Drogen kommen mit den synthetischen Drogen vermehrt sog. **Einsteiger-, Anpasser-** und **Fitmacher-Drogen** auf den illegalen Drogenmarkt. Vorläufer war das Kokain, das erstmals ganz neue Effekte[13] vermittelte und auch deshalb andere Konsumenten ansprach. Dieser zusätzliche Mißbrauchstrend zu Stimulanzien und aufputschenden Halluzinogenen paßt offensichtlich eher in den Zeitgeist einer Leistungsgesellschaft und den Glauben an Pillen und Säfte als Mittel zur gezielten und dauerhaften Verbesserung der körperlichen und geistigen Leistungsfähigkeit.

3. Tablettenmißbrauch und Mischkonsum

57   In der Szene wurden schon immer **Medikamente** mißbraucht, „Stoffe" gemischt, variiert und mit ihnen experimentiert. Allerdings scheint sich zwischen dem gleichzeitigen Drogen- und Tablettenmißbrauch ein stetig enger werdender Zusammenhang anzubahnen, wobei beispielsweise Tabletten unterschiedlicher Wirkrichtung vermengt („**Loads**") und diese zum Teil noch gemeinsam mit Alkohol oder illegalen Drogen mißbraucht werden („**Amerikanischer Cocktail**"). Wurde auf der einen Seite das Erscheinungsbild der Betroffenen sichtlich unauffälliger, so ist auf der anderen Seite deren Risikobereitschaft deutlich größer geworden. Ein erheblicher Teil der Rauschgift-Todesfälle der Bundesrepublik muß zwischenzeitlich auf den Mißbrauch sogen. „Drogen-Cocktails" bzw. den Mischkonsum zurückgeführt werden.

58   Die Erfahrungen mit Kokain und Tablettenmischungen waren eine Art Vorbote eines erweiterten bzw. neuen Mißbrauchsinteresses und wirkten sich vermutlich als **Wegbereiter** für den Markt mit **synthetischen Drogen** aus. Der Rauschgifthandel nahm diesen neuen Nachfragetrend mit der Produktion und dem Angebot gefälschter Arzneistoffe, von Amphetamin und Designer-Drogen auf.

III. Milieu und Szene

Auch in diesem Bereich kam es zu einer Reihe deutlicher Veränderungen:

1. Stadt/Land

59   Rauschgifte haben längst das „**flache Land**" erreicht; dies gilt insbesondere für den Mißbrauch. Die Schwerpunkte des Handels liegen dagegen nach

---

13 Vgl. oben Rdnr. 9.

wie vor in den Städten, denn dort ist der „Stoff" in der Regel in größeren Mengen verfügbar und vor allem billiger.

Eine Besonderheit ist bei **Amphetamin** festzustellen: Die illegalen Labors und häufig auch der Handel werden noch überwiegend in den Mittelstädten und in dörflichen Bereichen festgestellt. Insgesamt aber gibt es wohl keine „weißen Flecken" mehr auf der Rauschgift-Landkarte der Bundesrepublik Deutschland.

2. Szenen-/Milieustruktur

Die **Rauschgift-Szene** ist diffuser und **schillernder** geworden: Mehr und   **60** mehr wurde sie zum Treffpunkt von Skinheads, neuerdings auch von Alkoholikern, Streunern und Obdachlosen. Die eigentliche Rauschgift-Szene mit einer Art Drogen-Philosophie oder -Ideologie ist weitgehend verschwunden.

Eine gewisse **Ausnahme** bildet noch **Haschisch,** denn hierbei flackert immer wieder so etwas wie eine Bagatellisierungs-Ideologie auf, welche die Szene für viele Jugendliche heute noch interessant und damit riskant macht.

Ansonsten „verkümmerte" die **Rauschgift-Szene** zu einem mehr oder minder reinen **Versorgungs-** und **Dealer-Treff,** auf dem „Stoffe", Tips oder Adressen ausgetauscht werden. Je kleiner die Kommune oder Gemeinde ist, desto dichter und geschlossener ist die Szene. Hier zeigt sich dann häufig, daß in diesen Kleingruppen (treffender **„Rauschgift-Cliquen")** die Infektionsgefahr in der unmittelbaren Umgebung höher, die Ablösungsmöglichkeit des einzelnen Zugehörigen offensichtlich schwerer und der Zwang zur Selbstbeschaffung größer ist als in den Großszenen der Städte.

Eine Besonderheit gilt wieder für **Speed:** Die Szene sucht bzw. hält sich   **61** nicht selten einen **„eigenen Chemiker",** der über entsprechende Grundkenntnisse verfügt und der dann auf Bestellung aus dem Bekanntenkreis produziert. Es handelt sich damit um „Nachfrage-Dealer", die – im Milieu integriert – selbst Drogenmißbraucher sind und deshalb über unauffällige Verteilerwege verfügen.

3. Risiko-Örtlichkeiten

Die Szene spielt sich heute nicht mehr vorwiegend auf öffentlichen Stra-   **62** ßen und Plätzen ab. Rauschgifttreff- und -kontaktorte sind nunmehr auch spezielle **Lokale, Diskotheken** und vor allem **Wohnungen.** Allerdings hat der private Bereich diesbezüglich erheblich mehr Bedeutung, als allgemein vermutet: Jugendliche aus sonst unauffälligen Familien sammeln hier erste Erfahrungen mit Rauschgiften vorwiegend bei Bekannten, unter Freunden oder Vertrauten bei alltäglichen und banalen Situationen (Kellerpartys, Geburtstagsfeiern, auf der Bude des Bekannten etc.). Spielte hierbei bisher vor allen Dingen Haschisch eine auffallende Rolle, so gilt dies nunmehr auch für Amphetamin.

4. Beschaffungskriminalität

63 Kennzeichen der Rauschgiftabhängigkeit ist u. a. die ständige Geldnot, verursacht durch den **Finanzierungszwang** für Drogen und – beispielsweise bei Arbeitslosigkeit – den Lebensunterhalt. Ein gewichtiger Teil der Diebstähle, Unterschlagungen, Einbrüche und Raubdelikte muß deshalb in Zusammenhang mit der Rauschgift-Abhängigkeit – vor allem von „harten" Drogen – gebracht werden. Der Eigentums- und Straßenkriminalität wird damit in einem erheblichen Umfang auch über die Bekämpfung der Rauschgiftkriminalität entgegengewirkt.

5. Folgekriminalität

64 Straftaten von Abhängigen, die nicht zur Beschaffung von Drogen, sondern unter deren akuten Einfluß oder während des Entziehungsstadiums begangen werden, gelten als Folgekriminalität. Hierunter zählen z. B. Verkehrsdelikte, Bedrohungen, Erpressungen, Körperverletzungs-, Sexual- und Tötungsdelikte.

Da diese Straftaten häufig ungeklärt bleiben bzw. der Zusammenhang zum Rauschgiftkonsum nicht erkannt wird, muß in diesem Deliktsbereich von einem großen Dunkelfeld ausgegangen werden.

6. Drogenprostitution und AIDS

65 Eine enge Beziehung besteht auch zwischen Rauschgiftabhängigkeit und **Prostitution.** So kann die Droge einerseits den Weg in die Prostitution bahnen, andererseits kann Prostitution Wegbereiter für den Drogenmißbrauch sein.

Auffallend ist ferner, daß mit der Rauschgiftabhängigkeit die Prostitution sozial nivelliert, in das „flache Land" transportiert, jünger, mobiler, rücksichtsloser und krimineller[14] wurde. Das gilt auch für die männliche Prostitution. Der Zusammenhang von Drogen und **AIDS** – vor allen Dingen bei der Drogenprostitution – wird parallel dazu immer dichter. Schätzungen gehen bei „Fixern" von einer **HIV-Infizierungsquote** von etwa **20 bis 60 %** aus. Diese Entwicklung könnte sich noch verschärfen. Drogenprostituierte nehmen nicht selten das AIDS-Risiko ebenso in Kauf wie die Gelbsucht oder eine Überdosis. Darüber hinaus ist nicht nur im Milieu bekannt, daß Drogenprostituierte „willig und billig" sind und teilweise regelrecht damit werben, „ohne Schutz zu arbeiten".

E. Organisierte (Rauschgift-)Kriminalität

66 Seit **Anfang** der **achtziger Jahre** vollziehen sich in der Verbrechensentwicklung – speziell im Bereich des Rauschgift-Handels – gravierende **Strukturveränderungen.** Begünstigt wurden sie durch schleichende Gewöhnungsprozesse, die das Problem lange Zeit lediglich zum Thema von Spezialisten machten.

---

14 *Mellenthin* 1985 S. 213.

I. Generelle Entwicklung

In der Bundesrepublik Deutschland kommt es bei Heroin und Kokain zwischenzeitlich zu **Rauschgift-Großsicherstellungen,** die in diesem Umfang bisher nur aus dem Fernen Osten oder aus Südamerika bekannt wurden.   67

Konspiration und „**Professionalität**" des **Rauschgift-Großhandels** haben darüber hinaus einen Standard erreicht, der durchaus vergleichbar ist mit dem des Terrorismus der siebziger Jahre. Diese qualitative Verschärfung fällt immer häufiger im Zwischen- und selbst schon im Kleinhandel auf (damit auch in den Mittelstädten und verschiedentlich im Flächenbereich).

II. Spezielle Indizien

Folgende **Indizien,** die sowohl einzeln als auch zunehmend in Kombination mit mehreren anderen festzustellen sind, geben Hinweise auf **Organisierte (Rauschgift-)Kriminalität** bzw. auf **entsprechende Entwicklungsprozesse:**   68

– Wachsende Anzahl der Tatverdächtigen, ein größer und vielfältiger werdender Umfang der Tatkomplexe

Einzeltäter werden seltener, die Bandbreite der Delikte nimmt erheblich zu, ebenso kommt es öfters zum Wechsel von Deliktsschwerpunkten (z. B. von Rauschgift zu Falschgeld oder Hehlerei und umgekehrt).

– Verstärkte kriminelle Spezialisierung und Arbeitsteilung

Die Polizei hat es immer häufiger mit kriminellen „Routiniers" (zehn bis 50 Vorstrafen) und kriminellen „Experten" (Chemiker, Computer- und Finanzfachleute) zu tun.

– Herausbildung weiträumig und längerfristig angelegter bandenmäßiger Verflechtungen mit der Tendenz zu Verbrechensgemeinschaften

Es werden kriminelle Zweckbündnisse („Connections") zwischen Großstädten, Regionen oder Ländern aufgebaut bzw. genutzt. Ebenso entstehen kriminelle Subkulturen mit meist nach außen unauffälligen bzw. scheinlegalen Aktivitäten (Gaststättenmilieu), aber auch mit spektakulären Machtdemonstrationen (Rockergruppierungen).

– Gezielte Internationalisierung der personellen Verbindungen und des kriminellen Operationsgebietes

Deutsche Täter arbeiten mit Ausländern im In- und Ausland zusammen (z. B. mit türkischen Rauschgifthändlern in der Schweiz oder in den Niederlanden), Hintermänner agieren vom Ausland aus (z. B. Spanien) und sind für die deutschen Verfolgungsbehörden nicht oder nur schwer greifbar.

– Etablierung krimineller Hierarchien mit eigenen Normen und Gesetzen

Kriminelle „Eliten" (z. B. Großdealer-Ebene, Zuhälter-Bosse oder Rocker-Führungskader) und kriminelle „Autoritäten" (Vaterfiguren,

„Paten"} sichern bzw. vergrößern durch meist ungeschriebene „Clubregeln" die Macht- und Einflußsphären und gewährleisten bei Festnahmen und Haft die Unterstützung und Betreuung.

– Zunehmendes Managen des Vorgehens mit syndikats- oder kartellartiger Ausprägung (Monopolisierungstendenz)

Es kommt zu geschäftsmäßig gesteuerten Einkaufs- und Beschaffungs-, Vertriebs- und Verteileraktivitäten bei gleichzeitiger Ausweitung des Absatzgebietes und der Marktanteile, ferner zur Geldwäsche über scheinlegale Unternehmen oder durch Verschleierungspraktiken im internationalen Finanztransfer und zur Absprache von Mindestverkaufspreisen.

– Wachsende kriminelle Absicherungs- und Abschottungsqualität durch intelligentere und rigorosere Vorsichts- und Abwehrmaßnahmen

Z. B. Nutzung technischer (Funkgeräte, BTX und Datenverarbeitung, Sprachverschleierungsgeräte) und taktischer (Code- und Tarnbegriffe, Gegenobservation, Depot- und Bunkertechnik, Vertrauens-Verkäufe, Scheinübergaben) Möglichkeiten. Randfiguren werden zur Ablenkung der Verfolgungsbehörden geopfert, angebliche Informanten und Vertrauenspersonen werden in die Polizei einzuschleusen versucht.

– Ausweitung der Verhärtung und Brutalisierung auch nach „innen"

So werden immer häufiger Waffen oder/und Kampfhunde mitgeführt bzw. Leibwächter eingesetzt. Es kommt zur Einschüchterung durch ein abgestuftes Sanktionssystem wie „Belehrung", Drohung und Bestrafung oder zu Racheakten und Vergeltung bei Verrat (Sachbeschädigung, Körperverletzung, Aussetzen von Kopfgeld, Tötungsdelikte, auch in Form der „Hinrichtung").

– Durchsetzung des Schweigegebots, zunehmende Angst

Mittäter und Zeugen verweigern Aussagen oder widerrufen, Geschädigte verzichten auf Anzeigen, Informanten und Vertrauenspersonen sind kaum noch zu gewinnen oder steigen „lautlos" aus. Zeugenschutzmaßnahmen werden häufiger und aufwendiger.

69 **Aufklärung** und **Beweisführung** erfordern im Bereich des Rauschgiftzwischen- und -großhandels ohnehin immer langwierigere, aufwendigere und intensivere offene und verdeckte Ermittlungen. Die Entwicklung zur organisierten (Rauschgift-)Kriminalität verschärft diese Anforderungen[15] noch erheblich und macht Erfolge zunehmend schwieriger. **Ermittlungen** dauern heute **Monate** oder gar **Jahre,** um an die **Schlüsselpersonen** des Rauschgift-Verbrechens heranzukommen.

---

15 Vgl. *Rebscher/Vahlenkamp* 1987 S. 634.

F. Polizeiliche Herausforderung

I. Probleme/Schwachstellen

Das permanente **Hochziehen** des **kriminellen Know-how** im Bereich des 70
Rauschgifthandels zwingt zur entsprechenden Reaktion und Anpassung
auf der polizeilichen Seite[16] und führt zwangsläufig zu einem wechselseitigen Aufschaukeln.

Hierbei stoßen traditionelle (kriminal-)polizeiliche Organisationsfor-
men und Arbeitsweisen schnell an ihre Grenzen. Darüber hinaus wird das
polizeiliche Instrumentarium vor allem gegen das organisierte Verbrechen
durch eine Reihe von – rechtsstaatlich nicht unverzichtbaren – Beschränkungen ganz erheblich geschwächt.

Dies gilt beispielsweise für das **Bank- und Steuergeheimnis** in bezug auf 71
die **Geldwäsche**. Ähnliche Probleme ergeben sich auch bei dem **Datenaustausch** zwischen Behörden. Ebenso ist die Abschöpfung von kriminellen
Vermögensvorteilen (Bekämpfung der Rauschgift-Kriminalität in der
„Dritten Dimension") in der Bundesrepublik Deutschland noch ein wenig
handhabbares Mittel[17], um an die eigentlichen Triebfedern der Schwerkriminalität heranzukommen. Erforderlich wäre in diesen Fällen eine
Beweislastumkehr, wie sie in anderen Staaten mit Erfolg praktiziert wird.
Auch die elektronische Überwachung von Wohnungen, in denen Verbre-
chensverabredungen erfolgen, darf nicht zum Tabu gemacht werden.

Das „Gesetz zur Bekämpfung des illegalen Rauschgifthandels und anderer Erscheinungsformen der Organisierten Kriminalität" (OrgKG) vom
15. 7. 1992 blieb nicht nur insoweit hinter den Erwartungen vieler Polizei-
praktiker zurück. So würden keine erweiterten Möglichkeiten für die
Bekämpfung der Organisierten Kriminalität geschaffen, sondern diese z. T.
sogar erschwert, z. B. hinsichtlich des Einsatzes Verdeckter Ermittler.

Ferner bedarf der **internationale Rechtshilfeverkehr** dringend der Fortschreibung[18], wenn er nicht im zusammenwachsenden Europa mehr und
mehr zu einem paradoxen Anachronismus werden soll; (ungenügend oder
teilweise nicht geregelt sind Maßnahmen wie die **grenzüberschreitende
Nacheile, Observation** und der unmittelbare Austausch von Informationen
und Unterlagen oder die Vernehmung von Zeugen und Beschuldigten im
Ausland; eine nur geringe Verbesserung bringt das Schengener-Durchfüh-
rungsübereinkommen vom 13. 6. 1990).

Das Institut des **Zeugen vom Hörensagen** ist zwar derzeit eine erforder- 72
liche, aber auch aus der Sicht der Polizei letztlich unbefriedigende Lösung.
Eine Verfahrensweise, die wieder eine unmittelbare richterliche Vernehmung gefährdeter Zeugen, von Vertrauenspersonen und Verdeckten
Ermittlern ohne Namensnennung und bei optischer Abschirmung, wäre
zweckmäßiger. Die nach dem BtM-Recht mögliche **„Kleine Kronzeugenregelung"** ist ebenfalls so fortzuentwickeln, daß sie zu einem echten Aussa-
geanreiz nicht mehr nur überwiegend im Rauschgiftkleinhandel wird.

---

16 *Stümper* 1985 S. 15.
17 Vgl. auch *Pietrzik* 1981 S. 239.
18 *Bortz* 1988 S. 2.

73   Im Zusammenhang mit **Zeugenschutzmaßnahmen** ergeben sich Probleme, die bei der Polizei nur schwer lösbare rechtliche, organisatorische, finanzielle und fürsorgerische Fragen aufwerfen.

II. Folgerungen/Maßnahmen

74   Die polizeiliche Aufgabe im Bereich der Rauschgift-Kriminalität umfaßt Maßnahmen gegen das **Angebot** (**Bekämpfung**) und gegen die **Nachfrage** (**Vorbeugung**). Die polizeiliche Strategie gegen die Rauschgift-Kriminalität ist durch eine Reihe besonderer Aspekte gekennzeichnet. Bei der Bekämpfung muß beispielsweise davon ausgegangen werden, daß eine **neue Qualität** des **Verbrechens** auch eine **neue Qualität** der **Polizeimaßnahmen** erfordert.

1. Bekämpfung

a) Spezialisierung und Mindeststärken

75   Die Entwicklung der Rauschgift-Kriminalität macht die Schaffung **spezieller Ermittlungsdienststellen** (ohne Fremdaufgaben) in den Groß- und Mittelstädten unabdingbar. Darüber hinaus müssen die Rauschgift-Ermittlungsbeamten durch besondere **Aus- und Fortbildungsmaßnahmen** gezielt und aktuell auf ihre Aufgaben vorbereitet werden. Da es sich bei der Rauschgift-Kriminalität um „Hol-Kriminalität" handelt, dürfen die Dienststellen nicht nur reagieren, sondern müssen auch agieren, was die Festlegung von Mindeststärken erfordert.

b) Verdeckte Maßnahmen

76   Der Einsatz von **Mobilen Einsatzkommandos** (MEKs) ist bei der Rauschgift-Bekämpfung nicht mehr wegzudenken.

    Daß sich Zielpersonen mehr und mehr auf Observationsmaßnahmen einstellen, ist zu berücksichtigen.

77   Die Internationalisierung der Rauschgift-Kriminalität zwingt ferner immer häufiger zu **grenzüberschreitenden Maßnahmen.** Dies muß durch entsprechend realistisch angelegte Übungen international trainiert werden.

78   Da Rauschgiftbeschaffung und -verteilung auf den Personen- und Fahrzeugverkehr angewiesen sind, ergeben sich hier wichtige Bekämpfungs- und Vorbeugungsansätze. Die (unauffällige) **Polizeiliche Beobachtung** (PB gemäß PDV 384.2) ist dabei häufig das einzige Mittel zum frühzeitigen Erkennen. Mit dem Öffnen der EG-Grenzen wird es allerdings zum Wegfall entsprechender Möglichkeiten an den Innengrenzen kommen, weshalb das Instrument der PB auf den EG-Raum ausgeweitet werden muß.

79   Der professionelle Rauschgifthandel setzt für riskante Rauschgift-Transporte meist Hilfspersonal ein, das nur wenig über die eigentlichen Organisatoren weiß. Bei Aufgriffen bleiben die Hinterleute und Drahtzieher allzuoft unerkannt. Die **„Kontrollierte Lieferung"** in Form länderübergreifender Observation des Rauschgift-Schmuggels (Ein-, Durch- und Ausfuhr) eröff-

net Möglichkeiten, um an diesen Personenkreis heranzukommen; das bedingt die Schaffung bzw. Angleichung der Rechtsgrundlagen mindestens im EG-Raum.

Wenn sich der Rauschgift-Handel auch zunehmend auf die **Telefonüber-** **80** **wachung** (TÜ) eingestellt hat, so bleibt diese dennoch ein wirksames Mittel.

Die Polizei muß sich zudem taktisch und technisch immer mehr darauf **81** einrichten, daß Täter bei tatbezogenen Gesprächen und Informationen gezielt auf öffentliche Fernsprechzellen, auf Telefone in Bars und Gaststätten oder bei Unverdächtigen und künftig auf die **digitale Datenübermittlung** ausweichen bzw. sich in Privaträume zurückziehen.

Im Rauschgift-Handel ist die **Geschäftsabwicklung** im Wege der „**Vor- 82 kasse**" oder „**Zug-um-Zug**" (Ware gegen Geld) üblich. Gleiches gilt für die Abwicklung von zunächst kleineren Vorausgeschäften, um die „Connection" (illegale Beschaffungs- und/oder Verkaufsverbindung) zu testen und damit das größere Nachfolgegeschäft besser abzusichern.

Will die Polizei nicht nur an Rauschgift-Kleinmengen und an Kleinku- **83** riere herankommen, so muß sie diese Entwicklung berücksichtigen.

Der Einsatz von **Informanten** und **Vertrauenspersonen** (VP) ist ein klassi- **84** sches Mittel der Kriminalpolizei, das mit der zunehmenden Konspiration vor allem im Rauschgift-Handel **immer unverzichtbarer** wird. Die Bedeutung dieser Personen für das Ermittlungsverfahren steigt in der Regel mit dem Grad ihrer kriminellen Verstrickung, darauf muß sich die Polizei personell, technisch, taktisch und finanziell einstellen. Die Arbeit mit Informanten und Vertrauenspersonen (Gewinnung, Führung, Einsatz, Betreuung, Vor- und Nachsorge) darf deshalb nicht der mehr oder minder zufälligen Initiative einzelner Beamter überlassen bleiben, sondern ist organisatorisch einzubinden und zu steuern.

Entscheidend für die Gewinnung und den Einsatz von Informanten und **85** Vertrauenspersonen ist die Zusicherung und Gewährleistung der **Vertraulichkeit** bzw. **Geheimhaltung.** Dies gilt nicht nur für den konkreten Einzelfall, sondern generell für die Nutzung dieser taktischen Möglichkeit.

Informanten und Vertrauenspersonen sollen deshalb grundsätzlich nicht **86** als Zeugen vor Gericht auftreten. Die Verpflichtung nach dem **Verpflichtungsgesetz** (VerpflG) entbindet nicht von der Erscheinenspflicht (und Namensnennung) vor Gericht und ist deshalb für den Schutz gefährdeter Informanten und Vertrauenspersonen wenig bzw. nicht wirksam. Bei der Verpflichtung **ausländischer Informanten** und **Vertrauenspersonen** ist zudem **Zurückhaltung geboten,** weil damit trotz intensiver Belehrungen ein gewisser Status aufgebaut wird und nicht vorhandene Befugnisse angenommen werden könnten. Die **Entlohnung** von Informanten und Vertrauenspersonen ist möglichst in Geld auf der Basis des Erfolgshonorars abzuwickeln, denn damit läßt sich vor allem dem Nachrichtenschwindel wirksam begegnen.

Der Einsatz **Verdeckter Ermittler** (VE) ist dagegen ein **relativ neues Ein- 87 satzmittel** der Polizei, dessen Notwendigkeit und Zulässigkeit **in der Rechtsprechung überwiegend anerkannt** und im OrgKG nun wenigstens auch rechtlich abgesichert ist. Ein Verzicht auf ein derartiges Instrument käme speziell im Bereich des Rauschgift-Handels einem weitgehenden Verzicht auf Strafverfolgung gleich.

88   **Von zentraler Bedeutung** für den Einsatz **Verdeckter Ermittler** ist deren **Organisation,** denn erst hierdurch werden Schlüsselaspekte wie beispielsweise eindeutige Dienstaufsichts- und Führungsverhältnisse (damit zweifelsfreie Verantwortlichkeiten), übersichtliche Informationswege (von oben nach unten und umgekehrt) und eine aufgabengerechte Aus- und Fortbildung, Ausstattung und Ausrüstung ausreichend geregelt. Auch kann dann zugunsten der taktisch notwendigen Bewegungsfreiheit des Verdeckten Ermittlers auf allzu enge Reglementierung durch Erlasse, Verwaltungsvorschriften und Dienstanweisungen verzichtet werden.

89   Entscheidend für den Erfolg und die Sicherheit der Verdeckten Ermittler sind eine einsatzgerechte **Legende** und entsprechende **Logistik.** Hierbei ist der Zusammenhang bedeutsam, daß die Aufgabe des Verdeckten Ermittlers dessen Legende und diese wiederum die Logistik bestimmt. Aufgabe, Legende und Logistik müssen zusammenpassen und in sich stimmig sein.

90   Zweckmäßig ist auch, den Verdeckten Ermittler **für bestimmte Deliktsbereiche zu spezialisieren,** denn der verdeckt operierende Allround-Ermittler ist im Bereich der Schwerkriminalität wegen der auch dort festzustellenden Spezialisierung und Professionalisierung schnell überfordert und kann deshalb in gefährliche Einsatzsituationen geraten.

2. Vorbeugung[19]

a) Legitimation

91   Die Polizei kann mit dem Rauschgiftproblem alleine nicht fertig werden. Wird heute ein Händlerring zerschlagen, steht morgen ein neuer vor der Tür. Das macht den **Magneteffekt** erkennbar, den die Nachfrage auf den Handel ausübt: Durch das Rauschgift-Angebot wird zwar zunächst die Rauschgift-Nachfrage provoziert, danach aber hält umgekehrt die Rauschgift-Nachfrage das Rauschgift-Angebot „am Leben".

92   Damit ist die Polizei in zweifacher Hinsicht herausgefordert: Einerseits zur Verringerung/Unterbindung des Rauschgift-Handels durch die **Bekämpfung** des **Angebots,** andererseits zur Eindämmung der **Rauschgift-Nachfrage durch Vorbeugungsmaßnahmen.** Die Polizei verfügt auch hierfür in den Polizeigesetzen der Länder über eindeutige Rechtsgrundlagen.

93   Legitimation ist aber auch eine Frage der entsprechenden Fachkompetenz: Bei ihrer **Vorbeugungsarbeit** muß sich die Polizei deshalb **Selbstbeschränkung** auferlegen und ihre Bemühungen auf die Brennweite ihrer unmittelbaren polizeilichen Erfahrung begrenzen. Es bleibt dennoch ein weites Spektrum, da die Polizei die einzige Instanz ist, die „Rund-um-die-Uhr" mit allen Formen und Schattierungen des Rauschgiftproblems zu tun hat (mit Probierern und Abhängigen, mit Straßendealern bis hin zu Rauschgift-Großhändlern).

---

19 *Mellenthin* 1988 S. 71.

Hieraus ergeben sich spezifische Einblicke, Zugänge und Erkenntnis-möglichkeiten, die speziell auch für die Vorbeugung nutzbar gemacht werden können.

b) Möglichkeiten

Die **Rauschgiftvorbeugung** ist u. a. eine politische, rechtliche, soziale, medizinische, pädagogische und polizeiliche, d. h. gesamtgesellschaftliche Aufgabe. Hieraus folgert, daß Vorbeugungsmaßnahmen lang-, mittel- und kurzfristig geplant und angelegt werden müssen. **94**

Vor allem **lang- und mittelfristige Maßnahmen** haben die Entstehungs-bedingungen des Rauschgiftmißbrauchs zu berücksichtigen und sind deshalb den polizeilichen Möglichkeiten nur in geringem Umfang zugänglich. **95**

Anderes gilt hinsichtlich der **kurzfristig greifenden Maßnahmen.** Auf diesem Feld eröffnen sich auch für die Polizei konkret umsetzbare Initiativen, wie Warnung, (technische) Beratung, Information und Aufklärung. **96**

Hinsichtlich der **Warnung** hat die Polizei die schnell und gezielt realisierbare Möglichkeit, die Öffentlichkeit über die Medien zu informieren, wenn beispielsweise hochgiftiges LSD oder ein mit lebensgefährlichen Substanzen gestrecktes Heroin auf den Markt kommt. **97**

Bei der **Beratung** sollte die Polizei keinen Zweifel daran aufkommen lassen, daß diese nur technischer Art ist (u. a. Sicherung von pharmazeutischen Großhandlungen und Apotheken oder Ratschläge zur Verwahrung von Betäubungsmitteln in Krankenhäusern und Arztpraxen). Auch diese Maßnahmen lassen sich relativ unkompliziert umsetzen. **98**

Für die sonstigen kurzfristig wirksamen Vorbeugungsmaßnahmen steht zwar ein Bündel von Möglichkeiten vor allem in Familie, Schule und Beruf zur Verfügung, vorrangig sollte allerdings die **Information** und **Aufklärung** von Minderjährigen, Erwachsenen und von sonst mittel- und unmittelbar Betroffenen angestrebt werden. Hierbei ist von folgenden Überlegungen auszugehen: **99**

– Bekämpfungsmaßnahmen und medizinisch-therapeutische Behand-lung[20] sind zwar notwendig, kommen aber letztlich für den (meist jugendlichen) Betroffenen zu spät;

– Ziel muß es deshalb sein, Gefährdete so frühzeitig vor den Verstrickungen mit Drogen und Rauschgiften zu bewahren, daß Polizei oder Arzt gar nicht erst erforderlich werden.

Das kann aber nur erreicht werden, wenn der **Vorbeugung** ein **gleichbe-deutender Stellenwert** wie der Bekämpfung und Behandlung beigemessen wird. **100**

In diesem Zusammenhang taucht immer wieder die Frage auf, ob durch **Information** und **Aufklärung** insbesondere von Jugendlichen nicht erst ver-hängnisvolle **Neugierde** geweckt werden kann. Diesbezüglich sollte berücksichtigt werden, daß das Thema Rauschgift heute nicht mehr ver-

---

20 Vgl. neuerdings auch die Methadondiskussion; dazu inzwischen die methadonfreundliche BGH-Entscheidung in Neue Juristische Wochenschrift 44 (1991), S. 2359.

drängt bzw. tabuisiert werden kann. Nichtinformation würde bedeuten, daß der Jugendliche auf das „Hörensagen" der Straße angewiesen bleibt und damit auf eine Information, die eher den Erfahrungen von Betroffenen oder der Interessenlage von Dealern entspricht.

101 Der Faktor **Neugierde** kann vor allem dann zum **Einstiegsrisiko** in den Rauschgiftmißbrauch werden, wenn der Jugendliche über **mangelnde oder falsche Informationen** zu diesem Thema verfügt. Dies gibt einen zentralen Hinweis auf die Bedeutung von Information und Aufklärung. **Strittig** sollte deshalb **nicht** das **Ob**, sondern **allenfalls** das **Wie** derartiger **Präventionsbemühungen** sein.

102 Letztlich geht es darum, durch **sachgerechte Information und Aufklärung**

– die bisher **abstinent gebliebenen Jugendlichen** – das ist die Mehrheit – in ihrer Einstellung gegen Rauschgift zu bestärken,

– bei **probierbereiten oder** schon **drogenerfahrenen Jugendlichen** die Hemmschwelle zu erhöhen bzw. Hinweise zu Beratungs- und Behandlungsnotwendigkeit und -möglichkeit zu geben,

– möglichst **viele Verantwortliche** (Personen, Institutionen, Einrichtungen) entsprechend zu sensibilisieren, um Gefährdungen frühzeitig zu erkennen, zu verhindern und ggf. zu helfen (beispielsweise durch Information der Eltern auch Ängste zu nehmen bzw. bestehende Sprach- und Verständigungsbarrieren gegenüber den Kindern abzubauen).

103 Hierzu kann auch die Polizei einen wichtigen Beitrag leisten, der durch Schaffung von Spezialdienststellen und Durchführung unterschiedlichster Vorbeugungsprogramme organisiert und systematisiert werden muß. Ein Beispiel hierfür ist die bereits 1979 beim Landeskriminalamt Baden-Württemberg eingerichtete **Rauschgift-Aufklärungs-Gruppe (RAG)**[21].

c) Grundregeln

104 Die Polizei wird als **kompetente Instanz** in der Rauschgiftvorbeugung akzeptiert und anerkannt, wenn **folgende Grundregeln** beachtet werden:

– Beschränkung auf das polizeiliche Erfahrungs- und Tatsachenwissen (kein Spekulieren, Theoretisieren oder Ideologisieren).

– Keine Stoff- oder Drogenkunde sondern Darstellung der vielfältigen Verführungs- oder Verstrickungsgefahren im Zusammenhang mit der Rauschgiftdemonstration (um auf das harmlose Aussehen der „Stoffe" und die banale Alltäglichkeit mancher Risikosituationen hinzuweisen).

– Keine Rollenverwischung (denn Polizeibeamte sind keine „Sozialingenieure"), vielmehr ausdrücklicher Hinweis auf den Strafverfolgungszwang und die Drogenberatungs- und anderen Hilfseinrichtungen.

– Keine Verbreitung von Horror und Schock, aber auch keine Vorspiegelung einer „heilen Welt", wo es diese nicht gibt (Betroffenheit ist wichtig, reicht aber alleine nicht aus).

---

21 *Mellenthin* 1980 S. 94.

– Kein Anbiedern gegenüber den Jugendlichen und kein Moralisieren gegenüber Erwachsenen, sondern faire Information und Aufklärung (d. h. ehrlich und kompetent).

Die **Polizei** ist weder die einzige noch die erste Instanz in der Rauschgiftvorbeugung. Sie weiß, daß sie lediglich einen **Teilbeitrag** leisten kann. Dieser sollte allerdings konsequent ausgefüllt werden. Polizeispezifische Erfahrungen und Erkenntnisse sind dabei nicht nur für die **eigene Rauschgiftvorbeugung** zu nutzen, sondern **auch anderen Einrichtungen** und Institutionen, Initiativen und Veranstaltungen für deren Vorbeugungsarbeit zur Verfügung zu stellen.

SCHRIFTTUM

Bortz, Wolf-Dietrich: Bislang wurde zu wenig unternommen. Tageswohnungseinbrüche – ein Politikum. In: Deutsches Polizeiblatt 3 (1988), S. 2–5.

Kovar, Karl-Artur und *Ute Grausam:* Neue synthetische Drogen. Ausgangsstoffe zur Herstellung von „designerdrugs". In: Deutsche Apotheker Zeitung 127 (1987), S. 1569–1574.

Kreuzer Arthur, Christoph Gebhardt, Marcel Maassen und *Marlene Stein-Hilbers:* Drogenabhängigkeit und Kontrolle. Kriminologische Untersuchung über Phänomenologie des Heroinkonsums und polizeiliche Drogenkontrolle. Wiesbaden 1981 (BKA-Forschungsreihe. Bd. 14).

Megges, Gerhard: „Speed" Zur Suchtgefährlichkeit der Amphetamine. In: Kriminalistik 40 (1986), S. 224–227.

Mellenthin, Klaus: Rauschgiftkriminalität – Möglichkeiten der polizeilichen Bekämpfung und Vorbeugung. In: Taschenbuch für Kriminalisten. Bd. 30. Hilden 1980, S. 9–118.

ders.: Drogen und Prostitution. In: „Gyne" 6 (1985), S. 213–217).

ders.: Rauschgifte und illegale Drogen – polizeiliche Mitwirkung an Vorbeugungsmaßnahmen. In: „Eltern – Schule – Beruf" Sieglinde Kriechbaum, 1. Aufl., Villingen-Schwenningen, 1988.

Pietrzik, Werner: Der international organisierte Rauschgifthandel und die besonderen Probleme seiner Bekämpfung. In: Bundeskriminalamt (Hrsg.): Polizeiliche Drogenbekämpfung. Wiesbaden 1981 (BKA-Schriftenreihe. Bd. 49), S. 213–239.

Rebscher, Erich und *Werner Vahlenkamp:* Noch nicht unangreifbar. Organisierte Kriminalität: Rechtliches Instrumentarium nicht ausreichend. In: Kriminalistik 41 (1987), S. 634–640.

Schäfer, Herbert: Der Rauschgiftmißbrauch aus (kriminal-)polizeilicher Sicht. In: Die Polizei 72 (1981), S. 108–114, 145–149.

Stümper, Alfred: 150 Milliarden Mark jährlicher Schaden. Das organisierte Verbrechen in der Bundesrepublik Deutschland. Erscheinungsformen, Methoden der Bekämpfung und Rechtsfragen. In: Kriminalistik 39 (1985), S. 8–17.

ders.: Keine EG-Sicherheits-Harmonisierung. Ein Plädoyer für den Polizeiattaché. In: Kriminalistik 42 (1988), S. 305–306.

Täschner, Karl-Ludwig und *Werner Richtberg:* Kokain-Report. Wiesbaden 1982.

38

Sexualdelikte

Sieglinde Guba

A. Allgemeines zur Sexualdelinquenz

I. Sexualität und Strafrecht

Sexuelle Normen und die **Bewertung** einzelner **sexueller Verhaltensfor-** **1**
men als anstößig oder sogar als strafwürdig sind dem Wandel unterworfen.
Sie unterliegen der jeweiligen zeitlichen und kulturellen Auffassung, was
sich letztlich in der Gesetzgebung und Rechtsprechung niederschlägt[1].

---

1 *Göppinger* 1980 S. 624; *Kürzinger* 1982 S. 268.

2   Das **Sexualstrafrecht** hat durch das 1. und 4. Strafrechtsreformgesetz (1969 und 1973) wesentliche Änderungen erfahren. So bringt bereits die neue Überschrift „Straftaten gegen die sexuelle Selbstbestimmung" (statt zuvor: „Verbrechen und Vergehen wider die Sittlichkeit") die geänderte Zielrichtung zum Ausdruck.

3   Vergleicht man jedoch die einzelnen Strafbestimmungen, dann ist festzustellen, daß hier sehr **unterschiedliche Begehungsformen** mit unterschiedlichen Schutzzwecken pönalisiert sind. Deshalb passen sie auch nur zum Teil unter den Titel[2].

Kriminologisch haben die verschiedenen Deliktsformen nur wenig miteinander zu tun. Demzufolge kann es auch nicht angehen, in verallgemeinernder Weise von **den** Sexualdelikten zu sprechen[3], es ist vielmehr eine differenzierte Betrachtungsweise erforderlich.

Anzumerken ist auch, daß zahlreiche Handlungen mit sexuellem Hintergrund unter verschiedene Strafrechtsnormen fallen, also nicht zu den Sexualdelikten zählen, wie z. B. der Lustmord (§ 211 StGB), der Kleideraufschlitzer (§ 303 StGB) usw.[4]

4   Des weiteren befindet sich der **Inzest** – schon immer als Sexualdelikt verstanden – kriminologisch systemwidrig bei den „Straftaten gegen den Personenstand, die Ehe und die Familie".

II. Sexualdelinquenz und Gesamtkriminalität

5   Die Zahlen der **Polizeilichen Kriminalstatistik** sagen aus, daß der Anteil der Sexualdelikte an der Gesamtkriminalität gering ist (in den letzten 10 Jahren von 1,3 % auf 0,9 % gefallen)[5].

III. Täter und Opfer

Bezüglich der Täter und Opfer werden hier nur die – im Vergleich zu anderen Straftaten – signifikanten Fakten genannt:

6   Bei den **Tätern** der Sexualdelikte handelt es sich fast ausschließlich um Männer (zu 90 % und mehr), vorwiegend im Alter von 25 bis 35 Jahren[6]. Das besagt, daß die noch weit verbreitete Meinung von dem überwiegend senilen Sexualstraftäter falsch ist.

7   Bei den **Opfern** von Sexualdelikten handelt es sich vorwiegend um Mädchen und Frauen (80–90 %), je nach Deliktsart unterschiedlichen Alters[7].

8   Aufgrund von Untersuchungsergebnissen wird deutlich, daß mit zunehmendem **Bekanntschaftsgrad** zwischen Täter und Opfer vor der Tat auch die Intensität der sexuellen Handlung zunimmt[8].

---

2 S. *Teufert* 1980 S. 36; *Geerds* 1980 S. 92; vgl. auch *Kaiser* 1980 § 26 Rdnr. 4.
3 *Baurmann* 1985 a S. 3.
4 *Göppinger* 1980 S. 624; *Kaiser* 1980 § 26 Rdnr. 5.
5 Vgl. Polizeiliche Kriminalstatistik von 1977 bis 1986; *Göppinger* 1980 S. 625.
6 *Göppinger* 1980 S. 626; *Baurmann* 1985 a S. 10.
7 *Baurmann* 1985 a S. 10.
8 *Baurmann* 1985 a S. 13.

IV. Bekämpfung der Sexualdelikte

Da die Sexualdelikte phänomenologisch unterschiedliche Erscheinungs- **9**
formen aufweisen, muß auch der **Bekämpfung** dieser Delikte eine differenzierte Sicht- und Vorgehensweise zukommen, um entsprechend sachgerechte Tataufklärung, Täterermittlung und -überführung vornehmen und
präventiv wirksame Maßnahmen ergreifen zu können.

Die in den letzten Jahren zunehmende **öffentliche Diskussion** – gestützt **10**
auf Erkenntnisse aus viktimologischen Untersuchungen – zeigt überdeut-
lich, daß vor allem in den nachfolgend besonders behandelten zwei Bereichen der Sexualstraftaten ein Umdenken eingesetzt hat. Dieses reicht
jedoch nicht aus, vielmehr muß es weiterhin forciert werden, um zu einer
realitätsentsprechenden Strafverfolgung und Prävention zu gelangen.

In den folgenden Ausführungen wird der Schwerpunkt auf

– Vergewaltigung und sexuelle Nötigung

– sexueller Mißbrauch von Kindern und Inzest

gelegt und auf besondere Problemlagen bei der polizeilichen Bearbeitung
näher eingegangen.

B. Vergewaltigung und sexuelle Nötigung

I. Vorbemerkungen

Kriminologisch betrachtet sind diese Straftaten eher dem Bereich der **11**
Gewaltdelikte[9] zuzurechnen als dem der Sexualdelikte, wie es das Strafgesetzbuch vorgibt. Vergewaltigung und sexuelle Nötigung werden deshalb
auch als **„sexuelle Gewalttaten"** bezeichnet. Betroffen davon sind fast ausschließlich weibliche Opfer. Daher erfolgen die weiteren Ausführungen
unter diesem speziellen Blickwinkel.

Ausgehend von der amerikanischen Frauenbewegung wird seit den 70er **12**
Jahren auch hier zunehmend das Thema „Gewalt gegen Frauen" öffentlich
diskutiert. Und das nicht etwa deshalb, weil eine statistische Zunahme
dieser Straftaten zu verzeichnen ist, sondern vielmehr dadurch, daß diese
Handlungen einer **Neubewertung** unterliegen[10]. Zur Debatte stehen vornehmlich die traditionellen männlichen Vorstellungen von weiblichem
Sexualverhalten, die Bagatellisierung der sexuellen Gewalttat und die
Behandlung des Opfers nach einer solchen Straftat durch die Strafverfolgungsbehörden, den Arzt, das Gericht u. a.[11].

---

9 Vgl. statt vieler *Baurmann* 1986 S. 162 ff. (mit übersichtlicher Darstellung der aktuellen
Gewalt-Diskussion und kritischen Anmerkungen).
10 *Steffen* 1987 S. 13, 14.
11 *Steffen* 1987 S. 13, 14; *Baurmann* 1986 S. 175.

II. Registrierte Kriminalität und Dunkelfeld

13 Für den Zeitraum von 1977 bis 1986 weist die **Polizeiliche Kriminalstatistik** jährlich zwischen 6 925 und 5 604 Vergewaltigungen und zwischen 4 070 und 2 670 Fälle von sexueller Nötigung (einschließlich der versuchten Begehung) aus[12]. Gemessen an der insgesamt registrierten Kriminalität haben diese Delikte einen nur geringen Anteil (zunächst 0,3 % und dann 0,2 %) und sind daher statistisch ohne große Bedeutung.

14   Die **tatsächliche** Zahl der auf diesem Sektor verübten Straftaten ist jedoch um einiges höher zu veranschlagen. Die Schätzwerte der Relation von angezeigten und nicht angezeigten Fällen bewegen sich zwischen 1:3 bis 1:10[13], anderen Aussagen zufolge noch höher[14].

Dunkelfelduntersuchungen belegen zwar, daß mit zunehmender Tatschwere auch die Anzeigenhäufigkeit steigt[15], doch kann diese Aussage so ohne weiteres nicht auf die sexuellen Gewaltdelikte übertragen werden.

15   Es gibt eine Reihe von Gründen, warum ein Opfer – obgleich es die Tat als massiven Angriff auf seine körperliche und psychische Integrität versteht[16] – von der **Anzeigenerstattung** absieht[17]. Die gewichtigsten dürften sein:

– das Mißtrauen des Opfers gegenüber den Ermittlungsbehörden und der Justiz, die ihrerseits dem Opfer ebenso mit Mißtrauen begegnen und

– die Angst, Mitschuld an der an ihm begangenen Straftat zugewiesen zu bekommen[18].

III. Einschätzung der Delikte und Realität

16 Das Bild von der sexuellen Gewalttat und vom Täter erfährt heute in der **öffentlichen und veröffentlichten Meinung** eine verfälschte Darstellung. In diesem wirklichkeitsfremden Bild kommen u. a. frauenfeindliche Mythen, am Patriarchat orientierte Sexualmoral, männliches Dominanzverhalten und Fremdenangst zum Ausdruck[19].

17   So kommt es zu der **Klischeevorstellung:** Der fremde Mann (Triebtäter/Psychopath) überfällt nachts auf der Straße eine Frau, vergewaltigt sie und fügt ihr außerdem z. T. erhebliche körperliche Verletzungen zu[20].

---

12 S. Polizeiliche Kriminalstatistik von 1977 bis 1986. – Die hier angegebenen Zahlen sind die jeweils höchsten und niedrigsten innerhalb des gesamten Zeitraums.
13 *Baurmann* 1986 S. 168; *Kahl* 1985 S. 2; *Teufert* 1980 S. 66; *B. Brinkmann/Kernbach/Püschel* 1985 S. 1.
14 *Kröhn* 1984 S. 130 (bis 1:20); ebenso *Jakobs* 1986 S. 105.
15 S. *Kaiser* 1980 § 16 Rdnr. 13.
16 *Teubner/Becker/Steinhage* 1983 S. 44. – Man spricht auch vom „Mord an der Seele".
17 S. Ausführungen bei *Teufert* 1980 S. 66 ff.
18 *Kahl* 1985 S. 2; *Fehrmann* 1986 S. 57; *Jakobs* 1986 S. 105.
19 Zitiert nach *Baurmann* 1986 S. 171, 172.
20 *Baurmann* 1986 S. 171, 172; *Teubner/Becker/Steinhage* 1983 S. 22 ff.; *Steffen* 1987 S. 77; *Warnke* 1986 S. 20 ff.; *Kröhn* 1984, S. 132 (spricht in seiner Untersuchung von maximal 10 % psychisch abnormer Täter).

Die **Realität** sieht aber so aus: Der Täter ist sehr häufig ein Bekannter **18**
(ein normaler, unauffälliger Mann), es besteht also eine – wenn auch teilweise nur recht oberflächliche – Beziehung zwischen Täter und Opfer. Die
Tat geschieht meistens in der Wohnung, dem Fahrzeug der Frau oder des
Mannes. Die Verletzungen sind insbesondere psychischer Art[21].

Der **Anteil** der Beziehungstaten im Verhältnis zu den von Fremden über- **19**
fallartig verübten Taten wird in der Literatur unterschiedlich angegeben[22].
Aufgrund neuer Untersuchungen kann aber davon ausgegangen werden,
daß die Beziehungstaten den Hauptanteil haben und dem sogenannten
„klassischen" Fall (fremder Täter, Überfall) nur nachgeordnete Bedeutung
zukommt[23]. Es geht hier nicht darum, welchem Geschehensablauf rein
zahlenmäßig Priorität einzuräumen ist, vielmehr ergeben sich für das
Opfer aus der Konstellation der überwiegenden Beziehungstaten ganz
andere Konsequenzen: Sein Verhalten rückt nämlich nunmehr in den Mittelpunkt. Und es wird vor allem unter dem Blickwinkel der Mitverursachung, der Mitbeteiligung und des Mitverschuldens[24] untersucht, was zur
Entlastung des Täters führt.

IV. Die Bearbeitung der sexuellen Gewaltdelikte –
Polizeilicher Umgang mit dem Opfer

Insbesondere in den letzten Jahren wird der Umgang mit dem Opfer einer **20**
sexuellen Gewalttat durch alle Instanzen der formellen Sozialkontrolle
beleuchtet. Dabei erfährt auch das **Verhalten der Polizei** heftige Kritik. Es
wird behauptet, daß, basierend auf opferfeindlichen Vor- und Einstellungen, dem anzeigenden Opfer mit Mißtrauen begegnet wird und dies zu
einer sekundären Viktimisierung durch die Polizei führt.[25].

1. Der „klassische" Fall: Sachbeweise

Was die angeführten Vorbehalte oder gar Vorurteile anbelangt, dürften **21**
diese dem Opfer gegenüber weniger deutlich zum Tragen kommen, wenn
es die Tat in zeitlichem Zusammenhang, also alsbald danach, anzeigt,
diese in Form eines Überfalls von einem fremden Täter verübt wurde, und
das Opfer zudem offenkundige Verletzungen aufweist. Hier kann das vom
Opfer geschilderte Tatgeschehen durch die vorhandenen **Sachbeweise**
untermauert werden.

Die **polizeiliche Tätigkeit** umfaßt: **22**
– Anzeigenaufnahme

---

21 *Kaiser* 1980 § 26 Rdnr. 33, 46; *Baurmann* 1986 S. 171, 172; *Teubner/Becker/Steinhage* 1983
   S. 37 mit kritischen Anmerkungen zur a. A. von *Teufert* 1980 S. 73; *Kahl* 1985 S. 97; *Steffen*
   1987 S. 73; *Warnke* 1986 S. 24.
22 S. *Teufert* 1980 S. 85 mit Hinweisen.
23 *Baurmann* 1985 a S. 13; *Teubner/Becker/Steinhage* 1983 S. 22; *Steffen* 1987 S. 73.
24 *Teubner/Becker/Steinhage* 1983 S. 22.
25 *Steffen* 1987 S. 8.

– Zuführung zur ärztlichen Versorgung und Untersuchung: Scheidenab-
  striche (mindestens drei), ggf. Anal- und Oralabstriche; Sicherstellung,
  auch der Tupfer; Attestierung der Verletzungen; in begründeten Fällen
  auch Blut- und Urinentnahme;

– Einleitung der Fahndung nach dem/den Täter(n): Täterbeschreibung,
  mögliche Bewaffnung, Fluchtmittel und -richtung;

– Suche nach den und Sicherung der charakteristischen Spuren am Opfer
  und Tatort:
– – Beschreibung und farbfotografische Sicherung der Verletzungen und je
  nach Sachlage des Tatorts;
– – ggf. Spurensicherung an den Händen (Fingernägel);
– – Sicherstellung spurentragender Unterwäsche, Kleidungsstücke (evtl.
  zerrissen), ggf. sonstiger Spurenträger am Tatort (z. B. Taschentuch,
  Zigarettenkippe) zwecks Untersuchung auf Sekret-, Blut-, Mikrospuren;

– Lichtbildervorlage:
  nicht nur der Sexualstraftäter, auch der anderen Gewalttäter(!);

– Weiterleitung des Vorgangs an das Fachkommissariat zur Weiterbearbeitung:
– – detaillierte Vernehmung des Opfers;
– – Sicherstellung einer Speichelprobe (zu Vergleichszwecken);
– – ggf. Erstellung eines Phantombildes;
– – Zeugenermittlung, -vernehmung;
– – nach Täterermittlung:
  Sicherstellung spurentragender Kleidung, ggf. ärztliche Untersuchung
  (evtl. Blutprobe, Penisabstrich);
  Vernehmung.

Anzumerken ist hier folgendes:

23 – In den meisten Fällen der Sofortanzeige wenden sich die Opfer an die
  Schutzpolizei, und das oft zur Nachtzeit. Diese soll – wie später näher
  ausgeführt wird – nach Erkundung des Sachverhalts nur die unaufschiebbaren Maßnahmen ergreifen, wie z. B. Einleitung der Fahndung
  und ggf. die Zuführung des Opfers zur ärztlichen Untersuchung. Alle
  weiteren Sofortmaßnahmen sollen – sofern kein Bereitschaftsdienst des
  Fachkommissariats besteht, was meistens der Fall ist – von dem Bereitschaftsdienst der Kriminalpolizei (Kriminaldauerdienst o. ä.) möglichst
  unter Zuhilfenahme des Erkennungsdienstes / der Spurensicherungs-
  gruppe durchgeführt werden. Ist dieser aufgrund der räumlichen Entfernung oder wegen der Wahrnehmung anderer Aufgaben zur Übernahme
  nicht in der Lage, haben die Beamten der Schutzpolizei alle keinen Aufschub duldenden Maßnahmen zur Sicherung des Strafverfahrens zu treffen (§ 163 StPO und Polizeiorganisationsverordnungen).

– Zu beachten sind die Grundsätze der Asservierung von Spuren und Spurenträgern, um die Auswertungsmöglichkeiten durch den Sachverständigen nicht zu beeinträchtigen[26].

2. Der Problemfall: nur Opferangaben

Da eine Vielzahl der Fälle sexueller Gewalttaten für das Opfer oft ohne **24** erkennbare physische Verletzungen ausgehen, das Opfer in überwiegender Zahl zum Täter in einer Beziehung steht, und viele Anzeigen erst einige Zeit nach der Tat erstattet werden, sind andere Gesichtspunkte von Bedeutung. Sie nehmen Einfluß sowohl auf die polizeilichen Ermittlungen als auch auf den gesamten weiteren Verfahrensablauf.

Anders als das aufgezeigte Vorgehen im Hinblick auf den „klassischen" Tatablauf sind in der Regel Sachbeweise nicht (mehr) vorhanden, die das Behaupten einer sexuellen Gewalttat untermauern können.

Hier kommt es ausschließlich auf die **Aussage des Opfers** an, da in den wenigsten Fällen der Beschuldigte die Tat zugeben oder er nur ein Teilgeständnis ablegen wird (der Beischlaf oder die sexuelle Handlung wird nicht bestritten, wohl aber die Gewaltanwendung oder die Nötigung)[27] und im Regelfall Zeugen nicht vorhanden sind. Gerade in dieser Fallgestaltung können opferfeindliche Vor- und Einstellungen zutage treten, die sich insbesondere in zweifacher (sich gegenseitig bedingender und verstärkender) Art und Weise auswirken[28]:

– mittelbar durch die „strafprozessual vorgegebenen Rollenmuster"[29],
– unmittelbar durch das Mißtrauen[30].

a) Die „strafprozessual vorgegebenen Rollenmuster"

Nach dem gesetzlichen Auftrag (§ 163 StPO) hat die Polizei die Straftat zu **25** erforschen und alle unaufschiebbaren Maßnahmen zu treffen, um die Verdunkelung der Sache zu verhüten. Hieraus erwächst auch die Verpflichtung, die vom Opfer erhaltenen Angaben auf ihren Wahrheitsgehalt hin zu überprüfen, denn auch das den Täter Entlastende darf bei den Ermittlungen nicht außer acht gelassen werden.

Für die Bearbeitung der sexuellen Gewaltdelikte bedeutet dies folgendes:

aa) Beachtung der Differenzierung zwischen „Vergewaltigung" (§ 177 StGB) und „sexueller Nötigung" (§ 178 StGB) sowie des Ausmaßes der tatbestandsmäßigen „Gewalt"

Im Hinblick auf die Definitionen der Tatbestandsmerkmale und deren **26** Auslegung durch die Rechtsprechung unterliegt die Polizei dem Zwang zu

---

26 *Pohl* 1981 S. 300 ff.; ausführlich *Kißling* 1985 S. 103 ff.
27 S. *Steffen* 1987 S. 78 mit Anmerkungen; *Teubner/Becker/Steinhage* 1983 S. 25 ff.
28 *Steffen* 1987 S. 77.
29 *Kahl* 1985 S. 3.
30 *Fehrmann* 1986 S. 87; *Steffen* 1987 S. 77.

intensivem Hinterfragen, ob es tatsächlich zum Beischlaf gekommen und wie dieser in allen Einzelheiten erfolgt ist[31] oder ob „nur" sexuelle Handlungen (u. a. analer und/oder oraler Verkehr)[32] vorgenommen worden sind.

Eine einheitliche Definition des „Gewealtbegriffs" gibt es nicht. Im Gegensatz zur Auslegung der „Gewalt" bei anderen Straftatbeständen wird Gewalt hier nach h. M. im engeren Sinne verstanden.

27　　Danach setzt die **sexuelle Gewalt** ein „körperlich spürbares Einwirken" voraus, die (tatsächlichen oder zu erwartenden) Verletzungen müssen von gewisser Erheblichkeit sein[33]. Das besagt, nur diejenige Gewalt ist tatbestandsmäßig, die geeignet ist, einen erheblichen Widerstand der Frau zu überwinden.

28　　Als **Fazit** daraus ist festzuhalten:

– Nicht nur das Opfer, das eine Gewalteskalation vermeidet, wird hier – anders als bei anderen Straftaten – benachteiligt, sondern auch dasjenige, das sich (polizeilichen Ratschlägen folgend) in aussichtsloser Situation nicht wehrt. Was unter „aussichtslos" verstanden wird, liegt zwar in der Entscheidung der Frau, die jedoch von den Ermittlungsbehörden nicht geteilt werden muß.

– Folglich bestimmt nicht das Opfer über das notwendige Maß an Widerstand, sondern die jeweilige Instanz[34].

bb) Beachtung des „minder schweren Falles"

29　　Dadurch, daß ein „minder schwerer Fall" in Betracht gezogen werden kann, wird sowohl das Verhalten des Opfers als auch die Art seiner Beziehung zum Täter in den Mittelpunkt der polizeilichen Ermittlungen – und später in den der justiziellen Entscheidung – gestellt[35]. Das bedeutet, daß aus dem **Opferverhalten** eine Mitverursachung oder Mitschuld an der Tat abgeleitet wird, die letztendlich eine Täterentlastung zur Folge hat[36].

30　　**Konsequenzen** daraus:

– Das Opfer muß den Ermittlungsbeamten davon überzeugen, daß kein „minder schwerer Fall" vorliegt. Somit trägt das Opfer die Beweislast und nicht der Täter[37].

– Für den Ermittlungsbeamten heißt das, daß er detailliert den gesamten Tatablauf und das Verhalten des Opfers vor, während und nach der Tat erfragen muß[38], (selbst bei äußerst behutsamem Vorgehen dürfte es nur schwer gelingen, dem Opfer verständlich zu machen, daß das alles der Belegung der Schuld des Täters dienen soll!).

---

31 *Steffen* 1987 S. 79, 80; *Teubner/Becker/Steinhage* 1983 S. 112.
32 Hier ist anzumerken, daß vom Opfer diese erzwungenen Handlungen gleichschwer empfunden werden.
33 *Schönke/Schröder* § 177 Rdnr. 4, 5; *Steffen* 1987 S. 82.
34 *Steffen* 1987 S. 82 mit weiteren Hinweisen; *Teubner/Becker/Steinhage* 1983 S. 74.
35 *Schönke/Schröder* § 177 Rdnr. 17.
36 *Teubner/Becker/Steinhage* 1983 S. 22, 73; *Baurmann* 1986 S. 174.
37 *Steffen* 1987 S. 80.
38 S. dazu im einzelnen *Wienberg* 1984 S. 178.

b) Mißtrauen – berufliche Skepsis

Ist das rechtliche Instrumentarium wegen der implizierten Beweiserfordernisse schon schwierig genug zu handhaben, so kommt jetzt noch ein weiteres Kriterium hinzu. Es liegt in der **Person des Ermittlungsbeamten.** Seinem Auftrag entsprechend ist er zwar zu unparteiischen Ermittlungen verpflichtet, jedoch spielen dabei seine Vorstellungen, Vorurteile, sein Einfühlungsvermögen bei der Einschätzung der Tat – die in sein Auftreten gegenüber dem Opfer zwangsläufig mit einfließen – eine wesentliche Rolle. Darüber muß sich der Beamte im klaren sein bzw. sich immer wieder bewußt machen[39]. — **31**

Selbst wenn die Anzeige erst einige Zeit nach der Tat erstattet wird und dadurch die Nachweisbarkeit der Tat – mangels vorliegender Sachbeweise – durch das Opfer selbst wesentlich erschwert wird, darf daraus allein nicht der Anspruch erhoben werden, den Angaben des Opfers mit grundlegenden Vorbehalten begegnen zu müssen. Die Annahme, daß in solchen Fällen wahrscheinlich eine **Falschanzeige** vorliegt, ist weitverbreitet. Die in kriminalistisch-kriminologischen Lehrbüchern immer wiederkehrenden Ausführungen über falsche Beschuldigungen erwecken den Eindruck, daß sexuelle Gewaltdelikte geradezu prädestiniert sind für Falschbezichtigungen; deshalb ist hier besondere Vorsicht geboten[40]. — **32**

Neuere Untersuchungen geben indes Aufschluß über die Realität: Falschanschuldigungen sind bei Sexualdelikten nicht häufiger als bei anderen Delikten, wenn nicht gar geringer[41]. Auch die verspätete Anzeigenerstattung ist allein noch kein Indiz für eine Falschbeschuldigung[42]. — **33**

Für den polizeilichen Ermittlungsbeamten bedeutet dies: Der anzeigenden Frau gebührt ein **Vertrauensvorschuß**, d. h. sie muß Opfer sein dürfen[43]. Nicht entscheidend ist, was „man" gemeinhin unter Opfersein versteht, insbesondere wenn das Reagieren des Opfers nicht in ein übliches Verhaltensraster paßt.

Die von Polizeibeamten geforderte berufliche Skepsis steht dazu keineswegs in Widerspruch. Diese muß sogar jeder Polizeibeamte haben, will er seinem gesetzlichen Auftrag – Erforschung der materiellen Wahrheit – gerecht werden; dies jedoch unter Beachtung der **Fairneß**[44]. Gerade diese nicht zu beachten wird den Ermittlungsbeamten häufig vorgeworfen. Es wird behauptet, daß im Vordergrund der polizeilichen Ermittlungen bei den sexuellen Gewalttaten – anders als bei anderen Straftaten – nicht die Schuld des Täters stehe, sondern die Glaubwürdigkeit des Opfers[45], was eine weitere Viktimisierung zur Folge hat. — **34**

---

39 *Warnke* 1986 S. 34 ff.
40 *Steffen* 1987 S. 83 ff. mit Zitaten und kritischen Anmerkungen.
41 *Baurmann* 1986 S. 170; *Steffen* 1987 S. 87.
42 *Kröhn* 1984 S. 130; *B. Brinkmann* 1985 S. 3..
43 *Warnke* 1986 S. 34.
44 *Fehrmann* 1986 S. 58, 61.
45 *Steffen* 1987 S. 78.

3. Bedeutung der wechselseitigen Beeinflussung

35 Vom ersten Kontakt an kommt es zwischen dem Beamten und dem Opfer zu einer **Interaktion,** über die sich beide meist nicht im klaren sind. Die gegenseitige Beeinflussung, gegenseitige Bedingung (z. B. bewußte, unbewußte, selektive Wahrnehmungen, Sympathie, Antipathie) lösen ein daran orientiertes Handeln aus[46].

36 Der **Ermittlungsbeamte** muß sich diese psychologischen Abläufe mit den daraus resultierenden Konsequenzen immer wieder bewußt machen. Das ist gerade für den Bereich der sexuellen Gewaltdelikte von elementarer Bedeutung und gilt für alle Ermittlungsbeamten, insbesondere aber für denjenigen, der nicht dem Fachkommissariat angehört, deshalb möglicherweise nur selten mit diesen Delikten konfrontiert wird und somit noch eher den Klischeevorstellungen, Mythen, Theorien über männliches und weibliches Sexualverhalten unterliegt.

37 Aber auch das **Opfer** bringt der Polizei gegenüber ein bestimmtes Verhalten mit ein, bedingt durch eigene Erfahrungen mit Polizeibeamten in anderen Situationen oder durch Veröffentlichungen in den Medien zu diesem Deliktsbereich. Je nach seiner Grundeinstellung und der – aufgrund der selektiven Wahrnehmung – eingetretenen Bestätigung oder Verneinung des vorgefaßten Bildes wird das Opfer das polizeiliche Reagieren werten, und damit ist auch aus diesem Blickwinkel heraus der weitere Verlauf bestimmt[47].

38 Auf beiden Seiten werden also vom ersten Zusammentreffen an Mechanismen (**Signal-Reiz-Mechanismen**) ausgelöst, die für den gesamten Verfahrensablauf von erheblicher Bedeutung sind. Nicht nur der sprachliche Umgang miteinander – beispielsweise Wortwahl, Akzentuierung, Frageform und entsprechend artikulierte Antwort des Opfers – ist richtungsweisend, sondern – und das darf nicht unterschätzt werden – die damit einhergehende nonverbale Kommunikation. Dabei nehmen u. a. Mimik, Gestik, Haltung insgesamt, Stimmigkeit zur verbalen Auseinandersetzung einen besonderen Stellenwert ein[48].

Der erfahrene und sachkundige Ermittlungsbeamte kann diese Schwierigkeiten meistern, indem er – aufgrund fundierten Hintergrundwissens – mit Einfühlungsvermögen und Fingerspitzengefühl regulierend und kontrollierend vorgeht.

4. Problematik der Mehrfachbefragungen

39 Durch die sexuelle Gewalttat fühlt sich das Opfer nicht nur mißbraucht und beschmutzt, sondern in seiner gesamten Persönlichkeit verletzt, erniedrigt, zerstört[49]. Unmittelbar nach der Tat, aber auch später noch, befindet es sich in einer **psychischen Ausnahmesituation** und reagiert

---

46 *Warnke* 1986 S. 41.
47 *Fehrmann* 1986 S. 59, 60.
48 S. dazu *Baurmann* 1984 (jedoch unter anderer Perspektive).
49 *Weis* 1982 S. 102, 103; *Teubner/Becker/Steinhage* 1983 S. 44.

daher äußerst sensibel auf Äußerungen seiner Umwelt. In der Befragung/ Vernehmung werden von der betroffenen Frau alle Details des Geschehensverlaufs abverlangt, wodurch eine neue Streßsituation eintritt. Diese wird zusätzlich dadurch verstärkt, daß im Regelfall Beamte verschiedener Organisationseinheiten (Schutzpolizei, Kriminaldauerdienst, Fachkommissariat) tätig werden (müssen). Die Konsequenz daraus ist häufig, daß aus der dem Opfer nicht überschaubaren Prozedur Unwilligkeit oder gar Verweigerung der Mitarbeit erwächst. Aufgrund der organisatorischen Bedingungen – das **„Weiterreichen"** von einer Instanz zur anderen – kommt es zu Mehrfachbefragungen, also zu wiederholten Befragungen zum Tatablauf durch Polizeibeamte verschiedener Organisationseinheiten[50].

40 Da viele Opfer zur Anzeigenerstattung ein Polizeirevier aufsuchen, ist schon von daher eine Mehrfachbefragung durch den **Kriminaldauerdienst** unvermeidbar. Um jedoch das Opfer (durch unnötiges Hinterfragen) nicht über Gebühr zu belasten, sollten die Beamten des Kriminaldauerdienstes – unter Einbeziehung der Erkenntnisse der **Schutzpolizei** – ihre Befragung/ Vernehmung darauf beschränken, was für die Ergreifung der Beweissicherungsmaßnahmen notwendig ist. Eine detaillierte Vernehmung des Opfers durchzuführen, ist Aufgabe des Beamten des **Fachkommissariats,** nunmehr der 3. Gesprächspartner für das Opfer.

41 Die Mehrfachbefragungen beinhalten **Problembereiche** sowohl für das Opfer als auch für den jeweiligen Polizeibeamten.

Für das Opfer: Es wird zunehmend psychisch wie physisch belastet, insbesondere dann, wenn zu erneutem Befragen (gleichen Inhalts) kein Anlaß zu bestehen scheint und/oder die Erforderlichkeit solchen Handelns nicht nachvollziehbar gemacht wird. In diesem Zusammenhang darf nicht unerwähnt bleiben, daß auch die grundlose Wiederholung der Belehrung hinsichtlich *falscher Verdächtigung* (§ 164 StGB) und *Vortäuschung einer Straftat* (§ 145 d StGB) negative Auswirkung auf das Opfer hat.

Für den jeweiligen Polizeibeamten: Er muß erneut eine Vertrauensbasis schaffen und die durch seinen Vorgänger ggf. entstandenen Aggressionen abzubauen suchen. Für die vom Sachbearbeiter dann durchzuführende ausführliche Vernehmung kann es zusätzlich zu einem weiteren Problem kommen: Durch die mehrfache Schilderung kann das Opfer auf eine bestimmte Version des Tatablaufs festgelegt worden sein, die vom tatsächlichen Geschehen möglicherweise abweicht. Das zu erkennen und entspechend aufzubereiten, das Verstricken in „Widersprüche" nicht fälschlicherweise als mangelnde Glaubwürdigkeit zu deuten, kompliziert die Vernehmungssituation[51].

Daß in manchen Fällen **Mehrfachvernehmungen** durchgeführt werden **müssen,** versteht sich von selbst, nämlich wenn

– begründete Anhaltspunkte zu Zweifeln über die Aussagerichtigkeit bestehen,

---

50 *Fehrmann* 1986 S. 72; *Kahl* 1985 S. 15.
51 *Fehrmann* 1986 S. 75–77.

– das Opfer unter Alkohol-, Rauschgift-, Medikamenteneinfluß steht,
– neue Umstände hinzugekommen sind[52].

5. Verhaltens- und Bearbeitungshinweise

42 Nach § 160 StPO liegt das Ermittlungsverfahren in der Hand der **Staatsanwaltschaft.** Die Praxis zeigt jedoch, daß nicht die Staatsanwaltschaft, sondern die **Polizei** im Ermittlungsverfahren dominiert.

Sie betreibt die Beweissicherung und bestimmt nach eigener Einschätzung, wie intensiv im Einzelfall ermittelt wird[53], und damit werden auch
die Weichen für das weitere Vorgehen gestellt.

Um einerseits der Situation des Opfers und andererseits den besonderen
Beweisanforderungen dieses speziellen Deliktbereichs Rechnung zu tragen, sollten – in Ergänzung der Ausführungen unter IV. 1. (Rdnr. 21–23)
folgende Hinweise Beachtung finden[54]:

43 **Grundsätze bei Anzeigenaufnahme/Vernehmung**

Bei Schutzpolizei/Kriminaldauerdienst:

– globale Sachverhaltserforschung (Zuordnung zu Tatbestand),
– – wenn gewünscht (und vorhanden) durch eine Beamtin,
– – in einem störungsfreien Raum,
– – sachliches, wertneutrales Befragen,
– Fahndungseinleitung,
– Spurensicherung (am Tatopfer, -ort, ggf. Täter),
– allgemeine Belehrung hinsichtlich der Wahrheitspflicht (nur bei krassen
  Widersprüchen gemäß §§ 145 d, 164 StGB),
– Hinweis auf spätere ausführliche Vernehmung durch Fachkommissariat,
– Aushändigung des Merkblatts bzgl. der Rechte nach dem Opferschutzgesetz mit Erklärungen,
– Anwesenheit einer Person des Vertrauens (grundsätzlich keine Anwe-
  senheit von Ehemann, Freund, Erziehungsberechtigten, da diese zum
  einen als Zeugen in Betracht kommen und zum anderen die Furcht vor
  ihren Vorwürfen die Aussagebereitschaft des Opfers sowie den Inhalt der
  Aussage beeinflussen können),
– Festhalten von Verhaltensauffälligkeiten des Opfers (diese sind unwie-
  derbringlich und können später für die Bewertung der Gesamtlage
  Bedeutung erlangen),
– erforderlichenfalls Zuführung des Opfers zu einer Person des Vertrauens
  (Vermerken des Aufenthaltsorts),

---

52 *Kahl* 1985 S. 115.
53 *Jakobs* 1986 S. 107.
54 S. dazu Merkblätter zur Anzeigenaufnahme: Innenministerium Baden-Württemberg 1986;
   LKA Bremen 1983; LPD Hamburg 1982; LKA Wiesbaden 1988.

Bei Fachkommissariat:

- Vernehmung (wenn erwünscht und vorhanden durch Beamtin),
- Sachverhalt zusammenhängend berichten lassen,
- Belehrung nach §§ 145 d, 164 StGB nur bei begründeten Anlässen,
- Unterlassen von Vorhaltungen über vermeintliches Fehlverhalten (besondere Feststellungen ggf. festhalten, um spätere Bewertung zu ermöglichen),
- bei intimen peinlichen Fragen Aufklärung des Opfers über sachliche Notwendigkeit,
- Beschränkung von Mehrfachvernehmungen auf notwendiges Maß (ggf. zuvorige Einschaltung der Staatsanwaltschaft),
- Information über weiteren Verfahrensablauf,
- Hinweis auf Hilfsorganisationen.

C. Sexueller Mißbrauch von Kindern/Schutzbefohlenen und Inzest

I. Vorbemerkungen

Die Problematik des sexuellen Mißbrauchs von Kindern hat in den letzten **44** Jahren zunehmend Beachtung gefunden. Der „sexuelle Mißbrauch" ist jedoch keine klar zu definierende Handlungsform, sondern umfaßt eine **Vielfalt von Begehungsweisen.** In der strafrechtlichen Normierung sind „sexuelle Verhaltensmuster zusammengestellt, die hinsichtlich ihrer sozialen Schädlichkeit bzw. ihres Gefährdungs- und/oder Gewaltpotentials für Kinder außerordentlich ungleich und kaum vergleichbar miteinander sind"[55]. So wird im § 176 StGB eine Vielzahl an Verhaltensweisen (wie z. B. Sich-entblößt-zeigen, oberflächliches Betasten, intensivere Manipulationen, Beischlaf) pönalisiert, die sich am Alter der geschützten Person (bis 14 Jahre) orientieren, unabhängig von dem zu erwartenden Schaden am Opfer.

Es zählt allein die mögliche Beeinträchtigung der ungestörten sexuellen Entwicklung des Kindes[56]. Besondere Regelung erfährt der sexuelle Mißbrauch innerhalb der Familie (§ 174 Abs. 1 Nr. 3 StGB; Schutzalter bis 18 Jahre) und der Inzest (§ 173 StGB).

Die **Polizeiliche Kriminalstatistik** weist – mit rückläufigem Trend – **45** jährlich mehr als 10 000 Fälle des sexuellen Mißbrauchs von Kindern aus; dies sind nur 0,2 % Anteil an der Gesamtkriminalität. Die Statistik enthält zwar keine Angaben über den Anteil der Fälle aus dem sozialen Nahraum, gibt aber Aufschluß darüber, daß zu ca. 98 % Männer die Täter und zu ca. 75 % Mädchen die Opfer sind. Deshalb beziehen sich die weiteren Ausführungen hauptsächlich auf diese Konstellation.

---

55 *W. Brinkmann* 1987 S. 7.
56 *Schönke/Schröder* § 176 Rdnr. 1.

Die **Relation Hell-/Dunkelfeld** wird auf 1:8 bis 1:20 geschätzt[57], daher muß auch diesem Deliktsbereich – jedoch unter differenzierter Betrachtungsweise – besonderes Augenmerk zukommen, will man in der Bekämpfung und dem Präventionsbemühen nicht an realen Gegebenheiten vorbei agieren.

II. Ausmaß und Vorkommen des sexuellen Mißbrauchs

46 Der sexuelle Mißbrauch von Kindern kommt in allen sozialen Schichten vor[58]. Bei den Tätern handelt es sich relativ selten um einen völlig Unbekannten, meistens sind es nähere **Bekannte** oder Familienangehörige, wobei die Zahlen zwischen 64 % und 85 % schwanken[59]. Nur **selten** setzen sie **körperliche Gewalt** ein, sie nutzen vielmehr ihre Autorität, das Vertrauen des Kindes, dessen sexuelle Neugier und Bedürfnis nach Zärtlichkeit, aus. Häufig erstreckt sich der Mißbrauch über einen **längeren Zeitraum** und steigert sich von zunächst wenig intimen zu immer intimeren Formen[60].

Aus dem Gesamtspektrum werden zwei Bereiche herausgestellt:

1. Sexueller Mißbrauch von Kindern durch Fremde

47 Hier handelt es sich um zumeist **einmalige Vorfälle,** die auch vorwiegend in der Statistik **erfaßt** sein dürften.

Da auch der fremde Täter selten gewaltsam vorgeht, Spuren also nicht vorhanden sind, kommt es primär auf die Angaben des Kindes an, in bezug auf seine Zeugeneignung wie auch seiner Glaubwürdigkeit. Je nach Sachverhalt dürften hier jedoch insgesamt kaum Schwierigkeiten in der Aufklärungstätigkeit eintreten, zumal im Regelfall auch von einer **Mithilfe der Eltern** ausgegangen werden kann.

2. Sexueller Mißbrauch von Kindern im sozialen Nahraum und Inzest

48 Nur selten werden diese Handlungsweisen vom Opfer bzw. seinen Angehörigen angezeigt, sie werden oft nur durch **Zufall** bekannt. Da sich diese mitunter **über einen längeren Zeitraum** erstrecken, sind Sachbeweise nur eingeschränkt vorhanden. Trotz allem, das sei hier vorweggenommen, empfiehlt sich je nach Lage des Sachverhalts, eine **ärztliche Untersuchung** durchführen zu lassen, zwecks Feststellung einer etwaigen Defloration und/oder Erlangung sonstiger Hinweise.

49 Die **Problematik** liegt hier in der Konstellation, daß es sich bei dem Täter um einen Freund, Bekannten der Familie oder sogar um einen Familienangehörigen handelt[61]. Das Kind[62] wird mißbraucht von einer Person, zu der ein *Vertrauensverhältnis* besteht. Es erfährt durch diese einerseits

---

57 *Göppinger* 1980 S. 627; *Saller* 1987 a S. 27; *Ostendorf* 1986 S. 151.
58 *Saller* 1987 b S. 145; *Trube-Becker* 1982 S. 115.
59 *Saller* 1987 b S. 145; *Ostendorf* 1986 S. 151.
60 *Baurmann* 1985 a S. 13; *Göppinger* 1980 S. 629; *Saller* 1987 a S. 27, 31.
61 Nach *Göppinger* 1980 S. 631: über 80 % der Fälle.
62 Hier – und im folgenden – im weiteren Sinne verwandt (erweitertes Schutzalter in der Familie).

enorme Zuwendung und andererseits tiefgreifende Verletzung[63]. Durch länger andauernden Mißbrauch paßt es sich der Situation an, indem es Geschenke, Privilegien annimmt und so mit dem Täter kooperiert[64]. Wird eine solche Mißbrauchshandlung bekannt, muß sich der Ermittlungsbeamte zunächst in dieses verwobene **Beziehungsgeflecht** hineinzudenken suchen, um überhaupt Aufklärung betreiben zu können. Im Regelfalle ist davon auszugehen, daß der Beschuldigte bestreiten oder zumindest seinen Tatbeitrag zu Lasten des Kindes bagatellisieren wird. Da neutrale Zeugen und auch Sachbeweise meistens nicht zur Verfügung stehen, gestalten sich die Ermittlungen äußerst schwierig. **50**

Nicht selten stößt man beim Opfer und seinen Angehörigen auf eine **Mauer des Schweigens.** Dies ist vor allem darauf zurückzuführen, daß sich hier die Frage der Loyalität zum Täter[65] auftut, womit u. a. auch existentielle Gründe verbunden sind.

Im Zentrum der Ermittlungen steht das Erlangen einer **Aussage des betroffenen Kindes.** Wenn nun das Kind erlebt hat, wie seine nähere Umwelt auf Andeutungen oder sonstige Hinweise hinsichtlich des Geschehens bisher reagiert hat, dann werden diese Erfahrungen auch bestimmend sein für sein Verhalten im Ermittlungsverfahren. **51**

Handelt es sich bei dem Täter um einen Familienangehörigen, steht dem Opfer ein **Zeugnisverweigerungsrecht** (§ 52 StPO) zu. Ist es in der Lage (Alter, Verstandesreife) dieses Recht auszuüben, dann ist seine Entscheidung ausschlaggebend. Fehlt es an der erforderlichen Reife, dann muß – über einen Antrag der Staatsanwaltschaft – vom Vormundschaftsgericht ein Ergänzungspfleger (§ 1909 BGB) bestellt werden, der anstelle des Kindes entscheidet. Die Aussagebereitschaft anderer Zeugen (Mutter, Geschwister) dürfte wegen des ebenfalls zustehenden Zeugnisverweigerungsrechts gering sein. **52**

Will sich das Kind äußern, dann ist vom Ermittlungsbeamten äußerst **sensibles Vorgehen** gefordert[66]. Seine Fragen berühren sowohl den Intimbereich der Familie als auch das Selbstwertgefühl des Opfers. Trotz der ihm widerwärtigen Handlungen hat das Kind zum Täter auch positive Beziehungen[67]. Zudem hegt es Schuldgefühle, sich nicht genügend gewehrt und eigenen Nutzen aus der Tat gezogen zu haben. Das muß Berücksichtigung finden, um nicht falsche Schlüsse aus entsprechenden Äußerungen zu ziehen.

III. Vorgehens- und Bearbeitungshinweise[68]

– Sammlung möglichst umfassender Informationen vor der Vernehmung (Kindergarten, Schule, Arzt usw.), **53**

---

63 *Saller* 1987 b S. 146.
64 *Saller* 1987 b S. 146.
65 *Saller* 1987 a S. 31; *Burgess/Holmstrom/McCausland* 1980 S. 367.
66 Die Ausführungen unter B IV (Rdnr. 20 ff.) sind auch hier von Bedeutung.
67 *Harnischmacher/Müther* 1988 S. 152.
68 S. dazu *PDV 382; Harnischmacher/Müther* 1988 S. 151–155.

– Ermöglichung eines freien Berichtes; klärende Fragen erst später stellen. Die so erlangten Erkenntnisse sind wegen des größeren Detailreichtums präziser und vor allem beweiskräftiger.

– Einfühlsamkeit, Verständnis und Geduld sind für die Gesprächsbereitschaft von großer Bedeutung; Fragen, die Schuldgefühle wecken können, sollen unterbleiben.

– Vernehmung in ruhiger, störungsfreier Atmosphäre; ohne Beisein eines Elternteils, da dessen Anwesenheit das Aussageverhalten des Kindes negativ beeinflussen kann.

– Dauer der Befragung ist abhängig vom Alter, von der Konzentrationsfähigkeit und ggf. anderen Umständen; mehrere Vernehmungen sind daher möglicherweise unumgänglich.

– Besonderes Gewicht kommt der Protokollierung der Aussage zu; es gilt, so umfassend und wörtlich wie nur möglich zu protokollieren, ggf. in Frage und Antwort; Kenntlichmachen von spontanen Äußerungen, wobei Zurückhaltung allein kein Indiz für mangelnde Glaubwürdigkeit ist.

– In geeigneten Fällen – mit Einwilligung – die Aufzeichnung der Vernehmung auf Tonträger in Erwägung ziehen.

– Das Vorurteil, Aussagen von Kindern wegen deren blühender Phantasie mit großer Vorsicht behandeln zu müssen, ist nicht haltbar. Gerade in diesem Deliktsbereich kommen Kinder als zuverlässige Zeugen in Betracht[69].

– Abhängig vom Alter usw.: Hinweise auf Rechte nach dem Opferschutzgesetz sowie auf den weiteren Verfahrensablauf.

– Richterliche Vernehmung veranlassen: Da in der Hauptverhandlung häufig vom Zeugnisverweigerungsrecht Gebrauch gemacht wird, kann dort nur eine richterliche Vernehmung Verwertung finden (§ 162 StPO i. V. mit § 10 RiStBV, § 252 StPO).

– Hinweis auf Hilfsorganisationen.

D. Präventionsmöglichkeiten

54 Anstelle eines Katalogs aller nur denkbaren Maßnahmen zur *Verhinderung* der hier näher beleuchteten Sexualstraftaten werden nur einige der Möglichkeiten aufgezeigt. Diese stellen nicht nur auf gesellschaftspolitisch anzustrebende Fernziele ab, sondern vielmehr – unter Zugrundelegung einer realistischen Einschätzung der Delikte – auf **derzeit handhabbare Ansatzpunkte,** die schließlich längerfristig ihre Auswirkungen zeitigen werden:

---

69 *Saller* 1987 a S. 28; detaillierte Ausführungen zu Glaubwürdigkeitsindizien: *Gley* 1987 S. 403–410.

– Präventionsempfehlungen müssen sich an den realen Gegebenheiten orientieren und nicht noch ohnehin vorhandene Fehleinschätzungen begünstigen (z. B. Warnung vor dem fremden Täter, vor dem Triebtäter, vor gefahrenträchtigen Orten)[70].

– Keine Ratschläge an potentielle Opfer von sexuellen Gewalttaten für „richtiges" Verhalten, da diese nur Verhaltensrestriktionen darstellen und an die Kriminalitätsfurcht appellieren[71].

– Dagegen Erteilung von Ratschlägen für Verhaltensmöglichkeiten bei der Anzeigenerstattung und im Ermittlungsverfahren[72].

– Durch Aufklärungskampagnen in Medien:

Abbau des Mißtrauens bei potentiellen Opfern sexueller Gewalt durch Transparenz der polizeilichen Ermittlungstätigkeit[73].

– Durch Verhaltensänderung der Polizei: Vermeidung sekundärer Viktimisierungen der Opfer. Auswirkung: positive Beeinflussung der Anzeigebereitschaft (Verringerung des Dunkelfeldes), dadurch Erhöhung des Entdeckungsrisikos für den Täter, wodurch langfristig auch primäre Viktimisierungen verhindert werden können[74].

– Kein nebulöses Warnen potentieller kindlicher Opfer vor der Tat eines Fremden.

– Entgegenwirken der Vorstellung (auch bei Professionellen), daß jeder Exhibitionist ein potentieller Vergewaltiger sei[75].

– Weitergehende Enttabuisierung des sexuellen Mißbrauchs von Kindern/ Schutzbefohlenen; Aufklärung über tatsächliches Geschehen und Täter.

– Registrieren und nicht Ignorieren von körperlichen und/oder Verhaltenssignalen als mögliche Hinweise auf sexuellen Mißbrauch[76], um eine Opfersituation beenden zu können.

---

70 S. dazu Kriminalpolizeiliches Vorbeugeprogramm Februar 1988.
71 *Steffen* 1987 S. 9.
72 *Steffen* 1987 S. 10.
73 *Kahl* 1985 S. 118.
74 *Steffen* 1987 S. 10, 37.
75 *Baumann* 1985 a S. 26.
76 S. *Saller* 1987 a S. 33, 34.

SCHRIFTTUM

Baurmann, Michael C.: Körpersprache und deliktische Situation. Dargestellt am Beispiel der Sexualopfer. In: Edwin Kube, Hans Udo Störzer und Siegfried Brugger (Hrsg.): Wissenschaftliche Kriminalistik. Grundlagen und Perspektiven. Teilbd. 2. Wiesbaden 1984 (BKA-Forschungsreihe. Bd. 16/2), S. 125–170.

ders.: Sexualität, Gewalt und die Folgen für das Opfer. Zusammengefaßte Ergebnisse aus einer Längsschnittuntersuchung bei Opfern von angezeigten Sexualkontakten. 4. Aufl. Wiesbaden 1985 (Berichte des Kriminalistischen Instituts).

ders.: Bundesrepublik Deutschland: Neue Initiativen gegen sexuelle Gewalt. In: Jürgen Heinrichs (Hrsg.): Vergewaltigung. Die Opfer und die Täter. Braunschweig 1986, S. 162–196.

Brinkmann, Bernd, Gerhard Kernbach und *Klaus Püschel,* Vergewaltigung – auch ein medizinisches Problem? Rechtsmedizinische und kriminologische Untersuchungen bei Notzuchtdelikten. Köln 1985 (Sonderdruck „Deutsches Ärzteblatt – Ärztliche Mitteilungen" Heft 16), S. 1–6.

Brinkmann, Wilhelm: Sexuelle Gewalt gegen Kinder und wie der Deutsche Kinderschutzbund damit umgehen kann. In: Deutscher Kinderschutzbund, Bundesverband e. V. (Hrsg.): Sexuelle Gewalt gegen Kinder, Hannover 1987, S. 7–26.

Burgess, A. W., L. L. Holmstrom und *M. B. McCausland:* Kindesmißbrauch durch Angehörige. Wie man nach Bekanntwerden der Tat verfährt. In: Sexualmedizin 9 (1980), S. 367–373.

Fehrmann, Hans: Die vergewaltigte Frau im Kontakt mit der Schutz- und der Kriminalpolizei. In: Hans Fehrmann, Klaus Jakobs, Rolf Junker und Claus Warnke: Das Mißtrauen gegen vergewaltigte Frauen. Erfahrungen von Vergewaltigungsopfern mit Polizei und Justiz. Wiesbaden 1986 (BKA-Forschungsreihe, Sonderbd.), S. 55–97.

Geerds, Friedrich: Kriminalistik. Lübeck 1980.

Gley, Christa: Psychologische Grundlagen und Kriterien der Beurteilung von Zeugenaussagen bei Kindern und Jugendlichen. In: Strafverteidiger 7 (1987), S. 403–410.

Göppinger, Hans: Kriminologie. 4. Aufl. München 1980.

Harnischmacher, Josef und *Josef Müther:* Das sexuell mißbrauchte Kind. Erklärungen für kindliches Verhalten und Probleme bei der Vernehmung. In: Kriminalistik 42 (1988), S. 151–155.

Henry, Christine und *Johanna Beyer:* „Blaming the victim". Die „Schuldumkehr" in Vergewaltigungsprozessen. In: Monatsschrift für Kriminologie und Strafrechtsreform 68 (1985), S. 340–347.

Jakobs, Klaus: Das Mißtrauen gegen die vergewaltigte Frau im Ermittlungsverfahren unter besonderer Berücksichtigung der Stellung der Staatsanwaltschaft. In: Hans Fehrmann, Klaus Jakobs, Rolf Junker und Claus Warnke: Das Mißtrauen gegen vergewaltigte Frauen. Erfahrungen von Vergewaltigungsopfern mit Polizei und Justiz. Wiesbaden 1986 (BKA-Forschungsreihe, Sonderbd.), S. 98–126.

Kahl, Thorsten: Sexualdelinquenz und Polizeiverhalten unter besonderer Berücksichtigung der Vergewaltigung. Marburg 1985 (Kriminalwissenschaftliche Studien. Bd. 4).

Kaiser, Günther: Kriminologie. Ein Lehrbuch. Heidelberg, Karlsruhe 1980.

Kißling, Ekkehard: Beweisführung in Vergewaltigungsfällen. In: „Vergewaltigungen". Kriminalistische Studiengemeinschaft e. V. (Hrsg.). Bremen 1985 (Kriminalistische Studien. Bd. 1), S. 103–117.

Kröhn, Wolfgang: Mythos und Realität sexueller Unterdrückung. Vergewaltigung im Spiegel der öffentlichen Meinungen. In: Sexualmedizin 13 (1984), S. 129–136.

Kürzinger, Josef: Kriminologie. Eine Einführung in die Lehre vom Verbrechen. Stuttgart, München, Hannover 1982.

Landeskriminalamt Baden-Württemberg: Schützen Sie sich vor Sexualverbrechern. Informationsdienst. Kriminalpolizeiliches Vorbeugeprogramm. Februar 1988 (Sonderdruck).

Michaelis-Arntzen, Else: Zur Glaubwürdigkeit von Zeugenaussagen bei Vergewaltigungsdelikten. In: Kriminalistische Studiengemeinschaft e. V. (Hrsg.): „Vergewaltigungen". Bremen 1985. Kriminalistische Studien. Bd. 1., S. 69–86.

Ostendorf, Heribert: Strafrechtliche Sozialkontrolle gegenüber dem sexuellen Mißbrauch von Kindern im sozialen Nahraum in der Bundesrepublik Deutschland. In: L. Backe, H. Leick, J. Merrick und M. Michelsen (Hrsg.): Sexueller Mißbrauch von Kindern in Familien. Köln 1986, S. 148–161.

Pohl, Klaus Dieter: Handbuch der Naturwissenschaftlichen Kriminalistik. Unter besonderer Berücksichtigung der forensischen Chemie. Heidelberg 1981.

PDV 382: Bearbeitung von Jugendsachen bei der Polizei. Ausgabe 1987.

Saller, Helga: Sexuelle Ausbeutung von Kindern. in: Deutscher Kinderschutzbund, Bundesverband e. V. (Hrsg.): Sexuelle Gewalt gegen Kinder. Ursachen, Vorurteile, Sichtweisen, Hilfsangebote. Hannover 1987, S. 27–39. (zit.: 1987a).

dies.: Sexuelle Gewalt gegen Kinder. Sexuelle Ausbeutung von Kindern in der Familie. Bundesministerium der Justiz (Hrsg.): Gesprächsrunde zu Fragen der Gewalt. Bonn 1987, S. 143–153 (zit.: 1987 b).

Schönke, Adolf und *Horst Schröder:* Strafgesetzbuch. Kommentar. 23. neubearb. Aufl. München 1988.

Steffen, Wiebke: Gewalt von Männern gegenüber Frauen. Befunde und Vorschläge zum polizeilichen Umgang mit weiblichen Opfern von Gewalttaten. München 1987.

Teubner, Ulrike, Ingrid Becker und *Rosemarie Steinhage:* Untersuchung – Vergewaltigung als soziales Problem – Notruf und Beratung für vergewaltigte Frauen –. Stuttgart 1983 (Schriftenreihe des Bundesministers für Jugend, Familie und Gesundheit. Bd. 141).

Teufert, Eveline: Notzucht und sexuelle Nötigung. Ein Beitrag zur Kriminologie und Kriminalistik der Sexualfreiheitsdelikte unter Berücksichtigung der Geschichte und der geltenden strafrechtlichen Regelung. Lübeck 1980.

Trube-Becker, Elisabeth: Gewalt gegen das Kind. Vernachlässigung, Mißhandlung, sexueller Mißbrauch und Tötung von Kindern. Heidelberg 1982.

Warnke, Claus: Die vergewaltigte Frau im Gestrüpp einer opferfeindlichen Strafverfolgung. In: Hans Fehrmann, Klaus Jakobs, Rolf Junker und Claus Warnke: Das Mißtrauen gegen vergewaltigte Frauen. Erfahrungen von Vergewaltigungsopfern mit Polizei und Justiz. Wiesbaden 1986 (BKA-Forschungsreihe. Sonderbd.), S. 13–54.

Wehner-Davin, Wiltrud: Vergewaltigung – keine Routineermittlungen bei der Polizei. In: Kriminalistik 35 (1981), S. 523–530.

Weis, Kurt: Die Vergewaltigung und ihre Opfer. Eine viktimologische Untersuchung zur gesellschaftlichen Bewertung der individuellen Betroffenheit. Stuttgart 1982.

Wienberg, Hans: „Vergewaltigung – aus der Sicht der Polizei". In: Bundesministerium für Jugend, Familie und Gesundheit: Dokumentation der Fachtagung „Gewalt gegen Frauen". Bonn 1984, S. 175–185.

39

Umweltdelikte

Heinrich Lotz

A. Lage

I. Umweltbewußtsein

Bei der **Umweltkriminalität** handelt es sich im Gegensatz zur sonstigen, **1**
klassischen Kriminalität um eine Form, die in den letzten Jahren in der
Gesellschaft neu geschaffen und definiert worden ist. Anlaß hierfür waren
insbesondere „öko-Unfälle" und zunehmende Erkenntnisse über das Ausmaß latenter Bedrohungen mit kurz- oder langfristigem Schadenseintritt
bei Pflanzen, Tieren und Menschen. Parallel zu solchen, nach außen sichtbar gewordenen oder noch sichtbar werdenden Umweltschäden sind
erschreckende **Enthüllungen über jahrelange Versäumnisse** (Giftmüllskandale), z. B. bei Industrie, Kommunen und Überwachungsbehörden,
zutage getreten. Es hat sehr lange gedauert, bis die Erkenntnisse, daß die
Umwelt derart zerstört wird, in programmatische Leitlinien umgesetzt
worden sind. Heute gehört der **Schutz der Umwelt** zu den zentralen Herausforderungen unserer Zeit. Es wurde ein umfangreiches rechtliches
Instrumentarium geschaffen, das auch neue Aufgaben für die Polizei im
Aktionsfeld Umweltschutz mit sich gebracht hat. In erster Linie ist hier
das am 1.7.1980 in Kraft getretene Umweltstrafrecht zu nennen, das an
zentraler Stelle im 28. Abschnitt des StGB zusammengefaßt worden ist
(§§ 324-330 d).

II. Phänomenologie

1. Statistisches Erscheinungsbild

2 Die genannten Straftatbestände, umweltrelevante Tatbestände aus dem Nebenstrafrecht, sowie weitere Straftatbestände mit Umweltbezug haben zwangsläufig erhöhte Aktivitäten bei der Polizei ausgelöst. Daneben haben die **sensibilisierte Öffentlichkeit** sowie die Medien in erheblichem Maße mit dazu beigetragen, die offiziell registrierte Umweltkriminalität steigen zu lassen. Nach bisherigen Erkenntnissen ist jedoch davon auszugehen, daß es sich hierbei überwiegend um den Beginn der Aufhellung eines großen **Dunkelfeldes** und nicht unbedingt um einen Anstieg umweltkriminellen Verhaltens handelt. Hiermit ist auch der Charakter einer „Suchkriminalität", ähnlich dem Rauschgiftbereich, deutlich erkennbar geworden.

3   Die polizeiliche Kriminalstatistik weist seit 1973 eine jährlich überproportional hohe Steigerungsrate von Umweltstraftaten aus. Wurden 1973 noch 2 321 Umweltdelikte festgestellt, so sind 1989 schon 25 993 Umweltstraftaten registriert worden. Solche Steigerungsraten sind in keinem anderen Kriminalitätsbereich bislang offenkundig geworden, insbesondere dann nicht, wenn man das Deliktsfeld der umweltgefährdenden Abfallbeseitigung allein betrachtet. Die Beseitigung von Abfällen ist politisch nicht im erforderlichen Umfang gelöst, so daß zwangsläufig die umweltgefährdende Abfallbeseitigung in tatsächlicher und statistischer Hinsicht prozentual die höchsten Zuwachsraten überhaupt hat. Einen wesentlichen Punkt beachtet die einschlägige **Kriminalstatistik** dabei überhaupt nicht, nämlich den angerichteten Schaden. Der volkswirtschaftliche Schaden kann im Einzelfall mehrere Millionen DM erreichen, ist aber durchaus zu vernachlässigen, wenn ökologische, kaum meßbare Langzeitschäden in unserem Lebensraum zu bewerten sind. Beispielsweise geht in der Bundesrepublik Deutschland jedes Jahr eine Pflanzen- und Tierart verloren.

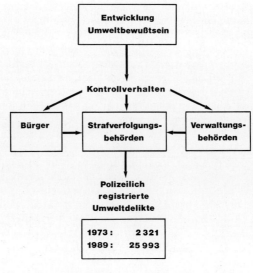

Abb. 1:

428

2. Vollzugsdefizite bei der Polizei

Die Polizei war bislang nur selten in der Lage, schwere Fälle von **Umwelt-**   4
kriminalität aufzuspüren, sog. **Bagatelldelikte** prägen von Beginn an diese
Kriminalitätsform in eindeutiger Weise. Das Umweltstrafrecht soll aber in
seiner Zielsetzung ein Mittel zur Bekämpfung dieser besonders gefährlichen, sozialschädlichen Straftaten sein und verlangt geradezu eine weitere
Dunkelfeldaufhellung. Das Gut Umwelt ist hinsichtlich des Rechtsgüterschutzes keineswegs schlechter als beispielsweise körperliche Unversehrtheit oder Eigentum gestellt. Neuere wissenschaftliche Erkenntnisse sowie
tägliche Erfahrungen von Polizeipraktikern weisen darauf hin, daß aber
nicht die schwersten, die Allgemeinheit und die ökologischen Ressourcen
am stärksten **belastenden**, illegalen Umweltverunreinigungen, sondern die
am leichtesten sicht- und feststellbaren verfolgt werden. Der Straftäter ist
überwiegend, nach wie vor, „der kleine Mann", der Matrose, Landwirt,
Tankwagenfahrer, Hausbesitzer, der Arbeiter am Ventil oder der Kleinun-
ternehmer. Die hier bislang ermittelten Verstöße stellen auf gar keinen
Fall die kriminelle Gesamtbelastung der Umwelt dar.

In der polizeilichen Kriminalstatistik ist der hohe Anteil der Gewässer-   5
verunreinigungen mit ca. 75 % besonders auffällig. Dies liegt insbesondere
an den unproblematischen Wahrnehmungen von Unregelmäßigkeiten im
Bereich der Oberflächengewässer sowie an der Dauerpräsenz der Wasser-
schutzpolizei. Aber schon in diesem Deliktsbereich gibt es erhebliche
Wahrnehmungsprobleme, wenn **Schadstoffe** zunächst in Kanälen oder im
Grundwasser verschwinden. Dann ist nichts mehr sichtbar, es können nur
noch spätere, reaktive Messungen bei vorliegenden Verdachtsmomenten
die Verletzung bestehenden Rechts und ökologischer Ressourcen nachweisen. Folglich ist der statistische Anteil der Indirekteinleiter sowie der
Grundwasserverunreiniger an den Gewässerverunreinigungen gering.
Ähnliche Probleme sind im Bereich der Luftverunreinigung vorhanden,
obwohl zahlreiche **Schadstoffe** emittiert werden. Die geringe Deliktszahl
deutet auf ein geringes Entdeckungsrisiko hin, da die **Schadstoffe** sich sehr
schnell in der Atmosphäre verteilen. Emittentennahe Niederschläge und
Wirkungen sind eher die Ausnahme, weiträumige Verteilungen die Regel.
Reaktive Messungen zur strafrechtlichen Beweisführung sind nicht mehr
zu führen, der Tatort ist oft nicht zu fixieren, so daß auch hier viele Straftäter unerkannt bleiben. Es ist deshalb nicht verwunderlich, daß Qualität
und Anzahl der durch strafrechtliche Ermittlungen nachgewiesenen
Schadstoffe insgesamt ein grobes Mißverhältnis zur ökologischen Realität
darstellen. Es dominieren Öle, Fette, Jauche, Gülle, häusliche Abwässer,
Staub oder Ruß. Schwermetalle, Lösungsmittel, Biphenyle, Phenole oder
Dioxine werden demgegenüber verschwindend gering Gegenstand von
Ermittlungen. Bemerkenswert ist hinsichtlich der Tatorte weiterhin der
besonders hohe Anteil in ländlichen Gebieten bis zu 20 000 Einwohnern.
Ein **Schadstoff** ist auf „der grünen Wiese" eben besser auszumachen als in
ökologisch besonders belasteten industriellen Ballungsgebieten, wo das
Entdeckungsrisiko für Umweltstraftäter gering ist.

6   Zusammengefaßt hat dieses **Vollzugsdefizit** folgende wesentlichen Ursachen:

– Behördliche Erlaubnisse lassen erhebliche Beeinträchtigungen zu,
– chronische **Belastungen** mit Spätschäden, besonders in Ballungsgebieten, gestalten die Ermittlung von Emittenten, die strafrechtlich zu fassen wären, überaus schwierig. Umweltschutzverfahren weisen überdurchschnittlich oft Beweisprobleme im naturwissenschaftlich-technischen Bereich auf,
– die Verwaltungsbehörden verhalten sich defensiv gegenüber den Ermittlungsorganen, insbesondere bei der Erstattung von Anzeigen,
– das Umweltstrafrecht hat sich nicht bewährt, weil es ökologisch unausgegoren ist und zu ungleichen, ungerechten Behandlungen der Normadressaten in den einzelnen Umweltbereichen führt. Die Zahl der Strafverfahren wegen Gewässerverunreinigung ist größer als die wegen umweltgefährdender Abfallbeseitigung und um ein vielfaches höher als die wegen Luftverunreinigung und Lärm. Dies ist bereits durch die gesetzliche Regelung vorgegeben, da die Strafbarkeitsschwelle bei den einzelnen Tatbeständen verschieden hoch angesetzt ist,
– es fehlt der Polizei noch immer an wichtigem, grundlegendem Gerät zur Eigen- und Beweissicherung,
– viele **Umweltbelastungen** geschehen im Rahmen normalen menschlichen Handelns, es ist kein Unrechtsbewußtsein vorhanden, es wird aus Gewohnheit oder Fahrlässigkeit gehandelt.

3. Täterkreis

7   Diese Tatsachen führen zu einem absurden **Täterbild**, das vom Umweltbundesamt nach Auswertung der polizeilichen Kriminalstatistik in der Vergangenheit immer wieder veröffentlicht worden ist: „Der Umweltstraftäter ist deutscher Staatsangehöriger, männlichen Geschlechts, zwischen 40 un 60 Jahre alt und kriminalpolizeilich noch nicht in Erscheinung getreten. Er wohnt in einer Gemeinde mit weniger als 20 000 Einwohnern. In der Regel begeht er die Tat allein. Er hat die Volksschule besucht und hat ein regelmäßiges Einkommen."[1] Dieses Bild verzerrt und deckt sich nicht mit den Erkenntnissen und Erfahrungen der jüngsten Zeit.

8   In einigen umweltrelevanten Bereichen sind in den letzten Jahren **Täterpraktiken** mit erheblicher krimineller Intensität sichtbar geworden, wobei Gewinne garantiert und die Allgemeinheit mit hohen Kosten belastet werden. Der dafür verantwortliche Täterkreis versteht es oftmals hervorragend, Umweltstraftaten auszuführen und ggf. auch zu tarnen. Diese Personen zeigen dabei typische Züge eines Wirtschaftsstraftäters und setzen ihre Möglichkeiten und Intelligenz zur Verwirklichung ihrer eigennützigen Ziele ein. Sie handeln dabei gemeingefährlich und besonders sozialschädlich und verursachen in unserem Lebensraum kaum meßbare Lang-

---

1 Dieses Täterbild war bis 1981 unter dem Gliederungspunkt 1.6 – „Umweltstraftäter 19.." – fester Bestandteil der Statistik-Auswertung „Umweltschutzdelikte" (vgl. Umweltbundesamt 1981 S. 31).

zeitschäden. Diese Straftäter sind nicht selten als sozial mächtig, argumentationsstark und gewinnorientiert zu bezeichnen und haben nichts gemeinsam mit dem „Kleinen", den das Umweltbundesamt beschreibt. Von diesen Straftätern werden Straftaten in den Bereichen:

– Nuklearkriminalität (Beseitigung radioaktiver Betriebsabfälle),
– Luftverunreinigung (insbesondere in industriellen Ballungsräumen, in denen erlaubte bzw. kriminelle Immissionen selten von einander getrennt werden können),
– Grundwasserverunreinigung (chlorierte Kohlenwasserstoffe),
– Oberflächengewässerverunreinigung durch Indirekteinleiter (Schwermetalle, Cyanide),
– Sonderabfallbeseitigung (falsches Deklarieren, Verdünnen mit Abwasser, Verbrennen in nicht genehmigten Anlagen),
– Mülltourismus (Verbringen gefährlicher Abfälle in Länder der Dritten Welt),
– Lebensmittelproduktion (Wein, Fleisch, Trockenmilchpulver, Bio-Ware),
– Arzneimittelanwendung (Einfuhr verbotener Tierpräparate sowie deren Anwendung, falsches Etikettieren)

begangen. Dazu zwei Beispiele:

Viele Daten, die beispielsweise bei den Grundwassergütemeßprogram- **9** men erhoben werden, weisen auf unbefugte **Belastungen** des Bodens hin, weil zahlreiche festgestellte Stoffe weder geogen ins Grundwasser gelangt sein können, noch ihre Einleitung in das **Grundwasser** oder das Aufbringen auf den Boden erlaubt worden ist. In allen Fällen dieser Art gibt es also durchaus Anhaltspunkte dafür, daß irgendwann irgendwer irgendwo im Einzugsbereich des Grundwasserleiters vorsätzlich oder fahrlässig, auf jeden Fall aber unbefugt, wassergefährdende Stoffe hat in den Boden gelangen lassen. Wissenschaftliche Untersuchungen gehen davon aus, daß die Quellenbereiche, d. h. für den Kriminalisten Verursacher bzw. Straftäter, bei chemischer Industrie, Entfettungsanlagen, chemischen Reinigungsanlagen, Lackieranlagen und Textilindustrie zu suchen sind. Es wird davon ausgegangen, daß der größte Teil der insgesamt verwendeten Menge im Bereich der oben genannten Entfettungsanlagen emittiert wird. In der Bundesrepublik werden etwa 50 000 bis 100 000 Anlagen zum Entfetten von Metall- und Kunststoffteilen mit Chlor-Kohlenwasserstoffen betrieben. Neben Perchlorethylen, Trichlorethylen und 1.1.1-Trichlorethan wird auch Dichlorethan eingesetzt. Dieser Quellenbereich dürfte somit als Hauptverursacher von Grundwasserverunreinigungen in Frage kommen.

Schwermetalle im **Abwasser** stammen aus vielen Quellen. Schon im **10** ausschließlich häuslichen Abwasser sind meßbare Gehalte an Zink und Kupfer vorhanden (Rohrleitungen, Dachrinnen). Vor allem aber aus der metallverarbeitenden Industrie, wie z. B. Galvanik, Beizereien und Härtereien gelangen große Schwermetallmengen in das Abwasser. Neben Zink und Kupfer sind hier besonders die Metalle Nickel, Chrom, Blei und Cadmium zu nennen. Schmutzstoffe dieser Art dürfen keinesfalls grenzwertverletzend eingeleitet werden, sie sind zunächst im Reinigungsprozeß abzubauen und aus dem Abwasser auszuscheiden. Ist dies nicht möglich, dürfen diese **Stoffe** nicht eingeleitet werden. Sie sind dann Abfall und entsprechend zu beseitigen.

B. Strafverfolgung

I. Polizeiliche Ermittlungstätigkeit

11 Bei den genannten Deliktsbereichen sollte künftig eine sinnvolle, praktikable und vor allem unverzügliche Verfolgung betrieben werden.

Es ist erforderlich, daß neben den zumindest teilweise schon praktizierten **polizeilichen Aktivitäten** (Beobachtung, Observation, Zusammenarbeit mit Hinweisgebern, Infrarot-Fotografie, Probensammler, **Schnelltestgeräte**, Auswertung von Daten und Fakten sowie amtlichen Mitteilungen und Veröffentlichungen) auch die Bereiche

– Zusammenarbeit mit Sonderordnungs- und Fachbehörden

– Spuren aus der natürlichen Umwelt

ihrer Bedeutung entsprechend berücksichtigt werden. Diese Bereiche gehören zusammen, nur mit ihrer Hilfe kann dem Phänomen **„Umweltkriminalität"** einigermaßen erfolgversprechend begegnet werden.

Es ist zu vermuten, daß zwischen den ökologischen Schadensbildern einerseits und der behördlichen Genehmigungs- und Überwachungspraxis andererseits ein in seinen Ausmaßen nicht exakt zu fixierender Freiraum für potentielle Umweltstraftäter vorhanden sein muß. Man kann nicht davon ausgehen, daß alle Schädigungen und Verletzungen der Umwelt geduldet oder gar genehmigt sind. Und gerade innerhalb dieses Freiraumes ist konsequent mit Ermittlungen anzusetzen. **„Schadstoffe"** bzw. „Gifte" legen Spuren zum Täter, die zu verfolgen sind. Bei dieser Vorgehensweise wird die Polizei auch der Zielsetzung des Umweltstrafrechts, besonders sozialschädliches Verhalten zu verfolgen, gerecht.

12 Umweltprobleme sind hochgradig komplex bzw. vielschichtig, oftmals das Resultat kontinuierlicher langandauernder (Mehrfach-) **Belastungen** und können durch eindimensionales Ursache- Wirkungsdenken nicht ausreichend erklärt werden. Demzufolge sind Charakteristika und Tragweite ökologischer Probleme (**ökologisches Problembewußtsein**) sowie **vernetztes** (interdisziplinäres) **Denken – Können** wesentliche Fähigkeiten für effektive Polizeiarbeit im Umweltbereich. Es kann davon ausgegangen werden, daß Polizeibeamte, die über diese Fähigkeiten verfügen, zukünftig besser in der Lage sein werden, Reichweiten des mit Umweltproblemen verbundenen Gefahrenpotentials wahrzunehmen, Umweltdelikte aufzuspüren und schrittweise auf allen Ebenen zu bearbeiten. Voraussetzung ist jedoch weiterhin, daß **Schnelltests zu Erkennen von Umweltgiften** entwickelt werden, damit komplizierte chemische Verbindungen schneller als bisher identifiziert werden können. Denn nur zeitnahe Proben und schnelle Analysen führen zu Erfolg.

Naturwissenschaftliche Grundlagen (I)

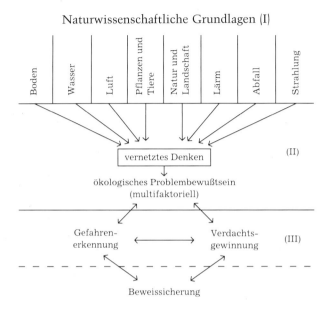

Abb. 2:

Die polizeiliche Ermittlungstätigkeit setzt derzeit in fast allen Fällen **13** erst dann ein, wenn **akute Belastungen** eingetreten sind. Dann ist es unter ökologischen Gesichtspunkten allerdings meist schon zu spät. Pflanzen oder Tiere sind bereits hochgradig verletzt, die Schäden sind offenkundig. Man war offensichtlich nicht in der Lage,

– obwohl **Schadstoffe** zuvor freigesetzt worden sind,

– obwohl möglicherweise gegen bestehendes Recht verstoßen worden ist, früher anzusetzen, den Vorfall zu klären und weiteren Schaden abzuwenden.

Da die Umwelt aber in noch höherem Maße durch **chronische Belastun- 14 gen** beeinträchtigt wird, müssen die Ermittlungsbehörden zu einem möglichst frühen Zeitpunkt mit ihrer Aufklärungsarbeit beginnen. Geschieht dies nicht, wird man bei späteren Ermittlungen feststellen, daß die Tat längst verjährt ist, oder daß die Zuordnung eines **Schadstoffes** zu einem Verursacher nicht mehr möglich ist. Das Eingreifen zu einem möglichst frühen Zeitpunkt wird den Ermittler allerdings sehr schnell mit den **Hauptproblemen** der Bekämpfung der **Umweltkriminalität** konfrontieren, nämlich

– dem Erkennen und Nachweis von **Schadstoffen**, **15**

– der Prüfung der Rechtmäßigkeit der Schadstoffemissionen.

Schadstoffwirkungen zeigen sich oft weit entfernt von der Emissions- **16** quelle, hinzu kommt der Zeitfaktor. All dies erschwert weiterhin eine kausale Zuordnung einer erkannten Umweltschädigung zu dem Verursacher. Der **Schadstoff** kennt ebenso wenig Grenzen wie Radioaktivität. Sie machen nicht halt vor Schlagbäumen oder an der Haustür. Sie stecken in der Kleidung, der Nahrung, in den Wänden. Sie stecken im Regen, in der Luft, in den Flüssen, Bächen, Seen und Meeren, sie stecken längst in Pflanzen und Tieren sowie in unserem eigenen Fleisch und Blut.

17   Die Existenz von ca. 60 000 Grundwerkstoffen im Arbeits- und Produktionsprozeß mit einer erheblichen jährlichen Steigerung ist allerdings keine angenehme Perspektive für polizeiliche Arbeit. Man muß ferner wissen, daß ca. 100 000 umweltrelevante „Altstoffe" deklariert sind und nur 50 davon im Jahr überprüft werden können. Weiterhin stehen nur etwa 3000 Standard-**Analyseverfahren zur Untersuchung von Chemikalien** zur Verfügung. Bei der Verfolgung von Spuren in der Umwelt im Zusammenhang mit einem Ermittlungsverfahren stößt man somit zwangsläufig oft auf **Beweisprobleme** naturwissenschaftlicher und technischer Art. Teilweise sind diese Probleme behebbar, teilweise aber nicht. So ist es beispielsweise nicht ohne weiteres möglich, aus Analysedaten von Asche- bzw. Schlackeproben (Schwermetalle, chlorierte Kohlenwasserstoffe, Dioxine, Furane) auf eine exakte Verweildauer dieser **Schadstoffe** in der Umwelt zu schließen bzw. eine Altersbestimmung vorzunehmen. Diese Stoffe bleiben von Beginn ihrer Freisetzung an auf sehr lange Zeit hin gesehen stabil. Eine Zuordnung zu Tatzeiträumen und Verantwortlichen entfällt somit.

18   Untersuchungsmöglichkeiten, mit denen z. B. das Alter von Verunreinigungen im Boden oder Grundwasser bestimmt werden kann, können nur in Einzelfällen, z. B. bei Ölen, und dann nur mit relativ unsicherem Aussagewert angewandt werden. Wenn in solchen Fällen, aber auch bei den erwähnten Asche- und Schlackenanalysen, keine weiteren, eindeutigen Beweismittel vorliegen, beispielsweise **Zeugenvernehmungen**, fällt es den Verdächtigen leicht, auf Altlasten zu plädieren und sich somit aus der Verantwortung zu ziehen.

II. Konkretisierung des Umweltdeliktes[2]

19   Zu fordern ist eine sofortige, qualifizierte **Beweissicherung** vor Ort durch erfahrene Umweltsachbearbeiter, insbesondere Erkennen und Nachweis von **Schadstoffen** in Wasser, Abwasser, Boden und Luft! Im Bereich der Kriminalwissenschaft und -technik sind diese Beweismittel zu **analysieren**, zu interpretieren und als gerichtsverwertbare Gutachten aufzubereiten!

1. Matrizes

20   Der **Begriff Umwelt** verkörpert sich in dieser Weise im wesentlichen in den Matrizes Wasser, Boden, Luft, Pflanzen und Tiere.

Matrizes bei Delikten gegen die Umwelt

---

2 Für die Hilfe bei der Ausarbeitung dieses Abschnitts danke ich Herrn Dr. *B. Scholz*, Abteilungsleiter „Organische Spurenanalytik" im Institut Fresenius, Taunusstein.

Flüssigkeiten

z. B. Trinkwasser

Grundwässer

Oberflächengewässer

Abwässer

Flüssige technische Abfälle

Feststoffe

z. B. Böden aus landwirtschaftlich oder industriell
genutzten Bereichen

Böden aus Deponien

Altablagerungen

Feste Abfälle

Industrieprodukte

Gase

z. B. Umgebungsluft

Abgase

Rauchgase

Aerosole

Sonstiges

z. B. Pflanzen

Tiere (Fische, Wild).

Allein die sicher nicht vollständige Auflistung der verschiedenen Matrizes zeigt die große Vielfalt an unterschiedlichsten Möglichkeiten, in welchen Bereichen Umweltdelikte auftreten können. Damit ist jedoch noch nichts über den Begriff **Schadstoff** als solchen ausgesagt, der sich vor allem aus wirtschaftlich-toxikologischer Sicht definiert und in den entsprechenden Matrizes nachgewiesen werden muß.

2. Schadstoffe

Eine Zuordnung und Einteilung der verschiedenen **Schadstoffe** in verschiedene **Schadstoffklassen** ist möglich, wenn man die einzelnen Verbindungen oder Verbindungsklassen den chemischen Grundbegriffen anorganisch und organisch zuordnet.   **21**

So versteht man unter anorganisch im wesentlichen Elemente bzw. Elementverbindungen (relevant ca. 100 verschiedene Stoffe).

Organische Stoffe sind im wesentlichen Verbindungen mit dem Element Kohlenstoff (relevant sind hier mehrere 1000 verschiedene Verbindungen).

Anorganische **Schadstoffe** sind:

– Schwermetalle, elementar oder in Form der entsprechenden Kationen (z. B. Blei, Cadmium, Quecksilber)

– toxische Elemente (z. B. Arsen, Thallium)

– bestimmte Elemente bei speziellen Fragestellungen (z. B. das Element Chrom bei Gerbereibetrieben oder das Element Blei in der Farbstoffindustrie)

Gase:
- Schwefeldioxid (SO$_2$)
- Stickoxide (NO$_x$)
- Kohlenmonoxid (CO)
- Kohlendioxid (CO$_2$)

Anionen:
- z. B. Sulfat, Phosphat, Chlorid

Verschiedene Summenparameter:
- z. B. die Gesamtchlorbestimmung, chemischer Sauerstoffbedarf (CSB), biochemischer Sauerstoffbedarf (BSB$_5$)

Organische **Schadstoffe** sind:
- Lösungsmittel (z. B. aliphatische, chlorierte Kohlenwasserstoffe, Lacklösungsmittel wie Ketone, Alkohole, Ester, Aldehyde)
- Benzine und Öle (z. B. Heizöl, Motoröle, Kerosin)
- Halogenierte Aromaten und halogenierte Nitroaromaten (z. B. Chlorbenzole, Chlortoluole oder Chlornitrotoluole)
- Nitroaromaten (Nitrobenzole, Nitrotoluole)
- BTX-Aromaten (Benzol, Toluol, Xylole)
- Polychlorierte Biphenyle (PCB) und polychlorierte Terphenyle (PCT)
- Phenole (Alkyl-, Halogen-, Nitrophenole)
- Polychlorierte Dibenzodioxine (PCDD, auch 2, 3, 7, 8-TCDD) und polychlorierte Dibenzofurane (PCDF)
- Pestizide

Organochlorpestizide (DDT, Lindan)

Organophosphorpestizide (Parathion, bezeichnet als E 605)

Organostickstoffpestizide (Triazine, Carbamate, Phenylharnstoffe)

Organoschwefelpestizide

Phenoxyalcancarbonsäuren (z. B. 2, 4, 5, -T)
- Pharmazeutica (Verbindungen oder Devirate lt. roter Liste theoretisch möglich)

Sonstige
- Spezielle Substanzen oder Substanzklassen bei definierten Verdachtsmomenten (offene Liste an Verbindungen unterschiedlichster chemischer Eigenschaften aller Aggregatzustände).

Zur ergänzenden Erklärung sei an dieser Stelle beispielhaft noch auf eine andere Strukturierung der Verbindungsklasse der Pestizide hingewiesen. Pestizide gehören vom molekularen Aufbau her, das heißt ihrer chemischen Struktur nach, zur Gruppe der organischen Schadstoffe. Es ist aber auch möglich, Pestizide nach ihrem Wirkungsprinzip einzuteilen.

Gliederung der **Schadstoffklasse** der Pestizide nach dem chemischen Wirkungsprinzip
- Herbizide (Pflanzenschutzmittel)

- Insektizide (Mittel zur Bekämpfung von insektiziden Schadorganismen)
- Molluskizide (Mittel zur Bekämpfung von Schnecken)
- Akarizide (Mittel zur Bekämpfung von pflanzenschädigenden Milben)
- Nematozide (Mittel zu Bekämpfung von Würmern)
- Fungizide (Mittel zur Bekämpfung von Pilzen)
- Rodentizide (Mittel zur Bekämpfung von Kleinnagern)
- Synergisten (Kombinationswirkstoffe).

Das Beispiel der Pestizide ist auch übertragbar auf andere Verbindungsklassen, so daß die Begriffsvielfalt und die immer häufiger festzustellende Neigung, komplexe Sachverhalte durch Abkürzungen zu beschreiben, oft zu Verwechslungen und Irrtümern bei der Formulierung der Fragestellungen und demzufolge zu Problemen bei der Probenbehandlung und nachfolgenden **Analytik** führen kann. In seltenen Fällen kann damit ein real existierendes Umweltdelikt von Seiten der Verfolgungsbehörden (Polizei, Staatsanwaltschaft) nicht mehr verfolgt werden, weil die Fragestellung nicht klar herausgearbeitet bzw. klar formuliert wurde.

Ein Beispiel für die **Begriffsvielfalt** bzw. die Neigung, Abkürzungen zu **22** verwenden, sei hier an einem Beispiel aufgelistet:

Bestimmung von PCP und/oder PCB und/oder HCB mit GC oder GC/MS in einer Probe

Erläuterung:

PCP = die Verbindung Pentachlophenal

PCB = polychlorierte Biphenyle

HCB = Hexachlorbenzol

GC = Gaschromatographie mit nicht festgelegtem Detetionsverfahren

GC/MS = Kopplung Gaschromatographie mit Massenspektrometer

Damit ist zugleich auf einen äußerst bedeutsamen Punkt hingewiesen, nämlich die Ableitung und Begründung des Handlungsbedarfs aus Verdachtsmomenten heraus und Fixierung der konkreten, aus wissenschaftlich-technischer Sicht auch zu bearbeitenden, klaren Fragestellung. Erst mit der Fixierung der Fragestellung ist die weitere Vorgehensweise am Tatort und die nachfolgende **analytisch**-meßtechnische Bearbeitung einer Probe möglich.

III. Handlungsbedarf

1. Schema polizeilicher Ermittlungen

Bei jedem Delikt gegen die Umwelt hat die Polizei zu prüfen, wie und mit **23** welchen Mitteln gegen den Umweltverstoß vorzugehen ist.

Schema polizeilicher Ermittlungen

(1) Es muß ein Verdachtsmoment vorliegen: (Gesetzliche Grundlage, Anzeige, Überschreitung von Grenzwerten).

(2) Aus dem Verdachtsmoment muß die konkrete Fragestellung abgeleitet werden, das heißt, es muß festgelegt werden

- in welcher Matrix

Parameter	Grund-wasser	Ober-flächen-wasser	Trink-wasser	Ab-wasser	Boden
Lage der Örtlichkeit (M, B)	×	×	×	×	×
Eintrag der Koordinaten (K)	×	×	×	×	×
Geologische Bedingungen (K, B)	×	×	×		×
Beschreibung des Einzugsgebietes (B)	(×)	×	×	×	
Struktur der Erdoberfläche (B)	×	×			×
Bodennutzung (B)	×	×	×	×	×
Bewuchs (B)	×	×			×
Fließgeschwindigkeit (B, M)	(×)	×	(×)	×	
Abfluß (B, M)	×	×	×		
Sedimentation (B, M)		×		×	
Gewässerbeschreibung (B)					
z.B. – Einleitungen		×		×	
– Organismen	×	×	×	×	
– Eutrophie		×			
– sichtbare Kontamination	×	×	×	×	
– Quellen- oder Brunnentyp	×	×			
– Korrosionserscheinungen	×	×	×	×	
– Gasentwicklung	×	×		×	
Bodenbeschreibung (B)					
z.B. – Farbe					×
– Art					×
– Konkretionen					×
– Dichte					×
– Durchwurzelung					×
– Feuchte					×
Messungen (M)					
– Lufttemperatur	×	×	×	×	
– Luftdruck	×	×		×	
– Farbe, Geruch	×	×	×	×	×
– Geschmack	(×)		(×)		
– Trübung	×	×	×	×	
– Sichttiefe		×			
– absetzbare Stoffe	×	×	×	×	
– Ausscheidungen	×	×	×	×	
– pH-Wert	×	×	×	×	
– Redoxspannung	×	×	×	×	
– Elektrische Leitfähigkeit	×	×	×	×	
– Sauerstoff	×	×	×	×	
– Chlor			×		
– Kohlendioxid	×	×	×	(×)	
– Aggressivität	×	(×)	×	(×)	

H Messung
B Beobachtung
K Karte

Abb. 3: Check-Liste zur Probenahme und Ortsbesichtigung
(Quelle: Rump/Krist 1987 S. 71)

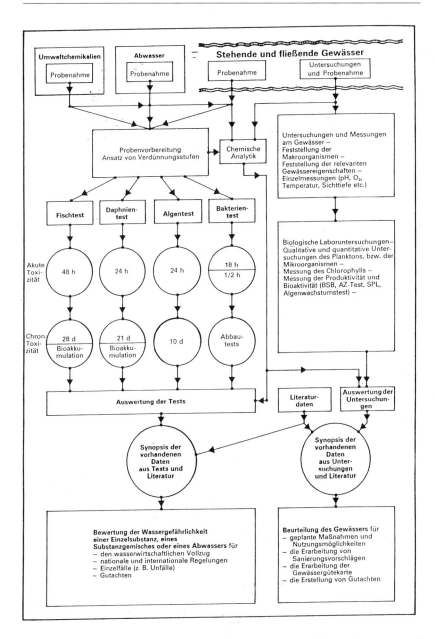

Abb. 4: Funktionsablauf biologischer Untersuchungen (Quelle: Landesamt für Wasser und Abfall Nordrhein-Westfalen 1980 S. 30)

– auf welche **Schadstoffe** bzw. **Schadstoffklassen**
– mit welchen **analytischen Methoden** (Grad der Absicherung des Meßergebnisses ist zu beachten) geprüft wird.

Dabei ist unbedingt zu beachten, ob
– ein Verursacher zu ermitteln ist (dies kann eine Erweiterung des Meßprogramms bedeuten!)
– eine zeitliche Datierung oder Einordnung des Umweltdeliktes notwendig ist
– die Überprüfung einer Verordnung (z. B. § 7 Wasserhaushaltsgesetz, Ortssatzung etc.) beabsichtigt ist
– der Aufwand (Kosten) im Einklang mit dem Umweltsdelikt steht (beinhaltet die Frage nach dem angemessenen Aufwand!)
– die Fragestellung technisch/**analytisch** im gegebenen Zeitraum und auch prinzipiell überhaupt zu beantworten ist (erst Rücksprache mit den Analytikern notwendig!).

(3) Erst wenn die Fragen zu den Punkten 1) und 2) geklärt sind (möglichst gemeinschaftlich mit Wissenschaftlern) kann eine Festlegung des Handlungsbedarfs am Tatort erfolgen!

2. Erfaßte Umweltdelikte

24   Bei der Anzahl der erfaßten Umweltdelikte ist seit 1980 ein ständiger Anstieg mit zweistelligen Zuwachsraten festzustellen, wobei diese im Bereich der umweltgefährdenden Abfallbeseitigung, wie erwähnt, besonders auffällig sind. Dies ist auch Folge einer Vermehrung der Stellenzahl bei der Polizei, einer intensiveren Ausbildung sowie einer **sensibleren Einstellung gegenüber dem Gut Umwelt.** Diese Teilerfolge dürfen jedoch nicht darüber hinwegtäuschen, daß es den Ermittlungsbehörden nur selten gelingt, einen Einstieg in Delikte der **schweren Umweltkriminalität** zu finden. Dies liegt auch an der noch fehlenden Sachausstattung der Polizei und ferner an dem erwähnten zögerlichen Anzeigeverhalten der Umweltverwaltungsbehörden. Selbst wenn hier Abhilfe geschaffen würde, bliebe ein beachtliches Dunkelfeld, da zahlreiche Umweltstraftaten – auch wegen des schwer zu führenden wissenschaftlichen Nachweises – nicht erkannt bzw. aufgeklärt werden können.

C. Entwicklung der Umweltkriminalität

I. Prognose

„Umweltkriminalität – heute und morgen"

25   Die 1987 erschienene Untersuchung[3] geht in einem **3-Phasenmodell** davon aus, daß
– Phase 1
in den nächsten 3 Jahren die Entwicklung der **Umweltkriminalität** gekennzeichnet ist durch ein weiteres Ansteigen der entdeckten und aufgeklärten

---

3 *Wittkämper/Wulff-Nienhüser* 1987 S. 553.

Umweltkriminalität, wobei der **gesellschaftliche Lernprozeß** um das Wissen zur Verbesserung der Chancen der Polizei bei Entdeckung und Aufklärung von erheblicher Bedeutung ist

– Phase 2

weitere 3 Jahre die **Umweltkriminalität** durch eine zunehmende Konzentration der vorsätzlichen Begehungsform gekennzeichnet ist in Richtung auf das organisierte Verbrechen

– Phase 3

ein Schwerpunkt der polizeilichen Herausforderungen bei der Bekämpfung der **Umweltkriminalität** im organisierten Verbrechen sowohl im nationalen wie auch im transnationalen Bereich liegen wird.

Wenn Umweltschutzinvestitionen des produzierenden Gewerbes und der Kommunen in den Bereichen Abfallbeseitigung, Gewässerschutz, Lärmbekämpfung und Luftreinhaltung in der nächsten Zeit verstärkt greifen, könnte das zu einem Rückgang der Deliktszahlen, insbesondere der sogenannten Bagatelldelikte, führen.

Qualitativ bedeutsame Delikte werden dann in den Vordergrund treten.

II. Giftmüllskandale

Sogenannte „Giftmüllskandale" von regionaler, nationaler und internationaler Bedeutung sind seit Jahren immer wieder zu registrieren: **26**

– Bochum-Gehrte (1971), als ein Unternehmer tonnenweise Härtesalzrückstände unter Bauschutt mischte und in Gewässern einbrachte.
– Nievenheim bei Neuß, als über 3000 Tonnen Kalkschlamm der Zinkhütte im Jahre 1971 nicht in einen stillgelegten Salzstock verbracht worden sind, sondern auf offenen Müllkippen im Lande verteilt werden.
– Hanau, als 1973 ein Spediteur ca. 55 000 m^3 von hochgiftigem Industriemüll eingesammelt und illegal in stillgelegte Kiesgruben, Bäche, Baggerseen, Böschungen, Obstplantagen und Weiden „entsorgt" hat.
– Biebesheim und Rastatt, als in den 70er Jahren Verantwortliche südhessischer und mittelbadischer Verbrennungsanlagen und Sonderabfallvernichtungsgesellschaften in Zusammenarbeit mit Spediteuren und Deponiebediensteten mehrere 10 000 Tonnen industriellen Sondermülls anstatt der Verbrennung einer Deponierung zugeführt haben.
– Hamburg, als im Jahre 1979 nach dem tödlichen Unfall eines Kindes beim Hantieren mit Sprengstoff giftige Chemikalien und Kampfstoffe auf dem Gelände der Firma Stoltzenberg gefunden wurden.
– Müllkippe Georgswerder, als 1983 bekannt wurde, daß der dort aufgetürmte Abfall aus einer Mixtur von Hausmüll und Industriegiften aller Art, darunter auch das bekannte Seveso-Gift 2.3.7.8-TCDD, bestand.
– Hanau, Berlin und Opladen, als die Affäre um die Zweitraffinerie der Firma Pintsch-Öl, bei der Altöle, die mit gefährlichen Sonderabfällen vermischt waren, aufgearbeitet worden sind, bekannt wurde. Polychlorierte Biphenyle sowie Spuren von Dioxinen gelangten über aufgearbeitete „Produkte" wieder in den Wirtschaftskreislauf.

– Seveso, als am 10. Juli 1976 im Werk Icmesa des schweizerischen Chemiekonzern Hoffmann-La Roche in der norditalienischen Stadt Seveso das Reaktionsgefäß für die Herstellung des Desinfektionsmittels Hexachlorophen explodierte und in der Folge auf Bevölkerung und Umwelt aus einer Gaswolke ein Niederschlag des hochgiftigen Dioxins (2.3.7.8-TCDD) niederging. Ca 2 Tonnen Schlamm mit reinem Dioxin wurden zusammengetragen und in Fässern verpackt. Sechs Jahre lang wurde darüber gerätselt, wohin die Abfälle zu verbringen sind, bis sie letztendlich nach einer wahren Odyssee im Mai 1983 verpackt in 41 Fässern nahe der französischen Stadt St. Quentin in einem stillgelegten ehemaligen Schlachthaus gefunden wurden. Diese 41 Giftfässer aus Seveso wurden zu einem Symbol für korrupte Fuhrunternehmer und Abfallmakler, das schnelle Geld für die leichtfertige Entsorgung von giftigen Chemikalien sowie für eine Industrie, der die Entsorgung kritischer Sonderabfälle völlig entglitten war.

– Hanau, als radioaktive Betriebsabfälle bundesdeutscher, schweizerischer und italienischer Kernkraftwerke in den Jahren 1980–1987 durch die Firma Transnuklear GmbH unter Vorspiegelung sachgerechter Bearbeitungsmöglichkeiten nach Belgien verbracht wurden.

– Türkei, als 1988 1500 Tonnen bundesdeutscher Altöle, die mit PCB verseucht waren, entdeckt wurden.

– Nigeria, Guinea und Sierra Leone, als 1988 mehrere 1000 Tonnen an Sonderabfällen aus europäischen Industrienationen entdeckt wurden.

III. Ausblick

27 Es ist absehbar, daß bei den enormen Mengen der ständig anfallenden Sonderabfälle bzw. radioaktiven Betriebsabfälle schädliche Auswirkungen auf Boden, Wasser, Luft und die Nahrungskette beim unsachgemäßen Umfang bzw. bei Transport und Beseitigung nicht ausbleiben.

Wachsende Mengen von zurückgehaltenen Stoffen und Filterstäuben sowie von giftigen Klärschlämmen müssen von der Abfallwirtschaft neben den ohnehin noch wachsenden Müll- und Sondermüllbergen entsorgt werden. Dabei stößt die Entsorgungspolitik immer mehr an Grenzen. Der verfügbare Deponieraum ist bald ausgeschöpft. Der Bau von Müll- und Sondermüllverbrennungsanlagen ist praktisch kaum mehr durchzusetzen. Eine kontrollierte Abfallbeseitigung und eine funktionierende Abfallwirtschaft sind zwar Mittel einer gegenläufigen Umweltpolitik, jedoch haben diese Mechanismen allein den illegalen Beseitigungspraktiken noch nicht entscheidend Einhalt gebieten können.

Ein Brennpunkt vorsätzlicher Begehungsformen bzw. **organisierter Verbrechen** wird in erster Linie im Bereich der Beseitigung von Abfällen industriellen Ursprungs entstehen. Das Aufkommen an Sonderabfall mit zahlreichen schädlichen Inhaltsstoffen wächst weiter, während geordnete Beseitigungsmöglichkeiten nicht in gleichem Maße vorhanden sind. Die für eine Beseitigung bezahlten Preise sind hoch und verleiten zu kriminellen und umweltschädigenden Verhaltensweisen.

SCHRIFTTUM

Heine, Günter und *Volker Meinberg:* Empfehlen sich Änderungen im strafrechtlichen Umweltschutz, insbesondere in Verbindung mit dem Verwaltungsrecht? Gutachten D für den 57. Deutschen Juristentag. München 1988 (Verhandlungen des siebenundfünfzigsten Deutschen Juristentages, Mainz 1988. Bd. I, Teil D).

Heumann, Rolf und *Wolfram Schürer:* Umweltschutz – eine polizeiliche Aufgabe. Die wesentlichen Bestimmungen des Abfallbeseitigungs-, Tierkörperbeseitigungs-, Naturschutz-, Wald- und Wasserrechts einschließlich der Bestimmungen des StGB. Stuttgart, München, Hannover 1983 (polizei aktuell. Bd. 35).

Hümbs-Krusche, Margret und *Matthias Krusche:* Die strafrechtliche Erfassung von Umweltbelastungen – Strafrecht als ultima ratio der Umweltpolitik? – Eine empirische Untersuchung. Stuttgart, Berlin, Köln, Mainz 1982.

Kimminich, Otto, Heinrich Freiherr von Lersner und *Peter-Christoph Storm* (Hrsg.): Handwörterbuch des Umweltrechts (HdUR). Berlin. Bd. I. 1986; Bd. II 1988.

Landesamt für Wasser und Abfall Nordrhein-Westfalen: Jahresbericht 1980.

Matussek, Hans (Hrsg.): Bekämpfungsmöglichkeiten in der Umweltkriminalistik und die Aus- und Fortbildungskonzeptionen der Polizeien des Bundes und der Länder. Berlin 1985 (Publikationen der Fachhochschule für Verwaltung und Rechtspflege – Kriminalwissenschaften. Bd. 53).

Meinberg, Volker, Manfred Möhrenschlager und *Wolfgang Link:* Umweltstrafrecht, gesetzliche Grundlagen, verwaltungsrechtliche Zusammenhänge und politische Anwendung. Düsseldorf 1989.

Polizei-Führungsakademie (Hrsg.): Umweltkriminalität. Seminar vom 27. bis 29. Januar 1982 bei der Polizei-Führungsakademie. Schlußbericht. Münster 1982.

dies.: Umweltkriminalität II. Seminar vom 20. bis 24. Juni 1983 bei der Polizei-Führungsakademie. Schlußbericht. Münster 1983.

dies.: Umweltkriminalität III. Seminar vom 8. bis 12. Oktober 1984 bei der Polizei-Führungsakademie. Schlußbericht. Münster 1984.

dies.: Umweltkriminalität IV. Seminar vom 25. bis 29. November 1985 bei der Polizei-Führungsakademie. Schlußbericht. Münster 1985.

dies.: Recht des Umweltschutzes und Polizei. Seminar vom 9. bis 12. April 1985 bei der Polizei-Führungsakademie. Schlußbericht. Münster 1985.

dies.: Umweltschutz und Polizei. Seminar vom 13. bis 16. Mai 1986 bei der Polizei-Führungsakademie. Schlußbericht. Münster 1986.

dies.: Umweltschutz und Polizei. Seminar vom 16. bis 20. März 1987 bei der Polizei-Führungsakademie. Schlußbericht. Münster 1987 (Protokoll 12/1987).

dies.: Umweltschutz und Polizei: Seminar vom 20. bis 24. Juni 1988 bei der Polizei-Führungsakademie. Schlußbericht. Münster 1989.

Rüther, Werner: Ursachen für den Anstieg polizeilich festgestellter Umweltschutzdelikte. Berlin 1986 (Umweltbundesamt, Berichte. Bd. 2/86).

Rump, Hans Hermann und *Helmut Krist:* Laborhandbuch für die Untersuchung von Wasser, Abwasser und Boden. Weinheim, New York 1987.

Sack, Hans Jürgen: Umweltschutz-Strafrecht. Erläuterungen der Straf- und Bußgeldvorschriften. Stuttgart, Berlin, Köln, Mainz 1978 ff. (Loseblattausgabe).

Sander, Horst P.: Umweltstraf- und Ordnungswidrigkeitenrecht mit Einführung zu Allgemeinen Fragen des Straf-, Ordnungswidrigkeiten- und Verfahrensrechtes. Berlin 1981.

Schulze, Günter und *Heinrich Lotz* (Hrsg.): Polizei und Umwelt. Wiesbaden. Teil 1. 1986 (BKA-Schriftenreihe. Bd. 54); Teil 2. 1987 (BKA-Schriftenreihe. Bd. 55).

Schwind, Hans-Dieter und *Gernot Steinhilper* (Hrsg.): Umweltschutz und Umweltkriminalität. Beiträge zu einer Fachtagung der Deutschen Kriminologischen Gesellschaft und zur Verleihung der Beccaria-Medaille 1985. Heidelberg 1986 (Kriminologische Schriftenreihe. Bd. 91).

Steindorf, Joachim: Umwelt-Strafrecht. Berlin, New York 1986.

Storm, Peter-Christoph: Umweltrecht. Einführung in ein neues Rechtsgebiet. 3. Aufl. Berlin 1988.

Triffterer, Otto: Umweltstrafrecht. Einführung und Stellungnahme zum Gesetz zur Bekämpfung der Umweltkriminalität. Baden-Baden 1980 (Nomos-Paperback. Bd. 6).

Umweltbundesamt (Hrsg.): Umweltschutzdelikte 1980 – Eine Auswertung der Polizeilichen Kriminalstatistik – Berlin 1981 (Reihe „Texte". 15/81) – Neue Literatur zum Umweltrecht. Berlin 1984 ff. (Reihe „Texte").

Wiethaup, Hans: Umweltschutzfibel – Polizei und Umweltschutz –. Ein Grundriß mit Rechtsprechungsübersichten. 2. Aufl. Stuttgart, München, Hannover 1975 (polizei aktuell. Bd. 5).

Wittkämper, Gerhard W. und *Marianne Wulff-Nienhüser:* Umweltkriminalität – heute und morgen. Eine empirische Untersuchung mit Prognose und Empfehlungen für die Praxis. Wiesbaden 1987 (BKA-Forschungsreihe. Bd. 20).

40

Wirtschaftskriminalität[*]

Johann Kubica

INHALTSÜBERSICHT

---

[*] Das Manuskript wurde im wesentlichen bereits 1988 fertiggestellt.

A. Grundlagen

I. Begriff und Merkmale der Wirtschaftskriminalität

1 Der Begriff „**Wirtschaftskriminalität**" beschreibt ein sehr heterogenes, weit gefaßtes Spektrum an Straftaten[1]. Dazu gehören:

– spezielle Straftaten nach dem Strafgesetzbuch, wie z. B. die Konkursstraftaten oder der Kreditbetrug

– Verstöße gegen strafrechtliche Nebengesetze auf dem Wirtschaftssektor, z. B. gegen das Aktiengesetz, das Börsengesetz, das GmbH-Gesetz, das Handelsgesetzbuch, das Kreditwesengesetz, das Gesetz gegen den unlauteren Wettbewerb und viele andere, insbesondere auch die Steuerstraftaten nach der Abgabenordnung

– Straftaten, beispielsweise Betrug und Untreue, die aufgrund bestimmter Merkmale des konkreten Einzelfalls Wirtschaftskriminalität sein können[2].

2 Die einzige **Legaldefinition** der Wirtschaftskriminalität ergibt sich aus der Zuständigkeitszuweisung für die Wirtschaftsstrafkammern nach dem 1971 eingeführten[3] § 74 c GVG. Darauf aufbauend, umschreiben die

---

1 Überblicke zu Definitionsansätzen bieten z. B. *Poerting* 1983 m.w.N. und *Heinz* 1984 S. 421 f.

2 Eine ähnliche Systematik wählen *Montenbruck/Kuhlmey/Enderlein* 1987 S. 714 f.

3 Gesetz zur Änderung des GVG vom 8. 9. 1971 (BGBl. I S. 1513).

„Richtlinien über den kriminalpolizeilichen Nachrichtenaustausch bei Wirtschaftsdelikten" (aktuelle Fassung vom 21. 10. 1985) den Begriff „Wirtschaftskriminalität" wie folgt:

„1. Die Gesamtheit der in § 74 c Abs. 1 Nr. 1–6 GVG aufgeführten Straftaten;

2. Delikte, die im Rahmen tatsächlicher oder vorgetäuschter wirtschaftlicher Betätigung begangen werden und über eine Schädigung von einzelnen hinaus das Wirtschaftsleben beeinträchtigen oder die Allgemeinheit schädigen können und/oder deren Aufklärung besondere kaufmännische Kenntnisse erfordert."

Wirtschaftsstraftaten weisen folgende **spezifischen Merkmale** auf, die 3
teilweise auch ihre Bekämpfung entscheidend prägen[4]:

– erhebliche Schadenshöhen[5]
– Umfang und Komplexität des Verfahrensstoffes mit entsprechenden fachlichen Anforderungen an die Strafverfolgung und der Notwendigkeit der Spezialisierung
– überdurchschnittlich lange Verfahrensdauer[6]
– „Unternehmenskriminalität"[7] (in aller Regel Straftaten „durch Unternehmen" bzw. im Rahmen der Tätigkeit für Unternehmen)
– mangelnde Sichtbarkeit der Tat und hohes Dunkelfeld (Tathandlungen mit äußerlich legalem Anstrich)
– herausgehobene Eigenarten sowohl von Beschuldigten als auch von Zeugen in soziologischer, finanzieller und/oder intellektueller Hinsicht[8], was im Zusammenhang gesehen werden kann mit den „Zugangschancen" zur Wirtschaftskriminalität.

Bei Zugrundelegung der allgemeinen Begriffsmerkmale und Indikatoren 4
für **Organisierte Kriminalität (OK)** zeigen sich auffällige Parallelen zwischen dieser und der Wirtschaftskriminalität[9], so daß auch die Bekämpfungsstrategien gewisse Ähnlichkeiten aufweisen. Insbesondere in einigen hochspezialisierten Bereichen der Wirtschaftskriminalität bestehen jedoch

---

4 Vgl. auch *Poerting* 1983 S. 18 ff., *Kramer* 1987 S. 12.
5 1987 entfielen beispielsweise beim Betrug ca. 3,9 % der vollendeten Fälle, aber ca. 19,5 % der Schadenssumme auf die Wirtschaftskriminalität (d. h. auf Wirtschaftsbetrug). Vgl. *Bundeskriminalamt* 1988 (Schadensangaben für 1987 ohne Bayern). Neuere (Schadens-)Zahlen speziell zur Wirtschaftskriminalität sind auf Bundesebene derzeit nicht verfügbar.
6 Nach der letzten, für 1985 herausgegebenen Jahresauswertung der Bundesweiten Erfassung von Wirtschaftsstraftaten (BWE) durch das Max-Planck-Institut für ausländisches und internationales Strafrecht in Freiburg/Brsg. beträgt die durchschnittliche Dauer der Ermittlungsverfahren von der Einleitung bis zum Abschluß durch die Staatsanwaltschaft 492 Tage. 21,2 % der Verfahren hatten 1985 sogar länger als zwei Jahre gedauert. Einige Ergebnisse der BWE 1985 sind u. a. veröffentlicht in „Wirtschaftskriminelle haben . . ." 1987 S. 8–9.
7 Vgl. *Heinz* 1984 S. 446 f. m.w.N.
8 Vgl. hierzu z. B. *Heinz* 1984 S. 450, *Zimmerli* 1986 S. 559 f., *Montenbruck/Kuhlmey/Enderlein* 1987 S. 716.
9 Vgl. dazu auch *Liebl* 1984 S. 387 f., *Kubica* 1986a, *Franzheim* 1987, *Krupski* 1987 S. 42. Näheres zum Begriff „Organisierte Kriminalität" neuestens *Küster* 1991 S. 53–55.

– zumindest soweit bislang bekannt – nur begrenzte personelle und sachliche Verflechtungen mit der allgemeinen OK[10].

II. Strafverfolgung auf dem Gebiet der Wirtschaftskriminalität

1. Wirtschaftsstrafkammern

5 Die nach § 74 c GVG bei den Landgerichten eingerichteten **Wirtschaftsstrafkammern** sind (gemäß § 76 GVG) besetzt mit drei Berufsrichtern und zwei Schöffen. Die Notwendigkeit der Einrichtung solcher Kammern ergibt sich aus dem Erfordernis der fachlichen Spezialisierung auf die Besonderheiten des Wirtschaftslebens[11]. In solchen Prozessen kann es allerdings für Laienrichter, von denen keine Vorkenntnisse verlangt werden, möglicherweise zu Überforderungen kommen[12].

2. Schwerpunktstaatsanwaltschaften

6 Spezialisierung durch Zentralisierung ist auch die Begründung für die ab 1968 eingerichteten **Schwerpunktstaatsanwaltschaften für Wirtschaftskriminalität**[13]. Zur Zeit gibt es rund 20 auf der Grundlage von § 143 Abs. 4 GVG formal als Schwerpunktstaatsanwaltschaften ausgewiesene Behörden. Da außerdem Wirtschaftsabteilungen bestimmter Staatsanwaltschaften faktisch solche Aufgaben wahrnehmen, gibt es bundesweit insgesamt ca. 30 auf Wirtschaftskriminalität spezialisierte (Schwerpunkt-)Dienststellen[14].

3. Polizeiliche Spezialdienststellen

a) Ermittlungen

7 Die ersten **polizeilichen Spezialdienststellen** zur Bekämpfung der Wirtschaftskriminalität wurden bereits in den fünfziger Jahren eingerichtet[15]. Inzwischen gibt es in allen Ländern und beim Bundeskriminalamt solche Fachdienststellen. Organisation und Zentralisierungsgrad sind allerdings verschieden[16].

8 Wenn Ermittlungen effektiv und zügig durchgeführt werden sollen, sind langjährige spezifische **Erfahrung** und fundiertes **Fachwissen** erforderlich. Kaufmännische Vorbildung und Berufspraxis sind daher günstige Voraussetzungen für die Bearbeitung von Verfahren der Wirtschaftskriminalität[17].

---

10 Vgl. *Kubica* 1986b S. 203 f.

11 Vgl. *Kleinknecht/Meyer* 1987 § 74c GVG RdNr. 5. Zu „Mischzuständigkeiten" vgl. auch *Firgau* 1988.

12 Vgl. *Kramer* 1987 S. 32.

13 Vgl. u. a. *Kramer* 1987 S. 14 ff., *Liebl* 1987a S. 14, *Montenbruck/Kuhlmey/Enderlein* 1987 S. 718. Zur Effektivität der Schwerpunktstaatsanwaltschaften vgl. neben *Liebl* 1987a S. 15 ff. auch *Beitlich* 1987 und *Liebl* 1987b.

14 Vgl. *Liebl* 1987a S. 15.

15 Vgl. z. B. *Gemmer* 1984 S. 57.

16 Eine länderweise Gesamtdarstellung bietet *Poerting* 1985 S. 18 ff.

17 Ca. die Hälfte der Polizeibeamten in Wirtschaftsdienststellen hat (Angaben aus 114 Dienststellen zufolge) eine kaufmännische Lehre oder eine andere kaufmännische Vorbildung. Vgl. *Poerting* 1985 S. 73.

Die Beamten der Länder und des Bundeskriminalamtes werden in nach 9
bundeseinheitlichen Rahmenrichtlinien durchgeführten **Speziallehrgängen für Wirtschaftskriminalität** ausgebildet, die insgesamt ca. 16–18
Wochen dauern. Teilweise wird diese theoretische Spezialausbildung
ergänzt durch Fachpraktika bei anderen Behörden und/oder bei privaten
Institutionen[18].

Diese vom Grundsatz her günstigen Voraussetzungen sind allerdings 10
nicht immer und überall gegeben. Vielmehr ist die **Situation in der Praxis**
vielfach auch geprägt durch personelle Unterbesetzungen von Dienststellen, Fluktuationen ausgebildeter Spezialisten und Belastungen der Beamten durch Sonderaufgaben[19]. Trotz der allgemein beklagten außerordentlich hohen Schäden scheint der Bekämpfung der Wirtschaftskriminalität
nur begrenzter allgemeiner (wirtschafts- bzw. kriminal-)politischer Stellenwert zuzukommen[20].

b) Auswertung, Nachrichtenaustausch

Flankierend zu den Ermittlungen erfolgt auf der Grundlage der bereits 11
erwähnten „Richtlinien über den **kriminalpolizeilichen Nachrichtenaustausch bei Wirtschaftsdelikten"** eine zentrale **Auswertung** auf Landes- und
auf Bundesebene[21]. Dabei werden Personen- und Firmenerkenntnisse,
Informationen über Firmenverflechtungen sowie über gegenwärtige und
frühere Beziehungen zwischen Personen und Firmen gesammelt und ausgewertet. Darüber hinaus werden landes- oder bundesweit unabhängig
voneinander angelaufene Ermittlungen ggf. koordiniert oder sogar zusammengeführt. Zu diesem Zweck melden alle sachbearbeitenden Polizeidienststellen nach vorgegebenem Schema jeden neu bearbeiteten Sachverhalt dem zuständigen Landeskriminalamt und dem Bundeskriminalamt.

Von den **(Schwerpunkt-)Staatsanwaltschaften** ohne Einbeziehung von 12
Polizeibehörden bearbeitete Verfahren sind nicht Gegenstand dieser polizeilichen Auswertungen, es sei denn, die polizeilichen Zentralstellen
erhalten aufgrund unmittelbarer Erkenntnis- bzw. Interpolanfragen der
Staatsanwaltschaften Einblick.

Inzwischen wird bei der Auswertung auf Landes- und auf Bundesebene 13
zunehmend die **elektronische Datenverarbeitung** eingesetzt. In einigen
Ländern und beim Bundeskriminalamt existieren auswertungsunterstützende EDV-Systeme.

---

18 Näheres dazu bei *Poerting* 1985 S. 74 ff.
19 Vgl. z. B. die kritischen Beiträge von *G. Fischer* 1985 (weitgehend identisch mit „Polizeiliche
   Bearbeitung . . ." 1985), *Kampe* 1986, *Quermann* 1986a, 1988a.
20 In diese Richtung zielen auch Spekulationen, warum die Justizministerkonferenz seit 1986
   die BWE wieder abgeschafft hat. Vgl. *Berckhauer/Savelsberg* 1987 und *Holtfort* 1987 S. 45 f.
21 Vgl. hierzu auch *Berk* 1983.

4. Wirtschaftsreferenten, Wirtschaftsprüfdienste

14 Trotz aller Erfahrung und Spezialisierung seitens der Staatsanwälte und Ermittlungsbeamten hat es sich als vorteilhaft erwiesen, daß an den Ermittlungen – soweit erforderlich – kaufmännisch/buchhalterisch einschlägig ausgewiesene Spezialisten beratend und unterstützend teilnehmen. Aus diesem Grunde verfügen inzwischen die Staatsanwaltschaften regelmäßig über **Wirtschaftsreferenten**[22] und die Polizeien der meisten Länder sowie das Bundeskriminalamt über – unterschiedlich bezeichnete[23] – **Wirtschaftsprüfdienste.** Die Mitarbeit erfolgt entweder im Status eines Sachverständigen, der dann aufbauorganisatorisch von der Ermittlungsdienststelle getrennt sein sollte[24], oder integriert in das Ermittlungsteam (in der Hauptverhandlung dann ggf. im Status eines sachverständigen Zeugen).

15 Die Beratung und Unterstützung findet prinzipiell in jeder Verfahrensphase statt. Hauptaufgabe ist dabei die eigenverantwortliche Erstellung von **Gutachten** bzw. von **Prüf-/Auswertungsberichten,** die sich inhaltlich beziehen können auf[25]:

– das gesamte Rechnungswesen von Unternehmen (z. B. Feststellung des Zeitpunktes der Überschuldung oder Zahlungsunfähigkeit bei Insolvenzdelikten)

– bestimmte (tatsächliche oder fiktive) Geschäftsvorfälle (z. B. Kapitalanlagegeschäfte, Kreditgewährungen, Devisengeschäfte usw.)

– Geldflüsse/Geldverwendungen (insbesondere also Bankkontenauswertungen)

– festzustellende Rechtsverhältnisse wirtschaftlicher Art (z. B. Firmen-/ Beteiligungsverhältnisse, Vertragsbeziehungen u. ä.).

5. Finanzbehörden

16 Einen sehr wesentlichen Teil der Wirtschaftskriminalität machen die Steuer- bzw. Zolldelikte aus[26], für deren Verfolgung die **Finanzbehörden** zuständig sind. Finanzbehörden können entweder in der Funktion der Staatsanwaltschaft Steuerstrafverfahren selbständig durchführen (§§ 386 Abs. 1, 399 Abs. 1 AO), oder sie haben – in staatsanwaltlich geführten Verfahren – dieselben Rechte und Befugnisse wie die Behörden des Polizeidienstes nach der Strafprozeßordnung (§ 402 Abs. 1 AO) und den Status von Hilfsbeamten der Staatsanwaltschaft (§ 399 Abs. 2 AO). Anders als Polizei-

---

22 Vgl. *Kramer* 1987 S. 18 ff.

23 Vgl. zur Terminologie und zur Bestandsaufnahme *Poerting* 1985 S. 104 ff.

24 Vgl. dazu auch *Rauch* 1983. Die Funktion als Sachverständiger wird von Fall zu Fall auch externen Spezialisten übertragen. Weitreichende Vorstellungen hierzu, wie z. B. bei *Zainhofer* 1982 dargestellt, haben sich aber offenbar nicht durchgesetzt.

25 Näheres dazu *Kubica* 1987 S. 149 ff.

26 Über 40 % der in den staatsanwaltschaftlichen Ermittlungsverfahren überprüften Tatbestände betrafen nach der BWE-Auswertung 1985 Steuer- und Zolldelikte. Dazu kommen die von den Finanzbehörden ohne Einbeziehung der Staatsanwaltschaft (§ 386 Abs. 1 AO) verfolgten Straftaten. Vgl. „Wirtschaftskriminelle haben . . ." 1987 S. 8.

beamte haben allerdings Angehörige von Steuer- und Zollfahndungsstellen[27] auch das Recht zur Durchsicht von Papieren im Sinne des § 110 StPO (§ 404 AO).

Ein selbständig geführtes Steuerstrafverfahren muß von der Finanzbe- **17**
hörde an die **Staatsanwaltschaft** abgegeben werden, wenn entweder ein Haft- oder Unterbringungsbefehl erlassen wird (§ 386 Abs. 3 AO) oder wenn neben Steuerstraftatbeständen nach der Abgabenordnung auch allgemeine Straftatbestände berührt sind (Umkehrschluß aus § 386 Abs. 2 AO). Die zuständige Staatsanwaltschaft kann auch jederzeit ein Steuerstrafverfahren an sich ziehen (§ 386 Abs. 4 AO). Die Ausübung dieses Evokationsrechts bringt jedoch gewisse praktische und grundsätzliche Probleme mit sich[28].

B. Entstehung von Ermittlungsverfahren, Ermittlungsansätze

I. Strafanzeigen

Bei Wirtschaftsstraftaten ohne individuell Geschädigte (Hauptbeispiel: **18**
Fiskaldelikte) sind **Strafanzeigen von privater Seite** naturgemäß relativ selten[29]. Wo es Geschädigte gibt, die Anzeige erstatten, z. B. in Fällen des Anlagebetrugs oder der Untreue, kann beobachtet werden, daß die Strafanzeigen häufiger als bei sonstigen (Nicht-Wirtschafts-)Straftaten bei der Staatsanwaltschaft und weniger bei der Polizei eingehen[30]. Das ist insbesondere dann der Fall, wenn die Anzeigen mit Hilfe von Rechtsanwälten, Steuerberatern, Justitiaren o. ä. – oft mit reichhaltigem Anlagematerial – erstellt werden.

Bei der **Entgegennahme von Anzeigen** sollte unbedingt darauf geachtet **19**
werden, daß schriftliche Beweismittel (z. B. Originale oder Kopien von Verträgen, Schriftverkehr und Zahlungsbelegen) mit beigebracht werden. Alle Geschädigten sind seit dem 1. 4. 1987 nach dem Opferschutzgesetz[31] über bestimmte Rechte und Befugnisse zu belehren. Hierzu sind vielfach schon Merkblätter zur Aushändigung an die Geschädigten eingeführt worden.

Geschädigte sind teilweise recht **zurückhaltend bei der Anzeigeerstat- 20
tung.** Das ist insbesondere bei Banken und anderen Unternehmen festzustellen, wenn z. B. Untreuehandlungen von Mitarbeitern vorliegen[32].

---

27 Speziell zur Zollfahndung, über die „allgemein Unkenntnis und Unverständnis vorherrschen" (*Lengert* 1985 S. 61), vgl. *Berthold* 1985 und *Lengert* 1985. Zu der vom Zoll zu bekämpfenden Wirtschaftskriminalität auch *Hahn/Wamers* 1989.

28 Ausführlicher dazu z. B. *Müller/Wabnitz* 1986 S. 172 f. und *Kramer* 1987 S. 26 m.w.N.

29 Vgl. dazu auch *Montenbruck/Kuhlmey/Enderlein* 1987 S. 806.

30 Einzelbeispiel: Von 55 Anzeigen Geschädigter in einem Ermittlungsverfahren der Staatsanwaltschaft Frankfurt/M. auf dem Gebiet des Anlagebetrugs waren 87 % an die Staatsanwaltschaft gerichtet. Vgl. auch *Poerting* 1985 S. 87 f.

31 Erstes Gesetz zur Verbesserung der Stellung des Verletzten im Strafverfahren (Opferschutzgesetz) vom 18. 12. 1986 (BGBl. I S. 2496).

32 Vgl. auch *Baumann* 1983 S. 938, *Müller/Wabnitz* 1986 S. 34.

Anzeigen unterbleiben insbesondere deshalb, weil man die daraus folgenden Belastungen oder gar öffentlichen Rufschädigungen fürchtet[33] oder weil zivilrechtliche Interessen vorrangig sind, aber mit der Anzeige unmittelbar kein Ausgleich des materiellen Schadens verbunden ist.

21 Das spezifische Anzeigeverhalten trägt seinen Teil bei zu dem vermuteten hohen **Dunkelfeld** bei Wirtschaftsdelikten[34]. Es gibt hier zwar bislang keine systematischen Dunkelfelduntersuchungen, es liegen aber diverse – im Ergebnis divergierende – Schätzungen vor[35].

II. Anzeigen/Mitteilungen anderer Behörden

1. Gesetzliche Mitteilungspflichten

22 Gesetzlich normierte **Pflichten** von Behörden, Strafverfolgungsbehörden über dienstlich bekanntgewordene, möglicherweise strafrechtlich relevante Sachverhalte in Kenntnis zu setzen, gibt es vor allem **im fiskaldeliktischen Bereich** durch § 116 AO[36] und § 6 SubvG. Weitere gesetzliche Pflichten zur Mitteilung des Verdachts einer Straftat sind zur Bekämpfung der **illegalen Beschäftigung** eingeführt worden[37]: § 17a Abs. 2 AÜG und § 233b Abs. 2 AFG.

23 Im übrigen sieht der Gesetzgeber davon ab, Behörden – z. B. Aufsichtsbehörden – gesetzlich zu verpflichten, Strafverfolgungsorgane über festgestellte Wirtschaftsstraftaten in Kenntnis zu setzen. Die Auffassung der Bundesregierung, daß für eine diesbezügliche **Erweiterung** vorhandener Regelungen keine Notwendigkeit bestehe[38], wird in der Strafverfolgungspraxis allerdings nicht allgemein geteilt[39].

2. Administrative Mitteilungspflichten

24 Administrative **Mitteilungspflichten** gibt es z. B. **im** Zusammenhang mit **Konkursverfahren:** Nach Nr. XII der „Anordnung über Mitteilungen in Zivilsachen (MiZi)"[40] haben die Amtsgerichte u. a. die Staatsanwaltschaften über die Eröffnung von Konkursverfahren sowie über die Ablehnung der Eröffnung des Konkursverfahrens mangels Masse in Kenntnis zu setzen. Es handelt sich hier nicht um Mitteilugnen wegen konkreten Verdachts einer Straftat. Erst wenn die Meldungen bei der Staatsanwaltschaft oder der Polizei systematisch ausgewertet worden und dann weitere Anhaltspunkte hinzugekommen sind, werden Ermittlungsverfahren wegen Konkursstraftaten oder anderer Delikte (z. B. Nichtabführen von Sozialbeiträgen) eingeleitet.

---

33 Vgl. z. B. *Meisenberg* 1983 S. 191.
34 Vgl. *Poerting* 1983 S. 35.
35 Vgl. z. B. *Zybon* 1983 S. 52 ff. und *Weinhofer/Schöler* 1987 S. 20 ff.
36 Näheres hierzu beispielsweise bei *Pump* 1987.
37 Gesetz zur Bekämpfung der illegalen Beschäftigung vom 15. 12. 1981 (BGBl. I S. 1390).
38 Vgl. Bundestagsdrucksache 9/2127 vom 24. 11. 1982 S. 8.
39 Vgl. z. B. *Müller/Wabnitz* 1986 S. 34.
40 Vom 1. 10. 1967 (BAnz. Nr. 218/67), zuletzt geändert am 11. 11. 1985 (BAnz. Nr. 219/85).

Die bisher als Verwaltungsvorschrift normierte „Anordnung über Mit- 25 teilungen in Zivilsachen (MiZi)" und ebenso die „Anordnung über Mitteilungen in Strafsachen (MiStra)"[41] sollen künftig auf eine **gesetzliche Grundlage** gestellt werden. Ob und inwieweit in künftigen gesetzlichen Regelungen – sei es in einem „Gesetz über Mitteilungen der Justiz von Amts wegen in Zivil- und Strafsachen (Justizmitteilungsgesetz)", sei es in der Strafprozeßordnung – die Mitteilungspflichten in Konkursangelegenheiten erhalten bleiben, steht derzeit noch nicht fest.

Administrative **Anzeigepflichten** gibt es darüber hinaus – entgegen man- 26 chen Forderungen nach einer sogar gesetzlich normierten Mitteilungspflicht[42] – in einigen Bundesländern für bestimmte schwerwiegende Fälle der **Umweltkriminalität** (bei der wesentliche Erscheinungsformen gleichzeitig zur Wirtschaftskriminalität gerechnet werden müssen).

III. Aktive Informationsbeschaffung

Ermittlungsverfahren werden in der Praxis auch dadurch eingeleitet, daß 27 seitens der Strafverfolgungsorgane die **Medienberichterstattung** aufmerksam verfolgt oder gar systematisch ausgewertet wird. Aufgrund von Meldungen über „Unregelmäßigkeiten" in Unternehmen, damit zusammenhängende Verluste und ggf. daraus folgende Entlassungen ergibt sich beispielsweise der Anfangsverdacht möglicher Untreuehandlungen. Von Aufsichtsbehörden kommen in solchen Fällen so gut wie nie Hinweise an Strafverfolgungsbehörden.

Ermittlungsansätze können auch die **Zeitungsanzeigen** von Kapitalanla- 28 gefirmen oder anderen möglichen Schwindelunternehmen bieten, da hier anhand bestimmter Indikatoren – bei Kapitalanlagen z. B. unrealistische Renditeversprechungen, Firmensitz in bestimmten Ländern usw. – durchaus erste Anfangsverdachtsmomente auftauchen können, die es zu erhärten gilt.

Ähnliche Ansätze wie die Medienauswertung können auch „**Insider**"- 29 **Informationen** von Informanten oder gar V-Leuten aus Firmen, Verbänden, anderen Behörden oder sonstigen Institutionen bieten[43]. Hier liegt ein weites Feld von Möglichkeiten, das letztlich nur konkret ausfüllbar ist durch gewachsene persönliche Beziehungen.

All diese vom Grundsatz her sinnvollen und erfolgversprechenden Maß- 30 nahmen der aktiven Informationsbeschaffung und der damit verbundenen aktiven Verfahrensakquisition können in der Praxis allerdings nur insoweit durchgeführt werden, als dafür neben der Bearbeitung der ohnehin anhängigen Ermittlungsverfahren eine entsprechende **Personalkapazität** zur Verfügung steht[44].

---

41 In der aktuellen Fassung vom 15. 3. 1985 (BAnz. Nr. 60/85).
42 Vgl. z. B. *Kube* 1985 S. 37 m.w.N.
43 Vgl. dazu *Kube* 1985 S. 48 ff. m.w.N. Vgl. insbesondere auch LG Heilbronn NJW 1985 S. 874.
44 Vgl. auch *R. Müller* 1983 S. 67.

IV. Umsetzung von Auswertungsergebnissen

31 Durch die **zentrale Sammlung und Auswertung** aller Erkenntnisse im Rahmen des kriminalpolizeilichen Nachrichtenaustauschs bei Wirtschaftsdelikten werden unter anderem deliktische und räumliche Schwerpunkte sowie Personen- und Tatzusammenhänge erkannt[45].

32 Die Zentralstellen teilen nicht nur zu den vorhandenen Ermittlungsverfahren (aufgrund derer die Meldungen erfolgten) alle dazu gehörenden weiteren Erkenntnisse mit und geben entsprechende **Bearbeitungshinweise,** sondern sie initiieren auch **neue Ermittlungsverfahren,** wenn z. B. aufgrund „kriminaltaktischer Anfragen" im Vorstadium förmlicher Ermittlungen entsprechende Erkenntnisse zusammengeführt werden können.

33 Die Auswertung führt außerdem zur Einleitung von **Sammelverfahren.** Verschiedene Straftaten werden – z. T. bundesweit – von Geschädigten angezeigt, und daraufhin werden zunächst lauter einzelne Ermittlungsverfahren eingeleitet. Erst die Auswertung beim Landes- bzw. Bundeskriminalamt läßt häufig die Zusammenhänge als Serienstraftaten und den Schwerpunkt erkennen. Entweder unterrichtet dann die Zentralstelle alle beteiligten Staatsanwaltschaften und Polizeibehörden – ggf. bereits unter Hinweis auf einen erkannten räumlichen Schwerpunkt – mit dem Ziel, daß eine Staatsanwaltschaft gemäß Nr. 25–27 der „Richtlinien für das Strafverfahren und das Bußgeldverfahren (RiStBV)[46] das Sammelverfahren übernimmt. Oder aber das Bundeskriminalamt verfährt, wenn eine Straftat den Bereich mehrerer Bundesländer berührt, nach § 7 BKAG (siehe auch Nr. 28 und 29 RiStBV).

C. Ermittlungsführung

I. Stellung der Staatsanwaltschaft in Wirtschaftsstrafverfahren

34 Die **Staatsanwaltschaft** spielt im Verhältnis zur Polizei in Fällen der Wirtschaftskriminalität eine deutlich **stärkere Rolle** als allgemein sonst bei der Strafverfolgung[47]. Dazu trägt sicher wesentlich bei die Einrichtung der Schwerpunktstaatsanwaltschaften. Dieser „Funktionszuwachs der Staatsanwaltschaft"[48] wird durchaus objektiven Gegebenheiten und Besonderheiten bei Wirtschaftsstrafverfahren gerecht und kann vom Grundsatz her nicht kritisiert werden, da sich Staatsanwalt und Polizeibeamte optimal ergänzen können[49].

---

45 Vgl. *Berk* 1983 S. 160.
46 In der aktuellen Fassung vom 15. 9. 1992 (BAnz. Nr. 184/92).
47 Der BWE-Auswertung 1985 zufolge hat es beispielsweise nur in 10 % der Verfahren „Vorermittlungen" der Polizei ohne Einbindung der Staatsanwaltschaft gegeben. Vgl. hierzu auch *Montenbruck/Kuhlmey/Enderlein* 1987 S. 803 f.
48 *Wille* 1983 S. 102.
49 Vgl. im einzelnen z. B. *Franzheim* 1984a, S. 172. Zu diesbezüglichen Schweizer (Baseler) Gegebenheiten s. *Rothenfluh* 1984.

Die aktive Mitwirkung der Staatsanwaltschaft ist z. B. **von Vorteil,** 35
wenn

- komplexe Sachverhalte gleich am Verfahrensanfang schwierige rechtliche Subsumtionen erfordern, damit die Ermittlungen von vornherein in
  die richtige Richtung gehen[50],
- Beschuldigte und Zeugen bzw. deren Rechtsvertreter nicht geneigt sind,
  ausschließlich mit der Polizei zusammenzuarbeiten[51] oder
- sich bei Durchsuchungen im Falle der Anwesenheit eines Staatsanwalts
  das Problem des § 110 StPO gar nicht erst stellt[52] oder bestimmte (z. B.
  EDV-)Fachleute an Ort und Stelle dem Staatsanwalt als Zeugen (§ 161 a
  StPO) die nötigen fachlichen Auskünfte erteilen müssen.

Kehrseite dieser relativ starken Stellung der Staatsanwaltschaft im Wirt- 36
schaftsstrafverfahren ist, daß Verfahren auch allein von der Staatsanwaltschaft geführt oder der Polizei nur ganz begrenzte konkrete Ermittlungs-
aufträge (z. B. Vollstreckung von Durchsuchungsbeschlüssen) erteilt werden[53]. Hier liegt nicht nur ein polizeiliches Erkenntnisdefizit im Hinblick
auf das Gesamtlagebild. Vielmehr werden bei Nicht-Einbeziehung der
Polizei und damit auch der polizeilichen Zentralstellen seitens der Justiz
wichtige Informationsquellen (Erkenntnismitteilungen, Auswertungen)
nicht genutzt.

Die **Forderung,** daß sämtliche bei der Staatsanwaltschaft eingehenden 37
Anzeigen sowie alle Anklageschriften und Einstellungsverfügungen der
Polizei zugeleitet werden[54], verdient daher Unterstützung, obwohl bzw.
gerade weil 1985 bei der Neufassung der „MiStra" eine solche Mitteilungspflicht ausdrücklich nicht eingeführt worden ist.

II. Ermittlungsplanung, Ermittlungskonzeption

Der oft umfangreiche Verfahrensstoff zwingt möglichst frühzeitig[55] zur 38
Festlegung einer **Ermittlungskonzeption**[56]. Das bedeutet, vorbehaltlich
späterer Erkenntnis- und damit Planungsänderungen beispielsweise festzulegen,

- wie der Gesamtsachverhalt zu strukturieren ist,
- wo die Schwerpunkte liegen und was dementsprechend bei der zeitlichen Ermittlungsplanung voraussichtlich Priorität hat und
- wie ggf. der Verfahrensstoff zu beschränken ist.

Gegenstand der Ermittlungskonzeption kann darüber hinaus beispielsweise auch sein, ob und wie verfahrensbegleitend elektronische Datenver-

---

50 Vgl. *Wille* 1983 S. 104 und *Franzheim* 1984a S. 173, 1985 S. 47.
51 Vgl. auch *Wille* 1983 S. 102.
52 Vgl. auch *Franzheim* 1985 S. 56.
53 Insoweit kritisch zur Rolle der Staatsanwaltschaft *Schweinitzer* 1983 S. 114 f., *Pfiszter* 1984
    S. 183.
54 Vgl. *Schweinitzer* 1983 S. 116.
55 Nicht erst nach Auswertung aller sichergestellten Beweismittel, wie *Bungener* 1979 S. 32,
    vorschlägt.
56 So z. B. *Meisenberg* 1983 S. 194 f. und *Scheu* 1984 S. 110.

arbeitung eingesetzt wird und/oder ob und ggf. mit welchen Aufträgen Angehörige des Wirtschaftsprüfdienstes bzw. Sachverständige in das Verfahren einbezogen werden müssen.

39   Die – zumindest vorläufige – **Verfahrensstrukturierung** wird sich in aller Regel aus den bereits bekannten Sachverhaltskomplexen ergeben. Die Verfahrenskomplexe können sich z. B. bei Sammelverfahren des Anlagebetrugs auf zeitgleich oder im Zeitablauf nacheinander vertriebene unterschiedliche betrügerische Anlageformen beziehen oder auf verschiedene Anlagefirmen, mit denen die Beschuldigten operierten. In Fällen der Untreue können sachlich voneinander unterscheidbare Teilhandlungen das Gliederungskriterium abgeben. Oder es können – um eine letzte allgemeine Beispielsform zu nennen – verschiedene Straftatbestände sein, die die Grundlage von Teil-Ermittlungskomplexen bilden, z. B. bei Ermittlungen gegen Kapitalanlagefirmen und deren Verantwortliche neben dem Betrug der Verstoß gegen das Kreditwesengesetz wegen möglicher unerlaubter Bankgeschäfte sowie ggf. auch noch der Verstoß gegen das Börsengesetz und bei Delikten im Zusammenhang mit illegaler Arbeitnehmerüberlassung insbesondere die Einkommen- und/oder Umsatzsteuerhinterziehung einerseits und die Nichtabführung von Sozialbeiträgen andererseits.

40   Parallel zur Bildung von Verfahrenskomplexen sollte auch deren **Bewertung** vorgenommen werden, damit – vor dem Hintergrund der Tatschwere und des zu erwartenden Strafmaßes – **Prioritäten** bei den Ermittlungen gesetzt werden können. Dabei ist in der Regel davon auszugehen, daß die als Verfahrensschwerpunkte gesehenen Teilbereiche mit höchster Intensität und zeitlicher Priorität angegangen werden. Allerdings können von Fall zu Fall auch andere Erwägungen maßgeblich sein. So könnte es z. B. bei Haftsachen – soweit nicht Strafklageverbrauch droht – durchaus sinnvoll sein, „kleinere" Komplexe vorzuziehen und möglichst frühzeitig eine darauf bezogene Teilanklage anzustreben, weil sich dann möglicherweise „mit der Anklage im Rücken" die Erfolgschancen von Haftprüfungen durch das OLG bei mehr als sechsmonatiger Untersuchungshaft verbessern[57].

41   Die **Verfahrensbegrenzung** – über die letztlich allein die Staatsanwaltschaft entscheidet – ist ein prekäres Thema, da hier die Gefahr besteht, daß das Legalitätsprinzip und die Verfahrensökonomie zueinander in Widerspruch geraten[58]. Die Verfahrensstraffung durch Teileinstellung ist ein in der Strafprozeßordnung ausdrücklich vorgesehenes Mittel. Sachlich schwierig wird es nur, wenn solche Entscheidungen bereits im Anfangsstadium fallen und z. B. die Ermittlungen von vornherein eingegrenzt werden auf bestimmte Beschuldigte, Zeugen/Geschädigte, Zeitabschnitte, Sachverhaltskomplexe und/oder Tatbeschände[59]; denn dann könnten auch zu früh bzw. falsche Schwerpunkte gesetzt werden. Soweit es irgend geht,

---

57 Vgl. *Weiss* 1984 S. 203.
58 Vgl. hierzu *Berckhauer* 1987, *Haas* 1988 und insb. *Keller/Schmid* 1984, vor allem S. 202 ff. sowie *Bussmann/Lüdemann* 1988. Neuerdings auch *Glanz* 1990 S. 156 ff., *Kubica* 1990 S. 112 ff., *Scheu* 1990 S. 136 f., *Schiller* 1990 S. 144 ff.
59 Dies alles sind Vorschläge von *Scheu* 1984 S. 110 ff. bzw. 1990 S. 133 ff.

sollte man daher in der Anfangsphase der Ermittlungen den Gesamtsachverhalt im Auge behalten. Später sind dann immer noch sachlich begründete und das Verfahren nicht gefährdende Eingrenzungen möglich[60].

III. Zusammenarbeitsfragen aus polizeilicher Sicht

1. Behörden

a) Finanzbehörden

Eine wichtige Rolle bei der Bekämpfung der Wirtschaftskriminalität spielen – schon wegen der relativen Dominanz der Fiskaldelikte im Gesamtlagebild – die **Finanzbehörden.** **42**

Oft sind „**Mischzuständigkeiten**" gegeben, die unmittelbar zur Zusammenarbeit mit Ermittlungsorganen der Finanzbehörden führen. Beispiele für parallel verfolgte allgemeine und fiskalische Straftaten sind die nicht versteuerten Erträge aus Betrugs- oder Untreuehandlungen (z. B. Provisionen von Telefonverkäufern aus Kapitalanlagefirmen), die Warenzeichenfälschung in Verbindung mit Schmuggel und insbesondere Delikte im Zusammenhang mit illegaler Arbeitnehmerüberlassung. **43**

Das **Steuergeheimnis** stellt, soweit die Voraussetzungen des § 30 Abs. 4 AO erfüllt sind, kein rechtliches und damit auch kein praktisches Zusammenarbeitshindernis dar. **44**

Es müssen aber auch andere Erwägungen erwähnt werden. In Wirtschaftsstrafverfahren ist relativ häufig die Erhebung von Beweismitteln im Wege der internationalen **Rechtshilfe** insbesondere aus der Schweiz oder aus Liechtenstein erforderlich. Während wegen allgemeiner Delikte, wie z. B. Betrug oder Untreue, prinzipiell problemlos Rechtshilfe geleistet wird, machen diese Staaten den „**Fiskalvorbehalt**", d. h. die erlangten Beweismittel dürfen nicht an Finanzbehörden für deren Zwecke weitergegeben werden[61]. Es kann daher ggf. (bei bevorstehenden Rechtshilfemaßnahmen) angebracht sein, ein Verfahren ausschließlich auf allgemeine Delikte zu beschränken und die Finanzbehörden zunächst nicht mit einzubeziehen. Eine Zusammenarbeit kann in einem späteren Stadium immer noch stattfinden, wenn sich abzeichnet, welche für die Finanzbehörden verwertbaren Erkenntnisse bzw. Beweismittel vorliegen. **45**

Auch wenn kein paralleles Steuerstrafverfahren geführt wird, sind Staatsanwaltschaft und Polizei bei Wirtschaftsdelikten häufig auf die Zusammenarbeit mit Finanzbehörden angewiesen. Hier spielt dann bei Auskunftsersuchen das Steuergeheimnis eine Rolle; denn selbst die unter § 30 Abs. 4 Nr. 5 Buchst. b AO speziell für Wirtschaftsstrafverfahren vorgesehenen **Offenbarungsmöglichkeiten** werden ziemlich restriktiv gehandhabt[62]. **46**

---

60 Vgl. *Liebl* 1982 S. 274 f. und *Meisenberg* 1983 S. 193.
61 Ausführlich zu diesem Spezialitätsvorbehalt in solchen Fällen z. B. *Habenicht* 1982 S. 218 ff.
62 Zur Rechtslage vgl. z. B. *Schwarz* 1976 ff. § 30 AO Rdnr. 48, *Weyand* 1988; s. auch den Anwendungserlaß zur Abgabenordnung (AE AO) – BMF-Schreiben vom 24. 9. 1987 – IV A 5 – SOO 62 – 38/87 – (Der Betrieb, Beilage Nr. 23/87 zu Heft 48 vom 27. 11. 1987 S. 4).

47   Nicht unerwähnt bleiben sollte schließlich in diesem Zusammenhang die Möglichkeit der Zusammenarbeit mit dem **Zollkriminalamt,** das bestimmte Zentralstellenaufgaben wahrnimmt und dadurch in geeigneten Fällen ebenfalls die Ermittlungen fördern kann[63].

b) Andere Behörden

48   Auch sonstige Behörden, wie die **Bundesbahn** (bzw. der **Bundesgrenzschutz)** und die **Bundespost,** verfügen über Organe mit speziellen polizeilichen bzw. Ermittlungszuständigkeiten, die ggf. auch in Wirtschaftsstrafverfahren mit eingeschaltet werden können[64].

49   Darüber hinaus sind insbesondere die folgenden **Aufsichts- bzw. sonstigen Behörden sowie öffentlich-rechtlichen Institutionen** mögliche Partner für eine Zusammenarbeit[65]:

– Amtsgerichte

    (mit den öffentlichen Registern, wie Handelsregister, Grundbuch u. a. m.)

– Arbeitsverwaltung

    (z. B. im Zusammenhang mit Verfahren auf dem Gebiet der illegalen Arbeitsvermittlung bzw. Arbeitnehmerüberlassung oder bei betrügerischer Erlangung von Konkursausfallgeld)

– Bundesamt für Wirtschaft

    (z. B. bei Verdacht des Subventionsbetruges bzw. sonstiger betrügerischer Erlangung öffentlicher Hilfen/Zulagen)

– Bundesaufsichtsamt für das Kreditwesen

    (z. B. im Zusammenhang mit der Frage, ob Kapitalanlagefirmen auch verbotene Bankgeschäfte im Sinne des Kreditwesengesetzes betrieben haben oder bei Verdacht von Untreuehandlungen von Banken)

– Bundesausfuhramt

    (im Zusammenhang mit Verstößen gegen Außenwirtschaftsbestimmungen)

– Bundeskartellamt

    (soweit z. B. Abstimmungsbedarf bei parallelen Ermittlungen wegen Verdachts des Betruges und wegen verbotener Preisabsprachen nach dem Gesetz gegen Wettbewerbsbeschränkungen besteht)

– Bundeswehr

    (insbesondere Bundesamt für Wehrtechnik und Beschaffung – BWB – und Bundesverteidigungsministerium, Referat ES (= „Ermittlungen in Sonderfällen"), bei Betrugs-, Untreue- oder Korruptionsverfahren im Bereich der Bundeswehr)

---

63 Näheres dazu bei *Müller/Wabnitz* 1986 S. 186.
64 Vgl. dazu *Müller/Wabnitz* 1986 S. 181 f.
65 Vgl. zum Folgenden im wesentlichen *Bermbach/Grüning* 1983, *Müller/Wabnitz* 1986 S. 182 ff., *Krupski* 1987 S. 43.

– Deutsche Bundesbank/Landeszentralbanken

(z. B. als Instanz für sachverständige Unterstützung bei Delikten im Bankwesen)

– Gewerbeämter

(mit den – nichtöffentlichen – Gewerberegistern)

– Industrie- und Handelskammern

(z. B. Nutzung der dortigen Informationen und Sachkunde bei Verdacht der strafbaren Werbung)

– (gesetzliche) Krankenkassen

(z. B. in Fällen der Nichtabführung von Sozialversicherungsbeiträgen oder bei Konkursstraftaten mit Krankenkassen als Gläubigern).

Diese Aufzählung außerpolizeilicher Behörden und Einrichtungen kann **50** nicht erschöpfend, sondern soll nur beispielhaft sein. So positiv und reibungslos die Zusammenarbeit auch häufig funktioniert, man darf trotzdem nicht aus den Augen verlieren, daß Strafverfolgung für diese Stellen nicht das vorrangige Ziel darstellt. Soweit nicht nur Register genutzt oder lediglich allgemeine fachliche Auskünfte bzw. Stellungnahmen eingeholt werden, kann es daher im Einzelfall passieren, daß – ob zu Recht oder zu Unrecht – insbesondere von Aufsichtsbehörden auf **spezielle gesetzliche Geheimhaltungspflichten,** z. B. nach dem Kreditwesengesetz oder nach der Gewerbeordnung, hingewiesen wird[66].

2. Privatpersonen/-institutionen

Auch über entsprechende Institutionen, die zur Informations- und **51** Erkenntnisgewinnung sowie bei der Beweissicherung[67] um Unterstützung gebeten werden können, ist hier nur ein unvollständiger Überblick[68] möglich. Als erstes zu nennen sind die **Auskunfteien und Selbstschutzeinrichtungen der Wirtschaft,** wie z. B.

– der Deutsche Schutzverband gegen Wirtschaftskriminalität e. V. (DSW)

– die Schutzgemeinschaft für allgemeine Kreditsicherung GmbH (Schufa)

– der Verband der Vereine Creditform e. V. und

– die Wirtschaftsauskunftei Schimmelpfeng (bzw. andere Handelsauskunfteien).

Die freiwillige **Erteilung von Auskünften** an die Polizei in konkreten **52** Einzelfällen wird inzwischen mehr und mehr aus datenschutzrechtlichen Gründen **erschwert.** So hat z. B. die Bundes-Schufa im Januar 1987 dem Bundeskriminalamt mitgeteilt, daß der Polizei keine Informationen mehr gegeben werden dürfen. Wenn Informationen oder Unterlagen nur noch aufgrund richterlicher Beschlüsse bzw. nach Maßgabe sonstiger gesetz-

---

66 Das könnte ein Grund sein, warum von 82 Polizeidienststellen z. B. nur vier das Bundesaufsichtsamt für das Kreditwesen, nur drei das Bundeskartellamt und nur zwei das Bundesamt für (gewerbliche) Wirtschaft als Partner der Zusammenarbeit benannten. Vgl. *Poerting* 1985 S. 133 ff.

67 Näheres dazu z. B. bei *Bermbach/Grüning* 1983 S. 131 ff., *Poerting* 1985 S. 139 ff., *Müller/Wabnitz* 1986 S. 189 ff.

68 Dies sind die am häufigsten genannten Zwecke. Vgl. *Poerting* 1985 S. 142 f.

licher Verpflichtungen erlangt werden, ist allerdings die Bezeichnung „Zusammenarbeit" nicht mehr gerechtfertigt.

53   Eine zweite – in der Praxis sehr wesentliche – Kategorie privater Zusammenarbeitspartner sind die (unmittelbar) **Geschädigten** bzw. deren Verbände. Geschädigte sind ggf. (soweit sie zur Sachaufklärung beitragen können) Zeugen im Strafverfahren, und sie nehmen außer im Privatklageverfahren (§§ 374 ff. StPO) bzw. als Nebenkläger (§§ 395 ff. StPO) sowie im Klageerzwingungsverfahren (§§ 172 ff. StPO) keine spezielle Prozeßrolle wahr[69]. Sie können aber durch aktive Unterstützung u. U. wesentlich zum Ermittlungserfolg beitragen.

54   So wirkt z. B. die „Gesellschaft für Zahlungssysteme" (GZS) als deutsche Clearingzentrale für den Euroscheckverkehr mit bei der Erkennung und Auswertung von Serien betrügerisch eingelöster Euroschecks. Die Kreditkartenemittenten tragen bei zur Serienzusammenführung im Falle mißbräuchlicher Kreditkartenbenutzung. **Verbände** auf dem Gebiet der Urheberrechtsverletzungen, wie z. B. die GVU (Gesellschaft zur Verfolgung von Urheberrechts-Verletzungen) oder die deutsche Landesgruppe der IFPI (International Federation of Phonogram and Videogram Producers) setzen sogar private „Ermittler" ein, und Unternehmen, deren Markenartikel gefälscht werden (Produktpiraterie), bzw. die ihre Interessen vertretenden Rechtsanwälte beschäftigen Privatdedektive. Selbst hier ergeben sich – bei aller Vorsicht – gewisse punktuelle Ansätze für eine Zusammenarbeit bei der Strafverfolgung.

55   Die Geschädigtenseite wird manchmal zumindest partiell Informationen aus dem Ermittlungsverfahren haben wollen, was einer **Akteneinsicht** gleichkäme. Die Strafprozeßordnung sieht das nach Einführung des Opferschutzgesetzes inzwischen ausdrücklich vor (§ 406 e StPO). Die Polizei muß insoweit immer an den entscheidungsbefugten Staatsanwalt verweisen (§ 406 e Abs. 2 StPO).

56   Besonders zu erwähnen ist außerdem noch der **Konkursverwalter,** der – nicht nur bei Ermittlungen wegen Verdachts von Konkursstraftaten – häufig derjenige ist, der im Besitz von für das Strafverfahren bedeutsamen Unterlagen ist. Hier kann es ggf. Koordinierungsprobleme geben. Zwar hat das strafrechtliche Ermittlungsverfahren Vorrang vor dem Interesse des Konkursverwalters (dieser gehört nicht zu den zeugnisverweigerungsberechtigten Personen nach § 53 StPO, so daß Geschäftsunterlagen beim Konkursverwalter beschlagnahmt werden können[70]), doch empfiehlt sich im Sinne einer effektiven Zusammenarbeit eine einvernehmliche Lösung hinsichtlich der praktischen Gestaltung der Auswertung von Geschäftsunterlagen.

3. Verteidiger, Rechtsanwälte

57   Gerade Beschuldigte in Wirtschaftsstrafverfahren mit entsprechendem sozialem Status und finanziellem Hintergrund haben oft schon in einer

---

69 Vgl. hierzu auch *Richter* 1984 S. 178 f.
70 Vgl. *Schäfer* 1985b S. 210.

frühen Verfahrensphase kompetente, hoch engagierte **Verteidiger**. Ebenso lassen Zeugen/Geschädigte vielfach ihre Rechte vehement durch **Rechtsanwälte** vertreten. Abgesehen von reinen Rechtsfragen, deren Erörterung allein Sache des Staatsanwalts ist, kommen dann auch Fragen des „Umgangs" mit Verteidigern bzw. Rechtsanwälten auf, und zwar auch bei der Polizei:

- Beschuldigte, aber auch Zeugen sind manchmal nur bereit, in Gegenwart ihres Anwalts bei der Polizei zur Sache auszusagen. Obwohl die Strafprozeßordnung den Verteidigern bzw. den Zeugenbeiständen bei polizeilichen Vernehmungen kein Anwesenheitsrecht eröffnet, sollte, wenn man auf die Aussage (zumindest von Beschuldigten) nicht ganz verzichten will und keine speziellen Gründe dagegensprechen, einer solchen Bitte nachgekommen werden[71]. Dies ist dann aktenkundig zu machen[72]. Eine solche Anwesenheit kann u. U. sogar Vorteile bringen[73]. Den Verteidigern von Beschuldigten können auf Wunsch Kopien der Vernehmungsniederschrift ausgehändigt werden, da sie insoweit ohnehin jederzeit Einsichtsrecht haben (§ 147 Abs. 3 StPO).
- Bei Durchsuchungen darf man (§ 137 StPO) einen Beschuldigten nicht daran hindern, sich mit seinem Verteidiger in Verbindung zu setzen.
- Obwohl die Strafprozeßordnung bei einer Durchsuchung nicht die Anwesenheit eines Verteidigers vorsieht, die Maßnahme also auf jeden Fall auch ohne ihn beginnen und stattfinden kann, darf der Verteidiger trotzdem nicht ferngehalten werden. Er hat vielmehr – von den hier wohl unwahrscheinlichen Fällen des § 164 StPO abgesehen – ein Anwesenheitsrecht, wenn der betroffene Beschuldigte das wünscht und zugleich am Durchsuchungsort das Hausrecht hat bzw. der Hausrechtsinhaber zustimmt[74].

IV. Aktenführung

1. Allgemeine Anmerkungen

Gerade bei Wirtschaftsstrafverfahren mit ihrem umfangreichen Aktenmaterial und den Mengen an schriftlichen Beweismitteln kommt dem **Aktenaufbau** und der **Aktenführung** eine zentrale, oft unterschätzte Bedeutung zu. Die Fülle der Unterlagen muß[75]   **58**
- zum Zwecke der Dokumentation des Verfahrensablaufs übersichtlich geordnet werden,
- als Grundlage für strafprozessuale Maßnahmen sowie der Vorbereitung der Anklage dienen und
- letztlich in der Hauptverhandlung überzeugend präsentiert werden.

---

71 Vgl. auch *Kramer* 1987 S. 41 f.
72 Vgl. *J. Fischer* 1975 S. 206. Die dort (S. 205 f.) zum Ausdruck kommende grundsätzliche Ablehnung der Anwesenheit des Verteidigers bei polizeilichen Beschuldigtenvernehmungen verkörpert zwar Prinzipientreue, vernachlässigt aber, daß dann wesentliche Aussagen möglicherweise nie gemacht werden.
73 Vgl. auch *Basel* 1985 S. 35.
74 Vgl. *Rengier* 1981 S. 375, *Krekeler* 1983 S. 45 f.
75 Vgl. auch *Potratz* 1983 S. 187.

Leider ist es nicht möglich, einen bestimmten Aktenaufbau mit fester Terminologie in eindeutiger, allgemeingültiger Weise festzulegen[76], da jede konkrete Aktenordnung delikts- und einzelfallabhängig ist[77].

2. Hauptakte/Ermittlungsakte

59 Die Begriffe **„Hauptakte"** und „Ermittlungsakte" werden unterschiedlich benutzt. Zum einen dient die „Hauptakte" als Sammelbegriff für das gesamte Aktenmaterial, das die Grundlage der Beweisführung bildet und letztlich dem Gericht zur Hauptverhandlung vorgelegt wird[78]. Das Pendant zur Hauptakte in diesem Sinne ist die Handakte, und die „Ermittlungsakte" ist dann ein Unterfall der so bezeichneten Hauptakte.

60 Zumeist aber wird der Begriff **„Ermittlungsakte"** mit dem – dann enger gemeinten – Begriff „Hauptakte" gleichgesetzt[79]. Die Hauptakte in diesem (engeren) Sinne bzw. die Ermittlungsakte ist die zentrale Dokumentation des Ermittlungsverfahrens. Sie wird in aller Regel – aufgeteilt in mit römischen Zahlen bezeichnete Bände – chronologisch geordnet, und sie enthält insbesondere alle Schriftstücke über strafprozessuale Maßnahmen, wie Verfügungen, Anträge, Beschlüsse, Vernehmungen, Berichte usw.

61 Bei Wirtschaftsverfahren wird das **Original** der Hauptakte/Ermittlungsakte zumeist bei der Staatsanwaltschaft geführt und ein identisches Doppel bei der Polizei. Weitere Ausfertigungen hält die Staatsanwaltschaft vor für Zwecke der Akteneinsicht durch Anwälte bzw. für den Fall, daß die Originalakte – z. B. zur Beantragung richterlicher Beschlüsse – dem Gericht vorgelegt werden muß[80].

3. Teilakten

62 „Teilakten"[81] umfassen Aktenstücke, die inhaltlich Bestandteil der Hauptakte/Ermittlungsakte sind, die aber zum Zwecke der besseren Übersicht zusätzlich nach Sachkriterien herausgezogen und zusammengestellt sind. Die **Bezeichnungen** hierfür reichen von „Sonderheft"[82] bzw. „Sonderband" über „Nebenakten" bis hin zu „Fallakten"[83] und „Hilfsakten"[84].

63 **Im einzelnen** kann es sich z. B. handeln um
– Geschädigten-Fallakten z. B. in Verfahren des Anlagebetrugs mit Kopien aller diesen Einzelfall betreffenden Aktenstücke. (Manchmal allerdings werden auch Fallakten angelegt, deren Bestandteile nicht alle auch in der chronologischen Hauptakte/Ermittlungsakte enthalten sind, so daß hier insoweit eine Mischform aus chronologischer und sachlicher Gesamt-Aktengliederung vorläge.)

---

76 Vgl. *Götz* 1988 S. 481.
77 Zu deliktsabhängigen konkreten Vorschlägen vgl. z. B. *Burghard* 1969 S. 171 ff.
78 So wohl bei *Schlüter* 1977 S. 24.
79 So z. B. bei *Potratz* 1983 S. 188.
80 Vgl. auch *Schlüter* 1977 S. 24.
81 Begriff bei *Beck/Kappler/Bayer* 1985 S. 77.
82 Dabei ist zu beachten, daß bei *Schlüter* (1977 S. 24) der Begriff „Sonderheft" in einem ganz anderen Sinne gebraucht wird.
83 Vgl. *Potratz* 1983 S. 189.
84 Vgl. *Schlüter* 1977 S. 25.

– Täterakten/Beschuldigtenakten mit Kopien aller diese Person betreffenden Aktenstücke

– Vernehmungsordner mit Kopien aller Vernehmungsniederschriften; sinnvollerweise gegliedert nach Beschuldigten- und Zeugenvernehmungen

– Durchsuchungsordner, gegliedert nach den systematisch numerierten Durchsuchungsobjekten, mit Kopien aller die Durchsuchungen betreffenden Aktenstücke

– Haftordner, ggf. gegliedert nach Beschuldigten, mit Kopien aller die Inhaftierungen betreffenden Aktenstücke

– Rechtshilfeordner, gegliedert nach ersuchten Staaten, mit Kopien aller Rechtshilfevorgänge.

Fallakten und Täterakten sollten ggf. bei Verfahrensabtrennung als neue Ermittlungsakten verwendbar sein[85].

4. Beiakten

„Beiakten" (oder „beigezogene Akten") ist ein ausnahmsweise relativ einheitlich verwendeter Begriff. Es handelt sich um zum Ermittlungsverfahren hinzugezogene Akten von Justiz- oder anderen Behörden, die nicht unmittelbar Verfahrensgegenstand sind, z. B. frühere Ermittlungs- oder Zivilprozeßakten, Konkursakten u. ä.[86]   **64**

5. Beihefte

„Beihefte" sollten Akten genannt werden, die ggf. als Kopien von Original-Beweisstücken zusammengestellt sind als Anlagen zu Vernehmungsniederschriften, Vermerken oder Berichten sowie ggf. auch zur Anklageschrift, um einerseits damit nicht die Hauptakte/Ermittlungsakte zu belasten und um andererseits nicht jedesmal das Suchen und Heranziehen von Original-Beweismitteln erforderlich zu machen, auf die im betreffenden Aktenstück verwiesen wurde.   **65**

6. Beweismittelordner/Beweismittelakten

Auf keinen Fall sollten – was sich bei Wirtschaftsstrafverfahren wohl schon vom Umfang her verbietet – schriftliche Original-Beweisstücke – unmittelbar oder „in Hülle" – der Hauptakte/Ermittlungsakte beigegeben werden[87]. Beweismittel unterliegen zwar auch der Akteneinsicht nach § 147 Abs. 1 StPO, sie brauchen aber dem Verteidiger nicht zur Einsichtnahme mit in seine Geschäftsräume oder in seine Wohnung mitgegeben zu werden (§ 147 Abs. 4 StPO). Also schon um dem Verteidiger und damit dem Beschuldigten nicht als Teil der Hauptakte/Ermittlungsakte (belastende) Original-Beweismittel auszuhändigen[88], ist es unumgänglich,   **66**

---

85 Vgl. *Potratz* 1983 S. 189.
86 Vgl. *Potratz* 1983 S. 189. *Schlüter* (1977 S. 24) differenziert demgegenüber zwischen „Beiakten" als Justizakten und „Sonderheften" als Akten anderer Behörden oder juristischer Personen.
87 So aber *Schlüter* 1977 S. 24.
88 Vgl. dazu auch *Weiss* 1984 S. 198.

schriftliche Beweismittel gesondert in **Beweismittelordnern** bzw. -akten zu belassen. Diese Ordner müssen fortlaufend numeriert bzw. eindeutig bezeichnet sein[89]. Es sollte möglichst vermieden werden, Original-Beweismittel mit Seitenzahlen, Hinweisen o. ä. zu beschriften[90], insbesondere wenn sie nach Verfahrensabschluß wieder ausgehändigt werden sollen.

67 Auf keinen Fall sollten, was durchaus vorgeschlagen[91] und praktiziert wird, sichergestellte Original-Unterlagen aus ihrem ursprünglichen Zusammenhang (sofern vorhanden) gelöst und nach ermittlungsrelevanten Sachkriterien neu geordnet werden[92]. Die vorgefundene **Original-Anordnung** kann bei der Beweisführung möglicherweise sehr wichtig sein, so daß sie keinesfalls verändert werden darf. Wenn also nach Beweisthemen neu geordnet werden muß, sind zu diesem Zweck Kopien zu fertigen und zusammenzustellen[93]. Das hat dann zugleich den Vorteil, daß die Beweismittel paginiert oder sonstwie beschriftet werden können.

7. Handakten

68 Im Gegensatz zu allen bisher beschriebenen Aktenkategorien, die Grundlage der Anklageerhebung und der Hauptverhandlung werden bzw. prinzipiell werden können, enthalten „**Handakten**" Aktenstücke, die für die strafprozessuale Verfahrens- und Beweisführung keine bzw. keine unmittelbare Bedeutung haben. Die polizeiliche Handakte kann z. B. enthalten

– interne Berichte/Lagemeldungen

– die Presseakte

– den polizeilichen Nachrichtenaustausch/Schriftverkehr (soweit nicht in der Hauptakte/Ermittlungsakte)

– Fahndungsausschreibungen und -hinweise

– Einsatzunterlagen.

V. Durchsuchung, Sicherstellung, Beschlagnahme

1. Planung und Vorbereitung[94]

69 Die Anordnung von **Durchsuchungen** in Wirtschaftsstrafverfahren wegen Gefahr im Verzug ist im Vergleich zu anderen Deliktsbereichen selten. Eine wesentliche polizeiliche Aufgabe besteht also darin, bei der Staatsanwaltschaft jeweils mit konkreter Begründung[95] die Beantragung **richterlicher Beschlüsse** anzuregen.

---

89 Vgl. *Potratz* 1983 S. 191.
90 So aber offenbar *Büngener* 1977 S. 26, *Weiss* (1984 S. 196) hält es zwar für umstritten, meint aber, es sei „hinzunehmen".
91 Vgl. *Büngener* 1977 S. 26.
92 Ausdrücklicher Hinweis z. B. bei *Weiss* 1984 S. 196. Man muß darauf schon bei der Sicherstellung/Beschlagnahme achten; vgl. *Quermann* 1986b S. 394.
93 Vgl. auch *Franzheim* 1985 S. 59 f.
94 Vgl. zum Folgenden auch *Krieglsteiner* 1983 S. 173 f. und *Quermann* 1986b S. 338 f.
95 Zur inhaltlichen Bestimmtheit von Durchsuchungsbeschlüssen vgl. z. B. *Baur* 1983 m.w.N.

Um nicht bereits zu Beginn einer Durchsuchung wegen falsch ausge- **70**
stellter Beschlüsse (z. B. hinsichtlich einer Firmenbezeichnung oder einer
Anschrift) unnötigen Komplikationen gegenüberzustehen und um alle in
Frage kommenden Objekte vollständig abzudecken, sind – unter Nutzung
aller hierfür in Frage kommenden Erkenntnisquellen (Polizei, Einwohner-
meldeämter, Paßstellen, Telefonauskunft, Handelsregister, Gewerbeämter, Kraftfahrzeugzulassungsstellen usw.) – **aktuelle Feststellungen** erforderlich insbesondere zu Firmenbezeichnungen, Rechts- und Beteiligungs-
verhältnissen, Tochter- und Muttergesellschaften, Anschriften von Nie-
derlassungen und Zweigstellen, verantwortlichen Personen in Firmen,
Wohnungsanschriften, zugelassenen Kraftfahrzeugen sowie Bankschließfächern (auf die die Beschlüsse ggf. immer auch mit ausgestellt werden
sollten) und Telefonanschlüssen (letzteres ist später auch wichtig für die
Einsatzleitung/den Meldekopf).

Wenn die zu beschlagnahmenden Beweismittel hinreichend bestimmbar **71**
sind, sollte man versuchen, zusammen mit dem Durchsuchungsbeschluß
auch einen **richterlichen Beschlagnahmebeschluß** zu erwirken[96]. Manche
Staatsanwaltschaften beantragen allerdings prinzipiell Durchsuchungs-
und Beschlagnahmebeschlüsse nicht zusammen.

Die erlangten Beschlüsse sollten vor Durchsuchungsbeginn auf formale **72**
und inhaltliche Richtigkeit überprüft werden. Man sollte insbesondere
darauf achten bzw. über die Staatsanwaltschaft rechtzeitig darauf hinwirken, daß **je Objekt ein Beschluß** ergeht und nicht etwa mehrere Objekte
auf einem Durchsuchungsbeschluß verzeichnet sind. Das mag noch angehen, wenn es sich jeweils um denselben Betroffenen handelt; doch ist es
sowohl aus rechtlichen als auch aus taktischen Gründen keinesfalls hinzunehmen, wenn mehrere Betroffene (und Objekte) auf einem Beschluß erscheinen[97].

Neben der Beschlußvorbereitung von zentraler Bedeutung ist eine **73**
umfassende und intensive **Objektabklärung** vor Ort, die – sofern dies die
zeitlichen und sonstigen Gegebenheiten zulassen – sowohl von dem/den
Einsatzplaner(n) persönlich oder durch darum ersuchte örtlich zuständige
Beamte als auch kurz vor Einsatzbeginn zumindest durch kurze äußerliche
Besichtigung auch von den Durchsuchungskräften selbst vorgenommen
werden sollte. Dabei geht es dann um die endgültige Verifizierung der
Anschrift, um Lage und Größe der Objekte, um Lager- und Nebenräume
(soweit erkennbar), um Garagen, um Zugangsmöglichkeiten und Eingänge
sowie um die Zahl der im Objekt voraussichtlich anzutreffenden Personen.
Wo es die Gegebenheiten erlauben – z. B. bei Publikumsverkehr – sollte
auch an eine Innenaufklärung gedacht werden.

Diese Objektabklärung wiederum ist wesentliche Grundlage für weitere **74**
notwendige Festlegungen, wie z. B. den **Kräfteansatz** je Objekt. Das betrifft
nicht nur die Anzahl, sondern auch die Art der Durchsuchungskräfte (z. B.

---

96 Zur Bestimmtheit von Beschlagnahmebeschlüssen in Wirtschaftsstrafverfahren vgl. u. a. LG
   Oldenburg wistra 1987 S. 38.
97 So auch *Rengier* 1981 S. 374.

Zuweisung besonders sach- und verfahrenskundiger bzw. spezialisierter Kräfte zu bestimmten Objekten oder Einbeziehung von Angehörigen des Wirtschaftsprüfdienstes).

75   Bei Einsätzen in verschiedenen örtlichen Zuständigkeitsbereichen wird in diesem Zusammenhang auch zu entscheiden sein, ob und inwieweit **örtlich zuständige Polizeidienststellen** um personelle Unterstützung ersucht werden. Soweit dies der Fall ist, sollte trotzdem mindestens ein Beamter der sachbearbeitenden Polizeidienststelle an Durchsuchungen in auswärtigen Objekten teilnehmen. In jedem Fall ist ein überörtlicher Einsatz der örtlich zuständigen Polizei anzuzeigen.

76   Die Objektabklärung kann ggf. auch die **Zeitplanung,** d. h. den Einsatzbeginn, bestimmen, wenn z. B. die Geschäftszeiten von Firmen oder regelmäßige An- und Abwesenheitszeiten in Wohnungen festgestellt werden.

77   Zur Vorbereitung gehört auch die Frage der **Mitwirkung sachkundiger Experten,** z. B. von EDV-Spezialisten. Auch ist darüber zu befinden, ob **andere Behörden** hinzuzuziehen sind. Zum Teil ergibt sich das zwangsläufig, wenn z. B. parallel ein Steuerstrafverfahren läuft. Man darf nicht ohne konkreten Anlaß die Steuerfahndung einbeziehen, da eine nicht zulässige „planmäßige Suche nach Zufallsfunden" darstellt[98]. In Frage kommen – anlaßbezogen – auch noch andere Behörden, z. B. Angehörige von Arbeitsämtern (Stützpunktdienststellen zur Bekämpfung illegaler Beschäftigung).

78   **Weiter** muß bei der Planung und Vorbereitung z. B. gedacht werden an
– die Bereitstellung von Fahrzeugen (auch zum späteren Asservatentransport)
– die Hinzuziehung von Gemeindebeamten (§ 105 Abs. 2 StPO)
– die Feststellung evtl. in Frage kommender Schlüsseldienste
– Asservatenbehälter/-säcke
– die Ausrüstung aller Einsatzkräfte mit Einsatzmaterial (ggf. „persönlicher Einsatzkoffer")
– Hotelreservierungen
– das Bereitstellen von Stadtplänen.

79   Bei möglichst allen Durchsuchungseinsätzen, die ein Minimum an Vorbereitung und Koordinierung erfordern (mehrere Objekte, zeitgleiche Maßnahmen), empfiehlt sich die Erstellung einer **Einsatzanweisung,** die allen Durchsuchungskräften auszuhändigen ist. Einsatzanweisungen sollen auch die nicht verfahrenskundigen Einsatzkräfte mit dem zugrundeliegenden Sachverhalt vertraut machen. Sie enthalten außerdem zumindest die Auflistung sämtlicher Durchsuchungsobjekte (nebst Erreichbarkeiten), die dort jeweils eingesetzten Kräfte, spezifizierte Anweisungen, wonach (je Objekt) zu suchen und was sicherzustellen ist (zu diesem Zweck ggf. auch Listen über involvierte Personen und Firmen), Vorgaben zur Art der Asservierung sowie zum Verbleib der Asservate, die Erreichbarkeit der Einsatzleitung/des Meldekopfes und ggf. auch des Staatsanwaltes sowie Ort und Zeit der Einsatzbesprechung.

---

98 Vgl. hierzu *Kalf* 1986 m.w.N.

Eine noch so ausführliche Einsatzanweisung sollte eine **Einsatzbespre-** **80**
chung mit möglichst allen beteiligten Kräften nicht überflüssig machen.
Erfahrungsgemäß gibt es immer noch offene Fragen und notwendige Ergänzungen.

Eingeplant werden sollten stets auch genügend **Reservekräfte,** damit die **81**
Einsatzleitung ggf. Sofortmaßnahmen (z. B. Durchsuchungen in sich neu
ergebenden Objekten) anordnen kann. Es muß daher auch sichergestellt
werden, daß die Einsatzleitung – ggf. über einen Meldekopf – ständig aktuell über den Sachstand informiert wird.

Gerade im Zusammenhang mit Einsätzen in Verfahren der Wirtschafts- **82**
kriminalität, wo sich erfahrungsgemäß die Frage der **Eigensicherung** relativ selten stellt, ist schließlich der Hinweis angebracht, daß auch die
Dienstwaffe grundsätzlich mit zur persönlichen Ausrüstung gehört.

2. Einzelfragen der Durchführung

a) Durchsuchungsbeginn und erste Sicherungsmaßnahmen

In Firmen ist bei Durchsuchungsbeginn **Ansprechpartner** die Vorstands- **83**
bzw. Geschäftsführerebene. Häufig werden dann Vertreter der Rechtsabteilung bzw. Rechtsanwälte hinzugezogen. Man sollte sich nur dann auf vor-
herige – seitens der Betroffenen manchmal nur zum Zwecke des Zeitge-
winns angestrebte – „Besprechungen" über rechtliche oder praktische Fragen der Durchsuchung einlassen, wenn (insbesondere in Fällen des § 103
StPO) nach Möglichkeit gar keine Durchsuchung im strengen Sinne stattfinden soll, sondern mit der vollständigen Herausgabe der verlangten (bzw.
beschlagnahmten) Beweismittel gerechnet werden kann.

In allen anderen Fällen wird unverzüglich mit der Durchsuchung begon- **84**
nen. Als erstes gilt es in aller Regel, einen **Überblick** über die Räumlichkeiten einschließlich aller Ein- und Ausgänge und über das anwesende Personal zu bekommen. Dafür sollte alsbald ein vollständiger, auch die Nebenräume sowie auch die Arbeitsplätze wiedergebender systematischer **Lage-**
plan erstellt werden.

Bei zeitgleichen Durchsuchungen in anderen Objekten ist frühzeitige **85**
Kontaktaufnahme dorthin und auf jeden Fall natürlich in der ersten, noch
unübersichtlichen Anfangsphase das Beiseiteschaffen von Beweismitteln
zu verhindern. Bei Durchsuchungsbeginn dürfte daher in Firmen der vor-
übergehende „Stubenarrest" von Angestellten sowie – evtl. schon in der
Pförtnerloge – eine befristete „Telefonsperre" (mit Ausnahme der bereits
erwähnten Kontaktaufnahme mit dem Verteidiger, den man allerdings zur
Sicherheit als Durchsuchungsbeamter selbst anwählen sollte) praktisch
geboten und auch – nach Prüfung im Einzelfall – als milderes Mittel gegenüber Festnahmen nach § 164 StPO rechtlich zulässig[99] bzw. – im Falle der
„Telefonsperre" – unmittelbar aus der richterlichen Anordnung nach
§ 105 StPO herzuleiten sein[100].

---

99 Vgl. z. B. *Rengier* 1981 S. 375 und *Quermann* 1986b S. 341.
100 Vgl. *Kramer* 1987 S. 54 f.

b) Fotografieren im Durchsuchungsobjekt

86 Die zu durchsuchenden Räumlichkeiten sollten nicht „automatisch" fotografiert werden. Das **Fotografieren** ist nämlich nicht zulässig, wenn damit nur spätere Regreßansprüche vermieden werden sollen. Es kann aber fotografiert werden zur unmittelbaren Beweisführung sowie zum Zwecke der Dokumentation der allgemeinen Lebensumstände des Betroffenen[101] – insbesondere der Einkommens- und Vermögensverhältnisse –, sofern dies für das Verfahren von Bedeutung ist.

c) Anwesenheitsrechte

87 Betroffene und ihre Rechtsbeistände müssen trotz aller Proteste letztlich hinnehmen, daß ihnen gegen den Vollzug der Durchsuchung keine wirksamen Mittel zur Verfügung stehen[102]. Teilweise wird gar nicht die Vollstreckung der Beschlüsse selbst angegriffen, sondern die **Anwesenheit sonstiger Personen** bei der Durchsuchung. Hier kann es einmal um hinzugezogene Zeugen gemäß § 105 Abs. 2 StPO gehen. Sie sollten – zum Schutz vor evtl. nachträglichen Beschwerden – selbst bei ausdrücklichem Verzicht des Betroffenen nicht entlassen werden. Es sollte sich möglichst um einen Gemeindebeamten handeln. Firmenangestellte sind als Zeugen nicht geeignet, da sie nicht neutral sind[103].

88 Darüber hinaus kann es um **sachkundige Beratung und Unterstützung** gehen, also z. B. um die Anwesenheit von Wirtschaftsreferenten oder von Angehörigen polizeilicher Wirtschaftsprüfdienste sowie von sonstigen behördlichen oder privaten Experten (z. B. EDV-Fachleute). Der Kreis derjenigen, die bei einer rechtmäßig angeordneten und vollzogenen Durchsuchung anwesend sein dürfen, ist gesetzlich nicht abschließend bestimmt. Den Strafverfolgungsbehörden ist es also unbenommen, durch Sachkunde oder besondere Informationen die Erreichung des Durchsuchungsziels fördernde Personen zur Durchsuchung hinzuzuziehen[104]. Es ist prinzipiell sogar möglich, Geschädigte bzw. Anzeigeerstatter einzubeziehen, wenn diese z. B. konkrete Auffindungshinweise geben bzw. sonstwie sachkundig beraten können. Allerdings hat die Beteiligung sachkundiger Geschädigter ihre Grenze, wenn dadurch andere Rechte verletzt werden, weil z. B. die Geschädigten/Anzeigeerstatter durch die Teilnahme an einer Durchsuchung in die Lage versetzt werden, Geschäftsgeheimnisse von Mitbewerbern zur Kenntnis zu nehmen[105].

d) Durchsicht von Papieren

89 Bei Durchsuchungen in Wirtschaftsstrafverfahren werden so gut wie immer „**Papiere**" im Sinne des § 110 StPO gesucht. Somit stellt sich, wenn

---

101 Vgl. OLG Celle, Beschluß vom 11. 1. 1985 – 3 VAs 20/84 –. Das bei *Quermann* 1986b (S. 341) angeführte Beispiel ist insofern mißverständlich, als eine schon äußerlich nicht ordnungsgemäße Buchführung für Beweiszwecke fotografiert werden kann.
102 Vgl. *Stypmann* 1982 S. 12 m.w.N.
103 Vgl. auch *Rengier* 1981 S. 374 und *Quermann* 1986b S. 340.
104 Vgl. *Kramer* 1987 S. 53. Die von *Quermann* 1986b (S. 339) zitierte Auffassung der Staatsanwaltschaft bzgl. der Mitwirkung von Wirtschaftsreferenten dürfte falsch sein. Vgl. auch *Kleinknecht/Meyer* 1987 § 105 StPO RdNr. 8.
105 Vgl. OLG Hamm wistra 1987 S. 230–232.

kein Staatsanwalt dabei ist, für Polizeibeamte die Frage der Durchsicht von Papieren.

Die Polizeibeamten sollten möglichst versuchen, die **Einwilligung** des 90 Betroffenen zur Durchsicht der Papiere zu erlangen. Dieses Einverständnis kann auch – nach entsprechender Frage an den Betroffenen – stillschweigend erteilt werden[106]. Bei ausdrücklich versagter Einwilligung müßten die Polizeibeamten die in Frage kommenden Unterlagen gemäß § 110 Abs. 2 StPO in separaten Behältnissen unterbringen und versiegeln[107]. Ihnen stünde lediglich die Befugnis zur „Grobsichtung" nach rein äußerlichen Merkmalen zu[108].

In der Praxis stellt sich das geschilderte Problem allerdings weniger, da 91 Betroffene dann vor der Wahl stehen, entweder der Durchsicht der Papiere durch Polizeibeamte zuzustimmen oder aber einen sehr umfassenden **Abtransport** ihrer nach äußeren Merkmalen ausgewählten schriftlichen Unterlagen – mit entsprechendem Einsatz an (evtl. auch uniformierten) Polizeikräften – hinzunehmen[109].

e) Durchsuchungsziele, sicherzustellende/zu beschlagnahmende Gegenstände

Was sicherzustellen ist, hängt in letzter Konsequenz vom **Einzelfall** bzw. 92 von der Deliktsart ab, so daß z. B. für den Anlagebetrug[110] etwas anderes gilt als für Konkursdelikte[111] und z. B. für Untreue in Banken durch Wertpapier- oder Devisenhändler[112] etwas anderes als bei Delikten im Zusammenhang mit illegaler Arbeitnehmerüberlassung[113].

Allgemein läßt sich sagen, daß, da Wirtschaftsdelikte vorwiegend 93 Bereicherungsstraftaten sind, es in wohl jedem Fall auch um **Unterlagen** gehen muß, die **Zahlungsflüsse** dokumentieren, so daß so gut wie immer Bankunterlagen, Kassenbücher und diesbezügliche Buchhaltungsunterlagen nebst Belegen von Bedeutung sein dürften[114]. In diesem Zusammenhang sind – in Firmen und insbesondere auch in Wohnungen – sämtliche in- und ausländischen Bankverbindungen beteiligter Personen/Firmen zu erheben. Dabei ist auch auf Schlüssel von Bankschließfächern zu achten, da dort Verwahrstücke deponiert sein können.

In Firmen wird vielfach sogar die gesamte **Buchhaltung** mit den Jahres- 94 abschlüssen von Interesse sein. Von Bedeutung sind auch **Verträge** der unterschiedlichsten Art[115] sowie **Notizbücher, Adressenlisten** u. ä. Letz-

---

106 Vgl. *Krieglsteiner* 1983 S. 175.
107 Der evtl. Einwand der Beschlagnahmefreiheit nach § 97 StPO ist in dieser Situation übrigens dann unmaßgeblich, wenn die Voraussetzungen dafür nur nach inhaltlicher Prüfung feststellbar sind, die ja gerade nicht erfolgen darf. Vgl. *Kramer* 1987 S. 61.
108 Vgl. u. a. *Rengier* 1981 S. 376, *Krieglsteiner* 1983 S. 175, *Quermann* 1986b S. 340, *Kleinknecht/Meyer* 1987 § 110 StPO RdNr. 4, *Kramer* 1987 S. 60 f.
109 Vgl. auch *Rengier* 1981 S. 377.
110 Vgl. zu den Durchsuchungszielen z. B. *Basel* 1985 S. 32 ff.
111 Vgl. z. B. *Schmidt* 1983 S. 242 und *Müller/Wabnitz* 1986 S. 67.
112 Vgl. z. B. *Beck/Kappler/Bayer* 1985 S. 69 ff.
113 Vgl. z. B. *W. Müller* 1983 S. 297 f.
114 Vgl. *Krieglsteiner* 1983 S. 179.
115 Vgl. im einzelnen auch *Quermann* 1986b S. 339.

tere helfen nicht nur bei der Feststellung von Bankverbindungen, sondern sie sollten bei Beschuldigten generell sichergestellt werden, da sie Aufschluß über möglicherweise wichtige Personen- bzw. Geschäftsbeziehungen geben, die sich vielleicht nicht in der Buchhaltung niederschlagen. In diesem Zusammenhang ist auch an die Feststellung der in **„Komforttelefonen"** fest eingespeicherten Anrufpartner zu denken. Bei **Anrufbeantwortern** können die aktuell bespielten Tonträger von Interesse sein. Überall sollte schließlich auch auf verdeckt angebrachte **Wandtresore** geachtet werden, in denen sich wichtige Unterlagen befinden können.

95   Möglicherweise müssen bestimmte schriftliche Unterlagen zunächst als **Spurenträger** behandelt werden, weil z. B. jemand bestreitet, dieses Schriftstück angefertigt bzw. jemals in Händen gehabt zu haben. Dabei kann es auch nötig werden, nach den dafür vorgegebenen Regeln **kriminaltechnisches Vergleichsmaterial,** wie Schreibmaschinen- und Druckerproben, zu erheben.

f) Durchsuchungsdauer, Umfang der Sicherstellungen/Beschlagnahmen

96   Abgesehen von dem Fall, daß relativ wenige, ganz präzise bestimmbare Beweismittel gesucht und gefunden werden, steht man zumeist vor der **Wahl,** entweder eine Durchsuchung möglichst schnell zu beenden und dabei zunächst größere Mengen an Beweismitteln sicherzustellen und (manchmal in Lastkraftwagen) abzutransportieren oder die Durchsuchung zeitlich auszudehnen und alle Unterlagen im Objekt (manchmal über mehrere Wochen hinweg) zu sichten, um am Ende vergleichsweise wenig sicherzustellen.

97   Hier gibt es keine eindeutige Präferenz, sondern nur verschiedene **Kriterien** bzw. Erwägungen. Sicher geht „Qualität vor Quantität"[116], doch löst das allein noch nicht den erwähnten Zielkonflikt. Längerfristige Einsätze vor Ort binden tendenziell mehr Kräfte als Auswertungen sichergestellter Unterlagen in der Dienststelle. Auch ist es oft den Betroffenen nicht zuzumuten und daher unverhältnismäßig, wenn sie über viele Tage oder gar Wochen hinweg mit Durchsuchungsmaßnahmen überzogen werden. Auf der anderen Seite reduziert sich dann vermutlich die Asservatenmenge, was für beide Seiten ein Vorteil ist. Keineswegs aber trifft es zu, daß umfangreiche Sicherstellungen auf „häufig fachlich nicht vorgebildete" Durchsuchungskräfte schließen lassen[117]. Es wird im Gegenteil sogar von richterlicher Seite aus davor gewarnt, das schriftliche Beweismaterial von vornherein zu klein zu halten[118].

g) Auskunfts- und Mitwirkungspflichten angetroffener Personen

98 **Unbeteiligte Dritte,** z. B. Firmenangestellte, können oft für den Durchsuchungserfolg sehr entscheidende Auffindungshinweise geben. Ob und

---

116 Vgl. *Krieglsteiner* 1983 S. 179.
117 So ein im „Spiegel" (*Kampe* 1986 S. 110) zitierter Staatsanwalt.
118 Vgl. *Weiss* 1984 S. 195.

gegenüber wem dieser Personenkreis zu **Auskünften** verpflichtet ist, richtet sich nach den allgemeinen Zeugnispflichten. Das bedeutet, daß in letzter Konsequenz Anwesende nach § 161 a StPO nur gegenüber einem an der Durchsuchung teilnehmenden Staatsanwalt zur Aussage verpflichtet wären[119]. In der Praxis bestehen aber für die Polizei insoweit kaum Probleme.

Aktive Mitwirkungspflichten gibt es für anwesende Dritte nicht. Soweit **99** allerdings jemand als Beweismittel in Frage kommende Unterlagen – z. B. am persönlichen Arbeitsplatz – in Gewahrsam hat, muß er diese gemäß § 95 StPO auf Verlangen herausgeben. Diese Herausgabepflicht besteht nicht nur gegenüber dem Staatsanwalt, sondern auch gegenüber Polizeibeamten[120].

h) Herausgabe von Originalen, Fertigung von Kopien

Wenn Echtheitsuntersuchungen, Schriftvergleiche u. ä. durchgeführt werden **100** müssen, kommt nur die Sicherstellung von **Originalen** in Betracht. Geht es bei der Beweisführung ausschließlich um die Urkundeninhalte, könnte in „lebenden" Firmen die Herstellung von **Kopien** die für den Betroffenen weniger einschneidende Maßnahme sein[121]. Jedoch werden gegen das Fertigen von Kopien für Zwecke der Beweisführung folgende Argumente vorgebracht:

– Belassene Originale könnten (nachdem der Ermittlungsgegenstand bekannt geworden ist) Verdunklungshandlungen anheimfallen[122].
– Bei umfangreichen Unterlagen würde der den Strafverfolgungsbehörden obliegende Kopieraufwand eine effektive Strafverfolgung beeinträchtigen[123].
– Die Vorlage von Kopien als Beweismittel in der Hauptverhandlung schafft Probleme hinsichtlich der richterlichen Überzeugung, daß alle Kopien mit den Originalen übereinstimmen (das müßte für jede einzelne Kopie die Person bezeugen, die fotokopiert hat)[124].

In der Regel sollten daher Originalunterlagen sichergestellt bzw. beschlagnahmt werden[125]. Wenn nötig, kann dem Betroffenen Gelegenheit gegeben werden, sich unter Aufsicht von den sichergestellten Unterlagen Kopien zu ziehen[126].

i) Zufallsfunde

Bei **Zufallsfunden** wird nach § 108 StPO verfahren. Die „planmäßige Suche **101**

---

119 Vgl. *Rengier* 1981 S. 376 und *Kramer* 1987 S. 57 f.
120 Vgl. *Kleinknecht/Meyer* 1987 § 95 StPO RdNr. 2 sowie *Kramer* 1987 S. 58.
121 Vgl. *Koch* 1983 S. 65 und *Krekeler* 1983 S. 45.
122 Vgl. *Koch* 1983 S. 64.
123 Vgl. *Koch* 1983 S. 66. Zu diesem und zum vorher genannten Argument a. A. *Sieg* 1984 S. 173.
124 Vgl. *Weiss* 1984 S. 191.
125 Vgl. auch *Quermann* 1986b S. 394.
126 Vgl. auch *Krieglsteiner* 1983 S. 186.

nach Zufallsfunden" bei Durchsuchungen ist unzulässig und macht die gefundenen Beweismittel u. U. unverwertbar[127].

102   Bei Durchsuchungen in Fällen der Wirtschaftskriminalität hat der § 108 StPO allerdings nicht die hohe **praktische Bedeutung** wie bei anderen Delikten. Von deliktsbereichsfremden Funden, wie z. B. Rauschgift oder Waffen, einmal abgesehen, tritt aus schriftlichen Unterlagen heraus der Verdacht auf eine gänzlich neue Straftat kaum sofort und eindeutig bereits bei der Durchsuchung selbst zutage. Vielmehr ergeben sich in der Praxis „Annexverfahren" häufig erst aus der späteren Auswertung der – ohnehin sichergestellten – Beweismittel im Zuge der Sachbearbeitung beim Ursprungsverfahren.

j) Unterbrechung der Durchsuchung

103   Wenn Durchsuchungen, die länger als einen Tag dauern, abends **unterbrochen** werden, sind wirkungsvolle Vorkehrungen zur **Beweismittelsicherung** erforderlich. Es ist entweder sicherzustellen, daß das Objekt insgesamt während der Unterbrechung nicht von Unbefugten betreten werden kann, oder die sichergestellten/sicherzustellenden Beweismittel müssen in bestimmte gesicherte Räume gebracht werden.

Eine Versiegelung der betreffenden Türen reicht dabei nicht aus. Vielmehr sollten die Schlösser ausgewechselt werden[128]. Es empfiehlt sich daher, auch Sicherheitsschlösser der Grundausstattung der Beamten beizugeben.

k) Abschluß und Dokumentation der Durchsuchung, Asservierung

104   Ebenso wie eine Unterbrechung ist auch der Abschluß der Durchsuchung unmißverständlich deutlich zu machen[129]. Die sichergestellten bzw. beschlagnahmten **Gegenstände** sind gemäß § 109 StPO genau zu **bezeichnen.** Schriftliche Unterlagen bzw. Akten erhalten in der Praxis z. B. Asservatenaufkleber. Die hierauf verzeichnete Asservatennummer muß mit dem entsprechenden Posten im Asservatenverzeichnis korrespondieren. Die Nummern sollten nach einem vorher für das gesamte Ermittlungsverfahren festgelegten Asservierungssystem (z. B. Objekt-Nr./ggf. Auffindungsraum-Nr./lfd. Nr.) vergeben werden.

105   Bei umfangreichem Material entstehen dabei große **praktische Probleme,** denen man aber nicht durch pauschale Kennzeichnungen aus dem Weg gehen darf[130]. Im Prinzip sind alle Gegenstände einzeln zu bezeichnen. Das gilt insbesondere für alle wichtig erscheinenden Schriftstücke, wie z. B. Urkunden, Verträge usw., sowie in jedem Fall auch für Wertsachen. Es ist aber z. B. nicht erforderlich, aus Aktenordnern die einzelnen Blätter zu erfassen und zu paginieren oder deren Anzahl zu vermerken[131].

---

127 Vgl. *Kalf* 1986 S. 417 f. und *Kramer* 1987 S. 62, allgemein auch *Kleinknecht/Meyer* 1987 § 108 StPO RdNr. 1 m.w.N.
128 Vgl. auch *Krieglsteiner* 1983 S. 178 f. und *Quermann* 1986b S. 341.
129 Vgl. *Kramer* 1987 S. 49, 63.
130 Vgl. z. B. *Quermann* 1986b S. 394 und *Kramer* 1987.
131 Vgl. LG Fulda, Beschluß vom 19. 11. 1984 – Qs 241/84 – (26 Js 3653/84 StA Fulda). A. A. *Krekeler* 1983 S. 46.

Jeder einzelne Ordner oder Hefter ist allerdings identifizierbar zu markieren. Lose Blätter in größeren Mengen brauchen dann nicht einzeln asserviert zu werden, wenn sie am Auffindungsort gesammelt aufbewahrt waren und auch in diesem Originalzusammenhang mitgenommen werden[132].

Auch das **Durchsuchungsprotokoll** ist zur Vermeidung evtl. späterer   **106**
Einwände und Vorhalte zum Ablauf der Durchsuchung äußerst sorgfältig zu erstellen. Insbesondere sind alle an der Durchsuchung teilnehmenden Einsatzkräfte vollständig aufzuführen. Ein Exemplar des Durchsuchungsprotokolls und des Asservatenverzeichnisses erhält der Betroffene.

Betroffene sind über ihr **Widerspruchsrecht** nach § 98 Abs. 2 StPO zu   **107**
belehren. Es empfiehlt sich, Asservate, Durchsuchungsprotokolle und Asservatenverzeichnisse, die wegen Widerspruchs dem Richter vorgelegt werden müssen, getrennt zu verpacken. Alle asservierten Beweismittel müssen vor unbefugtem Zugriff geschützt transportiert und aufbewahrt werden.

Bei umfangreichen Durchsuchungen kann es sinnvoll sein, neben dem   **108**
formellen Durchsuchungsprotokoll auch einen **Ablaufkalender** zum Durchsuchungsverlauf sowie einen **Durchsuchungsbericht** zu fertigen, der alle Umstände und ggf. Vorfälle im Zusammenhang mit der Durchsuchung enthält (z. B. Beschreibung der Örtlichkeiten, angetroffene Personen, Beginn und Ende der Durchsuchung usw.)[133].

3. Besonderheiten

a) Kreditinstitute

In der Praxis spielen **Kreditinstitute**   **109**
– als Geschädigte (entweder durch Außenstehende – z. B. Kreditbetrug – oder durch Bankangehörige – Untreue –), vor allem aber
– als kontoführende Banken
eine Rolle.

Soweit Banken **geschädigt** sind, liegt es nahe, daß sie mit den Strafverfol-   **110**
gungsbehörden eng zusammenarbeiten[134], andernfalls[135] muß hier, wie sonst auch üblich, durchsucht und beschlagnahmt werden[136].

Banken als **kontoführende** Geldinstitute können sich im Strafverfahren   **111**
anders als im Zivilverfahren (§ 386 Abs. 1 Nr. 6 ZPO) nicht auf das „Bankgeheimnis" berufen[137]. Entsprechendes gilt für die Postbank hinsichtlich des Postgeheimnisses[138].

---

132 Vgl. *Kramer* 1987 S. 63.
133 Mehr Einzelheiten zum Durchsuchungsbericht bei *Quermann* 1986b S. 393.
134 Vgl. *Krieglsteiner* 1983 S. 182.
135 Vgl. die bei *Beck/Kappler/Bayer* 1985 (S. 63 ff.) geschilderten negativen Erfahrungen.
136 Vgl. insoweit zu weiteren Einzelheiten (Durchsuchungszielen) *Beck/Kappler/Bayer* 1985
   S. 70 ff. und *Müller/Wabnitz* 1986 S. 49 ff.
137 Vgl. u. a. *Stypmann* 1982 S. 13, *Müller/Wabnitz* 1986 S. 47, *Kleinknecht/Meyer* 1987 § 53
   StPO RdNr. 3, *Kramer* 1987 S. 74. Die entgegenstehende Meinung (vgl. *Ehlers* 1978, insb.
   S. 1515; unmittelbar dagegen *Schaefgen* 1979, insb. S. 1499) hat sich nicht durchsetzen
   können.
138 Vgl. dazu und zu dabei noch bestehenden Problemen *Müller/Wabnitz* 1986 S. 55 ff.

112 Alle Bankangehörigen unterliegen also den allgemeinen **Zeugenpflichten.** Banken sind somit gemäß § 95 StPO zur Herausgabe von Beweismitteln verpflichtet[139]. Dementsprechend muß die Bank bzw. ein zuständiger Bankangehöriger einem staatsanwaltlichen Auskunftsersuchen nach § 161 a StPO entsprechen. In der Praxis empfehlen sich hier von der Staatsanwaltschaft an die Vorstands-/Geschäftsführerebene gerichtete Schreiben, in denen zunächst um Benennung des im konkreten Fall auskunftsfähigen Bankangestellten bzw. – zur Vermeidung von Vernehmungen und Beschlagnahmen – gleich um Übersendung der (genau bezeichneten) Beweismittel gebeten wird[140].

113 Soweit Banken solchen „§ 161 a-Schreiben" nicht nachkommen[141], sind, da Gefahr im Verzug bei Banken in ihrer Eigenschaft als kontoführende Kreditinstitute nicht zu begründen ist[142], **richterliche Beschlagnahmebeschlüsse** nötig. In den Beschlüssen sind jeweils die Kontoinhaber und alle bekannten bzw. in Frage kommenden Konten (beim betreffenden Kreditinstitut) präzise zu benennen. Sie sollten aber darüber hinaus auch „alle anderen" bei dieser Bank geführten Konten der betreffenden Person einbeziehen. Nicht zu vergessen sind ggf. auch festgestellte Konten von Angehörigen. Da Banken den Wortlaut von Beschlüssen oft restriktiv interpretieren, muß generell darauf geachtet werden, daß – soweit erforderlich – die Beschlagnahmebeschlüsse neben gegenwärtigen auch frühere Konten umfassen.

114 In aller Regel werden auf jeden Fall die Unterlagen für die Kontoeröffnung und das Unterschriftenblatt benötigt. Darüber hinaus geht es – fallabhängig begrenzt auf einen bestimmten Zeitraum – um alle Kontobewegungen. Dabei empfiehlt es sich, in einem ersten Schritt zunächst „Kontoverdichtungen" („Kontostaffeln") zu verlangen, diese dann auszuwerten und anschließend für bestimmte Gut- oder Lastschriften die Buchungsbelege anzufordern. Ggf. muß sich der Beschlagnahmebeschluß auch auf weitere Unterlagen, wie z. B. Schriftverkehr oder Kreditakten, beziehen[143].

115 Soweit sich Beschlüsse auf nicht benannte „weitere Konten" eines Bankkunden beziehen bzw. auf Konten, über die die betreffende Person (mit) verfügungsberechtigt ist oder war, behaupten Banken manchmal, es sei praktisch unmöglich, solche Beschlüsse zu vollziehen. Dazu muß man aber wissen, daß aufgrund von § 154 AO Banken die Identität von Kontoinhabern vermerken müssen; anonyme „Nummernkonten" sind im Inland verboten. Die Banken sind danach auch verpflichtet, **alphabetische Listen aller Verfügungsberechtigten** zu führen oder andere entsprechende Zugriffsmöglichkeiten zu gewährleisten. Diese Verpflichtung besteht bei inaktuellen Konten noch sechs Jahre nach Beendigung der Geschäftsver-

---

139 Vgl. *Stypmann* 1982 S. 13, *Schäfer* 1983 S. 102. A. A. *Kniffka* 1987 S. 311.
140 Vgl. auch *Müller/Wabnitz* 1986 S. 48.
141 Insoweit zu optimistisch bei der Einführung des § 161a StPO (BGBl. I 1974 S. 3393 – 3415 und S. 3533) *Kraft* 1976, insb. S. 320 und *Plonka* 1977 S. 393.
142 Vgl. auch *Heffner* 1986 S. 57.
143 Vgl. zu allem auch *Krieglsteiner* 1983 S. 182 f., *Müller/Wabnitz* 1986 S. 49, *Quermann* 1986b S. 395.

bindung. Es ist also keine praktisch unmögliche Forderung an Banken, allein mittels Personalien Konten festzustellen (ggf. sogar bei Zweigstellen).

Außer Konten können Bankkunden auch **Depots** (Schrankfächer, 116 Schließfächer) bei Banken haben und dort Verwahrstücke deponieren, die als Beweismittel in Frage kommen (z. B. Verträge, Sparbücher usw.). Wenn es sich um ein Schließfach handelt (zu dem der Kunde nur gemeinsam mit der Bank Zugang hat), muß der Beschlagnahmebeschluß insoweit auch auf die Bank lauten.

Es ist zumeist nicht möglich, von Banken die Original-Buchungsbelege 117 zu Kontobewegungen zu erhalten, weil diese nicht aufbewahrt, sondern mikroverfilmt werden[144]. Sie können also nur fotokopiert herausgegeben werden. Banken stellen dann häufig nach Ausführung der Beschlüsse den Strafverfolgungsbehörden **Kosten für das Heraussuchen und Kopieren** der mikroverfilmten Belege in Rechnung. Bis 1989 war die Frage, ob ein solcher Kostenerstattungsanspruch besteht, rechtlich offen. Zum Teil wurde diesen Forderungen (dann zumeist in analoger Anwendung des Gesetzes über die Entschädigung von Zeugen und Sachverständigen – ZuSEG –) nachgekommen, zum Teil lehnten Staatsanwälte und Gerichte eine Erstattung ab. Als Argument für die Kostenerstattung[145] wurde insbesondere angeführt, daß die Kreditinstitute weit mehr tun und weit mehr belastet sind, als es sich normalerweise aus den allgemeinen staatsbürgerlichen Zeugenpflichten ergibt. Die Gegner der Kostenerstattung[146] bezweifelten die (analoge) Anwendbarkeit des ZuSG, weil die heraussuchenden und fotokopierenden Bankangestellten gar nicht als Zeugen tätig gewesen seien, und wiesen außerdem darauf hin, daß die Mikroverfilmung im eigenen Interesse der Bank liege und sie nach § 47 a HGB auf eigene Kosten zur Lesbarmachung verpflichtet sei.

Der 1989 neu eingeführte § 17 a ZuSEG schafft nunmehr insoweit Klarheit, als sich daraus für Banken eindeutig ein Kostenerstattungsanspruch ergibt. Zu klären bleibt im Einzelfall, ob die Rechnung durch die Staatsanwaltschaft oder durch die Polizei beglichen wird.

b) Beschlagnahme von Buchführungsunterlagen bei
Wirtschaftsprüfern/Steuerberatern

Wenn Buchführungsunterlagen sichergestellt bzw. beschlagnahmt werden 118 sollen, die sich bei einem Wirtschaftsprüfer bzw. Steuerberater/Steuerbevollmächtigten befinden, stellt sich häufig die Frage, ob insoweit auch das **Beschlagnahmeprivileg** nach § 97 StPO gilt. Den Argumenten und Urteilen, die auch die Buchführungsunterlagen unter dem Schutz des Beschlag-

---

144 Vgl. schon *Vollmuth* 1974.
145 Vgl. u. a. *Kieback/Ohm* 1986 und *Kramer* 1987 S. 76 ff., jeweils m.w.N. *Sannwald* (1984) bejahte zwar eine Entschädigung analog dem ZuSEG, lehnte aber eine Erstattung von Kopierkosten ab.
146 Vgl. zu dieser Position u. a. *Plonka* 1981, *Masthoff* 1982, *Müller/Wabnitz* 1986 S. 53 f., *Quermann* 1986c, jeweils m.w.N.

nahmeprivilegs sehen[147], stehen beachtliche **Gegenpositionen** gegenüber[148]. Von dem selbstverständlichen Fall der Beschlagnahmefähigkeit bei
Verdacht der Tatbeteiligung bzw. eigener Strafbarkeit des Wirtschaftsprüfers bzw. Steuerberaters (§ 97 Abs. 2 Satz 3 StPO) abgesehen, kann z. B.
geltend gemacht werden, daß

– § 97 StPO als Ausnahmeregelung grundsätzlich eng auszulegen ist,
– bei den extern verwahrten Buchführungsunterlagen Mitgewahrsam des
  Kunden/Mandanten besteht (so daß die Voraussetzung des § 97 Abs. 2
  Satz 1 StPO nicht gegeben ist),
– Buchführungsunterlagen nach § 97 Abs. 2 Satz 3 StPO als Tatmittel/
  Tatwerkzeuge beschlagnahmefähig sind,
– jeder Kaufmann sowohl handels- als auch steuerrechtlich zur richtigen
  und zeitnahen Führung von Handelsbüchern verpflichtet ist, die aufzubewahren und die berechtigten Behörden auf Verlangen vorzuzeigen
  sind,

und – was sich offenbar am meisten durchgesetzt hat – daß

– die Buchführungstätigkeit im Büro des Wirtschaftsprüfers, Steuerberaters bzw. Steuerbevollmächtigten nicht zur (berufs-)spezifischen steuer-
  beratenden Tätigkeit gehört (für die auch nur das Zeugnisverweigerungsrecht nach § 53 Abs. 1 Nr. 3 StPO gilt), sondern eine darüber hinausgehende Dienstleistung darstellt („externer Buchhalter"), die nicht
  mehr im Rahmen des berufsbezogenen Vertrauensverhältnisses liegt
  und bei der keine individuellen (steuer-)rechtlichen Wertungen mit entsprechendem Fachwissen verlangt werden, sondern ein routinemäßiges
  buchhalterisches Verarbeiten der Buchungsbelege stattfindet.

119   Beschlagnahmefrei sind also nur alle unmittelbar mit dem steuerberater-
lichen Mandantschafts- und damit Vertrauensverhältnis in Zusammenhang stehenden schriftlichen Mitteilungen und Aufzeichnungen. Buchführungsunterlagen sollten angesichts der geschilderten rechtlichen Situation
auf jeden Fall **sichergestellt** werden. Wird Widerspruch eingelegt unter
Hinweis auf das Beschlagnahmeprivileg, sollten die betreffenden Unterlagen mit dem Ziel der Herbeiführung eines richterlichen Beschlusses über
die Beschlagnahmefähigkeit **versiegelt** und sofort **vorläufig beschlagnahmt**
werden (§ 98 Abs. 1 StPO). Gefahr im Verzug dürfte in der Regel gegeben
sein, wobei die Gefahr nicht vom Wirtschaftsprüfer/Steuerberater selbst
ausgeht, sondern darin zu sehen ist, daß der (beschuldigte) Mandant in der
Zwischenzeit bis zur richterlichen Entscheidung ansonsten jederzeit die
Herausgabe der Unterlagen verlangen könnte.

---

147 So im Ergebnis u. a. *Gehre* 1977, *Gülzow* 1981, *Reitz/Vahle* 1985, *Bauwens* 1985, 1988,
   jeweils m.w.N. Sehr weitgehend in dieser Hinsicht *Bandisch* 1987 S. 2203 f.
148 Für Beschlagnahmefähigkeit im Ergebnis (z. T. differenziert) u. a. *Freud* 1976, *Birmanns*
   1981, *Stypmann* 1982, *Brenner* 1984, *Schäfer* 1985a, *Müller/Wabnitz* 1986 S. 68 f., jeweils
   m.w.N. Zu Gesamtüberblicken über den Meinungsstreit vgl. neben den genannten Beiträgen auch u. a. *Plonka* 1983, *Quermann* 1986c, *Müller-Guggenberger* 1987, *Brenner* 1987,
   Grosse 1988, jeweils m.w.N.

Um die gesamte Diskussion überhaupt nicht erst aufkommen zu lassen, **120** sollte man am besten zunächst versuchen, die zeugnisverweigerungsberechtigte Person wirksam[149] von ihrer **Schweigepflicht entbinden** zu lassen[150].

c) Durchsuchungen, Sicherstellungen und Beschlagnahmen bei EDV-Anwendern

Bei Durchsuchungen in Firmen, die z. B. die Buchführung oder den gesam- **121** ten Geschäftsbetrieb über EDV abwickeln, so daß nicht nur schriftliche Unterlagen, sondern auch auf **Datenträgern** gespeicherte Daten von Beweisrelevanz sein können, entstehen **spezifische Probleme:** Man hat z. B. „Orientierungsschwierigkeiten", weil man in Rechenzentren bzw. in mit Computern ausgerüsteten Büros nicht weiß, was wo zu finden und sicherzustellen ist bzw. wie die Geräte zu bedienen sind. Dazu kommen möglicherweise Probleme mit der EDV-Fachterminologie. Es gibt außerdem neuartige Verdunklungsmöglichkeiten seitens der Betroffenen (z. B. heimliches Löschen oder Entfernen von Datenträgern) und auch Fehlerquellen seitens der Durchsuchungskräfte (z. B. falsche Behandlung von Datenträgern).

Aus diesem Grunde wird inzwischen bei der **Aus- und Fortbildung** der **122** Ermittlungsbeamten vermehrt EDV-Fachwissen vermittelt (was die praktischen Schwierigkeiten aber nur begrenzt behebt), und es sind spezielle polizeiliche Organisationseinheiten an zentraler Stelle mit **EDV-Spezialisten** geschaffen worden, die mit entsprechendem Gerät ausgestattet sind und die zur sachkundigen Unterstützung (sowie später ggf. zur Auswertung sichergestellter Datenträger) herangezogen werden bzw. die weitere Expertenunterstützung vermitteln können[151].

Bereits bei der **Vorbereitung von Durchsuchungen,** bei denen man vor- **123** aussichtlich auf EDV stößt, sind besondere Maßnahmen erforderlich: z. B.
– sollte versucht werden, über das betreffende EDV-System vorab konkrete Kenntnisse zu erlangen,
– sollten in zu erwirkenden richterlichen (Beschlagnahme-)Beschlüssen ausdrücklich auch z. B. Datenträger, Programmdokumentationen, Programme und ggf. auch die Rechner selbst mit aufgeführt werden, und es
– sollten EDV-Experten in die Vorbereitung und Durchführung der Durchsuchung einbezogen werden.

Über das richtige Vorgehen und Verhalten bei Durchsuchungen mit **124** EDV-Bezug sind inzwischen verschiedene **Merkblätter** und „Checklisten" mit unterschiedlichem Detailgrad erstellt worden[152]. Darin werden u. a. Hinweise

---

149 Hier allerdings kann sich das rechtliche und damit auch praktische Problem stellen, wer diese Entbindung vornehmen darf, ob z. B. auch der Konkursverwalter dazu befugt ist. Vgl. unter vielen anderen *Kramer* 1987 S. 86 ff.
150 Vgl. auch *Krieglsteiner* 1983 S. 181.
151 Vgl. dazu z. B. *Etter* 1986 und *Paul* 1986.
152 Ein solches Merkblatt ist veröffentlicht bei *Quermann* 1986b S. 393. Vgl. auch bereits *Paul* 1980, insb. S. 535 ff.

- zur Vermeidung unbefugter Einflußnahmen (z. B. sofortige Überprüfung auf Datenfernverarbeitung/externe Anschlüsse)
- zur sachkundigen Bestandsaufnahme (Feststellung der Gerätekonfiguration)
- auf generell sicherzustellende Gegenstände bzw. Unterlagen (z. B. Programmbeschreibungen und -dokumentationen)
- auf Versteckmöglichkeiten für Datenträger und auch Kleincomputer (z. B. in Aktenkoffern)
- zur sachgerechten Behandlung und zum sicheren Transport sichergestellter Datenträger und Geräte (z. B. Temperaturspanne + 10° bis + 50°, keine Magnetfelder usw.)

gegeben. Wer Durchsuchungen plant und vorbereitet, sollte also unbedingt von den bereits vorhandenen (aber durchaus noch ausbaufähigen) Unterstützungsmöglichkeiten durch polizeiliche EDV-Experten Gebrauch machen und diesbezügliche Merkblätter bzw. „Checklisten" beschaffen und umsetzen.

d) Beschlagnahmen zur „Gewinnabschöpfung"

125 Rechtsunkundige Geschädigte – z. B. in Fällen des Anlagebetruges – nehmen oft mit Erstaunen zur Kenntnis, daß mit der Strafanzeige und dem Strafverfahren nicht automatisch die Wahrung ihrer zivilrechtlichen Ansprüche verbunden ist. Durchsuchungen und Beschlagnahmen bei kontoführenden Kreditinstituten haben in aller Regel allein die **Gewinnung von Beweismitteln** zum Ziel.

126   Soll seitens der Strafverfolgungsbehörden ein Kontoguthaben oder ein sonstiger Vermögensvorteil mit dem Ziel der Sicherung des Verfalls oder der Einziehung oder aber zur Rückgewinnung für die Geschädigten (§ 111 b Abs. 3 StPO) beschlagnahmt werden, muß ein gesonderter richterlicher Beschluß erwirkt werden (§ 111 e Abs. 1 StPO). Die **Beschlagnahme von Vermögensvorteilen** – die ausdrücklich gegenüber Betroffenen als solche zu bezeichnen und entsprechend eindeutig aktenkundig zu machen ist[153] – erfolgt dann auf dem Wege der Pfändung bzw. der Erwirkung eines dinglichen Arrestes durch die Staatsanwaltschaft (§§ 111 c Abs. 3, 111 d Abs. 1, 111 f Abs. 1 StPO)[154] nach den dafür vorgesehenen Regeln der Zivilprozeßordnung. Dabei muß der zu beschlagnahmende Vermögensvorteil einer bestimmten Straftat konkret zuzuordnen sein. Die Maßnahme ist unverzüglich allen Geschädigten mitzuteilen (§ 111 e Abs. 3 und 4 StPO), damit diese wiederum ihre eigenen zivilrechtlichen Ansprüche (über einen dinglichen Arrest) geltend machen können. Ein entsprechendes Verfahren (§§ 110 o, 110 p StPO) gilt nunmehr auch im Zusammenhang mit der Vermögensstrafe (§ 43 a StGB), die jedoch derzeit bei Wirtschaftsdelikten nicht in Betracht kommen dürfte.

---

153 Vgl. *Beck/Kappler/Bayer* 1985 S. 81.
154 Näheres dazu u. a. bei Kramer 1987 S. 69 ff. Vgl. allgemein auch *Jolitz* 1984.

Wie man sieht, ist mit der „Gewinnabschöpfung" ein **hoher** rechtlicher **127** und praktischer **Aufwand** verbunden[155]. In der Praxis werden daher Maßnahmen nach §§ 111 b ff. StPO nicht häufig getroffen. Dies mag aus der Sicht der Geschädigten sehr bedauerlich sein, ist aber wegen der unverhältnismäßig starken Bindung von Ermittlungskapazitäten[156] auch verständlich.

Wenn es keine Maßnahmen nach §§ 111 b ff. StPO gibt, sollte man **128** Geschädigte auf jeden Fall auf die Notwendigkeit hinweisen, unter Beiziehung eines Anwalts eigene zivilrechtliche Schritte zu unternehmen. Durch Wirtschaftsstraftaten Geschädigte (insbesondere Unternehmen) verfügen vergleichsweise oft über die Ressourcen, ihre zivilrechtlichen Ansprüche wirksam selbst zu verfolgen, wobei ihnen im Wege der Akteneinsicht mit Einverständnis der Staatsanwaltschaft – § 406 e StPO – Auskünfte über bei den Ermittlungen bekanntgewordene Guthaben oder andere Vermögenswerte gegeben werden können. Handelt es sich sogar um nur einen einzigen Geschädigten – so daß es kein Problem der „Gleichbehandlung" gibt – gestaltet sich dessen rein zivilrechtliche „Gewinnabschöpfung" einfacher und effektiver, als es nach dem Strafverfahrensrecht überhaupt möglich ist[157].

VI. Vernehmungen

1. Generelle Hinweise[158]

Sowohl Beschuldigten- als auch Zeugenvernehmungen in Wirtschaftsstraf- **129** verfahren zeichnen sich vor dem Hintergrund komplizierter Sachverhalte häufig durch **schwierigen und umfangreichen Vernehmungsstoff** aus.

Vernehmungsbeamte müssen trotzdem Sachkompetenz aufweisen, was **130** eine intensive, auf den Vernehmungsgegenstand wie auf die zu befragende Person hin **gezielte Vorbereitung** erfordert[159]. Vernehmungen mit kompliziertem Inhalt und einer großen Zahl an Akten- bzw. Beweismittelvorhalten sollten durch **zwei sachkundige Beamte** (bzw. einem Kriminalbeamten und einem Angehörigen des Wirtschaftsprüfdienstes)[160] und möglichst auch mit einer Schreibkraft durchgeführt werden.

Bei inhaltlich schwierigen Ausführungen kommt der **Vernehmungsnie- 131 derschrift** ganz besonders Bedeutung zu, insbesondere, wenn sich z. B. ein Zeuge in der möglicherweise erst Jahre später stattfindenden Hauptver-

---

155 Zur Rechtslage in bezug auf Verfall und Einziehung vgl. *Eberbach* 1987 S. 101 ff. Vgl. auch *Boge* 1987 S. 92 ff. Wie sich das Gesetz zur Bekämpfung des illegalen Rauschgifthandels und anderer Formen der Organisierten Kriminalität (OrgKG) vom 15. 7. 1992 (BGBl. I S. 1302) sowie das Gesetz über das Aufspüren von Gewinnen aus schweren Straftaten (Geldwäschegesetz – GwG) vom 25. 10. 1993 (BGBl. I S. 1770) insoweit in der Praxis auswirken werden, muß sich noch zeigen.
156 Vgl. z. B. *Basel* 1985 S. 35.
157 So hat z. B. die im Zusammenhang mit Devisengeschäften durch Untreuehandlungen u. a. um ca. 480 Mio. DM geschädigte Volkswagenwerk AG (Ermittlungsverfahren der Staatsanwaltschaft Braunschweig) im Laufe des Jahres 1987 im In- und Ausland Vermögenswerte der Beschuldigten in Höhe von über 30 Mio. DM mit zivilrechtlichen vorläufigen Arresten belegt.
158 Allgemein zur Vernehmung vgl. z. B. *J. Fischer* 1975.
159 Vgl. auch *Teufel* 1983 S. 5 f.
160 Vgl. *Teufel* 1983 S. 8.

handlung nicht mehr an seine frühere Aussage erinnert[161]. Lange Niederschriften sind auf jeder Seite von der vernommenen Person zu paraphieren[162]. Abschriften von Tonbandprotokollen (die nicht unbedingt vom Vernehmungsbeamten diktiert worden sein müssen[163], sondern ggf. auch von der vernommenen Person stammen können) haben den Vorteil der größten Authentizität; man muß jedoch in Kauf nehmen, daß sie oft sehr lang werden.

132 Bei schwer nachvollziehbaren bzw. noch nicht ganz klaren Sachverhalten weiß man zum Zeitpunkt einer Vernehmung oft noch nicht genau, ob die vernommene Person als Beschuldigter oder als Zeuge in Betracht kommt. Auch in solchen Fällen muß man sich aber klar entscheiden und die zu vernehmende Person zu Beginn der Vernehmung entsprechend **eindeutig belehren**[164].

2. Beschuldigtenvernehmungen

133 **Wann** man einen – aussagebereiten – Beschuldigten vernehmen sollte – gemäß § 163 a Abs. 1 StPO spätestens vor Abschluß der Ermittlungen –, hängt im Einzelfall von verschiedenen Erwägungen ab. Manchmal weiß gerade in Wirtschaftsstrafverfahren ein Beschuldigter (der nicht in Haft ist) zunächst gar nicht bzw. nicht genau, was ihm vorgeworfen wird. Es kann taktisch sinnvoll sein, eine Beschuldigtenvernehmung hinauszuschieben, um ihn nicht zu früh mit dem Sachverhalt vertraut zu machen[165]. Auf der anderen Seite kann man – gerade bei bisher strafrechtlich nicht in Erscheinung getretenen Personen – manchmal in frühen Verfahrensphasen „Überraschungseffekte" nutzen, die zu wichtigen Aussagen führen[166].

134 Der konkrete **Gegenstand der Beschuldigtenvernehmung** hängt vom Einzeldelikt ab. So müssen beispielsweise Verantwortliche von Kapitalanlagefirmen anders befragt werden (insbesondere über ihre „Konzeption", ihre Anweisungen an die Telefonverkäufer, die Geschäftspolitik, zu einzelnen Anlagegeschäften, zur Geldverwendung usw.) als etwa Beschuldigte bei Konkursstraftaten[167].

135 Wenn sich Beschuldigte selbst oder durch den Verteidiger schriftlich äußern (§ 136 Abs. 1 Satz 4 StPO), werden oft ausführliche **„Schutzschriften"** erstellt. Diese haben zwar den Nachteil, daß naturgemäß bestimmte vernehmungstaktische Möglichkeiten, wie Vorhalte bzw. Hinweise auf Widersprüche, entfallen, sie können aber dennoch für die weiteren Ermittlungen wertvoll sein, da sie u. U. neue Ermittlungsansätze eröffnen bzw. Rückschlüsse auf die Verteidigungskonzeption zulassen.

---

161 Vgl. *Weiss* 1984 S. 185 f.
162 Vgl. auch *Teufel* 1983 S. 7.
163 Nur diesen Fall sieht *Teufel* 1983 S. 8.
164 Ein Negativbeispiel nennt *Weiss* 1984 S. 184 f. Vgl. auch *Schäfer* 1987 S. 168.
165 Vgl. dazu auch *Schäfer* 1987 S. 166 f. Entsprechendes gilt für die Frage, ob ein „Vorgespräch" sinnvoll ist. Vgl. *Teufel* 1983 S. 8.
166 In so einer Situation könnte auch die Entbindung des Wirtschaftsprüfers/Steuerberaters von der Schweigepflicht angestrebt werden. Vgl. *Basel* 1985 S. 35.
167 Vgl. hierzu *H.-H. Schmidt* 1983 S. 245 f. und *Teufel* 1983 S. 6. Sehr ausführlich auch *Gössweiner-Saiko* 1984 S. 5 ff.

3. Zeugenvernehmungen, Fragebogenaktionen

Wenn es eine **große Zahl von Zeugen/Geschädigten** gibt (z. B. geschädigte **136**
Kapitalanleger oder Konkursgläubiger), die außerdem vielleicht noch
räumlich weit auseinander wohnen, wird es nicht immer möglich sein,
alle im Zuge von Dienstreisen persönlich zu vernehmen.

In solchen Fällen wird dann oft „eine Flut von **Vernehmungsersu-** **137**
chen"[168] an die örtlich zuständigen Polizeidienststellen versandt, so daß
mit dem Verfahren nicht vertraute Kriminalbeamte die Vernehmungen
durchführen müssen. Das bedeutet zwingend, daß den ersuchten Polizeidienststellen nebst ausführlicher Sachverhaltsschilderung auch ein der
Vernehmung zugrundezulegender Fragenkatalog mitgeliefert werden muß
– was trotzdem niemals eine Vernehmung durch die Sachbearbeiter (die
z. B. in der Lage sind, sofort mit Rückfragen oder Vorhalten aufzuwarten)
ersetzen kann[169].

Eine Alternative dazu ist die Versendung von schriftlich zu beantwor- **138**
tenden **Fragebögen** direkt an die Zeugen/Geschädigten. Auf jeden Fall können solche Fragebögen eine Vorauswahl dahingehend erleichtern, wer später noch – z. B. im Rahmen einer Auswahl aus den Geschädigten – persönlich vernommen werden soll. Bei Konkursgläubigern wird es in den Fragebögen z. B. um Beginn und Art der Geschäftsbeziehungen, um die gesamten sowie um die offen gebliebenen Forderungen und um frühere Erfahrungen bzgl. der „Zahlungsmoral" des Gemeinschuldners gehen[170], bei geschädigten Kapitalanlegern neben den persönlichen Anlagedaten z. B. um
den Namen des Telefonverkäufers, um dessen Verkaufsargumente bzw.
Aussagen über die Anlagefirma und die Anlage selbst, um den Grad der
Aufkärung über Risiken und über bestimmte Fakten, wie etwa die Prä-
mienhöhe bzw. Aufschläge bei Warentermin-Optionsgeschäften usw.[171].

Regelmäßig wird in Fragebögen an geschädigte Kapitalanleger auch **139**
gefragt, ob sie sich betrügerisch geschädigt fühlen bzw. ob sie auch angelegt hätten, „wenn Sie gewußt hätten, daß . . .". Solche Fragen sollen insbesondere der **Herausarbeitung der Täuschungshandlung** im Sinne des
§ 263 StGB dienen, doch muß man sich darüber im klaren sein, daß derartige Fragen vor allem aufgrund ihrer ex-post-Position sehr fragwürdig sind
und dementsprechend in Zweifel gezogen werden können[172].

VII. Besonderheiten der internationalen Rechtshilfe

1. Internationale Dimension der Wirtschaftskriminalität

Praktisch alle Wirtschaftsstrafverfahren ab einer bestimmten Größe haben **140**
einen irgendwie gearteten **Auslandsbezug** – sei es z. B. die von Großbritannien aus betriebene betrügerische Kapitalanlagefirma, sei es der grenzüber-

---

168 *Basel* 1985 S. 36.
169 Vgl. *H.-H. Schmidt* 1983 S. 244 f., *Basel* 1985 S. 36.
170 Vgl. auch *H.-H. Schmidt* 1983 S. 244.
171 Vgl. auch *Basel* 1985 S. 37.
172 Vgl. *Sonnen* 1982 S. 127, *H.-H. Schmidt* 1983 S. 244, *Worms* 1984 S. 129.

schreitend begangene Stoßbetrug, oder sei es das Abziehen von Geldern auf Konten in der Schweiz oder in Liechtenstein.

141 Strafprozessual verwertbare Maßnahmen im Ausland, wie z. B. Auslieferung(shaft), Durchsuchungen, Beschlagnahme nebst Herausgabe von Gegenständen in das Inland oder richterliche Vernehmungen, sind dann nur auf der Basis **justitieller Rechtshilfeersuchen** möglich, so daß die Regeln und Beschränkungen des internationalen Rechtshilfeverkehrs zu beachten sind[173].

142 Flüchtige Wirtschaftsstraftäter suchen aufgrund entsprechender Rechtsberatung und weil sie die dafür erforderlichen finanziellen Mittel haben, vergleichsweise oft ganz gezielt (Übersee-)Staaten auf, mit denen die Bundesrepublik Deutschland kein Auslieferungsabkommen hat bzw. von wo aus eine Auslieferung erfahrungsgemäß schwierig ist. Bei Wirtschaftsdelikten hat die **internationale Fahndung** daher tendenziell eine weltweite Dimension – mit allen damit zusammenhängenden rechtlichen und praktischen Problemen[174]. Wichtig ist also die Kenntnis der Regeln der internationalen Fahndungsausschreibungen gemäß Nr. 85 der „Richtlinien für den Verkehr mit dem Ausland in strafrechtlichen Angelegenheiten (RiVASt)"[175], und ggf. müssen dann die – bezogen auf den ersuchten Staat – konkreten Anforderungen an ein Auslieferungsersuchen zusammen mit der Staatsanwaltschaft festgestellt und umgesetzt werden.

143 Der bei Wirtschaftsdelikten am häufigsten von der Bundesrepublik aus um Ermittlungshandlungen (insbesondere bei Banken) ersuchte Staat ist die **Schweiz**, gefolgt von **Großbritannien**[176]. Im folgenden werden daher einige die Schweiz (und – wegen der größtenteils vergleichbaren Situation – auch **Liechtenstein**) sowie Großbritannien betreffende Einzelfragen behandelt, die bei Wirtschaftsstrafverfahren von besonderer Bedeutung sind.

2. Schweiz, Liechtenstein

144 Insbesondere aus steuerlichen Gründen werden in der Schweiz und auch in Liechtenstein Firmensitze gewählt[177] und Bankkonten eingerichtet. Das in diesen Staaten bestehende bzw. vermutete[178] **Bankgeheimnis** schützt in der Tat relativ „zuverlässig" vor Rechtshilfemaßnahmen wegen Fiskaldelikten, da insoweit – abgesehen von Fällen des **„Abgabebetruges"** nach Schweizer Recht, d. h. Steuerhinterziehung mittels gefälschter, verfälschter oder inhaltlich unwahrer bzw. unvollständiger Urkunden[179] – keine Rechtshilfe geleistet wird.

---

173 Hinweise auf die Rechtsgrundlagen und umfassende allgemeine Darstellungen findet man z. B. bei *Oehlke* 1983; und bei *Müller/Wabnitz* 1986 S. 147 ff. kurz, aber m.w.N., auch *Kramer* 1987 S. 99 ff.
174 Vgl. auch *Müller/Wabnitz* 1986 S. 163 ff.
175 In der aktuellen Fassung vom 1. 10. 1984.
176 So auch die Reihenfolge der Nennungen bei *Poerting* 1985 S. 146. Vgl. auch *Oehlke* 1983 S. 144.
177 Sehr ausführlich zu „Domizilfirmen" *Müller/Wabnitz* 1986 S. 126 ff.
178 Vgl. *Bernasconi* 1987 S. 178.
179 Näheres dazu z. B. bei *Habenicht* 1982 S. 214 ff., *Zimmerli* 1984 S. 885 f., *Müller/Wabnitz* 1986 S. 151 ff., *Dreßler* 1989.

Für nichtfiskalische Ermittlungen bedeutet das in der Praxis, daß **145**
Rechtshilfeersuchen an die Schweiz bzw. Liechtenstein bereits die Erklärung enthalten sollten, daß die Ergebnisse der Rechtshilfe nicht für etwaige Steuer- oder Zollstrafverfahren verwendet werden[180]. Einen entsprechenden „**Fiskalvorbehalt**" enthalten auch die Erledigungsstücke dieser
Staaten.

Bei allgemeinen Delikten, insbesondere also z. B. bei Betrug oder **146**
Untreue, wird im Prinzip problemlos Rechtshilfe geleistet. Gerade auch in
bezug auf das – insoweit im Strafverfahren nicht bestehende – „**Schweizer
Bankgeheimnis**"[181] ist anzumerken, daß es in der Schweiz keine wirklich
anonymen „Nummernkonten" gibt. Die 1987 neu abgeschlossene, eine
frühere Vereinbarung ablösende freiwillige „**Sorgfaltspflichtvereinbarung**"
zwischen Schweizer Banken verpflichtet diese u. a., sich über die Identität
von Kunden Klarheit zu verschaffen[182]. Die Kontoinhaber von „Nummernkonten" sind allerdings nur einem kleinen Personenkreis in der Bank
bekannt bzw. zugänglich[183].

In Wirtschaftsstrafverfahren nichtfiskalischer Art können also im Wege **147**
der **Rechtshilfe aus Schweizer und Liechtensteiner Banken**[183/1] z. B. Auskünfte erlangt werden über Kontoverbindungen, Kontoinhaber und Verfü-
gungsberechtigte sowie Unterlagen erhoben werden, wie z. B. Kontoaus-
züge und Buchungsbelege. Den Ersuchen sind die deutschen Durchsu-
chungs- bzw. Beschlagnahmebeschlüsse beizufügen (Nr. 114 Abs. 2
RiVASt). Trotzdem werden die Ersuchen oft nicht im Wege der Durchsuchung bzw. Beschlagnahme erledigt, sondern – nach dortigem Recht – in
Form eines „**Herausgabeantrags**" an die Bank. Diese wiederum informiert
die Kontoinhaber von der Maßnahme. Wenn zu erwarten ist, daß die
ersuchte Behörde in der Schweiz oder in Liechtenstein das Rechtshilfeersuchen einfach der betreffenden Bank zuleitet mit der Bitte um Erledigung
(so daß diese und auch der betroffene Kontoinhaber umfassend von Stand
und Ziel der Ermittlungen Kenntnis erhalten), sollte in das Rechtshilfeersuchen die Bitte mit aufgenommen werden, daß dieses selbst – sofern nach
dem dortigen Recht möglich – nicht an die betreffende Bank weitergeleitet
wird.

Banken in der Schweiz und in Liechtenstein können für die betroffenen **148**
Kontoinhaber „**Rekurs**" einlegen, d. h. ein Rechtsmittel, aufgrund dessen
dann ein Gericht höherer Instanz über die Zulässigkeit der Rechtshilfe-
maßnahme entscheiden muß. Rekurslegitimation besteht allerdings nur
für direkt Betroffene, also z. B. Kontoinhaber. In bezug auf erbetene Maßnahmen bei Dritten, z. B. Vernehmungen, können Beschuldigte nicht
Rekurs einlegen. Sowohl während der Frist, in der – legitimierte –
Betroffene über die Einlegung des Rekurses entscheiden kann, als auch

---

180 Vgl. auch *Oehlke* 1983 S. 145, 147 und *Müller/Wabnitz* 1986 S. 150.
181 Vgl. dazu *Zimmerli* 1984 S. 889 f., *Feuerborn/Kirchherr/Terdenge* 1984 S. 477 ff.
182 Mehr darüber z. B. bei *Egli* 1985 S. 128 f. Vgl. auch *Bernasconi* 1987 S. 178 f.
183 Vgl. *Krieglsteiner* 1983 S. 184.
183/1 Zum Bankgeheimnis in Liechtenstein vgl. *Feuerborn/Kirchherr/Terdenge* 1984 S. 465 ff.

während der Entscheidungsfrist selbst sind die betreffenden Beweismittel zu versiegeln, so daß sie evtl. für eine spürbar lange Frist nicht für die weiteren Ermittlungen verwendet werden können.

149 Es kann auch wichtig sein, im Wege der (richterlichen) Vernehmung personelle oder sonstige Hintergründe bei einer **liechtensteinischen „Anstalt"** aufzuklären. Hierzu stehen prinzipiell die **Verwaltungsräte** zur Verfügung, die kein Zeugnisverweigerungsrecht haben[184]. Trotzdem sind hier Maßnahmen oft nur von begrenztem Wert, da Verwaltungsräte nicht korrekt und umfassend informiert sein müssen[185]. Darüber hinaus wird auch nur auf konkrete Fragen geantwortet. Was nicht gefragt wird, wird auch nicht offenbart.

150 Im Zusammenhang mit Vernehmungen ist noch anzumerken, daß die Schweiz (wie die USA) ohne justitielles Ersuchen auf dem polizeilichen **(Interpol-)Weg** um **polizeiliche Vernehmungen** ersucht werden kann, was allerdings voraussetzt, daß die zu vernehmende Person entsprechend aussagebereit ist.

151 Gerade bei komplizierten Sachverhalten sollte im Rechtshilfeersuchen stets genau spezifiziert werden, um was ersucht wird. Dennoch wird es – und das gilt generell, nicht nur für die Schweiz und für Liechtenstein – in Wirtschaftsstrafsachen häufiger als vielleicht sonst nötig sein, daß **deutsche Ermittlungsbeamte** an den Ermittlungshandlungen **im Ausland** – z. B. bei der Vorauswahl sicherzustellender Unterlagen oder bei Vernehmungen – beratend **teilnehmen.** Solche Dienstreisen muß sowohl der ersuchte Staat als auch die zuständige deutsche oberste Landes- bzw. Bundesbehörde zustimmen (Nr. 142 RiVASt). In der Praxis macht – in Liechtenstein sogar trotz diesbezüglicher problematischer Rechtslage[186] – weniger der ersuchte Staat Probleme[187], der in der Regel sogar dankbar ist für die sachkundige Unterstützung, sondern die deutsche Seite, die hier aus grundsätzlichen völkerrechtlichen bzw. außenpolitischen Gründen restriktiv verfahren möchte[188].

3. Großbritannien

152 In bezug auf Konten bei **Banken in Großbritannien**[188/1] (nicht etwa nur auf den Kanalinseln) führt die dortige Rechtslage zu ganz speziellen Schwierigkeiten: Richterlich angeordnete Durchsuchungen bzw. Beschlagnahmen von Unterlagen bei dortigen Banken ohne **Einwilligung des betroffenen Kontoinhabers** sind nur möglich, wenn das Verfahren bereits bei Gericht anhängig ist, also grundsätzlich nicht schon in der Phase des staatsanwaltlichen (Vor-)Verfahrens nach deutschem Strafprozeßrecht. Am schnellsten und einfachsten kommt man also zu Informationen bzw. an Kontounterlagen, wenn der betreffende Kontoinhaber der Bank gegenüber seine Zustimmung zur Auskunftserteilung und zur Herausgabe erklärt.

184 Vgl. *Oehlke* 1983 S. 147.
185 Vgl. *Müller/Wabnitz* 1986 S. 132 f.
186 Vgl. *Oehlke* 1983 S. 147 f.
187 Vgl. z. B. aus Schweizer Sicht *Zimmerli* 1984 S. 890 f.
188 Vgl. zu dieser Haltung z. B. *Meisenberg* 1983 S. 201 f., *Oehlke* 1983 S. 155.
188/1 Zu Großbritannien vgl. *Feuerborn/Kirchherr/Terdenge* 1984 S. 459 ff., insbes. S. 461.

Wenn diese Zustimmung nicht erteilt wird, muß das deutsche Verfahren **153** **vor einem britischen Gericht anhängig** gemacht werden. Dazu muß – mit entsprechenden Kosten für die deutsche Seite – ein die deutschen Strafverfolgungsinteressen vertretender britischer Rechtsanwalt beauftragt werden. Erst dann kommt man an die erwünschten Gerichtsbeschlüsse. Alternativ dazu könnte das Verfahren in eigener britischer Zuständigkeit anhängig gemacht werden, wenn der Sachverhalt Ansätze für eine Strafverfolgung auch wegen britischer Gesetze bietet. Ggf. ist also die britische Seite auf alle diesbezüglichen Tatsachen aufmerksam zu machen.

Dem britischen Recht ist aber auch Genüge getan, wenn das Verfahren **154** bereits **vor einem deutschen Gericht** (nicht: Staatsanwaltschaft) **anhängig** ist. Dies wird offenbar auf britischer Seite bereits dann anerkannt, wenn ein deutscher Richter einen Haftbefehl erlassen hat.

Von solchen bei Gericht anhängigen Fällen abgesehen, in denen Rechts- **155** hilfeersuchen auf dem **diplomatischen Weg** gestellt werden müssen, können an Großbritannien gerichtete Rechtshilfeersuchen – z. B. (nicht Banken betreffende) Ersuchen um Durchsuchungen, Beschlagnahmen und Herausgabe von Gegenständen oder um Vernehmungen – ausnahmsweise auch auf **polizeilichem Weg** (Bundeskriminalamt – New Scotland Yard) übermittelt werden[189].

Erwähnt sei schließlich das aufwendige **Auslieferungsverfahren** in Groß- **156** britannien, das gerade auch in Wirtschaftsstrafverfahren zu Komplikationen führen kann. Die britische Seite prüft bei der Entscheidung über Auslieferungsersuchen umfassend den Schuldvorwurf, so daß innerhalb relativ kurzer Fristen selbst bei komplizierten bzw. umfangreichen Sachverhalten die gesamte Beweisführung mit den nach britischem Recht erforderlichen Beweismitteln (insbesondere: richterliche Vernehmungen) unterbreitet werden muß.

VIII. Beweisführung, Beweismittelauswertung

1. Ermittlungsziele

Die zentrale, in der Regel zeitraubende (und somit das Verfahren hinzie- **157** hende) Ermittlungstätigkeit besteht in der gezielten, sorgfältigen **Auswertung** aller erhobenen **Sach- und Personenbeweise**. Die Ergebnisse finden Eingang in Auswertungsvermerke, Zwischenberichte, Prüfberichte, sie dienen als Begründungen für Anträge auf richterliche Beschlüsse oder Haftbefehle sowie für Rechtshilfeersuchen, und sie münden letztlich ein in den Schlußbericht und in die Anklageschrift.

Die konkreten Ermittlungsziele hängen vom Deliktsbereich ab. Bei **Kon-** **158** **kursstraftaten**[190] wird es beispielsweise um folgende Feststellungen gehen müssen:

– „Lebenslauf" des Unternehmens

---

189 Vgl. z. B. *Oehlke* 1983 S. 152.
190 Vgl. hierzu z. B. *Rauch* 1983, insb. S. 215 ff., *H.-H. Schmidt* 1983, insb. S. 240 ff., *Müller/Wabnitz* 1986 S. 59 ff. sowie 1988.

– gesellschaftsrechtliche Verhältnisse

– Art und Ordnungsmäßigkeit der Buchführung

– Bestimmung des Zeitpunktes der Krise (Zahlungsunfähigkeit oder Über-schuldung[191]) anhand der Vermögens-, Ertrags- und Liquiditätslage sowie des Zahlungsverhaltens

– Nachweis der Tatbestandshandlungen, wie z. B. Beiseiteschaffen von Vermögenswerten, ggf. mit detaillierter Rekonstruktion entsprechender Geldflüsse.

159   Ermittlungen in Fällen des **Anlagebetrugs**[192] beziehen sich vor allem auf

– Firmenverhältnisse, Zuständigkeiten, persönliche Verantwortlichkeiten

– Art der Anlegerakquisition, Zusagen, Aufklärung z. B. über Prämienauf-schläge bei Warentermin(options)geschäften sowie über Risiken

– Werthaltigkeit und Kursbildung bei OTC-Aktien

– Geschäftspolitik, Geschäftsabwicklung (insbesondere Art und Umfang von Folgegeschäften mit Anlegern)

– alle Geschäfts-/Abschlußdaten

– (Börsen-)Plazierungen von Geschäften

– Broker-/Kundenkontoführung (Sammelkonten, Unterkonten, Bestäti-gungen)

– Zahlungsflüsse an Broker, andere Zahlungen (wie etwa „Kick-Back"-Zahlungen), zweckwidrige Mittelverwendungen/Entnahmen.

160   Auf dem vielschichtigen Gebiet der **illegalen Arbeitnehmerüberlas-sung**[193] führen in aller Regel Polizei und Steuerfahndung gemeinsam die Ermittlungen:

– Auswertung aller Verträge und Abrechnungen mit dem Ziel

   a) der Feststellung von Scheinwerkverträgen (Aufmaßabrechnung – Stundenabrechnung) und damit der Arbeitnehmerüberlassung und

   b) der Ermittlung der Gesamtumsätze zur Bestimmung der Umsatz-steuerschuld und ggf. zur Schätzung der mindestens bestehenden Lohnzahlungsverpflichtungen, woraus sich wiederum die Höhe der vom Verleiher bzw. Entleiher[194] abzuführenden Lohnsteuer sowie der Sozialversicherungsbeiträge ergibt.

– Feststellung der Zahl der beschäftigten/überlassenen Arbeitnehmer einerseits und der bei der AOK angemeldeten Arbeitnehmer andererseits

– Enttarnung von zum Vorsteuerabzug geltend gemachten Eingangsrech-nungen als „Abdeckrechnungen" zwecks Hinterziehung von Umsatz-steuern (Vorsteuerbetrug).

---

191 Speziell dazu *Drebes* 1985 m.w.N.
192 Vgl. zu den Ermittlungszielen insbesondere *Basel* 1985 S. 39 f. Speziell zum Warentermin-betrug auch *Koch* 1980, *U. Schmidt* 1981, *Sonnen* 1982, *Worms* 1984. Zum Betrug mit OTC-Aktien vgl. auch *Rössner/Lachmair* 1986.
193 Mehr dazu z. B. bei *Franzheim/Stüllenberg* 1982, *Jacob* 1982, *Guzy* 1986, *Müller/Wabnitz* 1986 S. 203 ff.
194 Speziell zur Entleiherstrafbarkeit vgl. auch *Franzheim* 1984b.

Beim **Stoßbetrug**[195], einer besonders schadensträchtigen Form des 161
Warenkreditbetrugs, geht es vor allem um

– das Nachvollziehen der Geschäfte mit den Lieferanten in der vertrauensbildenden „Anbahnungsphase"
– den Verbleib der Ware
– das Nachvollziehen von Zahlungsflüssen.

2. Verfahrensbegleitender EDV-Einsatz

Im Zuge der Beweisführung bei Wirtschaftsstrafverfahren sind vielfach 162
große Mengen an Beweismitteln auszuwerten, d. h. es findet eine „Mas-
senverarbeitung" von Daten statt, die den **Einsatz der elektronischen
Datenverarbeitung** nahelegt.

Die bereits seit Jahren eingeführten allgemeinen ermittlungsunterstüt- 163
zenden Spurendokumentationssysteme **(SPUDOK)** für Fälle mit großem
Hinweis- und Spurenaufkommen sind jedoch in aller Regel[196] **nicht** für den
Einsatz im Bereich der Wirtschaftskriminalität geeignet. Denn hier bestehen ganz spezielle Bedürfnisse, nämlich die am Ermittlungsziel ausgerichtete Rekonstruktion bestimmter geschäftlicher Aktivitäten und – damit
zusammenhängend – die Auswertung bzw. die Erstellung von „Zahlenwer-
ken", z. B. die Analyse von Bankkonten.

Ein **verfahrensbegleitendes EDV-System** muß Datenbestände nach vor- 164
gegebenen Kriterien auswerten und zusammenstellen bzw. bestimmte
Gegenüberstellungen und Verknüpfungen vornehmen können, und es
muß nicht nur Zahlen speichern und wiederfinden, sondern auch „rechnen" können. Praktische Beispiele[197]:

– Erfassung aller Gut- und Lastschriften auf Bankkonten mit ihren relevanten Daten, u. a. mit dem Ziel der Querschnittsauswertung nach vorgegebenen Merkmalen, der Saldenbildung zu vorgegebenen Zeitpunkten
und der Verknüpfung zu anderen Konten zwecks Zahlungsflußrekon-
struktion
– Erfassung von Kapitalanlagegeschäften, u. a. mit dem Ziel der einzelge-
schäfts-, der geschädigten- sowie der beschuldigtenorientieren Auswertung, ggf. der Errechnung von Aufschlägen auf Optionsprämien; Einbeziehung der Ergebnisse von Fragebogenaktionen in die Auswertung
– Erfassung von Wertpapier- oder Devisengeschäften, u. a. mit dem Ziel
der Feststellung auffälliger Abweichungen des Abschlußkurses vom
aktuellen Marktkurs, des Erkennens von Gegen- und Abschlußgeschäf-
ten sowie beschuldigtenorientierter Auswertungen.

Die für solche Bedürfnisse inzwischen vorhandenen EDV-Verfahren und 165
-Anwendungen sowohl auf **Großanlagen** als auch insbesondere auf **Arbeits-
platz-Computern** (APC) bzw. **Personal-Computern** (PC) werden in Zukunft

---

195 Vgl. dazu auch *Schwindt* 1983.
196 Vgl. aber zur Leistungsfähigkeit des insoweit offenbar eine Ausnahme bildenden EDV-
Verfahrens „SPUDOK-Bayern" *Obermeier* 1985, insb. S. 221 ff.
197 Vgl. auch *Rühle* 1984, *Obermeier* 1985, *Nagel* 1987.

mehr noch als bisher schon das Bild der Ermittlungen mitbestimmen. Vor allem die dezentrale Datenverarbeitung (APCs/PCs) wird bei Strafverfolgungsorganen zunehmend Einzug halten[198].

166 Die EDV-Unterstützung wird überdies künftig vermehrt nicht nur in der Phase der polizeilichen/staatsanwaltlichen Ermittlungen stattfinden, sondern das ganze Strafverfahren bis hin zur Hauptverhandlung begleiten, was ganz **neue** technische und organisatorische **Abstimmungsfragen zwischen Polizei und Justiz** mit sich bringt.

167 Wesentlicher „Engpaß" beim Einsatz der EDV ist die zum Teil sehr zeitaufwendige **Datenerfassung,** die sowohl aus personellen als auch aus sachlichen Gründen nicht immer Erfassungskräften übertragen werden kann. Speziell hieraus resultieren dann Akzeptanzprobleme bei den Sachbearbeitern, wenn nicht nachvollziehbar wird, welche zu erwartenden Vorteile dem Erfassungsaufwand gegenüberstehen.

168 Der Erfassungsaufwand ließe sich reduzieren mit Hilfe von **Beleglesern,** die aber zur unmittelbaren Erfassung aus schriftlichen Beweismitteln nur begrenzt geeignet sind. Von größerer praktischer Bedeutung ist die Möglichkeit, daß alle oder zumindest Teile der zu erfassenden Daten bereits auf (sichergestellten) **Datenträgern** vorhanden sind und nur in die verfahrensbegleitende Datei „überspielt" zu werden brauchen. Hier stellen sich EDV-technische Kompatibilitätsprobleme, die aber grundsätzlich lösbar sind. Der mit der „Überspielung" verbundene zusätzliche Programmieraufwand dürfte in keinem Verhältnis zum weit höheren manuellen Erfassungsaufwand stehen. Hier zeigt sich also, daß man in Zukunft auch außerhalb der Computerkriminalität Unterstützungsfunktionen wie die Auswertung von sichergetellten Datenträgern sachlich und personell nicht von der kriminalistischen Sachbearbeitung mit Hilfe verfahrensbegleitender EDV trennen kann.

D. Polizeilicher Verfahrensabschluß

I. Schlußbericht, „Nachermittlungen"

169 Während – gemäß Beschluß der Innenministerkonferenz vom 29. 4. 1974 (TOP 3: „Leitsätze über die Erstellung eines Schlußvermerks") – im allgemeinen kein **polizeilicher Schlußbericht** mehr gefertigt wird, ist er zumindest in Großverfahren der Wirtschaftskriminalität durchaus noch verbreitet und auch erforderlich. Ob ein Schlußbericht gefertigt wird, hängt davon ab, ob z. B.

– in der Ermittlungsakte geeignete Teil- bzw. komplexbezogene Zwischenberichte enthalten sind, die ggf. einen Gesamt-Schlußbericht entbehrlich machen

---

198 Zu den damit einhergehenden Möglichkeiten der Textverarbeitung vgl. auch *van Raden* 1985. Zur umfassenden rechtlichen Würdigung des Computereinsatzes in Wirtschaftsstrafverfahren vgl. *Schäfer* 1989.

– der Staatsanwalt aufgrund permanenter enger Einbindung in die Ermittlungen die Anklageschrift auch ohne einen polizeilichen Schlußbericht erstellen kann (oder will)

– die Zeit dafür vorhanden ist (insbesondere bei Haftsachen bleibt manchmal keine andere Wahl, als auf den Schlußbericht zu verzichten, da mit der Anklage nicht so lange gewartet werden kann)

– die Personalkapazität bei der Polizei es zuläßt, daß Sachbearbeiter – oft über Wochen hinweg – weitgehend dafür eingesetzt werden können.

Soweit ein Schlußbericht erstellt wird (der leicht den Umfang eines **170** Buches bekommen kann), sollte er – jeweils mit Verweisen auf die Aktenfundstellen – etwa folgendes **enthalten**[199]:

– Verfahrensanlaß/Ermittlungsaufnahme
(z. B. Anzeigen, Übernahmeersuchen usw.)

– Beschuldigtenpersonalien/persönliche Angaben zu den Beschuldigten

– involvierte Firmen/Beteiligungsverhältnisse

– (möglichst) Zeugenliste mit ladungsfähigen Anschriften

– Aktenaufbau und -umfang/Asservierungssystem

– strafprozessuale Maßnahmen (Haftbefehle, Durchsuchungen/Sicherstellungen/Beschlagnahmen und Vernehmungen)

– zusammengefaßter Tatvorwurf/Sachverhalt

– wesentliches Ermittlungsergebnis (und zwar sowohl nach Sachkomplexen gegliedert als auch auf die persönlichen Tatbeiträge der Beschuldigten bezogen).

Im **Ermittlungsergebnis** sind alle beweisrelevanten Fakten zusammenge- **171** faßt und logisch und schlüssig aufeinander aufbauend darzustellen. Grundsätzlich darf der polizeiliche Schlußbericht weder persönliche Wertungen noch rechtliche Würdigungen enthalten. Ganz läßt sich dieses Prinzip aber nicht durchhalten, weil durchaus zum Ausdruck kommen sollte, wie z. B. bestimmte Vorgänge im Sinne des Tatvorwurfs zu interpretieren sind und was beispielsweise bestimmten Einlassungen eines Beschuldigten an Beweisen entgegensteht. Wesentlich ist, daß hier sachlich argumentiert wird. Auch rechtliche Erwägungen fließen zwangsläufig ein, ohne daß ausdrücklich Subsumtionen vorgenommen werden müssen; denn schon die Auswahl der dargestellten ermittelten Tatsachen wird von den in Frage kommenden objektiven und subjektiven Tatbeständen geleitet. Zudem wird schon die Sachgliederung der Ermittlungsergebnisse häufig an den unterschiedlichen Strafvorwürfen orientiert sein.

Auch nach Fertigstellung des polizeilichen Schlußberichts kann es **172** immer wieder vorkommen, daß die anklagende Staatsanwaltschaft oder später sogar das Gericht in der Phase der Hauptverhandlung um bestimmte zusätzliche Ermittlungshandlungen bittet. Solche **„Nachermittlungen"** sind keinesfalls unbedingt Ausdruck polizeilicher Versäumnisse. Es kann entweder sogar bereits bei Abfassung des Schlußberichts allen Beteiligten

---

199 Vgl. auch *Büngener* 1977 S. 27 und *Liebl* 1982 S. 277 f.

klar gewesen sein, daß bestimmte Einzelmaßnahmen (z. B. eine Vernehmung) erst später durchgeführt werden (können). Oder es können sich erst später ganz neue Erwägungen der Staatsanwaltschaft bzw. des Gerichts ergeben haben (z. B. im Hinblick auf Teil-Einstellungen), die bestimmte nachträgliche Maßnahmen (etwa gezielte Vernehmungen oder spezielle Beweismittelauswertungen) erforderlich machen.

II. Weitere Einzelmaßnahmen

173　Bei den im Zuge des polizeilichen Verfahrensabschlusses nötigen Maßnahmen (die im einzelnen von Dienststelle zu Dienststelle differieren können) sollte (wie übrigens auch bei der Ermittlungsaufnahme) nach einer „**Checkliste**" verfahren werden. In jedem Fall erfolgt die **Abverfügung** der Akten, der Beweismittel und ggf. des Schlußberichtes an die Staatsanwaltschaft. In Einschränkung des vielfach eingeführten Delegationsprinzips wird dabei als letzte Kontrollinstanz in vermutlich allen Fällen der Dienststellenleiter (z. B. Kommissariatsleiter) oder ein noch höherer Vorgesetzter mit- bzw. unterzeichnen müssen.

174　Nach polizeilichem Verfahrensabschluß ist die **Erfassung zur Polizeilichen Kriminalstatistik (PKS)** gemäß den „Richtlinien für die Führung der Polizeilichen Kriminalstatistik" vorzunehmen. Wegen der bedeutenden Rolle, die die PKS sowohl auf fachlich-analytischem als auch auf kriminalpolitischem Gebiet spielt, sollte diese Erfassung sorgfältig durchgeführt werden, und zwar auch wenn damit ein hoher Arbeitsaufwand verbunden ist.

175　Soweit es vorgeschrieben ist, sollte auch an die Erfassung bzw. Zusammenstellung der **Verfahrenskosten** (insbesondere der anteiligen Reisekosten) gedacht werden. Hierin wird zumeist wenig Sinn gesehen, weil „nichts zu holen ist". Gerade aber bei Wirtschaftsstraftätern bestehen gewisse realistische Chancen, über die Kostenerfassung im Ergebnis einen zumindest kleinen Beitrag zur „Gewinnabschöpfung" zu leisten.

176　Spätestens anläßlich des polizeilichen Verfahrensabschlusses sollten schließlich in geeigneten Fällen bei einer „**Nachbereitung**" Überlegungen zur **Prävention** vergleichbarer Fälle angestellt werden. Das bietet sich insbesondere an bei festgestellten Besonderheiten bzw. neuartigen Erscheinungsformen der Wirtschaftskriminalität. Es könnte z. B. überlegt werden, ob bestimmte (neue) Rechtsnormen möglicherweise unnötige Tatanreize bzw. Tatgelegenheiten schaffen[200] oder ob z. B. verwaltungsrechtliche Kontrollmechanismen effektiviert werden könnten[201]. Nur aus der Strafverfolgungspraxis heraus sind häufig Schwachstellen und damit Präventionsansätze erkennbar.

200　Z. B. auf dem Gebiet des Anlagebetruges aufgrund des Fünften Vermögensbildungsgesetzes (5. VermBG) vom 19. 2. 1987 (BGBl. I S. 630).
201　Umfassend dazu *Kube* 1985 m.w.N.

E. Schlußbemerkung

Für einen kriminalistischen Beitrag mögen vielleicht relativ viele Rechts- **177** normen erwähnt bzw. **Rechtsfragen** behandelt worden sein. Das war beabsichtigt und letztlich auch gar nicht vermeidbar: **Kriminalistisches Handeln** wird außer von Zweckmäßigkeitserwägungen wesentlich davon bestimmt, was rechtlich geboten bzw. zulässig ist; denn der (Ermittlungs-) Zweck heiligt nicht automatisch die Mittel – weder im Wirtschaftsstrafverfahren noch allgemein in der Strafverfolgung.

SCHRIFTTUM

Bandisch, Günter: Mandant und Patient, schutzlos bei Durchsuchung von Kanzlei und Praxis?. In: Neue Juristische Wochenschrift 40 (1987), S. 2200–2206.

Basel, Peter: Betrügerische Rohstofftermingeschäfte. In: Peter Poerting (Hrsg.): Wirtschaftskriminalität. Teil 2. Wiesbaden 1985 (BKA-Schriftenreihe. Bd. 53), S. 13–40.

Baumann, Jürgen: Strafrecht und Wirtschaftskriminalität – Eine wegen des E eines 2. WiKG notwendige Erwiderung –. In: Juristenzeitung 38 (1983), S. 935–939.

Baur, Ulrich: Mangelnde Bestimmtheit von Durchsuchungsbeschlüssen. In: wistra 2 (1983), S. 99–102.

Bauwens, Dieter: Beschlagnahme von Buchführungsunterlagen beim Steuerberater. In: wistra 4 (1985), S. 179–183.

ders.: Schutz der Mandantenakten bei Durchsuchungen in der Kanzlei des Steuerberaters. In: wistra 7 (1988), S. 100–102.

Beck, Hans-Werner, Ekkehart Kappler und *Klaus Bayer:* Insiderdelikte. In: Peter Poerting, (Hrsg.): Wirtschaftskriminalität. Teil 2. Wiesbaden 1985 (BKA-Schriftenreihe. Bd. 53), S. 41–94.

Beitlich, Wolfgang: Sind die Schwerpunktstaatsanwaltschaften zur Bekämpfung der Wirtschaftskriminalität ineffektiv und für ihre Aufgaben ungeeignet?. In: wistra 6 (1987), S. 279–281.

Berckhauer, Friedhelm: Schutzparagraph für Millionäre? Wenn Wirtschafts-Strafverfahren nach § 153 a eingestellt werden. In: Kriminalistik 41 (1987), S. 79–80, 97–99.

Berckhauer, Friedhelm und *Joachim J. Savelsberg:* Vom Aufbruch zur Resignation. Die „Bundesweite Erfassung" wurde in aller Stille zu Grabe getragen. In: Kriminalistik 41 (1987), S. 242–245.

Berck, Wilhelm: Der Kriminalpolizeiliche Nachrichtenaustausch bei Wirtschaftsdelikten. In: Peter Poerting (Hrsg.): Wirtschaftskriminalität. Teil 1. Wiesbaden 1983 (BKA-Schriftenreihe. Bd. 52), S. 159–172.

Bermbach, Peter und *Gerhard Grüning:* Die Zusammenarbeit mit Behörden, Gerichten und außerbehördlichen Einrichtungen. In: Peter Poerting (Hrsg.): Wirtschaftskriminalität. Teil 1. Wiesbaden 1983 (BKA-Schriftenreihe. Bd. 52), S. 121–140.

Bernasconi, Paolo: Schweizerische Erfahrungen bei der Untersuchung und strafrechtlichen Erfassung der Geldwäscherei. In: Bundeskriminalamt (Hrsg.): Macht sich Kriminalität bezahlt? Aufspüren und Abschöpfen von Verbrechensgewinnen. Arbeitstagung des Bundeskriminalamtes Wiesbaden vom 10. bis 13. November 1986. Wiesbaden 1987 (BKA-Vortragsreihe. Bd. 32), S. 165–214.

Berthold, Dieter: Die Strafverfolgungsbehörden der Zollverwaltung. Zollfahndungsdienst: „Kripo der Zollverwaltung". In: Die Neue Polizei 39 (1985), S. 14–16.

Birmanns, Martin: Die Beschlagnahme von Buchführungsunterlagen bei dem Steuerberater. In: Monatsschrift für Deutsches Recht 35 (1981), S. 102–103.

Boge, Heinrich: Gewinnabschöpfung als „Dritte Dimension" der Bekämpfung des illegalen Rauschgifthandels und -schmuggels. In: Bundeskriminalamt (Hrsg.): Macht sich Kriminalität bezahlt? Aufspüren und Abschöpfen von Verbrechensgewinnen. Arbeitstagung des Bundeskriminalamtes Wiesbaden vom 10. bis 13. November 1986. Wiesbaden 1987 (BKA-Vortragsreihe. Bd. 32), S. 89–96.

Brenner, Karl: Zur Beschlagnahmefähigkeit von Buchhaltungen und Bilanzen beim Steuerberater. In: Betriebs-Berater 39 (1984), S. 137–139.

ders.: Was alles noch Recht ist. Unterschiedliche Gerichts-Auffassungen und die Folgen für den Ermittler. In: Kriminalistik 41 (1987), S. 271–272.

Büngener, Heinz: Aufbau eines wirtschaftskriminalistischen Ermittlungsverfahrens. In: Deutsche Polizei 1977, Heft 3, S. 26–27.

ders.: Ablauf eines wirtschaftskriminalistischen Ermittlungsverfahrens. In: Bund Deutscher Kriminalbeamter, Verband Bundeskriminalamt (Hrsg.): Verbrechensbekämpfung 1979, Düsseldorf 1979, S. 31–32.

Bundeskriminalamt (Hrsg.): Polizeiliche Kriminalistik 1987. Wiesbaden 1988.

Burghard, Waldemar: Die aktenmäßige Bearbeitung kriminalpolizeilicher Ermittlungsvorgänge. Wiesbaden 1969. – 4. Aufl. Wiesbaden 1986 (BKA-Schriftenreihe. Bd. 35).

Bussmann, Kai-D. und *Christian Lüdemann:* Rechtsbeugung oder rationale Verfahrenspraxis? – Über informelle Absprachen in Wirtschaftsstrafverfahren –. In: Monatsschrift für Kriminologie und Strafrechtsreform 71 (1988), S. 81–92.

Drebes, Günter: Die Überschuldung als Konkursantragstatbestand. In: Peter Poerting (Hrsg.): Wirtschaftskriminalität. Teil 1. Wiesbaden 1983 (BKA-Schriftenreihe. Bd. 52), S. 249–265.

Dreßler, Günter: Rechtshilfe in Steuerstrafsachen durch die Schweiz – Erfahrungen mit dem IRSG aus deutscher Sicht –. In: wistra 8 (1989), S. 161–172.

Eberbach, Wolfram: Zwischen Sanktion und Prävention – Möglichkeiten der Gewinnabschöpfung nach dem StGB. In: Bundeskriminalamt (Hrsg.): Macht sich Kriminalität bezahlt? Aufspüren und Abschöpfen von Verbrechensgewinnen. Arbeitstagung des Bundeskriminalamtes Wiesbaden vom 10. bis 13. November 1986. Wiesbaden 1987 (BKA-Vortragsreihe. Bd. 32), S. 97–118.

Egli, Heinz: Grundformen der Wirtschaftskriminalität. Fallanalysen aus der Schweiz und der Bundesrepublik Deutschland. Heidelberg 1985.

Ehlers, Hans: Durchsuchung – Beschlagnahme – Bankgeheimnis, In: Betriebs-Berater 33 (1978), S. 1513–1517.

Etter, Eberhard: Der polizeiliche EDV-Sachverständige im Strafverfahren. In: Computer und Recht 2 (1986), S. 166–173.

Feuerborn, S., R. Kirchherr und *R. Terdenge:* Bankgeheimnis und Bankauskunft in der Bundesrepublik Deutschland sowie in wichtigen ausländischen Staaten (begründet von *S. Sichtermann*). 3. Aufl., Frankfurt/M. 1984.

Firgau, Bernhard: Das Zusammentreffen von Wirtschafts- und Nichtwirtschaftsstraftaten gem. § 74 c GVG. In: wistra 7 (1988), S. 140–141.

Fischer, Gerd: Wirtschaftskriminalität und ihre Bearbeitung seitens der Polizei. In: Deutsche Polizei 1985, Heft 1, S. Saar 4 – Saar 5.

Fischer, Johann: Die polizeiliche Vernehmung (mit einer Bibliographie von Hans Udo Störzer). Wiesbaden 1975 (BKA-Schriftenreihe. Bd. 43).

Franzheim, Horst: Die Zusammenarbeit von Polizei und Justiz bei der Verfolgung von Wirtschaftsstraftaten – aus der Sicht der Justiz. In: Bundeskriminalamt (Hrsg.): Wirtschaftskriminalität. Arbeitstagung des Bundeskriminalamtes Wiesbaden vom 18. bis 21. Oktober 1983. Wiesbaden 1984a (BKA-Vortragsreihe. Bd. 29), S. 171–180.

ders.: Das strafrechtliche Instrumentarium zur Bekämpfung der Entleiher von illegal verliehenen Leiharbeitnehmern. In: Zeitschrift für Rechtspolitik 17 (1984b), S. 303–305.

ders.: Zusammenarbeit zwischen Staatsanwaltschaft und Kriminalpolizei bei der Bearbeitung von Wirtschaftsstrafverfahren – aus der Sicht der Staatsanwaltschaft. In: Polizei-Führungsakademie (Hrsg.): Organisierte Kriminalität VI – Wirtschaftskriminalität –. Seminar vom 11. bis 15. November 1985 bei der Polizei-Führungsakademie. Schlußbericht. Münster 1985, S. 43–60.

ders.: Geschäftspartner, die sich als Geldhaie entpuppen. Organisiertes Verbrechen auf dem Wirtschaftssektor. In: Kriminalistik 41 (1987), S. 232–241.

Franzheim, Horst und *Heinz Stüllenberg:* Illegale Arbeitsvermittlung – ein Dauerbrenner? Eine Analyse aus strafrechtlicher und kriminalistischer Sicht. In: Kriminalistik 36 (1982), S. 556–560.

Freund, Herbert: Wirtschaftskriminalität und Beschlagnahmeprivileg. In: Neue Juristische Wochenschrift 29 (1976), S. 2002–2004.

Gehre, Horst: Wirtschaftskriminalität und Beschlagnahmeprivileg. In: Neue Juristische Wochenschrift 30 (1977), S. 710–711.

Gemmer, Karlheinz: Polizeiliche Bekämpfung der Wirtschaftskriminalität – Erfahrungen und Perspektiven –. In: Bundeskriminalamt (Hrsg.): Wirtschaftskriminalität. Arbeitstagung des Bundeskriminalamtes Wiesbaden vom 18. bis 21. Oktober 1983. Wiesbaden 1984 (BKA-Vortragsreihe. Bd. 29), S. 57–66.

Glanz, Jürgen: Verfahrens- und Prozeßökonomie aus der Sicht des Gerichts. In: Polizei-Führungsakademie (Hrsg.): Bekämpfung der Wirtschaftskriminalität. Seminar vom 1. bis 5. Oktober 1990 bei der Polizei-Führungsakademie. Schlußbericht. Münster 1990, S. 151–161.

Gössweiner-Saiko, Th.: Wesen und Erfordernisse des Untersuchungs- und Vernehmungsbereiches Wirtschaftskriminalität. In: Öffentliche Sicherheit (1984), Heft 10, S. 1–12.

Götz, Helmut: Kriminalpolizeiliche Spurenakten. Versuch einer Problemanalyse. In: Kriminalistik 42 (1988), S. 481–483.

Grosse, Wolfgang: Umstritten in Theorie und Praxis. Die Beschlagnahme von Buchführungsunterlagen bei Steuerberatern und Wirtschaftsprüfern. In: Kriminalistik 42 (1988), S. 274–276.

Gülzow, Hagen: Beschlagnahme von Unterlagen von Mandanten bei deren Rechtsanwälten oder Steuerberatern. In: Neue Juristische Wochenschrift 34 (1981), S. 265–268.

Guzy, Ulrich: Der Erste Angriff zum Nachweis illegaler Beschäftigung. In: Deutsches Polizeiblatt 4 (1986), S. 15–20.

Haas, Günter: Vereinbarungen in Strafverfahren – Ein Beitrag zur Lehre von Prozeßhandlungen. In: Neue Juristische Wochenschrift 41 (1988), S. 1345–1351.

Habenicht, Gerhard: Rechtsverkehr mit der Schweiz und Liechtenstein auch in sog. Fiskalsachen?. In: wistra 1 (1982), S. 173–178, 214–222.

Hahn, D. und *P. Wamers:* Die Bekämpfung der organisierten Wirtschaftskriminalität durch die Bundeszollverwaltung. In: der kriminalist 21 (1989), S. 503–505.

Heffner, Alfred: Die Beschlagnahme. In: Waldemar Burghard und Werner Hamacher (Hrsg.): Lehr- und Studienbriefe Kriminalistik, Nr. 3. Hilden 1986, S. 45–64.

Heinz, Wolfgang: Konzeption und Grundsätze des Wirtschaftsstrafrechts (einschließlich Verbraucherschutz). Kriminologischer Teil. In: Zeitschrift für die gesamte Strafrechtswissenschaft 96 (1984), S. 417–451.

Holtfort, Werner: Wirtschaftskriminalität – unerwünschte Form kapitalistischen Wirtschaftens oder Schwerkriminalität? In: Heinz Menne und Rudolf Dressler (Hrsg.): Schwarzbuch Wirtschaftskriminalität, Dortmund 1987, S. 43–59.

Jacob, Rolf-Dieter: Illegale Arbeitnehmerüberlassung – moderne Form der Schwarzarbeit und krimineller Raubbau an der sozialen Sicherung der Arbeitnehmer! In: Die Polizei 73 (1982), S. 244–246.

Jolitz, Erwin: Polizei als „Geldbeschaffer". Die Rückgabe von Vermögenswerten an den Geschädigten. In: Kriminalistik 38 (1984), S. 464–466.

Kalf, Wolfgang: Die planmäßige Suche nach Zufallsfunden. In: Die Polizei 77 (1986), S. 413–418.

Kampe, Dieter: Einladung zur illegalen Bereicherung. In: Der Spiegel Nr. 14 vom 31. 3. 1986, S. 98–112.

Keller, Rolf und *Wolfgang Schmid:* Möglichkeiten einer Verfahrensbeschleunigung in Wirtschaftsstrafsachen. In: wistra 3 (1984), S. 201–209.

Kieback, Hans Jürgen und *Karin-Heide Ohm:* Zulässigkeit der Beschlagnahmeanordnung und Kostenerstattungsanspruch der Kreditinstitute. In: Wertpapier-Mitteilungen 40 (1986), S. 313–315.

Kleinknecht, Theodor und *Karlheinz Meyer:* Strafprozeßordnung, Gerichtsverfassungsgesetz, Nebengesetze und ergänzende Bestimmungen, 38. Aufl. München 1987.

Kniffka, Rolf: Die Durchsuchung von Kreditinstituten in Steuerstrafverfahren. In: wistra 6 (1987), S. 309–313.

Koch, Karsten: Betrug durch Warentermingeschäfte. In: Juristenzeitung 35 (1980), S. 704–710.

ders.: Die Beschlagnahme von Geschäftsunterlagen im Wirtschaftsstrafverfahren und der Grundsatz der Verhältnismäßigkeit. In: wistra 2 (1983), S. 63–66.

Kraft, Günther: Das Bankgeheimnis im Ermittlungsverfahren. In: Kriminalistik 30 (1976), S. 319–321.

Kramer, Bernhard: Ermittlungen bei Wirtschaftsdelikten. Rechtsfragen aus der Praxis des Wirtschaftsstrafverfahrens. Stuttgart, Berlin, Köln, Mainz 1987.

Krekeler, Wilhelm: Probleme der Verteidigung in Wirtschaftsstrafsachen. In wistra 2 (1983), S. 43–49.

Krieglsteiner, Kurt: Durchsuchung und Beschlagnahme bei Wirtschaftsstrafverfahren. In: Peter Poerting (Hrsg.): Wirtschaftskriminalität. Teil 1. Wiesbaden 1983 (BKA-Schriftenreihe. Bd. 52), S. 173–186.

Krupski, Manfred: Organisierte Kriminalität. In: Waldemar Burghard und Hans-Werner Hamacher (Hrsg.): Lehr- und Studienbriefe Kriminalistik. Nr. 7. Hilden 1987, S. 3–50.

Kube, Edwin: Prävention von Wirtschaftskriminalität (unter Berücksichtigung der Umweltkriminalität) – Möglichkeiten und Grenzen – 2. Aufl. Wiesbaden 1985 (Berichte des Kriminalistischen Instituts).

Kubica, Johann: Wirtschaftsstraftaten als Form organisierter Kriminalität. In: Kriminalistik 40 (1986a), S. 231–234.

ders.: Strukturen und Bekämpfungsstrategien im Bereich der organisierten Wirtschaftskriminalität. In: Polizei-Führungsakademie (Hrsg.): Organisierte Kriminalität VIII – Zusammenfassende Bestandsaufnahme der Erkenntnisse und Erfahrungen –. Seminar vom 1. bis 5. Dezember 1986 bei der Polizei-Führungsakademie. Schlußbericht. Münster 1986b, S. 175–217.

ders.: Einsatzmöglichkeiten des Wirtschaftsprüfdienstes in Strafverfahren. In: Bundeskriminalamt (Hrsg.): Macht sich Kriminalität bezahlt? Aufspüren und Abschöpfen von Verbrechensgewinnen. Arbeitstagung des Bundeskriminalamtes Wiesbaden vom 10. bis 13. November 1986. Wiesbaden 1987 (BKA-Vortragsreihe. Bd. 32), S. 141–155.

ders.: Verfahrens- und Prozeßökonomie aus der Sicht der Kriminalpolizei. In: Polizei-Führungsakademie (Hrsg.): Bekämpfung der Wirtschaftskriminalität. Seminar vom 1. bis 5. Oktober 1990 bei der Polizei-Führungsakademie. Schlußbericht. Münster 1990, S. 107–126.

Küster, Dieter: Das Lagebild der Organisierten Kriminalität in der Bundesrepublik Deutschland, illustriert anhand typischer Ermittlungsverfahren. In: Bundeskriminalamt (Hrsg.): Organisierte Kriminalität in einem Europa durchlässiger Grenzen. Arbeitstagung des Bundeskriminalamtes Wiesbaden vom 6. bis 9. November 1990. Wiesbaden 1991 (BKA-Vortragsreihe. Bd. 36), S. 53–66.

Lengert, Walter: „Kripo" der Zollverwaltung. Aufgaben und Stellung der Zollfahndung bei der Bekämpfung der Wirtschaftskriminalität. In: Kriminalistik 39 (1985), S. 61–64.

Liebl, Karlhans: Umfang und Erscheinungsbild der Wirtschaftskriminalität. In: Taschenbuch für Kriminalisten. Bd. 32. Hilden 1982, S. 13–278.

ders.: Zur organisierten Wirtschaftskriminalität und organisierten Kriminalität. In: Walter T. Haesler (Hrsg.): Politische Kriminalität und Wirtschaftskriminalität. Diessenhofen 1984, S. 381–408.

ders.: Schwerpunktstaatsanwaltschaften für Wirtschaftskriminalität. In: wistra 6 (1987a), S. 13–18.

ders.: Nochmals: Zur Effektivierung der Schwerpunktstaatsanwaltschaften zur Bekämpfung der Wirtschaftskriminalität. In: wistra 6 (1987b), S. 324–326.

Masthoff, D.: Entschädigung von Geldinstituten für Auslagen bei Beschlagnahmen oder Auskunftsersuchen. In: wistra 1 (1982), S. 100–102.

Meisenberg, Michael: Strafprozessuale Probleme bei der Bekämpfung der Wirtschaftskriminalität. In: Rolf Belke und Joachim Oehmichen (Hrsg.): Wirtschaftskriminalität. Aktuelle Fragen des Wirtschaftsstrafrechts in Theorie und Praxis. Bamberg 1983, S. 184–207.

Montenbruck, Axel, René Kuhlmey und *Uwe Enderlein:* Die Tätigkeit des Staatsanwalts in Wirtschaftsstrafverfahren. Einführung in die Probleme. In: Juristische Schulung 27 (1987), S. 713–719, 803–808, 967–971.

Müller, Rudolf: Schwerpunktverschiebungen der Wirtschaftskriminalität in den letzten Jahren aus der Sicht der Praxis. In: Rolf Belke und Joachim Oehmichen (Hrsg.): Wirtschaftskriminalität. Aktuelle Fragen des Wirtschaftsstrafrechts in Theorie und Praxis. Bamberg 1983, S. 42–75.

Müller, Rudolf und *Heinz-Bernd Wabnitz:* Wirtschaftskriminalität. Eine Darstellung der typischen Erscheinungsformen mit praktischen Hinweisen zur Bekämpfung. 2. Aufl. München 1986.

dies.: Die Totengräber spielen sich als Retter auf. Die Pseudo-Firmensanierung im kriminellen Konkurs. In: Kriminalistik 42 (1988), S. 247–271.

Müller, Walter: Schwarzarbeit und illegale Arbeitnehmerüberlassung. In: Peter Poerting (Hrsg.): Wirtschaftskriminalität. Teil 1. Wiesbaden 1983 (BKA-Schriftenreihe. Bd. 52), S. 287–304.

Müller-Guggenberger, Christian: Wirtschaftsstrafrecht. Eine Gesamtdarstellung des deutschen Wirtschaftsstraf- und Ordnungswidrigkeitenrechts. Münster 1987.

Nagel, Gerhard: EDV-unterstützte (kriminal-)polizeiliche Ermittlungen – Fallbeispiel –. In: Die Kriminalpolizei 5 (1987), Heft 3, S. 5–27.

Obermeier, Josef: EDV-Unterstützung von Ermittlungen. In: Peter Poerting (Hrsg.): Wirtschaftskriminalität. Teil 2. Wiesbaden 1985 (BKA-Schriftenreihe. Bd. 53), S. 207–241.

Oehlke, Kurt: Internationaler Rechtshilfeverkehr und Auslandsermittlungen. In: Peter Poerting (Hrsg.): Wirtschaftskriminalität. Teil 1. Wiesbaden 1983 (BKA-Schriftenreihe. Bd. 52), S. 141–158.

Paul, Werner: Computerkriminalität. Kenntnisse in EDV und Kriminaltechnik unabdingbar. In: Kriminalistik 34 (1980), S. 410–413, 535–537.

ders.: Die Bedeutung des kriminalpolizeilichen EDV-Sachverständigen aus polizeilicher Sicht. In: Computer und Recht 2 (1986), S. 173–175.

Pfiszter, Franz: Die Zusammenarbeit von Polizei und Justiz bei der Verfolgung von Wirtschaftsstraftaten – aus der Sicht der Polizei. In: Bundeskriminalamt (Hrsg.): Wirtschaftskriminalität. Arbeitstagung des Bundeskriminalamtes Wiesbaden vom 18. bis 21. Oktober 1983. Wiesbaden 1984 (BKA-Vortragsreihe. Bd. 29), S. 181–190.

Plonka, Helmut: Bankgeheimnis und Strafprozeßreform – aus der Sicht des Ermittlungsverfahrens. In: Die Polizei 68 (1977), S. 392–394.

ders.: Haben Geldinstitute Anspruch auf Entschädigung bei der Beschlagnahme von Kontounterlagen?. In: Polizeinachrichten 21 (1981), S. 50–51.

ders.: Die Beschlagnahme von Buchungsunterlagen beim Steuerbevollmächtigten. In: Polizeispiegel 19 (1983), S. 88–89.

Poerting, Peter: Begriff und Besonderheiten der Wirtschaftskriminalität aus kriminalpolizeilicher Sicht. In: Peter Poerting (Hrsg.): Wirtschaftskriminalität. Teil 1. Wiesbaden 1983 (BKA-Schriftenreihe. Bd. 52), S. 9–49.

ders.: Polizeiliche Bekämpfung der Wirtschaftskriminalität, Wiesbaden 1985 (BKA-Forschungsreihe Sonderbd.).

Polizeiliche Bearbeitung der Wirtschaftskriminalität. In: Deutsche Polizei 1985, Heft 10, S. R 9 – R 10.

Potratz, Horst: Der Aktenaufbau bei Wirtschaftsstrafverfahren. In: Peter Poerting (Hrsg.): Wirtschaftskriminalität. Teil 1. Wiesbaden 1983 (BKA-Schriftenreihe. Bd. 52), S. 187–201.

Pump, Hermann: Anzeige von Steuerstraftaten durch Gerichte und Behörden (§ 116 AO). In: wistra 6 (1987), S. 322–324.

Quermann, Dieter: Ermittlungsbehörden vor der Pleite? In: Kriminalistik 40 (1986a, S. 234–240).

ders.: Durchsuchung und Beschlagnahme in Wirtschaftsstrafverfahren. In: der kriminalist 18 (1986b), S. 338–341, 393–396.

ders.: Beschlagnahme von Kontounterlagen – Bankgeheimnis. In: der kriminalist 18 (1986c), S. 487–488.

ders.: Zur Bekämpfung der Wirtschaftskriminalität. Die Kleinen hängt man, die Großen läßt man laufen . . . In: der kriminalist 20 (1988a), S. 265–272.

ders.: Durchsuchung und Beschlagnahme beim steuerlichen Berater. In: wistra 7 (1988b), S. 254–259.

van Raden, Lutz: Elektronische Datenverarbeitung in Wirtschaftsgroßverfahren. In: wistra 4 (1985), S. 220–222.

Rauch, Dieter: Wirtschaftskriminalistische Buch- und Betriebsprüfung. In: Peter Poerting (Hrsg.): Wirtschaftskriminalität. Teil 1. Wiesbaden 1983 (BKA-Schriftenreihe. Bd. 52), S. 203–222.

Reitz, Werner und *Jürgen Vahle:* Strafprozessuale Eingriffe in Kanzleien der steuer-, wirtschafts- und rechtsberatenden Berufe. In: Die neue Polizei 39 (1985), S. 171–174.

Rengier, Rudolf: Praktische Fragen bei Durchsuchungen, insbesondere in Wirtschaftsstrafsachen. In: Neue Zeitschrift für Strafrecht 1 (1981), S. 372–378.

Richter, Hans: Der Geschädigte im deutschen Strafprozeß, In: Expertenbrief Wirtschaftskriminalität. Information und Warnung 6 (1984), S. 177–182.

Rössner, Christian und *Wilhelm Lachmair:* Betrug mit Pennystocks. Englische over-the-counter-Werte, In: Betriebs-Berater 41 (1986), S. 336–343.

Rothenfluh, Walter: Das „Basler Modell" für die Verfolgung von Wirtschaftsdelikten. Die Vereinigung polizeilicher, untersuchungsrichterlicher und staatsanwaltlicher Ermittlungen bei einer Behörde. In: Kriminalistik 38 (1984), S. 565–569.

Rühle, Klaus: Der Mikrocomputer im Wirtschaftsstrafverfahren. In: wistra 3 (1984), S. 14–15.

Sannwald, Rüdiger: Entschädigungsansprüche von Kreditinstituten gegenüber auskunftsuchenden Ermittlungsbehörden. In: Neue Juristische Wochenschrift 37 (1984), S. 2495–2499.

Schäfer, Helmut: Ordnungs- und Zwangsmittel statt Beschlagnahme? In: wistra 2 (1983), S. 102–103.

ders.: Die Beschlagnahme von Handelsbüchern beim Steuerberater, In: wistra 4 (1985a), S. 12–17.

ders.: Der Konkursverwalter im Strafverfahren. In: wistra 4 (1985b), S. 209–212.

ders.: Das Recht des Beschuldigten auf Gehör im Ermittlungsverfahren. In: wistra 6 (1987), S. 165–170.

ders.: Der Computer im Strafverfahren. In: wistra 8 (1989), S. 8–13.

Schaefgen, Christoph: Durchsuchung – Beschlagnahme – Bankgeheimnis. Erwiderung auf die Ausführungen von Ehlers in BB 1978, S. 1513. In: Betriebs-Berater 34 (1979), S. 1498–1499.

Scheu, Udo: Wirksame Kriminalitätskontrolle und Prozeßökonomie im Bereich der Wirtschaftskriminalität. In: Polizei-Führungsakademie (Hrsg.): Bekämpfung der Wirtschaftskriminalität. Seminar vom 15. bis 19. Oktober 1984 bei der Polizeiführungsakademie. Schlußbericht. Münster 1984, S. 107–119.

ders.: Verfahrens- und Prozeßökonomie aus der Sicht der Staatsanwaltschaft. In: Polizei-Führungsakademie (Hrsg.): Bekämpfung der Wirtschaftskriminalität. Seminar vom 1. bis 5. Oktober 1990 bei der Polizei-Führungsakademie. Schlußbericht. Münster 1990, S. 127–138.

Schiller, Wolf Dieter: Verfahrens- und Prozeßökonomie aus der Sicht der Verteidigung. In: Polizei-Führungsakademie (Hrsg.): Bekämpfung der Wirtschaftskriminalität. Seminar vom 1. bis 5. Oktober 1990 bei der Polizei-Führungsakademie. Schlußbericht. Münster 1990, S. 139–149.

Schlüter, Werner: Die Aktenführung im Strafverfahren. In: Deutsche Polizei 1977, Heft 6, S. 24–25.

Schmidt, Hans-Hermann: Konkursstraftaten. In: Peter Poerting (Hrsg.): Wirtschaftskriminalität. Teil 1. Wiesbaden 1983 (BKA-Schriftenreihe. Bd. 52), S. 223–247.

Schmidt, Uwe: Warentermingeschäfte. Optionen und Direktgeschäfte – Möglichkeiten der betrügerischen Manipulation. In: Kriminalistik 35 (1981), S. 18–24.

Schwarz, Bernhard (Hrsg.): Abgabenordnung (AO). Kommentar. Loseblattausgabe. Freiburg/Brsg. 1976 ff.

Schweinitzer, Peter: Die Zusammenarbeit von Polizei und Staatsanwaltschaft aus kriminalpolizeilicher Sicht. In: Peter Poerting (Hrsg.): Wirtschaftskriminalität. Teil 1. Wiesbaden 1983 (BKA-Schriftenreihe. Bd. 52), S. 111–120.

Schwindt, Friedrich: Der Stoßbetrug. Ein Beitrag zur Systematik und ermittlungstechnischen Bearbeitung. In: Taschenbuch für Kriminalisten. Bd. 33. Hilden 1983, S. 169–188.

Sieg, Hans-O.: Aushändigung von Kopien beschlagnahmter Unterlagen. In: wistra 3 (1984), S. 172–174.

Sonnen, Bernd-Rüdeger: Strafrechtliche Grenzen des Handels mit Optionen auf Warentermin-Kontrakte. In: wistra 1 (1982), S. 123–129.

Stypmann, Rolf: Rechtliche und tatsächliche Probleme bei staatsanwaltlichen Durchsuchungs- und Beschlagnahmehandlungen. In: wistra 1 (1982), S. 11–13.

Teufel, Manfred: Die polizeiliche Vernehmung in Insolvenzsachen. In: Polizeinachrichten 23 (1983), Heft 5, S. 5–8, Heft 6, S. 6–8.

Vollmuth, Emil: Die Mikroverfilmung und die durch sie entstehenden Probleme für die Strafverfolgungsbehörden und für die Gerichte. In: Neue Juristische Wochenschrift 27 (1974), S. 1176–1179.

Weinhofer, Karl und *Uli Schöler:* Die Spitze des Eisbergs – Einige Überlegungen zum Stand der Wirtschaftskriminalität und ihrer Bekämpfung. In: Heinz Menne und Rudolf Dreßler (Hrsg.): Schwarzbuch Wirtschaftskriminalität. Dortmund 1987, S. 17–42.

Weiss, Alois: Die Ermittlungsarbeit von Staatsanwaltschaft und Polizei aus der Sicht des erkennenden Richters – unter besonderer Berücksichtigung typischer Fehler und Fehlerquellen . In: Polizei-Führungsakademie (Hrsg.): Bekämpfung der Wirtschaftskriminalität. Seminar vom 15. bis 19. Oktober 1984 bei der Polizeiführungsakademie. Schlußbericht. Münster 1984, S. 175–213.

Weyand, Raimund: Steuergeheimnis und Offenbarungsbefugnis der Finanzbehörden in Steuerstraf- und Bußgeldverfahren. In: wistra 7 (1988), S. 9–13.

Wille, Heiner: Zum Verhältnis Staatsanwaltschaft und Polizei allgemein und bei der Bekämpfung der Wirtschaftskriminalität im besonderen. In: Peter Poerting (Hrsg.): Wirtschaftskriminalität. Teil 1. Wiesbaden 1983 (BKA-Schriftenreihe. Bd. 52), S. 97–109.

Wirtschaftskriminelle haben keine rechtlichen Freiräume mehr, In: recht. Informationen des Bundesministers der Justiz 1987, S. 8–9.

Worms, Alexander: Warenterminoptionen: Strafbarer Betrug oder nur enttäuschte Erwartungen? In: wistra 3 (1984), S. 123–131.

Zainhofer, Rudolf: Die Systematisierung der Abwicklung von Gutachtensaufträgen im Wirtschafts-Strafrechtsbereich. In: Zeitschrift für das gesamte Sachverständigenwesen 3 (1982), S. 265–269.

Zimmerli, Erwin: Die internationale Rechtshilfe in Strafsachen, insbesondere bei Abgabenbetrug, und das Schweizer Bankgeheimnis. In: Recht der internationalen Wirtschaft 30 (1984), S. 881–892.

ders.: Wirtschaftskriminalität – Tat, Täter, Opfer. In: Kriminalistik 40 (1986), S. 542, 559–563.

Zybon, Adolf: Wirtschaftskriminalität – Umfang, Bedeutung und Notwendigkeit ihrer Bekämpfung. In: Peter Poerting (Hrsg.): Wirtschaftskriminalität. Teil 1, Wiesbaden 1983 (BKA-Schriftenreihe. Bd. 52), S. 51–68.

41

Organisierte Kriminalität

Wolfgang Sielaff

A. Gegenstandsbeschreibung

I. Allgemeines

Seit Anfang der 70er Jahre entwickelt sich in der Bundesrepublik Deutsch- **1**
land ein Kriminalitätsphänomen, das zu einer immer größeren Bedrohung
und Herausforderung für Staat und Gesellschaft zu werden scheint: Die
Organisierte Kriminalität (OK). Was man sich unter ihr allerdings vorzustellen hat, ist in Wissenschaft und Praxis noch immer nicht eindeutig
geklärt. Zahllose Versuche, das Phänomen definitorisch zu erfassen[1],
haben ebenso zur Unsicherheit beigetragen wie die kontroversen, häufig
von politischer Opportunität gekennzeichneten Diskussionen über das
Vorhandensein oder Nichtvorhandensein organisierter Kriminalität in
Deutschland[2]. Auch die starke Fixierung auf die italienischen (**Mafia,
Camorra, 'Ndragheta, Anonima sequestri**)[3] und amerikanischen (**Organi-**

---

1 Eingehend hierzu *Steinke* 1982 S. 79–98.
2 *Werner* 1982 S. 131–136.
3 Zur Situation in Italien insbesondere: *Hess* 1983; *Chotjewitz* 1973; *Raith* 1983; *Dalla Chiesa*
  1985; *Marrazzo* 1987; *Uesseler* 1987; *Müller* 1990; *Sterling* 1990; *Falcone* 1992.

zed crime, La Cosa Nostra)[4] Erscheinungsformen des organisierten Verbrechens – vor allem auch in den Medien – trug nicht unbedingt zur Klarstellung bei. Die einseitige Mafiaverknüpfung, d. h. die Orientierung an den höchsten Ausprägungen organisierten bzw. **syndikalisierten Verbrechens,** verkannte, daß organisierte Kriminalität als dynamischer Prozeß zu verstehen ist, der unterschiedliche Entwicklungsstufen durchläuft.

2 Aus der polizeilichen Praxis, die sich zunehmend mit verschiedenen Ansätzen und Erscheinungsformen organisierten Verbrechens konfrontiert sah, wurde Anfang der 80er Jahre der Ruf nach einer neuen **Bekämpfungsstrategie** lauter[5]. Auch die Berufsverbände der Polizei erhoben entsprechende Forderungen[6].

Mehr und mehr wurde das Thema auch journalistisch aufgegriffen[7] und löste damit Impulse im polizeilichen und politischen Raum aus.

Die grundlegenden politischen Veränderungen in Osteuropa, die deutsche Wiedervereinigung und die Entwicklungen hin zu einem wirtschaftlich und politisch einigen Europa haben die Diskussion verstärkt. Kriminelle Organisationen aus Süd- und Osteuropa profitieren von diesen Wandlungsprozessen und beziehen die Bundesrepublik Deutschland in ihr Operationsgebiet ein[7/1].

II. Kennzeichnung

1. Definition

3 Generelle Übereinstimmung herrschte vorübergehend bei den Polizeien von Bund und Ländern über folgende **Definition** des Begriffes „**Organisierte Kriminalität**":

„Unter Organisierter Kriminalität (OK) ist **nicht** nur eine mafiaähnliche **Parallelgesellschaft** im Sinne des „**organized crime**" zu verstehen, sondern ein arbeitsteiliges, bewußtes und gewolltes, auf Dauer angelegtes Zusammenwirken mehrerer Personen zur Begehung strafbarer Handlungen – häufig unter Ausnutzung moderner Infrastrukturen – mit dem Ziel, möglichst schnell hohe finanzielle Gewinne zu erreichen"[8].

Diese Begriffsbestimmung ist sehr allgemein gehalten und trifft in ihren Grundelementen Personenmehrheit, Arbeitsteilung, Dauerhaftigkeit, Ausnutzung moderner Infrastrukturen, Gewinnorientierung auf eine Vielzahl von Täterverbindungen zu.

---

4 Zur Situation in den USA insbesondere: *Kennedy* 1967; *Maas* 1969; *Salerno/Tomkins* 1972; *Teresa* 1973; *Ralston* 1983; *Hamacher* 1987.
5 *Stümper* 1983 S. 20–26; *Sielaff* 1983 S. 421–422.
6 *Gewerkschaft der Polizei* 1983, 1987; *Bund Deutscher Kriminalbeamter* 1983.
7 *Lindlau* 1987; Deutschlands neue Wirtschaftsmacht . . . 1988; *Adam/Bednarz/Darnstädt/ Schrep* 1988; *Raith* 1989; *Peters* 1990; *Leyendecker/Rickelmann/Bönisch* 1992; *Roth/Frey* 1992.
7/1 *Gurow* 1990 S. 131–146.
8 *Ad hoc Ausschuß* 1982.

Inzwischen hat eine aus Polizei- und Justizangehörigen zusammenge-
setzte Arbeitsgruppe nachstehende Definition vorgeschlagen, die Eingang
nicht nur in die Praxis, sondern auch in die Kriminologie gefunden hat:

„**Organisierte Kriminalität** ist die
– von Gewinn- oder Machtstreben bestimmte,
– planmäßige Begehung von Straftaten, die einzeln oder in ihrer Gesamtheit von erheblicher Bedeutung sind, wenn mehr als zwei Beteiligte auf
  längere oder unbestimmte Dauer arbeitsteilig
  a) unter Verwendung gewerblicher oder geschäftsähnlicher Strukturen,
  b) unter Anwendung von Gewalt oder anderer zur Einschüchterung
     geeigneter Mittel oder
  c) unter Einflußnahme auf Politik, Medien, öffentliche Verwaltung,
     Justiz oder Wirtschaft
zusammenwirken".

Da sich das Phänomen OK wegen seiner Differenziertheit und Erschei-
nungsvielfalt nicht allein definitorisch erschließt, müssen beschreibende
Elemente hinzutreten.

2. Indikatoren

Seit den 70er Jahren sind der Kriminalpolizei **Indikatoren** geläufig[9], die für   4
Organisierte Kriminalität kennzeichnend sein können. Sie sind im Laufe
der Jahre immer wieder überarbeitet worden. Folgende generelle Indikatoren könnten auf OK hindeuten:

Tatvorbereitung/-planung
– präzise Planung
– Anpassung an Markterfordernisse durch Ausnutzen von Marktlücken,
  Erkundung von Bedürfnissen
– Arbeit auf Bestellung
– hohe Investitionen, z. B. durch Vorfinanzierung aus nicht erkennbaren
  Quellen
– Gründung von Scheinfirmen, auch im Ausland

Tatausführung
– professionelle, präzise und hochqualifizierte Tatausführung
– Verwendung verhältnismäßig teurer, schwierig einzusetzender Techniken
– Tätigwerden von Spezialisten (auch aus dem Ausland)
– arbeitsteiliges Zusammenwirken

Konspiratives Täterverhalten
– Abschottung
– Gegenobservation
– Decknamen, -adressen
– Codierung in Sprache und Schrift

---

9 Wiedergegeben bei *Krupski* 1987 S. 13–15.

– Vortäuschen legaler Geschäfte
– Aufbau scheinlegaler Existenzen

Täterverbindungen/Tatzusammenhänge
– überregional
– national
– international

Gruppenstruktur
– hierarchischer Aufbau
– ein nicht ohne weiteres erklärbares Abhängigkeits- und Autoritätsverhältnis zwischen mehreren Tatverdächtigen
– internes Sanktionierungssystem

Hilfe für Gruppenmitglieder
– Fluchtunterstützung
– Aufwendung von größeren Barmitteln und Bestellung eines prominenten Anwalts zur Verteidigung
– Mitführen von vorbereiteten Vertretungsvollmachten für Rechtsanwälte
– hohe Kautionsangebote
– Bedrohung und Einschüchterung von Prozeßbeteiligten
– Unauffindbarkeit von Zeugen
– typisches, ängstliches Schweigen von Betroffenen
– Auftreten von Entlastungszeugen
– Betreuung in der Haft
– Versorgung der Angehörigen
– Wiederaufnahme nach der Haftentlassung

Beutesicherung/-verwertung
– höchst profitorientiert
– Maßnahmen zur „Geldsäuberung"
– Treuhand-, Strohmannverhältnisse
– Verschleierung der Vermögens- und Besitzverhältnisse
– Übertragung von Vermögenswerten ins Ausland
– Rückfluß in den legalen Wirtschaftskreislauf
– hohe Investitionen in Firmen, Immobilien, Techniken ohne erkennbare Geldquelle
– Einsatz illegaler Profite in weitere kriminelle Aktivitäten

Korrumpierung
– Schaffung von Abhängigkeiten (z. B. durch Sex, Glücksspiel, Zins- und Kreditwucher)
– Vorteilsgewährung, Bestechung
– Korruption

Monopolisierungsbestrebungen
– Verdrängung lästiger Konkurrenz
– gewaltsame Übernahme von Geschäftsbetrieben
– Kontrolle über bestimmte Branchen des Nachtlebens (z. B. Spielcasinos, Bordelle)
– Aufzwingen von „Schutz" gegen Bezahlung

Öffentlichkeitsarbeit
– gesteuerte, tendenziöse oder von einem bestimmten Tatverdacht ablenkende Presseveröffentlichungen
– Mäzenatentum
– Kontakte zu Persönlichkeiten des öffentlichen Lebens

Diese Indikatoren sind für das Erkennen einschlägiger Phänomene ebenso wichtig wie für die Sensibilisierung der mit der Verbrechensbekämpfung befaßten Polizeibeamten („Frühwarnsystem"). Das vermehrte Auftreten derartiger Indikatoren kann ein gewichtiges Indiz für das Vorhandensein Organisierter Kriminalität darstellen. Da diese jedoch einem ständigen Wandlungsprozeß unterworfen ist, müssen die Indikatoren regelmäßig überprüft und ggf. fortgeschrieben werden.

3. Relevante Kriminalitätsbereiche

Organisierte Kriminalität tritt vorzugsweise in folgenden **„organisations-** 5 **verdächtigen" Kriminalitätsbereichen** in Erscheinung:

Rauschgifthandel und -schmuggel

Falschgeldherstellung und -vertrieb

Waffenhandel und -schmuggel

Diebstahl/Hehlerei
– hochwertige Kraftfahrzeuge (Sachwertdelikte)
– LKW mit hochwertiger Ladung
– Massengebrauchsgüter
– wertvolle Gegenstände
– Schecks

Betrug
– Kreditkartenbetrug
– betrügerisches Einlösen von Schecks

Wirtschaftskriminalität
– Konkursdelikte
– Kapitalanlagebetrug
– Subventionsbetrug
– Stoßbetrug
– Raubpressungen
– Produktpiraterie (Warenzeichenfälschung)

– Dokumenten- und Scheckfälschung
– illegale Einschleusung und unerlaubte Arbeitsvermittlung von Ausländern

Computerkriminalität

Schutzgelderpressung

Verbotenes Glücksspiel, Falschspiel

Kriminalität in Verbindung mit dem Nachtleben
– **Prostitution, Zuhälterei**
– **Menschenhandel**

Korrumpierung, Bestechung

Wie bei den Indikatoren sind auch hier die Entwicklungsprozesse der Organisierten Kriminalität zu berücksichtigen.

4. Stand, Trend

6 Organisierte Kriminalität ist eine hochqualifizierte Form der Verbrechensbegehung, die häufigen qualitativen, örtlichen und zeitlichen Veränderungen unterliegt.

7 Sie ist gekennzeichnet von verschiedenen subtilen Taktiken und Techniken auf Täterseite. Die Taten sind meistens präzise geplant, wobei den Bedürfnissen des Marktes Rechnung getragen wird. **Tatausführung** und **Beuteverwertung** sind hochprofessionell und arbeitsteilig angelegt.

8 Das Täterverhalten orientiert sich an möglichen **staatlichen Strafverfolgungsstrategien,** es ist vielfach äußerst konspirativ, wobei entsprechende **Gegentaktiken** die Einblicke der Strafverfolgungsbehörden abwehren sollen. **Belastungszeugen** werden ggf. unter Druck gesetzt. Tragendes Motiv ist die illegale Erlangung größtmöglichen Profits[10], der ggf. auch zur Etablierung und Stabilisierung **krimineller Macht**[11] eingesetzt wird.

9 Neben dem „Stadtgangster" tritt zunehmend der das Entdeckungs- und Verurteilungsrisiko kalkulierende kriminelle Geschäftsmann in Erscheinung, für den die Verbrechensausübung „lediglich die Fortsetzung des Geschäftes mit anderen Mitteln darstellt"[12]. Der Anteil **ausländischer Täter** ist überproportional hoch.

10 Die **Struktur der Täterverbindungen** in der Bundesrepublik Deutschland ist nur zum Teil hierarchisch, dafür existieren eher horizontale **Personengeflechte** und **Netzwerke**[13]. In erster Linie muß – besonders in den Ballungsgebieten – von „Straftäterverflechtungen" (Beziehungsgeflechten) ausgegangen werden. „Kriminell nutzbare Verbindungen **(connections)**"[14] reichen bis in das Ausland.

---

10 *Werner* 1982 S. 132.
11 *Sielaff* 1987a S. 6.
12 *Schenk* 1987 S. 21.
13 *Weschke* 1986 S. 297 ff.
14 *Rebscher/Vahlenkamp* 1988 S. 181–182.

Organisationsausprägungen wie in Italien oder den Vereinigten Staaten gibt es (noch) ebensowenig wie den „Paten" oder den „Big Boss" vom Mafiatypus.

Die Organisierte Kriminalität wird qualitativ und strukturell weiter an **11** Bedeutung gewinnen, die Verbrechensbegehung wird sich perfektionieren. Parallel zur wissenschaftlichen, technischen und infrastrukturellen Entwicklung werden sich neue Formen der Verbrechensbegehung herauskristallisieren[15]. Internationale Währungsverflechtungen, weltweite Finanztransaktionen, länderübergreifender Güter- und Warenaustausch, Freizügigkeit im Grenz- und Reiseverkehr werden zu einer noch stärkeren **Internationalisierung** und Professionalisierung **des organisierten Verbrechens** führen.

Die als Resultat nüchterner **Risikokalkulation** („Crime does pay!") **12** erzielten **kriminellen Profite** werden zunehmend auch in legale Geschäfte investiert. **Einflußnahmen auf Verwaltungshandeln** dürften sich verstärken, bereits heute sind **Korrumpierungstendenzen** erkennbar[15/1].

Die Bundesrepublik Deutschland wird immer mehr zum Operationsfeld **13** **internationaler krimineller Syndikate.** Die heutige Situation auf dem Rauschgiftsektor ist hierfür ebenso kennzeichnend wie die Aktivitäten italienischer Krimineller vom Mafia-Typus in den neuen Bundesländern.

B. Erkenntnisproblem

Das Wissen um die vielfältigen Phänomene organisierter Kriminalität ist **14** trotz entsprechender Anstrengungen der letzten Jahre nach wie vor eher gering. Auch wenn sich uns immer wieder verschiedene Ansätze organisierter Kriminalität in ihren deliktischen Auswirkungen offenbaren, bleiben die Hintergründe selbst für die Polizei häufig im dunkeln (vgl. Wirtschaftskriminalität, verbotenes Glücksspiel, Schutzgelderpressung). Neben dem von Konspiration und Verdeckung gekennzeichneten Täterverhalten sind hierfür auch die traditionelle Ausrichtung der Polizei an angezeigten Straftaten, die Deliktsbezogenheit des **Kriminalpolizeilichen Meldedienstes (KPMD)** und der **Polizeilichen Kriminalstatistik (PKS)** sowie die starke Fixierung auf herkömmliche **Tat- und Täterbilder** ausschlaggebend[16]. Das traditionelle System der **Erkenntnisgewinnung,** nämlich das Sammeln und Auswerten von eher zufällig erlangten Informationen reicht nicht aus, Hintergründe, Zusammenhänge und Strukturen organisierter Kriminalität zu erkennen.

C. Bekämpfungsdefizite

Die traditionelle polizeiliche **Verbrechensbekämpfung** ist grundsätzlich **15** **reaktiv.** Sie stellt sich als Reaktion auf eine bekannte – in der Regel angezeigte – Straftat dar. Die **Deliktsorientierung,** die sich auch in der krimi-

---

15 Ausführlich bei *Stümper* 1985 S. 12–13; *Rebscher/Vahlenkamp* 1988 S. 147–151.
15/1 *Sielaff* 1992 S. 351–357.
16 *Klink/Kordus* 1986 S. 219.

nalpolizeilichen Organisation widerspiegelt, verhindert tiefere und übergreifende Einblicke in die qualifizierten Kriminalitätsbereiche.

16   Die „Zuschüttung" der Dienststellen mit massenhafter Kriminalität bindet Ermittlungskapazitäten, beeinträchtigt das Reaktionsvermögen, verhindert Flexibilität. Der enorme Arbeitsanfall sowie die mangelnden Einblicke verhindern häufig tiefgründige und zeitlich aufwendige Aufklärungsarbeit, die zur Überführung der Hintermänner und Drahtzieher notwendig ist.

17   Die normalerweise offen geführten Ermittlungen erlauben es den Tätern, sich entsprechend einzustellen. Sie haben nicht selten Einblicke in die Arbeit der Strafverfolgungsorgane. Häufig profitieren sie davon, daß diese zu wenig auf den **Schutz ihrer Ermittlungen** bedacht sind[17].

D.   Bekämpfungsstrategie

I. Anforderungen, Ziele

18   Die Organisierte Kriminalität stellt eine der qualitativ am weitesten entwickelten und gefährlichsten Verbrechensformen dar. „Will die Strafrechtspflege diese Kriminalitätsform erfolgreich eindämmen, muß sie Aufklärungskapazitäten und Methoden aufbieten, die den besonderen **Ermittlungsschwierigkeiten** ausreichend Rechnung tragen. Dies gilt um so mehr, als sich Anforderungen an die **Beweisführung** im Strafprozeß immer mehr verfeinert haben und an die **Ermittlungen** zum Tatnachweis daher erhöhte Anforderungen gestellt werden"[18].

19   **Die Bekämpfungsstrategie** muß auf die Zerschlagung der kriminellen Organisation gerichtet sein. **Hauptziele** der OK-Bekämpfung sind

– die Gewährleistung eines qualifizierten, aktuellen **Lagebildes „Organisierte Kriminalität",**

– das **Erkennen** und **Verhindern** neuer bzw. sich verfestigender **krimineller Organisationsstrukturen,**

– die konsequente, durchgreifende **Verbrechensaufklärung,**

– die **strafrechtliche Sanktionierung** aufgrund qualifizierter **Beweismittel.**

Die kriminalstrategische Dimension liegt somit in der **(operativen) Prävention** und **Repression.**

II. Kriminaltaktische Maßnahmen

1. Bekämpfungsansatz

20   Der Bekämpfungsansatz muß **proaktiv** sein (**„Aktion statt Reaktion"**). Das herkömmliche, reaktive Vorgehensprinzip, das primär einzeltatbezogen und damit stark individualistisch ausgerichtet ist, kann allenfalls flankie-

---

17 *Sielaff* 1983 S. 421–422; 1985 S. 579.
18 *Dölling* 1988 S. 357.

rend zur Geltung kommen. Nicht die Einzelfallaufklärung, sondern erst die Aufdeckung übergreifender Zusammenhänge, krimineller Strukturen, Tatbeteiligungsformen und Deliktsketten führt auf die Spur der kriminellen Organisation und bildet den Ansatzpunkt für ihre wirksame Bekämpfung. OK-Bekämpfung ist insofern „network-detection".

Da das Bekämpfungsziel die Zerschlagung der kriminellen Organisation **21** ist, kommt es insbesondere darauf an, die **Organisatoren,** die **Hintermänner** und **Drahtzieher** zu identifizieren und zu überführen. Deshalb muß der kriminalistische Bekämpfungsansatz auch **deliktsübergreifend** und **personen- bzw. organisationsbezogen** sein.

2. Erkenntnisgewinnung, Verdachtschöpfung

Charakteristikum des organisierten Verbrechens ist, daß es **aus dem Hin- 22 tergrund operiert** und sich dem Betrachter selten sichtbar präsentiert. Offenkundig „erkennbare organisierte Kriminalität ist – im Sinne der Täter – schlecht organisierte Kriminalität"[19]. Grundsätzlich gilt, daß eine erfolgreiche Verbrechensbekämpfung immer auch davon abhängt, welche Kenntnisse die Polizei über die jeweiligen Kriminalitätsstrukturen, insbesondere über ihre „Klientel", hat. Organisierte Kriminalität zu bekämpfen heißt insofern zuallererst, sie zu erkennen.

Die Erkenntnisgewinnung muß auf einer **offensiven Informationsbe- 23 schaffung** basieren und akribisch-detektivisch betrieben werden. Sie ist bereits im organisationsverdächtigen (Tat-)**Vorfeld** anzusetzen, wobei nach den einschlägigen **Indikatoren** organisierter Kriminalität zu suchen ist. Die Vorgehensweise reicht von der systematischen **Auswertung** interner und externer **Informationsquellen** (Anzeigen, Berichte, Ereignismeldungen, Handakten, KPMD-Erkenntnisse, Medienberichte, Fachliteratur[20], dem Erfahrungsaustausch über das gezielte Einholen von Informationen bis hin zu **verdeckten polizeilichen Aufklärungsmaßnahmen.** Ziel ist zum einen das Erkennen von verbrechensbegünstigender **Logistik,** von Strukturen und Abläufen (= **präventive Komponente**), zum anderen das Identifizieren (potentieller) Tatverdächtiger, ihrer personellen Verflechtungen sowie von Organisationsabläufen und Deliktshintergründen (= **repressive Komponente**).

Damit muß die **Verdachtschöpfung** schon im deliktischen **Vorfeld** anset- **24** zen. Diese Vorfeldarbeit ist häufig unverzichtbare Voraussetzung für die Durchführung konkreter Ermittlungsverfahren. Leistete die Polizei diese Arbeit nicht, könnte auch die Staatsanwaltschaft ihren Auftrag nicht erfüllen, weil schwere Kriminalität ganz oder in ihren wesentlichen Strukturen unerkannt bliebe oder falsch bewertet würde. Somit kommt der Vorfeldarbeit der Polizei bereits eine eigene Bedeutung für die Erhaltung der öffentlichen Sicherheit und für die Verwirklichung des staatlichen Strafanspruches zu. Sie macht Organisierte Kriminalität erkennbar und verfolgbar.

---

19 *Rebscher/Vahlenkamp* 1988 S. 151.
20 Eingehend bei *Krupski* 1987 S. 20; *Lersch* 1986 S. 371.

Jegliches Zuwarten bis hin zur konkreten Tatausführung fördert die Verfestigung krimineller Strukturen. Die Entwicklungen in Italien und den USA zeigen, daß entsprechende Gegenstrategien zu spät angesetzt haben, so daß sich dort regelrechte kriminelle Parallelgesellschaften bilden konnten. Passiv abzuwarten, bis sich „zureichende tatsächliche Anhaltspunkte" (§ 152 Abs. 2 StPO) für eine konkrete Straftat zeigen, kann bereits die Einnistung organisierter Kriminalität begünstigt und gefördert haben, so daß die Bekämpfungsmaßnahmen zu spät und weniger erfolgreich ansetzen würden.

25   Hier ergibt sich eine rechtsdogmatisch bedeutende **Schnittstelle** zwischen **Polizeirecht** und **Strafrecht/Strafprozeßrecht** („**Gemengelage**"), die gegenwärtig insbesondere wegen der damit verbundenen **verdeckten informationellen Datenerhebung** stark thematisiert und problematisiert wird[21].

3. Analyse

26   Eine systematisch-analytische Auswertungsarbeit ist Voraussetzung zur Gewinnung fundierter **Lagebilder** und qualifizierter **Ermittlungsansätze**. Die gewonnenen OK-relevanten Informationen sind aufzubereiten, zu vergleichen, zu verknüpfen, zu bewerten, ggf. zu speichern. Im wesentlichen wird es um Daten, Sachverhalte und Ereignisse über personelle, örtliche, zeitliche, strukturelle, deliktische Hintergründe und Zusammenhänge gehen.

27   Die **Vergleichs- und Auswertungsarbeit** erfolgt sowohl manuell als auch elektronisch. Insbesondere für die regionale bzw. länderbezogene **Analyse** wird auf die **EDV** (z. B. APC) nicht verzichtet werden können.

28   Im Zuge der bundesweiten Anstrengungen auf diesem Sektor haben das Bundeskriminalamt und die Landeskriminalämter am 1. 7. 1986 die „**Arbeitsdatei PIOS Organisierte Kriminalität**" (**APOK**) eingerichtet. Ziel dieser Datei ist
– das Erkennen von relevanten Personen, Personengruppierungen, Institutionen, Objekten und Sachen,
– das Erkennen von Verflechtungen/Zusammenhängen zwischen Personen, Personengruppierungen, Institutionen, Objekten und Sachen,
– das Erkennen krimineller Organisationen sowie deren
– – Organisationsstrukturen
– – Logistik
– – Einflußsphären
– – Betätigungsfelder
– – Arbeitsweisen
– die Gewinnung von Erkenntnissen für polizei- und ermittlungstaktisches Vorgehen,
– das Ausscheiden unbedeutender Informationen und Erkenntnisse.

---

21 *Kniesel* 1987 S. 383.

Entsprechend dieser Zielsetzung sind Erkenntnisse zu sammeln über Personen, Institutionen, Objekte, Sachen und Sachverhalte (Ereignisse) soweit Anhaltspunkte des organisierten kriminellen Zusammenwirkens von Personen bestehen[22].

Wegen der überregionalen, nationalen oder internationalen Dimension **29** der organisierten Kriminalität ist es von großer Bedeutung, die im örtlichen Bereich gewonnenen wesentlichen OK-Erkenntnisse in das System einzustellen. Nur so können übergreifende Zusammenhänge und Bezüge erkannt und verknüpft werden. Die APOK stellt somit auch ein wichtiges **Informations- und Kommunikationsinstrument** der OK-Dienststellen von Bund und Ländern dar.

Analytiker und **Ermittler** müssen räumlich eng zusammenarbeiten. Nur **30** so ist der notwendige Dialog gewährleistet, können die Erkenntnisse, Bewertungen und Erfahrungen ausgetauscht und abgeglichen werden.

4. Ermittlungen, Beweisführung

Die **Ermittlungen** sind vorrangig verdeckt durchzuführen und langfristig **31** anzulegen. Die **Beweisführung** muß insbesondere auf die Erlangung qualifizierter **Sachbeweise** ausgerichtet sein. Der **Personalbeweis** kann wegen des für OK häufig charakteristischen **Schweigegebotes** sowie des auf Zeugen ausgeübten Drucks nicht immer geführt werden.

Die **erste Phase** der Ermittlungen ist von der **verdeckten Beweisführung** **32** geprägt. Sie ist ausschlaggebend für den Ermittlungserfolg, weil in ihr die erforderlichen **Ermittlungsansätze** erlangt und die tragenden **Beweismittel** erbracht werden müssen.

Die Maßnahmen dürfen für die Tatverdächtigen nicht erkennbar sein, weil andernfalls entsprechende **Verdunkelungshandlungen** den Erfolg vereiteln würden.

Dieser Ermittlungsabschnitt erfordert exakte **kriminalistisch-detektivi-** **33** **sche Arbeit,** die Beweise müssen systematisch „erarbeitet"[23] werden. Da es darum geht, nicht allein die individuellen Einzelstraftaten, sondern die gesamte kriminelle Struktur, die Organisation, nachzuweisen bzw. aufzubrechen, ist ein **„langer Atem"** zu gewährleisten. Keinesfalls dürfen vordergründige schnelle Erfolge angestrebt werden, darf **Erfolgsdruck** das Handeln bestimmen.

Das gesamte Spektrum kriminalistischer Möglichkeiten ist auszuschöpfen. Die Beweisführung ist im Kern auf eigene, d. h. **polizeiliche Wahrnehmungen** aufzubauen. **34**

Somit gewinnen klassische kriminalistische Methoden wieder an Bedeutung: Die **verdeckte Aufklärung** und die **Observation.** Organisierte Kriminalität läßt sich nicht aus dem Büro heraus bekämpfen, nur durch kriminalistische Aufklärungsarbeit vor Ort lassen sich Zusammenhänge verifizieren. **35**

---

22 *Lersch* 1986 S. 363–389.
23 *Rebscher/Vahlenkamp* 1988 S. 162.

36   Lagebedingt werden weitere **verdeckte Maßnahmen** wie die **Zusammen-arbeit mit Informanten,** der **Einsatz von V-Personen** (VP) oder – als Ultima ratio – der **Einsatz Verdeckter Ermittler** (VE) erforderlich sein. Sie kommen insbesondere bei den Ermittlungen von Straftaten im Nachtleben[24] sowie bei der Bekämpfung des Rauschgifthandels und -schmuggels infrage. Wegen ihrer besonderen rechtlichen Bedeutung für das Strafverfahren sind diese Beweisführungsmethoden in Bund und Ländern einheitlich geregelt worden. Die Regelungen beruhen auf den „**Thesen zur Inanspruchnahme von Informanten und zum Einsatz von Vertrauenspersonen (V-Personen) im Rahmen der Strafverfolgung"** und den „**Thesen zum Einsatz Verdeckter Ermittler im Rahmen der Strafverfolgung".** Diese sogenannten „**Thesenpapiere"** sind von einer Gemeinsamen Kommission, der Vertreter der Justiz- und Innenressorts angehört haben, erarbeitet und 1985 von den Konferenzen der Justiz- und Innenminister als „Gemeinsame Richtlinien" verabschiedet worden[25]. Sie beinhalten die bisherigen rechtlichen und tatsächlichen Voraussetzungen und Verfahrensweisen, unter denen diese „Instrumente" eingesetzt werden könnten (vgl. zum VE inzwischen §§ 110 a ff. StPO). Vor allem der Einsatz von V-Personen und Verdeckten Ermittlern erfordert ein hohes Maß an kriminalistischer Professionalität.

37   Der angestrebte kriminalistische Erfolg hängt immer auch damit zusammen, inwieweit der Schutz der VP oder des VE gewährleistet werden kann. Hieraus ergibt sich eine besondere Verpflichtung für Polizei und Staatsanwaltschaft, die **Identität** dieser Personen nicht preiszugeben.

38   Die **VP-Führung** ist schwierig und äußerst sensibel. Da die V-Person häufig sehr gute Kontakte zum Milieu hat oder ihm selbst angehört, ist ihr gegenüber eine gesundes Mißtrauen angebracht. Es sollte selbstverständlich sein, daß nur qualifizierte, hauptamtliche **VP-Führer** eingesetzt werden. Nur so kann den besonderen Anforderungen und Verantwortungen in rechtlicher und taktischer Hinsicht entsprochen werden.

39   Der **Einsatz Verdeckter Ermittler** ist gleichermaßen schwierig. Er muß nach klaren Vorgaben erfolgen und – ebenso wie der VP-Einsatz – nach innen transparent und nachvollziehbar sein. Auch der VE ist bei Bekanntwerden seiner wahren Identität stark gefährdet, so daß er unter einer **Legende** tätig wird. Dazu ist er mit entsprechenden **Tarnpapieren** ausgestattet. Der VE unterliegt dem **Legalitätsprinzip,** keinesfalls darf er Straftaten begehen oder sich an ihnen beteiligen.

40   Nach wie vor unverzichtbar sind **Telefonüberwachungsmaßnahmen.** Wenn auch ihr Beweiswert angesichts konspirativen Täterverhaltens oft angezweifelt wird, erweisen sie sich doch immer wieder als kriminalistisch äußerst aufschlußreich und mindestens ermittlungsfördernd.

41   Da die Beweisführung von Beginn an stark von taktischen Elementen geprägt ist, sind immer auch **Rechtsfragen** tangiert. Deshalb ist in jedem Falle anzustreben, daß die OK-Verfahren von vornherein von Polizei und **Staatsanwaltschaft** gemeinsam geführt werden (vgl. auch unten Rdnr. 77, 78).

---

24 Ausführlich *Sielaff* 1985 S. 577–581; 1987b S. 25–30.
25 Eingehend bei *Schaefer* 1987 S. 41–54.

Die gesamte Ermittlungsführung muß sich an der Sachbearbeitung von   42
Großverfahren orientieren. Im Zuge der Ermittlungen fallen große Daten-
mengen an, die meistens manuell nicht mehr überblickt, bewertet und
verknüpft werden können, so daß ggf. temporäre, verfahrensbegleitende
Spurendokumentationssysteme (SPUDOK)[26] oder andere geeignete DV-
Anwendungen eingesetzt werden müssen.

Die Phase der verdeckten Beweisführung endet in der Regel mit den   43
offenen **Zugriffsmaßnahmen** (Verhaftungen, vorläufige Festnahmen,
Durchsuchungen, Beschlagnahmen, Sicherstellungen, Anschlußmaßnah-
men). Sie müssen minuziös geplant, vorbereitet sowie schlagartig und zeitgleich durchgeführt werden. Häufig sind Aktionen an unterschiedlichen
Orten mit starken eigenen und benachbarten Kräften erforderlich.

Um die erfolgreiche Durchführung des Gesamtverfahrens zu gewährlei-   44
sten, müssen alle bis zum Zugriff andauernden Ermittlungsmaßnahmen
geheimgehalten werden. Dem **Schutz der Ermittlungen** kommt hohe
Bedeutung zu. Ihm muß durch Polizei, Staatsanwaltschaft und Gerichte
noch stärker Rechnung getragen werden[27]. Die wesentlichen Beweismittel
sollten bis zum Beginn der zweiten Ermittlungsphase, den **offenen Ermittlungen,** weitgehend zusammengetragen sein, so daß nicht allein auf die
folgenden Durchsuchungs- und Beschlagnahmeergebnisse sowie die Vernehmungen abgestellt werden muß.

Festgenommene Tatverdächtige sind in der **Untersuchungshaft** zu tren-   45
nen, ggf. örtlich weit auseinander unterzubringen. Vor allem ist die **Beeinflussung von Zeugen** zu verhindern.

5. Zeugenschutz[28]

Vor allem im Bereich der organisierten Kriminalität tritt zunehmend das   46
Problem **gefährdeter Verbrechenszeugen** auf. Insbesondere dort, wo Täter
zur Durchsetzung ihrer kriminellen Ziele rücksichtslos die persönliche
Integrität und die freie Willensentschließung von Personen beeinträchtigen, erhöht sich das Gefahrenmoment für Tatzeugen. Die dabei zu beobachtenden vielfältigen Einwirkungen von Täterseite auf **Belastungszeugen**
sind geradezu Anzeichen und Merkmale für das Vorhandensein organisierter Kriminalität.

Immer wieder ist festzustellen, daß es insbesondere in den Bereichen   47
Rauschgifthandel und -schmuggel, Förderung der Prostitution, Zuhälterei,
Menschenhandel und (Schutzgeld-)Erpressung eigene **Normen- und Sank-
tionierungssysteme** gibt. Ein Kooperieren mit Polizei oder Staatsanwaltschaft bedeutet Verrat und hat nicht selten die Vernichtung der wirtschaftlichen Existenz, häufiger die Beeinträchtigung der körperlichen Integrität
zur Folge. Besonders dann, wenn der Zeuge selbst aus dem kriminellen
Milieu stammt und als Tatbeteiligter oder Mitwisser zur Belastung für den
Täter werden könnte, er also als „Verräter" gilt, erhöht sich sein Risiko.

---

26 *Prinz* 1985 S. 221–228.
27 *Sielaff* 1985 S. 580; *Rahmer/Füllkrug* 1986 S. 412–414; *Füllkrug* 1988 S. 33.
28 Ausführlich zur Gesamtthematik: *Polizei-Führungs-Akademie* 1985.

48   Die **Tatmuster der Zeugenbeeinträchtigungen** reichen von anonymen „wortlosen" Telefonanrufen und verbalen Einschüchterungen über Sachbeschädigungen, Warnschüsse aus dem Hinterhalt bis hin zum brutalen Zusammenschlagen und Töten von Zeugen. Die Folgen für die **Strafrechtspflege** sind vielfältig: Unterlassen von Strafanzeigen, Bestreiten von tatrelevanten Kenntnissen, **Aussageverweigerung**, **Falschaussagen**, Änderung der ursprünglich belastenden Aussage, Untertauchen von Zeugen, eingeschränkte Strafverfolgungsmöglichkeit in den relevanten Kriminalitätsbereichen, **Beweisnot** (Ohnmacht) von Staatsanwaltschaft und Gericht, Freispruch mangels qualifizierten Zeugenbeweises, Ermutigung potentieller Täter, gegen Zeugen vorzugehen, mangelnde Gewährleistung angemessener Strafrechtspflege.

49   Der Zeugenschutz gewinnt zunehmend auch eine **kriminalstrategische Bedeutung.** Wenn Polizei und Justiz in der Lage sind, OK-Zeugen einen qualifizierten Schutz zu gewährleisten, werden diese eher aussagebereit sein. Vor allem gilt das für „Insider"-Zeugen, die häufig selbst strafrechtlich involviert sind. Aus der Praxis sind zahlreiche Fälle bekannt, in denen offenkundig hochkarätige Zeugen letzten Endes geschwiegen haben, weil die Strafverfolgungsbehörden den verlangten Schutz nicht leisten konnten. Im umgekehrten Falle kann ein angebotener und erfolgreich praktizierter Zeugenschutz nicht nur die Aussagebereitschaft generell fördern, sondern auch eine Brücke für kriminelle Aussteiger sein (vgl. zu der unzureichenden Regelung § 68 n. F. StPO).

50   In den **Vereinigten Staaten** gehört der Schutz gefährdeter Zeugen zu den wichtigsten Instrumenten im Kampf gegen das organisierte Verbrechen. Seit 1970 ist der dem Justizminister unterstellte **United States Marshals Service (USMS)** mit der Durchführung eines qualifizierten Zeugenschutzes beauftragt. Sein **Zeugenschutzprogramm** gewährleistet die Sicherheit hochkarätiger Zeugen und deren unbeeinträchtigte Aussagen vor Gericht – z. B. gegen die **Cosa Nostra.** Tausende von Zeugen einschließlich deren Familienangehörigen sind inzwischen in den USA erfolgreich vor kriminellen Angriffen geschützt worden.

51   In der Bundesrepublik Deutschland hat zuerst die Hamburger Kriminalpolizei 1986 eine **Zeugenschutzorganisation** geschaffen, um die OK-Bekämpfung durch qualifizierte Zeugenschutzmaßnahmen zu unterstützen. Sie ist in der Fahndungsabteilung des Landeskriminalamtes angesiedelt und nimmt die polizeilichen Maßnahmen des Zeugenschutzes wahr. Ihr gehören durchschnittlich zehn Beamte an, von denen vier das Stammpersonal bilden. Lagebedingt treten Schutzpolizeibeamte zur Verstärkung hinzu.

Zeugenschutzkonzept LKA Hamburg[29]

52   – Zeugenschutzmaßnahmen werden **zentral** von einer Dienststelle wahrgenommen, die nicht mit Ermittlungsaufgaben befasst ist. Damit wird dem Vorwurf der **Zeugenbeeinflussung** von vornherein begegnet.

---

29 *Sielaff* 1986 S. 58–62; *Koehn* 1989 S. 181–198; *Jacobi* 1990 S. 219–244.

– Der Einsatz spezieller **Zeugenschutzbeamter** gewährleistet höhere Pro-   53
fessionalität und Effizienz.

– Die hauptamtlichen Zeugenschutzbeamten sind vor allem für Kontakt-,
Betreuungs-, Koordinierungs- und Steuerungsaufgaben zuständig.
Sie sind für gefährdete Zeugen ansprechbar, geben Verhaltensmaßregeln
und initiieren bestimmte Schutzmaßnahmen. Sie halten Kontakte zu
Staatsanwaltschaften, Gerichten, Justizvollzugsanstalten, Melde-, Paß-
und Ausländerämtern, Verkehrszulassungsstellen und anderen Polizeidienststellen.
Da somit alles über eine Stelle läuft, entfällt das anlaßbezogene Improvi-
sieren von Zeugenschutzmaßnahmen bei den Ermittlungsdienststellen.

– Den hauptamtlichen Zeugenschutzbeamten ist anlaßbezogen eine
Anzahl von Polizeibeamten unterstellt, die die eigentlichen Schutzmaßnahmen, beispielsweise durch **Prozeßbegleitung** oder **Objekt- und Perso-
nenschutzmaßnahmen** im Gericht, durchführen.

– An den Zeugenschutzbeamten sind Anforderungen zu stellen, die der
Stellung des Zeugen im Strafprozeß und der Durchführung eines fairen
Verfahrens Rechnung tragen. Er hat alles zu unterlassen, was den Vor-
wurf der **Zeugenbeeinflussung** rechtfertigen könnte. So hat z. B. das
Besprechen von Verfahrensinhalten mit dem zu schützenden Zeugen zu
unterbleiben.

– Am Beginn möglicher Zeugenschutzmaßnahmen steht die **Gefähr-**   54
dungsbeurteilung. Sie basiert auf den für den jeweiligen Einzelfall relevanten, tat- und täterbezogenen Kriterien und beinhaltet ggf. auch die
Gefahrenermittlung (Liegt objektiv überhaupt eine Gefahr für den Zeugen vor?).

– Die Gefährdungsbeurteilung wird in enger Zusammenarbeit mit der für
den Fall zuständigen Ermittlungsdienststelle durchgeführt. Sie ergibt bei
Bejahung einer Gefahr die Einordnung des Zeugen in eine **Gefährdungs-
stufe.**

– Als **Zeugenschutzmaßnahmen** kommen neben allgemeinen Personen-,   55
Begleit- und Objektschutzmaßnahmen in Betracht:
Verzicht auf Protokollierung von Geburtsdatum und Adresse, Vernehmung an sicherem Ort, **Adressenabdeckung, Telefonabdeckung,** Unterbringung an geheimem Ort, Wohnungswechsel, Wechsel der Arbeits-
stelle, **neue Identität, Schutzobservation,** Abklärung von potentiellen
Störern, Aufklärung an gefährdeten Objekten, **Prozeßbegleitung, Personenschutz im Gerichtssaal, Innenschutz,** demonstratives Zeigen von
Polizeikräften, **Posten- und Streifentätigkeit** sowie Installation technischer Sicherungen.

– Zeugenschutzmaßnahmen werden nur **mit Einverständnis des Zeugen**
durchgeführt. Er kann jederzeit von sich aus dem Zeugenschutzprogramm ausscheiden.

– **Ziele der Zeugenschutzmaßnahmen** sind die Verhinderung von Angrif-   56
fen auf die Willens- oder Handlungsfreiheit des Zeugen, Stärkung der

psychischen Konstitution des Zeugen, Vertrauensbildung bei (potentiellen) gefährdeten Zeugen durch das Angebot qualifizierter Schutzmaßnahmen, Verfahrenssicherung, Durchsetzung des staatlichen Strafanspruches.

57   Beim **BKA** und bei den **LKÄ** gibt es Beamte, die für Zeugenschutzfragen zuständig sind (**Ansprechpartner**) und die Zusammenarbeit bzw. Unterstützung gewährleisten.

6. Einziehung krimineller Profite

58   Motor der Organisierten Kriminalität ist der **illegale Profit.** Den Verbrechensgewinnen kommt hohe kriminalistische und kriminalpolitische Bedeutung zu: Durch (Re-)Investitionen in legale und illegale Geschäfte werden die riesigen kriminellen Gewinne „gewaschen". Die immensen Geldmengen fördern und stabilisieren kriminelle Macht und stellen ein bedrohliches Korrumpierungspotential dar.

59   Der kriminelle Profit eröffnet eine neue **Bekämpfungsebene**[30]. Wenn es gelingt, kriminellen Organisationen ihr Kapital zu entziehen, werden sie an entscheidender Stelle getroffen. Wichtige Strukturen könnten zerstört werden. Voraussetzung sind allerdings qualifizierte gesetzliche Instrumentarien, die das systematische Aufspüren und Einziehen illegaler Vermögenswerte ermöglichen. Der Gesetzgeber hat 1992 die Geldwäsche pönalisiert (§ 261 StGB) und Beweiserleichterungen bei der Einziehung von Vermögenswerten sowie die Vermögensstrafe geschaffen. Das Geldwäschegesetz, das illegale Finanztransaktionen und damit ggf. Verbrechensgewinne aufspüren und verfolgen soll, wurde am 25. 10. 1993 (BGBl. I S. 1770) bekanntgemacht.

Inwieweit diese neuen gesetzlichen Regelungen ausreichen, Organisierte Kriminalität empfindlich zu treffen, bleibt abzuwarten.

60   Zu der von den Praktikern geforderten **Beweislastumkehr**[31] analog dem Steuerrecht konnte sich der Gesetzgeber (noch) nicht entschließen. Danach hätte z. B. der Rauschgifthändler die legale Herkunft des bei ihm festgestellten und offenkundig inkriminierten Vermögens nachzuweisen. Könnte er diesen Beweis nicht führen, würde das Vermögen nach seiner rechtskräftigen Verurteilung (wegen des Rauschgifthandels-Deliktes) eingezogen werden. Ein derartiges Rechtsinstitut sollte im Zivilrecht angesiedelt werden und hätte auch nichts damit zu tun, daß ein Tatverdächtiger seine Unschuld beweisen müßte.

In den USA sind 1992 auf diese Weise mehr als 1 Milliarde Dollar eingezogen worden. Die dem amerikanischen Staat auf diese Weise zugeflossenen Finanzmittel werden zu großen Teilen zweckgebunden zur Verbesserung der Strafrechtspflege investiert, insbesondere zur materiellen Ausstattung von Polizei, Justiz und Strafvollzug sowie zur Förderung von Präventionsprogrammen.

---

30 *Boge* 1986 S. 89–96; *Sielaff* 1987a S. 5–9.
31 Grundsätzlich und umfassend: *Bundeskriminalamt* 1987 (Zusammenfassung bei *Kube/Poerting/Störzer* 1987 S. 44–45, 48).

III. Spezialdienststellen

Die kriminal- und ermittlungsstrategischen Erfordernisse der OK-Bekämp- **61**
fung müssen ihre notwendigen organisatorischen Ausprägungen in entsprechenden Organisationseinheiten finden. Seit langem werden delikt-
spezifische Erscheinungsformen der Organisierten Kriminalität, insbesondere im Rauschgift-, Eigentums- und Wirtschaftskriminalitätsbereich,
durch entsprechende **Spezialdezernate der Kriminalpolizei** bekämpft. Neuerdings geschieht dieses auch verstärkt im Bereich der Hehlerei.

Auf diese primär **deliktsorientierte OK-Bekämpfung** wird auch in Zukunft **62**
nicht verzichtet. Angesichts der qualitativen Entwicklung der Organisierten
Kriminalität gewinnt der **deliktsübergreifende, personen- bzw. organi-
sationsbezogene Bekämpfungsansatz** eine immer größere Bedeutung.

1. Polizei

Die Bekämpfungsstrategie muß sich im **nationalen** und **internationalen** **63**
Bezugsrahmen entfalten. Deshalb sind gleichartige organisatorische, personelle und taktische Voraussetzungen bei **den Polizeien in Bund und Ländern** erforderlich. Konsequenterweise sind in den vergangenen Jahren beim
Bundeskriminalamt und in den **Landeskriminalämtern OK-Dienststellen**
eingerichtet worden. Insbesondere wegen der unterschiedlich gewachse-
nen polizeilichen Organisationsstrukturen in den Stadtstaaten und Flä-
chenländern sowie der verschiedenartigen Kompetenzen und Zuständigkeiten weisen sie allerdings keine einheitliche Gliederung auf. Da die
Organisierte Kriminalität letzten Endes aber nur im Rahmen eines qualifizierten **Gesamtkonzeptes** auf nationaler Ebene erfolgreich bekämpft werden kann, ist zu erwarten, daß sich die OK-Dienststellen aufbau- und
ablauforganisatorisch noch weiter aufeinander zubewegen. Unterhalb der
LKA-Ebene haben einige Flächenländer wegen spezifischer regionaler Ausprägungen der organisierten Kriminalität zusätzliche **OK-Dienststellen** in
verschiedenen Großstädten eingerichtet. Damit wird der sofortigen Verbrechensbekämpfung vor Ort durch Polizeibeamte mit **Milieu-** und **Perso-
nenkenntnissen** Rechnung getragen.

Es muß in jedem Falle ein einheitliches Verständnis von der OK- **64**
Bekämpfung herrschen. Dieses kommt gegenwärtig schon in der teilweise
sehr engen kriminaltaktischen Zusammenarbeit zum Ausdruck.

Das **Bundeskriminalamt** hat in der OK-Bekämpfung eine besondere **65**
Schlüsselfunktion. Zum einen ist es wichtige **Informations- und Kommu-
nikationszentrale** sowie als **Nationales Zentralbüro der IKPO (Interpol)**
Bindeglied zu den ausländischen Polizeibehörden. Zum anderen gewährleistet es die repressive Bekämpfung des international organisierten Waffen-,
Sprengstoff- und Betäubungsmittelhandels sowie der international organisierten Falschgeldherstellung und -verbreitung aufgrund seiner **originären**
Zuständigkeit nach § 5 Abs. 2 Nr. 1 des Gesetzes über die Einrichtung
eines Bundeskriminalpolizeiamtes (**BKA-Gesetz**). Insbesondere auf Ersuchen der Länder wird das BKA zunehmend auch deliktsübergreifend tätig
(sog. „**Auftragszuständigkeit**" gem. § 5 Abs. 3 BKA-Gesetz).

66   Als **OK-Dienststelle eines Landeskriminalamtes** hat nach wie vor die im Jahre 1982 gegründete Hamburger Dienststelle Modellcharakter: Sie ist als Kriminalinspektion in die Ermittlungsabteilung des LKA eingegliedert und besteht aus einem Stabsbereich (Basisdienst) sowie den **Kommissariaten Information und Auswertung, Ermittlungen, Operative Maßnahmen:**

Leitung

Basisdienst

- Innerer Dienstbetrieb
- Sicherheitsangelegenheiten
- Befehlsstelle
- Schreibdienst

Information u. Auswertung

- Auswertung
- Analyse
- Vorermittlungen
- Lagebild OK
- PIOS (APOK)
- Sonstige Dateien

Ermittlungen

- Sachbearbeitung
  - personen-/gruppenbezogen
  - organisationsbezogen
  - deliktsübergreifend
- Zusammenarbeit mit StA
  - gemeinsame Strategieplanung
  - Verfahrensvorbereitung u. -durchführung
  - prozeßbegleitende Maßnahmen
- Einsatzplanung
- VP-Führung

Operative Maßnahmen

- Observation
- Verdeckte Aufklärung
- Verdeckte Ermittlungen

Die Dienststelle hat keine deliktsspezifische Zuständigkeit, so daß eine   67
„Fremdbestimmung" durch das Übersenden entsprechender Vorgänge
nicht eintritt. Sie hat durch **systematische Auswertung** aller ihr zugänglichen Quellen organisierte Kriminalität zu erkennen und deren Bekämpfung zu gewährleisten. Der Ermittlungsansatz zielt auf Personen bzw.
Organisationen und deren deliktsübergreifend begangene Kriminalität.

Der **Leiter** hat das Entscheidungsrecht zur Übernahme der Abgabe von   68
Vorgängen sowie das Recht zur **Informationsbeschaffung** bei allen Dienststellen der Polizei. Er hat **Weisungsbefugnisse** in Einzelfällen zur Verhinderung konträrer Ermittlungen.

Zum **Schutze der eingesetzten Beamten** sowie zur Sicherstellung erfolg-   69
reicher Ermittlungen kann die Dienststelle anderen Organisationseinheiten **Einblicke verwehren.** Aus diesem Grunde werden in der verdeckten
Ermittlungsphase grundsätzlich keine Fremdaufträge vergeben. Notwendige operative Maßnahmen werden selbst durchgeführt.

Die Dienststelle ist auch in ihrer **Logistik** autark. Sie verfügt z. B. über   70
eine eigene **Befehlsstelle,** von der aus die **drahtlose Kommunikation** über
einen eigenen Funkkanal **verschlüsselt** abgewickelt wird, und über **eigene
Führungs- und Einsatzmittel.** Die Dienststelle ist **abgeschottet** im Polizeipräsidium untergebracht.

Ihre **Beamten** repräsentieren den gesamten kriminalistischen Sachver-   71
stand aus den relevanten Fachbereichen. Sie sind auf der Basis der **Freiwilligkeit** aus dem gesamten Polizeibereich ausgewählt worden. Auf die im
operativen Bereich eingesetzten Bediensteten trifft dieses **analog** zu. Ihre
Auswahl wird nach psychologischen, medizinischen und kriminalistischen Gesichtspunkten vorgenommen. Die Rekrutierung erfolgt nach den
Prinzipien Geeignetheit und Freiwilligkeit. Die Beamten können jederzeit
von sich aus dieser Tätigkeit ausscheiden. Die **Einsatzführung** unterliegt
qualifizierten Beamten des gehobenen Dienstes, sie ist sehr eng und
restriktiv. In schwierigen Entscheidungssituationen gilt der Grundsatz
„**Delegation nach oben".**

Zur temporären Bekämpfung von OK-Brennpunkten wird als flankie-   72
rende Maßnahme auch zukünftig die Einrichtung von **Ermittlungsgruppen**
und **Sonderkommissionen** erforderlich sein. Da sie nach demselben
Ermittlungsprinzip wie OK-Dienststellen arbeiten, sind sie aufbau- und
ablauforganisatorisch analog zu gliedern. Besondere Bedeutung erhalten
zunehmend länderübergreifende Ermittlungsgruppen und Sonderkommissionen[32].

In der polizeilichen Arbeit auf Bund-Länder-Ebene spielt der ständige   73
Informations- und Erfahrungsaustausch zwischen allen Landeskriminalämtern untereinander und dem Bundeskriminalamt eine zentrale Rolle.

Er ist wichtige Voraussetzung für eine sachgerechte **länderübergreifende**   74
Zusammenarbeit. Mit der Einsetzung der „**Kommission Organisierte Kriminalität" (KOK)** durch die **AG Kripo** ist ein wichtiger Schritt getan wor-

---

32 *Flormann* 1986 S. 115 ff.

den. In ihr kommen die Leiter der OK-Dienststellen des BKA und der Landeskriminalämter zusammen, um Erfahrungen und Erkenntnisse auszutauschen und gemeinsame Bekämpfungsmaßnahmen zu beraten, zu planen und abzustimmen.

75   Die Internationalität der OK erfordert eine qualifizierte **internationale Zusammenarbeit,** die durch den **Abbau der Grenzkontrollen** innerhalb der **Europäischen Gemeinschaft** und die neue Ost-West-Wanderung von Kriminalität zusätzliches Gewicht erhält. Neben einem intensiven Informations- und Nachrichtenaustausch dürften international abgestimmte kriminalpolizeiliche Aktionen zunehmend erforderlich werden[33]. Trotz aller Probleme und Hemmnisse aufgrund starren Beharrens auf einzelstaatlichen Egoismen, sind weitere Anstrengungen in dieser Richtung notwendig. Einen wichtigen Schritt hat der Europäische Rat im Dezember 1991 vollzogen, indem er der Errichtung eines **Europäischen Kriminalpolizeiamtes (EUROPOL)** zugestimmt hat. Als erste Stufe ist am 1. 1. 1993 die „Europol Drugs Unit" (EDU) in Straßburg errichtet worden. Sie soll Informationen und Erkenntnisse über den illegalen Drogenhandel, soweit er zwei oder mehr Mitgliedstaaten der Europäischen Gemeinschaft betrifft, analysieren und austauschen. Der Weg zu einem mit Exekutivbefugnissen ausgestatteten Europäischen Kriminalpolizeiamt (EUROPOL) ist langwierig und schwierig, letztlich aber wohl unausweichlich[34].

76   Der **Interpol-Weg** ist nach wie vor häufig langwierig und bürokratisch, so daß von OK-Bekämpfern deutsche **Verbindungsbeamte** im Ausland – analog den Rauschgiftverbindungsbeamten des BKA – zur Diskussion gestellt werden[35].

2. Staatsanwaltschaft

77   Als Pendant zu den OK-Dienststellen der Polizei sollte auch die staatsanwaltschaftliche Organisation entsprechende **Spezialdezernate** aufweisen. Schon wegen der hohen kriminalistischen und juristischen Anforderungen an die OK-Bekämpfung bilden sie die Grundvoraussetzung für eine erfolgreiche Zusammenarbeit von Staatsanwaltschaft und Polizei[35/1]. Idealtypisch erscheint auch hier die Hamburger Lösung. Die Staatsanwälte des **Dezernates „Organisierte Kriminalität"** der Staatsanwaltschaft Hamburg bearbeiten ausnahmslos die Strafverfahren der polizeilichen OK-Dienststelle, und zwar von Beginn der Ermittlungen an bis zur rechtskräftigen Verurteilung des Angeklagten.

78   Diese Kombination gewährleistet ein Höchstmaß an kompetenter und professioneller **Strafverfolgung.** Insbesondere wegen der verdeckten Beweisführungsmaßnahmen, die auch Verantwortungen der Staatsanwaltschaft berühren, ist die enge, kooperative Zusammenarbeit unabdingbar. Sie würde auch qualifiziertere **prozeßökonomische** und **-taktische Vorge-**

---

33 *Stümper* 1985 S. 15; *Sielaff* 1992 S. 749–756.
34 *Boge* 1985 S. 44; *Zachert* 1990 S. 622–625, 1991 S. 331–348.
35 *Rebscher/Vahlenkamp* 1988 S. 158.
35/1 *Sielaff* 1989 S. 141–148.

hensweisen ermöglichen und die gemeinsame Durchführung von Ermittlungs- und Zugriffsmaßnahmen fördern.

Mit den 1990 erlassenen „Gemeinsamen Richtlinien der Justizminister/-senatoren und der Innenminister/-senatoren der Länder über die Zusammenarbeit von Staatsanwaltschaft und Polizei bei der Verfolgung der Organisierten Kriminalität" (Anlage E der Richtlinien für das Strafverfahren und das Bußgeldverfahren – RiStBV –) ist die Bekämpfung der Organisierten Kriminalität weiter professionalisiert worden. Die Richtlinien regeln die verfahrensbezogene und -übergreifende Zusammenarbeit, einschließlich der mit den Justizvollzugsanstalten.

IV. Ausbildung

Da die Organisierte Kriminalität eine moderne Verbrechensform ist und ihre Bekämpfung von den Inhalten traditioneller Strafverfolgung abweicht, bestehen in der Polizei, aber auch bei Staatsanwaltschaft und Justiz, erhebliche **Wissens- und Erfahrungsdefizite.** Sie beziehen sich auch auf die **Phänomenologie,** so daß schon an der polizeilichen Basis Mängel im Erkennen organisierter Kriminalität vorhanden sind. Das wiederum erschwert und verzögert die wirkungsvolle Bekämpfung. **79**

Vor allem bei Polizei und Staatsanwaltschaft muß in der **Aus- und Fortbildung** verstärkt auf die kriminologischen, kriminalistischen, rechtlichen und kriminalpolitischen Aspekte und Zusammenhänge der Organisierten Kriminalität eingegangen werden. Primär sollte es hierbei auf die **Bewußtmachung** und **Sensibilität** in der Breite ankommen. **80**

Für die mit der OK-Bekämpfung originär befaßten Beamten ist eine ständige **spezielle Fortbildung** zu gewährleisten. Sie sollte die **berufliche und fachliche Qualifizierung** in der unmittelbaren präventiven und repressiven Bekämpfung der organisierten Kriminalität beinhalten. Ein Zentralbereich müßte dabei die **offene und verdeckte Beweisführung** auf der Basis täterbezogener, deliktsübergreifender Bekämpfungsstrategien sein. **81**

V. Öffentlichkeitsarbeit

Einzelnen herausragenden Kriminalfällen aus dem OK-Spektrum wird in der Regel hohe publizistische und damit öffentliche Aufmerksamkeit zuteil. Je spektakulärer der Fall, desto spekulativer ist häufig die **Berichterstattung.** Eine problemorientierte Auseinandersetzung mit dem Phänomen Organisierte Kriminalität erfolgt kaum. Das liegt nicht zuletzt auch daran, daß die **Medien** nicht in dem erforderlichen Maße in die **Gesamtbekämpfungsstrategie** einbezogen werden. Das gerade wäre wichtig, um die Organisierte Kriminalität in ihren gesellschaftlichen, kulturellen, wirtschaftlichen und politischen Zusammenhängen stärker in das **öffentliche Bewußtsein** zu rücken. Dadurch könnte auch dem kriminalpolitischen Anliegen (s. unten Rdnr. 85–87) Gehör verschafft werden. **82**

VI. Strafvollzug

83 Im **Strafvollzug** bieten sich dem OK-Täter vielfältige Möglichkeiten, seine Aktivitäten fortzusetzen. Im Grunde wird seine kriminelle Tätigkeit nur etwas erschwert[36]. Vor allem die **Vollzugslockerungen** werden genutzt, um schon aus den Vollzugsanstalten heraus neue Straftaten zu planen und zu organisieren[37].

84 In eine qualifizierte OK-Bekämpfungsstrategie muß insofern der Strafvollzug einbezogen werden. Justiz und Strafvollzug berücksichtigen noch nicht in dem erforderlichen Maße die Handlungsmuster der organisierten Kriminalität[38]. Sie müssen zukünftig stärker in den **Strafvollzugsanforderungen** berücksichtigt werden. „Der organisierte Verbrecher ist auch nicht zu **resozialisieren,** weil er ein kriminelles Selbst- und Weltbild besitzt, weil er sich selbst als Krimineller definiert und weil er kriminellen Wertvorstellungen folgt. Er ist **Überzeugungstäter"**[39].

Seit 1990 sind die Justizvollzugsanstalten stärker in die Maßnahmen gegen die Organisierte Kriminalität eingebunden. So sind sie z. B. über Verbindungen von Gefangenen zur Organisierten Kriminalität zu informieren, um angemessen reagieren zu können. Einschlägige Phänomene in den Anstalten sind Staatsanwaltschaft und Polizei zu melden (s. oben Rdnr. 78).

E. Kriminalpolitik

85 Über die richtigen Wege zur Bekämpfung der Organisierten Kriminalität findet gegenwärtig eine heftige kriminalpolitische Auseinandersetzung statt. Dabei geht es vor allem um **qualifizierte polizeirechtliche und strafprozessuale Eingriffsmaßnahmen.**

Zwischen den Bundesländern herrscht kein Konsens über einheitliche polizeirechtliche Regelungen im Zusammenhang mit der Bekämpfung der Organisierten Kriminalität. Das betrifft hauptsächlich die **verdeckte Erhebung personenbezogener Daten** (insbesondere Observation, Einsatz von V-Personen und Verdeckten Ermittlern und Abhörtechnik). Damit ergeben sich Erschwernisse, z. T. sogar Hemmnisse, in der notwendigen länderübergreifenden Zusammenarbeit.

86 Durch das **Gesetz zur Bekämpfung des illegalen Rauschgifthandels und anderer Erscheinungsformen der Organisierten Kriminalität (OrgKG)** wurde das strafprozessuale Instrumentarium um verschiedene Eingriffsermächtigungen für die verdeckte Informationsbeschaffung und die Abschöpfung von Verbrechensgewinnen (s. oben Rdnr. 58–60) erweitert. Damit hat der Gesetzgeber einen wichtigen Schritt getan, dem allerdings nach Expertenmeinung weitere Modifizierungen und Ergänzungen folgen müssen[39/1].

---

36 *Rebscher/Vahlenkamp* 1988 S. 159.
37 *Schenk* 1987 S. 24.
38 *Rebscher/Vahlenkamp* 1988 S. 177.
39 *Schneider* 1984 S. 182 (zit. offenbar *Bates* 1962).
39/1 *Lenhard* 1991 S. 223–228; *Sielaff* 1992 S. 749–756.

So müßte das **Informations- und Kommunikationssystem** krimineller Organisationen stärker angegriffen werden. Zur Aufklärung schwerer Fälle der Organisierten Kriminalität wird in diesem Zusammenhang das **Abhören des nicht öffentlich gesprochenen Wortes in Wohnungen** (sog. „Großer Lauschangriff") thematisiert.

Der wichtige Bekämpfungsansatz gegen die kriminellen Profite sollte durch Einführung einer **Beweislastumkehr** (s. oben Rdnr. 60) und **Einschränkungen des Steuergeheimnisses** und des sog. **Bankgeheimnisses** verstärkt werden. Darüber hinaus wird eine **Kronzeugenregelung** analog § 31 BtMG gefordert.

Generell muß eine stärkere offensive, differenzierende und problemorientierte kriminalpolitische Auseinandersetzung mit der Organisierten Kriminalität erfolgen. Sie darf sich nicht länger nur in Fachgremien und „im ideologiefreien Raum"[40] abspielen. Die von der Organisierten Kriminalität ausgehenden Gefährdungen für Staat und Gesellschaft müssen thematisiert werden. Letzten Endes ist „ein **breiter gesellschaftlicher Konsens für eine Verurteilung**"[41] dieser Verbrechensform anzustreben. **87**

---

40 *Raith* 1987 S. 33.
41 *Schenk* 1987 S. 23.

SCHRIFTTUM

Die „Organisierte Kriminalität" ist seit Jahren ein aktuelles Thema; ihr Ausmaß und ihre adäquate Bekämpfung werden nach wie vor kontrovers diskutiert. Die im vorstehenden Beitrag zitierten Publikationen stellen nur einen kleinen Ausschnitt aus der Veröffentlichungsflut zu dem gesamten Komplex dar. Eine Zusammenstellung deutschsprachiger Literatur – nebst Hinweisen auf weitere Recherchemöglichkeiten (auch bezüglich des anglo-amerikanischen Schrifttums) – findet sich bei

Hans Udo Störzer: „Organisierte Kriminalität". Eine Auswahlbibliographie. In: Hans-Dieter Schwind, Gernot Steinhilper und Edwin Kube (Hrsg.): Organisierte Kriminalität. Beiträge zu einer Fachtagung der Deutschen Kriminologischen Gesellschaft und zur Verleihung der Beccaria-Medaille 1986. Heidelberg 1987 (Kriminologische Schriftenreihe. Bd. 93), S. 111–132.

Die im Folgenden mit * gekennzeichneten Beiträge sind „VS-NfD" eingestuft und somit nur einem eingeschränkten Benutzerkreis zugänglich.

Adam, Peter, Dieter Bednarz, Thomas Darnstädt und *Bruno Schrep:* Organisiertes Verbrechen in der Bundesrepublik.
I. Die Macht der Syndikate. „Wir kennen die Dunkelmänner alle". In: DER SPIEGEL 42 (1988), Heft 9, S. 68–83.
II. Schutzgelderpressung. „Hunderttausend, dabei bleibt es". In: DER SPIEGEL 42 (1988), Heft 10, S. 80–101.
III. Milliardenbranche Stehlen & Hehlen. „Der klassische Eigentumsbegriff ist passé". In: DER SPIEGEL 42 (1988), Heft 11, S. 143–164.
IV. Rauschgifthandel. „Das ist die Zuwachsbranche schlechthin". In: DER SPIEGEL 42 (1988), Heft 12, S. 72–100.
Ad-hoc-Ausschuß des Arbeitskreises II „Öffentliche Sicherheit und Ordnung" (AK II) der Arbeitsgemeinschaft der Innenministerien der Länder: Neue Methoden der Verbrechensbekämpfung. Bericht des vom AK II eingesetzten ad-hoc-Ausschusses. 1982.
Boge, Heinrich: Komplizierte Verfahrensvorschriften und schwerfällige Geschäftswege. Lage und Perspektiven der internationalen Verbrechensbekämpfung. In: Kriminalistik 39 (1985), S. 38–45.
ders.: Gewinnabschöpfung als „Dritte Dimension" der Bekämpfung des illegalen Rauschgifthandels und -schmuggels. In: Bundeskriminalamt (Hrsg.): Macht sich Kriminalität bezahlt? Aufspüren und Abschöpfen von Verbrechensgewinnen. Arbeitstagung des Bundeskriminalamtes Wiesbaden vom 10. bis 13. November 1986. Wiesbaden 1987 (BKA-Vortragsreihe. Bd. 32), S. 89–96.
Bund Deutscher Kriminalbeamter, Bundesgeschäftsstelle (Hrsg.): Dokumentation und Konzeption zur Bekämpfung der Organisierten Kriminalität. Essen 1983.
Bundeskriminalamt (Hrsg.): Macht sich Kriminalität bezahlt? Aufspüren und Abschöpfen von Verbrechensgewinnen. Arbeitstagung des Bundeskriminalamtes Wiesbaden vom 10. bis 13. November 1986. Wiesbaden 1987 (BKA-Vortragsreihe. Bd. 32).
Chotjewitz, Peter O.: Malavita. Mafia zwischen gestern und morgen. Mit einem Nachwort von Peter Kammerer. Köln 1973.
Dalla Chiesa, Nando: Der Palazzo und die Mafia. Die italienische Gesellschaft und die Ermordung des Präfekten Alberto Dalla Chiesa. Köln 1985.
Deutschlands neue Wirtschaftsmacht. MAFIA GmbH. Hausmitteilung. In: DER SPIEGEL 42 (1988), Heft 9, S. 3.
Dölling, Dieter: Kriminalitätsentwicklung als Indikator gesellschaftlicher Zustände. In: Kriminalistik 42 (1988), S. 350–361, 556.

Dörmann, Uwe, Karl-Friedrich Koch, Hedwig Risch und *Werner Vahlenkamp:* Organisierte Kriminalität – wie groß ist die Gefahr? Wiesbaden 1990 (BMA-Forschungsreihe Sonderbd.).

Falcone, Giovanni: Inside Mafia. München 1992.

*Flormann, Willi: Phänomenologie und Bekämpfungsansätze organisierter Kriminalität im Bereich der Eigentumskriminalität in Form von Einbrüchen in Häuser gehobener Wohnqualität und Banken durch bundesweit operierende Tätergruppen. In: Polizei-Führungsakademie (Hrsg.): Organisierte Kriminalität VIII – Zusammenfassende Bestandsaufnahme der Erkenntnisse und Erfahrungen –. Seminar vom 1. bis 5. Dezember 1986 bei der Polizei-Führungsakademie in Münster. Schlußbericht. Münster 1986, S. 115–134.

Füllkrug, Michael: Möglichkeiten und Grenzen der Bekämpfung organisierter Kriminalität. In: Die Polizei 79 (1988), S. 33–38.

Gewerkschaft der Polizei (Hrsg.): Organisierte Kriminalität – eine akute Bedrohung? Fachveranstaltung der Gewerkschaft der Polizei am 9. und 10. September 1982 in Bonn, Beethovenhalle. Hilden 1983.

Gewerkschaft der Polizei, Landesbezirk Berlin (Hrsg.): Fachtagung „Organisierte Kriminalität" am 20. Mai 1987 in Berlin. Hilden 1987.

Gurow, Alexander Iwanowitsch: Organisierte Kriminalität in der UdSSR. Erscheinungsformen und Bekämpfungskonzepte. In: Bundeskriminalamt (Hrsg.): Organisierte Kriminalität in einem Europa durchlässiger Grenzen. Arbeitstagung des Bundeskriminalamtes vom 6. bis 9. November 1990. Wiesbaden 1991 (BKA-Vortragsreihe Bd. 36), S. 131–146.

Hamacher, Werner: Das ehrbare Gewand. Zwischenberichte eines Untersuchungsausschusses. In: Deutsche Polizei 36 (1987), Heft 8, S. 18–23.

Hess, Henner: Mafia, camorra, anonima, sequestri – Informationen zum organisierten Verbrechen im Nachbarland Italien. In: Gewerkschaft der Polizei (Hrsg.): Organisierte Kriminalität – eine akute Bedrohung? Fachveranstaltung der Gewerkschaft der Polizei am 9. und 10. September 1982 in Bonn, Beethovenhalle. Hilden 1983, S. 32–39.

ders.: Mafia. Zentrale Herrschaft und lokale Gegenmacht. 2. Aufl. Tübingen 1986 (Heidelberger Sociologica. Bd. 8).

Kennedy, Robert F.: Gangster drängen zur Macht. Reinbek bei Hamburg 1967 (rororo. Bd. 914).

Klink, Manfred und *Siegfried Kordus:* Kriminalstrategie. Grundlagen polizeilicher Verbrechensbekämpfung. Stuttgart, München, Hannover 1986.

Kniesel, Michael: Neue Polizeigesetze contra StPO? Zum Regelungsstandort der vorbeugenden Bekämpfung von Straftaten und zur Verfassungsmäßigkeit polizeilicher Vorfeldaktivitäten. In: Zeitschrift für Rechtspolitik 20 (1987), S. 377–383.

Krupski, Manfred: Organisierte Kriminalität. In: Waldemar Burghard und Hans-Werner Hamacher (Hrsg.): Lehr- und Studienbriefe Kriminalistik Nr. 7: Organisierte Kriminalität. Betäubungsmittelkriminalität. Hilden 1987, S. 3–50.

Kube, Edwin, Peter Poerting und *Hans Udo Störzer:* Den Profis die Profile nehmen. Gewinnabschöpfung als Kampfmittel gegen das Organisierte Verbrechen. In: Kriminalistik 41 (1987), S. 44–45, 48.

Lenhard, Karl-Heinz: Das organisierte Verbrechen. Eine wieder einmal nötige Standortbestimmung. In: Kriminalistik 45 (1991), S. 223–228.

*Lersch, Roland: Informationsgewinnung und -verarbeitung im Bereich organisierter Kriminalität. In: Polizei-Führungsakademie (Hrsg.): Organisierte Kriminalität VIII – Zusammenfassende Bestandsaufnahme der Erkenntnisse und Erfahrungen –. Seminar vom 1. bis 5. Dezember 1986 bei der Polizei-Führungsakademie in Münster. Schlußbericht. Münster 1986, S. 363–389.

Leyendecker, Hans, Richard Rickelmann und *Georg Bönisch:* Mafia im Staat. Göttingen 1992.

Lindlau, Dagobert: Der Mob. Recherchen zum organisierten Verbrechen. Hamburg 1987.

Maas, Peter: Die Valachi-Papiere. Wien, Hamburg 1969.

Marrazzo, Guiseppe: Camorrista. Das mysteriöse Leben des Don Rafele Cutolo. Stuttgart 1987.

Müller, Peter: Die Mafia in der Politik. München 1990.

Peters, Butz: Die Absahner. Organisierte Kriminalität in der Bundesrepublik. Reinbek 1990.

Polizei-Führungsakademie (Hrsg.): Gefährdete Zeugen – Rechtliche und kriminalistische Aspekte –. Seminar vom 4. bis 8. November 1985 bei der Polizei-Führungsakademie in Münster. Schlußbericht. Münster. 1985.

diess. (Hrsg.): Verdeckte Ermittlungen – Rechtliche und taktische Probleme. Seminar vom 18. bis 22. September 1989 bei der Polizei-Führungsakademie in Münster. Schlußbericht. Münster 1989.

diess. (Hrsg.): Führung und Einsatz der Kriminal-/Schutzpolizei – Im täglichen Dienst, bei besonderen Anlässen. Seminar vom 12. bis 14. März 1990 bei der Polizei-Führungsakademie in Münster. Schlußbericht. Münster 1990.

diess. (Hrsg.): Organisierte Kriminalität. Lübeck 1990 (Schriftenreihe der PFA. Heft 3 u. 4/1990).

Prinz, Heinrich: Anwendung des SPUDOK-Systems in umfangreichen Ermittlungskomplexen. In: der kriminalist 17 (1985), S. 221–228.

Rahmer, Wolfgang und *Michael Füllkrug:* Verfahren, die besonderer Genehmigung bedürfen. Erfahrungen und Möglichkeiten. In: Kriminalistik 40 (1986), S. 412–414.

Raith, Werner: Die ehrenwerte Firma. Der Weg der italienischen Mafia vom „Paten" zur Industrie. Berlin 1983 (Wagenbachs Taschenbücherei. Bd. 99).

ders.: Italiens Mafia – Nicht nur „Organisierte Kriminalität". In: Gewerkschaft der Polizei, Landesbezirk Berlin (Hrsg.): Fachtagung „Organisierte Kriminalität" am 20. Mai 1987. Hilden 1987, S. 17–20.

ders.: Mafia: Ziel Deutschland. Köln 1989.

Ralston, Leonard: Die Aufgaben des FBI bei der Bekämpfung des organisierten Verbrechens. In: Schriftenreihe der Polizei-Führungsakademie 1983, S. 240–253.

Rebscher, Erich und *Werner Vahlenkamp:* Organisierte Kriminalität in der Bundesrepublik Deutschland. Bestandsaufnahme, Entwicklungstendenzen und Bekämpfung aus der Sicht der Polizeipraxis. Wiesbaden 1988 (BKA-Forschungsreihe. Sonderbd.).

Roth, Jürgen und *Marc Frey:* Die Verbrecher-Holding – Das vereinte Europa im Griff der Mafia. München 1992.

Salerno, Ralph und *John S. Tompkins:* Das organisierte Verbrechen. Die Macht und die Mächtigen der Unterwelt. Zürich 1972.

Schaefer, Christoph: Scheitert das Recht an der organisierten Kriminalität? Erfahrungen aus einer Großstadt. In: Hans-Dieter Schwind, Gernot Steinhilper und Edwin Kube (Hrsg.): Organisierte Kriminalität. Beiträge zu einer Fachtagung der Deutschen Kriminologischen Gesellschaft und zur Verleihung der Beccaria-Medaille 1986. Heidelberg 1987 (Kriminologische Schriftenreihe. Bd. 93), S. 41–54.

Schenk, Dieter: Organisierte Kriminalität aus Berliner Sicht. In: Gewerkschaft der Polizei, Landesbezirk Berlin (Hrsg.): Fachtagung „Organisierte Kriminalität" am 20. Mai 1987. Hilden 1987, S. 21–24.

Schneider, Hans Joachim: Das organisierte Verbrechen. In: Juristische Ausbildung 6 (1984), S. 169–183.

Sielaff, Wolfgang: Bis zur Bestechung leitender Polizeibeamter? Erscheinungsformen und Bekämpfung der organisierten Kriminalität in Hamburg. In: Kriminalistik 37 (1983), S. 417–422.

ders.: Verdeckte Ermittlungen in der Sex- und Glücksspielindustrie. Professionelle Abschottung der Szene/Hamburg: Richtlinien für verdeckte Ermittler. In: Kriminalistik 39 (1985), S. 577–581.

ders.: „Aussageverbot" vom Täter. Zur Notwendigkeit des Schutzes gefährdeter Zeugen. In: Kriminalistik 40 (1986), S. 58–62.

ders.: Strategische und taktische polizeiliche Maßnahmen bei der Ermittlung und Beschlagnahme krimineller Profite. In: der kriminalist 19 (1987a), S. 5–9.

ders.: Organisierte Kriminalität im Vergnügungsmilieu. In: Gewerkschaft der Polizei, Landesbezirk Berlin (Hrsg.): Fachtagung „Organisierte Kriminalität" am 20. Mai 1987. Hilden 1987b, S. 25–30.

ders.: Am selben Strang ziehen – Die Zusammenarbeit von Polizei und Staatsanwaltschaft bei der Bekämpfung der organisierten Kriminalität. In: Kriminalistik 43 (1989), S. 141–148.

ders.: Bruchstellen im polizeilichen Berufsethos. In: Kriminalistik 46 (1992), S. 351–357.

ders.: Rauschgiftkriminalität. Neue Wege im Kampf gegen die Drogenkriminalität. In: Kriminalistik 46 (1992), S. 749–756.

Ständige Konferenz der Innenminister und -senatoren der Länder (Hrsg.): Organisierte Kriminalität in Europa. Stuttgart 1990.

Steinke, Wolfgang: Das organisierte Verbrechen. Eine kriminalistisch-kriminologische Analyse. In: Kriminalistik 36 (1982), S. 78–80, 97–100.

Sterling, Claire: Die Mafia. Bern, München, Wien 1990.

Stümper, Alfred: Problemstellung der Polizei bei der Bekämpfung der organisierten Kriminalität, Lösungsansätze und Zukunftsperspektiven. In: Gewerkschaft der Polizei (Hrsg.): Organisierte Kriminalität – eine akute Bedrohung? Fachveranstaltung der Gewerkschaft der Polizei am 9. und 10. September 1982 in Bonn, Beethovenhalle. Hilden 1983, S. 20–26.

ders.: 150 Milliarden Mark jährlicher Schaden. Das organisierte Verbrechen in der Bundesrepublik Deutschland/Erscheinungsformen, Methoden der Bekämpfung und Rechtsfragen. In: Kriminalistik 39 (1985), S. 8–17.

Teresa, Vincent: Mein Leben in der Mafia. Hamburg 1973 (Goldmann Gelbe. Bd. 3363).

Uesseler, Rolf: Mafia. Mythos, Macht, Moral. Berlin, Bonn 1987 (Dietz Taschenbuch. Bd. 22).

Werner, Adelheid: Organisierte Kriminalität: Fiktion oder Realität? In: Kriminalistik 36 (1982), S. 131–136.

Weschke, Eugen: „Netzstruktur-Kriminalität". Eine spezifische Form des Intensivtäterverhaltens. In: Kriminalistik 40 (1986), S. 297–298, 315–317.

Zachert, Hans-Ludwig: Organisierte Kriminalität: Strukturen, Bedrohungspotential, Bekämpfungsprobleme. In: Kriminalistik 44 (1990), S. 622–625.

ders.: Hat die Forderung nach einer europäischen Zentralstelle für die OK-Bekämpfung Aussicht auf schnelle Verwirklichung? Modellvorstellungen in Aufgaben, Befugnissen und Verwirklichung. In: Polizei-Führungsakademie (Hrsg.): Organisierte Kriminalität. Seminar vom 9. bis 13. Dezember 1991 bei der Polizei-Führungsakademie in Münster. Schlußbericht. Münster 1991, S. 331–348.

42

Geiselnahmen und Entführungen

Bernd Paul

INHALTSÜBERSICHT

A. Gesellschaftliche Bedeutung

1 **Geiselnahme** und **Entführung** sind Verbrechen aus dem Bereich der **schwersten Gewaltkriminalität,** die statistisch gesehen zu den selteneren Delikten zählen, jedoch aufgrund ihrer kriminellen Qualität von besonderer Bedeutung sind.

Der außergewöhnliche Charakter dieser Verbrechen und die dadurch verursachte Öffentlichkeitswirkung, die im berechtigten und elementaren Bedürfnis der Bürger nach Sicherheit und Schutz vor Kriminalität begründet ist, wird durch die Anführung einiger Aufgaben- und Problemkreise sowie Thesen verdeutlicht, die teilweise zugleich polizeitaktisch relevant sind:

2 **Geiselnahme** und **Entführung**

– richten sich nicht nur gegen die individuellen Rechtsgüter Leben, Freiheit, Gesundheit und Vermögen, sondern darüber hinaus gegen die Souveränität des Gemeinwesens (z. B. **Entführung** des Arbeitgeberpräsidenten Schleyer);

– können durch Drohung staatliche Institutionen partiell handlungsunfähig machen (z. B. Erzwingen des freien Abzuges);

– sind Ausdruck einer eskalierten, brutalen und kriminellen Gewalt (Kulminationspunkt der Entwicklung des Verbrechens);

– stellen die abschreckende Wirkung von Strafandrohungen zumindest teilweise in Frage (z. B. **Geiselnahme** in **JVA** zur Erzwingung der Flucht eines lebenslänglich Inhaftierten);

– beschränken sich nicht auf finanziell leistungsstarke Opfer, sondern können durch die Ingewaltnahme eines beliebigen Staatsbürgers ganz direkt den Staat **erpreßbar** machen;

– schränken durch die Einbeziehung unschuldiger Geiseln und die Schutzverpflichtung des Staates für deren Leben die (polizei-)taktischen Handlungsalternativen ein;

– vollziehen sich als Auseinandersetzung zwischen Straftätern und Staatsgewalt infolge der modernen Medien häufig vor einer weiten mittelbaren Öffentlichkeit;

– führten in der Vergangenheit durch ungezügelte Sensationsgier der Bevölkerung und Medien zu Gefahrenerhöhungen für die Opfer und zu Behinderungen der Polizei;

– werfen rechtliche Fragen auf, z. B. zur Anwendung unmittelbaren Zwanges **(finaler Rettungsschuß),** Lösegeldbeschlagnahme im Falle verweigerter Zusammenarbeit des **Erpreßten** mit der Polizei;

– „... unterscheiden sich von anderen kriminalpolizeilichen Einsatzlagen ... dadurch, daß ... (die) Aktivitäten nicht erst nach Beendigung der Tathandlung beginnen. Im Gegenteil, ... (die) Hauptaufgabe liegt darin, steuernd (also operativ) auf ein gerade erst in Gang gesetztes Geschehen einzuwirken, den weiteren Ablauf zu gestalten, eine akute Gefahrenlage für das Leben eines Menschen zu bewältigen." Da zur vorrangigen **Gefahrenabwehr** Maßnahmen der Tataufklärung u. U. zurückgestellt werden müssen, „steht speziell die Kriminalpolizei vor einer völlig atypischen Situation"[1];

– können zu Gradmessern für die Leistungsfähigkeit „der Polizei" schlechthin werden; die Verrichtung der alltäglichen Arbeiten wird vor dem Hintergrund dieser Delikte nicht mehr angemessen zur Kenntnis genommen, während deren Bewältigung zum Maßstab für die – zumeist nur erfolgsabhängige – Beurteilung „der Polizei" wird.

B. Sprachregelung

Es hat sich als zweckmäßig erwiesen, alle Delikte nach kriminologisch   **3** beschreibenden (phänomenologischen) und ursächlichen (ätiologischen) Gesichtspunkten zu bezeichnen und gegeneinander abzugrenzen.

Dies gilt auch für **Geiselnahme** und **Entführung**, da umgangssprachliche (z. B. Kidnapping, Hijacking, Luftpiraterie) und juristisch-wertende Begriffe des Strafrechts (z. B. Erpresserischer Menschenraub) nicht geeignet sind, eine unmißverständliche Terminologie für die polizeiliche Praxis herbeizuführen.

Die weitere Abhandlung geht daher von den nachfolgend **polizeilichen Definitionen** aus.

I. Geiselnahme

Eine **Geiselnahme** im polizeitaktischen Sinne liegt vor, wenn Täter unter   **4** Verwirklichung der Tatbestände der §§ 239 a (**Erpresserischer** Menschenraub) oder 239 b StGB (**Geiselnahme**) Personen zur Durchsetzung ihrer Ziele **an einem der Polizei bekannten Ort** in ihrer Gewalt haben[2]; in diesem Fall wird auch von einer **offenen Geiselnahme** gesprochen.

II. Entführung

Eine **Entführung** im polizeitaktischen Sinne liegt vor, wenn Täter unter   **5** Verwirklichung der Tatbestände der §§ 239 a oder 239 b StGB Personen zur Durchsetzung ihrer Ziele **an einem der Polizei unbekannten Ort** in ihrer Gewalt haben[3]; die **Entführung** wird aus diesem Grund auch als **verdeckte Geiselnahme** bezeichnet.

Beiden (kriminologischen) Begriffen liegt die gleiche Ausgangshandlung,   **6** das „Sichbemächtigen eines anderen", zugrunde. Die weitere Tatentwicklung **unterscheidet** sich dadurch, daß

– bei der **Geiselnahme** der Aufenthaltsort von Opfer und Täter bekannt und der Täter in der Regel leicht identifizierbar ist,

– im **Fall der Entführung** der Aufenthalt von Opfer und Täter völlig unbekannt ist und die nachfolgenden Forderungen ohne Namensnennung (anonym) oder unter einem Decknamen (pseudonym) gestellt werden.

---

1 *Schneider* 1984 S. 244.
2 *PDV 132*, Nr. 1.1.
3 *PDV 131*, Nr. 1.1.

C. Strafrechtliche Einordnung

7 **Geiselnahme** und **Entführung** im polizeitaktischen Sinne können verschiedene **Straftatbestände** verwirklichen; hierbei wird deutlich, daß sie – im Hinblick auf die geschützten Rechtsgüter – kombinierte Freiheits-, **Gewalt-** und Vermögens**delikte** sind.

Zur Verdeutlichung der strafrechtlichen Einordnung werden die in Betracht kommenden Straftatbestände (alle §§ aus dem StGB) dargestellt.

I. Nötigung – § 240 – Vergehen

8 Durch die Nötigungsmittel Gewalt oder Drohung mit einem empfindlichen Übel bringt der Täter einen anderen zu einem bestimmten Verhalten, das dieser ohne die Nötigung nicht will; die Anwendung des Nötigungsmittels zu dem angestrebten Zweck muß verwerflich sein.

Die **Nötigung** richtet sich gegen die Freiheit der Willensentschließung und Willensbetätigung des zu Nötigenden.

II. Freiheitsberaubung – § 239 – Vergehen

9 Strafbewehrt ist das widerrechtliche Einsperren oder jedes andere Einwirken auf die (potentielle) Fortbewegungsfreiheit eines Menschen.

Qualifizierung erfolgt bei einer **Freiheitsberaubung,** die über eine Woche gedauert hat oder zu einer schweren Körperverletzung (§ 224) des Opfers oder zu dessen Tode führte.[4]

III. Erpressung – § 253 – Vergehen

10 Tathandlung ist es, einen anderen durch Gewalt oder Drohung mit einem empfindlichen Übel zu nötigen, wodurch dem Vermögen des Genötigten (der nicht die Geisel oder der Entführte sein muß) oder eines anderen ein Nachteil zugefügt wird in der Absicht, sich oder einen Dritten zu bereichern. Die **Erpressung** ist damit ein Vermögensdelikt, das durch Beeinträchtigung der Willensfreiheit (Nötigung) verwirklicht wird.

IV. Räuberische Erpressung – § 255 – Verbrechen

11 Wird die Erpressung mit Gewalt gegen eine Person oder unter Anwendung von Drohungen mit gegenwärtiger Gefahr für Leib oder Leben ausgeübt, liegt eine **Deliktsqualifizierung** zum Verbrechen vor. Die Strafe trifft den Täter gleich einem Räuber, also nach §§ 249 ff.; insbesondere gelten die Qualifizierungsmerkmale des schweren Raubes und des Raubes mit Todesfolge.[5]

V. Erpresserischer Menschenraub – § 239 a – Verbrechen

12 Tathandlungen sind das **Entführen** oder Sich-Bemächtigen einer Person oder die Ausnutzung einer so geschaffenen Lage eines anderen. Mit der

---

4 Vgl. *Dreher/Tröndle* 1991 § 239 Rdnr. 11.
5 Vgl. *Dreher/Tröndle* 1991 § 255 Rdnr. 2.

Entführung oder dem Sich-Bemächtigen muß die Absicht verbunden sein, die Sorge des Opfers um sein Wohl oder die Sorge eines Dritten um das Wohl des Entführten zu einer **Erpressung** (§§ 253, 255) auszunutzen. Zielrichtung der Ausnutzung einer Entführungssituation muß eine Erpressung sein. Die Tat richtet sich gegen die Freiheit des Entführten und gegen das Vermögen des Erpreßten, aber auch gegen die psycho-physische Integrität beider.

Ein qualifizierter Fall liegt bei leichtfertiger Verursachung des Todes des Opfers vor (Abs. 3); tätige Reue ist möglich (Abs. 4). Tateinheit mit Körperverletzungs- und Tötungsdelikten (§§ 223 ff., 211, 212) ist möglich, ebenso in der Regel mit der Geiselnahme (§ 239 b) wegen der verschiedenen Zielrichtungen und des besonderen Tatmittels dort; die §§ 239, 253 und 255 werden verdrängt.[6]

VI. Geiselnahme – § 239 b – Verbrechen

Die Tathandlungen sind dieselben wie beim **erpresserischen** Menschen-   **13** raub (§ 239 a); verfolgt werden aber andere Ziele als eine Erpressung: Mit der Entführung oder dem Sich-Bemächtigen muß der Täter beabsichtigen, das Opfer oder einen Dritten durch Drohung mit der vorsätzlichen Tötung, einer schweren Körperverletzung oder einer mehr als einwöchigen Freiheitsentziehung des Opfers zu einem Verhalten zu nötigen; eine solche Absicht muß der Täter auch bei der Ausnutzung einer von ihm geschaffenen Entführungssituation haben.

Schutzgut ist neben Freiheit und Integrität der Geisel die Dispositionsfreiheit des Genötigten.

Durch Nötigung erzwungene Handlungen, Duldungen oder Unterlassungen können z. B. sein: Freilassung von Gefangenen, Gewährung freien Geleits an **Bankräuber,** Verlesen eines politischen Manifests im Rundfunk oder Rücktritt eines Ministers.

Wird der Tod des Opfers leichtfertig verursacht, führt dies zur Qualifizierung der Tat.[7]

Tätige Reue ist nach Abs. 2 möglich.

Tateinheit ist möglich mit Körperverletzungs- und Tötungsdelikten (§§ 223 ff., 211, 212) sowie mit **erpresserischem** Menschenraub (§ 239 a); gleiches gilt für Nötigung von Verfassungsorganen (§ 105) und Nötigung des Bundespräsidenten und von Mitgliedern eines Verfassungsorgans (§ 106). Die §§ 235, 239, 240 werden regelmäßig verdrängt.[8]

VII. Weitere Straftatbestände

Über die bereits angesprochenen Straftatbestände hinaus können, abhängig   **14** von der Art der Tatausführung und Zielrichtung des Täters, **Raubdelikte** (§§ 249 ff.) und **gemeingefährliche Straftaten** – insbesondere Angriff auf

---

6 Vgl. *Dreher/Tröndle* 1991 § 239 a Rdnr. 9, 12, 13.
7 Vgl. *Dreher/Tröndle* 1991 § 239 b Rdnr. 4.
8 Vgl. *Dreher/Tröndle* 1991 § 239 b Rdnr. 6, 7.

den **Luftverkehr** (§ 316 c) im Falle der sog. „Flugzeugentführung" – beim Vorliegen einer **Geiselnahme** oder **Entführung** (im polizeitaktischen Sinne) verwirklicht werden. Darüber hinaus ist bei einigen Delikten der Entführung und Geiselnahme im polizeitaktischen Sinne die **Nichtanzeige geplanter Straftaten** (§ 138) unter Strafe gestellt.

VIII. Ausgegrenzte Fälle

15 **Kindesentziehungen** (§ 235), z. B. durch Frauen aus fehlgeleitetem Mutterinstinkt oder aufgrund von Familienstreitigkeiten, stellen keine **Entführung** im polizeitaktischen Sinne dar; dies gilt auch für den **Menschenraub** (§ 234), die **Verschleppung** (§ 234 a) und die **Entführung mit oder gegen den Willen der Entführten** (§§ 236, 237).

D. Rechtliche Aspekte der Gefahrenabwehr und Strafverfolgung

I. Grundlagen

16 **Geiselnahme** und **Entführung** sind strafbare Handlungen; sie verpflichten die Polizei gem. §§ 161, 163 StPO, 152 GVG zur Strafverfolgung und eröffnen ihr das **Befugnisinstrumentarium** der StPO (Repression – Legalitätsprinzip). Daneben nimmt die Polizei Aufgaben der **Gefahrenabwehr** zum Schutz der öffentlichen Sicherheit und Ordnung gem. den Polizeigesetzen des Bundes und der Länder wahr (Prävention – Opportunitätsprinzip).

Zum **Dualismus von Gefahrenabwehr und Strafverfolgung** erläutert *Vahle* zur Rechtslage sehr treffend:

„Bei Eintritt in das Versuchsstadium deliktischen Handelns und – bei Dauerdelikten – sogar bei andauerndem kriminellen Tun besteht die Pflicht zur **Gefahrenabwehr,** solange ein Handeln zum Schutz des konkret bedrohten Rechtsgutes noch einen praktischen Sinn ergibt." Das bedeutet für die Polizei, daß bis zum Freikommen einer Geisel oder eines Entführten „Aufgaben der Strafverfolgung und der **Gefahrenabwehr** zusammenfließen, sich überlappen und fast untrennbar miteinander verschränkt sind. Die Lösung dieser Mischfälle bereitet zuweilen erhebliche Probleme rechtlicher und auch tatsächlicher Art. . . . Der Dualismus von **Gefahrenabwehr** und Strafverfolgung ist . . . nach den Besonderheiten des konkreten Falles unter sorgfältiger Abwägung aufzulösen. Dabei ist der Präventivfunktion vor allem bei hochwertigen Rechtsgütern ein entsprechend hoher Stellenwert einzuräumen. . . . Aufgrund dieser Zweispurigkeit können und müssen daher polizeiliche Maßnahmen sowohl an dem Maßstab des Rechts der Strafverfolgung als auch an dem des Rechts der **Gefahrenabwehr** gemessen werden und sind u. U. nach beiden Normenkomplexen legitimiert. Auch kann sich die Zielrichtung polizeilicher Handlungen fortlaufend ändern, so daß auf eine strafprozessuale Maßnahme eine solche polizeirechtlicher Qualität folgen kann und umgekehrt."[9]

---

9 *Vahle* 1985 S. 78.

Der Vollständigkeit halber wird darauf hingewiesen, daß bestimmte Maßnahmen – bei **Einverständnis** des Rechtsgutinhabers – keiner **Eingriffsgrundlage** bedürfen; diese Situation wird insbesondere in **Entführungs**fällen bei einer vertrauensvollen Zusammenarbeit mit dem **Erpressungs**opfer gegeben sein (z. B. Betretungsrecht für die Wohnung).

II. Maßnahmen aufgrund präventivpolizeilicher Eingriffsbefugnisse

Die allgemeinen polizeirechtlichen Maßnahmen stützen sich auf die **Polizeigesetze** des Bundes und der Länder bzw. auf die **Vorschriften über die Anwendung unmittelbaren Zwanges.** 17

Das schwerwiegendste Rechtsproblem bei **Geiselnahmen** ist die Herbeiführung einer sofortigen Handlungsunfähigkeit des Täters, wenn diese nur durch den tödlich wirkenden Schußwaffengebrauch als ultima ratio möglich ist. Zwar werden von Rechtsprechung, Schrifttum und politischen Entscheidungsträgern Erforderlichkeit und Zulässigkeit des sogen. „**finalen Rettungsschusses**" bejaht, jedoch mit unterschiedlichen Begründungen auf voneinander abweichende Rechtsgrundlagen gestützt; im wesentlichen gilt: 18

Als extremster Fall des polizeilichen Schußwaffengebrauchs ist gegen einen entschlossenen Geiselnehmer der gezielte Schuß, der mit an Sicherheit grenzender Wahrscheinlichkeit tödlich wirken wird, zulässig, wenn er das einzig geeignete Mittel zur Abwehr einer gegenwärtigen Lebensgefahr oder der gegenwärtigen Gefahr einer schwerwiegenden Verletzung der körperlichen Unversehrtheit ist (sog. „**finaler Rettungsschuß**"). Dies setzt in strenger Auslegung des Verhältnismäßigkeitsgrundsatzes voraus, daß mildere Maßnahmen und Mittel (z. B. Verhandlung, Überlistung, Zugriff) versagt haben bzw. alle anderen denkbaren Abwehrmittel mit dem Ergebnis geprüft wurden, daß ihre Durchführung untauglich ist. Einige Bundesländer (z. B. Bayern, Niedersachsen, Rheinland-Pfalz) haben entsprechende **Eingriffsgrundlagen** (in Anlehnung an § 41 Abs. 2 Satz 2 ME PG) geschaffen; andere Landesgesetzgeber dagegen verweisen auf die allgemeine Zweckbestimmung des Schußwaffengebrauchs gegen Personen – Herbeiführen einer Angriffs- oder Fluchtunfähigkeit – und halten die ausdrückliche Normierung des **finalen Rettungsschusses** für entbehrlich, da im Extremfall die Angriffsunfähigkeit nur durch Tötung herbeiführbar sei.

Nach der in der strafrechtlichen Literatur herrschenden Meinung kann die Tötung des Angreifers auf die strafrechtlichen Nothilfe- und Notstandsbestimmungen (§§ 32, 34, 35 StGB) gestützt werden; hierbei handelt es sich jedoch um sog. „**Jedermannsrechte**", auf die sich die Polizei bei der Wahrnehmung hoheitlicher Aufgaben (staatliches Gewaltmonopol) nicht berufen sollte.[10]

Von den nachstehenden Maßnahmen, die bei Geiselnahmen und Entführungen taktisch geboten sein können, haben einige (nach jeweiligem Landesrecht) z. Z. keine spezielle polizeiliche **Befugnisgrundlage,** so daß sie 19

---

10 Ausführlich zum „Zwang durch ‚gezielten Todesschuß'" *Drews/Wacke/Vogel/Martens* 1986 S. 546–550.

– bei unterschiedlich einschränkenden Voraussetzungen – nur über den Rückgriff auf die **Generalklausel des Polizeirechts** zulässig sind:
– Observation einschließl. Fertigung von Foto- und Videoaufnahmen
– Verwendung von besonderem Einsatzgerät
– Eingriffe in das Recht am eigenen Wort
– spezielle Aufklärungsmaßnahmen
– Einwirkung auf Angehörige oder Dritte bei fehlender Kooperationsbereitschaft gegenüber der Polizei und davon ausgehenden Gefährdungserhöhungen bis hin zur Lösegeldbeschlagnahme.

Diese nicht abschließende Aufzählung verdeutlicht, daß „die **polizeiliche Generalklausel** ... ein flexibles, wenngleich auch sensibles Instrument zur rechtlichen Bewältigung prekärer Situationen (bildet). ... Daß die Anwendung der **polizeilichen Generalklausel** nicht in allen Fällen überzeugt, insbesondere im Hinblick auf den verfassungsrechtlichen Grundsatz der Normenklarheit (Bestimmtheit), sollte den Gesetzgeber veranlassen ..., für die Praxis brauchbare und eindeutige Rechtsgrundlagen zu schaffen".[11]

III. Maßnahmen aufgrund strafprozessualer Eingriffsbefugnisse

20 Grundsätzlich steht das gesamte **Eingriffsinstrumentarium der StPO** zur Verfügung; besonders relevant sind bei Geiselnahme- und Entführungsdelikten
– Überwachung des Fernmeldeverkehrs (§§ 100 a, b, 101 StPO)
– Postbeschlagnahme (§§ 99, 100, 101 StPO)
– Kontrollstelleneinrichtung (§ 111 StPO)
– Gebäudedurchsuchung (§§ 103 Abs. 1 Satz 2, 105 StPO).

IV. Verhältnis Staatsanwaltschaft – Polizei

21 Entscheidungskompetenz und Weisungsbefugnis im Hinblick auf Maßnahmen der **Gefahrenabwehr** stehen der **Polizei,** nicht jedoch der Staatsanwaltschaft, zu.

Soweit zur Wahrnehmung von **strafprozessualen Sonderbefugnissen** bei der Strafverfolgung Anordnungen der Staatsanwaltschaft ergehen, sind Polizeibeamte, die **Hilfsbeamte der Staatsanwaltschaft** sind, in dieser Eigenschaft verpflichtet, ihnen Folge zu leisten (§ 152 GVG).

22 Bei untrennbaren **Mischverhältnissen** von **Gefahrenabwehr** und Strafverfolgung entscheiden Polizei und Staatsanwaltschaft **gemeinsam;** kann kein Einverständnis erzielt werden, entscheidet die **Polizei allein,** da der **Gefahrenabwehr** der Vorrang vor der Strafverfolgung zu geben ist. Dabei sind die Belange der Strafrechtspflege soweit wie möglich zu berücksichtigen (auch Polizeibehörden haben den „Ersuchen" der Staatsanwaltschaft zu entsprechen, § 163 StPO). Die Entscheidung kann nur von der Polizei getroffen werden, weil nur ihr beide Aufgaben – **Gefahrenabwehr** und Strafverfolgung – übertragen sind.

---

11 *Vahle* 1985 S. 84.

Daß diese sinnvolle **Kompetenzverteilung von Justiz und Polizei** gemeinsam getragen wird, geht aus den Zuständigkeitsregelungen für die Anordnung unmittelbaren Zwanges hervor. Sie schreiben die alleinige Kompetenz der Polizei für die Anordnung von Zwangsmitteln im Bereich der **Gefahrenabwehr** fest und bestimmen, daß der **Gefahrenabwehr**auftrag bei o. a. Mischverhältnissen der Strafverfolgung vorgeht.

Der Staatsanwalt kann dagegen nur Zwangsmittel im Bereich der Strafverfolgung anordnen; er ist grundsätzlich beschränkt auf allgemeine Weisungen an den vorgesetzten Polizeiführer, soweit nicht von ihm zu entscheidende Voraussetzungen zur Erteilung konkreter Einzelweisungen gegeben sind (vgl. „Gemeinsame Richtlinien der Justizminister/-senatoren und der Innenminister/-senatoren des Bundes und der Länder über die Anwendung unmittelbaren Zwanges durch Polizeibeamte auf Anordnung des Staatsanwaltes", Anlage A zur RiStBV).

E. Geiselnahme

I. Grundproblematik

Ein **Grundproblem** der **Geiselnahme** liegt in ihrer einfachen, aber hoch- **23** wirksamen Logik, die zugleich den gefährlichen Charakter des Delikts ausmacht:

Sie ist eine kriminelle Taktik, bei der sich der Täter durch Anwendung von Gewalt gegen die Geisel eine Machtposition schafft, aus der er Forderungen stellen kann, um seine Ziele zu erzwingen.

Neben der Geisel als direkt bedrohtem Opfer (Primäropfer), die für den Täter nur das Mittel zur Erlangung der Machtposition darstellt (Machtquelle), richtet sich die Tat zudem gegen den Erpreßten als Sekundäropfer (Geldgeber, Allgemeinheit, Staat).

Die Tathandlung – vereinfacht man sie auf die stattfindenden Transaktionen – hat die Struktur eines kaufmännischen **Geschäftes**; das Mittel Geisel wird zum Tauschobjekt, für das der Täter die Gegenleistung festlegt.

Der Tauschwert für das Mittel Geisel ist immer sehr groß, da nach dem Selbstverständnis der Bundesrepublik Deutschland die Schutzverpflichtung für das Leben höchste Priorität hat; aus diesem Grund geht der Täter davon aus, daß der Staat auf die „Geschäftsabwicklung" eingeht.

Der einfachen Logik der **Geiselnahme** stehen grundsätzliche Probleme **24** beim Erkennen und Beurteilen von **einsatzrelevanten Umständen** und die Komplexität der in den Tatablauf eingebetteten Interaktionsprozesse der Tatbeteiligten gegenüber.

Da entsprechende polizeiliche Lagen **einzelfallabhängig** zu bewältigen und nicht durch Patentrezepte zu lösen sind, müssen zum Erreichen der wichtigsten Ziele – Geiselbefreiung und Täterüberwältigung – im konkreten Fall vielfältige Abhängigkeiten und Zwänge beachtet werden, um eine wirksame Führungs- und Einsatzkonzeption zu entwickeln; zahlreiche

Voraussetzungen organisatorisch-technischer Art sind zu schaffen, um professionell arbeiten zu können.

Im folgenden werden nur einige Bereiche angesprochen, die in diesem Zusammenhang taktisch relevant sind; sie sollen zur Auseinandersetzung mit den Problemen anregen:

– Nach welchen Kriterien können Tatmotiv und Täterverhalten bewertet werden?

– In welcher seelischen Verfassung befinden sich Täter und Geiseln? Welche Bedeutung hat dies für die Polizei?

– Wie und in welchem Umfang kann der Täter beeinflußt werden?

– Wie reagiert der Täter/die Geisel auf polizeiliche Maßnahmen oder Absichten?

– Wie reagiert der Täter auf den Dauerstreß, dem er ausgesetzt ist (u. a. durch Unüberschaubarkeit der Situation, Unvorhersehbarkeit von Zeitabläufen, Zeitdruck, Unausweichlichkeit, sozialen Druck, Überwachungsaufwand für Geiseln)?

– Welche Folgerungen ergeben sich aus erkennbaren Gruppenstrukturen bei mehreren Tätern?

– Durch welche Organisationsform kann der starke Entscheidungsdruck auf die Polizei bei hohem Informationsaufkommen in nur knapp bemessenen Zeiträumen bewältigt werden (der Aufwand für die Konsolidierung der Lage, Abstimmung der Absichten und Bereitstellung benötigter Kräfte ist erheblich; aber gerade in dieser Phase ist der Täter zumeist emotional sehr angespannt)?

– Wenn den Täterforderungen nicht / nicht zeitgerecht / nur teilweise entsprochen wird, greift zumeist der tiefenpsychologische Mechanismus der „Aggressionsverschiebung", d. h. der Täter gibt seinen Ärger und Streß an die Geiseln weiter. Welche Folgerungen ergeben sich hieraus, und wie kann die Gratwanderung zwischen Beeinflussung durch Verhandlung und Gewalteskalation beim Täter bewältigt werden?

II. Tätertypisierung aufgrund der Tatmotive / Erscheinungsformen

25 Die Bemühungen in der Kriminologie, Menschen in irgendeiner Form nach bestimmten Zusammengehörigkeiten und Typen einzuteilen, um aus der Zugehörigkeit des einzelnen zu einer Gruppe Rückschlüsse auf sein Wesen ziehen zu können, haben zu vielen Typenlehren (**Typologien**) geführt, deren Denkansätze überwiegend aus der jeweiligen wissenschaftlichen Disziplin (z. B. Psychologie, Psychiatrie, Soziologie etc.) abgeleitet sind und z. T. zu divergierenden Ergebnissen führen.

Göppinger vertritt daher die Auffassung, daß bei **Gewaltdelikten** (wie **Geiselnahme und Entführung**) „eine Differenzierung der . . . Täter nach bestimmten Persönlichkeitszügen . . . wegen der erheblichen Unterschiede zu einer mehr oder weniger nichtssagenden Aufzählung von psychischen Eigenschaften führen" würde.[12]

---

12 *Göppinger* 1980 S. 610.

Anhaltspunkte für die kriminologische Diagnose beim Täter zeigen sich in der **Phänomenologie** der Tatgestaltung; auch wenn die Tatgestaltung allein die Motivation des Täters nicht immer und eindeutig aufzeigt, können doch häufig die Gründe für die Tatbegehung in ihr abgelesen werden.

Vor diesem Hintergrund wird im folgenden nur nach dem Typisierungs- **26** merkmal „**Tatmotiv**" unterschieden, das Bedeutung für die Polizeitaktik (insbes. für Verhandlungskonzeptionen) hat. Vier wesentliche Motivansätze können unterschieden werden, wobei Mischformen möglich sind:[13]

1. Vermögenstäter

Dieser Tätertyp verfolgt mit der **Geiselnahme** – wie auch mit der **Entfüh-** **27** **rung** – **materielle Ziele**, wobei finanzielle Probleme, Erwerbslosigkeit oder der Wunsch nach einem „neuen Leben" die häufigsten Motive sind. Das Zusammentreffen mit Gleichgesinnten, Anregungen durch Massenmedien, akute Geldnot oder die finanzielle Krise können die Tat auslösen.[14]

Welche Opferwahl der Täter trifft „hängt im wesentlichen von seinen Vorstellungen über Zahlungsfähigkeit und -bereitschaft der zu nötigenden Person oder Stelle sowie von den ihm zur Tatausführung zur Verfügung stehenden Mitteln und Möglichkeiten ab"[15].

Diese Aussage ist so pauschal wie zutreffend; der Täter kann fast beliebig Personen oder Firmen bedrohen, um unter Appellierung an die mitmenschlichen Gefühle und die Moral diejenigen, die über das begehrte Geld verfügen, zur Zahlung zu zwingen. Je nachdrücklicher die Drohung oder Gewalt erscheint und je gefährlicher die Lage der Geisel ist, um so schneller gelangt er zum Ziel und um so höher dürfen seine Forderungen sein.[16]

a) Banküberfall in Verbindung mit Geiselnahme

Die **Geiselnahme** wird von Vermögenstätern ganz überwiegend als Mittel **28** bei der Durchführung von **Überfällen auf Geldinstitute** gebraucht.

Der **Banküberfall in Verbindung mit Geiselnahme** wird als *eine* Möglichkeit gesehen, die im Laufe der Jahre verbesserten technischen und ablauforganisatorischen Sicherungsmittel der Geldinstitute zu umgehen. Darüber hinaus kann die **Geiselnahme** der Sicherung bzw. Durchführung der Flucht dienen.

aa) Typische Überfälle

„Ein **Überfall auf ein Geldinstitut** ist als **typisch** anzusehen, wenn Täter **29**
– während der für Kunden vorgesehenen Öffnungszeiten der Geldinstitute
– in den Kassenräumen

---

13 Vgl. *Steller* 1978 S. 7.
14 Vgl. *Behder* 1980 S. 111–113.
15 *Bauer* 1973 S. 9.
16 *Bauer* 1973 S. 8.

Bankangestellte oder Kunden bedrohen, um sich Geld geben zu lassen oder es zu nehmen."[17]

Büchler/Leineweber stellen in einer umfassenden Untersuchung zu **Raubüberfällen auf Geldinstitute** fest, daß „in den 60er Jahren . . . die Geiselnahme (sc. von Bankbediensteten und Kunden) . . . noch die seltene Ausnahme . . . (war), heute . . . dagegen zum gewohnten Erscheinungsbild" gehört.[18]

Von 963 untersuchten **Banküberfällen** (Zeitraum 1. 1. 1981 bis 30. 6. 1983) wurden 160 Fälle (= 16,6 %) i. V. m. einer **Geiselnahme** verübt:

– In acht Fällen wurden **Fluchtgeiseln** genommen; hierbei erfolgte die **Geiselnahme** ausschließlich zur Fluchtsicherung.

– In 147 Fällen wurden **Tatgeiseln** genommen.

Hierbei erfolgte in 114 Fällen die Geiselnahme überwiegend zu Beginn des **Überfalls**. Es handelt sich um sog. **kurzfristige Geiselnahmen,** bei denen der Täter sofort Bedienstete oder Kunden (zumeist) mit einer Waffe bedroht und in Schach hält, um Geld zu **erpressen.** Dies beweist auch die Tatsache, daß von den Fällen mit Tatgeiseln 84,9 % der Überfälle innerhalb von zwei Minuten abgeschlossen wurden.

Da vielfach das kurzfristige Sichbemächtigen der Tatgeiseln juristisch nicht als Geiseldelikt nach den §§ 239 a, 239 b StGB gewertet wird, sind die Angaben in der Polizeilichen Kriminalstatistik zu **Geiselnahmen** vor dem Hintergrund kurzfristiger **Geiselnahmen** bei **Banküberfällen** insgesamt unpräzise.

– In fünf Fällen wurden **Tat- und Fluchtgeiseln** genommen.[19]

bb) Geiselnahme durch Eskalation im Verlauf des Überfalls

30   Bemerkenswert ist, daß in 34 der 160 Fälle der angeführten BKA-Untersuchung (= 21,3 %) die Geisel erst im Verlauf des **Überfalls** aufgrund **eskalierender Ereignisse,** z. B. Verhalten der Bediensteten/Kunden oder situationsbedingter Zufälligkeiten (Erscheinen von Kunden oder Polizei), genommen wurde.

Die Gefahr des Auslösens einer **Geiselnahme** durch die Polizei während eines **Banküberfalls** (insbesondere durch für den Täter feststellbares Eintreffen der Polizei am Einsatzort) ist demnach gegeben.

In diesem Zusammenhang wurde in der Vergangenheit beobachtet, daß der Kreis der Bank- und Kassenangestellten, der erst nach einem **Überfall** Alarm auslöst, um einer möglichen **Geiselnahme** vorzubeugen, immer größer wurde.[20] Aus diesen Gründen legte die Polizei Verhaltensregeln für ihr Einschreiten bei **Banküberfällen** fest und traf mit dem Geld- und Kreditgewerbe Vereinbarungen, die gefahrenerhöhende Situationen im Falle des **Bankraubes** bzw. der **Geiselnahme** vermeiden helfen sollen; hierzu gehört auch die Information und Beschulung von Kassenbediensteten durch die Polizei.

---

17 *PDV 100,* Nr. 3.5.4.
18 *Büchler/Leineweber* 1986 S. 92.
19 Vgl. *Büchler/Leineweber* 1986 S. 94 ff.
20 Vgl. *Jurisch* 1978 S. 419.

cc) Atypische Überfälle

„Ein **Überfall auf ein Geldinstitut** ist als **atypisch** anzusehen, wenn Täter **31**
– außerhalb der für Kunden vorgesehenen Öffnungszeiten der Geldinstitute
– Bankangestellte oder ihre Angehörigen außerhalb – auch innerhalb – der Kassenräume bedrohen, um sich Geld geben zu lassen oder es zu nehmen."[21]

In derartigen Fällen bringen Täter häufig außerhalb der Geschäftszeiten geeignete Bankbedienstete (Führungspersonal, Schlüsselträger, Kombinationsmitwisser) oder deren Angehörige in ihre Gewalt und verlangen unter Drohung und Einschüchterung die Aushändigung von Geld.

Tathandlungen, bei denen „Schlüsselträger" in ihrem privaten Bereich als Geiseln genommen wurden, veranlaßten die Polizei und Verbände des Geld- und Kreditgewerbes, umfassende Beratungs- und Schulungsmaßnahmen für diesen Personenkreis durchzuführen, da der polizeiliche Erfolg bei der Verhütung und Verfolgung wesentlich vom Verhalten der Gefährdeten und den Sicherungsmaßnahmen in ihrem Privatbereich abhängt.

b) Geiselnahme am Tatort einer anderen Straftat

Der Vollständigkeit halber wird an dieser Stelle darauf hingewiesen, daß **32**
auch bei anderen Anlässen **durch den Polizeieinsatz Geiselnahmen ausgelöst** werden können; gedacht ist an Situationen, bei denen Täter auf frischer Tat (z. B. Einbruchsdiebstahl) betroffen werden und mit der **Geiselnahme** (vorrangig) ihre Flucht erzwingen wollen.

2. Krisentäter

Der **Krisentäter** versucht, mit der **Geiselnahme** persönlich-zwischen- **33**
menschliche Konflikte zu überwinden, die z. B. in Partnerschaftsproblemen, Drogen- und Alkoholabhängigkeit oder dem Wunsch nach einem „neuen Leben" begründet sein können.

Als unmittelbar tatauslösend kann vor allem eine konkrete Konfliktsituation (Eskalation), die Durchführung einer staatlichen Zwangsmaßnahme (Pfändung, Verhaftung, Entziehung des elterlichen Sorgerechts) oder eine temporäre alkohol- oder drogenbedingte Enthemmung wirken.[22]

So vielfältig wie das Tatmotiv kann die Erscheinungsform der **Geiselnahme** durch einen Krisentäter sein; sie reicht beispielsweise von der **Geiselnahme** eines Familienangehörigen (zur Erzwingung der Rückkehr des Ehegatten) und der **Geiselnahme** in einem Flugzeug (zur Erzwingung einer **Kursänderung**, um in einen anderen Staat zu gelangen) über die **Geiselnahme** eines Entscheidungsträgers in einer Behörde (zur Einstellung der Pfändung) bis hin zu Fällen, bei denen ein selbstmordgeneigter Geiselnehmer mit der Tat seine Tötung durch Polizeikräfte zu provozieren versucht.

In Abhängigkeit vom jeweiligen Konflikt werden überwiegend immaterielle Forderungen, z. B. Aussprache mit dem Lebensgefährten, freier

---

21 Vgl. *PDV 100*, Nr. 3.5.5.
22 Vgl. *Behder* 1980 S. 114.

Abzug oder Einstellung behördlicher Maßnahmen, gestellt; zusätzliche materielle Forderungen (Geld und Fluchtmittel) erfolgen vereinzelt und sind für die taktische Beeinflussung des Täters – verglichen mit dem Konfliktanlaß – von geringerer Bedeutung.

Über diese allgemeinen Schilderungen hinaus sollen zwei Deliktsformen des Krisentäters angesprochen werden, die äußerst schwierig zu bewältigen sind:

a) Geiselnahme in Justizvollzugsanstalten (JVA)

34 Ursächlich für die Zunahme dieser Deliktsform – **Geiselnahme** von Justizpersonal oder Mithäftlingen zur Erzwingung des freien Abzuges, Bereitstellung von Fluchtmitteln und Aushändigung von Geld – sind vor allem Verbesserungen der Sicherheitsstandards in den **JVA;** die Geiselnahme wird als einzige Möglichkeit zum Entweichen angesehen.

Die Entstehung wird u. a. dadurch begünstigt, daß die Tatmittelherstellung (Hieb- und Stichwaffen, unkonventionelle Spreng- und Brandvorrichtungen bzw. Attrappen) aus der Literatur und durch Informationsaustausch unter Häftlingen bekannt und oft mit den in den **JVA** legal zugänglichen Mitteln (Arbeitsgeräte und -materialien sowie Gegenstände des täglichen Bedarfs) möglich ist.

Durch bauliche Gegebenheiten sind polizeiliche Aufklärungs- und Zugriffsmöglichkeiten teilweise eingeschränkt; diese Situation verschärft sich, wenn unbeteiligte Inhaftierte nicht in Ausweichunterkünfte gebracht werden können und aus Solidarität mit dem Geiselnehmer den Einsatz stören (z. B. durch Anheizen der Stimmung, Verraten von Zugriffsvorbereitungen).

In Fällen, bei denen Mithäftlinge als Geiseln genommen werden, muß die Möglichkeit der Vortäuschung einer **Geiselnahme** („Geisel" ist Mittäter für Flucht) berücksichtigt werden.

Problematisch ist bei **Geiselnahmen** in **JVA,** daß Verhandlungen mit Tätern oft wenig Erfolg bringen, wenn diese eine „Alles oder Nichts"-Mentalität haben oder emotional derart abgestumpft sind, daß nicht an ihr Gefühl appelliert werden kann; das Inaussichtstellen von Strafmilderung wird, insbesondere von lebenslänglich Inhaftierten, zumeist nicht akzeptiert, die angebotene „goldene Brücke" wird dann strikt abgelehnt.

Kennzeichnend für diese **Geiselnahmen** ist die große Kreativität, mit der sie vorbereitet sind; zumeist sind Planungsdefizite nicht feststellbar.

b) Geiselnahme im Zusammenhang mit dem Luftverkehr

35 Der Oberbegriff „Geiselnahme im Zusammenhang mit dem **Luftverkehr"** umfaßt **Geiselnahmen,** bei denen eine zwangsweise Übernahme der Herrschaftsgewalt über ein Luftfahrzeug und dessen Insassen (am Boden/während des Fluges) erfolgt. Die Bezeichnung solcher Tathandlungen als **„Flugzeugentführung"** ist umgangssprachlich verbreitet; es handelt sich jedoch um **Geiselnahmen** im polizeitaktischen Sinne (vgl. Rdnr. 4).

Die Erörterung dieser Delikte bei „Krisentätern" ist allein geschichtlich begründet; die ersten Geiselnahmen in **Luftfahrzeugen** in der Nachkriegszeit begingen Flüchtlinge aus Ostblockstaaten, die Kursänderungen erzwangen, um in die westliche Hemisphäre zu gelangen (Flucht aus wirtschaftlichen, sozialen oder politischen Gründen).

Seit etwa 1970 machen sich auch andere Tätertypen (Vermögens- und Polittäter sowie Psychopathen) diese Tatform für ihre Ziele zunutze.

aa) Gefährlichkeit dieser Geiselnahmeform
Bei derartigen Geiselnahmen werden eine große Anzahl von Personen **36** (u. U. mehrere hundert Insassen bei Großraumflugzeugen) sowie erhebliche Sachwerte unmittelbar gefährdet. *Gefährdungsmomente* bestehen während des Fluges sowie bei einer stationären Lage am Boden:

Während des Fluges
kann ein Absturz herbeigeführt werden durch
– tätliche Auseinandersetzungen zwischen Täter und Besatzung (Kontrollverlust über das Flugzeug)
– Gebrauch von Explosivmitteln
– Schußwaffengebrauch in großer Flughöhe (Druckabfall/Explosion bei Druckausgleich)
– mangelnde Vertrautheit der Besatzung mit dem erzwungenen Landeort
– fehlende Eignung des Flugzeuges für den erzwungenen Landeort
– das Ausgehen von Treibstoff (bei Kursänderung)
– Zusammenstoß mit einem anderen Flugzeug (Anweisungen der Flugsicherung werden nicht befolgt), wobei das gesamte Schadensausmaß nicht absehbar ist, z. B. Absturz auf besiedeltes Gebiet
– können Gefahren für die Insassen allein durch die Erzwingung der Landung in einem Staat, in dem sie Repressalien ausgesetzt sind (politische, rassistische Verfolgung), entstehen.

Am Boden/auf dem Flughafen
Gefahren entstehen durch die Anwendung von Gewalt gegen Personen im allgemeinen sowie die Herbeiführung einer Explosion des Flugzeuges (Treibstoff) im besonderen.

bb) Prävention
Gefährdungsgrad und -ausmaß dieser **Geiselnahmeform** sind extrem groß **37** und setzen die zuständigen Behörden und Einrichtungen (Luftsicherheit, Polizei, Flughafenbetreiber, Luftverkehrsgesellschaften pp.) sowie politisch Verantwortliche im Lagefall unter erheblichen Zugzwang.

Es wurden und werden daher ständig auf nationaler und internationaler Ebene große Anstrengungen unternommen, um durch technische, betriebsablauforganisatorische, wirtschaftliche und rechtliche Maßnahmen Geiselnahmen im Zusammenhang mit dem **Luftverkehr** zu *verhindern* bzw. bei ihrem Eintreten bewältigen zu können.

3. Politisch motivierte Täter
Politisch motivierte Täter (**Terroristen, Polittäter**) verfolgen ganz überwie- **38** gend immaterielle Ziele, die sie aus ihrer politischen Motivation oder ideo-

logischen Bindung bzw. Orientierung ableiten. Ihre zumeist revolutionären Vorstellungen bilden die vermeintliche moralische Basis, mit der sie die Begehung schwerster Straftaten zu rechtfertigen suchen.

Die Ausführungen zum Merkmal „Tatmotiv" gelten für **Geiselnahmen** wie für **Entführungen,** denn diese Delikte sind für politisch motivierte Täter, neben anderen Formen der **Gewaltanwendung** (z. B. Sprengstoffanschläge, Attentate), nur Taktiken zur Durchsetzung ihrer Absichten, die auf demokratischem Wege nicht verwirklicht werden können.

Geisel und Entführter sind für sie nur Mittel zur Zielerreichung; getroffen werden sollen vor allem der Staat und die öffentliche Sicherheit.

Geiselnahme und **Entführung** können im einzelnen dazu dienen,
- politische Forderungen durchzusetzen und zugleich Propaganda für die eigenen Vorstellungen zu machen,
- den politischen Gegner zu provozieren,
- einen Vertrauensverlust der Bevölkerung in den Staat herbeizuführen,
- inhaftierte Gesinnungsgenossen zu befreien,
- Geld für weitere Auseinandersetzungen zu beschaffen.

Die offenkundige Sinnlosigkeit der Tat ist hierbei häufig bewußt geplanter Bestandteil der Zielsetzung; die Angst, Unsicherheit und Lähmung der Bevölkerung wird zur Strategie des Polittäters.[23]

Vorwiegend handelt der Polittäter nicht allein, sondern ist in eine zumeist hierarchisch strukturierte Gruppe eingebunden. Diese Gruppen suchen bewußt die Öffentlichkeit und beziehen deren Reaktionen in den Tatplan mit ein; dieses Verhalten ist inzwischen auch bei allgemeinkriminellen Tätern feststellbar.

Die Opferauswahl beschränkt sich regelmäßig auf Personen, die einen möglichst hohen Tauschwert besitzen, die Täter ideologisch nicht diskriminieren und aufgrund ihrer Funktion oder Position (Symbolcharakter) in das eigene Feindbild passen.

4. Psychopathen

39 Während Krisentäter im allgemeinen seelisch und geistig gesund sind und deren **Geiselnahme** als inadäquater Lösungsversuch von Lebenskonflikten anzusehen ist, handelt es sich bei den unter dem Arbeitsbegriff „**Psychopath**" zusammengefaßten Personenkreis um *seelisch kranke* oder *geistig gestörte Geiselnehmer.*

Dieser Tätertyp hat eine nach außen zumeist unklare Motivlage, die sich durch realitätsferne, immer wieder geänderte oder ins Maßlose gesteigerte Forderungen (zumeist nicht finanzieller Natur) darstellt.[24]

Gemeint sind krankhafte, psychotische oder **psychopathische Täter,** wobei die Art der seelisch-geistigen Störung wegen der großen Bandbreite möglichen Verhaltens nicht abschließend darstellbar ist; beispielhaft können angeführt werden

---

23 Vgl. *Günther/Zeller* 1974 S. 187.
24 Vgl. *Günther/Zeller* 1974 S. 153, *Steller* 1978 S. 6.

- sensible Fanatiker, die um der vermeintlichen Gerechtigkeit willen handeln,
- depressive, todessüchtige Ekstatiker,
- sich am Machtrausch erregende Täter,
- sensationslüsterne Exhibitionisten.

Dieser Tätertyp ist problematisch, da von ihm ausgehende Gefährdungen der Geisel besonders schwer einschätzbar sind; Handlungsabläufe und Reaktionen lassen sich kaum prognostizieren.

Bei „richtiger Behandlung" dieses Tätertyps sehen einige Psychologen gute Möglichkeiten, den Täter durch Aufbau seines Selbstwertgefühls und verbale Einwirkung (Verhandlung) zu überlisten bzw. zu überrumpeln. Dem kann nur mit großen Einschränkungen zugestimmt werden. Da sich der **Psychopath** häufig seiner Tatsituation nicht bewußt ist, plötzlichen starken Stimmungsschwankungen ausgesetzt sein kann, teilweise an Wahnvorstellungen leidet oder die Neigung zu Kurzschlußhandlungen haben kann, entstehen durch ihn kaum kalkulierbare Gefahren.

Diese Unberechenbarkeit verursacht erhebliche einsatztaktische Probleme, deren Lösung nur unter Hinzuziehung von Fachberatern (insbesondere von Psychologen, behandelnden Ärzten, Vertrauenspersonen) möglich sein dürfte.

III. Phasen des Tatverlaufs und Täterverhaltens

Während sich aus dem äußeren Erscheinungsbild der **Geiselnahme** aufgrund der immer größer werdenden Bandbreite der Begehungsweisen kaum allgemeingültige Folgerungen zur Lagebewältigung ableiten lassen, sind im Verlauf des Tatgeschehens gewisse Gesetzmäßigkeiten und **psychologische Verhaltensmuster** zu erkennen, die für die polizeiliche Einsatztaktik relevant sind. **40**

Diese Verhaltensmuster und Gesetzmäßigkeiten sind psychologisch plausibel, als Querschnittergebnis einer Betrachtung von vielen **Geiselnahmen** wertvoll und im Gegensatz zum Erscheinungsbild der Tat relativ konstant. **Wegen der Individualität jeder einzelnen Tat können sie eine brauchbare Orientierungshilfe, jedoch niemals Entscheidungsgrundlage für bestimmte polizeiliche Maßnahmen sein.**

1. Dynamik des Tatgeschehens[25]

Die Dynamik des Tatgeschehens ist sehr stark abhängig von den **Interaktionsprozessen** zwischen Tätern, Geiseln und der Polizei/dem Verhandlungspartner sowie tat- und täterspezifischen Gegebenheiten. **41**

---

25 Ausführungen hierzu erfolgen weitgehend auf der Grundlage des Forschungsprojektes von *Salewski/Schaefer* 1979 (erörtert in Polizei-Führungsakademie 1980) und der Untersuchung von *Günther/Zeller* 1974. Während *Salewski/Schaefer* zur Gesetzmäßigkeit des Tatverlaufs die sog. „Affektivitätskurve" sehr deutlich und plausibel beschreiben (s. insb. S. 242/243, 247, 260), sprechen *Günther/Zeller* von zeitlichen Abfolgen, die von ihnen als „Täterphasen" bezeichnet werden (S. 161 ff.). Die Grundaussagen und Ansätze aus beiden Untersuchungen wurden zusammengeführt.

Vereinfachend läßt sich zum Tatgeschehen feststellen, daß es affektive Phasen gibt, in denen das Erregungsniveau des Täters relativ hoch ist (besonders in der Anfangsphase); nach ihrem Abklingen folgen kognitive Phasen, in denen der Täter das Gefühl hat, daß er die Situation beherrscht, kontrolliert und steuert. Fühlt sich der Geiselnehmer in seinem zielgerichteten Verhalten gehindert, kommt es zum Rückfall in eine affektive Phase. Mit fortschreitender Tatdauer finden zwar Wechsel von affektiven und kognitiven Phasen statt, jedoch ist dann insgesamt ein Absinken des Erregungsniveaus feststellbar. Ursächlich dafür ist u. a., daß der Täter ab einem gewissen (schwer prognostizierbaren) Zeitpunkt den Überblick über die Situation zu haben glaubt und aufgrund von sozialen Kontakten zu den Geiseln weniger zur Anwendung von (extremer) Gewalt neigt.

Häufig wurde beobachtet, daß Geiselnehmer durch Imponiergehabe ihre persönliche Stärke und Machtsituation zu demonstrieren versuchten (z. B. Erteilung von Weisungen an Einsatzkräfte vor Zuschauern, Abgeben von Statements gegenüber Pressevertretern, Führen von Telefonaten aus einem Münzfernsprecher in Tatortnähe).

Bei länger andauernden **Geiselnahmen** hat sich gezeigt, daß durch die tatbedingte psychische Ausnahmesituation eine Solidarisierung zwischen Tätern und Geiseln eintreten kann, in der sich die Geiseln unbewußt mit den Tätern identifizieren und die Polizei als „Gegner" ansehen. Die Polizei wird zum „gemeinsamen Feind", denn sie verhindert die Ziele des Täters und dadurch (scheinbar) auch, daß die Geiseln (sofort) aus ihrer prekären Lage kommen können. Dieses Phänomen wird als **„Stockholm-Syndrom"** bezeichnet (es trat bei einer **Geiselnahme** in Stockholm besonders deutlich auf). Seine Entstehung wird beeinflußt u. a. durch die individuelle Belastbarkeit der Geisel, den Grad der **Gewaltanwendung,** die Tatdauer sowie die als bedrohlich empfundenen festgestellten oder angenommenen Maßnahmen der Polizei.

„Stockholm-Syndrom" und bewußte Solidarisierung der Geiseln mit dem Täter sind insoweit positiv, als sie die Gewaltbereitschaft des Täters gegen die Geiseln verringern können; negativ ist dagegen, daß die Einbindung der Geiseln in Aktionen der Polizei erschwert bzw. verhindert werden kann. In der Schlußphase, insbesondere nach sehr langer Tatdauer, ist im günstigsten Fall der Täter physisch und psychisch derart zermürbt, daß er nicht mehr genügend Energie aufbringt, um seinen Forderungen aggressiv Nachdruck zu verleihen.

42   Zur Stärke, Dauer und Frequenz der einzelnen Phasen lassen sich wegen der vielfältigen und individuellen Abhängigkeiten keine Aussagen machen. Aus diesem Grund werden nur beispielhaft einige Kriterien genannt, die im konkreten Fall den **Phasenablauf** beeinflussen (und darüber hinaus zur Täterbewertung und Tatverlaufsprognose erforderlich sind):

Tat-/täterbezogene Kriterien

– Tatmotiv/-anlaß
– Ereignisse im Vorfeld der **Geiselnahme** (z. B. **Banküberfall,** Schußwaffengebrauch, Tötung von Personen)

– persönliche Streßstabilität, Frustrationstoleranz
– intellektuelle Fähigkeiten, Realitätssinn
– psychische/psychosoziale Auffälligkeiten
– Einschätzung der eigenen Gefährdung
– subjektive Bewertung der Erfolgsaussichten (Beuteerlangung, Fluchtmöglichkeiten, Wahrung der Anonymität)
– Planungsgrad der **Geiselnahme** (lückenlos, unvollständig)
– eigene Logistik (Waffen, Fluchtmittel, Versorgung mit Nahrung, Aufputschmitteln, Drogen)

Gruppenbezogene Kriterien bei mehreren Tätern
– Führungsverhältnisse, Rollenverteilung, Abhängigkeiten
– Zusammenhalt
– Grad der Aufgabenverteilung
– Erfolgsdruck von außen (z. B. bei politisch motivierten Tätern)

Interaktionsprozesse
– Verhältnis Täter – Geiseln (aggressiv-feindlich, mißtrauisch, neutral, solidarisch)
– Reaktionen der Geiseln (Ablehnung, aktiver/passiver Widerstand, konstruktiv)
– Deeskalierende Umstände (z. B. Mitleid mit Frauen und Kindern)
– Zeitpunkt, Inhalt und Art der Ansprache durch die Polizei/den Verhandlungspartner.

Betrachtet man diese unvollständige Aufzählung von Einflußgrößen auf den Phasenablauf, wird deutlich, welche Anstrengungen erforderlich werden können, um die Beurteilungsbasis für eine schlüssige Einsatzkonzeption zu schaffen.

a) Affektive Phasen

aa) Anfangsphase
Mit Tatbeginn ist das **Erregungsniveau** des Täters **extrem hoch,** da er noch 43
keinen vollständigen Überblick über die Tatsituation hat und sich über das Ausmaß seiner Kontrolle nicht im klaren ist; er fühlt sich unsicher und empfindet alle Aktivitäten sowie das Ausbleiben erwarteter Reaktionen im und am Tatort als bedrohend. Es entsteht eine belastende Streßsituation (Ungewißheit über den Ausgang des Tatvorhabens, Furcht vor körperlichem Schaden durch den Zugriff der Polizei und der drohenden Freiheitsentziehung); in dieser Phase ist die Gefahr sehr groß, daß der Täter panisch-aggressiv bzw. ungesteuert reagiert und Kurzschlußhandlungen gegen Geiseln begeht.

Dies gilt insbesondere für unvorbereitete **Geiselnahmen** (z. B. Eskalation im Verlauf eines **Banküberfalles,** vgl. Rdnr. 30) und bei wenig durchdachten Tatabläufen.

bb) Eruptionsphasen

Eruptionsphasen sind – wie die Anfangsphase – durch einen seelischen Ausnahmezustand und weitgehenden Ausfall des Denk- und Steuerungsvermögens gekennzeichnet; der Täter ist sehr nervös, mißtrauisch, angespannt und dadurch unberechenbar.

b) Kognitive Phasen

44 Nach dem Abklingen von affektiven Phasen folgen kognitive Phasen, in denen der Täter wieder relativ klar und rational denken kann; die Gefährdung von Geiseln nimmt ab, vor allem, wenn bereits emotionale Bindungen zwischen Täter und Geiseln entstanden sind. Die Psyche des Täters ist relativ stabil und das **Erregungsniveau** abgesunken. In diesen Phasen bestehen Einwirkungsmöglichkeiten durch gezielte Ansprache.

c) Schlußphase

45 Im günstigsten Fall tritt in der Schlußphase ein physischer und psychischer **Zermürbungszustand** ein, in dem es zweckmäßig ist, die Verhandlungen zu intensivieren und die nachlassende Energie des Täters für eine bedingungslose Aufgabe auszunutzen. Hierbei ist jedoch die Gefahr des Rückfalles in eine affektive Phase gegeben.[26]

2. Folgerungen

46 Vor dem Hintergrund der Phasenabläufe und der Unterscheidung nach Tätertypen sind zunächst drei **allgemeine Folgerungen** zulässig:

1. Einzeltäter erliegen wesentlich schneller emotionalem Streß (Überforderung), neigen jedoch leichter zu Spontanreaktionen als solche, die sich im Schutz der Gruppe sicher fühlen.
2. Bei den unter Rdnr. 39 mit dem Oberbegriff **Psychopathen** bezeichneten Personen fehlt häufig die kognitive Phase im Tatablauf.
3. Bei Geiselnahmen durch politisch motivierte Tätergruppen ist die affektive Phase sehr kurz oder fehlt, da diese zumeist verstandesbetont und programmiert vorgehen; das bedeutet allerdings keine geringere Gefährdung für die Geiseln.[27]

Grundsätzlich ist weiter zu folgern, daß durch polizeiliche Maßnahmen die Gefahr affektiver Reaktionen auf seiten der Geiselnehmer möglichst gering zu halten ist. Jede einzelne Maßnahme ist deshalb auf das momentane spezifische Täterverhalten und die ihr zugrundeliegende psychische Situation des Täters abzustimmen, um unkontrollierte gefühlsmäßige Reaktionen zu vermeiden und den Täter psychisch zu stabilisieren.[28]

---

26 Vgl. *Günther/Zeller* 1974, die diese Phase als „Chaotische Phase" bezeichnen (S. 165/166).
27 Vgl. *Günther/Zeller* 1974, die bei politisch motivierten Tätern nur von zwei Phasen (programmierte und chaotische Phase) ausgehen (S. 161, 163–165).
28 Vgl. *Steller* 1978 S. 10.

F. Entführung

I. Grundproblematik

Wie bei der **Geiselnahme** sind auch bei einer **Entführung mehrere Opfer** 47
vorhanden, und zwar der Entführte, der Erpreßte sowie die Allgemeinheit.

Für die **Entführung** gilt – wie für die **Geiselnahme** –, daß polizeiliche
Aktivitäten nicht erst nach Beendigung der Tathandlung beginnen, sondern im Gegenteil operative Einwirkungen der Polizei zur weiteren
Ablaufsgestaltung erfordern. *Schneider* sieht die Grundproblematik der
Entführung darin, daß sie „durch ein außerordentlich hohes Maß an Pla-
nungs- und Organisationsfähigkeit" gekennzeichnet ist.[29] Er führt weiter
treffend aus:

„Entführungen... sind vom Grundsatz her d i e Deliktsform des rational
vorgehenden, **intelligenten Täters**. Er befindet sich im Verhältnis zur Polizei in einer relativ sicheren Position, seine Möglichkeiten der Tatbeherr-
schung lassen sich... ausbauen. ... Angehörige und Polizei werden in
einen Zustand permanenter Verunsicherung gesetzt. Täter, Öffentlichkeit
und Opferseite setzen die Polizei unter einen ungeheuren psychologischen
Druck... Planungs-, Organisations-, Kontroll- und Steuerungsmöglichkei-
ten des Täters engen den Handlungsspielraum der Polizei... ein."[30]

Weiter konstatiert *Schneider* den großen **Anreiz**, den **Entführungen**
„...auf die unterschiedlichsten Tätertypen haben, vom intelligenten
Nichtkriminellen bis hin zum Primitivtäter, der nicht einmal im Ansatz
die mit der Tatausführung verbundenen Probleme zu erkennen,
geschweige denn adäquat zu lösen vermag...."[31]

Der Tatanreiz entsteht u. a. durch
– „die Faszination, sich finanziell mit einem Schlag und ein für allemal
sanieren zu können...
– das Bewußtsein von der psychologischen Wirksamkeit der angedrohten
Tötung, die (scheinbar) allein durch Gefügsamkeit der Opferseite und
der Polizei zu verhindern ist."[32]

Erschwerend wirkt der Umstand, daß sich bei **Entführungen** wie bei
kaum einem anderen Delikt in fast jedem Fall deutliche Lerneffekte der
Täterseite (insbesondere im Kommunikationsverhalten und den Verwahr-
umständen) nachweisen lassen; eine Ursache hierfür muß in zu breiten
Falldarstellungen der Medien gesehen werden.

II. Erscheinungsformen

1. Tatphasen der Entführung

Die **Tatausführung** ist abhängig von den Fähigkeiten des Täters, seiner 48
Entschlossenheit und den tatbegünstigenden Möglichkeiten, die auf der

---

29 *Schneider* 1984 S. 245.
30 *Schneider* 1984 S. 245.
31 *Schneider* 1984 S. 247.
32 *Schneider* 1984 S. 247/248.

Opferseite gegeben sind; die Bandbreite möglichen Täterverhaltens ist somit sehr individuell und vom Opfer mit abhängig. Aus diesem Grunde werden auch keine Angaben zu „dem" Erscheinungsbild der **Entführung** gemacht, da es ein solches nicht gibt.

Dies soll an folgenden Beispielen verdeutlicht werden:

– Bis etwa 1980 forderten Entführer immer, keine Polizei einzuschalten. Diese Forderung erfolgt heute nicht mehr stereotyp; einzelne Täter wenden sich direkt an die Polizei oder nehmen die Kenntnisnahme durch die Strafverfolgungsorgane in Kauf.

– Aus dem Vorliegen einer intelligent angelegten Geldübergabesituation wurde in einem konkreten Fall direkt auf die Intelligenz des Täters geschlossen; es handelte sich aber um einen Primitivtäter, der die Tatplanung nach einem Kriminalroman durchführte.

– Andererseits können Übergabesituationen primitiv erscheinen, ohne es tatsächlich zu sein (dies kann zur gefährlichen Unterschätzung des Täters führen).

– Der Umstand, daß ein Kind aus vermögender Familie entführt wurde, veranlaßte in einem weiteren Fall die Folgerung, daß das Opfer gezielt entführt wurde; tatsächlich handelte es sich um ein „Zufallsopfer".

49   Vor dem Hintergrund, daß jede Beschreibung bestimmter Erscheinungsformen der **Entführung** nur eine begrenzte Reichweite hat und daß Fehlbeurteilungen entstehen können, wenn man dem Täter Handlungsmuster unterstellt, wird im folgenden lediglich nach sechs **Tatphasen** unterschieden, die im Tatablauf (trotz des Wandels der äußerlichen Handlungen) relativ konstant feststellbar sind:

Tatphase 1: Auskundschaftung

Das Auskundschaften des Opfers umfaßt insbesondere dessen Lebensgewohnheiten, finanzielle Leistungsfähigkeit bzw. Tauschwert (z. B. exponierter Funktionsträger) und persönliche Geeignetheit (Alter, Versorgungsaufwand, Belastbarkeit). Bei guter Sensibilisierung von gefährdeten Personen und deren Umfeld bieten sich Ansatzpunkte zum Erkennen einer geplanten Entführung.

Dies gilt nicht für die **Entführung** eines „Zufalls- oder Gelegenheitsopfers", bei dem die **Erpressung** nicht gegen bestimmte Personen, sondern gegen den Staat gerichtet werden soll.

Tatphase 2: Bemächtigung und Verbringung des Entführten

In dieser Phase werden geeignete Zugriffsörtlichkeiten und -zeiten ausgesucht und mögliche Gegenmaßnahmen des Opfers (Widerstand, Bewaffnung, Sicherungsmittel) und zu erwartende polizeiliche Reaktionen (Fahndung) in die Tatplanung einbezogen.

Tatphase 3: Versteck für den Entführten

Unauffindbarkeit, geringes Entdeckungsrisiko, fehlende Entweichungs-/ Identifizierungs- bzw. Zuordnungsmöglichkeiten, Verpflegungs- und Aufsichtsbedingungen sowie sanitäre Versorgung sind für den Täter von Bedeutung.

Mehrere **Entführungen** haben gezeigt, daß Entführte z. T. extrem menschenverachtend behandelt und allein durch die Art der Unterbringung physisch und psychisch schwer geschädigt wurden (z. B. mehrtägiges Einsperren in kleiner Kiste) oder zu Tode kamen (z. B. Ersticken in unterirdischem Verschlag).

In einigen Fällen verbrachten Täter den Entführten in ein Versteck, das sie aus Angst, entdeckt zu werden, nicht mehr aufsuchten, so daß das Opfer verhungern mußte.

Tatphase 4: Erpresserische Forderungen

In dieser Phase nehmen die Täter i. d. R. mit den Angehörigen Verbindung auf, um Forderungen zu stellen, einen Lebensbeweis zu erbringen und Übergabemodalitäten vorzugeben.

Da die Täter überwiegend keine direkte Kommunikation zulassen, sondern sich indirekt (z. B. durch Briefe, vom Entführten besprochene Tonbänder), unter Ausnutzung technischer Hilfsmittel (z. B. Schreibschablonen) und in Kenntnis polizeilicher Ermittlungsmöglichkeiten an den Nachrichtenempfänger wenden, ist es mitunter schwierig, die entscheidenden Ermittlungsansätze zu finden und auf die Täter einzuwirken.

Häufig werden von der Täterseite (vereinzelt auch von Angehörigen der Entführten) sog. „neutrale Vermittler" eingeschaltet, die eine reibungslose Abwicklung der Geldübergabe und Freilassung des Entführten garantieren sollen.

Tatphase 5: Reaktionen auf Forderungen/Geldübergabesituation

Gehen die Erpreßten auf die Tätervorgaben ein, beginnt für den Täter die riskanteste Phase der Tat, die Geldübergabe.

Die Eigenartigkeit jedes einzelnen Falles verbietet es, die denkbaren Übergaben schematisch darstellen zu wollen; viel wichtiger als die Kenntnis eines allenfalls vergröberten (aber aufgrund des nicht absehbaren Einfallsreichtums des Täters immer unvollständigen) Spektrums an Übergabemöglichkeiten ist das Wissen, daß in diesem Zusammenhang nichts unmöglich ist.

Oft werden vom Täter Übergabesituationen bewußt abgebrochen, um das Gegenüber zu verunsichern/zu zermürben, die Machtposition herauszustellen („nach der Pfeife tanzen lassen"), eigene Ablaufsicherungen zu modifizieren oder Sicherungskriterien und die Einhaltung von Vorgaben zu überprüfen.

Tatphase 6: Freilassung/Tötung des Entführten

In Abhängigkeit zum Verlauf der Geldübergabesituation erfolgt die Freilassung oder Tötung des Entführten, wobei zu berücksichtigen ist, daß der Entführte oft als der einzige Tat- und Identifizierungszeuge eine Gefahr für die Täter darstellt; die Tötung des Entführten nach Erfüllung der Forderungen kann mit Sicherheit niemals ausgeschlossen werden.

Für die Freilassung treffen die Täter regelmäßige Vorbereitungen, um Ermittlungsansätze zu verwischen, häufig werden Trugspuren gelegt.

2. Vorgetäuschte Entführungen

a) Unter Beteiligung eines angeblich Entführten

50 In der polizeilichen Praxis sind Fälle bekannt, bei denen **unter Beteiligung des „Entführungsopfers"** zumeist in Bereicherungsabsicht **Entführungen** vorgetäuscht wurden. Ergeben sich Anhaltspunkte für eine Vortäuschung, sind zusätzliche, oft aufwendige Ermittlungen erforderlich.

b) Zur Verdeckung anderer Straftaten

51 Versuche, durch Vortäuschung einer Entführung **andere Straftaten zu verdecken,** wurden wiederholt festgestellt.

Zumeist nach der Begehung von Tötungsdelikten wurden die Täter, zum Teil mit erheblichen Anstrengungen, initiativ, um eine **Entführung** in Szene zu setzen.

Zielrichtung der Täter ist es in diesen Fällen, eine Erklärung für das Verschwinden des getöteten Opfers zu geben, von einem evtl. Verdacht gegen sich abzulenken bzw. die Ermittlungen in die falsche Richtung zu beeinflussen.

c) Erpressungsvorsatz nach Tötung des Opfers

52 In seltenen Fällen faßten Täter **erst nach der Begehung** eines Tötungsdeliktes (z. B. Sexualmord) den Entschluß, eine **Entführung** vorzutäuschen; über die unter Rdnr. 51 genannten Ziele hinaus erfolgten dann **Erpressungen** in Bereicherungsabsicht.

III. Tätertypisierung aufgrund der Tatmotive

53 Aus den unter Rdnr. 25, 26 zur Geiselnahme ausgeführten Gründen wird hier auch die Entführung nur nach dem Typisierungsmerkmal „Tatmotiv" unterschieden; zwei wesentliche Motivansätze sowie der Sonderfall des Adhäsionstäters sind gegeben:

– Vermögenstäter

Dieser Tätertyp handelt in Bereicherungsabsicht; Tatanlaß und -motiv entsprechen der Geiselnahme, so daß auf die dortigen Ausführungen (Rdnr. 27) verwiesen wird.

– Politisch motivierte Täter

Da **Geiselnahme** und **Entführung** lediglich unterschiedliche Taktiken zur motivabhängigen Zielerreichung sind, kann auf die entsprechenden Ausführungen zur **Geiselnahme** (Rdnr. 38) verwiesen werden.

– Adhäsionstäter

Wird ein Entführungsfall in der Öffentlichkeit bekannt, kommt es sehr oft zum Auftreten von Adhäsionstätern oder sog. **„Trittbrettfahrern".** Sie geben sich wahrheitswidrig als Entführer aus, stellen Lösegeldforderungen, geben Übergabemodalitäten vor und versuchen auf diese Weise, in den Besitz des Lösegeldes zu gelangen.

Das Verwerfliche am Treiben der „**Trittbrettfahrer**" besteht nicht nur in dem rücksichtslosen und kriminellen Ausnutzen der Entführungslage, sondern auch in der Beeinträchtigung der Ermittlungen in der Hauptsache, da z. T. erheblicher Aufwand zu ihrer Feststellung erforderlich ist.

G. Einsatz bei Geiselnahme und Entführung

I. Polizeidienstvorschriften (PDV 100, 132, 131)

Geiselnahme und **Entführung** sind Anlässe, die durch das Erfordernis eines ungewöhnlich hohen Organisations- und Personalaufwandes bei der Polizei sowie differenzierter Detailkenntnis aus vielen – auch außerpolizeilichen – Spezialbereichen gekennzeichnet sind. **54**

Über die theoretische Kenntnis hinaus bedarf es umfangreicher, konkreter Vorbereitungen, um bei Eintreten des Lagefalles *taktisch, organisatorisch, personell und technisch optimal handlungsfähig* zu sein.

Grundlagen hierfür sind die *PDV 100 Ziff. 3.6* sowie die *PDV 131* und die *PDV 132*, die u. a. Regelungen zu Vorbereitungsmaßnahmen, Führungs- und Organisationsstrukturen, taktischen Grundsätzen, Sofortmaßnahmen, Einbindung von **Spezialkräften,** Zusammenarbeit mit außerpolizeilichen Stellen enthalten.

Hierauf aufbauend ist es unerläßlich, daß alle polizeilichen Maßnahmen nach einem durchdachten, alle Risiken abwägenden und dem Einzelfall bis in das Detail angepaßten, sorgfältig vorbereiteten Führungs- und Einsatzkonzept erfolgen.

Aus Geheimschutzgründen wird hier nicht näher auf diese Vorschriften eingegangen; es muß jedoch darauf hingewiesen werden, daß deren Kenntnis nicht nur für die Führungs- und Leitungsebene, sondern für alle Polizeikräfte relevant werden kann, da grundsätzlich alle Ebenen unmittelbar nach Bekanntwerden eines solchen Deliktes entscheidende Sofort- bzw. Erstmaßnahmen lageangepaßt zu treffen haben. Das Eigenstudium ist aus diesen Gründen zu empfehlen.

II. Hinzuziehung und Einsatz von Spezialeinheiten und -kräften[33]

Zunächst gilt der Grundsatz, daß die Zusammensetzung, Stärke, Gliederung und Ausstattung der Einsatzkräfte sich nach Auftrag und Absicht richten; als nicht alltägliche Einsatzlagen stellen sich bei Geiselnahme und Entführung besondere Aufgaben, die den Einsatz von **Spezialeinheiten** und **-kräften** erfordern. **55**

Es hat sich gezeigt, daß es für die Lagebewältigung von größter Bedeutung ist, daß von der erstbefaßten Dienststelle frühestmöglich die in Frage kommenden **Spezialeinheiten** verständigt bzw. alarmiert werden, um diese zeitnah am Einsatzort bereitzustellen und unter Berücksichtigung ihres (grundsätzlichen und momentanen) Einsatzwertes die Voraussetzung für sachgerechte Entscheidungen und dem Einzelfall angepaßte Maßnahmen schaffen zu können. Die frühzeitige Hinzuziehung dieser **Kräfte** ist auch

---

33 S. hierzu *Polizei-Führungsakademie* 1987.

erforderlich, um die in der Erstphase der Tat (zumeist noch unzureichende Erkenntnislage) am stärksten gegebene Gefahr von Fehleinschätzungen zu minimieren.

Die Alarmierung der **Spezialeinheiten** hat folglich durch die Stelle zu erfolgen, bei welcher der Anfangsverdacht eines solchen Deliktes entsteht, wobei Fehlalarmierungen als unvermeidbar in Kauf genommen werden (niedrige Alarmierungsschwelle).

56   Die Aufgaben und Arbeitsweisen von bei den Bundesländern eingerichteten **Spezialeinheiten** (insb. Spezialeinsatzkommando – SEK –, Präzisionsschützenkommando – PSK –, Mobiles Einsatzkommando – MEK –) werden an dieser Stelle nicht vorgestellt, da es sich um Spezialeinheiten handelt, deren in Polizeikreisen bekannter hoher Einsatzwert nicht durch zu weitgehende Publizierung beeinträchtigt werden soll; gleiches gilt für die vom Bund beim Bundesgrenzschutz (BGS) unterhaltene **Grenzschutzgruppe 9 (GSG 9)**.

Bei außerwöhnlichen Lagen wie **Geiselnahmen** und **Entführungen** haben diese **Spezialeinheiten** zentrale Bedeutung für den Gesamteinsatz; aus diesem Grund ist es erforderlich, daß sie nicht nur als ausführende Organe angesehen werden, sondern in einer geeigneten Führungsstruktur an der Entscheidungsfindung unmittelbar beteiligt werden.

1. Verhandlungsgruppe

57   In den Bundesländern gibt es *Verhandlungsgruppen,* die beim Vorliegen einer **Geiselnahme** oder **Entführung** grundsätzlich geschlossen eingesetzt werden; ihre Aufgabe ist es, polizeiliche Ziele nicht durch Gewaltanwendung, sondern durch Konfliktbewältigung unter Einsatz sprachlicher Mittel zu erreichen.

2. Beratergruppe für die technische und taktische Unterstützung in Fällen schwerster Gewaltkriminalität

58   Die kriminalpolizeilichen Zentralstellen der Länder sowie das BKA unterhalten *Beratergruppen* für Fälle schwerster **Gewaltkriminalität,** die bei **Geiselnahmen** und **Entführungen** den Polizeiführer anlaßbezogen in organisatorischer, technischer und taktischer Hinsicht beraten und unterstützen sollen. Sie haben gegenüber den Einsatzkräften keine Weisungs- und Entscheidungsbefugnis, sondern stellen dem Polizeiführer lageangepaßt Erkenntnisse sowie Erfahrungs- und Spezialwissen zur Entscheidungsvorbereitung zur Verfügung.

Die Einrichtung von Beratergruppen erfolgte ab 1977 vor dem Hintergrund, daß deliktsbezogenes Spezialwissen und einsatztaktische Erfahrungen angesichts der relativen Seltenheit solcher Delikte in zentralen Organisationseinheiten konzentriert wird, die den Polizeiführern bei Bedarf zur Verfügung stehen.

SCHRIFTTUM

Bauer, Günther: Geiselnahme aus Gewinnsucht. Lübeck 1973.

Behder, Uwe: Das Klassifizierungssystem „Tatarten" und seine praktische Bedeutung. In: Polizei-Führungsakademie (Hrsg.): Geiselnahme und Erpresserischer Menschenraub – BKA-Projekt –. Seminar... vom 14. bis 17. Oktober 1980 bei der Polizei-Führungsakademie in Münster. Schlußbericht. Münster 1980, S. 93–115.

Büchler, Heinz und *Heinz Leineweber:* Bankraub und technische Prävention. Phänomenologie – Bestand und Auswirkungen der Sicherungstechnik. Wiesbaden 1986 (BKA-Forschungsreihe. Bd. 18).

Dreher, Eduard und *Herbert Tröndle:* Strafgesetzbuch und Nebengesetze. 44. Aufl. München 1988 (Beck'sche Kurz-Kommentare. Bd. 10).

Drews, Bill, Gerhard Wacke, Klaus Vogel und *Wolfgang Martens:* Gefahrenabwehr. Allgemeines Polizeirecht (Ordnungsrecht) des Bundes und der Länder. 9. Aufl. Köln, Berlin, Bonn, München 1986.

Göppinger, Hans: Kriminologie. 4. Aufl. München 1980.

Günther, Irmgard und *Reiner Zeller:* Täterphasen und Tatgeschehen. In: Taschenbuch für Kriminalisten 26 (1976), S. 153–202.

Jurisch, Gerhard: Die Bekämpfung von Raub und Geiselnahme in Geldinstituten. In: der kriminalist 10 (1978), S. 419–423.

Krumsiek, Lothar: Kontaktaufnahme und Verhandlungsführung bei Geiselnahmen. In: der kriminalist 11 (1979), S. 114–118.

Polizei-Führungsakademie (Hrsg.): Analyse und Bewältigung von Fällen erpresserischen Menschenraubes. Arbeitstagung... vom 13. bis 15. Februar 1978 bei der Polizei-Führungsakademie in Münster. Schlußbericht. Münster 1978.

dies. (Hrsg.): Geiselnahme und Erpresserischer Menschenraub – BKA-Projekt –. Seminar... vom 14. bis 17. Oktober 1980 bei der Polizei-Führungsakademie in Münster. Schlußbericht. Münster 1980.

dies. (Hrsg.): Führungs- und Einsatzfragen beim Zusammenwirken von Spezialeinheiten (SEK/MEK/GSG 9/Berater- und Verhandlungsgruppen) und anderen Einsatzkräften. Seminar vom 16. bis 20. Februar 1987 bei der Polizei-Führungsakademie in Münster. Schlußbericht. Münster 1987.

Salewski, Wolfgang D. und *Kurt Schaefer:* Geiselnahme und erpresserischer Menschenraub. Eine interaktionsanalytische und motivationspsychologische Studie für den Polizeipraktiker. Wiesbaden 1979 (BKA-Forschungsreihe. Bd. 10).

Schneider, Johann P.: Typische Problembereiche bei Ermittlungen in Entführungsfällen. In: Polizei-Führungsakademie (Hrsg.): Entführung als Bereicherungsdelikt – taktische Erfahrungen aus der Bearbeitung zeitnaher Fälle –. Seminar vom 21. bis 25. Mai 1984 bei der Polizei-Führungsakademie in Münster. Schlußbericht. Münster 1984, S. 243–267.

Steller, Max: Psychologische Aspekte polizeilichen Einsatzes bei Geiselnahme. Kiel 1978 (Grundseminar des Kriminalpolizeiamtes Schleswig-Holstein im Februar 1978 in Kiel).

Vahle, Jürgen: Rechtliche Aspekte der Gefahrenabwehr in Entführungsfällen. In: Die Polizei 76 (1985), S. 78–84.

POLIZEIDIENSTVORSCHRIFTEN

PDV 100 – Führung und Einsatz der Polizei
PDV 131 – Einsatz bei Entführungen
PDV 132 – Einsatz bei Geiselnahmen

Verhütung und Aufklärung von Straftaten in Unternehmen

Wilhelm Siemon und Hans-Joachim Lange[*]

INHALTSÜBERSICHT

---

[*] *Wilhelm Siemon* ist für die Teile A, C und D V–VII, *Hans-Joachim Lange* ist für die Teile B und D I–IV verantwortlich.

A. Ausgangslage

I. Schädigung der Unternehmen durch Straftaten

1   Die Unternehmungen sind auf vielfältige Art und Weise Gefahren ausgesetzt, die sich zum großen Teil als Straftaten in den Unternehmen darstellen. So wurden für das Jahr 1982 die **Schäden** und Kosten, die den Unternehmen in der Bundesrepublik Deutschland durch Wirtschafts**spionage** und Ausspähungen entstanden sind, auf 3 bis 3,6 Mrd. DM geschätzt[1]. Für das Jahr 1985 wurden in den Unternehmungen folgende Schäden ermittelt:

– Betrug	2,410 Mrd. DM
– Untreue	0,507 Mrd. DM
– Unterschlagung	0,209 Mrd. DM
– Verstöße gegen Wirtschaftsgesetze	0,587 Mrd. DM.

Alleine die Schäden aus diesen Straftaten betrugen somit insgesamt 3,713 Mrd. DM.

Die volkswirtschaftlichen Schäden durch Straftaten allgemein wurden für 1986 mit über 100 Mrd. DM angesetzt, wobei die **Wirtschafts-** und **Umweltschutzdelikte** mit fast 70 % Anteil die größten Einzelposten waren[2].

II. Kooperation bei der Straftatenbekämpfung

2   Die Verhütung und die Aufklärung von Straftaten in den Unternehmen setzt ein gekonntes **Zusammenspielen** von Organisationseinheiten in den Unternehmungen, Wirtschaftsverbänden, gesellschaftlich relevanten Gruppen und den staatlichen Sicherheitsbehörden voraus. Eine Vielfalt von rechtlichen Grundlagen erfordert eine tägliche Gratwanderung zwischen den – auch betriebswirtschaftlichen – Interessen der Unternehmungen und dem Gewaltmonopolanspruch des Staates.

Die Möglichkeiten zur Bekämpfung von Straftaten in den Unternehmungen werden nachfolgend im Hinblick auf die Sicherheitsverbände der Wirtschaft sowie aus der Sicht der Unternehmungen behandelt. Betrachtet werden dabei die gegenwärtigen Aufgaben sowie die zu erwartende Weiterentwicklung.

B.   Die Rolle der Verbände für Sicherheit in der Wirtschaft

3   Zur Verhütung und Aufklärung von Straftaten werden heute von den Unternehmen zum Teil erhebliche Anstrengungen unternommen. Hebel sind dabei **Werkschutzeinrichtungen,** die einen mindestens nicht unerheblichen Anteil an den Gesamtkosten haben. Dabei liegt das Hauptgewicht bei der Verhütung.

---

1 Schweinfurter Tagblatt vom 4. März 1983.
2 Nürnberger Zeitung vom 29. April 1987.

Wirksam ist diese Vorbeugung nur mit **Fachleuten** zu bewerkstelligen. **4**
Aus diesem Grunde wird sich der folgende Abschnitt nach einem historischen Überblick vor allem mit der Heranbildung dieser Fachleute befassen.

I. Zur Entstehung der Sicherheitsverbände

Ein Streit, ob die bereits im **Mittelalter** erkennbaren Ansätze privater **5**
Sicherheitsvorkehrungen zu den Stammwurzeln des Werkschutzes oder
der Polizei gehören, erscheint in dem hier zu behandelnden Zusammenhang schon deshalb müßig, als damals die Abgrenzungen recht ver-
schwommen waren. Ein deutliches Wort sprach zuerst das preußische **Allgemeine Landrecht** von 1794: „Die nötigen Anstalten zur Erhaltung der
öffentlichen Sicherheit und Ordnung, und zur Abwendung der dem
Publiko, oder einzelnen Mitgliedern desselben bevorstehenden Gefahr zu
treffen, ist das Amt der Polizey" (§ 10 II 17 ALR).

Eine deutliche Ahnherrenfunktion für den heutigen Werkschutz haben **6**
erst Einrichtungen des **ausklingenden 19. und beginnenden 20. Jahrhunderts,** nämlich

– privates Bewachungsgewerbe,
– Privatdetektive,
– sog. Fabrikdiebstahlsvereine.

Dabei ist die letzte Bezeichnung zwar gängig, aber irreführend. Richtig
sollte es „Vereine gegen Fabrikdiebstähle" heißen, und einer der ersten
Zusammenschlüsse nannte sich auch „Verein gegen Seidendiebstähle"
(1861, Krefeld).

Mit dem Wachsen der Unternehmen wuchs notwendigerweise auch das **7**
Bedürfnis nach mehr Sicherheit. So wurden die ersten **Bewachungsunternehmen** gegründet, z. B. 1901 das „Hannoversche Wach- und Schließinsti-
tut", dem bald in vielen Städten und Ballungszentren andere folgten.

Die Häuser der Industrie bedienten sich dieser Firmen besonders für **8**
Nachtwächterdienste und **Brandverhütung.** Die zunehmende betriebsspe-
zifische Aufgabenvielfalt führte dann dazu, daß die entstandenen industriellen Großbetriebe entweder **eigene** Sicherheitseinrichtungen aufbauten oder den gewerbsmäßigen Sicherheitsdienst fester an sich banden.

Den gleichen Weg nahm die Entwicklung im Bereich der **Aufklärung** **9**
strafbarer Handlungen, wobei es hauptsächlich um die **Diebstahlsbekämp-
fung** ging.

Hilfreich für die qualitative Hebung dieser Sicherheitseinrichtungen **10**
waren bereits damals Zusammenschlüsse, wie

– die „Centralstelle der Vereinigten Wach- und Schließgesellschaften" zu
  Köln,
– die verschiedenen **Vereine gegen Fabrikdiebstähle,** die schon bald große
  Mitgliederzahlen hatten und untereinander einen regen Erfahrungsaustausch pflegten.

Die Vereine gegen Fabrikdiebstähle dürfen als die Vorbilder der heutigen
Verbände für Sicherheit in der Wirtschaft (VSW) angesehen werden.

11   Nach den beiden großen **Kriegen** gab es deutliche Rückschläge in der Entwicklung. In beiden Fällen hatte der Staat erheblich in die Strukturen dieser freiwilligen Sicherheitsleistungen der Wirtschaft eingegriffen. Besonders gravierend waren diese Eingriffe während der Zeit der nationalsozialistischen Gleichschaltungspolitik.

12   Der Umstand, daß aus den Werkschutzkräften „**Hilfspolizisten**" geworden waren, führte in den Folgejahren zu schwer ausräumbaren Vorbehalten. Allein, der einmal für richtig erkannte Weg erwies sich als so fest, daß er erneut beschritten werden konnte.

13   Bald schon nach dem Kriege bildeten sich wieder Zusammenschlüsse. Dabei erscheint ein Autorenstreit müßig, ob etwa die „**Beratungsstelle für Betriebsschutz**" (BfB) nun 1951 *(Hammacher, R. Bauer[3])* oder 1956 *(G. Bauer/Haase/Scherer[4])* gegründet wurde. Viel wichtiger ist in diesem Zusammenhang, daß zwei so gewichtige Institutionen wie der Deutsche Industrie- und Handelstag (DIHT) und der Bundesverband der Deutschen Industrie (BDI) die Initiative ergriffen haben. 1960 wurde die BfB in „Gemeinschaft zum Schutze der deutschen Wirtschaft" (GSW) umbenannt; diese löste sich 1968 auf.

14   Ehemalige Mitgliedshäuser dieser aufgelösten Zentralstelle auf Bundesebene bildeten dann in den Bundesländern **regionale Sicherheitsverbände**. Die Spitzenverbände der Wirtschaft BDI, BDA* und DIHT gründeten am 1. 1. 1969 die „Koordinierungsstelle für Sicherheit in der Wirtschaft". Das Interesse an der gemeinsamen Sache ließ die Zusammenarbeit der Regionalverbände untereinander und mit der Einrichtung der Spitzenverbände immer enger werden. So wurde schließlich die „**Arbeitsgemeinschaft für Sicherheit in der Wirtschaft**"(ASW) gegründet. Das Büro der Koordinierungsstelle wurde die Geschäftsstelle. Sie hat ihren Sitz beim DIHT in Bonn.

15   Die Mitglieder der ASW, Spitzenverbände und Regionalverbände, finanzieren die **Geschäftsstelle** gemeinsam. In regelmäßigen **Plenarsitzungen** werden die „Eckwerte" der künftigen Arbeit gesetzt und Erfahrungen ausgetauscht. Den **Vorsitz** führt in zweijährigem Wechsel der Vorsitzende eines Regionalverbandes. Es gibt bewußt keine Geschäftsordnung, die die Möglichkeit eines Überstimmens bei nicht einvernehmlich gelösten Problemen vorsieht. So bleibt nur der Weg der intensiven Diskussion und des Kompromisses oder des risikoreichen „Pilotprojektes" – eine Verfahrensweise, die bis heute erfolgreich war.

16   Die Wirtschaft der Bundesrepublik Deutschland wird von den **Verbänden für Sicherheit in der Wirtschaft** flächendeckend betreut. Es handelt sich durchweg um als gemeinnützig anerkannte eingetragene Vereine. Eine Ausnahme bildet Berlin (West). Hier gibt es wegen der besonderen Situation einen „Arbeitskreis für Sicherheit in der Wirtschaft" bei der IHK.

---

3 *Hammacher* 1983 S. 553; *R. Bauer* 1985 S. 17.
4 *G. Bauer/Haase/Scherer* 1980 S. 24/25.
* Bundesverband Deutscher Arbeitgeber

Jedoch auch dieser „Arbeitskreis" ist Vollmitglied der ASW mit allen
Pflichten und Rechten.

Bundesweit zählen die in der ASW zusammengeschlossenen Verbände   **17**
rund 1000 Mitglieder (per 31. 12. 1988). „**Flächendeckende Betreuung**"
heißt nicht, daß es *in* jedem Bundesland einen Verband gibt, wohl aber *für*
jedes Bundesland; einzelne Verbände sind also für mehrere Bundesländer
zuständig. Die folgende Aufstellung mag dies verdeutlichen:
(Reihenfolge von Nord nach Süd, von West nach Ost)

Name (Kürzel)	Zuständig für	Sitz	Erreichbarkeit
VSW N	Hamburg, Bremen, Schleswig-Holstein	Hamburg	Tel. (0 40) 81 80 36 Fax (0 40) 81 49 07
VSW NW	Nordrhein-Westfalen	Essen	Tel. (02 01) 22 71 47 Fax (02 01) 22 48 44
VSW NdS	Niedersachsen	Hannover	Tel. (05 11) 34 16 60 Fax (05 11) 3 10 73 33
AkSW B	Berlin	Berlin	Tel. (0 30) 3 18 03 81 Fax (0 30) 3 18 02 78
VSW Mainz	Rheinland-Pfalz, Hessen, Saarland	Mainz	Tel. (0 61 31) 61 10 76 Fax (0 61 31) 61 10 77
VSW BW	Baden-Württemberg	Stuttgart	Tel. (07 11) 55 20 88 Fax (07 11) 55 20 80
BVSW	Bayern	München	Tel. (0 89) 1 29 50 08 Fax (0 89) 1 23 63 45 Telex 5 213 995 BVSW D
ASW	Dachorganisation der Spitzen- und Regionalverbände	Bonn (beim DIHT)	Tel. (02 28) 10 45 10 Fax (02 28) 10 41 58

II. Die Aus- und Weiterbildung von Werkschutzkräften

1. Umfang der Maßnahmen

Seit 1980 wird von der ASW eine Statistik über **Aus- und Weiterbildungs-**   **18**
veranstaltungen der Verbände für Werkschutzkräfte geführt. Danach
haben in den neun Jahren vom 1. 1. 1980 bis 31. 12. 1988 insgesamt 53 041
Mitarbeiterinnen und Mitarbeiter aus den unterschiedlichsten Ebenen der
betrieblichen Sicherheitsbereiche entsprechende Möglichkeiten genutzt.

Bei der genannten Zahl von rund 53 000 handelt es sich, wie gesagt, um   **19**
Teilnehmer an den von den ASW-Statistiken erfaßten Aktivitäten der Verbände. Hinzuzurechnen wären noch die Angebote der **kommerziellen Aus-**
bildungsstätten und die **in eigener Regie** durchgeführten Schulungen man-

cher Unternehmen. Letztere zeichnen sich zum Teil – besonders in einigen großen Häusern der Wirtschaft – durch hohe Qualität aus. Eigene Lehrgänge sind z. B. erforderlich, um die Mitarbeiter über die bundeseinheitliche Schulung bei den Verbänden hinaus auf spezifische Probleme und Anforderungen des einzelnen Hauses einzustellen. Die Gesamtzahl der nach dem Kriege durch qualifizierte Aus- und Weiterbildungsmaßnahmen geschleusten Mitarbeiter auf 100 000 zu schätzen, ist also sicherlich nicht vermessen.

2. Bundeseinheitliche Ausbildung

20 *Norbert Hammacher*, einer der Altväter der Bestrebungen um eine geordnete Ausbildung der Werkschutzkräfte, formulierte 1975 als Grundsatz: „Der **Werkschutz** ist eine private Einrichtung des Unternehmens. Er dient im Wege erlaubter Selbsthilfe dem Schutz des Betriebes und seiner Belegschaft. Seine Tätigkeit ist vornehmlich vorbeugender Natur . . . Der Werkschutz ist weder eine Art Hilfspolizei, noch will er es sein. Er kann keinerlei Rechte beanspruchen, die allein der Polizei oder anderen amtlichen Exekutivorganen zustehen . . ."[5] Darüber hinaus beklagte *Hammacher* damals, daß „. . . oft Rentner und Pensionäre den Wachdienst versehen"[6].

Der erwähnte Grundsatz war eigentlich unumstritten. Es galt lediglich, ihn in den Sprachgebrauch aller einzuführen – auch und besonders in den der Außenstehenden. Schwieriger war es um den „Rentner-Wachmann" bestellt. Das entstandene Image einer „Sozialposition" für in der Produktion nicht mehr Brauchbare mußte beseitigt werden.

a) „Geprüfte Werkschutzfachkraft"

21 Der sicherste Weg, beide Dinge zu bewältigen, war in erster Linie eine gute und **einheitliche** Ausbildung. Zwangsläufig mußte als zweiter Schritt eine die Ausbildung abschließende bundeseinheitliche Prüfung/Prüfungsordnung folgen. Beide Vorhaben waren in einem überzeugt föderalen Staatswesen nicht leicht durchzusetzen.

Die Regionalverbände übernahmen hier mit Unterstützung der Spitzenverbände die Vorreiterrolle, und eine nahezu einheitliche theoretische Ausbildung für Werkschutzfachkräfte wurde geschaffen. Der zweite Schritt mit einer bundeseinheitlichen Prüfung/Prüfungsordnung gestaltete sich weitaus schwieriger. Von den Verbänden vor dem Hintergrund eines angestrebten Berufsbildes mit viel Verve betrieben, stieß das Vorhaben auf wenig Gegenliebe.

22 Die Industrie- und Handelskammern Ludwigshafen und Münster richteten dann als erste **Prüfungskommissionen** ein, die alsbald den Spitznamen „Prüfungsreisende" hatten, weil sie sich auch für Prüflinge in und aus anderen Bundesländern zur Verfügung stellten.

---

5 S. dazu *Hammacher* 1980 S. 388, 395.
6 Vgl. dazu auch *Störzer* 1976 S. 34 m. w. N.

Siemon/Lange

Am 20. August 1982 erließ schließlich der Bundesminister für Bildung **23**
und Wissenschaft die „**Verordnung über die Prüfung zum anerkannten
Abschluß Geprüfte Werkschutzfachkraft**" (BGBl. I S. 1232). Sie trat am
1. April 1983 in Kraft. Seit diesem Datum gibt es nunmehr in allen Bundesländern Industrie- und Handelskammern, die diese Prüfung abnehmen.
Die vorher von den erwähnten IHK-Prüfungskommissionen abgenomme-
nen Prüfungen wurden anerkannt. Der Übergang war praktisch nahtlos, da
die Ausbildungskonzeptionen der regionalen Sicherheitsverbände sich
bereits vorher an der fortschreitenden Diskussion um die Verordnung
orientiert hatten.

Die **Prüfung** wird sowohl schriftlich als auch mündlich abgelegt und **24**
umfaßt vier Fächer:

– Werkschutzdienstkunde,

– Technische Einrichtungen und Hilfsmittel,

– Rechtliche Grundlagen der Werkschutztätigkeit,

– Grundsätze über den Umgang mit Menschen.

Waren es zunächst drei **Lehrgänge,** in denen das theoretische Wissen **25**
vermittelt wurde, so zeigte sich im Laufe der Zeit, daß der umfangreiche
Gesamtstoff nur schwer in diesem Rahmen zu bewältigen war. Hier gab es
eines der erwähnten Pilotprojekte (Rdnr. 15). In Bayern baute der BVSW
mit Unterstützung eines großen Mitgliedshauses als 4. Durchgang vor der
Prüfung einen zunächst auf drei bis vier Tage begrenzten „Intensiv-Lehr-
gang" auf. Bald schlossen sich weitere Häuser an.

In den Jahren 1987/88 **überarbeitete** eine Kommission der Regionalver- **26**
bände unter dem Dach der ASW das gesamte Lehrgangswesen für die
Geprüfte Werkschutzfachkraft. Ergebnis war eine bis in alle Einzelheiten
einheitliche Regelung für nunmehr 4 Lehrgänge.

Die Ausbildung erfolgt nach dem „ASW-Handbuch für die Werkschutz-
Fachkraft", das von Riester herausgegeben wird.

Hintergrund der Lehrgangsrevision war nicht nur die umfangreiche **27**
Gesamtanforderung in der Prüfungsordnung des Bundesbildungsministers;
hier hatte man sich aneinander orientiert, denn die Wirtschaft war selbstverständlich an den Vorarbeiten beteiligt. Den Ausschlag gab vielmehr
eine deutliche Änderung der Situation:

– Die Lehrgänge und Prüfungen wurden anfangs von „altgedienten" Werkschutzkräften besucht, die ihre zum Teil langjährigen praktischen Erfahrungen mit theoretischen Kenntnissen abrunden sollten. Vielfach waren
sie hausintern auch bereits geschult worden.

– Eines der großen Anliegen der Verbände und der sie tragenden Häuser
der Wirtschaft verwirklicht sich zunehmend: Die Werkschutzfachkraft
wird mehr und mehr zu einem anerkannten und erstrebenswerten Beruf.
Eine deutliche Verjüngung ist seit Jahren festzustellen. Diese jungen
Menschen wollen nicht mehr als „Ungelernte" oder allenfalls „Ange-
lernte" gelten, sie wollen Fachkraft sein mit einem dem Facharbeiter in
ihrem Betrieb gleichwertigen Zertifikat „in der Tasche".

– Der Personalstand in den Sicherheitsbereichen der Wirtschaft zeigt steigende Tendenz. Die erhöhten Sicherheitsanforderungen durch

– – Bedrohung aus dem extremistisch-terroristischen Bereich,

– – steigende Kriminalitätsraten insbesondere auf dem Gebiet der Eigentumsdelikte („Wer drinnen klaut, klaut auch draußen", formuliert vereinfachend, aber treffend ein hoher Polizeiführer in einem Vortrag vor Ermittlern aus dem Werkschutz) verlangen nach mehr Fachkräften. So ist das Interesse der Lehrgangsteilnehmer bzw. der sie entsendenden Häuser von vornherein oftmals auf weiterführende Lehrgänge und Seminare ausgerichtet. Vorbeugung, das oberste Anliegen, und zwar

– – sowohl Vorbeugung durch das Signal der Chancenlosigkeit für den potentiellen Täter

– – als auch Vorbeugung durch demonstrativ schnelle und gekonnte Aufklärung von Straftaten oder Bewältigung eingetretener Gefahrenlagen, ist nur mit guten Fachkräften wirklich erfolgversprechend.

b) Speziallehrgänge

28   Die Unternehmen gehen mehr und mehr dazu über, die Lehrgänge mit dem IHK-Abschluß „Geprüfte Werkschutzfachkraft" als Basisbedingung für **Spezialdienste** innerhalb der betrieblichen Sicherheitsbereiche zu sehen.

     Dies verdeutlichen die Zahlen der ASW-Statistik für 1988. Insgesamt wurden die WS-Fachkraftlehrgänge I bis IV von 4174 Teilnehmerinnen und Teilnehmern durchlaufen, während allein die oberhalb dieser Ebene liegenden Spezialseminare und -lehrgänge 2840 Personen besuchten. Gravierendstes Beispiel ist wohl Bayern, dort absolvierten rund 1100 Personen die Lehrgänge I bis IV und rund 1000 Mitarbeiter die Spezialveranstaltungen, für die in der Regel der erfolgreiche Abschluß der Fachkraftlehrgänge Voraussetzung ist.

29   Betrafen früher die Betrieblichen Katastrophenschutzordnungen (BKO) mehr den Arbeits- und/oder Brandschutzbereich, so spielt heute auch die „Vorbeugung gegen strafbare Handlungen" mit hinein. Ist es doch für eine „Katastrophe" letztlich unbedeutend, ob es zu ihr durch Naturereignisse, durch leichtfertigen Umgang mit den Vorschriften des Arbeits- und Brandschutzes oder durch Anschlags-/Sabotagetätigkeit aus der extremistisch/terroristischen Szene kommt. Entsprechend ausgelegt sind die **Katastrophenschutz**-Seminare. Und es ist nicht selten, daß Mitarbeiter des Werkschutz-Ermittlungsdienstes nach den Ermittlerlehrgängen auch an diesen Seminaren teilnehmen.

30   Auch der **Ermittlungsdienst** im Werkschutz hat als vornehmste Aufgabe Präventivmaßnahmen zum Schutz der Personen im Betriebsbereich und des Betriebseigentums. Erst danach rangieren Ermittlungen bei Verstößen gegen Gesetze und/oder interne Vorschriften/Ordnungsregelungen sowie zur Wiederbeschaffung abhandengekommener Sachen des Betriebes, seiner Belegschaft, seiner Gäste.

Dabei wäre die an 2. Stelle genannte Arbeit des Ermittlungsdienstes **31** völlig falsch interpretiert, würde sie als Umgehung/Ausschaltung der **staatlichen Exekutivorgane** gesehen. Vielmehr ist sie eine logische Folge der Hauptaufgabe der Vorbeugung. Wer beispielsweise Diebstahlssperren aufgebaut hat, weiß auch am ehesten, wie sie wohl umgangen worden sein könnten. Grundsätzlich gilt für den Ermittlungsdienst, daß er lediglich mit den Mitteln arbeiten kann, die ihm die für jedermann gültigen Gesetze geben. Sonderrechte hat er nicht. Eingriffe in die Privatsphäre sind nur mit der Zustimmung der Betroffenen möglich. Seine Arbeit hat sich auf die zur Aufrechterhaltung der Sicherheit und Ordnung im Betrieb orientierten Erfordernisse zu beschränken.

Natürlich muß der Ermittlungsdienst – wie der gesamte Werkschutz – **32** stets so arbeiten, daß eine enge Zusammenarbeit mit zum Beispiel der Polizei zu jedem beliebigen Zeitpunkt möglich ist. In besonderem Maße betrifft dies etwa den **Schutz von gefährdeten Persönlichkeiten** aus der Wirtschaft.

c) Resümee

Es gibt viele Bereiche, in denen eine **Kooperation** zwischen Werkschutz **33** und staatlichen Stellen erforderlich ist. Immer wieder geht es darum, im Interesse der Sache gegenseitiges Verständnis aufzubringen. Dabei waren diese Beziehungen mindestens am Anfang nicht ohne politisch-pikante Aspekte; gab es da doch das Image der „Hilfspolizei" (vgl. Rdnr. 12), das keine der beteiligten Seiten wieder aufleben lassen wollte.

Der regelmäßig in Vorträgen hoher staatlicher Sicherheitsexperten ent- **34** haltene Aufruf an die Wirtschaft zur **Eigeninitiative** in Sachen Sicherheit verfehlte auf Dauer seine Wirkung nicht. Immer wieder waren es die Verbände, die den Sicherheitsgedanken in der Wirtschaft vertraten, in Veranstaltungen für Führungskräfte Politikern und hohen Vertretern der Sicherheitsbehörden das Wort gaben und neue aufbauende Seminare und Lehrgänge für Sicherheitsfachkräfte entwickelten.

Heute reicht das **Aus- und Fortbildungsangebot** von der Schulung für den **35** Pforten- und Empfangsdienst über die Werkschutzfachkraft-Lehrgänge I bis IV, Lehrveranstaltungen für Ermittlungsdienst, Katastrophenschutz, Werkschutz-/Sicherheitstechnik, Personenschutz und Sicherheit im Vorzimmer sowie Sprengstoff-/Schichtführer-/Wachleiter- und Werkschutzleiter-Seminare bis hin zu von den Verbänden der ASW gemeinsam betriebenen Führungslehrgängen mit Abschlußprüfung.

III. Informationswesen

Einen weiteren wichtigen Teil der Arbeit der Sicherheitsverbände bildet **36** das **Informationswesen.** Hier handelt es sich um einen schwierigen Part, weil er, soll er professionell gemacht werden, überaus arbeits- und kostenintensiv ist. Entsprechend schwierig waren dann auch die Phasen des Anlaufes.

37   An herausragenden Sicherheitsereignissen orientierte **Mitteilungen der Verbände** gab es immer. Jedoch erwies sich dieses Verfahren auf Dauer als unzureichend. Die Steigerungsraten der allgemeinen Kriminalität und der extremistisch-terroristischen Aktivitäten verlangten nach neuen Wegen.

38   Zwei wesentliche Pilotprojekte wurden aufgelegt. In **Niedersachsen** erschien in größeren Abständen ein umfangreicher Dienst mit ausführlichen Aufarbeitungen für die Sicherheitsbereiche der Wirtschaft. In **Bayern** versorgte der BVSW seine Mitglieder und andere Interessenten in engeren Abständen mit einem kurzgefaßten Informationsdienst, der regelmäßg mit dem Hinweis verbunden war, daß bei Bedarf nähere Auskünfte beim Verband eingeholt werden können. Eine Abteilung Auswertung und Information wurde eingerichtet.

39   Nahezu zwei Jahre dauerten die Vorbereitungen, bis die erforderlichen Informationsstränge standen. In den Unternehmen hatten die Ausgaben bald einen guten Ruf. Verhandlungen – speziell von Bayern – über eine **bundesweite Regelung** waren indessen nicht erfolgreich. Die immensen Kosten standen dagegen, und bei einigen Gesprächspartnern spielten auch landsmannschaftliche Animositäten mit.

40   Für einen solchen Informationsdienst werden **Themen-/Ereignisfelder** abgegriffen wie

– Schwerpunkte der Sicherheitslage

– Terrorismus/Extremismus

– Allgemeine Kriminalität/Wirtschaftskriminalität

– Personenschutz/Objektschutz

– Nachrichtendienstliche (ND) Aspekte

– Termine

– Für Sie gelesen.

41   Auf mögliche oder bereits als eindeutig erkannte Trends wird hingewiesen. Besonderes Augenmerk gilt bei den Ereignisberichten der Vorgehensweise der Täter und möglicherweise erkannten Sicherheitslücken. Deutliches **Ziel** ist also auch hier wieder die Vorbeugung gegen Straftaten in und gegen Unternehmen der Wirtschaft.

42   Gerade dieses Ziel war es dann auch, das letztlich zu einer Einigung im Rahmen der ASW führte. Seit 1988 ist in der **ASW-Geschäftsstelle** eine weitere Planstelle eingerichtet worden. Informationen werden gesammelt und bundesweit an die Mitgliedsverbände weitergeleitet.

43   Inzwischen hat sich eine weitere Informationsschiene im Wege eines Pilotprojektes (ebenfalls beim BVSW in Bayern) bewährt. Hintergrund war die richtige Erkenntnis, daß die rechtzeitige Vorbeugung eine noch schnellere Art der Informationsübermittlung/Warnung erforderlich macht. Per **Telex** und **Telefax** werden die Mitteilungen im Telegrammstil den Sicherheitsverantwortlichen in den Betrieben tagesaktuell übermittelt. Auf diesem Wege soll erreicht werden, daß Folge- und Wiederholungstaten noch schneller vorgebeugt werden kann.

Abschließend darf für diesen Abschnitt festgestellt werden: Die Wirt- **44**
schaft **investiert** zum Schutz von Menschen und Einrichtungen in erheblichem Umfange in Sicherheitsvorkehrungen, die der Vorbeugung gegen
und der Aufklärung von Straftaten in den Betrieben und gegen die Betriebe
dienen.

C. Die Aktivitäten der Unternehmen

I. Die allgemeine Situation

1. Gefährdung der Unternehmungen

a) Gefährdungslage

Bei der Betrachtung der **Gefährdungslage** einer Unternehmung ist zwi- **45**
schen der Allgemeinen und der Besonderen Gefährdungslage zu unterscheiden.

aa) Allgemeine Gefährdungslage

Unter die **Allgemeine Gefährdungslage** sind die Delikte der sog. Betriebs- **46**
kriminalität und allgemeine Gefahren des Produktionsvorgangs einzuordnen. Dazu gehören

– Eigentumsdelikte
– Körperverletzungsdelikte
– Hausfriedensbruch
– Sachbeschädigung
– Brand- und Explosionsgefahren.

Die insbesondere durch Feuer, Wasser, Gase, Gifte, Chemikalien und
Explosionen drohenden Schäden bezeichnet *Jorga* als „kalkulierbare Risiken"[7].

bb) Besondere Gefährdungslage

Bei der Ermittlung der Gefährdungslage ist aber auch katalogartig abzufra- **47**
gen, ob die Unternehmung
– Rüstungsaufträge erfüllt,
– an Reizobjekten (z. B. Startbahn West, WAA und dgl.) beteiligt ist,
– Systemmaschinen (Computer = sogenannte Jobkiller) herstellt,
– ausländische Kapitaleigner (z. B. US-Kapital mit evtl. Engagement in
  Südamerika) hat,
– Geschäftsverbindungen zu Südafrika unterhält,
– regional umstrittene Projekte plant.

Werden diese Punkte auch nur teilweise bejaht, besteht für das Unternehmen eine Gefährdung durch die sog. „**Top-Kriminalität**":

---

7 *Jorga* 1981.

- Wirtschaftsspionage
- Bombendrohungen
- Bombenanschläge
- Entführungen
- Psychoterror[8].

Bewertung

48   Erster Schritt muß eine **Analyse des zu schützenden Objekts** sein. Dazu ist auch zu fragen, wie die Gefährdung der Branche einzustufen ist, der die Unternehmung angehört. Bei der Beantwortung helfen statistisches Material der Berufsverbände, die Kriminalstatistik und der Verfassungsschutzbericht. Weiterhin ist dabei zu berücksichtigen, ob es sich um Produkte handelt, die problemlos zu transportieren und leicht abzusetzen sind[9]. Erst nach Beantwortung dieser Fragen können die Sicherheitsrisiken objektiv beurteilt werden.

49   Diese Beurteilung ist die Entscheidungsgrundlage für den **Sicherheitsaufwand,** den die Unternehmung treiben will[10]. Die Unternehmung wird dabei nach betriebswirtschaftlichen Grundsätzen vorgehen und das Rational- oder Wirtschaftlichkeitsprinzip, das wir als Minimal- und Maximalprinzip kennen, anwenden.

50   Das **Minimalprinzip,** das allgemein zur Anwendung kommt, verlangt die Erreichung eines vorgegebenen Zieles mit möglichst geringem Aufwand, z. B. reibungslose Ein- und Ausgangskontrolle mit möglichst wenig Personal- und Materialeinsatz.

51   Anders dagegen der Werkschutz in kerntechnischen Anlagen oder Betrieben mit Rüstungsaufträgen. Hier wird der Mitteleinsatz vorgegeben, mit dem ein **maximales Ergebnis** erreicht werden soll. Gesetzliche Bestimmungen, Verwaltungsanordnungen und dgl. setzen dabei eine Untergrenze fest, die nicht unterschritten werden kann, ohne den Auftrag oder die Betriebsgenehmigung zu gefährden. Dabei ist es in diesen Bereichen wegen der Monopolstellung z. B. der Energie-Versorgungs-Unternehmen bzw. besonderer Vertragsgestaltung aufgrund des Abnehmermonopols wesentlich einfacher, die Mittel zu erhöhen, da absatzwirshaftliche Probleme die Preisgestaltung dieser Produkte nicht beeinflussen. Die Sicherheitsmaßnahmen nach dem Maximalprinzip unterliegen aber dem sog. Ertragsgesetz, dem Gesetz abnehmender Grenzproduktivitäten, das *Weddigen* als das „Grundgesetz der Ökonomie" ansieht[11].

Es ist also zu fragen und zu **bewerten:**

---

8 *Jorga* 1981. Vgl. dazu auch Meldungen über Brandanschläge, z. B. auf die REWE-Gruppe in Wesel wegen des Verkaufs von Obst aus Südafrika, auf die Bekleidungsfirma ADLER oder auf Baufirmen, die z. B. am Bau der Startbahn West in Frankfurt, der Wiederaufbereitungsanlage in Wackersdorf, des Main-Donau-Kanals oder – so eine Meldung vom 13. August 1988 – am Ausbau der Bundesstraße 33 bei Konstanz beteiligt sind.
9 *Sczesny* 1983.
10 *Sczesny* 1983.
11 *Weddigen* 1960 S. 1, 2/3. S. dazu auch *Hahn* 1980 S. 24.

Welche direkten und indirekten Kosten entstehen durch entwendete   **52**
oder beschädigte Güter, wie hoch sind die indirekten Kosten durch Pro-
duktionseinbußen und durch Vertrauensverlust beim Kunden durch
Nicht- oder Spätlieferung, wie wirken sich Vorgänge auf die Prämiengestaltung des Sachversicherers aus und welche Image-Schädigung entsteht
durch entsprechende Berichterstattung in den Medien[12].

2. Sicherheitsphilosophie

Aus der Gefahrenanalyse entsteht die unternehmensspezifische **Sicher-**   **53**
heitsphilosophie, die wesentlich von der Unternehmenskultur (Corporate
Identity) beeinflußt wird.

Zunächst ist allerdings zu fragen, was „Sicherheit" überhaupt ist und
wie „Sicherheit" bewertet werden kann? Der Begriff „Sicherheit" als
Zustand des Nichtbedrohtseins des sozioökonomischen Systems einer
Unternehmung wurde wirtschaftswissenschaftlich vor allem im Bereich
der Banken untersucht. Hier wird Sicherheit mit Liquidität gleichgesetzt.
Für die Unternehmungen allgemein kann daraus abgeleitet werden, daß
Sicherheit mit Funktions- und Wettbewerbsfähigkeit und somit Erhalt der
Arbeitsplätze gleichzusetzen ist[13].

a) Sicherheitskonzept

Aus der Sicherheitsphilosophie heraus entwickelt die einzelne Unterneh-   **54**
mung ihr **Sicherheitskonzept.**

aa) Bedrohung

Für die **Ermittlung der Bedrohung** gibt es unterschiedliche Vorgehens-   **55**
weisen.

Ein Autor erhebt strahlenmäßig die Möglichkeit betriebsspezifischer
Risiken durch Schadstoffe, Arbeitsunfälle, Eingriffe Dritter, Brand, Explosion, Naturereignisse und Anlagenausfall[14].

Ein anderer erfaßt die Gefährdung des Unternehmens nach folgenden
Kriterien:

Im Umfang kalkulierbar
– Unfälle
– Brände
– Katastrophen.

Normale Betriebskriminalität
– Verstöße gegen das Hausrecht
– Eigentumsdelikte
– Alkohol- und Verkehrsdelikte
– sonstige Straftaten und Ordnungswidrigkeiten.

---

12 Vgl. *Sczesny* 1983.
13 Vgl. *Jorga* 1981.
14 Vgl. BBC/DORNIER „Objektsicherung".

Top-Kriminalität
- Schwere Straftaten
- Bombendrohung
- Bombenanschlag
- Entführung
- Erpressung
- Datenmißbrauch.

Schädigung/Lähmung des Betriebs
- Sabotage
- Spionage.

(Gleichgültig ist hier, ob es sich um Rüstungs- oder Industriespionage, zynisch auch „aggressives Marketing" genannt, oder um nackte Produktpiraterie handelt.)
- Infiltration
- Zersetzung
- illegale Streiks u. a.[15].

56 Daraus werden die **Schutzziele** definiert, die etwa so dargestellt werden:

Allgemeine Sicherung:

Aufgaben
- allgemeine Ordnung
- allgemeine Kontrollen zur Eigentumssicherung und Besucherbetreuung
- Kfz-Kontrolle

gegen
- Diebstahl
- Sachbeschädigung
- Störung des Betriebsfriedens
- Einbruch/Überfall.

Schwerpunktsicherung:

Schutzziele
- besondere Sachwerte, Informationen und technische Abläufe

gegen
- Einbruch/Überfall
- Sabotage
- Spionage
- unlauteren Wettbewerb.

Personenschutz

für
- Einzelpersonen
- Personengruppen

---

15 *Jorga*, zitiert nach einem Vortrag bei *Siemon* 1981 b.

gegen
- Terrorismus
- Geiselnahme
- Erpressung
- Bombendrohung[16].

bb) Strategie und Maßnahmen

Die genannten Gefahren sind nach Art, Größe und Richtung zu untersu-   57
chen, damit Strategien entwickelt werden können, um einen Zustand
ohne Gefährdung, also Sicherheit, zu erreichen, wobei nur noch vertretbare Restrisiken, die kleiner sind als das (betriebswirtschaftliche) Grenzri-
siko, in Kauf genommen werden dürfen.

Als Ergebnis werden in der Unternehmung Sicherheitsmaßnahmen für
die verschiedensten **Arbeitsgebiete** eingeführt, z. B.:
- Qualitätssicherungssysteme
- Versicherungsschutz
- Controlling
- Revision
- Image-Schutz
- Organisations-Handbuch
- Geheim- oder Dokumentenschutz, auch für
- – Kostenkalkulation und Preisgestaltung
- – Konditionen für Händler
- – Mengenrabatte für den Einkauf
- Arbeitsschutz
- Brandschutz
- Betriebsschutz
- Umweltschutz
- Datenschutz/Datenspeicherung
- Katastrophenschutz[17].

Daraus ergibt sich die Notwendigkeit, Sicherheit als **Managementauf-**   58
gabe zu sehen. Das Risk-Management ist nichts für den Pförtner[18].

So ist zu fordern:
- Verabschiedung des Sicherheitskonzeptes auf der höchsten, der strategi-
schen Ebene, d. h. durch die Geschäftsleitung (= Oberstes Management).
- Erarbeiten der entsprechenden Maßnahmenprogramme auf der Basis des
Sicherheitskonzeptes durch die taktische Ebene (= Oberes Manage-
ment).
- Umsetzen dieser Maßnahmen durch die operative Ebene (= Mittleres
Management)[19].

---

16 Siemens AG.
17 Vgl. *Adams* 1987 a, *Riester* 1988 S. 15.
18 *Helmer* 1983.
19 *Adams* 1987 a, 1987 g.

59   Fachbereichsübergreifende **Security Circles** als Quality Circles haben fachbereichsbezogen und fachbereichsübergreifend Gesetzgebung und Rechtsprechung sowie den neuesten Stand der Technik zu begleiten, um Vorschläge für die ständige Aktualisierung der Sicherheitsmaßnahmen zu erarbeiten. So werden neue Umweltschutzgesetze für Umweltdelikte eine teilweise Beweislastumkehr einführen. Jede Unternehmensleitung muß daher schon jetzt überlegen, wie man den aufgrund der Beweislastumkehr auferlegten hohen Anforderungen z. B. durch entsprechende Organisation und ihre Dokumentation nachkommen kann[20].

60   Die Security Circles werden um **EDV-Spezialisten** erweitert werden müssen, damit ein engvernetztes betriebliches Sicherheits-Datenverarbeitungssystem mit einer entsprechend breiten Datenbasis zur Verfügung gestellt werden kann, das über anwenderfreundliche Programme verfügt[21]. Dazu gehört aber auch der Datenschutz und die Datensicherung durch Regelung der Zugangs-/Zugriffsberechtigung für Programme, Anwendungen, Dateien zum Schutze des Unternehmens vor Datenverlust oder illegalem Datentransfer z. B. an die Konkurrenz[22]. Den Problemen von Hacking oder Virusprogrammen ist ebenfalls Aufmerksamkeit zu schenken.

61   Das Management muß sich bewußt sein, daß es zu zivilrechtlichen/strafrechtlichen Verurteilungen wegen **Organverschuldens**, abgeleitet aus §§ 31, 823 BGB bzw. – bei unechten Unterlassungsdelikten – aus der Garantenstellung bei vorhergegangenem gefahrerhöhendem Tun, kommen kann. (In sensiblen Bereichen wie etwa der Versorgungswirtschaft oder dem Krankenhauswesen war das bereits der Fall).[23]

Vorbeugend für z. B. einen Störfall in einem Chemiebetrieb sind zu prüfen:
– Vorliegen ordnungsgemäßer Betriebsgenehmigungen
– Durchfürung von Veränderungen nur nach Anzeige bzw. neuem Genehmigungsverfahren für die wesentlichen Änderungen
– Vorhandensein eines entsprechenden Dokumentationssystems und Aufbewahrung der Originale der Anzeigen und Betriebsgenehmigungen im „closed shop"
– Aufstellung eines Krisenstabes (BKO)
– Vorbereitung von Texten für interne und externe Information
– Festlegung interner und externer Alarmwege sowie Bereithaltung der notwendigen Informationen über die Anlage an zentraler, ständig besetzter Stelle[24].

---

20 *Adams* 1987 b.
21 *Adams* 1987 b.
22 *Adams* 1987 c.
23 *Adams* 1987 b.
24 *Adams* 1987 d. Vgl. auch die Meldungen über einen Brand in einem Chemielager in Düsseldorf-Rath am Samstag, 18. Oktober 1987, bei dem die eingesetzten Feuerwehrkräfte erst nach über zwei Stunden erfuhren, welche Chemikalien dort gelagert waren. Die Betriebsangehörigen meldeten sich erst nach Aufrufen in Funk und Fernsehen und informierten dann – mit großer Verspätung – die eingesetzten Feuerwehrkräfte über die gelagerten chemischen Substanzen (s. z. B. Süddeutsche Zeitung vom 19. Oktober 1987).

In den verschiedenen Rechtsgrundlagen werden **Alarmpläne** u. ä. gefor- **62**
dert[25]. Nun ist es nicht damit getan, diese Alarmpläne einmal zu erstellen.
Sie sind im Betrieb bei einer ständig besetzten Stelle oder – wenn es eine
solche nicht gibt – z. B. bei der örtlichen Feuerwehr zu hinterlegen. Darüberhinaus ist festzusetzen, wer diese Alarmpläne aktualisiert und mit
den Einsatzplänen der Feuerwehr oder des Katastrophenschutzdienstes
abstimmt. In den modernen Entwicklungs- und Fertigungsbetrieben (high-
tech) gehören dazu auch Maßnahmen der Sicherheit bei Gefahr des Verlu-
stes von getätigten Investitionen in Maschinen, Rechner, Programme und
hochqualifizierte Spezialisten, von denen das Unternehmen abhängig ist[26].

b) Restrisiko

Trotz aller zweckmäßigen und erforderlichen Maßnahmen bleibt ein **63**
Restrisiko, dessen Ermittlung nach Art und Umfang Grundlage für die
Entscheidung ist, ob es entweder vernachlässigt d. h. in Kauf genommen
werden kann oder zu versichern ist. Dabei ist zu berücksichtigen, daß
erforderliche und geeignete Eigenleistungen baulich-technischer, personeller und organisatorischer Art zur Schadensverhütung oder -minderung die
Bewertungsgrundlage für die Prämiengestaltung durch den Sachversicherer
bilden.

Bei der Produktgestaltung ist daher z. B. aus Gründen des Umweltschutzes zu prüfen, ob beispielsweise bisher verwendete nicht abbaubare Kunststoffe durch einen anderen Kunststoff ersetzt werden können, der sich auf
natürliche Weise selbst abbaut.

c) Betriebliches Sicherheitswesen

Aus dem verabschiedeten Sicherheitskonzept ergibt sich der **Umfang** des **64**
betrieblichen Sicherheitswesens. Neben dem Werkschutz und den gesetzlich vorgeschriebenen klassischen Funktionen von Arbeitsschutz, Brandschutz, Geheimschutz, Umweltschutz und empfohlenem Katastrophenschutz gehören dazu Controlling, Revision, Qualitätssicherung und Marketing.

Diese **Sicherheitsfunktionen** sind in taktische und operative Sicherheits- **65**
funktionen aufzuteilen.

Den **taktischen** Sicherheitsfunktionen lassen sich u. a. das Controlling,
die Revision, die Qualitätssicherung und das Marketing zuordnen. Sie sind
am zweckmäßigsten bei ihren klassischen Ressorts angesiedelt. In Zusammenarbeit mit der Organisationsabteilung und der Rechtsabteilung ist
sicherzustellen, daß die Kontrolle in allen Bereichen auf das „Unter-vier-
Augen-Prinzip", wie es in den technischen Bereichen mit der unabhängi-

---

25 So. z. B. VBG 1, § 43 Abs. 6 = Alarmplan für den Brandfall; VBG 109, § 4 = Meldeeinrichtun-
   gen für den Notfall; Störfallverordnung, § 7 = Sicherheitsanalyse; Gefahrstoffverordnung,
   § 20 = Betriebsanweisung für den Umgang mit gefährlichen Stoffen; Arbeitsstättenverordnung, § 55 = Flucht- und Rettungsplan
26 *Adams* 1987 c. Beachte auch EDV-gestützte Entwicklungs- und Produktionsverfahren, wie
   z. B. CAD, CAE, CAM und CIM und rechnergestützte Verfahren der Lagerhaltung.

gen Prüfung von Berechnungen oder Zeichnungen der Fall ist, etwa auch auf Vertragsverhandlungen ausgedehnt wird, damit z. B. die eigenen „Allgemeinen Geschäftsbedingungen" durchgesetzt werden[27].

66   So entsteht eine neue Organisation, der **Betriebsschutz.** Der Betriebsschutz ist – frei nach *Hahn* – Datum für das betriebswirtschaftliche Entscheidungsfeld und zugleich einer der verschiedenen Garanten von Sicherheit[28]. Er ist innerhalb der Unternehmung eine organisatorische Einheit, die sparen muß, ein Betrieb also, in dem gewirtschaftet, d. h. über knappe Mittel verfügt wird. In der klassischen Betriebswirtschaftslehre wäre der Werkschutz unter die Haushalte – im Gegensatz zu den Unternehmungen – eingeordnet worden. Dabei verkauft die Unternehmung ihre Leistung und erwirbt der Haushalt diese Leistung.

67   *Oettle* stellt im Gegensatz dazu den „**Gewährleistungsbetrieb**" vor[29].

Der Gewährleistungsbetrieb verkauft weder eine Leistung, noch erwirbt er sie; er stellt seine Leistung für den/einen Kollektivbedarf zur Verfügung. Nach *Eichhorn* erhält der Gewährleistungsbetrieb einmal eine Gesamtvergütung in Form seines Budgets, was dem Haushalt entspricht, zugleich hat er aber auch Unternehmenscharakter, da er eine Leistung erbringt, nämlich „Sicherheit" produziert und über die betrieblichen Umlagen auch „verkauft"[30].

Oettle teilt die Gewährleistungsbetriebe in dispositive und operative Betriebe ein, was meiner Unterteilung bei „Strategie und Maßnahmen" (s. oben Rdnr. 57 ff.) entspricht, und zählt zu den letzteren u. a. Streitkräfte, Polizei, Feuerwehr und Rotes Kreuz.

Hahn unterteilt dagegen in „Schadensverhinderer" und „Schadensminderer"[31], eine Unterteilung, der ich nicht zustimmen kann, da – mit Ausnahme des Roten Kreuzes – alle Behörden und Organisationen mit Sicherheitsaufgaben (BOS) in sämtlichen Bereichen vorbeugende und abwehrende Aufgaben wahrnehmen.

II. Sicherheitsmaßnahmen

1. Wirtschaftswissenschaftliche Betrachtung

68   Dem großen liberalen Nationalökonomen *Walter Eucken* verdanken wir das Denken in **wirtschaftspolitischen Ordnungen.** Ordnungspolitik muß u. a. aus Gründen der Konkurrenzfähigkeit für den Schutz des Eigentums sorgen. Maßnahmen des Betriebsschutzes sind – volkswirtschaftlich gesehen – ordnungspolitische Maßnahmen[32].

---

27 *Adams* 1987 g.
28 Vgl. *Hahn* 1980 S. 1. S. dazu auch *Siemon* 1984 b S. 2.
29 *Oettle* 1974. S. dazu auch *Hahn* 1980 S. 8.
30 *Eichhorn* 1971 S. 619/620. S. dazu auch *Hahn* 1980 S. 9.
31 *Hahn* 1980 S. 10.
32 Vgl. auch *Jorga* 1981.

Gemäß den volkswirtschaftlichen Lehren hat dem **Mitteleinsatz** eine **69**
Analyse
– des Zieles
– der Lage
– der Mittel
vorauszugehen.

Gesetzliche und andere Vorschriften sind in diesem Zusammenhang **70**
„zwingende", „direkte" und „globale" **Mittel** zugleich[33]. Diese Mittel sollen auch noch markt-, ordnungs-, system- und zielkonform sein. Aus dem Bereich des Verwaltungsrechts kennen wir dies als die Forderung nach
– Rechtmäßigkeit
– Verhältnismäßigkeit
– Erforderlichkeit
– Zweckmäßigkeit
der Maßnahmen. Das bedeutet für den Betriebswirt, daß die möglichen Mittel entweder systemnotwendige oder gar -verbessernde Instrumente sind, die formell und materiell konform sind und sich sowohl faktisch als auch potentiell zur Erreichung des Zieles eignen. Dazu gehört auch die politische Anwendbarkeit und Durchsetzbarkeit. Zur Systemkonformität ist zu beachten, daß die Bundesrepublik Deutschland ein freiheitlich demokratischer und sozialer Rechtsstaat ist, daß das Gewaltmonopol beim Staat liegt, und daß die Mitbestimmungsrechte des Betriebsrates nach dem Betriebsverfassungsgesetz gewahrt werden müssen[34].

Diese Mittel sollen schließlich noch autonome, d. h. kontrollierbare Mittel sein[35].

Mit dem 2. Gesetz zur Bekämpfung der Wirtschaftskriminalität vom 15. Mai 1986 (BGBl. I S. 721) wurden die entsprechenden Mittel mit dem Schwerpunkt: „Bekämpfung der Computerkriminalität" erweitert. Ebenso brachte die Erweiterung des § 17 UWG eine wesentliche Möglichkeit, den Schutz vor Betriebsspionage zu verbessern[36]. Die festgelegten Maßnahmen sind Maßnahmen vorbeugender und abwehrender Art.

2. Betriebliche Kontrollen

a) System der betrieblichen Kontrollen

Das **System** der betrieblichen Kontrollen im operativen Bereich ist **71**
umfangreich. *Ossberger* unterteilt in
– Leistungskontrollen
– Qualitätskontrollen
– Zeitkontrollen

---

33 *Düppen/Florentz* 1976 S. 120.
34 Vgl. auch *Lampert* 1978 S. 238–241.
35 *Düppen/Florentz* 1976 S. 224.
36 Vgl. *Rupprecht* 1986.

– Arbeitsablaufkontrollen
– Gesprächskontrollen
– Meldekontrollen
– Kontrollen zur Verhinderung von Diebstählen[37].

In der Werkschutzausbildung werden diese Kontrollen ihren Rechtsgrundlagen nach in „vertraglich vereinbarte Kontrollen" und „aus dem Gesetz abgeleitete Kontrollen" eingeteilt[38]. Sie erfolgen als Maßnahmen personeller, materieller und organisatorischer Art[39].

b) Maßnahmen personeller Art

72 Zu den **Maßnahmen personeller Art** gehören die Ein- und Ausgangskontrollen sowie der Wach- und Streifendienst. Hierbei werden durchgeführt:
– Personenkontrollen
– – Kontrollen von Betriebsangehörigen
– – Kontrollen von Betriebsfremden
– Materielle Kontrollen
– – Kontrolle des Güter-, Material- und Warenverkehrs
– – Kontrolle der Fahrzeuge
– – sonstige materielle Kontrollen
– Zustandskontrollen
– – Kontrollen im Rahmen des „Allgemeinen Betriebsschutzes"
– – Kontrollen im Rahmen des „Besonderen Betriebsschutzes"
– – Kontrollen im Rahmen des „Erweiterten Betriebsschutzes[40].

c) Maßnahmen organisatorischer Art

73 Die **Maßnahmen organisatorischer Art** ergänzen die Maßnahmen personeller Art. Als Beispiele sind zu nennen:
– Maßnahmen der technischen Betriebssicherheit
  gemäß
– – Unfallverhütungsvorschriften/Vorschriften der Berufsgenossenschaft
– – Arbeitsstättenverordnung
– – Brandschutzbestimmungen
– – Umweltschutzbestimmungen
– – Alarmpläne
– – Kontrollen und Belehrungen
– – Revisionen
durch

---

37 *Ossberger* 1981 S. 4–17.
38 *Riester* 1988 S. 27.
39 *Riester* 1988 S. 21.
40 *Riester* 1988 S. 23/24.

- – Fachkräfte für Arbeitssicherheit
- – Brand- und Umweltschutzbeauftragte
- – Datenschutzbeauftragte
- – Geheimschutzbeauftragte
- – Innenrevision und Controlling

- Festlegung von Beschaffungsrichtlinien im Organisationshandbuch, die ein Abweichen von diesen Wegen nicht zulassen und das – nach Fachabteilungen getrennte – „Vier-Augen-Prinzip" zementieren:

  Für die Beschaffung z. B.
- – Fachabteilung
- – Controlling
- – Einkauf;

  für die Rechnungslegung z. B.
- – Warenannahme
- – Fachabteilung
- – Rechnungslegung.
  Die strikte Einhaltung ist durch die Innenrevision zu kontrollieren.

  Verträge mit Außenwirkung sind im Verbund von
- – Fachabteilung
- – Einkauf/Personalabteilung
- – Rechtsabteilung
abzuschließen.

- Festlegung der Zugangs- und Zugriffsberechtigung wie
- – hierarchisch aufgebaute Schließ- und Zugangskontrollsysteme
- – Werksausweissysteme
- – Passierscheinsysteme
- – Berechtigung zum Empfang von Schlüsseln
- – Kopierberechtigung und dgl.

  Unter die organisatorischen Maßnahmen fallen auch die Organisationsanweisungen wie z. B.
- Besucherregelung
- Werksordnung für Handwerkerfirmen und Lieferanten
- Anweisung zur Dokumentensicherheit
- Zeichnungsberechtigungen
- Dienstreiseregelung,

aber auch das Festlegen von Einbahnstraßensystemen mit getrennten Rampen für die Anlieferung und Abholung.

d) Maßnahmen baulich-technischer Art

74 Maßnahmen baulich-technischer Art runden das Maßnahmenfeld ab. Neben den allgemeinen Vorschriften der Bauordnung sind die Erfahrungen und Vorschriften der Sachversicherer, der Gewerbeaufsichts- und Brandschutzämter, der Berufsgenossenschaften und der kriminalpolizeilichen Beratungsstellen mit in die Bauplanung einzubeziehen.

Tatsache ist, daß nur richtig ausgeführte bauliche Maßnahmen einen wirksamen Schutz bieten. Gefahrenmeldeanlagen überwachen zusätzlich und vervollständigen mit beispielsweise Feuerlöschanlagen die Maßnahmen baulich-technischer Art.

3. Abwehrende Maßnahmen

75 Die möglichen **abwehrenden Maßnahmen** in einer Unternehmung stellen sich dar als

– disziplinarische Maßnamen
– arbeitsrechtliche Maßnahmen
– Anzeigen.

a) Disziplinarische Maßnahmen

76 Die **disziplinarischen Maßnahmen** sind in einer Betriebsvereinbarung zu regeln und umfassen folgende Möglichkeiten:

– Verwarnung/Verweis
– – mündlich oder
– – schriftlich mit Aufnahme in die Personalakte
– Versetzung an einen anderen Arbeitsplatz
– Geldbuße.

Aus der „Betriebsvereinbarung über die Betriebsbuße" muß eindeutig hervorgehen, welches Strafmaß wofür verhängt werden darf. Die **Geldbuße** muß sozial sein, d. h. sich prozentual am Einkommen ausrichten, und ist der Sozialkasse zuzuführen. Die Verhängung ist schriftlich zu begründen, und dem betroffenen Arbeitnehmer muß – entsprechend den rechtstaatlichen Prinzipien – die Möglichkeit gegeben werden, sich

– zu den erhobenen Vorwürfen zu äußern
– zu verteidigen
– durch einen Rechtsbeistand seiner Wahl vertreten zu lassen.

Daß der **„Ordnungsausschuß"** paritätisch mit Arbeitgeber- und Arbeitnehmervertretern besetzt ist, wird als selbstverständlich unterstellt[41].

Voraussetzung ist allerdings m. M. auch, daß die betrieblichen Sicherheitsdienste bei ihren Ermittlungen und Befragungen die **Vorschriften der StPO**, z. B. aus den §§ 52, 53, 53 a, 55, 136 und 136 a analog beachten.

---

41 *Blau/Merkl/Tschöpe* 1988. Vgl. auch Urteil des BAG vom 12. September 1967 (Autonome Gewalt der Betriebspartner, Betriebsjustiz als ein Akt der autonomen Ordnungswahrung).

b) Arbeitsrechtliche Maßnahmen

Die „Höchststrafe" für einen Arbeitnehmer ist die **Entlassung**. Die Kündi- **77**
gung darf nicht in der „Bußordnung" erscheinen, sondern kann nur als
arbeitsrechtliche Maßnahme ausgesprochen werden, da sonst der Kündigungsschutz umgangen wird[42]. Nach dem Grundsatz der Verhältnismäßigkeit ist eine Kündigung bei bestehendem Kündigungsschutz nur das letzte
Mittel, um ein Arbeitsverhältnis einseitig zu beenden. Deshalb ist vor
einer personen- oder verhaltensbedingten Kündigung oder vor einer außer-
ordentlichen Kündigung in der Regel eine **Abmahnung** erforderlich.
Andernfalls ist die Kündigung nicht rechtswirksam[43].

c) Anzeigen

Die Angehörigen der Sicherheitsorgane in den Unternehmungen sind Pri- **78**
vatpersonen und keine Hilfsbeamten der Staatsanwaltschaft. Sie unterliegen dem **Opportunitätsprinzip;** ihre Anzeigeverpflichtungen sind in den
§§ 138 StGB bzw. 1552 und 1553 RVO abschließend geregelt. Ich weise in
meinem Unterricht, in Referaten und in Veröffentlichungen jedoch immer
wieder darauf hin, daß es in Fällen von Straftaten i. S. des § 138 StGB
zweckmäßig ist, auch dann Anzeige zu erstatten, wenn diese Straftaten
bereits vollendet worden sind. Gleiches gilt auch für Straftaten i. S. des
Betäubungsmittelgesetzes (BtMG).

Die Geltung des Opportunitätsprinzips wurde vor Jahren heftig diskutiert[44]. Gleichwohl bleibt festzuhalten: Der Werkschutz ist eine freiwillige
und private Einrichtung der einzelnen Unternehmung. Er dient im Wege
der Selbst- und Nothilfe dem Schutz des Eigentums und der Personen im
Werksbereich. Der Werkschutz hat vom Unternehmen und von Personen
im Werksbereich Gefahren abzuwehren. Er hat nach pflichtgemäßem
Ermessen diejenigen Maßnahmen zu treffen, die erforderlich sind, um
Straftaten und Ordnungswidrigkeiten im Werksbereich zu verhindern, Störungen des Betriebsfriedens und des Betriebsablaufes zu vermeiden und die
Geschäftsleitung bei der Wahrnehmung ihrer Fürsorgepflicht zu unterstützen. Daneben hat er die Aufgaben zu erfüllen, die ihm aufgrund des Direk-
tionsrechts besonders übertragen worden sind[45].

Es ist Ausbildungssache, die Mitglieder der betrieblichen Sicherheitsorgane entsprechend zu schulen, daß sie bei ihren Maßnahmen die allgemeinen Grundsätze von

– Rechtmäßigkeit,

– Verhältnismäßigkeit,

– Erforderlichkeit,

– Zweckmäßigkeit,

---

42 *Blau/Merkl/Tschöpe* 1988.
43 *Falkenberg* 1988 S. 489, *Schaub* 1990 S. 874.
44 *Rößmann* 1978.
45 *R. Bauer* 1985 S. 25.

beachten und die Zuständigkeiten (örtlich, sachlich und persönlich) berücksichtigen. Eine Anzeigepflicht kann aber daraus nicht konstruiert werden.

Die Wehrdisziplinarordnung (WDO) verpflichtet im § 29 den Disziplinarvorgesetzten, ein Dienstvergehen, das zugleich eine Straftat ist, an die zuständige Strafverfolgungsbehörde abzugeben, wenn dies entweder zur Aufrechterhaltung der militärischen Ordnung oder wegen der Art der Tat oder der Schwere des Unrechts oder der Schuld geboten ist. In den Anlagen dazu wird unterschieden in

– besonders schwere Straftaten, die stets abzugeben sind (Anlage 1)
– schwere Straftaten, die stets abzugeben sind, soweit es sich nicht um Ausnahmen handelt (Anlage 2).

In allen anderen Fällen entscheidet der Disziplinarvorgesetzte eigenverantwortlich, ob die Sache an die Staatsanwaltschaft abzugeben ist[46].

Wenn der Gesetzgeber der Truppe ein gewisses Opportunitätsprinzip einräumt, dann muß dieses Opportunitätsprinzip in weitaus größerem Maße für die privatrechtliche Sphäre der Unternehmung und dem dort gegebenen Zusammenspiel der Betriebsverfassungsorgane und der Geschäftsleitung gelten.

Ergänzend ist zu erwähnen, daß der **Betriebsrat** kein Mitbestimmungsrecht bei Maßnahmen des Arbeitgebers hat, die dieser zur Einleitung oder Unterstützung polizeilicher Ermittlungsarbeiten im Betrieb wegen einer im Betrieb erfolgten Straftat vornimmt[47].

III. Möglichkeiten des betrieblichen Sicherheitswesens

1. Sicherheit als Managementaufgabe

79 Das Herstellen und Gewährleisten der betrieblichen **Sicherheit** ist eine betriebswirtschaftliche **Managementaufgabe.** Es gilt, voraussehbare und kalkulierbare betriebsimmanente Gefahren zu vermeiden, um die Kosten, die letztlich den Preis bestimmen, so gering wie möglich zu halten. Nur so kann die Unternehmung konkurrenzfähig bleiben und Arbeitsplätze gesichert werden.

Endogene und exogene Gefahren sind zu ermitteln und ihre Auswirkungen zu bewerten. Dazu gehören auch interne und öffentliche Diskussionen über den Fortbestand einer Unternehmung oder über die Umweltverträglichkeit von Produkten, Verfahrensweisen oder Bauvorhaben. Die Belegschaft und die Bevölkerung kann sich nur dann mit einer Unternehmung identifizieren, wenn sie rechtzeitig und umfassend informiert wird und geplante Maßnahmen transparent sind. Fachbereichsspezifische oder ressortgebundene Insellösungen verbieten sich somit von selbst.

---

46 Vgl. § 29 WDO und Einzelerlasse dazu.
47 LAG Hamm, Betriebs-Berater 35 (1980) S. 1582/1583 (Beschluß vom 13. August 1980 – 12 Ta BV 12/80).

Sicherheit ist eine Managementaufgabe umfassender Art, die neben den klassischen Sicherheitsfunktionen wie

– Arbeitsschutz,

– Brandschutz,

– Datenschutz,

– Geheimschutz,

– Katastrophenschutz,

– Werkschutz,

– Umweltschutz,

auch die Entwicklung mit dem Produktdesign, die Qualitätssicherung, das Controlling, die Innenrevision, den Marketingbereich und die Abteilung „Öffentlichkeitsarbeit" umfaßt.

2. Der Werkschutz

Klassischer Träger der Werksicherheit ist der **Werkschutz.** Seine Qualifikation entscheidet wesentlich über die Umsetzung der Sicherheitsphilosophie in die Praxis.   80

Obwohl schon vor Jahren auch die Gewerkschaften anerkannt haben, daß für den Werkschutzdienst besondere Qualifikationen erforderlich sind und der Werkschutz nicht als Auffangbecken für nicht mehr voll einsatzfähige Arbeitnehmer betrachtet werden kann[48], findet man noch immer genug Unternehmungen, in denen der Werkschutz als eine besondere Art von Sozialstation betrachtet wird und die mißachten, daß im Werkschutzdienst aufgrund der spezifischen Aufgabenstellung besondere geistige und körperliche Anforderungen gestellt werden.

Es ist also ein eindeutiges Berufsbild für den Werkschutzmitarbeiter   81 erforderlich. Ein erster Schritt in die richtige Richtung ist die Werkschutzausbildung mit der Prüfung vor einer Industrie- und Handelskammer zur **„Geprüften Fachkraft Werkschutz"** (Einzelheiten hierzu s. oben Rdnr. 23–27).

Die Tarifvertragsparteien, Wirtschaftsverbände und Gewerkschaften sind nun gefordert, die geprüften Werkschutzfachkräfte tariflich auch den Facharbeitern gleichzustellen.

Die Ausbildung auf Meisterebene **(Werkschutzmeister)** läuft zur Zeit an.   82

Für Führungskräfte des Werkschutzes führt die ASW seit einiger Zeit   83 erfolgreich Führungslehrgänge durch. Hier ist der Ansatz für den **„Sicherheitsfachwirt"** gegeben, der seit Jahren gefordert wird. Nur so läßt sich innerbetrieblich das Inseldenken auflösen.

---

48 DGB-Sekretär *Karl Günther,* Vorsitzender des DGB-Arbeitskreises für organisierte Werkschutzangehörige, zitiert in „KS-Mitteilungen" 3/1975 S. 6 der Koordinierungsstelle für Sicherheitsfragen in der gewerblichen Wirtschaft, Köln.

So wird der Werkschutz ausbildungs- und führungsmäßig in die Lage versetzt, auch im Sinne der betriebswirtschaftlichen Sicherheitsfunktionen wie

- Controlling,
- Qualitätskontrolle,
- Revision,
- Marketing,

zu denken und zu handeln.

3. Rechtliche Einordnung

84 Der Werkschutz ist **keine Hilfspolizei** und will es auch nicht sein. Er ist eine Betriebseinheit wie jede andere auch, er ist lediglich mit einer speziellen Aufgabe betraut[49].

85 Im Gegensatz zu den anderen Sicherheitsfunktionen wie

- Arbeitschutz,
- Brandschutz,
- Datenschutz,
- Geheimschutz,
- Katastrophenschutz,
- Umweltschutz,

ist er in der Regel gesetzlich nicht vorgeschrieben, seine Einrichtung erfolgt **freiwillig.**

86 Der Werkschutz ist in die betriebliche Ordnungs- und Sozialstruktur eingebunden[50]. Die **Organisationseinheit** „Werkschutz" erleichtert dem Unternehmer, seinen gesetzlichen Fürsorgeverpflichtungen aus den § 618 BGB (Pflicht zu Schutzmaßnahmen), § 120a GewO (Betriebssicherheit), um nur diese zwei zu nennen, nachzukommen. Die Werkschutzangehörigen sind aufgrund ihres Arbeitsvertrages Besitzdiener i. S. d. § 855 BGB, können Erfüllungs- oder Verrichtungsgehilfen sein (§ 278 i. V. mit §§ 664, 831 BGB) und befinden sich in einer „Garantenstellung" aufgrund von Pflichtenübernahme.

87 Die **Rechtfertigungsgründe** für das Tätigwerden bzw. Eingreifen des Werkschutzes in entsprechender Lage ergeben sich aus folgenden Rechtsvorschriften:

- Selbsthilferecht des Besitzers/Besitzdieners gem. §§ 859, 860 BGB
- Recht der vorläufigen Festnahme aus § 127 Abs. 1 StPO
- Notwehr/Nothilfe gem. §§ 32 StGB bzw. 227 BGB
- Selbsthilfe i. S. des § 229 BGB
- Rechte aus dem verteidigenden bzw. angreifenden Notstand nach den §§ 228 bzw. 904 BGB.

---

49 *Hammacher* 1980.
50 *Hammacher* 1980.

Die **Mitbestimmungsrechte** des Betriebsrates nach § 87 Abs. 1 BetrVerfG **88**
sind für den Werkschutz insoweit von Bedeutung, als es sich um Fragen der
Ordnung des Betriebes und des Verhaltens der Arbeitnehmer im Betrieb
oder um die Einführung und Anwendung von technischen Einrichtungen
handelt, die dazu geeignet sind, das Verhalten oder die Leistung der Arbeitnehmer zu überwachen.

Die allgemeinen **vorbeugenden** Befugnisse des Werkschutzes sind in **89**
einer Betriebsvereinbarung gem. § 77 BetrVerfG zu regeln.

Unrechtshandlungen oder rechtlich bedenkliches Tätigwerden des **90**
Werkschutzes werden in der Regel umgehend bekannt und rufen in gravie-
renden Fällen den Betriebsrat oder die zuständige Gewerkschaft auf den
Plan. Durch die kritische Einstellung der Belegschaft und der Arbeitneh-
mervertreter ist der Werkschutz somit einer ständigen **demokratischen
Kontrolle** unterworfen[51].

4. Zwang zur Zusammenarbeit

Die staatlichen und die privatwirtschaftlichen Sicherheitsorgane sind zur **91**
Zusammenarbeit gezwungen. Diese Zusammenarbeit kann allerdings
auch nur so weit gehen, wie es die jeweiligen gesetzlichen bzw. – für den
Werkschutz – betrieblichen und tariflichen Bestimmungen zulassen. Daraus folgt aber auch, daß die Aufgaben eindeutig abzugrenzen sind. Das gilt
insbesondere für die sachliche und örtliche Zuständigkeit.

Innerhalb des Betriebes ergibt sich die **Einschaltung** der staatlichen **92**
Organe m. E. zum einen aus den Vorschriften des § 138 StGB bzw. der
§§ 1552 und 1553 RVO, weil hier die Anzeigepflichten abschließend geregelt sind, und zum andern aus dem Anzeigerecht eines Geschädigten/Ver-
letzten. Ist das Unternehmen der Geschädigte, hängt die Anzeige von der
allgemeinen oder speziellen Ermächtigung bzw. der Entscheidung der
Geschäftsleitung ab.

Die **örtliche Zuständigkeit** des Werkschutzes wird m. M. noch am **93**
zweckmäßigsten auf den Betriebsbereich als „nicht öffentlichen Verkehrs-
bereich im Sinne des Straßenverkehrsrechts" begrenzt. Das Instrument der
Hausnachschau ist kritisch zu bewerten, auch wenn dies in einer Betriebsvereinbarung geregelt ist und der Betroffene schriftlich zugestimmt hat.

Hahn stellt richtig heraus, daß eine **Vermengung der Aufgaben** der ein- **94**
zelnen Sicherheitsorgane – er nennt dies „Die Brüderschaft der Sicher-
heitsproduzenten auf Gegenseitigkeit" – schon immer fatale Folgen gehabt
hat[52]. Dies gilt auch für den Betriebsschutz. Seine Rechtsgrundlagen, seine
Ausrichtung, die Ausbildung und die Ausstattung sind im Vergleich zur
Polizei zu unterschiedlich, als daß sich laufend ein wechselseitiger Einsatz
vornehmen ließe[53]. Sowohl Polizei als auch Werkschutz wären in den meisten Fällen überfordert, wenn sie Aufgaben des anderen übernehmen
sollten.

---

51 *Hammacher* 1980.
52 *Hahn* 1980 S. 12; s. dazu auch *Siemon* 1984 a S. 5.
53 *Siemon* 1984 S. 5.

95　Eine Werkschutzfachkraft ist von ihrer Ausbildung, technischen Ausrüstung und – im Einzelfall – auch Bewaffnung her sowie ihrer Aufgabenstellung nach kein Polizeibeamter. Und so wäre es auch absurd, sie dann im Notfall als **„Werkspolizisten"** (als Sonder- oder Anstaltspolizei) einzusetzen[54].

D.　Ausblick

I. Hintergrund: Sicherheitslage

96　Eine **Entspannung** auf dem Gebiet der Sicherheit ist auf lange Sicht **nicht** zu erwarten. So ist der leichte Rückgang in der Kriminalstatistik des Jahres 1988 noch längst kein wirklicher Silberstreifen am Horizont. Ohne näher auf die Statistik einzugehen, bleibt die Feststellung, daß die polizeilich registrierte Kriminalität in den 20 Jahren von 1969 bis 1988 um 96,4 % gestiegen ist. Zur Gesamt-Dunkelziffer gibt es nur mehr oder weniger grobe Schätzungen. Im Deliktbereich des sog. schweren Diebstahls gab es im genannten Zeitraum sogar einen statistischen Anstieg um 244 % (von 468 077 im Jahre 1969 auf 1 612 447 im Jahre 1988).

97　Auf dem Gebiet der **politisch motivierten Kriminalität** dürfen die immer wieder einmal eintretenden Ruhephasen nicht darüber hinwegtäuschen, daß Gewaltpotential und -bereitschaft erhalten bleiben. Sie dehnen sich sogar weiter aus. So ist der militante Angriff nicht nur auf Sachen, sondern auch auf Personen längst nicht mehr eine „Vorbehaltsaufgabe" für die „Kommandoebene" der „RAF", der „RZ" o. ä. Auch die vielschichtige Gruppe der „Autonomen" beteiligt sich daran. „In diesem Sinne rufen wir Euch auf, gemeinsam mit uns, bundesweit... deren Büros, Lagerplätze, Baustellen, Baumaschinen, Produktionsstätten, Manager usw. militant anzugreifen...", hieß es bereits im Sommer 1987 in einem in der Autonomen-Szene vielgelesenen Untergrundblatt. Derartige Literatur füllt inzwischen ganze Archivregale[55]. Der Inhalt reicht von ideologischen Verrenkungen zur Motivation bis zu fachlich qualifizierten und allgemeinverständlich formulierten praktischen Anleitungen zum Kampf.

98　Ähnlich sieht es aus bei den nachrichtendienstlichen Aktivitäten zur **Know-how-Abschöpfung.** Ein Nachlassen ist nicht zu erwarten. Es wäre auch nicht logisch; schließlich ändert eine politische Entspannung, selbst wenn sie ernsthaft und von Dauer ist, nichts an der Know-how-Bedarfslage. Und diese ist in den bisherigen Staatshandelsländern weiterhin äußerst prekär. Was nicht selber entwickelt, wegen der knappen Devisen nicht gekauft, aus offenen Quellen nicht geschöpft werden kann, muß vom Nachrichtendienst „beschafft" werden.

---

54 *Vgl. Rößmanns* Gedanken zu einem Bundes-„Gesetz über die Anwendung unmittelbaren Zwanges und die Ausübung besonderer Befugnisse durch Wachpersonen" analog zum UZwGBw vom 12. August 1965 (1978 S. 175).

55 In der Autonomen-Szene ist eine eigene „Presselandschaft" entstanden; zu nennen sind beispielsweise die Blätter „Aktion", „'s Blättle", „Freiraum", „Knipselkraut" und „Radikal".

II. Hintergrund: Möglichkeiten der Polizei

Die Polizei steht nun zudem noch vor der Tatsache, daß es nicht nur einen **99** quantitativen sondern auch einen deutlichen qualitativen **Aufwärtstrend** bei der Kriminalität gegeben hat. Kriminelle Gruppierungen werden heute geführt wie ordentliche Wirtschaftsunternehmen.

Mittlerweile sind die **Grenzkontrollen** in Westeuropa weitgehend abge- **100** baut worden. Für kriminelle Täter jeglicher Couleur bedeutet dies Bewegungsfreiheit, was die Polizei nach derzeitigem Stand in große Schwierigkeiten bringt. Ein beträchtliches Sicherheitsdefizit ist erkennbar.

Über etliche Jahre hat es aus finanziellen Gründen **Personalsparpro-** **101** **gramme** gegeben. Sie gelten zum Teil noch fort. Gleichzeitig sind aber die personellen Anforderungen an die Polizei gestiegen. Spezialeinheiten und -dienststellen mußten eingerichtet werden. Großeinsätze binden regelmäßig erhebliche Kräfte. Und darüber hinaus bringt eine Stunde Arbeitszeitverkürzung im Schichtdienst beispielsweise allein in Bayern einen zusätzlichen Bedarf von 550 Beamten.

Bereits diese wenigen Anmerkungen zeigen, daß die Polizei künftig noch **102** stärker darauf angewiesen sein wird, den einzelnen Bürger auf seine **Eigen-** **verantwortlichkeit** gerade im Bereich der Prävention hinzuweisen.

Das mag ein Ärgernis sein, muß aber letztlich vor dem beschriebenen Hintergrund gesehen werden und vor dem Umstand, daß bei einer Gesamtzahl von 4 356 726 im Jahre 1988 rechnerisch alle 7,2 Sekunden eine – polizeilich erfaßte – Straftat begangen worden ist.

III. Konsequenzen für die Sicherheit in der Wirtschaft

Vorbeugung ist nur wirksam, wenn sie qualitativ der Gefährdung minde- **103** stens entspricht, ihr möglichst überlegen ist. Die **Anforderungen** an die Sicherheitsvorkehrungen werden ständig steigen. Dies gilt nicht nur für die Sicherheitstechnik, sondern auch für das Sicherheitspersonal. Die beste, sensibelste technische Sperre hat lediglich den Wert des Personals, das mit ihr umgeht; geschieht, wenn die Sperre anspricht, nicht das Richtige, degeneriert sie sehr schnell zum reinen Aufzeichnungsgerät, zum Tagebuch.

Qualität bedeutet beim Personal **Ausbildung.** Die Verbände werden wei- **104** tere Aus- und Fortbildungsmöglichkeiten entwickeln müssen. Dabei darf nicht übersehen werden, daß Aus- und Fortbildung den Unternehmen erhebliche Kosten verursachen. Die Lehrgangsgebühren sind dabei der kleinere Teil der Ausgaben neben der Lohnfortzahlung, den Reise- und Unterbringungskosten sowie den Kosten für Ersatzpersonal.

Kostengünstig ist es **Lehrgänge „vor Ort"** durchzuführen, was wohl **105** intensiviert werden muß. Auch **Fernlehrgänge** sind vielfach versucht worden, aber bis auf einen alle gescheitert. Dieser eine allerdings ist inzwischen staatlich anerkannt, (wsd – Fernlehrgang Geprüfte Werkschutzfachkraft = Telefon 09971/50 05, Teletex 997 180 wsd).

106 Eine Weiterbildung darf für den Mitarbeiter nicht ohne **Folgen** bleiben. Das Berufsbild „Geprüfte Werkschutzfachkraft" ist gelungen. Jedoch wird dies allein auf Dauer nicht reichen, gute Leute zu halten. Es muß hier, wie in jedem anderen Beruf, Aufstiegsmöglichkeiten geben. Die ASW-Führungslehrgänge, die qualitativ als hochwertig beurteilt werden, erfüllen das nur zum Teil (s. oben Rdnr. 83). Notwendig sind auch Möglichkeiten „in der Mitte". Die Diskussionen unter dem Arbeitstitel „Werkschutzmeister" führten in die richtige Richtung (s. oben Rdnr. 82).

107 Auch das **Informationswesen** der Verbände muß ausgebaut werden. Wer wirkungsvoll vorbeugen will, muß wissen, gegen wen er sich zu wappnen hat und von welcher Qualität das Gegenüber ist. Sicherlich haben im übrigen Mitglieder einer Vereinigung auch einen Anspruch auf Fachinformation. Die oben beschriebenen Pilotprojekte (Rdnr. 38, 43) sind ein Weg.

108 All diese Dinge verursachen **Kosten.** Die hier behandelten Maßnahmen betreffen besonders Personalkosten (vgl. oben Rdnr. 53) Wie das Institut der deutschen Wirtschaft (IW), das den Unternehmen nahesteht, errechnete, haben 1988 in der Industrie und der Bauwirtschaft die Personalzusatzkosten stärker angezogen als die Löhne und Gehälter. „Je 100 DM Personalkosten muß ein Unternehmer 83,60 DM ‚für Soziales' dazulegen", hieß es in einem Bericht. Bei Banken und Versicherungen beträgt der „zweite Lohn" (Lohnnebenkosten) sogar 100,30 DM je 100 DM der verbuchten Netto-Lohnkosten. Der „zweite Lohn" wurde hier also zum „ersten Lohn".

IV. Trend zu den Bewachungsunternehmen

109 Mit der provokativen Frage „Lösen **Bewachungsunternehmen** den Werkschutz ab?" griff das Fachblatt „Sicherheits-Berater" Anfang 1988 ein damals noch als leicht „ketzerisch" empfundenes Thema auf: „... Der Kostendruck, insbesondere der Lohnkostendruck des personalintensiven hausinternen Dienstleistungsbereiches, bringt bundesdeutschen Herstellern eine Fülle von Wettbewerbsnachteilen gegenüber ausländischer Konkurrenz. Dabei geben die hohen Lohnnebenkosten, in manchen Großbetrieben mit zusätzlichen freiwilligen Sozialleistungen schon 90 % oder gar mehr, den entscheidenden Ausschlag . . ."[56]. Wie es weiter heißt, dürften „die Automobilindustrie und die Elektroindustrie nach den Kraftwerken die nächsten großen Branchen sein, die bis auf wenige Ausnahmen ihren Werkschutz zu einem wesentlichen Teil in Fremdvergabe organisieren werden"[57].

110 Auch von **staatlicher Seite** wird zunehmend die Bereitschaft zur Zusammenarbeit signalisiert. In Rede stehen dabei natürlich nur Vorfeldaufgaben; um eine Übertragung von Exekutivbefugnissen kann es sich nicht handeln, und das staatliche Gewaltmonopol bleibt unangetastet.

---

56 N.N. 1988 S. 85.
57 N.N. 1988 S. 86.

Der „Sicherheits-Berater" sah jedoch folgendes Problem: „. . . Es gibt zur **111** Zeit nur wenige Wach- und Sicherheitsunternehmen, die das **gesamte Spektrum eines Werkschutzes** qualifiziert abdecken können . . .. Viele Anbieter werden zwar behaupten, es zu können, können es aber objektiv nicht."[58]

Dies ist in der Tat richtig und wird von seriösen Vertretern der Sicher- **112** heitsbranche sehr wohl anerkannt. Es finden intensive Gespräche statt, und die Fachverbände arbeiten zusammen. Ebenso gibt es **kritische Stimmen** aus der Branche, die sich durchaus öffentlich melden. Hier ein paar Beispiele:

- „. . . man spart bei der Kontrolle der Wachmannschaft, die einfach nicht stattfindet . . ." *(Dr. Stephan Landrock,* Präsident des Verbandes der Sicherheitsunternehmungen Österreichs)
- „Vielleicht existiert die Funkzentrale aus der Ausschreibung auch nur in Form eines Walkie-Talkie-Gerätes." *(Dr. Stephan Landrock)*
- „Man holt ein paar arme Teufel vom Arbeitsamt, die vielleicht gerne unterschreiben . . ." *(Dr. Stephan Landrock)*
- „. . . mit Mitarbeitern nur ein Kurzdienstverhältnis . . ." *(Dr. Stephan Landrock)*
- „. . . in der Branche eine vernünftige Lohnpolitik schlicht verschlafen . . ." *(wsd-Pressestelle)*
- „Es ist durchaus überprüfbar, welche Qualität eingekauft wird." *(wsd-Pressestelle)*

Diese Einlassungen sind zwar branchenselbstkritisch, schreiben gleichzeitig aber auch den Auftraggebern/Einkäufern etwas „ins Stammbuch".

Der **Trend** geht nach und nach zu den Sicherheitsunternehmen, denn die **113** Hersteller müssen sparen, um vom Preis her international konkurrenzfähig zu bleiben.

Die **Selbstreinigungskräfte** der Sicherheitsbranche reichen nicht aus. Es **114** gibt keine Handhabe. Zwar ist inzwischen ein „Gütesiegel" mit Ansätzen zu einer Art Ehrengericht im Gespräch, aber dieses hat mangels gesetzlicher Einführung und Allgemeingültigkeit nur begrenzte Wirkung. Kann es doch zum Beispiel keinen Einkäufer hindern, einfach dem Billiganbieter den Zuschlag zu geben, obwohl der Preiskampf auf diesem Markt teilweise ruinösen Charakter hat.

Dabei sind viele Teile des Angebots unschwer **überprüfbar.** Seltener wer- **115** den wohl alle Sicherheitsfunktionen zur Vergabe kommen. Meist werden es die Regeldienste sein, während die Spezialbereiche mit eigenem Personal besetzt bleiben. Eigene Sicherheitsfachleute sind also als Entscheidungsgehilfen greifbar. Selbst wenn der gesamte praktische Vollzug vergeben wird, ist bei Häusern mit derartigen Sicherheitsbedürfnissen eine Fachabteilung mit entsprechenden Experten vorhanden, die ein Angebot durchleuchten können.

---

58 N.N. 1988 S. 86.

Auf die oben wiedergegebenen kritischen Anmerkungen von Branchenmitgliedern bezogen, bedeutet das:

– Die Kontrolleure, meist auch die Leiter und Ausbilder, können vorgestellt werden. Ihre Tätigkeit läßt sich kontrollieren.

– Funkzentrale/Alarmzentrale/Dauerdienst – oder wie auch immer es im Angebot heißt – sind überprüfbar.

– Die Schulung (Aus- und Weiterbildung) ist nachvollziehbar.

– – Aufgaben und Antworten zum Beispiel einer den Einstellungslehrgang abschließenden schriftlichen Prüfung können vorgelegt werden.

– – Auffrischungs- und Weiterbildungsthemen können in monatlichen Berichten der Kontrolleure des Sicherheitsunternehmens aufgeführt werden; die Durchführung entsprechender Veranstaltungen läßt sich auch durch eigene Stichproben des Auftraggebers feststellen.

– Lohnpolitik/Mannstunde ist ein heikles Thema.

– – Eine Offenlegung der Lohnstruktur ist möglich.

– – Insgesamt werden sich Auftraggeber daran gewöhnen müssen, daß besseres Personal auch bessere Löhne erwartet. Für ein Salär unterhalb des Einkommens des Reinigungspersonals kann keine Qualität „eingekauft" werden.

116 Ein **Modell** sei abschließend vorgeschlagen, das mindestens nachdenkenswert erscheint. Die US-Botschaft in Wien geht nach zuverlässigen Berichten folgenden Weg:

Bei der Ausschreibung können 100 Punkte erreicht werden.

– Der Billiganbieter erhält zunächst nur 40.

– Die restlichen 60 können mit einem entsprechenden Leistungsangebot gesichert werden, wie zum Beispiel:

– – Personal-Qualität (nachgewiesene)

– – technische Ausstattung

– – Kontrolleinrichtungen und -organisation

– – Kapazität (Reserven etc.)

– – Referenzen

– – Auch bisherige Zusammenarbeit mit dem Auftraggeber (oder einer diesem bekannten Firma) kann einen Punkt bringen – oder eben nicht!

V. Die Kostenbremse

117 Straftaten und Ordnungswidrigkeiten im Betrieb und gegen die Unternehmung verursachen erhebliche volkswirtschaftliche Schäden (s. hierzu Rdnr. 1). Trotzdem werden die Sicherheitskräfte noch immer als **Gemeinkostenverursacher** angesehen; ihre Kosten werden als „unproduktive" Kosten eingestuft und daher beim nachlassenden Gefühl des Bedrohtseins auch als erste erheblich reduziert.

Hier fehlt es noch an den entsprechenden Instruktionen bereits in der **118**
Ausbildung und im **Studium.** Als Beispiel kann da die Arbeitssicherheit
gelten: Für 1985 wurde der volkswirtschaftliche Schaden aus Arbeitsunfäl-
len mit mehr als 35 Mrd. DM angegeben. Zum Vergleich: Dies ist mehr als
der Umsatz von Europas größtem Stahlproduzenten, der Thyssen AG[59].
Rechnet man dazu noch die Kosten durch Straftaten und Umweltdelikte
von mehr als 100 Mrd. DM, so ist dies Grund genug, die Führungskräfte für
das Sicherheitsmanagement zu sensibilisieren. Der Hauptverband der
Berufsgenossenschaften fordert nachhaltig die Einführung eines mit Prüfung verbundenen Pflichtfaches „Grundlagen der Arbeitssicherheit" für
das Ingenieur-Studium an den Hoch- und Fachhochschulen[60]. Dieselbe
Forderung sollte bezogen auf das allgemeine Sicherheitsmanagement auch
für die Volks- und betriebswirtschaftlichen Studiengänge erhoben werden.
Dem angehenden Vorgesetzten muß in der Vorlesung klar werden, daß

– er als Führungskraft Verantwortung für die Betriebssicherheit trägt,
– Maßnahmen in der Betriebssicherheit sich volks- und betriebswirt-
  schaftlich positiv auswirken[61].

Beispielhaft ist der **„Standard-Netzplan"** der Berufsgenossenschaft für **119**
Feinmechanik und Elektrotechnik vom Oktober 1984, der sich entsprechend umsetzen läßt. Danach ist neben den gesetzlich vorgeschriebenen
Sicherheitsfunktionen auch ein Stamm an Werkschutzmitarbeitern erforderlich. Von kaufmännischer Seite wird diese Mindestzahl aus Kostengründen immer in Frage gestellt werden. Daraus ergibt sich die Notwendigkeit einer weitestgehenden Kapazitätsauslastung des Werkschutzes
durch die Übertragung von Zusatzaufgaben. Dazu können gehören:

– Besetzen der Sicherheitszentrale im Sinne der Brandschutzversicherung,
– Bilden des Trupps des 1. Angriffs der Betriebsfeuerwehr[62],
– Übernahme des Notdienstes als Fahrstuhl- und Aufzugswärter im Sinne
  der Aufzugsverordnung,

wenn dadurch z. B. Betriebshandwerker vom kostenaufwendigen Bereitschaftsdienst entbunden werden können.

VI. Werkschutz oder Betriebspolizei

Die gegenwärtige Konstellation hat sich im allgemeinen bewährt. Mit dem **120**
Werkschutz leistet die Unternehmung einen erheblichen volks- und
betriebswirtschaftlichen Beitrag zur Sicherung ihres Eigentums sowie des
Eigentums der Mitarbeiter bzw. Kunden und zum Erhalt der Arbeitsplätze.
Der Verfassungsgrundsatz „Eigentum verpflichtet" als **Sozialbindung des
Eigentums** wird konkret praktiziert[63]. Wenn kritisiert wird, daß sich der

---

59 *Joest* 1986 S. 241/242.
60 *Ewald Siller*, Hauptgeschäftsführer der Berufsgenossenschaft für Feinmechanik und Elektrotechnik, zitiert bei *Joest* 1986 S. 241.
61 Frei nach *Joest* 1986 S. 241.
62 Vgl. z. B. die Prämientabelle der Magdeburger Versicherungsgruppe, Hannover.
63 Vgl. Art. 14 GG.

Reiche mehr Schutz leisten, d. h. kaufen kann, dann wende ich dagegen ein, daß dieses Verhalten dem „Verursacherprinzip" entspricht und die Allgemeinheit, den Steuerzahler entlastet.

121 Abgesehen von den Fällen des § 138 StGB und der §§ 1552/1553 RVO unterliegen die Organe der Werksicherheit dem **Opportunitätsprinzip** (s. dazu oben Rdnr. 78).

Dies ist von den Strafverfolgungsbehörden zu respektieren. Allerdings hat dann im Gegenzug die Geschäftsleitung zu beachten, daß die Strafverfolgungsbehörden keine Ausputzerrolle bei mißglückten internen Ermittlungen übernehmen müssen.

VII. Schlußwort

122 Die betriebliche Sicherheit ist ständig den neuesten Erkenntnissen anzupassen; sie muß als Managementaufgabe begriffen werden.

Der **Werkschutz** als ihr bekanntester Vertreter befindet sich im Umbruch. Er ist von den Behörden als betriebliches Sicherheitsinstrument anerkannt[64]. Daraus ergeben sich Verpflichtungen gegenüber der Geschäftsleitung, den Mitarbeitern und den Behörden, die den Werkschutz täglich neu fordern. Seine Tätigkeit ist, um mit einem Wort des *ehemaligen* Polizeipräsidenten von Mittelfranken, *Helmut Krauss*, zu schließen: „Eine sinnvolle Ergänzung im polizeilichen Vorfeld[65]."

---

64 S. Empfehlung des BMI – ZV 5-747 310/2 – vom 6. Juni 1972 über den betrieblichen Katastrophenschutz; *PDV 130*, Nr. 2.6.2. über die Zusammenarbeit mit dem Werkschutz bei Staatsbesuchen in Betrieben; Sicherheitshandbuch des BMWi, Nr. 3.2(3), 3.3.8.(2) und 6.2.5.(4).
65 In einem Referat vor dem BVSW-Arbeitskreis „Innerbetriebliche Sicherheit" Nürnberg-Erlangen.

SCHRIFTTUM

Adams, Heinz W.: Sicherheitskonzepte für Unternehmen.
(1) Inseldenken bei Sicherheitsfragen. In: Frankfurter Zeitung/Blick durch die Wirtschaft Nr. 180 vom 21. September 1987, S. 1 (zit.: 1987 a).
(2) Auf Notfälle nicht richtig vorbereitet. In: Frankfurter Zeitung/Blick durch die Wirtschaft Nr. 181 vom 22. September 1987, S. 1 (zit.: 1987 b).
(3) Den Charakter einprogrammieren? In: Frankfurter Zeitung/Blick durch die Wirtschaft Nr. 182 vom 23. September 1987, S. 1 (zit.: 1987 c).
(4) Sieben „Originale" einer Genehmigungs-Unterlage. In: Frankfurter Zeitung/Blick durch die Wirtschaft Nr. 183 vom 24. September 1987, S. 1 (zit.: 1987 d).
(5) Es gibt keinen Bilanz-Posten „Fehlverhalten". In: Frankfurter Zeitung/Blick durch die Wirtschaft Nr. 184 vom 25. September 1987, S. 1 (zit.: 1987 e).
(6) Auf einen Notfall vorbereitet sein . . . In: Frankfurter Zeitung/Blick durch die Wirtschaft Nr. 185 vom 28. September 1987, S. 1 (zit.: 1987 f).
(7) Zuviel Kontrolle wirkt demotivierend. In: Frankfurter Zeitung/Blick durch die Wirtschaft Nr. 186 vom 29. September 1987, S. 1, 8 (zit.: 1987 g).
Bauer, Günther, Karl H. Haase und *Paul-Albert Scherer:* Werkschutz und Betriebssicherheit. Lübeck 1980.
Bauer, Regina: Werkschutz. Seine rechtliche und gesellschaftliche Stellung, insbesondere im Hinblick auf die Bekämpfung der Betriebskriminalität.
BBC/DORNIER: Objektsicherung / Sicherheitsphilosophie. ZWE/T 03/80.
Blau, Peter M., Joachim Merkl und Ulrich Tschöpe: Hausordnung. In: Capital, Heft 8/1988, S. 97–100.
Britsch, Werner und *Franz Xaver Königseder:* Vorschriftensammlung für den Werkschutz und private Sicherheitsdienste. Stuttgart 1987.
Der Bundesminister des Inneren: Private Wahrnehmung von Wach- und Sicherheitsaufgaben. In: Innere Sicherheit, Heft 64 vom 23. November 1982, S. 28–38.
Der Bundesminister für Wirtschaft: Sicherheitshandbuch (i. d. g. F.)
Düppen, Marten und *Xaver Florentz:* Allgemeine Wirtschaftspolitik. 4. Aufl. München 1976. (Fachbuchreihe für Studium, Fortbildung, Praxis. Bd. 8).
Eichhorn, Peter: Öffentliche Haushalte und Betriebswirtschaftslehre. In: Zeitschrift für Betriebswirtschaft 41 (1971), S. 611–622.
Falkenberg, Rolf-Dieter: Die Abmahnung. In: Neue Zeitschrift für Arbeits- und Sozialrecht 5 (1988), S. 489–493.
Hahn, Oswald: Polizei und Betriebswirtschaftslehre. Nürnberg 1980 (Veröffentlichungen des Lehrstuhls für Bankbetriebslehre an der Friedrich-Alexander-Universität Erlangen-Nürnberg. H. 9).
Hammacher , Norbert: Der betriebliche Werkschutz. Rechtsstellung, Befugnisse, Aufgaben, Ausbildung. In: Wirtschaftsschutz und Sicherheitstechnik 2 (1980), S. 387–395.
ders.: ASW: 15 Jahre im Dienst der Sicherheit für die Wirtschaft. In: Wirtschaftsschutz und Sicherheitstechnik 5 (1983), S. 553–555.
Helmer, Wolfgang: Risk-Management ist nichts für den Pförtner. In: Frankfurter Allgemeine Zeitung vom 12. November 1983, S. 14.
Joest Hans-Josef: Kostenbremse. In: Capital, Heft 6/1986, S. 238–242.
Jorga, Rolf-H.: Ein Garant für freien Wettbewerb. In: Industrie-Magazin, Heft 11/1981, S. 148–151.
ders.: Gefahren lauern überall. In: Industrie-Magazin, Heft. 10/1987, S. 161–164.
Lampert, Heinz: Die Wirtschafts- und Sozialordnung der Bundesrepublik Deutschland. München 1978 (Geschichte und Staat. Bd. 278).
N. N.: Lösen Bewachungsunternehmen den Werkschutz ab? In: Sicherheits-Berater 15 (1988), S. 85–86.
Oettle, Karl: Einzelleistungs- und Gewährleistungsbetrieb. Köln 1974 (Sonderdruck der Kommunalen Gemeinschaftsstelle für Verwaltungsvereinfachung. Mai 1974).

Ossberger, Karl-Friedrich: Betriebliche Kontrollen, ihre Voraussetzungen und Grenzen. Zugleich ein Beitrag zur Diskussion um den Schutz und die Entfaltung der Persönlichkeit im Arbeitsverhältnis. Köln 1981 (Erlanger Juristische Abhandlungen. Bd. 28).

Pfennig, Gerhard: Die Wahrnehmung von Sicherheitsaufgaben durch private und öffentliche Einrichtungen. In: Wirtschaftsschutz und Sicherheitstechnik 3 (1981), S. 197–201.

Riester, Albert: Mehr Schutz gegen Werk-Spionage. In: Wirtschaftsschutz und Sicherheitstechnik 8 (1986), S. 330–331.

Riester, Albert (Hrsg.): ASW-Handbuch für die Werkschutz-Fachkraft. 4. Aufl. Heidelberg 1988.

Rößmann, Egon: Zum künftigen Verhältnis zwischen Polizei und gewerblichen Sicherheitseinrichtungen. In: Polizeinachrichten 17 (1977), S. 53–55.

ders.: Das private Wach- und Sicherheitsgewerbe in der Diskussion. Über Bestrebungen zur Neuregelung der rechtlichen Befugnisse privater Sicherheitseinrichtungen. In: W+S-Information 30 (1978), S. 171–175.

ders.: Über die Problematik der Tätigkeit gewerblicher Sicherheitsdienste. In: Polizeinachrichten 20 (1980), S. 10–17.

ders.: Kritische Anmerkungen zur Rechtssituation gewerblicher Bewacher. In: Polizeinachrichten 20 (1980), S. 162–164.

Rupprecht, Reinhard: Immer wieder neue Kriminalitätsformen. Bekämpfung der Wirtschaftskriminalität im EDV-, Kreditkarten- und Kapitalanlagebereich (2. WiKG). In: Wirtschaftsschutz und Sicherheitstechnik 8. (1986), S. 262–267.

Schaub, Günter: Die arbeitsrechtliche Abmahnung. In: Neue Juristische Wochenschrift 43 (1990), S. 872–877.

Sczesny, Engelbert: Werkschutz braucht ein Sicherheitskonzept. In: Frankfurter Allgemeine Zeitung vom 2. September 1983.

Siemens AG, ZVW 14: Redaktion „Intrusionsalarm", Nr. 2.

Siemon, Wilhelm: Sicherheit in der Wirtschaft. – Eine Betrachtung über den Werkschutz und die Sicherheitsbevollmächtigten –. In: Polizeinachrichten 18 (1978), S. 161–164.

ders.: Werkschutz im Widerstreit – Bemerkungen zur Diskussion über das Tätigwerden privater Sicherheitseinrichtungen der/in der Industrie –. In: Polizeinachrichten 20 (1980), S. 169–170 (zit.: 1980 a).

ders.: Werkschutz heute. Eine Betrachtung der Sicherheitseinrichtungen der Industrie. In: Bereitschaftspolizei heute 1980, Heft 10, S. 22–24 (zit.: 1980 b).

ders.: Probleme der Werksicherheit. In: Bereitschaftspolizei heute 1981, Hefte 7 und 8, jeweils S. I–III (Bayern) (zit.: 1981 a und b).

ders.: Probleme der Werksicherheit. In: Polizeinachrichten, Sonderausgabe „Fränkische Polizei" 1981, S. 13–14 (zit.: 1981 c).

ders.: Bemerkungen zur Diskussion über das Tätigwerden privater Sicherheitseinrichtungen der/in der Industrie. In: W+S-Information 33 (1981), S. 94–95 (zit.: 1981 d).

ders.: Der Werkschutz. Ein Sicherheitsorgan der Wirtschaft. In: der kriminalist 14 (1982), S. 113–118.

ders.: Volkswirtschaftliche Betrachtungen industrieller Sicherheitsmaßnahmen. Semesterarbeit. Verwaltungs- und Wirtschaftsakademie Nürnberg 1984 (zit.: 1984a).

ders.: Werkschutz und Betriebswirtschaftslehre. Diplomarbeit zur Erlangung des Grades „Betriebswirt (VWA)", Verwaltungs- und Wirtschaftsakademie Nürnberg 1984 (zit.: 1984b).

Störzer, Hans Udo: Selbstschutz und der Weg zur Betriebsmiliz. In: Kriminologisches Journal 8 (1976), S. 33–45.

Weddigen, Walter: Die Ertragstheorie in der Betriebswirtschaftslehre. In: Zeitschrift für Betriebswirtschaft 30 (1960), S. 1–14, 65–84.

Kriminalistische Besonderheiten in Österreich

Robert Köck und Wolfgang Zeiner

INHALTSÜBERSICHT

A. Einleitende Bemerkungen

1 Der zur Verfügung stehende Raum gibt nur Gelegenheit, aus der Themenfülle **einige** interessant erscheinende **Schwerpunkte** herauszugreifen; allerdings werden auch weite Gebiete der Kriminalistik international angeglichen sein und somit kaum spezifische Eigenheiten aufweisen. Statt mehreren kurzgefaßten Beiträgen wurde einigen wenigen, jedoch ausführlicheren Abhandlungen der Vorrang gegeben, weil eine etwas eingehendere Darstellung eher Gelegenheit bot, die Spezifika zum Ausdruck zu bringen. Daß in allen drei abgehandelten Themen mehr oder minder stark auf die **Elektronische Datenverarbeitung** Bezug genommen wird, zeigt, welch große Bedeutung in Österreich der Elektronischen Datenverarbeitung im kriminalpolizeilichen Bereich beigemessen wird.

2 Eine besondere Haltung nimmt Österreich in der Frage nach der Stellung der Kriminalistik im **Wissenschaftssystem** der Kriminologie ein. Hierzu führen *Seelig/Ballaric* in Nachfolge nach *Groß* aus, daß ein innerer Zusammenhang zwischen den realen Erscheinungen der Verbrechensbegehung und der Verbrechensbekämpfung besteht; die realen Erscheinungen der Verbrechensbekämpfung gehörten zum Interessensgebiet der Kriminologie, die Vorgänge der Sachverhaltserforschung seien Gegenstand der Kriminalistik[1].

B. Fahndungswesen unter besonderer Beachtung des Einsatzes der Elektronischen Datenverarbeitung

I. Definition der Fahndung

3 *Groß/Geerds* gehen im „Handbuch der Kriminalistik" recht intensiv auf den **Begriff** der Fahndung ein und stellen fest, daß dieser noch immer unsicher und problematisch ist.[2]

So gibt es etwa einen **weiteren** und einen **engeren** Fahndungsbegriff. Unter Fahndung im weiteren Sinne werden alle Maßnahmen verstanden, die darauf gerichtet sind, zu einer bestimmten Tat den oder die Täter festzustellen und der Strafverfolgung zuzuführen; im engeren Sinne bezeichnet Fahndung die Gesamtheit der Maßnahmen, welche dazu dienen, einen der Person nach bekannten Täter zu ermitteln.[3] Der geltende österreichische Begriff (s. unter Rdnr. 5) neigt eher der engeren Bestimmung zu; jedoch ist die Definition zu eng, da wichtige Fahndungsmaßnahmen, wie etwa die Sachenfahndung, ausgespart bleiben. Der weite Fahndungsbegriff wäre allerdings unserem Verständnis nach eher in der Kriminaltaktik oder, noch weiter gefaßt, im Bereich der gesamten Kriminalistik anzusiedeln.

---

1 *Seelig* 1963 S. 27; *Mergen* 1983 S. 19 f.
2 *Groß/Geerds* 1977 S. 46.
3 *Groß/Geerds* 1977 S. 46.

Andere Definitionen beziehen auch prophylaktische Maßnahmen ein, was jedoch dem geltenden Fahndungsbegriff widerspricht.

Nach *Groß/Geerds* stellt Fahndung eine Zusammenfassung aller Maß- **4** nahmen dar, „die von einem Strafverfolgungsorgan wegen Verdachts einer bereits begangenen oder unmittelbar bevorstehenden strafbaren Handlung im Zuge planmäßiger Nachforschung gegen Personen oder Sachen ergriffen werden".[4] In dieser Definition sind auch die sachlichen Hilfsmittel der Fahndung, Einrichtungen und Organisationen mit eingeschlossen.

Nach der geltenden **Fahndungsvorschrift für Österreich** (s. unter Rdnr. **5** 7–9) wird die Fahndung wie folgt definiert:

Fahndungen sind Maßnahmen der Sicherheitsbehörden und Sicherheitsdienststellen zur Feststellung

1. des Aufenthaltsortes bzw. der Identität einer Person oder

2. des Verbleibes, der Herkunft oder der Identität einer Sache.

Die für Österreich in der Praxis geltende Fahndungsdefinition ist somit durch Kürze und Prägnanz gekennzeichnet.

Die folgenden Ausführungen über das Fahndungswesen stützen sich auf **6** die sog. **Fahndungsvorschriften,** welche bewußt nicht alle Aspekte des Fahndungswesens abdecken. Diese Vorschriften beschränken sich im allgemeinen – wie es einer Vorschrift zukommt – auf organisatorische Maßnahmen im Zusammenhang mit der Fahndung, während kriminaltaktische oder kriminalistische Überlegungen nicht Gegenstand der Vorschrift sind und somit hier auch nicht Beachtung finden sollen.

II. Rechtsgrundlagen

Rechtsgrundlage des Fahndungswesens sind nebst gesetzlichen Bestim- **7** mungen, wie etwa der Strafprozeßordnung (StPO), weitere **Verwaltungsvorschriften,** von denen nur die folgenden beiden erwähnt werden sollen:

1. Gemeinsame Fahndungsvorschrift (FaV)

2. Fahndungs-, Informations und Berichterstattungsvorschrift (FIB)

Die **Gemeinsame Fahndungsvorschrift** ist ein Verwaltungsübereinkom- **8** men der Bundesministerien für Finanzen, für Inneres und für Justiz und umfaßt alle Bestimmungen, welche die drei Ressorts auf dem Gebiete der Fahndung zu vollziehen haben. Die gemeinsame Fahndungsvorschrift regelt das zur Fahndung für Zwecke der Strafrechtspflege erforderliche **Zusammenwirken** der Finanzstrafbehörden (für Finanzstrafverfahren) und der Behörden der Strafjustiz mit den Sicherheitsbehörden oder Sicherheitsdienststellen. Diese Vorschrift ist, wenn ihr auch im Stufenbau der Rechtsordnung nur der Rang einer Verwaltungsverordnung zukommt, für das gesamte Verhältnis zwischen den Behörden der Strafjustiz bzw. Finanzstrafbehörden und der Sicherheitsverwaltung von erheblicher Bedeutung.

Die Fahndungsvorschrift ist jedoch auch in anderer Weise von Interesse. **9** Während nach den Bestimmungen der StPO die **Fahndungsmaßnahmen**

---

4 *Groß/Geerds* 1977 S. 47.

durch das **Gericht** zu setzen sind (etwa mit Hilfe eines Steckbriefs), erfolgt im Rahmen der Fahndungsvorschrift eine Trennung von Akten der Behörden der Strafjustiz und den daraus resultierenden Fahndungsmaßnahmen der **Sicherheitsbehörden** oder Sicherheitsdienststellen.

Eine Fahndung entsteht – von den Spontanfahndungen bei Gefahr in Verzug abgesehen – nach dieser Vorschrift nämlich dann, wenn dem Ersuchen um Vornahme einer Amtshandlung für Zwecke der Strafrechtspflege nicht auf andere Weise entsprochen werden kann. Das heißt: kann etwa die Verhaftung nicht durchgeführt werden, weil der Tatverdächtige flüchtig ist, hat nunmehr die Sicherheitsbehörde oder Sicherheitsdienststelle entsprechende Fahndungsmaßnahmen zu setzen, wobei die Wahl der Fahndungsmittel weitgehend den Sicherheitsbehörden oder Sicherheitsdienststellen nach deren kriminaltaktischen Überlegungen überlassen bleibt.

Diese Regelung ist von nicht zu unterschätzender Bedeutung; steht doch dahinter eine Emanzipation der Sicherheitsbehörden oder Sicherheitsdienststellen. Diese ist in komplexer Sicht auch in den Intentionen der Reform der StPO zu sehen, bei deren Konzipierung ähnliche Überlegungen einfließen sollen.

III. Fahndungswesen

1. Komponenten

10 Die Fahndung nach der **Fahndungs-, Informations- und Berichterstattungsvorschrift** ist durch zwei Komponenten gekennzeichnet, und zwar durch die Einbindung des Datenschutzgesetzes und die Berücksichtigung der EDV für Fahndungszwecke.

a) Datenschutz

11 Das **Datenschutzgesetz** bietet dem Betroffenen generell die Möglichkeit, darüber Auskunft zu verlangen, ob seine personenbezogenen Daten gespeichert werden. Weiter kann der Betroffene die Berichtigung der Daten oder auch die Löschung begehren.

Da diese Rechte des Betroffenen jedoch vom polizeilichen Standpunkt als nicht sehr zielführend gelten können, hat der Gesetzgeber eine Klausel eingebaut, wonach sie bei Verarbeitung von Daten für Zwecke der Strafrechtspflege oder für Zwecke des Schutzes der verfassungsmäßigen Einrichtungen der Republik Österreich, nicht zur Anwendung kommen.

12 Die **Fahndungsvorschrift** stützt sich auf diese Ausnahmebestimmung, indem sie normiert, daß von Fahndungen im Sinne dieser Vorschrift nur dann gesprochen werden kann, wenn die Fahndungen unter einen der beiden oben angeführten Zwecke (s. Rdnr. 11) subsumiert werden können. Dadurch wird natürlich auch der Fahndungsbegriff eingeengt. So kann z. B. nach Kraftfahrzeugen wegen abgelaufenen Versicherungsschutzes nach dieser Vorschrift nicht „gefahndet" werden.

b) Elektronische Datenverarbeitung

Die Anwendung der **EDV** stellt einen Eckpfeiler **in der** modernen **Fahn-** **13**
dung dar. Der Beginn des Einsatzes der EDV für Fahndungszwecke liegt im
Jahre 1972, in dem die elektronische Kraftfahrzeugfahndung ihre Arbeit
aufgenommen hat. Das Jahr 1975 ist in dieser Entwicklung ein wichtiges
Datum, weil in diesem Jahr die elektronische Personenfahndung in Betrieb
gegangen ist. 1980 kam noch die sog. Sachenfahndung hinzu, welche sich
derzeit auf numerierte Sachen beschränkt.

2. Elektronisches Kriminalpolizeiliches Informationssystem (EKIS)

In diesem Zusammenhang erscheint es notwendig, kurz auf das **System** der
Fahndung unter Einbeziehung der EDV einzugehen.

a) Ausbau

Der Zentrale Rechner zur Speicherung der Fahndungen befindet sich in **14**
Wien bei der EDV-Zentrale des Bundesministeriums für Inneres. Auf die
gespeicherten Fahndungen kann durch die in allen Bundesländern instal-
lierten Datenstationen oder Terminalplätze mittels Datensichtgeräten on
line rund um die Uhr zugegriffen werden. Der **Ausbau** ist so weit fortgeschritten, daß alle Sicherheitsdirektionen, Bundespolizeidirektionen und
Landesgendarmeriekommanden mit Terminals ausgerüstet sind, die es
gestatten, sofort auf die gespeicherten Daten zuzugreifen. Außerdem können auch alle Sicherheitsbehörden oder Sicherheitsdienststellen, welche
über ein Fernschreibgerät verfügen, direkt mit diesem Fernschreibgerät die
Daten abfragen. Somit besteht ein ungemein feinmaschiges Kommunikationsnetz, das sich über ganz Österreich erstreckt.

Darüber hinaus sind auch alle Finanzlandesdirektionen zur Durchführung der Grenzkontrollen und zur Fahndungstätigkeit durch die Zollor-
gane mit Terminals ausgerüstet. Schließlich hat man bei den drei Grenzkontrollstellen Spielfeld, Arnoldstein und Brenner sowie am Flughafen
Wien-Schwechat Terminalplätze eingerichtet, um die Personenkontrolle
zu erleichtern.

b) Inhalt

Dieses Datenverarbeitungssystem hat intern den Namen **Elektronisches** **15**
Kriminalpolizeiliches Informationssystem (EKIS), und es umfaßt folgende
Applikationen:

1. Personenfahndung
2. Personeninformation
3. Sachenfahndung
4. Kfz-Fahndung
5. Kfz-Information
6. Strafregister
7. Wiener Kfz-Zulassung

8. Kriminalpolizeilicher Aktenindex

9. Erkennungsdienstliche Evidenz.

16 Um einen Begriff der **Größenordnungen** zu geben, sollen hinsichtlich der Fahndungsapplikationen (Ziff. 1, 3 und 4) einige Zahlen folgen.

Mit Stichtag 1. 1. 1988 waren folgende **Personenfahndungen** gespeichert:

14 574 Fahndungen mit freiheitsbeschränkenden Maßnahmen

29 220 Aufenthaltsermittlungen.

Im Jahr 1987 wurden zur Personenfahndung 1 387 977 Anfragen gestellt.

Die **Sachenfahndung** enthielt zum 1. 1. 1988 427 145 Notierungen. Den größten Anteil dieser Fahndungen machten allerdings mit 36 % die Zahlungsmittel und Wertpapiere und mit 42 % die Ausweisdokumente aus, wobei zu beachten ist, daß auch verlorene österreichische Reisedokumente zur Fahndung ausgeschrieben werden können und in dem Prozentsatz der Zahlungsmittel auch ausländische Fahndungen im Zusammenhang mit Erpressungen von großen Lösegeldsummen enthalten sind.

Anfragen wurden 1987 in diesem Bereich 111 900 gezählt.

Schließlich war am 1. 1. 1988 ein Bestand von insgesamt 16 613 **Kraftfahrzeugfahndungen** incl. der Entfremdungen von Kennzeichen vorhanden. 1987 gab es in der Kfz-Fahndung 885 205 Anfragen.

Nimmt man die drei Fahndungsapplikationen zusammen, kommt man im Jahr 1987 auf 2 385 082 Anfragen; dies bedeutet rund um die Uhr gerechnet, fast fünf Anfragen pro Minute. Daran kann man erkennen, welche Bedeutung die EDV für Fahndungszwecke hat.

c) Eingabe

17 Die **Speicherung der Fahndungen** erfolgt durch die amtshandelnde Sicherheitsbehörde oder Sicherheitsdienststelle über die Datenstation, welche mit Ausnahme von Vorarlberg und Burgenland in jedem Bundesland bei der jeweiligen Sicherheitsdirektion installiert ist.

Die Veranlassung der Speicherungen erfolgt bei weniger dringenden Fällen durch ein postalisch übermitteltes Ersuchen um Speicherung oder bei dringenden Fällen (z. B. alle Personenfahndungen mit freiheitsbeschränkenden Maßnahmen) mittels Fernschreiben.

Dieser Speicherung geht in der Regel eine gerichtliche Verfügung voraus (oftmals auch nur in der Form einer telefonischen Zusage der Ausstellung eines Haftbefehls). Es gibt jedoch auch Fahndungen, die im eigenen Verfügungsbereich einer Sicherheitsbehörde oder Sicherheitsdienststelle getroffen werden; hierbei handelt es sich um Spontanfahndungen bei Gefahr in Verzug, um Fahndungen nach Abhängigen oder auch im Regelfall um Sachen- oder Kfz-Fahndungen.

Daraus ergibt sich auch, daß das Ersuchen einer Behörde der Strafjustiz um Vornahme einer Amtshandlung (z. B. Haftbefehl) zwar eine hinreichende, jedoch keine notwendige Bedingung für die Veranlassung von Fahndungsmaßnahmen darstellt.

d) Anfrage

Anfrageberechtigt in den Fahndungsapplikationen des EKIS sind im großen   **18**
und ganzen alle Sicherheitsbehörden und Sicherheitsdienststellen (inklusive der Gemeindewachen), die Grenzkontrollstellen, die Behörden der Strafjustiz und die Finanzstrafbehörden sowie österreichische Vertretungsbehörden im Ausland im Hinblick auf ihre Kompetenz auf dem Gebiete des Paßwesens und der Fremdenpolizei.

Die **Anfrage** erfolgt im direkten oder indirekten Weg, nämlich in direkter   **19**
Kommunikation mit dem EKIS über Bildschirm oder Fernschreibgerät bzw. indirekt im Wege der Amtshilfe durch eine Sicherheitsbehörde oder Sicherheitsdienststelle. So können etwa eine Funkstreife oder ein Funkpatrouillenwagen bzw. ein mit einem Funkgerät ausgerüsteter Exekutivbeamter direkt bei seiner Funkleitstelle um Auskunft ersuchen, ob eine angehaltene Person zur Fahndung im EKIS gespeichert ist.

Das Auskunftssystem ist überaus mächtig, weil es nicht nur mit den angegebenen Informationen im Datenbestand sucht, sondern auch eine sog. **phonetische Anfrage** durchführt. Hierbei werden auch andere Möglichkeiten der Schreibweise eines Namens (mittels der sog. „Kölner Phonetik") automatisch in die Suche einbezogen, was insbesondere bei ausländischen Namen von besonderem Interesse ist. So wird etwa „Elisabeth" mit folgenden Vornamen gleichgehalten:

Else

Erzebeth

Lisl

Liesel

Lisbeth

Lisette.

e) Aufbau einer Notierung

Was enthält nun eine solche **Fahndungsspeicherung** im EKIS, wobei die   **20**
Personenfahndung als Beispiel dienen soll:

1. Personalien der gefahndeten Person samt Aliasnamen, Spitznamen etc.
2. Sicherheitsbehörde oder Sicherheitsdienststelle, welche die Fahndung veranlaßt hat.
3. Fahndungsgrund (das ist in der Regel das Ziel der Fahndung, wie etwa Verhaftung, Aufenthaltsermittlung, Anhalten von abgängigen Minderjährigen etc.).
4. Fahndungsanlaß (z. B. die zugrundeliegende strafbare Handlung).
5. Zusatzinformation (z. B. Personenbeschreibung, Daten des Haftbefehls etc.).
6. Hinweise für das Einschreiten (z. B. ob es sich um eine gefährliche Person handelt, da in diesen Fällen ein anderes kriminaltaktisches Einschreiten notwendig ist).

f) Aktualität

21 Das System der Speicherung der Fahndung im EKIS hat gegenüber dem bis zum Jahr 1975 praktizierten System eine Revolutionierung der Fahndung gebracht. Bis zu diesem Zeitpunkt wurden alle Fahndungen in händisch geführten **Zentralevidenzen** bei dem damaligen Fahndungsamt der Bundespolizeidirektion Wien geführt.

Im einzelnen handelte es sich um folgende Register:

1. Zentralnamensevidenz
2. Zentralmerkmaleevidenz
3. Zentralstraftatenevidenz
4. Zentralsachenevidenz.

5. Zentralevidenz für sonstige Ausschreibungen

22 Außerdem wurde vom Fahndungsamt der BPD Wien aufgrund der Eintragungen in den Zentralevidenzen ein **zentrales Fahndungsblatt** erstellt, welches an die Sicherheitsbehörden oder Sicherheitsdienststellen versendet wurde. Diese wiederum führten disloziert eigene Karteien, in welche diese Informationen eingearbeitet und ständig händisch evident gehalten werden mußten. Darüber hinaus gab es noch regionale Fahndungsblätter, wie z. B. das Grazer Tägliche Fahndungsblatt.

Bedenkt man, daß es einige Tage dauern konnte, bis eine Ausschreibung in der Zentralen Namensevidenz erfolgte und ein noch längerer Zeitraum für die Erstellung des Zentralfahndungsblattes anzusetzen ist, kann man erkennen, welche mangelnde Aktualität dieses Fahndungssystem hatte.

23 Demgegenüber zeichnet sich das System der **Speicherung in der EDV** durch folgende Merkmale aus:

1. Aktualität

Die Zeit bis zur Verfügbarkeit der Daten wurde minimiert. Dies wird durch die Praxis des Teleprocessing erreicht, wonach auch die Dateneingabe dezentral erfolgen kann.

Wichtig ist hierbei folgender Gedankengang: Führte vor 1975 die Zentralisierung der Evidenthaltung der Fahndungen in den zentralen Fahndungsevidenzen dazu, daß sich die Sicherheitsbehörden oder Sicherheitsdienststellen zwecks schnelleren Zugriffs regionale Fahndungsevidenzen anlegten, welche jedoch den Nachteil hatten, daß sie hautpsächlich regionale Fahndungen enthielten, führt nunmehr die zentrale Speicherung in der EDV dazu, daß jedem Zugriffsberechtigten alle Daten dezentral zur Verfügung stehen.

2. Kurze Ansprechzeit

Die Antwort bei einer Anfrage im Elektronischen Fahndungssystem erfolgt im ein- bis zweistelligen Sekundenbereich

3. Zugriff auf die Daten rund um die Uhr

4. Direkter Zugriff auf die aktuellen Daten

Durch das im EKIS verwirklichte System der Fahndung wurde erreicht, daß alle Fahndungen zentral gespeichert werden, jedoch aufgrund des Prinzips des Teleprocessing den einzelnen Sicherheitsbehörden oder Sicherheitsdienststellen der gesamte Datenbestand direkt zur Verfügung steht.

5. Automatische Überprüfung auf ähnliche Namen durch den Einbau der Phonetik bei der Anfrage

6. Automatische Wahrnehmung der Lauffristen der einzelnen Fahndungen

7. Möglichkeit der Verknüpfung von Suchargumenten

Im Unterschied zu Karteien, welche in der Regel nur nach einem Merkmal (also eindimensional) durchsuchbar sind (z. B. bei Karteien, die nach dem Namen der gesuchten Person alphabetisch geordnet sind) kann man in gespeicherten Daten auch mit mehreren Suchargumenten gleichzeitig recherchieren. So kann etwa in der Kfz-Fahndung aufgrund einer Zeugenaussage festgestellt werden, ob ein Kraftfahrzeug mit folgenden Merkmalen gefahndet wird:

a) Fragment eines Kennzeichens

b) Marke/Typ des Kfz

c) Farbe des Kfz.

Man kann ohne weiteres erahnen, wie schwierig die Sucharbeit nach einem solchen Kfz in einer händisch geführten Kartei ist.

g) Nutzung

Eine zentrale Anweisung an alle Sicherheitsbehörden und Sicherheits- **24** dienststellen besteht darin, daß alle Fahndungen, die dazu geeignet sind, im EKIS zu **speichern** sind.

Ebenso wichtig und quasi „die Kehrseite der Medaille" ist die Anweisung, bei jeder sich bietenden Gelegenheit die Fahndungsdatei zur **Priorierung** (Überprüfung) von Personen oder Sachen zu benützen. Erst mit dieser Anweisung wird das System des modernen Fahndungswesens verständlich, und es ergänzen sich die beiden Eckpfeiler dieses Fahndungswesens, nämlich das Archivieren und das Priorieren, zu einer Einheit.

Wurde aufgrund der Priorierung im EKIS festgestellt, daß eine Person zur **25** Fahndung gespeichert ist, hat das Exekutivorgan die **notwendigen Veranlassungen** zu treffen (z. B. die Person festzunehmen) und jene Sicherheitsbehörde oder Sicherheitsdienststelle zu verständigen, welche eine Fahndung im EKIS gespeichert hat. Diese hat nunmehr die Verpflichtung, die zuständigen Gerichte davon in Kenntnis zu setzen und, wenn das Fahndungsziel erreicht wurde, die Fahndung im EKIS zu widerrufen. Auch diese Anweisung zeigt ganz deutlich, daß das Fahndungssystem autonom den Sicherheitsbehörden und Sicherheitsdienststellen überlassen bleibt, weil diese nicht den Beschluß des Gerichtes zum Widerruf der Fahndung abzuwarten haben.

Geht man bei Beginn der Fahndung von einem Ersuchen der Behörden der Strafjustiz an die Sicherheitsbehörden und Sicherheitsdienststellen um Vornahme einer Amtshandlung aus, welche zu einer Fahndung Veranlassung gegeben hatte, läßt sich sehr schön zeigen, das sich durch die nunmehrige Rückmeldung an die Behörde der Strafjustiz der Kreislauf geschlossen hat.

3. Andere Fahndungsmittel

26 Es bestehen noch weiterhin sog. **EKIS-Behelfe** (z. B. **Fahndungsbücher**), die insbesondere für die österreichischen Vertretungsbehörden im Ausland gedacht sind, da hier eine direkte Komunikation mit dem EKIS aufgrund der langen Leitungswege nur schwer möglich ist. Aber auch im Inland, z. B. bei Zugkontrollen, wird das Fahndungsbuch verwendet. Man ist sich jedoch voll bewußt, daß es sich hierbei nur um Surrogate handeln kann, da in den EKIS-Behelfen der Grundsatz der Aktualität der Fahndungsdaten durchbrochen wird; trotz modernster technischer Fertigung beträgt die Herstellung dieser EKIS-Behelfe nämlich ca. drei Wochen. Als Grundlage der Herstellung dient ein Magnetband mit allen Fahndungen, die zu einem bestimmten Zeitpunkt aufrecht waren. Alle Fahndungen während der Herstellung des Fahndungsbuches und darüber hinaus während seiner Geltungszeit bleiben naturgemäß unberücksichtigt; ebenso gehen auch die Widerrufe in dieser Zeit nicht in den Informationsstand des Fahndungsbuches ein. Man sieht, daß es sich hierbei um ein sehr unvollständiges Fahndungsmittel handelt.

27 Als weiteres „Relikt" werden auch noch **Fahndungsblätter** herausgegeben, wie z. B. Fahndungsblätter über entfremdetes Kulturgut oder innerhalb der BPD Wien über entfremdeten Schmuck.

28 Ein wichtiges Fahndungsmittel stellen neben der Speicherung von Fahndungen nach wie vor die **Fahndungsfernschreiben** dar, welche jedoch aufgrund organisatorischer Vorschriften nur sparsam und in wichtigen Fällen Verwendung finden sollen, um damit den Informationswert zu heben. Mittels Fernschreiben werden insbesondere auch sog. Zielfahndungen durchgeführt, wenn etwa Hinweise auf den Aufenthaltsort der gefahndeten Person bestehen und somit die örtlich in Betracht kommende Sicherheitsbehörde oder Sicherheitsdienststelle von der Fahndung in Kenntnis gesetzt werden. Darüber hinaus gibt es auch bundesland- und österreichweite Fernschreibfahndungen, welche nach Notwendigkeit auch bis zu den Grenzkontrollen verbreitet werden können. Für grenzüberschreitende Fahndungen steht natürlich auch das Kommunikationsnetz im Rahmen der INTERPOL zur Verfügung.

Nach unserer Meinung steht die Effektivität dieser Fernschreibfahndungen in umgekehrter Korrelation zur Häufigkeit, da eine Flut von Informationen eher zu einer Verminderung der Fahndungserfolge führt. Dies entspricht auch der Informationstheorie, nach der die seltene (unerwartete) Nachricht mehr Informationsgehalt hat als die häufige (erwartete), wodurch sich auch ein erhöhter Aufmerksamkeitswert ergibt.

29 In Ansätzen existieren noch zentrale **händisch geführte Evidenzen,** so z. B. für entfremdetes Kulturgut, Schmuck oder auch für Leichen. Hinsichtlich des entfremdeten Kulturgutes sind bereits Vorbereitungen im Gange, deren Daten ebenfalls mittels EDV zu verarbeiten, wobei die Besonderheit darin besteht, daß auch Farblichtbilder von gestohlenem Kulturgut – sofern solche zur Verfügung stehen – gespeichert und zur Identifizierung von aufgefundenem oder verdächtigem Kulturgut über Bildschirm ausgegeben werden können. Durch die Möglichkeit der sofortigen und dezentralisierten Verfügbarkeit der Lichtbilder im Verein mit den Möglichkeiten der Verknüpfung von Suchargumenten ergibt sich somit eine wesentliche Verbesserung der Identifizierung von Kulturgut als dies derzeit anhand der Karteien möglich ist.

4. Fahndungserfolge

Einige Aussagen lassen sich auch zu den **Fahndungserfolgen** treffen, wobei jedoch nicht verhehlt sein soll, daß auch auf diesem Gebiet in Österreich noch empirische Erkenntnisse fehlen, und zwar hauptsächlich hinsichtlich der Frage, auf welche Weise die Fahndungserfolge zustande kommen. **30**

a) Widerrufsquote

Im Jahr 1987 wurden 24 368 Personenfahndungen gespeichert und davon noch im gleichen Jahr 20 521 widerrufen; das bedeutet eine **Widerrufsquote** von ca. 84 %. Im Rahmen der Kraftfahrzeugfahndungen gab es im Jahr 1987 11 117 Notierungen, von denen 7 016 im gleichen Jahr widerrufen werden konnten; dies entspricht einem Prozentsatz von 63 %. **31**

Die Widerrufsquote bei den Sachenfahndungen ist notorisch niedriger, da auch in vielen aufgeklärten Fällen das entfremdete Gut nicht mehr sichergestellt werden kann. Hinzu kommt noch, daß ein Gutteil der Sachenfahndungen Zahlungsmittel betrifft, bei denen die Chance, sie wieder zustande zu bringen, bekannterweise äußerst gering ist. So wurden im Jahr 1987 von 48 480 neu gespeicherten Sachenfahndungen nur 6 335 Fälle widerrufen; der Prozentsatz der Widerrufe beträgt in diesem Fall 13 %.

b) Fahndungsdauer

Auch über die **Dauer von Fahndungen** kann aufgrund elektronischer Aufzeichnungen einiges gesagt werden. Zieht man hierzu die Personenfahndungen mit Stichtag vom 1. 10. 1986 heran, ist festzustellen, daß ca. 15 % der Widerrufe bereits binnen 2 Tagen veranlaßt werden konnten. Innerhalb von 14 Tagen erfolgen ca. ¼, innerhalb von 21 Tagen ⅓ und innerhab von 90 Tagen die Hälfte der Widerrufe. Nach einem Jahr sind ¾ der Widerrufe vollzogen. Zwischen den einzelnen Personenfahndungsarten bestehen allerdings relativ starke Schwankungen. So zeigt sich etwa, daß die Hälfte der Widerrufe von Fahndungen nach Minderjährigen zwecks Anhalten für den Erziehungsberechtigten innerhalb von 2 Tagen veranlaßt werden konnten, während etwa Aufenthaltsermittlungen generell längere Widerrufsfristen aufweisen. Bei den Kraftfahrzeugfahndungen betreffend Pkw wurde mehr als ein Viertel aller Widerrufe im Laufe von 2 Tagen gesetzt; innerhalb von 3 Wochen konnten 60 % aller Widerrufe registriert werden. Noch besser liegen die Widerrufsfristen bei den Krafträdern und Mopeds, wo binnen 2 Tagen ca. ⅓ und im Zeitraum von 3 Wochen 75 % aller Widerrufe verfügt werden konnten. **32**

C. Das Personenidentifizierungsprogramm „SIGMA"

MOTTO: If law enforcement agencies can find ways of organizing files so that the witness has fewer alternatives to search, the result could be improved identification rates. (*Langhery* et al.)

I. Personenidentifizierung

1. Lichtbilder

33   Das in Österreich eingeführte System „**Erkennungsdienstliche Evidenz**" (EDE) (s. oben Rdnr. 15) beinhaltet auch ein spezifisches System zur Auffindung von **Lichtbildern** erkennungsdienstlich behandelter Personen aufgrund von Angaben von Zeugen oder Geschädigten.[5] Damit soll ein Problem gelöst werden, das spätestens, seit die Photographie in größerem Ausmaß im Bereich des Erkennungsdienstes verwendet und für Identifizierungszwecke eingesetzt wird, aufgetaucht ist und das schon Bertillon (1853 bis 1914) beschäftigt hat. Es geht darum, große Mengen von **Lichtbildern** so zu organisieren, daß das entsprechende Bild nach gewissen Kriterien gefunden werden kann.

34   In Österreich werden derzeit diese händisch geführten **Lichtbildsammlungen** in der Regel nach strafrechtlichen Delikten bzw. dem modus operandi kategorisiert. Teilweise sind die Tatverdächtigen innerhalb dieser Kategorien auch altersmäßig gestuft, um die Suchmenge einzuschränken.

Bei dieser Form der Organisation der **Lichtbildsammlungen** ergibt sich zum einen die Schwierigkeit, daß das organisatorische Grundprinzip, die sog. „Perseveranz der Delikte", in letzter Zeit starken Zweifeln unterzogen wird.[6] Zum anderen besteht folgendes unlösbare Dilemma: Geht man davon aus, daß der Tatverdächtige nicht stets das gleiche Delikt begeht oder nach dem gleichen modus operandi handelt, ist man gezwungen, möglichst breite Kategorien zu schaffen, mit dem wesentlichen Nachteil, daß die unter diese Kategorien fallenden **Lichtbilder** eine große Suchmenge bilden. Einigt man sich hingegen auf enge Kategorien, hat dies zwar den Erfolg, daß die einzelnen Kategorien geringere Suchmengen von Lichtbildern aufweisen; es steigt jedoch die Gefahr, das Lichtbild des Tatverdächtigen nicht zu finden, da dieses möglicherweise in einer Nachbarkategorie enthalten ist. Gänzlich versagen muß dieses System natürlich, wenn die erkennungsdienstlich behandelte Person bei nochmaligem deliktischen Handeln nicht einmal der gleichen strafrechtlichen Kategorie zuzurechnen ist. Hierzu unterbreitete schon *Heindl* einen Reformvorschlag, der von den strafrechtlichen Kategorien abging.[7]

Ein weiterer wesentlicher Einwand gegen diese Organisation der Lichtbildersammlung folgt schließlich aus der Tatsache, daß die **Lichtbilder** bei den einzelnen Erkennungsdiensten in den Bundesländern dezentralisiert verwaltet werden, so daß ein überörtlicher Tatverdächtiger mit diesem Identifikationsmittel in der Regel auch nicht gefunden werden kann. Eine

---

5   *Zeiner/Zima* 1982 S. 206 f.; *Zima/Zeiner* 1982 S. 539 f.
6   Z. B. *Schuster* 1983 S. 321 f.
7   *Heindl* 1909 S. 135 f.

zentrale Lichtbildsammlung hat sich allerdings bisher in Folge des Mangels an geeigneten Kommunikationswegen nicht verwirklichen lassen.

Ausgehend von diesen Prämissen entwickelte das Bundesministerium für Inneres in Zusammenarbeit mit der Firma IBM ein System, um den aufgezeigten, weltweit bestehenden Bedürfnissen in zufriedenstellender Weise entsprechen zu können.

2. Personenbeschreibung

Was nun die **Personenbeschreibung** betrifft, so wirft diese eine ganze Reihe **35** von Problemen auf. Hierbei geht es vorerst um die psychologische Frage, inwieweit der Mensch imstande ist, körperliche Merkmale eines anderen Menschen wahrzunehmen und diese zu reproduzieren. „Nach DOST handelt es sich somit um die Frage der Erkenntnistheorie, wobei das Problem zuletzt bei der Notwendigkeit der verbalen Beschreibung der reproduzierten Bewußtseinsinhalte bis in die Semantik hineinreicht."[8]

a) Verbale Beschreibung

Phillips berichtet über Versuchspersonen, die angehalten wurden, ein Por- **36** traitphoto **verbal** zu beschreiben. Dabei mußte die Hälfte der Probanden die verbale Beschreibung aufgrund des Erinnerungsbildes abgeben; die anderen Versuchspersonen konnten das Zielphoto bei der Beschreibung betrachten. Der Versuch weiterer Probanden, anhand der verbalen Beschreibung das richtige Photo zu erkennen, gelang bei der ersten Gruppe zu 23 %, bei der zweiten zu 26 %. Daraus erhellt die Schwierigkeit der verbalen Beschreibung von Gesichtern. Interessant ist die Tatsache, daß die Beschreibungen der beiden Gruppen keinen signifikanten Unterschied aufweisen. Dies zeigt nach *Phillips,* daß offensichtlich für die Wahrnehmung und für das Reproduzieren eine gleiche Codierung Verwendung findet.[9]

Die Schwierigkeit der Verbalisierung visueller Sinnesdaten ist von besonderer Bedeutung für Personen, welche sich berufsmäßig mit dem Beschreiben von Personen befassen müssen. Sowohl *Drescher*[10] als auch *Huelke*[11] verweisen darauf, wie unterschiedlich von mehreren Polizeidienststellen stammende Beschreibungen derselben Person ausfallen können.

b) Bildliche Darstellung

Als Lösungsansatz für die Verbesserung des Fahndungsmittels „Personen- **37** beschreibung" bietet sich demnach das Abgehen von der verbalen Beschreibung und das Übergehen zu **bildlichen Darstellungsformen** an. Personenbeschreibungen stellen letzten Endes Summen vieler Sinneseindrücke, also „Bilder" dar, die als solche, ohne den Umweg über die Spra-

---

8 *Zima/Zeiner* 1982.
9 *Phillips* 1978 S. 271.
10 *Drescher* 1961 S. 8.
11 *Huelke* 1969 S. 133.

che, erfaßt und ausgewertet werden können. Nach *Baddeley* ist die verbale Beschreibung einer Person die unbefriedigendste Methode zur Personenbeschreibung.[12]

38 Der Lösungsansatz geht aus von der **Zerlegung des Gesichtes** in einzelne Merkmale (Gesichtsform, Nase, Lippen, Augen, Ohren usw.). Diese Merkmale dienen einmal dazu, im Zuge der erkennungsdienstlichen Behandlung den Tatverdächtigen mittels genormter und nicht verbalisierter Merkmale zu beschreiben. Zum anderen sollen eben diese Merkmale des Gesichtes auch dazu nützen, den noch unbekannten Täter aufgrund der Aussagen von Geschädigten oder Zeugen aus dem Datenbestand der erkennungsdienstlich behandelten Personen zu identifizieren.

39 Die hier angesprochene Methode der Zerlegung des Gesichtes in einzelne Bestandteile erinnert vordergründig an die Produktion sog. „**Phantombilder**", welche zur Fahndung nach unbekannten Tätern aufgrund der Aussagen von Geschädigten oder Zeugen angefertigt werden. Kulturhistorisch interessant erscheint, daß bereits Leonardo da Vinci auf dieses Verfahren zum Zerlegen der Gesichter zwecks besserer Einprägung der Gesichtsformen hingewiesen hat.[13] Diese „Phantombilder" haben das Ziel, ein **möglichst ähnliches Portrait** der gesuchten Person zu bieten, um auf diese Weise diese Person identifizieren zu können. Das Phantombild richtet sich also als solches an die Außenwelt.

3. Das System „SIGMA"

40 Zwischen den Phantombildern und der Idee des **Versuchsprojektes SIGMA** bestehen grundlegende Unterschiede.

Das System „SIGMA" soll durch Verwendung **schematischer Gesichter** den Suchbestand der erkennungsdienstlichen Photos einschränken; die Identifizierung soll jedoch dann mittels der auf diese Weise gefundenen Lichtbilder durch den Zeugen oder Geschädigten erfolgen. Die gefundene Lösung wurde mit der Bezeichnung „SIGMA" versehen, wobei der international gebräuchliche Begriff „Signalement" für Personenbeschreibung in die Bezeichnung eingeflossen ist.

41 Das System „SIGMA" stellt sich – in aller Kürze – wie folgt dar:

Nachdem es gelungen ist, auch **Lichtbilder** zu speichern – wobei die international gebräuchlichen dreiteiligen Lichtbilder der erkennungsdienstlich behandelten Personen Verwendung finden –, konnte durch die zentrale Speicherung im Rechner des Bundesministeriums für Inneres eine Zentralisierung der Lichtbildsammlungen erreicht werden; die Bilder können über jeden graphikfähigen Bildschirm angezeigt und mittels Tintenstrahldrucker auch ausgegeben werden. Hiermit ist zwar das Problem der **zentralen Lichtbildsammlung** und des **dezentralen Zugriffs** mittels „Teleprocessing" gelöst; es mußte jedoch auch eine Lösung für die Kategorisierung der Lichtbilder gefunden werden.

---

12 *Baddeley* 1986 S. 146.
13 *Baddeley* 1986 S. 144.

Im System „SIGMA" wird das **Lichtbild** an den Datenstationen, welche   **42**
der Einspeicherung der gesamten Daten im EKIS (s. oben Rdnr. 15) dienen,
mittels über Bildschirm abrufbare Gesichtsformen verschlüsselt. Diese
gespeicherten Gesichtsformen bilden rechnerintern eine **Formel,** welche
abgespeichert wird.

Bei der Identifizierung eines Tatverdächtigen durch einen Zeugen oder   **43**
Geschädigten wird nunmehr anhand der **Angaben** und der vorgegebenen
Gesichtsformen versucht, ein dem Tatverdächtigen ähnliches Gesicht zu
konstruieren, wobei die wiederum erzeugte interne **Formel** für die Suche
in den bereits gespeicherten Gesichtsformeln (Rdnr. 42) verwendet wird.
Programmäßig ist vorgesorgt, daß mehrere ähnliche Gesichtsformen (z. B.
mehrere Nasenformen) in die Suche aufgenommen werden können.

Da das System „SIGMA" in die erwähnte (s. oben Rdnr. 15, 33) Applika-   **44**
tion „Erkennungsdienstliche Evidenz" integriert ist, stehen auch die in der
Erkennungsdienstlichen Evidenz gespeicherten verbalen Daten zur Suche
und Einschränkung der Suchmenge zur Verfügung. So können neben den
einzelnen Gesichtsformen auch z. B. Größe, Alter, Körperform, Sprache,
besondere körperliche Merkmale, Tätowierungen und nicht zuletzt die
strafbaren Handlungen samt modus operandi in der Form einer **Verknüp-
fungsfrage** dem System eingegeben werden.

Diese Anfragen werden bei **Einsatz** dieses Systems von jedem Terminal-   **45**
platz möglich sein, welcher über einen graphikfähigen Bildschirm verfügt.
Ab endgültiger Einführung des Systems „SIGMA" werden die derzeit
dezentralisiert geführten händischen Lichtbildsammlungen nicht mehr
weitergeführt.

Die Konzeption des Systems „SIGMA" bietet eine reale Chance, durch
den Einsatz der EDV auf die gesuchte Person oder zumindest eine über-
schaubare Menge von Personen zu gelangen, die mittels kriminalistischer
Methoden überprüft werden können. Vor allem stellt für die Suche im
Datenbestand beim System „SIGMA" – anders als beim Phantombild – die
Rekonstruktion der Gesamtansicht des Gesichtes durch den Geschädigten
oder Zeugen keine „conditio sine qua non" dar, sondern es genügen bereits
die von *Gallus* so treffend genannten „Goldkörner", insbesondere durch
Verknüpfung mit weiteren gespeicherten Daten, um mindestens eine über-
prüfbare Menge von bereits erkennungsdienstlich behandelten Personen
herauszufiltern und anhand der zugehörigen Lichtbilder identifizieren zu
können.[14]

II. Ergebnisse der Forschungen über die Wahrnehmung von Gesichtern

1. Einleitung

Eine breit angelegte Studie von *Ellis, Davies* und *Shepherd*[15] befaßt sich   **46**
mit dem **PHOTOFIT-System** als Hilfsmittel zur Reproduktion von

---

14 *Zima/Zeiner* 1982 S. 539 f.
15 *Ellis, Davies* und *Shepherd* o. J.

Gesichtern durch Zeugen oder Geschädigte. Die Forschungen über die Anwendung des PHOTOFIT erscheinen auch auf das System „SIGMA" anwendbar, weil sowohl das PHOTOFIT – und ähnliche Verfahren – als auch das System „SIGMA" von den Einzelteilen des menschlichen Gesichtes ausgehen. Der systemtheoretisch wichtige Unterschied besteht darin, daß mit dem System „SIGMA" nicht ein möglichst ähnliches Portrait der gesuchten Person erzeugt, sondern der Typus des Gesichtes gefunden werden soll.

Aufgrund der ähnlichen Ausgangslage folgt die vorliegende Untersuchung weitgehend den Ausführungen von *Ellis, Davies* und *Shepherd* und deren Ergebnissen.

47   Zum besseren Verständnis ist zunächst auf das Begriffspaar **Wiedererkennen** und **Reproduzieren** einzugehen.

Hinsichtlich der unterschiedlichen Ausbildung des Wiedererkennens und der Reproduktion visueller Eindrücke verweist *Phillips* auf den Aspekt der Evolution: das Gedächtnis ist von der Notwendigkeit des Wiedererkennens im sozialen Umfeld geprägt, während das Reproduzieren von Gesichtern im alltäglichen Leben eine geringe Rolle spielt und sich daher auch nicht evolutiv im kognitiven System entwickeln konnte.[16]

Der Unterschied zwischen dem Wiedererkennen und der Reproduktion ist ein an sich bekanntes Phänomen. Wenn jemandem etwa ein Begriff oder Name momentan nicht einfällt, ist dieser in der Regel sofort gegenwärtig, wenn eine Liste vorgelegt wird, in der dieser vorkommt. Das Wiedererkennen von Gesichtern scheint beim Menschen gut ausgebildet zu sein. So berichtet etwa *Goldstein* von Wiedererkennungsraten bei Bildern von 90 %.[17] *Nickerson* fand, daß nach einem Jahr die Erinnerungsrate zwar gesunken war, jedoch immer noch 30 % betrug.[17/1]

Demgegenüber ist die Fähigkeit des Menschen, visuelle Wahrnehmungen zu reproduzieren als eher gering einzustufen. Da jedoch das Reproduzieren von Gedächtnisinhalten z. B. von Gesichtern tatverdächtiger Personen in der Kriminalpolizeilichen Tätigkeit von besonderer Bedeutung ist, sucht das System „SIGMA" einen Weg, die gegebenen Fähigkeiten der Reproduktion visueller Eindrücke zu verbessern.

Laughery hebt die gegenüber den Laborversuchen völlig andere Situation bei der Identifizierung von Tatverdächtigen hervor. Insbesonders ist hierbei zu beachten, daß der Zeuge oder das Opfer oft noch unter dem Eindruck des traumatischen Erlebnisses steht. Außerdem kann sich das Aussehen des Tatverdächtigen seit dem Zeitpunkt der photographischen Aufnahme z. B. durch Alterungsprozesse geändert haben.[18]

2. Beobachtung an Zeugen und Geschädigten

48   Generell bereitete bei den Experimenten das Reproduzieren der Ausprägung der **Haare** bzw. der **Stirn** die größten Schwierigkeiten, und zwar selbst

---

16 *Phillips* 1978 S. 475.
17 *Goldstein* 1977 S. 223 f.
17/1 *Nickerson* 1965.
18 *Laughery, Alexander* und *Lane* 1971 S. 477 f.

dann, wenn den Versuchspersonen gesagt wurde, daß die exakte Form nicht unbedingt erreicht werden müsse. Trotz aller Bemühungen blieb in vielen Fällen ein Gefühl der Unzufriedenheit.

Die später folgenden Merkmale wie **Nase** und **Mund** warfen offenbar solche Probleme nicht auf. Eine Erklärung könnte sein, daß diesen Gesichtsausprägungen nicht mehr die gleiche Aufmerksamkeit bei der Wahrnehmung gewidmet wurde wie den oberen Teilen. Dies stimmt mit anderen Betrachtungen überein, wonach bei der Beschreibung den oberen Merkmalen des Gesichts mehr Gewicht beigemessen wird. **49**

Aus der **Selektivität** der Wahrnehmung folgt, daß nur jene Gesichtszüge gespeichert werden, welche für das Wiedererkennen von Bedeutung sind (näheres hierzu unter Rdnr. 61 ff.).[19] **50**

Einige Versuchspersonen gaben an, die Überprüfung von vielen Gesichtsausprägungen beeinträchtige das Wiedererinnern. Dasselbe wurde auch für ganze Gesichter beobachtet, etwa bei der Durchsicht von Lichtbildsammlungen. So konnten *Laughery* et al. zeigen, daß die Position des Lichtbildes innerhalb der vorgelegten Bilder Einfluß auf die Wiedererkennungsrate hat. Die Untersuchung des sog. **Interferenzeffektes** ergab, daß bei einer Reihe von 150 Bildvorlagen eine signifikante Änderung der Wiedererkennungsrate eintrat, je nachdem das Bild an der 40. oder 140. Stelle eingeordnet war.[20] Im gleichen Sinne stellten *Zavala* und *Paley* fest, daß mit dem Anwachsen der Anzahl der Lichtbilder von 5 auf 150 die Leistung der Identifizierung abzufallen beginnt.[21] **51**

Zu eben dieser Problematik meint *Gallus*:

Es „wäre verfehlt, diese Sammlungen (gemeint sind Lichtbildsammlungen) nur nach Delikten, alphabetisch oder nur nach der Größe oder dem Alter der abgebildeten Personen zu ordnen. Es muß nämlich erreicht werden, daß einem Geschädigten eine **möglichst kleine Zahl von Lichtbildern** vorgelegt wird. Am besten wäre selbstverständlich eine Eingrenzung nach dem Modus operandi und der Personenbeschreibung. Da die Perseveranz im allgemeinen aber nicht so weit geht, daß die Straftaten einer Person schablonenartig immer auf genau dieselbe Art und nur zum Nachteil ganz bestimmter Personen und an gleichartigen Orten begangen werden, darf der Kreis der einzubeziehenden Personen nicht zu eng gezogen werden. **52**

Mit der Einführung der automatischen Datenverarbeitung . . . sollte endlich davon abgegangen werden, einer Geschädigten z. B. die Lichtbilder aller Exhibitionisten der letzten 10 Jahre . . . vorzulegen. Hier muß unter Berücksichtigung der Erkenntnisse, die auf den Gebieten der Perseveranz und der Personenbeschreibung vorliegen und die noch vertieft werden sollten, eine gezielte und allmählich zu erweiternde Vorauswahl getroffen werden".[22]

---

19 *Davies, Shepherd* und *Ellis* 1978 S. 20.
20 *Laughery, Alexander* und *Lane* 1971 S. 477 f.
21 *Zavala* und *Paley* 1972.
22 *Gallus* 1969 S. 155/156.

53   Die **Aufmerksamkeit** der Zeugen ist recht unterschiedlich. Das eine Extrem stellt jenen Fall dar, bei dem der Zeuge die strafbare Handlung bemerkte und den Täter genau beobachten konnte; das andere Extrem wird durch den Umstand gebildet, daß die strafbare Handlung überhaupt nicht bemerkt wurde und demgemäß auch eine Entdeckung des Täters der Selektivität der Wahrnehmung zum Opfer fiel.

54   Außerdem gibt es noch eine Reihe von Faktoren, welche die Genauigkeit der Erinnerung beeinflussen. Gedacht ist hier beispielsweise an die **affektiven Beeinflussungen** der Wahrnehmung.

3. Typisierung der Gesichter

55   Die Psychologie betont das **Kategorisieren der Gedächtnisinhalte.** Es scheint, daß die Gedächtnisinhalte eher in Kategorien als in Einzelerlebnissen in Erinnerung behalten werden. Die Wiedergabe einer Aufzählung von Gegenständen verschiedener Kategorien, die in Form einer ungeordneten Liste dargeboten wurden, erfolgt in einer Kategorisierung nach den Oberbegriffen. Der Grund für diese Organisation des Gedächtnisinhaltes liegt wohl darin, daß auf diese Weise organisierte Erinnerungsinhalte wesentlich schneller wiedergefunden und wiedergegeben werden können.

56   Diese Tendenz zur Kategorienbildung zeigt sich auch in einer Reihe von Versuchen, nach denen hohe Fehlerzahlen beim Wiedererkennen von **Gesichtern** dann auftraten, wenn ein „neues" Gesicht gezeigt wurde, das dem „**Typ**" der anderen Bilder ähnlich war. Gleiches läßt sich auch bei der Erinnerung an Gesichter feststellen. Es scheint, daß der durchschnittliche Zeuge nur fähig ist, den generellen Typ des Verdächtigen wiederzugeben und vielleicht einige Besonderheiten (Abweichungen) des Gesichtes. Diese Ergebnisse werden durch die Untersuchungen von *Harmon* unterstützt. Es zeigte sich, daß die Portraits bekannter Persönlichkeiten auch dann noch wiedererkannt werden, wenn diese in Rechtecke zerlegt werden.[23]

57   Das **PHOTOFIT-Verfahren** stellt sich nach *Davies, Shepherd* und *Ellis* so dar, daß das Vorgehen eher einer „Rekonstruktion" als der „Reproduktion" gleicht. Dabei dient als Leitlinie die „Typologie" des jeweiligen Zeugen, und außerdem werden Elemente der Erinnerung sowie der Fabulation verwendet, welche jedoch von Zeugen nicht unterschieden werden können. Diese Interpretation stimmt mit den Ergebnissen überein, denenzufolge die Ähnlichkeit der im PHOTOFIT-Verfahren erzeugten Gesichter mit den vorgegebenen Fotos als eher gering eingestuft wurde.

58   Die Versuchspersonen erwähnten oftmals, daß es schwierig sei, in zahlreichen isolierten Gesichtszügen zu suchen und eine Physiognomie nachzubilden, welche man als „**Ganzheit**" gesehen hat.

Die In ähnlicher Weise argumentiert auch *Gallus*, wenn er im Zusammenhang mit Phantombildern darlegt, daß als Bedenken gegen dieses Fahndungsmittel Tatsachen vorgebracht werden, die in der Psyche des Menschen liegen. Hierzu gehöre der Einwand, daß „das Sehen und Erkennen des menschlichen Gesichtes wie auch des Menschen überhaupt . . . nicht

---

23 *Harmon* 1973 S. 71 f.

von der Summe seiner Teile bestimmt" ist, sondern von der Gestalt im psychologischen Sinne; das Erinnerungsbild sei daher „ganzheitlicher Natur".[24]

Hierzu gibt *Lorenz* ein anschauliches Beispiel: Die bildnerische Beschreibung z. B. eines Tieres in Einzelteilen in einem Lehrbuch liefert bei sukzessiver Betrachtung kein „Bild" dieses Tieres; hingegen wird eine Konfiguration von sehr vielen Daten unter Beachtung der gegenseitigen Beziehungen sehr lange im Gedächtnis behalten.[25]

Ellis, Davies und *Shepherd* führen zur **verbalen Wiedergabe** von 59 Gesichtsmerkmalen aus, man könne die Beobachtung machen, daß beim Versuch der Beschreibung eines Gesichtsmerkmales die Erinnerung an das Gesicht zerstört wird.

Dies läßt den Schluß zu, daß das **Gesicht** eher als ein „**zusammengesetztes Paket**" „gespeichert" wird als in der Form einzelner Merkmale. Die einzelnen Elemente lassen sich dabei schwer herauslösen; der als ganzheitlich organisiert vorstellbare Gedächtnisinhalt bringt jedoch befriedigende Ergebnisse für das Wiedererkennen.

4. Unterschiedliche Bedeutung der Gesichter oder Gesichtsausprägungen

Aus verschiedenen Untersuchungen ergibt sich eine Rangfolge hinsicht- 61 lich der Wichtigkeit **der einzelnen Gesichtszüge** für den Gesamteindruck bzw. für die Identifizierung von Gesichtern.[26] Generell zeigt sich, daß die oberen Gesichtsausprägungen einen höheren Informationswert besitzen.

Bestätigt wird dieses Ergebnis von Experimenten, bei denen innerhalb von konstruierten Gesichtern versucht werden mußte, Änderungen von Gesichtsausprägungen festzustellen. Hierbei wurden Änderungen einer Gesichtsausprägung im oberen Teil des Gesichtes viel eher wahrgenommen als im unteren Teil.

Frühere Studien wiesen den **Haaren** nur untergeordnete Bedeutung zu. 62 Es wird angenommen, daß die Änderung in der Gewichtung auf die zunehmende Differenzierung der männlichen Haartracht zurückzuführen ist.

Fisher und *Cox* fanden, daß sogar die **Augen** allein bei gutbekannten 63 Leuten einen besseren „Schlüssel" zum Wiedererkennen bilden können als etwa der **Mund**. Ebenso berichtet *Melvie,* daß das Weglassen der Augen im Testbild sich auf das Wiedererkennen weitaus störender auswirkt als etwa die Entfernung des Mundes.

Wie bereits oben erwähnt (Rdnr. 49), stellt die **Nase** kein gutes Hilfsmit- 64 tel zur Identifikation des Gesichtes dar, denn mehr Informationsgewinn als die Proportion der Nase innerhalb des Gesichtes läßt sich kaum erreichen. *Laughery* et al. beobachteten außerdem, daß es den Versuchspersonen widerstrebte, die Nase als Unterscheidungsmerkmal beim Wiedererkennen zu gebrauchen. Jedoch wuchs die Bereitschaft an, wenn eine Profilansicht verwendet wurde.[27]

---

24 *Gallus* 1969 S. 150.
25 *Lorenz* 1984 S. 21.
26 *Davies, Shepherd* und *Ellis* 1979 S. 34 f.
27 *Laughery, Alexander* und *Lane* 1971 S. 482.

65 Dies führt zu einem mit *Gallus* als wesentlich erachteten Punkt, die zu wenigen Details. Vielfach bleiben – wenn überhaupt – solche Merkmale bzw. Gesichtszüge im Gedächtnis haften, die für das Erscheinungsbild eines Menschen **besonders charakteristisch** sind, z. B. abstehende Ohren, ein breiter oder schiefer Mund u. ä.; Merkmale, die Karikaturisten bewußt überbetonen und dafür auf Unwesentliches verzichten. Das sind „Goldkörner" der Personenbeschreibung, die auch wir möglichst in Reinkultur erhalten müßten.[28]

66 Von besonderer Wichtigkeit sind die Forschungsergebnisse von *Patterson* et al., daß die Verwendung von Bärten, Brillen oder Perücken einen massiven Rückgang der Wiedererkennungsrate zur Folge hat.[29]

5. Humanbiologische Grundlagen

67 Auch die **anthropologische Forschung** steuert wichtige Erkenntnisse zur Wahrnehmung von Gesichtern bei. Aus einer Dissertation am Institut für Humanbiologie der Universität Wien können wertvolle Aufschlüsse über die morphologischen Merkmale des Gesichtes gewonnen werden.[30]

68 In dieser Studie wurden erstmals die **morphologischen Varianten des Gesichtes** in der Wiener Bevölkerung festgehalten. Eine entsprechende österreichweite Untersuchung stand bei der Entwicklung von „SIGMA" nicht zur Verfügung. Die Dissertation basiert auf einer Stichprobe von 400 Personen, wobei die gefundenen Gesichtsausprägungen sowohl schematisch dargestellt als auch nach dem Prozentwert der Häufigkeit ausgewiesen sind.

III. Schlußfolgerungen für das System „SIGMA"

1. Beachtung des ganzheitlichen Prinzips

69 In die Konzeption des – seit 1988 eingesetzten – Systems „SIGMA" wurde das ganzheitliche Prinzip eingebracht. Ähnlich wie von *Ellis, Davies* und *Shepherd* empfohlen, wird dem Zeugen oder Geschädigten am Bildschirm ein **„Durchschnittsgesicht"** angeboten. Dieses Durchschnittsgesicht enthält bereits alle Teile des Gesichtes (Augen, Nase, Mund etc.).

Alle vom Zeugen angegebenen Gesichtsausprägungen werden in das „Durchschnittsgesicht" oder in eine bereits ausgewählte Gesichtsform „hineinkopiert". Somit wird der Erkenntnis Rechnung getragen, daß jede Veränderung einer Gesichtsausprägung auch Auswirkungen auf die Gesamtphysiognomie bzw. die anderen Gesichtsausprägungen haben kann.

Hiermit soll weitgehend den Schwierigkeiten begegnet werden, daß die Suche nach isolierten Gesichtsausprägungen von Zeugen und Geschädigten oftmals als unbefriedigend und mühsam empfunden wird.

---

28 *Gallus* 1969 S. 151.
29 *Patterson* und *Baddeley* 1977 S. 406 f.
30 *Müller* o. J.

2. Beschränkung der Anzahl der Gesichtsausprägungen

Wie bereits erwähnt (s. oben Rdnr. 51), verweisen *Ellis, Davies* und *She-* **70** *pherd* in ihrer Studie (vgl. dazu Rdnr. 46) darauf, daß das Durchsuchen vieler Gesichtsausprägungen das Wiedererkennen beeinträchtigt, (**Interferenzeffekt**). Dem wurde dadurch Rechnung getragen, daß für die Vorderansicht mit 22 Elementen und 208 Ausprägungen und für die Seitenansicht mit 12 Elementen und 79 Ausprägungen das Auslangen gefunden werden konnte. Dies bedeutet pro Element durchschnittlich 9 Ausprägungen in der Vorderansicht und 7 Ausprägungen in der Seitenansicht.

3. Einschränkung der Anzahl der zur Identifizierung dienenden Photos

Laughery et al. verweisen nachdrücklich auf die rasche **Abnahme der Wie-** **71** **dererkennungsrate** beim Durchsuchen längerer Serien von Photos (s. oben Rdnr. 51). Es war daher eines der Hauptanliegen des Systems „SIGMA", die Anzahl der zur Identifizierung des Tatverdächtigen bestimmten Photos stark einzuschränken.

4. Kategorisierung (Typisierung) der Gesichter

Die Gestaltung der Gesichter im System „SIGMA" wurde unter Beachtung **72** der Zielvorstellungen bewußt auf die „Typisierung" der einzelnen Ausprägungen des Gesichtes ausgerichtet. Ausgegangen wurde hierbei von der wissenschaftlichen These, daß ein durchschnittlicher Zeuge offensichtlich nur in der Lage ist, den **generellen Typ** des Verdächtigen und allenfalls einige **Besonderheiten** (Abweichungen) wiederzugeben (s. oben Rdnr. 56).

Diese Typisierung der Gesichtsausprägungen steht auch in unmittelbarem Konnex mit der bereits erwähnten (vgl. Rdnr. 70) Begrenzung der Anzahl der Gesichtsausprägungen, da zur Gestaltung eines „Typus" weniger Gesichtsausprägungen benötigt werden, als dies zur Konstruktion eines möglichst ähnlichen Gesichtes der Fall wäre.

5. Unterschiedliche Bedeutung der einzelnen Gesichtsausprägungen

Die vielfach festgestellte unterschiedliche Bedeutung der einzelnen **73** Gesichtsausprägungen (s. oben Rdnr. 61 ff.) wurde auch im Rahmen des SIGMA-Systems berücksichtigt.

So wird etwa für die **Haare** und die **Augen** (samt Augenbrauen und wechselnden Proportionen der Augen und Augenbrauen untereinander) eine relativ große Anzahl von Varianten angeboten, während bei den **Ohren** in Anbetracht der offensichtlich geringen Bedeutung für die Identifizierung nur ein Minimum von Formen zur Verfügung gestellt wird.

Der Beobachtung, daß der **Nase** in der En-face-Ansicht nur eine geringe Bedeutung zur Identifizierung eines Gesichtes zukommt (s. oben Rdnr. 49, 64), wird dahingehend entsprochen, daß für die Nase auch die entsprechende Profilansicht zur Verfügung steht, aus der dann die typische Form des Nasenrückens erkennbar ist.

6. Volle Auswahl der Ausprägungen

74 Der Forderung, den Zeugen oder Geschädigten alle Ausprägungen zeigen zu können, kommt das Medium der elektronischen Datenverarbeitung im System „SIGMA" entgegen. Die einzelnen Varianten können sehr rasch am Bildschirm angeboten werden, wobei sie – wie bereits erwähnt (s. oben Rdnr. 69) – in das Gesicht hineinprojiziert werden; dadurch ist es möglich, sie jeweils im Konnex mit den anderen (ausgewählten) Ausprägungen zu beurteilen.

7. Anzahl der Ausprägungselemente

75 Die Erkenntnis von *Ellis, Davies* und *Shepherd*, die Unterteilung in fünf Ausprägungselemente (Haar, Augen, Nase, Mund, Kinn) sei zu grob, wurde in der Weise umgesetzt, daß – unter Ausnützung der Möglichkeiten der elektronischen Datenverarbeitung – der Augenabstand, die Entfernung zwischen Augen und Augenbrauen, die Entfernung der Augenbrauen voneinander und die Mundpartien variabel gestaltet wurden. Diese zusätzlichen Funktionen haben sich nach den bisherigen Erfahrungen äußerst bewährt.

8. Anwendung humanbiologischer Erkenntnisse

76 Da das System „SIGMA" bewußt nicht auf der Vermessung von Gesichtern aufbaut, konnten die vielfältigen und diffizilen **Meßdaten** der anthropologischen Fachliteratur für das Projekt keine Anwendung finden. Allerdings lieferte neben den wahrnehmungspsychologischen Untersuchungen auch die humanbiologische Forschung mit der oben (Rdnr. 67, 68) beschriebenen Wiener Dissertation einen wichtigen Beitrag zur Entwicklung des Systems „SIGMA". Aufgrund der unterschiedlichen Fragestellungen dieser Forschungsarbeit einerseits und der wissenschaftlichen Fundierung des Systems „SIGMA" andererseits konnten zwar nur einige der Ergebnisse verwertet werden. Die ermittelten Häufigkeiten verschiedener Ausprägungen des Gesichtes aber wurden herangezogen, wobei diese nach der Methode des „trial and error" im iterativen Prozeß den praktischen Erfordernissen angepaßt wurden.

D. Kriminaltechnik in Österreich

I. Allgemeiner Überblick

77 Die Anfänge der **Kriminaltechnik** im Bereich der Sicherheitsbehörden finden sich in den dreißiger Jahren dieses Jahrhunderts. In den Jahren 1955/1956 wurde im Rahmen der damaligen Abteilung Kriminalpolizeilicher Dienst – INTERPOL des Bundesministeriums für Inneres ein kriminaltechnisches Referat mit naturwissenschaftlichen Arbeitsschwerpunkten eingerichtet, wobei die Erfahrungen im Bereich deutscher und schweizer Untersuchungsstellen eine wertvolle Hilfe boten. Zwischen 1970 und 1980 wurde die Tätigkeit der zuständigen Abteilung neben spurenkund-

lichen, chemischen, physikalischen und biologischen Untersuchungen auch auf die fachtechnische Untersuchung von Bränden ausgeweitet.

Die Entwicklung der modernen Naturwissenschaften und insbesondere **78** das Einbringen der Datenverarbeitung erforderte die Schaffung eines **zentralen Datensystems,** an das unter anderem die Geräte der einzelnen Schwerpunkte
– Gaschromatographen
– Hochdruck-Flüssigkeitschromatographen
– Meß- und Wägesysteme
– Mikrosonde des Raster-Elektronenmikroskopes
angeschlossen sind.

Das Datensystem stellt für die technischen Arbeitserfordernisse der Kriminaltechnik eine universell kompatible Einrichtung dar, die unter anderem auch für komplexe Berechnungen und Datenbanken geeignet ist.

II. Die Geräte im einzelnen

Im folgenden sollen nun die wichtigsten **Geräte,** die den einzelnen Labora- **79** torien und Arbeitsgruppen zur Verfügung stehen, und ihre Verwendung angeführt werden.

1. Geräte der Arbeitsgruppe für Brand- und Expolsionsursachenermittlung

Für die Beurteilung der Zündquellen von Bränden müssen oft Wärmeüber- **80** tragungsprobleme auf experimentellem Wege überprüft oder nachvollzogen werden, weil nur damit die Bestätigung eines in Frage kommenden Brandauslösers erfolgen kann. Hierfür wurde ein **tragbarer Kleinrechner** angeschafft, der speziell für die Speicherung der großen Anzahl von Informationen, wie sie z. .B. von Thermoelementen ausgehen, ausgerüstet ist. Mit diesem Kleinrechner ist es möglich, sowohl am Brandplatz als auch im Labor ein Temperaturfeld zu messen und alle Daten zu speichern. Diese Daten können dann auf den Laborcomputer übertragen werden und sind somit für eine gezielte Auswertung verfügbar.

Da in der Anfangsphase eines Brandgeschehens neben der Temperatur- **81** verteilung und der Materialanordnung auch andere Einflußgrößen eine Rolle spielen, sind zur Messung dieser Parameter spezielle Geräte vorhanden, deren Daten ebenfalls vom Kleinrechner aufgezeichnet werden können. Im einzelnen handelt es sich dabei um ein **Meßgerät** zur Erfassung von Luftströmungen, ein weiteres zur Bestimmung des Wärmeflusses und eines zur Messung der Sauerstoff- und Kohlenmonoxydkonzentration in Gasen. Letzteres kann auch zur Überprüfung von Feuerstätten und Durchlauferhitzern nach Kohlenmonoxydunfällen verwendet werden.

2. Geräte des biologischen Laboratoriums

a) Lichtmikroskope

Dem biologischen Laboratorium stehen zwei große **Lichtmikroskope** zur **82** Verfügung. Mit diesen Geräten sind Untersuchungen sowohl im durchfallenden als auch im auffallenden Licht unter Benützung aller moderner Hilfsmittel sowie die Beobachtung der Fluoreszenz mittels Beleuchtung durch ultraviolette Bestrahlung möglich. Dadurch ist eine effektive Vergrößerungsmöglichkeit der Präparate bis zum 2 000fachen gegeben.

Der Vorteil der mikroskopischen Beobachtung liegt darin, daß einerseits Lebend-Beobachtungen möglich sind, andererseits im sichtbaren Licht bzw. bei Untersuchung der Fluoreszenz die Farben wahrgenommen werden können. Ein Nachteil der Lichtmikroskopieuntersuchung besteht vor allem in der relativ geringen Tiefenschärfe, die durch die physikalischen Gegebenheiten begrenzt ist.

83   Beide Geräte sind mit automatischen 35-mm-Kameras für Dokumentationszwecke ausgerüstet.

84   *b) Stereomikroskope*

Für einfache Untersuchungen, Übersichten usw. stehen **Stereomikroskope** zur Verfügung. Diese Geräte besitzen Umkehrprismen, wodurch aufrechte und seitenrichtige Bilder gewährleistet sind und durch die Anordnung auch die Tiefenwirkung erhalten bleibt. Die Vergrößerung ist 25–120fach. Sie sind sowohl für Durchlicht- als auch für Auflichtverfahren ausgelegt.

c) Rasterelektronenmikroskop mit angeschlossenem Mikroröntgenfluoreszenzanalysensystem

85   Zunächst für Spezialuntersuchungen gedacht, wurde 1981 ein **Rasterelektronenmikroskop,** das 1983 mit einer **Mikroröntgenfluoreszenzanlage** ausgestattet wurde, angeschafft. Die Kombination der beiden Geräte erlaubt im derzeitigen Ausbau eine Beobachtung des Probenmaterials im auffallenden Licht bis zu 100 000facher Vergrößerung. Gegenwärtig können die Elemente von Ordnungszahl 9 (Fluor) bis 92 (Uran) qualitativ und quantitativ bestimmt werden.

86   Auch dieses Gerät besitzt eine automatische **35-mm-Kamera** für Dokumentationzwecke, die ein zeilenfreies Bild erzeugt. Die Ergebnisse der Elementuntersuchungen werden in Form von Kurven und Tabellen **ausgedruckt,** wobei die einzelnen Untersuchungsergebnisse für allfällige spätere Vergleiche **gespeichert** werden.

3. Geräte für das chemische Laboratorium und für die EDV-Analytik

87   Die Kriminaltechnologische Zentralstelle verfügt über 7 **Gaschromatographen** modernerer Bauart zur Untersuchung verdampfbarer Stoffe. Durch eine einmalige Gerätekombination können im Routinebetrieb Brandrückstände selbst in einer Verdünnung von 1:100 000 nachgewiesen werden. Einer der Gaschromatographen ist mit einem **Zusatzgerät** ausgerüstet, das die Bestimmung von Kunststoffen gestattet, wenn etwas mehr als 10 millionstel Gramm des Untersuchungsmaterials vorliegen.

88   Außerdem werden drei **Hochdruckflüssigkeitschromatographen** verwendet, mit denen man viele jener Substanzgemische in ihre Bestandteile zerlegen kann, die nicht gaschromatographisch untersucht werden können. Mit Hilfe der Gelpermeationschromatographie kann man weniger als 1 mg Schmieröl einem Handelsprodukt zuordnen. Die Ionenchromatographie

gestattet es, anorganische Sprengstoffe selbst noch nach der Explosion zu analysieren, während die Adsorptionschromatographie zur Analyse von gebrauchten Schmierstoffen, Pflanzenschutzmitteln, Sprengstoffrückständen (Nachweisgrenze: 2 milliardstel Gramm) und Kunststoffbestandteilen dient.

Um Metalle analysieren zu können, dient ein **Atomabsorptionsspektro-**   89
meter modernster Bauart. Hierbei lassen sich Metalle bis in Verdünnungen von 1:1 Milliarde nachweisen.

4. Geräte für das spurenkundliche Laboratorium

Zur vergleichenden Untersuchung von Spurenprofilen dient das **Ver-**   90
gleichsmikroskop, das es ermöglicht, über eine optische Brücke durch Spiegelung beide Strahlengänge bzw. Bilder nebeneinander im Okular zu vereinen.

5. Geräte für das chemische Laboratorium

a) Lasermikroanalyse

Mit dem 1968 angekauften **Lasermikrospektralanalysator** wurde erstmals   91
im westlichen Europa die Mikrospektralanalyse in der Kriminaltechnik eingesetzt. Hiermit kann die Analyse von mikroskopischen Teilchen bis 10 µm durchgeführt werden (1 µm = 1/1 000 mm).

b) Infrarot-Spektrometrie

Für den Nachweis vorwiegend organischer Substanzen (z. B. Suchtgifte) bei   92
geringstem Materialbedarf (ca. 1/1 000 g) dienen zwei moderne **Infrarot-Spektrometer.**

6. Streuscheibendatei

Hierbei handelt es sich um eine Datei der auf Scheinwerferstreuscheiben,   93
Blinkern und sonstigen Leuchten aufzufindenden Kennzahlen. Diese Daten werden seit 20 Jahren gesammelt und laufend ergänzt und umfassen derzeit etwa 100 000 solcher Kennzahlen. Die **Streuscheibendatei** dient zur Ermittlung des Fahrzeugtypes aufgrund der Bruchstücke der genannten Leuchten, die häufig bei Verkehrsunfällen zurückbleiben. Die Erfolgsquote, nämlich die Auffindung der angefragten Kennzahlen bzw. Kennzahlenbruchstücke, liegt derzeit bei 90 %. Diese Streuscheibendatei stellt derzeit die einzige in Europa bestehende derartige Fahndungshilfe dar.

SCHRIFTTUM

Baddeley, Alan: So denkt der Mensch. Unser Gedächtnis und wie es funktioniert. München 1986.

Davies, Graham M., John W. Shepherd and *Hadyn D. Ellis:* „Whats's in a Face?" – A Project in Forensic Psychology. In: Police Research Bulletin 32 (1979), pp. 34–38.

dies.: Remembering Faces: Acknowledging our Limitations. In: Journal of the Forensic Science Society 18 (1978), pp. 19–24.

Drescher, Heinz: Personenbeschreibung. Wiesbaden 1961 (Schriftenreihe des Bundeskriminalamtes. 1961/2).

Ellis, D. Hadyn, Graham M. Davies and *John W. Shepherd:* An Investigation of the Photofit-System for Recalling Faces. Department of Psychology University of Aberdeen (o. J.).

Gallus, Herbert: Bild- und Personenfahndung. In: Bundeskriminalamt (Hrsg.): Fahndung. Arbeitstagung im Bundeskriminalamt Wiesbaden vom 9. März bis 13. März 1970. Wiesbaden 1970 (BKA-Vortragsreihe. Bd. 19), S. 147–157.

Goldstein, Alvin G.: The Fallibility of the Eyewitness: Psychological Evidence. In: Bruce Dennis Sales (ed.): Psychology in the Legal Process. New York 1977, pp. 223–247.

Groß, Hans und *Friedrich Geerds:* Handbuch der Kriminalistik. 10. Aufl. B. II. Berlin 1977.

Harmon, Leon D.: The Recognition of Faces. In: Scientific American 229 (1973) pp. 71–82.

Heindl, Robert: Ein Beitrag zum Problem des Verbrecheralbums. In: Archiv für Kriminal-Anthropologie und Kriminalistik 33 (1909), S. 135–138.

Huelke, Hans Heinrich: Forschung auf den Gebieten der Kriminaltechnik und des Erkennungsdienstes. In: Bundeskriminalamt (Hrsg.): Grundlagenforschung und Kriminalpolizei. Arbeitstagung im Bundeskriminalamt Wiesbaden vom 21. April bis 25. April 1969. Wiesbaden 1969 (BKA-Vortragsreihe. Bd. 18), S. 129–141.

Laughery, Kenneth R., Judith F. Alexander and *Alan B. Lane:* Recognition of Human Faces. In: Journal of Applied Psychology 55 (1971), No. 5, pp. 477–483.

Lorenz, Konrad: Die Rückseite des Spiegels. Versuch einer Naturgeschichte menschlichen Erkennens. 4. Aufl. München 1983.

Mergen, Armand: Die Kriminalistik im Wissenschaftssystem der Kriminologie. In: Edwin Kube, Hans Udo Störzer und Siegfried Brugger (Hrsg.): Wissenschaftliche Kriminalistik. Grundlagen und Perspektiven. Teilb. 1: Systematik und Bestandsaufnahme. Wiesbaden 1983 (BKA-Forschungsreihe. Bd. 16/1), S. 19–35.

Müller, Peter Heinrich: Zur Paarungssiebung morphologischer und morphometrischer Merkmale des Gesichtes; Diss. Wien (o.J.).

Nickerson, R. S.: Short-term Memory for Complex Meaningful Visual Configurations: A Demonstration of Copecity. In: Canadian Journal of Psychology 19 (1965), pp. 155–160.

Patterson, K. E. and *A. D. Baddeley:* When Face Recognition Fails. In: Journal of Experimental Psychology: Human Learning and Memory 3 (1977), pp. 406–417.

Phillips, Richard J.: Recognition, Recall and Imagery of Faces. In: Michael M. Gruneberg, Peter Morris, Robert N. Sykes (eds.): Practical Aspects of Memory. London 1978, pp. 270–277.

Schuster, Leo: Perseveranz. In: Edwin Kube, Hans Udo Störzer und Siegfried Brugger (Hrsg.): Wissenschaftliche Kriminalistik. Grundlagen und Perspektiven. Teilb. 1: Systematik und Bestandsaufnahme. Wiesbaden 1983 (BKA-Forschungsreihe. Bd. 16/1), S. 321–352.

Seelig, Ernst und *Hanns Bellavić:* Lehrbuch der Kriminologie. 3. Aufl. Darmstadt 1963.

Zavala, Albert: Litterature Review. In: Albert Zavala and James J. Paley (eds.): Personal Appearance Identification. Springfield/Illinois 1972, pp. 5–13.

Zeiner, Wolfgang and *Herbert Zima:* The „Sigma" Project. A New Approach to Personal Description Data: In: International Criminal Police Review 37 (1982), pp. 206–212.

Zima, Herbert und *Wolfgang Zeiner:* Das Versuchsprojekt „Sigma". Neue Wege zur Erfassung und Auswertung der Signalmentdaten. In: Kriminalistik 36 (1982), S. 593–596.

Die **Ermittlungen** zielen in erster Linie darauf ab, strafrechtlich rele- **10** vante Schuld auszuschließen. Soweit als Hilfe für die Hinterbliebenen oder zur Klärung der Umstände erforderlich, wird darüber hinaus untersucht, ob Selbstmord, Unfall ohne Drittverschulden, Tod infolge höherer Gewalt oder natürlicher Ursache vorliegt.

I. Meldung eines außergewöhnlichen Todesfalles

Fast lückenlos zur Kenntnis der Polizei gelangen Todesfälle oder **Leichen-** **11** **funde, die sich außerhalb menschlicher Behausungen** abspielen.

Viel schwerer fällt in der Praxis den Ärzten, außergewöhnliche Todes- **12** fälle als solche anzusprechen und der **Meldepflicht** zu genügen, welche die kantonalen Gesundheitsgesetze ihnen aufbürden[3]. Am häufigsten wird dagegen verstoßen, wenn der Tod erst einige Zeit nach dem ursächlichen außergewöhnlichen Ereignis eintritt und dazwischen eine Krankenhausbehandlung liegt; offenbar drängen die medizinischen Abläufe die für den Kriminalisten wichtigen Zusammenhänge weit in den Hintergrund des Bewußtseins der verantwortlichen Mediziner.

Einzelne „Ausreißer" wecken immer wieder umfassende **Zweifel** an **13** einem Ablauf, der den ersten wesentlichen Entscheid den Allgemeinpraktikern und Spitalärzten überträgt, einer Berufsgruppe, deren Pflichten sonst ganz anders beschaffen sind. Jede denkbare Alternative würde aber die Zahl der zunächst als außergewöhnlich zu behandelnden Todesfälle derart vermehren, daß die Ermittlungsroutine wieder ähnliche Gefahren heraufbeschwören, den Blick für die wichtigen Anzeichen verdunkeln würde.

II. Erste Maßnahmen

Der weder auf Leichensachen noch Kapitalverbrechen spezialisierte Rap- **14** portierende ist für längere Zeit am Tat- oder Fundort auf sich allein gestellt; er hat dort alle zum Schutze der Sachbeweise erforderlichen Vorkehrungen zu treffen sowie sich einen ersten Überblick durch Erheben von Personalien und Auskünften bei den Beteiligten zu verschaffen.

Falls der polizeiliche Einsatz ursprünglich als Hilfeleistung angefordert **15** worden ist, sind vor dem Rapportierenden bereits Funktionäre der **Sicherheits-** oder **Verkehrspolizei** eingetroffen, die nur so lange ausharren, als ihre Unterstützung benötigt wird. Daß sie Wichtiges und Vergängliches wahrgenommen haben, möglicherweise bevor jemand an die Notwendigkeit einer Beweissicherung gedacht hat, droht manchmal in Vergessenheit zu geraten, indem der Rapportierende weder ihre Erkenntnisse festhält noch sie um einen nachträglichen Bericht ersucht.

---

3 Z. B. § 15 des Gesetzes über das Gesundheitswesen des Kantons Zürich in der Fassung vom 6. September 1987: **§ 15 Abs. 1**
Die Angehörigen der Berufe der Gesundheitspflege haben der Polizeibehörde verdächtige oder außergewöhnliche Todesfälle, wie Unglücksfälle und Selbstmorde, unverzüglich zu melden. Sie sind ohne Rücksicht auf die Pflicht zur Wahrung des Berufsgeheimnisses befugt, der Polizeibehörde Wahrnehmungen zu melden, die auf ein Verbrechen oder Vergehen gegen Leib und Leben, die öffentliche Gesundheit oder die Sittlichkeit schließen lassen.

III. Augenschein und Spurensicherung

16 Wenn die fürs erste erforderlichen Spezialisten sowie der Verfahrensleiter eingetroffen und die fotografischen Übersichtsaufnahmen gemacht sind, tritt die **Tatortarbeit** in ihre entscheidende Phase.

17 In der vom Einzelfall gebotenen sinnvollen Reihenfolge besichtigt man die Leiche und sichert man die Spuren. Dies sollte möglichst unbeeinflußt von voreiligen Schlüssen geschehen, zu denen die Eigentümlichkeiten des außergewöhnlichen Todesfalles verführen; aber immer wieder wird auf vermeintliche Klarheit der Erkenntnisse geschlossen, wo Zweifel walten sollten. Die Größe der Aufgabe, anhand spärlicher Spuren und des äußeren Anscheins einer Leiche zuverlässig Hergang und Ursachen zu ergründen, erheischt meist dringend das die Grenzen des Spezialistentums überspringende **Gespräch**. Es taugt zudem am besten, weitere Abklärungen und Laboruntersuchungen auszumachen.

18 Möglichst früh und möglichst schon am Tat- oder Fundort einzubeziehen sind **technische Spezialisten,** falls äußere Einwirkungen wie elektrischer Strom oder Gas eine Rolle spielten.

19 Zur Koordination der Tatortarbeit gehört das Ausschalten allfälliger **Störungen.**

20 Im Umgang mit den anwesenden **Hinterbliebenen** ist einerseits Rücksicht geboten, zumal man aus Gründen der Statistik beinahe schon zu wissen meint, auch dieser außergewöhnliche Todesfall sei natürlich oder doch strafrechtlich irrelevant. Andererseits erscheinen die Auskünfte der Hinterbliebenen als unentbehrlich zum Aufhellen des Hergangs. Mitunter liegt ihnen aber auch daran, ein ungünstiges Bild zu verwischen, ohne daß an strafrechtliche Schuld zu denken ist; rührt der Tod tatsächlich oder vermeintlich von Selbstmord oder etwa von autoerotischen Manipulationen her, so setzen sich Hinterbliebene nicht selten schwerwiegendem Verdacht aus, um die Todesursache als „harmlos" hinzustellen.

IV. Leichenschau und abschließende Untersuchungen

21 Meist am Tatort ist zu entscheiden, ob die **Legalinspektion,** die von einem Amtsarzt vorgenommene Leichenschau, genügt oder ob eine Autopsie stattfindet. Falls nur die Leichenschau nötig ist und die Umstände ungestörtes Arbeiten ermöglichen, findet sie gleich an Ort und Stelle statt, im Anschluß an die oberflächliche Untersuchung, welche regelmäßig die Temperaturmessungen einschließt, sofern die Differenz zwischen Umgebungs- und Leichentemperatur noch Rückschlüsse auf den Todeszeitpunkt gestattet.

22 Die vom Untersuchungsrichter angeordneten **Autopsien** führen die gerichtsmedizinischen Institute und Pathologie-Abteilungen größerer Krankenhäuser durch.

Obwohl zu wünschen ist, daß der **Untersuchungsrichter** oder ein **polizei-** **23**
licher Sachbearbeiter an der Autopsie oder an der späteren Legalinspektion
teilnehmen[4], verzichten viele in der Praxis auf diese wichtige Rückkoppe-
lung der Information. Hier fallen häufig Erkenntnisse an, die – kraft weiterer Erhebungen abgerundet – das Bild vervollständigen.

Sofern die **Krankengeschichte** des Toten eine Rolle spielen könnte, **24**
erhebt der Amtsarzt zwischen der Tatortbesichtigung und der Leichenun-
tersuchung die beim behandelnden Arzt erhältlichen Informationen.

V. Zusammenfluß der Informationen

Ein zusammenfassender Bericht gibt den am Tatort gewonnenen Erkennt- **25**
nisstand wieder und deutet wenigstens an, was die nachfolgenden Untersuchungen zeitigten (s. oben Rdnr. 7), so daß nachvollziehbar wird und
bleibt, weshalb die Ermittlungsbehörden das Vorliegen einer Straftat ver-
neinen und wie sie den Todesfall einordnen.

C. Schwerer Verkehrsunfall

Die meisten Kantone sehen für Verkehrsunfälle von einer gewissen **26**
Schwere – dabei spielt außer den Folgen die deutliche Erkennbarkeit des
Verlaufes eine Rolle – ein ähnliches **Verfahren** vor wie für den außerge-
wöhnlichen Todesfall[5]. Die Fragen nach dem Ablauf des Unfalls und nach
Identität wie Rolle der Beteiligten stehen hier im Mittelpunkt.

Seit Jahrzehnten werten Spezialisten die mittels einer festen Basis ste- **27**
reoskopisch aufgenommenen **Unfallfotografien** in Plänen aus, welche End-
lage der Fahrzeuge und markierte Spuren samt den Strukturen des Ver-
kehrsweges im Grundriß abbilden. Zunehmend halten **kriminaltechnische**
Methoden Einzug, namentlich zum Ermitteln der verantwortlichen Len-
ker und zur Rekonstruktion des Ablaufes.

Taucht der Verdacht auf, für das Geschehen verantwortliche Beteiligte **28**
stünden unter **Alkoholeinfluß,** so schreibt die Eidgenössische Verordnung
vom 27. Oktober 1976 über die Zulassung von Personen und Fahrzeugen
zum Straßenverkehr in den Art. 138–142 die Blutuntersuchung vor, grün-
dend auf einer von medizinischem Fachpersonal erhobenen Blutprobe. Die
Vorprobe mittels Atemprüfgerät ist zulässig, und sie verhindert, falls der
betroffene Verkehrsteilnehmer anwesend und zu ihr imstande ist, viele
unnütze Blutproben. Zum Nachweis der Angetrunkenheit taugt sie nach
Verordnung und Gerichtspraxis derzeit nicht, doch könnte sich das bald
ändern, weil die Methoden zum Untersuchen der Atemluft mittlerweile an
Zuverlässigkeit und Schlüssigkeit gewonnen haben.

---

4 *Bänziger/Sigrist* 1989 S. 254.
5 Laut Weisung der Staatsanwaltschaft des Kantons Zürich „Verkehrsunfälle mit ernsthaften
  Körperverletzungen".

D. Ausblick: Gebrauch der Informatik

29 Die kleinen selbständigen Organisationseinheiten der schweizerischen Polizei erschweren einerseits die überörtliche Zusammenarbeit wie den Aufbau großer Systeme, begünstigen aber andererseits die Suche nach Lösungen neu sich stellender Aufgaben. Daher überrascht nicht, daß das Vorhaben eines gesamtschweizerischen **Kriminalpolizeilichen Informationssystems** scheiterte, daß aber andererseits verschiedene Kantone Arbeitsplatz- und darauf gründende Führungsinformationssysteme entwickeln. Besonders eng wirken die Kantone des französischen Sprachgebiets dabei zusammen.

SCHRIFTTUM

Bänziger, Felix und *Thomas Sigrist:* Bewährungsprobe für den Kriminalisten. Der außergewöhnliche Todesfall als Gegenstand der Zusammenarbeit zwischen Arzt, Jurist und Ermittler. In: Kriminalistik 43 (1989), S. 252–255.

Schwarz, Fritz: Der außergewöhnliche Todesfall. Erste Feststellungen am Ort des Geschehens. Stuttgart 1970.

Thomann

46
Datenschutz und informationelle Tätigkeit der Polizei

Ernst-Heinrich Ahlf, Hans Udo Störzer
und Gottfried Vordermaier*

*Die Polizei will alles, alles wissen,
und besonders Geheimnisse.*

*Lessing, Minna von Barnhelm,
2. Aufzug, 2. Auftritt*

INHALTSÜBERSICHT

* *Ernst-Heinrich Ahlf* ist für die Teile B. I. und V., *Hans Udo Störzer* für die Teile A. I. (Rdnr. 1–4, 9–13), II.–IV. 2. a), V. 1., 2. a), c), d), VI. 1., B. II., IV., VI. und C., *Gottfried Vordermaier* für die Teile A. I. (Rdnr. 5–8), IV. 2. b), V. 2. b), VI. 2.–4. und B. III. verantwortlich. – Der Beitrag von *Ahlf* basiert auf einem am 12. März 1992 an der Polizei-Führungsakademie in Münster gehaltenen Referat (*Ahlf* 1992).

A. Der Rahmen

I. Ein Novum?

1 Jeder hat auf Reisen schon einmal ähnliches erlebt:

Unter Hinweis auf eine entsprechende Polizeiverordnung bittet ein Hotelier zwei neue Gäste, eine Dame und ihre Begleiterin, um Informationen für den Meldezettel. Es geht um „Namen, Heimat, Charakter, hiesige Geschäfte, vermutliche Dauer des Aufenthalts und so weiter". Man gibt bereitwillig Auskunft; der Grund des Hierseins seien „eigene Angelegenheiten". Das will der Wirt jedoch genauer aufschreiben, und er beharrt trotz der empörten Frage „Die Polizei wird doch nicht die Geheimnisse eines Frauenzimmers zu wissen verlangen?" auf einer näheren Benennung. Man gibt nach – unter einer Bedingung: „Aber daß es ja unter uns und der Polizei bleibt!"

Die **Szene** ist **230 Jahre alt**. Sie stammt aus dem von *Gotthold Ephraim Lessing* 1763 verfaßten Lustspiel „Minna von Barnhelm". Jenes Edelfräulein befindet sich mit seiner Zofe auf der Suche nach seinem verschollenen Verlobten; sie ist in einem Berliner Gasthof abgestiegen und erfährt, daß die „Wirte ... angewiesen" sind, „keinen Fremden, wes Standes und Geschlechtes er auch sei, vierundzwanzig Stunden zu behausen", ohne bestimmte Auskünfte über ihn „gehörigen Ortes schriftlich einzureichen".[1]

Dieses Beispiel soll zum einen illustrieren, daß keineswegs erst „durch den zunehmenden Gebrauch der elektronischen Datenverarbeitung ... die ... Information für die polizeiliche Tätigkeit mehr und mehr an Bedeutung"[2] gewonnen hat. Polizeiarbeit besteht seit jeher im Kern aus dem Sammeln, Auswerten und Umsetzen von Informationen.[3] Der Einsatz der elektronischen Datenverarbeitung hat die **informationelle Tätigkeit der Polizei** allerdings nachhaltig verändert. **2**

Die „Elektronisierung" der polizeilichen Arbeit brachte **3**
– auf dem Gebiet konventioneller Tätigkeiten

- Mengenvorteile und
- Zeitvorteile

sowie darüber hinaus
– neue Möglichkeiten

- des Auswertens, Abgleichens und Verknüpfens komplexer Datenbestände sowie
- der Unterstützung bei weitergehenden kriminaltechnischen Aufgabenstellungen.

So ließ sich etwa die Aktualität der Fahndungsnotierungen von zwei bis drei Wochen Änderungszeit bei den früheren Fahndungskarteien auf eine Zeitnähe im Minuten- bzw. sogar Sekundenbereich verbessern, und das trotz des stetigen Anwachsens der Fahndungsbestände. Gegenüber der manuellen Vorgehensweise eröffneten sich völlig neue Möglichkeiten zum Beispiel bei der systematisierten Fahndung, der sogenannten „Rasterfahndung"; durch Abgleich umfangreicher Datenbestände aus dem nichtpolizeilichen Bereich miteinander oder mit polizeilichen Beständen können große Personenkreise auf das Vorliegen bestimmter Kriterien hin untersucht werden. Schließlich können außer Buchstaben und Zahlen auch Muster- bzw. Bild- und phonetische Informationen elektronisch verarbeitet werden. Diese skizzenhaften Hinweise[4] sollen deutlich machen, daß

---

1 2. Aufzug, 2. Auftritt.
2 So *Deutsch* 1992 S. 1. Vgl. auch *Pitschas* 1991 S. 9; *Peitsch* 1991 S. 305.
3 S. hierzu *Störzer* 1979, insb. S. XXIII (m. w. N.); *Boge* 1983a S. 19; *Ahlf* 1992 S. 67.
4 Ausführlich hierzu *Boge* 1983a S. 19–27; s. auch *Störzer* 1979 S. XXIII–XXIV.

durch die Einführung der elektronischen Datenverarbeitung die informationelle Tätigkeit der Polizei eine **neue Dimension** erhalten hat.[5]

4   Selbst wenn nach wie vor „die Verbrechensbekämpfung . . . von der Intuition und der individuellen Kreativität des einzelnen Kriminalbeamten, seiner Sachkunde, seiner Erfahrung und seinem persönlichen Einsatz" lebt und „dies . . . kein Computer ersetzen" kann,[6] bleibt doch festzustellen, daß „niemals zuvor . . . die öffentliche Verwaltung . . . ein so genaues Bild des einzelnen zu vermitteln" vermochte[7]; „die rasante Entwicklung der Informationstechnologie"[8] eröffnet die Aussicht auf den „gläsernen Menschen"[9]. Damit erlangt die Frage nach den **Grenzen der polizeilichen Informationstätigkeit,** nach den notwendigen Schutzmaßnahmen für das Individuum besonderes Gewicht.[10]

5   Die stark gestiegene Leistungsfähigkeit der Informationstechnik (IT) – vor allem hinsichtlich Verarbeitungsgeschwindigkeit, Speicherfähigkeit und Kommunikationsmöglichkeiten – ermöglicht darüber hinaus einen zunehmend „mühelosen" Umgang mit großen Datenmengen in komplexen weltweiten Netzen. Gleichzeitig werden IT-Systeme in immer größerer Zahl von immer mehr Menschen in immer mehr Anwendungsbereichen eingesetzt. Diese Entwicklung bedingt jedoch eine **wachsende Abhängigkeit** von der Datenverarbeitung und den komplexen Kommunikationsstrukturen.

6   Daraus folgen **neue Risiken.** Bedrohungen aus den Schwächen der Informationsverarbeitung zählen ebenso hierzu wie die Folgen des Mißbrauchs der Informationstechnik. Nichtverfügbarkeit der IT-Systeme, Offenlegung vertraulicher Informationen oder Verfälschung von Daten können heute die Existenz von Wirtschaftsunternehmen ebenso wie die Funktion staatlicher Organe gefährden. Datenschutz und Datensicherheit spielen daher bei dieser Entwicklung unserer Gesellschaft hin zu einer Informationsgesellschaft eine Rolle mit wachsender Bedeutung.

---

5 *Störzer* 1979 S. XXIII; *Schattenberg* 1990 S. 2.
6 *Spranger* 1983 S. 12; zust. *Bull* 1983 S. 277. Vgl. dazu auch *Störzer* in diesem Handbuch, Bd. 1, Nr. 11, Rdnr. 46 ff.
7 *Simitis* 1983 S. 194/195.
8 *Riegel* 1992 S. V; vgl. dazu auch *Baum* 1980 S. 7.
9 S. hierzu *Laufs* 1983 S. 240; *Wernitz* 1983 S. 242; *Scholz* 1988 S. 53; *Bergmann/Möhrle/Herb* 1992 Teil III § 1 Rdnr. 12; *Luchs* 1993 S. 1. – Erst unlängst haben Datenschützer dieses Bild wiederaufgenommen. So warnte der Hessische Datenschutzbeauftragte *Hassemer* vor der Entstehung des „gläsernen Patienten" als Folge der bundesweiten Einführung des Krankenscheins in Chipkartenform (Mannheimer Morgen Nr. 48 vom 27./28. Februar 1993 S. 1); inzwischen sind auch die hessischen Ärzte „in Sorge" über die geplante maschinelle Erfassung, Verarbeitung und Kontrolle von Patientendaten (Frankfurter Rundschau Nr. 62 vom 15. März 1993 S. 21). Der *Bundesbeauftragte für den Datenschutz* sieht die Gefahr des „gläsernen Bürgers", die durch eine ständige Ausweitung des rechtlichen und tatsächlichen Instrumentariums zur Kontrolle und Überwachung drohe (1993 S. 12; vgl. Wiesbadener Tagblatt Nr. 115 vom 19. Mai 1993 S. 1); s. dazu auch *Bieber* 1993 S. 4. Und die baden-württembergische Landesbeauftragte für den Datenschutz *Leuze* zählt außerdem noch den „gläsernen Empfänger sozialer Hilfen" zu den Belegen dafür, daß „der Datenschutz in Deutschland . . . . schleichend ausgehöhlt" wird (1993 S. 10).
10 *Störzer* 1979 S. XXIII/XXIV; *Schattenberg* 1990 S. 2.

Gerade auch die zunehmende Nutzung der IT im Polizeibereich, etwa   7
die Auswertung personenbezogener und anderer vertraulicher Daten, erfordert einen angemessenen **Schutz der Verfügbarkeit, Integrität und Vertraulichkeit der Informationen.** Hier steht neben dem Verlangen nach Kontrolle und Transparenz der Datenverarbeitung unter Datenschutzaspek-
ten[11] die Forderung nach sicherer IT-Unterstützung bei der Erfüllung polizeilicher Aufgaben.

Beide Ziele bedingen ein leistungsfähiges „**Datenschutzmanagement**",   8
das weit über herkömmliche Einzelsicherungsvorkehrungen hinausreicht
und das gesamte Spektrum technischer und organisatorischer Möglichkeiten umfaßt und ausgewogen aufeinander abstimmt.

Aber das literarische Beispiel soll zum anderen auch belegen, daß **Daten-**   9
schutz nichts Neues ist. Wer höchst private oder sehr persönliche Dinge
preisgeben soll, hat auch das Bedürfnis, sicher zu sein, daß keine unkontrollierte Weitergabe erfolgt. Erinnert sei an „uralte Regelungen wie das
Steuer-, das Statistik-, das Sozial-, das Arztgeheimnis usw"[12]; lange vor den
allgemeinen Datenschutzgesetzen hat es schon Löschungsvorschriften,
Übermittlungsregelungen, Zweckbindungsgebote, Beweiserhebungsver-
bote u. ä. m. gegeben[13].

Die **allgemeine Datenschutzgesetzgebung** begann in der Bundesrepublik   10
Deutschland 1970 mit dem Hessischen Datenschutzgesetz.[14] 1974 trat in
Rheinland-Pfalz das „Landesgesetz gegen mißbräuchliche Datennutzung"
in Kraft. Der Bund folgte 1977 mit dem „Gesetz zum Schutz vor Mißbrauch personenbezogener Daten bei der Datenverarbeitung"; noch im selben Jahr wurde das Bremische Datenschutzgesetz erlassen. Die meisten
Landesdatenschutzgesetze stammen aus dem Jahre 1978. Fast alle diese
Gesetze sind inzwischen – z. T. mehrfach – ergänzt bzw. geändert oder
sogar durch eine Neufassung ersetzt. Der Bund novellierte das Bundesdatenschutzgesetz in dem „Gesetz zur Fortentwicklung der Datenverarbeitung und des Datenschutzes" vom 20. Dezember 1990 vollständig.[15]

Besondere gesetzgeberische Aktivitäten hatte das sogenannte „**Volks-**   11
zählungsurteil" des Bundesverfassungsgerichts vom 15. Dezember 1983[16]
ausgelöst. Im Verfahren über die Verfassungsbeschwerden gegen das Volks-
zählungsgesetz 1983 sah sich das Bundesverfassungsgericht durch eine
angesichts der „Möglichkeiten der modernen Datenverarbeitung" in der
Bevölkerung festzustellende „Furcht vor einer unkontrollierbaren Persön-
lichkeitserfassung" und eine insoweit „nur ... lückenhafte verfassungsrechtliche Rechtsprechung" genötigt, „die verfassungsrechtlichen Grundlagen des Datenschutzes umfassender zu prüfen".[17] In dem Urteil legte das
Gericht ausführlich die verfassungsrechtlichen Anforderungen dar, die an

---

11 S. dazu *Riegel* 1988 S. 288.
12 *Riegel* 1992 S. 15.
13 Vgl. dazu *Ermisch* 1979 S. 64; *Herold* 1979 S. 73; *Vorbeck* 1979 S. 179; *Riegel* 1992 S. 14/15.
14 S. hierzu *Vorbeck* 1979 S. 179.
15 Art. 1 (BGBl. I S. 2954).
16 BVerfGE 65, 1ff.
17 BVerfGE 65, 4.

staatliche Informationsvorhaben zu stellen sind[18], und entwickelte als Prüfstein für entsprechende gesetzliche Regelungen fünf Leitsätze[19].

12   Aber nicht nur die allgemeinen Datenschutzgesetze beeinflußte das Volkszählungsurteil. Für den Bereich der Sicherheitsbehörden entwickelte es geradezu „die Wirkungen eines mittleren Erdbebens"[20]. Das Bundesverfassungsgericht postulierte nämlich grundsätzlich für die hoheitliche personenbezogene Informationstätigkeit **bereichsspezifische** detaillierte **gesetzliche Regelungen**. Dies betrifft die Beschaffung von Informationen ebenso wie ihre Aufbewahrung und Weitergabe. Geschlossene Regelwerke gab es damals im polizeilichen Bereich auf der Ebene von Richtlinien, insbesondere die 1979 eingeführten und 1981 neugefaßten[21] „Richtlinien für die Führung Kriminalpolizeilicher personenbezogener Sammlungen – KpS –" und die „Richtlinien für die Errichtung und Führung von Dateien über personenbezogene Daten beim Bundeskriminalamt" aus dem Jahre 1981. Das bedeutete, daß die bestehenden Polizeigesetze entsprechend überarbeitet werden mußten. Die erste Reaktion erfolgte Ende 1989 in dem „Gesetz Nr. 1252 zur Neuordnung des Saarländischen Polizeirechtes"; 1990 kam dann eine ganze Reihe neuer Polizeigesetze.[22] Das „Gesetz über das Bundeskriminalamt und die Zusammenarbeit des Bundes und der Länder in kriminalpolizeilichen Angelegenheiten (Bundeskriminalamtgesetz –BKAG–)", durch das das „Gesetz über die Einrichtung eines Bundeskriminalpolizeiamtes (Bundeskriminalamtes)" vom 8. März 1951 – in der Fassung vom 29. Juni 1973 – fortentwickelt werden soll, befindet sich noch im Entwurf-Stadium (näheres unten Rdnr. 29).

13   Die **neuen Bundesländer** konnten ihre allgemeinen Datenschutz- sowie ihre Polizeigesetze – einschließlich des Vorläufer-„Gesetzes über die Aufgaben und Befugnisse der Polizei für die fünf neuen Bundesländer" vom 13. September 1990[23] – natürlich gleich an den Grundsätzen des Volkszählungsurteils orientieren.[24]

II. Grundbegriffe

1. Definition

14   Die Bezeichnung **„Datenschutz"** ist sprachlich etwas irreführend. Im umfassenden Sinne bedeutet Datenschutz die Gesamtheit aller Maßnahmen, die eine Beeinträchtigung der Befugnis des einzelnen[25], grundsätzlich selbst über die Preisgabe und Verwendung seiner persönlichen Daten zu

---

18 BVerfGE 65, 41–52.
19 BVerfGE 65, 1/2.
20 *Rogall* 1985 S. 11; *Deutsch* 1992 S. 1. Vgl. auch *Riegel* 1992 S. V.
21 S. hierzu GMBl. 1981 S. 119.
22 Vgl. *Ahlf* 1992 S. 68, insb. Fn. 5.
23 Vgl. *Ahlf* 1992 S. 68, Fn. 5.
24 S. hierzu *Riegel* 1992 S. V.
25 Da die Datenschutzbestimmungen durchweg auf „den einzelnen" bzw. „eine natürliche Person" ausgerichtet sind, bleiben hier Aspekte des Datenschutzes für juristische Personen bzw. Personengemeinschaften (vgl. Art. 19 Abs. 3 GG; s. hierzu *Bergmann/Möhrle/Herb* 1990 Teil III § 2 BDSG 77 Anm. 1.2) außer Betracht.

bestimmen, verhindern sollen.[26] Dieser Schutz des Individuums wird in unmittelbarer sowie in mittelbarer Weise realisiert.

2. Datenschutz im engeren Sinne

Direkt schützen den einzelnen vor mißbräuchlichem Umgang mit seinen **15** Daten Regelungen, die die Erhebung, die Verarbeitung und die Nutzung von Daten betreffen.[27] Diese unmittelbaren Schutzmaßnahmen in bezug auf Daten sind üblicherweise gemeint, wenn im allgemeinen Sprachgebrauch von „Datenschutz" die Rede ist.

3. Datensicherung

Indirekt können dem Schutz des einzelnen natürlich auch alle Maßnah- **16** men dienen, die zunächst einmal zum Schutze der Daten, Datenträger, DV-Anlagen und Programme selbst getroffen werden.[28] Bei diesen Maßnahmen der Datensicherung handelt es sich um die technischen und organisatorischen Vorkehrungen gegen

– den Verlust der Vertraulichkeit
– den Verlust der Integrität
– den Verlust der Verfügbarkeit

der Daten (s. auch Rdnr. 7, 68).[29] Gebräuchlich ist hierfür die Sammelbezeichnung „Informationssicherheit" bzw. **„IT-Sicherheit"**.

III. Rechtsquellen des Datenschutzes

1. Nationales Recht

a) Verfassungsrecht

Datenschutz hat seine Grundlage in der Verfassung. Im **Grundgesetz** ist er **17** zwar – anders als in einigen Landesverfassungen[30] – weder expressis verbis noch in einer Umschreibung erwähnt. Er scheint aber einmal in verschiedenen Grundrechten auf, die (auch) die informationelle hoheitliche Tätigkeit betreffen; zu denken ist insbesondere an die Garantie der Glaubens-, Gewissens- und Bekenntnis- (Art. 4), der Meinungs- (Art. 5), der Versammlungs- (Art. 8) und der Vereinigungsfreiheit (Art. 9), des Brief-, Post- und Fernmeldegeheimnisses (Art. 10) sowie der Unverletzlichkeit der Wohnung (Art. 13). Vor allem wird jedoch „der Schutz des Einzelnen gegen unbegrenzte Erhebung, Speicherung, Verwendung und Weitergabe seiner persönlichen Daten von dem allgemeinen Persönlichkeitsrecht des Art. 2 Abs. 1 in Verbindung mit Art. 1 Abs. 1 GG umfaßt"[31].

---

26 Vgl. BVerfGE 65, 1 – Leitsatz 1, 2. Satz –, 43; *Alke* 1992 S. 3.
27 Vgl. BVerfGE 65, 1 – Leitsatz 1, 1. Satz –.
28 Vgl. *Bergmann/Möhrle//Herb* 1992 Teil I Systematik Ziff. 1.4.2.
29 Vgl. *Alke* 1992 S. 5.
30 Vgl. z. B. die Verfassungen der Länder Berlin (Art. 21 b), Nordrhein-Westfalen (Art. 4 Abs. 2, 77 a), Saarland (Art. 2 Abs. 2) und Sachsen (Art. 33). – Eingehend zur verfassungsrechtlichen Verankerung des Datenschutzes, auch de lege ferenda, *Weichert* 1992 S. 738–745; s. auch *Riegel* 1992 S. 8, 11.
31 BVerfGE 65, 1 – Leitsatz 1 –, 43.

18   Die aus der Menschenwürde und dem Recht auf freie Entfaltung der Persönlichkeit abgeleitete „Befugnis des Einzelnen, grundsätzlich selbst über die Preisgabe und Verwendung seiner persönlichen Daten zu bestimmen"[32], wurde unter dem Schlagwort **„Recht auf informationelle Selbstbestimmung"** binnen kurzem „zur unbestrittenen rechtlichen Selbstverständlichkeit".[33] Inzwischen wird der Verfassungsrang dieses Rechts auch terminologisch durch die Verwendung des Begriffes **„Grundrecht auf Datenschutz"** in Rechtsprechung und Literatur hervorgehoben.[34]

b) Einfaches Recht

19 Allerdings ist das Grundrecht auf Datenschutz nicht schrankenlos gewährleistet; der einzelne muß **Einschränkungen** im überwiegenden Allgemeininteresse hinnehmen.[35] Nach Art. 2 Abs. 1 GG bedürfen solche Beschränkungen einer (verfassungsmäßigen) gesetzlichen Grundlage, die

– dem Gebot der Normenklarheit und

– dem Grundsatz der Verhältnismäßigkeit

zu entsprechen hat.[36] Soweit es konkret um die Festlegung eines Zwangs zur Angabe von personenbezogenen Daten geht, sind folgende Leitlinien vom Gesetzgeber zu beachten:

– Der Verwendungszweck der Daten muß

    • bereichsspezifisch

    • präzise

  bestimmt werden.

– Die Daten müssen für diesen Zweck

    • geeignet

    • erforderlich

  sein.

– Die Verwendung der Daten ist auf den bestimmten Zweck zu begrenzen.[37]

20 Bei den das Grundrecht auf Datenschutz einschränkenden Gesetzen ist – jeweils auf Bundes- und auf Landesebene – zu **unterscheiden** zwischen den allgemeinen (sog. „Querschnitts-")Datenschutzgesetzen und dem bereichsspezifischen Recht.

aa) Allgemeine Datenschutzgesetze

21 Für öffentliche Stellen des Bundes sowie für nicht-öffentliche Stellen, die personenbezogene Daten in oder aus Dateien geschäftsmäßig oder für

---

32 BVerfGE 65, 1 – Leitsatz 2 –, 43.
33 *Weichert* 1992 S. 738; s. auch *Riegel* 1992 S. 8.
34 Vgl. z. B. BVerfG NJW 1991 S. 2132; *Herb* 1992 S. 705; *Weichert* 1992 S. 738, 739, 740. S. auch CR 1991 S. 688; *Der Bayerische Landesbeauftragte für den Datenschutz* 1992 S. 102.
35 BVerfGE 65, 43/44.
36 BVerfGE 65, 44.
37 BVerfGE 65, 46.

berufliche oder gewerbliche Zwecke verarbeiten oder nutzen, gilt das „**Bundesdatenschutzgesetz** (BDSG)" vom 20. Dezember 1990[38].[39]

Jedes Bundesland hat inzwischen für seine öffentlichen Stellen und die   **22** seiner Landkreise, seiner Gemeinden und der sonstigen seiner Aufsicht unterstehenden juristischen Personen des öffentlichen Rechts sowie deren Vereinigungen ein eigenes **Landesdatenschutzgesetz**. Einen Überblick gibt Tabelle 1 (Seite 636 ff).

Gegenüber spezialgesetzlichen Datenschutzbestimmungen (s. unten   **23** Rdnr. 25–31) sind die allgemeinen Datenschutzgesetze **subsidiär**. Dies entspricht der allgemeingültigen Auslegungsregel, daß – jedenfalls bei Gleichrangigkeit – die besondere Norm der allgemeineren vorgeht[40] und ist im übrigen auch in den Datenschutzgesetzen selbst ausdrücklich festgelegt[41].

Nachdem das Bundesverfassungsgericht für den Datenschutz den Erlaß   **24** bereichsspezifischer Bestimmungen verlangt hat (s. oben Rdnr. 19), verdichtet sich das „Dickicht des Bereichsspezifischen Datenschutzes"[42] ständig; damit wird der Geltungsbereich der allgemeinen Datenschutzgesetze immer weiter eingeschränkt. Trotzdem kommt diesen nach wie vor große **Bedeutung** zu. So gelten sie überall dort, wo es (noch) keine oder (noch) keine ausreichenden besonderen Regelungen gibt. Vor allem aber stellen sie eine wichtige Grundorientierung für die Ausgestaltung des bereichsspezifischen Rechts dar.[43]

bb) Bereichsspezifisches Datenschutzrecht

Eine Entscheidung des Bundesverfassungsgerichts ist nach § 31 Abs. 1   **25** BVerfGG für die Verfassungsorgane des Bundes und der Länder sowie alle Gerichte und Behörden verbindlich; diese Wirkung kommt neben dem Tenor auch den tragenden Gründen zu. Das Volkszählungsurteil bietet keinen Anhaltspunkt dafür, es sei nicht oder nur eingeschränkt auf die Sicherheitsbehörden zu beziehen. Im Gegenteil lassen Formulierungen wie „Bürger (müssen) wissen können, wer was wann und bei welcher Gelegenheit über sie weiß"[44] geradezu darauf schließen, daß das Bundesverfassungsgericht nicht zuletzt die Tätigkeit der Polizei im Auge gehabt hat. Mithin ist davon auszugehen, daß die oben (Rdnr. 17–19) dargelegten rechtlichen Grundsätze für den Datenschutz in vollem Umfang auch für den **Polizeibereich** gelten.[45]

---

38 BGBl. I S. 2954. – Vgl. hierzu oben Rdnr. 10 und Fn. 14.
39 Vgl. § 1 Abs. 2 Nr. 1 und 3 BDSG. – Die Nr. 2, die in eingeschränktem Umfang auch öffentliche Stellen der Länder dem BDSG unterwirft, dürfte, nachdem mittlerweile in allen Bundesländern Landesdatenschutzgesetze bestehen (vgl. unten Rdnr. 22 und Tab. 1), weitgehend leerlaufen (s. dazu *Bergmann/Möhrle/Herb* 1992 Teil III § 1 Rdnr. 31, 32).
40 Vgl. hierzu *Bergmann/Möhrle/Herb* 1992 Teil III § 1 Rdnr. 47; *Riegel* 1992 S. 12.
41 S. z. B. § 1 Abs. 4 BDSG; § 2 Abs. 4 LDSG BW; Art. 2 Abs. 2 BayDSG; § 2 Abs. 3 DSG MV.
42 *Bergmann/Möhrle/Herb* 1992 Teil I Systematik Ziff. 4.1.2.
43 *Riegel* 1992 S. 11/12.
44 BVerfGE 65, 43.
45 *Bäumler* 1992 Rdnr. 21–26 (m. w. N.).

Fortsetzung

Bundesland	Bezeichnung	Amtl. Abk.	Datum	Fundstelle(n)	Bemerkung
Baden-Württemberg	Gesetz zum Schutz personenbezogener Daten (Landesdatenschutzgesetz)	LDSG	27. 5. 1991	GBl. BW S. 227	auch in B/M/H Teil V; D/S S. 185; S/D/M/R B 1.0.
Bayern	Bayerisches Gesetz zum Schutz vor Mißbrauch personenbezogener Daten bei der Datenverarbeitung (Bayerisches Datenschutzgesetz)	BayDSG	28. 4. 1978 geändert durch BayMeldeG vom 24. 3. 1983	Bay. GVBl. S. 165 Bay. GVBl. S. 90	auch in B/M/H Teil V; D/S S. 218; S/D/M/R B 2.0. Es gibt ein neues Datenschutzgesetz (BayDSG vom 23. 7. 1993, Bay. GVBl. S. 498), das in seinen wesentlichen Teilen aber erst am 1. 3. 1994 in Kraft tritt (Art. 39).
Berlin	Gesetz zum Schutz personenbezogener Daten in der Berliner Verwaltung (Berliner Datenschutzgesetz)	BlnDSG	idF vom 17. 12. 1990 geändert durch G vom 11. 12. 1991	GVBl. 1991 S. 16, 54 GVBl. S. 281	auch in B/M/H Teil V; D/S S. 235; S/D/M/R B 3.0.
Brandenburg	Gesetz zum Schutz personenbezogener Daten im Land Brandenburg (Brandenburgisches Datenschutzgesetz)	BbgDSG	20. 1. 1992	Bbg. GVBl. I S. 2	auch in B/M/H Teil V; D/S S. 256; S/D/M/R B 12.0.
Bremen	Gesetz zum Schutz vor Mißbrauch personenbezogener Daten bei der Datenverarbeitung (Bremisches Datenschutzgesetz)	BrDSG	idF vom 14. 10. 1987	Brem. GVBl. S. 263	auch in B/M/H Teil V; D/S S. 284; S/D/M/R B 4.0.

Fortsetzung

Bundesland	Bezeichnung	Amtl. Abk.	Datum	Fundstelle(n)	Bemerkung
Hamburg	Hamburgisches Datenschutzgesetz	HmbDSG	5. 7. 1990	Hbg. GVBl. I S. 133	auch in B/M/H Teil V; D/S S. 308; S/D/M/R B 5.0.
Hessen	Hessisches Datenschutzgesetz	HDSG	11. 11. 1986 geändert durch G vom 21. 12. 1988	He. GVBl. I S. 309 He. GVBl. I S. 424	auch in B/M/H Teil V; D/S S. 332; S/D/M/R B 6.0.
Mecklenburg-Vorpommern	Gesetz zum Schutz des Bürgers beim Umgang mit seinen Daten (Landesdatenschutzgesetz von Mecklenburg-Vorpommern)	DSG MV	24. 7. 1992	GVBl. MV S. 487	auch in B/M/H Teil V.
Niedersachsen	Niedersächsisches Datenschutzgesetz	NDSG	26. 5. 1978 zuletzt geändert durch G vom 28. 5. 1991	Nds. GVBl. S. 421 Nds. GVBl. S. 195	auch in B/M/H Teil V; D/S S. 356; S/D/M/R B 7.0.
Nordrhein-Westfalen	Gesetz zum Schutz personenbezogener Daten (Datenschutzgesetz Nordrhein-Westfalen)	DSG NW	15. 3. 1988	GV. NW S. 160	auch in B/M/H Teil V; D/S S. 373; S/D/M/R B 8.0.
Rheinland-Pfalz	Landesgesetz zum Schutze des Bürgers bei der Verarbeitung personenbezogener Daten (Landesdatenschutzgesetz)	LDatG	21. 12. 1978 zuletzt geändert durch G vom 13. 2. 1991	GVBl. RhPf. S. 749 GVBl. RhPf. S. 46	auch in B/M/H Teil V; D/S S. 400; S/D/M/R B 9.0. Neues Datenschutzgesetz in Vorbereitung (vgl. Die Welt Nr. 34 vom 10. 2. 1993 S. 2).

Bundesland	Bezeichnung	Amtl. Abk.	Datum	Fundstelle(n)	Bemerkung
Saarland	Gesetz Nr. 1075: Saarländisches Gesetz zum Schutz vor Mißbrauch personenbezogener Daten bei der Datenverarbeitung (Saarländisches Datenschutzgesetz)	SDSG	17.5.1978	Amtsbl. S. 581	auch in B/M/H Teil V; D/S S. 417; S/D/M/R B 10.0.
Sachsen	Gesetz zum Schutz der informationellen Selbstbestimmung im Freistaat Sachsen	SächsDSG	11.12.1991	GVBl. S. 401	auch in B/M/H Teil V; D/S S. 433; S/D/M/R B 14.0.
Sachsen-Anhalt	Gesetz zum Schutz personenbezogener Daten der Bürger	DSG-LSA	12.3.1992	GVBl. S. 152	auch in B/M/H Teil V; D/S S. 455.
Schleswig-Holstein	Schleswig-Holsteinisches Gesetz zum Schutz personenbezogener Informationen (Landesdatenschutzgesetz)	LDSG	30.10.1991	GVOBl. S. 555	auch in B/M/H Teil V; D/S S. 480; S/D/M/R B 11.0.
Thüringen	Thüringer Datenschutzgesetz	ThürDSG	29.10.1991	GVBl. S. 516	auch in B/M/H Teil V; D/S S. 502; S/D/M/R B 16.0.

Tab. 1: Die allgemeinen Datenschutzgesetze der Länder
(Literatur: B/M/H = Bergmann/Möhrle/Herb 1992; D/S = Dörr/Schmidt 1992; S/D/M/R = Simitis/Dammann/Mallmann/Reh 1992)

Der Polizei obliegen Aufgaben der **Strafverfolgung** sowie der **Gefahrenab-** 26
wehr. Für beide Aufgabenkomplexe sind spezifische Regelungen erforderlich.[46] Grundsätzlich liegt die Gesetzgebungszuständigkeit für die Polizei
bei den Ländern.[47] Für das Gebiet der Strafverfolgung hat allerdings der
Bund von seiner konkurrierenden Gesetzgebungskompetenz[48] Gebrauch
gemacht (s. unten Rdnr. 27). Außerdem steht dem Bund die ausschließliche Gesetzgebung über den Grenzschutz[49] sowie die Zusammenarbeit des
Bundes und der Länder in der Kriminalpolizei, die Einrichtung eines Bundeskriminalpolizeiamtes und die internationale Verbrechensbekämpfung[50] zu (s. unten Rdnr. 29).

Sedes materiae für die Strafverfolgung ist hauptsächlich die **Strafprozeß-** 27
ordnung. Zwar ist durch das Gesetz zur Änderung der Strafprozeßordnung
vom 19. April 1986[51] sowie vor allem durch das „Gesetz zur Bekämpfung
des illegalen Rauschgifthandels und anderer Erscheinungsformen der Organisierten Kriminalität (OrgKG)" vom 15. Juli 1992[52] – wobei es gerade bei
letzterem nicht an dem ausdrücklichen Hinweis auf die verfassungsrechtlichen Vorgaben des Volkszählungsurteils gefehlt hat[53] – eine Reihe daten-
schutzrechtlich relevanter Vorschriften in die StPO eingeführt worden; sie
betreffen zum einen die sogenannte Schleppnetzfahndung (§ 163 d) und
zum anderen den Abgleich von Dateien (§§ 98 a – 98 c), die verdeckte
Beschaffung von Bildmaterial, den Einsatz technischer Observationsmittel
und das Mithören des nichtöffentlich gesprochenen Wortes (§§ 100 c, 100
d), den Einsatz verdeckter Ermittler (§§ 110 a – 110 c) sowie die Ausschreibung zur polizeilichen Beobachtung (§ 163 e). Insgesamt gesehen ist aber
trotzdem festzustellen, daß sich die StPO zum Datenschutz weitgehend
ausschweigt.[54]

Die Gefahrenabwehr ist vor allem Gegenstand der **Polizeigesetze der** 28
Länder. Einen Überblick über diese Gesetze bietet Tabelle 2 (Seite 640 ff.).
Es handelt sich durchweg um unlängst novellierte oder in jüngster Vergangenheit neu beschlossene Gesetze, die nunmehr ausnahmslos nähere spezielle Bestimmungen über Informationsverarbeitung und Datenschutz enthalten.

Aufgaben der Strafverfolgung und der Gefahrenabwehr weisen – aller- 29
dings jeweils in ganz unterschiedlichem Umfang – die beiden wichtigsten
Bundespolizeigesetze, das **„Gesetz über die Einrichtung eines Bundeskri-**
minalpolizeiamtes (Bundeskriminalamtes)"[55] und das **„Gesetz über den**
Bundesgrenzschutz"[56], zu; das Bundeskriminalamtsgesetz überträgt

---

46 Vgl. *Bäumler* 1992 Rdnr. 30.
47 Art. 30 i.V. mit Art. 70 ff. GG. Vgl. dazu *Riegel* 1992 S. 17/18.
48 Art. 74 Nr. 1 GG.
49 Art. 73 Nr. 5 GG.
50 Art. 73 Nr. 10 GG.
51 BGBl. I S. 543.
52 BGBl. I S. 1302.
53 Vgl. *Asbrock* 1992 S. 55.
54 *Riegel* 1992 S. 13, 195.
55 BKAG i.d.F. vom 29. Juni 1973 (BGBl. I S. 704).
56 BGSG vom 18. August 1972 (BGBl. I. S 1834).

Bundesland	Bezeichnung	Amtl. Abk.	Datum	Fundstelle(n)	Bemerkung
Baden-Württemberg	Polizeigesetz		idF vom 13. 1. 1992	GBl. BW S. 1	auch in L/D S. 735
Bayern	Gesetz über die Aufgaben und Befugnisse der Bayerischen Staatlichen Polizei (Polizeiaufgabengesetz)	PAG	idF vom 14. 9. 1990 zuletzt geändert durch AGBtG vom 27. 12. 1991	Bay. GVBl. S. 397 Bay. GVBl. S. 496	auch in L/D S. 754
Berlin	Allgemeines Gesetz zum Schutz der öffentlichen Sicherheit und Ordnung in Berlin (Allgemeines Sicherheits- und Ordnungsgesetz)	ASOG Bln	14. 4. 1992	GVBl. S. 119	
Brandenburg	Gesetz über die Aufgaben und Befugnisse der Polizei Vorschaltgesetz zum Polizeigesetz des Landes Brandenburg	VGPolG Bbg	13. 9. 1990 11. 12. 1991	GBl. I S. 1489 Bbg. GVBl. I S. 636	Gemäß § 1 VGPolG Bbg gelten die §§ 1–77, 82–84 des DDR-„Gesetzes über die Aufgaben und Befugnisse der Polizei" bis zum Inkrafttreten eines Polizeigesetzes des Landes Brandenburg als Landesrecht weiter.
Bremen	Bremisches Polizeigesetz	BremPolG	21. 3. 1983 zuletzt geändert durch Brem. AGBtG vom 18. 2. 1992	Brem. GBl. S. 141 Brem. GBl. S. 36	

Fortsetzung

Bundesland	Bezeichnung	Amtl. Abk.	Datum	Fundstelle(n)	Bemerkung
Hamburg	Gesetz zum Schutz der öffentlichen Sicherheit und Ordnung		14. 3. 1963	Hbg. GVBl. S. 77	
			zuletzt geändert durch G v. 15. 11. 1991	Hbg. GVBl. S. 339	
	Gesetz über die Datenverarbeitung der Polizei		2. 5. 1991	GVBl. S. 191	
Hessen	Hessisches Gesetz über die öffentliche Sicherheit und Ordnung	HSOG	26. 6. 1990	He. GVBl. I S. 197, 534	auch in L/D S. 775
			zuletzt geändert durch G vom 5. 2. 1992	He. GVBl. I S. 69	Weitere Änderung des HSOG in Vorbereitung (vgl. FR Nr. 71 vom 25. 3. 1993 S. 27; FAZ Nr. 71 vom 25. 3. 1993 S. 43.
Mecklenburg-Vorpommern	Gesetz über die öffentliche Sicherheit und Ordnung in Mecklenburg-Vorpommern (Sicherheits- und Ordnungsgesetz)	SOG MV	4. 8. 1992	GVBl. MV S. 498	auch als Separatum hrsg. vom Innenminister des Landes Mecklenburg-Vorpommern
Niedersachsen	Niedersächsisches Gesetz über die öffentliche Sicherheit und Ordnung	Nds. SOG	17. 11. 1981	Nds. GVBl. S. 347	Weitere Änderung des Nds. SOG in Vorbereitung (vgl. dpa-Meldung Nr. 100 vom 11. 12. 1992).
			zuletzt geändert durch G v. 17. 12. 1991	Nds. GVBl. S. 368	

Fortsetzung

Bundesland	Bezeichnung	Amtl. Abk.	Datum	Fundstelle(n)	Bemerkung
Nordrhein-Westfalen	Polizeigesetz des Landes Nordrhein-Westfalen	PolG NW	idF vom 24. 2. 1990	GV. NW S. 70, 580	auch in L/D S. 807
Rheinland-Pfalz	Polizeiverwaltungsgesetz von Rheinland-Pfalz	PVG	idF vom 1. 8. 1981 zuletzt geändert durch G vom 5. 10. 1990	GVBl. RhPf. S. 179 GVBl. RhPf. S. 299	
Saarland	Saarländisches Polizeigesetz	SPolG	8. 11. 1989	Amtsbl. S. 1750	auch in L/D S. 826
Sachsen	Polizeigesetz des Freistaates Sachsen	SächsPolG	30. 7. 1991	GVBl. S. 291	
Sachsen-Anhalt	Gesetz über die öffentliche Sicherheit und Ordnung des Landes Sachsen-Anhalt	SOG LSA	19. 12. 1991	GVBl. S. 538	auch in L/D S. 846
Schleswig-Holstein	Allgemeines Verwaltungsgesetz für das Land Schleswig-Holstein (Landesverwaltungsgesetz)	LVwG	idF vom 2. 6. 1992	GVOBl. Schl.-H. S. 243	Landespolizeirecht in Abschnitt III (§§ 162–227); insoweit auch in L/D S. 876
Thüringen	Thüringer Gesetz über die Aufgaben und Befugnisse der Polizei (Polizeiaufgabengesetz)	PAG	4. 6. 1992	GVOBl. TH S. 199	auch als Separatum hrsg. vom Thüringer Innenministerium

Tab. 2: Die Polizeigesetze der Länder
(Literatur: L/D = Lisken/Denninger 1992)

außerdem informationelle Aufgaben. Beide Gesetze enthalten noch immer keine ausformulierten Kataloge über Informationsbefugnisse.[57] Vorgesehen sind Neufassungen der Gesetze, die erklärtermaßen[58] noch in dieser Legislaturperiode verabschiedet werden sollen. Der Entwurf des BKA-Gesetzes befindet sich allerdings erst in der Ressortabstimmung; die BGS-Gesetzesnovelle hat noch nicht einmal dieses Stadium erreicht.[59]

Im Strafverfahrensrecht und im Bundespolizeirecht fehlen also noch entsprechende bereichsspezifische gesetzliche Regelungen (s. Rdnr. 27, 29). Insoweit ist ersatzweise das Bundesdatenschutzgesetz anzuwenden. Dies kann natürlich nur für eine vertretbare **Übergangszeit** gelten. Das Volkszählungsurteil stammt aus dem Jahre 1983. Bislang hat sich das Bundesverfassungsgericht zum Ablauf der Frist noch nicht definitiv geäußert. Von anderen Gerichten wurde der Übergangsbonus bis zum Ablauf der 11. Legislaturperiode des Deutschen Bundestags als noch nicht verbraucht angesehen.[60] Diese Legislaturperiode endete 1991. Damit stellt sich den Polizeibehörden immer drängender das Problem, in ihrer Datenverarbeitungspraxis selbst Konsequenzen aus dem Volkszählungsurteil zu ziehen.[61] **30**

Das bereichsspezifische Datenschutzrecht ergibt sich für die Polizei allerdings nicht nur aus der Strafprozeßordnung und den Polizeigesetzen. In einer ganzen Reihe von **Spezialgesetzen** aus den Bereichen der Ordnungs- und ähnlicher Behörden, der Justiz und der Geheimdienste finden sich Vorschriften, ob und ggf. inwieweit die Polizei die dort vorgehaltenen Daten – es gibt da große, sogar bundesweit angelegte Dateien wie das Zentrale Verkehrsinformationssystem (ZEVIS), das Ausländerzentralregister (AZR), das Bundeszentralregister (BZR) und das Nachrichtendienstliche Informationssystem (NADIS) – verwenden darf. Beispielhaft seien hier nur – beschränkt auf die Bundesebene – das Straßenverkehrsgesetz, das Ausländergesetz und das Gesetz über die Einrichtung des Bundesverwaltungsamts, das Melderechtsrahmengesetz, das Stasi-Unterlagen-Gesetz, das Sozialgesetzbuch X, das Bundeszentralregistergesetz, das Bundesverfassungsschutzgesetz sowie das Gesetz über den Bundesnachrichtendienst genannt.[62] **31**

cc) Verwaltungsvorschriften

In Bund und Ländern hatte man sich seinerzeit (vgl. oben Rdnr. 10) zur Regelung des Datenschutzes für das Konzept entschieden, jeweils in einem einzigen Gesetz generell für alle speichernden Stellen Verhaltensanforde- **32**

---

57 *Riegel* 1992 S. 13, 195. Zum BKA-Gesetz vgl. auch *Schattenberg* 1990 S. 7/8.
58 *Lintner* 1993 S. 4/5; *Jach* 1993 S. 44.
59 Vgl. *Lintner* 1993 S. 5; *Jach* 1993 S. 44; *Köhler* 1993b S. 58; *Der Bundesbeauftragte für den Datenschutz* 1993 S. 129/130.
60 BayVGH NJW 1986 S. 915; OLG Frankfurt/M. NJW 1989 S. 47; BGH DÖV 1991 S. 849.
61 *Bäumler* 1992 Rdnr. 51, 52, 53, 65; *Riegel* 1992 S. 12/13; *Der Bundesbeauftragte für den Datenschutz* 1993 S. 130.
62 Vgl. auch *Der Bundesbeauftragte für den Datenschutz* 1991 S. 18; *Bäumler* 1992 Rdnr. 339–358; *Riegel* 1992 S. 47–82.

rungen zu statuieren.[63] Um daraus die notwendigen Folgerungen für die polizeiliche Arbeit ziehen zu können, waren die Generalklauseln der Datenschutzgesetze in **konkretisierende Verwaltungsvorschriften** umzusetzen, die den spezifischen Tätigkeitsbedingungen und der besonderen Situation der Polizei Rechnung trugen.[64] Geregelt werden mußten vor allem die Bereiche „Akten" und „Dateien".

33   Dies geschah noch in den siebziger Jahren durch die „Richtlinien für die Führung Kriminalpolizeilicher personenbezogener Sammlungen – **KpS-Richtlinien** –". Sie wurden vom „Arbeitskreis II ‚Öffentliche Sicherheit und Ordnung' der Ständigen Konferenz der Innenminister und -senatoren der Länder (AK II)" am 28./29. März 1979 beschlossen und von den Polizeibehörden in Bund und Ländern zur Grundlage ihrer Arbeit gemacht.[65] Besonderes Gewicht erlangten die KpS-Richtlinien, als sie am 23. Januar 1981 von den Innenministern/-senatoren des Bundes und der Länder in neuer Fassung einvernehmlich verabschiedet[66] und in den Bundesländern[67] sowie im Bund[68] einheitlich in Kraft gesetzt wurden. Die Richtlinien beziehen sich ebenso auf Akten wie auf manuell oder automatisch geführte Dateien.[69] Im einzelnen ist bestimmt, welcher Personenkreis und welche Unterlagen in die Kriminalpolizeiliche personenbezogene Sammlung aufgenommen werden und unter welchen Voraussetzungen ihr Inhalt übermittelt werden darf. Weiterhin sind die Auskunft an den Betroffenen, die Dauer der Aufbewahrung sowie die Aussonderung von Unterlagen und die Datensicherung geregelt.[70]

34   Ausdrücklich war außerdem Bund und Ländern die Möglichkeit eingeräumt, **ergänzende Regelungen** jeweils nach Maßgabe der KpS-Richtlinien zu erlassen.[71] Für das Bundeskriminalamt ist davon Gebrauch gemacht. Diese Zusatz- und Ausführungsbestimmungen enthalten insbesondere Erläuterungen zu Begriffen wie „Kriminalpolizeiliche personenbezogene Sammlungen" (KpS) und „Straftaten von geringer Bedeutung" sowie nähere Angaben zum Inhalt der KpS und zu den eingesetzten Vorgangsnachweis-Systemen, nämlich dem Kriminalaktennachweis (KAN), dem BKA-Aktennachweis (BKA-AN) und dem Vorgangsnachweis Personalien (VNP). Geregelt sind ferner z. B. Einzelheiten der Auskunftserteilung, der Aussonderung und der Festlegung des Prüfdatums sowie die Zuständigkeiten für die Führung der verschiedenen KpS, für die Unterrichtung Betroffener über die Speicherung ihrer Daten, für die Übermittlung von Daten sowie für die Bearbeitung von Petentenanfragen.

---

63 Vgl. dazu *Simitis* 1983 S. 192.
64 S. hierzu *Tolksdorf* 1983 S. 182; *Simitis* 1983 S. 192/193; *Weyer* 1983 S. 251; *Bux* 1983 S. 254; *Schattenberg* 1990 S. 4/5.
65 *Ermisch* 1980 S. 68, 72.
66 *Kersten* 1983 S. 273; *Burghard* u. a. 1986 S. 122 („KpS-Richtlinien").
67 *Bux* 1983 S. 284.
68 GMBl. 1981 S. 119. Eingeführt wurden die Richtlinien durch Erlaß des Bundesministers des Innern vom 26. Februar 1981 mit Wirkung zum 1. März 1981. – Vgl. auch *Ahlf* 1988a S. 1.
69 Vgl. insb. Nr. 1.3 KpS-RiLi.
70 S. dazu auch *Ahlf* 1988 a S. 26.
71 Vgl. Nr. 1.6 KpS-RiLi.

Als Zentralstelle für den elektronischen Datenverbund zwischen Bund **35**
und Ländern[72] war das Bundeskriminalamt in besonderem Maße gefordert,
seine Datenverarbeitung entsprechend den neuen rechtlichen Vorgaben zu
regeln.[73] Am selben Tag, an dem er für seinen Geschäftsbereich die KpS-
Richtlinien einführte, nämlich am 26. Februar 1981, erließ der Bundesminister des Innern mit Wirkung vom 1. März 1981 die „Richtlinien für die
Errichtung und Führung von Dateien über personenbezogene Daten beim
Bundeskriminalamt – **Dateienrichtlinien** –".[74] Die in den KpS-Richtlinien
enthaltenen Bestimmungen sind in die Dateienrichtlinien nahezu[75] wört-
lich übernommen. Darüber hinaus ist festgelegt, welche Arten von
Dateien das Bundeskriminalamt führt und wie Datenerhebungen und
Datenanlieferung durch öffentliche Stellen erfolgen; geregelt ist auch die
Errichtung einer Datei einschließlich des Inhalts der Errichtungsanord-
nung.

Mit dem Erlaß dieser Richtlinien hatte man „Neuland betreten"[76]. Aber **36**
rund zwei Jahre nach ihrer Einführung ließ sich feststellen, daß sie in der
Polizei „angenommen" worden waren.[77] Und obwohl sie aus Sicht der
Datenschützer „noch nicht allen Anforderungen" Rechnung trugen[78],
wurden sie von diesen doch begrüßt und haben ihre **Anerkennung** gefunden.[79]

· Allerdings ist inzwischen die **Entwicklung** über die KpS- und die Datei- **37**
enrichtlinien hinweggegangen. In Erfüllung der Forderung des Bundesverfassungsgerichts aus dem Volkszählungsurteil nach detaillierten bereichsspezifischen Datenschutzvorschriften (s. oben Rdnr. 12) hat die überwiegende Mehrzahl der Länder die Verarbeitung personenbezogener Daten in
Kriminalpolizeilichen personenbezogenen Sammlungen bis ins einzelne
verbindlich geregelt. Dies ist in den neuen Polizeigesetzen (vgl. oben Rdnr.
25, 28) geschehen, z. T. in Verbindung mit entsprechenden Rechtsverordnungen; erst jüngst[80] hat das Abgeordnetenhaus von Berlin die „Verordnung über Prüffristen bei polizeilicher Datenspeicherung (Prüffristenver-
ordnung)" verabschiedet. Diese Regelungen haben jeweils in den betreffenden Bundesländern die KpS-Richtlinien abgelöst. Bei dieser Rechtslage verbleibt, wie die „Arbeitsgemeinschaft der Leiter der Landeskriminalämter
mit dem Bundeskriminalamt (AG Kripo)" zu Recht festgestellt hat[81], auch
„kein Raum für darüber hinausgehende Rahmenrichtlinien KpS". Die – für
das Bundeskriminalamt erlassenen (s. oben Rdnr. 35) – Dateienrichtlinien
orientieren sich noch an dem Bundesdatenschutzgesetz von 1977 (vgl.

---

72 § 2 Abs. 1 Nr. 1 BKAG.
73 *Schattenberg* 1990 S. 4.
74 GMBl. S. 114.
75 Während sich die der KpS-RiLi mehr an den Akten orientiert (z. B. „Aufbewahrung", „Aussonderung"), ist sie in den Dateien-RiLi ganz auf automatische Dateien abgestellt (z. B.
   „Speicherung", „Löschung").
76 *Kersten* 1983 S. 273.
77 *Bux* 1983 S. 254.
78 *Weyer* 1983 S. 251.
79 *Simitis* 1983 S. 193, 203, 208; *Weyer* 1983 S. 251. S. dazu auch *Ahlf* 1988 a S. 26 (m. w. N.).
80 Sitzung vom 9. Februar 1993.
81 Protokoll der 125. Tagung am 9./10. Dezember 1992, TOP 8/Beschluß (Ziff. 2.).

oben Rdnr. 10). Zwar werden sie heute im Sinne des neuen Bundesdatenschutzgesetzes (vgl. oben Rdnr. 10, 21) angewandt, aber natürlich ist eine
Novellierung zusammen mit der Neufassung des BKA-Gesetzes unumgänglich.

dd) Resümee

38 Die Umsetzung der Vorgaben des Volkszählungsurteils im polizeilichen
Bereich, die ja in jedem Bundesland für sich durchzuführen war, ließ eine
Rechtszersplitterung befürchten. Dieser versuchte die Ständige Konferenz
der Innenminister/-senatoren der Länder im Jahre 1986 mit einem Muster-
entwurf zur bereichsspezifischen Regelung der Datenerhebung und -ver-
wendung bei den Polizeien der Länder vorzubeugen[82]. Trotz dieser Empfehlung an die Landesgesetzgeber waren unterschiedliche Regelungen hier
nicht zu vermeiden. Die Darstellung im folgenden richtet sich in erster
Linie nach Bundesrecht, wird allerdings gelegentlich ergänzt durch Hinweise auf bemerkenswerte landesrechtliche Besonderheiten.

2. Internationales Recht

39 Auf allen Gebieten nimmt die internationale Zusammenarbeit ständig zu,
und mit ihr wächst das Bedürfnis nach Austausch personenbezogener
Daten über die staatlichen Grenzen hinweg. Damit wird aber auch ein
länderübergreifender Datenschutz dringend notwendig.[83] Entsprechende
Bemühungen beziehen sich ebenso auf allgemeine wie auf polizeispezifische Normen, und zwar im Rahmen supranationalen Rechts verschiedener
überstaatlicher Instanzen wie aufgrund von Verträgen zwischen der Bundesrepublik Deutschland und anderen Staaten.

a) Allgemeine Datenschutzregelungen

40 Die Generalversammlung der **Vereinten Nationen** hat am 4. Dezember
1990 „Richtlinien betreffend personenbezogene Daten in automatisierten
Dateien" beschlossen.[84] Sie enthalten zehn Grundsätze für den Mindest-
standard, der durch die nationale Gesetzgebung gewährleistet werden
sollte. Erklärtermaßen kommt ihnen aber nur die Bedeutung einer Orientierung für die einzelnen Staaten zu.

41 Ebenfalls nicht mehr als Empfehlungen stellen die „Leitlinien für den
Schutz des Persönlichkeitsbereichs und den grenzüberschreitenden Verkehr personenbezogener Daten" dar, die der Rat der Organisation für Wirtschaftliche Zusammenarbeit und Entwicklung **(OECD)** am 23. September
1980 verabschiedet hat.[85]

---

82 Vgl. dazu *Schattenberg* 1990 S. 12.
83 *Beier* 1992 Teil 3/5 S. 1; *Ordemann/Schomerus/Gola* 1992 § 17 Anm. 1.1; *Riegel* 1992 S.
    199; *Tinnefeld/Ehmann* 1992 S. 23/24, 26, 28.
84 Abgedruckt in *Simitis/Dammann/Mallmann/Reh* 1992 Teil D 25.1. S. dazu auch *Tinnefeld/
    Ehmann* 1992 S. 26 Fn. 129.
85 Abgedruckt in *Bergmann/Möhrle/Herb* 1992 Teil I Systematik Ziff. 5 Anlage 2; *Simitis/
    Dammann/Mallmann/Reh* 1992 Teil D 12.1. S. dazu auch *Bergmann/Möhrle/Herb* 1992
    Teil I Systematik Ziff. 5.10; *Ordemann/Schomerus/Gola* 1992 § 17 Anm. 1.2; *Tinnefeld/
    Ehmann* 1992 S. 26.

Über eine bloße moralische Verpflichtung hinaus geht das „Übereinkommen zum Schutz des Menschen bei der automatischen Verarbeitung personenbezogener Daten" des **Europarates** vom 28. Januar 1981.[86] In dieser sogenannten **Europäischen Datenschutzkonvention** hat das Ministerkomitee einen Katalog grundlegender Datenschutzprinzipien aufgestellt. Mit dem Beitritt zu dem Übereinkommen trifft den Unterzeichnerstaat die völkerrechtliche Pflicht, die Regelungen in nationales Recht umzusetzen. Die Bundesrepublik Deutschland hat die Konvention durch Gesetz vom 13. März 1985 ratifiziert.[87] **42**

Der **Europarat** hatte sich schon sehr früh mit Problemen des Datenschutzes befaßt. So waren bereits 1973 und 1974 vom Ministerkomitee Entschließungen über den Schutz der Privatsphäre natürlicher Personen gegenüber elektronischen Datenbanken im nicht-öffentlichen wie im öffentlichen Bereich verabschiedet worden.[88] Als eine **weitere allgemeindatenschutzrechtliche Initiative** ist die „Recommendation on data protection and freedom of information" der Beratenden Versammlung aus dem Jahre 1986 zu nennen.[89] **43**

Im Bestreben, zwischen den Mitgliedstaaten ein einheitliches Datenschutzniveau zu erreichen, wird in den Europäischen Gemeinschaften **(EG)** schon seit einiger Zeit eine (verbindliche) allgemeine Datenschutzrichtlinie über die automatische und manuelle Verarbeitung personenbezogener Daten vorbereitet.[90] Das **Europäische Parlament** hatte sich jahrelang vehement insbesondere mit Entschließungen (1975, 1976, 1979, 1982) und Berichten (1979, 1981) für den „Schutz der Rechte des einzelnen angesichts der fortschreitenden Entwicklung auf dem Gebiet der automatischen Datenverarbeitung" eingesetzt.[91] Am 13. September 1990 unterbreitete schließlich die **EG-Kommission** dem Rat einen „Vorschlag für eine Richtlinie zum Schutz von Personen bei der Verarbeitung personenbezogener Daten".[92] Nach Stellungnahme des Europäischen Parlamentes[93] hat die Kommission nun am 15. Oktober 1992 einen modifizierten Entwurf für eine allgemeine Datenschutzrichtlinie vorgelegt.[94] **44**

---

86 Abgedruckt in *Bergmann/Möhrle/Herb* 1992 Teil I Systematik Ziff. 5 Anlage 1; *Dörr/Schmidt* 1992 S. 530; *Simitis/Dammann/Mallmann/Reh* 1992 Teil D 3.3. S. dazu auch *Bergmann/Möhrle/Herb* 1992 Teil I Systematik Ziff. 5.9; *Ordemann/Schomerus/Gola* 1992 § 17 Anm. 1.3; *Tinnefeld/Ehmann* 1992 S. 27.
87 BGBl. II S. 538, 1134.
88 Abgedruckt in *Simitis/Dammann/Mallmann/Reh* 1992 Teile D 3.1 und D 3.2.
89 Abgedruckt in *Simitis/Dammann/Mallmann/Reh* 1992 Teil D 3.6.
90 Vgl. *Tinnefeld/Ehmann* 1992 S. 28/29.
91 *Ellger* 1993 S. 2 und Fn. 5. S. hierzu auch *Bergmann/Möhrle/Herb* 1992 Teil I Systematik Ziff. 5.11; *Riegel* 1992 S. 199/200.
92 Abgedruckt in *Simitis/Dammann/Mallmann/Reh* 1992 Teil D 2.3. S. dazu auch *Ordemann/Schomerus/Gola* 1992 § 17 Anm. 1.4; *Riegel* 1992 S. 200; *Tinnefeld/Ehmann* 1992 S. 28/29; *Ellger* 1993 S. 2, 5.
93 *Ellger* 1993 S. 2, 5; *Wind/Siegert* 1993 S. 47.
94 Ausführlich zu diesem „Geänderten Vorschlag einer Richtlinie des Rates zum Schutz natürlicher Personen bei der Verarbeitung personenbezogener Daten und zum freien Datenverkehr" (KOM [92] 422 endg.-SYN 287) *Wind/Siegert* 1993 S. 46–55; vgl. auch *Ellger* 1993 S. 2, 5.

b) Polizeispezifische Datenschutzregelungen

45 Die umfassendste – und älteste – Einrichtung für den weltweiten polizeilichen Informationsaustausch und Rechtshilfeverkehr ist die Internationale Kriminalpolizeiliche Organisation **IKPO-Interpol**. Datenübermittlungen erfolgen entweder zwischen den einzelnen Nationalen Zentralbüros oder über das bzw. mit dem Generalsekretariat in Lyon. Als Informationszentrale unterhält das Generalsekretariat verschiedene Dateien und Karteien; Ende 1989 wurde z. B. das automatisierte Archiv- und Dokumentationssystem CIS (Criminal Information System) in Betrieb genommen, und seit kurzem bietet das Generalsekretariat den Nationalen Zentralbüros ein automatisches Recherchesystem für alle dort bestehenden Personen- und Sachdaten (ASF) an.[95] Zwar sind die rechtlichen Grundlagen und der Rechtsstatus von Interpol nach wie vor umstritten;[96] immerhin wurde aber für die Tätigkeit des Generalsekretariats ein datenschutzrechtlicher Rahmen geschaffen. Das neue Sitzabkommen mit Frankreich, das am 14. Februar 1984 in Kraft getreten ist,[97] schreibt eine interne Kontrolle der Datenverarbeitung des Generalsekretariats fest.[98] Eine unabhängige Internationale Kontrollkommission aus fünf Mitgliedern kann eigeninitiativ Überprüfungen vornehmen; ihre Entscheidungen haben für das Generalsekretariat bindende Wirkung. Jedermann kann sich mit der Bitte um Prüfung der Rechtmäßigkeit des Umgangs mit seinen Daten an die Kommission wenden; ein volles Auskunftsrecht über die zu seiner Person gespeicherten Daten steht dem Petenten aber nicht zu.[99] Ebenfalls am 14. Februar 1984 wirksam geworden ist das Dateienstatut, das von der Generalversammlung auf der 51. Sitzung Anfang Oktober 1983 beschlossen worden war. Geregelt sind hier namentlich Probleme der Datenverwertung, -berichtigung und -löschung sowie die Pflichten bei Anfragen und Datenübermittlungen.[100] Zu erwähnen sind in diesem Zusammenhang schließlich noch die auf der 84. Sitzung des Exekutivkomitees Anfang März 1987 angenommenen „Richtlinien über die Vernichtung von polizeilichen Auskünften, die beim Generalsekretariat einliegen", die sogenannten „Bereinigungsrichtlinien", die seit dem 6. April 1987 gelten.

46 Ein besonderes Bedürfnis auf informationelle Zusammenarbeit besteht natürlich zwischen den benachbarten Polizeien in Europa. Von daher kommt den Empfehlungen Nr. R(87) 15 des Ministerkomitees des **Europarates** vom 17. September 1987 über die Nutzung personenbezogener Daten im Polizeibereich große Bedeutung zu. Enthalten sind Prüfpflichten vor der

---

95 *Riegel* 1985 § 1 BKAG Anm. III. 1. a), b), 1992 S. 44/45; *Storbeck* 1991 S. 179/180, 187; *Bäumler* 1992 Rdnr. 269, 273.
96 Vgl. dazu *Riegel* 1985 § 1 BKAG Anm. III. 2. b), 1992 S. 46.
97 Journal Officiel 1984 S. 830.
98 Art. 8 i. V. mit Anhang B.
99 *Riegel* 1985 § 1 BKAG Anm. III. 2. c) aa), d), 1992 S. 44/45, 46/47; *Rupprecht* 1986 S. 229/230; *Bäumler* 1992 Rdnr. 273.
100 *Riegel* 1985 § 1 BKAG Anm. III. 2. c) bb), 1992 S. 44/45, 46; *Rupprecht* 1986 S. 229/230; *Bäumler* 1992 Rdnr. 273.

Datenübermittlung, die Pflicht, bei späteren wesentlichen Veränderungen der Daten nachzuberichten, sowie das Gebot, den Empfänger der Daten zur Beachtung der Zweckbindung anzuhalten.[101]

Im Bereich der **EG** gibt es zwei die Polizeiarbeit betreffende Initiativen   **47** mit datenschutzrechtlicher Relevanz. Nachdem am 14. Juni 1985 die Benelux-Staaten, Frankreich und die Bundesrepublik im sogenannten „Schengener Übereinkommen" beschlossen hatten, die Binnengrenzen zu öffnen, wurden in dem am 19. Juni 1990 unterzeichneten sogenannten „**Schengener Zusatzabkommen**" oder „**Schengener Durchführungsübereinkommen**" die Maßnahmen zum Ausgleich der wegen des Wegfalls der Grenzkontrollen erwarteten Sicherheitsdefizite konkretisiert.[102] Inzwischen sind dem Vertragswerk Italien, Spanien, Portugal und Griechenland beigetreten; es zeichnet sich ab, daß Ende 1993 Österreich Beobachterstatus erhalten wird. Vorgesehen ist vor allem ein intensiverer Datenaustausch zwischen den Polizeibehörden der beteiligten Länder; Kernstück ist die Einrichtung des automatisierten „Schengener Informationssystems" (SIS), einer gemeinsam betriebenen Personen- und Sachfahndungsdatei. Für das SIS legt das Zusatzabkommen in einem eigenen Abschnitt eine ganze Reihe von Datenschutz- und -sicherheitsmaßnahmen fest. So sind die Zweckbindung der gespeicherten Daten und die Protokollierung jeder zehnten Anfrage vorgeschrieben, geregelt sind das Recht auf Auskunftserteilung, der Anspruch auf Berichtigung und Löschung sowie die Einrichtung von Kontrollinstanzen. Schließlich soll in den Vertragsstaaten eine datenschutzrechtliche „Grundharmonisierung"[103] erreicht werden, indem sie zum Erlaß von Bestimmungen verpflichtet werden, die mindestens dem Standard der Europäischen Datenschutzkonvention (s. oben Rdnr. 42) und der Empfehlung Nr. R(87) 15 des Ministerkomitees des Europarates (s. oben Rdnr. 46) entsprechen. Der Katalog der Sicherheitsmaßnahmen kommt der Zusammenstellung in der Anlage zu § 9 BDSG (s. unten Rdnr. 105–115) gleich. Wenn auch die Bestimmungen des Zusatzabkommens aus datenschutzrechtlicher Sicht durchaus noch Wünsche offenlassen,[104] kann man sie doch insgesamt „als eine akzeptable Regelung" bezeichnen[105]. In der Bundesrepublik ist das Abkommen durch Gesetz vom 15. Juli 1993 ratifiziert.[105/1]

Während sich mit dem Schengener Abkommen nur neun EG-Staaten   **48** binden wollen, haben den vom Europäischen Rat am 9./10. Dezember 1991 in Maastricht vereinbarten Vertrag über die Schaffung der Europäischen Union am 7. Februar 1992 alle zwölf Mitglieder unterzeichnet. Eine Aussage zum Datenschutz weist dieser Vertrag nicht auf. Allerdings ist es

---

101 *Bäumler* 1992 Rdnr. 272, 284; *Riegel* 1992 S. 199.
102 *Schattenberg* 1990 S. 10–11; *Storbeck* 1991 S. 182–184; *Bäumler* 1992 Rdnr. 275–287; *Riegel* 1992 S. 42–44, 200; *Tinnefeld/Ehmann* 1992 S. 27/28.
103 *Riegel* 1992 S. 44.
104 Vgl. *Riegel* 1992 S. 43/44; *Der Landesbeauftragte für den Datenschutz Niedersachsen* 1993 S. 53/54; *Der Bundesbeauftragte für den Datenschutz* 1993 S. 130.
105 *Bäumler* 1992 Rdnr. 287. S. auch *Der Bundesbeauftragte für den Datenschutz* 1993 S. 130.
105/1 BGBl. II S. 1010. – Vgl. dazu Innenpolitik Nr. V vom 2. August 1993 S. 11/12.

offensichtlich sein Ziel, die informationellen Beziehungen zwischen den EG-Staaten zu intensivieren. So wird etwa auf polizeilichem Gebiet die Zusammenarbeit bei der Bekämpfung schwerwiegender Formen der internationalen Kriminalität erwähnt und – einer Erklärung der EG-Staats- und Regierungschefs vom 28./29. Juni 1991 folgend – dem „Aufbau eines unionsweiten Systems zum Austausch von Informationen im Rahmen einer Europäischen kriminalpolizeilichen Zentralstelle (**Europol**)" zugestimmt. Um Europol zügig voranzubringen, beschlossen die für die Innere Sicherheit in der EG zuständigen Minister – noch vor Ratifizierung und Inkrafttreten des Maastricht-Vertrages – am 11./12. Juni 1992 die Einrichtung eines internationalen Aufbaustabes, der am 1. September 1992 in Straßburg seine Arbeit aufgenommen hat.[106] Korrespondierend dazu wurde in der Bundesrepublik eine Bund-Länder-Arbeitsgruppe (BLAG) Europol gebildet. Sowohl auf dieser nationalen als auch auf der EG-Ebene hat man die datenschutzrechtlichen Probleme, die mit der Arbeit von Europol verbunden sind, aufgenommen. Zur Schaffung eines entsprechenden Regelwerkes wurde eine unter französischer Leitung stehende ad-hoc-Unterarbeitsgruppe „Datenschutz" eingesetzt.

IV. Interne Organisation

49 Nach den Erfahrungen des Bundesbeauftragten für den Datenschutz beruhen viele Datenschutzprobleme nicht auf der Unzulänglichkeit gesetzlicher Regelungen oder technischer Mittel und auch nicht auf der Unwilligkeit der Bediensteten; als ursächlich erweist sich vielmehr häufig die „fehlende oder mangelhafte **Organisation des Datenschutzes**".[107] Für den Teilbereich der Datensicherheit hat der Bundesminister des Innern schon 1978 eine adäquate Organisation zum **obersten Grundsatz** erhoben.[108] In diesem Sinne enthält auch das BDSG in § 18 Abs. 1 die Verpflichtung, „die Ausführung . . . (der) Rechtsvorschriften über den Datenschutz sicherzustellen". Das Gesetz schreibt einzelne Maßnahmen hierfür vor. Organisatorische Regelungen sind in sachlicher wie in personeller Hinsicht zu treffen.

1. Organisation in sachlicher Hinsicht

a) Datenschutz-Dienstanweisung bzw. -Dienstvereinbarung

50 Jede mit personenbezogenen Daten umgehende Stelle trägt auch die Verantwortung für den Schutz der Daten; sie ist verpflichtet, für die Umsetzung der Datenschutzvorschriften in ihrem Bereich durch präzise – je spezifische – Maßnahmen zu sorgen.[109] Üblicherweise ergehen konkrete Verfahrensvorschriften für die Aufgabenverrichtung, also auch für die Durch-

---

106 *Storbeck* 1991 S. 189–192; *Riegel* 1992 S. 156/157, 200; *Der Landesbeauftragte für den Datenschutz Niedersachsen* 1993 S. 54/55; *Jacob* 1993 S. 68; *Der Bundesbeauftragte für den Datenschutz* 1993 S. 130/131.
107 *Alke* 1992 S. 6.
108 GMBl. 1978 S. 43.
109 *Bergmann/Möhrle/Herb* 1992 Teil III § 18 Rdnr. 16; vgl. *Ordemann/Schomerus/Gola* 1992 § 18 Anm. 2.3.

führung des Datenschutzes, in Form von **Dienstanweisungen** der Leitung der Dienststelle.[110] Soweit die Verarbeitung der Personaldaten der Bediensteten zu regeln ist, kommt eine **Dienstvereinbarung** zwischen Dienststelle und Personalrat nach § 73 BPersVG in Betracht.[111]

b) Datengeheimnis

Nach § 5 BDSG ist den bei der Datenverarbeitung beschäftigten Personen untersagt, personenbezogene Daten unbefugt zu verwenden; dieses sogenannte **„Datengeheimnis"** umfaßt mithin mehr als ein bloßes Geheimhaltungsgebot. Die Pflicht zur Wahrung des Datengeheimnisses besteht über das Ende des Beschäftigungsverhältnisses hinaus.[112] Im öffentlichen Bereich ist die Vornahme einer besonderen Verpflichtung der Beschäftigten nicht erforderlich; allerdings müssen die Mitarbeiter über Inhalt und Bedeutung des Datengeheimnisses informiert werden.[113] Der Verstoß gegen § 5 BDSG ist nicht unmittelbar strafbewehrt, jedoch kann einer der Tatbestände des § 43 BDSG erfüllt sein; bei Beamten ist auch an disziplinare Maßnahmen zu denken.[114]   **51**

In manchen **Bundesländern** – z. B. in Brandenburg, Bremen, Hamburg, Hessen und Nordrhein-Westfalen – ist der durch das Datengeheimnis angesprochene Personenkreis auf alle Personen, die Zugang zu personenbezogenen Daten haben, ausgedehnt. Teilweise – etwa in Berlin und Sachsen – ist eine förmliche Verpflichtung auch der Beschäftigten im öffentlichen Dienst vorgeschrieben.[115]   **52**

c) Unterrichtung und Beteiligung bei Online-Verfahren

Über die Einrichtung **automatisierter Abrufverfahren** (Online-Anschlüsse) für nicht-offene Datenbanken haben gemäß § 10 BDSG öffentliche Stellen des Bundes – mit Ausnahme öffentlich-rechtlicher Wettbewerbsunternehmen – den Bundesbeauftragten für den Datenschutz zu unterrichten; dies hat mit Angaben u. a. über Anlaß und Zweck des Verfahrens, die Datenempfänger sowie die Art der zu übermittelnden Daten zu erfolgen. Im Sicherheitsbereich ist außerdem die Zustimmung des jeweils zuständigen (Bundes- oder Landes-)Ministers erforderlich.   **53**

In einigen **Bundesländern** ist den Landesdatenschutzbeauftragten eine Mitwirkungsmöglichkeit eingeräumt; in Baden-Württemberg und Thüringen besteht dagegen nur eine Unterrichtungspflicht.[116]   **54**

---

110 Vgl. *Altmann/Berndt* 1983 S. 253.
111 *Alke* 1992 S. 7; *Tinnefeld/Ehmann* 1992 S. 110.
112 *Ordemann/Schomerus/Gola* 1992 § 5 Anm. 2.5.
113 *Alke* 1992 S. 9; *Bergmann/Möhrle/Herb* 1992 Teil III § 5 Rdnr. 40.
114 *Bergmann/Möhrle/Herb* 1992 Teil III § 5 Rdnr. 36, 37; vgl. auch *Tinnefeld/Ehmann* 1992 S. 118.
115 S. dazu *Ordemann/Schomerus/Gola* 1992 § 5 Anm. 4.
116 S. dazu *Bergmann/Möhrle/Herb* 1992 Teil III § 10 Rdnr. 33; *Ordemann/Schomerus/Gola* 1992 § 10 Anm. 6.

d) Hardware- und Dateienverzeichnis

55 Ein effektiver Datenschutz ist nur dem möglich, der einen umfassenden **Überblick** über seine automatisierte Datenverarbeitung hat.[117] Um dies zu gewährleisten, ist in § 18 Abs. 2 BDSG allen öffentlichen Stellen des Bundes die Führung eines Verzeichnisses der eingesetzten Datenverarbeitungsanlagen sowie eines Verzeichnisses ihrer Dateien mit personenbezogenen Daten vorgeschrieben. Die Dateienübersicht besteht aus inhaltlich im einzelnen festgelegten Beschreibungen der jeweils vorhandenen Dateien (Näheres dazu s. unten Rdnr. 184, 186, 189, 190); temporäre Dateien, die binnen drei Monaten wieder gelöscht werden, brauchen nicht aufgenommen zu werden.[118]

56 In ähnlicher Weise sieht eine Reihe von **Bundesländern** eine Dateibeschreibung – teilweise allerdings nur von Dateien, aus denen Daten übermittelt werden – und ein Geräteverzeichnis vor. In Hamburg ist zusätzlich ein Verzeichnis der Akten, in denen personenbezogene Daten verarbeitet werden, anzulegen. Thüringen kennt keine Dateibeschreibung.[119]

e) Dateienregister

57 Der Bundesbeauftragte für den Datenschutz führt gemäß § 26 Abs. 5 BDSG ein **Register der** nicht-temporären **automatisierten Dateien** mit personenbezogenen Daten. Meldepflichtig zu diesem Register sind alle öffentlichen Stellen des Bundes, ausgenommen die Nachrichtendienste und Behörden des Bundesverteidigungsministeriums. Grundlage des Registers sind die oben (Rdnr. 55) angeführten Dateienverzeichnisse; für die Meldung ist ein vom Bundesbeauftragten für den Datenschutz herausgegebenes Formblatt zu benutzen[120].

58 In den **Bundesländern** gibt es ebenfalls solche Dateienregister; teilweise werden sie „Datenschutzregister" genannt. In manche Register sind auch manuelle Dateien aufzunehmen[121].

2. Organisation in personeller Hinsicht

a) Datenschutzbeauftragter

59 Welche personellen Maßnahmen zur Sicherstellung der Ausführung der Datenschutzbestimmungen zu treffen sind, ist einer öffentlichen Stelle des Bundes nicht vorgeschrieben. Allerdings empfiehlt es sich, in Anlehnung an die für den privaten Sektor geltenden §§ 36 und 37 BDSG eine eigene

---

117 Vgl. *Alke* 1992 S. 8; *Bergmann/Möhrle/Herb* 1992 Teil III § 18 Rdnr. 23; *Ordemann/Schomerus/Gola* 1992 § 18 Anm. 3.

118 *Bäumler* 1992 Rdnr. 123, 124; *Bergmann/Möhrle/Herb* 1992 Teil III § 18 Rdnr. 45; *Ordemann/Schomerus/Gola* 1992 § 18 Anm. 5.

119 S. dazu *Ordemann/Schomerus/Gola* 1992 § 18 Anm. 6.

120 *Bäumler* 1992 Rdnr. 124; *Bergmann/Möhrle/Herb* 1992 Teil III § 26 Rdnr. 22; s. hierzu auch DSB 1992 S. 12/13. – Das Formular ist – mit dem entsprechenden Rundschreiben des BfD und der Ausfüllanleitung – abgedruckt in *Bergmann/Möhrle/Herb* 1992 Teil III § 26 Anlage (nach Rdnr. 39) sowie bei *Alke* 1992 Anlage 2.

121 S. dazu *Riegel* 1992 S. 187.

Organisationseinheit einzurichten, die mit Datenschutzaufgaben betraut ist.[122] Eine Ermächtigung hierfür wird in § 18 Abs. 1 BDSG gesehen[123]; die Einsetzung erfolgt durch eine entsprechende Dienstanweisung bzw. Dienstvereinbarung (vgl. oben Rdnr. 50)[124]. Auf Bundesebene gibt es inzwischen in allen öffentlichen Stellen einen solchen **internen Datenschutzbeauftragten.**[125]

Die Sicherstellung nach § 18 Abs. 1 BDSG (s. oben Rdnr. 49, 59) umfaßt **60** alle Einzelmaßnahmen und Weisungen, die diesem Zweck dienen.[126] Die verschiedenen **Aufgaben** folgen insbesondere aus dem BDSG sowie bereichsspezifischen Bundesgesetzen, aber auch aus Rechtsverordnungen, Richtlinien u. ä. Verwiesen sei etwa auf die oben (Rdnr. 51, 53, 55, 57) genannten Pflichten im Zusammenhang mit dem Datengeheimnis und dem automatisierten Abrufverfahren sowie zur Beschreibung jeder Datei und Führung von Verzeichnissen; zu nennen sind darüber hinaus die Prüfung der Zulässigkeit der Datenverwendung (s. unten Rdnr. 98–104), die Überwachung der automatisierten Datenverarbeitung nach § 18 Abs. 2 BDSG, die Realisierung der Rechte der Betroffenen (s. unten Rdnr. 118–134) sowie der Einsatz von Datensicherungsmaßnahmen und die Erstellung von Sicherheitskonzepten gemäß § 9 BDSG.[127] In Abb. 1 (Seite 654 f.) sind zum Exempel die vom Datenschutzbeauftragten des Bundeskriminalamtes im einzelnen wahrzunehmenden Aufgaben zusammengestellt.

Zu den **Grundvoraussetzungen für die Effektivität** eines internen Daten- **61** schutzbeauftragten gehören – neben der notwendigen fachlichen Kompetenz – in organisatorischer Hinsicht namentlich Unabhängigkeit in der Amtshierarchie (verbunden mit einem direkten Zugangsrecht zur Amtsleitung), Unterstützungspflicht aller Amtsangehörigen sowie Freistellung von anderen Aufgaben, vor allem von inkompatiblen Funktionen wie Geheimschutzbeauftragter oder „DV-Leiter".[128]

In den **Bundesländern** Berlin und Hessen sind öffentliche Stellen – in **62** Berlin generell, in Hessen ab einer bestimmten Größenordnung – verpflichtet, Beauftragte für den Datenschutz zu bestellen.[129]

b) IT-Sicherheitsbeauftragter

Über § 9 BDSG ist der interne Datenschutzbeauftragte auch für die Maß- **63** nahmen zur **Datensicherung** verantwortlich (s. oben Rdnr. 60).[130] Damit gehört zu seinen Aufgaben ein Bereich, der einerseits von größter Bedeu-

---

122 *Bäumler* 1992 Rdnr. 122; *Bergmann/Möhrle/Herb* 1992 Teil III § 18 Rdnr. 17; *Ordemann/ Schomerus/Gola* 1992 § 18 Anm. 2.3.
123 *Bergmann/Möhrle/Herb* 1992 Teil III § 18 Rdnr. 17.
124 *Alke* 1992 S. 7.
125 *Alke* 1992 S. 9. Vgl. auch *Bäumler* 1992 Rdnr. 122; *Ordemann/Schomerus/Gola* 1992 § 18 Anm. 2.3.
126 *Ordemann/Schomerus/Gola* 1992 § 18 Anm. 2.3.
127 S. hierzu *Bergmann/Möhrle/Herb* 1992 Teil III § 18 Rdnr. 19.
128 *Alke* 1992 S. 9/10; *Riegel* 1992 S. 170.
129 S. dazu *Ordemann/Schomerus/Gola* 1992 Anm. 6; *Riegel* 1992 S. 170.
130 Vgl. hierzu *Bergmann/Möhrle/Herb* 1992 Teil III § 9 Rdnr. 27 i. V. mit § 37 Rdnr. 6.

Sicherstellung der Ausführung der Rechtsvorschriften über den Datenschutz

ORGANISATION

Maßnahmen zur Wahrung
– des Rechts auf informationelle Selbstbestimmung
– der Datensicherheit

UNTERSTÜTZUNG

Beratung der Amtsleitung in allen datenschutzrecht-lichen Fragen
Beratung der Fachdienststellen bei
– Einrichtung von Dateien, und zwar von
  • automatisierten
  • nicht-automatisierten (= Karteien)
  (Erstellung der Errichtungsanordnungen bzw. Inhaltsfestlegungen)
– Durchführung datenschutzrelevanter Vorhaben
– Stellungnahmen zu datenschutzrechtlichen Fragen im internationalen Bereich

ÜBERWACHUNG

Kontrolle der
– Führung von
  • Dateien
  • Akten
  (Einhaltung der Errichtungsanordnungen bzw. Inhaltsfestlegungen, der KpS-Richtlinien, der Dateienrichtlinien)
– Umsetzung datenschutzrechtlicher Vorgaben bei der Aufgabenerledigung

ANLAUFSTELLE

Bearbeitung der
– direkt übersandten
– über den Bundesbeauftragten für den Datenschutz (BfD) bzw. das Bundesministerium des Innern (BMI) eingehenden
Anträge von   – amtsangehörigen
               – externen
Petenten auf   – Auskunft
               – Löschung
               – Berichtigung
               – Sperrung

DOKUMENTATION

Führung
– eines Verzeichnisses der eingesetzten Datenverarbeitungsanlagen
– einer Dateienübersicht
Sammlung aller Errichtungsanordnungen bzw. Inhaltsfestlegungen

ZUSAMMENARBEIT

Ansprechpartner in allen Angelegenheiten des Datenschutzes für

Stellungnahmen zu datenschutzrelevan-
ten Vorgängen gegenüber   – BMI

Abstimmung bedeutender datenschutzrelevanter Vorhaben mit

Mitteilung von Errichtungsanordnungen   – BfD
bzw. Inhaltsfestlegungen an

INFORMATION

Bekanntmachung neuer Datenschutzregelungen
Unterricht
– bei Kriminalkommissarsanwärtern
– bei Ratsanwärtern
– im Rahmen der DV-Ausbildung

Abb. 1: Aufgaben des Datenschutzbeauftragten des Bundeskriminalamtes

tung ist, andererseits aber sich in seiner technischen Ausrichtung von dem
– rechtlich geprägten – Datenschutz i. e. S. stark unterscheidet.

Wie Bereiche der Wirtschaft ist die öffentliche Verwaltung, und auch die   **64**
Polizei, in ständig steigendem Maß von der Informationstechnik (IT)
abhängig. Viele Aufgaben sind heute ohne IT-Unterstützung nicht mehr zu
erfüllen. Alternativen zum Computereinsatz sind vielfach überhaupt nicht
mehr möglich oder vorgesehen. Diese **zunehmende IT-Abhängigkeit** kann
jede Organisation existentiell gefährden, wenn Bedrohungen des IT-Einsatzes nicht vorher erkannt und die Risiken auf ein tragbares Maß reduziert
worden sind.

Zu den **Bedrohungen und Risiken** auf allen Ebenen des IT-Einsatzes bei   **65**
der
– Speicherung
– Verarbeitung
– Weitergabe
von Informationen (Daten, Programme) zählen
– Naturkatastrophen
– Unfälle
– menschliches Versagen

– technisches Versagen

– Computerkriminalität

- Mißbrauch

- Spionage

- Sabotage

- „Hacker"

- „Viren"

- „Raubkopien".[131]

66   Daher müssen heute alle IT-Daten, -Programme und -Systeme ausreichende **Sicherheitsanforderungen** erfüllen, die insbesondere

– Art („Wert") der IT-Anwendung

– Art und Eintrittswahrscheinlichkeit der Bedrohung und

– Art und Ausmaß der materiellen sowie auch immateriellen (z.B. Vertrauensverlust in der Öffentlichkeit) Schadenmöglichkeiten

berücksichtigen. Angesichts der wachsenden Bedeutsamkeit der Datensicherung wird inzwischen auch eine europaweite Harmonisierung von IT-Sicherheitskriterien vorangetrieben.[132]

67   Absolute Sicherheit läßt sich nur bei Stillstand eines IT-Systems erreichen. Wie in vielen Lebensbereichen kann und muß somit ein – definiertes und tragbares – Restrisiko toleriert und verantwortet werden. Daher sind mögliche Bedrohungen sowie ihre Eintrittswahrscheinlichkeit und Schadenspotentiale zu analysieren und realistisch zu bewerten, um geeignete und kostengerechte Sicherheitsmaßnahmen konzipieren zu können. Gefordert ist somit ein durchgängiges und flexibles **IT-Sicherheitskonzept**, das gleichermaßen den Sicherheitsanforderungen der IT wie auch den Praktikabilitätsbedürfnissen der Anwender und Betreiber gerecht wird.[133]

68   Als Orientierungshilfe zur Erstellung entsprechender Risikoanalysen hat das Bundesamt für Sicherheit in der Informationstechnik (BSI; s. unten Rdnr. 92) ein **IT-Sicherheitshandbuch**[134] herausgegeben. Ausgehend von den drei IT-Grundbedrohungen

– Verlust der Verfügbarkeit

– Verlust der Integrität

– Verlust der Vertraulichkeit[135]

liefert dieses Werk, speziell für Behörden, eine systematische Anleitung zur Entwicklung eines umfassenden IT-Sicherheitskonzeptes.[136]

69   Ein angemessener, lückenloser Schutz kann nur erreicht werden, wenn er sich über den gesamten IT-Bereich erstreckt und sämtliche schutzbedürftigen IT-Informationen umfaßt. Es liegt nahe, für ein derartiges

---

131 S. dazu *Tinnefeld/Ehmann* 1992 S. 249/250.
132 Vgl. *Kersten* 1992 S. 476–481; *Pfitzmann/Rannenberg* 1993 S. 170–179.
133 S. dazu *Tinnefeld/Ehmann* 1992 S. 250.
134 *Bundesamt für Sicherheit in der Informationstechnik* 1992.
135 S. dazu *Alke* 1992 S. 5; *Tinnefeld/Ehmann* 1992 S. 250–252.
136 Vgl. hierzu *Pfitzmann/Rannenberg* 1993 S. 170–179.

Ahlf/Störzer/Vordermaier

Arbeitsgebiet einen eigenen Spezialisten vorzusehen. In einem Arbeitspapier des Bundesinnenministeriums wurde die Schaffung einer solchen Funktion Ende 1992 angeregt.[137] Beim Bundeskriminalamt ist bereits 1990 eine übergreifende und hauptamtliche Kontrollinstanz zur Gewährleistung und Verbesserung der informationstechnischen Sicherheit konzipiert worden: der **IT-Sicherheitsbeauftragte**. Es entspricht den gesetzlichen Gegebenheiten (vgl. oben Rdnr. 60, 63), wenn dieser organisatorisch dem Datenschutzbeauftragten als dessen Mitarbeiter zugeordnet wird.

Die **Aufgaben eines IT-Sicherheitsbeauftragten** umfassen die Konzep- **70** tion, Koordinierung und Kontrolle der gesamten IT-Sicherheit seiner Dienststelle:

- strategische Konzeption des Gesamtbereiches der IT-Sicherheit
- Aufstellen und Fortschreiben eines IT-Sicherheitskonzeptes
- Initiierung von Maßnahmen zur Verbesserung der IT-Sicherheit (Initiativaufgaben)
- amtsweite Koordinierung der IT-Sicherheit
- Standardisierung der Ermittlung, Bewertung und Festlegung von
  - Schutzbedürftigkeit und Schutzzielen
  - Sicherheitsanforderungen
  - angemessene IT-Sicherheitsmaßnahmen
  - Restrisiken
- Mitwirkung bei der Planung und Beschaffung von IT
- IT-Sicherheitsüberprüfungen
  - Überwachung der Umsetzung des IT-Sicherheitskonzeptes
  - Kontrolle und Revision der korrekten Anwendung und der Wirksamkeit von Sicherheitsmaßnahmen
  - Penetrationstests
  - IT-Sicherheitsvorkommnisse
- Information und Aufklärung zur Unterstützung der Wirksamkeit und zur Optimierung der Akzeptanz von IT-Sicherheitsmaßnahmen (Beratungsaufgaben).

Mit in das Amt des IT-Sicherheitsbeauftragten einbezogen werden kann **71** auch die Wahrnehmung anderer Funktionen, vor allem der Aufgaben des **DV-Geheimschutzbeauftragten** und des **COMSEC-Beauftragten**.[138] Sie haben bei der Speicherung und Verarbeitung bzw. Übertragung von Verschlußsachen (VS) jeweils für die Einhaltung der speziellen Bestimmungen für VS-eingestufte Informationen, beispielsweise der VS-Fernmelderichtlinien, zu sorgen.

Sämtliche Aspekte zum Schutz von IT-Informationen und IT-Systemen **72** sind fachübergreifend in der Funktion des IT-Sicherheitsbeauftragten zu integrieren, weil die Realisierung von IT-Sicherheit nicht Aufgabe einer

---

137 *Der Bundesminister des Innern* 1992.
138 Vgl. *Der Bundesminister des Innern* 1992 S. 5.

einzigen fachlichen Disziplin sein kann. Organisatorische und personelle Forderungen, wirtschaftliche und finanzielle Auswirkungen beeinflussen die Zielerreichung ebenso wie Fragen der Informatik und Hardware-Technologie. Darüber hinaus sind vielfältige rechtliche und gesellschaftliche Aspekte zu berücksichtigen, gerade auch in einer Polizeibehörde. Ein **integriertes IT-Risiko- und -Sicherheitsmanagement**[139] erfordert daher zunehmend eine enge interdisziplinäre Zusammenarbeit zwischen den einzelnen Fachrichtungen – und nicht zuletzt die Abstimmung mit den Bedürfnissen der Praxis. Abb. 2 vermittelt einen Überblick über das Aufgabenspektrum des IT-Sicherheitsbeauftragten des Bundeskriminalamtes.

Strategische Konzeption / Koordination der gesamten IT-Sicherheit

IT-Sicherheitsorganisation

KOORDINIERUNG

Standardisierung von Strukturen zur Ermittlung / Bewertung / Festlegung von
– Schutzbedürftigkeit und Schutzzielen
– Sicherheitsanforderungen
– angemessenen Sicherheitsmaßnahmen
– Restrisiken

INITIATIVE

IT-Sicherheitskonzept aufstellen und fortschreiben

MITWIRKUNG

Angemessenheit und Ausgewogenheit der Sicherheitsmaßnahmen bei Planung / Beschaffung / Einsatz von IT

KONTROLLE

IT-Sicherheitsüberprüfungen
– Überwachung der Umsetzung des IT-Sicherheitskonzeptes
– Kontrolle und Revision der korrekten Anwendung / Wirksamkeit von Sicherheitsmaßnahmen
– Penetrationstests
– IT-Sicherheitsvorkommnisse

BERATUNG

Information und Aufklärung zur Unterstützung der Wirksamkeit und zur Optimierung der Akzeptanz von IT-Sicherheitsmaßnahmen

Abb. 2: Aufgaben des IT-Sicherheitsbeauftragten des Bundeskriminalamtes

139 *Schaumüller-Bichl* 1992.

V. Kontrolle

Die Kontrolle der Tätigkeit öffentlicher Stellen ist ein wesentliches **Ele-** 73
ment des demokratischen Rechtsstaates; seit jeher gibt es solche Kontrollen.[140] Die polizeiliche Datenverarbeitung zieht dabei gleich in doppelter
Hinsicht die besondere Aufmerksamkeit auf sich. Zum einen stellt die
Polizei – neben dem Militär – das stärkste Machtmittel des Staates dar;
durch sie kann er mit unmittelbaren Zwangsmaßnahmen gegen den Bürger
vorgehen.[141] Zum anderen droht durch die Möglichkeiten der modernen
Datenverarbeitung vor allem wegen der für den Bürger bestehenden
Undurchsichtigkeit der Verwendung von Daten Gefahr für die freie Entfaltung der Persönlichkeit (vgl. oben Rdnr. 11, 25).[142] Dem ist nach dem
Volkszählungsurteil[143] „mehr als früher" durch entsprechende Vorkehrungen, und zwar insbesondere auch durch Kontrollmaßnahmen, entgegenzuwirken.[144] Daher müssen Institutionen vorhanden sein, die ständig überprüfen, ob die datenschutzrechtlichen Vorschriften eingehalten werden,
und die gegebenenfalls für die erforderliche Korrektur sorgen.[145] Diese
Kontrolle erfolgt sowohl durch interne als auch durch externe Stellen.

1. Eigenkontrolle

*a) Interner Datenschutzbeauftragter (einschließlich des
IT-Sicherheitsbeauftragten)*

Als eine der Hauptaufgaben obliegt dem internen Datenschutzbeauftrag- 74
ten – mit Unterstützung des IT-Sicherheitsbeauftragten – die Überwachung der Datenverarbeitung insgesamt sowie einzelner datenschutzrecht-
lich relevanter Maßnahmen.[146] Für Einzelheiten zu diesem **„behördeneige-
nen Kontrollorgan"** wird auf Abschnitt IV.2. (oben Rdnr. 59–72) verwiesen.

b) Personalrat

Auch der Personalrat ist „Datenschützer"[147] und hat insoweit **im Rahmen** 75
seiner Zuständigkeit Kontrollfunktion. Zu den die Rechte des einzelnen
Mitarbeiters sichernden Normen, deren Durchführung der Personalrat
gemäß § 68 Abs. 1 Nr. 2 BPersVG[148] zu überwachen hat, gehören unstreitig
auch Datenschutzbestimmungen.[149]

Um die Aufgabe, die Persönlichkeitsrechte der Bediensteten am Arbeits- 76
platz zu schützen, erfüllen zu können, sind der Personalvertretung grundsätzlich weitgehende **Informationsrechte** eingeräumt:

---

140 *Bull* 1980 S. 77; *Riegel* 1988 S. 288, 1992 S. 169.
141 *Bull* 1980 S. 77.
142 *Riegel* 1988 S. 288, 1992 S. 169/170.
143 BVerfGE 65, 44, 46.
144 *Riegel* 1988 S. 288, 1992 S. 169/170.
145 Vgl. *Riegel* 1992 S. 170.
146 *Riegel* 1988 S. 289, 1992 S. 170; *Tinnefeld/Ehmann* 1992 S. 190.
147 Vgl. *Vogelgesang* 1992a S. 163.
148 In den Bundesländern gibt es parallele Regelungen.
149 BVerwG PersR 1986 S. 95; *Riegel* 1988 S. 290, 1992 S. 171; *Tinnefeld/Ehmann* 1992 S. 54;
    Vogelgesang 1992a S. 163.

– rechtzeitige und umfassende Unterrichtung durch den Dienststellenleiter (§ 68 Abs. 2 Satz 1 BPersVG)

– Übermittlung der erforderlichen Unterlagen (§ 68 Abs. 2 Satz 2 BPersVG)

– Einsicht in Personalakten mit Zustimmung des Beschäftigten (§ 68 Abs. 2 Satz 3 BPersVG)

– Übermittlung dienstlicher Beurteilungen auf Verlangen des Beschäftigten (§ 68 Abs. 2 Satz 4 BPersVG).[150]

77   Dies ermöglicht dem Personalrat, sein in datenschutzrelevanten Angelegenheiten bestehendes **Recht auf Mitbestimmung**, nämlich insbesondere

– über den Inhalt von Personalfragebogen (§§ 75 Abs. 3 Nr. 8, 76 Abs. 2 Satz 1 Nr. 2 BPersVG)

– in Bezug auf Beurteilungsrichtlinien (§§ 75 Abs. 3 Nr. 9, 76 Abs. 2 Satz 1 Nr. 3 BPersVG)

– beim Erlaß von Auswahlrichtlinien für Beamte (§ 76 Abs. 2 Satz 1 Nr. 8 BPersVG)

– bei der Gestaltung der Arbeitsplätze (§ 75 Abs. 3 Nr. 16 BPersVG)

– bei der Einführung einer neuen Arbeitsmethode (§ 76 Abs. 2 Satz 1 Nr. 7 BPersVG)

– bei Maßnahmen zur Hebung der Arbeitsleistung und Erleichterung des Arbeitsablaufs (§ 76 Abs. 2 Satz 1 Nr. 5 BPersVG)

– bei der Aufstellung von Sozialplänen im Gefolge von Rationalisierungsmaßnahmen (§ 75 Abs. 3 Nr. 13 BPersVG)

– bei der Einführung und Anwendung von technischen Einrichtungen, die dazu bestimmt sind, das Verhalten oder die Leistung der Beschäftigten zu überwachen (§ 75 Abs. 3 Nr. 17 BPersVG),

sowie **auf Anhörung** etwa bei der Änderung von Arbeitsverfahren und -abläufen (§ 78 Abs. 5 BPersVG) wahrzunehmen.[151]

78   Für die Personalräte von bestimmten **Sicherheitsbehörden** gelten gewisse Einschränkungen. Betroffen sind hiervon auf Bundesebene der Bundesgrenzschutz (§ 85 BPersVG), der Bundesnachrichtendienst (§ 86 BPersVG) und das Bundesamt für Verfassungsschutz (§ 87 BPersVG). So ist etwa die Personalvertretung des Bundesnachrichtendienstes bei der Einführung/Anwendung technischer Einrichtungen zur Überwachung der Beschäftigten, bei der Einführung neuer Arbeitsmethoden und bei dem Erlaß von Auswahlrichtlinien für Beamte von der Beteiligung ausgeschlossen (§ 86 Nr. 9 BPersVG).[152]

---

150 Ausführlich *Vogelgesang* 1992 a S. 163–165. S. auch *Riegel* 1988 S. 290, 1992 S. 171; *Tinnefeld/Ehmann* 1992 S. 54.
151 Ausführlich *Vogelgesang* 1992b S. 405–412. S. auch *Riegel* 1988 S. 290, 1992 S. 171; *Tinnefeld/Ehmann* 1992 S. 54.
152 S. hierzu *Riegel* 1992 S. 171.

            Ahlf/Störzer/Vordermaier

c) Dienst-, Fach- und Rechtsaufsicht
Diese interne Kontrolle ergibt sich aus der **staatlichen Hierarchie** und 79
erstreckt sich auf alle nachgeordneten Behörden. Selbstverständlich
umfaßt sie jeweils auch den Bereich der Informationsverarbeitung bzw. des
Datenschutzes.[153]

2. Kontrolle von außen

a) Unabhängige Datenschutzbeauftragte
Nach Urteil des Bundesverfassungsgerichts ist „die Beteiligung unabhängi- 80
ger Datenschutzbeauftragter von **erheblicher Bedeutung** für einen effektiven Schutz des Rechts auf informationelle Selbstbestimmung".[154] In diesem Sinne üben die externe datenschutzrechtliche Kontrolle über die
öffentlichen Stellen auf Bundesebene ein „Bundesbeauftragter für den
Datenschutz" und in den Ländern jeweils ein Landesdatenschutzbeauf-
tragter aus. Organisation und Aufgaben dieser Kontrollinstanz sollen am
Beispiel des Bundesdatenschutzbeauftragten kurz erläutert werden.

Der **Bundesbeauftragte für den Datenschutz** (BfD) wird auf Vorschlag der 81
Bundesregierung vom Bundestag für fünf Jahre gewählt und vom Bundespräsidenten ernannt (§ 22 Abs. 1 Satz 1 und 3, 3 Satz 1 BDSG). Er untersteht der Rechtsaufsicht der Bundesregierung (§ 22 Abs. 4 Satz 3 BDSG)
und der Dienstaufsicht des Bundesinnenministers (§ 22 Abs. 5 Satz 2
BDSG); in Ausübung seines Amtes ist er **unabhängig** und nur dem Gesetz
unterworfen (§ 22 Abs. 4 Satz 2 BDSG). Die Dienststelle des Bundesbeauftragten ist beim Bundesinnenminister eingerichtet (§ 22 Abs. 5 Satz 1
BDSG).[155]

Die „vornehmste **Aufgabe**"[156] des Bundesdatenschutzbeauftragten ist, 82
bei den öffentlichen Stellen des Bundes die Einhaltung aller datenschutzrechtlichen Vorschriften zu kontrollieren (§ 24 Abs. 1 Satz 1 BDSG). Während personenbezogene Daten in Dateien jederzeit überprüft werden können, ist für Daten in Akten nur eine „Anlaßkontrolle" vorgesehen, die
eines „Anstoßes" mit hinreichenden Anhaltspunkten für eine Rechtsver-
letzung bedarf (§ 24 Abs. 2 Satz 2 BDSG). Jedermann kann den Bundesbeauftragten um eine Einzelfallprüfung bitten (§ 21 BDSG). Im Falle einer
Auskunftsverweigerung durch eine Bundesbehörde hat der Betroffene das
„Ersatzrecht"[157], sich an den BfD zu wenden (§ 19 Abs. 5 Satz 2, 6 Satz 1
BDSG). Als eine Art „Nebenpflicht" zur Erleichterung der Wahrnehmung
seiner Kontrolltätigkeit[158] ist dem BfD die Führung eines Dateienregisters
aufgegeben (§ 26 Abs. 5 Satz 1 BDSG; s. oben Rdnr. 57).[159]

---

153 *Riegel* 1988 S. 290, 1992 S. 171.
154 BVerfGE 65, 46. Vgl. auch BVerfGE 67, 185.
155 S. zum ganzen auch *Riegel* 1992 S. 172/173; *Tinnefeld/Ehmann* 1992 S. 191.
156 *Riegel* 1988 S. 290. – Daneben obliegen dem BfD – je verschiedenen Adressaten gegenüber –
   die Erstellung von Gutachten und die Erstattung von Berichten (§ 26 Abs. 2 BDSG), wobei
   er alle zwei Jahre einen Gesamt-Tätigkeitsbericht vorzulegen hat (§ 26 Abs. 1 BDSG),
   sowie die Abgabe von Empfehlungen und die Erteilung von Ratschlägen (§ 26 Abs. 3
   BDSG); s. hierzu auch *Riegel* 1992 S. 173.
157 Vgl. *Bergmann/Möhrle/Herb* 1992 Teil III § 19 Rdnr. 40.
158 Vgl. *Ordemann/Schomerus/Gola* 1992 § 26 Anm. 6.2.
159 S. zum ganzen auch *Riegel* 1992 S. 173; *Tinnefeld/Ehmann* 1992 S. 190.

83   Mit den Kontrollaufgaben des Bundesdatenschutzbeauftragten korrespondiert eine Reihe von **Unterstützungspflichten** der zu kontrollierenden Behörden (vgl. § 24 Abs. 4 Satz 1 BDSG). Vor allem steht dem BfD neben dem Recht auf jederzeitigen Zutritt in alle Diensträume ein Auskunfts- und Einsichtsrecht zu (§ 24 Abs. 4 Satz 2 BDSG). Für die Polizei besteht allerdings insoweit ein Sicherheitsvorbehalt (§ 24 Abs. 4 Satz 3 und 4 BDSG), von dem in der Praxis des BfD bislang aber noch nie Gebrauch gemacht worden ist.[160] Wird einem Petenten die Auskunft verweigert, so ist sie auf dessen Verlangen (s. oben Rdnr. 82) – sofern keine Sicherheitsinteressen des Bundes oder eines Landes dagegenstehen – dem Bundesdatenschutzbeauftragten zu erteilen (§ 19 Abs. 6 Satz 1 BDSG). Bei Installierung eines Online-Anschlusses ist der BfD unter Übersendung der vorgeschriebenen Dokumentation (s. oben Rdnr. 53) zu unterrichten (§ 10 Abs. 3 Satz 1 BDSG). Schließlich haben die öffentlichen Stellen des Bundes ihre Dateien zu dem vom BfD zu führenden Dateienregister zu melden (§ 26 Abs. 5 BDSG; s. oben Rdnr. 57, 82).[161]

84   Die **Eingriffsmöglichkeiten** des Bundesdatenschutzbeauftragten sind sehr beschränkt. Eine Anordnungskompetenz oder Weisungsbefugnis gegenüber den von ihm kontrollierten Behörden hat er nicht. Die einem Petenten verweigerte, aber ihm erteilte Auskunft (s. oben Rdnr. 83) darf er nur mit Zustimmung der betreffenden Stelle weiterleiten (§ 19 Abs. 6 Satz 2 BDSG). Das einzige förmliche Instrument, mit dem er auf die Änderung einer bestimmten behördlichen Praxis hinwirken kann, ist die Beanstandung (§ 25 BDSG). Zwar kann der BfD damit eine Abhilfe nicht erzwingen, mit einer Veröffentlichung in seinem Tätigkeitsbericht (s. oben Rdnr. 82 Fn. 156), der insbesondere auch von den Medien stark beachtet wird[162], steht ihm aber doch ein recht effektives Mittel zur Verfügung.[163]

85   Im wesentlichen stimmt die Ausgestaltung der Institution sowie der Rechte und Pflichten der einzelnen **Landesdatenschutzbeauftragten** mit der beschriebenen Konzeption des BfD überein. Dies gilt vor allem für die prinzipielle Unabhängigkeit, die Kontroll-, Beratungs- und Berichtspflichten, die „Waffe"[164] der Beanstandung sowie das Hilfsmittel des Dateienregisters. Natürlich gibt es in Details untereinander sowie im Vergleich zum BfD Verschiedenheiten. Beispielsweise ist der Bayerische Datenschutzbeauftragte der Staatskanzlei zugeordnet und der Landesdatenschutzbeauftragte von Rheinland-Pfalz weder einer Dienst- noch einer Rechtsaufsicht unterstellt. So führt etwa die Geltendmachung eines Sicherheitsvorbehaltes durch eine Sicherheitsbehörde (s. oben Rdnr. 83) in Hessen, Niedersachsen, Nordrhein-Westfalen und Schleswig-Holstein nicht zum Ausschluß, sondern nur zu einer Beschränkung der Kontrolle, und zwar auf die Person des Landesdatenschutzbeauftragten.[165]

---

160 *Bäumler* 1992 Rdnr. 119; *Riegel* 1992 S. 176.
161 S. zum ganzen auch *Bäumler* 1992 Rdnr. 117–119, 124; *Riegel* 1992 S. 175/176.
162 Vgl. etwa Wiesbadener Tagblatt Nr. 115 vom 19. Mai 1993 S. 1 sowie *Bieber* 1993 S. 4, *Hermanski* 1993a S. 7 und *Luchs* 1993 S. 1 zum 14. Tätigkeitsbericht des BfD.
163 S. zum ganzen auch *Bäumler* 1992 Rdnr. 121; *Riegel* 1992 S. 177/178; *Tinnefeld/Ehmann* 1992 S. 191.
164 *Riegel* 1992 S. 178.
165 S. zum ganzen auch *Riegel* 1988 S. 290–293, 1992 S. 172–178.

b) Rechnungshöfe

Die Kontrolle staatlicher Tätigkeit durch Rechnungshöfe hat eine lange   **86**
Tradition[166], und die Überprüfung des IT-Einsatzes bedeutet in diesem
Zusammenhang nichts Neues. Neu hingegen sind die zunehmend spezifi-
schen Sicherheitsrisiken beim Einsatz moderner Informations- und Kom-
munikationstechnik (s. oben Rdnr. 6, 7, 65). Dem trägt beispielsweise der
Bundesrechnungshof in seiner Funktion als Bundesbeauftragter für die
Wirtschaftlichkeit in der Verwaltung (BWV) Rechnung. Ihm obliegt die
Kontrolle über die **Angemessenheit der Investitionen für die Sicherheit der
IT-Systeme** und die Prüfung der Wirksamkeit der ergriffenen technischen
und organisatorischen Maßnahmen.

c) Gerichte

Gemäß der verfassungsrechtlichen Rechtsweggarantie des Art. 19 Abs. 4   **87**
Satz 1 GG besteht gegen Maßnahmen im Rahmen der polizeilichen Informationsverarbeitung auch gerichtlicher Schutz. Hier gelten keine Besonderheiten. Außenstehenden sowie Beamten und dem Personalrat der
betreffenden Sicherheitsbehörde ist der Weg zu den **Verwaltungsgerichten**
eröffnet. Für entsprechende Klagen von Angestellten oder Arbeitern gegen
„ihre eigene" Sicherheitsbehörde ist das **Arbeitsgericht** zuständig.[167]

d) Parlamente

In einer Demokratie ist eine der zentralen Aufgaben des Parlamentes die   **88**
Kontrolle von Regierung und Verwaltung; dies ist Ausfluß des Prinzips der
Gewaltenteilung. Mit der polizeilichen Informationsverarbeitung befassen
sich **Bundestag** wie **Landtage** zum einen aus eigener Initiative – resp. auf
Veranlassung der zuständigen Ausschüsse (insbesondere Innenausschuß,
Rechtsausschuß), der Fraktionen oder auch einzelner Abgeordneter – etwa
durch Expertenanhörungen im Zusammenhang mit Gesetzesvorhaben in
den Ausschüssen oder durch Kleine oder Große Anfragen im Plenum, zum
anderen aufgrund von Eingaben einzelner Bürger und Bürgergruppen
gemäß Art. 17 GG bzw. der entsprechenden landesrechtlichen Vorschrift
im Petitionsausschuß.[168]

VI. Beratung

1. Unabhängige Datenschutzbeauftragte

Die **unabhängigen Datenschutzbeauftragten** können den öffentlichen Stel-   **89**
len Empfehlungen geben und sie in Datenschutzfragen beraten (s. oben
Rdnr. 82 Fn. 156, 85). Diese Tätigkeit, die sich auf das gesamte Gebiet des
Datenschutzes einschließlich der Datensicherheit bezieht, hat gerade im
Bereich des Bundesbeauftragten für den Datenschutz in der Vergangenheit
an Umfang zugenommen und immer größere Bedeutung gewonnen.[169]

---

166 *Riegel* 1988 S. 288.
167 S. zum ganzen auch *Riegel* 1988 S. 290, 1992 S. 181.
168 S. zum ganzen auch *Riegel* 1988 S. 294, 295, 1992 S. 181/182.
169 *Der Bundesbeauftragte für den Datenschutz* 1989 S. 7, 1993 S. 15. Vgl. dazu auch *Orde-
    mann/Schomerus/Gola* 1992 § 26 Anm. 4.1.

2. Koordinierungs- und Beratungsstelle der Bundesregierung für Informationstechnik in der Bundesverwaltung

90　Im Bundesministerium des Innern ist die **Koordinierungs- und Beratungsstelle der Bundesregierung für Informationstechnik in der Bundesverwaltung** (KBSt) eingerichtet. Sie hat als ressortübergreifende Stelle die **Aufgabe,** koordinierend und beratend darauf hinzuwirken, daß die IT in der Bundesverwaltung aus fachlicher und technischer Sicht optimal eingesetzt wird.[170]

91　Voraussetzung für die Bewilligung von Haushaltsmitteln ist die Aufstellung eines **IT-Rahmenkonzeptes**, das auch ein **IT-Sicherheitskonzept** für sämtliche IT-Vorhaben und IT-Verfahren umfaßt. Dabei sind die Folgen des Ausfalls und nichtordnungsgemäßer Nutzung von IT-Einrichtungen zu prüfen, damit die festgestellten Auswirkungen und Risiken begrenzt werden können. Weiterhin werden Vorkehrungen verlangt, die beim IT-Einsatz die Vollständigkeit, Richtigkeit und Aktualität der zu verarbeitenden Daten gewährleisten.

3. Bundesamt für Sicherheit in der Informationstechnik

92　Dem **Bundesamt für Sicherheit in der Informationstechnik** (BSI) wurden im BSI-Errichtungsgesetz[171] folgende **Aufgaben** übertragen:
- Untersuchung von Sicherheitsrisiken bei Anwendung der Informationstechnik sowie Entwicklung von Sicherheitsvorkehrungen
- Entwicklung von Kriterien, Verfahren und Werkzeugen für die Prüfung und Bewertung der Sicherheit von informationstechnischen Systemen oder Komponenten und Erteilung von Sicherheitszertifikaten
- Zulassung von informationstechnischen Systemen oder Komponenten, die für die Verarbeitung oder Übertragung amtlich geheimgehaltener Informationen (Verschlußsachen) im Bereich des Bundes oder bei Unternehmen im Rahmen von Aufträgen des Bundes eingesetzt werden sollen, sowie Herstellung von Schlüsseldaten, die für den Betrieb zugelassener Verschlüsselungsgeräte benötigt werden
- Unterstützung der für Sicherheit in der Informationstechnik zuständigen Stellen des Bundes, insbesondere soweit sie Beratungs- oder Kontrollaufgaben wahrnehmen; dies gilt vorrangig für den Bundesbeauftragten für den Datenschutz, dessen Unterstützung im Rahmen der Unabhängigkeit erfolgt, die ihm bei der Erfüllung seiner Aufgaben nach dem Bundesdatenschutzgesetz zusteht (s. oben Rdnr. 81)
- Unterstützung der Polizeien und Strafverfolgungsbehörden bei der Wahrnehmung ihrer gesetzlichen Aufgaben
- Beratung der Hersteller, Vertreiber und Anwender in Fragen der Sicherheit in der Informationstechnik unter Berücksichtigung der möglichen Folgen fehlender oder unzureichender Sicherheitsvorkehrungen.

---

170 S. Richtlinien über den Einsatz der Informationstechnik in der Bundesverwaltung (IT-Richtlinien) vom 18. August 1988 (GMBl. S. 470).
171 Gesetz über die Errichtung des Bundesamtes für Sicherheit in der Informationstechnik (BSIG) vom 17. Dezember 1990 (BGBl. I S. 2834).

　　　　　　　　　　　　　　　　　　　Ahlf/Störzer/Vordermaier

In plakativer Vereinfachung gesagt, ist das BSI „das Gegenstück zum Datenschutzbeauftragten: Während dieser sich bemüht, Menschen vor der unberechtigten Verwendung gespeicherter Daten zu bewahren, beschäftigen sich die BSI-Spezialisten mit dem Schutz der Daten vor dem unberechtigten Zugriff durch Menschen."[171/1]

Für die **IT-Sicherheitsberatung** von Anwendern im Bereich der Bundesbehörden baut das BSI einen speziellen Informations- und Beratungsdienst auf. In diesem Zusammenhang gibt es Grundlagenwerke zur IT-Sicherheit heraus, beispielsweise das bereits genannte (oben Rdnr. 68) IT-Sicherheitshandbuch.   93

4. Sonstige

Zahlreiche Betriebe (IT-Hersteller, Software-Produzenten, Hersteller und Vertreiber von IT-Sicherheitsprodukten, Beratungsunternehmen etc.) bieten inzwischen ihre **Beratung und Unterstützung im Bereich der IT-Sicherheit** an. Die Offerten reichen von der Erstellung einer individuellen IT-Sicherheitskonzeption bis hin zur vollständigen Implementierung von Sicherheitsmaßnahmen und der Bereitstellung von Ausweichrechenzentren.   94

B. Zum Inhalt

I. Ausgangspunkt

1. Informationsarbeit der Polizei

Polizeiliche Arbeit ist im Kern Informationsverarbeitung. Schon immer wird das Sammeln, Auswerten und Umsetzen von Informationen zu den **originären polizeilichen Aufgaben** gerechnet (s. oben Rdnr. 2). Informationen sind im Gegensatz zu *Peitsch*[172] auch keine neuen, sondern seit jeher *die* „Grundgrößen" des Polizei- und des Strafverfahrensrechtes, weil sie der Stoff sind, aus dem die Entscheidungen gemacht werden. Heute hat die Praxis polizeilicher Informations*vorsorge* allerdings eine ganz besondere Bedeutung erfahren, wobei sie einen wesentlichen Teil des polizeilichen Auftrags[173] umfaßt.   95

2. Umbruch

Tatsächlich befindet sich die polizeiliche Informationsverarbeitung in einem fundamentalen Umbruch. Fehlte es etwa bis zum Jahre 1989 überhaupt an spezialgesetzlichen Regelungen hierzu, so ist ab 1989 in den neuen Polizeigesetzen ein geradezu **expansives gesetzliches Instrumentarium** für die polizeiliche Informationsverarbeitung geschaffen worden.[174]   96

171/1 *Hermanski* 1993 b S. 4.
172 *Peitsch* 1991 S. 305.
173 *Pitschas* 1991 S. 9.
174 Näheres hierzu oben in Rdnr. 12, 13 und 28. Eine Auflistung der Gesetze findet sich in Tab. 2 auf Seite 640 ff.

Dieses „neue" Polizeirecht will mit dem Regelungsthema der polizeilichen Informationsverarbeitung das verfassungsrechtlich garantierte Recht auf informationelle Selbstbestimmung gem. Art. 2 Abs. 1 i.V. mit Art. 1 Abs. 1 GG[175] gewährleisten *und* die Strukturen polizeilicher Tätigkeit und Zusammenarbeit mit anderen Behörden neu ordnen.[176]

97 Die sehr detaillierten gesetzlichen Regelungen der polizeilichen Informationsvorsorge offenbaren zum einen die Vielfältigkeit der unterschiedlichen Handlungsformen, die bei der polizeilichen Informationsverarbeitung auftreten können (quantitativer Aspekt). Zum anderen wird mit dieser neuen Regelungsflut **Abschied vom klassischen Polizeirecht** genommen, nämlich Abschied vom klassischen Störerbegriff und vom klassischen Begriff der „konkreten Gefahr". Diese neuen gesetzlichen Regelungen zur polizeilichen Informationsvorsorge belegen nicht nur die sogenannte Konjunktur des Präventionsgedankens[177] oder in der Diktion *Albrechts* die „präventive Wende"[178], sondern dokumentieren auch die Tendenz der neuen Polizeigesetze, die in der Kurzformel „Vom Polizeirecht hin zum Informationsrecht" zusammengefaßt werden kann.[179]

II. Zur Zulässigkeit des Umgangs mit Daten

98 Datenschutz hat den „Schutz des Einzelnen gegen unbegrenzte Erhebung, Speicherung, Verwendung und Weitergabe seiner persönlichen Daten"[180] zum Ziel. Anknüpfungspunkt sind also nur **personenbezogene Daten**[181], d. h. „Einzelangaben über persönliche oder sachliche Verhältnisse einer bestimmten oder bestimmbaren natürlichen Person"[182]. Bestimmbar ist eine Person, wenn die betreffende Stelle einen Bezug mit den ihr üblicherweise zur Verfügung stehenden Hilfsmitteln ohne unverhältnismäßigen Aufwand herstellen kann.[183]

99 Im Hinblick auf die Vielzahl der einschlägigen Vorschriften – allgemeiner/bereichsspezifischer Datenschutz, jeweils bundes-/landesrechtliche Normen, nationale/internationale Regelungen (s. oben Rdnr. 21–48) – kann im Rahmen dieses Artikels ohnehin keine auch nur annähernd vollständige Wiedergabe der Rechtslage erfolgen. Außerdem sind an anderer Stelle in diesem Handbuch[184] polizeiliche Eingriffsmaßnahmen behandelt. Deshalb bleiben die nachfolgenden Ausführungen auf einige **grundlegende Aspekte und Problembereiche** beschränkt. Im übrigen sei auf die zusammenfassenden Darstellungen von *Bäumler* und *Riegel* verwiesen.[185]

---

175 BVerfGE 65, 1. Näheres s. oben Rdnr. 11, 18.
176 *Heise/Tegtmeyer* 1990 Einführung 1.3.2, 4.1.
177 *Ahlf* 1988a S. 70.
178 *Albrecht* 1986 S. 59.
179 *Peitsch* 1991 S. 305.
180 BVerfGE 65, 1.
181 Vgl. auch *Tinnefeld/Ehmann* 1992 S. 83.
182 § 3 Abs. 1 BDSG.
183 *Bergmann/Möhrle/Herb* 1992 Teil III § 3 Rdnr. 11.
184 S. insb. die Beiträge von *Krüger* (Bd. 1, Nr. 7), *Zeiger* (Bd. 2, Nr. 29) und *Peter* (Bd. 2, Nr. 30).
185 *Bäumler* 1992 Rdnr. 288–599; *Riegel* 1992 S. 83–165. S. auch *Tinnefeld/Ehmann* 1992 S. 141–189.

1. Leitprinzip

Für die Verwendung personenbezogener Daten gilt ein „**Verbot mit Erlaub-**   **100**
nisvorbehalt". Personenbezogene Daten dürfen nur verarbeitet und
genutzt werden, wenn
– der Betroffene eingewilligt hat oder
– eine Rechtsvorschrift dies erlaubt.[186]

2. Grundsätze

Der Umgang mit personenbezogenen Daten ist nur zulässig, soweit er im   **101**
einzelnen **erforderlich** ist. Dies ist nur dann der Fall, wenn die gestellte
Aufgabe sonst nicht, nicht vollständig, nicht in angemessener Zeit oder
nicht in rechtmäßiger Weise erfüllt werden kann.[187]

Das zweite prägende Element des Datenschutzes ist der Grundsatz der   **102**
Zweckbindung. Personenbezogene Daten dürfen nur zu dem Zweck
gespeichert, verändert, übermittelt oder genutzt werden, zu dem sie erho-
ben worden sind; ist keine Erhebung vorausgegangen – wurde etwa eine
Information „aufgedrängt" – ist der Zweck der Speicherung maßgebend.[188]
Allerdings gibt es eine Reihe von Ausnahmetatbeständen; so ist insbesondere die Zweckänderung zur Abwehr einer unmittelbar drohenden Gefahr
für die öffentliche Sicherheit und zur Strafverfolgung zulässig.[189] Nicht als
Zweckänderung gilt namentlich eine Verarbeitung oder Nutzung, die der
Wahrnehmung von Aufsichts- und Kontrollbefugnissen oder der Rech-
nungsprüfung dient.[190] Für die Verwendung personenbezogener Daten, die
allein zu Kontroll- oder Sicherungszwecken gespeichert worden sind, ist
eine Durchbrechung des Zweckbindungsprinzips ausgeschlossen.[191]

3. Die Phasen im Umgang mit Daten

Der Umgang mit personenbezogenen Daten zerfällt in verschiedene Pha-   **103**
sen, in denen die oben (Rdnr. 100–102) genannten Prinzipien zu beachten
sind. Abb. 3 (Seite 668) zeigt die **Einordnung** der einzelnen Stufen nach
dem BDSG. Anders als hier begreifen einige Landesdatenschutzgesetze die
Erhebung bzw. die Nutzung als Verarbeitungsphase.[192]

Was die Phasen jeweils umfassen, ergibt sich aus § 3 BDSG. **Erheben** ist   **104**
das Beschaffen von personenbezogenen Daten. Unter **Speichern** versteht

---

186 Vgl. § 4 Abs. 1 BDSG. S. dazu *Ordemann/Schomerus/Gola* 1992 § 4 Anm. 1.1, 1.3.
187 *Bergmann/Möhrle/Herb* 1992 Teil III § 14 Rdnr. 26; *Ordemann/Schomerus/Gola* 1992 § 13
　　　Anm. 3.2. – *Tinnefeld/Ehmann* setzen die Schwelle der Erforderlichkeit niedriger an und
　　　stellen auf die Geeignetheit und die Angemessenheit ab (1992 S. 168/169).
188 Vgl. §§ 14 Abs. 1, 15 Abs. 1, 16 Abs. 1 BDSG.
189 Vgl. § 14 Abs. 2 BDSG.
190 Vgl. § 14 Abs. 3 BDSG.
191 Vgl. § 14 Abs. 4 BDSG. – Dementsprechend dürfen z. B. nach § 36 Abs. 6 StVG im ZEVIS
　　　die Protokolldaten aus Anfragen im Online-Verfahren nur zur Kontrolle der Rechtmäßig-
　　　keit der Datenübermittlungen genutzt werden. Dies ist im Hinblick auf manchen erfolgver-
　　　sprechenden Ermittlungsansatz nicht unproblematisch. S. hierzu *Riegel* 1992 S. 79, 146.
192 S. hierzu *Ordemann/Schomerus/Gola* 1992 § 13 Anm. 9; *Tinnefeld/Ehmann* 1992 S. 89.

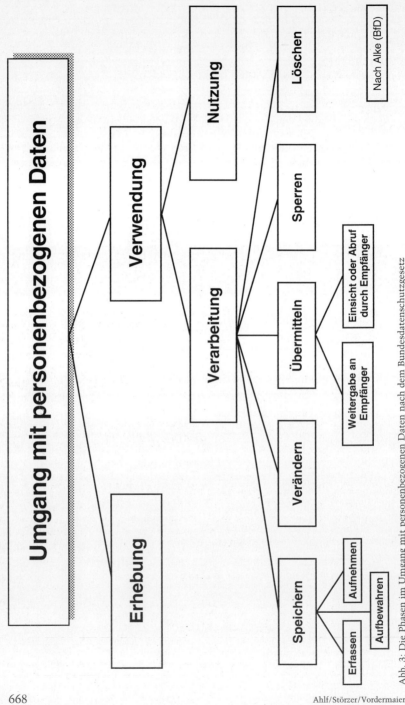

Abb. 3: Die Phasen im Umgang mit personenbezogenen Daten nach dem Bundesdatenschutzgesetz

man das Erfassen, Aufnehmen oder Aufbewahren personenbezogener Daten auf einem Datenträger zum Zweck ihrer weiteren Verwendung, unter **Verändern** das inhaltliche Umgestalten gespeicherter personenbezogener Daten, unter **Übermitteln** das Bekanntgeben gespeicherter oder durch Datenverarbeitung gewonnener personenbezogener Daten an einen Dritten, unter **Sperren** das Kennzeichnen gespeicherter personenbezogener Daten, um die weitere Verwendung einzuschränken, und unter **Löschen** das Unkenntlichmachen gespeicherter personenbezogener Daten. **Nutzen** ist negativ definiert als jede Verwendung personenbezogener Daten, die keine Verarbeitung darstellt; unter diesen Auffangtatbestand fallen z. B. Auswertung zu einem bestimmten Zweck, Bandabgleich und Veröffentlichung.[193]

III. Datensicherheit

Werden personenbezogene Daten automatisiert verarbeitet, so verlangt das Bundesdatenschutzgesetz in § 9 angemessene **technische und organisatorische Maßnahmen zur Datensicherung.** Die in der Anlage zu § 9 BDSG aufgelisteten sogenannten **„Zehn-Gebote der Datensicherung"** sind zwar nur Teilaspekte, aber doch wesentliche Teilaspekte des Gesamtthemas IT-Sicherheit.[194] Getroffen werden müssen Maßnahmen, die je nach der Art der zu schützenden personenbezogenen Daten geeignet sind, **105**

1. Unbefugten den Zugang zu Datenverarbeitungsanlagen, mit denen personenbezogene Daten verarbeitet werden, zu verwehren **(Zugangskontrolle)** **106**

   Beispiele für Maßnahmen:
   Physikalische Abschottung der Rechner (Türen, Spezialverglasung, Einbruchsmelder, Schlösser etc.), Festlegung zutrittsberechtigter Personen, Anwesenheitsaufzeichnungen

2. zu verhindern, daß Datenträger unbefugt gelesen, kopiert, verändert oder entfernt werden können **(Datenträgerkontrolle)** **107**

   Beispiele für Maßnahmen:
   Archivierung der Datenträger, Verbot privater Datenträger, Abgangskontrolle für Datenträger, Bestandskontrollen, kontrollierte Vernichtung von Datenträgern)

3. die unbefugte Eingabe in den Speicher sowie die unbefugte Kenntnisnahme, Veränderung oder Löschung gespeicherter personenbezogener Daten zu verhindern **(Speicherungskontrolle)** **108**

   Beispiele für Maßnahmen:
   Paßwortregelungen, Einsatz von Verschlüsselungsverfahren, Protokollierung der Zugriffe

4. zu verhindern, daß Datenverarbeitungssysteme mit Hilfe von Einrichtungen zur Datenübertragung von Unbefugten genutzt werden können **(Benutzerkontrolle)** **109**

---

193 *Ordemann/Schomerus/Gola* 1992 § 3 Anm. 13.2.
194 S. dazu *Pohl/Weck* 1993.

Beispiele für Maßnahmen:
Abschließbarkeit von Datenstationen, Zuordnung einzelner Terminals ausschließlich für bestimmte Funktionen, Einsatz von intelligenten Chipkarten, Verwendung „abhörsicherer" Geräte und Leitungen

110 5. zu gewährleisten, daß die zur Benutzung eines Datenverarbeitungssystems Berechtigten ausschließlich auf die ihrer Zugriffsberechtigung unterliegenden Daten zugreifen können **(Zugriffskontrolle)**

Beispiele für Maßnahmen:
Zeitlich begrenzte Zugriffsmöglichkeiten, Teilzugriffsmöglichkeiten auf Datenbestände und Funktionen, Begrenzung der Datenarten für einen Datenträger

111 6. zu gewährleisten, daß überprüft und festgestellt werden kann, an welchen Stellen personenbezogene Daten durch Einrichtungen zur Datenübertragung übermittelt werden können **(Übermittlungskontrolle)**

Beispiele für Maßnahmen:
Dokumentation der Abruf- und Druckvorgänge, programmäßige Festlegung der Datenempfänger, Protokollierung der Datenübermittlungen

112 7. zu gewährleisten, daß nachträglich überprüft und festgestellt werden kann, welche personenbezogenen Daten zu welcher Zeit von wem in Datenverarbeitungssysteme eingegeben worden sind **(Eingabekontrolle)**

Beispiele für Maßnahmen:
Protokollierung der Eingabevorgänge, Festlegung des Anwenderkreises, Einsatz von Datei-Verantwortlichen

113 8. zu gewährleisten, daß personenbezogene Daten, die im Auftrag verarbeitet werden, nur entsprechend den Weisungen des Auftraggebers verarbeitet werden können **(Auftragskontrolle)**

Beispiele für Maßnahmen:
Sorgfältige Auswahl des Auftragnehmers, Abgrenzung der Rechte und Pflichten zwischen Auftragnehmer und -geber, Kontrollen durch den Auftraggeber

114 9. zu verhindern, daß bei der Übertragung personenbezogener Daten sowie beim Transport von Datenträgern die Daten unbefugt gelesen, kopiert, verändert oder gelöscht werden können **(Transportkontrolle)**

Beispiele für Maßnahmen:
Festlegung des Übertragungsweges, Verschließbarkeit der Behältnisse, Empfangsbestätigungen

115 10. die innerbehördliche oder innerbetriebliche Organisation so zu gestalten, daß sie den besonderen Anforderungen des Datenschutzes gerecht wird **(Organisationskontrolle)**

Beispiele für Maßnahmen:
Entwicklung eines Datenschutz-/Datensicherungskonzeptes, Bestellung eines Datenschutz-/IT-Sicherheitsbeauftragten, Erlaß spezieller Richtlinien, Vier-Augen-Prinzip, förmliche Verpflichtung der Benutzer.

Bei den oben (Rdnr. 106–115) aufgeführten Beispielen wurde nach Möglichkeit darauf verzichtet, bestimmte Vorkehrungen in den verschiedenen Kontrollbereichen wiederholt zu nennen. Manche Maßnahmen entfalten aber durchaus **mehrfache Wirkung**: etwa die Verwendung von Paßwörtern nicht nur für die Speicher-, sondern auch für die Benutzer- und die Zugriffskontrolle, die Verschlüsselung sowohl für die Speicher- als auch für die Datenträger-, die Übermittlungs- und die Transportkontrolle sowie der Anwesenheitsnachweis ebenso für die Eingabe- wie für die Zugangskontrolle.[195]   **116**

Die **Landesdatenschutzgesetze** enthalten zur Datensicherheit Regelungen, die dem § 9 BDSG nebst Anlage inhaltlich entsprechen. In einigen Bundesländern gibt es darüber hinaus auch konkrete Anweisungen zur Datensicherheit bei nicht-automatisierten Verfahren.[196]   **117**

IV. Rechte des Betroffenen

Die Bürger sollen „wissen können, wer was wann und bei welcher Gelegenheit über sie weiß".[197] Diese Garantie bezieht sich prinzipiell auch auf die Sicherheitsbehörden (s. oben Rdnr. 25). Als Mittel, trotz „des enggewebten informationstechnischen Netzes", das sie „von Jahr zu Jahr dichter umfaßt",[198] das vom Bundesverfassungsgericht statuierte informationelle Selbstbestimmungsrecht durchzusetzen, stehen den Bürgern einige „datenschutzrechtliche Grundrechte"[199] zur Verfügung.   **118**

1. Auskunftsrecht

Besondere Bedeutung als „magna charta des Datenschutzes"[200] kommt dem **Anspruch auf Auskunft** zu. Nach § 19 Abs. 1 Satz 1 BDSG ist einem Petenten Auskunft zu erteilen über   **119**
– die zu seiner Person gespeicherten Daten
– die Herkunft der Daten
– den/die Empfänger der Daten
– den Zweck der Speicherung.

---

195 S. zum ganzen *Alke* 1992 S. 10–19; *Bergmann/Möhrle/Herb* 1992 Teil III § 9 nach Rdnr. 48; *Ordemann/Schomerus/Gola* 1992 § 9 Anm. 3, 4; *Tinnefeld/Ehmann* 1992 S. 253–258.
196 S. dazu *Ordemann/Schomerus/Gola* 1992 § 9 Anm. 5.
197 BVerfGE 65, 43.
198 *Schmidt* 1992 S. 11.
199 *Riegel* 1992 S. 188.
200 *Bergmann/Möhrle/Herb* 1992 Teil III § 19 Rdnr. 5. Ähnlich *Ordemann/Schomerus/Gola* 1992 § 19 Anm. 1.1; *Riegel* 1988 S. 294.

120 Von der umfassenden Auskunftspflicht gibt es **Ausnahmen**:

a) Auskunft aus **Akten** wird nur erteilt, wenn der Betroffene einen konkretisierenden Hinweis zum Auffinden der Daten gibt und der für die Auskunft erforderliche Aufwand nicht außer Verhältnis zu seinem Informationsinteresse steht (§ 19 Abs. 1 Satz 3 BDSG).

b) Ein Auskunftsrecht besteht nicht für Daten, die nur wegen **Aufbewahrungsvorschriften** gespeichert sind, sowie für **Sicherungs- und Kontrolldaten** (§ 19 Abs. 2 BDSG).

c) Eine Auskunft über die Übermittlung personenbezogener Daten an einen **Nachrichtendienst** und, soweit die Sicherheit des Bundes berührt wird, generell an eine Behörde des Bundesverteidigungsministeriums darf nur mit dessen/deren Zustimmung erfolgen (§ 19 Abs. 3 BDSG).

d) Die Auskunft hat zu **unterbleiben** bei
   – Gefährdung der ordnungsgemäßen Aufgabenerfüllung
   – Nachteilen für das Wohl des Bundes oder eines Landes
   – aufgrund einer Rechtsvorschrift oder ihrem Wesen nach geheimhaltungsbedürftigen Daten,
   wenn deswegen das Interesse des Petenten zurücktreten muß (§ 19 Abs. 4 BDSG).

121 Die Auskunftsverweigerung ist ein belastender Verwaltungsakt und grundsätzlich zu **begründen**.[201] Um aber eine „Ausforschung durch die Hintertür"[202] zu vermeiden, entfällt die Begründungspflicht, wenn aus der Begründung auf den Inhalt der Daten geschlossen werden könnte (§ 19 Abs. 5 Satz 1 BDSG). In diesem Fall ist auf die Möglichkeit hinzuweisen, den BfD einzuschalten (§ 19 Abs. 5 Satz 2 BDSG; zum weiteren Verfahren s. oben Rdnr. 82, 84).

122 Die Auskunft ist **unentgeltlich** (§ 19 Abs. 7 BDSG).

123 Die **landesrechtlichen** Regelungen entsprechen im großen und ganzen der beschriebenen Ausgestaltung des Auskunftsrechts.[203]

2. Korrekturrechte

124 Als allgemeines Prinzip gilt, daß richtige personenbezogene Daten zu verarbeiten sind und sich die Speicherung an Zuverlässigkeit und Erforderlichkeit zu orientieren hat.[204] Von daher enthält § 20 BDSG zunächst einmal die **gesetzlichen Pflichten der öffentlichen Stellen**, gegebenenfalls zu berichtigen, zu löschen oder zu sperren, die von Amts wegen, also ohne Antrag des Betroffenen, zu erfüllen sind. Diesen Pflichten stehen entsprechende **Rechte des Betroffenen** gegenüber (§ 6 Abs. 1 BDSG). Über das Auskunftsrecht, die wichtigste „‚verfahrensrechtliche Schutzvorkehrung' zur Wahrung des informationellen Selbstbestimmungsrechtes"[205] kann

---

201 *Ordemann/Schomerus/Gola* 1992 § 19 Anm. 9.
202 *Tinnefeld/Ehmann* 1992 S. 189. S. auch *Bergmann/Möhrle/Herb* 1992 Teil III § 19 Rdnr. 35.
203 S. dazu *Bäumler* 1992 Rdnr. 107–112; *Ordemann/Schomerus/Gola* 1992 § 19 Anm. 13; *Riegel* 1992 S. 193/194.
204 *Bergmann/Möhrle/Herb* 1992 Teil III § 20 Rdnr. 7; *Riegel* 1992 S. 189.
205 *Riegel* 1988 S. 294. Vgl. dazu BVerfGE 65, 1.

sich der Betroffene über die Verwendung seiner personenbezogenen Daten informieren und in die Lage versetzen, seine Rechte auf Berichtigung, Sperrung und Löschung seiner Daten geltend zu machen.[206]

Sind personenbezogene Daten unrichtig, also entweder schlicht falsch **125** oder aber unvollständig[207], so sind sie zu **berichtigen** (§ 20 Abs. 1 Satz 1 BDSG). Dies geschieht bei

– Daten in Dateien durch Veränderung von Daten, Hinzufügen neuer Daten und/oder Löschen von Daten[208]

– Daten in Akten durch Anbringung eines Berichtigungsvermerks (§ 20 Abs. 1 Satz 2 BDSG), etwa auf einem Aktenvorblatt[209].

Die Sonderregelung für Daten in Akten ist auf Praktikabilitätsüberlegungen sowie den Grundsatz der Aktenvollständigkeit zurückzuführen.[210]

Personenbezogene Daten in Dateien, **126**

– deren Speicherung unzulässig, also weder durch eine Rechtsnorm noch durch die Einwilligung des Betroffenen gedeckt ist[211] oder

– deren Kenntnis für die speichernde Stelle nicht mehr erforderlich ist,

sind zu **löschen** (§ 20 Abs. 2 BDSG). Dies erfolgt durch Unkenntlichmachen der Daten (§ 3 Abs. 5 Nr. 5 BDSG); in Dateien bedeutet dies die physische Vernichtung der Angaben[212].

Personenbezogene Daten dürfen nicht nach § 20 Abs. 2 BDSG gelöscht, **127** sondern lediglich **gesperrt** werden, wenn eine Löschung wegen

– zwingender Aufbewahrungsfristen

– schutzwürdiger Interessen des Betroffenen

– technischer Gegebenheiten

nicht erfolgen kann oder

– nur mit unverhältnismäßig hohem Aufwand

möglich ist (§ 20 Abs. 3 BDSG). In Akten sind Daten zu sperren, wenn sie nicht mehr zur Aufgabenerfüllung erforderlich sind und die Nichtsperrung schutzwürdige Interessen des Betroffenen beeinträchtigen würde (§ 20 Abs. 5 BDSG). Sperren bedeutet die Kennzeichnung der betreffenden Daten, um ihre weitere Verwendung einzuschränken (§ 3 Abs. 5 Nr. 4 BDSG); dies kann etwa durch Speicherung eines Sperrvermerks bei dem fraglichen Datum oder Datensatz oder auch durch einen Vermerk auf dem Datenträger geschehen[213]. Gesperrte Daten dürfen ohne Einwilligung des

---

206 *Bergmann/Möhrle/Herb* 1992 Teil III § 19 Rdnr. 6.
207 *Bergmann/Möhrle/Herb* 1992 Teil III § 20 Rdnr. 19, *Ordemann/Schomerus/Gola* 1992 § 20 Anm. 2.2.
208 *Bergmann/Möhrle/Herb* 1992 Teil III § 20 Rdnr. 22.
209 *Bergmann/Möhrle/Herb* 1992 Teil III § 20 Rdnr. 30.
210 *Bergmann/Möhrle/Herb* 1992 Teil III § 20 Rdnr. 30; *Ordemann/Schomerus/Gola* 1992 § 20 Anm. 2.4.
211 Vgl. *Ordemann/Schomerus/Gola* 1992 § 20 Anm. 3.2.
212 *Bergmann/Möhrle/Herb* 1992 Teil III § 29 Rdnr. 34.
213 *Ordemann/Schomerus/Gola* 1992 § 3 Anm. 11.

Betroffenen nur noch in Ausnahmefällen – z. B. zu wissenschaftlichen Zwecken, zur Behebung einer Beweisnot – übermittelt und genutzt werden (§ 20 Abs. 6 BDSG).

128   **Bestreitet** ein Betroffener die **Richtigkeit** eines über ihn gespeicherten Datums, so ist bei

– Daten in Akten das Bestreiten in der Akte festzuhalten (§ 20 Abs. 1 Satz 2 BDSG)

– Daten in Dateien in „non-liquet-Fällen" das betreffende Datum zu sperren (§ 20 Abs. 4 BDSG).

129   Die Berichtigung, Löschung und Sperrung von Daten ziehen **Folgepflichten** nach sich. Stellen, denen im Rahmen einer regelmäßigen Datenübermittlung diese Daten zur Speicherung weitergegeben werden, sind, wenn dies zur Wahrung schutzwürdiger Interessen des Betroffenen erforderlich ist, zu unterrichten (§ 20 Abs. 7 BDSG).

130   Die Regelungen in den **Bundesländern** weichen nur in Einzelheiten von den Festlegungen des BDSG ab. So ist teilweise die Benachrichtigungspflicht bei einer Berichtigung, Löschung oder Sperrung auf alle Datenempfänger – soweit der damit verbundene Aufwand nicht zu hoch ist – ausgedehnt. Auch finden sich in einigen Ländern spezielle Vorschriften für die Berichtigung in Akten oder Karteien.[214]

3. Weitere Rechte

131   Aus dem BDSG ergibt sich noch eine Reihe weiterer Rechte der Betroffenen gegenüber öffentlichen Stellen. Im einschlägigen Zweiten Unterabschnitt des Zweiten Abschnitts ist neben den gerade dargestellten Ansprüchen (Rdnr. 119–130) das **Recht auf Anrufung des Bundesbeauftragten für den Datenschutz** aufgeführt (§ 21 BDSG). Auf dieses Recht wurde oben (Rdnr. 82) bereits hingewiesen..

132   An völlig anderer Stelle (§ 7 BDSG) ist ein verschuldensunabhängiger **Schadensersatzanspruch** eingeführt. Ersetzt werden nicht nur materielle, sondern auch immaterielle Schäden (§ 7 Abs. 2 BDSG). Allerdings ist die Haftungshöhe auf DM 250 000,- begrenzt (§ 7 Abs. 3 BDSG).

133   Schließlich ist in § 26 Abs. 5 Satz 4 BDSG das – jedermann zustehende – **Recht auf Einsichtnahme in das** vom BfD geführte **Dateienregister** versteckt. Näheres zu diesem Register wurde bereits oben (Rdnr. 57, 82, 83) dargelegt. Ausgeschlossen ist das Einsichtsrecht bei Dateien insbesondere der Nachrichtendienste und der (Bundes-)Polizei bezüglich der Art der gespeicherten Daten sowie der Art der regelmäßig zu übermittelnden Daten und deren Empfänger (§ 26 Abs. 5 Satz 5 BDSG).[215]

134   Alle die genannten Rechte – Recht, sich an den Datenschutzbeauftragten zu wenden, Schadensersatzanspruch und Einsichtsrecht in das Datei-

---

214 S. hierzu *Riegel* 1992 S. 189, 190/191, 191/192; *Ordemann/Schomerus/Gola* 1992 § 20 Anm. 8.1, 11.

215 Vgl. zum ganzen *Bergmann/Möhrle/Herb* 1992 Teil III § 6 Rdnr. 30–35; *Ordemann/Schomerus/Gola* 1992 § 6 Anm. 1.2; *Riegel* 1992 S. 189, 194 (jeweils m. w. N.).

enregister – stehen einem Betroffenen auch in den meisten **Bundesländern** zu. Im Detail gibt es geringfügige Regelungsunterschiede. Der Schadenersatzanspruch z. B. ist in Berlin und Rheinland-Pfalz der Höhe nach unbegrenzt; in Hamburg liegt die Grenze bei DM 500 000,-.[216]

V. Polizeiliche Kriminalakten

Wichtigstes Medium polizeibezogener Informationsverarbeitung ist nach **135** wie vor die „alte" Kriminalakte, um den bekannten und überkommenen Begriff weiterzuverwenden.[217] Sie ist das „Gedächtnis der Polizei".[218]

1. Einheitlichkeit Kriminalpolizeilicher personenbezogener Sammlungen

Nach Nr. 1.1 der KpS-Richtlinien werden „zur Erfüllung der Aufgaben auf **136** dem Gebiet der **Strafverfolgung und** der **Gefahrenabwehr** von den Polizeien des Bundes und der Länder kriminalpolizeiliche personenbezogene Sammlungen geführt". In dieser Passage spiegelt sich der Grundsatz der „Einheitlichkeit polizeilicher Kriminalakten" wider. Dies ist die logische Konsequenz aus der sogenannten Doppelfunktion/Doppelaufgabe der Polizei[219] und die pragmatische Konsequenz der wechselseitigen Durchdringung von Prävention und Repression.

Die Kriminalpolizeilichen personenbezogenen Sammlungen sind also **137** nicht zweigeteilt in dem Sinne, daß für den Großbereich der Gefahrenabwehr einschließlich der vorbeugenden Bekämpfung von Straftaten eine „Präventivakte" und für den Großbereich der Strafverfolgung gemäß §§ 163 Abs. 1, 152 Abs. 2 StPO eine sogenannte „Repressivakte" angelegt ist. Vielmehr wird eine **Einheitsakte**[220] geführt. Nur eine Einheitsakte kann dem Prinzip der Aktenklarheit und der Aktenvollständigkeit Rechnung tragen. Denn allein eine chronologische Protokollierung oder Abheftung der Vorgänge vermag das Handlungsprozedere der Polizei sicher zu dokumentieren.[221]

Diese Einheitsakte stellt in der Diktion von *Blankenburg*[222] eine „Realität ganz eigener Art" dar. Denn wie das menschliche Gedächtnis werden **138** auch die polizeilichen Kriminalakten ständig reorganisiert, nämlich aufgrund polizeispezifischer Kriterien laufend ergänzt, bereinigt, zusammengeführt, gelöscht usw. Damit ist die polizeiliche Kriminalakte gewissermaßen die spiegelbildliche Entsprechung der polizeilichen Tätigkeit selbst. Sie ist als Anpassung an spezifische polizeiliche Anforderungen entstanden, die eine sehr komplexe und sich laufend ändernde polizeiliche Aufgabenerledigung stellt (**multifunktionaler Zweck der Kriminalakte**).[223]

---

216 S. hierzu *Bergmann/Möhrle/Herb* 1992 Teil III § 7 Rdnr. 3; *Ordemann/Schomerus/Gola* 1992 § 7 Anm. 4; *Riegel* 1992 S. 187, 194.
217 *Ahlf* 1988a S. 1/2.
218 *Ahlf* 1988a S. 6.
219 *Ahlf* 1988a S. 14.
220 *Braun* 1989 S. 222.
221 Zum Prinzip der Aktenklarheit von Strafakten vgl. zuletzt BGHSt 37, 204 mit Anm. *Foth* 1991 S. 337.
222 *Blankenburg* 1975 S. 195.
223 *Ahlf* 1988b S. 139/140.

2. Funktionen der Polizeilichen Kriminalakten

139 Polizeiliche Kriminalakten erfüllen regelmäßig **drei Funktionen**: Kommunikations-, Registrier- und Kontrollfunktion. Diese Funktionen können sich gegenseitig überschneiden.

140 Die **Kommunikationsfunktion** betrifft die amtliche Aufgabe der polizeilichen Kriminalakte. Sie gibt Auskunft über die am Verfahren beteiligten Instanzen und die getroffenen Entscheidungen der jeweiligen Polizeibehörde. Die Kommunikationsfunktion umschreibt insbesondere die formgebundenen Maßnahmen wie z. B. Sicherstellungen, Durchsuchungen, Anfragen bei anderen Behörden und dergleichen mehr.

141 Die **Registrierfunktion** dokumentiert die jeweiligen Abläufe gemäß Nr. 1.2 KpS-Richtlinien und gibt Auskunft über den jeweiligen Informations- und Sachstand für den jeweiligen Sachbearbeiter (inhaltlicher Aspekt). So werden z. B. die Merkmale des Tatablaufes (Tatort, Tatzeit, Opfer, modus operandi, Vernehmungsprotokolle usw.) fixiert.

142 Die **Kontrollfunktion** polizeilicher Kriminalakten ist darin zu sehen, daß die Akte zur Kontrolle der getroffenen polizeilichen Aktivitäten durch andere, höhere Polizeiinstanzen oder durch die Justizorgane dient.[224]

143 Eine von vornherein erforderliche **Parzellierung der polizeilichen Kriminalakten** aus Datenschutzgründen, wie sie jüngst *Groß/Fünfsinn*[225] für „besonders sensible Teile" bei Justizakten befürwortet haben, ist grundsätzlich wegen der Verwobenheit der verschiedensten Daten abzulehnen, weil damit das Prinzip der Aktenvollständigkeit und der Aktenklarheit aufgehoben wird. Zudem besteht die Gefahr der Beeinträchtigung der Funktionsfähigkeit der Verbrechensbekämpfung.[226]

3. Führung der Kriminalakten

a) Phasen

144 Zutreffend hat *Braun*[227] darauf hingewiesen, daß es für die rechtliche Einordnung der Kriminalaktenführung (Oberbegriff) hilfreich ist, zwischen **drei Phasen** der Kriminalaktenführung zu differenzieren:

– Phase der Erhebung (also das Beschaffen der Daten über den Betroffenen)
– Phase der bloßen Aufbewahrung
– Phase der Auswertung, also der konkreten anlaßbezogenen Nutzung/ Verarbeitung der vorhandenen personenbezogenen Daten.

145 Während die Phasen der Erhebung und der Nutzung regelmäßig (weitgehend unstrittig) als Eingriffe in das Recht auf informationelle Selbstbestimmung angesehen werden können, kann man sehr wohl die Phase der

---

224 Freilich darf insoweit (Kontrollfunktion) nicht übersehen werden, daß die Aktenproduzenten bei der Kriminalaktenführung bestehende Gestaltungsräume im Sinne der Legitimierung ihrer Entscheidungen nutzen werden.
225 *Groß/Fünfsinn* 1992 S. 106/107.
226 BVerfGE 51, 343/344.
227 *Braun* 1989 S. 220.

bloßen Aufbewahrung nach ihrer **Eingriffsqualität** als schlicht hoheitliche Maßnahme, also als Maßnahme ohne Eingriffsqualität, qualifizieren, weil die Eingriffsintensität bei der bloßen Aufbewahrung recht gering ist.

b) Aufbau

Unzutreffend ist die unbegründete Behauptung von *Schoreit*[228], daß es sich   **146** bei den Kriminalakten um ein „Konglomerat von Unterlagen über Strafverfolgungsvorgänge und über präventive Tätigkeiten der Polizeien" handele. Polizeiliche Kriminalakten werden ganz anders geführt. *Burghard*[229] hat ein ganzes Buch über die Führung kriminalpolizeilicher Akten geschrieben. Eine vom Bundeskriminalamt als Zentralstelle geführte Kriminalakte ist z. B. wie folgt **aufgebaut**:

– Strafregisterauszug

– Zusammenstellung der erkennungsdienstlichen Behandlungen und der Auswerteergebnisse hieraus gemäß Formular BKA-100a

– Personenfeststellungsunterlagen

– sonstiger Schriftverkehr mit übermittlungsfähigen Informationen in chronologischer Reihenfolge

– Abschlußtrennblatt

– nichtübermittlungsfähige Informationen.

c) Polizeiliche Aufgabe?

Rechtsstaatlich geprägtes Polizeirecht unterscheidet strikt zwischen Auf-   **147** gabennormen und Befugnisnormen. Dieser sogenannte **„Aufgaben-Befugnis-Zusammenhang"** verlangt ein Doppeltes: Zunächst muß der Polizei aufgrund einer Aufgabennorm eine polizeiliche Aufgabe zugewiesen sein (hier die Aufgabe, Gefahren für die öffentliche Sicherheit abzuwehren – vgl. § 1 Abs. 1 Satz 1 PolG NW –, oder gemäß § 1 Abs. 1 Satz 2 PolG NW die Aufgabe der vorbeugenden Bekämpfung von Straftaten). Die Aufgabennorm hat also raumöffnende Funktion. Innerhalb dieser Aufgabe muß weiter eine spezialgesetzliche Befugnisnorm die Polizei ermächtigen, Eingriffe in die Grundrechtspositionen des Bürgers vorzunehmen. Die Befugnisnorm hat also eingreifende Funktion.

Umstritten war und ist die Frage, ob die **Kriminalaktenführung** über-   **148** haupt von der **Aufgabe der Polizei**, Gefahren für die öffentliche Sicherheit und Ordnung abzuwehren, gedeckt sei. Denn zum einen bestehe der Zweck der Kriminalakte darin, auf die zukünftige Strafverfolgung vorzubereiten. Zum anderen sei gerade in der Vielzahl der Fälle ein konkretes Ermittlungsverfahren (häufig aufgrund einer Strafanzeige) der Entstehungsanlaß für die Datenerhebung.[230] Es handele sich also bei der Kriminalaktenführung nicht um eine Aufgabe der Gefahrenabwehr, sondern eine solche der Strafverfolgung. Die möglicherweise präventive Ausrich-

---

228 *Schoreit* 1985 S. 170.
229 *Burghard* 1986.
230 *Rachor* 1989 S. 58/59.

tung der polizeilichen Kriminalaktenführung (Stichwort: Aspekt der Eigensicherung, kriminalstrategische Zielsetzung usw.) sei lediglich ein bloßer Begleit- und Nebeneffekt der eigentlichen Strafverfolgung.

aa) Differenzierung nach den Phasen

149 Insoweit ist erneut zwischen den einzelnen Phasen der Kriminalaktenführung zu differenzieren. Natürlich wird z. B. die Aufnahme einer Strafanzeige etwa wegen eines Handtaschenraubes nicht von der Aufgabennorm des § 1 Abs. 1 Satz 1 PolG NW abgedeckt, weil hier nach natürlicher Betrachtungsweise der Schwerpunkt der bezweckten Maßnahme darin liegt, den unbekannten Straftäter zu ermitteln. Der Verwendungszusammenhang der Strafanzeige belegt, daß in diesem konkreten Falle die **Phase der Datenerhebung** vom strafprozessualen Entstehungsanlaß geprägt ist mit der Folge, daß es sich bei dieser Aktenführung allein um eine strafprozessuale Aufgabe handelt. Diese **repressive Aufgabe** dauert regelmäßig auch so lange an, bis das Strafverfahren endgültig oder vorläufig beendet ist. Die Kompetenz zur Führung der Kriminalakte in dieser Phase ergibt sich dann aus §§ 163 Abs. 1, 152 Abs. 2 StPO.

bb) Die umstrittene Phase

150 Kann der Täter nicht ermittelt werden, so wird dies zu einer Einstellung gemäß § 170 Abs. 2 StPO durch die Staatsanwaltschaft führen. Gleichwohl wird die polizeiliche Kriminalakte weiterhin von der Polizeibehörde vorgehalten. Und gerade um diese weitere, diese zweite **Phase der** Kriminalaktenführung, nämlich die **Aufbewahrung** derselben, geht es hier zentral. In dieser Phase findet zumindest teilweise eine **Zweckänderung** statt. Die Kriminalakte dient nunmehr nicht dazu, die nötigen Unterlagen in einem aktuellen Strafverfahren bereitzuhalten, sondern sie dient nun als potentielles Steuerungsinstrument für die Bearbeitung künftiger Straftaten oder als Entscheidungsgrundlage für Präventivmaßnahmen, sofern Wiederholungsgefahr angenommen werden kann.[231] Denn, um im Beispiel zu bleiben, bei weiteren Fällen von Handtaschenraub in diesem Bezirk können aufgrund des modus operandi Tatzusammenhänge, Strategien zur Verdachtschöpfung gegen unbekannte Täter, aber auch präventive Maßnahmen aufgrund der Informationen dieser Akte eingeleitet werden. Die Kriminalakte dient nunmehr also anderen Zwecken, nämlich der vorsorgenden Bereitstellung von Informationen für präventive/repressive Aufgaben. Es geht hier also nunmehr um die Aufgabenbereiche der vorbeugenden Bekämpfung von Straftaten oder der Gefahrenvorsorge. Unstreitig ist der Zweck der Kriminalaktenführung in dieser zweiten Phase primär die **vorbeugende Bekämpfung von Straftaten**.

151 Umstritten ist freilich, ob diese Aufgabe der **Polizei oder** der **Staatsanwaltschaft** zuzuweisen ist.

---

231 BayVGH NJW 1984 S. 2236.

Insbesondere *Schoreit* hat an verschiedenen Stellen die Auffassung vertreten, daß das Sammeln von Informationen in polizeilichen Kriminalakten zur Vorbereitung einer möglichen, späteren Strafverfolgungstätigkeit „ein wesentlicher Bestandteil geordneter Strafverfolgungstätigkeit" sei.[232] Denn die Zuständigkeit für die Vorbereitung der Strafverfolgung folge derjenigen der Strafverfolgung selbst.[233] „Sei einer Person – aus welchen Gründen auch immer – eine markante Mitwirkung bei Straftaten zuzutrauen, müßten Strafverfolger eine entsprechende Vormerkung (Datenerhebung in Kriminalakten) machen können", sofern konkrete Umstände gegen den Betroffenen sprechen.[234] Damit sei die Kriminalaktenführung – so *Schoreit* – gerade **nicht** von der Aufgabennorm der **Polizeigesetze** gedeckt. **152**

Diese wenig differenzierte Auffassung vermag **nicht** zu **überzeugen**, weil viele der polizeilichen Maßnahmen der vorbeugenden Bekämpfung von Straftaten (z. B. Warnhinweise zur Eigensicherung wie im Falle des Bundesverwaltungsgerichtes betr. ZAD)[235] keine schuld- und rechtsfolgerelevante Bedeutung für ein konkretes Strafverfahren besitzen.[236] Vielmehr wäre dies „antizipierte Strafverfolgung", die die **Grenzen des § 152 Abs. 2 StPO** überschreitet. **153**

Denn § 152 Abs. 2 StPO setzt zum einen „zureichende tatsächliche Anhaltspunkte" und zum anderen eine konkrete, verfolgbare Straftat voraus. Bloße Vermutungen rechtfertigen es ebensowenig wie eine auf allgemeiner Erfahrung beruhende Verdächtigung, die nicht durch tatsächliche Umstände des konkreten Falles zu belegen ist, Ermittlungen strafprozessualer Art gegen den Betroffenen aufzunehmen.[237] Vielmehr verlangt § 152 Abs. 2 StPO **konkrete Tatsachen** für eine verfolgbare Straftat. Tatsachen sind aber Vorgänge der Gegenwart und der Vergangenheit (grundsätzlich nicht der Zukunft)[238], die dem Beweise zugänglich sind. **154**

Wegen der **zukünftigen Verwendungsungewißheit** der in den polizeilichen Kriminalakten gesammelten Informationen für ein künftiges, prognostisch nur vermutetes, gegebenenfalls gar nicht eintretendes Strafverfahren handelt es sich aber bei der Aktenführung zur Vorbereitung und Erleichterung späterer Strafverfolgung regelmäßig nicht um konkrete Tatsachen, sondern allenfalls um Annahmen, Prognosen, kurz um Vermutungen. Derartige Vermutungen können sehr wohl Anlaß zu polizeilichen Maßnahmen wie z. B. der Beobachtung oder der besonderen Aufmerksamkeit geben. Die Rechtsgrundlage für die polizeilichen Maßnahmen ergibt sich aber nicht aus der Strafprozeßordnung, sondern aus den Polizeigesetzen. **155**

---

232 *Schoreit* 1986a S. 88.
233 *Schoreit* 1988 S. 172.
234 *Schoreit* 1988 S. 173.
235 BVerwG NJW 1990 S. 2768.
236 BVerfG NJW 1983 S. 1044.
237 *Kleinknecht/Meyer* 1991 § 152 Rdnr. 4.
238 RGSt 20, 143; 56, 227.

156   Zum anderen ist die Strafverfolgung an eine „verfolgbare Straftat" gebunden. Im Zeitpunkt dieser zweiten Phase des Aufbewahrens der Informationen liegt überhaupt **noch keine Straftat**, nicht einmal in Form des Versuches gegen den Betroffenen, vor. Denn es ist insgesamt ungewiß, ob der Betroffene überhaupt jemals eine neue Straftat begehen wird. Es fehlt mithin bei diesen Maßnahmen (weitere Aufbewahrung der Kriminalakte) an dem erforderlichen Bezug zu einer verfolgbaren Straftat.

157   Folgerichtig ist deshalb der Bereich der vorbeugenden Verbrechensbekämpfung von den für die Gefahrenabwehr zuständigen Landesgesetzgebern **in den neuen Polizeigesetzen** ausdrücklich geregelt worden (vgl. z. B. § 1 Abs. 1 Satz 2 PolG NW). Diese Auffassung wird auch von der einheitlichen Auffassung in der Rechtsprechung der Verwaltungsgerichte[239] wie der herrschenden Meinung in der Literatur geteilt. Der zentrale Grund für diese Auffassung der herrschenden Meinung ergibt sich aus der grundgesetzlichen Zuständigkeitsregelung gemäß Art. 30, 70 GG und dem daraus abzuleitenden umfassenden Sicherheitsauftrag der Polizei für die Gefahrenabwehr, während der Bereich der Strafverfolgung auf den engen, bundesgesetzlich abschließenden Regelungen gemäß Art. 74 Nr. 1 GG i. V. mit § 152 Abs. 2 StPO beruht.[240]

158   Gleichwohl sollten die Informationen der polizeilichen Kriminalakte, die den Bereich der vorbeugenden Bekämpfung von Straftaten betreffen, im Falle des Abschlusses der Ermittlungen gemäß § 163 Abs. 2 Satz 1 StPO auch der Staatsanwaltschaft übermittelt werden, da diese nur so zutreffend beurteilen kann, ob alle in Betracht kommenden Möglichkeiten der Sachaufklärung von der Polizei auch wirklich genutzt und ausgeschöpft worden sind. Dies ist letztlich die notwendige Konsequenz aus dem zwischen Polizei und Staatsanwaltschaft bestehenden **Kooperationsprinzip**.

4. Kriminalakte und Vorbehaltsprinzip

a) Eingriff

159   Verfassungsrechtlicher Ausgangspunkt ist die Frage, ob das Führen der Kriminalakte (also die drei Phasen der Erhebung, der Aufbewahrung und der Nutzung; s. oben Rdnr. 144) dem Vorbehaltsprinzip unterliegt, ob also das Führen von Kriminalakten einen **Eingriff in das Recht auf informationelle Selbstbestimmung** darstellt.[241] Insoweit werden, soweit ersichtlich, vier Auffassungen vertreten.

160   – Ursprünglich gingen die Gesetzgeber in Bund und Ländern wie auch die herrschende Lehre davon aus, daß die Führung von Kriminalakten, und zwar in allen ihren drei Phasen, keine Eingriffsqualität besitze, sondern daß die polizeiliche Kriminalakte, wie jede personenbezogene Akte einer anderen Behörde auch, eine notwendige, **rein interne Arbeitsunter-**

---

239 Vgl. z. B. BVerwG NJW 1990 S. 2766/2767.
240 *Baumann* 1987 S. 683.
241 Als Eingriff wird hier jede positive hoheitliche Handlung verstanden, durch die die Grundrechtsposition des Bürgers „erheblich" tangiert wird. Vgl. *Ahlf* 1983 S. 41 ff.

lage darstelle. Kriminalakten wurden mithin als reines Verwaltungsinternum angesehen und behandelt. Deshalb unterlagen sie auch nicht dem Vorbehaltsprinzip gemäß Art. 20 Abs. 3 GG.

- Spätestens mit der bekannten Gastwirtsentscheidung des BayVGH[242]   **161** wurde jedoch ein Eingriff bei der polizeilichen Kriminalaktenführung, zumindest für die **Phasen der Erhebung wie der Nutzung** der Kriminalakte, bejaht. Auch das Bundesverwaltungsgericht[243] verlangt bei der Kriminalaktenführung eine gesetzliche Grundlage, die vorsieht, daß das Recht des Betroffenen auf informationelle Selbstbestimmung gesetzlich beschränkbar ist.

- Die neuen Polizeigesetze setzen die polizeilichen Kriminalakten mit   **162** den Daten im Sinne des Datenschutzrechtes gleich (Kriminalakten als sogenannte Aktendaten).[244] Eine Akte ist gemäß § 3 Abs. 3 BDSG „jede sonstige amtlichen oder dienstlichen Zwecken dienende Unterlage; dazu zählen auch Bild- und Tonträger. Nicht hierunter fallen Vorentwürfe und Notizen, die nicht Bestandteil eines Vorganges werden sollen". Polizeiliche Kriminalakten werden also in den Schutzbereich des Datenschutzrechtes bewußt einbezogen. Konsequenz dieser definitorischen Gleichstellung ist, daß die Kriminalaktenführung **in all ihren drei Phasen** wie ein **Eingriff** im Sinne des Vorbehaltsprinzips zu behandeln ist. Denn gemäß § 4 Abs. 1 BDSG gibt es unter den modernen Bedingungen der Datenverarbeitung kein belangloses Datum mehr[245] mit der Folge, daß die Verarbeitung personenbezogener Daten und deren Nutzung nur zulässig ist, wenn Rechtsvorschriften sie erlauben. Eine differenzierende Behandlung der polizeilichen Kriminalaktenführung ist damit durch den Gesetzgeber legislatorisch gelöst worden. Dies mag aus pragmatischen Gründen der Gesetzesanwendung durchaus begrüßt werden, vermag jedoch dogmatisch nicht immer zu überzeugen und führt in der Konsequenz zu der von allen so beklagten Normenflut.

- *Ahlf* hebt bei der Frage nach der Eingriffsqualität der polizeilichen Kri-   **163** minalakte entscheidend auf den **Effekt der Maßnahme für den Betroffenen** (Schwere der Belastung/Intensität des Eingriffes) ab. Dieser Belastungseffekt wird zwar regelmäßig bei der Erhebungsphase wie auch in der Nutzungsphase der Kriminalakte gegeben sein. Ob er allerdings auch in der Aufbewahrungsphase vorliegt, muß schlicht bezweifelt werden. Was in dieser Phase für den Betroffenen belastend wirken könnte, ist allenfalls der „Zipperlein"-Effekt, also das Wissen des Betroffenen, daß es über ihn bei der Polizei eine Kriminalakte gibt. Bedenkenswert ist freilich *Brauns* Gedanke des „kontinuierlichen Eingriffes", der von der Phase der Erhebung bis zur Phase der Nutzung reichen soll.[246]

---

242 BayVGH NJW 1984 S. 2235; zuvor bereits BVerwGE 11, 181 und VG Darmstadt DVBl. 1979 S. 743.
243 BVerwG NJW 1990 S. 2766.
244 Vgl. § 3 Abs. 5 DSG NW i. V. mit § 24 Abs. 1 PolG NW.
245 BVerfG NJW 1984 S. 422.
246 *Ahlf* 1989 S. 220.

164   Im übrigen ist *Ahlf* auch der Auffassung, daß **nicht jede polizeiliche Kriminalakte automatisch Eingriffsqualität** besitze. Denn der Effekt der Maßnahme ist bei manchen Kriminalakten (auch in ihrer Erhebungs- und in ihrer Nutzungsphase) bisweilen so gering, weil so wenig aussagekräftig, daß von einem Grundrechtseingriff nicht ausgegangen werden kann.[247] Diese Auffassung ist recht eindrucksvoll durch die beiden Entscheidungen des Bundesverwaltungsgerichtes zur polizeilichen Informationssammlung bestätigt worden.[248] Denn unbestreitbare Zielrichtung dieser Entscheidungen war zum einen, den Datenschutz nicht ad absurdum zu führen, und zum anderen, das verfassungsrechtliche Vorbehaltsprinzip nicht zum bloßen Befassungsvorbehalt zu derogieren. Insgesamt sollte man allerdings bei der Führung einer „normalen", üblichen Kriminalakte von einem Eingriff in das Recht auf informationelle Selbstbestimmung ausgehen.

b) Befugnisnorm

165   Insoweit sollte zwischen der Kriminalaktenführung durch den Bund/BKA und die Länder **differenziert** werden. Bei den Ländern ist zwischen solchen mit einer spezialgesetzlichen Regelung und denen zu unterscheiden, die noch keine „neuen" Polizeigesetze besitzen.

aa) Länder ohne spezialgesetzliche Regelung

166   Insoweit werden **fünf Auffassungen** vertreten.[249]

167   – Einige Vertreter der Staatsanwaltschaften/des Generalbundesanwaltes sind der Auffassung, daß die gegenwärtige Kriminalaktenführung durch die Polizeibehörden der Länder **grob verfassungswidrig** sei und eine Entwicklung in Richtung auf den Polizeistaat nicht nur zulasse, sondern sogar verstärke.[250]

168   – Alle anderen Auffassungen – von einigen nicht rechtskräftigen Entscheidungen von Verwaltungsgerichten abgesehen – halten die gegenwärtige Kriminalaktenführung anhand der KpS-Richtlinien für **rechtlich zulässig**, wobei man **vier Begründungslinien** unterscheiden kann.

169   ● Z. T. wird die Verfassungsmäßigkeit aus einer **analogen bzw. direkten Anwendung des § 81 b 2. Alternative StPO** hergeleitet.[251] Diese Auffassung ist sicher unzutreffend. Denn es geht bei der Kriminalaktenführung nicht um „körperliche Beschaffenheiten" einer Person, sondern um Entscheidungsgrundlagen für eine polizeiliche Wertung/Prognose, die aus früheren Verhaltensweisen des Betroffenen abgeleitet wird. Es geht weiter bei der polizeilichen Kriminalaktenführung nicht um die Identifizierung einer (noch) unbekannten Person wie bei § 81 b StPO, sondern um Informationsvorsorge.

---

247 *Ahlf* 1985 S. 261–268; 1988a S. 35.
248 BVerwG NJW 1990 S. 2765 und NJW 1990 S. 2768.
249 *Pitschas/Aulehner* 1984 S. 2356/2357.
250 *Uhlig* 1985b S. 235; *Schoreit* 1986a S. 89.
251 So noch BVerwGE 11, 181 (nunmehr aufgegeben durch BVerwG NJW 1990 S. 2769); *Kube/Leineweber* 1983 S. 80.

- Seit langem besteht gerade in der Verwaltungsrechtsprechung eine **170** Auffassung, daß es bei der Kriminalaktenführung überhaupt kein Regelungsdefizit gäbe. Diese Argumentationslinie begann bereits mit der Entscheidung des VG Darmstadt[252] und wurde ausführlich vom BayVGH[253] und vom VGH Mannheim[254] fortgeführt. Sie geht dahin, daß die **polizeiliche Generalklausel** die erforderliche Befugnisnorm, und zwar auch unter dem Aspekt des Bestimmtheitsgrundsatzes, darstelle.

„Angesichts des nach seiner Eigenart nur begrenzt gesetzlich regelbaren Sachbereichs genügt die polizeiliche Generalklausel auch im vorliegenden Zusammenhang dem Grad rechtsstaatlich gebotener Bestimmtheit, da sie durch das Merkmal der Gefahrenabwehr den Grund und Zweck sowie durch den Rechtsbegriff der Erforderlichkeit den Umfang der Aufbewahrung der Unterlagen soweit wie möglich festlegt und eine Aufbewahrung untersagt, soweit und sobald sie für präventivpolizeiliche Zwecke der vorbeugenden Straftatenbekämpfung nicht mehr notwendig ist."[255]

Dieser durchaus zutreffende Rechtsgedanke berücksichtigt freilich nicht die Tatsache, daß gerade während der Aufbewahrungsphase der Kriminalakte ungewiß ist, ob dieselbe jemals genutzt werden wird. Wegen dieser Verwendungsungewißheit fehlt es mithin an der konkreten Gefahr, die Voraussetzung für die Anwendung der polizeilichen Generalklausel ist.

- Der BayVerfGH[256] und das OVG Berlin[257] sind der Auffassung, daß es an **171** einer hinreichend bestimmten gesetzlichen Befugnisnorm zur Zeit bei der Kriminalaktenführung fehle. Diese Regelungslücke dürfe aber nicht dazu führen, die gesamte Kriminalaktenführung durch die Polizeibehörden der Länder einzustellen, weil ohne eine Kriminalaktenführung die Funktionsunfähigkeit staatlicher Einrichtungen zur Verbrechensbekämpfung zu besorgen sei. Eine derartige Funktionsunfähigkeit stehe nämlich der verfassungsmäßigen Ordnung deutlich ferner als der bisherige, gesetzlich unzureichend geregelte Zustand. Folgerichtig verweisen deshalb der BayVerfGH und das OVG Berlin auf die vom Bundesverfassungsgericht entwickelten Grundsätze zur sogenannten **Übergangsrechtsprechung**.[258] Fraglich ist allerdings, ob zwischenzeitlich dieser Übergangsbonus abgelaufen ist.[259]

- Für viele überraschend sind die beiden Entscheidungen des Bundes- **172** verwaltungsgerichts[260], die ausdrücklich auf das Volkszählungsurteil des Bundesverfassungsgerichts Bezug nehmen und die **polizeiliche Aufgabennorm** als ausreichende Ermächtigungsgrundlage ansehen.

---

252 VG Darmstadt DVBl. 1979 S. 243.
253 BayVGH NJW 1984 S. 2235.
254 VGH Mannheim NJW 1987 S. 3022.
255 VGH Mannheim NJW 1987 S. 3022.
256 BayVerfGH DVBl. 1986 S. 35.
257 OVG Berlin NJW 1986 S. 2004.
258 *Alberts* 1987 S. 193.
259 Verneinend BVerwG NJW 1990 S. 2767. Vgl. auch *Pitschas/Aulehner* 1989 S. 2358/2359.
260 BVerwG NJW 1990 S. 2765 und NJW 1990 S. 2768. S. dazu *Vahle* 1990 S. 524; *Peitsch* 1991 S. 66.

„Die Bedeutung des Rechts auf informationelle Selbstbestimmung vermag an diesem Ergebnis nichts zu ändern. Auch wenn ein Eingriff in dieses Recht bereits darin liegen mag, daß personenbezogene Daten auf anderem Wege als durch polizeilich erzwungenes Zutun des Einzelnen, z. B. durch Beiziehung strafrechtlicher Ermittlungsakten, beschafft und danach in den Kriminalakten aufbewahrt werden, folgt daraus nicht, daß die erwähnte polizeiliche Aufgabennorm als Rechtsgrundlage ausscheidet und nur noch die polizeiliche Befugnisnorm (vgl. für Berlin § 14 I BerlASOG) als Rechtsgrundlage in Betracht kommt. Soweit wie hier keine Spezialvorschriften eingreifen, stützt sich das Eigenhandeln der Polizei im Vorfeld konkreter Gefahren sowie der Ermittlung und Aufklärung konkreter Straftaten herkömmlich auf die Aufgabennorm. Die namentlich durch das Volkszählungsurteil des BVerfG . . . gefestigte Erkenntnis, daß auch in der bloßen polizeilichen Informationssammlung und -verarbeitung Eingriffe in Individualrechte liegen können, ändert daran nichts. . . Die polizeiliche Aufgabennorm des § 1 I BerlASOG genügt den Anforderungen an die Normenklarheit. Das rechtsstaatliche Gebot hinreichender Bestimmtheit der Gesetze zwingt den Gesetzgeber nicht, Gesetzestatbestände stets mit genau erfaßbaren Maßstäben zu umschreiben. Sie sind so bestimmt zu fassen, wie dies nach der Eigenart der zu ordnenden Lebenssachverhalte und mit Rücksicht auf den Normzweck möglich ist. . ."[261]

bb) Länder mit spezialgesetzlicher Regelung (Beispiel Nordrhein-Westfalen)

173   Als **Aufgabennorm** kommt für die polizeiliche Kriminalaktenführung § 1 Abs. 1 Satz 2 in Frage. **Befugnisnorm** ist § 24 Abs. 1 bzw. Abs. 2 PolG NW. Insoweit müssen freilich die Fristen gemäß § 24 Abs. 2 Satz 3 PolG NW, das Zweckbindungsprinzip gemäß § 23 Abs. 1 PolG NW und gemäß § 23 Abs. 2 PolG NW die Vorschriften für wertende Informationen beachtet werden.

cc) Bund/Bundeskriminalamt

174   Gemäß Art. 87 Abs. 1 Satz 2 GG sind **Zentralstellen** ganz spezifische Behördentypen auf Bundesebene, die sowohl im Schnittbereich zwischen Exekutive und Judikative als auch im Bund-Länder-Verhältnis eine ganz spezifische Rolle einnehmen.[262]

175   Für die Kriminalaktenführung des BKA als Zentralstelle ist zu beachten, daß das **Bundeskriminalamt** gemäß Art. 87 Abs. 1 Satz 2 GG eine sogenannte **Doppelzentralstelle** ist, nämlich sowohl Zentralstelle für das polizeiliche Auskunfts- und Nachrichtenwesen als auch Zentralstelle für die Kriminalpolizei. Diese verfassungsrechtliche Sonderstellung ist insbesondere bei der polizeilichen Informationsverarbeitung aus den Bereichen der Prävention und Repression zu berücksichtigen. Diese verfassungsrechtliche Doppelfunktion spiegelt sich konsequenterweise auch in dem im deutschen Polizeirecht einzigartigen Begriff der „polizeilichen Verbrechensbekämpfung" gemäß § 2 Abs. 1 Nr. 1 Satz 1 BKAG wider.

---

261 BVerwG NJW 1990 S. 2767.
262 *Ahlf* 1985 S. 22/23.

Die ganz herrschende Meinung[263] geht davon aus, daß § 2 Abs. 1 Nr. 1 **176**
Satz 1 BKAG **sowohl Aufgaben- als auch Befugnisnorm** ist. Aus ihr ergibt
sich im übrigen auch der Rechtsweg zu den Verwaltungsgerichten in Strei-
tigkeiten über die Kriminalakten des BKA als Zentralstelle. Wegen der
Weite des § 2 Abs. 1 Nr. 1 Satz 1 BKAG sind allerdings die unbestimmten
Rechtsbegriffe dieser Norm verfassungskonform, d. h. eng, zu interpretieren. Deshalb sind die Begriffe des Sammelns und des Auswertens eng zu
verstehen. Nach allem wird man § 2 Abs. 1 Nr. 1 Satz 1 BKAG bis zu einer
gesetzlichen Neuregelung des BKAG, in der auch die Kriminalaktenführung geregelt sein wird[264], als ausreichende Befugnisnorm ansehen können.

VI. Polizeiliche Dateien

Datenverarbeitung kann mit verschiedenen Verfahren erfolgen. Die Polizei **177**
benutzt dazu nicht nur die herkömmlichen Akten (s. oben Rdnr. 135–176);
sie verarbeitet Daten auch **dateimäßig**, wobei sie sich seit Ende der sechziger Jahre in immer größerem Umfang elektronischer Mittel bedient. Näheres hierzu enthält der Beitrag von *Timm* in diesem Handbuch.[265]

1. Dateibegriff

Das Bundesverfassungsgericht hat im Volkszählungsurteil[266] jede Form des **178**
Umgangs mit personenbezogenen Daten dem Recht auf informationelle
Selbstbestimmung unterstellt und den Schutz des einzelnen nicht auf die
Datenverarbeitung in Dateien beschränkt (s. oben Rdnr. 14, 98).[267] Trotzdem kommt dem Dateibegriff auch im öffentlichen Bereich **besondere
Bedeutung** zu, da er Anknüpfungspunkt für organisatorische Obliegenhei-
ten ist, die mit nicht unerheblichem Verwaltungsaufwand verbunden
sind.[268] Stichworte sind insbesondere Dateibeschreibung und Dateienregister. Auf die obigen (Rdnr. 55–58) Ausführungen hierzu wird Bezug genommen.

Im BDSG ist der Dabeibegriff **zweigeteilt**. In § 3 Abs. 2 Satz 1 wird zwi- **179**
schen automatisierten und nicht-automatisierten Dateien unterschieden.

Eine **automatisierte Datei** liegt vor, wenn eine Sammlung personenbezo- **180**
gener Daten durch automatisierte Verfahren nach bestimmten Merkmalen
ausgewertet werden kann (§ 3 Abs. 2 Satz 1 Nr. 1 BDSG). Eine Datensammlung in diesem Sinne bilden Daten, die, auf einem oder mehreren
Datenträgern gespeichert, zueinander in einem inneren Zusammenhang
stehen.[269] Dieser ist beispielsweise dadurch gegeben, daß die Informatio-

---

263 S. z. B. *Kube/Leineweber* 1983 S. 80; *Ahlf* 1985 S. 284, 1988 S. 84 (jeweils m. w. N.); *Riegel*
1985 § 2 BKAG Anm. II. 1. a), 1992 S. 23; *Ordemann/Schomerus/Gola* 1992 § 14 Anm. 2.1.
A. A. *Uhlig* 1985a S. 70; *Schoreit* 1986a S. 91, 1986b S. 228.
264 § 6 BKAG-Entwurf.
265 Bd. 1, Nr. 9, insb. Rdnr. 24–46.
266 BVerfGE 65, 1.
267 Vgl. dazu *Bäumler* 1992 Rdnr. 98; *Binne* 1992 S. 1; *Riegel* 1992 S. 10.
268 *Bergmann/Möhrle/Herb* 1992 Teil III § 3 Rdnr. 22; *Binne* 1992 S. 1.
269 *Bergmann/Möhrle/Herb* 1992 Teil III § 3 Rdnr. 26; *Binne* 1992 S. 3; *Ordemann/Schome-
rus/Gola* 1992 § 3 Anm. 4.2; *Tinnefeld/Ehmann* 1992 S. 87.

nen einen gemeinsamen Bereich betreffen oder einem bestimmten gemeinsamen Zweck dienen.[270] Auswerten bedeutet, aus Datenbeständen rasch und zielgerichtet Daten auszuwählen und Beziehungen herzustellen; Nutzung und Kenntnisnahme muß dabei mit Teilmengen des vorhandenen Bestandes möglich sein.[271] Wenn die wesentlichen Verfahrensschritte des Auswählens in programmgesteuerten Einrichtungen ablaufen, handelt es sich um ein Auswerten durch ein automatisiertes Verfahren.[272] Unter den „bestimmten Merkmalen", auf die die Auswertbarkeit bezogen ist, sind Sinneinheiten zu verstehen, die Informationen über den Merkmalsträger enthalten; allerdings haben diese Kennzeichnungen nur dann datenschutzrechtliche Relevanz, wenn sie personenbezogen sind.[273] Nach der Formulierung des BDSG sind mindestens zwei Merkmale erforderlich.[274]

181   Eine nicht-automatisierte, also **manuelle Datei** – herkömmlich „Kartei" genannt –[275] ist jede sonstige Sammlung personenbezogener Daten, die gleichartig aufgebaut ist und nach bestimmten Merkmalen geordnet, umgeordnet oder ausgewertet werden kann (§ 3 Abs. 2 Satz 1 Nr. 2 BDSG). Die Bedingung des „gleichartigen Aufbaus" betrifft die äußere Form der Datei; die einzelnen Merkmale müssen nach einer vorgesehenen Ordnung gespeichert sein.[276] „Ordnen" setzt die Strukturierung der Datensammlung nach Ordnungskriterien voraus; „Umordnen" bedeutet die Neu-Sortierung nach einem bestimmten Merkmal.[277]

182   **Akten** sind ausdrücklich vom Dateibegriff ausgenommen (§ 3 Abs. 2 Satz 2 Halbsatz 1 BDSG). Eine Akte ist jede sonstige amtlichen oder dienstlichen Zwecken dienende Unterlage (§ 3 Abs. 3 Satz 1 Halbsatz 1 BDSG). Sie stellt i.d.R. eine chronologische Sammlung von Schriftstücken dar, die zwar ebenfalls personenbezogene Daten enthalten, dies jedoch völlig unstrukturiert.[278] Zu den Akten zählen auch Bild- und Tonträger (§ 3 Abs. 3 Satz 1 Halbsatz 2 BDSG), nicht aber Vorentwürfe oder persönliche Notizen des Bearbeiters, die üblicherweise nach Erstellung des endgültigen Schriftstückes vernichtet werden (§ 3 Abs. 3 Satz 2 BDSG). Akten und Aktensammlungen allerdings, die durch automatisierte Verfahren umgeordnet oder ausgewertet werden können, gehören zu den Dateien (§ 3 Abs. 2 Satz 2 Halbsatz 2 BDSG).

183   In einigen **Landesdatenschutzgesetzen** wird in der Definition der automatisierten Datei die Auswertbarkeit „nach bestimmten Merkmalen" nicht gefordert.[279]

---

270 *Bergmann/Möhrle/Herb* 1992 Teil III § 3 Rdnr. 26; *Binne* 1992 S. 3; *Tinnefeld/Ehmann* 1992 S. 87.
271 *Bergmann/Möhrle/Herb* 1992 Teil III § 3 Rdnr. 28; *Binne* 1992 S. 4.
272 *Binne* S. 5.
273 *Binne* S. 5/6.
274 *Bergmann/Möhrle/Herb* 1992 Teil III § 3 Rdnr. 30; *Ordemann/Schomerus/Gola* 1992 § 3 Anm. 4.3; *Tinnefeld/Ehmann* 1992 S. 87.
275 Vgl. dazu *Bäumler* 1992 Rdnr. 96; *Bergmann/Möhrle/Herb* 1992 Teil III § 3 Rdnr. 37, 38; *Ordemann/Schomerus/Gola* 1992 § 3 Anm. 4.4; *Tinnefeld/Ehmann* 1992 S. 88.
276 *Bergmann/Möhrle/Herb* 1992 Teil III § 3 Rdnr. 36; *Ordemann/Schomerus/Gola* 1992 § 3 Anm. 4.4. Vgl. *Tinnefeld/Ehmann* 1992 S. 88.
277 *Bergmann/Möhrle/Herb* 1992 Teil III § 3 Rdnr. 37.
278 *Bergmann/Möhrle/Herb* 1992 Teil III § 3 Rdnr. 42.
279 S. hierzu *Ordemann/Schomerus/Gola* 1992 § 3 Anm. 4.3.

2. Besonderheiten polizeilicher Dateien

Wie oben (Rdnr. 55, 56) bereits erwähnt, verlangen das BDSG und zahlrei-   184
che Landesdatenschutzgesetze von den öffentlichen Stellen eine detaillierte **Beschreibung ihrer Dateien**. Nach § 18 Abs. 2 Satz 2 BDSG sind
dabei im einzelnen schriftlich festzulegen:

– Bezeichnung und Art der Datei
– Zweckbestimmung
– Art der gespeicherten Daten
– betroffener Personenkreis
– Art der regelmäßig zu übermittelnden Daten und deren Empfänger
– Regelfristen für die Löschung der Daten
– Zugriffsberechtigte.

Insgesamt ist darauf Bedacht zu nehmen, daß die Angaben konkret, eindeutig, präzise und aussagekräftig sind.[280]

Von der Verpflichtung zur Dateibeschreibung gibt es **Ausnahmen**. In   185
manchen Bundesländern sind z. B. nicht-automatisierte Dateien, aus
denen keine Daten an Dritte übermittelt werden, und automatisierte
Dateien, die ausschließlich aus verarbeitungstechnischen Gründen vorübergehend vorgehalten werden, ausgeklammert.[281] Nach § 18 Abs. 3
BDSG ist eine inhaltliche Festlegung entbehrlich für alle Dateien, die binnen drei Monaten nach ihrer Erstellung gelöscht werden. Diese Ausnahmebestimmung erscheint allerdings nicht unproblematisch. Entscheidende Kriterien für den Persönlichkeitsschutz liefern Zweck und Verwen-
dung(smöglichkeiten) einer Datei, nicht ihre Dauer; ein Mißbrauch kann
sich auch rasch vollziehen.[282]

Gemäß den Dateienrichtlinien bedarf die Errichtung einer Datei mit   186
personenbezogenen Daten, die das Bundeskriminalamt zur Erfüllung seiner Aufgaben auf dem Gebiet der Verbrechensbekämpfung führt (Nr. 1.1),
einer besonderen Anordnung, die durch den Präsidenten ergeht (Nr. 10.1).
Der Inhalt einer solchen **Errichtungsanordnung** geht über die erforderlichen Bestandteile einer Inhaltsfestlegung nach § 18 Abs. 2 Satz 2 BDSG
(s. oben Rdnr. 184) hinaus (Nr. 11):

– Bezeichnung der Datei
– Zweck der Datei
– Rechtsgrundlage
– betroffener Personenkreis
– Arten der zu speichernden personenbezogenen Daten
– Anlieferung
– Übermittlung
– Auskunftserteilung an den Betroffenen

---

280 Vgl. *Bergmann/Möhrle/Herb* 1992 Teil III § 18 Rdnr. 31–38; *Ordemann/Schomerus/Gola*
      1992 § 18 Anm. 3.2.
281 S. hierzu *Ordemann/Schomerus/Gola* 1992 § 18 Anm. 6.
282 *Bergmann/Möhrle/Herb* 1992 Teil III § 18 Rdnr. 45, § 37 Rdnr. 65.

– Veränderung
– Speicherungsdauer
– Veröffentlichung.

Als Beispiel ist in Abb. 4 (Seiten 689 ff.) die Errichtungsanordnung für eine SPUDOK-Datei des Bundeskriminalamtes in einem Verfahren gegen eine Tätergruppe abgedruckt.

187 Diese Praxis, für neue Dateien Errichtungsanordnungen zu erlassen, hatten auch einige **Länder** übernommen; sie hat inzwischen Eingang in die neuen Polizeigesetze gefunden.[283] Auch der Entwurf eines neuen BKAG (Stand: 28. Mai 1993) sieht Errichtungsanordnungen vor, und zwar für „jede . . . automatisierte Datei mit personenbezogenen Daten" (§ 30 Abs. 1); Ausnahmeregelungen (s. oben Rdnr. 185) sind nicht getroffen.

188 Der Vollständigkeit halber seien noch die **Sonderformen**
– Sofortanordnung
– vorläufige Anordnung
– Feststellungsanordnung
erwähnt.

189 Ergibt sich die Notwendigkeit, umgehend eine Datei einzurichten, so kann das Bundeskriminalamt eine **Sofortanordnung** treffen (Nr. 10.4 Dateien-RiLi). Dabei sind mindestens
– Bezeichnung, Zweck und Rechtsgrundlage
– betroffener Personenkreis
– Arten der zu speichernden personenbezogenen Daten
anzugeben (Nr. 10.4.1 Dateien-RiLi).

190 Durch eine **vorläufige Anordnung** kann das Bundeskriminalamt eine Datei zum Zwecke der Erprobung errichten (Nr. 10.5 Dateien-RiLi). Zusätzlich zu den für eine Errichtungsanordnung üblichen Angaben (s. oben Rdnr. 186) müssen darin
– Ziel der Erprobung
– Dauer der Erprobung
– Behandlung der gespeicherten Daten bei Nichtrealisierung der Datei
genannt sein (Nr. 10.5.1 Dateien-RiLi).

191 Für eine Datei, die zunächst unter Anwendung der Ausnahmevorschrift des § 18 Abs. 3 BDSG (s. oben Rdnr. 185) ohne Errichtungsanordnung vorgehalten worden ist, dann aber doch über drei Monate hinaus benötigt wird, ergeht eine **Feststellungsanordnung**, die inhaltlich einer Errichtungsanordnung entspricht (s. oben Rdnr. 186).

3. Arten polizeilicher Dateien

192 Die im Bund und in den Ländern **von der Polizei angewendeten Dateien** hat in diesem Handbuch *Timm* im einzelnen geschildert.[284] Hierbei handelt es sich der Art nach um Verbund-, Zentral- und Amtsdateien.

---

283 S. hierzu *Bäumler* 1992 Rdnr. 588–592.
284 Bd. 1, Nr. 9, Rdnr. 50–89, 95, 96. Vgl. dazu auch *Bäumler* 1992 Rdnr. 159–209.

BUNDESKRIMINALAMT
Der Datenschutzbeauftragte

X	Errichtungsanordnung		Feststellungsanordnung

Dateiname		Verbunddatei		manuell geführt
		Zentraldatei	X	Amtsdatei	X	automatisch geführt

1   **Bezeichnung der Datei**

Spuren- und Hinweisdokumentationsdatei "... (Dateiname)"

Die Datei ist eine Amtsdatei i. S. d. Nr. 2.3 der Richtlinien für die Errichtung und Führung von Dateien über personenbezogene Daten beim Bundeskriminalamt ("Dateienrichtlinien").

2   **Zweck der Datei**

2.1   Die Datei dient der Aufklärung von Straftaten im Rahmen des Ermittlungsverfahrens der Staatsanwaltschaft ... (Name, Az.) gegen ... (Name, Vorname, Geburtstag und -ort) u. a. wegen ... (Delikt) sowie der Unterstützung der Zuordnung sichergestellter Gegenstände zu rechtmäßigen Eigentümern sowie zum Feststellen von Zusammenhängen verschiedener Einzelstraftaten. Darüber hinaus sollen zusätzliche Einzelstraftaten diesem Täterkreis zugeordnet und weitere Straftäter ermittelt werden.

2.2   Zu diesem Zweck werden dokumentiert:

- Gegenstände, die abhandengekommen sind
- Gegenstände, die sichergestellt wurden
- Informationen zu diesem Verfahren.

2.3   Die Datei

- ermöglicht das Erkennen von Zusammenhängen zwischen Personen, Objekten, Ereignissen und Sachen
- ermöglicht die Zuordnung sichergestellter Gegenstände zu Berechtigten
- liefert neue Ermittlungs- und Fahndungsansätze
- ermöglicht die Auswertung sichergestellter schriftlicher Unterlagen auf Tat- und Täterbezüge.

2.4   Die Datei wird beim Bundeskriminalamt automatisch geführt (§ 3 Abs. 2 Nr. 1 BDSG).

3   **Rechtsgrundlagen**

3.1   Für die Führung der Datei:
§§ 2 Abs. 1 Nr. 1, 5 Abs. 3 Nr. 1 BKAG.

Aktueller Stand (Datum)	Redaktion (BKA, Referat)	Seite - 1 -

Fortsetzung

BUNDESKRIMINALAMT
Der Datenschutzbeauftragte

X	Errichtungsanordnung		Feststellungsanordnung			
Dateiname			Verbunddatei			manuell geführt
			Zentraldatei	X	Amtsdatei	X automatisch geführt

3.2   Für die Erhebung der Daten durch das Bundeskriminalamt:
§ 5 Abs. 3 Nr. 1 BKA-Gesetz.

4   **Betroffener Personenkreis**

In der Datei ... werden Daten folgender Personen verwendet:

4.1   Beschuldigte im Rahmen des strafrechtlichen Ermittlungsverfahrens.

4.2   Verdächtige, die nicht Beschuldigte sind, bei denen aber Anhaltspunkte dafür vorliegen, daß sie Täter oder Teilnehmer einer damit zusammenhängenden Straftat sind.

4.3   Andere Personen, wenn zureichende tatsächliche Anhaltspunkte die Annahme rechtfertigen, daß dies zur Aufklärung von Straftaten oder zur Ergreifung von Straftätern
in diesem Zusammenhang erforderlich ist.

4.4   Geschädigte.

4.5   Personen, die ihre Einwilligung zur Aufnahme in die Datei gegeben haben, z. B.
Sachbearbeiter.

5   **Arten der zu speichernden personenbezogenen oder personenbeziehbaren Daten**

Die Erläuterung zu den nachfolgenden Datenfeldern ergibt sich aus der Bedienungs-
anleitung für SPUDOK-Dateien des Bundeskriminalamtes.

Bei Geschädigten und Personen, die eingewilligt haben (Nrn. 4.4 und 4.5) , beschränken sich die Informationen auf die Daten

- Name
- Vorname(n)
- Geburtsdatum
- Geschlecht
- Berufs-, Branchen- oder Geschäftsbezeichnung
- Anschriften.

Mit Einverständnis der Betroffenen können auch weitergehende Daten gespeichert
werden.

Aktueller Stand	Redaktion	Seite
		- 2 -

Fortsetzung

BUNDESKRIMINALAMT
Der Datenschutzbeauftragte

X	Errichtungsanordnung		Feststellungsanordnung		
Dateiname		Verbunddatei		manuell geführt	
		Zentraldatei	X	Amtsdatei	X	automatisch geführt

Alle in der Datei erfaßten Daten zu Personen, Sachen, Ereignissen, Datumsangaben, Objekten, Institutionen und polizeilichen Maßnahmen sind im Dialog recherchierbar.

5.1 Personendaten

Rechtmäßige Personalien/andere Personalien (Alias-Personalien, abweichende Schreibweise, bekanntgewordene Personalien einer sonst unbekannten Person)

- Familienname/Ehename
- Geburtsname
- Geschiedenen-/Verwitweten-/früherer -/Alias-/Arbeits-/Deck-/Spitz-/ sonstiger Name
- Vorname(n)
- Geburtsdatum
- Geburtsort
- Geschlecht
- Personenbeschreibung
- sonstiges (z. B. Geburtsland, Beruf)
- Aussonderungsprüfdatum

5.2 Institutionsdaten

- Name (Bezeichnung der Institution)
- sonstiges (z. B. Abkürzungen, Kurzname, Erläuterungen)

5.3 Objektdaten

- Postleitzahl und Ortsname
- Straße und Hausnummer
- Name (Bezeichnung des Objekts)
- sonstiges (z. B. Abkürzungen, Kurzname, Erläuterungen)

5.4 Sachdaten

- Gegenstand
- Kfz
- amtliches Kennzeichen
- Hersteller
- Typ
- Farbe
- Art
- sonstiges (z. B. Schiebedach)

Aktueller Stand	Redaktion	Seite
		- 3 -

Fortsetzung

BUNDESKRIMINALAMT
Der Datenschutzbeauftragte

X	Errichtungsanordnung		Feststellungsanordnung			
Dateiname			Verbunddatei			manuell geführt
			Zentraldatei	X	Amtsdatei X	automatisch geführt

5.5   Freitext/polizeiliche Maßnahmen
        (z. B. Sachverhaltsdarstellung, Durchsuchung, Kontrollstelle)

5.6   Verwaltungsdaten

        - Bearbeitungszustand des Hinweises oder der Spur
        - Spurennummer
        - Sachbearbeiter (Name, ggf. Amtsbezeichnung)
        - sachbearbeitende Dienststelle

6   **Anlieferung**

6.1   Das Bundeskriminalamt speichert die im Rahmen seiner Zuständigkeit gewonnenen und
        angelieferten Daten in der Amtsdatei ... .

        Das Bundeskriminalamt trägt die volle Verantwortung für die Zulässigkeit der Spei-
        cherung, sonstigen Verarbeitung und Nutzung der Daten.

7   **Übermittlung**

7.1   Die in Nr. 5 genannten Daten werden zum Abruf bereitgehalten. Zur Abfrage ist das
        Bundeskriminalamt, ... (Referat), berechtigt.

7.2   Eine konventionelle Übermittlung von Informationen aus der Datei erhalten unter
        den Voraussetzungen der Nrn. 5.1 bis 5.4 Dateienrichtlinien grundsätzlich nur
        Sicherheitsbehörden und Strafverfolgungsorgane. Bei Übermittlungsersuchen von
        anderen als Sicherheitsbehörden und Strafverfolgungsorganen ist zu prüfen, ob ein
        Hinweis auf andere Quellen ausreichend ist.

7.3   Andere polizeiliche Dateien dürfen mit der SPUDOK-Datei nur dann abgeglichen wer-
        den, wenn die in 2.2 aufgeführten Zielsetzungen ausschließlich auf diesem Wege
        erreicht werden können.

7.4   Anfragen an die und Übermittlungen aus der Datei werden nicht automatisch proto-
        kolliert.

Aktueller Stand	Redaktion	Seite
		- 4 -

Fortsetzung

Ahlf/Störzer/Vordermaier

BUNDESKRIMINALAMT
Der Datenschutzbeauftragte

X Errichtungsanordnung		Feststellungsanordnung			
Dateiname		Verbunddatei			manuell geführt
		Zentraldatei	X Amtsdatei	X	automatisch geführt

7.5 Für die Übermittlung der Daten gelten ferner die Nrn. 5.6 bis 5.9 Dateienrichtlinien.

8 **Auskunftserteilung an den Betroffenen**

8.1 Die Auskunftserteilung an den Betroffenen richtet sich nach § 19 BDSG. Den in Nrn. 4.4 und 4.5 bezeichneten Personen wird auf Antrag regelmäßig Auskunft erteilt.

8.2 Eine Unterrichtung anderer Personen i. S. der Nr. 4.3 kann zurückgestellt werden, solange durch sie der mit der Speicherung verfolgte Zweck (Nr. 2) gefährdet würde.

8.3 Die Verpflichtung, im Zuge von Ermittlungsverfahren im Rahmen anhängiger Strafverfahren Einvernehmen wegen der in Nr. 8.2 genannten Frage mit der Staatsanwaltschaft herbeizuführen, bleibt unberührt.

9 **Veränderungen**

Das BKA ist verpflichtet, die notwendigen Änderungen der gespeicherten Daten vorzunehmen.

10 **Speicherungsdauer**

10.1 Bei den Daten zu Beschuldigten und Verdächtigen (Nrn. 4.1 und 4.2) ist regelmäßig, spätestens nach 3 Jahren, zu prüfen, ob die Speicherung in der Datei noch erforderlich ist.

10.2 Die Daten anderer Personen (Nr. 4.3) dürfen grundsätzlich bis zu 3 Jahren gespeichert werden. Nach einem Jahr ist zu prüfen, ob die Speicherung noch erforderlich ist; die Prüfung ist in den Unterlagen nachzuweisen.

10.3 Die Daten der Geschädigten (Nr. 4.4) werden spätestens ein Jahr nach ihrer Speicherung überprüft und gelöscht, sofern sie für das Ermittlungsverfahren nicht mehr relevant sind.

Aktueller Stand	Redaktion	Seite
		- 5 -

Fortsetzung

BUNDESKRIMINALAMT
Der Datenschutzbeauftragte

X Errichtungsanordnung	Feststellungsanordnung			
Dateiname	Verbunddatei			manuell geführt
	Zentraldatei	X	Amtsdatei X	automatisch geführt

10.4   Durch ein manuell vergebenes Aussonderungsprüfdatum ist eine fristgerechte Über-
        prüfung auf Aussonderung gewährleistet.

10.5   Wenn Daten aus der Datei ... in anderen Dateien gespeichert werden, richtet sich
        ihre Verarbeitung nach den jeweils für diese Dateien maßgeblichen Errichtungs-
        oder Feststellungsanordnungen.

10.6   Im übrigen gilt Nr. 7 der Dateienrichtlinien.

Aktueller Stand	Redaktion	Seite
		- 6 -

Abb. 4: Errichtungsanordnung für eine SPUDOK-Datei des Bundeskriminalamtes in einem Ver-
         fahren gegen eine Tätergruppe DIN A4).

Verbunddateien sind vom Bundeskriminalamt als Zentralstelle für den **193** elektronischen Datenverbund zwischen Bund und Ländern (§ 2 Abs. 1 Nr. 1 Satz 2 BKAG) geführte Dateien, in die Länderdienststellen selbst Daten in eigener Verantwortung auf Stromwegen anliefern und in denen die Daten zum unmittelbaren Abruf für sie bereitgehalten werden (Nr. 2.1 Dateien-RiLi). Die Anordnung einer Verbunddatei bedarf der Zustimmung des Bundesministers des Innern und der Innenminister/-senatoren der Länder (Nr. 10.2 Dateien-RiLi). In Fällen der Soforterrichtung und der probeweisen Errichtung einer Verbunddatei ist das Einvernehmen mit den Verbundteilnehmern herzustellen (Nr. 10.4, 10.5 Dateien-RiLi) und der Bundesinnenminister unverzüglich unter Vorlage der entsprechenden Anordnung (s. oben Rdnr. 189, 190) zu unterrichten (Nr. 10.4.2, 10.5.2 Dateien-RiLi); dieses gegenüber Nr. 10.2 Dateien-RiLi vereinfachte Verfahren ist allerdings zeitlich begrenzt (vgl. Nr. 10.4.3, 10.5.3 Dateien-RiLi).

Als **Zentraldateien** werden die vom Bundeskriminalamt in seiner Zen- **194** tralstellenfunktion nach § 2 Abs. 1 BKAG automatisch oder manuell geführten Dateien bezeichnet, bei denen die Daten konventionell angeliefert werden (Nr. 2.2 Dateien-RiLi). **Amtsdateien** sind die vom Bundeskriminalamt zur Erfüllung seiner Aufgaben nach §§ 5 Abs. 2 und 3, 9 Abs. 1, 10 BKAG, § 33 d Abs. 2 GewO und § 37 Abs. 3 WaffG automatisch oder manuell geführten Dateien (Nr. 2.3 Dateien-RiLi). Die Errichtung einer Zentral- oder einer Amtsdatei ist dem Bundesminister des Innern unter Vorlage der Errichtungsanordnung unverzüglich anzuzeigen (Nr. 10.3 Dateien-RiLi); dies gilt auch für die Fälle der Sofort- und der probeweisen Errichtung (Nr. 10.4.2, 10.5.2 Dateien-RiLi).

C. Der Streitfall

Die Kontroverse ist so alt wie der Datenschutz, und sie dauert an. Nach **195** wie vor fragt sich die Polizei bei Datenschutzgesetzen, „ob nicht einzelne Bestimmungen dem erklärten Auftrag der Kriminalpolizei zuwiderlaufen"[285], sieht sie „im Datenschutz auch Hemmnisse liegen"[286], resümiert sie klipp und klar: „Der Datenschutz . . . **behindert** die innere Sicherheit."[287] Die Vertreter des Datenschutzes indessen wollen diesen „von dem Vorwurf des ‚Verhinderns' . . . entlasten"[288] und sehen auch nach all den Jahren noch gerade im Zusammenhang mit der Inneren Sicherheit die Notwendigkeit, Überzeugungsarbeit für den Datenschutz zu leisten[289].

Oft genug wurde und wird die Diskussion zu dem heiklen Verhältnis **196** zwischen Sicherheit und Freiheit mit **Schlagworten** geführt. Dem an die Polizei gerichteten Vorwurf der „Sammel- und Speicherwut"[290] steht der

---

285 *Schramm* 1972 S. 23; vgl. auch *Vielhauer* 1972 S. 247.
286 *Boge* 1985 S. 110.
287 *Köhler* 1993a S. 90, s. auch S. 97; ebenso *Eylmann* 1992 S. 5.
288 *Hassemer* nach *Meng* 1992 S. 32. In diesem Sinne auch *Einwag* nach *Scherer* 1992 S. 2.
289 *Hassemer* 1991 S. 139/140. S. hierzu auch *Simitis* 1991 S. 135/136; *Meng* 1992 S. 32.
290 *Schneider* 1992 S. 23. Vgl. dazu auch *Rebmann* 1982 S. 153; *Boge* 1983b S. 260, 1985 S. 110.

Slogan „Datenschutz ist Tatenschutz"[291] bzw. „Datenschutz = Täterschutz"[292] gegenüber. Die Formel „Datenschutz – Verbrechernutz"[293] korrespondiert mit dem Menetekel der „totalen Überwachung"[294] durch die Sicherheitsbehörden. Die einen warnen vor dem „Datenhunger" der Polizei[295], die anderen vor einem „Nachtwächterstaat"[296] als Preis für die „Glücksverheißung"[297] des Datenschutzes. Appelle der Polizei werden als „Panikmache" abgetan[298], während man andererseits eine „Datenschutzlawine"[299] oder gar eine „Datenschutzhysterie"[300] konstatiert.

197   Weitergedacht führen diese „Killerphrasen" zu einer sehr einfachen Lösung des Konflikts zwischen Datenschutz und Gewährleistung der Inneren Sicherheit, indem man einen **generellen Vorrang** der einen Staatsaufgabe vor der anderen postuliert. Je nach Standpunkt heißt der Ausweg „Sicherheit vor Datenschutz"[301], oder man verabsolutiert den Datenschutz zur „Mutter aller Verwaltung"[302], sieht in ihm eine Art „Überrecht"[303].

198   Demgegenüber ist festzuhalten, daß sich beide Staatsaufgaben auf dieselben Wurzeln zurückführen lassen. Das Bundesverfassungsgericht hat das informationelle Selbstbestimmungsrecht als in Art. 2 Abs. 1 i.V. mit Art. 1 und Art. 14 GG verbürgt anerkannt und daraus ein **Grundrecht auf Datenschutz** abgeleitet.[304] Auch die Gewährleistung der Inneren Sicherheit ist verfassungsrechtlich fundiert. Von jeher ist „vornehmste Pflicht des Staates" der Schutz seiner Bürger, und zwar nicht nur vor äußerer, sondern auch vor innerer Bedrohung.[305] Das im Grundgesetz – insbesondere in

---

291 Vgl. *Riegel* 1982 S. 255, 1992 S. 14; *Tolksdorf* 1983 S. 175; *Boge* 1985 S. 108; *Scholz* 1988 S. 58; *Hassemer* 1991 S. 139/140.

292 Vgl. *Scholz* 1988 S. 58; *Der Bundesbeauftragte für den Datenschutz* 1989 S. 9; *Riegel* 1992 S. 14; *Bötsch* nach *Nöh* 1992 S. 4; *Einwag* nach *Scherer* 1992 S. 2; *Der Bayerische Landesbeauftragte für den Datenschutz* 1992 S. 102; *Jacob* 1993 S. 59.

293 So z. B. die – mit einem Fragezeichen versehene – Benennung des Kolloquiums Nr. 9 im Block 3 „Information – Mündigkeit – Demokratie" des Symposiums 1993 des Heidelberger Clubs für Wirtschaft und Kultur e. V. am 22. und 23. April 1993 zum Thema „Informationsgesellschaft".

294 *Gutberlet* 1992 S. 25. Vgl. auch *Bull* 1980 S. 74; *Scholz* 1988 S. 53.

295 Vgl. Kriminalistik 1993 S. 190; *Hermanski* 1993a S. 7.

296 Vgl. *Der Bundesbeauftragte für den Datenschutz* 1993 S. 10.

297 *Köhler* 1993b S. 56.

298 S. etwa *Leutheusser-Schnarrenberger* 1992 S. 3.

299 *Köhler* 1993a S. 95.

300 *Boge* 1985 S. 110.

301 *Rebmann* 1982 S. 153; ähnl. *Olderog*, für den „Bürgerschutz zunehmend eine größere Rolle spielt als Datenschutz" (Aussage auf einer Pressekonferenz im Bundeskriminalamt; zu dieser s. Wiesbadener Kurier Nr. 178 vom 4. August 1993 S. 2), und *Schoreit*, der darlegt, „das Recht auf informationelle Selbstbestimmung" müsse u. a. auch dann „zurückstehen, wenn . . . die innere Sicherheit . . . bedroht" ist (1993 S. 10). Vgl. dazu auch *Bull* 1982 S. 226; *Simitis* 1983 S. 191.

302 Vgl. *Herold* 1980 S. 73; *Spranger* 1983 S. 12; *Tolksdorf* 1983 S. 184, 189; *Weyer* 1983 S. 263; *Laufs* 1983 S. 275; *Bull* 1983 S. 276; *Boge* 1983b S. 260, 1985 S. 110; *Scholz* 1988 S. 58; *Der Bayerische Landesbeauftragte für den Datenschutz* 1992 S. 9. S. dazu auch *Meng* 1992 S. 32.

303 Vgl. *Der Bundesbeauftragte für den Datenschutz* 1993 S. 13 (ausdrücklich ablehnend).

304 BVerfGE 65, 43; BVerfG NJW 1991 S. 2132. Näheres hierzu oben Rdnr. 17, 18.

305 *Wilms* 1993 S. 3.

Art. 20 – festgeschriebene Rechtsstaatsprinzip enthält den Auftrag des Staates, den Rechtsfrieden und die Innere Sicherheit zu wahren.[306] Ergänzt wird dieser Auftrag durch die über Art. 1 Abs. 1 Satz 2 GG dem Staat auferlegte Verpflichtung zum Schutze der Grundrechte jedes einzelnen.[307] Körperliche Unversehrtheit, persönliche Freiheit, Eigentum usw. lassen sich nur sicherstellen, wenn der Staat für ein friedliches Miteinander der Bürger sorgt. In einem Zustand allgegenwärtiger krimineller Bedrohung kann man sich nicht frei entfalten.[308] Die Pflicht des Staates, sich schützend vor die grundgesetzlichen Individualrechte zu stellen, erlangt nur dann die ihr zukommende Bedeutung, wenn mit ihr ein Anspruch des Bürgers auf Rechtsgüterschutz korreliert, m. a. W. ihre logische Konsequenz ist die Annahme eines **„Grundrechtes auf Sicherheit"**.[309]

Zwischen Freiheit und Sicherheit besteht mithin ein **rechtsstaatliches** **199**
Spannungsverhältnis.[310] Beides, der Schutz vor Straftaten wie der Datenschutz, ist eine Methode des Grundrechtsschutzes.[311] Die Frage nach der Beziehung zwischen ihnen hat die Bundesregierung eindeutig durch den Grundsatz geklärt: „Datenschutz und öffentliche Sicherheit haben gleiches Gewicht."[312]

Nun kann aber logischerweise nicht zugleich größtmögliche Freiheit **200**
und größtmögliche Sicherheit verwirklicht werden.[313] Zwischen den beiden Verfassungsgütern besteht ein Zielkonflikt[314], der gelöst werden muß. Dabei hilft es nicht weiter, Datenschutz und Polizeiarbeit „in eine grundsätzliche Gegnerschaft hinein(zu)manövrieren"[315]. Vielmehr sind die beiden kollidierenden Rechtspositionen in einer nach beiden Richtungen möglichst schonenden Weise zum **Ausgleich** zu bringen.[316]

Basis hierfür ist eine **Abwägung** der jeweiligen Belange[317], die von Ver- **201**
ständnis auch für die andere Position getragen sein muß[318] und einerseits einen „Datenschutz mit Augenmaß"[319], andererseits Einsicht in die im Rechtsstaat zu beachtenden Grenzen[320] verlangt. Ein fruchtbarer Dialog

---

306 *Scholz* 1988 S. 53. Vgl. dazu auch *Wassermann* 1993 S. 39.
307 *Scholz* 1988 S. 53; *Gallwas* 1992 S. 2785.
308 *Spranger* 1983 S. 13/14; *Seiters* 1993 S. 11.
309 *Scholz* 1988 S. 54, 55. – Zur Streitfrage, ob es ein *abstraktes* Grundrecht auf Sicherheit gibt, das vorbeugende Sicherheitseingriffe bei jedermann legitimiert, vgl. einerseits *Scholz* 1988 S. 53/54, 55 und andererseits *Lisken* 1990 S. 16 (m. w. N.).
310 Vgl. dazu *Tolksdorf* 1983 S. 176; *Weyer* 1983 S. 251, 253; *Scholz* 1988 S. 53; *Reimers* 1992 S. 221, 223; *Eberle* 1992 S. 757/758; *Köhler* 1993a S. 89, 1993b S. 58.
311 *Kube* 1983 S. 237/238; *Wernitz* 1983 S. 242.
312 *Kohl* 1984 S. 141. Im selben Sinne schon *Bull* 1982 S. 226; so auch *Riegel* 1992 S. 15.
313 *Köhler* 1993a S. 89, 1993b S. 72.
314 *Kube* 1983 S. 238; *Wernitz* 1983 S. 242/243; *Neu* 1983 S. 247; *Jacobs* 1993 S. 75; *Köhler* 1993b S. 72.
315 *Einwag* nach *Scherer* 1992 S. 2. S. dazu auch *Spranger* 1983 S. 13/14; *Scholz* 1988 S. 54.
316 *Laufs* 1983 S. 241; *Wernitz* 1983 S. 242; *Neu* 1983 S. 245; *Scholz* 1988 S. 54; *Bäumler* 1992 Rdnr. 29.
317 *Schmude* 1982 S. 219; *Spranger* 1983 S. 12, 14; *Laufs* 1983 S. 241; *Weyer* 1983 S. 251; *Scholz* 1988 S. 53; *Geil* 1993 S. 54.
318 Vgl. dazu *Tolksdorf* 1983 S. 176; *Boge* 1983b S. 240; *Einwag* nach *Scherer* 1992 S. 2.
319 *Köhler* 1993a S. 95, 97, 1993b S. 73. S. dazu auch *Kube* 1983 S. 237; *Bull* 1983 S. 248; *Laufs* 1983 S. 265.
320 *Leutheusser-Schnarrenberger* 1992 S. 3; *Einwag* nach *Scherer* 1992 S. 2.

setzt voraus, daß man die Ebene der plakativen Allgemeinplätze (s. oben Rdnr. 196) verläßt.[321] Ein richtiger Schritt ist es, die als Mißstände empfundenen Fakten konkret zu benennen; die Datenschützer tun dies in ihren regelmäßigen Tätigkeitsberichten[322], und auch die Polizei listet immer wieder auf[323]. Darüber hinaus dürfte es aber besonders hilfreich sein, wenn nicht nur Forderungen erhoben werden, sondern die Befürwortung oder Ablehnung einer Maßnahme gleich (verfassungs)rechtlich untermauert wird. In der Auseinandersetzung um die elektronische Überwachung von Wohnungen haben der Präsident des Bundeskriminalamtes auf der einen und der Hessische Datenschutzbeauftragte auf der anderen Seite ein Beispiel hierfür gegeben.[324]

202 Die rechte Balance zwischen Sicherheit und Freiheit wird allerdings nur zu finden sein, wenn die Realitäten **sachlich-nüchtern** betrachtet werden.[325] Weder ist es richtig, sich in der Diskussion grundsätzlich nur von einem tiefen Mißtrauen gegenüber der Polizei leiten zu lassen.[326] Wie jede Einrichtung der vollziehenden Gewalt ist die Polizei „an Gesetz und Recht gebunden"[327], und sie hat sich stets ausdrücklich zum „Primat des Rechts" bekannt[328]. Ein Mißtrauen, das über die zu einem demokratischen Rechtsstaat notwendigerweise gehörende Kontrolle[329] hinausgeht, ist deshalb fehl am Platz. Noch darf man umgekehrt im Datenschutz den „exklusiven Sündenbock für polizeiliche Ermittlungsdefizite" sehen.[330] Probleme beruhen mitunter auch einfach darauf, daß die entsprechenden Datenschutzbestimmungen nur nicht richtig angewendet worden sind.[331]

203 Die Abwägung der Argumente für mehr Sicherheit oder mehr Freiheit zielt auf die Fixierung einer klaren **Schnittstelle,** wo das „kalkulierte Nichtwissen" der Polizei[332] beginnen soll.[333] Die Festlegung dieser Grenzlinie ist letztlich eine Frage der politischen Bewertung.[334] Einen Anhalts-

---

321 *Simitis* 1983 S. 192; *Wernitz* 1983 S. 242; *Jacob* 1993 S. 59.
322 Vgl. dazu für den Bereich des Bundes § 26 Abs. 1 BDSG (z.B. *Der Bundesbeauftragte für den Datenschutz* 1989, 1993). S. auch *Tolksdorf* 1983 S. 175.
323 S. etwa *Herold* 1980 S. 73–74; *Tolksdorf* 1983 S. 175–190; *Boge* 1985 S. 108–110; *Köhler* 1993a S. 87–97, 1993b S. 56–59, 65–67.
324 *Zachert* 1992 S. 355–357; *Hassemer* 1992 S. 357–358. Vgl. neuestens auch *Bäumler* 1993 S. 12. – In populärer Form haben zu dieser Problematik *Stoiber* (1993 S. 18) und *Leutheusser-Schnarrenberger* (1993 S. 19) Rede und Gegenrede geführt.
325 *Spranger* 1983 S. 13; *Boge* 1983a S. 33; *Bull* 1983 S. 261; *Der Bayerische Landesbeauftragte für den Datenschutz* 1992 S. 8; *Köhler* 1993a S. 89, 1993b S. 56.
326 Vgl. *Herold* 1980 S. 73; *Spranger* 1983 S. 13; *Tolksdorf* 1983 S. 178; *Boge* 1983b S. 239, 1985 S. 110; *Scholz* 1988 S. 54; *Krüger* 1992 S. 219; *Burghard* 1992 S. 595; *Jacob* 1993 S. 59; *Köhler* 1993b S. 66/67, 75.
327 Art. 20 Abs. 3 GG. S. dazu auch *Spranger* 1983 S. 13.
328 S. etwa *Boge* 1983a S. 33; *Köhler* 1993a S. 97, 1993b S. 72.
329 Vgl. dazu *Bull* 1980b S. 77; *Spranger* 1983 S. 13; *Tolksdorf* 1983 S. 189; *Riegel* 1992 S. 169.
330 *Köhler* 1993a S. 89, 1993b S. 56.
331 *Riegel* 1992 S. 15. Vgl. auch *Jacob* 1993 S. 62/63.
332 *Pitschas* 1991 S. 774. S. auch *Simitis* 1983 S. 209; *Jacob* 1993 S. 70; *Köhler* 1993a S. 96, 1993b S. 67.
333 Vgl. *Reimers* 1992 S. 221; *Köhler* 1993b S. 72.
334 *Tolksdorf* 1983 S. 190; *Kube* 1983 S. 237; *Weyer* 1983 S. 251; *Reimers* 1992 S. 221; *Der Bayerische Landesbeauftragte für den Datenschutz* 1992 S. 9; *Köhler* 1993b S. 72.

punkt dafür mag die Formel „Soviel Freiheit wie möglich und soviel poli-
zeiliche . . . Maßnahmen wie nötig"[335] bieten. Gleichwohl kann man hier
das Aushandeln von Kompromissen durchaus als einen „Drahtseilakt mit
Absturzgefahr"[336] sehen. Entscheidend ist jedenfalls, daß ein intensiver
Meinungsaustausch stattgefunden hat.[337] Schließlich leben wir in einer
Demokratie und – um es mit Worten des tschechischen Soziologen und
Staatsmannes *Tomáš Garrigue Masaryk* zu sagen – „Demokratie ist Dis-
kussion".

---

335 *Riegel* (1980 S. 180) in Abwandlung eines Wortes von *Maihofer.*
336 *Reimers* 1992 S. 221. S. dazu auch *Kube* 1983 S. 238.
337 Vgl. *Spranger* 1983 S. 9; *Wernitz* 1983 S. 244, 266; *Bux* 1983 S. 259.

SCHRIFTTUM

Abel, Horst, Peter Brandt, Enrique Cugat, Alfred Knoll und *Erwin Pitzel:* Datensicherungsmaßnahmen beim Einsatz von Arbeitsplatzcomputern. In: Datenschutz und Datensicherung 13 (1989), S. 498–504.

Ahlf, Ernst-Heinrich: Der Begriff des „Eingriffes" insbesondere bei kriminalpolizeilicher Tätigkeit und die sog. „Schwellentheorie" zu § 163 Abs. 1 StPO. In: Die Polizei 74 (1983), S. 41–53.

ders.: Das Bundeskriminalamt als Zentralstelle. Wiesbaden 1985 (BKA-Forschungsreihe. Sonderbd.).

ders.: Polizeiliche Kriminalakten (KpS). Wiesbaden 1988 a (BKA-Forschungsreihe. Sonderbd.).

ders.: Rechtsprobleme der polizeilichen Kriminalaktenführung. In: Kritische Vierteljahresschrift für Gesetzgebung und Rechtswissenschaft 3 (1988 b), S. 136–156.

ders.: Polizeiliche Kriminalakten – datenschutzrechtliche Aspekte, Rechtsgrundlagen, praktische Probleme –. In: Polizei-Führungsakademie (Hrsg.): Aktuelle datenschutzrechtliche Fragen. Seminar vom 11. bis 13. März 1992. Schlußbericht. Münster 1992, S. 65–92.

Alberts, Hans W.: „Übergangszeit" im bereichsspezifischen Datenschutz? In: Zeitschrift für Rechtspolitik 20 (1987), S. 193–196.

Albrecht, Peter-Alexis: Prävention als problematische Zielbestimmung im Kriminaljustizsystem. In: Kritische Vierteljahresschrift für Gesetzgebung und Rechtswissenschaft 1 (1986), S. 55–82.

Alke, Horst: Seminar: Datenschutz in der öffentlichen Verwaltung – Datensicherung –. Bonn 1992 (masch. Manuskript; vervielf.).

Altmann, Robert und *Günter Berndt:* Führen in der Organisation. 2. Aufl. Lübeck 1983 (Grundriß der Führungslehre. Bd. 2).

Asbrock, Bernd: Mit dem OrgKG zu einem anderen Strafprozeß. In: Bürgerrechte & Polizei 43 (1992), S. 54–58.

Bäumler, Helmut: Polizeiliche Informationsverarbeitung. In: Lisken/Denninger 1992, S. 501–618.

ders.: Keine Wunderwaffe mit durchschlagendem Erfolg. Im Kampf gegen das organisierte Verbrechen ist der Einsatz des großen Lauschangriffs unnötig. In: Frankfurter Rundschau Nr. 65 vom 18. März 1993, S. 12.

Baumann, Jürgen: Forum: Wie reformbedürftig ist die Strafprozeßordnung? In: Juristische Schulung 27 (1987), S. 681–687.

Der Bayerische Landesbeauftragte für den Datenschutz: Vierzehnter Tätigkeitsbericht – 1992 –. Dezember 1992 (Bayerischer Landtag, Drucksache 12/9430 vom 10. 12. 1992).

Beier, Bernd: Das neue Bundesdatenschutzgesetz: Rechtssichere Vorgehensweisen für den Umgang mit personenbezogenen Daten und EDV/PC. Loseblatt-Ausg. Kissing, Zürich, Paris, Mailand, Amsterdam, Wien, London, New York Nov. 1992.

Bergmann, Lutz, Roland Möhrle und *Armin Herb:* Datenschutzrecht. Handkommentar: Bundesdatenschutzgesetz, Datenschutzgesetze der Länder und Kirchen, Bereichsspezifischer Datenschutz. Loseblatt-Ausg. Stuttgart, München, Hannover, Berlin, Weimar 1990, 1992.

Bieber, Horst: Der Staat will mehr Kontrolle. Es droht: Der gläserne Bürger. In: Die Zeit Nr. 22 vom 28. Mai 1993, S. 4.

Binne, Wolfgang: Textverarbeitungssysteme und erweiterter Dateibegriff des Bundesdatenschutzgesetzes. In: Datenschutz-Berater 15 (1992), Nr. 4, S. 1–6.

Blankenburg, Erhard: Die Aktenanalyse. In: Erhard Blankenburg (Hrsg.): Empirische Rechtssoziologie. München 1975 (Piper Sozialwissenschaft. Bd. 26), S. 193–198.

Boge, Heinrich: Thesen zur Funktion und Bedeutung der Datenverarbeitung bei der Polizei. In: Bundeskriminalamt (Hrsg.): Polizeiliche Datenverarbeitung. Arbeitstagung des Bundeskriminalamtes Wiesbaden vom 2. bis 5. November 1982. Wiesbaden 1983 a (BKA-Vortragsreihe. Bd. 28), S. 19–35.

ders.: Podiumsgespräch „Innere Sicherheit und Datenverarbeitung" (Diskussionsbemerkungen). In: Bundeskriminalamt (Hrsg.): Polizeiliche Datenverarbeitung. Arbeitstagung des Bundeskriminalamtes Wiesbaden vom 2. bis 5. November 1982. Wiesbaden 1983 b (BKA-Vortragsreihe. Bd. 28), S. 238–240, 260–261.

ders.: Datenschutz: Hoffnung oder Hemmnis? In: Die Polizei 76 (1985), S. 108–110.

Braun, Karl-Heinz: Die vorbeugende Bekämpfung von Straftaten als polizeiliche Aufgabe im Zusammenhang mit der Problematik der polizeilichen Kriminalakten und erkennungsdienstlichen Unterlagen. In: Die Polizei 80 (1989), S. 213–222.

Brendlin, Ulrike: „Den großen Lauschangriff gibt es schon heute". Datenschützer gegen Gesetz zum heimlichen Abhören. In: Hamburger Abendblatt Nr. 19 vom 23./24. Januar 1993, S. 4.

Bull, Hans Peter: Fahndung und Datenschutz – aus der Sicht des Bundesbeauftragten für den Datenschutz. In: Bundeskriminalamt (Hrsg.): Möglichkeiten und Grenzen der Fahndung. Arbeitstagung des Bundeskriminalamtes Wiesbaden vom 12. bis 15. November 1979. Wiesbaden 1980 a (BKA-Vortragsreihe. Bd. 25), S. 57–62.

ders.: Aussprache (Diskussionsbemerkungen). In: Bundeskriminalamt (Hrsg.): Möglichkeiten und Grenzen der Fahndung. Arbeitstagung des Bundeskriminalamtes Wiesbaden vom 12. bis 15. November 1979. Wiesbaden 1980 b (BKA-Vortragsreihe. Bd. 25), S. 74–75, 77.

ders.: Sicherheit *und* Datenschutz – keine Alternative. Stellungnahme zu Rebmann, „Sicherheit vor Datenschutz – nicht umgekehrt", in KR 1982, S. 153 ff. In: Kriminalistik 36 (1982), S. 226–227.

ders.: Podiumsgespräch „Innere Sicherheit und Datenverarbeitung" (Diskussionsbemerkungen). In: Bundeskriminalamt (Hrsg.): Polizeiliche Datenverarbeitung. Arbeitstagung des Bundeskriminalamtes Wiesbaden vom 2. bis 5. November 1982. Wiesbaden 1983 (BKA-Vortragsreihe. Bd. 28), S. 247–250, 261–263, 276–277, 280.

Bundesamt für Sicherheit in der Informationstechnik: IT-Sicherheitshandbuch. Handbuch für die sichere Anwendung der Informationstechnik. Version 1.0 – März 1992. Bonn 1992 (BSI 7105).

Der Bundesbeauftragte für den Datenschutz: Zwölfter Tätigkeitsbericht des Bundesbeauftragten für den Datenschutz – 1989 –. Bonn 1989.

ders. (Hrsg.): Bundesdatenschutzgesetz – Text und Erläuterungen –. Bonn 1991 (BfD-INFO 1).

ders.: 14. Tätigkeitsbericht des Bundesbeauftragten für den Datenschutz – Berichtszeitraum Anfang 1991 bis Anfang 1993 –. Bonn 1993.

Der Bundesminister des Innern: Arbeitspapier zur Schaffung der Funktion eines IT-Sicherheitsbeauftragten. Bonn, Stand: 27. Oktober 1992 (masch.; unveröffentl.).

Burghard, Waldemar: Die aktenmäßige Bearbeitung kriminalpolizeilicher Ermittlungsvorgänge. 4. Aufl. Wiesbaden 1986 (BKA-Schriftenreihe. Bd. 35).

ders.: Bilanz der Irrwege. In: Kriminalistik 46 (1992), S. 595.

Burghard, Waldemar, Hans Werner Hamacher, Horst Herold, Manfred Schreiber, Alfred Stümper und *August Vorbeck* (Hrsg.): Kriminalistik Lexikon. 2. Aufl. Heidelberg 1986 (Grundlagen. Bd. 20).

Bux, Kuno: Podiumsgespräch „Innere Sicherheit und Datenverarbeitung" (Diskussionsbemerkungen). In: Bundeskriminalamt (Hrsg.): Polizeiliche Datenverarbeitung. Arbeitstagung des Bundeskriminalamtes Wiesbaden vom 2. bis 5. November 1982. Wiesbaden 1983 (BKA-Vortragsreihe. Bd. 28), S. 254–259, 279.

Dammann, Ulrich und *Spiros Simitis:* Bundesdatenschutzgesetz (BDSG) mit Landesdatenschutzgesetzen und Internationalen Vorschriften. Textausgabe. 5. Aufl. Baden-Baden 1991.

Deutsch, Markus: Die heimliche Erhebung von Informationen und deren Aufbewahrung durch die Polizei. Heidelberg 1992 (Mannheimer rechtswissenschaftliche Abhandlungen. Bd. 12).

Dörr, Erwin und *Dietmar Schmidt:* Neues Bundesdatenschutzgesetz. Handkommentar. Die Arbeitshilfe für Wirtschaft und Verwaltung. 2. Aufl. Köln 1992.

Eberle, Carl-Eugen: Informationsrecht – der große Wurf? Notwendigkeit bereichsspezifischer Regelungen. In: Computer und Recht 8 (1992), S. 757–761.

Ellger, Reinhard: Datenexport in Drittstaaten. Rechtslage nach dem geänderten Entwurf der EG-Richtlinie zum Datenschutz. In: Computer und Recht 9 (1993), S. 2–12.

Ermisch, Günter: Fahndung und Datenschutz – aus der Sicht der Polizei. In: Bundeskriminalamt (Hrsg.): Möglichkeiten und Grenzen der Fahndung. Arbeitstagung des Bundeskriminalamtes Wiesbaden vom 12. bis 15. November 1979. Wiesbaden 1980 (BKA-Vortragsreihe. Bd. 25), S. 63–70.

Eylmann, Horst: Härtere Strafen gegen rechte Gewalt. In: Bild am Sonntag Nr. 49 vom 6. Dezember 1992, S. 5.

Foth, Ekkehard: Anmerkung zu BGH, Beschl. v. 10. 10. 1990 – 1 StE 8/89 – StB 14/90 (StV 1991, 1). In: Strafverteidiger 1991, S. 337.

Gallwas, Hans-Ullrich: Der allgemeine Konflikt zwischen dem Recht auf informationelle Selbstbestimmung und der Informationsfreiheit. In: Neue Juristische Wochenschrift 45 (1992), S. 2785–2790.

Geil, Rudi: Verbrechensbekämpfung im demokratischen Rechtsstaat. In: Konrad-Adenauer-Stiftung, Politische Akademie (Hrsg.): Verbrechensbekämpfung im demokratischen Rechtsstaat. Dokumentation eines Kongresses am 25. Januar 1993 in Frankfurt am Main. Sankt Augustin bei Bonn 1993 (Interne Studien und Berichte 43/1993), S. 43–54.

Groß, Karl-Heinz und *Helmut Fünfsinn:* Datenweitergabe im strafrechtlichen Ermittlungsverfahren. In: Neue Strafrechtszeitung 12 (1992), S. 105–112.

Gutberlet, Karl G.: Die totale Überwachung macht Fortschritte. In: Frankfurter Rundschau Nr. 298 vom 23. Dezember 1992, S. 25.

Hassemer, Winfried: Rede von Prof. Dr. Hassemer vor dem Hessischen Landtag am 22. Oktober 1991 anläßlich seiner Wahl zum Hessischen Datenschutzbeauftragten. In: Der Hessische Datenschutzbeauftragte: Zwanzigster Tätigkeitsbericht des Hessischen Datenschutzbeauftragten. Wiesbaden 1991, S. 138–140.

ders.: Warum man den „Großen Lauschangriff" nicht führen sollte. In: Deutsche Richterzeitung 70 (1992), S. 357–358.

Heise, Gerd und *Henning Tegtmeyer:* Polizeigesetz Nordrhein-Westfalen mit Erläuterungen. 7. Aufl. Stuttgart, München, Hannover 1990 (Boorberg-Taschenkommentar).

Herb, Armin: Entgelt für Auskünfte nach dem BDSG. In: Computer und Recht 8 (1992), S. 705–708.

Hermanski, Ulrich: Hunger auf Daten. „YYY" für Alkoholiker: Datenschützer sind alarmiert. In: Wiesbadener Tagblatt Nr. 115 vom 19. Mai 1993 a, S. 7.

ders.: Stilles Tüfteln für die Computer-Sicherheit. In: Frankfurter Rundschau Nr. 185 vom 12. August 1993 b, S. 4.

Herold, Horst: Aussprache (Diskussionsbemerkung). In: Bundeskriminalamt (Hrsg.): Möglichkeiten und Grenzen der Fahndung. Arbeitstagung des Bundeskriminalamtes Wiesbaden vom 12. bis 15. November 1979. Wiesbaden 1980 (BKA-Vortragsreihe. Bd. 25), S. 73–74.

Hessel, Hans-Jürgen: Gesetz über die Einrichtung eines Bundeskriminalamtes (BKA-Gesetz). Kommentar. Wiesbaden 1979.

Jach, Michael: Bundeskriminalamt: Im Normen-Dickicht. Beim Datenschutz wollen BKA-Fahnder nicht so streng wie Geheimdienste behandelt werden. In: Focus Nr. 11 vom 11. März 1993, S. 44.

Jacob, Joachim: Datenschutz oder Täterschutz? – Fachgespräch – (Diskussionsbemerkungen). In: Konrad-Adenauer-Stiftung (Hrsg.): Verbrechensbekämpfung im demokratischen Rechtsstaat. Dokumentation eines Kongresses am 25. Januar 1993 in Frankfurt am Main. Sankt Augustin bei Bonn 1993 (Interne Studien und Berichte 43/1993), S. 59–63, 64, 68–71, 74–75, 76.

Kersten, Heinrich: Zur Diskussion der Sicherheitskriterien, speziell der ITSEC. In: Zeitschrift für Kommunikations- und EDV-Sicherheit 8 (1992), S. 476–481.

Kersten, K. U.: Podiumsgespräch „Innere Sicherheit und Datenverarbeitung" (Diskussionsbemerkung). In: Bundeskriminalamt (Hrsg.): Polizeiliche Datenverarbeitung. Arbeitstagung des Bundeskriminalamtes Wiesbaden vom 2. bis 5. November 1982. Wiesbaden 1983 (BKA-Vortragsreihe. Bd. 28), S. 273–274.

Kleinknecht, Theodor und *Karlheinz Meyer:* Strafprozeßordnung, Gerichtsverfassungsgesetz, Nebengesetze und ergänzende Bestimmungen. 40. Aufl. München 1991 (Beck'sche Kurz-Kommentare. Bd. 6).

Köhler, Gerhard: Datenschutz – Wachsende Regelungsdichte und zunehmende Bürokratisierung. In: Bundeskriminalamt (Hrsg.): Standortbestimmung und Perspektiven der polizeilichen Verbrechensbekämpfung. Arbeitstagung des Bundeskriminalamtes Wiesbaden vom 20.–23. Oktober 1992. Wiesbaden 1993 a (BKA-Vortragsreihe. Bd. 38), S. 87–97.

ders.: Datenschutz oder Täterschutz? – Fachgespräch – (Diskussionsbemerkungen). In: Konrad-Adenauer-Stiftung (Hrsg.): Verbrechensbekämpfung im demokratischen Rechtsstaat. Dokumentation eines Kongresses am 25. Januar 1993 in Frankfurt am Main. Sankt Augustin bei Bonn 1993 b (Interne Studien und Berichte 43/1993), S. 56–59, 65–67, 72–73, 75–76.

Kohl, Helmut: Programm der Erneuerung: Freiheit, Mitmenschlichkeit, Verantwortung. Regierungserklärung vor dem Deutschen Bundestag am 4. Mai 1983. In: Bundeskanzler Helmut Kohl: Reden 1982–1984. Bonn 1984 (Reihe „Berichte und Dokumentationen"), S. 115–163.

Krüger, Ralf: An der Schwelle zum Ruhestand: Gedanken zur Situation der inneren Sicherheit in unserem Land. In: Die Polizei 83 (1992), S. 218–220.

Kube, Edwin: Podiumsgespräch „Innere Sicherheit und Datenverarbeitung" (Diskussionsbemerkung). In: Bundeskriminalamt (Hrsg.): Polizeiliche Datenverarbeitung. Arbeitstagung des Bundeskriminalamtes Wiesbaden vom 2. bis 5. November 1982. Wiesbaden 1983 (BKA-Vortragsreihe. Bd. 28), S. 237–238.

Kube, Edwin und *Heinz Leineweber:* Rechtsgrundlagen polizeilicher Datenverarbeitung. In: Datenverarbeitung im Recht 12 (1983), S. 73–84.

Der Landesbeauftragte für den Datenschutz Niedersachsen: XI. Tätigkeitsbericht des Landesbeauftragten für den Datenschutz Niedersachsen. 1. Januar 1991 bis 31. Dezember 1992. Hannover 1993.

Laufs, Paul: Podiumsgespräch „Innere Sicherheit und Datenverarbeitung" (Diskussionsbemerkungen). In: Bundeskriminalamt (Hrsg.): Polizeiliche Datenverarbeitung. Arbeitstagung des Bundeskriminalamtes Wiesbaden vom 2. bis 5. November 1982. Wiesbaden 1983 (BKA-Vortragsreihe. Bd. 28), S. 240–241, 265–266, 275.

Leutheusser-Schnarrenberger, Sabine: „Die Attraktivität des Tatorts Deutschland verringern". Grundrechte der Bürger sollen Vorrang vor Befugnissen der Polizei haben – Ein Plädoyer für den Schutzmann an der Ecke (Interview von Burkhard von Pappenheim und Uwe Vorkötter). In: Stuttgarter Zeitung Nr. 193 vom 21. August 1992, S. 3.

dies.: „Die Wohnung ist unverletzlich". In: stern Nr. 30 vom 22. Juli 1993, S. 19.

Leuze, Ruth: „Wie eine Krankheit, die lange Zeit nicht weh tut". Der Datenschutz in Deutschland wird schleichend ausgehöhlt. Über die Annäherung an den gläsernen Bürger. In: Frankfurter Rundschau Nr. 174 vom 30. Juli 1993, S. 10.

Lintner, Eduard: Rede anläßlich der Beschlußempfehlung und des Berichts des Innenausschusses zu den Unterrichtungen durch den Bundesbeauftragten für den Datenschutz (8. bis 13. Tätigkeitsbericht) in der Plenarsitzung des Deutschen Bundestages am 5. Februar 1993. Bonn 1993 („Der Bundesminister des Innern teilt mit"/masch.).

Lisken, Hans: Über Aufgaben und Befugnisse der Polizei im Staat des Grundgesetzes. In: Zeitschrift für Rechtspolitik 23 (1990), S. 15–21.

Lisken, Hans und *Erhard Denninger* (Hrsg.): Handbuch des Polizeirechts. München 1992.

Luchs, Robert: Übergriffe. In: Wiesbadener Tagblatt Nr. 115 vom 19. Mai 1993, S. 1.

Meng, Richard: Der Versuch, Informationen gerecht zu verteilen. Winfried Hassemer seit einem Jahr oberster Datenschützer. Kampf gegen kleine Pannen. In: Frankfurter Rundschau Nr. 252 vom 29. Oktober 1992, S. 32.

Merten, Karlheinz: Deutsch, Markus, Die heimliche Erhebung von Informationen und deren Aufbewahrung durch die Polizei, C. F. Müller Juristischer Verlag, Heidelberg 1992, 322 S., 145 DM (Rezension). In: Kriminalistik 46 (1992), S. 592.

Neu, Herbert: Podiumsgespräch „Innere Sicherheit und Datenverarbeitung" (Diskussionsbemerkungen). In: Bundeskriminalamt (Hrsg.): Polizeiliche Datenverarbeitung. Arbeitstagung des Bundeskriminalamtes Wiesbaden vom 2. bis 5. November 1982. Wiesbaden 1983 (BKA-Vortragsreihe. Bd. 28), S. 244–247, 268–269, 280–281.

Nöh, Hans-Joachim: CSU will den Kampf gegen die Organisierte Kriminalität verschärfen. ,Datenschutz darf nicht zum Täterschutz werden'. In: Welt am Sonntag Nr. 30 vom 26. Juli 1992, S. 4.

Ordemann, Hans-Joachim, Rudolf Schomerus und *Peter Gola:* Bundesdatenschutzgesetz (BDSG). 5. Aufl. München 1992.

Peitsch, Dietmar: Datenauskünfte durch die Polizei. Konsequenzen aus der Entscheidung des BVerwG v. 20. 2. 1990 – 1 C 29.86 – für die polizeiliche Informationsverarbeitung. In: Die Polizei 82 (1991), S. 66–69.

ders.: Vom Polizeirecht zum Informationsrecht. Begriffe und Inhalte bereichsspezifischer Regelungen der polizeilichen Datenerhebung und Datenverarbeitung. In: Die Polizei 82 (1991), S. 305–308.

Pfitzmann, Andreas und *Kai Rannenberg:* Staatliche Initiativen und Dokumente zur IT-Sicherheit. Eine kritische Würdigung. In: Computer und Recht 9 (1993), S. 170–179.

Pitschas, Rainer: Fortentwicklung des Polizeirechts und Legitimität des Staates. In: Schriftenreihe der Polizei-Führungsakademie 1991, Heft 4, S. 7–31.

ders.: Kriminalistik durch Informationsvorsorge. Abschied vom klassischen Polizeirecht und Krise des traditionellen Datenschutzkonzepts. In: Kriminalistik 45 (1991), S. 774–778.

Pitschas, Rainer und *Josef Aulehner:* Informationelle Sicherheit oder „Sicherheitsstaat"? In: Neue Juristische Wochenschrift 42 (1989), S. 2353–2359.

Pohl, Hartmut und *Gerhard Weck* (Hrsg.): Handbuch 1. Einführung in die Informationssicherheit. München, Wien 1993 (Sicherheit in der Informationstechnik. Bd. 2).

Rachor, Frederik: Vorbeugende Straftatenbekämpfung und Kriminalakten. Zur Aufbewahrung und Verwendung von Informationen aus Strafverfahren durch die Polizei. Baden-Baden 1989 (Nomos Universitätsschriften; Recht. Bd. 3).

Rebmann, Kurt: Sicherheit vor Datenschutz – nicht umgekehrt. In: Kriminalistik 36 (1982), S. 153–156.

Reimers, Dirk: Ein Drahtseilakt mit Absturzgefahr? In: Die Polizei 83 (1992), S. 221–224.

Riegel, Reinhard: Podiumsgespräch „Fahndungsprobleme und Lösungsansätze" (Diskussionsbemerkungen). In: Bundeskriminalamt (Hrsg.): Möglichkeiten und Grenzen der Fahndung. Arbeitstagung des Bundeskriminalamtes Wiesbaden vom 12. bis 15. November 1979. Wiesbaden 1980 (BKA-Vortragsreihe. Bd. 25), S. 180–181, 181–182.

ders.: Datenschutzrechtliche Grundprobleme bei der Tätigkeit der Strafverfolgungs- und Sicherheitsbehörden. In: Datenverarbeitung – Steuer – Wirtschaft – Recht 11 (1982), S. 255–263.

ders.: Bundespolizeirecht. Bundeskriminalamtsgesetz, Bundesgrenzschutzgesetz, Gesetz über den unmittelbaren Zwang. München 1985 (Beck'sche Kurz-Kommentare. Bd. 42).

ders.: Kontrolle und Transparenz der Datenverarbeitung – Institutionen, Grundlagen und Probleme –. In: Recht im Amt 35 (1988), S. 288–297.

ders.: Datenschutz bei den Sicherheitsbehörden. Mit einem Anhang der wichtigsten Fachbegriffe in deutscher, englischer, italienischer und spanischer Sprache. 2. Aufl. Köln, Berlin, Bonn, München 1992.

Rogall, Klaus: Moderne Fahndungsmethoden im Lichte gewandelten Grundrechtsverständnisses. In: Goltdammer's Archiv für Strafrecht 1985, S. 1–27.

Rupprecht, Reinhard (Hrsg.): Polizei Lexikon. Heidelberg 1986 (Grundlagen. Bd. 30).

Schattenberg, Bernd: Rede anläßlich des Internationalen Symposiums über Datenschutz und Polizei der IKPO-Interpol vom 7. bis 9. November 1990 in Lyon (masch.; unveröffentl.).

Schaumüller-Bichl, Ingrid: Sicherheitsmanagement – Risikobewältigung in informationstechnologischen Systemen. Mannheim, Leipzig, Wien, Zürich 1992.

Scherer, Peter: „Schutz des Bürgers geht vor". Datenschutzbeauftragter Einwag warnt Bonn vor Entscheidung über „Lauschangriff". In: Die Welt Nr. 294 vom 17. Dezember 1992, S. 2.

Schild, Hans-Hermann: Die Novellierung des Hessischen Gesetzes über die öffentliche Sicherheit und Ordnung (HessSOG). In: Neue Zeitschrift für Verwaltungsrecht 9 (1990), S. 738–743.

Schmidt, Egon: Datenschutz im Visier: Durch elektronische Netze belauscht und ausgespäht. Datennetze laden zum Spionieren geradezu ein. In: Süddeutsche Zeitung Nr. 237 vom 14. Oktober 1992, Beilage „Modernes Büro", S. 11.

Schmude, Jürgen: Podiumsgespräch „Perspektiven der Verbrechensbekämpfung in den 80er Jahren (Diskussionsbemerkungen). In: Bundeskriminalamt (Hrsg.): Bestandsaufnahme und Perspektiven der Verbrechensbekämpfung. Arbeitstagung des Bundeskriminalamtes Wiesbaden vom 9. bis 12. November 1981. Wiesbaden 1982 (BKA-Vortragsreihe. Bd. 27), S. 211–213, 215–217, 219, 220, 221, 222–223, 228, 230–231, 233–234.

Schneider, Christian: Oberster Datenschützer legt seinen Bericht vor. Plädoyer für großen Lauschangriff. Oberhauser stellt Behörden insgesamt gutes Zeugnis aus. Im Kreis der Kollegen isoliert. In: Süddeutsche Zeitung Nr. 286 vom 11. Dezember 1992 a, S. 23.

ders.: Geisterfahrer im Datenschutz. In: Süddeutsche Zeitung Nr. 186 vom 11. Dezember 1992 b, S. 23.

Scholz, Rupert: Datenschutz und innere Sicherheit. In: der kriminalist 20 (1988), S. 53–58.

Schoreit, Armin: Verwaltungsstreit um Kriminalakten. Eine zweifelhafte Entscheidung zur präventivpolizeilichen Verbrechensbekämpfung. In: Neue Juristische Wochenschrift 38 (1985), S. 169–172.

ders.: Die Führung sogenannter polizeilicher Kriminalakten und das Verfassungsrecht. Gleichzeitig eine Besprechung des Urteils des Bayerischen Verfassungsgerichtshofes vom 9. Juli 1985. In: Computer und Recht 2 (1986 a), S. 87–92.

ders.: Keine Rechtsgrundlagen der zentralen Datenverarbeitung des Bundeskriminalamts. Eine ausweglose Situation. In: Computer und Recht 2 (1986 b), S. 224–231.

ders.: Polizeiliche Kriminalakten als Grundlagen der Informationsverarbeitung. In: Kritische Vierteljahresschrift für Gesetzgebung und Rechtswissenschaft 3 (1988), S. 157–177.

ders.: Organisierte Kriminalität und Datenschutz. Redebeitrag zum Forum Datenschutz „Organisierte Kriminalität – geschützt vom Datenschutz?" des Hessischen Landtags und des Hessischen Datenschutzbeauftragten am 1. Juli 1993 in Wiesbaden (vervielfältigtes Manuskript).

Schramm, Horst: Zielvorstellungen des Bundeskriminalamtes zur Einführung der Datenverarbeitung. In: Bundeskriminalamt (Hrsg.): Datenverarbeitung. Arbeitstagung des Bundeskriminalamtes Wiesbaden vom 13. März bis 17. März 1972. Wiesbaden 1972 (BKA-Vortragsreihe. Bd. 20), S. 13–24.

Seiters, Rudolf: Die Herausforderung annehmen – Kriminalität bekämpfen. In: Konrad-Adenauer-Stiftung, Politische Akademie (Hrsg.): Verbrechensbekämpfung im demokratischen Rechtsstaat. Dokumentation eines Kongresses am 25. Januar 1993 in Frankfurt am Main. Sankt Augustin bei Bonn 1993 (Interne Studien und Berichte 43/1993), S. 10–29.

Simitis, Spiros: Datenschutz und Polizei. In: Bundeskriminalamt (Hrsg.): Polizeiliche Datenverarbeitung. Arbeitstagung des Bundeskriminalamtes Wiesbaden vom 2. bis 5. November 1982. Wiesbaden 1983 (BKA-Vortragsreihe. Bd. 28), S. 191–212.

ders.: Rede von Professor Dr. Simitis vor dem Hessischen Landtag am 22. Oktober 1991 anläßlich seines Ausscheidens aus dem Amt des Hessischen Datenschutzbeauftragten. In: Der Hessische Datenschutzbeauftragte: Zwanzigster Tätigkeitsbericht des Hessischen Datenschutzbeauftragten. Wiesbaden 1991, S. 130–137.

Simitis, Spiros, Ulrich Dammann, Hansjörg Geiger, Otto Mallmann und *Stefan Walz:* Kommentar zum Bundesdatenschutzgesetz. 4. Aufl. Loseblatt-Ausg. Baden-Baden 1992.

Simitis, Spiros, Ulrich Dammann, Otto Mallmann und *Hans-Joachim Reh* (Hrsg.): Dokumentation zum Bundesdatenschutzgesetz. Bund – Länder – Kirchen – Ausland und Internationales: Rechts- und Verwaltungsvorschriften. Entscheidungssammlung. Beschlüsse der Datenschutzaufsichtsinstanzen. Loseblatt-Ausg. Baden-Baden 1992.

Spranger, Carl-Dieter: Eröffnungsansprache. In: Bundeskriminalamt (Hrsg.): Polizeiliche Datenverarbeitung. Arbeitstagung des Bundeskriminalamtes Wiesbaden vom 2. bis 5. November 1982. Wiesbaden 1983 (BKA-Vortragsreihe. Bd. 28), S. 9–17.

Störzer, Hans Udo: Zur Geschichte der Fahndung. Einführende Betrachtungen. In: Bundeskriminalamt, Bibliothek (Hrsg.): Bibliographie Fahndung. Eine Auswahlbibliographie der deutschsprachigen Literatur zu Fahndung und Observation von 1908–1979. Wiesbaden 1979 (BKA-Bibliographienreihe. Bd. 1), S. VII–XXXII.

Stoiber, Edmund: „Einzige Chance gegen die Mafia". In: stern Nr. 30 vom 22. Juli 1993, S. 18.

Storbeck, Jürgen: Die polizeiliche Zusammenarbeit in Europa und die Rolle des Bundeskriminalamtes als kriminalpolizeiliche Zentralstelle Deutschlands in der europäischen Kooperation. In: *Hans-Ludwig Zachert* (Hrsg.): 40 Jahre Bundeskriminalamt. Stuttgart, München, Hannover, Berlin 1991, S. 178–192.

Tinnefeld, Marie-Theres und *Eugen Ehmann:* Einführung in das Datenschutzrecht. München, Wien 1992.

Tolksdorf, Herbert: Polizei und Datenschutz. In: Bundeskriminalamt (Hrsg.): Polizeiliche Datenverarbeitung. Arbeitstagung des Bundeskriminalamtes Wiesbaden vom 2. bis 5. November 1982. Wiesbaden 1983 (BKA-Vortragsreihe. Bd. 28), S. 175–190.

Uhlig, Sigmar: Datenverarbeitung und Rechtspflege. In: Datenverarbeitung im Recht 14 (1985 a), S. 1–111.

ders.: Die Polizei – Herrin des Strafverfahrens? Aktuelle Probleme im Verhältnis der Polizei als Strafverfolgungsorgan zur Strafjustiz. In: Recht und Politik 21 (1985 b), S. 232–237.

Vahle, Jürgen: Polizeiliche Dateien und Aktensammlungen endgültig aus dem juristischen Zwielicht? In: Die neue Polizei 44 (1990), S. 524–527.

ders.: Datenerhebung und Datenverarbeitung durch Sicherheitsbehörden. In: Datenschutz-Berater 15 (1992), Nr. 5, S. 1–14.

Vielhauer: Diskussionsbemerkung (Aussprache). In: Bundeskriminalamt (Hrsg.): Datenverarbeitung. Arbeitstagung des Bundeskriminalamtes Wiesbaden vom 13. März bis 17. März 1972. Wiesbaden 1972 (BKA-Vortragsreihe. Bd. 20), S. 247.

Vogelgesang, Klaus: Der Personalrat als Datenschützer und Datenverarbeiter. In: Computer und Recht 8 (1992), S. 163–167.

ders.: Mitbestimmung bei Datenerhebung und EDV-Einführung in Behörden. In: Computer und Recht 8 (1992), S. 405–412.

Vorbeck, August: Podiumsgespräch „Fahndungsprobleme und Lösungsansätze" (Diskussionsbemerkungen aus der Sicht der Kriminalpolizei). In: Bundeskriminalamt (Hrsg.): Möglichkeiten und Grenzen der Fahndung. Arbeitstagung des Bundeskriminalamtes Wiesbaden vom 12. bis 15. November 1979. Wiesbaden 1980 (BKA-Vortragsreihe. Bd. 25), S. 178–180, 182.

Wassermann, Rudolf: Rechtsbewußtsein und Kriminalitätsentwicklung. In: Konrad-Adenauer-Stiftung, Politische Akademie (Hrsg.): Verbrechensbekämpfung im demokratischen Rechtsstaat. Dokumentation eines Kongresses am 25. Januar 1993 in Frankfurt am Main. Sankt Augustin bei Bonn 1993 (Interne Studien und Berichte 43/1993), S. 30–42.

Weichert, Thilo: Neue Verfassungsregelungen zur informationellen Selbstbestimmung. In: Computer und Recht 8 (1992), S. 738–745.

Wernitz, Axel: Podiumsgespräch „Innere Sicherheit und Datenverarbeitung" (Diskussionsbemerkungen). In: Bundeskriminalamt (Hrsg.): Polizeiliche Datenverarbeitung. Arbeitstagung des Bundeskriminalamtes Wiesbaden vom 2. bis 5. November 1982. Wiesbaden 1983 (BKA-Vortragsreihe. Bd. 28), S. 241–244, 266–267, 275.

Weyer, Heinrich: Podiumsgespräch „Innere Sicherheit und Datenverarbeitung" (Diskussionsbemerkungen). In: Bundeskriminalamt (Hrsg.): Polizeiliche Datenverarbeitung. Arbeitstagung des Bundeskriminalamtes Wiesbaden vom 2. bis 5. November 1982. Wiesbaden 1983 (BKA-Vortragsreihe. Bd. 28), S. 251–254, 263–264, 278.

Wilms, Dorothee: Kongreßeröffnung. In: Konrad-Adenauer-Stiftung, Politische Akademie (Hrsg.): Verbrechensbekämpfung im demokratischen Rechtsstaat. Dokumentation eines Kongresses am 25. Januar 1993 in Frankfurt am Main. Sankt Augustin bei Bonn 1993 (Interne Studien und Berichte 43/1993), S. 3–9.

Wind, Irene und *Michael Siegert:* Entwurf für eine EG-Richtlinie zum Datenschutz. Ein Überblick. In: Computer und Recht 9 (1993), S. 46–55.

Zachert, Hans-Ludwig: Elektronische Überwachung der Wohnung als Mittel zur Bekämpfung Organisierter Kriminalität. In: Deutsche Richterzeitung 70 (1992), S. 355–357.

47

Entwicklung der polizeilichen Informationstechnik
Technisch-wissenschaftliche Informationsverarbeitung und Automatisierte Fingerabdruck-Identifizierung als Beispiele

Hans-Ludwig Zachert und Jürgen Zeiger

INHALTSÜBERSICHT

A. Einführung

Die polizeilich registrierte Kriminalität nimmt vom Umfang her, aber **1**
auch hinsichtlich der Qualität beachtlich zu. Parallel dazu wächst die
Bandbreite polizeilicher Aufgaben. Mit der Entwicklung der Straftaten und
der Notwendigkeit, angemessen darauf reagieren zu müssen, steigen die
Anforderungen an die betroffenen Vollzugsbeamten und an die von ihnen
eingesetzte Technik. Ansätze zur Problemlösung weisen eine zunehmende
Komplexität auf. Der allgemeine Wissenszuwachs zwingt zu stärkerer Spezialisierung, die auch Anwendungen der Informationstechnologie erfaßt.
Zusätzlich zu diesen Tendenzen bedingen politische, ökonomische,
soziale und demographische Veränderungen auf regionaler, nationaler und

– insbesondere im Rahmen des Zusammenwachsens Europas und seit der Öffnung der Grenzen zu den Staaten des ehemaligen Ostblocks – internationaler Ebene einen angemessenen, zunehmend umfangreicheren **Informationsaustausch.**

2   Die Grundlage dafür bilden zweckmäßige Konzepte und Praktiken zur Beschaffung, Erfassung und Übermittlung von Nachrichten und der Einsatz einer modernen **Informations- und Kommunikationstechnologie** auf allen Ebenen polizeilicher Tätigkeit.

3   **Ziel** ist es, Daten aktuell und nur einmal zu erfassen, den Zugriff aller Berechtigten auf den Bestand sicherzustellen und Auswertungen in kürzester Zeit zu ermöglichen. Die Erfolgsaussichten für den Einsatz von Datenverarbeitungssystemen wachsen, wenn Hard- und Software anwenderfreundlich in der Handhabung sind (Steigerung der Leistungsfähigkeit bei der polizeilichen Aufgabenerfüllung) und die Aufbau- und Ablauforganisation den Erfordernissen angepaßt wird (Ziel: effektive Gestaltung von Abläufen).

4   **Informationen** im polizeilichen Aufgabenbereich können sich zum Beispiel darstellen als
– Angaben zu Straftaten und Straftätern
– Angaben zu Einsatzsituationen
– Berichte zur Kriminalitätslage
– Erkenntnisse aus kriminalistisch-kriminologischen und technisch-wissenschaftlichen Forschungsprojekten und Untersuchungen
– Zusatzerkenntnisse und Hintergrundinformationen.

5   **Informationsverarbeitung** ist und war schon immer ein wesentlicher Bestandteil der Polizeiarbeit. Sie dient der Ermittlungsunterstützung, dem Erkennen von (überregionalen) Zusammenhängen, etwa zur Tat-Tat- und Tat-Täter-Zusammenführung, und der Erlangung von Wissen über Erscheinungsformen der Kriminalität. Anwendungsbereiche sind vorzugsweise
– Sammlung fall-, personen-, objekt- oder sachenbezogener Informationen für Prävention, Repression, Verdachtsgewinnung oder Intelligence-Arbeit
– Einsatzleitung und -unterstützung
– Vorgangserfassung, -bearbeitung und -verwaltung
– Kommunikation innerhalb von Behörden und zwischen Behörden bis hin zum internationalen Nachrichtenaustausch
– Fertigung von Unterlagen (Schreiben, Zeichnen, Grafik, Präsentation, Publikationen)
– Gewinnung von Führungsinformationen, Planung, Projektmanagement
– Statistik
– Analyse (Kriminaltechnik, Kriminalitätslagebild)
– Verwaltung, Organisation, Logistik
– Forschung und Entwicklung, Aus- und Fortbildung (dabei auch Zugriff auf externe Datenbanken)

– Unterstützung durch Expertenwissen
– Literaturdokumentation.

Art und Umfang der **Informationssammlung, -erfassung und -übermitt-** 6
lung und der Einsatz der **Informationstechnik** sind von verschiedenen Faktoren abhängig. Informationen und die damit verknüpfte Technik sind kein Selbstzweck, beide müssen für polizeiliche Bedürfnisse möglichst flexibel und universell sein, auf vielseitige Anforderungen zugeschnitten, andererseits speziellen Aufgabenbereichen mit umfangreichen, aber eingegrenzten Erkenntnisinteressen angepaßt werden. Informationen sollen zum richtigen Zeitpunkt dort vorliegen, wo sie gebraucht werden, in einer Differenzierung, wie sie jeweils erforderlich ist, mit Zugriffsmöglichkeiten, soweit Notwendigkeit und Berechtigung vorliegen, und mit Auswertungsmöglichkeiten, soweit sie erforderlich, sinnvoll, aber auch technisch machbar sind.

Zur **Informationsbasis** gilt: Je breiter diese Basis, desto einfacher die 7
Entscheidungsfindung. „Breite" bezieht sich dabei sowohl auf Quantität wie auf Qualität der Daten und Informationen.

Der **Umfang** von **Informationen** und der Grad ihrer **Differenzierung** wer- 8
den beeinflußt
– polizeiintern zum Beispiel von Zugangsmöglichkeiten zu Daten und Informationen, von der Art der sprachlichen Umsetzung von Sachverhalten, aber auch von der Aufgabenbelastung der Sachbearbeiter (Stichworte sind Verkürzung der Arbeitszeit, Ausmaß an Verwaltungsaufgaben, nicht beliebig ausbaufähiger Personalbestand), von personengebundenen Unzulänglichkeiten (fehlende Ausbildung, mangelnde Motivation usw.) sowie nicht zuletzt von (datenschutz)rechtlichen und technischen Bedingungen
– polizeiextern (soweit solche Daten und Informationen von der Polizei genutzt werden sollen) vor allem von dem Zweck, zu dem sie eigentlich erhoben werden: Auswertungsmöglichkeiten stoßen auf Grenzen, wenn man an diese Daten mit Fragestellungen und Zielen herangeht, für die sie ursprünglich nicht vorgesehen waren. Hinzu kommen Unsicherheiten hinsichtlich der Aussagekraft und Verläßlichkeit der Informationen.

Unter **„polizeilicher Datenverarbeitung"** wird im wesentlichen der Auf- 9
bau und der Betrieb von Datenbanken verstanden, in denen Informationen über Straftaten und Straftäter gespeichert sind. In der Bundesrepublik Deutschland ist das bekannteste derartige System unter dem Namen INPOL im Einsatz.[1] Parallel dazu haben sich in den vergangenen Jahren die **technisch-wissenschaftliche Datenverarbeitung** für den Bereich der kriminaltechnischen Untersuchungen und **automatisierte Verfahren der Fingerabdruck-Identifizierung** entwickelt. Sie sollen exemplarisch für die Bandbreite der Anforderungen, denen die Polizei im Bereich der Informationstechnik aktuell gegenübersteht, dargestellt werden.

---

1 Zur Entwicklung dieses Systems vgl. den Beitrag von *Timm* in diesem Handbuch (Bd. 1, Nr. 9, S. 311–364; s. bes. Rdnr. 47–89).

B. Technisch-wissenschaftliche Informationsverarbeitung

I. Überblick

10 Informationsverarbeitung im technisch-wissenschaftlichen Bereich dient vor allem folgenden **Zwecken:**
   – der Erfassung kriminaltechnischer Daten
   – der Auswertung kriminaltechnischer Daten und der Speicherung der Untersuchungsergebnisse
   – der rechnergestützten Suche in kriminaltechnischen Sammlungen, um Tatzusammenhänge aufzudecken.

Diese Aufgaben erfordern besondere Rechnersysteme, die Laborgeräte steuern, Meßwerte on-line erfassen, komplexe Analysen anfertigen, Meßdaten und Ergebnisse bildhaft darstellen und Datenbanken vorhalten können.

11 Für die einzelnen **kriminaltechnischen Anwendungen** stehen den Fachgruppen der Abteilung Kriminaltechnik des Bundeskriminalamtes eigene Rechner zur Verfügung, die jedoch häufig in das bestehende technisch-wissenschaftliche Rechnernetz eingebunden sind, so daß ein einfacher Datenaustausch möglich ist.

12 Die Vielfalt des Spurenmaterials und der Untersuchungsmethoden spiegelt sich auch in der technisch-wissenschaftlichen Datenverarbeitung wider. So finden unterschiedliche Methoden der **Signal- und Bildverarbeitung** Anwendung, um Meßdaten aufzubereiten und um rechnergestützt Merkmale zu gewinnen, die eine Spur beschreiben. Zur Klassifikation und zum automatischen Vergleich von Merkmalssätzen werden Verfahren der Mustererkennung – einer relativ jungen wissenschaftlichen Disziplin – herangezogen.

13 Im folgenden sollen einige Verfahren, die in der **Gruppe „Technische Forschung, Entwicklung und Erprobung" des Bundeskriminalamtes** zur Anwendungsreife entwickelt wurden, näher dargestellt werden.

II. Technisch-wissenschaftliche Anwendungen der Informationsverarbeitung

1. Rechnergestützte Sprechererkennung

14 Aufgabe der **forensischen Sprechererkennung** ist es, tatverdächtige Personen anhand ihrer Stimme zu identifizieren beziehungsweise auszuschließen. Die Untersuchung der im allgemeinen auf Tonträgermaterial vorliegenden Sprachproben erfolgt zum einen über eine phonetische Analyse, zum anderen über eine rechnergestützte Auswertung. Zur letzteren wird das Spachsignal digitalisiert und in einen Computer übertragen. Das zur Begutachtung angelieferte Sprachmaterial ist oft durch Rauschen gestört oder von Hintergrundgeräuschen überlagert. Die rechnergestützte Bearbeitung findet deshalb unter Kontrolle eines verantwortlichen, phonetisch ausgebildeten Wissenschaftlers statt, der aus dem Sprachsignal die verwertbaren Stellen auswählt und den Auswertevorgang festlegt. Mit Methoden der Signalverarbeitung werden auf diese Weise eine Reihe sprechertypischer Merkmale gewonnen und gerichtsverwertbar dokumentiert. Zusammen mit den auditiv erkannten Merkmalen erlauben sie dem Phonetiker, eine Wahrscheinlichkeitsaussage zur Identität von Täter- und Vergleichsstimme vorzunehmen.

Die rechnergestützte Auswertung des Sprachsignals ist ein wichtiger **15** Bestandteil der Gutachtenerstellung. Ihr besonderer Wert liegt darin, daß sie **objektive Merkmale** liefert, die jederzeit reproduziert werden können.

Die Sprechererkennung ist Anfang der 80er Jahre aus der Forschungs- **16** phase in die **Anwendung** bei der Abteilung Kriminaltechnik des Bundeskriminalamtes übergegangen und hat bei zahlreichen Ermittlungsfällen, insbesondere bei Erpressungen und Entführungen, entscheidende Hinweise zur Aufklärung geliefert.[2]

2. Bildverarbeitung, Bildverbesserung

Digitale Bilder **17**

– können ohne Qualitätsverlust kompakt gespeichert werden (100 farbige Kleinbild-Diapositive auf einer Photo-CD)

– sind absolut identisch, daher beliebig oft verlustfrei zu kopieren

– können auf elektronischem Wege in kürzester Zeit weltweit transportiert werden

– sind der Verarbeitung mit mathematischen Methoden (zum Beispiel Verbesserung, Restauration, Retusche und auch künstlerische Verfremdung) zugänglich

– unterliegen keinem farblichen Alterungsprozeß.

Die **digitale Bildverarbeitung** bereichert seit Mitte der 70er Jahre das **18** Spektrum kriminaltechnischer Untersuchungsmethoden im Bundeskriminalamt. Eine von vielen Anwendungsmöglichkeiten dieser Technik ist die Verbesserung der Auswertbarkeit von Bildvorlagen für Ermittlungs- oder Beweiszwecke: Störungen der Bilder, wie Defokussierung, Verwacklung oder Kornrauschen sind abzuschwächen; Kontrastanhebungen und verschiedene Arten von Bildtransformationen erhöhen die Auswertbarkeit von Bildern bei ganz speziellen Fragestellungen. Die rechnergestützte Bildverarbeitung ist ein besonders geeignetes – und bei bestimmten Arten von Bildstörungen das einzig mögliche – Instrument, um eine Bildverbesserung zu erzielen und Bildinformationen von Störungen zu befreien. Mit dem vorhandenen, größtenteils in Eigenentwicklung aufgebauten Instrumentarium, das ständig verbessert und aktualisiert wird, können vielfältige Bildquellen, zum Beispiel Papierbilder, Negative, Diapositive, Videoaufzeich-

---

2 Ausführlich zur Erkennung von Personen anhand ihrer Stimme *Künzel* in diesem Handbuch (Bd. 1, Nr. 19, S. 817–841).

nungen oder 3D-Objekte selbst (Spurenträger) digitalisiert und verarbeitet werden. Derzeit werden pro Jahr etwa 70 Anträge auf Bildverbesserung bearbeitet, überwiegend von Polizeidienststellen der Länder, aber auch von Ermittlungsabteilungen des BKA selbst sowie von Gerichten bzw. Staatsanwaltschaften.

3. Spezielle kriminaltechnische Informationssysteme

19   In der Kriminaltechnik werden **Sammlungen von Originalen und Asservaten** geführt. Je nach Ausrichtung handelt es sich dabei zum Beispiel um Dokumente, Schußwaffen und Munition oder Handschriften. Die Verwaltung dieser Sammlungen ist mit steigendem Fallaufkommen kaum noch manuell handhabbar. Im Bundeskriminalamt wurden deshalb Software-Werkzeuge entwickelt, mit denen solche Aufgaben rationell durchgeführt und gleichzeitig qualitative Verbesserungen der gutachterlichen Tätigkeit erzielt werden können.

20   Bei jedem dieser Informationssysteme wird ein **Vorgangsverwaltungteil** zur Bearbeitung administrativer Daten eines Vorgangs eingesetzt. Dazu zählen unter anderem Angaben zur einsendenden Dienststelle oder zum Delikt. Der so standardisierte Vorgangsverwaltungteil bildet den Rahmen für spurenspezifische Recherchen auf der Basis der Mustererkennung.

21   Bisher wurden nach diesem Prinzip folgende Informationssysteme entwickelt:

– **Forensisches Informationssystem Handschriften** (FISH)

Der Vergleich von Handschriften erfolgt in diesem System aufgrund von Merkmalen, die mit Methoden der Bildverarbeitung und Mustererkennung gewonnen wurden. Das Ergebnis einer Recherche nach einer fraglichen Schreibleistung ist eine auf diesen Merkmalen basierende Rangliste, die der Schriftprüfer sequentiell anhand eines Vergleiches mit Handschriftenbildern aus einem digitalen Bildarchiv überprüft.

Das Verfahren befindet sich mit Handschriften aus dem Terrorismus-Bereich im Wirkbetrieb. An einer Erweiterung auf den Deliktsbereich „Euroscheck" wird derzeit gearbeitet.[3]

– **Kriminaltechnisches Informationssystem Texte** (KISTE)

Dieses System unterstützt linguistische Textanalysen zur Erfassung der Vorkommenshäufigkeit von sprachlichen Besonderheiten. Die Rangbildung nach einem fraglichen Schriftstück erfolgt anhand dieser linguistischen Merkmale.

Das Verfahren befindet sich zur Zeit im Probebetrieb.[4]

– **Kriminaltechnisches Informationssystem Schußwaffen** (KISS)

Das System unterstützt die Gutachtenerstellung bei der kriminaltechnischen Untersuchung von Waffen und Munition. Wesentlicher Bestand-

---

3 Zur forensischen Untersuchung von Handschriften vgl. den Beitrag von *Hecker* in diesem Handbuch (Bd. 1, Nr. 18, S. 795–816).

4 Zum forensischen linguistischen Textvergleich s. den Beitrag von *Perret/Balzert* in diesem Handbuch (Bd. 1, Nr. 20, S. 843–873).

– teil ist die Tatmunitionssammlung, die die Ergebnisse vorangegangener Untersuchungen von Tatmaterial dokumentiert und für Vergleichszwecke eingesetzt wird. Daneben existieren weitere kriminaltechnische Sammlungen mit beschreibenden Merkmalen von Waffen und Munition.

KISS befindet sich mit den meisten Komponenten im Wirkbetrieb.

III. Entwicklungstendenzen

1. Bildverarbeitung

Technologischer Fortschritt, Preisverfall bei der Technik und Wachstum der Datenverarbeitung bescheren auch der digitalen Bildverarbeitung – längst integraler Bestandteil moderner Informationstechnologie – derzeit weltweit einen regelrechten Boom, der zunehmend auch die polizeiliche Arbeit erfaßt. Wesentliche Teile der kriminalpolizeilichen Ermittlung und Auswertung stützen sich auf die Gewinnung und Verarbeitung von Bild-Informationen. **22**

Bereits heute ist es möglich, bei gewissen **fotografischen Anwendungen** vollkommen auf die herkömmlichen Fotomaterialien zu verzichten. Mit einem modifizierten Fotoapparat (mit marktgängiger Optik) lassen sich bei vergleichsweise hoher Auflösung bis zu 50 gegebenenfalls farbige Bilder digital erfassen und speichern, die ohne Medienbruch auf elektronischem Wege weltweit übertragen, digital verarbeitet und mit moderner Technik visualisiert und reproduziert werden können. Methoden digitaler Bildverarbeitung werden unter anderem Eingang finden in ein neu zu entwickelndes System zur Generierung von Phantombildern, bei der Dokumentenarchivierung in vielfältigen Sammlungen (Urkunden, Lichtbilder, Kriminalakten etc.) sowie bei der Übertragung von Lichtbildern, zum Beispiel Erkennungsdienst-Fotos. **23**

In der **Bildverbesserung** geht die Entwicklung hin zur Verarbeitung ganzer Bildfolgen (zum Beispiel Videosequenzen). Dabei ist es eines der Ziele, eine Verbesserung des Einzelbildes durch Verwendung der Information von mehreren Bildern zu erreichen. **24**

Bekanntermaßen bringt technische Innovation auch neue **kriminalistische Probleme**: Die Technik digitaler Bildverarbeitung eröffnet potentiellen Straftätern neuartige Fälschungsmöglichkeiten (originalgetreue Farbkopien) und stellt den Beweiswert von Bildern generell in Frage. Daher kommt zum Beispiel einer möglichst frühzeitigen Beschäftigung mit dem Themenkreis „Authentizität von Bildern" besondere Bedeutung zu. **25**

2. Spezielle kriminaltechnische Informationssysteme

Als Erweiterung des kriminaltechnischen Instrumentariums sind Vorhaben für die Auswertung von Maschinenschriften und Urkunden in der Planung: **26**

– **Automatische Kodierung und Identifizierung von Maschinenschriften (AKIM)**

Mit diesem Vorhaben soll die Muster- und Asservatensammlung von Maschinenschriften in einem digitalen Bildarchiv gespeichert und der Zugang zu den Dokumenten über automatisch extrahierte Schriftmerkmale erschlossen werden. Bei Asservaten sind sowohl die Schriftart als auch die individualcharakteristischen Merkmale zu klassifizieren, um dadurch wieder eine Rangbildung, basierend auf der Ähnlichkeit zu einem fraglichen Dokument, durchzuführen.

Die Voruntersuchung für dieses Vorhaben ist abgeschlossen.

– **Informationssystem Urkunden (ISU)**

Mit diesem Vorhaben sollen Auswertungen im Urkundenbereich mit Hilfe von Bildverarbeitungsverfahren unterstützt werden. Für die Speicherung von Asservaten und Originalen ist ein digitales Bildarchiv geplant. Die Erschließung soll über eine deskriptive Kategorisierung der Urkunden erfolgen.

Das Vorhaben und die derzeit laufende Voruntersuchung wird gemeinsam mit der Grenzschutzdirektion Koblenz durchgeführt.

3. Expertensysteme (wissensbasierte Systeme)

27 Die heute in der Praxis eingesetzten Informationssysteme dienen überwiegend dazu, klar strukturierte Aufgabenstellungen, bei denen homogene Massendaten anfallen, zu rationalisieren. Für die Bearbeitung von Aufgabenstellungen mit komplexer Struktur oder von Sachverhalten, die nur vage beschrieben werden können, haben sich in den letzten Jahren sogenannte **Expertensysteme** etabliert. Sie sind aus der Forschung auf dem Gebiet der künstlichen Intelligenz hervorgegangen.

28 Typische **Anwendungen** in Industrie und Verwaltung sind heute unter anderem in der Fehlerdiagnose (auch medizinische Diagnostik), der Konfiguration von Anlagen oder der Kundenberatung zu finden. Die in der Anfangsphase der Expertensystementwicklung prophezeiten Erwartungen werden allerdings von heutigen Systemen noch nicht erfüllt.

29 Zur Zeit baut das **Bundeskriminalamt** Know-how und Infrastruktur für eigene Arbeiten und insbesondere prototypische Anwendungen auf diesem Gebiet auf.

C.   Daktyloskopie im Umbruch: das Automatisierte Fingerabdruck-Identifizierungssystem (AFIS)

I. Der Anstoß

30 Der **Fingerabdruck** zählt seit alters her als Beweis für die Identität einer Person: im alten China bei Geschäftstransaktionen ebenso wie heute bei der Verbrechensbekämpfung. Dabei bestand das Problem stets weniger in der Fingerabdruckaufnahme als in der Archivierung und im Vergleich. Dazu wurden im 19. Jahrhundert eine Reihe von **Klassifiziermethoden** entwickelt, u. a. das *Henry-Galton*-Verfahren.

Es stellte sich jedoch sehr schnell heraus, daß diese Methoden prinzipiell **31** nur zur **Personenidentifizierung** taugten, also zum Vergleich eines Zehn-fingerabdruckblattes mit einem anderen, um festzustellen, ob die Abdrücke von derselben Person stammen. Recherchen dieser Art verlaufen auch in relativ großen Sammlungen noch erfolgreich, während die Verglei-che von Tatortspuren mit solchen Beständen zur Suche nach einer Nadel im Heuhaufen werden.

Um kriminalistischen Erfordernissen endlich mehr Geltung zu verschaf- **32** fen und zu einer Erhöhung der Aufklärungsquote beizutragen, schlug das Bundeskriminalamt – im Zusammenwirken mit den Landeskriminaläm-tern – Anfang der 70er Jahre **neue daktyloskopische Wege** ein, abseits der ausgetretenen Pfade.

Am Ende dieser Entwicklung stand ein computergestütztes Klassifizier-/ **33** Recherchiersystem, das **Bund-Länder-System** (BLS), dessen Betrieb 1976 aufgenommen wurde.[5]

Das BLS lieferte nicht nur sehr gute Ergebnisse in der Personenidentifi- **34** zierung – also dem Vergleich von Zehnfingerabdruckblättern gegeneinan-der –, sondern war erstmals in der Geschichte der Daktyloskopie auch in der Lage, Fingerabdruckspuren in einem größeren Datenbestand mit einer **hohen Wiederauffindewahrscheinlichkeit** zu recherchieren. Insofern erwies es sich über lange Jahre als weltweit führend in der daktyloskopi-schen Verarbeitung von Fingerabdrücken, da bis Mitte der 80er Jahre in allen anderen Ländern Fingerabdruckblätter (FABl) und Spuren nur manu-ell in kleineren Sammlungen miteinander verglichen werden konnten.

Wegweisend war dabei die **Arbeitsteilung** im BLS, die dem Bundeskrimi- **35** nalamt die Personenidentifizierung und den Landeskriminalämtern die Spurenbearbeitung zuwies.

Nachhaltig erwies sich allerdings schon bald der durch den hohen **zeit-** **36** **lichen Bearbeitungsaufwand** bei der Klassifizierung bedingte große Perso-nalbedarf (Erfassung für Personenidentifizierung – sog. Kurzsatz – ca. 30 Minuten, für Spurenidentifizierung – sog. Langsatz – ca. 90 Minuten.

Zur Reduzierung dieser hohen Klassifizierzeiten wurde recht frühzeitig **37** versucht, das BLS weiter zu automatisieren. Dies sollte mit dem System „FARS", einer von 1978 bis 1984 gemeinsam mit der Firma MBB betriebe-nen Entwicklung, erreicht werden. Letztlich scheiterten diese Bemühun-gen jedoch.

Das Bundeskriminalamt verlor aber das angestrebte Ziel nicht aus dem **38** Auge. Im Rahmen einer intensiven **Marktbeobachtung** wurden alle im Einsatz befindlichen **AFIS** seit 1985 über einen Zeitraum von fünf Jahren durch eine Prüfgruppe des Amtes nach einer eigens entwickelten Entschei-dungsmatrix eingehend überprüft und getestet. Es handelte sich dabei um

---

5 Ausführlich dazu *Ochott* in diesem Handbuch (Bd. 1, Nr. 17, S. 763–794; bes. Rdnr. 34–54).

Systeme der japanischen Firma NEC, der amerikanisch/englischen Firma PRINTRAK und der französischen Firma MORPHO, die weltweit bereits an eine Vielzahl von Polizeidienststellen verkauft worden waren.

39 Parallel zu dieser technischen Entwicklung war es Ende der 80er und Anfang der 90er Jahre zu einer signifikanten Steigerung der Zahl beim Bundeskriminalamt eingehender Fingerabdruckblätter gekommen. Die Gründe für diese Zunahme lagen
– in der steigenden Kriminalität
– im Hinzutreten der fünf neuen Bundesländer
– insbesondere im sprunghaften Anstieg der Anzahl der Asylbewerber.

Mit dem Anstieg der Eingangszahlen war immer deutlicher geworden, daß das **Mengenproblem** mit dem herkömmlichen Verfahren auf Dauer nicht zu bewältigen sein würde.

40 Daneben ist auf zwei systemimmanente **Schwachstellen** des BLS hinzuweisen, die zunehmend an Bedeutung gewannen:
– Aufgrund einer gemeinsamen Entscheidung der LKÄ und des BKA werden im Hinblick auf das zur Verfügung stehende Personal nur 60 000 FABl/Jahr im sog. Langsatz für die Spurenrecherche erfaßt. Die Entscheidungen treffen die LKÄ deliktsbezogen aufgrund einer kriminalistischen Bewertung. Diese Absprache bedingt, daß nur knapp die Hälfte der im BLS gespeicherten FABl für die Spurenrecherche zur Verfügung steht. Daraus wiederum folgen negative Auswirkungen auf die Effizienz der Spurenbearbeitung.
– Voraussetzung für die Bearbeitung einer Spur im BLS ist das Vorhandensein des „inneren Terminus", also des Zentrums eines Fingerabdrucks. Teilabdrücke ohne dieses Merkmal können deshalb grundsätzlich nicht recherchiert werden. Insoweit bietet das BLS nur eine eingeschränkte Recherchierfähigkeit für Spuren.

41 Vor dem Hintergrund dieses Ursachenbündels, das den letzten Anstoß für die Einführung eines AFIS im BKA gab, begann eine dafür eingesetzte **Projektgruppe** im Oktober 1990 mit den organisatorischen, haushaltsmäßigen und personalwirtschaftlichen Vorbereitungen.

II. Planungsdaten

42 Zur seriösen Planung der Realisierung eines AFIS im Bundeskriminalamt war es zunächst unerläßlich, die zugrundezulegenden **Basisdaten** zu erheben.

Ausgangspunkt aller Überlegungen zu Kapazität und Struktur des einzurichtenden Systems war die aktuelle und für die mittlere Zukunft prognostizierbare Zahl der beim BKA eingehenden Fingerabdruckblätter. Dieses Mengenaufkommen stellt sich wie folgt dar:

1988: 215 723 FABl
1989: 235 438 FABl
1990: 254 808 FABl
1991: 269 076 FABl.

Eine weitere Steigerung für das Jahr 1992 ist schon jetzt deutlich.

Der **gestiegene Arbeitsanfall** resultiert im wesentlichen aus dem über- **43** proportionalen **Anwachsen** der Zahl des ed-Materials von nach dem Asylverfahrensgesetz erkennungsdienstlich behandelten Asylantragstellern. Hier ist folgende Entwicklung zu verzeichnen:

1988: 23 785 FABl

1989: 35 607 FABl

1990: 51 185 FABl

1991: 33 541 FABl.

Das Aufkommen im Jahr 1991 bedarf der näheren Erläuterung:

Aufgrund von Absprachen zwischen dem Bundesministerium des Innern, dem Bundesamt für die Anerkennung ausländischer Flüchtlinge (BAFl) und dem Bundeskriminalamt wurde dem BKA, an dessen Bearbeitungskapazität angepaßt, nur ein konkret definierter Teil des gesamten ed-Materials von Asylbewerbern übermittelt. Da diese Kriterien wegen der außerordentlich angespannten Arbeitssituation im BKA im Jahre 1991 erneut in erheblichem Umfang eingeschränkt worden waren, ergab sich in diesem Jahr eine niedrigere Eingangszahl, die jedoch die tatsächliche Entwicklung nicht widerspiegelt.

Das am 1. 7. 1992 in Kraft getretene novellierte **Asylverfahrensgesetz** hat **44** eine völlig neue Situation geschaffen. Nach § 16 dieses Gesetzes sind im Gegensatz zu der bis dahin geltenden Regelung nämlich alle Asylbewerber erkennungsdienstlich zu behandeln (außer Kindern unter 14 Jahren und bei unbefristeter Aufenthaltsgenehmigung). Die Auswertung dieser Unterlagen ist dem BKA in Amtshilfe für das BAFl übertragen. Demnach hat das Bundeskriminalamt die materiellen und personellen Voraussetzungen für die Bearbeitung von ca. 400 000 FABl von Asylbewerbern zu schaffen.

Dies ist die Zahl der Asylbewerber, die nach den Feststellungen des BMI jährlich zu erwarten ist, wobei die Prognose bereits 1992 erfüllt, ja überschritten worden ist. Dazu kommen noch ca. 150 000 FABl jährlich, die aus ed-Behandlungen nach der Strafprozeßordnung und den Polizeigesetzen der Länder resultieren.

Die seit Beginn des Wirkbetriebes mit dem BLS ständig steigende Menge **45** der beim BKA eingehenden FABl hatte zur Folge, daß der **Personalbestand** auf 123 daktyloskopische Mitarbeiterinnen und Mitarbeiter erhöht werden mußte.

Auf der Grundlage der Struktur und der Leistungsfähigkeit des BLS hätte **46** die Lösung des nunmehr in einer völlig **neuen Dimension** zu bewältigenden **Mengenproblems** den Einsatz weiterer 243 Mitarbeiter erfordert. Dieser Weg zur Bewältigung der aktuellen Zuwachsraten konnte jedoch nicht beschritten werden, weil

– das Personal aufgrund der intensiven Ausbildung und Einarbeitungszeit sein qualitatives und quantitatives Leistungsniveau erst nach ca. 2 Jahren erreicht

– der erforderliche Raum für die Arbeitsplätze in der Nähe der FABl-Sammlung nicht zur Verfügung steht

– die notwendige zusätzliche Geräteausstattung in der laufenden Haushaltsplanung nicht vorgesehen war.

47 Ein weiterer wesentlicher Aspekt des Planungshorizontes ist die Größe der zentralen **Fingerabdruckblattsammlung** im BKA. Sie umfaßt z. Zt. 1,61 Mio. FABl, von denen ca. 185 000 Blätter in einer alten, noch nicht in das BLS übernommenen Sammlung enthalten sind.

III. Die Vorbereitung

48 Auf der Grundlage der erhobenen Basis- und AFIS-Leistungsdaten stellte die im Oktober 1990 eingerichtete „**Projektgruppe AFIS**" eingehende Personalbedarfsberechnungen und Überlegungen zum Umfang der erforderlichen Gerätekonfiguration an.

49 Gleichzeitig wurde das Projekt und die geplante Vorgehensweise in den zu beteiligenden Bund/Länder-Gremien (IMK, AK II, AG Kripo) mit folgendem **Projektplan** abgestimmt:
– **1. Stufe** (bis Herbst 1992)
Vorbereitungsmaßnahmen und Beginn der Erfassung der im BKA vorhandenen FABl-Sammlung (retrograde Erfassung)
– **2. Stufe** (Herbst 1992 bis Herbst 1993)
Realisierung und Betrieb eines ersten Teilsystems für die Erfassung/ Recherche von Fingerabdruckblättern der Asylantragsteller
– **3. Stufe** (im Herbst 1993)
Bundesweite Ablösung des BLS durch AFIS (Netzwerk)
– **4. Stufe** (ab 1994)
Ausbau AFIS, ggf. weitere Dezentralisierung und internationale Vernetzung.

50 Ein differenziertes, alle technischen und fachlichen Forderungen beschreibendes **Pflichtenheft** bereitete die wettbewerbsrechtlich zwingend vorgesehene europaweite Ausschreibung für die Beschaffung eines AFIS vor. In einer sich daran anschließenden Bewertung der abgegebenen Angebote erwies sich das System der Firma MORPHO als die den Systemen der anderen Firmen und dem BLS insgesamt überlegene Technik. Nachdem dies durch einen abschließenden Test in dem MORPHO-System der Polizei in Trenton/New Jersey im November 1991 nochmals abgesichert worden war (Datenbestand ca. 1,5 Mio. FABl), erhielt die Firma MORPHO den Zuschlag. Der Vertrag wurde am 26. 2. 1992 im Bundeskriminalamt in Wiesbaden durch den Leiter der Beschaffungsstelle des BMI und die Leitung von MORPHO unterzeichnet. Dieser zügige Ablauf war u. a. nur dadurch möglich, daß alle beteiligten Stellen, insbesondere die Fachebene im BMI und die Beschaffungsstelle unkompliziert und außerordentlich kooperativ zusammengewirkt haben.

51 Parallel dazu hatten Gespräche zur Frage der **retrograden Erfassung** stattgefunden. Da dieser Realisierungsschritt wegen der fehlenden personellen und räumlichen Gegebenheiten nicht im Bundeskriminalamt stattfinden konnte, lief alles darauf hinaus, für diesen Zweck das Umstellungszen-

trum der Firma MORPHO in Tacoma/Washington zu nutzen. Nachdem es gelungen war, durch umfangreiche Maßnahmen der Datensicherheit datenschutzrechtliche Bedenken auszuräumen, begann die retrograde Erfassung von ca. 2 Mio. FABl im März 1992. Sie wird Ende 1993 abgeschlossen sein. Ein vertraglich speziell verpflichtetes Transportunternehmen befördert im Auftrag des BKA alle zwei Wochen ca. 70 000 FABl von Wiesbaden nach Tacoma und zurück.

Diese FABl müssen vorher von 30 dafür besonders eingestellten Zeitangestellten und 10 Daktyloskopen **für** die **Erfassung vorbereitet** werden. Dies geschieht, indem die daktyloskopischen Muster der Fingerabdrücke, das Geschlecht der ed-behandelten Person, die Art des Delikts, das Bundesland, das für das FABl verantwortlich ist, und die D-Nummer (daktyloskopische Nummer zur eindeutigen Zuordnung des FABl zu einer Person) in einer für die Erfasser im Umstellungszentrum in Tacoma verständlichen Form auf dem FABl vermerkt werden. Die Endsortierung wird nach Rücklauf des Materials im BKA geleistet. **52**

Damit einhergehend waren außerordentlich diffizile und vielschichtige organisatorische bzw. raumplanerische Überlegungen mit dem Ziel anzustellen, die **Arbeitsfähigkeit des BLS** bis zur kompletten Einführung des AFIS im Herbst 1993 sicherzustellen, dabei das neue System zu installieren und in seiner ersten Ausbaustufe bereits in den Wirkbetrieb zu führen (s. Projektplan oben Rdnr. 49). **53**

Schließlich war die **Installations- und Schulungsplanung** für die Länder mit dem Ziel zu konzipieren, die betroffenen Mitarbeiter der Landeskriminalämter an ihren Standorten so rechtzeitig auszubilden, daß sie in der Lage sind, die Abnahmetests fristgerecht vorzunehmen, um den Abfluß der für die Gerätebeschaffung bereitgestellten Haushaltsmittel noch in 1993 sicherzustellen. **54**

IV. Das System

Die **technische Infrastruktur** der z. Zt. verfügbaren automatisierten Fingerabdruck-Identifizierungssysteme ist sich in hohem Maße ähnlich. Grundsätzlich bestehen die Systeme aus **55**

– Einleseeinheiten für FABl und Spuren (Kamera oder Scanner)
– Arbeitsplätzen (mit speziellen Monitoren) zur Eingabe der notwendigen Deskriptoren und zur ggf. erforderlichen Nachkorrektur (ca. 1 % der Fälle) der automatisch gelesenen Daten
– speziellen Datensichtgeräten für die Abarbeitung der in der Datenbank veranlaßten Recherchen
– besonderen Steuereinheiten und Vergleichsprozessoren
– den notwendigen Speichersystemen einschließlich Bildspeicherplatten (Jukebox).

Auch in der **Arbeitsweise** zeigen die Systeme viele Übereinstimmungen. Die FABl werden automatisch in die Einleseeinheit eingezogen bzw. von Hand eingelegt und über ein optisches System Fingerabdruck für Fingerab- **56**

Abb. 1: Arbeitsplatzstation

Abb. 2: Verifikationsstation

druck aufgenommen. Das aufgenommene Bild wird digitalisiert, wobei die daktyloskopischen Merkmale automatisch erkannt und markiert werden. Anschließend verformeln spezielle Coder die aus dem digitalisierten Bild gewonnenen Daten nach einem bestimmten Algorithmus, und die Rechercheinheiten vergleichen den Neuzugang mit dem gespeicherten Bestand (bei der Personenrecherche also Fingerabdruckblatt gegen Fingerabdruckblatt, i. d. R. nur Abdrücke von ausgewählten Fingern und die Grundmuster aller Finger). Die Ergebnisse der Recherche werden auf sog. Hitlisten, geordnet nach der Wahrscheinlichkeit des Treffers, angezeigt und können erforderlichenfalls ausgedruckt werden.

Zur Sicherstellung dieser Funktionen bedarf es eines in seinen einzelnen 57 Bestandteilen und Subsystemen optimal aufeinander abgestimmten **Rechnerhintergrundes**. Auf die Bedürfnisse der Landeskriminalämter und des Bundeskriminalamtes abgestimmt, stellt sich diese Technik, wie in Abb. 3 (Seite 724) gezeigt, dar.

Hierbei ist die **Anzahl der Matcher,** also der Geräte, in denen die eigent- 58 liche Recherche abläuft, ausschließlich abhängig von der Größe des Systems und den Anforderungen, insbesondere von der Anzahl der durchzuführenden Spurenrecherchen.

Die Menge der zwischen der Zentrale im BKA und den Remote-Statio- 59 nen bei der LKÄ auszutauschenden Bildinformationen sowie die daran zu stellenden Qualitätsanforderungen erfordern ein besonderes **Leitungsnetz** (Seite 725). Zu den Landeskriminalämtern der alten Bundesländer wurde deshalb bis 1. 7. 1993 ein spezielles Wide Area Network (WAN) aufgebaut, während für die neuen Bundesländer mangels qualitativ ausreichender terrestrischer Leitungsnetze die für die INPOL-Kommunikation bereits bestehende Satellitenverbindung bis 1. 4. 1993 ausgebaut wird.

Parallel dazu läuft die **Installation** (Seite 726) der erforderlichen System- 60 komponenten in den Ländern.

Nach Herstellung der Funktion der Leitungsnetze (1. 4. bzw. 1. 7. 1993) beginnt das **Schulungsprogramm** (Seite 726) für die Mitarbeiter der Landeskriminalämter.

Die sich aus allen seinen Bestandteilen ergebende **Leistungsfähigkeit** des 61 Systems läßt sich daran ablesen, daß die Erfassungszeit für ein Fingerabdruckblatt nur 2–3 Minuten beträgt (BLS: 30–90 Minuten; vgl. oben Rdnr. 36) und die Trefferwahrscheinlichkeit bei der Personenidentifizierung größer als 99 % und bei der Spurenidentifizierung größer als 60 % ist. Dabei variieren die Recherchezeiten abhängig von der jeweiligen Systembelastung und der vom Sachbearbeiter vorgegebenen Priorität.

Zusammengefaßt lassen sich die wesentlichen, vor allem **kriminalisti-** 62 **schen Vorteile** eines AFIS wie folgt beschreiben:
– Die Erfassungszeit verkürzt sich auf 2–3 Minuten.
– Alle erfaßten FABl (im BLS nur knapp die Hälfte) stehen für die Spurenrecherche zur Verfügung.
– Die Wiederauffindewahrscheinlichkeit wird erhöht.

Automatisches Fingerabdruckidentifizierungssystem
AFIS
Konfiguration

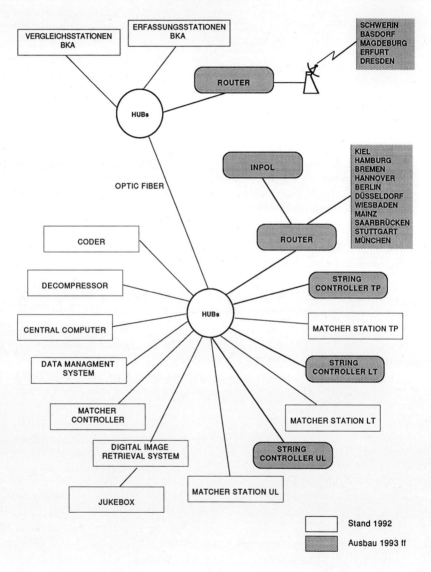

Abb. 3: Rechnerkonfiguration

Automatisches Fingerabdruckidentifizierungssystem
AFIS
Netzwerk

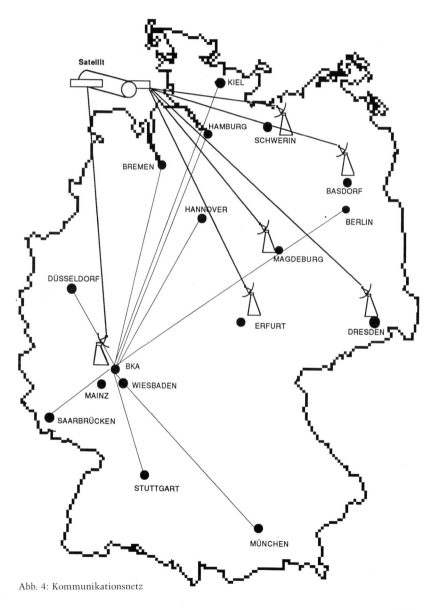

Abb. 4: Kommunikationsnetz

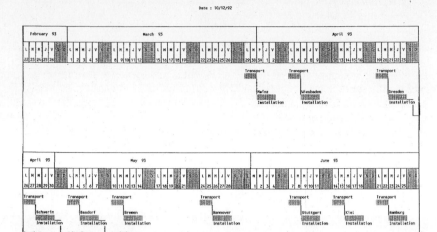

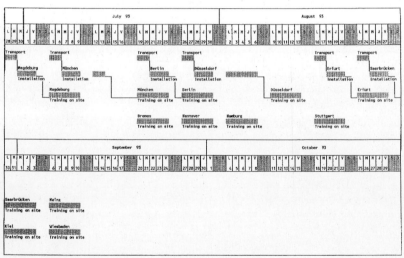

Abb. 5: Installations- und Schulungsplan

– Auch Teilabdrücke und Fragmente aus dem Randbereich eines FA können recherchiert werden (BLS benötigt dazu den Kernbereich des FA).
– Zu Treffern, die nicht in ihren eigenen Bestand fallen, können die Landeskriminalämter mit Hilfe der digitalisierten Bildverarbeitung die in

Frage kommenden daktyloskopischen Bilder aus der zentralen Datenbank beim BKA abrufen und auf ihren Bildschirmen auf Identität prüfen. Der dazu bisher erforderliche, recht umständliche konventionelle Zugriff auf die zentrale FABl-Sammlung des BKA entfällt damit.

Neben dem wirtschaftlichen Aspekt der Rationalisierung von Arbeitsabläufen und der Einsparung von Personal wird sich aus der Einführung eines AFIS in Bund und Ländern ein hoher kriminalistischer Nutzen ergeben. Bei gezieltem Ausbau der Spurensicherungskapazitäten dürfte dies eine **Steigerung der Aufklärungsquote** bewirken und mittelfristig eine entsprechende **generalpräventive Wirkung** entfalten. **63**

Die **Aufwendungen** für die Einführung von AFIS belasten den Bundeshaushalt mit ca. DM 80 Mio. und die Landeshaushalte mit insgesamt ca. DM 16 Mio. **64**

Da es sich bei dem AFIS der Firma MORPHO um ein **modulares System** handelt, kann es den sich wandelnden Anforderungen der Zukunft angepaßt werden. **65**

V. Arbeitsweise und Arbeitsablauf

An den **Arbeitsabläufen** im nichtdaktyloskopischen Bereich hat sich durch die Einführung von AFIS grundsätzlich nichts geändert. Lediglich bei der Personalienerfassung wird ein **Strichcodeetikett** (Barcode) mit der D-Nummer ausgedruckt, mit dessen Hilfe der Daktyloskop diese Nummer später mittels eines Lichtgriffels in das System einliest. Bei der D-Nummer (daktyloskopische Nummer) handelt es sich um ein eindeutiges Zuordnungskriterium, mit dem die Verbindung zwischen einem Fingerabdruckblatt und einer Personalie hergestellt wird. Im AFIS-Arbeitsbereich werden die Vorgänge nach Kalendertagen (Eingangstag) **sortiert** und dann der Sachbearbeitung zugeführt. **66**

Die **daktyloskopische Bearbeitung** läuft grundsätzlich in folgenden **Schritten** ab: **67**
– Bestimmung des Grundmusters für jeden einzelnen Fingerabdruck und Erfassung dieser Merkmale über Tastatur in das System
– Einlesen der D-Nummer (s. oben Rdnr. 66) und Eingabe von Informationen zum Geschlecht der Person, zu der Region in der das ed-Material angefertigt wurde (Länderkennung) und zur Deliktsbezeichnung
– Einlegen des FABl unter die Kamera und Starten des Erfassungsvorganges
– Positionieren des Fingerabdrucks in der Bildschirmmitte mittels Maus
– Bestimmung und Markierung des Zentrums des Fingerabdrucks ebenfalls mittels Maus.

Danach laufen die zuvor (Rdnr. 56) beschriebenen rechnerinternen Vorgänge ab.

Handelt es sich um Fingerabdrücke von schlechter Qualität, erkennt das System diesen Mangel und fordert den Daktyloskopen zur **Qualitätskon-** **68** trolle auf. Er hat dann falsch gesetzte Merkmale zu löschen bzw. vom System nicht erkannte Merkmale zu ergänzen.

69   Die Ergebnisse zu den veranlaßten Recherchen werden in einer **Warteschlange** aufgebaut und an speziellen Vergleichsstationen mit großen, flimmerfreien Bildschirmen abgearbeitet.

70   Der **visuelle Vergleich** angebotener Treffer erfolgt an diesen Schirmen zwischen den erfaßten Suchdatensätzen und den Informationen aus dem Bildspeichersystem.

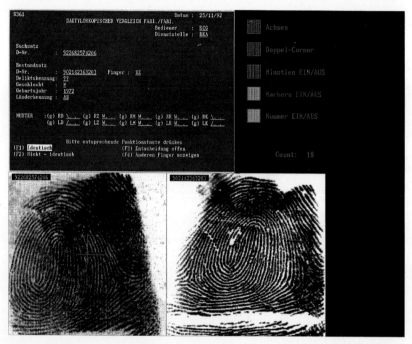

Abb. 6: Side-by-Side-Vergleich

71   Als Ergebnis der sich anschließenden Sachbearbeitung werden die aufnehmenden Dienststellen von den getroffenen Feststellungen grundsätzlich **über INPOL informiert** und alle erforderlichen Schritte vollzogen, um einen eindeutigen daktyloskopischen Bestand zu gewährleisten.

72   Die Bearbeitung des ed-Materials von **Asylbewerbern** wird von einigen Besonderheiten gekennzeichnet. Die bei den Außenstellen des Bundesamtes für die Anerkennung ausländischer Flüchtlinge (BAFl), bei den Grenzdienststellen, bei Polizei- oder Ausländerbehörden gem. § 16 Asylverfahrensgesetz aufgenommenen FABl von Asylbewerbern erhalten eine für die Zuordnung im Informationssystem ASYLON des BAFl notwendige Ordnungsnummer und werden über einen speziellen Kurierdienst dem BKA

zugeleitet. Für die daktyloskopische Bearbeitung gelten die zuvor getroffenen Aussagen. Die Bearbeitungszeit im BKA beträgt insgesamt nicht mehr
als 48 Stunden. Das Ergebnis der Vergleichsarbeit wird über im BKA instal-
lierte Terminals direkt in ASYLON eingegeben und steht damit allen angeschlossenen Stellen sehr schnell zur Verfügung.

Amtshilfe des BKA im Asylverfahren (§ 16 AsylVerfG)

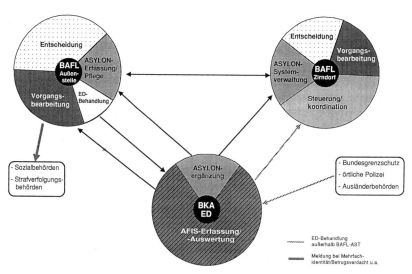

Abb. 7: Amtshilfe BKA

Nach den prinzipiell gleichen Arbeitsschritten läuft auch die **Spuren-** 73
recherche ab. Der Daktyloskop hat – abhängig von der Qualität der Spur –
die Möglichkeit, die Merkmale vom System setzen zu lassen oder sie selbst
zu bestimmen. Dabei kann er die Möglichkeiten des Systems zur Optimierung des Bildes nutzen durch

– Vergrößerungen (auch ausschnittsweise)

– Kennzeichnung der Bifurkationen

– axiale Verschiebungen

– Farbumkehr

– stufenlose Helligkeits- und Kontrastverschiebungen

– reliefartige Wiedergabe.

IV. Ausblick

74 Nachdem automatisierte Fingerabdruck-Identifizierungssysteme bereits in vielen europäischen Staaten eingeführt sind (Systeme der Firma MORPHO in England, Schottland, Frankreich, Spanien/Bilbao, Österreich, Bundesrepublik), stellt sich die Frage einer **Vernetzung**, auch mit den Anlagen anderer Hersteller (z. B. NEC oder PRINTRAK). Hierzu gibt es auf verschiedenen Ebenen (TREVI, INTERPOL) – allerdings noch nicht sehr weit fortgeschrittene – Überlegungen. Erschwerend wirkt sich aus, daß die Systeme miteinander nicht kompatibel sind und in den verschiedenen Staaten unterschiedliche Rechtsgrundlagen, vor allem im Datenschutzrecht, bestehen.

75 Besondere Überlegungen gelten dem ed-Material der Asylbewerber. Dazu sind unter dem Arbeitsnamen **EURODAC** Planungen in Angriff genommen worden, die auf eine zentrale europäische Datenbank für FABl von Asylsuchenden hinauslaufen. Hierzu sind allerdings die Anwenderbedürfnisse noch zu erheben. Insbesondere ist die Frage zu klären, in welchem Umfang ed-Behandlungen dieses Personenkreises vorgenommen werden. Frankreich nimmt z. B. nur die Abdrücke von zwei Fingern auf; in Deutschland werden die Abdrücke aller zehn Finger benötigt. Hier bedarf es noch einer Harmonisierung.

76 Auch im **nationalen Bereich** zeichnen sich Perspektiven ab, deren Realisierung zu einer Verbesserung der augenblicklichen Situation führen wird. So sind z. B. **Live-scan-Verfahren** in der Entwicklung, die die berührungslose Fingerabdruckaufnahme ermöglichen und die so gewonnenen Daten unmittelbar in ein AFIS übertragen, wo sie ohne Medienbruch – also ohne Reproduktion auf Papier – daktyloskopisch bearbeitet werden können.

77 Ebenso zukunftsweisend sind Überlegungen zu einer weiteren **Dezentralisierung** des AFIS bis hin zu größeren Polizeidienststellen, um vor Ort Personenidentifizierungen und Spurenrecherchen aktuell und im unmittelbaren Fallzusammenhang vornehmen zu können.

78 Der fortschreitende Einsatz automatisierter Fingerabdruckidentifizierungssysteme läßt diese Planungen nicht nur erforderlich, sondern ihre **Realisierung immer wahrscheinlicher** erscheinen. In den nächsten Jahren zielstrebig darauf hinzuarbeiten, lohnt jede Anstrengung.

SCHRIFTTUM

Im folgenden werden nur grundlegende Publikationen zu den behandelten Themenbereichen und solche aus neuerer Zeit nachgewiesen; Beiträge aus dem vorliegenden Handbuch sind nur im Text zitiert. Hinweise auf weiteres Schrifttum können beim „Computergestützten Dokumentationssystem (COD) für Literatur" des Bundeskriminalamtes schriftlich (BKA – KI 11, 65173 Wiesbaden) oder telefonisch (06 11/55-1) erfragt werden. Näheres zu diesem Rechercheangebot enthält der Vorspann zum Literaturverzeichnis des Beitrags von *Klaus J. Timm* in diesem Handbuch (Bd. 1, Nr. 9, S. 360).

de Beaugrande, Robert-Alain und *Wolfgang Ulrich Dressler:* Einführung in die Textlinguistik. Tübingen 1981 (Konzepte der Sprach- und Literaturwissenschaften. Bd. 28).

Behrendt, Reinhard (Hrsg.): Angewandte Wissensverarbeitung. Die Expertensystemtechnologie erobert die Informationsverarbeitung. München 1990.

Brinkmann, Klaus-Dieter: Digital Image Processing. In: Edwin Kube and Hans Udo Störzer (Eds.): Police Research in the Federal Republic of Germany. 15 Years Research in the „Bundeskriminalamt". Berlin, Heidelberg 1991, pp. 275–286.

Bunge, Ernst: The Role of Pattern Recognition in Forensic Science: An Introduction to Methods. In: Edwin Kube and Hans Udo Störzer (Eds.): Police Research in the Federal Republic of Germany. 15 Years Research in the „Bundeskriminalamt". Berlin, Heidelberg 1991, pp. 253–265.

Fukunaga, Keinosuke: Introduction to Statistical Pattern Recognition. New York, London 1972.

Johannes, Peter: Expertensysteme: Entscheidungskriterien für Manager. München 1990.

Klement, Volker: Rechnergestützter Handschriftenvergleich als Beispiel für die Anwendung der digitalen Bildverarbeitung und Mustererkennung in der Kriminaltechnik. In: Edwin Kube, Hans Udo Störzer und Siegfried Brugger (Hrsg.): Wissenschaftliche Kriminalistik. Grundlagen und Perspektiven. Teilbd. 2. Wiesbaden 1984 (BKA-Forschungsreihe. Bd. 16/2), S. 171–200.

Kopainsky, B.: Document Examination: Applications of Image Processing Systems. In: Forensic Science Review 1 (1989), pp. 86–101.

Kuckuck, Werner: Computer-Aided Identification of Handwriting. In: Edwin Kube and Hans Udo Störzer (Eds.): Police Research in the Federal Republic of Germany. 15 Years Research in the „Bundeskriminalamt". Berlin, Heidelberg 1991, pp. 267–274.

Kuckuck, Werner, Bernd Rieger und *Karlo Steinke:* Automatische Erkennung von Schreibern. In: Ernst Triendl (Hrsg.): Bildverarbeitung und Mustererkennung. DAGM Symposium, Oberpfaffenhofen, 11.–13. Oktober 1978. Berlin, Heidelberg, New York 1978 (Informatik Fachberichte. Bd. 17), S. 35–38.

Künzel, Hermann J.: Sprechererkennung. Grundzüge forensischer Sprachverarbeitung. Heidelberg 1987 (Kriminalistik. Wissenschaft & Praxis. Bd. 22).

Mally, Rudolf: Der Handschriften-Erkennungsdienst. In: Bundeskriminalamt (Hrsg.): Kriminaltechnik. Wiesbaden 1955 (BKA-Schriftenreihe. Bd. 2), S. 145–150.

Niemann, Heinrich: Methoden der Mustererkennung. Frankfurt/M. 1974 (Informationsverarbeitung in technischen, biologischen und ökonomischen Systemen. Bd. 2).

Pratt, William K.: Digital Image Processing. New York 1978.

Zeiger, Jürgen und *Uwe Bewersdorff:* Einführung eines automatischen Fingerabdruckidentifizierungssystems (AFIS). In: Hans-Ludwig Zachert (Hrsg.): 40 Jahre Bundeskriminalamt. Stuttgart, München, Hannover, Berlin 1991, S. 124–128.

Kriminaltechnik im Jahre 2000

Wolfgang Steinke

A. Ausgangslage

I. Zum Wissensstand und zu der Spezialisierung

Die Kriminaltechniken von Bund und Ländern haben sich ebenso wie fast **1**
alle naturwissenschaftlichen Disziplinen in den letzten Jahrzehnten derart
fortentwickelt, daß es heute **nur noch ganz wenige Fragestellungen** im
Bereich der **Begutachtungen** im Strafverfahren gibt, die nicht oder **nicht**
mit hinreichend hoher Wahrscheinlichkeit **beantwortet** werden können.
Ausgenommen davon sind naturgemäß Komplexe, in denen neue Medien
und Techniken eine Rolle spielen, die langwierigen Reihenuntersuchun-
gen grundlagenforschend noch nicht zugeführt worden sind. Zu denken ist
dabei insbesondere an **elektronische Übermittlungstechniken** im Bereich
von Urkundenfälschungen.[1] Ähnliches gilt für die **Altersbestimmung** von

---

1 Mit der rechtlichen Problematik hat sich *Welp* 1992 S. 291 ff., 354 ff. auseinandergesetzt.

Spuren aller Art, von Fingerabdrücken über Werkzeugspuren bis hin zu Schrifteinfärbemitteln, Schußspuren oder die exaktere Bestimmung des Todeszeitpunktes.

2 Angesichts der atemberaubenden Entwicklung der Naturwissenschaften in den letzten Jahrzehnten kann heute noch nicht erahnt werden, was im Jahre 2000 technisch möglich sein wird, es kann allenfalls prognostiziert werden, daß dann die noch offenen Fragen entweder gelöst sind oder der Lösung relativ nahegebracht worden sind. Das perfekte Verbrechen rückt in immer größere Fernen. Aus der **Spur** werden **immer exaktere Erkenntnisse** gewonnen worden, immer mehr wird es möglich werden, über die Spur **Personenbezüge** herzustellen. Deshalb fordern besonders **kritische Strafverteidiger** bereichsspezifische **gesetzliche Einschränkungen der Polizei** in bezug auf die Bewertung der Spur, die gewissermaßen der Verfügungsbefugnis des Spurenlegers unterliege und damit nur von diesem freigegeben werden dürfe.[2] Diese Forderung ist nachvollziehbar, wenn man berücksichtigt, was heute schon eine hoch entwickelte Kriminaltechnik zu leisten imstande ist.

3 Immer mehr Spezialisten mit immer höher entwickelter Labortechnik kommen zu immer exakteren Ergebnissen. Den **Allround-Kriminaltechniker** gibt es nicht mehr, nicht einmal Experten, die den gesamten Bereich etwa der Physik, der Chemie oder Biologie überblicken können. Im **Urkundenbereich,** der eigentlich vom Komplex Handschriften kaum getrennt werden kann, gibt es Spezialisten für Druck, Stempelschriften, Schreibmaschinen, Photokopien, Holographie und Kinegraphie. Die **Handschriftenexperten** müssen sich mit Schablonenschriften beschäftigen, und in diesem Bereich mußten die neuen Komplexe Sprechererkennung/Stimmenidentifizierung und linguistische Textanalyse wissenschaftlich durchdrungen und der Justiz als Begutachtungskomplexe angeboten werden, beides Bereiche mit spektakulären Untersuchungserfolgen.

II. Zur Institutionalisierung der Kriminaltechnik

4 Angesichts dieses gewaltigen wissenschaftlichen Spektrums mit immer neuerer und ausgefeilterer Methodik sind naturgemäß **große staatliche Institute,** die sich auch noch an umfangreiche Grundlagenforschungen heranwagen können, **im Vorteil** und in der Lage, alle Komplexe zu erledigen und interdisziplinär tätig zu werden. Nur diese sind auch imstande, ganze Spurenkomplexe zu bearbeiten, ja gerade den **Spurenzusammenhang** richtig zu bewerten, um nicht durch einen zunächst vorgenommenen Untersuchungskomplex einen anderen zu behindern oder auszuschließen oder zerstörungsfreie Methoden hinter den zerstörenden vorzusehen. Die gesamte Untersuchungspalette wird an **Universitätsinstituten** kaum vorgehalten, die Fachdisziplinen sitzen nicht an einem Tisch und beraten nicht untereinander, so wie es die kriminaltechnischen Institute von Bund und Ländern fallabhängig zwangsläufig tun müssen. Auch gibt es Untersu-

---

2 Für den genetischen Fingerabdruck *Dix* 1989 S. 236; *Keller* 1989 S. 2289, 2296; *Rademacher* 1990 S. 380 ff.; *Gössel* 1991 b S. 33.

chungsbereiche, denen sich die Universitätsinstitute ebensowenig widmen wie **private Sachverständige.** Auch deshalb hat es kritisch fordernde Stimmen junger Strafverteidiger gegeben, die bemängeln, daß sie selbst bei den kriminaltechnischen Instituten **kein Antragsrecht** haben und daß sie **keinen Gegengutachter** finden, der nicht aus dem Polizeibereich kommt und damit organisatorisch der Polizei verbunden ist oder nach seinem Ausscheiden die persönlichen Spartenbindungen nicht ablegen kann.

Daß es keine privaten Gegengutachter gegen solche aus dem Polizeibereich gibt, mag bedauerlich sein, kann aber den kriminaltechnischen Instituten von Bund und Ländern nicht angelastet werden. Das mangelnde Antragsrecht der Strafverteidiger ist über **Anregungen an das Gericht** überwindbar, auch die Staatsanwaltschaft, die die Verpflichtung hat, alle entlastenden Fakten ebenso ins Verfahren einzuführen wie die belastenden, ist durchaus zu überzeugen. 5

Emotionslos muß der folgende Kritikpunkt diskutiert werden, daß die Gutachter der kriminaltechnischen Institute von Bund und Ländern wegen ihrer organisatorischen Anbindung an die Polizei behördlichen Strukturen und damit Weisungen unterliegen, Begutachtungen in bestimmte Richtungen zu lenken, oder daß die wissenschaftlichen Sachverständigen ihren ermittlungsführenden Amtskollegen allzu bereitwillig zu dienen bereit sind. Gefordert wird deshalb von kritischer Verteidigerseite, diese „**polizeilichen kriminaltechnischen Institute**" von der Innenverwaltung abzukoppeln und zu **privatisieren** , sie nicht mehr staatlich zu alimentieren und damit abhängig zu machen, eine Bemühung, wie sie derzeit in **England** praktisch erprobt wird und bei der jetzt schon am Horizont sichtbar wird, daß die Profitnotwendigkeit die Gründlichkeit der Untersuchungen beeinträchtigt. 6

Behördliche kriminaltechnische Institute unterliegen in bezug auf die wissenschaftlichen Bewertungen der Untersuchungskomplexe keinen anderen Weisungen als denen, daß die Gutachten **nach dem neuesten Stand der Wissenschaften** und **mit den modernsten Methoden** zu erstellen sind, wobei Methodenwahl dann freisteht, wenn mehrere Methoden zum gleichen Ergebnis führen oder mit der alten Methode der Fall zweifelsfrei gelöst werden kann, ohne daß die modernere Methode zu einem anderen Ergebnis hätte kommen können. Die polizeilichen Institute fürchten keine private allmächtige Konkurrenz, wie sich immer wieder daran nachweisen läßt, daß jeder **Ringversuch**, jede Testmöglichkeit zum Nachweis der wissenschaftlichen Perfektion bereitwillig mitgemacht wird, die polizeilichen Institute stellen sich also jeder wissenschaftlichen Herausforderung. 7

Die Polizei kann aber auch aus ganz verständlichen Gründen auf eigene Gutachter, eigene Institute nicht verzichten. Der Umgang mit **Rauschgiften** und **Sprengstoffen** kann privaten Sachverständigen selbstverständlich nicht erlaubt werden, so daß schon zwei sehr große und wichtige Analysebereiche privaten Instituten verschlossen bleiben müssen. Die aus strafbaren Handlungen hervorgegangenen **Tatmittel**, also z. B. Hülsen und Geschosse, gefälschte Ausweise, Handschriften, Schreibmaschinenschrif- 8 ten strafbaren Inhalts, elektronische Schaltungen, Zündzeitverzögerer und Bombenkonstruktionen, um nur einige wenige zu nennen, sind für Strafverfahren von der Justiz okkupiert, also nicht mehr frei verfügbar. Viele von ihnen müssen in **zentralen Sammlungen** für die ganze Bundesrepublik zusammengefaßt werden, um der vergleichenden Bewertung zugeführt zu werden, und dies kann nicht über private oder universitäre Institute geschehen. Diese können, abgesehen von der justiziellen Verfügbarkeit schon aus Kostengründen nicht in private Hände gegeben werden.

9   Darüber hinaus wird der für die Polizei notwendigerweise **immer einsatzbereite Sachverständige** zu ungünstigsten Zeiten und gelegentlich auch ohne zeitliche Begrenzungen tätig sein müssen, wenn es zum Beispiel für den Phonetiker darum geht, anläßlich eines akuten Entführungsfalles, der sich über Wochen und Monate hinziehen kann, Trittbrettfahrer über ihre Sprache auszuschließen oder zuzuordnen. Der **Kriminalbeamte**, der am Freitagnachmittag eine Heroinprobe zum Kauf angeboten bekommt und entscheiden muß, ob er sich zu einem mehrpfundigen Scheinkauf entschließen soll, **braucht den Kriminaltechniker** mit seinem aufwendigen Labor **im Stundenbereich.**

10   Die Abgrenzung der **Untersuchungskompetenzen** zwischen **privaten**, **gerichtsmedizinischen** und **krimintaltechnisch/staatlichen Instituten** bereitet sicherlich kaum Schwierigkeiten, weder national noch international. Anders dagegen ist es, wenn es für die Staatsanwaltschaften und Gerichte darum geht, wegen der Überlastung oder Nichtverfügbarkeit kriminaltechnischer Methoden oder Sachverständiger im eigenen Zuständigkeitsbereich geeignete Sachverständige **anderer Landeskriminalämter** oder **des Bundeskriminalamtes** zu finden, das nach Auffassung vieler für alle einspringen muß, für diese also zuständig zu sein scheint. Noch diffiziler wird die Fragestellung, wenn z. B. für ein Landeskriminalamt für einen bestimmten Untersuchungskomplex überhaupt kein Sachverständiger zur Verfügung steht, so daß die Strafverfolgungsbehörden gezwungen sind, in anderen Revieren zu grasen. Die derart benachteiligten Strafverfolgungsbehörden vertreten aus naheliegenden Gründen die **falsche Rechtsauffassung**, das **Bundeskriminalamt** sei nach dem BKA-Gesetz **verpflichtet, kriminaltechnische Gutachten** auf Antrag der Strafverfolgungsbehörden in Strafverfahren **zu erstatten.** Dies gibt das BKA-Gesetz allerdings nicht her. In § 2 Abs. 2 BKA-Gesetz ist mit der Formulierung, daß das Bundeskriminalamt kriminaltechnische Gutachten auf Antrag von Strafverfolgungsbehörden in Strafverfahren erstattet, nur eine **Aufgabenbeschreibung**, nicht aber eine Zuständigkeitszuweisung und schon gar keine Verpflichtung, für die Länderbehörden tätig zu werden, enthalten. Für die Länder sind die Kriminaltechniker der Landeskriminalämter entsprechend den Verpflichtungen aus den Polizeigesetzen der Länder zuständig, anders ist die Einrichtung und Aufgabenzuweisung der Landeskriminalämter nicht zu erklären und zu verstehen.

11   Hätte der **Gesetzgeber** eine **Verpflichtung des BKA**, für die Länder tätig werden zu müssen, im BKA-Gesetz festschreiben wollen, hätte er formuliert: „Das Bundeskriminalamt ist verpflichtet, kriminaltechnische Gut-

achten für die Länder auf Antrag von . . . zu erstatten" oder: „Das Bundeskriminalamt hat zu erstatten" oder „Das Bundeskriminalamt muß erstatten".

Auch aus den **Gesetzesmaterialien** ist nichts für eine Verpflichtung des   **12** Bundeskriminalamtes zu entnehmen. Eine solch wichtige Frage, die personell und organisatorisch gigantische Maßnahmen nach sich gezogen hätte, ist weder diskutiert noch gar bedacht worden. Ein weiteres Argument spricht für die hier vertretene Auffassung, die übrigens von den apparativ und personell gut ausgestatteten Kriminaltechniken der Länder geteilt wird, nämlich die **zentrale Sammlung** und **Bewertung von Tatmitteln** im Bereich Handschriften, Schreibmaschinenschriften und Hülsen und Geschossen. In diesen drei Bereichen sind Bund und Länder übereingekommen, zentral zu sammeln, auszuwerten und zu begutachten, was sinnvoll ist, weil anderenfalls z. B. ein Projektil zu 15 zentralen Sammlungen der Landeskriminalämter versandt werden müßte zur Beantwortung der Frage, ob ein anderes Projektil diesem Lauf zugeordnet werden kann. Wäre dies dem § 2 BKA-Gesetz zu entnehmen gewesen, hätte es einer Vereinbarung (in bezug auf Hülsen und Geschosse die einzige über § 11 BKA-Gesetz!) nicht bedurft.

Im folgenden sollen die **einzelnen Untersuchungsbereiche** daraufhin   **13** untersucht werden, ob sie bis zur Jahrhundertwende weiteren revolutionären **Entwicklungstendenzen** unterworfen sein werden, insbesondere solche, bei denen derartige Entwicklungen angezeigt sind.

B. Untersuchungsbereiche

I. Lackanalytik

Die **Unfallfluchtdelikte** haben in den letzten Jahren derart sprunghaft   **14** zugenommen, daß es notwendig wurde, Verfahren zu entwickeln, die geeignet sind, die polizeiliche Ermittlungseffektivität zu steigern. Pro Jahr mehr als 900 000 Delikte in diesem Bereich sind ernüchternde Alarmzeichen, ebenso die unter 20 % liegende Aufklärungsquote auch bei schwersten Sach- und Körperschäden. In mehr als achtjähriger Aufbautätigkeit mit durchschnittlich einem halben Dutzend Mitarbeitern hat das Bundeskriminalamt eine **Sammlung** von Analysedaten von **Füllern**, **Grundierungen** und **Decklacken** aller in der Bundesrepublik fahrenden Kraftfahrzeuge, auch bereits 12 Jahre alter, für die kriminaltechnischen Institute der Landeskriminalämter erstellt (mehr als 30 000 Analyseergebnisse), die inzwischen 21 Aktenordner umfaßt und **ständig aktualisiert** werden muß (jährlich rund 200 neue Kombinationen).

Diese Sammlung ermöglicht aufgrund eines winzigen, am Unfallort auf   **15** gefundenen Lacksplitters den Hinweis, am Unfall war auch z. B. ein Opel Kadett beteiligt, der im Jahre 1986 in Rüsselsheim rot gespritzt worden ist. Vor Jahren war es nur möglich, gezielt nach einem roten Fahrzeug zu suchen, egal welchen Herstellers. Der **direkte Vergleich** mit einem ver dächtigen Fahrzeug, von dessen schadhafter Karosseriefläche ein Vergleichssplitter entnommen wird, führt heute schon zu Ergebnissen mit sehr hohen Wahrscheinlichkeitsraten. Es ist nicht utopisch, zu **individuellen Zuordnungen** zu kommen, wenn man die Möglichkeiten erarbeitet, Umwelteinflüsse auf den Lack in die Untersuchungen einzubeziehen. Garagenfahrzeuge zum Beispiel werden in der Lackstruktur durch geringere Abnutzungen ganz anders zu bewerten sein als Laternenfahrzeuge oder solche, die an der Nordsee gefahren wurden, wieder ganz anders als solche, die im Bayerischen Wald gefahren wurden.[3]

II. Glasanalytik

16   Im Bereich der **Analytik von Gläsern** allgemein ist in den letzten Jahren relativ wenig geschehen. Dies liegt daran, daß die kriminalistische Fragestellung relativ selten ist und ferner Analyseergebnisse im Regelfall zu **Massenprodukten** führen, die täglich zu über einer Million Exemplaren in einer Schmelze hergestellt werden. Mit der Beantwortung der Frage nach **Haushaltsglas**, **Behälterglas** oder **Fensterglas** ist die kriminalistische Ermittlungsmöglichkeit über die kriminaltechnische Schiene meist abgeschlossen. Bei Massenprodukten lassen sich gewöhnlich individuelle Zuordnungen von Glassplittern nicht schaffen.

17   Anders ist dies bei **hochwertigen Gläsern**, also Fenstergläsern von Waren- und Wohnhäusern sowie von Kraftfahrzeugen. Allein durch den Herstellungsprozeß entstehen Spuren, die es ermöglichen, daß ohne jegliche Analytik Glassplitter allein über die **Oberflächenstrukturen** einander oder einem anderen Scheibenfragment zugeordnet werden. Auch die Messung der **Brechungsindices** hochwertiger Gläser führt zur Unterscheidung von z. B. Floatgläsern verschiedener Hersteller. Die Analytik in diesem Bereich ist noch erheblich zu verbessern, Grundlagenforschungen werden neue Erkenntnisse aus winzigstem Splittermaterial, das sich an der Kleidung absetzt, liefern.

18   Bis zur **Jahrtausendwende** werden mit Hilfe äußerst empfindlicher Methoden (ICP-MS = induktiv gekoppeltes Plasma mit Massenspektrometrie, Mikrophosphoreszenz, TXRF) und der Anwendung der multivariaten Statistik Merkmale extrahiert werden können, die es erlauben, **Gläser bestimmter Hersteller** und **Produktionsstätten** und **Produktionszeiten** zu differenzieren und einander zuzuordnen. Natürlich geht dies über die derzeitigen Möglichkeiten der Messungen von Brechungsindices, Dispersion und Dichte weit hinaus. Allerdings sollte man so realistisch bleiben, über die Differenzierung von Sekt- zu Bier-, Wein- und Colaflaschen nicht hinauskommen zu sollen. Im **spektakulären Einzelfall** sind Individualisierungen mit Hilfe von Herstellerangaben zu Produktionsdaten durchaus auch bei Massenprodukten denkbar.[4]

---

3 Weiterführende Literatur: *Göbel/Stoecklein* 1987 S. 1002–1015; *Stoecklein/Kubassek/ Langer* 1991 S. 18 ff.
4 Weiterführende Literatur: *Göbel* 1971 S. 61–71; *Becker/Schulze* 1990 S. 142 ff.

Steinke

III. Brände

Bei der Aufklärung von **Branddelikten** sind die kriminaltechnischen **19** Erfolge beachtlich, lassen sich doch aus dem Brandschutt selbst bei völlig niedergebrannten Gebäuden **Brandlegungsmittel** in äußerst kleinen Spurenvorkommen relativ problemlos nachweisen. Auch sind die kritischen Temperaturen für **Selbstentzündungen** bei empfindlichen Stoffen, Stoffgemischen und bestimmten Umwelteinflüssen durchaus bekannt.

Die **Kraftfahrzeugbrände** sind aufgrund von bedeutenden Forschungser- **20** gebnissen sicher im Griff, so daß aus den Angaben der Betroffenen eindeutige Schlüsse gezogen werden können. Gleichwohl bleibt im Bereich **Brand/Elektrobrand** noch vieles offen, und es ist zu hoffen, daß bis zur Jahrhundertwende einige Komplexe „abgehakt" werden können. So ist noch die Identifizierung des **Zündquellentyps** ungelöst, ebenso wie die Berechnung der Ausbreitung **toxischer Brandgase**, die Feststellung des **Zeitpunktes der Brandentstehung** oder in bestimmten Fällen die Klärung der Frage, ob ein Brand durch einen **Kurzschluß** oder ein Kurzschluß durch einen Brand entstanden ist. Ein umfangreiches Grundlagenforschungsprojekt des Bundeskriminalamtes, dessen erste Phase abgeschlossen ist und deren Ergebnisse noch erprobt werden müssen, betrifft die Erforschung des **Brandverlaufes**, der von vielen Parametern abhängt und der mit Hilfe eines Rechners annäherungsweise festgelegt werden soll.

IV. Rauschgiftanalytik

Bis zum Jahre 2000 wird sich im Bereich der **Rauschgiftanalytik** nicht sehr **21** viel mehr tun können, da bisher Grenzen erreicht worden sind, an die man vor Jahren in den kühnsten Träumen nicht zu denken wagte. Mit dem folgenden **Beispiel** können die **Grenzwerte** plastisch dargestellt werden. Füllt man ein Schwimmbecken der Größe 50 m × 25 m und 2 m Tiefe mit Wasser und gibt ein Stückchen Würfelzucker hinzu, so kann man aus einem einzigen Wassertropfen exakt Zucker analysieren. Eine weitere Verfeinerung erscheint durchaus denkbar, ist jedoch nicht notwendig. Vielleicht gelingt noch eine exaktere Zuordnung von Teilmengen eines Rauschgiftes zu einer ursprünglichen Gesamtmenge, und eventuell wird man bei der Analytik der **Amphetamine** noch weitere Fortschritte erzielen.

Die Tendenz geht zu integrierten, automatisierten und selbstregulieren- **22** den **Analysesystemen**. Hierfür sind **Schlüsselelemente** eine moderne Sensortechnik mit voll digitalisierten Steuersystemen und Hochleistungsrechnern. Vor allem bei empfindlichen Verbindungen und Makromolekülen, z. B. Biomolekülen, verspricht die Kapillarelektrophorese entscheidende Fortschritte. Es wird also über die bisherigen Möglichkeiten der Herkunftsbestimmung von Rauschgiften immer bessere Differenzierungsmöglichkeiten geben.

Auch die **automatischen Detektionsverfahren** für den **Rauschgifttrans- 23 port** werden sich entscheidend verbessern lassen, denn die bisherigen Möglichkeiten sind doch noch äußerst begrenzt und lückenhaft. Einige Fachleute auch in den hoch entwickelten englischen Labors richten ihr Augenmerk auf **Biosensoren**. Diese kommen als Detektoren zum spezifischen und äußerst empfindlichen Nachweis von Substanzen in der Gasphase in Körperflüssigkeiten und anderen komplexen Lösungen ohne aufwendige Maßnahmen der Probenaufbereitung in Betracht. Hierbei handelt es sich um eine Kombination von einer biologischen Substanz mit einem physikochemischen Signalumwandler und einer elektronischen Signalverarbeitung. Bei der biologischen Substanz kann es sich um ein Enzym, einen Antikörper oder einen Rezeptor eines Sinnesorgans handeln, dessen empfindliche und selektive Reaktion sich mit einer Zielsubstanz optisch, elektro-chemisch oder auf ähnliche Weise messen läßt. Das Signal muß durch einen physikochemischen Signalumwandler, einen Transduktor, aufgenommen werden, um in ein elektronisches Signal umgesetzt zu werden. Wesentliche Gebiete der Biosensoren liegen in der klinisch-chemischen Diagnostik, der Prozeßüberwachung und der Umweltanalytik. Auf der Basis von Biosensoren sollen Rauschgiftdetektionsgeräte entwickelt werden, die bei Grenzkontrollen und der Suche nach illegalen Rauschgiftlabors eingesetzt werden können.

24   Ein noch nicht gelöstes Problem ist der apparative **Nachweis** von **Rauschgiftgenuß** ähnlich wie der Blutalkoholnachweis im Atem. Rauschgiftkonsum kann bisher nur über Urin oder Blut nachgewiesen werden, wobei keine Grenzwerte für Fahruntüchtigkeit feststellbar sind. Erst wenn dieses Problem gelöst ist, was äußerst fraglich erscheint, kann man überhaupt die **Freigabeproblematik von Drogen** auch in kleinsten Mengen diskutieren. Dies wird in der Diskussion über die Freigabe leider außer acht gelassen.[5]

V. Sprengstoffanalytik

25   Die spektakulären Erfolge der Rauschgiftanalytik mit dem Vordringen in ungeahnte Grenzbereiche sind gleichermaßen für die **Sprengstoffanalytik** festzustellen. Natürlich haben es die Analytiker in diesen Bereichen mit dem Problem zu tun, daß diese Mikrospuren niemals in reiner Form auftreten, sondern verschmutzt und vermischt sind mit den unterschiedlichsten Substanzen, die herausgefiltert werden müssen, bevor die Sprengstoffkomponenten der Analyse zugeführt werden. Die bisher durchaus befriedigenden Lösungen werden in den kommenden Jahren weiter verbessert werden durch die Anwendung von sogenannten **überkritischen Phasen**, bekannt z. B. aus der Entkoffeinierung von Kaffee, zur Anreicherung der Sprengstoffspuren beim Ablösen vom Spurenträger. Dabei läßt man z. B. Kohlendioxid unter hohem Druck und bei erhöhter Temperatur langsam strömend auf das zu bearbeitende Material einwirken. Die heutigen Möglichkeiten gestatten z. B. den Nachweis des Transportes von Sprengstoffen in Kraftfahrzeugen, selbst wenn diese nach einem Transport gereinigt worden sind und später noch mit Staubsaugern ausgesaugt werden.

26   Weitere Verbesserungsmöglichkeiten werden erwartet in dem Bereich von **technischen Detektionsgeräten**, die so empfindlich sind, daß selbst

---

5 Weiterführende Literatur: *Neumann* 1981 S. 193 ff.; *Rübsamen* 1991 S. 310 ff.; *Fritschi* 1991 S. 87 ff.

Koffer als verdächtig herausgefiltert werden, die früher einmal nur in der Nähe von Gegenständen mit Sprengstoffanhaftungen gestanden haben.[6]

Die **Wirkungsweise** von **gewerblichen** und **militärischen Sprengstoffen**   27 ist weitgehend bekannt, Schwierigkeiten bereiteten bisher die **Selbstlaborate**, insoweit sind umfangreiche Grundlagenforschungen abgeschlossen, der als optimal zu bezeichnende Standard ist wohl kaum noch zu verbessern.[7]

VI. Umweltanalytik

Die Polizei und damit auch die Kriminaltechnik wurde durch das gestei-   28 gerte öffentliche Bewußtsein für **Umweltprobleme** ohne Vorbereitungsmöglichkeit überrascht. Die Problematik bringt immer neue Fragestellungen, heute läßt sich noch gar nicht überblicken, welche Materialien und Verbindungen nach Jahren problemlosen Gebrauchs plötzlich in das Licht der Öffentlichkeit gelangen werden und der Analytik zugeführt werden müssen. Eine Kapitulation der Kriminaltechniken wäre unverzeihlich.

Plötzlich wurden wir mit dem **Formaldehyd** des Holzklebstoffes bei   29 Holzspanplatten oder dem **Pentachlorphenol** (PCP), das jahrelang als schädlich nicht erkannt wurde, konfrontiert. In solchen Bereichen mit wochenlangen Probenaufbereitungen fehlen noch Erfahrungen bei den Kriminaltechniken, die sich erst langsam diesen Problemkreisen nähern. Gleichwohl sind heute schon **rund 90 % der Fragestellungen** im Bereich der Umweltkriminalität **lösbar**. Ein speziell für diese Bereiche eingerichteter Arbeitskreis erarbeitet Lösungsvorschläge für diejenigen Komplexe, auf die die Kriminaltechniken apparativ vorbereitet sind. In einer kleinen Forschungsreihe hat sich das Bundeskriminalamt mit der Zuordnung von **Schiffsölen**, die auf dem Wasser trieben und sich durch den Kontakt zum Wasser relativ schnell zersetzen, befaßt und kam zu recht ermutigenden Ergebnissen.

Naturgemäß gibt es noch eine Reihe von Problemen, die angegangen   30 werden müssen und die insbesondere bei den Umweltämtern (Luft, Wasser) vertieft werden, insbesondere der mikrobiologische und bakterielle Bereich. Allein beim **amtsinternen Umweltschutz** sind die Kriminaltechniken gefordert und kommen jetzt schon sehr gut damit zurecht. Die Genehmigungsbehörden legen die Schwelle des im Abwasser zulässigen Chemikalienpotentials berechtigterweise immer höher. Für den Analytiker ist es äußerst schwierig, den Industriemüllgesellschaften exakt die Inhaltsstoffe anzugeben, die zum Beispiel nach Sicherstellung eines **illegalen Rauschgiftlabors** als Mischung anfallen und beseitigt werden müssen.[8]

Nachdem der entscheidende Durchbruch zur erfolgreichen Kopplung der   31 Kernresonanzspektrometrie mit der Chromatographie gelungen ist, dürften die **Analysengeräte** in einigen Jahren so **ausgereift** sein, daß sich für die

---

6 *Ibisch* 1989 S. 14 ff.
7 *Ibisch* 1986 S. 271 ff.
8 *Steinke* 1990 S. 51 ff.

Analyse von Umweltchemikalien ganz neue Perspektiven ergeben. Durch die Deuterium-Kernresonanz-Spektrometrie (H-2-NMR) ist die Lokalisierung der Wasserstoffisotope H-2 in den Molekülen der zu untersuchenden Substanzen gelungen. Damit wurde auch die zuverlässige Analyse der verbotenen **Zuckerung von Wein** möglich, denn dieses Verfahren erlaubt die Feststellung von Alkohol verschiedener Herkunft, etwa aus Trauben-, Rüben- oder Rohrzucker. Dieses inzwischen als EG-Standardmethode zur Weinkontrolle eingeführte Verfahren erscheint für kriminaltechnische Untersuchungszwecke derzeit noch zu unempfindlich, doch es ist zu erwarten, daß bis zur Jahrhundertwende die **technologische Empfindlichkeit** derart **gesteigert** ist, daß der forensische Einsatz möglich wird. **Möglicherweise** hat dies auch noch verbessernde **Konsequenzen** für die **Rauschgift-** und **Sprengstoffanalytik**.

VII. DNA-Analytik

32   Die revolutionärste Entwicklung für kriminaltechnische Zwecke hat es in den letzten Jahren im Bereich der Differenzierung von **Körperflüssigkeiten** mittels der **DNA-Analyse** gegeben. Nach den bisherigen Blutgruppendifferenzierungsverfahren konnte bei der Bewertung von Blut-, Speichel-, Sperma- und sonstigen Sekretspuren im Regelfall nur angegeben werden, daß jeder 5 000ste bis 100 000ste neben dem Spurenleger als Verdächtiger in Frage komme, was naturgemäß ein erhebliches Indiz zu Lasten des Beschuldigten bedeutete. Heute kann diese Aussage dahingehend ergänzt werden, daß der Beschuldigte **mit absoluter Sicherheit** der Spurenleger ist oder daß er mit gleicher Sicherheit ausgeschlossen werden kann. Bei der DNA-Analyse handelt es sich um eine Weiterentwicklung der bisher gebräuchlichen Differenzierungsverfahren, die ebenfalls auf der Bewertung von Erbmerkmalen beruht, nicht, wie fälschlich oft behauptet, auf der Bewertung von Erbanlagen. Die sogenannten **Überhanginformationen**, die sich auf Prädispositionen von Erbkrankheiten beziehen, **interessieren die Polizei nicht**. Prädispositionen sind auch für Fahndungszwecke ungeeignet. Die bei der **Polizei** eingesetzten Sonden (**Single-locus-Sonden**) ermöglichen im Gegensatz zu den in der medizinischen Diagnostik eingesetzten Sonden (Multi-locus-Sonden) keine Überhanginformationen, so daß alle Vorbehalte des Datenschutzes obsolet geworden sind. Die **Methode** ist in der Kriminaltechnik noch **begrenzt einsetzbar**, da nicht unerhebliche Mengen von Spurenmaterial benötigt werden (Blut = Markstückgröße, Sperma = Pfenniggröße) und die Zuordnung mindestens sechs Wochen dauert, während der Ausschluß schon nach einer Woche gelingt.

33   Die juristische Diskussion um die **Zulässigkeit der Methode** ist noch im Gange. Sie ist allerdings von den **Gerichten ausnahmslos anerkannt** worden, und zwar vom Landgericht Berlin[9], vom Landgericht Darmstadt[10], vom Landgericht Heilbronn[11] und schließlich vom Bundesgerichtshof[12].

---

9 NJW 1989, 787 f. S. dazu *Steinke* 1989 S. 407 f.
10 NJW 1989, 2378.
11 NJW 1990, 784 ff.
12 NJW 1990, 2328.

Die kritischen Stimmen in der **Literatur** teilen sich in totale Ablehnung[13] und die Forderung nach gesetzlicher Regelung[14]. Trotz der scheinbar erdrückenden Mehrheit der Zweifler hat sich die Rechtsprechung denjenigen angeschlossen, die die derzeitige Regelung für ausreichend halten[15]. Gleichwohl hat der **BGH** es im Sinne der **Rechtsklarheit** für **wünschenswert** gehalten, wenn eine strafprozessuale Ergänzung des § 81 a StPO um die DNA-Analyse vorgenommen werden würde. Dem hat sich auch die vom Bundestag eingesetzte **Enquêtekommission** angeschlossen. In eine solche Regelung müßten Verhältnismäßigkeitsgesichtspunkte einfließen, da die DNA-Analyse wegen ihres Zeitaufwandes und ihrer noch begrenzten Einsetzbarkeit ohnehin nur bei schweren Straftaten (evtl. Katalogstraftaten) eingesetzt werden sollte, natürlich aber auch im Bereich der Vaterschaftsbegutachtungen und bei der Identifizierung unbekannter Toter, also auch außerhalb von Strafverfahren.

Die Entwicklung in diesem Bereich wird weiter fortschreiten, die **Spurenbereiche** werden immer **kleiner** werden, die **Bearbeitungszeiten** immer **geringer**. Die **Methoden** werden **verfeinert** werden.   34

Der erste **Verfeinerungsschritt** ist schon gelungen, und zwar mittels der **PCR-Technik** (Polymerase Chain Reaction). Diese Technik ist eine molekularbiologische Methode, die es ermöglicht, gezielt Abschnitte eines DNA-Stranges im Reagenzglas in nahezu beliebiger Anzahl zu kopieren, also zu vermehren. Bei diesem Verfahren wird ausgenutzt, daß ein DNA-Strang aufgrund seiner besonderen Struktur als Matrix für die Herstellung identischer Kopien dienen kann. Die PCR eröffnet im Bereich kriminaltechnischer, forensischer Anwendungen die Möglichkeit, Spurenmaterial auszuwerten, das degeneriert, beschädigt oder so klein ist, daß die DNA-Technik versagt. Die **Aussagekraft** der **herkömmlichen DNA** wird mit der **PCR-Technik nicht**, möglicherweise noch nicht **erreicht**, sie liegt derzeit bei ca. 1:100 000.[16]   35

Damit wird in Zukunft ein Bereich erschlossen werden, der in der Kriminalistik meist überbewertet worden ist und dessen Bedeutung für das Strafverfahren mit den Möglichkeiten, einen Täterbezug herzustellen, unermeßlich ist. War es bisher nur möglich, das **Haar** makroskopisch zu bewerten nach äußerer Struktur, Dicke, Farbe, so wird in Zukunft die Extraktion der Erbsubstanz, der Zellkerne aus dem Haar, auch aus dem toten Haar, zu einer Amplifizierung führen, so daß im Gegensatz zu heute nicht nur Ausschlüsse möglich werden, sondern auch **Zuordnungen** mit **hohen Wahr-**   36

---

13 *Barton* 1988 S. 124 ff.; *Keller* 1989 S. 2289 ff.; *Rademacher* 1989 S. 546 ff., 1990 S. 380 ff.; *Wächtler* 1990 S. 369 ff.; *Gössel* 1991 a S. 483 ff., 1991 b S. 31 ff.
14 *Gill* 1989 S. 52 ff.; *Oberlies* 1990 S. 469 ff.; *Heyn* 1990 S. 17 ff.; *Simon* 1991 S. 5 ff.; *Donatsch* 1991 S. 175 ff.
15 *Sternberg-Lieben* 1987 S. 1242 ff.; *Steinke* 1987 b S. 2914 f.; *Henke/Schmitter* 1989 S. 404 ff.; *Schmitter/Hermann/Pflug* 1989 S. 402 ff.; *Schmid* 1990 S. 255. – Inzwischen gibt es vom Europarat Prinzipien und Empfehlungen zum Einsatz der DNA-Analyse im Rahmen der Strafrechtspflege (Recommendation No. R.[92] 1, vom Ministerkomitee angenommen am 10. Februar 1992).
16 Weiterführende Literatur: *Hagen-Mann* 1991 S. 77 ff. (m. w. N.)

scheinlichkeitsgraden. Es ist abzusehen, daß die bisher noch nicht erschlossenen biologischen Spurenbereiche ebenfalls individualisierbar oder zumindest mit hohen Wahrscheinlichkeiten zuordenbar werden.[17]

37   Für eine **temporäre Verunsicherung** hat ein Leitsatz des **BGH** vom 11. 8. 1992 – 5 StR 239/92 – geführt, nach dem die DNA-Analyse als **alleiniges Beweismittel** im Strafverfahren nicht ausreiche. So falsch dieser Leitsatz für die klassische DNA ist, so richtig ist er für die vom 5. Strafsenat gefällte Entscheidung. Dieser Entscheidung lag nämlich nicht die klassische DNA-Analyse zugrunde, sondern eine **PCR-Analyse.** Der Gutachter kam zu der Bewertung, daß aus einem Kollektiv von 250 000 Personen neben dem Spurenleger noch weitere 35 Personen in Frage kamen. Angesichts solcher relativen Wahrscheinlichkeit ist es verständlich, daß der Senat noch andere Indizien für erforderlich hielt und sich nicht allein auf die serologische Untersuchung verlassen wollte.

VIII. Textilkunde

38   Gewaltige Fortschritte hat es in den letzten Jahren in der **forensischen Textilfaseranalytik** gegeben, weil insbesondere das Methodenspektrum erweitert und verbessert worden ist. Faseranalytische Befunde sind bis heute noch **Gruppenidentifizierungen.** Fasern sind durch Merkmale charakterisierbar, die von der Textilfaserherstellung oder von der Ausrüstung herrühren. Durch Gebrauch, Umwelteinflüsse und Reinigung entstehen weitere differenzierende Merkmale, die bisher noch nicht systematisiert worden sind und in die Vergleichsuntersuchungen einfließen können. Gelingt die Bewertung der Farbgebung relativ exakt, so können Ausrüstungen wie Filzfreiausrüstungen bei Wolle, Pflegeleichtausrüstungen bei Baumwolle oder Lichtschutzausrüstung und viele Umwelteinflüsse heute noch nicht zur weiteren Differenzierung von Fasermaterial herangezogen werden. Bis zur Jahrtausendwende wird die kriminaltechnische Faseranalytik in der Lage sein, durch die Auswertung weiterer dauerhafter Eigenschaften und auch veränderlicher Merkmale einer Faserspur das Kollektiv ihrer Herkunft derart einzuengen, daß in bestimmten Fällen nur noch ein einziges Textil als Spurengeber in Frage kommt. Die immer weitergehende Einengung bis zur Individualisierung ist ein Traum eines jeden Faserspezialisten, der immer wirklichkeitsnäher wird.

39   Nächstes Ziel der Faseranalytiker ist es, die personal- und zeitaufwendige **Suche** nach mikroskopisch kleinen Faserspuren **zu optimieren.** Erste orientierende Experimente haben gezeigt, daß auch an Mikropartikeln wie Faserspuren die Farbe mit Hilfe bildanalytischer Mittel erfaßt werden kann. Dies läßt hoffen, daß alsbald ein System zur Verfügung steht, das nach farblichen Vorgaben die Untersuchungsobjekte erkennt, die Positionen festhält und speichert. Es ist keine Utopie zu erwarten, daß bis zum Jahre 2000 ein Arbeitsplatz zur Verfügung steht, an dem die **spurentragenden Klebefolien** automatisch ausgewertet werden, und zwar nach Farbe und mit entsprechender Positionierung, ein Vorteil von unschätzbarem

---

17 Derartige Zuordnungsmöglichkeiten von Haaren beschreibt *Wittig* 1987 S. 193–211.

Wert, da diese Arbeitsabläufe auch nachts, sonn- und feiertags ablaufen können. Nach dieser automatischen Farbzuordnung kann der Experte zunächst ohne Herauslösen der Faser aus der Folie weitere Vergleichsmessungen und -bewertungen vornehmen und dann über das weitere Vorgehen befinden[18].

IX. Urkundenuntersuchungen

Den Sachverständigen für Urkunden, den Allrounder im Urkundenbereich **40** schlechthin, gibt es nicht mehr, wenn man einmal davon absieht, daß viele Bereiche der Urkundenverfälschung „locker" mit Mikroskop, Infrarot- und UV-Licht zu entscheiden sind. Die kriminaltechnischen Institute in der Bundesrepublik sind stolz, daß sie im Gegensatz zu den leistungsstarken Engländern und Amerikanern nicht nur die Handschriftenbewertungen aus dem Urkundenkomplex herausgenommen haben, sondern im Bereich der Urkundenuntersuchungen wissenschaftlich trennen zwischen **Urkundenanalytik**, **Druck- und Stempeltechniken**, **Fotokopierprodukten** und **Schreibmaschinenschriften**, alles Bereiche, die ebenso wie die fast schon unerschöpflichen Sicherungstechniken, die stark von der Elektronik beeinflußt werden, den Spezialisten, den Wissenschaftler erfordern und fordern.

Die technische **Entwicklung** im Bereich der **Schreibmittel**, der **Schreib-** **41** und **Vervielfältigungsgeräte** ist so **rasant**, daß immer wieder neue Grundlagenforschungen durchgeführt werden müssen, ohne daß flüchtige Entwicklungen vergessen oder nur vernachlässigt werden dürfen. Wer angesichts von Rechnern, Laptops, elektronischen Schreibmaschinen, Matrixdruckern oder Tintenstrahldruckern glaubt, im Bereich der forensischen Urkundenuntersuchungen die Typenhebelschreibmaschine auch aus grauester Vorzeit vergessen zu dürfen, der irrt. Die Schreib- und Vervielfältigungsgeräte werden immer perfekter,[19] und alle müssen auf den Prüfstand, ob sie eventuell schon durch den Herstellungsprozeß individuell werden, diese Individualität behalten oder verändern oder ob sie Individualismen durch ständigen Gebrauch erhalten und in welchem Maße behalten. Wenn man diese Fragestellungen in Beziehung setzt zu der Vielzahl der den Markt jährlich erreichenden Produkte, kann dem Kriminaltechniker angst und bange werden. Heute schon scheint der Wettlauf der hinterherhumpelnden Grundlagenforschung mit dem technischen Fortschritt hoffnungslos verloren, und es ist zu befürchten, daß die neuen Vervielfältigungstechniken keine Anhaltspunkte mehr bieten, Veränderungen auf dem Schriftstück zu erahnen, geschweige denn zu erkennen.

Letztlich wird nur noch darüber zu diskutieren sein, ob die durch **Über-** **42** **mittlungstechniken** produzierten Schriftstücke, wie z. B. das Telefax **Urkunden** oder nur **Reproduktionen** von Urkunden, also keine Originale mehr sind, die im Rechtsverkehr als Urkunde nicht anerkannt werden dürfen.

18 Weiterführende Literatur: *Foos* 1988 S. 26–32; *Adolf* 1990 S. 65–71; *Krauß/Weyrich/Stritesky* 1991 S. 103–110.
19 *Heuser* 1984 S. 129–137, 1985 S. 145–157, 1986, 1988 a.

43   Im Bereich der Urkunden existiert eine **bundesweite Tatmittelsamm-lung** über **Schreibmaschinenschriften**, der jedes neue schreibmaschinen-schriftliche inkriminierte Tatschreiben zugeführt werden muß, um Tatzu-sammenhänge festzustellen. Sammlungen mit mehr als 30 000 solcher Dokumente werden ohne Rechnerunterstützung nicht mehr handhabbar, nicht mehr recherchierbar. Sind derzeit die Möglichkeiten der vollauto-matischen elektronischen Mustererkennung noch begrenzt, so zeigen doch vollautomatische Systeme wie ein daktyloskopisches Klassifizier- und Wiederfindungssystem, was in Zukunft alles möglich sein wird. Die Schreibmaschinenexperten erwarten eine **vollautomatische Tatmittel-sammlung** ebenso wie eine **solche für** die **Vergleichsschriften** über jedes Schreibmaschinenfabrikat, ohne die weder Systembestimmungen noch Identifizierungen von Schreibmaschinenschriften möglich sind. Solche Vergleichssammlungen müssen übrigens in allen Landeskriminalämtern vorhanden sein, die Schreibmaschinenidentifizierungen gutachterlich anbieten. Eine Tat- und Vergleichssammlung über alle Schreibmaschinen-schriften, die jeder Experte nutzen kann, würde den heutigen gigantischen Aufwand um 15 Sechzehntel verringern, was bis zur Jahrtausendwende längst realisiert sein sollte. Hinzu kommen müssen alle inkriminierten Druck- und Stempelschriften, gefälschte Stempel auf Dokumenten, alle auswertbaren Besonderheiten von Fälschungen von Personaldokumenten, seien es nun Ausweise, Pässe, Führerscheine.

44   Dem **Rechner** müßte es ein leichtes sein, **Abweichungen vom Original-paß** zu **erkennen**, also am **Grenzterminal** wird das verfälschte oder gefälschte Personaldokument automatisch erkannt, ohne daß der Grenzbe-amte einen Verdacht zu gewinnen braucht. Ob solche Techniken schon im Jahre 2000 zur Verfügung stehen werden, darf bezweifelt werden, mit enor-mem Kostenaufwand jedoch ist ein solcher perfektionistischer Fortschritt durchaus denkbar.

45   Viel einfacher, aber ebenso effektiv ist es, die hochentwickelte Technik bei der **Konzeption** von **Personalpapieren** und **Wertgegenständen**, sind es nun Sparbücher, Schecks, Scheckkarten, Aktien, Kreditkarten oder Geld, einzusetzen, also den Fälschungsaufwand riesenhaft zu gestalten, derart, daß der Straftäter den Kampf erst gar nicht aufnimmt[20]. Beim **Bundesperso-nalausweis** ist dies in hervorragender Weise gelungen, alle Verfälschungs-versuche sind fast mit bloßem Auge detektierbar, und selbst das „hochge-rühmte" Ministerium für Staatssicherheit der früheren DDR hat einen gravierenden Fehler gemacht, der jedem Kontrollbeamten aufgefallen wäre.

46   Die neuen Techniken werden uns weit über die Jahrtausendwende hin-aus beschäftigen, sie werden aber auch entscheidende Vorteile in der Mustererkennung und der Übermittlung von Erkenntnissen ermöglichen, die gerade im Urkundensektor zu erheblichen Erleichterungen führen wer-den. Neuen Methoden der **holografischen Informationsspeicherung**[21] wird

---

20 *Steinke* 1991 S. 419 ff., 1992 a S. 81 f.
21 *Heuser* 1988 b S. 63–70.

eine große Bedeutung zukommen, die **Kinegrafie** und **elektronische Kennungen** werden eine neue Rolle spielen, sofern der Datenschutz die technische Anwendbarkeit nicht behindert. Prinzipiell zur Speicherung enormer Datenmengen geeignet, kann die holografische Informationsspeicherung zur Ablage von Wissen in Anlagen der Informationstechnologie, zum Aufbau sicherungstechnisch besonders geschützter, auch kryptischer Systeme oder zum Einschreiben von nicht kopierbaren, nicht reproduzierbaren Bildinformationen in Dokumente aller Art verwendet werden.

Einen besonderen Schwerpunkt legt das Bundeskriminalamt, das mit der   **47** PTU Berlin, Finnland und dem Urkundenlabor des Secret Service eng zusammenarbeitet, auf die **Altersbestimmung** von **Kugelschreiberfarbpasten** oder noch weiter auf die **Altersbestimmung** von **Schrifteinfärbemitteln** allgemein. Da gibt es schon recht brauchbare Differenzierungsmöglichkeiten[22], die noch verfeinert werden müssen. Ideal wäre es, wenn man einen **Zusatzstoff** finden könnte, der den Einfärbemitteln beigegeben wird und der sich nach dem Aufbringen auf den Schriftträger in zeitlichen Abständen verändert und meßbar ist. Dieser Stoff darf die Qualität des Einfärbemittels nicht beeinträchtigen. Wenn dies gelingt, wird ein Verfahren zur Verfügung stehen, das die Urkundenuntersuchungen revolutioniert.

Die wetteifernde **Vervielfältigungstechnik** hat uns bisher hervorragende   **48** **Farbkopierer** beschert, die immer besser werden und billiger und die es ermöglichen, Personaldokumente und Geld täuschend echt nachzuahmen. Es müssen Techniken gefunden werden, die diese Kopiergeräte begrenzen und Fälschungsversuche ausschließen. Alle Geräte müssen nachgerüstet werden, ein enormer Aufwand, der lückenhaft bleiben muß. Deshalb gilt es, die **Vorlageprodukte** so zu gestalten, und zwar auf farblicher Basis, daß z. B. Geld unkopierbar wird. Ob dieses gigantische Vorhaben bis zur Jahrtausendwende gelingen kann, muß bezweifelt werden.

X. Handschriftenuntersuchungen

Im Bereich der **Handschriftenbewertungen** hat das Bundeskriminalamt für   **49** seine zentrale Sammlung von inkriminierten Handschriften ein rechnergestütztes Klassifizier- und Wiederfindungssystem **FISH** (**F**orensisches **I**dentifizierungssystem **H**andschriften) entwickelt, das es ermöglicht, aus einem schier unbegrenzten Pool von Dokumenten in Sekundenschnelle die ähnlichsten Dokumente herauszufiltern, um sie dem Experten zum Vergleich anzubieten. Das System, das eine Forschungsarbeit von mehr als 10 Jahren bedingte, wird vom technisch hochentwickelten Ausland mit Interesse und dem Wunsch der Übernahme beobachtet. Der Klassifizieraufwand ist noch enorm, allerdings lohnt er sich, denn die Genauigkeit des Systems ist verblüffend. Es wird in der Lage sein, neben den inkriminierten Handschriften die handschriftlich ausgefüllten 150 000 **Euroschecks**, die jährlich vom BKA untersucht werden, in die Recherche einzubeziehen.[23]

---

22 *Köhler/Seiler* 1992 S. 9 ff.
23 *Kuckuck/Philipp* 1989 S. 159–187; *Hecker* 1989 S. 30; *Philipp* 1989 S. 28 ff.

50 Das System wird massenstatistische Daten abwerfen, die neue Einsichten in die Individualismen der Schrift vermitteln, eventuell werden Optimierungen des Systems den Erfassungsaufwand entscheidend verringern, ja es wird parallel getestet, ob eine **vollautomatische Klassifizierung** möglich ist. Wenn dies gelingt und das System auf andere Komplexe wie Schreibmaschinen, Druck- und Stempelschriften, Nadel-, Thermo-, Thermotransfer-, Injekt- und Laserdrucker angewandt werden kann, was jetzt schon möglich erscheint, ist ein ganz entscheidender Schritt nach vorn gelungen. Dieses Supersystem müßte dann, und das ist relativ leicht, **europäisiert** werden.

51 Alle Probleme der Handschriftenexperten scheinen jetzt schon vor einer Lösung zu stehen. Es ist nicht utopisch anzunehmen, daß über eine weitgehend automatische Auswertung der Schrift die **geographische Herkunft** des **Schreibers** bestimmt werden kann oder zumindest Eingrenzungen möglich sind. Auch eine relativ sichere **Bestimmung** von **Alter**, **Geschlecht** und anderen sozioökonomischen Variablen des Schreibers mit Hilfe rechnergestützter Verfahren erscheint nach den bisherigen Forschungsergebnissen realisierbar. Möglicherweise wird auch die Bewertung von **Schablonenschriften** erleichtert und verbessert werden, so daß nicht nur Hersteller und Typ der Schablone erkennbar werden, sondern auch Tatzusammenhänge mit anderen mit Schablonen hergestellten Schreiben.[24]

XI. Sprecheridentifizierung/Stimmenvergleich

52 Die Anfänge der **forensischen Sprachforschung** gehen auf die Endsiebziger Jahre zurück. Damals entschloß sich das Bundeskriminalamt, mangels geeigneter wissenschaftlich abgesicherter Verfahren des Stimmenvergleichs die Grundlagen einer forensischen Sprechererkennung zu erarbeiten. Nach nunmehr fast 15 Jahren fallen den Experten die Erfolge nur so „wie reife Früchte in den Schoß".

53 Ein **vollautomatisches Verfahren** wurde bald angesichts mangelnder Kooperation der Straftäter **aufgegeben**. Den komplexen Rahmenbedingungen wurde Rechnung getragen durch ein **Verfahren** auf **phonetischer Grundlage**, das sich modernster elektronischer, teilweise rechnergestützter Techniken der Signalverarbeitung bedient. Die fünf Möglichkeiten der relativ neuen Disziplin, die keine Schwierigkeiten gerichtlicher Anerkennung hatte – **Sprachverbesserung**, **Bandauthentisierung**, **Ortung des Telefonanrufs**, **Stimmenanalyse** und **Stimmenvergleich** –, sind längst nicht ausgereizt, erhebliche Fortschritte bis hin zur Perfektion sind zu erwarten.

54 Massenstatistische Grundlagen fehlen in vielen Bereichen. Sprechertypische Parameter für den Stimmenvergleich müssen vermehrt und erarbeitet werden. Erst wenn wissenschaftlich ergründet worden ist, wie die **Normalstimme** sich darstellt, können **Abweichungen** mit entsprechenden Unterscheidungswahrscheinlichkeiten angegeben werden. Statistische Grund-

---

24 Vertiefende Literatur: *Semrau* 1982 S. 164 ff.; *Köller* 1983 S. 595–597, 1987 S. 135 f.; *Halder-Sinn* 1988 S. 85 ff.; *Halder-Sinn/Meinert* 1990 S. 171–181; *Hecker* 1990 S. 463–469; *Hecker/Steinke* 1990, 488–491; *Rieß* 1990 S. 172–179.

lagen für die **Häufigkeitsverteilung** bei bestimmten Merkmalen in der Bevölkerung müssen erarbeitet und schließlich komplettiert werden. Die quantitative Bewertung von **Krankheitsbildern**, die auf die Sprache Einfluß haben, muß vorgenommen worden, wie sind Heiserkeit und Lispeln zu bewerten? Denkbar ist, daß häufig auftretende **Nebengeräusche**, die Aufschluß über die Umgebung des Sprechers geben, katalogisiert werden, um bewertet zu werden, wie z. B. Hundegebell, Glockengeläut, Verkehrslärm, Schußknall oder Schalleffekte. Tausende von **Dialekten** kann ein einzelner Sachverständiger nicht bewältigen, dafür müssen Datenbanken angelegt werden. Der Rechner muß anhand der Eingabe dialektaler Besonderheiten angeben können, daß die Stimme in Erlangen und nicht in Fürth ausgebildet worden ist, so wie heute der Nichtfachmann den Berliner vom Bayern zu unterscheiden in der Lage ist. Daran wird neben der umfangreichen Gutachtenerstellung gearbeitet, ein Forschungs- und Erfassungsbedarf, der weit über die Jahrtausendwende den Phonetiker in Atem halten wird.

Zur Erhöhung der Gutachtenkapazität muß der **Anteil automatischer** 55 **Bewertungen** entscheidend maximiert werden. Die technischen Entwicklungen bei der **digitalen Nachrichtenübermittlung** in bezug auf die Ortung des Anrufers müssen forensisch zweckvoll genutzt werden, und dies ist selbst dann möglich, wenn man dem Datenschutz Präferenzen einräumt.[25]

XII. Linguistische Textanalyse

Die Möglichkeiten, aufgrund sprachlicher Besonderheiten einen **Text** 56 einem **bestimmten Urheber zuzuordnen** (Stichwort: Barschelbrief), sind längst nicht erschöpft, selbst wenn die Schwierigkeiten nicht verkannt werden dürfen, daß das sprachliche Potential einer Person sich ständig wandelt und man nicht weiß, wann denn eine Sprache einer Person ausgereift ist. Wenn man sich die Mühe macht, moderne Sprachbesonderheiten datumsmäßig zu erfassen, wird es möglich sein, **zeitliche Zuordnungen** von Sprachleistungen vorzunehmen und damit Fälschungen zu erkennen. Massenstatistisch mussen Fehler erforscht und damit einer Bewertung zugeführt werden. Nur **repräsentative Fehlerstatistiken** können den Beweiswert individueller Fehler belegen. Wenn man nicht weiß, wie viele Personen, eventuell welchen Alters und aus welcher Region, den Zustand einer Tür fälschlich mit „auf" statt „offen" beschreiben, kann man diesen gravierenden (?) Fehler richtig bewerten.

Eine **computergestützte Analyse** von **Texten** wird es ermöglichen, eine 57 automatische Textgrammatik einzelner, individueller Texte zu erstellen, womit das **Verfahren** weitgehend **objektiviert** und damit auch nachprüfbar wird. Kaum glaublich, was aus der textlichen Wiedergabe alles herauszulesen ist und wie unterschiedlich selbst einfachste Willensäußerungen sind und damit individualisierbar werden. Von mehr als 300 schriftlichen Textabgaben an Bankkassierer, die erpreßt werden sollten und die die Informa-

---

25 Weiterführende Literatur: *Nolan* 1983 S. 26 ff.; *Künzel* 1985 S. 120–126, 1987 S. 135–140, 1989 S. 401–405; *Steinke* 1992 b S. 295 f.

tion enthielten, daß es sich um einen Überfall handele und daß das gesamte verfügbare Geld gefordert werde, waren keine zwei gleichen vorhanden, obwohl es doch nahegelegen hätte zu formulieren: „Überfall! Alles Geld!" Den Sprachwissenschaftlern steht noch eine Fülle von Forschungs- und Entwicklungsbedarf ins Haus, der kaum zu bewältigen ist.[26]

XIII. Schmauchspuranalytik

58   Die Verfeinerung analytischer Methoden hat natürlich auch dazu geführt, daß man aus dem **Pulverschmauch**, der sich nach Schußdelikten an der Hand und an der Kleidung des Schützen ebenso ablagert wie an der Haut und an der Kleidung des Opfers, Informationen gewinnt, die vor Jahren noch gar nicht erwartet werden konnten. Selbst aus einem einzigen kleinsten Partikel kann heute angegeben werden, ob es sich um Pulverschmauch handelt, den ein Verdächtiger wohl erklären muß. Ist **mehr** als **ein Partikel** vorhanden, kann die **Munition** und damit die **Waffenart**, wenn nicht gar die Waffe selbst, bestimmt werden. Auf den Zentimeter genau kann bis zu 1,40 m unter entsprechend günstigen Bedingungen die **Entfernung** der **Schußabgabe** bestimmt werden.

59   Der Zerfall des Ostblocks hat bewirkt, daß die **Munition** und die **Waffensysteme** des **Warschauer Paktes** in die Untersuchungen einbezogen werden müssen, ein Forschungskomplex, der die Experten noch Jahre beschäftigen wird.[27]

XIV. Werkzeugspuren

60   Im Bereich der **Werkzeugspuren** muß jede **neue Fertigungstechnik** ebenso auf den kriminaltechnischen Prüfstand wie alle **Werkstoffe**, die nicht nur als Spurenträger oder Spurenverursacher in Frage kommen. Andernfalls kann nicht beurteilt werden, ob von Werkzeugen verursachte Spuren fertigungsbedingt entstanden sind oder durch Gebrauchs- und Abnutzungsvorgänge, die individualcharakteristische Merkmale hervorrufen. Beispielhaft sei hier auf eine Forschungsarbeit des BKA hingewiesen, die das **Spritzgußverfahren** bei **Sportschuhen** zum Inhalt hatte. Das Sohlenmuster dieser Schuhe wies rund 80 punktförmige Anordnungen auf, von denen angenommen werden durfte, daß sie, obwohl herstellungsbedingt, individualcharakteristisch waren. Dem Fertigungsprozeß wurden 50 Schuhe entnommen, deren Punktmuster untersucht wurden mit dem Ergebnis, daß einzelne Muster wiederholbar waren und der Einmaligkeit entbehrten.

61   Auch die Werkzeugspuren, insbesondere **Spuren an Hülsen** und **Geschossen** werden von der technischen Entwicklung eingeholt. Die **zentrale Sammlung** von **Hülsen** und **Geschossen** beim Bundeskriminalamt wird immer noch **ohne Rechnerunterstützung** betrieben, obwohl Mustererkennungen für Rechenanlagen inzwischen kein sonderliches Problem

---

26 *Perret/Balzert/Braun* 1987 S. 645 ff., 1988 S. 47 ff.; *Steinke* 1988 a S. 175–180; *Brückner* 1990
    S. 13–20, 37.
27 *Lichtenberg* 1990 S. 159 ff.

mehr sein sollten. Bisherige Versuche einer Computerisierung haben gezeigt, daß der Rechner nicht in der Lage ist zu erkennen, ob eine Spur fertigungsbedingt ist und ob sie überhaupt auswertbar, also einem Spurenvergleich zugänglich ist. Dies muß der Experte dem Rechner vorgeben, so daß es zweckmäßig erschien, die Bewertung weiterhin dem Sachverständigen zu überlassen. Eine weitere Schwierigkeit lag darin, daß rund um das Projektil oder die Hülse die Spuren verteilt sind und alle Bereiche nach auswertbaren Spuren abgesucht werden mußten. Inzwischen sind in **Kanada** und **USA vollautomatische Systeme** in der Erprobung, die auf ihren Einsatz für große Spurensammlungen erprobt werden müssen. Es ist in den nächsten Jahren zu erwarten, daß solche Systeme im gesamten Werkzeugspurenbereich anwendbar sind, eine Möglichkeit, die zu erheblichen Personaleinsparungen führen kann, ähnlich dem Bereich der Daktyloskopie[28].

Eine Routinemethode ist die **Wiedersichtbarmachung** entfernter **Zeichen** in **Metallen.** Metalle werden insbesondere in der Unterhaltungselektronik und in der Kraftfahrzeugindustrie von Kunststoffen abgelöst, so daß es gilt, neue Möglichkeiten der Sichtbarmachung von alphanumerischen Zeichen, die aus **Kunststoffen** entfernt worden sind, zu erarbeiten. In einigen Fällen ist dies schon zufriedenstellend gelöst. Da immer neue Kunststoffe auf den Markt kommen, müssen diese daraufhin untersucht werden, ob die neu entwickelten Verfahren auf alle Kunststoffe anwendbar sind.[29] **62**

Immer **neue Spurenkomplexe** werden im Bereich der Zuordnung von Werkzeugspuren im weiteren Sinne erschlossen. Wichtige Komplexe sind hier **Trennkanten von zerrissenen Plastiktaschen, Klebebändern**, die **dehnbar** sind, oder **Polaroidbilder**, die einer **bestimmten Kamera** zugeordnet werden sollen. Die Rastervergleichselektronenmikroskopie bietet hier neue Ansatzpunkte. **63**

C. Ausblick

Diese kurze Darstellung verdeutlicht, welch **enormer Weiter- und Neuentwicklungsbedarf** besteht und daß es in fast allen Bereichen **erfolgversprechende Lösungsansätze** gibt, die die Kriminaltechnik im neuen Jahrtausend entscheidend prägen werden. Wir sollten nicht ruhen und die enormen Fortschritte stolz betrachten, sondern den Blick richten auf weitere Möglichkeiten, die **in anderen Rechtssystemen** angewendet werden, selbst wenn sie bei uns mittelfristig kaum Realisierungschancen haben. Wir wissen nicht, welche Chancen eine **seriöse Graphologie** eröffnet, dies muß erforscht und eventuell der Forensic nutzbar gemacht werden. **64**

---

28 Literatur: *Katterwe/Grooß/Gast/Mielke* 1988 S. 65 ff.; *Katterwe* 1989 S. 7–9, 1992 S. 18 ff.; *Göbel* 1991 S. 235–237.
29 *Burghard* u. a. 1986 S. 263 ff. (Stichwort „Wiedersichtbarmachung"); *Katterwe* 1987 S. 365 f.

I. Lügendetektor

65   Unser Rechtssystem wird es nicht gestatten, den **Lügendetektor** in das Gerichtsverfahren einzubringen, selbst wenn der Betroffene darum flehentlich bittet, oder zumindest damit einverstanden ist. In den USA und in Israel schwört man auf den Einsatz des Lügendetektors, des **Polygraphen**. Mehr als 5 000 Experten in Amerika tummeln sich auf diesem Gebiet, und insbesondere Wirtschaftsunternehmen nutzen das Expertenwissen für Zwecke der Einstellung von Mitarbeitern. Die Polizei in den USA hat das Verfahren stark formalisiert und setzt die Methode dann ein, wenn man keine Ermittlungsansätze mehr hat, die Verdachtsgründe aber nicht weitgehend ausgeräumt sind. Die Methode ist die ultima ratio, und man weiß, daß die **Fehlerquote** immer noch bei rund 30 % liegt. Wir sollten alle Anstrengungen unternehmen, die **Methode** zu **evaluieren**, ihre Möglichkeiten zu erkunden und ihre Schwächen aufzuzeigen[30].

II. Hypnose

66   Es ist kein Geheimnis, daß Menschen im Zustand der **Hypnose** imstande sind, **viel exaktere Angaben** und **Beschreibungen** zu liefern als ohne diesen Zustand völliger Konzentration und Abgeschiedenheit. Wenn man seine eigene Beobachtungs- und Denkfähigkeit prüft, erkennt man schnell die Grenzen von Zeugenaussagen mit all ihren Schwächen. Selbst die Farbe eines Fahrzeugs vergißt man in Stundenfrist, ganz zu schweigen von Kfz-Kennzeichen oder Personenbeschreibungen.

67   In Israel hat eine Zeugin nach einem Sprengstoffanschlag auf einen Autobus im Zustand der **Hypnose** eine derart **exakte Beschreibung eines Verdächtigen** geliefert, daß dieser allein aufgrund der Beschreibung gefunden und festgenommen werden konnte. Ein anderer Zeuge konnte nur Fragmente eines Kfz-Kennzeichens seiner Erinnerung entlocken, im Zustand der **Hypnose** erinnerte er sich exakt an das **ganze Kennzeichen**. Sofern uns die Mediziner verbindlich erklären können, daß durch die Hypnose beim Medium keine wie auch immer gearteten Gesundheitsgefährdungen eintreten können, sollten wir den Schritt wagen, die Kräfte zu aktivieren, von denen wir noch allzu wenig wissen[31].

D.   Der Beweiswert von Untersuchungsergebnissen

I. Interpretationsunsicherheit

68   Hinsichtlich der **Interpretation** von **Ergebnissen kriminaltechnischer Untersuchungen** ist in der Bundesrepublik Deutschland die Situation gekennzeichnet von beträchtlicher **Unsicherheit**. Gerade zu dieser Proble-

---

30 Vertiefende Literatur: *Delvo* 1981; *Wegner* 1981; *Undeutsch* 1983 S. 389–418; *Achenbach* 1984 S. 350–352; *Steinke* 1987 a S. 535–537.
31 Literatur: *Klan* 1981; *Steinke* 1988 b S. 521–524; *Mann/Langen* 1989 S. 79–85.

matik gibt es in der juristischen Fachliteratur nur drei Publikationen, von denen eine sehr vereinfacht ist[32], die zweite sehr mathematisch und damit kaum praktikabel[33]. So bleibt eine Auseinandersetzung mit *Hellmiß*[34], der auch die internationale Literatur einbezogen hat. Ein Überblick wurde von *Evett*[35] gegeben. Die von *Evett* erwähnten Beiträge befassen sich fast ausschließlich mit den kriminaltechnischen Ergebnissen selbst. Deshalb besteht noch ein erheblicher Nachholbedarf an Beiträgen, die sich mit der Problematik auseinandersetzen, wie ein bestimmtes kriminaltechnisches Ergebnis zu interpretieren ist im Kontext aller Ergebnisse, einschließlich der Ermittlungsergebnisse, die in einem Fall der richterlichen Bewertung zur Verfügung stehen.

Hellmiß stellt auf einen **Fall** ab, bei dem bei einer **Brandstiftung** der Rest   **69** eines Streichholzes neben dem Brandobjekt gefunden wurde, und im Verlauf der Ermittlungen wurde ein offensichtlich dazu passendes Streichholzheftchen im Besitz des Tatverdächtigen sichergestellt. Mit einer Modellrechnung fand man, daß die Wahrscheinlichkeit einer zufälligen Übereinstimmung extrem niedrig war, nämlich $1:10^{15}$. Dieses Ergebnis muß nun in Beziehung gesetzt werden zu anderen Erkenntnissen, z. B. auch aus anderen Ermittlungen. Der Wahrscheinlichkeitswert für die Zugehörigkeit des Zündholzes zu dem Streichholzheftchen wird immer der gleiche bleiben, doch dieser Beweiswert wird für den konkreten Fall und den Bezug zum Beschuldigten immer geringer, je mehr Indizien vom Beschuldigten wegführen, immer höher, je mehr Indizien gegen den Beschuldigten sprechen. Jedes einzelne Indiz, jede einzelne Spur muß einzeln bewertet werden. Daher wird immer die Kernfrage bleiben, ob man die **Wahrscheinlichkeit** in einem **Zahlenwert** oder **verbal** angeben muß oder sollte. Nach allem kann ich nur dringend von Zahlenspielen abraten, obwohl sich die bundesrepublikanische Justiz am liebsten auf Zahlen, bezogen auf 100, stützt. In die Gesamtbewertung aller Erkenntnisse müssen auch einfließen, wie *Hellmiß* richtig meint[36], z. B. die Richtigkeit kriminaltechnischer Feststellungen, Kompetenz und Glaubwürdigkeit des kriminaltechnischen Sachverständigen und mögliche Fehler bei der Probennahme und Probenbehandlung. Alle die Wahrscheinlichkeit eines Indizes bestimmenden Faktoren müssen **dem Gericht verbal**, nicht in Zahlen mitgeteilt werden, und **dem Gericht** kann leider die daraus zu schließende **Gesamtbewertung** und damit die Verantwortung **nicht abgenommen** werden.

II. Bewertung einzelner Spurenbereiche

Im folgenden soll auf die Bewertung einzelner Spurenbereiche eingegangen   **70** werden:

---

32 *Haller/Klein* 1986 S. 9–18.
33 *Perret* 1984 S. 219–251.
34 1992 S. 24 ff.
35 1990 S. 141–179.
36 1992 S. 26 (rechte Spalte).

Eine weit geringere Fehlermöglichkeit besteht dort, wo **objektivierbare Ergebnisse**, z. B. meßtechnischer Art zu bewerten, zu interpretieren sind als bei Bewertungen, die von **Subjektivismen** geprägt sind, also z. B. Handschriftenexpertisen oder Stimmvergleiche und textlinguistische Bewertungen. Gleichwohl hat der Bundesgerichtshof mit Urteil vom 26. 6. 1982[37] festgestellt, daß **Schriftvergleichsgutachten** durchaus **alleinige Grundlage** für eine Verurteilung sein können, und zwar dann, wenn die gutachtlichen Schlußfolgerungen keine begründeten Zweifel offenlassen. Die Handschriftenexperten haben von jeher naturgemäß auf prozentuale Angaben verzichtet und sich einer **verbalen Wahrscheinlichkeitsskala** bedient, die sich wie folgt gliedert:

– mit an Sicherheit grenzender Wahrscheinlichkeit (echt/authentisch)
– mit sehr hoher Wahrscheinlichkeit (echt/authentisch)
– mit hoher Wahrscheinlichkeit (echt/authentisch)
– wahrscheinlich (echt/authentisch)
– non liquet (nicht entscheidbar)

und so weiter bis

– mit an Sicherheit grenzender Wahrscheinlichkeit nicht (echt/authentisch).

71 Ein wenig **undifferenzierter** formulieren die Experten für **Stimmidentifizierung** und **Sprechererkennung**, und zwar

– kann nicht beurteilt werden
– mit gewisser Wahrscheinlichkeit anzunehmen
– mit großer Wahrscheinlichkeit anzunehmen
– mit sehr großer Wahrscheinlichkeit anzunehmen
– ist ohne jeden vernünftigen Zweifel anzunehmen/auszuschließen.

72 Mit den **höchsten Wahrscheinlichkeiten**, nämlich der Einmaligkeit des Musters, arbeiten die **Daktyloskopen** und die **Serologen**, denen die DNA den bemerkenswertesten Fortschritt der letzten Jahre beschert hat. Bei der **Daktyloskopie** haben wir die Besonderheit, daß abhängig von der Rechtsprechung in den Ländern Europas unterschiedlich viele Merkmale benötigt werden. Bedauerlich ist, daß auf die Wertigkeit einzelner Merkmale kein Wert gelegt wird. Das müßte zunächst auch massenstatistisch untersucht werden. Drei Merkmale, die jeweils bei nur 1 Million Probanden vorhanden sind, in ihrer Kombination und Lage aber einmalig sind, sind weit nützlicher als acht Merkmale, deren Aussagekraft erheblich geringer ist.

73 Die **DNA-Analytiker** sind bezüglich ihrer Wahrscheinlichkeitsberechnungen in Bereiche vorgedrungen, die das Daktylogramm weit übertreffen, und man diskutiert nur noch über weit höhere Zahlen als **mehrstellige Milliarden**. Die PCR wird bei ihren derzeit noch nicht 100%igen Zuordnungen zu immer höheren Wahrscheinlichkeiten kommen und auch der

---

37 Az.: 4 StR 183/82.

Haaranalytik neue Impulse geben. Die Schlußfolgerung „nicht auszuschließen" mit all ihren Interpretationsschwierigkeiten wird wegfallen, so
daß das Fehlen statistischer Grunddaten über die Häufigkeitsverteilung
bestimmter Merkmale oder Merkmalskomplexe nicht mehr ins Gewicht
fällt.

Im Bereich der **Werkzeugspuren** wurde in der letzten Zeit versucht, das   74
Wahrscheinlichkeitsproblem mit Rechnerunterstützung zu lösen, und
man kam damit zu beachtenswerten Ergebnissen mit höchsten Wahr-
scheinlichkeitsgraden. Die Einzelheiten des Projekts würden den Rahmen
dieser Abhandlung sprengen.

Eins der markantesten Beispiele im Bereich der anorganischen Analytik,   75
das leicht auch auf organische Materialuntersuchungen übertragen werden
kann, ist die Bewertung von analytischen Ergebnissen von **Autolacken**.
Stoecklein[38] beschreibt den Beweiswert von Autolacken wie folgt:

Sind **zwei** zu **vergleichende Lackspuren** – nämlich die Tatspur und das   76
Vergleichsmaterial – aus zahlreichen verschiedenfarbigen Reparaturlack-
schichten mit „identischen" chemischen Merkmalen aufgebaut, bestehen
in der Regel keine Zweifel, daß die beiden Spuren ursprünglich eine Einheit gebildet haben – mit anderen Worten von einem Fahrzeug stammen.
Werden dagegen Lackproben mit morphologisch und chemisch **nicht diffe-
renzierbarem Original-Lackaufbau** begutachtet, wurde bisher häufig argumentiert, daß der Beweiswert als gering einzustufen sei, da es sich bei dem
Untersuchungsgut um ein **Massenprodukt** ohne individuelle Merkmale
handele. In der Literatur lagen zu dieser Thematik bisher keine gesicherten
Erkenntnisse vor. Daher waren häufig auch die Fachleute verunsichert,
Werturteile abzugeben. Durch systematische Untersuchungen sollte nun
aufgeklärt werden, inwieweit und unter welchen Voraussetzungen **gleich-
farbig lackierte Fahrzeuge** der **Großserie** – von denen durchaus einige hun-
derttausend Einheiten produziert werden können – **differenzierbar** sind.
Für dieses Vorhaben mußten zunächst **geeignete Analysenverfahren** und
Untersuchungsmethoden entwickelt werden. Hierzu gehören u. a. die
Dünnschnittechnik, die Fourier-Transform-Infrarotmikroskopie sowie die
Mikro-Fluoreszenz- und UV-Vis-Verfahren.

Unter Einbeziehung dieser Methoden wurden zur Abklärung der Fragestellung weit über 10 000 analytische Untersuchungen durchgeführt.

Autolacke werden in erheblichen Jahrestonnagen (Jahresproduktion für   77
Westeuropa 1988: 400 000 t) produziert. Betrachtet man einzelne Beschichtungsstoffe, z. B. Decklacke getrennt, sind die Produktionszahlen
zwar ebenfalls noch hoch – insbesondere bei den „Rennern" unter den
Serienfarben. Zur Abklärung der Problemstellung muß man aber auf den
tatsächlich hergestellten Einzelansatz – die **Charge** – zurückgehen, der
bereits in der überschaubaren Größenordnung von 50 kg bis 20 t liegt. Da
pro Fahrzeug z. B. etwa 5,7 kg Uni-Decklack verbraucht werden, lassen
sich mit einer Charge rund 8 bis 3500 Fahrzeugkarosserien lackieren. Jede

---

38 1991 S. 36 ff.

Charge unterscheidet sich in ihren physikalisch-chemischen Merkmalen – wenn auch nur geringfügig und ohne jede Qualitätseinbuße – von den vorhergehenden und nachfolgenden Ansätzen. Diese **Unterschiede** sind **nachweisbar**, so daß die Kriminaltechnik heute in der Lage ist, ausgehärtete Lackschichten von Chargen zu differenzieren. Dies ist allerdings nur durch Einsatz eines umfangreichen Methodenspektrums erreichbar. Insbesondere müssen sowohl in der Bindemittelanalytik als auch in der Elementanalytik die qualitativen Methoden durch quantitative Verfahren ergänzt werden.

78   Die ca. 3500 mit einer Charge lackierbaren Fahrzeugkarosserien weisen nun aber keineswegs bei der Auslieferung aus dem Werk den gleichen **Lackschichtenaufbau** auf, auch wenn die Lackapplikation hintereinander erfolgt. Dies hat unterschiedliche Gründe. Zunächst arbeiten auch die heute in der Automobilindustrie eingesetzten Spritzroboter nicht so präzise, daß der Decklack auf allen Teilen jedes Fahrzeugs z. B. die gleiche Schichtstärke aufweisen würde. Es schleichen sich außerdem zahlreiche, teilweise massive **Lackierfehler** ein, die zunächst durch Handspritzarbeitsgänge korrigiert werden. In vielen Betrieben – insbesondere bei Produzenten mit den höchsten Qualitätsstandards – liegt die Gesamtfehlerrate bei 40 %. In dieser Rate sind allerdings auch **Ausbesserungsarbeiten** im Grundierungs- und Füllersektor enthalten. Häufig werden nur abgegrenzte Bereiche, wie Kotflügel oder noch kleinere Zonen ausgebessert. Es gibt aber auch zahlreiche Karosserien, die einen zweiten, mitunter dritten **Gesamtdecklackauftrag** erhalten. Zur Anwendung kann dann Decklack der gleichen Charge oder ein Reparaturlack kommen. Die Applikation von **Reparaturlacken** ist immer erforderlich, wenn ein Lackschaden erst nach Einbau von Kunststoff- oder Elektronikteilen in das Fahrzeug erfolgt ist. Diese Materialien würden den hohen Temperaturen, mit denen Originaldecklacke eingebrannt werden müssen, nicht widerstehen. Während des Verarbeitungszeitraumes einer Decklackcharge finden auch Chargenwechsel beim Füller und bei der Grundierung statt. Tatsächlich verlassen also von etwa 3 500 mit der gleichen Decklackcharge lackierten Fahrzeugen nur einige hundert Einheiten, deren Lackaufbau zu diesem Zeitpunkt chemisch-analytisch nicht differenzierbar ist, das Werk.

79   Durch **Witterungseinflüsse** werden Lacke aber während des Gebrauchs der Fahrzeuge unterschiedlich geschädigt. Die Stärke der Schädigung hängt von vielen Faktoren ab. Der individuelle Pflegeaufwand, der Standort des Fahrzeugs und der Gebrauchszeitraum haben jeweils einen bedeutenden Einfluß. Die dem Auge selten sichtbaren, aber immer meßbaren Veränderungen treten bereits **nach wenigen Monaten** auf. Sie können von Fahrzeug zu Fahrzeug variieren. Bezieht man in diese Betrachtungen noch ein, daß nach einem gewissen Zeitablauf eine nicht unerhebliche Zahl des ursprünglichen Kollektivs an exponierten Stellen – wie z. B. Kotflügeln – infolge von Unfallschäden unterschiedlich **reparaturlackiert** werden mußten, so kann man davon ausgehen, daß nach wenigen Jahren nur **noch einige Fahrzeuge** mit **gleichem Lackaufbau** existieren.

Steinke

Die Frage nach der Möglichkeit der **Individualidentifizierung von Lack-**   80
splittern ist daher wie folgt zu beantworten:

Sind zwei mehrschichtige Lackspuren mit Originalschichtaufbau – Tat
und Vergleich – nach dem Stand der Analysentechnik nicht differenzierbar, kann zwar nicht sicher geschlossen werden, daß diese Spuren
ursprünglich eine Einheit gebildet haben. Die Splitter müssen nicht zwingend von ein und demselben Fahrzeug kommen. Da aber die Wahrscheinlichkeit gering ist, daß ein zweites Fahrzeug mit identischem Eigenschafts-
profil seiner Beschichtungsstoffe zum Zeitpunkt eines Unfallgeschehens
in der Nähe des Tatortes auf der Straße bewegt worden ist, ist der Beweiswert eines solchen Ergebnisses dennoch als sehr hoch einzustufen.

Für die Fragen des **Beweiswertes** von Untersuchungsergebnissen kom-   81
men noch **zwei Komplexe** in Frage, die hier nicht gelöst werden können,
die aber eine entscheidende Rolle spielen:

1. Wer ist der **richtige Gutachter** und wie findet ihn das Gericht?

2. Wie wird der beste Gutachter oder ein anderer kontrolliert, überwacht,
   berichtigt, wie ist also **garantiert**, daß es zu **keinen Fehlbewertungen**
   kommt?

Zu 1:

Die Experten wissen, wer auf dem höchsten wissenschaftlichen Level   82
arbeitet, sie wissen allerdings nicht, welche Pseudowissenschaftler sich
wo tummeln, es sei denn, es stehen ihnen die Bearbeitungen der Unbekannten zur Verfügung. Es **fehlt** in der Bundesrepublik **ein staatliches Gremium** oder Institut, das für alle Wissenschaftsbereiche die **Qualifikation**
für einen **forensischen Sachverständigen vergibt**. Ausbildungsgänge, qualifizierte Abschlüsse und Fortbildungen allein sind kaum in der Lage, ausreichende Qualifikationen zu belegen. In der Bundesrepublik Deutschland
bestellen Industrie- und Handelskammer alle möglichen Antragsteller und
vereidigen sie, ohne die Befähigungsgrundlagen zu überprüfen. Einzige
Ausnahme ist der Bereich **Handschriften**, für den eine zentrale Industrie-
und Handelskammer nach Prüfung durch Experten die Befähigung vergibt,
ebenso im Bereich von **Schreibmaschinenschriften**. Es wird höchste Zeit,
daß für den gesamten Bereich forensischer Untersuchungen eine solche
Institution geschaffen wird, die nach Prüfung der Befähigungsunterlagen
die Qualifikation erteilt, die auch nicht ewig gelten darf, da die Wissenschaft fortschreitet.

Zu 2:

Die Kontrolle kann nur über **Testverfahren**, **Ringversuche** von autori-   83
sierten Instituten, erfolgen. Nur diejenigen Sachverständigen und Institute, die sich **ständigen Tests** unterwerfen und diese auch bestehen, dürfen
ihre Qualifikation behalten. Sicherlich ist dafür ein enormer Aufwand
erforderlich, doch dieser lohnt sich angesichts der immensen Bedeutung
der forensischen Gutachten für das Strafverfahren, aber auch für die
Durchsetzung zivilrechtlicher Ansprüche, die existenzbedrohend sein
können.

Steinke   757

SCHRIFTTUM

Achenbach, Hans: Polygraphie pro reo? In: Neue Zeitschrift für Strafrecht 4 (1984), S. 350–352.

Adolf, Franz-Peter: Kriminaltechnische Textilkunde – Inhalt, Arbeitsweisen, Aussagen –. In: Neue Zeitschrift für Strafrecht 10 (1990), S. 65–71.

Barton, Stephan: Strafverteidigung und Kriminaltechnik. In: Strafverteidiger 8 (1988), S. 124–130.

Becker, Wolfgang und *Rainer Schulze:* Zur Häufigkeitsverteilung des Brechungsindex von Glasproben aus Fallmaterial. In: Archiv für Kriminologie 185 (1990), S. 142–149.

Brückner, Tobias: Verrät der Text den Verfasser? Die Frage nach dem „philologischen Fingerabdruck" – Textvergleich als Beweismittel. In: Kriminalistik 44 (1990), S. 13–20, 37.

Burghard, Waldemar, Hans Werner Hamacher, Horst Herold, Manfred Schreiber, Alfred Stümper und *August Vorbeck* (Hrsg.): Kriminalistik Lexikon. 2. Aufl. Heidelberg 1986.

Delvo, Matthias: Der Lügendetektor im Strafprozeß der USA. Eine Auswertung und kritische Würdigung der US-amerikanischen Fachliteratur zum Thema „Wissenschaft der Polygraphie", der Rechtsprechung und der juristischen Literatur in Hinblick auf eine mögliche Verwertbarkeit des Polygraphen im Strafverfahren der Bundesrepublik Deutschland. Königstein/Ts. 1981 (Athenäum Rechtswissenschaft. Justiz und Gesellschaft. Bd. 14).

Dix, Alexander: Das genetische Personenkennzeichen. In: Datenschutz und Datensicherung 1989, S. 235–239.

Donatsch, Andreas: „DNA-Fingerprinting" zwecks Täteridentifizierung im Strafverfahren. In: Schweizerische Zeitschrift für Strafrecht 108 (1991), S. 175–196.

Evett, Ian Webber: The Theory of Interpreting Scientific Transfer Evidence. In: A. Maehly and R. L. Williams (Eds.): Forensic Science Progress. Vol. 4. Berlin, Heidelberg, New York, London, Paris, Tokio, Hongkong 1990, pp. 141–179.

Foos, Karlheinz: Trennstellen an Textilfasern im Rasterelektronenmikroskop. In: Archiv für Kriminologie 181 (1988) S. 26–32.

Fritschi, Giselher: Cocain-Profiling. Eine Methode zur Materialvergleichsuntersuchung von illegalen Cocainproben. In: Archiv für Kriminologie 188 (1991), S. 87–96.

Gill, Bernhard: Der „Genetische Fingerabdruck" – Verfahrensstand und rechtspolitische Diskussion. In: Bürgerrechte & Polizei 33 (1989), S. 52–61.

Göbel, Erhard: Werkzeugspurenuntersuchungen. In: Polizei, Verkehr + Technik 36 (1991), S. 235–237.

Göbel, Rainer: Die kriminaltechnische Untersuchung von Kfz-Verglasungen. In: Grundlagen der Kriminalistik 7 (1971), S. 61–71.

Göbel, Rainer and *Wilfried Stoecklein:* The Use of Electron Microscopic Methods for the Characterization of Paints in Forensic Science. In: Scanning Microscopy 1 (1987), pp. 1002–1015.

Gössel, Karl-Heinz: Die Beweisverbote im Strafverfahrensrecht der Bundesrepublik Deutschland. In: Goltdammer's Archiv für Strafrecht 1991a, S. 483–511.

ders.: Anmerkung (zu Urt. LG Heilbronn vom 19. 1. 1990 – 6 KLs 42/89 –). In: Juristische Rundschau 1991b, S. 31–33.

Hagen-Mann, Kerstin: Die Polymerase-Chain-Reaction und ihre Optimierung. In: Chemie in Labor und Biotechnik 42 (1991), Heft 2, S. 77–87.

Halder-Sinn, Petra: Die Beziehung zwischen graphometrischen Fehlermerkmalen von Schriftfälschungen und der Normalschrift der Urheber. In: Archiv für Kriminologie 181 (1988), S. 84–95.

Halder-Sinn, Petra und *Lydia Meinert:* Die gezielte Veränderung der Schriftlage und des Größenverhältnisses der Handschrift. In: Archiv für Kriminologie 186 (1990), S. 171–181.

Haller, Berthold und *Hartmut Klein:* Überlegungen zum kriminaltechnischen Sachbeweis und den Möglichkeiten seiner wahrscheinlichkeitstheoretischen Bewertung. In: Archiv für Kriminologie 177 (1986), S. 9–18.

Hecker, Manfred: Das Forensische Informations-System Handschriften (FISH) des Bundeskriminalamts. Vortrag gehalten auf der 1. Europäischen Tagung für Handschriftenexperten der Polizei, Bundeskriminalamt Wiesbaden, 26. bis 28. September 1988 (Kurzfassung in: Mannheimer Hefte für Schriftvergleichung 15 [1989], S. 30).

ders.: Das Handschriftengutachten als Sachbeweis. In: Neue Zeitschrift für Strafrecht 10 (1990), S. 463–469.

Hecker, Manfred und *Wolfgang Steinke:* Ein exemplarischer Fall. Die Untersuchungsgeschichte eines legendären Briefes. In: Kriminalistik 44 (1990), S. 488–491.

Hellmiß, Günter: Interpretation und Einbeziehung von kriminaltechnischen Gutachten in die Urteilsfindung – Gedanken über ein grundsätzliches Problem und Vorschläge für eine Vorgehensweise –. In: Neue Zeitschrift für Strafrecht 12 (1992), S. 24–27.

Henke, Jürgen und *Hermann Schmitter:* DNA-Polymorphismen in forensischen Fragestellungen. In: Monatschrift für Deutsches Recht 43 (1989), S. 404–406.

Heuser, Hans Gerhard: Zur Untersuchung von elektrophotographischen Kopierprodukten. In: KT-Material Information 3 (1984), S. 129–137.

ders.: Methods Concerning Classification and Identification of Photocopies. In: Federal Bureau of Investigation, The Laboratory Division (Ed.): Proceedings of the International Symposium on Questioned Documents. FBI Academy, Quantico, VA, July 30 – August 1, 1985. Washington, D. C. 1985, pp. 145–157.

ders.: Bestimmung der charakteristischen Schwärzungskurve eines unbekannten Kopiergerätes – ein Fallbeispiel –. Vortrag gehalten auf dem 1. Europäischen Symposium der Urkundenexperten, Wiesbaden, 1986.

ders.: Die elektrofotografische Kopie aus der Sicht der Kriminaltechnik – Fälschungsinstrument und Gegenmaßnahmen. In: Conference Papers of The International Conference of Security Printers, Intergraf, Brüssel 1988a (ohne durchgehende Seitenzählung, unveröffentl.).

ders.: Document Security by Holography. In: Proceedings of the 2nd European Conference of Document Experts. Zürich 1988b, pp. 63–70 (unpublished).

Heyn, Horst: Genetischer Fingerabdruck. Vorstoß zum Kern der Persönlichkeit. In: Deutsche Polizei 39 (1990), Heft 3, S. 17–19.

Ibisch, Ehrenfried: Meßverfahren zur objektiven Beurteilung der Wirkung unkonventioneller Sprengvorrichtungen im Bereich der Kriminaltechnik. In: Polizei, Verkehr + Technik 31 (1986), S. 271–273.

ders.: Meßtechnische Untersuchungen bei unkonventionellen Sprengvorrichtungen. In: Deutsches Polizeiblatt 7 (1989), Heft 5, S. 14–18.

Katterwe, Horst: Kunststoffe „merken" sich ihre Prägung. Wiedersichtbarmachung entfernter Kennzeichnungen in Kunststoff. In: Kriminalistik 41 (1987), S. 365–366.

ders.: Moderne Aspekte bei Werkzeugpurenuntersuchungen. In: Deutsches Polizeiblatt 7 (1989), Heft 5, S. 7–9.

ders.: Forensische Werkstofftechnik – Untersuchungsmethoden und -ziele dieses kriminaltechnischen Fachbereichs –. In: Neue Zeitschrift für Strafrecht 12 (1992), S. 18–21.

Katterwe, Horst, Klaus-Dieter Grooß, Theodor Gast und *Thomas Mielke:* Über Gesichtspunkte zur Mustererkennung von Feldereindrücken an Projektilen mit optischen Verfahren. In: Archiv für Kriminologie 181 (1988), S. 65–75.

Keller, Rainer: Die Genomanalyse im Strafverfahren. In: Neue Juristische Wochenzeitschrift 42 (1989), S. 2289–2296.

Klan, Reginald: Der Mißbrauch der Hypnose. Zur historischen Diskussion um die forensische Bedeutung der Hypnose und ihrer möglichen strafrechtlichen Implikationen, nebst einem Falle aus der gerichtsmedizinischen Praxis. Med. Diss. Mainz 1981.

Köhler, Fritz und *Peter Seiler:* Die Entwicklung der Dünnschichtchromatographie und ihre Auswirkung auf die kriminaltechnische Untersuchung von Kugelschreiberfarbpasten. In: Archiv für Kriminologie 189 (1992), S. 9–17.

Köller, Norbert: Schablonenschrift – ein Aufgabengebiet der Handschriftenexpertise? In: Kriminalistik 37 (1983), S. 595–597.

ders.: Die Bedeutung der exakten Vermessung von Schriftmerkmalen für die Identifikation und Verifikation von Schrifturhebern. Referat gehalten auf dem VIII. Mannheimer Symposium für Schriftvergleichung, Universität Mannheim, 10. bis 12. Juni 1987 (Kurzfassung in: Mannheimer Hefte für Schriftvergleichung 13 [1987], S. 135–136).

Krauß, Wolf, Heinz Weyrich und *Kurt Stritesky:* Zur Bedeutung textiler Faserspuren bei der Aufklärung eines Mordfalles. In: Archiv für Kriminologie 187 (1991), S. 103–110.

Kuckuck, Werner und *Manfred Philipp:* FISH – Das Forensische Informationssystem Handschriften. In: Wolfgang Conrad und Brigitte Stier (Hrsg.): Grundlagen, Methoden und Ergebnisse der forensischen Schriftuntersuchung. Festschrift für Lothar Michel. Lübeck 1989, S. 159–187.

Künzel, Hermann J.: Dem Täter auf der Stimmspur. Praxis der forensischen Sprecherkennung. In: Kriminalistik 39 (1985), S. 120–126.

ders.: Rechnergestützte Sprachspektrographie für die Phoniatrie. In: Sprache – Stimme – Gehör 11 (1987), S. 135–140.

ders.: Die Erkennung von Personen anhand ihrer Stimme. In: Neue Zeitschrift für Strafrecht 9 (1989), S. 400–405.

Lichtenberg, Wolfgang: Zur Problematik der Schußspurenuntersuchung. In: Neue Zeitschrift für Strafrecht 10 (1990), S. 159–164.

Mann, Karl und *Dietrich Langen:* Hypnose und Manipulation. In: Manipulation aus kriminologischer Sicht. Arbeitstagung der Deutschen Kriminologischen Gesellschaft am 10. Mai 1980 in Frankfurt/Main. Heidelberg 1981 (Kriminologische Schriftenreihe. Bd. 77), S. 79–85.

Neumann, Helmut: Möglichkeiten und Grenzen eines Rauschgift-Erkennungsdienstes. In: Polizei-Führungsakademie (Hrsg.): Stand der wissenschaftlichen Kriminaltechnik. Arbeitstagung vom 10. bis 12. Juni 1981 bei der Polizei-Führungsakademie in Münster. Schlußbericht. Münster 1981, S. 193–209.

Nolan, Francis: The Phonetic Bases of Speaker Recognition. Cambridge (Engl.) 1983 (Cambridge Studies in Speech Science and Communication).

Oberlies, Dagmar: Genetischer Fingerabdruck und Opferrechte. In: Strafverteidiger 10 (1990), S. 469–475.

Perret, Klaus-Ulrich: Modell zur gemeinsamen wahrscheinlichkeitstheoretischen Auswertung mehrerer Indizien. In: Edwin Kube, Hans Udo Störzer und Siegfried Brugger (Hrsg.): Wissenschaftliche Kriminalistik. Grundlagen und Perspektiven. Teilbd. 2. Wiesbaden 1984 (BKA-Forschungsreihe. Bd. 16/2), S. 219–251.

Perret, Klaus-Ulrich, Alois Balzert und *Angelika Braun:* Linguistische Textanalysen. Zugleich eine Replik auf den Beitrag von Drommel/Kipping: Sprachwissenschaftler, die unerkannten Kriminalisten. In: Kriminalistik 41 (1987), S. 645–667; 42 (1988), S. 47–50.

Philipp, Manfred: Die Auswertung von Handschriften. In: Deutsches Polizeiblatt 7 (1989), Heft 5, S. 28–30.

Rademacher, Christine: Zur Frage der Zulässigkeit genetischer Untersuchungsmethoden im Strafverfahren. In: Strafverteidiger 9 (1989), S. 546–551.

dies.: Verhinderung der genetischen Inquisition. In: Zeitschrift für Rechtspolitik 23 (1990), S. 380–384.

Rieß, Michael: Ergebnisse und Bedeutung schriftvergleichender Gutachten – Eine empirische Untersuchung. In: Archiv für Kriminologie 185 (1990), S. 172–179.

Rübsamen, Klaus: Analytische und forensische Aspekte der kriminaltechnischen Untersuchung von Betäubungsmitteln. In: Neue Zeitschrift für Strafrecht 11 (1991), S. 310–315.

Schmid, Hans: „Genetischer Fingerabdruck" ist ein zulässiges Beweismittel. In: Polizeispiegel 26 (1990), S. 255.

Schmitter, Hermann, Sigrid Herrmann und Werner Pflug: Untersuchung von Blut- und Sekretspuren mit Hilfe der DNA-Analyse. In: Monatsschrift für Deutsches Recht 43 (1989), S. 402–404.

Semrau, Wolfgang: Beschriften mit Schablonen – immer noch aktuell? In: Zeichnen 20 (1982), Heft 4, S. 164–167.

Simon, J.: Genomanalyse – Anwendungsmöglichkeiten und rechtlicher Regelungsbedarf. In: Monatsschrift für Deutsches Recht 45 (1991), S. 5–14.

Steinke, Wolfgang: Lügendetektor zugunsten des Beschuldigten? In: Monatsschrift für Deutsches Recht 41 (1987a), S. 535–537.

ders.: Genetischer Fingerabdruck und § 81a StPO. In: Neue Juristische Wochenschrift 40 (1987b), S. 2914–2915.

ders.: Die linguistische Textanalyse. In: Archiv für Kriminologie 182 (1988a), S. 175–180.

ders.: Hypnose als letzte Zuflucht. Bewußtseinsveränderung als Erkenntnis- oder Beweismittel? In: Kriminalistik 42 (1988 b), S. 521–524.

ders.: DNA-Analyse gerichtlich anerkannt. In: Monatsschrift für Deutsches Recht 43 (1989), S. 407–413.

ders.: Kriminaltechnik – Situationsanalyse und Ausblick –. In: Bundeskriminalamt (Hrsg.): Technik im Dienste der Straftatenbekämpfung. Arbeitstagung des Bundeskriminalamtes Wiesbaden vom 7. bis 10. November 1989. Wiesbaden 1990 (BKA-Vortragsreihe. Bd. 35), S. 51–65.

ders.: Technologische Entwicklung und Kriminalitätsvorbeugung. In: Zeitschrift für Rechtspolitik 24 (1991), S. 419–421.

ders.: Kraftfahrzeugsdiebstahl – ein lösbares Problem. In: Zeitschrift für Rechtspolitik 25 (1992a), S. 81–82.

ders.: So werden Erpresser identifiziert. In: WIK – Zeitschrift für Wirtschaft, Kriminalität und Sicherheit 14 (1992b), S. 295–296.

Sternberg-Lieben, Detlev: „Genetischer Fingerabdruck" und § 81a StPO. In: Neue Juristische Wochenschrift 40 (1987), S. 1242–1247.

Stoecklein, Wilfried: Die Verkehrsunfallflucht. Kriminaltechnische Möglichkeiten der Aufklärung am Beispiel Autolacke. In: Schriftenreihe der Polizei-Führungsakademie 1992, Heft 1, S. 36–59.

Stoecklein, Wilfried, Emil Kubassek und Wolfgang Langer: Autolackuntersuchungen in der Kriminaltechnik – Stand der Technik –. In: Neue Zeitschrift für Strafrecht 11 (1991), S. 18–23.

Undeutsch, Udo: Vernehmung und non-verbale Information. In: Edwin Kube, Hans Udo Störzer und Siegfried Brugger (Hrsg.): Wissenschaftliche Kriminalistik. Grundlagen und Perspektiven. Teilb. 1. Wiesbaden 1983 (BKA-Forschungsreihe. Bd. 16/1), S. 389–418.

Wächtler, Hartmut: Auf dem Weg zur Gen-Bank? Diskussionsentwurf des BMdJ zum genetischen Fingerabdruck im Strafverfahren. In: Strafverteidiger 10 (1990), S. 369–372.

Wegner, Wolfgang: Täterschaftsermittlung durch Polygraphie. Köln, Berlin, Bonn, München 1981.

Welp, Jürgen: Strafrechtliche Aspekte der digitalen Bildbearbeitung. In: Computer und Recht 8 (1992), S. 291–296, 354–362.

Wittig, Manfred: Evidential Value of Hair Examinations (Panel Discussion). In: Federal Bureau of Investigation, The Laboratory Division (Ed.): Proceedings of the International Symposium on Forensic Hair Comparisons. FBI Academy, Quantico, VA, June 25–27, 1985. Washington, D. C. 1987, pp. 195–198, 203, 207, 208, 210.

49
Entwicklungsbedingungen und Tendenzen der Kriminalistik

Edwin Kube und Klaus Jürgen Timm

INHALTSÜBERSICHT

A. Kriminalistik: Aneignung durch die Praxis und Weiterentwicklung

1 Kriminalistik bedarf der permanenten Aneignung und Erneuerung durch die Praxis. Denn sie stellt (in den alten Bundesländern) keine eigenständige Disziplin im Universitätsbereich dar und entbehrt damit der umfassenden wissenschaftlichen „Systempflege und -weitergabe". Die **Weiterentwicklung** des **kriminalistischen Wissens** erfolgt primär innerhalb der Polizei. Der (selektive) **Wissenstransfer** geschieht im Polizeialltag individuell („Bärenführer") und – breiter angelegt – in der fachtheoretischen und fachpraktischen Ausbildung. In der wissenschaftlichen Kriminaltechnik ist bei der rasant um sich greifenden Detailspezialisierung der Universitätsabsolvent gehalten, sich das erforderliche Fachwissen erst in der Praxis von erfahrenen Experten vermitteln zu lassen. Bei der Strafjustiz basiert kriminalistisches Know-how weitgehend auf autodidaktischen Lernprozessen der Staatsanwälte und Strafrichter. In manchen justitiellen Aufgabenbereichen – wie etwa bei den Schwerpunktstaatsanwaltschaften zur Bekämpfung der Wirtschaftskriminalität – eignen sich die Justizangehörigen das kriminalistische Fachwissen durch training on the job an.

2   Die **Weiterentwicklung der Kriminalistik** ist schon wegen der sich – nicht zuletzt aufgrund zunehmender Professionalisierung und Mobilität der (erfolgreichen) full-time-Kriminellen – qualitativ verändernden Kriminalität, aber ebenso wegen sonstiger **Veränderungen der Systemumwelt** (z. B. Öffnung der Grenzen bzw. Wegfall der Grenzkontrollen) eine wesentliche Voraussetzung für eine auch in der Zukunft wirksame Straftatenbekämpfung.[1] Schließlich beeinflussen **polizeiinterne Veränderungsprozesse** (z. B. neue Kulturaspekte in der Polizeiorganisation) die Einstellung der Polizeibeamten zu ihrer Arbeit und damit die Ad-hoc-Anpassung der Kriminalistik.

3   Neben dieser reaktiven Anpassung der Kriminalistik vor dem Hintergrund des steten Wandels sollte dieses Wissenssystem zunehmend auch **proaktiv** im Hinblick auf zu erwartende Trends der Systemumwelt **weiterentwickelt** werden. Dies gilt gerade auch im Hinblick auf die Ressourcenknappheit. Da der finanzielle Mittelzuwachs nicht unbeschränkt möglich ist, muß die Ressource „Know-how" aktiviert werden.

4   Das kriminalistische Wissenssystem sollte noch mehr als bisher **unterschiedlichsten** wissenschaftlichen **Sichtweisen ausgesetzt** werden. Gerade die Kriminologie und andere Sozialwissenschaften werden zwar grundsätzlich nicht neue Instrumente der Tatentdeckung und Tataufklärung liefern. Sie können aber häufig dazu beitragen, daß die Praxis Probleme umfassender sieht, neu bewertet und insgesamt differenzierter zu verstehen lernt. Insoweit wäre es angebracht, wenn – unter Berücksichtigung der überwiegend positiven Erfahrungen mit den bei den Landeskriminalämtern für Fälle schwerster Gewaltkriminalität (Entführungen, Geiselnahmen) **institutionalisierten Beratergruppen** „Taktik und Technik" – für einzelne Deliktsfelder systematisch erhoben würde, welche polizeilichen und außerpolizeilichen Experten je nach Einzelfall eingesetzt werden könnten, um den Polizeiführer gezielt zu beraten. Solche „Expertenpools" könnten eine Hilfestellung zu der erwähnten Verbreiterung der Sichtweisen des Kriminalisten geben.

5   Schließlich gilt es auch, die Möglichkeiten des „doing more by less" zu untersuchen. Hierbei ist insbesondere an eine **Aufgabenkritik** zu denken, die zur Abgabe polizeifremder Tätigkeiten und zu Umschichtungen beim polizeilichen Ressourceneinsatz führen sollte. Nur bei prinzipiell innovativer Ausrichtung des Systems Verbrechensbekämpfung wird die Polizei – wenn ihr „die Luft auszugehen droht" – schließlich doch den längeren Atem behalten.

---

1 Generell zur Weiterentwicklung der Kriminalistik vgl. etwa *Belkin/Korukhov* 1986 S. 342. Zum Wegfall der EG-Grenzkontrollen und zu den sicherheitspolitischen Konsequenzen neuerdings *Rupprecht/Hellenthal* 1992 S. 23 ff.

I. Reaktive Weiterentwicklung

1. Veränderungen der Systemumwelt mit Auswirkungen auf die Kriminalistik

a) Kriminalität in der Bundesrepublik Deutschland

Wichtigster Einflußfaktor auf die Anpassungserfordernisse der Kriminali- **6** stik stellt die **Kriminalitätsentwicklung** dar.

Bekanntlich **stagnierte** die registrierte **Gesamtkriminalität** in der zwei- **7** ten Hälfte der **80er Jahre auf hohem Niveau**. **1992** weist die Polizeiliche Kriminalstatistik **ca. 6,3 Mio. Straftaten** für das Bundesgebiet einschließlich der neuen Bundesländer aus. Die Häufigkeitszahl, also die auf 100 000 Einwohner entfallende Zahl der Straftaten, betrug im selben Jahr 7838. Allerdings ist für die Jahre 1991 und 1992 wegen der Einbeziehung der neuen Bundesländer und Ostberlins keine unmittelbare Vergleichbarkeit mit den früheren Jahren gegeben.

Der Straftatenanteil des **Diebstahls bestimmt** mit über drei Fünftel **8** (62,6 %) aller registrierten Fälle die **Gesamtkriminalität** quantitativ maßgeblich. In den **alten Bundesländern** (ohne Berlin) zeigen sich **steigende Tendenzen in nahezu allen Kriminalitätsbereichen**. Besonders hervorzuheben ist der erneute **Anstieg** der **Rauschgiftdelikte**. Überhaupt bereitet der Praxis vor allem die **Organisierte Kriminalität** erhebliche Sorgen. Bei der **Gewaltkriminalität** ist – bei einem Straftatenanteil von derzeit rund 2,4 % – eine **zunehmende Brutalisierung** festzustellen. Letzteres tritt gerade auch durch das Gewaltgeschehen bei fremdenfeindlichen Straftaten deutlich zutage.

Analysen der Polizeilichen Kriminalstatistik zu **Tatverdächtigen** stehen **9** unter dem **Vorbehalt, daß nur bei aufgeklärten Delikten** (1992: 42,3 %) Aussagen möglich sind. Bei Bewertungen von Gesamtzahlen zu Tatverdächtigen ist zudem zu berücksichtigen, daß die **Aufklärungsquoten deliktsspezifisch** erheblich differieren. So sind 1992 z. B. beim Diebstahl unter erschwerenden Umständen zu 87,8 % der registrierten Fälle keine Aussagen zu Tatverdächtigen möglich, während z. B. beim Betrug dieser Anteil bei lediglich 17,7 % liegt.

Im Jahre **1992** ermittelte die Polizei in den alten und neuen Bundeslän- **10** dern **1,8 Mio. Tatverdächtige**. Der Nichtdeutschenanteil erreichte einen Wert von 30 %.

Die Zahl westdeutscher **jugendlicher** und **heranwachsender Tatverdäch- 11 tiger** nimmt (schon aus demographischen Gründen) ab. In dem Beitrittsgebiet ist der Anteil junger Tatverdächtiger (wohl ebenso demographisch bedingt) höher als in der alten Bundesrepublik. Die Kriminalitätsbelastung **junger ausländischer Tatverdächtiger** liegt erheblich über den vergleichbaren Altersgruppen deutscher Beschuldigter. Dies gilt selbst dann, wenn man die Delinquenz um die ausländerspezifischen Straftaten bereinigt und zudem nichtdeutsche Tatverdächtige herausrechnet, die nicht zugleich auch zur Wohnbevölkerung gezählt werden (Stationierungsstreitkräfte, Touristen, illegal sich in der Bundesrepublik aufhaltende Nichtdeutsche).[2]

---

2 Dazu *Kube/Koch* 1990 S. 14 ff.

Zu berücksichtigen ist ferner bei diesem Vergleich, daß sich manche kriminalitäts- und statistikrelevanten Einflußfaktoren (etwa die Sozialstruktur der Wohnbevölkerung) bei Nichtdeutschen und Deutschen unterscheiden und daß vermutlich insbesondere Anzeigeverhalten und Verdachtsschöpfungsstrategien gegenüber Ausländern und Deutschen differieren.

12 Auch wenn **Prognosen** nur eine beschränkte Aussagekraft aufweisen, ist anzunehmen, daß sich tendenziell die Kriminalität ausländischer Jungtäter der Kriminalität entsprechender deutscher Tatverdächtigengruppen angleichen wird. Die zum Teil dramatisierenden Prognosen der Vergangenheit haben sich nicht bewahrheitet; weiterführende Prognosen sprechen für die **zunehmende Delinquenzangleichung**.[3]

13 Für die (alte) Bundesrepublik Deutschland ist davon auszugehen, daß mehr als **ein Drittel** der **männlichen Bevölkerung** bis zum Erreichen des 25. Lebensjahres mindestens einmal im **Bundeszentralregister** eingetragen ist. Bei der Mehrzahl der Straftäter verbleibt es bei einem Eintrag oder allenfalls zwei Einträgen. Die Delikte sind häufig leichterer Natur, wobei Verkehrsstraftaten einen erheblichen Anteil ausmachen. Die **hohe Prävalenz** von Straftaten in der entsprechenden Population ist allerdings bemerkenswert.

14 Für die Polizei ist jedoch von besonderer Bedeutung, daß (je nach Definition des Begriffs **Mehrfachtäter/Intensivtäter**) zwischen rund 3 und 5 % der Delinquenten im Querschnitt eines Jahres zwischen 30 und 40 % der für die jeweils gesamte Altersgruppe bekanntgewordenen Delikte auf sich vereinen. Bei den **Jungen** wird die **Spitzenbelastung** von Kriminalität zwischen dem 15. und 18. Lebensjahr erreicht. Bei **Mädchen,** die im Vergleich zu Jungen erheblich seltener als Tatverdächtige registriert werden, verläuft (sowohl im Hellfeld wie auch im Dunkelfeld) die **Kriminalitätsbelastung altersbezogen gleichmäßiger.** Sie zeigt nur schwach ausgeprägte Steigerungsraten im Jugend- und Heranwachsendenalter.[4]

15 Da die **Sanktionsforschung** verdeutlicht, daß **Strafen wenig bewirken,** zuweilen leichtere oder formlose Erledigungen sogar günstigere Auswirkungen auf Sozial- und Legalbewährung aufweisen[5], stellt sich für die Strafverfolgungsorgane vor allem das Problem, die **Mehrfachtäter/Intensivtäter** möglichst zeitig zu **erkennen,** um zusammen mit anderen Instanzen zur Beendigung krimineller Karrieren beizutragen bzw. diese zumindest vorübergehend zu unterbrechen. Allerdings ist es bisher der Kriminologie noch nicht gelungen, zuverlässige individualprognostische Methoden zu entwickeln, die möglichst frühzeitig vorhersehen lassen, welche Straftäter zu dem Kreis der besonders gefährdeten Personen gehören.[6] Soweit es möglich ist, extrem rückfallgefährdete Straftäter zu erkennen, **fehlt** es an den erfolgversprechenden **Methoden** einer nachhaltig wirkenden **Ersatzsozialisation.**

---

3 *Loll* 1990.
4 Zum Gesamten *Kerner* 1989 S. 202 ff. Zum Geschlechtervergleich bei abweichendem Verhalten *Krämer* 1992 S. 152 ff.
5 In diesem Zusammenhang *Kerner* 1989 S. 206 ff. und *Heinz* 1990 S. 7. ff.
6 Zum Intensivtäter und zur Individualprognose vgl. *Göppinger* 1985 S. 32 ff., *Schneider* 1987 S. 312 ff. und *Kaiser* 1990 S. 17 ff.

Praktische Kriminalistik muß sich daher stets von neuem mit wissen- **16** schaftlichen Erkenntnissen und den veränderten Randbedingungen „polizeilichen Alltagshandelns" befassen.[7] Aufgrund einer Untersuchung kommt beispielsweise *Dölling*[8] zu dem Ergebnis, daß sich die Polizei bei der Frage der Intensität der Ermittlungtätigkeit im Einzelfall (übrigens auch bei schwereren Delikten) allzu sehr von der Aufklärungswahrscheinlichkeit des Falles leiten lasse. Er fordert daher Bekämpfungsstrategien, die ein **Mißerfolgsrisiko** für den Täter erkennbar werden lassen. Letzteres muß zumindest für den **Kernbereich des Strafrechts**[9] sichergestellt werden.

In diesem Zusammenhang drängt sich gerade auch die Frage des Strafver- **17** folgungsdruckes bei **Massendelikten** auf. Inwieweit kann das Strafrecht überhaupt noch umfassend seine präventive Aufgabe im Sinne einer wirksamen Generalprävention erfüllen? Hier wird gegenwärtig diskutiert, ob nicht bei bestimmten Einzeldelikten mit **Bagatellcharakter** die Polizei in die Lage versetzt werden sollte, nach Opportunitätsgesichtspunkten zu verfahren[10] oder gar (nach Herabstufung der Straftat zu einer Ordnungswidrigkeit) selbst zu entscheiden, inwieweit das Unrecht durch ein **bloßes Verwarnungsgeld** sanktioniert werden kann (vgl. §§ 55 ff. OWiG).

b) Organisierte Kriminalität und Durchlässigkeit der Grenzen

Allerdings wird die Kriminalistik in den nächsten Jahren voraussichtlich **18** vor allem durch die Herausforderungen der **Organisierten Kriminalität** geprägt werden.[11] Denn die OK hat in den vergangenen 20 Jahren in einer damals kaum vorstellbaren Weise um sich gegriffen. Verbrechen sowie – in Ansätzen – Geschäftswelt und Politik sind keine überdeckungsfreien Segmente eines Gesellschaftsganzen mehr, sondern kongruieren teilweise: Der Geschäftsmann als Straftäter bzw. der Straftäter als Geschäftsmann, der gekaufte Politiker; der Teufelskreis wäre geschlossen.

Die Bedeutung der Organisierten Kriminalität wird sich voraussichtlich **19** in den nächsten Jahren sogar noch erheblich erhöhen. Darauf deuten die Ergebnisse einer vom Kriminalistischen Institut des Bundeskriminalamtes durchgeführten Expertenbefragung zu diesem Kriminalitätsbereich.[12] Danach wird **bis zum Jahr 2000** ein **kontinuierlicher Anstieg** der **Organisierten Kriminalität** erwartet. Die fortschreitende Professionalisierung der Täter sowie die rasanten politischen Veränderungen in Europa begünstigen diesen Trend. In der Folge werden sich neue Deliktsbegehungsweisen ausprägen, bei einzelnen Kriminalitätsfeldern wird die OK dominant sein.

Die bisherige **wirtschaftliche Prosperität** in der Bundesrepublik **20** Deutschland übt eine **Sogwirkung** auf die international agierenden Straftätergruppen aus. Lukrative Betätigungsfelder ergeben sich dabei gerade im

---

7 Zum polizeilichen Alltagshandeln s. *Feltes* 1988 S. 125 ff.
8 1989 S. 626 ff.
9 *Hassemer* 1992 S. 383.
10 *Hassemer* 1991 S. 529 ff. und *Lorenzen* 1991 S. 541 ff.
11 *Stümper* 1990 S. 2 ff. und *Zachert* 1991 a. S. 69 ff.
12 *Dörmann/Koch/Risch/Vahlenkamp* 1990.

Finanz- und Finanzierungswesen – etwa bei Immobiliengeschäften oder bei Kapitalanlagen – und im Subventionsbereich. Bei letzterem dürfte der Subventionsbetrug zu Lasten der EG eine zunehmende Bedeutung gewinnen.

21   Gerade die OK-Brennpunkte Wirtschafts- und Rauschgiftkriminalität bewirken wegen des Rückflusses illegal erlangter Gewinne in den Wirtschaftskreislauf enorme Verschiebungen des Kapitalbestandes innerhalb der Volkswirtschaft. Bei dieser Ausgangslage besteht die Gefahr, daß legal arbeitende Unternehmen aufgrund erheblicher **Wettbewerbsverzerrungen** zunehmend in die Illegalität gedrängt werden.[13]

22   Die erwähnte Expertenbefragung zur Organisierten Kriminalität rechtfertigt die Vermutung, daß sich der **OK-Anteil an der Gesamtkriminalität** in den nächsten **zehn Jahren nahezu verdoppeln** dürfte. Er könnte in seinen Verästelungen demnach auf – geschätzt – knapp 40 % der registrierten Kriminalität ansteigen. Als besonders gravierend ist dabei anzusehen, daß – unbeschadet der quantitativen Zunahme der OK – sich dieser Kriminalitätsbereich im Vergleich zur Gegenwart wohl noch wesentlich **schadensträchtiger** entwickeln wird.

23   Die Kriminalistik wird aber nicht nur durch professionell agierende Tätergruppierungen des In- und Auslandes herausgefordert, sondern auch durch die aufgrund der **zunehmenden Durchlässigkeit der Grenzen** ins Land geschwemmte Kriminalität. War bisher im Hinblick auf den Abbau von Grenzkontrollen der Blick nach **Westen** zentriert, so hat sich wegen der politischen Veränderungen im **Osten** auch insoweit eine Zunahme des grenzüberschreitenden Personenverkehrs und Warenaustauschs ergeben, was nicht zuletzt Straftäter ausnutzen. Der Blick muß demnach unter Kriminalitätsaspekten verstärkt auch nach Osten gerichtet werden. Wissenschaftliche und praktische Kriminalistik sind gehalten, Erkenntnisse zum Wohlstands- und **Kriminalitätsgefälle** und zur **Tätermobilität** zwischen Ost und West zu gewinnen, um auf dieser Basis (in Kenntnis der kriminalitätsrelevanten Besonderheiten der Nachbarländer und möglichst in Absprache mit den Sicherheitsorganen dieser Staaten) **kriminalstrategische Konzepte** zu entwickeln. Diese müssen schon wegen der neuen Ausgangslage innovativen Charakter aufweisen.

24   Trotz aller Probleme besteht wohl derzeit noch kein unmittelbarer Anlaß, die Sicherheitslage in Deutschland – insbesondere wegen des EG-Grenzkontrollabbaus und der Öffnung der Grenzen im Osten – zu dramatisieren.[14] Wie weit grenzüberschreitende Kriminalitätsverlagerungen (zumindest die Nutzung der Bundesrepublik Deutschland als Rückzugs- und Ruheraum durch organisierte Straftäter oder als logistische Basis für die OK) noch zunehmen werden, muß offen bleiben. Denn dies hängt nicht nur von dem zwischenstaatlichen Wohlstands- und Kriminalitätsgefälle und Umständen wie der Intensität von Kontrollen an den EG-Außengren

---

13 *Zachert* 1991 b S. 44 ff.
14 Dazu *Kühne* 1991 und *Kube/Dörmann* 1993 S. 94 ff.

zen ab. Dazu zählen auch Umstände wie insbesondere die **länderspezifische Verfolgungsdichte** bezüglich bestimmter Deliktsfelder oder die **Dichte der Tatgelegenheiten.** Insoweit muß noch – im Rahmen der Kriminalistik – eine europaweite **Kriminalitätsbewegungs- und Tätermobilitätsanalytik** entwickelt werden.

Unbeschadet der Frage, inwieweit sich **Kriminalitätsverlagerungen** wei **25** terentwickeln werden, oder – was weitgehend vernachlässigt worden ist – Elemente des EG-Binnenmarkts (z. B. freier Kapitalverkehr oder Niederlassungsfreiheit) **neue kriminogene Strukturen** hervorrufen werden, ist bisher die **Binnengrenze** immerhin ein **Filter** gewesen, der kriminalistische Erfolge ermöglichte. Bei einer – geschätzten – Gesamtreisendenzahl im Jahre 1991 in Höhe von 1,1 Milliarden wurden immerhin an der Grenze 114 116 Personen zurückgewiesen, und 49 800 Fahndungsaufgriffe erreicht. „Selbstverständlich ist der Wert des Aufgriffs für die Innere Sicherheit unterschiedlich je nach Verdachtsumfang und krimineller Energie, Deliktsart und Schaden, und ebenso besagt der Aufgriff noch nichts Endgültiges über die Strafbarkeit des Aufgegriffenen. Andererseits müssen die Aufgriffszahlen praktisch verdoppelt werden, weil auf der anderen Seite der jeweiligen Grenze erfahrungsgemäß ähnlich hohe Aufgriffszahlen zu verzeichnen sind."[15]

Insgesamt muß jedoch davon ausgegangen werden, daß **Mitteleuropa** bei **26** den immer durchlässiger werdenden Grenzen Gefahr läuft, aufgrund der kriminalgeographischen Lage **Kristallisationspunkt und Drehscheibe** länderübergreifender Kriminalität zu werden. Insbesondere erfordern die sich im Osten öffnenden Grenzen, die **Sogwirkung** ins Kalkül zu ziehen, welche die an günstigen Tatgelegenheiten und illegalen Absatzmärkten reiche Bundesrepublik Deutschland, aber auch Österreich und die Schweiz, gerade auf das Organisierte Verbrechen ausüben.

Der **Abbau von Grenzformalitäten** erleichtert beispielsweise den illega **27** len Transfer in osteuropäischen Staaten gestohlener Antiquitäten und Kunstgegenstände in die Bundesrepublik. Auch als Absatzgebiet inkriminierter Waren geraten Staaten des ehemaligen Ostblocks in den Kriminalitätssog. So ist etwa Polen seit geraumer Zeit ein bevorzugtes Zielland für die Verbringung in der Bundesrepublik entwendeter Kraftfahrzeuge. **Neue kriminelle Mißbrauchsmöglichkeiten** werden sich nicht zuletzt dann auftun, wenn die zu erwartenden vielfältigen Hilfsprogramme für die neuen Staaten im Osten, aber auch weitere für die neuen Bundesländer in Deutschland aufgelegt werden. Erfahrungsgemäß wirken gerade Subventionen als Tatanreiz für Straftäter.

Als **Fazit** ist festzustellen: Aufkommende Befürchtungen vor einem **beachtlichen Kriminalitätsschub** „im Herzen Europas" können nicht ohne weiteres beiseite geschoben werden.

Was daher not tut, ist die Aufstellung eines **Programms der Inneren** **28** **Sicherheit in Europa.**[16] Die Elemente eines solchen Programms der EG-

---

15 So *Rupprecht/Hellenthal* 1992 S. 133 ff. Kritisch *Kühne* 1991 S. 49 f.
16 Im einzelnen *Rupprecht/Hellenthal* 1992 S. 23 ff.

Mitgliedstaaten bzw. der Schengener Vertragsstaaten reichen von der Optimierung der Zusammenarbeit der Sicherheitsbehörden, über die Verbesserung der technischen Kommunikationsmöglichkeiten und den Austausch von Verbindungsbeamten, die intensivere Zusammenarbeit im Binnengrenzbereich, die gemeinsame Durchführung operativer Maßnahmen, grenzüberschreitende Nacheile und Observation und schließlich die Errichtung einer Fahndungsunion bis zu der effektiven Kontrolle und Überwachung der Außengrenzen, der verbesserten Zusammenarbeit der Justizbehörden und der Harmonisierung einschlägiger Politikfelder (z. B. Ausländerpolitik oder Kriminalpolitik). Die vorgesehene Errichtung von **Europol** – in der ersten Phase als **Europol Drugs Unit** – stellt einen wesentlichen Schritt in die richtige Richtung dar. Der europäische Aufbaustab in Straßburg ist seit September 1992 mit der Errichtung von Europol beschäftigt. Mittelfristig wird es notwendig sein, unter Einbeziehung des zentral-/osteuropäischen Raumes Formen **gesamteuropäischer Zusammenarbeit** auf dem Gebiet der inneren Sicherheit zu entwickeln (Stichwort: Sicherheitsrat Ost-West). Perspektivisch müßten im EG-Raum sicherheitsrelevantes formelles und materielles Recht harmonisiert und die polizeiliche und justitielle Zusammenarbeit so gestaltet werden, wie sie heute in der Bundesrepublik Deutschland zwischen den Bundesländern praktiziert wird.

2. Polizeiinterne Veränderungsprozesse und Organisationskultur

29 Die gesetzliche Aufgaben- und Befugnisfestlegung stellt eine externe, relativ starre Grenzziehung für die kriminalistische Arbeit dar (z. B. Verbot der Hypnose nach § 136 a StPO). Dagegen sind informelle soziale Normen und die Einstellung der Bediensteten zum Polizeiberuf ein häufig übersehenes flexibles Faktorenbündel, das einen erheblichen Einfluß auf die kriminalistische Arbeitsweise und die Weiterentwicklung kriminalistischer Arbeitsmethoden ausübt. Dabei geht es nicht nur um die Mitarbeiter/Mitarbeiterinnen, die weitgehend unmotiviert sind (Stichwort: innere Kündigung).[17] Es geht vor allem auch um die konkrete Ausprägung der Organisationskultur, die gerade nach der Vereinigung beider deutscher Staaten und im Hinblick auf neue Herausforderungen der Polizei – etwa durch rechtsextremistische Straftaten – für die **Lernfähigkeit** des einem steten Wandel ausgesetzten Systems Polizei von nicht zu unterschätzender Bedeutung ist.

30 Während die Betriebswirtschaftslehre zunehmend propagiert, den „**productivity gap**" durch Einfluß auf die **Unternehmenskultur** – nicht zuletzt mittels einer veränderten Führungsphilosophie – zu schließen, drängt sich für die Polizei die Frage auf, ob nicht ebenso durch einen **vergleichbaren Orientierungsrahmen** die Aufgabenerfüllung verbessert und langfristig zudem problemloser sichergestellt werden kann.[18] Dies gilt vor allem auch deshalb, weil in der heutigen Gesellschaft eine „**Pluralisierung der Lebensstile**" und damit eine Erschwerung der polizeilichen Alltagsarbeit festzu-

17 *Sielaff* 1992 S. 351 ff.
18 S. etwa *E. Kube* 1990 S. 97 ff.

stellen ist. Denn zum einen zeigt sich eine Konstanz, ja Renaissance traditioneller Wertetypen, zum andern aber auch eine Tendenz, sehr plurale, hedonistische, aber auch postmaterialistische Ziele zu verfolgen.[19] Abweichend höher in den neuen Bundesländern ist die Bewertung der Solidarität mit anderen Menschen sowie einer sinnerfüllten Arbeit.

Rechtsnormen generell, polizeiliche Aufgabenbeschreibungen und **31** Befugnisse, Polizeidienstvorschriften, die Rollenerwartung in der Polizeiorganisation sowie die von außen an die Polizei gerichteten Ansprüche stellen **kein konsistentes**, der eigenen Dienstleistung **unmittelbar sinngebendes System** dar. Vor allem **verschwimmt** jedoch wegen der Wertepluralität das **Selbstverständnis** der Polizei bei der Ausübung des staatlichen **Gewaltmonopols**. Offenbar ist die Polizei in eine Situation gestellt, in der unklar ist, welche Rolle überhaupt noch der Staat bei der Bewältigung von Rechtsbrüchen zu spielen hat und wie er sich – vertreten durch seine Repräsentanten – sozusagen in seiner Sprache und in seinem Verhalten selbst artikulieren soll. Die Zwangsmaßnahmen ausübende Exekutive, also im wesentlichen die polizeiliche Tätigkeit, wird häufig als notwendiges Übel angesehen, ja fast zum polizeistaatlichen Relikt denaturiert.[20]

Eine sachgerechte Orientierungshilfe würde neben der **Leistungsfähig-** **32** **keit** auch die **Berufszufriedenheit** der Polizeibeamten fördern. Denn solche Leitlinien ermöglichen ihnen, ihr Tun in einen, ihnen einsichtigen Sinnzusammenhang einzufügen. Da das Verhalten der Polizei im repressiven Bereich hinsichtlich Eingriffsvoraussetzung, Eingriffstiefe und Eingriffsform weitgehend durch materielles und formelles Strafrecht, Beamtenrecht und auch Verfassungsrecht festgelegt bzw. begrenzt wird, ist das Selbstverständnis der Polizei vor allem im Rahmen der präventiven Straftatenbekämpfung von Bedeutung. Gerade das sich in der Überarbeitungsphase befindliche „Programm für die Innere Sicherheit" (1972/74) könnte in seiner Neufassung einer solchen, aktuellen Erfordernissen Rechnung tragenden Orientierung der Polizei in besonderer Weise gerecht werden. Insbesondere die Polizei in den **neuen Bundesländern** bedarf einer entsprechenden **Ausrichtung**. Denn aus dem ehemaligen autoritären und bevormundenden Polizeiapparat der DDR ist bis in seine Verästelungen eine Institution zu gestalten, die sich durch demokratischen Umgangsstil, Bürgernähe und Transparenz, aber auch durch Professionalität und Effizienz auszeichnet. Daß diese Umgestaltung aus der Sicht der Bürger bisher noch nicht in dem erwünschten Umfang gelungen ist, zeigen Umfrageergebnisse zur eingeschätzten Bürgerfreundlichkeit und Effektivität polizeilichen Handelns.[21]

In diesem Zusammenhang äußerte sich erstmals als Repräsentant der **33** neuen Bundesländer der Vertreter des Vorsitzenden der Innenministerkonferenz, Innenminister *Alwin Ziel*/Brandenburg, bei der Verabschiedung der

---

19 Dazu *Schult* 1991 S. 92 m.w.N.
20 *E. Kube* 1988 S. 298. Dazu auch *Schüler* 1991 S. 172: „Fehlende orientierungsfördernde Strategien . . . verstärken personale Handlungsunfähigkeit".
21 Vgl. etwa *Murck* 1991 S. 67 ff. und *IPOS* 1992 S. 42, wonach die Polizei 1992 erfreulicherweise einen Vertrauenszuwachs erfahren hat.

Teilnehmer des Studiengangs 1990/92 in der Polizei-Führungsakademie: „Wir unternehmen große Anstrengungen, um zu einer voll handlungsfähigen, kompetenten Polizei zu kommen. Neben technischer Erneuerung und erheblichen baulichen Investitionen verlangt vor allem die Aus- und Fortbildung große Anstrengungen. Mit dem Tag der Wiedervereinigung konnte sich jeder Bürger auch in den Neubundesländern auf die bundesrepublikanische Rechtsordnung berufen. Allein das hat für die Polizistinnen und Polizisten eine schier unlösbare Situation bedeutet. Und noch heute wäre es eine Überforderung, wollte man von unseren Polizeibediensteten das Wissen verlangen, was Polizeianwärter der Bundesländer in mindestens zweieinhalb Jahren Grundausbildung erworben haben.

Aber damit nicht genug. Außerdem wird von den Polizistinnen und Polizisten persönliche Handlungskompetenz erwartet, sie sollen bürgerfreundlich auf die Bevölkerung zugehen und auch in schwierigen Konfliktsituationen gelassen und konsequent, aber mit verhältnismäßigen Mitteln einschreiten. Ich bin sicher: Das schaffen wir! Der Lern- und Leistungswille der Polizistinnen und Polizisten ist außerordentlich groß."[22]

34 Solche Ausführungen verdeutlichen, daß – neben Fachwissen – insbesondere in den neuen Bundesländern, aber auch in Westdeutschland die Polizei Orientierungspunkte benötigt. Ob es dazu auch der Entwicklung einer eigenen **Polizeitheorie** bedarf, ist fraglich.[23] Zumindest müßte jedoch dann die vorgesehene **Fortschreibung** des **Programms Innere Sicherheit komplexer** angelegt werden, als dies 1972/74 geschah.

35 Die **Bandbreite kultureller Aspekte** in der Polizeiorganisation (wie beispielsweise das Verhältnis der Polizei zum Bürger, zur Presse oder zur Justiz oder das Selbstverständnis der Polizeiangehörigen im Hinblick auf die immer notwendiger werdende Zusammenarbeit mit dem Ausland) läßt als utopisch erscheinen, insgesamt die Polizeikultur zu programmieren. Offensichtlich lassen sich **nur einzelne Elemente gezielt verändern**, wobei etwa ein fortgeschriebenes Programm für die Innere Sicherheit einen Orientierungsrahmen darstellen könnte. Ein wesentliches Ziel muß dabei die Propagierung, aber auch die Ermöglichung des berufslebenslangen Lernens sein. Nur dann wird es gelingen, die notwendige Innovation bei den kriminalistischen Arbeitsmethoden und den breitgefächerten Transfer der polizeilichen Arbeitsweisen auf den Polizeinachwuchs sicherzustellen.

II. Proaktive Weiterentwicklung am Beispiel „Tätertechnik"

1. Technik im Dienste der Straftatenbekämpfung

36 Die Polizei wendet Technik in den verschiedensten Funktionen an. Stichworte dazu sind: Informationstechnik, Kriminaltechnik, Operativtechnik und Sicherungstechnik. Längst nicht überall steht die Polizei dabei an der Spitze der Entwicklung. **High Tech** und „**Steinzeit**" liegen oft dicht beieinander. In der polizeilichen Technik klafft nicht selten eine Lücke zwischen

---

22 *Ziel* 1992 S. 312. 23
23 Vgl. bejahend E. *Kube* 1988 S. 301 ff., verneinend *Ahlf* 1989 S. 109 ff.

den vorhandenen technischen Geräten und Systemen einerseits und den praktischen Bedürfnissen andererseits. Dabei bestehen erhebliche Defizite sowohl quantitativer wie qualitativer Art.

Die **Technikausstattung** der Polizei ist teilweise defizitär. Das insoweit **37** oft genannte Beispiel ist die mancherorts noch immer im Einsatz befindliche mechanische (!) Schreibmaschine. Im krassen Gegensatz dazu stehen die immensen **Großrechnerkapazitäten**, über die manche polizeiliche Zentralstellen verfügen. Die Ebene dazwischen blieb lange unbeachtet. PC – etwa – gehörten bis vor einiger Zeit jedenfalls nicht zum polizeilichen Alltag. Allerdings verläuft die Entwicklung rasant: **Effektive Bürokommunikationssysteme** werden auch inzwischen in der Polizei Realität.

Kann insofern weitgehend auf marktgängige Produkte zurückgegriffen **38** werden, so stellt sich in anderen Aufgabenbereichen das Problem, **vorhandene Technologien für polizeiliche Zwecke** erst aufbereiten zu müssen. Hier tut sich noch ein großer Forschungs- und Entwicklungsbedarf auf. Abgeschlossene Projekte zeigen, wie hilfreich solche Unternehmen für die Straftatenbekämpfung sein können. Als Schlagworte seien genannt:
– Schnellanalyse von Rauschgiften und Umweltschadstoffen mit dem Massenspektrometer
– die forensische DNA-Analytik
– das Forensische Informationssystem Handschriften (FISH).

Die Entwicklung derartiger Verfahren und Systeme wie auch ihre lau- **39** fende Pflege und Anwendung bringen einen erheblichen **Finanzbedarf** mit sich. Wer von der Polizei den Einsatz modernster Technik erwartet, sollte immer berücksichtigen, daß zwar vieles technisch machbar, aber nicht alles finanzierbar ist. Aus diesem Grund ist es unumgänglich, immer wieder **Prioritäten** zu setzen. Daneben ist aber auch nach **Einsparungsmöglichkeiten** zu suchen.

In diesem Zusammenhang bietet es sich geradezu an, die **Kooperation** **40** mit in- und ausländischen Dienststellen und Forschungsstätten zu suchen. Der Aufbau zentraler kriminaltechnischer Sammlungen durch die TREVI-Mitgliedstaaten oder die staatenübergreifenden Ringversuche zur Heroinanalyse verdeutlichen, wie man solche Vorhaben angehen bzw. erfolgreich abschließen kann. Manche Forschungsprojekte lassen sich angesichts ihres gewaltigen Umfangs überhaupt nur auf diesem Wege realisieren.[24]

Bei großangelegten Vorhaben, die den Erwerb von Soft- oder Hardware **41** erfordern, macht sich die Schwerfälligkeit der öffentlichen **Haushaltsplanung** als Hemmnis bemerkbar. Von der Kenntnisnahme relevanter Technologien bis zur Bereitstellung von Haushaltsmitteln vergehen – bedingt durch den verwaltungsmäßigen Vorlauf – schon mindestens zwei Jahre. Erst dann kann mit Anschaffungen, Erprobungen und Anpassungsentwicklungen begonnen werden. Bis zur Anwendungsreife vergeht weitere Zeit, in der vielleicht schon neue Versionen auf dem Markt sind. Ein schnelles und flexibles Reagieren ist unter diesen Rahmenbedingungen nicht mög-

---

24 Dazu *Kube/Kuckuck* 1992 S. 100 ff.

lich. Notwendig sind daher **modifizierte Planungsinstrumente**, die eine dynamische Anpassung an das durch den technischen Fortschritt diktierte Innovationstempo ermöglichen. Die Planungen sollten auch nicht von vornherein darauf gerichtet sein, umfassende und endgültige Lösungen zu erreichen. Vielfach sind Zwischenlösungen, die vielleicht nur kurzfristigen Bestand haben, aber dem Anwender in dieser Zeit schon zur Verfügung stehen, der Sache dienlicher. Um solche Lösungsansätze zu realisieren, ist eine enge Einbeziehung des späteren Anwenders in den Planungsprozeß nötig.

42   Planung setzt **umfassende Technikkenntnisse** voraus. Dies bezieht sich nicht nur auf die sachgerechte Analyse vorhandener Technologien im Sinne einer breit angelegten, professionellen **Marktanalyse**, sondern auch auf **Technologietrends** bis hin zur **Grundlagenforschung**. Die Polizei kann es sich nicht leisten, darauf zu warten, daß anwendungsreife Produkte sozusagen frei Haus geliefert werden. Dem gegenseitigen Informationsaustausch dienen auf innerstaatlicher Ebene Einrichtungen wie die KT-Leiter-Tagung oder Kommissionen und Arbeitsgruppen wie beispielsweise die „Technische Kommission". Im internationalen Bereich dienen etwa die periodisch durchgeführten Kriminaltechnik-Seminare des IKPO-INTER-POL-Generalsekretariats oder Arbeitssitzungen der TREVI-Arbeitsgruppe II dem grenzüberschreitenden Informationsaustausch.

2. Proaktive Technikprävention

43   **Technologische Entwicklungen** haben auch Einfluß auf das **Kriminalitäts-geschehen**. Zum einen bringen neue Technologien auch neue Formen von Kriminalität mit sich. Als Beispiel sei die Computerkriminalität genannt. Zum andern dienen neue technische Produkte Straftätern auch als Tatmittel. Insoweit ist etwa der Farbkopierer im Hinblick auf Fälschungsdelikte relevant geworden. Schließlich erbringen neue technische Produkte auch neue Zielobjekte deliktischen Handelns. Insoweit sei auf das Autotelefon verwiesen.

44   **Bisher** stellte das Handeln der Strafverfolgungsorgane grundsätzlich eine **Reaktion** auf technologische Entwicklungen dar. Daher ergibt sich die Frage, ob es nicht geboten erscheint, frühzeitig und systematisch **sich anbahnende technische Neuerungen** auf deren eventuelle **kriminogene Potentiale** zu untersuchen, um einen kriminellen Mißbrauch schon präventiv zu unterbinden.[25]

45   Es fehlen jedoch zur **umfassenden Analyse** technologieinduzierter Kriminalitätsverschiebungen geeignete **Meßinstrumente und Methoden**. Erst recht tut sich bei der **Entwicklung systematischer technikbezogener Präventionsansätze** fast unbeschrittenes Neuland auf.

46   **Proaktive** Prävention **nach Technologieeinführung**, also Prävention, **bevor der Täter** die neue Technik ausnutzt, setzt u. a. die systematische Beobachtung der straftatenrelevanten technischen Entwicklung durch die

---

25 Vgl. *Kube/Bach/Erhardt/Glaser* 1991 S. 129 ff.

Polizei voraus. In der Praxis scheint diese zeitliche Phase der Kriminalitätsverhütung für erfolgreiche Interventionsmaßnahmen **häufig zu kurz** zu sein. So zeigte beispielsweise die technische Entwicklung auf dem **Farbkopierermarkt**, daß es anscheinend weniger als ein Jahr seit Erscheinen dieser Geräte auf dem Markt dauerte, bis die Täter sie für Fälschungszwecke kriminell nutzten. Inzwischen hat der japanische Marktführer zugesagt, die in Japan bereits seit Verkaufsbeginn integrierte Yen-Banknotenerkennung und damit gekoppelte Unbrauchbarmachung der Kopie auf die Deutsche Mark auszudehnen. Es liegt auf der Hand, daß bei frühzeitiger erfolgreicher Intervention nur solche Geräte ausgeliefert worden wären, die zumindest für Geldfälscher unbrauchbar gewesen wären.

Vergleichbare Beispiele gibt es naheliegenderweise auch bei anderen Tatmitteln, etwa bei **Sprengstoffen**. Gerade hier zeigt sich die Bedeutung **staatenübergreifender Kooperation** bei der **Technikprävention**. So wurde im Frühjahr 1991 bei der ICAO (International Civil Aviation Organization) in Montreal, einer Unterorganisation der Vereinten Nationen, eine Konvention zur Markierung plastischer Sprengstoffe verabschiedet. Jeder Vertragsstaat verpflichtet sich mit Unterzeichnung dieser Konvention, die Herstellung, die Einfuhr und die Ausfuhr nicht gekennzeichneter plastischer Sprengstoffe zu verbieten und zu verhindern. Die Markierung soll das Aufspüren und Erkennen von Sprengvorrichtungen an Kontrollstellen von Flughäfen oder im Bereich anderer Beförderungsmittel deutlich verbessern und damit beträchtlich zur Verhütung von Terroranschlägen beitragen. Diese Maßnahme wird zwar erst nach Ablauf mehrerer Jahre zu einem meßbaren Erfolg führen, sie ist jedoch ein herausragendes Beispiel für ein international eingeführtes Instrument zur Kriminalitätsverhütung. **47**

Der optimale Ansatz **proaktiver** Prävention besteht in der Vorbeugungsmaßnahme bereits **vor der Markteinführung des technologischen Systems**. Dieser Ansatz wirft jedoch grundlegende Probleme auf. Abstrahiert vom Einzelfall rücken offensichtlich **drei Fragestellungen** in das Blickfeld: **48**
— Wie sind kriminogene Potentiale technischer Entwicklungen rechtzeitig zu erkennen und systematisch abrufbar zu organisieren?
— Wie sollte ein solches Frühwarnsystem institutionalisiert werden?
— Welche informalen Instrumente oder welche Eingriffsbefugnisse stehen für die proaktive Technikprävention zur Verfügung?

Nicht nur Strafverfolgung, sondern vor allem Prävention müssen mit dem modernen Straftäter schritthalten. Die aufgeworfenen Fragestellungen erscheinen lösbar[26]. So ist de lege lata mit dem sog. **Gefahrerforschungseingriff** ein Instrument gegeben, das, bezogen auf die Kriminalitätsverhütung, einen Beitrag zur Begrenzung technologischer Risiken in unserer technisierten Gesellschaft leisten könnte[27]. **49**

Unbeschadet der spezifischen Probleme bei der Realisierung proaktiver Technikprävention ist davon auszugehen, daß schon der Strategieansatz überhaupt grundsätzlich **Kritik** hervorrufen wird[28]. Manche beanstanden **50**

---

26 S. im einzelnen *Kube/Bach/Erhardt/Glaser* 1991 S. 134 ff. Kritisch: *de Raaf* 1992 S. 7 ff.
27 *H. Kube* 1993 S. 419 ff.
28 Vgl. etwa schon die Leserzuschrift von *Riegel* ZRP 1991 S. 312.

nämlich die Vorverlegung polizeilichen Handelns und damit verbundene Einschränkungen individueller Freiheitsrechte.

51   Zwei unterschiedliche Sichtweisen treffen aufeinander. Sehen die einen die Notwendigkeit, Kriminalität als Element in die **Technikfolgenabschätzung** aufzunehmen und proaktive Präventionsansätze zu entwickeln, sehen andere in der **Polizeitechnik** anscheinend die größere **Gefahr**. Offenbar hat insbesondere die polizeiliche Datenverarbeitung mit ihren vielfältigen Möglichkeiten der Datensammlung und -verknüpfung das Schreckensbild vom „**gläsernen Menschen**" entstehen lassen. Die gesellschaftliche Akzeptanz der Technik wird hier beeinträchtigt durch Bedenken, ob die **Balance** zwischen **Sicherheit** und **Freiheit** noch gewahrt bleibt. Die notwendige permanente Abwägung von Rechtsgütern, von staatlichen und privaten Sicherheitsinteressen sowie von individuellen Freiheitsrechten kommt einer Gratwanderung gleich. Aus polizeilicher Sicht ist eine **technikintegrierte Vorbeugung** ein nicht nur **wirksamer**, sondern selbst unter Freiheitsaspekten auch **vertretbarer Präventionsansatz**.

B.   Kriminalistik im Wandel

I. Neue Ansätze

52   Kriminalistik wird oft mit „**Strafuntersuchungskunde**" gleichgesetzt[29]. Zu Recht weist *Kaiser*[30] darauf hin, daß es nach der traditionellen Betrachtungsweise die Aufgabe der Verbrechensbekämpfung ist, „unter Verwendung und Weiterentwicklung der im Polizeialltag üblichen repressiven und präventiven Methoden Straftaten zu verhindern oder aufzuklären sowie Straftäter zu ergreifen. Dieser Sicht liegt das konventionelle, zum Teil auf Alltagstheorien beruhende Strafverfolgungs- und Gefahrabwehrmodell zu Grunde. Nach diesem Ansatz besteht die Aufgabe der Kriminalistik ganz wesentlich darin, einen Beitrag zur Verbesserung der polizeilichen Arbeitsweisen zu leisten."

Auch wenn diese Sichtweise noch überwiegend dem Selbstverständnis des Kriminalisten und der Alltagspraxis entspricht, ist festzustellen, daß Kriminalistik **zunehmend neue Ansätze** entwickelt und insgesamt einer **theoretischen Fundierung** zugeführt wird. **Schon heute** ist jedoch die Gleichsetzung von **Kriminalistik** mit **Strafuntersuchungskunde zu kurz gegriffen**. Zumindest ist jedoch der Begriff der Strafuntersuchungskunde mißverständlich. Denn es ist festzustellen, daß die polizeiliche Prävention teilweise eine die repressive Bekämpfung von Straftaten überwiegende Bedeutung gewinnt[31].

---

29 So etwa *Feest* 1993 S. 237. Vgl. auch *Kaiser* 1993 S. 540.
30 *Kaiser* 1993 S. 541; s. auch *Geerds* 1993 S. 1 ff. und *Hołyst* 1982 S. 5 ff.
31 Vgl. etwa *Kube/Koch* 1992. Die IMK hat in ihrer Sitzung am 29. 6. 1990 (vgl. TOP 13) die Aktivierung der Kriminalprävention im Sinne einer gesamtgesellschaftlichen Aufgabe gefordert.

1. Kriminalistische Arbeitsmethodik

Zwar ist es bisher **nicht** gelungen, eine untereinander **konsistente** kriminalistische **Vorbeugungs-, Tataufdeckungs-** und **Aufklärungsmethodik** zu konzipieren und sie in eine die Methodiken einbeziehende kriminalistische Handlungslehre zu integrieren. Kriminalistische Forschung vermochte es in der Vergangenheit nicht, das herkömmliche Gefahrenabwehr- und Strafverfolgungsmodell zu einem Gesamtsystem der Verbrechensbekämpfung zu entwickeln[32]. Allerdings zeigen sich Ansätze, die als Ziel der Kriminalistik nicht mehr nur die Verbesserung polizeilicher Arbeitsweisen, sondern die **Entwicklung komplexerer Arbeitsmethoden** verfolgen. Insoweit sei etwa auf die Beiträge in Band 1 von *Stümper* zur Operativen Straftatenverhütung (S. 381 ff.) oder von *Ziercke* u. a. zur Aufklärung von Straftaten als strategische Aufgabe (S. 459 ff.) verwiesen.   53

Insbesondere der Beitrag „Kriminalistische Handlungslehre" von *Brisach* (Bd. 1, S. 167 ff.) stellt einen wichtigen Versuch dar, auf der Basis der von *Oevermann*[33] auf das kriminalistische Arbeitsfeld transferierten Methode der **objektiven Hermeneutik** eine Methodik des kriminalistischen **Denkens** (nicht wie in der Vergangenheit üblicherweise eine Methodik des kriminalistischen **Arbeitens**) zu entwickeln. Dabei stellt – im Rahmen der Kriminalistik – die objektive Hermeneutik ein wissenschaftliches Verfahren der Protokollierung, Auslegung und Erklärung von „Spurentexten" dar. Das Protokoll des „Spurentextes", also der strafbaren Handlung, muß hermeneutisch rekonstruiert, d. h. auf die verborgene Sinnstruktur hin interpretiert werden. Ziel ist insbesondere, den Tatablauf und die Täterpersönlichkeit aus dem „Spurentext" herauszulesen. Das von *Brisach* im einzelnen dargestellte Modell ist kein mechanisch-standardisiertes Instrumentarium zum kriminalistischen Handeln. Dies wäre eine administrativ-bürokratische Sichtweise. Es ist vielmehr eine **Leitlinie**, die von dem ermittelnden Beamten dem Einzelfall angepaßt werden muß.   54

Eine Anwendung finden die Überlegungen von *Oevermann* in der Neukonzipierung des **Kriminalpolizeilichen Meldedienstes**. Während das herkömmliche Melde- und Auswertungsverfahren durch standardisierte Ermittlungsdaten ohne Gestaltprägnanz und fehlende Datennavigationssysteme bei dem DV-gestützten Suchprozeß zu charakterisieren ist, hat die Fachkommission KPMD die Ansätze und Vorschläge von *Oevermann* weitgehend übernommen, aber auch entscheidend weiterentwickelt. Diese mündeten in die Konzeption eines polizeilichen Informations- und Auswertedienstes (PIAD) ein, in den zugleich auch die polizeilichen Führungsdaten integriert werden sollen. Gerade auch bei der Entwicklung einer Datenstruktur zur künftigen Intelligence-Arbeit von Europol – in der ersten Phase von EDU (Europol Drugs Unit) – kann der Ansatz von *Oevermann* eine valide theoretische Basis für die Entwicklung einer Straftaten- und Kriminalitätsanalytik abgeben.   55

---

32 *Kaiser* 1993 S. 541. Gerade die Zuordnung der Kriminalistik (als Teilgebiet) zur Kriminologie (so *Schneider* 1987 S. 86) dürfte für die zukünftige Entwicklung einer systematischen Kriminalistik von nicht zu unterschätzender Bedeutung sein.
33 *Oevermann/Schuster/Simm* 1985.

Dabei sollte das Intelligence-System vor dem Hintergrund der sog. **Kriminalistisch-kriminologischen Fallanalyse** (KKF) gesehen werden. KKF stellt ein komplexes DV-gestütztes Auswertungssystem dar, das durch den Einsatz von Experten unterschiedlichster Disziplinen ergänzt wird. Das Auswertungssystem besteht aus den Elementen

– Herstellung von Täterprofilen (offender bzw. criminal profiling),

– Fallanalyse im engeren Sinn (case analysis),

– kriminologisch orientierte Täter- und insbesondere Deliktstypika (offence analysis).

Dabei werden moderne sozial- und organisationswissenschaftliche Analyse- und Bewertungsmethoden verwendet (operation analysis).

56   Mit dieser Skizzierung einer theoretisch fundierten breitgefächerten kriminalistischen Denk- und Arbeitskonzeption sollte verdeutlicht werden, daß die (wissenschaftliche) Kriminalistik sich inzwischen weiter entwickkelt hat, als dies allgemein in der Kriminologie angenommen wird. Wünschenswert wäre, wenn sich zunehmend Sozialwissenschaftler und Informatiker bereit fänden, die theoretischen Grundlagen moderner kriminalistischer Arbeit kritisch zu analysieren und im Rahmen der rechtlichen Gegebenheiten fundieren zu helfen. Dabei sollte auch die (von Ideologie entfrachtete) **Kriminalistik der ehemaligen DDR** miteinbezogen werden. Denn sie war dort ein universitäres Studienfach mit Tradition[34].

2. Ermöglichung größerer Professionalität

57   Polizeiliche **Aus- und Fortbildung** muß zunehmend **kriminalistische Themenfelder hintanstellen**. Das rechtliche Arbeitsinstrumentarium wird immer komplizierter und zeitaufwendiger[35]. Kennzeichnend für diese Entwicklung ist der **Datenschutz**[36]. Damit werden insbesondere die Fortbildungspotentiale in nicht unerheblichem Umfang durch **Rechtsthemen absorbiert**. Rechtspolitik, Rechtswissenschaft und Rechtsprechung haben „einen immer sensibleren Eingriffsbegriff" entwickelt und damit die Situation heraufbeschworen, daß anscheinend für jedes staatliche Tun eine in förmlichen Gesetzen von den Parlamenten verabschiedete Befugnisnorm geschaffen werden muß[37].

58   Diese Entwicklung führt zum einen zu einer beklagenswerten **Zersplitterung der Rechtslage** – vor allem auf dem Gebiet des Polizeirechts – zwischen den verschiedenen Bundesländern, was bei länderübergreifenden Einsätzen zu erheblichen Problemen beitragen kann. Zum anderen vermeidet jedoch nicht selten die Rechtspolitik, „**heikle**" **Rechtsmaterien** umfassend und umgehend gesetzlich **zu regeln**. Dies gilt beispielsweise für den Einsatz elektronischer Mittel zum Abhören des nichtöffentlich gesproche-

---

34 Vgl. etwa *Howorka* 1990 S. 600 ff.
35 *Krüger* 1992 S. 218.
36 *Köhler* 1993 S. 89 ff.
37 *Krüger* 1992 S. 218.

nen Wortes in Wohnungen (sog. Lauschangriff) oder für die Befugnis zu Initiativermittlungen bzw. für die Befugnis der Gefahrerforschung bei der Bekämpfung organisierter Kriminalität[38].

Um bei einer solchen Ausgangslage die polizeilichen Ressourcen wirksa- **59** mer einzusetzen, bedarf es umfassenderer **Entlastungen** in anderen Bereichen. Dazu gehört die **Entbindung** der Polizei **von polizeifremden Aufgaben**. Nicht weniger relevant ist jedoch auch die **verbesserte Zusammenarbeit** mit anderen staatlichen Organisationen. Hierbei ist vor allem an die Staatsanwaltschaft und das Gericht zu denken. Aus der Praxis der Polizei werden insoweit des öfteren Verbesserungsvorschläge gemacht, die nicht überall die an sich erforderliche Resonanz finden.

Beispielsweise wird von **Polizeipraktikern** hierzu vorgeschlagen: **60**

– Alle größeren Polizeibehörden erstrecken sich über den Bezirk mehrerer Amtsgerichte. Zu prüfen wäre, ob es nicht die Zusammenarbeit vertiefen und der Geschäftserleichterung dienen würde, wenn für Vorführungen ein zentraler Ermittlungsrichter am Sitz der Polizeibehörde bestellt würde (§ 58 Abs. 1 GVG).

– Nötig erscheint eine automatisierte Vorgangsverwaltung bei der Justiz, welche im Verhältnis Polizei/Staatsanwaltschaft den automatisierten Austausch der Vorgangsverwaltungsdaten ermöglicht.

– Geboten ist die schnellstmögliche Durchführung des Strafverfahrens bei Beschuldigten, die aus polizeilicher Sicht als Wiederholungstäter in Frage kommen. Ziel ist dabei die umgehende Verurteilung des beweiskräftig Überführten (demnach kein Verfahrensaufschub wegen Ermittlung zusätzlicher – u. U. beweisschwieriger – Fälle, deren zusätzliche Aburteilung das Strafmaß nicht wesentlich beeinflussen würde).

– Die Staatsanwaltschaft ist durch die Polizei über die Kriminalitätsentwicklung in der Region in geeigneter Weise zu informieren und auf dem laufenden zu halten; bei der Justiz besteht bekanntlich die Gefahr des Einzelfalldenkens. Hierdurch würde nicht nur eine höhere Akzeptanz operativer polizeilicher Maßnahmen erreicht, sondern auch der generalpräventive Aspekt bei dem Strafantrag in der Hauptverhandlung besser zur Geltung kommen.

– Die Kooperation zwischen Polizei und Staatsanwaltschaft ist auch delikts- und anlaßbezogen zu optimieren. So sollte etwa bei „gewaltgeneigten" Demonstrationen die Staatsanwaltschaft in der Nähe des (späteren) Tatortes präsent sein, um insbesondere die erforderlichen Maßnahmen zur Beweissicherung zu fördern.

Eine **weitere Entlastung** der Polizei bzw. **Effektivierung** ihrer Arbeit **61** könnte sich aus **rechtspolitischen Maßnahmen des Gesetzgebers** ergeben. Bliebe der Polizei insbesondere die Überflutung mit bagatellhaften Strafta-

---

38 Zu Initiativ- und Gefahrermittlung sowie zu den rechtlichen Voraussetzungen des Einsatzes elektronischer Mittel *Kniesel* 1992 S. 164 ff. und *Krüger* 1992 S. 218 f. bzw. *Krey/Haubrich* 1992 S. 312 ff.

ten der Massendelinquenz erspart, so könnte sie für die Bekämpfung sozial schädlicherer Kriminalität einen höheren Grad an legalistischem und technologischem Professionalismus entwickeln[39].

62   Die entsprechenden **Vorschläge**, diese **Entlastung** der Polizei zu erreichen, sind **vielfältig**. So haben etwa bei einer Umfrage Justizpraktiker in Hessen angeregt, § 161 StPO so zu ändern, daß die **Polizei von Ermittlungen** „im Vorfeld möglicher Einstellungen" nach §§ 153 ff. StPO bei bestimmten Delikten (Beispiel: § 265 a StGB) **befreit** werden kann[40]. *Pfeiffer*[41] schlägt die Einführung eines auf einen Katalog von **Bagatellstraftaten** begrenzten **Opportunitätsprinzips** der Polizei vor. Dies soll ihr die Möglichkeit einräumen, bei bestimmten Fallkonstellationen selber das Verfahren mit einer Ermahnung/Einstellung bzw. mit einer in der Höhe begrenzten Geldbuße abzuschließen. (Selbstverständlich müßte den betroffenen Bürgern das Recht gewährt werden, gegen die Entscheidung der Polizei Rechtsmittel bei dem örtlich zuständigen Amtsgericht einzulegen.)

63   Auch wenn auf die mit dem polizeilichen Opportunitätsprinzip gemachten guten Erfahrungen im benachbarten Ausland verwiesen wird, gibt es auch überzeugende Argumente (beispielsweise die Gefahr der Einflußnahme von betroffenen Personen mit „Beschwerdemacht"), die für die Beibehaltung des Legalitätsprinzips für die Polizei sprechen. Allerdings weist *Pfeiffer*[42] darauf hin, daß im Rahmen einer von dem Kriminologischen Forschungsinstitut Niedersachsen Anfang des Jahres 1992 durchgeführten **Repräsentativumfrage** der bundesdeutschen Wohnbevölkerung in den alten und neuen Bundesländern die Frage nach der Einführung des polizeilichen Opportunitätsprinzips **hohe Zustimmungsquoten** erbracht hat. In Westdeutschland haben sich 59,3 % der Befragten für die Einführung eines begrenzten Opportunitätsprinzips der Polizei ausgesprochen, in Ostdeutschland sogar 77,1 %. Übrigens hat man bei den Bagatellstraftaten auf Schwarzfahren, geringfügigen Ladendiebstahl oder leichte Sachbeschädigung Bezug genommen; die mögliche Erledigungsform war mit einer Einstellung oder einer Geldbuße in begrenzter Höhe umschrieben worden.

64   Immerhin würde bei dieser Alternative der Entlastung der Polizei von einer **Herabstufung der Straftat** zu einer bloßen Ordnungswidrigkeit **abgesehen**. Denn gegen die Herabstufung könnte vor allem eingewandt werden, daß bei dieser Variante das Rechtsbewußtsein der Bevölkerung erodieren würde. Allerdings kann auch nicht übersehen werden, daß in manchen Deliktsbereichen de facto das **Legalitätsprinzip bereits durchlöchert** wird, d. h. der Polizeibeamte schöpft keinen Verdacht, obwohl der Anlaß dazu unverkennbar gegeben ist (vgl. etwa die Situation des Polizeibeamten in der Rauschgiftszene).

---

39 Zur polizeibezogenen Professionalismusdiskussion *Alpheis* 1992 S. 22 ff. m. w. H.
40 *Albrecht/Hassemer/Voß* 1992 S. 125.
41 *Pfeiffer* 1992. Neben solchen Entpönalisierungskonzepten werden in der Literatur auch vielfältige Entkriminalisierungsmodelle diskutiert; vgl. *Albrecht/Hassemer/Voß* 1992 S. 54 f.
42 *Pfeiffer* a. a. O.

Bei der seit längerem bestehenden Überlastungssituation der Polizei, den **65** gerade gegenwärtig explodierenden Kriminalitätszahlen und der zunehmenden Beanspruchung der Strafverfolgungsbehörden durch nur aufwendig zu ermittelnde Straftaten (z. B. grenzüberschreitende Abfallverschiebung oder „Nukleardelikte") ist die Polizei zwar gehalten, innovative **delikts-, fach- und raumbezogene Strategien** zu entwickeln oder fortzuschreiben[43]. Eine **Vorreiterfunktion** bei der Weiterentwicklung polizeilicher Arbeitsmethoden und Verfahren stellt jedoch seit jeher die **Kriminaltechnik** dar (vgl. die kriminaltechnischen Beiträge in Bd. 1 und Bd. 2 des Handbuchs). Dies dürfte nicht weniger für die Zukunft gelten.

3. Die Vorreiterfunktion polizeilicher Technik

a) Kriminaltechnik

Der **Kriminaltechnik** eröffnen sich beachtliche **Zukunftsperspektiven**. Das **66** Methodenspektrum erweitert und verfeinert sich. So werden etwa Spuren auswertbar, die bisher wegen zu geringer Menge keine Informationen erbrachten. Als ein Beispiel sei erwähnt, daß es bereits gelungen ist, aus abgestorbenen Haaren DNA (Desoxyribonukleinsäure) zu isolieren, die vermehrt und danach analysiert werden konnte[44].

Aber weder **technisch-wissenschaftliche** „Hurra-Euphorie" noch der **67** **nostalgische Traum** vom **Allround-Kriminalisten** sind angebracht. Denn einerseits sind noch zu viele Fragestellungen in der Kriminaltechnik bisher unbeantwortet geblieben (vgl. die Beiträge von *Steinke* in diesem Band). Andererseits ist die Kriminalistik insgesamt inzwischen so komplex geworden, daß es nur noch „Sub-Experten" geben kann. Dies gilt naheliegenderweise auch für sonstige polizeirelevante Disziplinen wie Kriminologie, Psychologie oder Organisationswissenschaft. Im besonderen Maße trifft dies auf andere technische Bereiche wie etwa die polizeiliche Informationstechnik, Operativtechnik und Sicherungstechnik zu (vgl. z. B. den Beitrag von *Zachert/Zeiger* in diesem Band).

b) Informations-, Sicherungs- und Operativtechnik

Die **Ansprüche an die Technik** werden immer größer. Die **Möglichkeiten** **68** **der Technik** bieten aber auch immer wirksamere und oft komfortablere Lösungen.

Bei der deutschen Polizei ist bekanntlich zur Unterstützung vollzugspo- **69** lizeilicher Aufgaben das Informationssystem **INPOL** eingesetzt, mit dem Bund und Länder gemeinsam arbeiten. INPOL wird mittlerweile den heutigen Anforderungen an Information und Kommunikation der Polizei nicht mehr gerecht. Die **Konzeption INPOL-neu**, die Anfang 1993 der deut-

---

43 *Klink/Kordus* 1989 S. 22 ff.
44 Dazu *Schmitter* u. a. 1991 S. 403. Diese beachtliche Methoden- und Verfahrensoptimierung trifft nicht nur auf die klassischen Disziplinen der Kriminaltechnik (z. B. Biologie, Chemie und Physik) zu, sondern auch auf neuere Fachgebiete; vgl. etwa zur Forensischen Phonetik *Künzel* 1992 S. 293 ff.

schen Polizeiführung vorgestellt wurde, folgt daher **grundlegend anderen Gestaltungsgrundsätzen** als das bisherige Informationssystem. Während früher der Entwurf von Anwendungen im Mittelpunkt der Konzeption stand, wurde hier versucht, eine gemeinsame, **anwendungsunabhängige Informationsbasis** zu entwerfen, derer sich alle Anwendungsfunktionen gemeinsam bedienen. Alle Anwendungsfunktionen sind gleichberechtigt und müssen mit der zentralen Informationsbasis arbeiten. Durch diese Gestaltungsgrundsätze werden die Voraussetzungen geschaffen, um die generellen Anforderungen an ein effektives und effizientes Informationssystem wie Transparenz, Flexibilität, Nachvollziehbarkeit und Qualität, erfüllen zu können. Darüber hinaus schafft eine solche Konzeption auch die Basis für einen wirksamen Zugriffschutz für alle Systemkomponenten und bietet die Gewähr, daß auch zukünftige, neue Anforderungen erfüllt werden können.

70   Krimintaltechnische und sonstige polizeiliche Informationssysteme arbeiten heute in der Regel nach konventionellen Methoden (duale Logik) unter Einsatz von relationalen Datenverwaltungssystemen. Im Informationssystem **FISH** (Forensisches Informationssystem Handschriften) wurde eine **klassifizierende Recherche** realisiert, und zwar im Sinne des Suchens ähnlicher Datensätze (vgl. den Beitrag von *Hecker* in Band 1). Bei diesen Systemen stehen immer **die Daten selbst im Vordergrund**. Wesentliche Voraussetzung für die Interpretation von Daten ist das Wissen, wie diese zu bewerten sind. Dieses Wissen ist bei konventionellen Anwendungen meist nur bei einzelnen Experten vorhanden.

71   **Expertensysteme** dagegen werden zunehmend als **die Lösung** komplexer Fragestellungen propagiert. **Anwendungen im polizeilichen Bereich** sind aus den USA bekannt. Jüngstes Anwendungsbeispiel ist ein komplexes „Datennavigationssystem", das aus umfangreichen Datensammlungen Tatkomplexe aufarbeitet sowie übersichtlich und gut interpretierbar darstellt: Dieses, „Big Floyd" genannte Aufbereitungssystem des FBI präsentiert dem polizeilichen Sachbearbeiter Informationen zur OK-Bekämpfung, etwa Vorschläge zu lohnenden Observationsobjekten. **Neben** sog. **neuronalen Netzen** bieten **Expertensysteme** der Kriminalistik **qualitativ neue Möglichkeiten** der Optimierung der Aufgabenerledigung. Dies dürfte gerade für Expertensysteme gelten, also für Programme, mit denen das Spezialwissen und die Schlußfolgerungsfähigkeit von Fachleuten aus einem umgrenzten Aufgabengebiet nachgebildet werden können. Das anwendungsspezifische Wissen ist in einer sog. Wissensbasis in Form von Einzelfakten und „Wenn-Dann-Regeln" gespeichert. Computergerechte Folgerungsmechanismen, Inferenzregeln, erlauben es dem System, abgewogene Schlüsse zu ziehen.

72   Aber auch bei grundsätzlich weniger komplexen Fragestellungen, wie solchen, die die **Sicherungstechnik** aufwirft, ist die Polizei gefordert. So wird etwa zusammen mit der Kfz-Industrie sowie Verbänden und (anderen) Dienststellen aktuell wegen der dramatischen Entwicklung bei den **Kfz-Diebstählen** an Verbesserungen der Sicherungstechnik gearbeitet, wobei auch **Zukunftslösungen** angestrebt werden.

So könnten **beispielsweise** als Ersatz für das herkömmliche Schlüsselsy-   73
stem **Chipkarten**, die der Größe und Form nach einer Kreditkarte ähnlich
sind, eingesetzt werden. Über die Chipkarte würde nicht nur das Tür-
schloß und das Lenkradschloß betätigt, sondern auch die Motorelektronik
angesteuert. Damit wäre ein Öffnen, Anlassen und Wegfahren des Fahrzeugs ohne den Besitz der Chipkarte nicht möglich. Zudem könnten Chipkarten praktisch fälschungssicher hergestellt werden. Zusätzlich besteht
die Möglichkeit, auf der Chipkarte weitere Daten abzuspeichern, beispielsweise Daten des Fahrzeuges oder des Kfz-Scheines, die bei Kontrollen mit
entsprechenden Lesegeräten abgefragt und überprüft werden könnten.

Die **Operativtechnik** zeigt ebenfalls eine rasante technologische Ent-   74
wicklung. Sie reicht von der Optimierung von Detektionssystemen – etwa
für Rauschgifte, Sprengstoffe oder Umweltgifte – bis zur Sichtbarmachung
latenter Fingerabdrücke durch Laserlicht oder von Nachtsichtgeräten bis
elektronischen Einsatzmitteln der akustischen Überwachung (z. Z. im
Rahmen der Strafverfolgung außerhalb von Wohnungen).

c) Staatenübergreifende Zusammenarbeit

Gerade auch bei der polizeilichen Technik zeigt sich, daß – schon unter   75
dem Aspekt beschränkter Ressourcen – nur die **staatenübergreifende
Zusammenarbeit** einen erfolgversprechenden Ansatz bildet. Bisher ist die
internationale polizeiliche Zusammenarbeit bei Forschung und technischer Entwicklung defizitär. Im Rahmen von **IKPO-Interpol** ist insoweit
eine intensive Kooperation – zumindest im Sinne eines gegenseitigen
Lernprozesses – schon teilweise dadurch behindert, daß die Niveaus und
Standards der Mitgliedstaaten extrem variieren. Deshalb sind vom Generalsekretariat ausgerichtete Seminare – wie das periodisch für die Leiter
der Kriminaltechnik durchgeführte – von vornherein im Erfolg relativiert.
Diese selbstverständlichen Strukturprobleme könnte das Europäische
Sekretariat der IKPO durch zusätzliche Aktivitäten teilweise ausgleichen.

Die forschungsbezogenen Bestrebungen der EG-Mitgliedstaaten im Rah-   76
men von **TREVI** folgen insbesondere aus der am 15. 7. 1990 von den
TREVI-Ministern gebilligten Fassung des Aktionsprogramms zur Verbesserung der polizeilichen Zusammenarbeit.

Inzwischen wurde auf der TREVI-Ministerkonferenz vom 13./14. 6. 1991   77
in Luxemburg folgende **Verpflichtungserklärung** abgegeben: „Zur Umsetzung von Artikel 6 des Aktionsprogramms über die Zusammenarbeit im
Bereich von Polizeitechnik und -wissenschaft verpflichten sich die Mitgliedstaaten:
– sich gegenseitig im Wege des Informationsaustauschs zu unterstützen,
   und zwar über das Netz, das von der Arbeitsgruppe II auf ihrer Sitzung
   vom 1. 3. 1991 in Luxemburg beschlossen wurde,
– sich jeden in diesem Bereich erzielten Fortschritt mitzuteilen,
– ihre Partner der Europäischen Gemeinschaft an jedem im Rahmen der
   durchgeführten Forschungsarbeiten erzielten Ergebnis teilhaben zu lassen, damit die neuen Formen der Kriminalität wirksamer bekämpft werden können".

Die Arbeitsgruppe II ist mit der praktischen Durchführung dieser Verpflichtung sowie mit der Überwachung des Informationsnetzes beauftragt.

78   Den übrigen TREVI-Mitgliedstaaten wurde inzwischen von der deutschen Seite mitgeteilt, daß die **hiesigen Ansprechpartner das Bundeskriminalamt** – Kriminalistisches Institut – für die Forschung auf dem Gebiet der **Kriminaltechnik** und die **Polizei-Führungsakademie** – Forschungs- und Entwicklungsstelle für Polizeitechnik – für die Forschung auf dem Gebiet der **allgemeinen Polizeitechnik** sind.

79   Für den **Verbund** eines **europäischen Forschungsinstituts** bei Europol[45] mit den **nationalen** polizeilichen **Forschungseinrichtungen** der EG-Mitgliedstaaten käme in Anlehnung an das – im Rahmen des Grundlagenforschungskonzepts **ESPRIT** entwickelte – Modell der Forschungsnetze („**networks of excellence**") folgende Organisationsform in Betracht: Unter Federführung des europäischen Forschungsinstituts, das insoweit primär eine „umbrella"-Funktion ausüben würde – einigen sich die Forschungseinrichtungen der Mitgliedstaaten auf einen Bezugsrahmen, in den sich die Vorhaben der einzelnen Mitglieder einfügen. Durch Koordinierung seitens der Zentralstelle würden Prioritäten und Zuständigkeiten festgelegt, falls ein allseitiger Konsens nicht erreichbar ist. Die enge Verbindung zwischen den Forschungseinrichtungen, also den Netzknoten, hat zur Folge, daß für alle am Netz Beteiligten **Zugangsberechtigung zu allen Netzknoten und deren Ressourcen** besteht (z. B. zur teuren, nicht ausgelasteten Spezialausrüstung der europäischen Forschungsstelle oder zu einer nationalen Kriminaltechnik).

80   Die Forschungsgruppen haben nach diesem Modell auch die Aufgabe, ihre Weiterbildung abzustimmen und verknüpfen einzelne hochspezialisierte Teildisziplinen zu interdisziplinären Bereichen. Das **Fachwissen aller Beteiligten** kann je nach Bedarf **kombiniert** werden, so daß auch kleine nationale Forschungsgruppen Wesentliches zum Gesamtertrag beisteuern können, aber auch am Erfolg aller partizipieren. Dies ist gerade für komplexe Bereiche, wie digitale Verarbeitung von Bildern und Sprache oder neuronale Netze und Expertensysteme, von erheblicher Bedeutung[46].

II. Anforderungen an eine zukünftige Kriminalistik

1. Mehrebenenorientierung der Polizei

81   Verbrechensbekämpfung kann nicht nur unter Aspekten technologischer Professionalität gesehen werden. Verbrechensbekämpfung dient nicht nur der Straftatenaufklärung und insgesamt der Kriminalitätsminderung (in quantitativer und qualitativer Hinsicht), sondern gleichrangig dazu, das **Sicherheitsgefühl** der Bevölkerung zu beeinflussen: d. h., daß bei **überhöhter Kriminalitätsangst** deren **Dämpfung** anzustreben ist.[47] Leider hat bisher

---

45 Dazu etwa *Seiters* 1992 S. 5 f. In diesem Zusammenhang auch *Stümper* 1992 S. 161 ff. und *Zimmermann* 1992 S. 47 ff.
46 Zum Vorstehenden *Kube/Kuckuck* 1992 S. 106 f.
47 Zur Beeinflussung der Kriminalitätsangst *E. Kube* 1987 S. 147 ff.

die Kriminologie bzw. kriminalistisch-kriminologische Forschung insoweit für die Polizeipraxis noch keine erfolgversprechenden komplexen Wege aufgezeigt. Bei der Grundbefindlichkeit der Deutschen, die sich unter anderem in einem extrem überhöhten Bedrohtheitsgefühl gegenüber Kriminalität äußert, sind daher nicht zuletzt eine zielorientierte Verbesserung polizeilicher Öffentlichkeitsarbeit und eine „gemeindebezogene Polizeiarbeit" unter Einbindung der Interessen der Bürger vonnöten.[48]

Aber auch unter anderen Aspekten ist die monokausale Ausrichtung der **82** Polizei auf Reduzierung der Kriminalität eine zu einseitige Betrachtung. Zu Recht weist *Kreuzer*[49] darauf hin, daß sich Polizei hinsichtlich ihrer kriminalistischen Arbeit auch **sehr unkonventionelle Fragen** gefallen lassen müsse bzw. sich diesen zu stellen habe. Als **Beispiele** nennt er:

– „Wie weit kommen der Kriminalität auch positive, innovatorische Funktionen zu, so daß sich polizeiliche Intervention insoweit als fortschrittshemmend, gleichwohl legal ausnähme?

– Wie weit trägt Strafverfolgung zu weiterer Kriminalisierung und Ausgrenzung Verfolgter bei?

– Werden Organisierte Kriminalität und Gewalt nicht sogar – etwa in der Drogen-Szene – gefördert durch verschärfte polizeiliche Bekämpfung?

– Trägt Polizei nicht zu ungerechter, ja die Mächtigen begünstigender Strafverfolgung bei, indem sie ‚Regierungskriminalität', Kriminalität von Politikern und Wirtschaftsführern nur zögerlich verfolgt?

– Fördert Polizei in der sicherlich vielfach schlagseitigen Strafverfolgung das Bild von den Guten und den Bösen, also den Kriminellen als den ganz Anderen, wie wohl wir alle potentielle Kriminelle sind?"

Daß Polizei im Rahmen der Weiterentwicklung kriminalistischer Strategien und Taktiken **vor dem Hintergrund solcher Fragestellungen sensibel** sein muß, liegt auf der Hand. Sie sollte aber **auch sensibel gegenüber zukünftigen Anforderungen** an kriminalistische Arbeitsmethoden sein.

Daß Polizei insoweit sehr schnell handeln muß, zeigte in jüngster Ver **83** gangenheit das Aufkommen von „**Nuklearkriminalität**". Hierbei war es nicht nur notwendig, kriminalistisch gegen OK-Täter osteuropäischer Provenienz vorzugehen. Auch die technischen Implikationen mit dem Ziel der Abwehr von Gefahren für die Öffentlichkeit und der Eigensicherung waren in Crash-Fortbildungskursen den zuständigen Polizeibediensteten zu vermitteln.

Neben solchen deliktsbezogenen Neuerungen stellt **generell insbesondere die Organisierte Kriminalität** bei ihrer zunehmenden internationalen **84** Verflechtung die **Kriminalistik vor neue Herausforderungen**. Dies soll am Beispiel der Geldwäsche kurz skizziert werden:

---

48 Zur Kriminalitätsangst in Ost- und Westdeutschland *Kury/Dörmann/Richter/Würger* 1992 S. 223 ff. In den Konsequenzen für die Kriminalpolitik *Murck* 1993 S. 11 f. m. w. H.
49 *Kreuzer* 1992 S. 281 ff.

2. Das Beispiel Geldwäsche

85   Kaum jemand vermag sich konkret vorzustellen, welche Probleme es der Organisierten Kriminalität bereiten kann, nach Abschluß ihrer illegalen Transaktion plötzlich anfallende **immense Gewinne** kurzfristig und dabei zugriffsgesichert, wenn möglich auch noch gewinnträchtig **unterzubringen**.

86   Ein geradezu „lebenswichtiger" Bestandteil der **Logistik** des Organisierten Verbrechens bezieht sich deshalb auf das „Waschen" und die Anlage der Verbrechensprofite. Besonders deutlich wird dies im **Drogenbereich**. Die Drogenmultis investieren weltweit gewaschenes Kapital in viele Sparten besonders gewinnbringender Wachstumsindustrien. Sie beherrschen vor allem in der Dritten Welt ganze Wirtschaftszweige, sie kaufen Polizisten, Richter und Politiker und dominieren von Fall zu Fall sogar ganze Regierungen.

87   Die **Methoden der Geldwäsche** sind für den polizeilichen Ermittler zwar **hin und wieder nachvollziehbar**, über den **Umfang** der insgesamt von der Organisierten Kriminalität in Deutschland **gewaschenen Profite** lassen sich jedoch zum heutigen Zeitpunkt **nur vage Vermutungen** anstellen. Die Ursache liegt darin, daß die Geldwäsche in der Bundesrepublik bis vor kurzem nicht pönalisiert war. Somit sah man in der kriminalpolizeilichen Praxis wenig Sinn darin, die ohnehin knappen personellen Ressourcen der Polizei – soweit dies rechtlich überhaupt möglich war – in die Aufdeckung der Kapitalströme zu investieren. Expertenwissen hierüber beruht deshalb im allgemeinen auf zufällig angefallenen Erkenntnissen im Rahmen der OK-Strafverfahren.

88   **Entdeckt** werden dabei erfahrungsgemäß auch nur
– die Täter, die **dilettantisch** vorgehen,
– die **ersten Phasen der Geldwäsche**, bei denen es darum geht, die Herkunft oder Zweckbestimmung der Vermögenswerte zu verheimlichen oder zu verschleiern.

89   Wegen der für die OK-Bekämpfung überaus schädlichen Gesetzesdefizite bestand bislang keine Handhabe, Ermittlungen zur Aufdeckung des **Recycling-Prozesses**, nämlich der Phasen, in denen Vermögenswerte den Anschein rechtmäßiger Einkünfte erhalten, durchzuführen. So ist es auch zu erklären, daß dieser Bereich ermittlungsmäßig **weitgehend im dunkeln** blieb, wobei allerdings die Interpretation gewisser Verhaltensweisen der Täter fundierte Annahmen über den Verbleib der Verbrechensprofite rechtfertigt.

90   Mit dem **neuen Geldwäschetatbestand**, § 261 StGB, ist der kriminalpolitischen Notwendigkeit und völkerrechtlichen Verpflichtung Rechnung getragen worden. Bei allem Optimismus sollte aber nicht zugleich erwartet werden, daß sich die Effizienz dieses neuen Rechtsinstruments in einer steigenden Aufklärungsquote oder in sonstigen meßbaren Erfolgen niederschlagen wird. So ist nicht auszuschließen, daß auch künftig eher kriminelle Dilettanten im Netz des Gesetzes über das Aufspüren von Gewinnen aus schweren Straftaten (Geldwäschegesetz) vom 25. Oktober 1993 (BGBl.

I S. 1770) hängen bleiben werden, zumal rechtskundige Hintermänner des Organisierten Verbrechens bereits nach neuen Mitteln und Wegen der Profitsicherung im In- und Ausland Ausschau halten. Das darf die Strafverfolgungsbehörden aber nicht entmutigen. So sollte man schon heute im Rahmen von Präventionsüberlegungen davon ausgehen, daß die **Täterseite versuchen wird**, unter diesen veränderten Rahmenbedingungen ihre **Profite** vermehrt **in der legalen Wirtschaft** unterzubringen.

Die einzige Grenze, die dem Geldwäscher gesetzt ist, ist die Grenze **91** seiner Phantasie.[50] Die Polizei muß sich darauf einrichten, daß sie es in Zukunft wahrscheinlich mit einem bisher weitgehend **unbekannten Tätertyp** zu tun bekommen wird, der als „Spezialist für Geldwäscheangelegenheiten" sein Know-how und seine Fertigkeiten im Bereich der bislang von den Finanziers und Drahtziehern meist selbst durchgeführten Gewinnanlage und -sicherung anbietet. Was liegt näher, als daß die OK solche Spezialisten **in der legalen Wirtschaft** zu **rekrutieren** versuchen wird.

Auf die finanzielle „Achillesferse" der Organisierten Kriminalität ausge- **92** richtete Rechtsinstrumente und Bekämpfungskonzepte dürften dennoch grundsätzlich wirkungsvolle Waffen im Kampf gegen die OK darstellen, zumal sie geeignet sind, den Freiraum der Täter erheblich einzuengen. Nur unter **Verfolgungs- und Verdrängungsdruck** macht auch eine eingespielte Organisation Fehler.

Inwieweit § 261 in der Praxis allerdings **tatsächlich greifen** wird, dürfte **93** nicht zuletzt davon abhängen, wie die Mitwirkungspflicht von Geldinstituten im **Geldwäschegesetz** gestaltet sein wird, von den Beweisschwierigkeiten einmal ganz abgesehen. Zu Recht weist *Krey*[51] darauf hin, daß in der Praxis Beweisprobleme entstehen werden, da die gewaschenen Vermögenswerte bestimmten Straftaten zugeordnet werden müssen.

Polizei, Zoll und Staatsanwaltschaft werden **neue kriminalistische Tat- 94 aufdeckungsstrategien** entwickeln müssen. Insoweit gilt für die OK-Bekämpfung besonders in diesem Bereich die Maxime, die kriminalistische Aufgabe der Beweissammlung künftig vermehrt als **aktive Informationssuche** (bzw. Befugnis zur Datenerhebung) zu definieren. Vor allem auf internationaler Ebene – zunehmend wohl auch im Zusammenhang mit den Veränderungen der politischen und wirtschaftlichen Rahmenbedingungen in Europa – stellt sich das **Aufdecken und Bekämpfen der Geldwäsche** für die noch weitgehend an nationale Grenzen gebundenen Strafverfolgungsorgane als **besondere Herausforderung** dar. Denn die (bekannten) Formen der Geldwäsche reichen vom grenzüberschreitenden Underground Banking bis zur sog. Integration etwa im Sinne von Unterbewertungen[52].

---

50 *Müller* 1992 S. 113 ff.
51 *Krey/Dierlamm* 1992 S. 359.
52 *Müller* 1992 S. 113 ff. Vgl. auch *Bernasconi* 1990 S. 15 ff. und *Flormann* 1992 S. 223.

3. Schlußfolgerung

95 Die Herausforderungen an die Kriminalistik von morgen sind gekennzeichnet durch zunehmende **Spezialisierung und Professionalisierung auf der Täterseite**, durch eine **Überlastung der Polizei durch Massendelinquenz** sowie durch eine zunehmende **Verrechtlichung polizeilicher Arbeitsweisen**. Nur wenn sich das System Polizei in besonderem Maße als lernfähig und flexibel erweist, wird es gelingen, den zukünftigen Herausforderungen gerecht zu werden[53].

96 Eine wesentliche Hilfe dabei stellt eine **wissenschaftliche Kriminalistik** dar, die dem Grundsatz der Forschungsfreiheit verpflichtet ist, dabei zugleich auch dem Anspruch auf die Geltung des besseren Arguments und dem Anspruch auf eine Diskussion nach den Regeln der Vernunft.

97 Damit jedoch die **Polizeipraxis** in der Lage bleibt, sich neuen Sichtweisen zu öffnen und innovativ zu sein, müssen die **Randbedingungen** kriminalistischen Denkens und Arbeitens entsprechend gestaltet werden. Die Bandbreite reicht von den polizeilichen Ressourcen bis zur Organisationskultur in der Polizei.

98 Das **Handbuch soll dazu beitragen,** die **aktuellen Arbeitsmethoden** der praktischen Kriminalistik und den **Stand** der wissenschaftlichen Kriminalistik zu **dokumentieren, bestehende Defizite erkennbar** zu machen sowie die **nächsten Schritte in die Zukunft** zu **weisen**. Die Herausgeber hoffen, daß dies in ausreichendem Ausmaß gelungen ist.

---

53 Auch in anderen Ländern setzt man sich mit der zukünftigen Aufgabenstellung der Polizei auseinander, wobei besondere Bedeutung im anglo-amerikanischen Raum dem community-policing beigemessen wird (vgl. *Solicitor General Canada* 1990, inbes. S. 18 ff. Zu diesem Problembereich auch *Dölling/Feltes* 1993 S. 3 ff.).

SCHRIFTTUM

Ahlf, Ernst-Heinrich: Polizeitheorie? – Thesen zur Standortbestimmung. In: Die Polizei 80 (1989), S. 109–122.

Albrecht, Peter-Alexis, Winfried Hassemer und *Michael Voß* (Hrsg.): Rechtsgüterschutz durch Entkriminalisierung. Vorschläge der Hessischen Kommission „Kriminalpolitik" zur Reform des Strafrechts. Baden-Baden 1992.

Alpheis, Hannes: Professionalisierung der Polizeiarbeit oder: „Befehl und Gehorsam" in einer modernen Polizei. In: Manfred Brusten (Hrsg.). Polizei-Politik. Streitfragen, Kritische Analysen und Zukunftsperspektiven. Weinheim 1992 (Kriminologisches Journal. 4. Beiheft), S. 22–33.

Belkin R. and *Y. Korukhov:* Fundamentals of Criminalistics, Moscow 1986.

Bernasconi, Paolo und *Christof Müller:* Revision und Wirtschaftskriminalität. Untersuchung anhand von Gerichtsurteilen mit Wirtschaftsstraffällen. Zürich 1990.

Dölling, Dieter: Strafverfolgung mit begrenzten Mitteln. Polizeiliche Ermittlungstätigkeit zwischen Kapazitätsengpässen und Legalitätsprinzip. In: Kriminalistik 43 (1989), S. 626–632.

Dölling, Dieter and *Thomas Feltes* (Eds.): Community Policing – Comparative Aspects of Community Oriented Police Work. Holzkirchen 1993 (Empirische Polizeiforschung; Bd. 5).

Dörmann, Uwe, Karl-Friedrich Koch, Hedwig Risch und *Werner Vahlenkamp:* Organisierte Kriminalität: Wie groß ist die Gefahr? Wiesbaden 1990 (BKA-Forschungsreihe Sonderbd.).

Feest, Johannes: Kriminalistik. In: Günther Kaiser, Hans-Jürgen Kerner, Fritz Sack und Hartmut Schellhoss (Hrsg.): Kleines Kriminologisches Wörterbuch. 3. Aufl. Heidelberg 1993, S. 236–238.

Feltes, Thomas: Polizeiliches Alltagshandeln. In: Günther Kaiser, Helmut Kury und Hans-Jörg Albrecht (Hrsg.): Kriminologische Forschung in den 80er Jahren. Freiburg 1988 (Kriminologische Forschungsberichte aus dem Max-Planck-Institut für ausländisches und internationales Strafrecht, Freiburg i. Br. Bd. 35/1) S. 125–156.

Flormann, Willi: Geldwäsche – die Achillesferse des Organisierten Verbrechens. In: der kriminalist 24 (1992), S. 223–229.

Geerds, Friedrich: Zur Rolle der Kriminalistik für die Strafrechtspflege, Archiv für Kriminologie Bd. 191 (1993) S. 1–16.

Göppinger, Hans: Angewandte Kriminologie. Ein Leitfaden für die Praxis. Berlin, Heidelberg, New York, Tokio 1985.

Hassemer, Winfried: Legalität und Opportunität im Strafverfahren. Eine Skizze. In: Heribert Ostendorf (Hrsg.): Strafverfolgung und Strafverzicht. Festschrift zum 125jährigen Bestehen der Staatsanwaltschaft Schleswig-Holstein. Köln, Berlin, Bonn, München 1991, S. 529–540.

ders.: Kennzeichen und Krisen des modernen Strafrechts. In: Zeitschrift für Rechtspolitik 25 (1992), S. 378–383.

Heinz, Wolfgang: Diversion im Jugendstrafverfahren. In: Zeitschrift für Rechtspolitik 23 (1990), S. 7–11.

Hołyst, Brunon: Das System der Kriminalistik (Modellentwurf). In: Kriminalistik und forensische Wissenschaften 48 (1982), S. 5–24.

Howorka, Horst: Zur Situation der Kriminalistik in der früheren DDR. In: Kriminalistik 44 (1990), S. 600–603.

IPOS: Einstellungen zu aktuellen Fragen der Innenpolitik 1992 in Deutschland. Mannheim 1992.

Kaiser, Günther: Befinden sich die kriminalrechtlichen Maßregeln in der Krise? Heidelberg 1990 (Schriftenreihe/Juristische Studiengesellschaft. H. 188).

ders.: Kriminologie. Eine Einführung in die Grundlagen. 9. Aufl. Heidelberg 1993.

Kerner, Hans-Jürgen: Jugendkriminalität, Mehrfachtäterschaft und Verlauf: Betrachtungen zur neueren quantitativ orientierten Forschung, mit besonderer Rücksicht auf die Beendigung sog. krimineller Karrieren. In: Bewährungshilfe 36 (1989), S. 202–220.

Klink, Manfred und *Siegfried Kordus:* Kriminalstrategie. Grundlagen polizeilicher Verbrechensbekämpfung. Stuttgart, München, Hannover 1986.

Kniesel, Michael: Vorbeugende Bekämpfung von Straftaten im juristischen Meinungsstreit – eine unendliche Geschichte. In: Zeitschrift für Rechtspolitik 25 (1992), S. 164–167.

Köhler, Gerhard: Datenschutz – Wachsende Regelungsdichte und zunehmende Bürokratisierung. In: Bundeskriminalamt (Hrsg.): Standortbestimmung und Perspektiven der polizeilichen Verbrechensbekämpfung. Arbeitstagung des Bundeskriminalamtes Wiesbaden vom 20. bis 23. Oktober 1992. Wiesbaden 1993 (BKA-Vortragsreihe. Bd. 38), S. 89–99.

Krämer, Klaus: Delinquenz, Suchtmittelumgang und andere Formen abweichenden Verhaltens. Ein Geschlechtervergleich. Freiburg i. Br. 1992.

Kreuzer, Arthur: „Kripo 2000" Kapitulation oder neue Wege? In: der kriminalist 24 (1992), S. 281–284.

Krey, Volker und *Alfred Dierlamm:* Gewinnabschöpfung und Geldwäsche. In: Juristische Rundschau 1992, S. 353–360.

Krey, Volker und *Edgar Haubrich:* Zeugenschutz, Rasterfahndung, Lauschangriff, Verdeckte Ermittler. In: Juristische Rundschau 1992, S. 309–315.

Kube, Edwin: Systematische Kriminalprävention. Ein strategisches Konzept mit praktischen Beispielen. 2. Aufl. Wiesbaden 1987 (BKA-Forschungsreihe. Sonderbd.).

ders.: Notwendigkeit und Inhalte einer Polizeitheorie. In: Kriminalistik 42 (1988), S. 297–304.

ders.: Polizeikultur – mehr als ein Modebegriff im letzten Jahrzehnt dieses Jahrhunderts. In: Die Polizei 81 (1990), S. 97–100.

Kube, Edwin, Wolfgang Bach, Elmar Erhardt und *Ulrich Glaser:* Technologische Entwicklung und Kriminalitätsvorbeugung. In: Hans-Ludwig Zachert (Hrsg.): 40 Jahre Bundeskriminalamt. Stuttgart, München, Hannover, Berlin 1991, S. 129–140.

Kube, Edwin und *Uwe Dörmann:* Zur Kriminalitätslage in Deutschland als Folge des politischen Wandels. In: Die Polizei 84 (1993), S. 94–99.

Kube, Edwin und *Karl-Friedrich Koch:* Zur Kriminalität jugendlicher Ausländer aus polizeilicher Sicht. In: Monatsschrift für Kriminologie und Strafrechtsreform 73 (1990), S. 14–24.

dies.: Kriminalprävention. Hilden/Rhld. 1992 (Lehr- und Studienbriefe Kriminologie. Nr. 3).

Kube, Edwin und *Werner Kuckuck:* Forschung und technische Entwicklung in der Polizei. Anforderungen aus europäischer Sicht. In: Archiv für Kriminologie 189 (1992), S. 100–108.

Kube, Hanno: Kriminalprävention durch Tatmittelentzug – Polizeirecht contra Technologiemißbrauch. In: Zeitschrift für Rechtspolitik 26 (1993), S.419–423.

Kühne, Hans-Heiner: Kriminalitätsbekämpfung durch innereuropäische Grenzkontrollen? Berlin 1991.

Künzel, Hermann J.: Perspektiven einer Forensischen Phonetik. In: Zeitschrift für Dialektologie und Linguistik 59 (1992), S. 293–311.

Kury, Helmut, Uwe Dörmann, Harald Richter und *Michael Würger:* Opfererfahrungen und Meinungen zur Inneren Sicherheit in Deutschland. Ein empirischer Vergleich von Viktimisierungen, Anzeigeverhalten und Sicherheitseinschätzung in Ost und West vor der Vereinigung. Wiesbaden 1992 (BKA-Forschungsreihe. Bd. 25).

Loll, Bernd-Uwe: Prognose der Jugendkriminalität von Deutschen und Ausländern, Wiesbaden 1990.

Lorenzen, Henning: Legalitätsprinzip und Opportunitätsprinzip – kritische Betrachtungen aus der und für die Strafverfolgungspraxis. In: Heribert Ostendorf (Hrsg.): Strafverfolgung und Strafverzicht. Festschrift zum 125jährigen Bestehen der Staatsanwaltschaft Schleswig-Holstein. Köln, Berlin, Bonn, München 1991, S. 541–551.

Müller, Christof: Geldwäscherei. Motive – Formen – Abwehr: Eine betriebswirtschaftliche Analyse. Zürich 1992 (Schriftenreihe der Treuhand-Kammer. Schweizerische Kammer der Bücher-, Steuer- und Treuhandexperten).

Murck, Manfred: Die Einstellungen der Bürger zur Polizei – Ergebnisse einer empirischen Untersuchung in den neuen Bundesländern. In: Polizei-Führungsakademie (Hrsg.): Probleme des Wertbewußtseins, der Wertvermittlung und Wertakzeptanz in der Polizei nach der Vereinigung Deutschlands. Seminar vom 21. bis 25. Oktober 1991. Schlußbericht. Münster 1991, S. 67–80.

ders.: Kriminalitätsangst. Wahn oder Wirklichkeit? In: Die Polizei 84 (1993), S. 6–12.

Oevermann, Ulrich, Leo Schuster und *Andreas Simm:* Zum Problem der Perseveranz in Delikttyp und modus operandi. Spurentext-Auslegung, Tätertyp-Rekonstruktion und die Strukturlogik kriminalistischer Ermittlungspraxis. Zugleich eine Umformung der Perseveranzhypothese aus soziologisch-strukturanalytischer Sicht. Wiesbaden 1985 (BKA-Forschungsreihe. Bd. 17).

Pfeiffer, Christian: Thesen zur neueren Kriminalitätsentwicklung, zur Kriminalprävention und zur Strafverfolgung. Thesenpapier zum 8. Gustav-Radbruch-Forum. 1992 (maschinenschriftl. Manuskript).

de Raaf, G. J.: Criminaliteit en Technology Assessment. 's-Gravenhage, Februar 1992.

Rupprecht, Reinhard und *Markus Hellenthal:* Innere Sicherheit im Europäischen Binnenmarkt. Eine Veröffentlichung der Bertelsmann Stiftung, Gütersloh 1992.

Schmitter, Hermann, Sigrid Herrmann und *Werner Pflug:* Untersuchung von Blut- und Sekretspuren mit Hilfe der DNA-Analyse. In: Monatsschrift für Deutsches Recht 43 (1989), S. 402–404.

Schneider, Hans Joachim: Kriminologie. Berlin, New York 1987.

Schüller, Achim: Handlungsorientierungen von Schutzpolizisten. In: Die Polizei 82 (1991), S. 157–173.

Schult, Horst: Wertevermittlung in der Polizei vor dem Hintergrund gesellschaftlichen Wandels – Problemanalyse und Handlungsperspektiven. In: Polizei-Führungsakademie (Hrsg.). Probleme des Wertbewußtseins, der Wertvermittlung und Wertakzeptanz in der Polizei nach der Vereinigung Deutschlands. Seminar vom 21. bis 25. Oktober 1991. Schlußbericht. Münster 1991, S. 89–107.

Seiters, Rudolf: Das Schengener Abkommen und die Innenpolitik im Zeichen von Binnengrenzkontrollabbau und europäischer Einigung. In: Zweimonatsschrift für Politik und Zeitgeschehen. Politische Studien. 326 (1992), S. 5–14.

Sielaff, Wolfgang: Bruchstellen im polizeilichen Berufsethos. In: Kriminalistik 46 (1992), S. 351–357.

Solicitior General Canada: A Vision of the Future of Policing in Canada: Police challenge 2000. Ottawa 1990.

Stümper, Alfred: Sicherheit in Europa. In: Kriminalistik 44 (1990), S. 2–8.

ders.: Internationale Kriminalität im Umbruch. Stehen wir vor einer weitgreifenden Veränderung des gesamten Kriminalitätslagebildes? In: Die Polizei 83 (1992), S. 161–166.

Zachert, Hans-Ludwig: Die Bundesrepublik Deutschland im Visier des Organisierten Verbrechens. In: Hans-Ludwig Zachert (Hrsg.): 40 Jahre Bundeskriminalamt. Stuttgart, München, Hannover, Berlin 1991 a, S. 69–81.

ders.: Organisierte Kriminalität in der Bundesrepublik Deutschland: Strukturen, Bedrohungspotential, Bekämpfungsprobleme. In: Bundeskriminalamt (Hrsg.): Organisierte Kriminalität in einem Europa durchlässiger Grenzen. Arbeitstagung des Bundeskriminalamtes Wiesbaden vom 6. bis 9. November 1990. Wiesbaden 1991 b (BKA-Vortragsreihe Bd. 36), S. 37–51.

ders.: Der neue kriminalgeographische Raum in Folge der Öffnung des Binnenmarktes. In: Politische Studien 326 (1992), S. 19–36.

Ziel, Alwin: Die Polizei wächst immer mehr in ihre neue Rolle im demokratischen Rechtsstaat hinein. In: Die Polizei 83 (1992), S. 310–312.

Zimmermann, Hans Martin: Europol-Anforderungen, Möglichkeiten und Fragen einer europäischen Zentralstelle für Verbrechensbekämpfung. In: Schriftenreihe der Polizei-Führungsakademie 4/1992, Heft 4, S. 47–55.

Stichwortverzeichnis zu Band 1 und 2

Die fetten Zahlen verweisen auf die Nummern der Beiträge; die mageren Zahlen auf die Randnummern innerhalb der Kommentierung

45

Kriminalistische Besonderheiten in der Schweiz

Eugen Thomann

INHALTSÜBERSICHT

A. Offene Aufbauorganisation

Im Unterschied zur Bundesrepublik Deutschland stellt sich allgemein in 1
der Schweiz die **Tatortarbeit als Informationsproblem** dar.

Ermittlungsverfahren, die Tatortarbeit erfordern, sind nicht vom einzel- 2
nen, sondern nur im Team zu bewältigen. Durch die Organisationsvielfalt
der Schweiz zieht sich die Gemeinsamkeit, daß **keine festgefügte Mann-
schaft** zum Zuge kommt, sondern eine Gruppe von Spezialisten und Generalisten, deren Zusammensetzung die verschiedenen Dienstpläne und
andere Zufälle steuern.

Löst man den Blick von der Hierarchie, so erkennt man im Mittelpunkt 3
der Informationsflüsse den „Rapportierenden", den Polizeibeamten, der
Tage später den Polizeirapport verfaßt, darin den mutmaßlich einen Straf-
tatbestand erfüllenden Vorgang, den Tatortbefund und die getroffenen
Maßnahmen beschreibt. Andere polizeiliche **Generalisten,** vielleicht
schon vor dem Rapportierenden eingetroffen, besorgen die Absperrung. Für
die Koordination erscheint regelmäßig polizeiliches Kader vor Ort. Die
Leitung des Strafverfahrens liegt indessen häufig schon früh in den Händen
des Untersuchungsrichters.

Neben diesen Generalisten wirkt eine mindestens gleich große Gruppe 4
von **Spezialisten.** Die Kriminaltechnik ist stets durch einen Fotodienst
vertreten, ferner durch den dem Polizeikorps eigenen Erkennungsdienst,
falls Fingerabdrücke Interesse wecken.

Falls der Tod eines Menschen eingetreten ist oder auf dem Platze medizi- 5
nische Abklärungen vonnöten sind, stößt der **Amtsarzt** des Bezirks oder
Kantons oder ein Arzt des nächsten gerichtsmedizinischen Instituts dazu.

6   Spielten für das Ergebnis Schußwaffen oder Sprengstoffe eine Rolle, so wird der dem **Wissenschaftlichen Dienst** der Stadtpolizei Zürich angegliederte Wissenschaftliche Forschungsdienst der Bundesanwaltschaft beigezogen. Auf den Wissenschaftlichen Dienst der Stadtpolizei Zürich greifen viele Polizeikorps zurück, wenn das Sichern von Mikrospuren im Einzelfall große Sachkunde erfordert.

7   Nur Kapitalverbrechen oder vergleichbar aufwendige Ermittlungsverfahren rechtfertigen das Einberufen einer **Sachbearbeiterkonferenz** in den nächsten auf die Tat oder ihre Entdeckung folgenden Tagen. Im übrigen wird die **Information auf schriftlichem Wege** und meist verhältnismäßig spät zusammengetragen. Die polizeilichen Erkenntnisse finden nach Tagen Eingang im Rapport, dem die Berichte und allfälligen Expertisen der Spezialisten sehr viel später folgen. Die damit verbundenen Gefahren liegen auf der Hand; nötige Reaktionen verzögern sich, weil Zusammenhänge länger als nötig verborgen bleiben. Verfahrensleiter und Rapportierender wahren gemeinsam den Überblick nur während der Tatortarbeit.

Das sei nachstehend an zwei wichtigen alltäglichen Falltypen beleuchtet, am „außergewöhnlichen Todesfall" und am „schweren Verkehrsunfall".

B. Der außergewöhnliche Todesfall

8   Für die Schweiz hat sich weitgehend die vom ehemaligen Direktor des Zürcher gerichtlich-medizinischen Instituts Schwarz ausführlich dargelegte **Unterscheidung der Todesfälle** in natürliche, außergewöhnliche und deliktisch verursachte durchgesetzt[1]. Nicht zu den außergewöhnlichen Todesfällen gehören jene, die eine natürliche Ursache herbeigeführt hat, ein von außen nicht beeinflußtes Geschehen des menschlichen Organismus, von medizinischen Maßnahmen nicht aufzuhalten. Außer Betracht fallen auf der anderen Seite die erkennbaren vorsätzlichen oder fahrlässigen Straftaten, bei denen ein Mensch in strafrechtlich relevantem Sinne den Tod verantwortet; dort folgen die Ermittlungen eigenen Regeln.

9   Zu den **außergewöhnlichen Todesfällen** zählen vorderhand die Selbstmorde sowie alle Todesfälle, die auf äußerer Einwirkung beruhen, vom Tod durch mechanische Gewalt bis zum Tod durch Ersticken, Ertrinken, elektrischen Schlag, Vergiftung oder Strahlung.

Die große Mehrheit aller zunächst als außergewöhnlich geltenden Todesfälle ist am Ende einer natürlichen Ursache zuzuschreiben. Außergewöhnlich wirken anfangs der unerwartete, plötzliche Eintritt, der Ort oder die Fundlage, das Fehlen von Anzeichen der wahren Ursache, aber auch die von Hinterbliebenen angedeuteten Verdachtsgründe. Falsch verstandene Scheu und schlimmstenfalls bequeme Routine drohen mitunter selbst die Ermittlungsbeamten zum voreiligen Schluß auf eine bestimmte natürliche oder gar auf irgendeine, im einzelnen nicht mehr auszumachende natürliche Ursache zu verleiten[2].

---

1 *Schwarz* 1970 S. 1–13.
2 Vgl. dazu *Bänziger/Sigrist* 1989 S. 252.